新疆维吾尔自治区农村信用合作社志丛书

岳普湖县

农村信用合作社志

《岳普湖县农村信用合作社志》
编纂委员会

中国文史出版社

图书在版编目（CIP）数据

岳普湖县农村信用合作社志 /《岳普湖县农村信用
合作社志》编纂委员会编. -- 北京：中国文史出版社，
2017.4

ISBN 978-7-5034-9121-4

Ⅰ.①岳… Ⅱ.①岳… Ⅲ.①农村信用社 - 概况 - 岳
普湖县 Ⅳ.①F832.745.4

中国版本图书馆CIP数据核字（2017）第063474号

责任编辑：马合省　卢祥秋

出版发行：中国文史出版社

网　　址：www.wenshipress.com

社　　址：北京市西城区太平桥大街23号　邮编：100811

电　　话：010-66173572　66168268　66192736（发行部）

传　　真：010-66192703

印　　装：洛阳市报人印刷有限公司

排版设计：乌鲁木齐天晟志鉴文化传播有限公司

经　　销：全国新华书店

成品尺寸：210×285

印　　张：31印张

字　　数：920千字

版　　次：2017年4月第1版

印　　次：2017年4月第1次印刷

定　　价：399.00元

ISBN 978-7-5034-9121-4

《新疆维吾尔自治区农村信用合作社志丛书》
编审机构及编纂人员

《新疆维吾尔自治区农村信用合作社志丛书》编纂委员会
（2013年2月25日）

主　　任　阿不都（哈萨克族）

副 主 任　田海舟　谭建新　李文祖　姜志国　杨志勇　陈伟林

委　　员　任　胜　潘　隽　王　虎　薛峰林　高　磊　袁　忠　帕尔哈提·赛帕尔（维吾尔族）
　　　　　杨照文　张　军　辛夏菡（女）　张晓东　彭名安　吾米提·阿不力克木（维吾尔族）
　　　　　陶　钧（女）　李耀涛（女）　王　冰　赵雄胜　吴永江　张　涛　宁学金　王彦军
　　　　　阿德力汗·热合木（维吾尔族）　任建疆　陈海力

《新疆维吾尔自治区农村信用合作社志丛书》编纂委员会
（2014年1月15日）

主　　任　阿不都

副 主 任　田海舟　谭建新　李文祖　姜志国　杨志勇　陈伟林

委　　员　任　胜　潘　隽　王　虎　薛峰林　高　磊　袁　忠　帕尔哈提·赛帕尔　杨照文
　　　　　张　军　辛夏菡　张晓东　彭名安　吾米提·阿不力克木　陶　钧　李耀涛　王　冰
　　　　　赵雄胜　吴永江　张　涛　宁学金　王彦军　阿德力汗·热合木　任建疆　陈海力
　　　　　马文学　田　戈　刘怀强　徐长江　王海勇

《新疆维吾尔自治区农村信用合作社志丛书》编纂委员会
（2015年12月5日）

名誉主任　田海舟　米力古丽·阿吉努尔（女，维吾尔族）

主　　任　阿不都

副 主 任　谭建新　于文辉　李文祖　姜志国　杨志勇　陈伟林　李曙光

委　　员　任　胜　王　虎　薛峰林　高　磊　袁　忠　杨照文　张　军　辛夏菡　张晓东
　　　　　彭名安　吾米提·阿不力克木　陶　钧　李耀涛　王　冰　赵雄胜　张　涛
　　　　　王彦军　马文学　田　戈　徐长江　刘怀强

《新疆维吾尔自治区农村信用合作社志丛书》编辑部

主　　编　任　胜

特约编纂　郑东辉　刘德润　孙文件

《岳普湖县农村信用合作社志》
编审机构及编纂人员

《岳普湖县农村信用合作社志》编纂委员会

（2013年12月）

主　任　吐逊·卡地尔（维吾尔族）

副主任　冯庆　唐努尔·艾买提（女，维吾尔族）　吐逊江·赛麦提（维吾尔族）
　　　　佟明亮（满族）

委　员　图尔孙江·牙生（维吾尔族）　依布拉依木·热扎克（维吾尔族）　周磊
　　　　米日古丽·孜明（女，维吾尔族）　拜合提亚尔·依明（维吾尔族）
　　　　阿依提拉·麦海提（女，维吾尔族）　阿里木·喀热曼（维吾尔族）

《岳普湖县农村信用合作社志》编纂委员会

（2016年12月）

主　任　唐努尔·艾买提

副主任　刘明　吐逊江·赛麦提　佟明亮　吐尼牙孜·托合尼牙孜（维吾尔族）

委　员　图尔孙江·牙生　伊布拉依木·热扎克　阿娜古丽·亚森（维吾尔族）
　　　　米日古丽·孜明　古丽娜尔·阿西木（女，维吾尔族）　程凯
　　　　克依木·阿不力孜（维吾尔族）　阿依努尔·艾买提（维吾尔族）　阿力木·喀热曼

《岳普湖县农村信用合作社志》编辑部

主　编　唐努尔·艾买提

副主编　刘明　吐逊江·赛麦提　佟明亮　吐尼牙孜·托合尼牙孜

特邀编纂　范钦利　孙汝翔　陈成意　蒋生平　冯琴（女）

编　辑　古丽娜尔·阿西木　伊拉木·斯迪克（维吾尔族）　图尔孙江·牙生
　　　　凯赛尔·塔依尔（维吾尔族）

《岳普湖县农村信用合作社志》审定验收单位

岳普湖县党史、地方志编纂委员会
《新疆维吾尔自治区农村信用合作社志丛书》编纂委员会
中国文史出版社

序

2016年，适逢岳普湖县农村信用社成立60周年，《岳普湖县农村信用合作社志》的编纂工作历经三度寒暑，即将付梓出版。该志是对县农村信用社60年风雨历程的回顾和总结，也是对其改革发展的诠释，值得庆贺！

岳普湖县汉属疏勒国，唐属疏勒都督府，宋代为喀拉汗王朝辖地，后为西辽领地，清代属疏勒都督府。1943年设岳普湖县，属喀什督察专区。中华人民共和国成立后，先后属喀什专区、南疆行政区；1978年后属喀什地区。岳普湖县是农业县，主要以林果业和棉花、小麦种植为主；2006年被农业部特产之乡暨宣传活动组织委员会命名"中国毛驴之乡"。2015年，全县人口16.5万人，其中维吾尔族95.33%。

1956年1月，岳普湖县建立农村信用社。60年来，历经坎坷的发展和改革历程，几代信合人扎根农村、艰苦创业，县信合事业由小到大、由弱到强，成为支持地方经济发展不可替代的金融支撑。2016年末，县联社有职工117人，营业网点10个，各项存款余额18.88元，占县域金融机构存款余额52%；各项贷款余额12.19元，占县域金融机构贷款余额76%。

盛世修志是中华民族的优良传统，目的在于通过收集整理史料，更好的总结过去、服务现在、垂鉴后世。《岳普湖县农村信用合作社志》纵览鸟瞰，广罗博采，略古详今，存真求实，完整、准确、客观的记录60年间县信合事业发展的风雨阴晴、消长得失，是档案资料和文献资料的有益补充，具有珍贵的史料价值。

《岳普湖县农村信用合作社志》是县全体信合人的劳动成果和智慧结晶，也是县联社企业文化建设的重要成果。谨此，我代表联社党委和理事会向关心支持志书编纂的自治区联社领导和修志办专家、为志书提供资料的单位和个人、参与编纂人员和合作编纂公司的专家致以崇高的敬意！也祝愿我们的信合事业实现新的跨越！

岳普湖县农村信用合作联社　党委书记　唐努尔·艾买提

理 事 长

2016年12月

凡例

一、《岳普湖县农村信用合作社志》以马列主义、毛泽东思想、邓小平理论、"三个代表"重要思想和科学发展观为指导，运用辩证唯物主义和历史唯物主义的观点，以事实求是的科学态度，如实记述岳普湖县农村信用社的历史和现状。

二、本志坚持详近略远原则，立足当代，突出行业时代特色和地方特色，力求反映岳普湖县农村信用合作联社历史发展的全貌，着力体现岳普湖县农村信用合作联社在建设有中国特色社会主义进程中的发展过程。

三、本志记述上限，始于事物发端，下限断至2014年。为保持事物的完整性，个别内容适当上溯或下延。

四、本志采用章、节、目结构，目为基本书写单位，部分内容为使条理清楚列设子目和细目；采用体裁有述、记、志、图、表、录等，以志为主。专志共22章101节229目90余万字，横分门类，纵述史实。卷首置序、凡例、图片、目录、大事记，卷末置附录、编后记。

五、本志以第三人称记述事物，使用语体文记叙。概述、无题小序以记述为主，略加评议；大事记以编年体为主，辅之以纪事本末体，一事一记。语言文风力求严谨、朴实、简洁、通俗。

六、本志币制通用1955年3月1日改革后的新人民币。

七、称谓书写："岳普湖县农村信用合作联社"简称"县联社"，"中国人民银行喀什地区中心支行"简称"人行喀什地区中心支行"，"中国农业银行喀什地区中心支行"简称"农行喀什地区中心支行"，"新疆维吾尔自治区农村信用社联合社"简称"自治区联社"，"中国人民银行岳普湖县支行"简称"人行县支行"，"中国农业银行岳普湖县支行"简称"农行县支行"，文件或引文中保留原称；其他金融机构名称、文件名称、会议名称，首次出现时使用全称，后使用简称；人物第一次出现冠以职务，后直书姓名；少数民族人名后加父名；地名演变加括注。

八、本志数字、公元纪年、计量单位用法，按2011年中华人民共和国国家质量监督检验检疫总局、中国国家标准化管理委员会发布的《出版物上数字用法的规定》为准。中华人民共和国成立前，采取以朝代年号纪年（包括中华民国纪年）括注相应公元纪年；中华人民共和国成立后一律采用公元纪年。

九、本志人物坚持生不立传的原则，设人物传、人物简介和人物名表，人物传收录县联社（联合社）去世高管，以卒年为序排列先后，人物简介收录县联社（联合社）历任高管，以生年为序排列先后。人物名表收录县联社及其以上单位表彰的先进人物。

十、本志资料来源于岳普湖县联社、人行喀什地区中心支行、农行喀什地区中心支行、喀什银监分局、喀什日报社和县馆藏档案，并以口碑资料作为补充。本志所用资料均经考证核实，一般不注明出处。

2008年，县联社办公楼（一楼为联社营业部）

2016年，县联社办公楼（一楼为联社营业部）

2016年，县联社机关工作人员合影

　　2016年，县联社党委领导班子合影。从左至右依次为县联社党委委员、副主任佟明亮，党委委员、纪委书记、监事长吐逊江·赛麦提，党委书记、理事长唐努尔·艾买提，党委委员、主任刘明，党委委员、副主任吐尼牙孜·托合尼牙孜

2016年，县联社党委书记、理事长唐努尔·艾买提

2016年，县联社党委委员、主任刘明

2016年，县联社党委委员、纪委书记、监事长吐逊江·赛麦提

2016年，县联社党委委员、副主任佟明亮

2016年，县联社党委委员、副主任吐尼牙孜·托合尼牙孜

考察调研

　　2012年1月10日，时任自治区联社党委副书记、纪委书记田海舟（右二）到县联社调研。图为参加县联社党员民主生活会

　　2015年6月11日，自治区联社党委委员、理事长米力古丽·阿吉努尔（左二）到县联社调研

　　2011年7月3日，时任自治区联社党委委员、主任阿不都（前排右二）到县联社调研。图为阿不都到县联社信贷支持的农户田间察看农作物生长情况

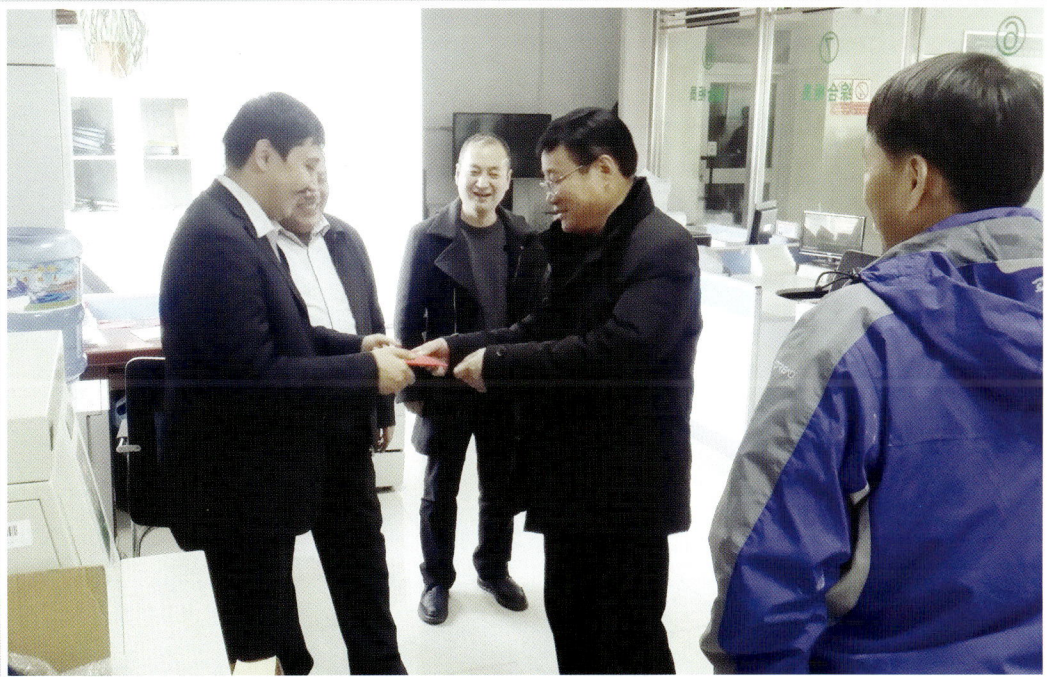

　　2015年12月30日，自治区联社党委委员、总审计师姜志国（右二）到县联社调研

工作纪事

2004年1月1日，县联合社召开深入学习科学发展观活动动员大会

2006年5月26日，县联合社召开第三届社员代表大会第四次会议

2008年3月14日，县联社召开第一届社员代表大会第二次会议

2009年7月21日，县联社召
开第十一个党风廉政建设月活动
动员大会

2011年2月28日，县联社召
开2011年工作会议

2011年3月7日，县联社召开
三八妇女节座谈会

2011年6月7日，县联社举行安居富民工程贷款发放仪式

2011年6月30日，县联社党委召开庆祝建党90周年暨"双先"表彰大会

2011年8月27日，县联社举行帮困助学捐款仪式

2012年1月13日，时任县联社党委书记、理事长卡米力·米吉提（右一）到贫困农户家中慰问

2012年1月18日，县联社召开2011年工作总结暨"双先"表彰大会

2013年7月25日，县联社召开资产风险座谈会

2014年1月5日，县联社2013年度党风廉政案件防控验收

2015年4月7日，县联社召开经营分析会

2015年4月28日，县联社召开2015年度职工代表大会

2015年7月1日，县联社党委召开建党94周年暨表彰大会

2015年9月14日，县联社召开2015年旺季工作动员大会

2015年10月6日，时任县联社党委书记、理事长吐逊·卡地尔（右一）到联社贷款扶持企业调研

2016年1月20日，县联社召开信贷员业务培训工作会议

2016年2月5日，县联社召开2016年工作会议

2016年7月23日，县联社召开中层干部座谈会

2016年9月1日，县联社召开年中工作总结暨旺季工作动员大会

教育宣传

2013年2月2日，县联社举办十八大精神专题培训班

2014年1月9日，县联社举办消防知识培训

2015年5月30日，县联社举办法律讲堂

2016年2月16日，县联社举办中层干部竞聘考试

2008年3月2日，县联社工作人员深入田间宣传金融知识

2012年3月15日，县联社开展金融知识宣传活动

2015年8月29日，县联社开展反洗钱宣传活动

2016年3月15日，县联社参加县金融机构"3·15"宣传活动

企业文化

2009年3月21日，县联社举办职工乒乓球比赛

2013年3月8日，县联社开展"十八大"知识暨业务知识竞赛活动

2015年5月4日，县联社举办庆五四演讲比赛

员工风采

2016年，县联社综合办公室
工作人员合影

2016年，县联社人力资源部工作人员留影

2016年，县联社纪检监察部工作人员留影

2016年，县联社审计部工作
人员合影

2016年，县联社财务信息部
工作人员合影

2016年，县联社信贷管理部
工作人员合影

2016年，县联社风险部工作
人员合影

2016年，县联社安全保卫部
工作人员合影

2016年，县联社客户部工作
人员合影

2016年，县联社营业部工作
人员合影

2016年，县联社阿其克信用社工作人员合影

2016年，县联社艾西曼信用社工作人员合影

2016年，县联社铁力木信用社工作人员合影

2016年，县联社阿洪鲁库木
信用社工作人员合影

2016年，县联社岳普湖镇信
用社工作人员合影

2016年，县联社色也克信用
社工作人员合影

2016年，县联社巴依阿瓦提
信用社工作人员合影

2016年，县联社岳普湖信用
社工作人员合影

2016年，县联社也克先拜巴
扎信用社工作人员合影

荣誉集锦

自治区级 ئاپتونوم رايون دەرىجىلىك

مەدەنسي ئورۇن
文明单位

شئۇئار مەنەۋى مەدەنىيلىك قۇرۇلۇشى يېتەكچىلىك كومىتىتى

新疆维吾尔自治区精神文明建设指导委员会

地区级 ۋىلايەت دەرىجىلىك

مەدنيىلىك ئورۇن
文明单位

قەشقەر ۋىلايەتلىك مەنەۋى مەدەنىيلىك قۇرۇلۇشى پائالىيىتى كومىتىتى نام بەردى

喀什地区精神文明建设活动委员会命名

二〇〇七年度精神文明创建 2007 - يىللىق مەنەۋى مەدەنىيلىك بارپا قىلىش

نەمۇنچى ئورۇن
模范单位

中共岳普湖县委员会
岳普湖县人民政府
2008.1

二〇〇七年度城市经济工作 2007 - يىللىق شەھەر ئىقتىسادىي خىزمىتىدىكى

ئىلغار ئورۇن
先进单位

中共岳普湖县委员会
岳普湖县人民政府
2008.1

二〇〇七年度对口帮扶工作 2007 - يىللىق ئۇچراق يارىدەم بېرىش خىزمىتىدىكى

ئىلغار كوللىكتىپ
先进集体

中共岳普湖县委员会
岳普湖县人民政府
2008.1

2007——

2007年度为招商引资落户企业贷款的

ئىلغار ئورۇن

先进单位

中共岳普湖县委员会

岳普湖县人民政府

二〇〇八年一月

——2007

2007年度社会治安综合治理

ئىلغار ئورۇن

先进单位

中共岳普湖县委员会

岳普湖县人民政府

2008.1

喀什地区

模范纳税户

喀什地区税收宣传领导小组

二〇〇八年四月

2009

2009年度城市经济工作

ئىلغار ئورۇن

先进单位

岳普湖县人民政府

2010.3

奖 تەقدىم 给

流动人口服务管理工作

ئىلغار كوللىكتىپ

先进集体

岳普湖县社会治安综合治理委员会

2010.3

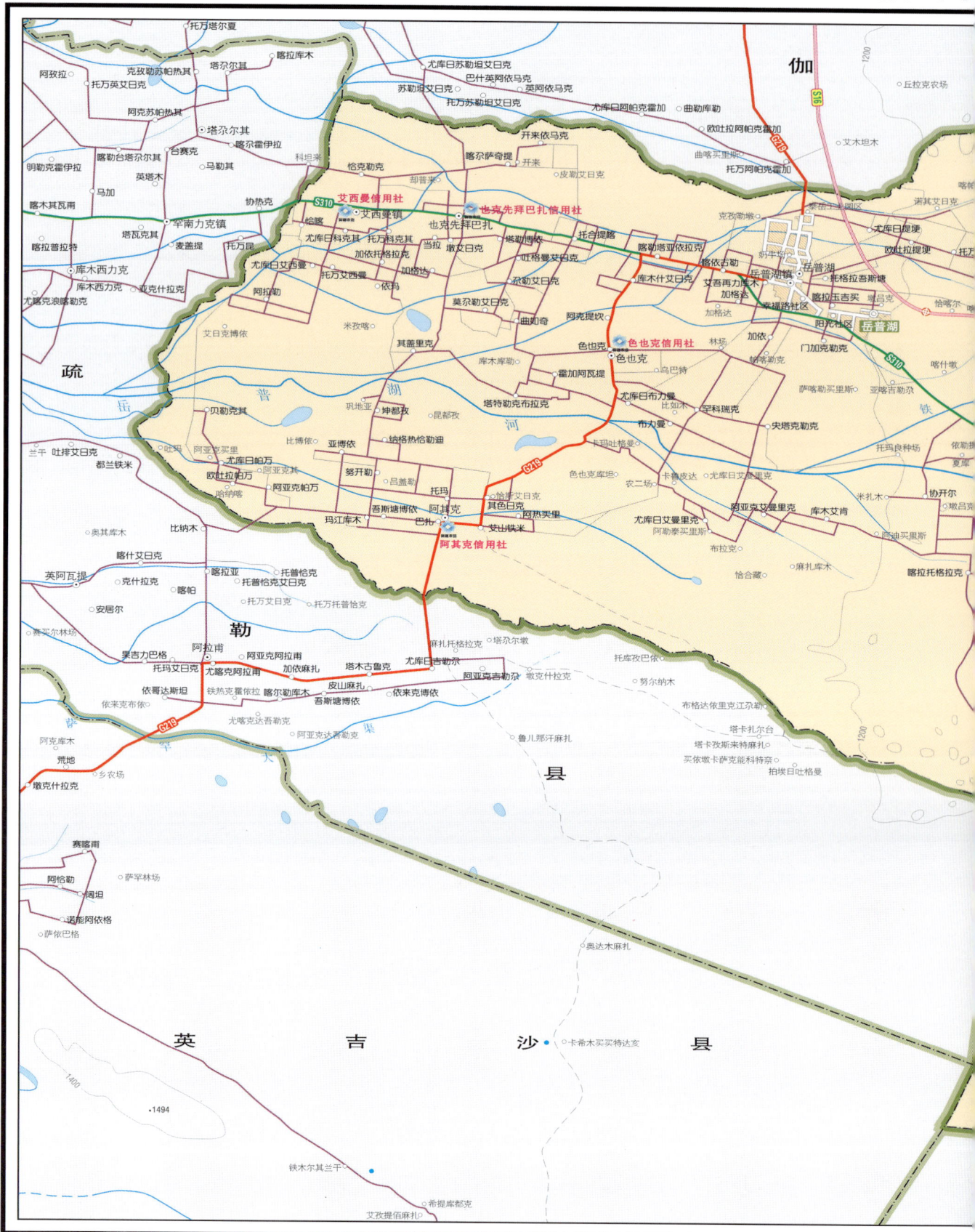

师

科 克 县 铁 提 沙 漠

巴

古力比纳木
日艺场

特吐库勒

库依鲁格塔木麻扎

楚

阿代木乌勒迪

依甫吐尔迪库木　喀帕克塔勒
喀纳依托格拉克

阿洪鲁库木信用社

科纳塔木

伯日尤勒滨

色日克托格拉克

布隆库木
乡农场
拜合提亚尔

木河

县

库勒都尔买里斯

胡木丹
县良种场
3连

42团1连

42团场

莫尔勒

艾木拉能塔勒克

阿洪鲁库木
千年胡杨王

卡瓦尔

喀力尕其
胡杨林场

捷孜力克

扎热特

哈藏塔力　S16
7连

8连

谢依合买里斯

古勒巴格

5连

2连
拉喀特

代尔瓦扎库孜牧场

扎热特

再博依

山格力齐

古勒巴格

喀力玛

4连

库台克力克

铁力木信用社

铁热木镇
吐孜央塔克

9连

尤库日喀力玛
克来力克塔

阔纳吾斯塘

英吾斯塘

S310
果柔鲁克

赛福力科瑞克

阿孜乃巴扎

巴依阿瓦提信用社

强尕

玛什英惹牧

巴依阿瓦提
库牧昌克

•1195

乔喀

阿热加依
阿热盖买
10连
11连

千年柳树王

吐尔迪喀

托库孜都普

塔什库尔干塔吉克自治县

S16

达瓦孜沙漠旅游区

塞斯克库勒

巴依阿瓦提

日门也特能特买

乌拉依木巴依能铁米
英格江格
胡木丹

喀依木能铁米

布勒布勒达
达乌来特达
托西纳瓦

萨尔布合

S310

肉孜兰干

库尔盖

塔吉克阿巴提镇

青年连

拉

吾

马木提能兰干

城镇农场

1136

吐德干也尔克伯希格莫

英买提兰干

古再勒巴格

斯

特爰塞满德能铁买

县良种场

英巴格

异特达吾提能科特案

农牧种场

喀群

亚杂奇阿依万

阔什马克墩

琼安巴

喀

库纳尔能布依

阿母坝

买侬纳特干

阿克兰干
（阔什艾日克乡）

亚希拉买当

塘

老马

阿

公

吐德干翁能特买

瓦

阿克兰干

县畜牧场

提

安

翁京

堤

巴格阿瓦提

卡瓦尔阿里希

克孜勒塔木

S3

托万墩吾斯塘

恰希勒克

尤库日墩吾斯塘

布尔库木

玉寨甫吐格录

莎

1224•

车

县

古鲁巴格

苏库恰克水库

1：244 000　0　2.44　4.88　7.32　9.76千米

岳普湖县农村信用合作联社城区网点分布图

新S（2016）048号

目录

概述 ……………………………………………………………………………… 1

大事记 …………………………………………………………………………… 9

第一章

区域环境 …………………………………………………………………… 39

第一节　位置面积 …………………………………………………………… 39

第二节　建制区划 …………………………………………………………… 39

一、建制沿革 ……………………………………………………………… 39

二、行政区划 ……………………………………………………………… 39

第三节　自然环境 …………………………………………………………… 40

一、地形地貌 ……………………………………………………………… 40

二、气候 …………………………………………………………………… 40

第四节　资源环境 …………………………………………………………… 40

一、土地资源 ……………………………………………………………… 40

二、水资源 ………………………………………………………………… 41

三、动植物资源 …………………………………………………………… 41

四、旅游资源 ……………………………………………………………… 41

五、交通资源 ……………………………………………………………… 42

第五节　经济环境 …………………………………………………………… 42

一、农业 …………………………………………………………………… 43

二、工业 ……………………………………………………… 44

三、固定资产投资 ………………………………………… 44

四、国内贸易 ……………………………………………… 44

五、外经贸易、招商引资 ……………………………… 44

第六节 社会环境 …………………………………………… 45

一、民族、人口 …………………………………………… 45

二、人民生活 ……………………………………………… 45

三、教育 …………………………………………………… 45

四、卫生 …………………………………………………… 46

第七节 金融环境 …………………………………………… 46

一、机构 …………………………………………………… 46

二、存款 …………………………………………………… 46

三、贷款 …………………………………………………… 46

第二章

组织机构 ……………………………………………………… 47

第一节 机构沿革 ……………………………………………… 47

第二节 社员代表大会 ………………………………………… 48

一、乡镇信用社社员代表大会 …………………………… 49

二、联合社社员代表大会 ………………………………… 49

三、联社社员代表大会 …………………………………… 52

第三节 理事会 ………………………………………………… 53

一、联合社理事会 ………………………………………… 53

二、联社理事会 …………………………………………… 56

第四节 监事会 ………………………………………………… 59

一、联合社监事会 ………………………………………… 59

二、联社监事会 …………………………………………… 59

第五节 经营管理层 …………………………………………… 62

一、主任办公会 …………………………………………… 62

二、县联社(联合社)经营班子 ………………………… 68

第六节 内设机构 ……………………………………………… 68

一、综合办公室 …………………………………………… 69

二、信贷部 …………………………………………………………………… 70

三、审计部 …………………………………………………………………… 71

四、财务信息部 ……………………………………………………………… 72

五、人力资源部 ……………………………………………………………… 73

六、资产风险管理部 ………………………………………………………… 74

七、电子银行部 ……………………………………………………………… 74

八、客户部 …………………………………………………………………… 75

九、联社营业部 ……………………………………………………………… 76

第七节　基层信用社 ………………………………………………………… 77

一、岳普湖镇信用社 ………………………………………………………… 77

二、岳普湖信用社 …………………………………………………………… 77

三、色也克信用社 …………………………………………………………… 78

四、阿其克信用社 …………………………………………………………… 78

五、铁热木信用社 …………………………………………………………… 79

六、巴依阿瓦提信用社 ……………………………………………………… 80

七、阿洪鲁库木信用社 ……………………………………………………… 80

八、也克先拜巴扎信用社 …………………………………………………… 81

九、艾西曼信用社 …………………………………………………………… 82

十、金星信用社 ……………………………………………………………… 82

第三章

管理体制改革 ……………………………………………………………… 84

第一节　管理体制改革 ……………………………………………………… 84

一、乡（镇）信用社体制改革 ……………………………………………… 84

二、县联合社体制改革 ……………………………………………………… 87

三、县联社体制改革 ………………………………………………………… 89

第二节　人事与用工制度改革 ……………………………………………… 90

一、人事制度改革 …………………………………………………………… 90

二、劳动用工制度改革 ……………………………………………………… 91

第三节　分配制度改革 ……………………………………………………… 92

一、薪酬 ……………………………………………………………………… 92

二、福利 ……………………………………………………………………… 104

第四节　管理制度改革 ·· 105

第四章

职工队伍 ·· 107

第一节　职工来源 ·· 107

一、招收农牧民 ·· 107

二、招收社会知识青年 ······································ 107

三、招聘职工 ·· 108

四、职工人数 ·· 110

第二节　职工结构 ·· 111

一、性别结构 ·· 111

二、民族构成 ·· 112

三、年龄构成 ·· 112

四、文化构成 ·· 113

第三节　职工教育 ·· 113

第四节　专业技术队伍 ·· 116

第五节　干部管理 ·· 117

一、管理制度 ·· 117

二、干部任免 ·· 118

第六节　职工管理 ·· 118

一、劳动纪律 ·· 118

二、学习制度 ·· 120

三、请假制度 ·· 121

四、柜员管理 ·· 121

五、职工奖惩 ·· 122

第七节　薪酬福利 ·· 123

一、职工工资 ·· 123

二、职工福利 ·· 129

第五章

股金 ·· 133

第一节　入股与退股 ·· 133

一、股金分类 ·· 133

二、入股原则 ……………………………………………………… 133

三、增资扩股 ……………………………………………………… 134

四、退股 …………………………………………………………… 136

第二节　股权设置 ………………………………………………… 138

一、自然人股 ……………………………………………………… 139

二、法人股 ………………………………………………………… 139

三、资格股 ………………………………………………………… 141

四、投资股 ………………………………………………………… 141

第三节　股金管理 ………………………………………………… 142

一、管理机构 ……………………………………………………… 142

二、股金证管理 …………………………………………………… 142

第四节　股金分红 ………………………………………………… 143

第六章

人民币 ………………………………………………………………… 145

第一节　发行宣传 ………………………………………………… 145

第二节　人民币兑换 ……………………………………………… 145

一、新旧人民币兑换 ……………………………………………… 145

二、残损币兑换 …………………………………………………… 146

第三节　反假币 …………………………………………………… 147

一、组织领导 ……………………………………………………… 147

二、知识培训 ……………………………………………………… 148

三、反假币宣传 …………………………………………………… 148

四、收缴及处理 …………………………………………………… 149

第四节　反洗钱 …………………………………………………… 150

一、组织领导 ……………………………………………………… 150

二、反洗钱工作 …………………………………………………… 150

第七章

存款 ………………………………………………………………… 152

第一节　储蓄存款 ………………………………………………… 152

一、业务发展 ……………………………………………………… 152

二、存款种类 ……………………………………………… 155

第二节　单位存款 ………………………………………… 158

一、业务发展 ……………………………………………… 158

二、存款种类 ……………………………………………… 160

第三节　存款管理 ………………………………………… 162

一、管理制度 ……………………………………………… 162

二、揽储方式 ……………………………………………… 164

三、存款业务检查 ………………………………………… 164

第四节　存款准备金 ……………………………………… 165

一、存款准备金率调整 …………………………………… 165

二、存款准备金制度 ……………………………………… 167

第八章

贷款 ……………………………………………………… 170

第一节　贷款管理 ………………………………………… 170

一、业务发展 ……………………………………………… 170

二、贷款原则 ……………………………………………… 172

三、贷款政策 ……………………………………………… 172

四、贷款分类 ……………………………………………… 176

五、贷款对象与条件 ……………………………………… 177

六、贷款程序 ……………………………………………… 181

第二节　"三农"贷款 …………………………………… 184

一、农牧业贷款 …………………………………………… 184

二、农户小额信用贷款 …………………………………… 186

三、农户联保贷款 ………………………………………… 188

四、安居富民工程贷款 …………………………………… 189

五、中小型农机具贷款 …………………………………… 190

六、设施农业贷款 ………………………………………… 191

七、畜牧业贷款 …………………………………………… 191

八、扶贫贴息贷款 ………………………………………… 191

第三节　企业贷款 ………………………………………… 193

一、业务发展 ……………………………………………… 193

二、社团贷款 ·· 197

第四节　其他贷款 ·· 198

一、个体工商户贷款 ·· 198

二、抵质押贷款 ·· 198

三、下岗失业人员小额担保贷款 ·· 199

四、生源地国家助学贷款 ·· 199

五、妇女创业贷款 ·· 200

六、个人住房贷款 ·· 200

第九章

利率 ·· 201

第一节　存款利率 ·· 201

一、储蓄存款利率 ·· 201

二、单位存款利率 ·· 208

三、行社往来利率 ·· 209

第二节　贷款利率 ·· 210

第三节　贴现利率 ·· 221

第十章

会计出纳 ·· 223

第一节　会计管理 ·· 223

一、会计制度 ·· 223

二、账务设置 ·· 226

三、记账方法 ·· 227

四、印章和密押管理 ··· 227

五、会计凭证 ·· 228

六、会计核算改革 ·· 229

七、会计职权 ·· 231

第二节　出纳 ·· 231

一、出纳制度 ·· 232

二、出纳管理 ·· 233

三、出纳职责 ·· 235

第三节　转账结算 ································· 236

　　一、结算渠道 ································· 237

　　二、大小额支付渠道 ··························· 237

第四节　会计出纳制度改革 ······················· 238

　　一、会计主管委派制 ··························· 238

　　二、综合柜员制 ······························ 239

第十一章

财务管理 ·································· 241

第一节　组织机构 ····························· 241

第二节　管理制度 ····························· 242

第三节　收支管理 ····························· 244

　　一、收入管理 ································ 244

　　二、支出管理 ································ 247

第四节　决算与核资 ··························· 253

　　一、决算管理 ································ 253

　　二、清产核资 ································ 254

第五节　利息管理 ····························· 255

第六节　资金业务 ····························· 257

　　一、存放业务 ································ 257

　　二、票据融资业务 ···························· 257

第十二章

审计 ····································· 258

第一节　组织机构 ····························· 258

第二节　制度建设 ····························· 259

第三节　内部审计 ····························· 261

　　一、自治区联社审计 ·························· 261

　　二、喀什市联社审计 ·························· 263

　　三、县联社(联合社)审计 ······················ 264

第四节　外部审计 ····························· 269

　　一、审计机关审计 ···························· 269

二、社会机构审计 ……………………………………………………… 269

第五节 检查 ……………………………………………………………… 269

一、人民银行检查 ………………………………………………………… 269

二、银监局检查 …………………………………………………………… 270

第十三章

信用工程 ………………………………………………………………… 272

第一节 组织领导 ………………………………………………………… 272

第二节 制度建设 ………………………………………………………… 273

第三节 信用评级 ………………………………………………………… 273

一、评定条件 …………………………………………………………… 274

二、评定程序 …………………………………………………………… 275

三、信用评定 …………………………………………………………… 276

第四节 工程成果 ………………………………………………………… 277

第五节 信贷协管员 ……………………………………………………… 279

一、协管员队伍 ………………………………………………………… 279

二、协管员管理 ………………………………………………………… 280

第十四章

电子银行 ………………………………………………………………… 281

第一节 银行卡 …………………………………………………………… 281

一、宣传与发行 ………………………………………………………… 281

二、申领及服务 ………………………………………………………… 283

三、发放及注销 ………………………………………………………… 283

四、权利义务 …………………………………………………………… 284

五、银行卡业务会计核算 ……………………………………………… 285

第二节 收单业务 ………………………………………………………… 286

一、ATM ………………………………………………………………… 286

二、POS ………………………………………………………………… 288

第三节 网上银行 ………………………………………………………… 288

一、业务发展 …………………………………………………………… 288

二、业务管理 …………………………………………………………… 289

三、客户信息安全管理 ··· 292

第四节　电子化建设 ··· 293

第十五章

中间业务 ··· 294

第一节　代收代付 ··· 294

一、代收 ··· 294

二、代付 ··· 295

第二节　代理保险 ··· 296

第三节　代理银行 ··· 297

一、代理国库 ··· 297

二、国库集中支付 ··· 297

第十六章

优惠扶持 ··· 299

第一节　人民银行扶持政策 ··· 299

一、支农再贷款 ··· 299

二、差别准备金 ··· 301

三、央行票据置换 ··· 302

第二节　政府优惠政策 ··· 303

一、贴息贷款 ··· 303

二、财政补贴 ··· 304

三、保值贴息 ··· 306

第三节　税收减免 ··· 307

第四节　自治区联社扶持 ··· 315

第十七章

资产风险管理 ··· 316

第一节　组织机构 ··· 316

第二节　风险防控 ··· 319

第三节　不良资产管理 ··· 323

一、不良贷款认定 ··· 323

二、不良贷款清收与奖罚 ·· 323

第四节　玉卡风险管理 ·· 326

一、风险防范 ··· 326

二、风险管理 ··· 328

三、网银风险防范 ·· 329

第五节　专项行动 ··· 329

一、"排雷"行动 ··· 329

二"三项整治"活动 ··· 330

第十八章

安全保卫 ··· 332

第一节　机构队伍 ··· 332

一、组织机构 ··· 332

二、安保队伍 ··· 333

第二节　制度建设 ··· 334

第三节　安保设施 ··· 336

第四节　安全管理 ··· 338

一、安全教育与检查 ·· 338

二、案件处理 ··· 341

第十九章

社务管理 ··· 344

第一节　行政管理 ··· 344

一、行政事务 ··· 344

二、档案管理 ··· 346

三、机关效能建设 ·· 347

第二节　固定资产管理 ·· 348

一、组织机构 ··· 348

二、固定资产购建 ·· 349

三、固定资产管理 ·· 353

四、固定资产维修 ·· 354

五、固定资产处置 ·· 354

第三节　目标管理 ………………………………………………… 355

　　一、经营目标管理 ………………………………………… 355

　　二、安全目标管理 ………………………………………… 359

　　三、社务公开制度 ………………………………………… 360

第四节　后勤管理 ………………………………………………… 361

　　一、组织领导 ……………………………………………… 361

　　二、车辆管理 ……………………………………………… 361

　　三、公务接待 ……………………………………………… 363

　　四、职工生活 ……………………………………………… 364

　　五、报刊征订 ……………………………………………… 365

第二十章

党群组织 ……………………………………………………… 366

第一节　中共党组织 ……………………………………………… 366

　　一、组织建设 ……………………………………………… 366

　　二、党员发展 ……………………………………………… 369

　　三、党建工作 ……………………………………………… 371

　　四、重要活动 ……………………………………………… 376

第二节　纪检监察 ………………………………………………… 381

　　一、组织机构 ……………………………………………… 381

　　二、党风廉政建设 ………………………………………… 382

　　三、预防职务犯罪 ………………………………………… 383

　　四、党风廉政建设目标管理 ……………………………… 386

　　五、违规违纪处理 ………………………………………… 387

　　六、"阳光信贷"整肃行风行纪职业道德教育活动 ……… 389

第三节　工会 ……………………………………………………… 391

　　一、组织机构 ……………………………………………… 391

　　二、主要活动 ……………………………………………… 392

第四节　共青团 …………………………………………………… 393

　　一、组织机构 ……………………………………………… 393

　　二、主要活动 ……………………………………………… 393

第二十一章

精神文明建设 ··· 394

第一节　文明创建 ··· 394

一、组织领导 ··· 394

二、文明建设活动 ··· 395

三、文明单位创建 ··· 402

第二节　民生工程 ··· 407

一、基本情况 ··· 407

二、"五小"工程 ··· 409

第三节　企业文化 ··· 409

一、塑造形象 ··· 410

二、规范服务 ··· 412

三、文化建设 ··· 414

四、志鉴编纂 ··· 417

第四节　集体荣誉 ··· 418

第二十二章

人物 ··· 420

第一节　人物传 ··· 420

第二节　人物简介 ··· 421

第三节　人物名表 ··· 425

一、县(处)级及以上单位表彰先进个人 ··· 425

二、县联社(联合社)表彰先进个人 ··· 427

附录 ··· 429

第一辑　文献辑存 ··· 429

第二辑　工作总结摘要 ··· 443

第三辑　载文选辑 ··· 476

编后记 ··· 478

概述

一

　　岳普湖县地处新疆维吾尔自治区西南部,位于喀什地区中部、盖孜河下游冲积平原上,地处北纬 38°46′~39°22′、东经 76°25′~77°25′之间。东南靠麦盖提县,东北与巴楚县接壤,南邻莎车县,西接疏勒县,北连伽师县。境域东西最长处 93 千米,南北最宽处 56 千米,总面积 3327 平方千米(含新疆生产建设兵团第三师四十二团)。县城距喀什市公路里程 81 千米,距乌鲁木齐市公路里程 1560 千米。

　　塔什库尔干——麦盖提公路横贯岳普湖县全境,以此为中轴,形成通往各乡、村的交通网。S310、S216 和 S213 线横穿岳普湖县全境,并在城区交会。岳普湖县城距喀什火车站 78 千米、喀什航空港 86 千米。

　　岳普湖县原是疏勒县一部分,历史沿革与疏勒县相同。1940 年,成立岳普湖设治局,隶属新疆第三(喀什)督察专署。1943 年升格为岳普湖县。1949 年新中国成立后,隶属喀什专(地)区管辖。1954 年 8 月由南疆行署直接管辖。1956 年 4 月恢复喀什专区后,隶属喀什专区至今。1990 年末,岳普湖县辖 1 镇 8 乡,即:岳普湖镇、岳普湖乡、也克先拜巴扎乡、艾西曼乡、色也克乡、铁热木乡、巴依阿瓦提乡、阿其克乡、阿洪鲁库木乡;5 个农林牧场,即:良种场、县农场、种畜场、林场、奶牛场;乡(镇)下设 99 个村民委员会,561 个村民小组。此外,兵团农三师四十二团场部设在岳普湖县城东南 26.5 千米处。2014 末,岳普湖县辖 2 镇 7 乡,即:岳普湖镇、艾西曼镇、岳普湖乡、也克先拜巴扎乡、色也克乡、铁热木乡、巴依阿瓦提乡、阿其克乡、阿洪鲁库木乡;5 个农林牧场,即:良种场、县农场、种畜场、林场、奶牛场。兵团第三师四十二团场部设在岳普湖县城东南 26.5 千米处。县人民政府驻岳普湖镇。

　　岳普湖县属于暖温带大陆性干旱气候。四季分明,气候干燥。日照时间长,少雨水且蒸发量大。春季多风沙和浮尘天气,无霜期长。年平均气温 11.7℃,极端最高温度 41.8℃,极端最低温度 -23.4℃,年平均降水量 52.8 毫米,年蒸发量 2584 毫米。无霜期 214 天,日照 2762 小时,大风日数 19 天。因地处下游,土地盐碱化严重,常受干旱、风暴、冰雹等灾害袭击。

岳普湖县粮食作物主要有冬小麦、春小麦、大麦、玉米、高粱、糜子、绿豆、黄豆等;家畜有重挽马、顿河马、关中驴、三北羔皮羊等 10 余种。2006 年,岳普湖县被农业部特产之乡暨宣传活动组织委员会命名为"中国毛驴之乡"。县域有阿洪鲁库木麻扎、达斯坦古城、圣湖、达瓦昆湖等旅游景点。

中华人民共和国成立后,岳普湖县各族人民在中国共产党领导下,进行社会主义革命和建设,经过艰苦奋斗、努力创业,取得巨大成就。县域国民经济和各项社会事业快速、持续、健康发展,为农村信用社提供巨大发展潜力,使农村信用社以自身优势为岳普湖县域经济和各项社会事业发展做出应有贡献。

二

岳普湖县农村信用合作社(简称县域信用社)从创立、成长到曲折前进、改革整顿、规范发展,经历艰难,坎坷的历程。

1957 年,岳普湖县实现乡乡有信用合作社。1958 年,人民公社后,信用社下放给人民公社,信用社与人民银行岳普湖县支行(简称人行县支行)营业所合并营业,人权、资金权交由公社金融部管理。

1962～1963 年,撤销信用分部、信用服务站,恢复信用社。信用社以人行县支行管理为主,公社管理为辅。1966～1974 年,由贫下中农管理委员会和人行县支行管理。1975～1978 年,公社信用社由人行县支行管理,人行县支行营业所与基层信用社合署办公,实行两块牌子、两套账务、分别核算,干部统一使用。

1979 年,中国农业银行岳普湖县支行(简称农行县支行)恢复。1983 年,农行县支行设立信用合作股,管理乡镇信用社。恢复为既是农村集体金融组织又是国家银行在农村基层机构。县域信用社职工与农业银行职工享受同等待遇,组织机构、业务规定、经营管理、利率定价,执行农业银行指令性计划管理。

1994 年,岳普湖县域各信用社召开代表会议,按照社章规定,民主选举产生岳普湖县信用合作社联合社民管会并讨论通过联合社章程。

1996 年,岳普湖县农村信用合作社联合社成立,同农业银行脱钩,实行独立经营、自负盈亏。归属人行喀什地区中心支行农金科和喀什地区农金体改办监管。年末,全县共有 9 个信用社,一个联社营业部,22 个信用分社,在职职工 92 人,退休人员 24 人。

从"行社脱钩"到信用社改革实施统一法人管理期间,岳普湖县联合社以科技创新为先导,转换经营理念,优化经营管理,壮大资金实力,确立服务"三农"市场定位,全方位搞好信贷支农,培育信用环境,实施信用工程,坚持制度创新,健全完善法人治理结构,加强自律监管和合规经营,实现稳健发展。

2002年,根据人行喀什中心支行和人行岳普湖县支行有关规定,实施一级法人经营体制,其他10家农村信用合作社降格为分社。2003年中国银行业监督管理委员会喀什地区银监分局成立,负责信用社行政业务监督管理。

2006年10月,岳普湖县联合社实行统一法人社体制改革,成立岳普湖县农村信用合作联社(下称联社),即统一法人社。实行"统一法人、授权经营、分级核算、单独考核"。隶属自治区联社管理。

2014年末,岳普湖县联社有9家乡(镇)信用社、1家营业部共10个营业网点,内设综合办公室(含监察保卫部)、信贷部、审计部、财务信息部、人力资源部、资产风险管理部、电子银行部、客户部等8个部门。在职职工114名,其中正式职工96名,劳务派遣人员11名,内退7人。

三

岳普湖县农村信用合作社发源于农村、牧区,也是原始资本金来源地。加强股金、存款管理,提高资金组织运作能力,采取措施扩大资金来源,壮大资金实力是信用社巩固自身发展,有效服务"三农"的重要任务。

1959~1962年,由于大跃进、"浮夸风""放卫星",农村经济受到严重影响,县域经济陷入低谷。加之三年自然灾害,岳普湖县和其他县情况类同,农村经济一蹶不振,损失惨重。1963年,贯彻中央"调整、巩固、充实、提高"八字方针后,农村经济略有好转。"文化大革命"期间,股金、存款相对趋于停滞状态。

20世纪70~90年代中期,农村经济逐步恢复,个体户兴起,乡镇企业发展迅速。1996年11月,岳普湖县联合社成立,年末各项存款4078.5万元,人均存款44.3万元,集体存款408.6万元。

2003年,岳普湖县联合社各项存款11968万元,其中对公存款2486万元,人均存款166.2万元。2006年县联合社牢固树立"存款立社、以效兴社"的思想,按照"增加存款总量、重点调整结构、降低存款成本",积极组织存款,使信用社资金实力得到进一步增强。年末,各项存款达到15480万元,较年初净增2887万元,增长23%。其中:对公存款达到1993万元,占存款总额12.87%,储蓄存款达到13487万元,占存款总额87.13%,完成年初存款计划任务105%。

2007年,是岳普湖县联社成立第一年,努力做好扩股增资工作。向社会积极宣传入股政策、入股意义和入股社员的权力、义务,带头积极入股,督促信用社职工积极参股入股,增强员工的集体责任感,年末股本金余额达到1061万元。2013年股金余额为5083.2万元。

2008～2014年,岳普湖县联社坚持"改革创新、调整结构、开拓市场、从严治社、加快发展"的原则,以存款为基础,以资产质量为生命,以效益为目标,坚持为"三农"服务的宗旨,防范和化解经营风险,努力提高经营管理水平,抓好增收节支,坚持对公存款与储蓄两手抓、两手都要硬的工作策略,一改过去拉存款为拉客户、拉账户,尤其是开设基本账户,培育稳定的客户群体,夯实资金组织工作基础。坚持利用现代科技手段,拓展储存和中间业务,在为各族群众提供快捷便利服务同时实现经济效益最大化。

2014年,县联社累计发放玉卡10125张,玉卡覆盖率达100%,卡存款余额为26259.9万元;利用营业网点多的优势,新增21台POS机,交易额达29604万元;积极推广网银业务,共有18家企业开立网银账户,完成计划100%,184人开立网银账户,完成计划6.49%,个人移动银行开户81户,完成计划6.43%,中间业务收入为189.7万元,完成计划126.47%。2014年末,各项存款实现113011万元,占岳普湖县金融机构各项存款52.9%,存款占据岳普湖县金融机构第一。年末实现账面盈余2444万元,比上年增加542万元,利润增长率28%。

四

农村信用社植根于农村和牧区,服务"三农",支持农村经济发展,打击高利贷盘剥,解决农牧民生产、生活资金短缺困难是农村信用社主营业务和国家赋予的社会责任。

1956～1966年,县域农村信用合作社主要任务是:解决农牧民特别是贫下中农临时性资金困难,发放社员生活贷款、发放短期农贷、发放无息贷款、打击高利贷活动。

1966～1976年,县域信用社贷款主要用于支持社队发展集体经济的资金需求,家庭副业生产贷款基本停止。

1978年,中共十一届三中全会后,随着土地承包责任制实施,农牧民收入快速增长,农村金融环境发生变化。县信用社贷款投向由支持集体经济开始转向社员个体,对农户发放生产生活及多种经营贷款,促进农牧民脱贫致富。

1980年后,随着农村联产承包责任制普及、稳定、完善和农民家庭副业发展,农村双包户、专业户(重点户)已逐步成为县域信用社发放贷款主要对象;对入股社员贷款可以优先,利率可以优惠。信用社组织的资金,优先用于农村;贯彻自力更生为主,贷款支持为辅的方针,坚持量力而行,讲究实效;区别对待、择优扶持;确有适用适销的物质保证;有借有还到期归还的基本原则。

1996 年岳普湖县联合社成立后,优化信贷结构,在支持农村集体工、农、商业、农村经济承包户、个体工商户基础上,重点支持培育和开发经济作物新品种、建立优质高产的蔬菜生产基地。1996 ~ 1998 年实行统贷统还的信贷政策,为农业生产和广大农牧民脱贫致富做出一定贡献。1999 ~ 2001 年农村信用社遵照信贷管理政策,把统贷统还调整为户贷户结,向农户投放大量资金,也造成信用社部分资金沉淀,由于内控制度建设不能适应农村信用社发展需求,盈利水平直线下降,累计亏损达 420 余万元。2001 年 7 月上级果断决策,及时调整联合社领导班子。新一届领导集体上任伊始就认为,在国家级贫困县的岳普湖县农村信用联合社应按照传统的管理模式,应对变化莫测的农村合作金融,认为要想盈利,就必须多发放贷款,联合社内控制度执行有所好转,但忽视在农村合作金融中的重要地位,联合社又一次面对历史包袱沉重、资产质量差、经营困难、法人机构点多面广、潜在风险大的局面。

2003 年,县联合社第三届社员代表大会将一批业务素质高、经营能力较强的人员选为联合社理事会和监事会成员,使联社决策层有较大改善,制定《主任、副主任岗位责任制》和《各部(室)职责》,严格按照规章制度规范行为,2003 年末甩掉亏损帽子,步入盈利轨道。2003 年,随着农户联保贷款和农户小额信用贷款业务推广,县联合社扩大对农牧区的贷款范围,增加信贷总量,为农田基本建设和农村基础设施建设,农用物质和农副产品流通,发挥着驱动作用。2004 年严格执行“农户小额信用贷款管理办法”“贷款三查制度”“三包”责任制、“信用社员工保证书”等制度、措施,层层落实,责任到人,有效防范化解信贷风险,提高贷款质量。2006 年,各项贷款余额 4455 万元,其中不良贷款 246 万元,占贷款总额 5.52%,

2008 ~ 2014 年,岳普湖县联社在自治区联社领导下,以完善法人治理结构为突破口,坚持“自主经营、自负盈亏、自我发展、自我约束”发展原则,建立、修订信贷管理、绩效考核等制度,在做好“三农”信贷服务同时做好中小企业、城镇居民个人消费、住房按揭、扶贫贴息、安居富民工程、生源地国家助学、社会团体等信贷服务。开展内控制度年、信用工程建设、阳光信贷、“扫雷行动”“三项整治”、劳动竞赛等活动,确保各项信贷服务工作顺利进行。2010 年末,各项贷款余额 2.2 亿元,创历史最高水平,比 2009 年同期增加 5000 万元,增长达 29%。

2014 年末,各项贷款 65391 万元,比自治区联社部署的贷款任务增加 1339.1 万元,完成计划 102%。其中:农业贷款 59116.2 万元,占贷款总额 90%,占岳普湖县金融机构各项贷款 67.9%,贷款位据岳普湖县金融机构第一。

五

岳普湖县农村信用社在不同历史发展阶段,根据党和国家社会经济金融方针、政策,不断调整发展方向和思路、端正服务态度、完善服务制度、创新服务方式、提高服务质量,促进农村、牧区、城镇经济与社会发展。依照国家经济法规、审计准则,在国家银行、监管部门、自治区联社监管和领导下,依法合规经营、规范运作,防范化解金融风险,规范化、系统化地进行稽核审计。

20 世纪 50~70 年代,县域农村信用社资金实力薄弱,贷款投放量较少,但人民银行、农业银行对信用社信贷资产风险监管从未间断,具体办法是以财务检查代替稽核、审计。信用社初建时期,由当地乡人民政府实施监管,实行"有借有还、谁借谁还、到期归还、有困难再贷"以及"春借、秋还、冬不贷"制度。贷款投放有明确规定,贷款投量有严格审查、审批制度。对贷款实行逐级管理、合规运作管理制度。1966~1976 年,"文化大革命"时期,信用社收支均由人民公社管委会主任审批。业务开展滞后,经营亏损,信用社处于崩溃边缘。行之有效的监管制度基本废除,呆滞、呆账贷款频频高发,社社亏损,加之农村、牧区老百姓生活极其贫困,集体还款更是遥遥无期。

改革开放后,县域信用社在县、乡政府领导和银行管理下采取一系列改革措施,优化监管质量,盘活贷款存量,信贷资产监管逐步走上制度化、规范化轨道。县域信用社在合规运作、定向投放、贷前调查、贷后检查、到期归还各环节,均采取定性、定量、定时的科学预测、监管,形成一套完整监控程序和制度。1996 年县联合社成立后,根据有关规定和内部管理要求,配备联合社稽核员;严格执行人民银行 1997 年 11 月 28 日制定下发的《中国人民银行现场稽核操作规程(试行)》。2001 年,联合社成立稽核股;2003 年,成立监督保障部并在每个基层社配备一名兼职稽核员。

2006~2014 年,县联社加强稽核审计工作,有效规避风险。2007 年 4 月县联社将监督保障部更名为审计部,并成立岳普湖县联社内部审计工作委员会。严格执行《新疆维吾尔自治区农村信用合作社内部审计基本制度》,修订完善《岳普湖县农村信用社重要岗位人员轮岗及强制休假实施方案》《岳普湖县农村信用社贷款内外账务核对工作实施方案》《岳普湖县农村信用合作联社稽核管理办法》等制度,加强和改进稽核审计工作。2009 年,县联社按照重要岗位人员轮流上岗制度,对 48 名干部进行离岗审计。2013 年各项检查 17 次,其中每季度常规性检查 3 次,社团贷款专项检查 1 次,现金、重空业务专项检查 2 次,财务管理专项检查 1 次,自律监管再监督 2 次,后续检查 2

次,阳光信贷抽查 1 次,案件风险排查 2 次,上级部门检查出问题复查 3 次,2014 年开展要害岗位专项检查 29 人次,对违反农村信用社业务操作规程的 13 人处以经济处罚和通报批评。

六

岳普湖县联社党组织坚持不懈抓组织建设,不断强化党的领导,逐步健全完善联社党组织机构,发挥党的核心领导作用。先后开展"三个代表"重要思想学习教育活动、保持共产党员先进性教育活动、党风廉政建设教育月活动、科学发展观教育实践活动、创先争优活动、重温入党誓词活动、"四强四优"活动、爱心捐助活动、党员先锋工程活动、党史知识竞赛活动、贯彻中共十八大精神,组织全辖党员、干部职工认真开展党的群众路线教育实践活动,使党组织和全体党员在农村信用社不同发展时期都能发挥党组织的战斗堡垒作用和党员的先锋模范作用。

岳普湖县联社认真履行职责,严格落实国家金融政策、法律、法规,监督信用社干部员工履行岗位职责、恪尽职守、依法从业,检查处理破坏金融工作制度、以贷谋私、以职谋利、玩忽职守、违犯财经纪律的违法违纪案件,广泛开展党风廉政建设、治理商业贿赂、案件专项治理、案件防控、"三项整治"、行风行纪职业道德教育、"小金库"专项治理、机关作风整顿活动,对干部职工进行法制教育和反腐倡廉教育,确保金融业务正常高效运转。

岳普湖县联社群团组织发挥桥梁纽带作用,投身物质文明、精神文明建设以及企业文化建设活动,为信合事业和经济社会发展做出积极贡献。工会组织紧紧围绕党的中心工作,带领职工学习有关法律法规和联社规章制度,开展职工政治思想教育,举办业务技能比赛,提高员工服务质量,丰富职工业余生活,建设职工之家,维护职工合法权益。共青团组织引导青年职工弘扬艰苦创业和爱岗敬业精神,立足本职岗位,提高业务技能,争创一流成绩。开展县级"青年文明号"创建活动、"诚实守信、争做节约先锋、展示青春风采"主题活动、"三农"金融服务宣传推进月活动。女工委员会履行职责依法维护女职工的合法权益和特殊利益。组织开展争创"巾帼建功示范窗口""巾帼建功示范岗""岗位明星"活动;开展文体活动,展示女工风采;加强"自尊、自信、自立、自强"教育,充分发挥"半边天"作用;关心女职工生活,维护女职工利益。

岳普湖县联社在抓好各项业务,不断提高经济效益同时,狠抓精神文明建设,做到物质文明、精神文明一起抓,"两个文明"成果一起要。按照上级部署,积极开展优质服务教育、民族团结教育、革命传统教育、艰苦奋斗教育,贯彻《公民道德实施纲要》等教育活动,开展爱心捐助、帮贫扶贫、志愿服务、军警民共建、文明单位创建活动。以美化环境为重点,营造良好的工作氛围;以队伍建设为重点,造就一支政治坚定、清正廉洁、技术过硬、工作高效、执行有力的员工队伍;以树立科学的世界观、人生观和价值观,增强社会责任感和使命感,造就一支坚持服务至上、精益求精、遵纪守法、竭诚奉献、德才兼备的高素质干部队伍;以推进岳普湖县信用合作事业发展为重点,促进各项工作落实;积极培育有理想、有道德、有文化、有纪律的社会主义公民,提高全体员工的思想道德和科学文化素质。努力把精神文明建设和农村信用合作事业的各项工作紧密结合起来,为推动金融事业发展做出贡献。

岳普湖县信用社在近60年发展历程中,县域各信用社、联社历任领导更新传统思路,打造一支具有理解力、执行力和创造力团队,视干部员工为企业最可贵资源,采取各种方式促使价值认同并提升员工道德、文化和业务素质。为发挥员工的积极性和创造性,内铸精神动力,外树企业品牌,营造农村信用社有效开展各项业务、严格各项管理、热忱服务、防范道德风险的强大的道德环境和文化氛围。汲取现代金融企业先进文化素养,总结发掘农村信用社数十年精神财富,提炼出以"敬业"为核心价值观、以"勤奋、忠诚、严谨、开拓"的企业精神,形成包括战略文化、精神文化、规制文化、行为文化、形象文化五个层面的企业文化体系,使之成为农村信用社各级管理者有效管理企业并逐步走向成功的大思路。联社企业文化建设坚持以人为本,以共同体现全体员工的价值观,增强员工对联社的归属感与认同感,从而产生巨大的凝聚力和向心力。同时,利用企业文化对员工产生强大的吸引力和号召力,使员工从联社的整体利益出发,自觉地运用相关规章制度来约束、衡量言行。联社以强势企业文化作为支撑,在日益激烈的市场竞争中始终保持可持续发展。联社优秀的企业文化从企业愿景、核心价值观、员工行为等方面向社会展示着企业良好的经营状况和积极向上的精神风貌,从而为企业塑造良好的外部形象,加强以人为本企业文化观的建设,一切以客户需求为出发点,为客户提供方便快捷周到的金融服务,在广大顾客当中树立起良好的信誉和口碑,赢得社会的广泛赞誉。

大事记

1956 年

1月,岳普湖镇、岳普湖乡信用合作社成立。

2月,国务院发布《关于发行新人民币和收回现行人民币的命令》,新人民币1元等于旧人民币1万元。

是月,中国人民银行(以下简称人行)发行新版人民币(即第二套人民币),并开始发行壹分、贰分、伍分共3种面额的纸分币。

3月,人行岳普湖县支行(以下简称人行县支行)根据上级布置开始进行兑换(回收)旧人民币工作。

1957 年

1月,色也克、阿其克、铁热木、也克先拜巴扎、艾西曼信用合作社成立。

7月20日,《新疆日报》第2930期14版以题为《走群众路线受群众欢迎》报道岳普湖县阿其克区一乡信用社吸收3万多元存款的经验。

9月13日,《新疆日报》第2577期10版以题为《结合购粮工作大力收贷收储》报道岳普湖县岳下八扎区二乡信用社,结合夏粮收购开展收贷收储工作取得很大成绩。

11月19日,国务院发布命令,自1957年12月1日起,人行发行第一套金属分币,金属分币与已流通的纸质分币等值混合流通。其发行原则是先城市后农村,先大城市后小城市。

12月6日,《新疆日报》第2648期01版以题为《积聚资金大力支援农牧业生产》报道岳普湖县铁力木区银行营业所和全区六个信用社,结合各农业社棉花款分配,开展收贷收储工作。

1958 年

3月22日,人民银行新疆分行开始试行颁发的《高级农业生产合作社贷款办法》。

5月,人行县支行按照中共中央、国务院印发的《关于适应人民公社化的形势改进农村财政贸易管理体制的决定》,将所属营业所下放给人民公社,营业所与原信用社一并改组为公社信用部。

11月,岳普湖县撤销乡级建制,组建政社合一的人民公社,农村信用合作社按公社所在地名称更名为人民公社信用社。

1959 年

1月1日,县域信用社活期存款利率下调至2.16%,零存整取定期存款月息按3%执行。

4月,人行县支行根据中共中央停止执行"两放、三通、一包"的决定,从人民公社收回银行营业所,仍由人行县支行领导和管理,而把信用社下放给生产大队,改名为信用分部。

1960 年

3月21日,人行新疆分行下达《关于信用分部使用的账表凭证可由各行就地印制》的通知。

1961 年

9月26日,人民银行发出《关于讨论和试行农村信用合作社若干政策问题的规定(草案)的通知》,共五部分二十条,明确规定信用社的性质、任务、民主管理、业务政策等问题,指出信用合作社是农村劳动人民的资金互助组织,股金、积累及其他财产,属于信用社集体所有。信用社资金独立,自负盈亏。

1962 年

4月15日,人民银行陆续发行第三套人民币(至1966年1月10日),主币有1元、2元、5元、10元4种,辅币有1角(3种版别)、2角、5角(各1种版别)。

11月9日,中共中央、国务院批转人民银行《关于农村信用合作社若干问题的规定(试行草案)的报告》,恢复信用社的性质和任务,重新明确农村信用社组织的独立地位,并赋予自主权,信用社干部待遇按照人民公社同级干部待遇标准执行。

12月,人行县支行贯彻中共中央、国务院批转人行《关于农村信用社若干问题的规定》,压缩农村信贷规模,整顿农村信用社。整顿后的农村信用部更名为信用合作社,恢复其在管理上的民主性、组织上的群众性、经营上的灵活性。

是年,国务院决定将农村信用社的领导权从生产大队收回,由人民银行进行全面、彻底的垂直领导。

1963 年

1月10日,人行新疆分行党组规定:信用社的利率规定在月息5.4‰~7.2‰幅度内掌握。信用社脱产干部仍按自治区人民委员会1962年10月7日(会财办字第862号)文件办理,即信用社干部由县人民银行管理。

3月19日,国务院批转《中国人民银行关于信用合作社干部口粮和副食品、日用品供应情况的报告》,信用合作社脱产干部的口粮,全部改由国家供应,副食品和日用品由商业部门供应。

3月,县域信用社系统团员青年响应毛泽东"向雷锋同志学习"的号召,开展学雷锋活动。

8月15日,人民银行发出《关于积极支持信用社发放贫农下中农生产、生活贷款的指示》,农村信用合作社必须在当前这种阶级斗争中发挥战斗作用,发放贷款,支援贫下中农打击高利贷活动。

1964 年

1月,岳普湖县巴依阿瓦提信用合作社成立。

4月,中共中央、国务院决定由国家银行统一收回苏联代印的3种票券,即:1953年版黑色的"工农"图案的10元券,1953年版酱紫色"各民族大团结"图案的5元券,1953年版的深绿色"井冈山"图案的3元券。

是年,县域信用社开展以创"五好"单位、"六好"职工为目标的竞赛活动,采取比、学、赶、帮的方法,涌现出一批学先进、赶先进、不图名、不图利的先进工作者。

1965 年

4月11日,人行、农行要求农村信用社吸收个人存款的利率,参照城镇储蓄存款利率同时调整,信用社储蓄存款利率与银行的储蓄存款利率基本一致。对社员的贷款利率最高不得超过月息 7 厘,自同年 6 月 1 日起执行。实际执行情况是最高 7.2‰,一般 6‰。

是年,县域农村信用社改借贷记账法为现金收付记账法。

1966 年

2 月 3～25 日,人民银行新疆分行召开全疆支行行长会议,指出信用社必须在社教中进行整顿。

1969 年

是年,《人民日报》发表题为《农村信用社是否由贫下中农管理好》的社论,对农村信用社交由贫下中农管理的方向提出要求。岳普湖县域农村信用社的人事权交给贫下中农管理委员会管理。

1970 年

7 月 25 日,财政部全国财政银行工作座谈会召开,决定从 1971 年起下放信贷管理权限,实行农村信贷包干,一年一定。支持地方"五小"工业贷款,调整银行存、贷款利率,利率总水平下降 30% 左右。

1972 年

6 月 1 日,人民银行颁布《农村信用合作社工作条例(试行草案)》《信用合作社章程(草案)》,明确信用社的性质、任务、机构设置和组织领导等。

1973 年

5 月 18 日,人民银行印发《关于信用社 1970 年以前的历年亏损补贴意见的通知》,国家补贴信用社亏损,要先由信用社提出历年亏损报告,检查亏损原因,总结经验教训,经贫管会(组)讨论通过,公社革委会审查签注意见,报人行县支行审查同意后,逐级汇总上报。

10月1日,自治区革委会制定《新疆维吾尔自治区农村牧区信用合作社贷款办法(试行草案)》。

1974 年

1月,人行通知,自即日起回收1956年版的黑色1元券人民币。

6月,人民银行召开全国农村金融工作座谈会,指出贫下中农的管理任务,应该是在公社党委领导下,对信用社职工进行改革教育。它是权力机构,不是执行机构。明确要求,信用社要积极自主开展业务,加强财务管理。这次会议彻底收回贫下中农组织对信用社的管理权,重新赋予农村信用社在业务和人事上的自主权。

1977 年

5月14日,人民银行发出《关于城乡储蓄分工有关问题的通知》,营业所与信用社联合办公,仍应是两套账,谁的资金归谁的账。县以下城镇储蓄余额一律不准划转信用社,已划转的应重新划回。县以下城乡储蓄分工仍按过去规定执行,各地不要自行改变。属于集镇的职工和非农业人口的居民以及工矿企事业单位职工的储蓄工作,由营业所组织办理,没有银行营业所的地区,可以由信用社组织办理,农村社员存款由信用社组织办理,但群众愿存银行营业所或者信用社的,由群众自愿决定。

12月27日,农行自治区分行下发通知,对于信用社职工副食价格补贴、取暖补贴以及享受探亲假等,均按照自治区人民政府有关规定,与银行职工待遇相同。

是年,县域信用社零存整取定期储蓄增设3年、5年档次,执行1、3、5年3个档次。

1978 年

4月6日,人民银行发出《关于信用社正式职工上大学能否带工资的问题的函复》,同意信用社正式职工上大学期间工资照发。

1979 年

1月,岳普湖县阿洪鲁库木信用合作社成立。

2月23日,国务院决定恢复农业银行,农村信用合作社为农业银行的基层机构。信用社的设置原则上按公社设立,只有信用社没有营业所的公社,一律在信用社加挂农业银行营业所的牌子,办理农行业务。已有营业所的一律与信用社合署办公。

8月6日,国务院批转《农业银行关于改革信用合作社管理体制的报告》,通过改革,恢复和加强信用合作社组织上的群众性、管理上的民主性、经营上的灵活性,实行独立经营、独立核算、自负盈亏,充分发挥民间借贷作用,把信用社真正办成群众性的合作经营组织。

是年,中央规定信用社既是集体金融组织,又是国家银行在农村的基层机构,由人行领导和管理,与人民公社脱钩。

1980 年

4月,县域信用社存款利率上调至2.88%,直至1990年7月。是月,人民银行发行1元、5角、2角和1角等4种面额的第二套铜镍合金硬币。

9月1日,县域农村信用社吸取的储蓄存款开始向农业银行缴存准备金为4%～7%。

9月10日,农业银行印发《关于做好当前农村金融工作的通知》,指出农村信用社应在农业银行领导下,实行独立核算、自负盈亏,信用社应有充分的自主权。其资金除留一定的提存准备金外,其余完全归信用社安排使用,多余的转存银行(信用社转存款不定任务),任何部门都不能随意抽调信用社的资金、财产和人员。信用社要放宽信贷政策,扩大业务范围。

1981 年

3月3日,经国务院批准,信用社设立对公单位定期存款。

12月30日,人民银行、农业银行新疆分行联合印发通知,决定恢复零存整取、积零成整储蓄异地托收办法。

1982 年

8月21日,农业银行召开全国会计工作会议,专门讨论信用社、站的会计工作,制订《关于加强信用站会计工作的规定》。

是年,中共中央发文:信用社应坚持合作金融组织性质的精神,又进行第三次体制改革。

1983 年

3 月 23 日,农行新疆分行根据农业银行《关于信用社对双包户、专业户(重点户)贷款的暂行规定》,补充规定:划分贷款审批权限;对双包户、专业户(重点户)的贷款利率暂定为四个档次,不分生产费用和生产设备;推行贷款契约制。

4 月 25 日,农业银行新疆分行成立农业银行喀什干部学校,成为南疆片区信用社干部培训基地。

8 月 27 日,农业银行新疆分行向全疆各级行发出《关于信用社职工划归信用合作管理部门管理的通知》。

12 月 13 日,岳普湖县域信用社开始回收 1956 年版 5 元券。

1984 年

1 月 1 日,中共中央发出《关于 1984 年农村工作的通知》,信用社要进行改革,真正办成群众性的合作金融组织,在农业银行领导、监督下独立自主地开展存贷业务,贷款利率可以浮动。

3 月,县域信用社恢复股金分红制度,不再支付股息。股金分红比例最高不超过当年纯收益的 10%,纯收益较多的社,分红额最高不超过股金数额的 15%。亏损社或无盈余的社年度不分红。

8 月,县域信用社对社员的股金,实行保息分红。无论盈亏,都按 1 年期定期存款利率付息。有盈余的社,还照章分红。

9 月 1 日,县域信用社吸收的储蓄存款开始向农业银行交存款准备金。信用社提存准备金的比例按级考核,不得低于 30%。

1985 年

1 月 1 日,县域信用社开始实施"统一计划、划分资金、实贷实存、相互融通"的信贷资金管理办法。

1 月,县域信用社贯彻执行中共中央(1985 年)1 号文件精神,实行独立经营、自负盈亏,所组织的资金除按规定向农业银行交付提存准备金外,全部归自己使用,接受农业银行业务领导。

10 月,岳普湖县金融系统正式发行人民银行发行的第三套"新疆维吾尔自治区成立

30 周年"流通纪念币。

12 月 20 日,农行自治区分行转发人民银行《关于对信用社转存款补贴利息的通知》,从 1985 年 9 月 21 日起,由人行对信用社转存款给予利息补贴,补贴标准按月息 1.5‰。

是年,县域信用社体制改革结束,成立理事会、监事会,行政上属农行县支行领导,业务上独立自主、灵活经营。

1986 年

1 月 1 日,国家税务机关对县域信用社恢复征收营业税。

3 月,县域信用社缴存存款准备金利率由原来月息 4.2‰调整为 5.7‰,转存银行款利率仍按月息 5.4‰不变。银行支持信用社贷款利率由原来月息 6‰调整为月息 5.4‰,调整后的利率从 1985 年 12 月 26 日起执行。

7 月 1 日,县域信用社开办定活两便储蓄存款业务,10 元起存、多存不限、不定存期。

是年,人民银行印发《关于调整信用社贷款利率的通知》,要求信用社从 1986 年 5 月 1 日起,在保持口粮贷款和治病贷款利率日息 8.4%不变的情况下,对部分贷款种类实行浮动利率。

1987 年

1 月 1 日,农行县支行对县域信用社转存款按人民银行对专业银行存款利率执行,人行对信用社的利差补贴直接补给信用社,对信用社转存款利率由月息 5.7‰调整为月息 4.1‰。

4 月 27 日,县域信用社开始发行第四套人民币(1980 年版),面值有 50 元和 5 角两种。发行实行"一次公布,分次发行"。

10 月 20 日,人民银行、农业银行制定《关于农村信用社信贷资金管理的规定》,指出信用社在遵守国家金融法规和政策的前提下,实行"自主经营、独立核算、自负盈亏、自担风险"的经营方针。

1988 年

4 月 1 日,县域农村信用社调整存、贷款利率及行社往来利率。

5 月 10 日,人行县支行发行第四套第二批新版人民币,面额为 100 元、2 元和 1 角

3 种。

9 月 1 日,县域信用社存贷款利率上调,存款利率平均上调 1.45 个百分点,贷款利率平均上调 1.52 个百分点。

9 月 10 日,人民银行决定对 3 年以上定期存款实行保值补贴。

1990 年

2 月 1 日起,人民银行通知,信用社存款利率不准上浮。贷款利率在专业银行贷款利率基础上最高上浮 50%,但须县级以上人行批准。

11 月 6 日,人民银行下达《关于农村信用社特种存款限额的通知》,决定对农村信用社开办特种存款,总额度为 50 亿元,期限一年,利率 11.70%,其利息由人民银行新疆分行按规定支付。特种存款资金由总行统一安排使用。

1991 年

1 月 8 日,国家税务局印发《国家税务局关于重申对农村信用社减免营业税的通知》,规定对于经营性亏损和个别纳税确有困难的农村信用社,可以按税收管理体制的规定,由各省、自治区、直辖市税务局审批,给予定期减免或免税照顾。

5 月 8 日,农业银行新疆分行印发《关于调整农村信用社存贷款利率及银行往来利率的通知》,规定农村信用社吸收的城乡居民、企事业单位存款一律执行人民银行的各档次利率并不得上浮或变相上浮。

9 月 13 日,农业银行印发《关于对农村信用社职工队伍开展教育,清理整顿活动的意见》的通知。

12 月 20 日,人民银行印发《关于下达农村信用社 1991 年特种存款限额的通知》,特种存款期限为一年,年利率为 10.8%。

1992 年

6 月,县域信用社开始发行面值为 1 角、5 角、1 元 3 种第三套硬币。

9 月 19 日,县域信用社执行农行自治区分行《关于做好农村信用社职工工资制度改革及有关问题的通知》,实施范围限于 1993 年 9 月 30 日在册农村信用社固定制职工和合同制职工。1993 年 9 月 30 日在册信用社职工,凡入社前在信用站工作的时间,可连续计算工龄进行套改。

1993 年

1月1日,人民银行改革记账方法,将原来沿用的收付记账法改为借贷记账法。

5月15日,人民银行提高各项存、贷款利率。各项存款利率在现行基础上平均上调1.19个百分点,各项贷款利率在现行基础上平均上调0.82个百分点。活期存款利率调整从7月1日起执行。农村信用社流动资金贷款利率最高上浮幅度为60%。

7月11日,人民银行再次提高各项存、贷款利率。对城乡居民3年期以上定期储蓄存款实行保值。农村信用社流动资金贷款利率最高上浮幅度为60%。

1994 年

10月12日,新疆国家税务局印发《关于农村信用社所得税政策问题的通知》,对国家和自治区确定的贫困县农村信用社从1994年至1995年免征所得税两年。

10月28日,农业银行下达《关于农村信用社增加会计科目》的通知,在损益类项目中增设3个会计科目:5501的所得税、5502特种基金和5601以前年度损益调整科目。

是年,岳普湖县域各信用社召开代表会议,按照社章规定,民主选举产生岳普湖县信用合作社联合社民管会并讨论通过联合社章程。

1995 年

8月22日,农业银行各项贷款利率调整,县域信用社各项贷款基准利率比照农业银行贷款利率执行。

1996 年

5月1日,经国务院批准,人民银行适当降低金融机构存、贷款利率,农村信用社流动资金贷款利率由60%下降到40%。

8月1日,新版农村信用社支票正式启用,其他各类支票均停止使用。

11月1日,岳普湖县农村信用合作社联合社成立。人行批准,由辖内10个具有法人资格的乡镇信用合作社组成。

11月12日,岳普湖县农村信用社联合社(以下简称县联合社)与农业银行岳普湖县支行(以下简称农行县支行)脱离行政隶属关系,成为独立核算、自担风险、自我约束、自负盈亏的农村合作金融组织。

是年,岳普湖县联合社共有9个乡(镇)信用社,一个联合社营业部,22个信用分社,在职职工92人,退休人员24人,各项存款4078.5万元,人均存款44.3万元,集体存款408.6万元,各项贷款68.6万元。

1997 年

5月13日,自治区农村金融体制改革领导小组办公室(以下称自治区农金改办)印发《关于下达1997年度我区农村信用社六项财务考核指标的通知》。

6月,岳普湖县联合社启用新疆岳普湖县信用合作社联合社、新疆岳普湖县信用合作社联合社业务专用章。

7月4日,自治区农金改办通知,对自治区农村信用社开展清理整顿工作,规定信用社整顿的内容及实施步骤。

9月30日,农行自治区分行规定:1997年9月30日在册正式职工,包括全民职工、集体固定职工、集合同制职工,均列入正常晋升工资档次的范围。从10月1日起,在本职务(技术等级)所对应的工资标准内晋升一个工资档次。在严格考核基础上,执行两年一次的正常晋升制度。

10月,县联合社召开岳普湖县农村信用合作社联合社社员代表大会第一次会议,选举产生第一届理事会、监事会。

是月,岳普湖县联合社第一届理事会第一次会议,选举麦合木提·吾布力任理事长,杨化石任副理事长。

是月,岳普湖县联合社第一届监事会第一次会议,选举吐尔洪·阿布都热依木任监事长。

1998 年

1月,国务院出台《农村信用社、信用联社工作人员提前晋升工资奖励暂行办法》,1996年前获得省级及以上农行授予荣誉称号及其他方面优秀人员,均具有提前晋升工资奖励资格。

7月1日,存款利率下调至1.44%,直至1999年5月。

是月,农村信用社会计报表管理系统启用。

是月,县联合社党支部根据中组部、中宣部《中共中央关于深入学习邓小平理论》的通知和上级党委要求,组织党员学习邓小平理论,联系实际做好本职工作。

8月,人民银行下发《关于农村信用社有关企业所得税问题的通知》和《关于贫困县农村信用社继续免征企业所得税的通知》。

是年,金星信用社由人行岳普湖县支行所属城市信用社改制为农信社,归属县联合社。

1999 年

5月11~12日,全区农村信用社工作会议在乌鲁木齐市召开,传达全国农村信用社工作会议精神,总结"行社"脱钩两年来新疆农村信用社改革与发展工作。

5月,人行县支行分别与县联合社、农金股签订监管责任书,同时对辖属农村信用社(包括改制社)及县联合社营业部进行监管等级划分。

9月,县联合社党支部根据岳普湖县机关党委要求,组织党员干部开展"三讲"教育活动。

10月1日,人民银行陆续发行第五套人民币,实行"一次公布,分次发行"。第五套人民币共有1元、5元、10元、20元、50元、100元6种面额,其中1元有纸币、硬币两种。

2000 年

1月1日起,岳普湖县联合社全面实行"日清月结"工作,切实防范和化解农村金融风险。

4月1日,《个人存款账户实名制规定》正式发布实施。

10月16日,人民银行开始发行第四套面值为1角、1元金属硬币。

是年,县联合社推行"户贷户结"的资金投入方式,减少中间环节,缓解资金供需矛盾,建立健全贷款质量监测管理体系,提高信贷资产质量,降低风险。

2001 年

2月,县联合社党支部组织全体党员学习《中共中央办公厅关于在农村开展"三个代表"重要思想学习教育活动的意见》《中共中央关于农业和农村工作若干重大问题的决定》《深入基层总结实践,积极探索开拓前进,按照"三个代表"要求加强党的建设》《紧密结合新的历史条件加强党的建设,始终带领全国人民促进生产力的发展》等文件和文章。

5月,岳普湖县联合社印发《关于开展反假宣传周活动的通知》,开展反假币宣传活动。

7月,岳普湖县联合社召开第二次社员代表大会第一次会议。选举产生第二届理事会和监事会。

是月,县联合社第二届理事会召开第一次会议,选举杨化石任理事长,卡米力江·米吉提任副理事长(主任)。

是月,县联合社第二届监事会召开第一次会议,选举克依木·阿卜杜热合曼任监事长。

10月31日,人民银行(合作司)转发《财政部国家税务总局关于降低农村信用社营业税率的通知》,规定10月1日起,对农信社按5%的税率计征营业税。

是年,全辖农村信用社共有11家分支机构,其中:县联合社营业部1家,信用社10家。

2002 年

1月24日,县联合社成立农户小额信用贷款领导小组。组长联合社理事长杨化石,副组长联合社主任卡米力.江米吉提、联合社副主任艾沙·吐尔。

11月15日,县联合社成立换届选举领导小组。理事长杨化石任组长,副理事长、主任卡米力江·米吉提任副组长;成员:副主任艾沙·吐尔、稽核股股长吐尔洪江、办公室主任阿布力子·卡地尔。领导小组下设办公室,办公室主任由艾沙·吐尔担任。

11月18日,人民银行开始发行第五套人民币5元纸币和5角硬币。

11月23日,县联合社党支部成立学习领导小组。

11月24日,县域各乡镇信用社分别召开第二届社员代表大会。

2003 年

4月10日,县联合社召开第三届社员代表大会第一次会议并讨论通过联合社章程及四项决议,选举产生理事会、监事会。

是日,县联合社第三届理事会第一次会议选举卡米力江·米吉提任理事长,艾萨·图尔为副理事长。第三届监事会第一次会议选举阿布利孜·卡德尔为监事长。

是日,县联合社理事会聘任卡米力江·米吉提任县联合社主任,艾萨·图尔、阿布利孜·默罕穆德任县联合社副主任。

5月4日,岳普湖县遭受强烈地震,阿洪鲁库木、巴依阿瓦提、铁力木乡受灾较重。县联合社因震受损形成严重危房的办公场所面积为460平方米,25名职工有37间房屋受损,面积为2393平方米。代县民政局发放救灾款,先后11次将2060万元现金送到灾民手中。多次倡议员工捐款7000余元,捐衣物175件。

5月30日,联合社第三届理事会召开第五次会议研究人事调整。

5~6月,县联合社举办由分社负责人、会计参加的两期金融法规学习班,学习《中国人民银行法》《商业银行法》《会计法》《合同法》《担保法》及《农村信用社章程》。

8月,县联合社成立信访纪检、监察工作领导小组。

9月10日,县联合社从人民银行乌鲁木齐中心支行引资43万元,用于改建铁力木、巴依阿瓦提乡信用社营业场所,即日开工,11月30日交付使用。

9月12日,县联合社召开旺季工作会议,安排部署收贷收息工作,联合社主任、副主任、部室划分责任区蹲点,并签订责任书、制定《清收不良贷款奖惩办法》,分配硬性指标,做到奖罚分明。

12月16日,县联合社第三届理事会召开第十次会议,研究临时业务人员及经警工资、职工住房公积金问题。

是年,县联合社党支部根据上级党委要求增设副书记,重点抓支部内部事务和党风廉政建设工作。

2004 年

4月19日,县联合社理事长、主任卡米力·米吉提和副主任阿不力利·买买提参加喀什地区银行业监督管理分局(以下简称喀什银监分局)召开的农村合作金融工作会议。

4月21~23日,县联合社根据喀银监关于转发《中国银行业监督管理委员会办公厅关于开展农村信用社非信贷资产检查的通知》精神,由一名副主任带队对全辖非信贷资产进行自查。

6月23日,岳普湖县5乡(镇)3农(林)场的21个村5162户25100个农牧民遭受大风、冰雹袭击,受灾耕地面积3934.5公顷,其中2020.89公顷破坏较重,需要重新播种;1891个麦场被淹,损失小麦873.4吨;105只羊、1头牛死亡,1783只羊受伤,倒塌房屋9间,漏雨房屋2725间,260米院墙倒塌,930间圈棚倒塌,26人受伤;直接经济损失2170万元,间接经济损失4278万元。

7月7日,县联合社召开上半年工作总结大会,参加人员有联合社机关、县城各分社全体和其他分社负责人、会计参加会议。

8月9日,县联合社党支部召集所属党员召开党员先进性教育活动动员大会,并成立保持共产党员先进性教育活动领导小组。

8月19日,县联合社第三届理事会第19次会议研究,同意买合木提·吾布力病退。

是年,县联合社召开第三届第二次社员代表大会。

是年,县联合社实行主任办公会制度。

是年,县联合社共有分社12家、营业部1个,在职职工72人,聘用临时人员16名,退休人员34人。在职职工大专文化程度18人,占25.14%,中专文化程度24人,占33.33%,高中文化程度22人,占30.56%,初中文化程度8人,占人数10.97%。各项存款11968万元,其中对公存款2486万元,人均存款166.2万元,各项贷款8600万元。

2005 年

1月31日,县联合社按照岳普湖县委关于深入开展保持共产党员先进性教育活动的统一部署,全面开展保持共产党员先进性教育活动。

2月16日,联合社第三届理事会第28次理事会议研究,续聘现有经警、驾驶员共计10名,纳入联合社"三定"方案管理使用,充实到所属各乡镇分社。

3月2日,中共岳普湖县委书记王湫斌与四大班子有关领导出席县联合社2005年度工作会议,王湫斌作重要讲话。

3月27日,联合社党支部书记、理事长、主任卡米力·米吉提带领联合社9名党员干部把自己捐款买的化肥,以及联社捐赠的10套桌子送到联社扶贫点色也克乡1村,并在1村召开扶贫帮困座谈会。

6月,县联合社确定为农村信用合作社金融知识宣传月,向全县24000余农户免费发放《农村信用合作金融知识读本》。

7月13日,县联合社理事长、主任卡米力·米吉提参加岳普湖县委召开的农村经济工作会议。

7月,县联合社被喀什地区文明委正式命名为"地区级文明单位",也是喀什地区农村信用社系统唯一的一个"地区级文明单位"。

8月9日,县联合社理事长、主任卡米力·米吉提与全体职工参加岳普湖县委、县政府主办的岳普湖县农村部分计划生育家庭奖励扶助金首发式活动。

8月30日,联合社召开由岳普湖监管办事处、各乡(镇)分社主任、信贷员及联社各部室人员参加的岳普湖县农村信用社旺季工作会议。联合社理事长兼主任卡米力·米吉提向与会职工传达8月18日喀什地区农村信用社旺季工作会议精神,对旺季工作开始前的各项工作进行具体安排。

9月1~4日,县联合社理事长兼主任卡米力·米吉提到伊犁州参加农村信用联社负责人工作会议。

9月3日,县联合社根据伽银发《关于在伽师县、岳普湖县金融机构开展反洗钱宣传的通知》精神,组织专人在联合社、岳普湖镇、岳普湖乡、金星分社等网点开展反洗钱宣传活动。

9月12～15日,联合社理事长卡米力·米吉提根据上级安排到乌市参加成立自治区联社动员大会和央行票据置换不良资产工作会议。

9月22日,县联合社营业部分设对公储蓄业务和县辖往来、大额支付、联行业务两个柜台,将金库管库员与现金出纳分开。

9月28日,人行伽师县支行行长杨剑一行来县联合社对增资扩股及降低不良贷款计划实施方案的真实性进行抽查。检查过程中对联合社增资扩股及降低不良贷款计划实施方案的真实性给予肯定。

10月1日开始,县联合社监事长阿不力孜·卡地尔随喀什银监分局检查组一行下乡检查联合社在旺季工作期间内控制度执行情况。

10月3～7日,县联合社理事长兼主任卡米力·米吉提对各乡信用社安全保卫及内控制度进行现场检查。

10月15日,县联合社组织全辖50岁以下80名职工参加上岗考试。

10月23日,县联合社职工在达瓦昆广场观看由岳普湖县武装部和各乡(镇)武装部共11支代表队参赛的"岳普湖县第四届民兵军事大比武活动"。

10月26日,中共岳普湖县委组织部、纪检委监察局、综治办、信访局联合检查组成员一行对县联合社下半年党风廉政建设和反腐败工作进行督查。

10月27日,县联合社理事长、主任卡米力·米吉提参加全县各单位党政负责人会议。

是日,岳普湖县政府办公室下发岳普湖县农村信用社改革暨"两推一创"工作领导小组文件。

11月6日,喀什银监分局局长张坚一行对县联合社2005年贷款回收情况和各项工作完成情况进行调查。

11月8日,2005年考核工作结束,评出优秀9人,称职80人,基本称职8人,不称职1人。

12月14日,县联合社劳动合同签订完毕。

12月10日,喀什地区检查组对联合社精神文明创建活动进行检查。

12月18日,县联合社召开第三十九次理事会会议,根据待岗人员工作意愿,对4名待岗人员做出边自学、边工作的决定。

是年,县联合社召开第三届第三次社员代表大会。

2006 年

1月2日，县联合社年终决算小组确认，联合社较好地完成2005年各项指标。

1月18日，新疆银监局批准筹建喀什地区岳普湖县农村信用合作联社。

1月26日，县联合社领导及有关人员到武警岳普湖县中队慰问全体官兵送去春节问候和新春祝福及1000元慰问金。

1月27日，县联合社召开各乡（镇）分社及联合社各股室负责人会议，传达岳普湖县委1月8~9日召开的"三干"会精神及自治区党委书记王乐泉讲话精神。

2月9~11日，县联合社理事长、主任卡米力·米吉提应邀参加岳普湖县第十三届四次人大常委会会议。

2月10日，唐努尔·艾买提被评为2005年度三八红旗手。

2月12日，联合社5名职工参加县金融系统联合举办的元宵节舞狮子举花束活动。

2月13日，联合社营业部开始实行综合柜员制。

2月15日，喀什银监分局检查组开始对联合社内控制度、会计决算、信贷等工作进行检查。共抽查6个网点，26日检查结束。

是日，岳普湖县联合社召开2005年度总结暨表彰大会。表彰先进集体3个、清收贷款先进个人9名、优秀工作者9名。

2月21日，县联合社组织人员参加县委组织的"打造喀什地区南亚、中亚经济圈重心地位，建设社会主义新农村"为主题的形势报告会。

3月2日，喀什监管分局三科科长吾布力·卡斯木对岳普湖县联合社改建后的各分社营业场所风险等级达标情况进行现场勘查。

3月5日，县联合社被评为岳普湖县"2005年度招商引资工作优质服务先进单位"。

3月9日，岳普湖县爱卫会对县联合社"2005年县级卫生合格单位"进行检查。

3月11日，县联合社党员和入党积极分子参观喀什地区组织的《党和国家领导人国务外交礼品展》活动。

3月15日，县联合社组织相关人员制定《岳普湖县农村信用社制度汇编》，整理修订各类制度九十四个。

3月20日，县联合社理事长、主任卡米力·米吉提，副主任艾沙·吐尔、监事长阿不力孜·卡地尔及负责安全保卫工作的冯庆等到喀什参加全国农村合作金融机构案件治理工作电视电话会议。

3月21日，县联合社召开各分社主任、岳普湖镇、岳普湖乡信用分社及联合社机关全体干部职工会议，传达全国农村合作金融机构案件治理工作电视电话会议精神。

3月25日,联合社办公室、营业部悬挂横幅,办宣传专栏并组织相关人员利用星期六巴扎天,对过路行人和各族群众讲解与宣传小额支付系统知识。

4月1日,县联合社办公会议研究决定以下事项:岳普湖镇信用社建职工住宅楼6套、岳普湖乡信用社建住宅及办公楼18套;色也克乡分社建不超190平方米的办公楼;联合社营业大厅及大门进行重新装修;联合社院内及下巴扎、艾西曼、阿其克等网点的院内硬化、建花池。

4月3日,县联合社被评为"2005年度县级卫生合格单位"。

4月6日,县联合社根据岳普湖县总工会《迅速开展"树立正确荣辱观,增强主人翁责任感"主题教育活动的通知》,开展"八荣八耻"主题教育活动。

4月7日,县联合社根据《岳普湖县创建"平安岳普湖"宣传工作方案》以"三个代表"重要思想为指导,贯彻中共十六届五中全会和县委、县政府有关会议精神,要求干部职工做到"五个领先""五个最低"和"六个不发生",建设"平安岳普湖"。

4月11日,县联合社在机关二楼会议室举办贷款五级分类第二期培训班,贷款五级分类领导小组成员及办公室人员参加培训。

4月15日,联合社召开住宅区、办公区安全保卫、社会治安综合治理及精神文明建设工作会议。

4月20~21日,县联合社理事长兼主任卡米力·米吉提、副主任艾沙·吐尔以及清收不良贷款先进个人阿不力孜阿力马司参加喀什银监分局召开的喀什地区农村信用社工作会议。

5月5日,县联合社对参与贷款五级分类的68名员工进行培训。

5月6日,县联合社成立"三防一保"领导小组。

5月12日,县联合社组织全体员工在二楼会议室召开岳普湖县农村信用联合社民族团结教育月动员大会。

5月16日,县联合社党员大会,选举阿不力孜·买买提为中共岳普湖县第十一次代表大会代表。

5月20日,县联合社全体员工观看县委、县政府在达瓦昆广场举办的麦西来甫表演会。

5月26日,县联合社第三届第四次社员代表大会在岳普湖县农村信用联合社四楼会议室召开。社员代表应到41人,实到34人。喀什银监分局驻岳普湖县监管办事处主任红千木主持会议,县委常委、政府副县长佘瑞元作重要讲话,县联合社理事长兼主任卡米力·米吉提作岳普湖县农村信用联合社2003~2005年工作报告并宣读社员代表大会同意出资入股的决议。

5月29日,县联合社理事长、主任卡米力·米吉提携带相关材料,赴乌鲁木齐参加新疆维吾尔自治区农村信用联社筹备组召开的发起人大会,卡米力·米吉提代表联合社34

名社员代表在新疆维吾尔自治区农村信用社联合社发起人协议书上签字。

是日，阿不力孜·买买提出席在县委机关四楼会议室召开的中共岳普湖县第十一次代表大会。

6月9日，县联合社组织各乡级分社主任带领本社员工利用巴扎天对过路行人进行反假币知识宣传。

6月14日，人行乌鲁木齐市中心支行对县联合社央行专项票据置换不良贷款及历年亏损置换情况进行检查。

6月17日，县联合社向色也克一村捐助价值1000元农用物资。

6月17~18日，县联合社理事长、主任卡米力·米吉提到乌市参加自治区联社社员代表大会。

6月22日，县联合社全体员工观看岳普湖县检察院举办的预防职务犯罪图片展。

7月4日，县联合社理事长、主任卡米力·米吉提和部分党员参加岳普湖县委召开的庆祝建党85周年暨先进性教育活动总结表彰大会和第八个党风廉政教育月动员大会，联合社党支部获先进党支部、基层满意的基层单位、五好县直单位等称号。

7月5日，县联合社全体党员参加县直机关工委召开的"双先"表彰大会。联合社党支部被评为2006年党建工作先进集体，阿不力孜卡德尔被评为优秀共产党员。

7月21日，岳普湖县纪委对县联合社上半年反商业贿赂工作及党风廉政教育月各项活动进行检查。

7月26日，县联合社在县城各网点高悬横幅，庆祝新疆维吾尔自治区农村信用社联合社正式挂牌开业。

7月29日，县联合社理事长兼主任卡米力·米吉提和唐努尔·艾买提参加县委宣传部在岳普湖县会堂召开的岳普湖县民族团结暨"双模"表彰大会。县联合社被评为县级卫生合格单位，唐努艾买提被评为民族团结进步模范个人。

8月1日，联合社理事长卡米力·米吉提、副主任艾沙·吐尔等赴武警驻岳官兵新营址送牌匾和价值2800元一部数码相机及各种慰问品。

8月4日，自治区农村信用联社主任阿不都一行3人在喀什银监分局三科科长吾布力卡斯木陪同下对县联合社各项经营情况、上半年申请的联合社营业部、岳普湖镇、岳普湖乡、色也克、金星分社五个营业网点基础设施拟建情况进行实地考察。

8月16日，联合社理事长、主任卡米力·米吉提参加县委召开的抗震安居工程工作会议。

8月，县联合社划归自治区联社垂直管理，喀什银监分局对县联合社执行监管职能，人行岳普湖县支行负责联社货币政策执行情况的管理工作。

9月1日，自治区联社党委委员、副主任热甫卡提努热合曼为组长的自治区联社第四考察组对岳普湖县信用联合社领导班子进行考察。

9月21日,县联合社副主任阿不力孜·买买提、办公室负责人范凡代表全体员工,分别向色也克1村5组农民沙吾提沙依提捐15000块砖,价值1650元,向1村7组农民牙生马木提捐1000元现金。

9月29日,阿布力施依地热斯被评为"十佳文明市民"。

10月3日,县联合社理事长兼主任卡米力·米吉提与有关人员将全体职工捐助的5000元现金,送到病退职工阿不都热合曼热西提家。

10月21日,自治区联社贷款五级分类检查组对岳普湖县联合社开展贷款五级分类情况进行验收。

10月23日,岳普湖县联社召开第一次社员代表大会第一次会议。应到代表58人,实到54人,符合有关规定。大会听取理事长卡米力·米吉提作工作报告,通过联社章程,选举产生岳普湖县联社第一届理事会、监事会。

是日,县联社第一届理事会召开第一次会议,选举卡米力江·米吉提任理事长。聘任卡米力江·米吉提任县联合社主任、艾沙·吐尔、阿不力孜·买买提为副主任。

是日,县联社第一届监事会召开第一次会议,选举冯庆任监事长。

12月26日,喀什银监分局核准艾买提江·买买提、艾买尔·努尔、冯庆、克尤木·苏里旦、努尔曼·苏尔、吐尔孙·吾苏扑、唐努尔·艾买提、阿卜来孜·买买提、艾沙·吐尔、阿卜力孜·喀迪尔、卡米力·米吉提的高级管理人员任职资格。

是日,中国银监会新疆监管局批准同意成立岳普湖县农村信用合作联社,属于地方性社区金融机构,由岳普湖县境内自然人股东和法人股东入股组成。更名为岳普湖县农村信用合作联社,具有独立法人资格。

2007 年

1月5日,县联社响应县委、县政府号召,为扶贫联系点色也克1村送去33袋面粉、33桶清油等慰问品,为孤寡老人送去900元慰问现金。

1月18~25日,县联社考核领导小组对干部职工进行2006年年度考核。参加78人,其中:优秀2人,称职63人,基本称职13人。

1月25日,岳普湖县安监局对联合社安全生产工作进行检查。

2月5日,县联社召开县城40岁以下职工"双语"培训动员大会。

3月4日,县联社组织员工参加县委、县政府举办的岳普湖县第七届元宵节社火表演。

3月17日,县联社报经喀什银监分局决定,聘任阿不都克依木、阿力木·阿不来提、艾力·祖农、卡力木江·阿不来孜、麦合木提·艾买提、吐尔文·阿不都热一木、吐尔逊·阿衣卡地尔、吐生·沙吾提、吾不拉西木·牙生为乡镇信用社主任。

3月27日，县联社在四楼会议室召开2006年工作总结暨统一法人社揭牌大会。副县长韩金明主持会议，县委书记王湫斌为统一法人社揭牌，联社理事长卡米力·米吉提作2006年度工作总结讲话，联社副主任艾沙·吐尔宣读关于2006年度先进工作者及表现突出的营业网点表彰奖励决定，并与各基层社签订2007年工作目标责任书。

是日，岳普湖县农村信用合作联社开业。总资产16475万元，各项存款14202万元，各项贷款10692万元，所有者权益1061万元，盈余公积51万元，未分配161万元。长期员工88人，短期员工4人，劳务用工88人，内退员工8人，股东数量27659，自然人股东数量27655。县联社办公地址：岳普湖县文化路11号院，法定代表人卡米力·米吉提。业务范围：办理存款、贷款、票据贴现、国内结算业务；办理个人储蓄业务；代理其他银行的金融业务；代理收付款项、委托代办保险业务；负责政府债券；代理发行、代理兑付、承销政府债券；提供保险箱业务；办理经中国银行业监督管理委员会批准的其他业务。

4月1日，县联社组织员工参加自治区《中石化西北石油杯"爱党、爱祖国、爱社会主义"有奖知识竞赛》考试。

4月20日，县联社在铁热木信用社和下巴扎信用社召开现场会议。

4月30日，县联社召开非信贷资产风险分类工作专题会议，成立非信贷资产分类工作领导小组，并下设办公室，具体组织实施此项工作。

5月12日，县联社组织全体员工在二楼会议室召开岳普湖县农村信用联社民族团结教育月动员大会。

5月12~20日，自治区联社委派案件专项治理"排雷"行动检查组对县联社11个营业网点的岗位组织控制、授权授信、信贷资产、财务会计、计算机系统管理等易发风险的主要业务和重要操作风险控制环节，进行为期9天检查。

5月13日，县联社按照县委《关于在全县开展第十九个"爱国卫生月"活动的通知》精神，开展环境卫生综合整治工作。成立爱国卫生领导小组、除"四害"领导小组，彻底清除县联社的越冬垃圾、残土及废弃塑料等白色污染。

5月25日，喀银监复批准撤销金星信用社，与岳普湖镇信用社合并。

5月28日，县联社根据县委政法委《关于组织开展认清"伊斯兰解放党"反动本质宣传教育活动的通知》精神，制定宣传教育方案和学习计划，召开认清"伊斯兰解放党"反动本质动员大会。

6月27日，县联社在色也克信用社召开岳普湖县抗震安居工程建设贷款发放现场会。副县长玉素音艾买提、县纪检委、城建局、色也克乡政府、信用社干部职工和建房户农民代表等200余人参加。会后，县联社为色也克乡4村30家农户发放12万元抗震安居建设工程贷款。

7月3日,县联社对存贷款操作存在虚假现象,人为操作性风险的联社营业部、艾西曼镇信用社相关责任人及县联社案件专项治理排雷行动自我检查组的4人共15人经济罚款7000元。

7月13日,县联社召开动员大会,安排布置第九个党风廉政教育月活动。

7月30日,县联社向武警驻岳官兵赠送矿泉水、水果等慰问品。

8月15日,县联社对营业部安全防卫设施改建装修。

8月,县联社对色也克信用社的安全防卫设施改建装修。

9月17日,县联社在四楼会议室召开2007年度旺季工作会议。联社领导班子成员、联社各股室负责人以及乡(镇)信用社负责人21人参加会议。

10月1日,县联社副主任阿不力孜·买买提与信贷部、营业部、审计部联合组成考察组赴兰州、上海对兰新甘草厂项目实地考察。

10月11日,县联社对岳普湖镇信用社、色也克信用社装修工程进行公开招标。

10月18日,县联社理事长卡米力·米吉提召开领导班子成员和各部室负责人会议,传达新疆农村信用社理事长(主任)会议精神,同时,成立岳普湖县联社加强内控、提升执行力主题教育活动领导小组。

10月21日,县联社召开全辖干部职工70余人参加的《加强内控、提升执行力主题教育活动》动员大会。

11月10日,县联社经过严格考试,层层筛选,新录用5名工作人员并开始进行上岗前为期40天的培训。

11月15日,营业部安全防卫设施改建装修完成。经公安机关验收,各项安全防卫设施达标,验收合格。

11月27日,县联社召开理事会和监事会会议,研究制定2008年经营计划和经营目标,还对加强"信用乡(镇)、信用村、信用户"创建活动,提出具体实施意见。

11月29日,县联社组织在铁力木乡召开由县委组织部,铁力木乡党委、政府,铁力木乡15个村党支部书记及村委会主任参加的岳普湖县义务信贷协管员劳务费发放仪式。

12月14日,自治区精神文明建设指导委员会命名岳普湖县联社为自治区级文明单位。

12月18日,色也克信用社的安全防卫设施改建装修完成。经工程部门和公安机关验收,工程质量、各项安全防卫设施达标,验收合格。

2008 年

1月3日,县联社主任办公会议决定,对退休员工进行慰问,给所有退休员工每人送慰问品 1 袋面粉、1 桶清油,价值 125 元,并对历年来工作成绩突出的优秀党员及工作模范 12 人各给予 500 元现金补助。

1 月 10 日,经自治区联社党委会议研究决定,成立中共岳普湖县农村信用合作联社纪律检查委员会,设纪委书记 1 名。

1 月 12 日,自治区联社对岳普湖县联社 2007 年度会计决算真实性、大额贷款合规性进行专项审计,16 日结束。

3 月 14 日,岳普湖县联社第一届社员代表大会第二次会议召开。大会审议通过《岳普湖县农村信用合作联社章程(草案)》,审议批准利润分配方案,新增阿卜力孜·喀迪尔、范凡任理事会理事。

是日,联社第一届理事会第二次会议选举卡米力·米吉提任理事长,理事会聘任阿卜力孜·喀迪尔为联社主任,艾尼瓦尔·阿布杜·卡迪尔、吐拉洪·麦麦提为联社副主任。

是日,联社第一届监事会第二次会议选举冯庆为监事长。

7 月 19 日,县联社召开全体员工参加的第十次党风廉政教育月动员大会,联社监事长冯庆作动员讲话。

9 月 23 日,县联社在四楼会议室召开 2008 年旺季工作会议。党委书记、理事长卡米力·米吉提主持,联社主任阿卜力孜·喀迪尔传达自治区联社有关文件精神及岳农信党发 6 号文件(有关人员调整通知)并作旺季工作安排;联社纪检委书记、监事长冯庆通报内控制度执行现场检查情况;签订旺季工作责任书;卡米力·米吉提作会议总结讲话。县联社领导班子成员、各部室人员、各信用社主任、委派会计参加会议。

10 月 21 日,县联社在四楼会议室召开深入学习实践科学发展观动员大会。联社纪检委书记、监事长冯庆主持会议,联社党委书记、理事长卡米力·米吉提作动员讲话。领导班子成员,各部室人员,各信用社主任、员工,退休党员参加大会。

是月,县联社党委根据自治区联社党委印发的《关于成立新疆农村信用社深入学习科学发展观活动领导小组的通知》精神,成立岳普湖县联社深入学习实践科学发展观活动领导小组,按照自治区联社党委要求组织开展深入学习实践科学发展观活动。

2009 年

1 月 20 日,县联社召开慰问退休老干部座谈会。

1 月 30 日,县联社召开党委会议,对重要岗位人员进行调整,预防经济案件发生。

2 月 1 日,自治区联社机关搬入乌鲁木齐市金银路 53 号金融大厦办公。

2 月 6 日,自治区联社派出审计组 4 人,对岳普湖县联社 2008 年度会计决算真实性进行专项审计,2 月 11 日结束。

2月22日，县联社召开2008年工作总结表彰大会。

3月7日，县联社召开庆祝三八妇女节座谈会。

4月8日，联社理事会研究，在原文化局用地新建6层办公楼，总面积2500平方米左右，单价1500元/平方米，工程总造价为400万元左右。

4月17日，县联社召开全体中层领导人事调整会。

4月23日，自治区联社派出检查组，对岳普湖县联社2009年3月末信贷工作进行专项检查。

5月3日，县联社党委书记、理事长卡米力·米吉提根据自治区联社党委安排，5月3日至8月13日赴江苏省农村合作银行挂职学习，期间，各项工作由联社副主任阿卜力孜·喀迪尔负责。

5月12日，县联社组织全体员工在二楼会议室召开岳普湖县农村信用联社民族团结教育月动员大会。

7月9日，县联社召开全体员工会议，学习贯彻中共中央政治局委员、自治区党委书记王乐泉关于"7·5"事件的重要讲话精神。

7月21日，县联社召开第十一个党风廉政教育月活动动员大会和声讨"7·5"事件大会。

8月15日，县联社召开维稳工作会议。

8月18日，县联社召开向贫困学生发放助学贷款会议。

8月21日，联社理事会议研究决定，对德利卡运钞车根据固定资产管理办法进行账务处理，按市场价格1.2万元出售。

8月29日，县联社召开会议，集中组织学习中共中央总书记胡锦涛在自治区干部大会上的重要讲话。

9月12日，县联社召开旺季工作动员大会。

是年，县联社召开第一届第三次社员代表大会。

2010 年

1月4日，县联社召开党委会议，对重要岗位人员进行调整，预防经济案件发生。

2月11日，县联社召开慰问退休老干部座谈会。

3月2日，县联社召开2009年工作总结表彰大会。

3月7日，县联社召开庆祝三八妇女节座谈会。传达贯彻自治区、岳普湖县妇女工作会议精神，回顾联社妇女事业发展的成绩，研究和部署妇女工作目标和任务。联社党委书记、理事长卡米力·米吉提讲话，联社领导冯庆、唐努尔、吐拉洪买买提、艾尼瓦尔·阿布杜卡迪尔,联社职工及受表彰对象共 13 人参加座谈会。

3 月 30 日,县联社采取以会代训方式,对安全保卫人员进行业务培训。

4 月 19 日,县联社召开第二次社员代表大会第一次会议。大会审议通过有关决议和决定,选举产生第二届理事会和监事会。

是日,县联社第二届理事会召开第一次会议,选举卡米力·米吉提为理事长。聘任冯庆为联社主任,艾尼瓦尔·阿布杜卡迪尔、吐拉洪·麦麦提为副主任。

是日,县联社第二届监事会召开第一次会议,选举唐努尔·艾买提为监事长。

4 月,唐努尔·艾买提任县联社党委委员、纪检委书记、监事长。

5 月 10 日,县联社党委书记、理事长卡米力·米吉提在联社召开的维稳工作暨民族团结集中教育动员大会上作题为《加强民族团结,反对民族分裂》讲话。联社干部职工 69 人参加会议。

5 月 22 日,县联社召开信贷管理、资产风险管理培训动员大会。

6 月,县联社纪检委书记、监事长唐努尔·艾买提赴北京农村商业银行挂职锻炼学习,9 月学习结束。

7 月 1 日,县联社分别召开第十二个党风廉政教育月活动动员大会和庆祝建党 89 周年大会。

7 月 7 日,县联社采取以会代训方式对中层干部进行培训。

7 月 31 日,县联社召开拥军座谈会。

8 月 6 日,县联社对重要岗位人员进行调整,预防经济案件发生。

8 月 17 日,自治区文明委检查组一行来县联社检查文明创建活动。

8 月,岳普湖县联社党委按照自治区联社党委要求,开展"四强四优"创先争优活动。

11 月 11 日,县联社第二届理事会第二次会议研究决定处置原有工作车(新 Q - 43746),购置一辆价值 25 万元左右的工作车。

12 月末,县联社实现各项存款余额 56887 万元,较年初增加 20283 万元,其中储蓄存款 27258 万元,占比 48%,对公存款 29629 万元,占比 52%,完成自治区联社任务的 140% 和本社年度目标任务数的 120%。全县农村信用社各项贷款余额 24455 万元,较年初增加 7112 万元,增长 41%,存贷比例 43%。

2011 年

1 月 31 日,县联社被县委、县政府授予城市经济工作先进单位、招商引资先进单位、服务企业先进单位、安居富民工程先进集体荣誉称号。

1 月,岳普湖县农村信用合作联社成立党风廉政建设、反腐败工作领导小组。

3月27日,县联社在四楼会议室举办信贷员培训班。培训班由到县联社检查工作的自治区联社审计部阿力木江授课,县联社审计部工作人员、各乡镇信用社主任、信贷员32人参加培训。

4月30日,县联社第二届理事会、监事会在联社2楼召开会议,审议2010年度经营情况完成情况,2011年度经营目标计划;研究2010年度股金分红方案;审议联社《三项整治》工作方案;审议《岳普湖县联社案件防控方案》;审议《联社信贷员考核办法》《综合柜员计件考核办法》等办法。

4月,岳普湖县联社由岳普湖县文化中路11号院搬至岳普湖县艾吾再力库木中路1号院。2009年8月开始对岳普湖县联社进行新建及安全防卫设施的安装工作,新建装修于2010年10月底完成,经工程部门和公安部门验收,工程质量及各项安全防卫设施已达到相关部门标准,验收合格。

6月7日,岳普湖县联社在巴依阿瓦提乡6村召开安居富民工程贷款发放工作现场会议。县委常委玉素因·艾买提、各乡(镇)乡(镇)长、各乡镇信用社主任、信贷员及农民70余人参加会议。县委常委玉素因·艾买提、县联社理事长卡米力·米吉提作重要讲话。

6月30日,县联社党委召开第十三个党风廉政建设宣传教育月活动动员大会。宣传教育月活动7月1日开始,31日结束。

7月22日,县联社纪委组织岳普湖县联社中层以上干部20余人到喀什监狱进行预防职务犯罪警示教育活动。

8月16日,县联社第二届理事会、监事会在联社3楼召开会议,审议《联社上半年经营情况,下半年计划》;审议《农村信用合作联社企业年金》方案;审议《联社新办公楼各部室购买电脑,用于信用工程使用》方案;审议《新办公楼各部室购买空调,新办公楼设立监控室》方案;审议《联社办公楼档案室购买凭证柜、档案柜》方案;审议《联社五小工程》方案;审议《各中层干部购买电脑》方案。

9月5日,财政部金融司地方金融处处长阚晓西带领调研组一行赴岳普湖县农村信用联社,就国家对农村金融、农户信贷、农信社服务"三农"政策落实情况及农业增效、农民增收等情况进行专题调研,自治区财政厅金融处、岳普湖县主要领导及县联社负责人陪同调研。财政部金融司调研组一行在岳普湖县联社召开座谈会并前往铁热木乡实地走访当地农户家庭,对小额信贷、妇女创业贷款、农机具贷款、畜牧业贷款、安居富民贷款及信用社扶持等情况作详细了解,并解答农民提出的问题。

11月4日,县联社第二届理事会、监事会在联社3楼召开会议,审议《联社3季度经营情况,4季度计划》;审议《农村信用合作联社企业年金》方案;审议《股权改造补充方案》。

2012 年

2 月 21 日,县联社召开会议,传达自治区农村信用社会议精神。党委书记、理事长卡米力·米吉提介绍自治区农村信用社会议情况,传达自治区政府副主席讲话精神,并代表县联社与各乡镇(部室)签订 2012 年工作目标责任书。县联社主任冯庆主持会议并作总结讲话。

2 月 24 日,县联社决定对全辖 10 个网点不定期进行安全保卫检查。

3 月 21 日,自治区联社派出审计组对岳普湖县联社 2010～2011 年经营管理情况进行审计,此次审计 26 日结束。

4 月,县联社 10 个营业网点全部实现社会化守押。

5 月 8 日,县联社在六楼会议室召开农村信用社开展"阳光信贷"整肃行风行纪职业道德教育活动动员大会。联社领导班子成员、中层干部、机关工作人员、各信用社员工参加动员大会。会议传达自治区联社 2012 年纪检监察工作会议精神,对全县农村信用社开展"阳光信贷"整肃行风行纪职业道德教育活动进行动员。

5 月 25 日,县联社纪检委组织各部室负责人、信用社主任、信贷人员、联社机关部分人员前往喀什监狱接受警示教育。

5 月,岳普湖县联社艾西曼信用社、阿其克信用社、阿洪鲁库木信用社开通大、小额支付系统。

7 月,县联社各职能部门和基层信用社以安全教育为核心,用员工喜闻乐见的形式广泛开展消防安全宣传教育活动。

9 月 17 日,自治区联社决定开展"会战金秋"百日劳动竞赛。

10 月 21 日,王会民与新疆银监局、农发行新疆分行、浦东发展银行乌鲁木齐支行、国家开发银行新疆分行等领导一行,赴岳普湖县调研工业、金融业发展情况和现状。

11 月,县联社纪检委制定下发《岳普湖县农村信用合作联社 2012 年度党风廉政建设责任制量化管理考核方案》。

12 月 31 日,县联社卡米力·米吉提参加岳普湖县委扩大会议并在会议上作题为《充分发挥农村金融主力军作用,促进县域经济快速发展》的典型发言。

年末,县联社各项存款余额为 9.82 亿元,比上年增加 1.7 亿元,增长 21%,占全县金融机构存款总额的 49%。各项贷款余额达到 6.64 亿元,比上年增加 2.17 亿元,增长 49%,占全县金融机构贷款总额的 83%,存贷比例为 68%。

年末,县联社发放玉卡达 36164 张,卡存款余额达 22816 万元,玉卡办理网点的覆盖率达 100%。各网点安装 6 台 ATM,县民族医院等城内单位安装 10 台 POS 机。

2013 年

1月8日，县联社工会开展"走基层、察实情、解民忧、送温暖"活动。

1月15日，县联社党委贯彻落实自治区联社党委办公室转发自治区党委组织部《关于继续推动基层党组织和广大党员学习先进争当先进的意见》，在全辖党组织和党员中开展学习先进、争当先进活动。

1月20日，自治区联社第二届理事会第二十次会议召开，研究修志方案、召开信用工程建设会议等事宜。新疆农村信用社系统修志工作正式启动。1月30日，自治区联社给予岳普湖县联社9000万元扶持资金，期限11个月。

2月2日，县联社党委在联社六楼会议室举办学习十八大精神专题培训班。联社领导班子成员、中层干部、机关和各信用社员工参加培训，主要内容是贯彻落实十八大反腐败精神，推进领导干部廉洁从业；十八大精神解读以及经济建设专题辅导。

4月24日，喀什银监分局对县联社进行现场审计检查，4月28日结束。

5月8日，自治区联社派出审计组对岳普湖县联社进行现场审计，此次审计13日结束，并出具审计报告。

5月22日，县联社组织机关全体、各营业网点义务消防队计60余人在联社六楼会议室举办消防安全知识培训班，特邀自治区消防总队特级讲师多来提授消防安全知识。

5月，县联社注重落实"阳光信贷"各项措施，务求实效。

7月1日，经县农村信用工程建设领导小组研究，决定对全县农村信用工程小额信用不良贷款进行清收。清收工作9月30日结束。

7月20日，县联社召开第三次社员代表大会第一次会议。应到代表55人，实到50人，会议由联社党委书记吐逊·卡地尔主持。大会审议通过联社第二届理事会任期履职报告、第二届监事会任期履职报告、《岳普湖县农村信用合作联社章程（草案）》、社员代表大会选举办法等决议。选举产生联社第三届理事会、监事会。

是日，县联社第三届理事会召开第一次会议，选举联社党委书记吐逊·卡地尔为第三届理事会理事长。按《章程》规定，理事会聘任联社党委委员冯庆为联社主任；聘任联社党委委员吐逊江·赛麦提、佟明亮为联社副主任。

是日，县联社第三届监事会召开第一次会议，选举党委委员、纪委书记唐努尔·艾买提为第三届监事会监事长。

8月1日，县联社党委根据自治区联社党委要求成立党的群众路线教育实践活动领导小组，负责党的群众路线教育实践活动的领导和总体部署。

8月3日，联社党委组织召开深入开展党的群众路线教育实践活动动员部署大会。

联社党委书记、理事长吐逊·卡地尔作动员讲话。

8月23日,县联社调整反假币工作领导小组成员。组长:冯庆,副组长:唐努尔·艾买提,成员:吐尔逊江·亚森、周磊、米热古丽·孜明。

是日,县联社调整反洗钱工作领导小组成员。

8月25日,共青团岳普湖县联社第一次代表会第一次全体会议召开,参加24人。会议选举产生共青团岳普湖县联社第一届委员会。

是日,共青团岳普湖县联社第一届委员会召开第一次会议,选举阿依努尔·艾买提任书记,买买提艾力·阿不都卡德尔、热比古丽·吾布力任组织委员,塔伊尔·吐尔洪任宣传委员。

9月10日,新疆农村信用社金融IC卡系统上线运行。

10月31日,新疆农村信用社83家行社全部对外开办POS收单业务。

11月28日,人行伽师县支行对县联社《征信业务管理条例贯彻落实情况》进行现场检查。

截至12月31日,全辖共有10个营业网点,在职职工127人(内退人员8人),其中正式工104人,劳务派遣工23人。

是年,县联社进行各项检查17次,其中每季度常规性检查3次,社团贷款专项检查1次,现金、重空业务专项检查2次,财务管理专项检查1次,自律监管再监督2次,后续检查2次,阳光信贷抽查1次,案件风险排查2次,上级部门检查出问题复查3次,各类检查中发现问题443个,复查中已整改405个,未整改问题38个,经济处罚人数276人次,处罚金额77926元。离任、离岗经济责任审计33人。

2014 年

2月13日,县联社在机关六楼会议室召开领导班子成员、中层干部、机关及基层信用社全部工作人员参加的总结2013年工作,安排部署2014年工作会议。

2月25日,县联社向自治区联社、岳普湖县政府请示建造两层400平方米的档案室。

3月8日,县联社举办业务知识和文艺表演竞赛活动,50余名女员工参加。

3月27~28日,县联社派员参加自治区联社在自治区总工会培训中心举办的文明规范服务培训班。

是月,县联社组织开展第26个爱国卫生活动月。

4月24~28日,喀什银监分局检查组在岳普湖监管办主任红千木·苏皮带领下,对辖内银行业金融机构案件防控工作贯彻落实情况进行检查。

4月28日,县联社党委召开联社领导班子成员、中层干部、联社机关、各营业网点工作人员参加的开展"阳光信贷"整肃行风行纪职业道德教育活动动员大会。联社党委书记、理事长吐尔逊·卡地尔作动员讲话。

5月8~13日,自治区审计稽核部业务副经理张瑞力带队对县联社高管任期经济责任进行审计。

5月11日,岳普湖县联社开展金融知识的宣传、咨询服务,向居民发放金融知识手册,反洗钱、反假币知识等宣传材料1850余张,接待咨询群众930余人。

5月,岳普湖县联社注重落实"阳光信贷"各项措施,务求实效。

6月14日,岳普湖县联社在全辖10个营业网点统一行动,开展以"珍爱信用记录,享受幸福人生"为主题的征信宣传活动。

7月1日,岳普湖县联社党委召开庆祝建党九十三周年暨先进党支部、优秀共产党员表彰大会。

9月6~11日,县联社纪检委书记唐努尔·艾买提参加自治区联社举办为期4天的纪检干部培训班。

9月12~13日,人行伽师县支行对联社支农再贷款管理使用、存款准备金缴存、央行票据后续监测考核进行检查。

9月14~16日,县联社审计部经理米日古丽·孜明参加自治区联社举办的纪检监察专职人员培训班。

9月18日,新疆农村信用社农信银二代支付系统投入运行。

11月19日,岳普湖县联社组织干部职工收听、收看自治区联社召开的"与我同行、万人宣讲、依法治国"电视电话会议。

是年,县联社所辖10个营业网点的12台ATM自助设备全部实现与当地派出所报警联网。

是年,各项存款113011万元,比上年增加4370万元,增加4%。在各项存款中,对公存款余额为52670.6万元,占存款的46.6%,比上年增加1317.5万元,增加2.5%;储蓄存款余额为60340.5万元,占存款的53.4%,比上年增加2983.2万元,增加5%;完成计划的94%,占岳普湖县银行金融机构各项存款的52.9%,位据全县银行金融机构第一。各项贷款65391万元,比自治区联社部署的贷款任务增加1339.1万元,完成计划的102%。其中:农业贷款59116.2万元,占贷款总额的90%,占岳普湖县银行金融机构各项贷款的67.9%,位据全县金融机构第一。

是年,县联社有9家乡镇信用社1家营业部10个营业网点,内设综合办公室(安全保卫部)、信贷部、审计部、财务信息部、人力资源部、资产风险管理部、电子银行部、客户部等8个部门。在职职工114名,其中正式职工96名,劳务派遣人员11名,内退7人。

第一章　区域环境

第一节　位置面积

岳普湖县位于塔里木盆地西缘,喀什地区东部,盖孜河下游冲积平原上,地处北纬38°46′~39°22′、东经76°25′~77°25′之间。东邻巴楚县,东南靠莎车县,西南与西部跟英吉沙县、疏勒县毗邻,北接伽师县。境域东西长93千米,南北宽56千米,总面积3327平方千米(含新疆生产建设兵团第三师四十二团)。县城距喀什市公路里程81千米,距乌鲁木齐市公路里程1560千米。

第二节　建制区划

一、建制沿革

岳普湖县境汉代为疏勒国领地,唐属疏勒都护府,宋代先为喀喇汗王朝辖地,后为西辽领地,元明时为察合台后王封地。乾隆二十四年(1759)清朝统一新疆后,置喀什噶尔参赞大臣,县境归其管辖。光绪九年(1883),设喀什噶尔道及疏勒直隶州,县境属疏勒直隶州,后疏勒直隶州升为府治,仍受其管辖。1940年4月,由疏勒县析出岳普湖、阿其克庄及叶尔羌县(今莎车)部分地区,共54个自然村,成立岳普湖设治局,隶属新疆第三(喀什)督察专署。1942年9月,根据省政府民字2213号指令,疏勒县拨交下罕庄18村归岳普湖设治局。1943年4月,设治局升格为岳普湖县,属喀什督察专区。中华人民共和国成立后,先后属喀什专区、南疆行政区。1978年后,属喀什地区。

二、行政区划

2014年,岳普湖县辖2镇7乡:岳普湖镇、艾西买镇,岳普湖乡、也克先拜巴扎乡、阿其克乡、色也克乡、铁热木乡、巴依阿瓦提乡、阿洪鲁库木乡。此外,兵团第三师四十二团场部设在岳普湖县城东南26.5千米处。

第三节　自然环境

一、地形地貌

岳普湖县地处喀什噶尔平原东端,塔克拉玛干沙漠的西缘,盖孜河的最下游,属于喀什噶尔平原岳普湖干三角洲冲积扇缘的前端。地势四周稍高,中间平坦,宛如一口平底锅。境内南北向地形起伏较大,坡降较小,东西向坡降较大(为1/1000~1/4000)。全县按地貌可细分为:干三角洲上部(县境西南部)、干三角洲中部(县境中部)、干三角洲下部(县境中东部)及风成沙丘和雅丹地貌等四个地形地貌类型。

二、气候

岳普湖县属于暖温带大陆性干旱气候,其特点是:因位于塔克拉玛干沙漠西缘,自然条件恶劣,浮尘天气多,蒸发量大,气候干旱;四季分明,春秋季温度变化大,夏冬季气温相对稳定,县境内自然光照条件充足,降水历年差异较大,年降水量季节分布不均;以冰雹、干旱、大风、沙尘为主要气象灾害。多年平均气温为11.8℃,1月平均气温－5.5℃,极端最低气温－25.9℃(2008年2月2日);7月平均气温25.5℃,极端最高气温41.5℃(1983年8月1日)。最低月均气温－11.3℃(1月),最高月均气温33.4℃(7月)。平均气温年较差31℃,最大日较差27.1℃(1988年4月28日)。无霜期年均232天,最长266天,最短为194天。年平均日照时数2773.3小时,年平均降水量75.8毫米,年均降雨日数28.7天。极端年最大雨量236.7毫米(2010年),极端年最小雨量7.2毫米(1997年)。降雨集中在6~8月,7月最多。

第四节　资源环境

一、土地资源

2014年,岳普湖县有耕地1.76万公顷、林地1.1万公顷、果园0.08万公顷、草地6.31万公顷,人均占有耕地0.16公顷,有效灌溉面积1.47万公顷。岳普湖县90.8%耕地属于盐渍化土,其中强度盐渍化面积占耕地面积的21.7%,中度和轻度盐渍化面积占耕地面积的69%。土壤养分含量低,具有"缺磷、少氮、钾有余"的特点。

二、水资源

岳普湖县境内主要水源是盖孜河最下游的岳普湖河,多水年平均径流量为4.38亿立方米,多水年为6.91亿立方米,少水年为2.98亿立方米。河水流量受季节和气候影响较大。多水年平均春水占全年总水量的15.67%,夏水占全年水量46.08%,秋水占22.15%,冬水占16.11%。河水含泥沙,合理闸口含沙量秋季7.32千克/立方米,夏季27千克/立方米。岳普湖县水文地质情况较复杂,加之浅水埋藏较深,开发比较困难,潜水总贮量在2.36亿~2.5亿立方米,其水质大都为强矿化水(3~10克/升),既不能饮用,也不能灌溉。盖孜河发源于帕米尔高原的公格尔山和慕士塔格峰,径流主要为冰雪消融补给,中、浅山地带在夏秋季有暴雨洪水补给。该河上游为喀拉库里河及木吉河于布伦口一带山间盆地汇合而成。河流全长约374千米,塔什米力克引水枢纽以上集水面积10140平方千米,河流流经阿克陶、疏附、疏勒和岳普湖四县,消失于岳普湖县东部沙漠边缘。

三、动植物资源

岳普湖县家畜有重挽马、顿河马、关中驴、三北羔皮羊等10余种。家畜有鸡、鸭、鹅等。野生动物有狐狸、麝鼠、野鸡、黄羊、野猪、大雕等。昆虫有200多种,其中农业害虫有160多种。

岳普湖县粮食作物主要有冬小麦、春小麦、大麦、玉米、高粱、糜子、绿豆、黄豆等;油料作物主要有向日葵、红花、大麻和芝麻等;经济作物有棉花、烟草、小茴香等;草料作物有苜蓿、草木樨、柽麻、毛叶、苕子等;蔬菜有大白菜、萝卜、恰马古、番茄、辣子等30个品种;瓜类主要有甜瓜和西瓜;药材有甘草、红花、枸杞、大芸等150余种。

四、旅游资源

旅游资源优势明显。有距喀什市最近的国家"AAAA"级沙漠旅游景区,景区沙水相连、大漠浩瀚,形成集维吾尔历史文化、观光旅游、品尝购物、休闲娱乐为一体的沙漠风光旅游产业,被国家农业部命名为"中国沙漠风光旅游之乡"。以达瓦昆沙漠风景区为中心,辐射有千年胡杨王和柳树王、古墓群,塔吉克民俗风情园等5个旅游景点,素有喀什旅游"后花园"之称。已探查储备阿依旺古城、"圣池"、原始胡杨林、木华里麦西来甫、霍加阿西木和卓墓等多个待开发景点项目,旅游业发展的前景非常广阔。达瓦昆景区相继争创"国家AAAA级沙漠旅游景区""国家水利风景区""中国国家沙漠公园""千年柳树王"获得世界吉尼斯认证。

（一）阿洪鲁库木麻扎

沿着原始胡杨林景点前行不远处的沙漠里，有一座十四世纪传教士阿洪鲁库木的麻扎，并有许多古墓群，虔诚的教民年年来此膜拜、祈福，据称心诚者十分灵验。此处方圆数千米的沙漠里，生长着许多上百年的古老的胡杨树，其中最著名的"胡杨王"，树围8米以上，需5人手拉手才能围住。据说此树已生长1800多年，是"胡杨千年不死，死了千年不倒，倒了千年不朽"传说的见证。

（二）达斯坦古城

达斯坦古城是座古城宫殿遗址，面积约1000平方米以上，虽然岁月和流沙已将遗址淹没，但每当大风过后，便会有许多红、黄、蓝色的陶片和罕见的各种古钱币露出来，当地村民经常在此地寻宝并多有收获。

（三）圣湖

离阿洪鲁库木麻扎不远的大漠深处有一处被人们据称为"戈壁死海"的圣湖。这片湖面积并不算太大，但是很神奇，虽从无水源注入，但湖水永不枯竭。湖水浮力极大，即使是不会游泳的人进入水中，也绝不会下沉，自然地浮在水面，因而被人们称为"戈壁死海"。

（四）达瓦昆湖

达瓦昆湖坐落在布力曼库木沙漠中，原是沙漠中的一个自然湖泊，经过人工开挖后，湖面达100公顷，湖两岸已建成独具特色的欧式风情别墅和极具新疆维吾尔族风情的毡房、民族餐厅、旅游纪念品店、风情园。

五、交通资源

塔什库尔干—麦盖提公路横贯岳普湖县全境，以此为中轴，形成通往各乡、村的交通网。1990年，全县公路运输完成货物周转量1080万吨千米。S310、S216和S213线横穿岳普湖县全境，并在城区交会。岳普湖县城距喀什火车站78千米，喀什航空港86千米；距红旗拉甫口岸376千米、卡拉苏口岸285千米；通往中亚国家的吐尔尕特口岸123千米、伊尔克什坦口岸306千米。印度——喀什——吉尔吉斯等国际航线已通航，公路货运周边国家已经贯通，客运2006年5月1日贯通巴基斯坦北部伊斯兰堡拉瓦尔品第。

第五节　经济环境

2014年，岳普湖县完成全口径地方生产总值316623万元，同比增长14.37%。其中：第一产业增加值90581万元，同比增长7.64%；第二产业增加值126159万元，同比增长 22. 47%;第三产业增加值 99883 万元,同比增长 12. 17%。三次产业结构为 28∶40∶32。三次产业结构同比 2013 年比重调整到第一产业降低 2 个百分点,第二产业提高 2 个百分点,第三产业结构与上年持平。人均生产总值达 18809 元,比上年增长 8.8%。

全年完成地方财政收入 24211 万元,同比增长 1.04%,其中:公共财政预算收入 17620 万元,同比增长 12.6%。公共财政预算收入中:税收收入 11481 万元,同比下降 1%。地方财政支出 183593 万元,同比增长 15.8%。公共财政支出 174576 万元,同比增长 17.6%。

一、农业

2014 年,岳普湖县完成农业总产值 191279.4 万元,比上年增长 8.5%,其中:农业(种植业含水果及其他农业)140578.3 万元,增长 18.3%;林业(育苗、造林、木材采运)6698.92 万元,增长 10.1%;牧业 40249.94 万元,下降 12.9%;渔业 224.75 万元,增长 10.7%;农林牧渔服务业 3527.52 万元,增长 36.79%。

全年粮食种植面积 17620 公顷,同比增长 7.8%。其中:小麦种植面积 9286.7 公顷,同比增长 3.1%;玉米种植面积 8333.3 公顷,增长 13.6%;棉花种植面积 41500 公顷,同比增长 227.6%;油料种植面积 200 公顷,与上年持平;西甜瓜种植面积 4780 公顷,同比 4.6%;小茴香种植面积 8400 公顷,增长 11%;万寿菊种植面积 733.3 公顷,与上年持平;蔬菜种植面积 1720 公顷,同比增长 0.4%;苜蓿面积 4600 公顷,与上年持平。

全年粮食产量 121495 吨,同比增长 9.1%,其中:小麦产量 55700 吨,增长 3.9%;玉米产量达 65795 吨,增长 13.9%;棉花产量 72172.63 吨,同比增长 243.5%;油料产量 240 吨,与上年持平;西甜瓜产量 159540 吨,增长 6.4%;小茴香产量 6138 吨,增长 11%;万寿菊产量 38500 吨,增长 1.4%;蔬菜产量 47316 吨,同比增长 1.1%;苜蓿产量 34500 吨,与上年持平。

全年人工造林面积达 142.87 公顷,比上年下降 78.7%;果园结果面积 16243.7 公顷,增长 12.4%;水果产量 69967 吨,同比增长 25.7%。

全年肉类总产量达 16158 吨,同比增长 3.1%;奶类产量 13810 吨,同比增长 0.8%;蛋禽产量 5900 吨,同比增长 107%。

年末牲畜存栏 40.2 万头(只),同比增长 1%;出栏 32.94 万头(只),牲畜出栏率 81.9%。

2014 年,全县实现劳务输出 35000 人次,实现劳务输出收入 29861.21 万元,实现人均纯收入 1337.88 元,增长 22.76%。

年末农业机械总动力 16.93 万千瓦,同比增长 22.68%;大中型拖拉机配套农机 9498 部,小型拖拉机配套农机 4157 部,农用排灌柴油机 30 台,农用排灌电动机 662 台,节水灌溉机械 82 套,联合收割机 7 台,机动脱粒机 157 台。

二、工业

2014 年,岳普湖县工业生产稳步增长,结构优化升级明显。食用植物油,甘草酸,色素颗粒,驴奶粉加工,辣椒颗粒,高级面巾纸加工,钢结构等企业的主要产品、产量、销量持续稳步增长。2014 年,全县(投产)工业企业 49 家,比上年新增 6 家,其中:规模以上企业 7 家,规模以下企业 42 家,个体工业 236 家;2014 年全部工业企业工业总产值 165430 万元,同比增长 51.98%,其中:规模以上企业实现工业总产值 85839 万元,同比增长 271.58%,占全部工业产值的 51.9%;规模以下企业实现工业总产值 75491 万元,同比下降 7.18%,占全部工业总产值的 48.1%。

2014 年,岳普湖县实现工业增加值 47148 万元,同比增长 32.1%,其中:规模以上企业实现工业增加值 20601 万元,同比增长 250.96%,占全部工业增加值的 43.7%;规模以下企业实现工业增加值 26546 万元,同比增长 3.48%,占全部工业增加值的 56.3%,工业用电量 4520 万千瓦时,同比增长 38.23%。

三、固定资产投资

2014 年,全社会固定资产投资 49.42 亿元,同比增长 21.52%。

全社会固定投资中,第一产业完成投资 2.07 亿元,同比增长 9.33%;第二产业完成投资 26.1 亿元,同比增长 35.78%;第三产业完成投资 21.26 亿元,同比增长 8.7%。全年房地产开发投资 12.11 亿元,同比增长%。

四、国内贸易

2014 年,岳普湖县社会消费品零售总额 35160 万元,同比增长 20.1%,其中:县级社会消费品零售总额 21056 万元,同比增长 19.3%;县以下社会消费品零售总额 14104 万元,同比增长 21.2%。

分行业看,批发业 357 万元,增长 174.6%;零售业 24609 万元,增长 21.7%;住宿业 620 万元,增长 223%;餐饮业 9574 万元,增长 9.4%。

五、外经贸易、招商引资

2014 年,全县出口总额 33.3 万美元,较上年增长 56.3%,出口地有意大利、德国、印度、吉尔吉斯斯坦、巴基斯坦等国,出口产品有小茴香、甜瓜、鸡蛋、甘草酸、单铵盐等特色农副产品和手工日用品。

2014 年,岳普湖县实现招商引资到位资金 23.46 亿元,同比增长 10%。

第六节 社会环境

一、民族、人口

岳普湖县是一个以维吾尔族为主体多民族聚居区,有维吾尔族、汉族、回族、蒙古族、锡伯族、满族等民族。2014 年,岳普湖县总人口 164984 人。其中,非农业人口 35552 人,农业人口 129432 人;少数民族人口 157093 人,汉族 7891 人。人口自然增长率 16.88‰,出生率为 21.44‰,死亡率为 4.55‰。

二、人民生活

2014 年,岳普湖县农民人均纯收入 7321 元,比上年末增长 16.1%;就业 23100 人,增长 4.38%。通过各种途径实现城镇新增就业再就业 6726 人,增长 10%;城镇登记失业 807 人,减少 32 人,城镇登记失业率 3.38%。各类专业技术人员 3484 人,其中中级以上职称 770 人。

2014 年末,全县参加基本失业保险职工 5960 人,比上年增加 165 人;参加基本养老保险职工 4759 人,增加 85 人。城镇职工参加基本医疗保险 10086 人,参加工伤保险 8064 人,参加生育保险 6929 人,参加新型农村社会养老保险 60780 人。

2014 年末,岳普湖县城镇居民中有 9439 人得到政府最低生活保障救济,城镇低保户数 3366 户;农村居民中有 16444 人得到政府最低生活保障救济,农村低保户数 6814 户。各种社会福利性收养机构 5 家,收养性社会福利单位拥有床位 230 张,收养各类人员 218 人。

三、教育

2014 年末,岳普湖县共有各级各类中小学校 71 所,其中中学 10 所(完全中学 2 所、初级中学 7 所、职业高中 1 所),小学 61 所。有 58 个学前教育机构,其中县城中心幼儿园 1 所,农村学前"双语"幼儿园 57 所。在校生 21492 人,其中小学生 13484 人(少数民族学生 12906 人),小学学龄儿童入学率 99.82%;初中生 5367 人(少数民族学生 5055 人),初中阶段适龄少年入学率 100.8%;高中生 1701 人(少数民族学生 1533 人);职业高中在校生 940 人(少数民族学生 910 人);学前"双语"幼儿 5883 人。初中毕业升入普通高中(含技工)升学率 92.7%。在职教职工 2889 人,增加 192 人,其中高中 299 人、增加 5 人,初中 708 人、减少 3 人,小学 1529 人、增加 98 人,幼儿园 331 人、增加 70 人。

四、卫生

2014年,岳普湖县共有各类医疗卫生机构13家(不含个体诊所、民营医院),其中医院2家、基层医疗机构9家、专业公共卫生机构2家;实有病床床位663张,其中医院床位378张(县级人民医院389张、县妇幼保健医院40张、县维吾尔医院80张),各乡镇卫生院245张。每万人拥有卫生机构床位数39张,卫生技术人员27.6人。开展新型农村合作医疗工作的乡镇9个,实际参加新型农村合作医疗的农牧民132688人。

第七节　金融环境

一、机构

1956年,县域信用合作社建社至1981年1月,县域金融机构始终保持2家。1956年2月至1964年10月,县域金融机构有人行县支行和信用社。1964年10月至1965年11月,县域金融机构有农行县支行和信用社。1965年11月至1980年1月,县域金融机构有人行县支行和信用社。1980年1月至1984年12月,金融机构有人行县支行、农行县支行和信用社。

2011年末,岳普湖县共有银行业金融机构13个,即政策性银行县支行1个,国有独资商业银行县支行1个,邮政储蓄机构1个,农村信用社(包括联社及其所属分社)10个。随着近年来金融体制改革不断深入,国有商业银行相继撤并基层营业网点。2011年末,岳普湖县辖内国有商业银行机构仅有岳普湖县农业银行一家。

2014年,岳普湖县域有金融机构8家。年末银行金融机构4家,分别是农业银行岳普湖县支行、农业发展银行岳普湖县支行、邮政储蓄银行岳普湖县支行、岳普湖县联社。

二、存款

2014年末,县域金融机构存款余额21.37亿元,其中农业银行岳普湖县支行8.11亿元、农业发展银行岳普湖县支行1.3亿元、邮政储蓄银行岳普湖县支行0.66亿元、岳普湖县联社11.3亿元,存款市场份额分别是38%、6%、3%、53%。岳普湖县联社存款余额占全县银行金融机构存款余额的53%,存款市场份额位居第一位。

三、贷款

2014年末,县域金融机构贷款余额9.63亿元,其中农业银行岳普湖县支行1.11亿元、农业发展银行岳普湖县支行0.07亿元、邮政储蓄银行岳普湖县支行1.92亿元、岳普湖县联社6.53亿元,贷款市场份额分别是11.5%、0.7%、20%、67.9%。县联社贷款余额6.53亿元,占全县银行金融机构贷款余额的67.9%。贷款份额位居第一位。

第二章 组织机构

1957年,岳普湖县实现乡乡有社,信用社主任全部由乡长兼任。1996年,岳普湖县农村信用联合社成立。2002年,岳普湖县农村信用合作社联合社由二级法人改革成全县统一法人,规范农村信用社社员代表大会和理、监事会制度,各乡镇信用社取消法人资格,实行统一法人管理。2003年11月,县联合社进一步规范法人治理结构,实行理事长、主任、监事长分设。2006年12月,岳普湖县农村信用合作社联合社更名为岳普湖县农村信用合作联社。2007年1月,岳普湖县联社正式挂牌开业。

2014年末,联社内设综合办公室(含监察保卫部)、信贷部、审计部、财务信息部、人力资源部、资产风险管理部、电子银行部、客户部等8个部室,10个营业网点(1个营业部、9个乡镇信用社),在职职工114名,其中正式职工96名,劳务派遣人员11名,内退7人。

第一节 机构沿革

1956年,岳普湖县岳普湖镇、岳普湖乡信用合作社成立。1957年,岳普湖县实现乡乡有社。

1958年9月,县取消乡级建制,成立人民公社。1959年,信用社下放人民公社,与人行县支行基层营业所合并,更名为人民公社信用部。1962~1963年,恢复信用社。1979年,农行岳普湖县支行恢复后,县域农村信用社划归农行岳普湖县支行管理。1994年,岳普湖县域各信用社召开代表会议,按照社章规定,民主选举产生岳普湖县信用合作社联合社民管会并讨论通过联合社章程。

1996年,岳普湖县农村信用合作社联合社成立。11月与农行县支行脱离隶属关系,实行独立经营、自负盈亏,由人行县支行进行行业管理。年底,全县共有9个信用社,一个联社营业部,22个信用分社,在职职工92人,退休人员24人。2002年末,10家分社,营业部1个,在职职工72人,退休人员34人。2003年11月,县联合社规范法人治理结构,实行理事长、主任、监事长分设。2004年,县联合社由喀什银监分局进行监管。

2006年12月26日,经中国银监会新疆监管局批准同意成立岳普湖县农村信用合作联社,属于地方性社区金融机构,由岳普湖县境内自然人股东和法人股东入股组成。并更名为岳普湖县农村信用合作联社,具有独立的法人资格,隶属自治区联社管理。2006年末营业网点达11个,内设三部一室,即:办公室(含监察保卫部)、财务信息部(含业务发展部)、信贷管理部(含风险资产管理部)、审计部。

2007年1月27日,县联社正式挂牌开业。2007年5月金星信用社撤消。2007年末,岳普湖县联社内设"3部1室",即综合办公室(含监察保卫部)、财务信息部(含业务发展部)、信贷管理部(含风险资产管理部)、审计部。县联社所辖9个信用社,1个营业部,即岳普湖镇信用社、岳普湖信用社、也克先拜巴扎信用社、艾西曼信用社、阿其克信用社、色也克信用社、铁热木信用社、巴依阿瓦提信用社、阿洪鲁库木信用社和联社营业部。

2008年1月,县联社根据自治区联社《关于成立中共岳普湖县农村信用合作联社委员会和纪律检查委员会的通知》精神,经自治区联社党委批准,成立中共岳普湖县农村信用合作联社委员会和中共岳普湖县农村信用合作联社纪律检查委员会。

2010年,县联社内设综合办公室、人力资源部、财务信息部、审计部、信贷部、客户部、资产风险管理部、电子银行部;所属各乡镇农村信用社9家,有职工129人。

2011年末,岳普湖县农村信用合作联社机构共10个,其中法人社1个(联社营业部),县联社所属各乡镇农村信用社9家,即:岳普湖镇信用社、岳普湖信用社、也克先拜巴扎信用社、艾西曼信用社、阿其克信用社、色也克信用社、铁热木信用社、巴依阿瓦提信用社、阿洪鲁库木信用社。在职职工96人,其中:内退5人。2012年,县联社内设:综合办公室(含安全保卫部)、人力资源部(含党委办公室)、信贷管理部、资产风险管理部。

2014年,县联社内设8个部室,分别为综合办公室(监察保卫部)、信贷部、审计部、财务信息部、人力资源部、资产风险管理部、电子银行部、客户部。下设营业部、基层信用社10个营业网点,分别为联社营业部、岳普湖镇信用社、岳普湖信用社、色也克信用社、阿其克信用社、铁热木信用社、巴依阿瓦提信用社、阿洪鲁库木信用社、也克先拜巴扎信用社、艾西曼信用社。

第二节　社员代表大会

社员代表大会是农村信用社最高权力机构,由县联社社员代表组成,社员代表由联社社员选举产生,每届任期三年。社员代表大会由理事会召集,每年召开一次,必要时可临时召开。召开临时社员代表大会须经半数以上理事提议,或三分之一以上社员代表提议。社员代表大会分为1956~1996年县域乡镇信用社时期,1997至2006年5月联合社时期,2006 年 10 月至 2014 年 12 月联社时期。

一、乡镇信用社社员代表大会

社员代表职责:收集并反映群众意见,宣传办社意义,协助发展新社员,办理信用社托办事项。兼任信用社社员代表人员还应兼办介绍存款和贷款对象,协助信用社催收贷款等工作。

20 世纪 50 年代末期,县域各乡(镇)信用社成立初期,均按程序召开社员代表大会。后随着信用社机构变化,社员代表大会没有按规定召开。80 年代,恢复各项制度,县域各信用社相继召开社员代表大会。

2002 年 11 月 24 日,县域各乡镇信用社分别召开第二届社员代表大会,会议严格按照农村信用社章程和法定程序,分别通过岳普湖县各乡镇农村信用社机构、劳资改革方案等决议。

二、联合社社员代表大会

1997 年 10 月,岳普湖县联合社召开第一次农村信用合作社联合社社员代表大会第一次会议,选举产生第一届理事会理事,监事会监事。

2001 年 7 月,岳普湖县联合社召开第二次社员代表大会第一次会议。选举产生第二届理事会和监事会。

2002 年 11 月 24 日,岳普湖县联合社召开第二届社员代表大会第二次会议,会议严格按照农村信用社章程和法定程序,确保"时间、人员、内容"三到位。

2003 年 4 月 10 日,岳普湖县农村信用合作联合社召开第三次社员代表大会第一次会议。县联合社 41 名社员代表、人行喀什地区支行合作科负责人以及 14 名特邀代表参加会议,通过信用联合社章程,选举产生第三届理事会和监事会,选出 5 名理事 3 名监事(监事:阿不力孜·卡德尔,维吾尔族 2003.3～2006.10、克依木·阿卜杜热合曼,维吾尔族,2003.3～2006.10、玉苏普·亚森,维吾尔族,2003.3～2006.10)。

大会讨论并通过四项决议:1.岳普湖县各乡镇农村信用合作社召开社员代表大会审议通过取消法人资格、与岳普湖县农村信用合作社联合社合并为一家法人社的决议,各乡镇农村信用合作社所有债权、债务由合并法人后的岳普湖县农村信用合作社联合社承担,按照新疆银监局"关于转发《中国银行业监督管理委员会关于印发〈县(市)农村信用合作联社监管工作意见〉的通知》的通知",岳普湖县农村信用合作社联合社达到资本充足率规定要求,取消各乡镇农村信用合作社法人资格后,符合以岳普湖县农村信用合作社联合社为统一法人的条件。2.合并后岳普湖县农村信用合作社联合社社员股金2011169.10 元,其中:团体股 257000.00 元、个人 1504861.10 元、职工股 249308.00 元,按 1:1 比例转入合并法人后的岳普湖县农村信用合作社联合社。3.接受乡镇农村信用合作社的委托代理向银监局提出合并法人的申请。4.由岳普湖县农村信用合作社联合社代理向银监局申请开业及上报相关审批文件,办理机构变更手续。

2004～2005年,县联合社分别召开第三届第二、三次社员代表大会。

2006年5月26日,岳普湖县农村信用联合社第三届第四次社员代表大会在岳普湖县农村信用联合社四楼会议室召开。会议应到社员代表41人,实到社员代表34人,符合有关规定。喀什银监分局驻岳普湖县监管办事处主任红千木主持会议;岳普湖县委常委、政府副县长佘瑞元作重要讲话;卡米力·米吉提作岳普湖县农村信用联社2003～2005年工作报告,宣读岳普湖县农村信用联社社员代表大会同意出资入股的决议。

岳普湖县农村信用联合社社员代表大会同意出资入股的决议:一、同意在自治区联社筹建工作领导小组的统一部署下,参与发起设立自治区联社;二、同意以货币资金形式,出资30万元人民币,认购自治区联社3股股本;三、同意履行设立自治区联社发起人的有关义务,并享有相关的权利;四、授权本联社法定代表人卡米力·米吉提代表本联社签署参与发起成立自治区联社的有关各种法律文件。

岳普湖县联合社第三届第四次社员代表大会参会人员名单

表2－1

姓名	民族	政治面貌	职务	工作单位(地址)
佘瑞元	汉	中共党员	副县长	岳普湖县政府
韩金明	汉	中共党员	副县长	岳普湖县政府
钟桂茹	汉	中共党员	纪委副书记	岳普湖县政府
杨海荣	汉	中共党员	局长	财政局
艾买尔·库尔班	维吾尔	中共党员	局长	审计局
阿不都克力木·热合曼	维吾尔	中共党员	局长	农经局
米吉提·阿不拉	维吾尔	中共党员	局长	国税局
张志雄	汉	中共党员	局长	工商局
吴平	汉	中共党员	局长	地税局
红倩木	维吾尔	中共党员	主任	岳普湖监管办事处
杨剑	汉	中共党员	行长	伽师人行
艾尔肯·阿不都热依木	维吾尔	中共党员	书记	岳普湖镇党委
艾热提·那曼	维吾尔	中共党员	镇长	岳普湖镇政府
阿不都卡地尔·沙依木	维吾尔	中共党员	农民	岳普湖镇2村5组
艾买尔·吐尔逊	维吾尔	中共党员	乡长	岳普湖乡政府
阿布都克力木·吐来克	维吾尔	中共党员	村书记	岳普湖乡7村6组
克依木·阿布都瓦依提	维吾尔	中共党员	副书记	下巴扎乡党委
阿布都热西提·卡斯木	维吾尔	中共党员	村书记	下巴扎乡12村2组

续表2-1

姓名	民族	政治面貌	职务	工作单位(地址)
牙克普·阿吉	维吾尔	中共党员	个体户	下巴扎乡1村
色马依力·买买提	维吾尔	中共党员	农民	下巴扎乡4村
阿迪力·苏皮	维吾尔	中共党员	镇长	艾西曼镇政府
阿吾提·沙比尔	维吾尔	中共党员	村书记	艾西曼镇8村7组
吐尔洪·依明	维吾尔	中共党员	乡长	阿其克乡政府
买合木提·库力班	维吾尔	中共党员	会计	阿其克乡财政所
马木提·阿吾提	维吾尔	中共党员	村书记	阿其克乡4村
常光	汉	中共党员	书记	色也克乡党委
阿克木·色买尔	维吾尔	中共党员	村书记	色也克乡12村4组
吐逊江·司马义	维吾尔	中共党员	乡长	铁力木乡政府
巴拉体·纳依普	维吾尔	中共党员	村书记	铁力木乡9村2组
图拉丁·苏曼	维吾尔	中共党员	农民	铁力木乡1村9组
吐孙·艾沙	维吾尔	中共党员	个体户	铁力木乡8村1组
阿布都热合曼·吾守尔	维吾尔	中共党员	乡长	巴依瓦提乡乡政府
阿布里提·祖农	维吾尔	中共党员	个体户	巴依瓦提乡2村8组
阿不地力木·吐来克	维吾尔	中共党员	乡长	阿洪鲁库木乡政府
艾买提江	维吾尔	中共党员	牧民	县城
王行政	汉	中共党员	场长	良种场
焦多成	汉	中共党员	场长	大畜场
薛建国	汉	中共党员	场长	林场
曹功利	汉	中共党员	书记	农场
卡米力·米吉提	维吾尔	中共党员	理事长	农村信用联社
艾沙·吐尔	维吾尔	中共党员	副主任	农村信用联社
阿不力孜·买买提	维吾尔	中共党员	副主任	农村信用联社
阿布力孜·卡德尔	维吾尔	中共党员	监事长	农村信用联社
唐努尔·艾买提	维吾尔	中共党员	股长	农村信用联社
克依木·阿布都热合曼	维吾尔	中共党员	社主任	岳普湖乡分社
玉苏普·亚生	维吾尔	中共党员	信贷员	岳普湖乡分社
阿布都热西提·库万	维吾尔	中共党员	信贷员	岳普湖镇分社
艾肯江·提力瓦地	维吾尔	中共党员	社主任	下巴扎分社
吐孙·艾沙	维吾尔	中共党员	社主任	艾西曼分社
阿布都克里木·吾布力	维吾尔	中共党员	社主任	阿其克分社
买合木提江·艾买提	维吾尔	中共党员	社主任	色也克分社

续表2-1

姓名	民族	政治面貌	职务	工作单位(地址)
阿力木江·艾沙	维吾尔	中共党员	稽核员	农村信用联社
吾守尔·阿依普	维吾尔	中共党员	社主任	铁力木分社
吐鲁洪江·阿布都热依木	维吾尔	中共党员	社主任	巴依瓦提分社
艾买提·苏普干	维吾尔	中共党员	信贷员	巴依瓦提分社
阿不来提·艾沙	维吾尔	中共党员	信贷员	阿洪鲁克分社
吐力洪·吾布力	维吾尔	中共党员	会计	阿洪鲁克分社
贾国良	汉	中共党员	科员	岳普湖监管办事处
范凡	汉	中共党员	办公室主任	农村信用联社

注:含出席、列席人员

三、联社社员代表大会

2006年10月23日,岳普湖县联社召开第一次社员代表大会第一次会议。社员代表由机关干部、乡村农民、联社职工组成。应到代表58人,实到54人,符合有关规定。副主任艾沙·吐尔主持。会议主要内容:一是联社理事长兼主任作2003年至2006年9月任期以来领导班子述职报告;二是通过岳普湖县农村信用合作联社(统一法人)创立暨首届社员代表大会关于通过《岳普湖县信用合作联社章程(草案)》的决议、《岳普湖县信用合作联社社员代表大会议事规则》的决议、选举理事会结果的决议、选举监事会结果的决议;三是选举产生岳普湖县农村信用合作联社第一届理事会成员,选举阿不力孜·卡地尔、艾尔肯·提力瓦地、阿克木·赛麦尔、巴拉提·纳依普、热合曼·喀吾力为县联社第一届监事会成员。

2008年3月14日,联社召开第一届社员代表大会第二次会议。大会审议通过一系列有关决议和决定,修改通过《岳普湖县农村信用合作联社章程(草案)》,审议批准利润分配方案,新增阿卜力孜·喀迪尔、范凡为理事会成员。

2009年,县联社召开第一届第三次社员代表大会。

2010年4月19日,岳普湖县农村信用合作联社召开第二次社员代表大会第一次会议。大会由54名社员代表组成,代表构成分别是以职工、社会自然人和企业法人的入股比例为基础,严格按照规定的条件组成,构成状况为:职工社员代表18名,占33.3%;自然人社员代表36名,占66.7%。大会审议通过一系列有关决议和决定,修改通过《岳普湖县农村信用合作联社章程(草案)》,审议批准利润分配方案,并选举产生岳普湖县农村信用合作联社第二届理事会和监事会。理事会理事9人,其中职工理事4人,非职工理事5人,新增冯庆、艾尔肯·铁力瓦尔迪、阿娜尔古丽·牙生、吴宏伟、阿卜都斯买提·

坎吉为理事会成员;新增吐尔逊阿依·卡地尔、木卡丁·米吉提、张立德为监事会成员。

2011年4月19日,县联社在四楼会议室召开第二届社员代表大会第二次会议,应到54人,实到51人,大会宣读并通过岳普湖县农村信用合作联社2010年度制定的经营目标完成情况、2011年度各类经营目标计划。

2013年7月20日,县联社召开岳普湖县农村信用合作联社第三次社员代表大会第一次会议。代表构成以职工、社会自然人和企业法人的入股比例为基础,严格按照规定的条件组成,构成状况为:职工社员代表20名,占36%;自然人社员及法人代表35名,占64%。本届参会代表应到55人,实到50人,会议由联社党委书记吐逊·卡地尔主持。岳普湖县公证处两位公证员对会议进行全程公证。大会审议通过联社第二届理事会任期履职报告、第二届监事会任期履职报告、《岳普湖县农村信用合作联社章程(草案)》、社员代表大会选举办法等决议。选举产生联社第三届理事会理事9人,吐逊·卡地尔、冯庆、艾尔肯·提力瓦尔迪、周磊、吴宏伟、阿卜都斯买提·砍吉、艾买提江·买买提、阿卜杜克里木·吐来克、阿卜力克木·纳曼,(职工理事4人,非职工理事5人)。选举产生联社第三届监事会监事7人,唐努尔·艾买提、热依汗古丽·热合曼、古丽娜尔·阿西木、张立德、阿不拉江·买买提、图热木·尼亚孜、麦麦提伊敏·喀迪尔(职工监事3人,非职工监事4人)。

第三节　理事会

一、联合社理事会

1997年10月,岳普湖县联合社第一次社员代表大会选举产生的理事会召开第一次会议,选举产生第一届理事会理事长,麦合木提·吾布力。

2001年7月,县联合社第二届理事会召开第一次会议,选举杨化石任理事长,卡米力江·米吉提任副理事长。聘任杨化石任县联合社主任卡米力江·米吉提、艾沙·吐尔为副主任。

县联合社第一、二理事会组成人员情况

表2-2

序号	姓名	担任本机构及其他机构职务	年龄	籍贯	选任本机构职务时间	任期
1	麦合木提·吾布力	理事长	39	新疆	1997.1	1997.1~2001.7
2	杨化石	副理事长	38	甘肃	1997.1	1997.1~1998.4

续表2-2

序号	姓名	担任本机构及其他机构职务	年龄	籍贯	选任本机构职务时间	任期
3	杨化石	理事长	42	甘肃	2001.8	2001.8~2003.3
4	艾莎·图尔	副理事长	52	新疆	2001.8	1998.4~2003.3
5	卡米力·米吉提	副理事长	34	新疆	2001.8	2001.8~2003.3
6	艾木拉库勒·苏莱曼	理事	—	新疆	1998.4	1998.4~2001.7
7	艾尔肯·铁力瓦尔迪	理事	—	新疆	1998.4	1998.4~2003.3
8	艾买提江·买买提	理事	—	新疆	1998.4	1998.4~2003.3
9	阿不力孜·买买提	理事	—	新疆	2001.8	2001.8~2003.3

2003年4月10日,县联合社第三届理事会召开第一次会议,选举卡米力江·米吉提任理事长。理事会聘任卡米力江·米吉提任县联合社主任艾沙·吐尔、阿不力孜·买买提、阿不力孜·默罕穆德为副主任。5月30日,联合社理事会召开第五次会议研究决定,对部分工作人员的岗位做以下调整:1.原铁力木乡信用分社出纳员玉苏甫·尔满调整到县信用联社任经警;2.原金星分社出纳员热汗姑丽.热合满调整到下巴扎乡信用分社任出纳员;3.原县信用联社经警吾布力阿西木·亚森调整到县信用联社第一分社任出纳员。12月16日,召开第10次理事会议,研究决定:以乡(镇)分社为主聘请临时业务人员及经警,月工资300元;将职工住房公积金分2003、2004年返还给职工。

2004年8月19日,县联合社理事会第19次会议研究决定,同意买合木提·吾布力病退。12月22日,县联合社理事会召开第24次会议研究,续聘现有经警、驾驶员共8名,纳入联合社"三定"方案管理使用,充实到所属各乡镇分社。

2005年2月16日,联合社召开第28次理事会议研究,续聘现有经警、驾驶员共计10名,纳入联合社"三定"方案管理使用,充实到所属各乡镇分社。2月22日,召开理事扩大会议,传达学习地区农村信用社工作会议精神。7月14日,联合社理事会召开理事会议,成立由联社主任、副主任为组长的清收不良贷款小组,分组对全辖历年形成的各类不良贷款进行专项清收,本次专项清收将按照形成的原因逐户清理,对清收较难的贷款,清收小组和贷款户协商制定还款计划,对还款积极性不高,有抵赖思想的贷款户,联社按照约定向人民法院递交强制执行申请。10月22日,联合社召开理事会,会议决定:1.对上半年考核不合格人员及部分违规人员处理决定期限到期,根据工作需要对人员进行岗位调整,对联社办公室负责人进行调整;2.确定岳普湖县农村信用合作社联合社深化改革各项计划与方案的制定。11月2日,县联合社理事会召开第38次理事会会议,向与会人员传达有关文件精神,决定成立联合社年度职工考核领导小组,并将文件转发至各乡分社,要求联合社全体员工写出一份年度书面总结,由其本人对自己的工作进行初步认识和评定。12月18日,县联合社理事会召开第39次理事会会议,根据待岗人员的工作意愿,对4名待岗人员做出边自学边工作的决定。

2006年2月4日,召开理事会会议,对人员进行调整。2月25日,联合社召开理事会会议,会议内容为:为更好地促进基层分社的各项工作,会议决定对部分基层分社负责人进行调整,即:原色也克分社负责人吐尔洪·阿不都热依木调整至巴依瓦提分社任负责人;原巴依瓦提分社负责人吾不拉西木·牙生调整至阿洪库木鲁克分社任负责人;原阿洪库木鲁克分社负责人买合木提·艾买提调整至色也克分社任负责人。3月10日,联合社召开理事会第43次会议,会议做出以下决定:一是由于信贷股股长艾合买提江·买买提脱产学习两年,其工作由经营管理部负责人唐努尔·艾买提负责;二是调整下巴扎分社记账员祖丽皮娅·阿不都热依木到信贷股任统计员工作;三是对贷款审批领导小组部分人员进行调整;四是对贷款风险领导小组部分人员进行调整;五是联社家属区一套楼房出售给单位职工。3月15日,联合社召开理事会会议,参加人员为理事会成员及各股室负责人及部分工作人员共9人。会议由联合社理事长兼主任卡米力·米吉提主持,会议内容为加大联合社在内控制度、会计、信贷等各项工作制度的落实力度,决定制定《岳普湖县农村信用社制度汇编》,对制定《汇编》的具体事宜进行安排,明确各相关部门责任,力争在短时间内将各项制度整理成册。5月26日,县联合社第三届理事会召开会议,研究决定县联合社向自治区联社出资入股的有关事宜,并形成《岳普湖县农村信用联合社理事会同意出资入股的决议》。7月10日下午,联合社召开理事会,会议由理事长兼主任卡米力·米吉提主持。会议内容:一是对于联合社制定的设施农业贷款管理办法进行补充和修订;二是对联合社二季度风险情况进行分析和讨论;三是对龙奶厂120万元贷款、对符合设施贷款要求的农民发放贷款;四是对联合社上半年亏损情况进行分析,并制定出减亏办法,主要是对年初扣发20%的任务工资按照收贷任务完成情况进行发放;五是要求各部门及乡分社继续做好案件专项治理和商业贿赂工作。8月30日,联合社召开领导班子成员以及理事会成员工作会议,会议内容主要是根据自治区考察组工作人员对联合社领导班子述职报告的考察要求,班子成员通过认真、细致的研究,对2003年至2006年7月领导班子述职报告作正式定稿的决定。9月9日,联合社召开第46次理事会,会议主要就以下有关问题进行讨论决定。一是人事方面:(1)研究通过上半年单位人员考核结果,联合社决定第二季度20%的效益工资根据考核得分多少发放;(2)对退休、内退人员进行相关讨论;(3)对全辖工作人员进行相关调整。二是财务方面:(1)对艾西曼、下巴扎、铁力木、巴依瓦提、阿其克信用社旧的固定资产进行处理;(2)根据劳保局相关文件要求,联合社决定补交1~9月生育、工伤保险;(3)随着冬季来临,联合社决定对铁力木、巴依瓦提分社的锅炉进行维修;(4)根据岳普湖乡分社实际情况,决定对部分地方进行装修。三是信贷方面,因2006年调入调剂资金已经超标,理事会决定制定风险监控制度,减少不良贷款产生。

县联合社第三届理事会组成人员情况

表2-3

序号	姓名	担任本机构及其他机构职务	年龄	籍贯	选任本机构职务时间	任期	代表股东或利益方
1	卡米力·米吉提	理事长	36	新疆	2003.4	三年	
2	艾萨·图尔	副理事长	53	新疆	2003.4	三年	
3	阿布力孜·麦麦提	理事	29	新疆	2003.4	三年	
4	唐努尔·艾买提	理事	27	新疆	2003.4	三年	
5	艾尔肯·铁力瓦尔迪	理事	—	新疆	2003.4	三年	
6	艾买提江·买买提	理事	—	新疆	2003.4	三年	
7	艾麦尔·努尔	理事	—	新疆	2003.4	三年	
8	努尔·曼苏尔	理事	—	新疆	2003.4	三年	

二、联社理事会

2006年10月23日,县联社第一届理事会召开第一次理事会会议,选举卡米力江·米吉提任理事长。聘任卡米力江·米吉提任县联合社主任艾沙·吐尔、阿不力孜·买买提为副主任。

2007年3月10日,县联社第一届理事会召开理事会议,审议2007年度经营方针和发展计划;对竞聘的中层干部资格进行审查;审议撤并部分信用社。

2007年4月9日,县联社第一届理事会研究决定成立岳普湖县农村信用联社内部审计工作委员会。5月25日,县联社第一届理事会根据喀什监管分局《关于同意撤并岳普湖县农村信用合作联社金星信用社的批复》,研究决定:任命吐尔逊阿衣·卡地尔为岳普湖镇信用社主任;免去吐尔逊阿衣·卡地尔金星信用社主任、阿不都热西提·库万岳普湖镇信用社主任。11月27日,县联社第一届理事会召开理事会议,研究制订2008年经营计划,并对加强"信用乡(镇)、信用村、信用户"的创建活动提出具体实施意见。12月26日,县联社第一届理事会召开会议,审议调整存贷款利率;审议2007年度各项指标完成情况;审议规范股金管理工作。

2008年3月14日,县联社第一届理事会召开理事会会议。聘任阿卜力孜·喀迪尔为联社主任,艾尼瓦尔·阿布杜卡迪尔、吐拉洪·麦麦提为副主任。

2009年4月8日,联社理事会研究,在原文化局用地新建6层办公楼,总面积2500平方米左右,单价1500元/平方米,工程总造价为400万元左右。8月21日,联社理事会议研究决定,对德利卡运钞车根据固定资产管理办法进行账务处理,按市场价格1.2万元出售。

联社第一届理事会组成人员情况表

表2-4

序号	姓名	担任本机构及其他机构职务	年龄	选任本机构职务时间	任期	代表股东或利益方	该股东持股比例
1	卡米力·米吉提	理事长	41	2006年10月	3年	利益方	0.25%
2	阿不力孜·麦麦提	成员	34	2006年10月	3年	利益方	0.15%
3	唐努尔·艾买提	成员	32	2006年10月	3年	利益方	0.16%
4	冯庆	成员	40	2006年10月	3年	利益方	0.24%
5	艾麦尔·努尔	成员	49	2006年10月	3年	股东方	0.10%
6	艾买提江·买买提	成员	46	2006年10月	3年	股东方	0.01%
7	努尔·忙苏尔	成员	44	2006年10月	3年	股东方	0.05%
8	吐尔孙·玉苏普	成员	39	2006年10月	3年	股东方	0.03%
9	柯尤木·苏力坦马木提	成员	42	2006年10月	3年	股东方	0.01%

2010年4月19日,县联社第二届理事会召开第一次理事会会议,选举卡米力·米吉提为理事长。聘任冯庆为联社主任,艾尼瓦尔·阿布杜卡迪尔、吐拉洪·麦麦提为副主任。11月11日,岳普湖县联社第二届理事会第二次会议在二楼会议室召开,研究决定处置原有工作车(新Q43746),购置一辆价值25万元左右的工作车。

2011年4月19日,岳普湖县联社召开第二届理事会第三次会议。4月30日,县联社第二届理事会召开理事会会议,审议2010年度经营完成情况,2011年度经营目标计划;研究2010年度股金分红方案;审议《岳普湖县农村信用合作联社三项整治工作方案》《岳普湖县农村信用合作联社案件防控方案》《岳普湖县农村信用合作联社信贷员考核办法》《岳普湖县农村信用合作联社综合柜员计件考核办法》等。8月16日,县联社第二届理事会召开理事会会议,审议《岳普湖县农村信用合作联社上半年经营情况,下半年计划》《岳普湖县农村信用合作联社企业年金方案》《岳普湖县农村信用合作联社新办公楼各部室购买电脑,用于信用工程使用方案》《岳普湖县农村信用合作联社新办公楼各部室购买空调,新办公楼设立监控室方案》《岳普湖县农村信用合作联社办公楼档案室购买凭证柜,档案柜方案》《岳普湖县农村信用合作联社五小工程方案》《岳普湖县农村信用合作联社各中层干部购买电脑方案》。11 月 4 日,县联社第二届理事会召开理事会会议,审议《岳普湖县农村信用合作联社 3 季度经营情况,4 季度计划》《岳普湖县农村信用合作联社企业年金方案》《岳普湖县农村信用合作联社股权改造补充方案》。

县联社第二届理事会组成人员情况表

表 2 - 5

序号	姓名	担任本机构及其他机构职务	年龄	选任本机构职务时间	任期	代表股东或利益方	该股东持股比例
1	卡米力·米吉提	理事长	45	2006.10	5 年	利益方	0.25%
2	冯庆	联社主任	45	2010.4	1 年	利益方	0.09
3	阿娜古丽·牙生	财务部经理	36	2010.4	1 年	利益方	0.04
4	阿布杜斯·买提坎吉	成员	40	2010.4	2 年	股东方	0.01
5	艾买提江·买买提	成员	47	2006.10	3 年	股东方	0.01%
6	努尔忙·苏尔	成员	45	2006.10	3 年	股东方	0.05%
7	艾尔肯·提力瓦力地	信用社主任	45	2010.4	1 年	利益方	0.045
8	吴宏伟	成员	46	2010.4	1 年	股东方	0.23
9	柯尤木·苏力坦马木提	成员	43	2006.10	3 年	股东方	0.01%

2013 年 7 月 20 日,联社第三届理事会召开第一次会议,选举联社党委书记吐逊·卡地尔为第三届理事会理事长。按《章程》规定,理事会聘任联社党委委员冯庆为联社主任;聘任联社党委委员吐逊江·赛麦提、佟明亮为联社副主任。

2014 年 2 月 6 日,县联社第三届理事会召开第四次会议,根据国家银行业监督管理委员会和自治区联社的相关规定及《岳普湖县农村信用合作联社章程》精神,联社制定 2013 年度股金分红方案。10 月 16 日,县联社第三届理事会召开第五次会议,向理事会通报联社贷款客户岳普湖县大陆公司油脂化工厂因经营管理不善,经营收入减少的情况,经联社客户部调查并上报该公司贷款调查报告后,联社领导高度重视并组织信贷部、风险部、客户部相关人员对该公司生产情况进行调查。

县联社第三届理事会组成人员情况

表 2 - 6

序号	姓名	担任本机构及其他机构职务	年龄	籍贯	选任本机构职务时间	任期	代表股东或利益方
1	吐逊·卡地尔	理事长	56	新疆	2013.7	三年	
2	冯庆	联社主任	44	甘肃	2010.4	三年	
3	艾尔肯·提力瓦尔迪	成员	—	新疆	2010.4	三年	

续表 2 - 6

序号	姓名	担任本机构及其他机构职务	年龄	籍贯	选任本机构职务时间	任期	代表股东或利益方
4	周磊	成员	—	—	2013.7	三年	
5	吴宏伟	成员	—	—	2010.4	三年	
6	阿卜都斯买提·砍吉	成员	—	新疆	2010.4	三年	
7	艾买提江·买买提	成员	—	新疆	2006.10	三年	
8	阿卜杜克里木·吐来克	成员	—	新疆	2013.7	三年	
9	阿卜力克木·纳曼	成员	—	新疆	2013.7	三年	

第四节　监事会

一、联合社监事会

1997 年 10 月,岳普湖县联合社第一届监事会召开第一次会议,选举吐尔洪·阿布都热依木任第一届监事会监事长。

2001 年 7 月,县联合社第二届监事会召开第一次会议,选举克依木·阿卜杜热合曼任监事长。

2003 年 4 月 10 日,县联合社第三届监事会召开第一次会议,选举阿布力孜·卡德尔任监事长。

县联合社监事会组成人员情况表

表 2 - 7

序号	姓名	担任本机构及其他机构职务	选任时间	任期	代表股东（或利益方）
1	吐尔洪·阿布都热依木	监事长	1997.10 ~ 2001.7	3 年	利益方
2	克依木·阿卜杜热合曼	监事长	2001.7 ~ 2003.3	3 年	利益方
3	阿不力孜·卡德尔	成员	2001.7 ~ 2003.3	3 年	—
4	阿不力孜·卡德尔	监事长	2003.4 ~ 2006.10	3 年	—
5	克依木·阿卜杜热合曼	成员	2003.4 ~ 2006.10	3 年	—
6	玉苏普·亚森	成员	2003.4 ~ 2006.10	3 年	—

二、联社监事会

2006 年 10 月 23 日,县联社第一届监事会召开第一次监事会会议,选举冯庆任监事长。

2007年3月17日,县联社第一届监事会在联社2楼召开会议,审议通过《内部审计方案》。11月27日,县联社第一届监事会在联社2楼召开会议,审议通过《关于创建农村信用工程的实施意见》、修改《小额信用贷款管理实施细则》。

2008年3月14日,县联社第一届监事会召开会议,选举冯庆为监事长。

2009年,县联社第一届监事会召开会议1次。

县联社第一届监事会组成人员情况表

表2-8

序号	姓名	担任本机构及其他机构职务	年龄	选任时间	任期	代表股东（或利益方）
1	阿不来孜·卡迪尔	监事长	41	2006年12月	3年	利益方
2	艾尔肯·铁力瓦尔迪	成员	40	2006年12月	3年	利益方
3	热合曼·卡吾力	成员	47	2006年12月	3年	股东方
4	巴拉提·那尤甫	成员	57	2006年12月	3年	股东方
5	阿克木·塞买尔	成员	54	2006年12月	3年	股东方

2010年4月19日,县联社第二届监事会召开第一次监事会会议,选举唐努尔·艾买提为监事长。同年,县联社第二届监事会把"履职责、强监督、求实效、促发展"作为指导思想,以农村信用社改革与发展为中心,以"防风险、促发展"为准绳,制定工作实施意见。一是始终做到不缺位、不错位、不越位,充分尊重理事会和主任办公会的决策权和经营管理权,对经营管理中必要的问题,通过正当渠道,相互探讨研究解决,提高联社决策、办事的民主性和透明度;二是把监事会工作与联社日常经营管理活动紧密结合,切实做到思想同心、目标同向、工作同步,在参与决策和支持经营管理中,有效履行监督职能;三是修订、补充和完善《监事会议事规则》《监事会工作制度》《审计委员会工作制度》,使监督检查有章可循;四是定期召开监事会工作例会,对理事会拟订的决议、草案进行讨论,收集意见和建议并向理事会反馈。2010年组织90多项次专项稽核,对60多人次重要岗位人员进行离任审计,提出整改意见200多条,发出整改通知书100多份。

2011年4月30日,县联社召开第二届监事会会议。审议2010年度经营情况完成情况;2011年度经营目标计划;研究2010年度股金分红方案;审议《岳普湖县农村信用合作联社三项整治工作方案》《岳普湖县农村信用合作联社案件防控方案》《岳普湖县农村信用合作联社信贷员考核办法》《岳普湖县农村信用合作联社综合柜员计件考核办法》等。8月16日,县联社召开第二届监事会会议,审议《岳普湖县农村信用合作联社上半年经营情况,下半年计划》《岳普湖县农村信用合作联社企业年金方案》《岳普湖县农村信用合作联社新办公楼各部室购买电脑,用于信用工程使用方案》《岳普湖县农村信用合作联社办公楼档案室购买凭证柜,档案柜方案》《岳普湖县农村信用合作联社五小工程方案》《岳普湖县农村信用合作联社各中层干部购买电脑方案》。11月4日,县联社召开第二届监事会会议,审议《岳普湖县农村信用合作联社3季度经营情况,4季度计划》《岳普湖县农村信用合作联社企业年金方案》《岳普湖县农村信用合作联社股权改造补充方案》。

县联社第二届监事会组成人员情况表

表2-9

序号	姓名	担任本机构及其他机构职务	年龄	选任时间	任期	代表股东(或利益方)
1	唐努尔·艾买提	监事长	36	2010年4月	3年	利益方
2	吐尔·苏阿依	成员	36	2010年4月	3年	利益方
3	张立德	成员	41	2010年4月	3年	股东方
4	巴拉提·那尤甫	成员	59	2010年4月	3年	股东方
5	木卡丁·米吉提	成员	46	2010年4月	3年	股东方

2013年7月20日,县联社第三届监事会召开第一次会议,选举党委委员、纪委书记唐努尔·艾买提为第三届监事会监事长。

2014年5月12日,县联社召开第三届监事会议,通报各乡(镇)信用社股金管理检查,并指出存在"股金转让不规范、多头持股"等问题。9月28日,县联社召开第三届监事会议,通报2014年第三季度在经营管理过程中联社在内控建设、信贷管理、财会管理等方面依然存在的问题。如:资本充足率指标未达到监管要求;部分制度未结合联社工作实际及变化进行细化和完善;部分组织未达到相互制约的作用;不良贷款清收工作进展较缓慢,不良贷款绝对额依然较大;联社员工素质和业务水平依然较低,信贷、财务管理方面的操作环节不合规现象及因道德风险导致的违规违纪行为依然存在。

县联社第三届监事会组成人员情况表

表2-10

序号	姓名	担任本机构及其他机构职务	年龄	选任时间	任期	代表股东(或利益方)
1	唐努尔·艾买提	监事长	39	2013年7月	3年	
2	热依汗古丽·热合曼	成员	—	2013年7月	3年	
3	古丽娜尔·阿西木	成员	—	2013年7月	3年	
4	张立德	成员	—	2013年7月	3年	
5	阿不拉江·买买提	成员	—	2013年7月	3年	
6	图热木·尼亚孜	成员	—	2013年7月	3年	
7	麦麦提伊敏·喀迪尔	成员	—	2013年7月	3年	

第五节　经营管理层

一、主任办公会

（一）县联合社主任办公会

2004年,岳普湖县联合社实行主任办公会制度。

2005年7月5日,联合社召开主任办公会议,理事长、主任卡米力·米吉提分析,从目前各项工作开展情况来看,无论是存款贷款,还是股金、不良贷款,虽然全体员工在不断努力,但是与上年同期比较,只有股金在增加,存贷款在减少,而不良贷款的比例在增加;主任办公会议成员认真分析联合社现状认为,召开2005年度上半年工作总结大会向全社员工通报各项指标的完成情况很有必要,通过召开全体会议要向全体员工阐述联合社当前主要任务,总结经验,提高员工工作积极性,努力完成2005年工作任务;决定7月8日召开2005年上半年工作总结大会,要求联合社机关相关部门做好会议准备工作。7月7日,联合社召开主任办公会议,理事长、主任卡米力·米吉提与主任办公会议成员按照会议计划,认真审核总结材料、下半年工作安排和第七次党风廉政建设动员讲话稿,与会人员在审核会议材料的同时,对不足之处进行补充和修改。7月11日,联合社召开主任办公会议,理事长、主任卡米力·米吉提听取各领导小组开展工作情况,他指出,自2004年初实行主任办公会议以来,对联合社领导集体决策具有较大促进作用,联社领导集体根据各领导小组提供的第一手资料,充分体现民主管理,果断决策,使农村信用社在经营和三个文明建设方面取得一定成绩。7月14日,联合社召开主任办公会议,就当前农村信用社存在的内控制度执行不严的情况,要求监事会、监督保障部加大内控制度执行的查处力度,各部门做好对职工半年考评工作,结合开展的第七次党风廉政建设教育活动,促进各项业务健康发展。8月8日,联合社召开主任办公会议,对县联合社在岳普湖县县域之外(喀什地区内)所有不良贷款进行摸底调查清收的前期准备工作;清收不良贷款小组本周安排到下巴扎分社进行清收工作;继续组织员工在周一、三、五学习信用社职工岗位培训手册及各项业务知识。8月22日,联合社理事长兼主任卡米力·米吉提主持召开主任办公会议,传达8月18日在喀什召开的喀什地区农村信用社旺季工作会议精神,安排部署旺季工作前的各项准备工作。8月31日,联合社召开主任办公会议,决定成立旺季工作前各项账务核对及第三季度稽核工作领导小组,小组组长由副主任阿不力孜·买买提担任,成员阿不力孜·卡地尔、唐努尔·艾买提、比丽克孜·牙生、阿里木·艾沙,自9月5日起对所辖信用分社及营业部进行检查。

　　同年9月9日,联合社理事长兼主任卡米力·米吉提主持召开主任办公会议,传达在伊犁州参加的县级农村信用联合社内控制度工作会议精神。9月15日,联合社召开主任办公室会议,成立增资扩股及降低不良贷款领导小组,小组成员积极筹备,基本完成增资扩股及降低不良贷款计划的各项前期准备工作。9月22日,联合社召开主任办公会议,会议决定营业部分设对公、储蓄业务和县辖往来、大额支付、联行业务两个柜台,将金库管库员与现金出纳分开,大大减少金融风险和隐患的发生概率。10月3日,联合社召开主任办公会议,决定对联合社《创建信用村、乡(镇)实施办法》和关于《岳普湖县农村信用合作社联合社增资扩股及降低不良贷款的报告》向县委、县政府报送,争取县委、县政府在岳普湖农村信用社深化改革过程中给予大力支持和帮助。10月8日,联合社召开主任办公会议,根据喀什监管分局《关于组织喀什地区农村信用社全员考试的通知》,将考试前的各项准备工作进行周密安排,确保此次全员上岗考试顺利进行。

　　11月2日,联合社根据上级局对农村信用社员工进行年度考核的紧急通知,召开主任办公会,对此项工作进行安排。考核步骤为:通知全体员工写出个人的书面总结,发放年度考核表,根据总结和年度考核表,发放考核评分表,最后填写主兼岗志愿表,在考核过程中,增添一项考核内容,要求少数民族员工用汉语写出简历,汉族员工用除母语之外的文字写出简历。从考核情况看,大部分员工并不能顺利地写出个人简历,但通过此项考核内容,会激发全体员工学习汉语、学习新知识的动力,认识到只有不断地学习新知识,信用社才能向前发展,信合员工才能实现自己的人生价值。11月12日,联合社召开主任办公会议,一是会议针对监管办事处现场检查中发现的问题,进一步明确责任,落实到人。安排负责账务稽核的负责人写出整改报告,经联社监事会审核后,上报监管办事处;二是安排各乡分社撰写年度总结报告;三是决定对联合社住宅楼住户和租住户签订创建安全文明小区责任书。11月17日,联合社召开主任办公会议,会议由理事长、主任卡米力·米吉提主持,首先向与会人员传达"关于向县委、县政府报告工作的紧急通知"精神,商议决定岳普湖县农村信用社"十一五"规划的中心工作及重要指标并安排专人负责报告报送工作。11月18日,联合社召开主任办公会议,决定:一是为保证基层分社职工有一个舒适的工作环境,对下巴扎信用社新建营业场所和阿其克信用社购买新的营业场所安装土暖气,以保证冬季供暖正常;二是经联合社领导和艾西曼镇政府领导多方协调,同意艾西曼新建营业场所接入当地政府的锅炉进行供暖。11月21日,联合社召开主任办公会议,决定对联社住宅楼和办公楼向单位职工及住户签订住宅楼和办公楼安全保卫责任书,责任书涉及社会治安综合治理、精神文明、安全保卫等多方面的内容,为联合社创建安全、稳定、文明小区和办公环境奠定良好基础。对社会治安综合治理及信访工作领导小组和安全生产及稳定领导小组成员进行相应调整,11月22日,联合社召开主任办公会议,学习传达喀什监管分局信用合作管理办公室"关于印发《喀什地区农村信用社劳动用工制度改革实施细则》和《喀什地区农村信用社员工工资改革实施细则》的通知(喀银监信合管办发〔2005〕79号)"文件精神,根据文件要求,对联合社用工制度及员工工资改革前的各项准备作具体安排。12月3日,联合社召开主任办公会议,决定一是对联社全体员工的"双考"结果进行公示;二是自12月5日起对上岗员工签订劳动合同,明确合同中的各项要求;三是12月4日召开各乡分社及股室负责人会议。12月5日,联合社召开主任办公会议,学习并传达喀什监管分局信用合作办公室"关于对辖区农村信用社营业场所风险等级达标调查摸底工作的通知"精神,并根据调查摸底结果,决定对未达标营业场所于2006~2007年进行改、扩建,并制定拟改建扩建方案。报告于12月7日报至喀什监管分局三科。12月21日,联合社召开主任办公会议,一是针对当年各项会计数据进行测算,对全辖10个营业网点根据利息收入情况的不同进行补发工资,向银监分局三科报送2005年度补发工资的申请报告;二是对于违反规章制度的巴依瓦提分社和营业部主任及记账员进行严肃处理;三是对2005年度"双考"中待岗的4名人员进行谈话诫勉情况的通报;四是对小额信用贷款情况进行安排,下发关于成立岳普湖县农村信用联合社农户小额信用贷款领导小组的通知。12月25日,联合社召开主任办公会议,学习传达金融系统安全保卫大检查联席会议的通知精神,安排专人对各乡镇分社安全保卫工作进行自查,自查结束后,撰写安全保卫自查报告。

2006年1月3日,联合社召开主任办公会议,一是专门检查联合社决算小组对2005年度决算报表及相关辅助资料的填制情况,并安排相关人员1月4日前往喀什银监分局上报年终决算报表;二是安排各部室按照职能检查全辖年终各类档案、资料的装订归档工作开展情况,要求必须在规定时间对联合社各类档案、资料进行整理装订完毕,及时归档入库妥善保管。1月8日,联合社召开主任办公会议,一是通报喀什银监分局对2005年度决算报表及相关资料的验收情况;二是对古尔邦节、春节期间的安全保卫工作进行安排部署,要求全辖严格按照上级文件精神和安全保卫制度安排好古尔邦节的值班工作,各分支机构将库存现金等重要资产在节日到来之前上缴联合社金库统一守卫保管,联合社办公室在节日期间对值班情况进行明察暗访,对违反安全保卫制度的人员进行严肃处理。1月13日,联合社召开主任办公会议,一是通报联合社各分支机构在节日期间的安全保卫工作,经全体员工共同努力,确保度过祥和的古尔邦节,勉励全体员工继续做好本职工作,以优良的精神面貌做好2006年度各项工作;二是对20个信用村优先发放农户小额信用贷款进展情况进行检查,要求检查人员严格按照信用村的评定条件操作,确保公开、公平、公正,坚决遏制弄虚作假、暗箱操作行为,为树立农村信用社新形象、创建诚信环境奠定良好基础。1月16日,联合社召开主任办公会议,按照人民银行关于做好农村信用社改革试点专向票据申请材料的通知精神,召集相关人员进行动员,特意阐明专向票据的申请发行对今后的各项工作具有较大的促进作用和重要意义,要求参加专向票据申请材料填制工作的全体人员认真填制相关的各类报表,确保各项数据的准确性,必须在规定的时间内完成所有工作。3月29日上午,在理事长办公室召开主任办公会议,理事长兼主任卡米力·米吉提主持,传达3月24~27日新疆银监局工作会议精神,学习贷款五级分类管理办法,联合社被评为A类社。

同年4月1日,联合社召开主任办公会议,会议由卡米力·米吉提主持,一是根据县委的通知精神,对岳普湖镇、岳普湖乡两处办公楼进行重建;二是对色也克乡分社进行重建办公楼;三是对联社营业大厅进行重新装修;四对联社院内及下巴扎、艾西曼、阿其克等营业网点的环境进行不同程度的硬化和绿化;五是抓紧时间制定岳普湖县农村信用社职工考核办法。4月5日上午,联合社召开主任办公会议,卡米力·米吉提主持,主要内容:要求办公室负责制定出年度考核办法;做出2006年一季度经营情况通报向人行伽师县支行、喀什银监分局岳普湖监管办事处报送。4月10日上午,联合社召开主任办公会,理事长兼主任卡米力·米吉提主持,主要内容:一是确定去乌鲁木齐学习贷款五级分类和小额支付系统及重要空白凭证人员名单;二是根据县委工作会议要求,确定自4月21~30日到联系点色也克乡1村的三个小组人员;三是对各类规章制度进行增加和补充。4月15日上午,联合社召开主任办公会,理事长兼主任卡米力·米吉提主持,主要内容:一是对联合社各股室及住宅区住户签订目标责任书情况进行重申;二是为保证小区有一个安全、安定、文明的环境,联合社决定对家属住宅区原钢窗进行重新装修,安装塑钢窗和防盗门;三是由阿主任对联合社办公区及住宅区签订的社会治安综合治理、精神文明、安全保卫责任书向全体人员传达学习,要求全体人员自觉遵守单位制定的各项规章制度,为农村信用社创建安全文明的花园式小区打好基础。4月17日下午,联合社召开主任办公会,卡米力·米吉提主持,主要内容:一是做好赴乌鲁木齐学习人员工作的交接;二是讨论为搞好档案管理工作,提出切合实际的建议。4月22日,联合社召开主任办公会,理事长兼主任卡米力·米吉提主持,主要内容:一是讨论对营业部、岳普湖镇分社、岳普湖乡分社、色也克分社部分营业场所进行装修及新建的申请报告;二是对色也克、阿其克、艾西曼三个分社进行联网的申请报告。

5月23日,联合社副主任阿不力孜·买买提主持召开主任办公会,会议内容:一是对喀什监管分局检查组5月18~19日两天对联合社账外经营风险情况的检查事实与评价进行反馈,督促各乡(镇)分社对现场检查中出现的问题及时安排整改;二是对联合社及各乡级分社储蓄存款任务进行分配;三是5月18日对各乡级分社安全保卫工作检查情况通报。6月2日下午,联合社召开主任办公会,理事长、主任卡米力·米吉提主持,会议内容:一是卡米力·米吉提传达5月29日乌市会议精神,自治区联社正式成立党委,县联合社签署同意向新疆维吾尔自治区农村信用社联合社发起人协议书上签字入股30万元的决定,并递交《岳普湖县农村信用联社社员代表大会同意出资入股的决议》以及《岳普湖县农村信用联合社理事会同意出资入股的决议》;二是6月1日卡米力·米吉提去县政府副县长余瑞元办公室协调将财政性存款账户在联合社开立基本账户的事宜;三是要求各乡级分社加大对不良贷款及到期贷款的清收力度,以增加联合社储蓄存款和对公存款;四是要求各乡级社加大对贷款五级分类的学习力度,对联合社职工贷款或担保的贷款进行清查,进一步明确贷款责任。6月21日上午,联合社召开各股室负责人工作会议,卡米力·米吉提主持,会议内容:一是传达6月19日召开的新疆维吾尔自治区农村信用社联合社第一届社员代表大会会议精神;二是各乡信用社积极做好对夏粮收购前的各项准备工作。6月24日上午,联合社召开主任办公会,各股室负责人会参加。理事长兼主任卡米力·米吉提主持,内容:一是夏粮收购资金已经到账,要求做好收购方面各项准备工作;二是根据喀什银监分局关于案件治理和商业贿赂专项治理方面自查自纠和排查的通知精神,联合社即日起开始自查;三是根据喀什银监分局2月14~25日对联合社为期11天的现场检查整改通知书的要求,对有关责任人追究责任,将责任明确到人,并在6月30日前将整改报告上报银监分局和岳普湖监管办事处;四是要求办公室人员对联合社上半年各项工作完成情况写出总结报告;五是对近期联合社贷款五级分类工作开展情况进行小结,对存在的问题进行剖析,为贷款五级分类工作的顺利完成打下基础;六是要求联合社安全生产领导小组成员做好《关于对2006年上半年维稳工作及安全文明单位(村)进行检查的通知》文件材料的收集准备工作。

7月5日上午,联合社召开主任办公会。会议内容:一是对召开上半年工作总结会进行安排;二是从各乡分社选出懂业务、计算机人员分成两批对各乡案件专项治理和商业贿赂工作进行协助检查,并于7月10日前各乡把案件专项治理和商业贿赂自查报告向自治区联社汇报;三是要求办公室在7月10日前做好对上半年干部考核准备工作。7月11日下午,联合社召开主任办公会,会议内容主要就案件专项治理交叉检查工作人员及各项工作进行确定和安排。8月8日,联合社召开主任办公会。理事长兼主任卡米力·米吉提主持,会议主要内容是安排出差人员交接工作,营业部主任冯庆的工作由阿主任负责一切,信贷股祖丽皮娅的工作由负责人唐努尔负责。8月13日上午,联合社召开主任办公会。卡米力·米吉提主持,会议内容:一是对银监分局案件专项治理现场检查征求意见表进行评定;二是决定参加乌市《贷款管理系统》培训班人员以及成立贷款推广领导小组;三是根据《关于县(市)农村信用合作社联合社领导班子考察工作的通知》精神,做好准备;四是传达县委党建工作、精神文明建设上半年考核通报,并明确党建、精神文明、安全保卫工作负责人。8月13日下午,联合社召开主任办公会。卡米力·米吉提主持,会议内容:一是对自治区联社及信用社各项规章制度进行讨论并根据实际提出修改意见;二是安排贷款五级分类验收工作,指定贷款五级分类领导小组成员分别对自然人贷款、小额信用贷款四级分类和五级分类进行验收。8月25日,联合社召开主任办公会。卡米力·米吉提主持,会议内容:一是学习喀银监办发《关于对莎车县喀群农村信用联社发生案件通知》,吸取经验教训,加强稽核队伍建设;三是对各乡级分社稽核人员进行相互调整,并对全辖最大前5笔大额存款客户,进行内外账务的核对,最大前10笔贷款客户,资料详细记录下来;四是成立不良贷款催收领导小组,对2002年年初形成的不良贷款进行逐笔登记,对2002年以前的不良贷款进行汇总,对2003年以来10000元以上30000元以下的不良贷款进行统计。对巴依瓦提的贷款内外账进行核对,并要求上述工作必须在9月6日全面完成。9月8日,联合社召开主任办公会。主要内容是关于抗震安居工程确定帮扶对象的调查。确定色也克一大队五小队沙依提沙吾提、七小队牙生马木提两户农民为此次抗震安居工程帮扶对象。10月2日,联合社召开主任办公会。学习讨论自治区联社下发的《新疆农村信用社联合社举报违法违纪违规行为奖励暂行办法》《关于从重处理几种违规行为的暂行规定》(征求意见稿)。10月17日,联合社召开主任办公会。传达自治区联社主任阿不都在喀什地区召开的喀什、克州两地联社理事长、主任工作会议上的讲话精神;对2006年股金入股情况、存款、贷款完成情况进行通报,成立央行票据置换不良贷款领导小组,小组成员分三组分别负责各乡级信用社不良贷款的回收任务,并对任务制定出考核办法,做出明确的奖励和处罚决定。

(二)县联社主任办公会

2006年11月18日,联社召开主任办公会。会议由理事长卡米力·米吉提主持,会议主要内容:一是大额贷款审批事宜;二是由于工作需要,人员进行调动。12月8日,联社召开各股室负责人参加的主任办公会。决定成立"双语"培训工作领导小组,由党政一把手任组长,对培训工作实施全盘负责,领导小组下设办公室,办公室设在办公室,由监事长、科技人员及办公室人员组成,具体负责"双语"培训计划的制定、修改、指导全辖"双语"培训工作和组织"双语"考试和信息的报送等。

2007年1月26日,联社召开主任办公会。制定《岳普湖县农村信用合作联社安全生产责任制》要求逐级签订《岳普湖县农村信用合作联社安全生产责任书》。5月25日,联社主任办公会决定,将联社领导班子成员分成四组,每一组负责对指定的网点进行全面检查,并严格按照检查组检查的内容认真整改,对存在的问题,落实相关人员责任,提出整改意见及整改期限。11月14日,联社主任办公会研究决定,同意阿卜杜热西提·库万、依明·沙吾提正常退休。

2008年1月3日,主任办公会议决定,对退休员工进行慰问,给所有退休员工每人送慰问品1袋面粉、1桶清油,价值125元,并对历年来工作成绩突出的优秀党员及工作模范12人各给予500元现金补助。

二、县联社(联合社)经营班子

1997年1月,买合木提·吾布力担任联合社主任。1998年,艾沙·吐尔、吾麦尔·依明先后担任联合社副主任。2001年6月,联合社主任由杨化石担任。2003年4月,卡米力江·米吉提、阿不力孜·买买提担任联合社副主任。2006年12月县联社成立后,由杨化石担任主任,卡米力江·米吉提、阿不力孜·买买提担任副主任。2008年1月,阿不力孜·卡迪尔担任联社主任,艾尼瓦尔·阿布杜卡迪尔、吐拉洪·麦麦提担任副主任。2010年4月,联社主任由冯庆担任。2013年7月,吐逊江·赛麦提、佟明亮担任联社副主任。

1997~2014年岳普湖县联社(联合社)历任主任情况表

表2-11

姓名	性别	民族	籍贯	出生年月	政治面貌	学历	参加工作	职务	任职时间
买合木提·吾布力	男	维吾尔	新疆	1958.5	中共党员	大专	1976.1	主任	1997.1
艾沙·吐尔	男	维吾尔	新疆	1950.2	中共党员	中专	1976.4	副主任	1998.2
吾麦尔·依明	男	维吾尔	新疆	1968.9	中共党员	本科	1986.10	副主任	1998.10
杨化石	男	汉	甘肃	1959.3	中共党员	大专	1973.7	主任	2001.6
卡米力江·米吉提	男	维吾尔	新疆	1967.5	中共党员	大专	1989.3	主任	2003.4
阿不力孜·买买提	男	维吾尔	新疆	1974.5	中共党员	大专	1994.12	副主任	2003.4
阿不力孜·卡迪尔	男	维吾尔	新疆	1965.9	中共党员	本科	1985.2	主任	2008.1
艾尼瓦尔·阿布杜卡迪尔	男	维吾尔	新疆	1970.8	中共党员	本科	1985.12	副主任	2008.1
吐拉洪·麦麦提	男	维吾尔	新疆	1969.2	中共党员	本科	1993.6	副主任	2008.1
冯庆	男	汉	甘肃	1966.2	中共党员	专科	1984.10	主任	2010.4
吐逊江·赛麦提	男	维吾尔	新疆	1968.8	中共党员	大专	1986.9	副主任	2013.7
佟明亮	男	满	辽宁	1977.12	中共党员	本科	1999.5	副主任	2013.7

第六节　内设机构

1996年,县联合社内设部室,即:办公室、会计股、稽核股、信贷股。

2006年,县联合社内设4部1室,即:办公室(含监察保卫部)、财务信息部(含业务发展部)、信贷管理部(含风险资产管理部)、审计部、营业部。

2014年，县联社内设9部室，分别为综合办公室（含监察保卫部）、信贷部、审计部、财务信息部、人力资源部（含党办）、资产风险管理部、电子银行部、客户部、营业部。

一、综合办公室

1996年办公室成立，2006年更名为综合办公室（含监察保卫部）。2014年有编制4人，其中主任1人、职员3人。

综合办公室是主管联社社务系统运行、规章制度建设、决策督办、企业形象维护及行政后勤管理的综合协调和服务部门。主要职责：协同联社领导和有关部门建立机关正常办公秩序，保证机关工作的正常运转；拟定联社文书处理、会议、宣传等相关管理制度，并督促落实；负责联社公文处理工作，保证政令畅通；负责联社工作总结、重要公文、领导讲话及有关综合材料的撰写、上报工作；负责联社各类会议的组织与材料准备及会议记录、会议纪要的整理；负责对联社领导指示和会议议定事项的督察督办工作；做好机关各部门间及与各基层单位的协调工作，与对口部门和有关单位进行沟通和协调；负责全辖计算机业务系统网络的正常运行，对全辖电子设备进行日常管理，对各类业务系统进行日常维护和定期升级；负责全辖新会计业务核算的计算机操作测试、培训和推广工作；联社行政印信的管理；联社企业文化建设工作；负责联社全辖保密工作，并对全辖各部门保密工作进行指导；负责联社精神文明建设及各项创建工作；负责联社宣传管理工作，负责信息编辑上报工作；制订机构设置和岗位设计方案；组织拟定部门职责、岗位说明书，并根据岗位调整需要进行相应的变更，保证岗位说明书与实际相符；组织拟定招聘计划、招聘程序，进行初步的面试与筛选，办理有关人事异动的事宜；负责联社培训管理工作，组织拟定联社培训计划，组织实施对员工的各种培训；组织拟定联社薪酬政策、薪资调整方案和实施管理工作，审核联社员工月度薪酬的发放；组织办理员工社会保险、住房公积金和劳保福利；负责联社绩效管理工作。对各部门绩效评价过程进行监督控制，及时解决出现的问题；处理员工针对考核结果的申诉，使绩效考核工作落到实处，并不断完善绩效管理体系；建立人才储备库，在联社内外寻找和发现联社需要的人才，保障联社人力资源供给；根据部门人员需求情况，提出内部人员调配方案，经审批后实施，促进人员优化配置；负责联社辖内营业网点的筹建、搬迁、撤并的申报和金融许可证管理工作；组织联社职称评聘、考试管理工作；负责联社劳动合同管理工作，以及处理各种与劳动合同相关的事宜；负责联社考勤管理工作；负责做好各部门及与各基层单位的协调工作，与对口部门和有关单位进行沟通和协调；与员工进行积极沟通，及时了解员工思想动态；组织做好人事、劳资方面的年、季、月度的各种报表编制及报送工作；负责联社员工年度考核工作，并将考核结果及时入档；负责联社车辆管理、调配工作；负责联社网点营业现场、各部（室）室内及窗口规范化服务、卫生的评价、考核、岗位明星的评选等工作；负责联社档案管理工作；负责联社后勤、库房的管理工作；负责联社机关办公用品采购、宣传品管理、发放工作;负责联社房产的使用、维修及管理工作;负责辖属网点办公、营业场所消防设施及配电系统管理;负责联社基建工程的申报、组织、验收及工程质量监督工作,网点装修工作;负责联社及信用社水、电、暖维护、管理、费用缴纳工作,保证日常工作的正常运转;负责联社固定资产及低值易耗品的实物管理;负责联社各类证照的审验、年检及更换等手续;做好政府职能部门(包括社区组织)安排的绿化、卫生及公益性活动。

2014 年,组织起草领导讲话 5 篇,制发各类公文 194 件,文字处理量 98000 字,收文763 件;承办各类会议 68 余次,参会人员 487 人次;全年检查信用社 36 次,每个信用社平均检查 3 次,其中:夜间现场检查 16 社次,社均 2 次;夜间电话抽查 382 次;为 10 个营业网点配备 4~5 根电棒、狼牙棒、橡胶棒,县联社在喀什地区公安局综合治理检查组检查中,得 90.85 分;落实车辆管理各项制度,全年公务派车达 539 次。

1996~2014 年岳普湖县联社(联合社)综合办公室负责人更迭表

表 2-12

姓名	性别	民族	籍贯	出生年月	学历	职务	任职时间
艾莎·吐尔	男	维吾尔	新疆岳普湖	1950.2	中专	主任	1996.11
阿不力孜·买买提	男	维吾尔	新疆岳普湖	1974.5	大专	主任	1998.9
范凡	女	汉	江苏	1974.9	专科	副主任	2005.10
李巧兰	女	汉	甘肃	1974.4	专科	副主任	2007.3
唐努尔·艾买提	女	维吾尔	新疆岳普湖	1976.8	本科	主任	2008.6
刘明	男	汉	河南	1974.5	专科	主任	2010.4
吐孙·亚生	男	维吾尔	新疆岳普湖	1983.3	本科	主任	2013.7

二、信贷部

1996 年,联合社信贷股成立,2006 年更名为信贷部(含风险资产管理部)。2014 年有编制 3 人,实有 3 人,其中经理 1 人、职员 2 人。

信贷管理部是主管联社信贷制度、判别监控信贷风险、统一组织、管理和审批辖内信用社信贷业务的综合管理和审批部门。主要职责:根据联社发展战略和年度经营计划,拟定年度信贷工作计划,并组织实施;负责拟定联社信贷业务管理制度、业务操作规程,并督促落实;负责辖内信用社信贷业务的指导、检查和监督工作,规范信用社信贷管理工作;对改进现行信贷政策、优化信贷资产配置等方面提出建议;负责对信贷资金需求、新业务开发的分析上报工作;负责中小企业事业部信贷业务的审查工作;负责个人金融业务部上报贷款审查委员会资料的审核工作;负责贷款利率的检查、监督工作,拟定辖内信用社贷款利率浮动方案;负责贷审会办公室工作,提请召开贷审会,指导辖内信用社贷审组工作;负责协调有关部门进行贷款规模管理;负责审查辖内法人客户信用等级评定工作;负责银行承兑汇票的审核、管理工作;负责信贷管理系统录入、查询的管理;协同人力资源部组织对辖区信贷人员的培训;负责信贷业务档案的管理;负责相关信贷业务报表的统计、分析与上报;负责拟定股本金管理办法、增资扩股计划。

2014 年,岳普湖县联社信贷部主要抓信用工程建设工作,按照"新疆维吾尔自治区农村信用合作社农户信用评级及授信管理办法"及"岳普湖县信用工程领导小组全面开展农户评级授信工作"的通知相关要求,对全县农户重新进行评级授信及规范信用额度。开展信用工程建设,建档面达辖内农户总数的 95%,其中发生信贷关系的农户建档面达到 84.79%,档案内容登记情况较为良好。2014 年末全县信用户总数 27448 户,占比 95%,信用村 70 个,占比 80.46%,信用乡(镇)6 个,占比 67%。

1997 ~ 2014 年岳普湖县联社(联合社)信贷部(信贷股)负责人更迭表

表 2 – 13

姓名	性别	民族	籍贯	出生年月	学历	职务	任职时间
艾尔肯·提力瓦尔迪	男	维吾尔	新疆	1967.5	本科	股长	1997.1
艾合买提·买买提	男	维吾尔	新疆	1967.5	本科	经理	2001.8
热合曼·吾舒尔	男	维吾尔	新疆	1967.5	本科	经理	2006.9
艾尔肯·提力瓦尔迪	男	维吾尔	新疆	1967.5	本科	经理	2007.3
卡米力·阿不力孜	男	维吾尔	新疆	1964.7	中专	经理	2010.1
艾力·阿不都热依木	男	维吾尔	新疆	1975.3	专科	经理	2010.8
艾外尔·阿卜杜热西提	男	维吾尔	新疆	1974.2	本科	经理	2011.1
伊布拉因·热扎克	男	维吾尔	新疆岳普湖	1987.5	本科	经理	2013.8

三、审计部

1996 年,县联合社稽核股成立,2001 年 1 月,更名为监督保障部,2007 年 4 月 8 日监督保障部又更名为审计部。2014 年有编制 3 人,实有 3 人,其中经理 1 人、职员 2 人。

审计部是负责对联社业务经营、管理、资产质量进行稽核审计,对规章制度执行、班子、党建工作及党风廉政建设进行全方位监督的部门。主要职责:根据联社发展战略和年度经营计划,拟定审计部年度工作计划,并组织实施;负责拟定或完善联社审计制度、审计业务操作规程,并督促落实;经授权对联社辖内的财务收支、信贷资产质量、年度业务经营真实性合规性等情况进行审计;经授权对联社辖内经营机构法定代表人(负责人)年度经济责任进行审计;对辖内日常经营业务合规性、真实性进行审计;经授权对联社中层管理干部以及核心岗位人员进行离任、离岗及强制休假的审计;负责对联社业务部门自律监管工作进行再监督;负责对上级审计机构安排和核准的项目进行审计;负责银行风险监控系统的日常工作;负责整理归集本部门业务档案的立券、保管工作;负责审计业务报表的编制和上报工作;负责与有权监管机构或上级部门进行沟通与协调。

2014年,进行常规审计3次,离任、离岗经济责任审计35人,其中:中层12人,委派会计8人,信贷员15人。专项审计6次,其中:案件风险专项排查及后续审计2次,阳光信贷专项审计1次,各业务部门自律监管再监督2次,开展年终决算前的重要物品审计1次。截至年底,全年处罚违规责任人276人次,处罚金额合计7.7926万元。2014年组织网点主任、委派会计以及兼职稽核员进行专项培训3次,培训人员17名。

1996~2014年岳普湖县联社(联合社)审计部(审计股)负责人更迭表

表2-14

姓名	性别	民族	籍贯	出生年月	学历	职务	任职时间
吐尔·洪江	男	维吾尔	新疆岳普湖	1964.8	大专	股长	1996.11
阿不力孜·卡迪尔	男	维吾尔	新疆岳普湖	1965.9	大专	股长	1998.11
古丽娜尔·阿西木	女	维吾尔	新疆岳普湖	1978.2	专科	经理	2002.6
李巧兰	女	汉	甘肃	1974.5	专科	副经理	2008.6
热依汗古·热合曼	女	维吾尔	新疆岳普湖	1972.7	专科	经理	2010.8
米热古丽·孜明	女	维吾尔	新疆岳普湖	1975.5	专科	经理	2013.8

四、财务信息部

1996年,县联合社设会计股,2006年更名为财务信息部(含业务发展部)。2014年,联社财务信息部有编制4人,其中经理1人、职员3人。

财务信息部是主管联社财务管理工作的综合管理部门,肩负着财务管理、会计核算和会计结算、资金管理、信贷政策和统计分析等经营和管理职能。主要职责:根据联社发展战略和年度经营计划,拟定财务收支计划;拟定和完善联社资产负债、财务、计算机内控管理制度,并督促落实;参与联社资产负债、财务、计算机以及经济资本的管理;监督审核财务整体预算的执行情况;根据联社经营情况,按月、按季撰写财务分析报告;提请召开联社财务管理委员会议,提请审议固定资产购、处置费用等相关事项;提请召开联社集中采购管理委员会议,提请审议按要求进行招投标的相关事项;负责全辖现金管理工作;负责全辖重要空白凭证的计划、保管、调拨、使用监督管理工作;负责全辖资金非信贷资金的营运管理工作;负责全辖计算机业务系统网络的正常运行,对全辖电子设备进行日常管理,对各类业务系统进行日常维护和定期升级;负责全辖新会计业务核算的计算机操作测试和推广工作;负责税务筹划、核算、解缴工作;协同联社办公室组织对辖内财会知识、柜面操作和计算机操作的培训;负责定期编制和汇总上报财务报表、统计报表及各类涉及财会业务的报表等;负责会计主管的日常管理工作。

1996～2014年岳普湖县联社(联合社)财务信息部(会计股)负责人更迭表

表2-15

姓名	性别	民族	籍贯	出生年月	学历	职务	任职时间
艾莎·吐尔	男	维吾尔	新疆岳普湖	1950.2	中专	股长	1996.11
阿不力孜·买买提	男	维吾尔	新疆岳普湖	1974.5	大专	股长	1999.1
唐努尔·艾买提	女	维吾尔	新疆岳普湖	1976.8	本科	经理	2003.4
伊提古丽·阿卜力孜	女	维吾尔	新疆岳普湖	1970.10	专科	副经理	2008.6
阿娜古·牙生	女	维吾尔	新疆岳普湖	1975.9	本科	经理	2010.1
周磊	男	汉	新疆岳普湖	1986.8	专科	经理	2013.8

五、人力资源部

2011年11月,人力资源部成立(含先联社党委办公室)。2014年12月有编制1人,其中副经理1人。

人力资源部职责:一是负责组织编制人力资源发展规划和年度工作计划并组织实施,研究制定员工发展计划和晋升制度。二是负责贯彻落实国家和上级管理部门的人事教育政策、规章制度及相应的管理程序和操作办法,并结合实际制定相关的实施措施。三是按管理权限或有关办法组织落实有关干部的考察、考核、配置、使用、交流、奖惩、任免等工作。四是负责后备干部、备案干部的规划、培训和管理工作,落实全社人力资源结构的合理化调整;指导培养选拔优秀年轻干部的工作。五是负责组织全辖员工的文化教育及政治学习,负责职工的年度考核、升级工作和各类专业技术职务的认定、聘用、报名考试的组织工作。六是严格执行国家规定的工资政策,做好本系统职工的工资标准和级别的核实工作和对退休职工的管理工作,参与研究、拟定激励约束机制的有关办法,并评价实施效果,及时提出相关的意见。七是贯彻落实国家和上级管理部门保险统筹有关办法并组织实施。负责全辖养老保险等福利管理。组织落实员工失业、医疗保险基金的征缴、支付等工作。八是负责员工进出的规划、落实和有关协议、合同签订的组织实施,落实劳动合同和人事档案的管理工作。九是组织落实本部门职能范围内有关工作的检查、监督、指导以及业务交流和人员培训,并落实风险内控制度。十是负责联社本部员工考勤工作。十一是认真做好全地区人事、劳动管理方面的年度、季、月的各种资料报表编制及报送工作。十二是负责与上级对口部门和本地相关部门的沟通与联系;负责收集与本部门相关的信息资料,并加以汇总、分析,与有关部门共享,并及时向领导提出建议。

2014年,将2014年招录的4名大学生转为联社正式员工,安排职工参加自治区内业务培训13次、24人,自治区外培训1次、10人。县联社举办会计、信贷、风险培训25期,1372人次。

2011～2014年岳普湖县联社人力资源部负责人更迭表

表2－16

姓名	性别	民族	籍贯	出生年月	学历	职务	任职时间
阿依提拉·麦海提	女	维吾尔	新疆岳普湖	1985.1	专科	副经理	2011.11

六、资产风险管理部

2012年2月,县联社资产风险管理部成立(由信贷管理部析出)。2014年有编制4人,实有4人,其中经理1人、职员3人。

资产风险管理部主管联社不良资产、抵债资产、自有资产等特殊资产的经营处置,并具体负责法律事务工作。主要职责:根据联社发展战略和年度经营计划,拟定年度不良贷款清收工作计划,并组织实施;负责拟定联社不良贷款清收制度和考核办法,并督促落实;组织实施对上划不良贷款的清收、清理、盘活、保全工作;负责部署对各基层社上划及上报不良贷款案件的诉讼和执行;参与各类贷款发放的审查工作;对抵贷资产的接收、处置、出租进行审查上报,并经资产风险管理委员会审批后组织实施;负责辖内呆账贷款的核销工作;负责辖内信贷五级分类和非信贷资产风险分类的认定(权限内)、审核工作,上报资产风险管理委员会最终认定并实施;负责做好各信用社间的不良贷款清收协调工作;负责做好联社和各级法院之间的沟通与协调;对潜在的信贷风险提出相关建议;负责组织实施对信贷业务风险的过程控制和贷后管理的检查,对信贷业务风险进行预警、监测、检查、分析和报告;负责对接收的不良贷款档案资料的管理;负责全辖不良贷款各类统计报表的编制和报送工作;完成领导交办的其他工作。

2014年主要工作:对基层网点制定清收不良贷款计划分解任务,落实责任,对计划完成情况按月进行考核;做好诉讼案件诉前准备,诉讼,调解,执行等相关法律事务;与保险公司互相配合,及时做好理赔工作、风险管理委员会日常工作,对重大问题经风险管理委员会做出决议。

2012～2014年岳普湖县联社资产风险管理部负责人更迭表

表2－17

姓名	性别	民族	籍贯	学历	出生年月	职务	任职时间
阿卜杜外力·图孙	男	维吾尔	新疆岳普湖	本科	1979.7	经理	2012.2
阿力木·阿不来提	男	维吾尔	新疆岳普湖	大专	1974.5	经理	2012.8
古丽娜尔·阿西木	女	维吾尔	新疆岳普湖	大专	1978.2	经理	2013.8

七、电子银行部

2012年4月,县联社设立电子银行(卡)部。2014年有编制1人,实有1人,副经理1人。

主要职责:根据联社业务发展规划,制定电子银行业务、卡业务、ATM、POS业务中长期发展规划;负责编制电子银行业务和卡业务、ATM、POS业务年度经营计划,提出经营目标,并分解、落实和推进目标的实现;负责县联社企业网上银行、个人网上银行、手机银行、电话银行(自助)、短信金融服务、多媒体自助渠道、e动终端和电子账单等电子银行业务产品推广、服务支持等工作;负责对电子银行业务、卡业务、ATM、POS等业务运行、发展情况进行分析、跟踪、考核和评价;落实内外部审计及监管部门发现的电子银行业务问题的整改;负责为电子商务客户提供整体业务解决方案,实施电子商务业务创新及推广工作;负责电子银行服务体验区的规划建设、规范业务流程及标准等工作;负责电子银行业务、卡业务、ATM、POS等业务的风险防范、监控管理及应急处理;负责协助电子银行业务、卡业务、ATM、POS等业务外部欺诈纠纷的调查与和解工作;负责电子银行业务、卡业务、ATM、POS等业务运营管理、日常维护等工作;负责电子银行各类业务报表的报送,电子银行业务开展及宣传情况的报道;根据业务发展需要适时推出ATM机及POS机的上线测试工作;负责全辖计算机业务系统网络的正常运行,对全辖电子设备进行日常管理,对各类业务系统进行日常维护和定期升级;负责全辖新业务系统的计算机操作测试、培训和推广工作。

2014年,科技电子银行(卡)部于年初组织将大部分网点的线路更换路由器,5月底之前,将网点至县联社的电线主线路由2兆升级至10兆;10月底,将网点至县联社的联通备用线路由2兆升级至10兆。

2012～2014年岳普湖县联社电子银行部负责人更迭表

表2-18

姓名	性别	民族	籍贯	出生年月	学历	职务	任职时间
周磊	男	汉	新疆岳普湖	1986.8	专科	经理	2012.4
程凯	男	汉	新疆昌吉	1988.12	专科	副经理	2013.8

八、客户部

2012年7月,县联社客户部成立。2014年编制4人,实有4人,其中经理1人、职员3人。

客户部主要负责县城区域贷款的放、管、收工作,根据联社授权参加与社团贷款的评估,组织开展企业评级授信和企业存贷款对账工作。

2014年主要负责县城范围内城区个体户、公司类贷款发放、管理、收回工作。

2012～2014年岳普湖县联社客户部负责人更迭表

表2-19

姓名	性别	民族	籍贯	出生年月	学历	职务	任职时间
阿不都外力·吐尔逊	男	维吾尔	新疆岳普湖	1979.7	本科	经理	2012.7

续表 2 - 19

姓名	性别	民族	籍贯	出生年月	学历	职务	任职时间
百合提亚·依明	男	维吾尔	新疆岳普湖	1985.7	专科	副经理	2013.8
阿里木江·喀热曼	男	维吾尔	新疆岳普湖	1987.8	本科	副经理	2014.3

九、联社营业部

联社营业部成立于 1996 年,位于岳普湖县艾吾在力库木中路 1 号院,占地面积 300 平方米。2014 年有员工 12 人,其中:主任 1 名、委派会计 2 名、安保人员 1 名、柜员 8 名。

2005 年末,各项存款 2620 万元,完成计划任务 124%;各项贷款 221 万元,其中不良贷款 69 万元,不良率 32.03%。经营收入计划 42 万元,实际完成 52 万元。

2006 年末,各项存款 3316 万元,完成计划任务 106%;各项贷款 624 万元,其中不良贷款 41 万元,不良率 15.21%。经营收入计划 65 万元,实际完成 76 万元。

2007 年末,营业部有员工 15 人。各项存款 4623 万元,完成计划任务 111%,其中活期存款 3668 万元,定期存款 955 万元;各项贷款 1413 万元,其中不良贷款 149 万元,不良率 9.48%。经营收入计划 76 万元,实际完成 133 万元,其中利息收入 119 万元,中间业务收入 14 万元。

2014 年末,各项存款余额 70100 万元,比上年增加 2830 万元,增长 4.21%。贷款余额 20400 万元,比上年减少 1190 万元,下降 5.81%。个人账户 16258 户,对公账户 3421 户。

1996～2014 年岳普湖县联社(联合社)营业部负责人更迭表

表 2 - 20

姓名	性别	民族	籍贯	出生年月	学历	职务	任职时间
克依木·阿卜杜热合曼	男	维吾尔	新疆岳普湖	1967.5	专科	主任	1996.11
冯庆	男	汉	甘肃	1966.2	大专	负责人	2001.8
阿娜尔古丽·牙生	女	维吾尔	新疆	1975.3	专科	负责人	2008.6
艾尼外尔·阿不都热西提	男	维吾尔	新疆	1974.2	专科	副主任	2010.8
吐尔孙·娜依卡迪	女	维吾尔	新疆	1976.9	大专	主任	2011.1
艾力·阿布都热依木	男	维吾尔	新疆	1975.9	大专	主任	2011.9
吐尔孙江·牙生	男	维吾尔	新疆	1983.3	本科	主任	2012.7
阿力木·喀热曼	男	维吾尔	新疆	1987.1	本科	副主任	2013.8

第七节　基层信用社

一、岳普湖镇信用社

信用社位于岳普湖县艾吾再理库木路 10 号,1956 年 1 月成立,服务范围 3 个村及 1 个街道。2007 年 5 月 25 日,喀银监复批准撤销金星信用社并与其合并。2014 年,拥有营业办公用房面积为 700 平方米。有职工 7 人,其中主任 1 名,委派会计 1 名,客户经理 1 名,安保人员 1 名,柜员 3 名。主要为全镇提供存款、贷款、各项代理业务及汇划、POS 机、个人网银等金融服务业务。

2014 年末,各项存款余额 7240 万元,比上年增加 180 万元,增长 1.5%;各项贷款余额 3530 万元,比上年减少 720 万元,下降 17%;个人账户 15336 户,比上年增加 650 户;对公账户 15 户,比上年增加 5 户。

1996～2014 年岳普湖镇信用社负责人更迭表

表 2 -21

姓名	性别	民族	籍贯	出生年月	政治面貌	学历	参加工作	职务	任职时间
阿不都热西提·库宛	男	维吾尔	新疆	1955.8	中共党员	高中	1973.10	主任	1996.11
卡米力·阿不力孜	男	维吾尔	新疆岳普湖	1964.7	群众	中专	2002.2	主任	2005.11
吐尔孙·阿依卡迪尔	女	维吾尔	新疆	1976.9	党员	专科	1994.1	主任	2007.5
依再提古丽·阿布力孜	女	维吾尔	新疆岳普湖	1970.10	群众	专科	2004.12	主任	2011.1
克依木·阿卜杜热合曼	男	维吾尔	新疆岳普湖	1967.5		专科	主任	1989.8	2013.12

二、岳普湖信用社

信用社位于岳普湖县团结中路 7 号,1956 年 1 月成立。2014 年,拥有营业办公用房面积为 400 平方米,有职工 8 人,其中主任 1 名,委派会计 1 名,客户经理 3 名,安保人员 1 名,柜员 2 名。主要为全乡提供存款、贷款、各项代理业务及汇划、POS 机、个人网银等金融服务业务。

2014 年末,各项存款余额 7100 万元,比上年下降 1.6 万元,下降 6.7%;各项贷款余额 3600 万元,比上年下降 0.8 万元,下降 4.4%;个人账户 18823 户,比上年增加 1713 户;对公账户 21 户,比上年增加 2 户。

1996～2014 年岳普湖信用社负责人更迭表

表 2 -22

姓名	性别	民族	籍贯	出生年月	政治面貌	学历	参加工作	职务	任职时间
阿卜热依木·艾合买提	男	维吾尔	新疆岳普湖	1948.5	中共党员	高中	1966.4	主任	1996.11

续表 2 - 22

姓名	性别	民族	籍贯	出生年月	政治面貌	学历	参加工作	职务	任职时间
玉苏普·亚生	男	维吾尔	新疆岳普湖	1960.10	中共党员	高中	1983.10	主任	2001.4
克依木·阿卜杜热合曼	男	维吾尔	新疆岳普湖	1967.5	中共党员	大专	1989.8	主任	2008.10
阿丽吞古丽·米吉提	女	维吾尔	新疆岳普湖	1975.12	中共党员	本科	2003.9	副主任	2009.9
克依木·阿卜杜热合曼	男	维吾尔	新疆岳普湖	1967.5		专科	1989.8	主任	2010.9
依再提古丽·阿布力孜	女	维吾尔	新疆岳普湖	1970.10	群众	专科	2004.12	主任	2011.1
艾力·阿布热依木	男	维吾尔	新疆岳普湖	1975.3	中共党员	大专	1994.2	副主任	2014.4

三、色也克信用社

色也克信用社位于色也克乡供销社对面,1957 年 1 月成立。2014 年,有职工 6 人,其中主任 1 名,委派主管会计 1 名,信贷员 2 名,综合柜员 2 名。主要为全乡 14 个行政村、乡办农场 4 个、县农场 2 个,办理存、贷款、社保业务、POS 机、个人网银等金融服务业务。

2014 年末,各项存款余额 3722.4 万元,比上年增加 36.6 万元,增长 0.98%,其中对公存款余额 232.1 万元,储蓄存款余额 3490.3 万元;各项贷款余额 5716.2 万元,比上年增加 8.1 万元,增长率 0.14%;全年发放银行卡 3894 张,中间业务收入 3.2 万元,各项收入计 489.3 万元。

1996 ~ 2014 年色也克乡信用社负责人更迭表

表 2 - 23

姓名	性别	民族	籍贯	出生年月	政治面貌	学历	参加工作	职务	任职时间
赛力力·杰力力	男	维吾尔	新疆岳普湖	1947.5	中共党员	中专	1966.4	主任	1996.11
阿力木·阿不来提	男	维吾尔	新疆岳普湖	1974.5	中共党员	大专	1995.8	主任	2001.8
吐尔·洪江	男	维吾尔	新疆岳普湖	1964.8	中共党员	大专	1986.10	主任	2004.3
麦合木提·艾买提	男	维吾尔	新疆岳普湖	1969.5	中共党员	专科	1992.5	主任	2008.3
艾力·阿卜杜热依木	男	维吾尔	新疆岳普湖	1975.3	中共党员	专科	1994.2	主任	2009.8
卡米力·阿不力孜	男	维吾尔	新疆岳普湖	1964.7	群众	中专	1981.3	主任	2010.8
热依汗古丽·热合曼	女	维吾尔	新疆岳普湖	1972.7	群众	专科	1990.2	主任	2013.8

四、阿其克信用社

阿其克信用社位于阿其克乡农贸市场对面,1956 年 1 月成立。2014 年,有职工 8

人,其中主任1名,委派主管会计1名,信贷员4名,综合柜员2名。主要为全乡15个行政村提供存款、贷款、各项代理业务及汇划、POS机、个人网银等金融服务业务。

2014年末,各项存款余额3152万元,其中对公存款余额639万元,储蓄存款余额2513万元。各项贷款余额637.67万元。

1996~2014年阿其克信用社负责人更迭表

表2-24

姓名	性别	民族	籍贯	出生年月	政治面貌	学历	参加工作	职务	任职时间
米吉提·色力木	男	维吾尔	新疆	1942.11	中共党员	中专	1976.12	主任	1996.11
吐尔逊·乌鲁克	男	维吾尔	新疆	1954.6	中共党员	中专	1976.12	主任	1999.5
阿布力孜·阿力马斯	男	维吾尔	新疆	1959.3	中共党员	中专	1995.2	主任	2001.3
阿布杜克热木·吾布力	男	维吾尔	新疆	1972.12	中共党员	专科	1992.12	主任	2002.2
古丽娜尔·阿西木	女	维吾尔	新疆	1978.2	中共党员	专科	1996.8	副主任	2006.9
阿力木·阿不来提	男	维吾尔	新疆	1974.5	中共党员	专科	1995.8	主任	2007.3
热合曼·吾守尔	男	维吾尔	新疆	1967.5	中共党员	中专	1989.2	主任	2010.1
乌布力阿西木·亚森	男	维吾尔	新疆	1966.11	中共党员	中专	1986.9	主任	2011.1
希尔艾力·阿不都卡迪	男	维吾尔	新疆	1982.6	中共党员	专科	2002.2	主任	2012.7
热依汗古丽·吾布力	女	维吾尔	新疆	1968.6	群众	中专	1989.8	主任	2013.8

五、铁热木信用社

铁热木信用社位于喀麦国道岳普湖县铁力木乡扎花厂斜对面。1957年1月成立,距县联社机关27千米。2014年,有职工9人,其中:主任1名,委派主管会计1名,信贷员3名,综合柜员3名,机动人员1名,拥有营业办公用房面积240平方米。主要负责全乡辖13个行政村存、贷款、社保业务、POS机、个人网银等金融服务业务。

2014年,各项存款余额5084万元,其中:对公存款余额263万元,储蓄存款余额4821万元;各项贷款余额6943万元,比上年增加693万元,增长率11%;全年发放银行卡1452张,中间业务收入3万元,各项收入772万元。

1998~2014年铁热木信用社负责人更迭表

表2-25

姓名	性别	民族	籍贯	出生年月	政治面貌	学历	参加工作	职务	任职时间
吾守尔·阿依普	男	维吾尔	新疆	1951.2	中共党员	初中	1974.4	主任	1998.7

续表 2 - 25

姓名	性别	民族	籍贯	出生年月	政治面貌	学历	参加工作	职务	任职时间
乌布力阿西木·亚森	男	维吾尔	新疆	1966.11	中共党员	中专	1986.9	主任	2007.3
艾力·阿卜杜热依木	男	维吾尔	新疆	1975.3	中共党员	专科	1994.2	主任	2011.1
吐尔逊·阿依卡迪尔	女	维吾尔	新疆	1976.9	中共党员	专科	1996.1	主任	2011.9
阿布杜外力·吐尔逊	男	维吾尔	新疆	1979.7	中共党员	本科	2007.5	主任	2013.8

六、巴依阿瓦提信用社

巴依阿瓦提信用社位于巴依阿瓦提乡 2 村,1964 年 1 月成立。2014 年,拥有营业办公用房面积为 800 平方米,有职工 8 人,其中主任 1 名,委派会计 1 名,客户经理 3 名,安保人员 1 名,柜员 2 名。主要为全乡提供存款、贷款、各项代理业务及汇划、POS 机、个人网银等金融服务业务。

2014 年末,各项存款余额 3479.8 万元;各项贷款余额 5170.7 万元。

1996～2014 年巴依瓦提信用社负责人更迭表

表 2 - 26

姓名	性别	民族	籍贯	出生年月	政治面貌	学历	参加工作	职务	任职时间
买买提·巴依古吉	男	维吾尔	新疆	1942.4	中共党员	初中	1976.2	主任	1996.11
艾买提·苏普干	男	维吾尔	新疆	1953.7	中共党员	初中	1977.1	主任	1998.9
吾不力阿西木·亚森	男	维吾尔	新疆	1966.11	中共党员	中专	1986.9	主任	2003.9
吐尔洪·阿不都热依木	男	维吾尔	新疆	1964.8	中共党员	大专	1986.10	主任	2007.4
热合曼江·吾守尔	男	维吾尔	新疆	1967.5	中共党员	中专	1989.2	主任	2007.1
麦合木提·艾买提	男	维吾尔	新疆	1969.5	中共党员	专科	1992.5	主任	2009.4
热依汗古丽·吾布力	女	维吾尔	新疆	1968.6	群众	中专	1989.8	主任	2009.11
阿力木·阿不来提	男	维吾尔	新疆	1974.5	中共党员	专科	1995.8	主任	2011.11
艾力·阿卜杜热依木	男	维吾尔	新疆	1975.3	中共党员	专科	1994.2	主任	2012.8
热合曼江·吾守尔	男	维吾尔	新疆	1967.5	中共党员	中专	1989.2	主任	2014.4

七、阿洪鲁库木信用社

阿洪鲁库木信用社位于阿洪鲁库木乡政府东南,1979 年 1 月成立。2014 年,拥有营业办公用房面积为 500 平方米,有职工 5 人,其中主任 1 名,委派会计 1 名,客户经理 1 名(主任兼),安保人员 1 名,柜员 1 名。主要为全乡提供存款、贷款、各项代理业务及汇划、POS 机、个人网银等金融服务业务。

2014 年末,各项存款余额 23800 万元,比上年下降 3.2 万元,下降 13.4%;各项贷款余额 5600 万元,比上年增加 1.3 万元,增长 23%。

1996~2014 年阿洪鲁库木信用社负责人更迭表

表 2-27

姓名	性别	民族	籍贯	出生年月	政治面貌	学历	参加工作	职务	任职时间
吾布力·沙吾提	男	维吾尔	新疆	1944.10	中共党员	初中	1974.11	主任	1996.11
艾萨·木明	男	维吾尔	新疆	1953.5	中共党员	中专	1976.2	主任	1998.7
吐逊·沙吾提	男	维吾尔	新疆	1952.3	中共党员	高中	1977.1	主任	1999.12
克依木·玉苏普	男	维吾尔	新疆	1949.8	中共党员	初中	1975.5	主任	2000.6
阿不来提·艾萨	男	维吾尔	新疆	1970.7	中共党员	高中	1994.12	主任	2001.8
吾不力阿西木·亚森	男	维吾尔	新疆	1966.11	中共党员	中专	1986.9	主任	2003.3
吐逊·沙吾提	男	维吾尔	新疆	1952.3	中共党员	高中	1977.1	主任	2005.8
艾力·阿不都热依木	男	维吾尔	新疆	1975.3	中共党员	专科	1994.2	副主任	2007.12
热合曼江·吾徐尔	男	维吾尔	新疆	1967.5	中共党员	中专	1989.2	主任	2009.4
阿力木·阿不来提	男	维吾尔	新疆	1974.5	中共党员	专科	1995.8	主任	2010.1
热阳古丽·吾布力	女	维吾尔	新疆	1968.6	群众	中专	1989.8	主任	2011.2
卡米力·阿布力孜	男	维吾尔	新疆	1964.7	群众	中专	1981.3	主任	2012.8
艾山江·艾海提	男	维吾尔	新疆	1978.7	中共党员	专科	2000.2	负责人	2014.3

八、也克先拜巴扎信用社

也克先拜巴扎信用社位于也克先拜巴扎乡综合贸易市场北侧,1957 年 1 月成立。2014 年,拥有营业办公用房面积为 2200 平方米,有职工 8 人,其中主任 1 名,委派会计 1 名,客户经理 3 名,安保人员 1 名,柜员 2 名。主要为全乡提供存款、贷款、各项代理业务及汇划、POS 机、个人网银等金融服务业务。

2014 年末,各项存款余额 5847 万元,比上年增加 585 万元,增长 10%;贷款余额 5495 万元,比上年减少 495 万元,下降 11%;个人账户 16894 户,比上年增加 5230 户;对公账户 26 户,比上年增加 4 户。

1996~2014 年也克先拜巴扎信用社负责人更迭表

表 2-28

姓名	性别	民族	籍贯	出生年月	政治面貌	学历	参加工作	职务	任职时间
卡米力·米吉提	男	维吾尔	新疆	1967.5	中共党员	大专	1989.3	主任	1996.12

表 2-28

姓名	性别	民族	籍贯	出生年月	政治面貌	学历	参加工作	职务	任职时间
阿力木·阿不来提	男	维吾尔	新疆	1974.5	中共党员	大专	1995.8	主任	1999.1
艾尔肯·特力瓦迪	男	维吾尔	新疆	1967.5	中共党员	大专	1989.5	主任	2001.8
卡米力·阿不力孜	男	维吾尔	新疆岳普湖	1964.7	群众	中专	2002.2	主任	2007.3
艾肯·铁力瓦尔迪	男	维吾尔	新疆	1967.5	中共党员	大专	1989.5	主任	2010.1

九、艾西曼信用社

艾西曼信用社位于艾西曼镇人民政府西侧,1957 年 1 月成立。2014 年,有职工 7 人,其中主任 1 名,委派会计 1 名,客户经理 3 名,柜员 2 名。主要为全乡提供存款、贷款、各项代理业务及汇划、POS 机、个人网银等金融服务业务。

2014 年末,各项存款余额 23800 万元,比上年减少 3.2 万元,下降 13.4%;各项贷款余额 5600 万元,比上年增加 1.3 万元,增长 23%。

1996~2014 年艾西曼信用社负责人更迭表

表 2-29

姓名	性别	民族	籍贯	出生年月	政治面貌	学历	参加工作	职务	任职时间
吐孙·艾沙	男	维吾尔	新疆	1950.5	中共党员	高中	1977.1	主任	1996.11
艾力·祖农	男	维吾尔	新疆	1966.1	群众	中专	1985.12	主任	2007.3
克依木·阿卜杜热合曼	男	维吾尔	新疆	1967.5	中共党员	大专	1989.8	主任	2009.8
希尔艾力·阿不都卡迪尔	男	维吾尔	新疆	1982.6	中共党员	专科	2002.2	主任	2010.9
依卜拉依木·热扎克	男	维吾尔	新疆	1987.5	中共党员	本科	2010.8	主任	2012.7
阿娜尔古丽·牙生	女	维吾尔	新疆	1976.8	中共党员	本科	1996.8	主任	2013.8

十、金星信用社

金星信用社位于岳普湖县艾吾再力库木中路,1993 年 12 月 1 日开业,1998 年由人行岳普湖县支行所属城市信用社改制为农信社,归属县联合社。办公场所岳普湖县劳保局的出租房办公,租赁费每年 9600 元,经营成本较高。2007 年 5 月与岳普湖镇信用社合并。截至 2007 年 4 月底,在职职工 3 名,临时聘用人员 1 名,各项存款余额为 1745 万元,人均存款 436 万元;各项贷款余额为 967 万元,其中不良贷款 15 万元,存贷比例为 55%。2007 年 5 月 25 日,喀银监复批准撤销与岳普湖镇信用社合并。

1998～2007 年金星信用社负责人更迭表

表 2 - 30

姓名	性别	民族	籍贯	出生年月	政治面貌	学历	参加工作	职务	任职时间
阿卜杜·热合曼 阿布杜·热西提	男	维吾尔	新疆	1957.9	中共党员	中专	1974.12	主任	1998.10
克依木·阿卜杜热合曼	男	维吾尔	新疆	1967.5	中共党员	大专	1989.8	主任	2002.1
冯庆	男	汉	新疆	1966.2	中共党员	大专	1989.2	主任	2004.1

第三章 管理体制改革

岳普湖县农村信用合作联社的管理体制自 1956 年建社起至 2006 年联社成立,发展大致经历组建和发展阶段、反复和停滞阶段、农行代管阶段、合作金融阶段,在各个历史时期经历不断改革过程,逐步完善成为区域金融机构的主要机构。通过进行一系列理顺外部关系、明晰产权、强化内部管理改革,信用社在改革中从小到大,由弱到强,各项业务快速发展。

第一节 管理体制改革

一、乡(镇)信用社体制改革

(一)人民银行管理

1957 年末,岳普湖县实现乡乡有信用社。1957 年 3 月起,县域各乡信用合作社根据人行自治区分行下发的《关于信用合作社资金管理上存在的问题和处理意见的报告》精神,开始进行巩固和整顿。各信用合作社通过整顿,健全内部组织和制度,改选部分理事和监事,查清账务、公布财务;部分社配备业务人员,落实部分脱产职工待遇;盈余社进行分红,调动社员积极性,促使信用合作社健康发展。至 1958 年 11 月,该时期县域农村信用合作社隶属人行岳普湖县支行管理。人行县支行农金股具体负责各信用合作社的组建、撤并等管理工作,营业所具体负责指导各信用合作社的业务工作。

(二)人民公社管理

1958 年 11 月,岳普湖县撤销乡级建制,组建政社合一的人民公社,农村信用合作社按公社所在地名称更名为人民公社信用社。12 月,中共中央、国务院下发《关于适应人民公社化的形势改进农村财政贸易管理体制的决定》,在农村实行"两放(下放人员、下放财产)、三统(统一政策、统一计划、统一流动的资金)、一包(包财政任务)"的财政贸易新体制。根据文件精神,县域各公社信用合作社和人行县支行农村营业所合并,统一更名为公社信用部,划归人民公社金融部管理,挂人行县支行农村营业所和公社信用部两块牌子,经营决策由人民公社决定。

1959年4月20日,人行自治区分行转发中央《关于加强农村人民公社信贷管理工作的决定》。根据文件精神,人行县支行收回下放到各人民公社农村营业所管理权,把公社信用部中原信用社分离出,下放到各生产大队,改名为信用分部。生产小队设信用服务站。信用分部的工作人员由生产大队管理,盈余由生产大队统一核算,业务由生产大队和银行营业所共同管理。

(三)人民银行恢复管理

1962年11月,人行县支行根据中共中央、国务院批转《中国人民银行关于农村信用社若干问题的规定(试行草案)的通知》精神,收回各公社信用分部、服务站的管理权,将各公社信用分部合并,恢复成立人民公社信用合作社,由人行县支行领导和管理。恢复信用合作社的性质和任务,重新明确信用合作社的独立地位,并赋予自主权。信用社以人行县支行管理为主,公社管理为辅。

(四)农业银行管理

1964年6月,农行岳普湖县支行成立后,人行县支行农村金融业务移交农行县支行管理,各公社人行农村营业所和信用合作社的管理权划归农行县支行。农行县支行农村营业所与公社信用合作社合署办公,对外挂一个牌子、写两个名字、办两家业务、记两套账目,营业所主任兼信用社主任,营业所会计兼信用社会计。同时,县域信用社按人民公社行政区域设置,隶属于农行县支行领导。

(五)人民银行再次恢复管理

1965年11月,按照国务院《关于调整中国人民银行和中国农业银行农村基层机构的通知》精神,农行县支行撤销,人员、财产并入人行县支行,县各公社信用合作社管理权再次交由人行县支行管理。年内,县域各信用合作社对1961年以前的贫下中农贷款,经调查有困难的予以豁免;对脱产干部在脱产前的欠款,经过群众同意酌情豁免一部分或全部,脱产后欠款一律不予豁免。

1966年"文化大革命"开始后,县成立"革命委员会",实行由群众组织代表、革命干部代表和军队代表组成的三结合一元化领导。信用社干部被下放,信用社实行贫下中农直接管理、监督,县各公社信用社的社员代表大会、理事会和监事会先后停止活动,信用社业务处于半停顿状态,人行县支行对信用社管理自行淡出。

(六)贫下中农管理委员会管理

1969年,人民银行"农村信用社斗批改座谈会"提出,信用社的人权、财权、资金使用权必须由贫下中农领导和管理。县域各信用合作社再次下放,交由贫下中农管理委员会领导,各信用社的人事权、财权、资金调动权全部归各公社贫下中农管理委员会管理。1970年,根据人行新疆分行《关于信用社体制改革试点报告》的精神,县域公社设信用社、生产大队设信用站、生产队设业务员,职工走亦工亦农道路,信用社干部不脱产。各信用合作社积极为贫下中农发放无息贷款和灾区口粮无息贷款,解决贫下中农的生产、生活困难。1972 年,根据人民银行工作会议精神,提高信用社职工的政治和经济待遇,县域各信用社职工不再走亦工亦农道路。《自治区农村信用合作社暂行管理办法》重申信用社性质、任务、作用和隶属关系。年内,各信用合作社的贷款范围扩大,辖内生产费用贷款、生产设备贷款和社(队)办企业贷款一律由信用社发放。1973 年 5 月,自治区财政局制定《农牧区信用合作社暂行管理办法》,要求对信用社的业务、财产、资金等进行整顿。1974 年 1 月 1 日,县域信用合作社执行《新疆维吾尔自治区农村牧区信用合作社财务管理制度》(试行草案)。6 月,人民银行全国金融工作座谈会强调,信用社必须收回,纳入国家计划管理,属国家银行在农村的组成部分,必须加强整顿和管理。当年,县域信用合作社实行工资基金管理制度,按管理册监督支付工资,各单位除签收支票外,连同工资管理册一起交验后,方可支付工资。该时期,县域各信用社大搞"斗、批、改"和批判资本主义,均出现队伍不稳定,资金被抽调、挪用,账务混乱等现象,业务发展缓慢。

(七)贫下中农管理委员会和人民银行共同管理

1975 年 2 月,人行自治区分行下发《关于进一步加强农村信用社工作领导意见》提出整顿信用社和建立健全信用社贫下中农管理组织问题。1975 年 9 月 10 日,人民银行新疆分行北疆片区信用合作工作座谈会决定所、社合一,分别核算。人行县支行收回贫下中农管理委员会对信用合作社的部分领导权与贫下中农管理委员会共同管理信用社。人行县支行负责信用社的行政、业务管理工作,贫下中农管委会负责信用合作社的监督和政治思想工作,各公社信用社与银行营业所合署办公,实行两块牌子,两套资金,两本账目,分别核算,分别经营银行和信用合作社业务,干部统一使用。

1977 年 3 月,根据有关政策,县域信用合作社干部的福利费按工资总额的 2.5% 提取,医疗费按脱产干部实有人数每人每月 2 元,从各项费用科目提取;四类分子不能吸收为社员,已经入股的,坚决退回,或自愿转为存款;地、富、反、坏、右子女要区别对待。四类分子的子女生活、生产困难,已经入社的要给予适当贷款;根据 1972 年自治区金融会议精神,新增户不再扩股,外迁户应退股,死亡无继承人的应作为基金;不能收买干部自建住房,对确实有困难的干部,应适当给予补助。11 月 28 日,国务院《关于整顿和加强银行工作的几项规定》提出,信用社既是集体金融组织,又是国家银行在农村的基层机构,各地一定要把信用社办好,信用社资金应当纳入国家信贷计划,人员编制应当纳入县集体劳动工资计划,职工待遇应当与人民银行基本一致。岳普湖县按政策规定对信用社职工工资进行适当调整。1978 年,人行自治区分行要求刻制信用社印章一律不加"人民公社"字样。

（八）恢复农业银行管理

1979 年,中共中央办公厅转发中国人民银行党组《关于建议修改〈农村人民公社工作条例(试行)〉中有关信用社问题的报告》,将农村信用社更改为"是集体金融组织,又是农业银行的基层机构。办理农村各项金融业务,执行国家金融部门的职能任务"。11月,农业银行再次从人民银行分出,第三次成立农行岳普湖县支行。县域信用合作社交由农行县支行管理,与农行营业所一套人马两套账,实行合署办公。

1980 年,县域信用社开展"四定一奖"工作(定地点、定任务、定费用、定时间),按1980 年盈余的 1.5% 进行奖励。试行贷款合同制,每发放一笔贷款都明确规定承贷单位、物资供应部门和信用合作社三方的经济责任,并互相监督,保证专款专用原则贯彻落实。1981 年 3 月,根据公社名称统一改为驻地名称和《中国农业银行关于规范银行业所、信用社名称的通知》精神,县域各信用合作社统一更名。当年,县域信用社建立包贷、包使用、包经济效果、包按期收回的"四包"制度。1982 年 6 月,根据有关规定,县域信用社职工退休的住房原则上比照农行县支行的规定执行,所需资金从所在信用社历年积累中解决。7 月,各信用社按照农行自治区分行《清理 1978 年以前农业贷款的实施细则》,开始清理 1978 年以前农业贷款。1983 年,县域信用社贷款执行合同制,内容包括当年生产主要项目、贷款计划、归还和存款数额等。7 月 3 日,农行县支行设立信用合作股,具体管理县域信用社。1984 年 8 月,国务院批转农业银行《关于改革信用合作社管理体制的报告》。10 月,农行新疆分行下达实施方案。根据实施方案,对合署办公时期的资产负债进行清分,在清分的基础上与营业所分开办公,信用社完全脱离银行营业所的领导,明确信用社"自主经营、独立核算、自负盈亏"的改革方向,标志着信用社以恢复"三性"为目标的改革开始全面展开,并确定开始实行贷款浮动利率。

1985 年 1 月 1 日,中共中央、国务院发出《关于进一步活跃农村经济的十项政策》,信用社实行独立经营,自负盈亏,所组织的资金除按规定向农业银行交付提存准备金外,全部归自己使用。在保证满足社员农业贷款后,可以以余款经营农村工商信贷,可以跨地区开展存贷业务。信用社之间、信用社与各专业银行之间可以发生横向业务联系。存放利率允许参照银行所定基准利率上下浮动,有的可以接近市场利率。信用社必须遵守国家金融政策并接受农业银行业务领导。2 月 8 日,农业银行发出《关于信用社管理体制改革的情况和今后意见的通知》,确定 1985 年改革工作任务,是切实把信用社办成一个真正的自主经营、独立核算、自负盈亏、具有"三性"、能起民间借贷作用的合作金融组织。

二、县联合社体制改革

（一）成立县联合社与农业银行脱离隶属关系

1996 年 11 月 1 日,经中国人民银行批准,由辖内 10 个具有法人资格的乡镇信用社组成的岳普湖县农村信用合作社联合社成立。岳普湖县联合社召开县域信用社代表会议,按照社章规定,民主选举产生岳普湖县信用合作社联合社民主管理委员会并讨论通过联合社章程。主任由农行县支行参加民主管理委员会的副行长兼任,联合社办事人员仍为农行县支行信用合作股工作人员。

县联合社是各乡镇信用社组织的联合体,实行民主管理、独立核算、自主经营、自负盈亏、自求平衡;在各级党政的统一领导下,办理金融机构的设立、撤并和业务经营以及有关事项。任务是指导、协调和管理信用合作工作,为基层服务。县联合社的成立,对单个基层信用社所不能或不便解决的问题,如调剂资金、职工培训、经验交流与信息交流、职工退职退休、调剂盈亏等都有积极作用;经营业务的原则是独立核算、自主经营、自负盈亏、自求平衡、自担风险。其业务范围,除办理工商个体户、经营承包户、经济联合体和乡镇企业的存、放、汇款业务外,可以扩大到集体、国营单位和企业,并同专业银行业务适度交叉。主要职责是检查辖内各信用社执行金融方针、政策的情况,稽核、辅导信用社的业务、财务和账务工作;综合平衡信用社各项计划,检查考核各项计划的执行情况,向农行县支行报送信贷计划,提供有关数字资料;管理县域信用社职工(含合同制职工)及职工培训教育工作;组织各信用社之间资金余缺的调剂;管理辖内信用社上交的各项基金,统筹解决信用社职工退职退休经费;组织信用社经验与信息交流,做好承上启下的各项服务工作;组织县域社社之间的汇划往来;接受国家金融机构和基层信用社委托代办的业务;经营信贷业务。农行县支行不再直接管理信用社,县联合社开始对信用社进行垂直管理,业务上接受农行县支行的指导,行政上受农行喀什中心支行的直接领导。

(二)人行和农金办共同管理

1996 年 11 月,经自治区农村金融体制改革办办公室批复,同意岳普湖县农村信用社与农行县支行正式脱离行政隶属关系,独立经营、自负盈亏。农村金融体制改革办公室行使对县域信用社的领导职能,人行县支行对县域信用社进行业务指导。1996 年末,全县共有 9 个信用社,一个联合社营业部,22 个信用分社,在职职工 92 人,退休人员 24 人。1997 年 6 月,岳普湖县联合社启用新疆岳普湖县信用合作社联合社、新疆岳普湖县信用合作社联合社业务专用章。

1998 年 2 月,岳普湖县联合社启用"全国农村信用社统计报表系统",实现联合社拥有独立的会计、统计报表电子化核算体系。3 月,人民银行出台《农村信用合作社和农村信用合作联合社主要负责人任职资格管理试行办法》。对乡镇信用社、县联合社主要责任人的职权范围、任职资格、任职前的审查、任职期间的管理、离任稽核、任职资格取消等做出明确规定。4 月,人民银行印发《加强联社建设问题的若干意见》,对农村信用社体制改革过渡时期加强联合社建设提出总体要求和工作重点。总体要求:按照把联合社办成基层信用社联合经济组织的方向,规范组织,理顺关系,加强管理,强化制约,改善服务,真正把联合社办成基层信用社的行业管理中心和经营服务中心,充分发挥联合社管理、指导、协调、监督、服务的职能作用。建设工作重点:按合作制原则抓紧开展联合社规范工作;加强组织建设,理顺各方面关系;完善内部各项制度,强化监督制约机制;树立联合社权威,加强对信用社的业务、财务、员工管理;改进加强服务,改善经营状况,提高农村信用社经营管理水平和防范风险的能力。人民银行逐步加大对县联合社的管理工作,通过县联合社规范信用社的发展。

2003 年 6 月 27 日,国务院下发《深化农村信用社改革试点实施方案》,提出"明晰产权关系、强化约束机制、增强服务功能、国家适当支持、地方政府负责"的总体要求,加快农村信用社管理体制和产权制度改革。

(三)银监局管理

2003 年 10 月,中国银行业监督管理委员会新疆监管局(简称新疆银监局)挂牌成立,作为中国银行业监督管理委员会在新疆派出机构,辖属 14 个地(州、市)银监分局。当年,中国银行业监督管理委员会新疆监管局喀什监管分局成立,县联合社划归喀什银监分局进行行业管理。2004 年 5 月,岳普湖县联合社执行财政部、银监会《关于重点家禽养殖、加工企业流动资金贷款财政贴息资金管理办法》。

三、县联社体制改革

(一)成立联社与银监局脱离隶属关系

2006 年 10 月 23 日,县联社召开岳普湖县联社第一次社员代表大会第一次会议。大会一致通过岳普湖县农村信用合作联社(统一法人)创立暨首届社员代表大会关于通过《岳普湖到信用合作联社章程(草案)》的决议、《岳普湖县信用合作联社社员代表大会议事规则》的决议、选举理事会结果的决议、选举监事会结果的决议。由全体社员代表选举产生岳普湖县农村信用合作联社第一届理事会、监事会。实行由县联社"统一管理、统一核算"的一级法人管理体制模式,取消各乡基层信用社独立法人地位和资格,降格为分社,变更为非法人分支机构。喀什银监分局对县联社执行监管职能。

(二)自治区联社垂直管理

2006 年 7 月,新疆维吾尔自治区农村信用社联合社成立。8 月,县联社划归自治区联社垂直管理,喀什银监分局对县联社执行监管职能,人行岳普湖县支行负责联社货币政策执行情况的管理工作。2006 年末营业网点 11 个。

2007 年 3 月 27 日,县联社在四楼会议室召开大会,岳普湖县政府副县长韩金明主持会议,县委书记王湫斌为统一法人社揭牌,岳普湖县农村信用合作联社(简称岳普湖县联社)开业。实行一级法人、统一核算、分级管理、授权经营的管理体制。县联社由自治区联社垂直管理后,"三会"制度逐步完善,定期召开社员代表大会,修改章程,选举理事会、监事会,由理事会聘请高级管理人员对联社业务进行管理,监事会负责联社日常运行的监督。主营业务坚持"以农为本、为农服务"的宗旨,深化改革、强化管理、勇于创新,经营业绩不断突破刷新。年末,全辖共有 10 个营业网点,其中:联社营业部 1 个,信用社 9 个;在职职工 98 名,其中:内退 8 人,待岗 4 人。年末,各项贷款余额 5833 万元,创造历史最高水平,比上年同期增加 1378 万元。其中:正常贷款 9493 万元,不良贷款 340 万元,占贷款总额的 5.8%;农业贷款 2736 万元,占贷款总额的 46.91%。各项存款余额 19436 万元,其中:储蓄 16489 万元,占存款总额的 84.84%,存贷比例为 30%。股本金余额为 1016 万元,比 2006 年末增加 190 万元,增长 23%。

第二节 人事与用工制度改革

一、人事制度改革

2000 年,县联合社按照个人自荐、资格审查、竞聘演讲、民主测评、县联合社聘任决定等程序实行中层岗位竞聘制。同时,按照双聘原则,采取职工按规定自主申报选择信用社和工作岗位,中层管理人员按申报要求和信用社编制选择职工。2002 年,县联合社通过引入人才市场化竞争机制,发挥每位职工潜能,建立干部能上能下,能进能出,竞争上岗的人才管理体制,本着公开、民主、平等、择优的原则,完善中层岗位竞争上岗制度。应聘者必须坚持四项基本原则,热爱农村合作金融事业,熟悉和正确执行国家的经济、金融法律法规;有丰富的金融业经营和管理专业知识,有较强的管理、协调和业务工作能力;有强烈的责任心和事业心,爱岗敬业,能够以身作则,团结职工,起模范作用;具有中专以上学历,从事信用社工作 3 年以上;无不适宜从事金融工作的不良行为。2005 年,县联合社开展基层信用社经营目标考核末位淘汰制。末位淘汰以定量考核为主,对各项考核指标完成情况进行自然排序,优胜劣汰。

2006 年 10 月,县联社成立后,继续推进人事制度改革,中层管理人员竞聘上岗。竞争竞聘上岗坚持以改善经营、提高经济效益为目标,以激励职工爱岗敬业、开拓进取精神,提高队伍素质为重点,以拓宽选人用人渠道,促使有能力和自信心的优秀人才脱颖而出的用人机制为核心,坚持"公开公平、竞争择优、合理组合、双向选择"的原则,公开选拔年富力强、德才兼备、业绩突出、群众公认的优秀人才,推动联社稳健、规范、快速发展。联社中层管理人员岗位在公开竞争基础上实行聘任制,根据实际缺岗职数确定竞聘职数,不得超职数聘任。中层管理人员岗位竞聘工作结束后,所有上岗人员一律实行优化组合和双向选择,采取职工按规定自主申报选择工作岗位,中层管理人员按申报要求选择职工,职工定岗后,与联社签订劳动合同。在联社工作满 5 年者(2000 年 12 月 31 日前),不得参与原岗位竞聘。实行近亲回避制度,联社职工之间不得有近亲属关系。

2008年,县联社推行员工持证上岗"双考"(考试、考核)。"双考"严格坚持"公平、公正"的原则。"双考"的实行使员工在思想上产生危机感,学业务、学理论的积极性空前高涨。同时,联社进一步改革干部管理和人事制度,继续开展一年一度的全员公开竞争竞聘上岗工作。2010年,县联社开展2010年度全员公开竞争竞聘上岗工作。中层管理人员岗位在公开竞争基础上自主申报,实行聘任制,根据实际缺岗职数竞聘。竞聘上岗中层管理人员在聘任期间,不能胜任本职工作的,由联社经营管理层申报,经领导班子成员联席会议研究决定予以解聘,该岗位重新聘任。

2011年,县联社制定合理用人制度,以同工同酬为基点,建立与贡献紧密挂钩的内部激励机制,推行企业化绩效考核和收入分配制度。同时建立以业绩为标准的管理人员评价机制,实行任期目标管理,推行中层领导和要害岗位人员考试考核、竞聘上岗、岗位轮换、末位淘汰等制度,形成"能者上,平者让,庸者下"的用人机制。

2014年,岳普湖县联社严格按照"四项制度"要求对员工进行轮岗交流,截至年底,全辖共轮岗人数56人,其中:10名基层信用社主任进行轮岗,轮岗率100%;11名委派主管会计进行轮岗,轮岗率100%;26名信贷员14名进行轮岗,轮岗率53%;24名综合柜员21名进行轮岗,轮岗率87.5%。轮岗数占年底职工71名的55.9%。

二、劳动用工制度改革

1979年以前,县域信用社职工的招收、录用、辞退等,由乡政府、人民公社和人行岳普湖县支行共同管理。1980年后,职工退休可有其子女接班,招收下乡、返乡知识青年,优秀的复员退伍军人充实基层信用社员工队伍。

1984年,县域农村信用合作社根据上级有关文件规定,对用工制度进行改革。开始全面推行劳动用工合同制,打破"大锅饭""铁饭碗"。1985年,职工管理采取固定工和合同工两种形式,凡新增员工,实行合同制。固定工和合同工福利待遇基本相同。

1988年8月28日,农行自治区分行转发农行《农村信用合作社职工管理暂行规定》,县域信用社对1982年末以前参加信用社工作的原在编固定职工实行聘用制,对1983年起新增加的信用社职工实行合同制。对1982年末以前参加工作的非在编职工经考试或考核合格后,可转为合同制职工,并按合同制职工管理。1982年末以前的固定职工自然减员后,一律按合同制职工补充。原固定职工和合同制职工,均是信用社的正式职工。合同制职工与所在信用社原固定职工享有同等的劳动、学习、参加民主管理、获得政治荣誉和物质奖励等权利。

1997年,县联合社清理清退违规招雇的代办员、临时工,整顿职工队伍。通过清理整顿,实现人员合理布局。制定配套措施和考核办法,体现按劳取酬、奖勤罚懒的用工制度。

2004年前,县联合社招聘职工31人。按性别分:女职工17人、占招聘职工总数的

54.8%,男职工 14 人、占招聘职工总数的 45.2%;按民族区分:汉族职工 2 人、占招聘职工总数的 6.5%,少数民族职工 29 人、占招聘职工总数的 93.5%;按文化程度区分:本科学历职工 1 人、占招聘职工总数的 3.2%,大专学历职工 29 人、占招聘职工总数的 93.5%,中专(高中)及以下学历 1 人、占招聘职工总数的 3.3%;按出生时间区分:20 世纪六七十年代 5 人,占招聘职工总数的 16.1%;80 年代 26 人,占招聘职工总数的 83.9%;按毕业时间区分:20 世纪 90 年代毕业生 5 人,占招聘职工总数的 16.1%;2000~2004 年毕业生 26 人占招聘职工总数的 83.9%。

2005 年 1 月 28 日,岳普湖县农村信用联合社劳动用工制度改革实施方案经上级批复:核定人员编制 120 人(包括退养 37 人)。联社新增人员须经监管三科审核批准后方录用。2 月 16 日召开 28 次理事会议研究,续聘现有经警、驾驶员共计 10 名,纳入联合社"三定"方案管理使用,充实到所属各乡镇分社。

2006 年后,县联社实行竞聘上岗制、末位淘汰制、劳务派遣制、会计委派制等管理制度。

2010~2014 年,县联社与合同制职工重新签订劳动合同,完善相关要素。实施劳务派遣用工制度。对劳务派遣工实行考核管理,每年对劳务派遣工进行一次笔试和综合考评,考核总分值在 60 分以下者,降低其所在档工资级至下一档,同时在 6 个月后进行补考,总分值仍在 60 分以下者,以及在日常工作和生活中有违法、违规行为的,参照《自治区农村信用社员工违反规章制度处理规定》处理,并经联社办公会议研究决定予以辞退。2014 年末,县联社在职职工 114 名,其中正式职工 96 名,劳务派遣人员 11 名,内退 7 人。

第三节　分配制度改革

一、薪酬

(一)薪酬制度

1956 年 12 月,农行自治区分行下发《关于解决信用社干部待遇问题的指示》,规定"社干待遇应受其自身经济能力的限制,只能参照乡干待遇标准,根据生产水平,以稍高于一般农民收入,相当于当地农业社主要社干平均收入的原则下,根据社区范围、人口密度、业务开展情况、社干工作能力和工作态度予以评定"。

1959 年,信用分部成立初期,信用分部工作人员在大队以记工分办法计酬,信用分部会计工资采取记工分办法解决,生产工作和信用分部工作结合进行,对表现好的会计进行奖励。

1964 年 8 月 5 日,农行自治区分行、自治区劳动局联合下发《关于调整信用社干部工资、福利待遇的通知》，通知规定"自治区信用社干部的工资标准，比照村基层供销社干部标准工资，分为十级，在标准工资上另加当地国家机关干部的生活补贴。信用社脱离生产专职干部工资等级，按照本办法规定工资标准，根据干部本人职务和德、才条件，并适当照顾其工作年限，进行评定"。

1964 年岳普湖县信用合作社干部工资标准表

表 3-1

级别	1	2	3	4	5	6	7	8	9	10
基本工资（元）	79.5	70	61	53.5	47	40.5	35	30	26	22
	大社主任									
		大社会计、小社主任								
			小社会计、出纳员、业务员							

1981 年，农行自治区分行、自治区劳动局联合下发《关于信用社职工工资实行国家行政工资标准的通知》，规定信用社职工工资自 1981 年 1 月 1 日起实行国家行政工资标准，与农业银行职工工资待遇标准取得一致，采取套级办法，即信用社工资级别套相似行政级别按所套行政级工资标准发放。

1981 年信用社工资级别相似行政级别表

表 3-2

信用社级	1	2	3	4	5	6	7
行政级	20	21	22	23	24	25	26
行政级工资（元）	77	70	63	56	49	42.5	37
基本工资（元）	79.5	70	61	53.5	47	40.5	35

1983 年，县域信用社执行自治区党委《关于改善知识分子的工作、学习和生活条件的暂行规定》。在新疆工作满 6 年的研究生、大中专毕业生和技术员及相当于这一级职称以上的专业技术干部，连续在疆工作满 3 年后，其浮动工资转为固定工资。继续在疆工作，可再向上浮动一级工资。在疆实际工作满 25 年的其他国家干部，可在本人现行工资标准的基础上向上浮动一级工资。以后连续在新疆工作满 8 年转为固定工资。凡技术职务相当于助理工程师及其以上的，或虽无技术职务，但在疆工作年限满 10 年的大专毕业生和年满 15 年的中专毕业生，在三、四类地区工作的每人每年发给 40 元书报补贴费。

1984 年，县域信用社执行自治区党委《关于进一步改善知识分子及边疆职工生活待遇若干问题的规定》。在疆实际工作年限满 15 年的中专毕业生、技术员（含相当职务），均可享受知识分子补贴,标准为每人每月 30 元。国家职工在疆工作满 1 年以上不满 5 年的每月发 2 元;满 5 年每月发 3 元;之后每满 5 年依次递增 3 元。

1985 年,自治区工资改革领导小组办公室、劳动人事厅下发《关于实施国家机关和事业单位工资制度改革方案若干问题的补充规定》,确定机关、事业单位工资改革的范围,规定工龄(教、护龄)津贴的发放办法和新参加工作人员工资待遇及其他具体问题。套改工资具体办法:凡现行工资在国家机关、事业单位工资标准上(含调整时在原标准上加上国家机关、事业单位其他工资标准级差)的人员,均按本人现行标准工资额就近套改新工资标准。现行标准工资额为十一类区标准工资加副食品价格补贴和行政经费节支奖金 11.3 元,另加当地生活费补贴。国家机关、事业单位的工作人员凡本人现行标准工资额低于 138 元(工人低于 109.5 元,公安人员民警三级及以下,另加当地生活补贴),属于 1982 年 6 月底以前参加工作,就近靠级后增资不足一个新级差的,除犯有严重错误、表现很差外,均可高套一级。现行标准工资额高于 138 元的人员中,高于所任职务最高等级工资的行政人员,照发原工资;其他人员可按本人现行标准工资额就近套改新工资标准。执行企业工资标准和在企业工资标准上加国家机关、事业单位工资标准级差的,及原执行国家机关、事业单位工资标准的干部,调资时加新拟企业干部工资标准级差的均按相应工资等级现行标准工资额套改新工资标准,对于其中现行标准工资额高于就近套入新工资标准的部分,可予以保留。按相应行政人员工资等级或者以现行标准工资额就近套级,均套入新工资标准同一等级的干部。其现行标准工资额高于相应行政人员工资等级现行标准工资额的部分,不能保留。

1994 年,农业银行下发《中国农业银行工作人员工资制度改革实施办法》,规定自 1993 年 10 月 1 日起,农业银行实行行员等级、专业技术职务双系列工资制度。其各类工资构成为:1. 行员等级工资制在工资构成上,主要分为行员等级工资和责任目标津贴两部分。(1)行员等级工资是按照行员职务序列确定的,是工资构成的固定部分。一至七级行员职务分别设立若干工资档次(见附表)。(2)行员责任目标津贴是在实行行员目标责任制的基础上,按照行员所负责任大小和完成目标责任情况确定的,是工资构成中活的部分。2. 专业技术职务等级工资在工资构成上,主要分为专业技术职务工资和津贴两部分。(1)专业技术职务工资是工资构成的固定部分。专业技术职务工资标准是按照专业技术职务序列设置的。每一职务分别构成若干工资档次(见附表)。(2)津贴是工资构成中活的部分,与专业技术人员的实际工作数量和质量挂钩。工资制度改革后,员工工资晋升在严格考核基础上,实行定期升级的办法。连续两年考核合格以上人员,可晋升一个工资档次。既有行政职务,又有专业技术职务人员,在工资制度改革套改时执行就高不就低原则,同时对较低工资序列按档案工资办法进行保留。该办法对新参加工作人员定级工资中专业技术人员做出规定,即专业技术人员按确定的专业技术职务领取相应职务工资:中专、高中生按经济员工资标准第一档确定;大学专科毕业生按经济员工资标准第二档确定;大学本科毕业生按助理师工资标准第二档确定;获得双学士学位大学本科生、研究生班毕业和未获得硕士学位的研究生按助理师工资标准第三档确定;获得硕士学位的研究生按助理师工资标准第四档确定;获得博士学位的研究生按经济师工资标准第三档确定。

1994 年行员等级工资标准表

表 3 - 3 　　　　　　　　　　　　　　　　　　　　　　　　　　　　　　　　单位:元/月

行员等级	行员等级工资标准表									
	一	二	三	四	五	六	七	八	九	十
一级行员	480	520	560	605	650	695				
二级行员	390	427	464	504	544	584				
三级行员	335	370	405	440	477	514				
四级行员	235	260	285	310	340	370	400	430		
五级行员	180	198	216	234	252	276	300	324	348	372
六级行员	160	174	188	202	216	233	250	267		
七级行员	145	157	169	181	193	207	221	235		

1994 年专业技术职务工资标准表

表 3 - 4 　　　　　　　　　　　　　　　　　　　　　　　　　　　　　　　　单位:元/月

专业技术类别	行员等级工资标准表									
	一	二	三	四	五	六	七	八	九	十
正高级职称	480	520	560	605	650	695				
副高级职称	390	427	464	504	544	584				
中级职称	335	370	405	440	477	514				
助理级职称	235	260	285	310	340	370	400	430		
员级职称	180	198	216	234	252	276	300	324	348	372

1994 年领导岗位津贴系数表

表 3 - 5

领导职务	津贴系数
总行行长(含相当职务,不含非领导职务,下同)	3.3 ~ 3.6
总行副行长	2.9 ~ 3.2
省分行行长、总行部门主任	2.6 ~ 2.8

续表 3 – 5

领导职务	津贴系数
省分行副行长、总行部门副主任	2.3 ~ 2.5
地(市)分(支)行行长	2.1 ~ 2.2
地(市)分(支)行副行长	1.9 ~ 2.0
县(市)支行行长	1.7 ~ 1.8
县(市)支行副行长	1.5 ~ 1.6
营业所主任	1.3 ~ 1.4
营业所副主任	1.1 ~ 1.2

1994年9月19日,农行新疆分行下发《关于做好农村信用社职工工资制度改革及有关问题的通知》,《通知》规定信用社比照《中国农业银行工作人员工资制度改革实施办法》精神进行工资套改,推行行政、技术双系列工资制度。

2005年,喀什监管分局信用合作管理办公室印发《喀什地区农村信用社员工工资改革实施细则》。细则确定工资改革范围、工资改革原则、工资改革内容。

工资改革范围:竞聘上岗、签订劳动合同的县农村信用联社、农村信用社员工。

工资改革原则:1.坚持以收定支,保障员工基本生活原则。农村信用社作为自负盈亏的合作金融组织,工资支出要以其自身收入为前提,同时兼顾职工基本生活。2.坚持按劳分配原则。工资分配要同员工个人业务水平高低、岗位责任大小、工作质量好坏、贡献多少紧密联系,客观公正地进行岗位劳动评价,体现按职论绩,按绩计酬,克服平均主义。3.坚持工资增长与经济效益挂钩的原则。工资随经济效益提高而增长,工资总额增长幅度要低于经济效益增长幅度;员工平均工资增长幅度要低于人均利润增长幅度。4.坚持工资能升能降原则,以保本经营为基点,根据实现效益情况,保本和有盈利的单位工资水平要适当提高,亏损单位工资水平要降低,增效增资,减效减资。

工资改革内容:1.农村信用社工资分配,实行结构工资制。工资结构分为基本工资、岗位工资、津贴、效益工资四部分。其中基本工资、岗位工资、津贴为标准工资。基本工资是保障员工基本生活的工资。2.岗位工资是根据履行岗位职责大小和完成工作任务情况考核而分配的工资。根据上年各联社经营情况将喀什辖区农村信用联社划分为4种类型。不同类型的信用社岗位工资基数不同。各类社岗位工资基数为A类社1100元,B类社800元,C类社600元,D类社400。3.津贴是对员工在特殊情况下工作给予的补偿性工资。津贴只设乡镇信用社(不含设在城区的乡镇信用社)工作津贴、艰苦边远地区津贴、工龄津贴和特岗津贴。4.效益工资是按当年实现利润计提,由农村信用社根据员工完成工作目标和履行岗位责任制及贡献大小情况自主分配的工资。效益工资计提标准为盈利社最高按税前利润10%计提;减亏社最高按减亏额5%计提。

县(市)联社、信用社岗位划分表

表3-6

岗位类别	系数	职务
一岗	2.0	联社理事长
二岗	1.8	联社副理事长、主任
三岗	1.6	联社副主任、监事长
四岗	1.4	信用社主任、县联社部门经理、联社主管会计、联社专职稽核员、地(州)所在联社中心机房系统管理员
五岗	1.3	信用社副主任、县联社部门副经理、县联社中心机房系统管理员
六岗	1.2	联社机关业务人员、信用社坐班主任、信用社主管会计、信用社信贷员、分社(储蓄所)负责人
七岗	1.1	信用社、信用分社业务人员
八岗	1.0	信用联社、信用社经警、司机、工勤人员

注:表中所指信用社包括系统统一法人后原信用社降格的信用社分社。

2008 年 1 月 7 日,自治区联社印发《新疆维吾尔自治区农村信用合作社工资制度改革指导意见》,提出工资改革自 2008 年 1 月 1 日起施行。

总原则:保障工资保吃饭,岗位工资凭实干,效益工资凭贡献。

工资改革方案:改革后工资实行结构工资制,结构工资由保障工资、岗位工资、津贴和效益工资四部分组成。1. 保障工资。保障在职员工基本生活的工资,其月工资标准为 600 元;岗位工资按照联社等级,根据员工所在岗位责任大小、劳动强度和技术难度确定标准,按照履行岗位职责和完成工作任务情况而考核分配的工资。2. 岗位工资。以保障工资为基数,按不同岗位的不同系数设定各岗位工资标准,岗位工资标准随保障工资的变动而调整。3. 津贴。是对员工专业技术水平、学历、资历等方面的补贴性工资;4 效益工资。根据联社等级和联社本年实现经营效益情况(盈利或减亏)计提,按照员工贡献大小考核发放的效益工资。

津贴的设置:全疆农村信用社系统设置职称、学历和工龄等三项津贴。1. 职称津贴是经确认,凡取得经济、会计、法律、政工及计算机工程类专业技术职务任职资格,及从事工勤岗位的驾驶员、打字员等考取当地劳动人事部门技术工人等级证书的,经县(市)联社聘任后,可享受相应的职称津贴。2. 学历津贴是取得国民教育系列学历文凭或国家教育部承认学历,并持有正式毕业证书的可享受此项津贴(专业证书必须持有自治区人事厅颁发的同等学历待遇证书)。3. 工龄津贴是自员工参加工作当年开始,按每年 5 元标准计发,工龄计算等于当前年份减参加工作年份加 1,间断工龄扣除。

效益工资:根据联社等级和联社本年实现经营效益情况(盈利或减亏)计提,按照员工贡献大小考核发放的效益工资。1. 效益工资的提取标准。效益工资根据各联社等级，按完成本年计划利润额和超额利润的一定比例提取。A 级联社按照完成计划利润额的 25% 提取，B 级联社按照完成计划利润额的 20% 提取，C 级联社按照完成计划利润额的 15% 提取，D 级联社按照完成计划利润额的 10% 提取，E 级和亏损实现减亏的联社按照完成计划利润额或计划减亏额的 5% 提取；扭亏增盈的，扭亏、盈利部分分别计算；超额完成利润或超计划减亏的按 30% 提取；增亏的一律不得提取效益工资；效益工资总额 = 本年完成计划利润（减亏）额 × 提取比例 + 超额利润 × 提取比例。2. 效益工资的考核分配。各县（市）联社提取的效益工资，用于联社所有在岗员工的考核分配，未上岗人员均不参加效益工资分配。各联社要根据多贡献，多创利，多收入的原则，适当拉开单位与单位、岗位与岗位、同岗位员工与员工之间收入差距，制定合理效益工资分配方案。效益工资提取总额的 1% ~3% 可用于奖励联社领导班子成员。领导班子成员之间效益工资的分配，副职可按正职的 80% 比例掌握；主任助理则按正职 70% 比例掌握。部门负责人可按联社领导副职 60% 比例掌握。联社领导班子成员年工资总额，原则上控制在本联社年人均工资水平 4 倍以下。

2008 年职称津贴标准表

表 3 - 7

职称	员级	助理级	中级	高级
月津贴	40 元	80 元	140 元	220 元

2008 年职称津贴标准表

表 3 - 8

技术等级	初级工	中级工	高级工	技师
月津贴	30 元	60 元	100 元	140 元

2008 年学历津贴标准表

表 3 - 9

学历	高中	中专	大专	本科或双大专	双本科或研究生班毕业	双学士或硕士研究生	博士研究生
月津贴	30 元	40 元	80 元	120 元	180 元	240 元	300 元

2010 年 6 月 24 日，自治区联社制定《新疆维吾尔自治区农村信用合作社薪酬制度改革实施方案》，自 2010 年 1 月 1 日起执行。薪酬制度改革的主要内容：1. 优化薪酬总额分配机制。将薪酬总额分为固定薪酬总额和浮动薪酬总额两部分，加大绩效挂钩的力

度。固定薪酬总额根据核定人数,参照同行业平均工资水平进行分配,保持相对稳定,体现保障功能;固定薪酬按照责任、风险和贡献相称的原则,分 13 个职级,包含管理、经办和专业序列。其中管理序列划分为 9 个职级,专业序列划分为 6 个职级,经办序列划分为 5 个职级,按照职级档次进行分配。同时在考虑引进专业技术人才基础上专门设置专业岗位职务序列薪酬。该方案就固定薪酬职级晋升与薪酬调整进行规定。(1)员工晋级按个人绩效和能力提升情况晋级。二级员工任职年限达到 2 年,且连续 2 年考核结果称职及以上,可晋升一级;三级员工任职年限达到 4 年(自治区联社为三级和四级员工),且后 2 年考核结果称职及以上,可晋升一级;4 级及以上员工进入管理序列或专业序列(自治区联社为五级员工),分别按行政任命和专业技术岗位职务聘任晋级。(2)员工职务晋升的,首先以原职级档次为基准升一档,再与新职级各档次薪酬相比较,按就近就高原则确定新职级薪酬的档次。(3)员工不再聘任职务的,按现有条件重新套改。2.浮动薪酬总额由整体经营业绩决定,实行增效增资、减效减资,以绩效奖金的形式分配,体现激励功能。县(市)联社绩效奖金总额按照联社综合效益情况计提,计算公式为绩效奖金总额 =(存量考核利润×存量提取比例 + 增量考核利润×增量提取比例)×绩效考核系数。2010 年存量考核利润提取比例为 19%,增量考核利润提取比例为 24%。绩效考核系数 = 绩效考核得分/100,得分 45 分以下,绩效考核系数按 0.45 计提。浮动薪酬主要以绩效奖金形式体现,在确保固定薪酬保障功能前提下,绩效奖金对应一个绩效周期内根据绩效表现确定浮动薪酬,坚持以按劳分配与效率优先、兼顾公平相结合原则,体现与岗位责任、风险、贡献相对等。薪酬制度改革后,除误餐补贴和加班工资外,其他津补贴均不再保留。

2010 年农村信用合作社员工薪酬职级体系表

表 3 – 10

职级		自治区联社	县市联社	专业通道
管理序列	14	–		
	13	理事长、主任		
	12	党委副书记/副主任/工会主席		
	11	主任助理		
	10	部门总经理		10 级专业师
	9	部门副总	副总经理级理事长、主任(董事长、行长)	9 级专业师
	8	部门总经理助理	理事长、主任	8 级专业师
	7	科室经理/业务经理	副职领导(监事长、副主任、副行长、纪委书记)	7 级专业师
	6	科室副经理/业务副经理	主任助理、部门经理/网点主任	6 级专业师

续表3-10

职级		自治区联社	县市联社		专业通道
经办序列	5	员工类	部门副经理/网点副主任/委派会计(属管理序列)		5级专业师
	4		员工类		
	3				
	2	—			
	1				

注:薪酬职级体系以岗位职务等级为基础。

2010年农村信用合作社基本工资档级表

表3-11 单位:元/月

档位线职级		1	2	3	4	5	6	7	8	9
行员	技术									
13		10000	10625	11250	11875	12500	13125	13750	14375	15000
12		8000	8500	9000	9500	10000	10500	11000	11500	12000
11		6000	6375	6750	7125	7500	7875	8250	8625	9000
10	10级	5000	5312.5	5625	5937.5	6250	6562.5	6875	7187.5	7500
9	9级	4200	4462.5	4725	4987.5	5250	5512.5	5775	6037.5	6300
8	8级	3600	3825	4050	4275	4500	4725	4950	5175	5400
7	7级	3000	3187.5	3375	3562.5	3750	3937.5	4125	4312.5	4500
6	6级	2400	2550	2700	2850	3000	3150	3300	3450	3600
县5	5级	2240	2380	2520	2660	2800	2940	3080	3220	3360
区5	5级	1920	2040	2160	2280	2400	2520	2640	2760	2880
4		1920	2040	2160	2280	2400	2520	2640	2760	2880
3		1920	2040	2160	2280	2400	2520	2640	2760	2880
2		1920	2040	2160	2280	2400	2520	2640	2760	2880
1										

2010年典型岗位评估职级和对应的绩效奖金分配系数区间

表3-12

职级	9	8	7	助理	6	5	会计	4	3	2
绩效奖金分配系数	4.0	3.5-3.8	2.8-3.4	2.8	2.2-2.8	1.8-2.2	1.6	1.3-1.5	1.0-1.3	0.5-1.0

(二)员工薪酬调整

1956年10月,人行县支行召开的行务会,对不脱产信用社主任工资问题进行研究,决定按季度补给津贴费45~60元,并开展劳动竞赛,评级计发。

1956 年 12 月,农行自治区分行下发《关于解决信用社干部待遇问题的指示》,指示明确规定,各社应迅速根据原有基础、业务情况,适当设置脱产干部,至少应设置一人,信用社脱产社干待遇就不能全部按乡干待遇标准执行,只能参照乡干待遇标准,根据各社社区范围、人口密度、业务开展情况、社干工作能力和工作态度予以评定。根据文件精神,人行县支行对县与各信用社脱产干部工资进行调整,执行统一标准。

1959 年,县域信用分部成立初期,信用分部工作人员在大队以记劳动工分办法计酬,信用分部会计工资采取记工分办法解决,生产工作和信用分部工作结合进行,对好的会计进行奖励。各信用分部职工年终参加所服务生产大队分配。

1962 年,信用分部撤销后重新组建信用社,对脱产信用社干部重新计发定额工资,其标准比照公社文书执行。

1964 年 8 月 5 日,农行自治区分行、自治区劳动局联合下发《关于调整信用社干部工资、福利待遇的通知》,县域各信用合作社在人行县支行指导下按规定对在职干部工资进行调改。调改面 100%,自 1964 年 8 月 1 日起执行。

1974 年,县委会调资办公室按照国务院、人行自治区分行和自治区劳动局有关文件精神,批复人行县支行《关于信用社干部调整工资标准的报告》,同意对县域信用合作社部分干部工资标准进行调整,自 1971 年 7 月 1 日起执行,对 1971 年 7 月至调整日工资进行补发。

1978 年,县革委会调资办公室批复人行县支行《关于信用社干部调整工资的报告》,同意调整县域信用合作社部分干部工资,自 1977 年 10 月 1 日起执行,并对差额部分进行补发。

1980 年,农行自治区分行、自治区劳动局联合下发《关于信用社职工工资实行国家行政工资标准的通知》,信用社职工工资自 1981 年 1 月 1 日起实行国家行政工资标准。农行县支行组织对县域信用合作社职工工资进行套改,职工最高级别为行政三级。县域信用合作社执行行政级工资标准后,职工工资得到提高。

1983 年,自治区党委出台《关于改善知识分子工作、学习和生活条件的暂行规定》,县域信用合作社遵照执行。

1984 年,自治区党委出台《关于进一步改善知识分子及边疆职工生活待遇若干问题的规定》,县域信用社遵照执行。

1985 年,县域信用社工资根据自治区工资改革领导小组办公室、劳动人事厅下发的《关于实施国家机关和事业单位工资制度改革方案若干问题的补充规定》文件精神进行套改,套改后工资自 1985 年 7 月 1 日起执行。

1994 年 9 月 19 日,农行自治区分行下发《关于做好农村信用社职工工资制度改革及有关问题的通知》,县域信用社职工工资比照《中国农业银行工作人员工资制度改革实施办法》精神,对 1993 年 9 月 30 日及其以后在岗职工进行工资套改,自 1993 年 10 月 1 日起执行,并对差额部分进行补发。同时,执行有关对新参加工作人员定级工资中专业技术人员工资的规定,并进行技术等级套级。同年,推行经营业绩与职工收入挂钩制。业绩决定收入。

1998 年 3 月 17 日,自治区农村金融改革体制领导小组下发《新疆农村信用社、信用联社工作人员正常晋升工资档次的实施办法》,要求对农村信用社员工必须严格执行《中国农业银行工作人员工资制度改革实施办法》中两年一次的工资正常晋升规定,同时根据人民银行下发的《关于 1997 年调整机关、事业单位工作人员工资标准等问题的通知》精神,对行员等级、专业技术职务等级工资档次进行调整。

1998 年行员等级工资标准表

表 3 - 13
单位:元/月

行员等级	行员等级工资标准表														
	一	二	三	四	五	六	七	八	九	十	十一	十二	十三	十四	十五
一级行员	494	534	574	619	664	709	754	799	844	889					
二级行员	404	441	478	518	558	598	638	678	718	758					
三级行员	349	384	419	454	491	528	565	602	639	676	713				
四级行员	249	274	299	324	354	384	414	444	474	504	534	564	594		
五级行员	194	212	230	248	266	290	314	338	362	386	410	434	458	482	506
六级行员	174	188	202	216	230	247	264	281	298	315	332	349	366	383	
七级行员	159	171	183	195	207	221	235	249	263	277	291	305	319	333	

1998 年专业技术职务等级工资标准表

表 3 - 14
单位:元/月

职务等级	职务工资标准																
	一	二	三	四	五	六	七	八	九	十	十一	十二	十三	十四	十五	十六	十七
高级师	289	319	349	379	409	444	484	524	564	604	644	684	724	764	804	844	884
中级师	219	239	259	279	299	329	359	389	419	449	479	509	539	569	599	629	
助理师	179	193	207	227	247	267	287	307	327	347	367	387	407	427	447		
助理员	164	176	188	206	224	242	260	278	296	314	332	350	368	386			

1999 年 9 月 17 日,人民银行合作金融监管司下发《1999 年农村信用社调整工作人员工资标准和增加离退休人员离退休费的实施办法》,自治区农村金融改革体制领导小组以明传电报形式转发,通知各级人民银行组织对信用社员工进行工资改革。重点调整各类工资基础基数,对 1999 年 6 月 30 日在岗职工列入本次调整工资标准范围。

1999 年行员等级工资标准表

表 3 – 15　　　　　　　　　　　　　　　　　　　　　　　　　　　　　　单位:元/月

行员等级	行员等级工资标准表														
	一	二	三	四	五	六	七	八	九	十	十一	十二	十三	十四	十五
一级行员	665	705	745	790	835	880	925	970	1015	1060					
二级行员	541	578	615	655	695	735	775	815	855	895					
三级行员	486	521	556	591	628	665	702	739	776	813	850				
四级行员	361	386	411	436	466	496	526	556	586	616	646	676	706		
五级行员	287	305	323	341	359	383	407	431	455	479	503	527	551	575	599
六级行员	254	268	282	296	310	327	344	361	378	395	412	429	446	463	
七级行员	230	242	254	266	278	292	306	320	334	348	362	376	390	404	

1999 年专业技术职务等级工资标准表

表 3 – 16　　　　　　　　　　　　　　　　　　　　　　　　　　　　　　单位:元/月

职务等级	职务工资标准																
	一	二	三	四	五	六	七	八	九	十	十一	十二	十三	十四	十五	十六	十七
高级师	401	431	461	491	521	561	601	641	681	721	761	801	841	881	921	961	1001
中级师	312	332	352	372	392	422	452	482	512	542	572	602	632	662	692	722	
助理师	260	274	288	308	328	348	368	388	408	428	448	468	488	508	528		
助理员	236	248	260	278	296	314	332	350	368	386	404	422	440	458			

2005 年 1 月 1 日起,岳普湖县联合社执行《喀什地区农村信用社员工工资改革实施细则》。

2006 年,岳普湖县联合社制订《岳普湖县农村信用合作联社工资改革实施细则》,报经自治区联社批准后组织工资改革。

2009 年 5 月 4 日,自治区联社对 2008 年下发的《新疆维吾尔自治区农村信用合作社工资制度改革指导意见》进行修订,修订的主要内容:1.调整岗位工资。全疆农村信用社实行统一标准岗位工资。自治区联社根据员工所在岗位责任大小、劳动强度和技术难度,统一划分岗位类别,岗位工资标准随保障工资的变动而调整。2.调整效益工资提取比例和计算办法。A 级联社按照 24% 提取,B 级联社按照 18% 提取,C 级联社按照 12% 提取,D 级联社按照 7% 提取,E 级联社按照 5% 提取,当年亏损联社(即损益表中的利润总额与损益表中计提的拨备之和小于零)一律不得计提效益工资。效益工资计算公式修改为效益工资总额 =(损益表中的利润总额 + 损益表中计提的拨备)÷(1 + 效益工资提取比例)× 效益工资提取比例。3.核定联社领导班子的工资额度。联社领导班子成员与一般员工平均工资水平倍数按以下倍数控制。A 级联社应控制在 4 倍以内,B 级联社应控制在 3 倍以内,C 级联社应控制在 2 倍以内,D 级和 E 级联社应控制在 1 倍以内。4.下放联社工资改革审批权限。各县(市)联社要根据自治区联社指导意见的总体要求,结合自身情况,进一步修订完善本联社工资改革实施细则,经各县(市)联社《章程》规定的法定程序通过后实施。

2009 年等级社岗位划分标准表

表 3-17   单位:元/月

岗位类别	岗位系数	月标准岗位工资	岗位
一岗	3.5	2100	农村合作银行董事长、行长岗 县(市)联社理事长、主任岗
二岗	3.0	1800	农村合作银行副行长、监事长岗 县(市)联社理事长、主任岗
三岗	2.3	1380	部门经理、信用社主任岗
四岗	2.1	1260	部门副经理、信用社副主任、委派会计主管岗
五岗	1.8	1080	一般员工岗

2010 年,岳普湖县联社根据自治区联社下发的《新疆维吾尔自治区农村信用合作社员工职级档次初始化实施办法》对全辖员工进行初始化套改。同时根据自治区联社《新疆维吾尔自治区农村信用合作社薪酬制度改革实施方案》文件精神,制订《岳普湖县农村信用社绩效奖金分配实施细则》,经联社薪酬管理委员会审批后付诸实施。

二、福利

1963 年 3 月 19 日,国务院批转《中国人民银行关于信用合作社干部口粮和副食品、日用品供应情况的报告》,信用社脱产干部的口粮全部由国家供应,副食品和日用品由商业部门供应。

1979 年,县域信用社职工与银行职工享受同等政治待遇和福利待遇。

1980 年 3 月 27 日,人行新疆分行和农行自治区分行共同转发《关于给退休职工发宿舍取暖补贴问题的通知》及洗理费发放问题的通知。文件规定退休及病休期的职工,由发放退休、离休、退职费和病假工资的单位,同在职职工一样,自 1980 年 1 月起,享受洗理待遇;由民政部门发放退休费的,不发洗理费。

1991 年 8 月 15 日起,县域信用社执行中共中央、国务院及自治区人事厅关于职工休假问题的有关通知精神,正式职工(固定职工、合同制职工)参加工作工龄在 5~19 年的每年休假 10 天,参加工作工龄在 20 年以上的每年休假 14 天。休假天数计算不含星期日和法定节假日,休假期间工资照发,当年休假不得跨年使用;当年疗养、休养及探亲时间超过本人休假期限,不再安排休假,未超过可以补足休假天数;病休全年累计超过 2 个月,事假累计超过20天的,不再享受休假,因公负伤住院治疗不影响休假。

1992年,信用社职工奖励工资自1992年1月暂按一个半月提取,即每人每月23元,到年末根据经济6项指标完成情况及盈亏情况予以考核;根据国务院及自治区关于粮食提价文件精神,信用社职工粮价补贴自1992年4月1日起,每人每月补贴5元;奖励工资与粮价补贴均与工资一起发放。

1995年,农业银行对全系统干部职工增发一个月奖金。按1994年底系统在册职工(含计划内临时工)12月当月工资的3项合计(职务等级工资、责任目标津贴、艰苦地区津贴)计发奖金;系统内调入人员的标准,在调入单位按上述标准全月计发;系统外调入人员的标准,上半年调入人员按上述标准全月计发,下半年调入人员按上述标准半月计发。1994年度离退休人员计发标准,上半年离退休人员按上述标准半月计发,下半年离退休人员按上述标准全月计发。代办员奖金标准按照其工资3项合计统一计发。农村信用社职工增发奖金,各中心支行可参照以上标准,结合辖内信用社1994年各项工作任务完成情况及信用社承受能力而定,增发奖金在营业费用科目工资户列支。

1998年,根据1994~1998年农村养老保险统筹单位缴纳和个人缴纳比例,提取养老统筹基金,存入专户管理。于1999年1月20日之前,建立职工养老统筹台账,并根据台账,记录个人账户。

2003年,县联合社根据《新疆维吾尔自治区劳动厅、财政厅关于调整企业职工死亡丧葬费标准的通知》精神,职工因工死亡后由劳动保险基金项下支付丧葬费数额为1200元,丧葬费包干使用,超支不补,节余部分归死者亲属,并按规定,每月付给供养直系亲属抚恤费。企业职工非因工死亡后由劳动保险基金项下支付丧葬费数额为1000元。丧葬费包干使用,超支不补,节余部分归死者亲属,并按规定一次付给供养直系亲属救济费。

2004年,县联合社对各分社及联合社信贷人员实施交通油料费用补助。

2006年后,县联社职工住房一律采取市场商品化购房,对职工购房资金确有困难的,可采取贷款方式购房,单位不再给予福利补助。

2008年,自治区联社下发《新疆维吾尔自治区农村信用合作社工资制度改革指导意见》,文件中相关条款明确住房公积金必须按属地规定的比例提取,单位或个人缴费比例均不得高于12%。

第四节　管理制度改革

1984年,农行岳普湖县支行拟定《关于印发信用社职工岗位责任制百分计奖办法的通知》。

1988年,县域信用社签订储蓄承包合同,实行任务到人,一包到底,按季考核,改变过去秋季收储,年终考核办法。

1994年,县域信用社实行全员风险抵押承包责任制,制定贷款包放包收奖罚责任书,并与每位信贷员签订承包合同。

2003年,县联合社坚持"一支笔"审批制度,严格控制费用超支。大额支出和新增固定资产由联合社理事会研究讨论,报上级行审批,在固定资产购置、使用过程中坚持事前调查,事中监督,事后检查。

2007年3月,县联社成立后,整理修订《岳普湖县农村信用合作社联合社规章制度汇编》,共计各类规章制度94个。同年,县联社认真落实各项制度,管控风险。一是落实重要空白凭证的管理制度,对每个操作环节都进行严格管理和监督,实现各基层社无大量重要空白凭证积存;二是加强稽核队伍建设和强化内控制度,每个基层社配备一名兼职稽核员;三是落实检查、抽查制度,结合案件专项治理和反商业贿赂工作,对全辖营业网点进行抽查,对容易发生不正当交易行为和商业贿赂的部门、岗位及员工进行分析摸底,预防职务犯罪;四是落实法人治理的各项制度,完善法人治理结构。按照风险控制措施、风险控制方案来开展工作;五是落实各类考核制度,抓"三项考核",即突出组织资金增长计划考核、突出实际增长考核、突出日均基数考核。逐月对基层社组织资金计划进行考核,按完成比例核发工资。把资金增长计划考核与日均基数考核结合。突出增长考核,把基层社分农村、城区两块,按其相应平均增长进行排队比较,一季一排名。

2009年,岳普湖县联社根据自治区联社财务管理各项制度,以经费管理、审批、检查、证明制度为主,分离各种经费的审查和审批,建立逐级负责制,大额经费在联社财务领导小组会议上研究,严格控制不必要开支,增收节支。

2011年,县联社推行竞聘上岗制度。联社根据《关于规范县(市)联社内设机构设置及人员竞聘竞争上岗的通知》精神,做好中层干部竞聘上岗和一般员工双向择岗工作。经笔试、面试、民主测评,联社有17名职工竞聘为中层干部岗位,有57名职工竞聘上岗。

第四章　职工队伍

岳普湖县域农村信用合作社成立初期,职工人数少,队伍结构单一,文化水平整体偏低。20 世纪 50 年代,县域信用社建社初期和信用合作化时期,信用社干部、职工的录用,以贫农为主,经过民主选举录用。20 世纪 60～70 年代,职工补员以贫下中农子女、农村回乡青年、复员军人为主要来源。80 年代,实行内部减员补充,由农行岳普湖县支行、信用社职工家属子女顶替。1996 年行社脱钩后,岳普湖县联合社招收员工以安排大中专毕业生为主,2002 年开始面向社会公开招聘所需人才,2008 年实行全员合同制管理,职工队伍不断壮大,成为岳普湖县农村金融系统服务三农的一支主要力量。

第一节　职工来源

一、招收农牧民

1957 年开始,岳普湖县域信用社增加员工,必须申请上报岳普湖县人民政府劳动人事部门批准。临时工代办员的吸收,信用社先招入、后报批。其他单位调入信用社人员较少。1957 年,县域信用社干部主任全部由乡长兼职。1979 年以前,基层信用社补充员工大部分是从当地的农民中选拔。选拔那些政治上可靠,有文化的青年进入信用社。信用社职工的招收、录用、辞退等,由乡政府、人民公社和人行岳普湖县支行共同管理。

二、招收社会知识青年

1980 年,按人行自治区分行文件精神,年龄在 50 岁以上的职工可以退休。退休后,可以由子女顶替接班,录用为信用社干部。工资待遇为国家行政 26 级(标准工资 37 元,地区生活补贴 20% 即 7.40 元,合计 44.40 元)。试用期两年。

1981 年 7 月,岳普湖县域信用社按照新疆维吾尔自治区计划委员会、农行新疆维吾尔自治区分行《关于下达信用社 1981 年集体所有制劳动指标的通知》要求,职工招收对象主要是城镇(包括公社所在地)吃商品粮的待业知青。为照顾大队级信用社的实际情况,招收 1980 年以前已在农村安家落户的上山下乡知识青年、回乡知识青年、回到农村的复员军人等。具体一般应具有高中文化程度(边远少数民族地区可放宽到初中毕业);年龄不超过 25 岁,已在农村安家落户的上山下乡知识青年,年龄可放宽到 28 岁。所招人员必须经过文化考试,身体检查和政审后,择优录用。

三、招聘职工

2000 年至 2003 年 10 月底,县联合社先后安排五大毕业生、国有企业下岗人员及贫困人员子女 15 名。

2002 年 9 月 30 日,岳普湖县联合社向人行岳普湖县支行上报关于旺季聘用十名人员的请示:为认真落实《喀什地区农村信用联社旺季工作会议》精神,切实做好各乡农村信用社旺季期间各项工作,确保该项工作顺利进行,努力完成"三收"工作任务,经农村信用联合社领导班子研究决定返聘岳普湖乡信用社退休干部孜明色马依,下巴扎乡信用社退休干部提力瓦地阿木提、阿布都克力木牙克普,艾西曼乡信用社退休干部阿不力孜哈色木,阿其克乡农村信用社退休干部热合曼阿吉、阿不力米提克力木,色也克乡农村信用社退休干部吐孙阿木提、托合提那色尔,巴依瓦提乡农村信用社退休干部艾山玉山,铁力木乡木沙胡吉等十名人员。

2004 年前,县联合社招聘职工 31 人。按性别分:女职工 17 人、占招聘职工总数的 54.8%,男职工 14 人、占招聘职工总数的 45.2%;按民族区分:汉族职工 2 人、占招聘职工总数的 6.5%,少数民族职工 29 人、占招聘职工总数的 93.5%;按文化程度区分:本科学历职工 1 人、占招聘职工总数的 3.2%,大专学历职工 29 人、占招聘职工总数的 93.5%,中专(高中)及以下学历 1 人、占招聘职工总数的 3.3%;按出生时间区分:20 世纪 60 年代、70 年代 5 人,占招聘职工总数的 16.1%;80 年代 26 人,占招聘职工总数的 83.9%;按毕业时间区分:20 世纪 90 年代毕业生 5 人,占招聘职工总数的 16.1%;2000~2004 年毕业生 26 人,占招聘职工总数的 83.9%。

2004 年 8 月,县联合社面向社会公开招聘计算机、法律、财会等业务人员,要求录用人员必须政治合格、精通维汉双语、综合适应能力较强的人员;经联社初选为 43 名,经上级主管部门审核为 33 名,11 月底发放准考证 32 份。12 月 6~7 日参加考试 28 名。银监会喀什监管分局合作科组织岳普湖监管办、农村信用联合社相关人员,以"公开、公正、公平"的原则,采取考生当场抽取考卷、答题,考毕当场密封,异地评卷方式;通过录取分数线的 18 名,符合录取程序。12 月 22 日,县联合社召开 24 次理事会议研究,续聘现有经警、驾驶员共计 8 名,纳入三定方案管理,充实到各乡镇分社。

2005 年 1 月 12 日,新招聘员工 19 人,到联合社报到。同年,员工续聘 10 人。

2007 年 5 月 28 日至 6 月 10 日,经人事劳动部门和新闻媒体 14 天宣传,报名截止时间 54 人报名应聘。6 月 29 日,联社审核通过 36 人,8 人为联社临时工,其中:1 名是联社编内代办员,1 名联社临时招聘的翻译人员,4 人已在联社工作 2 ~ 5 年。10 月 23 日,县联社成立 7 人组成的招聘工作领导小组,并及时向参加面试人员通知面试时间。10 月 25 日按照喀什市联社的统一安排,采取公平、公正、公开的原则,进行面试,共录用 6 人。计算机类:图尔苏江牙生、周磊;金融综合类:阿布力米提吾吉、西尔艾力阿布都卡地尔、陈湘萍;法律类:阿不都外力吐尔逊。12 月 27 日,联社根据《新疆维吾尔自治区农村信用合作社工勤人员管理办法》,对 6 名长期临时工拟聘用为工勤人员。

2007 年 12 月 27 日拟聘用为工勤人员情况表

表 4 – 1

姓名	性别	民族	籍贯	出生年月	学历	所学专业	参加工作时间
买丽坎木·吾斯曼	女	维吾尔	新疆岳普湖	1985.3	大专	喀什教育学院(自考)语言文学专业	2005.1
汗那再尔·吾守尔	女	维吾尔	新疆岳普湖	1976.3	大专	新疆大学汉语翻译专业	2006.12
阿不都·热合曼	男	维吾尔	新疆岳普湖	1978.8	高中	岳普湖县高中	2002.1
艾山江·艾海提	男	维吾尔	新疆岳普湖	1978.7	大专	新疆财经学院(自考)金融专业	2005.11
米热姑丽·吾守尔	女	维吾尔	新疆岳普湖	1980.1	中专	新疆林业学校工艺美术专业	2006.3
努尔买买提·吐逊	男	维吾尔	新疆岳普湖	1985.7	初中	——	2007.2

2007 年度岳普湖县联社审核通过的招聘人员

表 4 – 2

姓名	性别	年龄	民族	籍贯	学历	所学专业
麦妮萨古丽·图尔洪	女	24	维吾尔	新疆岳普湖	大专	计算机财务管理
艾比拜·图尔苏	女	24	维吾尔	新疆岳普湖	大专	汉语教育
阿曼妮萨·亚森	女	26	维吾尔	新疆岳普湖	大专	自动化
阿布都克尤木·买买提	男	25	维吾尔	新疆岳普湖	本科	财务管理
阳丽古丽·艾散	女	22	维吾尔	新疆岳普湖	大专	法律
木塔力甫·玉苏甫	男	27	维吾尔	新疆岳普湖	大专	法律
肉孜古力·阿不力米提	女	23	维吾尔	新疆岳普湖	大专	法律
阿衣提拉·买买提	女	22	维吾尔	新疆岳普湖	大专	计算机网络技术
海日妮沙古丽·玉散	女	26	维吾尔	新疆岳普湖	本科	法律
学热提·吾甫尔	男	24	维吾尔	新疆岳普湖	专科	法律

续表4-2

姓名	性别	年龄	民族	籍贯	学历	所学专业
阿地力江·阿不都热合曼	男	24	维吾尔	新疆岳普湖	本科	汉语言
肉孜古丽·努如拉	女	23	维吾尔	新疆岳普湖	大专	法律
布祖拉·阿布都热依木	女	27	维吾尔	新疆岳普湖	大专	法律
周磊	男	21	汉	新疆岳普湖	大专	计算机管理及应用
买热亚木古丽·卡地	女	26	维吾尔	新疆岳普湖	大专	计算机网络技术
买买提·艾孜木	男	26	维吾尔	新疆岳普湖	专科	法律实务
阿依夏木古丽·依明	女	25	维吾尔	新疆岳普湖	本科	维吾尔语言文学
艾山江·艾海提	男	27	维吾尔	新疆岳普湖	大专	汉语翻译
亚生江·艾海提	男	25	维吾尔	新疆岳普湖	大专	维吾尔语言文学
靳起阳	男	25	汉	新疆岳普湖	本科	法律
布阿结尔·沙地尔	女	26	维吾尔	新疆岳普湖	大专	计算机及应用
米日古丽·图如克	女	23	维吾尔	新疆岳普湖	大专	金融
图尔荪·牙生	男	24	维吾尔	新疆岳普湖	大专	计算机应用技术
佐尔古丽·艾尔西丁	女	23	维吾尔	新疆岳普湖	大专	计算机应用技术
古丽努尔·阿布力米提	女	22	维吾尔	新疆岳普湖	大专	计算机工程
布左拉古·吐尔逊	女	24	维吾尔	新疆岳普湖	本科	经济学
吾斯曼江·斯地克	男	25	维吾尔	新疆岳普湖	大专	乡村会计
阿不都克依木·卡德	男	21	维吾尔	新疆岳普湖	大专	金融

注:不含联社临时工8人

2014年,经岳普湖县联社党委会议研究决定,将2014年招录的4名大学生转为联社正式员工。

四、职工人数

1996年末县联合社有职工116人,其中:在职职工92人、退休职工24人。2006年末,县联合社有职工94人,其中:在职职工94人。2014年末县联合社有职工152人,其中:在职正式合同制职工96人、内退7人、劳务派遣工11人、退休职工38人。

1996~2014年岳普湖县联社(联合社)职工人数表

表4-3

年度	职工总数	在职	内退	退休	劳务派遣	开除
1996	116	92	—	24	—	—
1997	116	93	—	23	—	—

续表 4－3

年度	职工总数	在职	内退	退休	劳务派遣	开除
1998	115	92	—	23	—	—
1999	113	87	—	26	—	2
2000	104	77	—	27	—	5
2001	112	81	—	31	—	—
2002	106	72	—	34	—	—
2003	106	72	—	34	—	—
2004	125	70	—	35	20	—
2005	130	97	—	33	—	—
2006	94	94	—	—	—	—
2007	137	91	7	34	5	—
2008	117	98	—	—	19	—
2009	151	83	4	39	25	—
2010	114	87	—	—	27	—
2011	165	96	7	38	24	—
2012	169	90	9	39	31	—
2013	148	89	7	38	14	—
2014	152	96	7	38	11	—

第二节　职工结构

　　1956～1958 年,县域信用合作社建设初期,各信用合作社工作人员由主任和会计 2 人组成。主任由乡领导兼任,会计为专职脱产干部,多为初小文化程度,以男性为主。1959 年,县域信用社下放生产大队成立信用分部,各信用分部工作人员多由生产队会计或保管兼任。1963 年,恢复信用合作社后,人员变化不大。1966 年"文化大革命"开始后,县域信用社受极左思想影响,职工队伍不稳定,管理混乱。1980 年,农行县支行恢复成立,县各公社信用社职工队伍逐渐稳定。1984 年,县域各信用社进行体制改革,实行"自主经营、独立核算、自负盈亏",职工队伍不断壮大,整体素质不断提高,年龄及文化层次结构不断优化(以下各类结构所涉职工数,未含退休职工)。

一、性别结构

　　1996 年,县联合社有职工 92 人,其中男职工 83 人、占职工总数 90%,女职工 9 人、占职工总数 10%。2001 年有职工 81 人,其中女职工 18 人,占 22%。2002 年有职工 72 人,其中男职工 53 人、占职工总数 73.6%,女职工 19 人、占职工总数 26.4%。2004 年有职工 70 人,其中女职工 19 人、占职工总数 27%,男职工 51 人、占职工总数 73%。

2006 年,县联合社有职工 95 人,其中男职工 65 人、占职工总数 68%,女职工 30 人、占职工总数 32%。2007 年县联社有职工 98 人,其中女职工 32 人、占职工总数 33%,男职工 66 人、占职工总数 67%。2008 年有正式合同制职工 98 人。其中男职工 66 人、占职工总数 68%,女 32 人,占职工总数 32%。2012 年有职工 130 人,其中男职工 72 人、占职工总数 55%,女职工 58 人、占职工总数 45%。

2014 年,县联社有职工 114 人,其中男职工 66 人、占职工总数 58.8%,女职工 48 人、占职工总数 42.2%。

二、民族构成

1996 年,县联合社有职工 92 人。维吾尔职工 90 人、占职工总数 98%,汉族职工 2 人、占职工总数 2%。2002 年,县联合社有职工 72 人。维吾尔族职工 68 人、占职工总数 94.4%,汉族职工 4 人、占职工总数 5.6%。2004 年,县联合社有职工 70 人,汉族职工 4 人、占职工总数 5.7%,少数民族职工 66 人、占职工总数 94.3%。

2006 年,县联合社有职工 95 人。维吾尔族职工 91 人、占职工总数 96%,汉族职工 4 人、占职工总数 4%。2008 年县联社有正式合同制职工 98 人,汉族 5 人、占职工总数 5%,维吾尔族职工 93 人,占职工总数 95%。2012 年县联社有职工 130 人。维吾尔族职工 124 人、占职工总数 94%,汉族职工 6 人、占职工总数 6%。

2014 年,县联社有职工 115 人。维吾尔族职工 106 人、占职工总数 93%,汉族职工 8 人、占职工总数 7%,满族 1 人、占职工总数 0%。

三、年龄构成

1996 年,县联合社有职 92 工人,其中 35 岁以下人员 18 人,占 20%;36～45 岁 29 人,占 31%;46 岁以上 45 人,占 49%。

2006 年,县联合社有职工 95 人,其中 35 岁以下人员 32 人,占 34%;36～45 岁 53 人,占 56%;46 岁以上 10 人,占 10%。2007 年,县联社有在册职工 98 人,其中 25 岁及以下 20 人,占职工总数的 20.41%;26～35 岁 35 人,占职工总数的 35.72%;36～55 岁 38 人,占职工总数的 38.77%;56～60 岁 5 人,占职工总数的 5.1%。2008 年有正式合同制职工 98 人,其中 35 岁及以下 53 人,36～45 岁 25 人,46～55 岁 12 人,56 岁以上 8 人。2010 年有职工 114 人,其中 35 岁以下人员 79 人,占职工总数的 69%;36～45 岁职工 26 人,占职工总数的 23%;50 岁以上职工 9 人,占职工总数的 8%。2011 年有正式职工 96 人,其中 50 岁以上 5 人,占职工总数的 5.2%;40～49 岁 25 人,占职工总数的 26.2%;

30～39 岁 33 人,占职工总数的 34.3%;29 岁以下 33 人,占职工总数的 34.3%。

2014 年,县联社有职工 114 人,其中 35 岁以下人员 64 人,占 56%;36～45 岁 33 人,占 29%;46 岁以上 17 人,占 15%。

四、文化构成

2001 年,有员工 81 人。其中专科 8 人,占 10%,中专 33 人,占 40.7%,高中 26 人,占 32%,初中以下 14 人,占 17.2%。2002 年,有职工 72 人。其中大专及以上 18 人,占 25%,高中(中专)及以下 54 人,占职工总数的 75%。2003 年,有职工 72 人。其中大专及以上 18 人,占 25.14%,中专 24 人,占 33.33%,高中 22 人,占 30.56%,初中 8 人,占 10.97%。2004 年,有职工 70 人。其中大专及以上 18 人,占 25.14%,中专 24 人,占 33.33%,高中 22 人,占 30.56%,初中 8 人,占 10.97%。2005 年,有在职职工 97 人。其中本科 1 人,占 1%,大专 42 人,占 43%,中专 46 人,占 47%,初中 9 人,占 10%。

2006 年,县联合社有在职职 95 人,其中本科 6 人,占 6%,大专 43 人,占 45%,中 34 人,占 36%,初中 12 人,占 13%。

2007 年,县联社有在职职工 98 人,其中本科 6 人,占 6%,专科 43 人,占 44%,中专(高中)及以下 50 人,占 51%。2008 年,县联社正式合同制职工 98 人,其中本科 9 人,占 9.01%,大专 44 人,占 45.10%,中专 18 人,占 18.34%,高中及以下 27 人,占 27.55%,

2010 年,有正式人员 87 人,其中大学本科 11 人,占 13%,大专 43 人,占 49.43%,中专 16 人,占 18.39%,高中及高中以下 16 人,占 18.39%。2011 年,有正式人员 96 人,其中本科 17 人,占 17.60%,专科 51 人,占 54.16%,中专及以下 28 人,占 29%。

2014 年,县联社有职工 114 人,其中本科 25 人,占 22%,大专 60 人,占 53%,中专 13 人,占 11%,高中以下 16 人,占 14%。

第三节 职工教育

1958 年,人行县支行在农村抽调信用社社员及信用社主任、会计进行业务培训。1962 年,人行县支行组织各公社、信用分部的主任、会计,参加岳普湖县域信用社干部训练班。

20 世纪 80 年代初期,县域信用社主要以职工技能培训为主,对会计/出纳、储蓄、信贷、营业所(社)主任进行分批次授课培训。90 年代,县域信用社把学习金融法、银行业机构各项规章制度放在培训工作首位,组织干部职工培训,提高业务知识,遵纪守法,落实各项规章制度,做好本职工作。

2000年,县联合社对员工集中培训,普及案件防控及安全保卫等知识,增强干部职工防范意识、提高防范能力,遏制从业人员案件发生。

2001年,岳普湖县联合社举办第一期基础业务学习班,聘请人行职工授课。学习内容为《会计基础业务》《支付结算办法》《农村信用社机构管理办法》《农村信用合作社主要负责人任职资格管理办法》等。

2004年,县联合社于6月1日至8月30日,利用每周一、周三、周五晚上9:30至11:30,在联合社机关组织机关、营业部、岳普湖镇分社、岳普湖乡分社、金星分社、第一分社、第二分社年龄在45岁以下的干部职工进行金融汉语,计算机维、汉对照本,农村信用社计算机专用汉、维日常2000句培训,每月进行一次考核。6月15～30日,在联合社机关组织各乡(镇)分社会计脱产15天,学习汉语、计算机业务知识。

2005年10月15日,县联合社根据喀什监管分局关于组织喀什地区农村信用社全员考试的通知精神,经过岳普湖监管办事处及联社精心准备、周密安排,全辖50岁以下80名职工参加上岗考试。

2006年4月20日,岳普湖县联合社营业部主任冯庆和出纳员艾力祖农参加人行伽师县支行在三楼会议室举办的人民币管理和现金管理工作培训班,学习内容:一是残损缺污人民币兑换和挑剔办法;二是货币防伪技术讲稿的学习。5月9～13日,联合社派出维、汉族员工52人次,参加喀什银监分局举办的贷款五级分类培训班,为贷款五级分类打好基础。全年先后举办计算机、经营管理、信贷管理、双语培训,培训人员80人次。

2007年,县联社先后举办财会、信贷、安全保卫、金融法规等培训班。培训85人次,委派业务股干部到乌鲁木齐学习17人次,并鼓励干部员工参加自学考试和成人教育。

2009年8月15日,县联社在四楼会议室举办岳普湖县农村信用合作联社信贷管理业务培训班。会议由联社党委书记、理事长卡米力·米吉提主持,参会人员有各乡(镇)信用社负责人、信贷员共计45人。8月24日,联社在四楼会议室举办岳普湖县农村信用合作联社财务会计业务培训班。会议由联社主任阿不力孜卡迪尔主持,参会人员有各乡(镇)信用社负责人、财务会计工作人员共计30人。9月2～3日,联社对各乡(镇)信用社经警人员进行安全保卫培训,11名经警在武警中队岳普湖分队教导员辅导下,学习安全保卫知识及经验教训。

2010年,县联社制定培训计划,先后组织员工学习信贷管理、内控制度、反洗钱以及自治区联社制定下发的105项规章制度等方面知识,并结合县联社实际情况,制定下发《加强规章制度学习活动的实施细则》,参加学习的基层信用社员工覆盖率达到100%。全年共举办5期培训班,培训员工120人次。

2011 年,县联社实施员工教育培训制度。强化员工学习意识,提升员工整体素质,联社把每周三作为员工集体学习日,集中组织员工统一进行培训、考试。

2014 年,岳普湖县联社全年安排职工参加自治区内业务培训 13 次 24 人,自治区外培训 1 次 10 人。县联社举办会计、信贷、风险培训 25 期,1372 人次。

岳普湖县农村信用联社贷款五级分类培训考试情况统计表

表 4 - 4　　　　　　　　　　　2006 年 5 月 22 日

序号	姓名	工作单位及岗位	成绩	序号	姓名	工作单位及岗位	成绩
1	阿不力孜·卡地尔	联社机关	92	36	吾司曼·玉苏音	阿其克信贷员	62
2	阿力木·阿不来提	联社机关	73	37	玉苏普·艾尔曼	阿其克信贷员	61
3	姑丽娜·阿西木	联社机关	76	38	阿米娜姑丽·吾布力	阿其克会计	71
4	唐努尔·艾买提	联社机关	89	39	买和木提·艾合买提	色也克主任	78
5	姑再努尔·依明	联社机关	86	40	色来买买提·艾力	色也克信贷员	75
6	祖丽皮娅·阿不都热依木	联社机关	90	41	模明江·阿布都热西提	色也克信贷员	65
7	艾尼瓦·阿不都热西提	联社机关	87	42	茹仙姑·艾沙	色也克会计	62
8	阿娜尔古丽·牙生	联社营业部会计	71	43	阿曼古·艾力	色也克出纳	60
9	热艳古丽·热合曼	联社营业部柜员	67	44	吾术尔·阿依普	铁力木主任	69
10	艾力·祖农	联社营业部出纳	72	45	艾力·阿不都热依木	铁力木信贷员	69
11	卡力木江·阿不力孜	岳普湖镇主任	65	46	牙生·沙买提	铁力木信贷员	76
12	努力姑丽·巴斯提	岳普湖镇会计	78	47	阿不都卡地尔·艾山	铁力木信贷员	60
13	阿布都热西提·库万	岳普湖镇信贷员	69	48	吾不力哈色木·吐来克	铁力木信贷员	71
14	依热提姑·阿不力孜	岳普湖镇记账员	85	49	艾比班木·巴拉提	铁力木会计	89
15	米热姑丽·依明	岳普湖镇出纳	64	50	努拉洪·买买提	铁力木出纳	70
16	克依木·阿不都热合曼	岳普湖乡主任	64	51	肉先古·玉苏甫	铁力木出纳	84
17	玉苏甫·牙生	岳普湖乡信贷员	70	52	吐尔洪·阿不都热依木	巴依瓦提主任	85
18	阿不力孜·阿力马司	岳普湖乡信贷员	60	53	克依木·艾合提	巴依瓦提会计	60
19	阿不来提·艾沙	岳普湖乡信贷员	69	54	依力牙司·马木提	巴依瓦提信贷员	70
20	米热姑丽·孜明	岳普湖乡会计	85	55	肉孜·那依甫	巴依瓦提信贷员	68
21	迪丽白尔·米尔孜	岳普湖乡记账员	78	56	艾买提·苏普干	巴依瓦提信贷员	67
22	努尔买买提·艾沙	岳普湖乡出纳	60	57	吾不力阿西木·牙生	阿洪鲁克主任	76
23	艾尔肯·提力瓦地	下巴扎主任	82	58	吐生·沙吾提	阿洪鲁克信贷员	69
24	萨依提·依明	下巴扎信贷员	64	59	吐尔洪江·吾布力	阿洪鲁克会计	64
25	依明·萨吾提	下巴扎信贷员	70	60	帕提曼·吾甫尔	阿洪鲁克出纳	65
26	库尔班买买提·依明	下巴扎信贷员	71	61	热合曼江·吾徐尔	金星社主任	81
27	克依木·阿不力孜	下巴扎会计	60	62	吐尔逊阿依·卡地尔	金星社会计	85

续表 4 – 4

序号	姓名	工作单位及岗位	成绩	序号	姓名	工作单位及岗位	成绩
28	古则丽木·吾甫尔	下巴扎出纳	60	63	阿力·吐尼姑	金星社信贷员	84
29	吐尔逊·艾沙	艾西曼主任	69	64	买力肯木·吾斯曼	金星社出纳	65
30	吐尔孙·牙森	艾西曼信贷员	75	65	热依汗姑丽·吾布力	金星社记账员	78
31	巴克·由努斯	艾西曼信贷员	62	66	冯庆	营业部主任	88
32	艾买提江·吐孙	艾西曼记账员	65	67	崔妮娜	营业部柜员	80
33	阿瓦姑·阿不都克日木	艾西曼会计	89	68	范凡	联社机关	85
34	阿布都克日木·吾不力	阿其克主任	69	69	李巧兰	联社机关	81
35	阿木提·达吾提	阿其克信贷员	60	—	—	—	—

2001～2014 年职工教育经费支出情况表

表 4 – 5   单位:万元

年份	金额	年份	金额	年份	金额	年份	金额
2001	1.16	2005	1.42	2009	8.29	2013	15.34
2002	1.02	2006	3.45	2010	8.65	2014	19.76
2003	1.10	2007	3.76	2011	28.58	—	—
2004	1.20	2008	1.06	2012	1.12	—	—

第四节　专业技术队伍

　　1987 年,全国实行专业技术职务聘任制。8 月 10 日,中国农业银行下发《关于农村信用合作社实行专业技术职务聘任制度的通知》,开始对信用社工作人员进行专业技术职务评审聘任工作。1988 年,将专业技术职务评聘工作纳入制度化、规范化轨道。根据工资总额和工作需要,按照各类专业技术职务的工作性质、责任大小、难易程度和所需资格条件,使受聘的专业技术人员有职、有权、有责,并以此作为考核、评审、聘任专业技术职务的重要依据。

　　1991 年开始,获取金融专业技术任职资格,必须参加人事部门组织的全国统一考试。1992 年起,对国家已开考的经济、统计、会计、审计、计算机软件等系列的初、中级专业技术资格人员一律参加相对条件的专业技术资格全国统一考试;国家尚未开考的工程、政工系列专业技术资格的获得,除初定外,实行行、社内部"以考代评"。高级专业技术职务通过评审获得,其评审范围包括经济、会计、工程、研究、统计、教学和政工系列等副高级专业技术职务。专业技术职务每届任期 2~3 年,并进行定期考核,任职期间一般每年考核 1 次。

1993 年 6 月 2 日,农行自治区分行下发《关于做好我区农村信用社评聘专业技术职务专业考试及专业技术职务评审工作的通知》。

1994 年,农业银行印发的《中国农业银行工作人员工资制度改革实施办法》规定,对新参加工作的专业技术人员按确定专业技术职务领取相应的职务工资。其中,中专、高中生按经济员工资标准第一档确定;大学专科毕业生按经济员工资标准第二档确定;大学本科毕业生按助理师工资标准第二档确定;获得双学士学位大学本科生、研究生班毕业和未获得硕士学位研究生按助理师工资标准第三档确定;获得硕士学位研究生按助理师工资标准第四档确定;获得博士学位研究生按经济师工资标准第三档确定。

1996 年,岳普湖县联合社与农业银行脱离行政隶属关系后,信用社专业技术职务任职资格进入社会化考核制,取消评审制。

2002 年,岳普湖县联合社有职工 72 人(以下各年度所涉职工数,未含退休职工)。有专业技术职称 41 人,占职工总数的 57%,其中:会计师 6 人、经济师 2 人、助理会计师 3 人、助理经济师 2 人、会计员 21 人、助理会计 7 人。

2004 年,岳普湖县联合社按照《金融机构高级管理人员任职资格管理办法》,在联合社考察基础上,经社员代表大会通过,报经监管分局批准任职资格后,聘任管理层职务。2004 年,县联合社有职工 70 人。其中:会计师 5 人、占职工总数的 7.1%;助理会计师 9 人、占职工总数的 13%;会计员 21 人,占职工总数的 30%;经济师、助理经济师 2 人、占职工总数的 2.8%;其他职工 33 人,占职工总数的 47%。

2007 年,县联社有在册职工 98 人。专业技术职称 36 人,占职工总数的 37%,其中:会计师 3 人、助理会计师 9 人、会计员 19 人、经济师 1 人、助理经济师 1 人、经济员 2 人、高工三级 1 人。2008 年,县联社正式合同制职工 98 人,其中:中师 4 人,占 4%;助师 9 人,占 9.1%;员级及以下 11 人,占 11%。

2014 年末,县联社有职工 114 人。专业技术职称 21 人,占职工总数的 18%,其中:经济师 1 人、助理会计师 5 人、会计员 15 人。

第五节　干部管理

一、管理制度

(一)任命制

20 世纪 50~80 年代,县域信用社干部管理都是任命制。由上级主管部门任命,或者是当地政府会同其上级主管部门商定后由主管部门任命。基层干部由党组织提出意见，行政机构负责人实施任命。在农村金融体系中，信用社作为国家银行的助手，是农村劳动人民资金互助组织，它实行资金独立，自负盈亏，其财产为集体所有。信用社的机构设置和人员配置，主要由人民公社方面负责，银行予以帮助，参与意见。

（二）聘任制

20世纪90年代后，干部管理在任命制基础上又实施聘任制。聘任制多在行政和业务管理上实施。社员代表大会产生理事会，由理事会聘任主任、经理，再由主任聘任副主任、副经理和部门负责人。

二、干部任免

2003年4月10日，县联合社理事会聘任卡米力江·米吉提任县联合社主任艾沙·吐尔、阿不力孜·买买提、阿不力孜·默罕穆德为副主任。

2006年2月25日，联合社理事会决定，吐尔洪阿不都热依木任巴依瓦提分社负责人；吾不拉西木·牙生任阿洪库木鲁克分社负责人；买合木提·艾买提任色也克分社负责人。10月23日，县联社第一届理事会聘任卡米力江·米吉提任县联合社主任艾沙·吐尔、阿不力孜·买买提任副主任。

2007年5月25日，县联社第一届理事会任命：吐尔逊阿衣·卡地尔任岳普湖镇信用社主任。

2008年3月14日，县联社第一届理事会聘任阿卜力孜·喀迪尔为联社主任，艾尼瓦尔·阿布杜卡迪尔、吐拉洪·麦麦提为副主任。

2010年4月19日，县联社第二届理事会聘任冯庆为联社主任，艾尼瓦尔·阿布杜卡迪尔、吐拉洪·麦麦提为副主任。

2013年7月20日，县联社第三届理事会聘任冯庆为联社主任，吐逊江·赛麦提、佟明亮为副主任。

第六节　职工管理

一、劳动纪律

1984年6月，农行县支行信用合作股印发《关于信用社奖惩办法的通知》规定，全月旷工1天取消评奖资格；工作时间离开本职工作岗位超半小时进行登记，全月累计超过1个工作日取消评奖资格；请事假每月超过3天取消评奖资格；经医生证明每月病假不超过5天，超过5天取消评奖资格。

1996年，县联合社制定《岳普湖县农村信用社联合社管理制度》，规定职工在工作中不得随意离岗，临时外出办事要经准假，工作要有人代替，请事假要有假条，3天内要信用社主任审批，3天以上要联合社审批，领导之间互相审批，执勤人员要按月公布考勤情况。旷工、无故不上班的，按旷工处理：1天扣日工资的双倍；2天扣半个月工资；2天以上扣全月工资，超出10天的，通报全辖并报上级行备案，按长期旷工有关规定处理。每月请事假（男2天，女3天）扣午餐费，不扣日工资，超过3天扣日工资、午餐费。月病假在5天内不扣日工资，只扣午餐费，5日以上的扣日工资5元，10天以上至3个月内发80%工资，3个月至6个月发70%，半年至1年发60%工资，一年以上的发180元生活费（以上工资均为信用社实发工资）。职工请探亲、婚假、丧假均不扣工资，只扣午餐费，超过规定的按事假处理。产假按国家规定，凡违犯计划生育的按规定处理。

2002年，岳普湖县联合社制订《岳普湖县农村信用合作社联合社员工行为守则》。守则规定：严格遵守考勤制度和劳动纪律，不迟到，不早退，不旷工，缺勤事先请假。工作时间禁止员工下棋、打牌、打麻将；酗酒肇事，打架斗殴；挑起事端，制造是非；擅离职守；吃零食，看与工作无关的书刊、电视；大声喧哗，嬉笑打闹；用计算机玩游戏。在开各种会议时，要提前到达会场，不得无故迟到。会议期间关闭各种通信工具，不得交头接耳、窃窃私语，不得随意走动、出入会场，必须集中精力听取会议内容，领会精神，做好笔记。员工离岗处理私事时，事先请假，征得上级同意，获得批准后做好工作交接，未经批准，不得擅自离岗。

2007年，岳普湖县联社印发执行《新疆维吾尔自治区农村信用社联合社机关考勤制度》。制度规定信用社实行每周五天工作日，每天8小时工作制。周六、周日全天休息。对迟到、早退、旷工有新规定，从每月初开始累计迟到（早退），按次数计算扣除当月基本工资。每次迟到（早退）30分钟以上、60分钟以内的，按旷工半天处理；每次迟到（早退）1小时以上的，按旷工1天处理；旷工1天扣除当日基本工资。职工婚假一般为3天，晚婚的除按国家规定的婚假外，增加婚假20天。产假在计划生育内的，产假为90天，其中产前假15天；晚育的产假为120天，其中产前假15天；计划生育内的难产或双产产假为135天，其中产前假15天；怀孕4个月流产的，产假15天，4个月以上的42天。按规定女职工晚育的，还将给予男方15天的护理假。职工每年还有一次探亲假，探望配偶，假期为30天（不含路途），未婚探望父母，假期为20天（不含路途），已婚每三年一次，假期为20天（不含路途）。职工还有工龄假，正式职工参加工作满5年以上不满20年的，可休假10天；工作满20年以上的，可休假14天。员工因病、因事休假，按比例扣发岗位、绩效工资，其中病假6个月以内，每请假一天，扣发当日60%的岗位、绩效工资；病假超过6个月以上，停发其岗位、绩效工资。连续旷工15天以上或全年累计旷工30天以上的，予以除名。

2010 年,岳普湖县联社印发执行《新疆维吾尔自治区农村信用合作社劳动纪律管理规定》。并重申考勤规定:要求考勤员认真做好考勤登记,按月向人力资源部门报送《员工考勤登记表》。《员工考勤登记表》经部门负责人审核签字并加盖部门公章后,于次月5 日前送交人力资源部门。还增加职工年休假,员工参加工作已满一年不满 10 年的,年休假 5 天;工作已满 10 年不满 20 年的,年休假 10 天;已满 20 年的,年休假 15 天。对职工迟到、早退、旷工有新规定,上班晚到 30 分钟以内(含 30 分钟)的视为迟到;提前下班30 分钟以内(含 30 分钟)的视为早退;上班时间擅自离开岗位 30 分钟以内(含 30 分钟)的视为脱岗。迟到、早退 5 分钟以内每次扣 20 元,5~15 分钟以内的每次扣 50 元,15~30 分钟以内的每次扣 100 元,脱岗一次扣 50 元。一个月内迟到、早退、脱岗累计 3 次的,扣 500 元,每增加一次扣 200 元,一个月内迟到、早退、脱岗次数超过 10 次的,同时扣发全月绩效奖金。上班晚到、上班时间擅离岗位、下班提前在 30 分钟以上的视为旷工,旷工半天以上的扣 200 元;超过半天不满 1 天的扣 500 元;1 天以上 3 天以内的,扣发当日基本工资及半个月绩效奖金;旷工 3 天以上 7 天以内的,扣发当日基本工资及全月绩效奖金;旷工 7 天以上 14 天以内的,除扣发当日基本工资外,连续扣发 3 个月绩效奖金,并给予行政警告处分;旷工连续超过 15 天,或一年内累计超过 30 天的,与其解除劳动合同。

2011 年,岳普湖县联社修订劳动用工制度。1. 实施员工招收考试录用制度。通过公开报名、初选、笔试、面试、体检等程序,面向社会录用人;2. 实施全员劳动合同制。根据自治区联社文件精神实施全员劳动合同制管理。联社与所有在岗员工都签订劳动合同;3. 推行竞聘上岗制度。近两年以来,联社根据《关于规范县(市)联社内设机构设置及人员竞聘竞争上岗的通知》精神,做好中层干部竞聘上岗和一般员工双向择岗工作。经过笔试、面试、民主测评,联社有 17 名职工竞聘为中层干部岗位,有 57 名职工竞聘上岗;4. 实施员工教育培训制度。强化员工学习意识,提升员工整体素质,联社把每周三作为员工集体学习日,集中组织员工统一进行培训、考试,自新疆改革试点以来,共培训 480 余人次;5. 实施绩效挂钩薪酬考核分配机制。按照"基本工资保吃饭,效益工资靠实干"的原则,制定《岳普湖县农村信用合作联社绩效考核办法》,明确工资分配和绩效考核标准,将干部员工的收入与工作业绩挂钩。

二、学习制度

2007 年,岳普湖县联社要求员工不断加强对马列主义、毛泽东思想、邓小平理论和"三个代表"重要思想以及党的路线、方针、政策的学习;加强对业务知识的学习,准确、完整地掌握、执行各项政策和各项规章制度。积极采取集中学习与分散学习的方式,鼓励员工利用业余时间参加函授、自学考试、学习培训,努力提高业务技能。员工学习由办公室负责组织实施,每周三下午为全体员工学习时间。党委中心组每月进行一次学习,由党委办公室组织,党委成员、各职能部门负责人参加。由各党支部组织实施每月一次党员学习,重点学习党的方针、政策和党的理论知识。员工参加各类会议和学习必须提前10分钟到达会场,会议期间要专心听讲和讨论,做好会议记录和学习笔记。要严格遵守会场纪律,自觉关闭手机铃声,严禁在会场内交头接耳,严禁会议和学习期间中途退场。

三、请假制度

岳普湖县联社规定员工请假一律填制统一格式的《请假申请书》,员工病、事假(不含双休日、法定节假日),1天以内由职能部门领导审批;2天以内由职能部门领导加注意见后,报人力资源部门审批;3天以上(含3天)由职能部门领导和人力资源部门加注意见后,报请单位主要领导审批;中层领导干部3天以内由分管领导审批、3天以上由分管领导加注意见后,报请主要领导审批。探亲假、丧假、婚假、产假、护理假、工龄假,由职能部门领导加注意见后,报分管领导审批。所有员工的请假手续须交人力资源部门考核备查。凡是请假的,假满后必须按时到岗,并在到岗后及时向人力资源部门销假,到岗不销假的视同超假对待;假满后因特殊情况不能按时到岗的,向职能部门领导说明原因,电话续假,并在返回单位后补办超假手续,否则,超假天数按旷工对待。

四、柜员管理

(一)柜员持证上岗

2008年,岳普湖县联社印发《新疆农村信用社2008年员工持证上岗资格考试实施方案》,实施员工持证上岗资格考试。考试坚持公开、公平、公正的原则;坚持切合实际,难易适度的原则;坚持考试结果与岗位聘任、职务晋升、薪酬收入挂钩的原则;坚持统一组织,分级负责,分类实施,协调一致的原则。根据信用社实际情况,首先组织对信贷管理、财务会计、风险管理和审计等业务进行上岗资格考试(汉、维吾尔两种语言)。其次有计划、分步骤地适时组织开展各类业务的上岗资格考试,逐步形成完整的、制度化的上岗制度。上岗资格考试结果记入本人档案,作为员工竞(续)聘相应岗位的工作、职务晋升、岗位交流、进入人才库以及确定其薪酬收入重要依据。对首次考试不合格未获得资格证书的,进行在岗学习培训,期间扣发岗位工资的30%,效益工资由联社根据实际予以扣发。并在3个月内组织一次补考,补考合格的,发给上岗资格证书,补考费由本人自理。对补考仍不合格的人员,扣发岗位工资的50%,对再次补考仍不合格的人员,实施待岗处理。待岗期间,其待遇按照收入分配制度的有关规定,只发给基本生活费,不调整工资,不聘任行政职务,不晋升专业技术职务。

(二)柜员档案建立

柜员人事档案是组织人事部门在招聘、调配、培训、考核、奖惩、选拔和任用等工作中形成并经组织人事部门确认的有关员工个人经历、政治思想、业务水平、工作任用等工作及工作变动等情况的文字材料,是历史地、全面地考察员工的依据。柜员人事档案内容有:收集记载柜员个人经历的材料;收集自传及属于自传性质的材料;收集鉴定(含自我鉴定)、考察、考核材料,经济责任审计报告;学历、学位、学绩、培训和专业技术情况的材料;收集柜员政治历史、家庭成员和主要社会关系情况材料;收集柜员加入中国共产党、中国共产主义青年团及民主党派的材料;收集各种先进人物登记表、先进模范事迹、嘉奖、通报表扬等材料;收集柜员违反党纪、政纪、国法等材料;收集反映柜员录用、转正、任职、工资、调动、出国、出境、退休等方面的材料;其他可供组织参考有保存价值的材料。柜员档案按照管理权限,实行分级管理。

五、职工奖惩

1999 年,岳普湖联合社行政处罚 5 人、开除 2 人、记过 2 人、警告处分 1 人,经济处罚 7 人、处罚金额 7800 元。铁力木信用社原会计艾山江·依力亚司被开除公职,铁力木信用社原主任阿不来提·莫合提被判刑 15 年。

2000 年,县联合社行政处罚 2 人,当事人开除被判刑 10 人,给予艾西曼信用社主任警告处分。

2006 年,县联合社处理一批违规违纪人员,即对于工作不负责任,有章不循的 5 名干部给予待岗处分,4 名干部给予留职查看处分。

2008 年 9 月,岳普湖县联社执行自治区联社《关于对农村信用社员工检举抵制重大违规违纪行为给予奖励的通知》。1. 对于符合下列条件的员工,予以奖励。(1)抵制业务主管、单位领导授意或指使本人实施违章操作,并及时向上级报告,使重大违规行为得以有效制止的;(2)拒绝受理上一操作环节的违规违纪业务或阻止其他员工的违规违纪操作行为,有效防范风险或避免信用社资金和信誉损失,经查证属实的;(3)采用电话、信函、电子邮件等实名检举或直接到县(市)联社、自治区联社检举本信用社、其他信用社或联社相关部门的重大违规违纪行为,经查证属实的;(4)检举内部经济案件线索,经查证属实的;(5)检举员工参与黄、赌、毒等违法行为,经查证属实的;(6)堵截诈骗、盗窃、抢劫等外部侵害案件,有效保护信用社财产未受损失的;(7)案发后及时提供重要线索,对抓获潜逃作案人或追缴涉案资金起到重要作用的;(8)信用社负责人和监督检查人员(含各类业务管理、内部审计、监察等监督部门的人员)在日常管理或检查中发现重大案件线索,认真追查,及时报告,并有效避免经济或信誉损失的;(9)其他主动抵制、检举违法违纪违规行为和堵截案件有功人员。2. 奖励形式和标准:奖励按照精神和物质相结合的原则。精神奖励和物质奖励可以同时授予,也可单独授予。精神奖励包括给予通报表彰、授予荣誉称号等,对授予的荣誉称号要记入受奖励人档案,并作为晋级、提升的依据之一。物质奖励为发放奖金,其标准如下:(1)对于检举内部经济案件线索,经查证属实的,按案值 5% 奖励,奖金低于 1000 元的按 1000 元计算,最高不超过 30000 元;(2)对于符合其他奖励条件的员工,根据避免或挽回经济损失的数额、避免或消除不良社会影响的程度、个人付出的努力及抵制重大违规违纪行为和堵截案件的难易程度等因素,给予1000元以上奖励,最高不超过50000元;(3)对同一违规违纪行为或案件线索联名检举的,由受理部门对奖金进行合理分配。多人先后检举的,按照提供线索所起作用大小,酌情给予物质奖励。3.奖励实施:(1)自治区联社和各县(市)联社监察部门、审计部门是对员工检举内部经济案件、抵制重大违规经营行为和堵截外部案件奖励的受理部门,负责相关事件的事实调查、性质认定和奖励申报。监察部门和审计部门在受理违规违纪行为或案件线索的检举时,对检举人的姓名、工作单位、家庭住址等情况及检举问题要由专人负责、严格保密,向检举人核查情况时应在不暴露其身份的情况下进行。需要进行公开表彰奖励的,应事先征得检举人同意;(2)奖励由受理部门向本级案件防范工作领导小组办公室申报,案件防范工作领导小组办公室与人力资源部门提出奖励意见,报案件防范工作领导小组批准后实施;(3)各县(市)联社对员工检举内部经济案件和成功堵截外部案件的奖励事项须报自治区联社备案;(4)奖励费用在各县(市)联社绩效工资中安排。人力资源部门负责发放奖励费用,案件防范工作领导小组办公室监督落实,向受奖人发放奖励可不公开进行;(5)各县(市)联社案件防范工作领导小组办公室负责奖励的统计管理,每半年汇总奖励实施情况报自治区联社。4.对检举人实行以下保护措施:(1)被检举人是检举人直接领导,被检举人违规违纪事实成立,但未受到撤职(含)以上处分的,为切实保护检举人合法权益,应在3个月内将被检举人调岗或调离;检举人本人提出调岗或调离的,应尊重其意愿;(2)对抵制、检举重大违规违纪行为和内部经济案件查证属实的员工,在续签劳动合同时,可给予优先考虑;在精简人员、轮换岗位时,如涉及上述人员,应事先征求受理部门的意见;(3)检举人参与或被动实施违规违纪行为,但事后主动检举主谋者,使案件得到有效堵截或及时查处的,可视情节减轻处分或免于处理;(4)任何单位和个人不得以任何借口和手段打击报复检举、抵制违规违纪行为和堵截案件的有功人员,对打击报复的,由监察部门按有关规定查处;(5)以检举违法违纪案件为名诬告陷害他人的,由监察部门按有关规定查处。

2013～2014年,县联社对全辖网点存款业务进行认真细致排查,对查出违反存款业务规程的19人处以经济处罚和通报批评。

第七节　薪酬福利

一、职工工资

1973年9月,县域信用社根据人行新疆维吾尔自治区分行、新疆维吾尔自治区劳动局《关于集体所有制企业、事业单位部分职工调整工资和改革临时工制度的通知》精神，将信用社干部七、六、五、四级（其标准工资各为 35 元、40.5 元、47 元、53.5 元）分别相似工人一、二、三、四级职工工资调整，自 1974 年 7 月 1 日起执行。

1978 年 2 月，县域信用社按照《国务院关于调整部分职工工资的通知》以及自治区有关调资规定调整工资。信用社职工 1977 年 9 月底以前按规定到期转正定级，但是有仍未进行的情况，可以先转正定级；已经定级且属于调整范围的，再按此次调整工资办法调整。文件下发后新招录职工试用期临时工资待遇，不分学历，一律按 31 元标准工资执行，另加当地国家干部生活补贴。

1980 年，县域信用社按照农行自治区分行通知，1979 年招收录用干部的试用期工资待遇按行政 26 级执行，标准工资为 37 元，从 1980 年 10 月 1 日起执行。1987 年，县域各信用社实行工作任务与奖金挂钩办法。

1988 年，农行喀什地区中心支行研究决定，从 1988 年 4 月 1 日起信用社职工医疗费实行医疗限额包干办法。信用社职工医疗费原则上按本人工资总额的 7% 提取，其中 4% 作为核定的包干限额，3% 作为保证金，专留作共同使用的住院及特殊情况治疗费用，保证金超支部分由福利费贴补，结余转交福利费。7 月，农行喀什地区中心支行信用合作管理科下达《关于对信用社职工住房改革方案》。改革方案规定：信用社经营情况好，经济效益高，积累又多，在解决集体营业办公用房后可以量力适当解决职工住房问题，但房产必须归集体所有，按住房改革规定标准收取房租费；积累不多的信用社，凡目前住的是信用社房产的职工一律从使用年限起按账务规定折旧标准 7% 进行折旧，剩余房产价款出售住房职工签订契约，限定每年清偿 1000 元，如逾期偿还则按同类贷款利率档次收取利息；亏损社和基本上没有积累（含集体营业办公用房没有解决的信用社）的信用社职工住房原则上自理，但信用社可酌情暂借一部分款，最多 3000 元，分三年归还，对超过归还期限的则按其逾期额度按同类贷款利率档次收取利息；凡建房职工（含合同工）如有必要当年可提前享受三年一个月休假，另给 12 天事假，工资照发，评奖不受影响，但要统筹安排，不要使信用社工作受到影响；信用社退休职工和在职职工同样办法解决自身住房问题，由农行中心支行信合科给予一次性 1500 元补助，以示帮助安度晚年。12 月，农行喀什地区中心支行信用合作管理科根据新农银《关于执行自治区劳动人事厅、财政厅、总工会、农总行"发给离退休人员生活补贴费的通知"》精神，规定从 1988 年 1 月 1 日开始对国家机关企事业单位的离退休人员每人每月发给 7 元的生活补助，信用社的离退休人员可按银行执行，所需经费在中心支行统筹的信用社职工退休基金中开支。

1990 年，农行喀什地区中心支行根据新疆维吾尔自治区新工改办 1990 年 11、12 号文件精神和总行 1989 年全国农业银行系统调资工作会议"关于农村信用社调资工作与农业银行同步进行"精神，信用社调资工作比照自治区有关调资的文件执行。信用社职工中已取得各类专业技术职务任职资格并被聘任的人员,普调后基础职务工资仍低于本职务提高后的起点工资标准的,可再升一级,进入本职务新的起点工资标准;专业技术人员中普调前的基础职务工资高于本职务提高前的起点工资标准,且1985年以来未升过级人员,可先在普调一级的基础上,按新工改办1990年12号文件中有关专业技术人员调整工资金使用机动指标的对象和条件衡量升级;信用社职工中未评聘专业技术职务的人员按新工改办1990年11号文件中"关于适当解决国家机关事业单位行政人员的工资突出问题"的有关规定衡量升级(此文件为1990年7月19日)。12月,农行喀什地区中心支行根据新工改办1990年11号和新农银信1990年43号文规定,信用社职工见习期工资待遇从1990年7月起一律执行提高的新工资待遇,即高中毕业由52元提高到65.5元,初中毕业生由45元提高到59元(以上均不含地区生活补贴)。

1991年,农行下发《关于提高粮油统销价格后适当增加职工工资等问题的通知》,通知中规定信用社职工参照执行,执行范围及执行时间按新农银人发〔1991〕70号文精神执行;执行标准及账务处理:在职职工(即固定工、合同制职工)每人每月增加6元作为基础工资(即:将现行的基础工资由45元调整为51元),此项补贴在各项费用科目内另列细目核算;信用社离休、退休人员,按在职职工标准增加离、退休费,增加粮油补贴工资后,管理部门所筹集的离、退休费不够的部分,由中支管理部门先行垫付。年终提取退休费时要补足粮油补贴工资部分,今后可相应提高离、退休费提取比例;信用社少数民族职工在每人每月补贴6元以外,另增加1元,在职工福利基金户中副食品价格补贴账户列支。以上规定自1991年5月1日起执行。10月,岳普湖县域信用社执行新的工资标准,根据《关于贯彻执行自治区新工改字〔1991〕16号文件中若干具体问题的处理意见》的通知,确定调整工资范围:截至1991年9月30日前的固定在职干部,对于1991年9月30日前达到离退休年龄而未退的,按照有关文件精神并按干部管理权限办理留任手续的,可列入调资范围;1966年毕业生推迟到1967年、1968年分配的,这次调资可按1966年参加工作衡量;浮动工资已固定的一级工资,可在提高一级工资的基础上顺推,特殊津贴应重新计算;对于按工资改革后新工资标准级差浮动工资的,其浮动工资可从批准升级次月起升级后的工资基础上顺推,但对于按工资改革前原工资标准的,其浮动工资不动;凡属于1991年的奖励晋升工资,不作为衡量升级的基数,在提高一级工资后累加;升级条件中所指的"工作时间"是指剔除中断工作后实际工作时间,而不是指"参加工作时间";经过调整,下发相关文件,并定于1991年10月1日起执行。

1992年,县域信用社根据《关于执行自治区新政发〔1992〕年4号文件和新工改办字〔1992〕1号文件》相关内容,参照执行新的工资标准。信用社职工奖励工资从1992年1月起暂按一个半月提取,即每人每月23元,到年底根据六项经济指标完成情况及盈亏情况予以考核;根据国务院及自治区"关于粮食提价文件精神",信用社职工粮价补贴从 1992 年 4 月 1 日起每人每月补贴 5 元;奖励工资与粮价补贴均与工资一起发放。

1996 年 5 月,农行自治区分行根据农行《关于做好农村信用社正常晋升工资档次工作及有关问题的通知》精神,结合农村信用社实际情况,制定《新疆农村信用社工作人员正常晋升工资档次的实施办法》。1993 年 10 月 1 日实施新工资制度改革,1995 年 9 月 30 日在册的信用社正式职工(固定和合同制职工)列入本次正常晋升工资档次的范围;1995 年 9 月 30 日前按职工管理权限经组织批准离退休的人员,不列入本次正常晋升工资的范围,按离退休人员增加生活补贴的办法增加离退休费。岳普湖县域信用社参照文件精神,制订相关办法,在信用社工作的正式职工,凡 1993 年 10 月 1 日工资制度改革后,连续两年考核成绩均为称职(合格)的人员,可从 1995 年 10 月 1 日起,在本职务(技术职称等级)所对应的工资标准内晋升一个工资档次。

1997 年,喀什地区农村金融体制改革领导小组办公室经研究,决定从 1997 年 1 月 1 日起,开始将地区农村信用社退休职工退休费用,由原地区农业银行信用合作管理科管理发放改为各联合社管理和发放,其退休职工的医疗费、福利按有关规定办理。以后,按规定上报符合退休条件职工审批表的同时,将其工资情况一并上报农村金融体制改革领导小组办公室,以便核定退休费。

1998 年,喀什地区农村金融体制改革领导小组根据人民银行《关于转发〈关于 1997 年调整机关、事业单位工作人员工资标准等问题的通知〉的通知》精神,结合农村信用社实际情况,制定《农村信用社工作人员正常晋升工资档次的实施办法》。实施范围:农村信用社、信用联社及其所属机构中,自 1997 年 9 月 30 日在册的正式职工,均列入正常晋升工资档次的范围。实施办法是:凡农村信用社、信用联社及其所属机构中在编的职工从 1997 年 7 月 1 日起在现工资等级档次上相应提高工资标准,档案工资也同时提高标准;农村信用社、信用联社及其所属机构中的正式工作人员,凡 1995 年 10 月 1 日正常晋升工资档次后,连续两年考核成绩均为合格及以上的人员,从 1997 年 10 月 1 日起,在本职务(技术职称等级)所对应的工资标准内晋升一个工资档次;尚未进行工作人员年度考核登记的地方,暂不实施正常晋升工资工作。

1999 年,根据人民银行印发《1999 年农村信用社调整工作人员工资标准和增加离退休人员离退休费的实施办法》的通知,为迎接建国 50 周年,经人行喀什地区中心支行合作金融机构监管处研究决定,为全疆农村信用社职工预发工资。预发工资范围是农村信用社 1999 年 6 月 30 日在册的正式工作人员(固定职工、合同制职工),1999 年 6 月 30 日前离退休人员。1999 年 7 月 1 日至 9 月 30 日预发三个月增资额。

2005 年,岳普湖县联合社营业部试行柜员计件工资。2005 年,县联合社根据喀什监管分局信用合作管理办公室"关于印发《关于做好农村信用社劳动用工及工资改革有关事宜有通知》要求"以及"双考"结果,对全体员工进行"定岗、定编、定人员"工作;公示"双考"结果,合格90人,内退4人,待岗4人;根据县联合社是一级法人机构及上年风险评价综合得分,确定为B级社,岗位工资基数为960元,开始填报《信用社员工工资审批表》,并对提出内退申请的4名职工填报《信用社员工内部退养审批表》。经信用合作管理办公室审批后,于12月4日将全辖职工工资全额发放到每一名职工手中。

2006年,县联合社制定《工资改革实施细则》。规定信用社在职职工工资分配实行结构工资制,工资构成为:保障工资、岗位工资、津贴、效益工资四部分,其中:基本工资、岗位工资和津贴为标准工资。

2008年,自治区联社依据国家的有关法律、法规,根据《新疆维吾尔自治区农村信用合作社人事劳资管理办法》,对全疆农村信用社工资制度进行改革。工资改革原则:基本保障原则、按劳取酬原则、绩效挂钩原则、增收节支原则、宏观控制原则。总的原则是:保障工资保吃饭,岗位工资凭实干,效益工资凭贡献。改革后工资实行结构工资制,结构工资由保障工资、岗位工资、津贴和效益工资四部分组成。此次工资改革自2008年1月1日起施行。

2010年,县联社根据《新疆维吾尔自治区农村信用合作社薪酬管理办法》,经理事会授权,成立岳普湖县联社薪酬委员会。同年4月,自治区联社转发的《关于调整2010年企业退休人员基本养老金有关问题的通知》的通知规定:此次调整养老金的范围是2009年12月31日前经人力资源和社会保障行政部门批准正式办理退休手续的企业退休人员(含国发〔1978〕104号文件规定办理退职手续的人员,下同)。调整时间从2010年1月1日起执行。企业离休人员及新中国成立前参加革命工作、符合原劳动人事部劳人险1983年3号文件,退休后照发本人原标准工资的老工人不列入本次企业退休人员基本养老金调整范围;已参加基本养老保险社会统筹,仍按机关事业单位调整办法调整基本养老金的原机关事业单位退休人员,也不列入本次企业退休人员基本养老金调整范围。普调办法和标准:凡符合2010年基本养老金调整范围的退休人员,每人每月在2009年末基本养老金的基础上增发120元;退休人员按照上述标准普调后,对缴费年限超过15年的,从第16年起,每满1年增发5元的基本养老金(缴费年限不满1年的按1年计算)。特调对象和标准:在普调的基础上,对2009年12月31日前已经办理退休手续,且具有高级职称和退休早、基本养老金相对偏低的退休人员,从2010年1月1日起,再按以下标准适当增加基本养老金:退休人员中具有高级职称(相当于副教授以上,含高级技师)的人员每人每月再增发80元。建立高龄退休人员基本养老金倾斜机制,截至2009年12月31日,年满70周岁以上的退休人员,每人每月另增发10元;对2010年1月1日以后年满70周岁的,从年满70周岁之月起每人每月改按70元的标准增加养老金;对2010年1月1日以后年满80周岁的,从年满80周岁之月起每人每月改按105元的标准增加养老金。对1953年底以前参加工作的退休人员,缴费年限满30年的,每人每月另增发75元;缴费年限不满30年的,每人每月另增发55元。对1956年底以前参加工作的原工商业者,缴费年限满30年的,每人每月另增发45元;缴费年限不满30年的,每人每月另增发35元。退休人员中原军队转业干部基本养老金调整后,其养老金月水平达不到自治区基本养老金平均水平的,可按平均水平计发。同时符合上述条件的企业退休人员,可同时增加养老金。

2010年6月,自治区联社根据《关于对参加自治区城镇企业职工基本养老保险社会统筹的有关退休人员实施生活补贴的通知》规定:参加自治区城镇企业职工基本养老保险社会统筹,并于1995年12月31日前办理退休(退职)手续的企业退休人员,按照每人每月120元标准发放生活补贴。从2010年7月1日起执行。

2013年,县联社执行自治区联社下发的《关于调整薪酬标准的通知》。从2013年1月1日起,所有在岗正式员工在原执行基本工资职级档次的基础上,按《新疆维吾尔自治区农村信用合作社基本工资档级表》(附表1)确定的标准,对基本工资标准进行相应的调整。此次仅限基本工资标准调整,不涉及其他问题;在2013年1月1日自然晋档的员工,晋档后调整基本工资标准;凡2012年12月职务发生变化的,即在2013年1月1日调整基本工资职级档次的,应按新标准进行调整;本次调整基本工资标准,无须填写《工资变动审批表》,但职务晋升或自然晋档的,即职级档次发生变化的,仍须按有关规定进行填报;各县市联社要按本通知精神,认真组织,抓好落实。《2013年度调整薪酬标准测算表》(附表2)由联社理事长签字确认,并加盖公章后于2013年2月5日前报自治区联社人力资源部备案。

新疆维吾尔自治区农村信用合作社基本工资档级表

表4-6 单位:元/月

职级/档位	1	2	3	4	5	6	7	8	9
10	9600	10200	10800	11400	12000	12600	13200	13800	14400
9	8000	8500	9000	9500	10000	10500	11000	11500	12000
8	6400	6800	7200	7600	8000	8400	8800	9200	9600
7	5200	5525	5850	6175	6500	6825	7150	7475	7800
6	4000	4250	4500	4750	5000	5250	5500	5750	6000
5	3500	3719	3938	4156	4375	4594	4813	5031	5250
4	3200	3400	3600	3800	4000	4200	4400	4600	4800
3	3200	3400	3600	3800	4000	4200	4400	4600	4800
2	3200	3400	3600	3800	4000	4200	4400	4600	4800

二、职工福利

1963 年 3 月至 1979 年,根据国务院批转《中国人民银行关于信用合作社干部口粮和副食品、日用品供应情况的报告》,县域信用社脱产干部的口粮全部由国家供应,副食品和日用品由商业部门供应。在此期间,除应得的薪酬(或补贴)以外,职工基本上没有什么福利。

1975 年,县域信用社根据有关文件规定,信用社公益金中的 20% 应上交农行,农行对各社上交的公益金,按信用社财务制度规定,主要用于专职社干的退休、退职、丧葬、抚恤等费用。

1979 年,国务院出台的《关于恢复中国农业银行的通知》及中共中央办公厅关于建议修改《农村人民公社工作条例(试行草案)》中有关信用社问题的报告,均明确指出"农村信用社是集体所有制的金融组织,又是农业银行的基层机构,信用社职工的管理、政治待遇、福利待遇和口粮要和银行职工一致起来,信用社职工一律由国家供应商品粮"。自此,信用社职工的待遇经过调整,与农业银行职工待遇相同,口粮的分配也参照农业银行职工进行。

1980 年 3 月 27 日,人行新疆分行和农行新疆分行共同转发《关于给退休职工发宿舍取暖补贴问题的通知》及洗理费发放问题的通知,文件规定退休及病休期的职工,由发放退休、离休、退职费和病假工资的单位,按照在职职工一样,从 1980 年元月起,享受洗理费的待遇,由民政部门发放退休费的,不发洗理费。县域信用社遵照执行。

1991 年 8 月起,县域信用社执行中共中央、国务院及自治区人事厅关于职工休假问题的有关通知精神。信用社的正式职工(固定职工、合同制职工),参加工作工龄在 5 ~ 19 周年的每年休假 10 天,参加工作工龄在 20 周年以上的每年休假 14 天。休假天数计算不含星期日和法定节假日,休假期间工资照发,当年休假不得跨年使用;当年疗养、休养及探亲的时间超过本人休假期限的,不再安排休假,未超过的可以补足休假天数;病休全年累计超过 2 个月,事假累计超过 20 天的,不再享受休假,因公负伤住院治疗不影响休假。

1992 年,农行喀什中心支行信用合作科下发《关于信用社职工奖励工资及粮价补贴的通知》,规定信用社职工奖励工资从 1992 年 1 月暂按一个半月提取,即每人每月 23元,到年底根据经济六项指标完成情况及盈亏情况予以考核;根据国务院及自治区关于粮食提价文件精神,信用社职工的粮价补贴从 1992 年 4 月 1 日起,每人每月补贴 5 元;奖励工资与粮价补贴均与工资一起发放。

1995 年,农行喀什分行根据自治区人民银行新银发《关于对各家银行增发一个月奖金的通知》精神,经行长办公会研究决定,对全系统干部职工增发一个月奖金。按 1994

年底农行系统在册职工(含计划内临时工)12月份当月工资的三项合计(职务等级工资、责任目标津贴、艰苦地区津贴)计发奖金;系统内调入人员的标准,在调入单位按上述标准的全月计发;系统外调入人员的标准:上半年调入人员按上述标准全月计发,下半年调入人员按上述标准的半月计发。1994年度离退休人员的计发标准,上半年离退休人员按上述标准的半月计发,下半年离退休人员按上述标准全月计发。代办员奖金标准也按照其工资的三项合计统一计发。农村信用社职工增发奖金,可参照以上精神,结合辖内信用社1994年各项工作任务完成情况及信用社的承受能力而定,增发奖金在营业费用科目"工资户"列支。

1996年,岳普湖县联合社开始缴纳养老保险费。

1998年12月,人行喀什中心支行向信用社转发《关于规范农村信用社基本养老保险统筹基金管理工作的意见》,要求根据1994~1998年农村养老保险统筹单位缴纳和个人缴纳比例,提取养老统筹基金,存入专户管理,不得挪作他用。于1999年1月20日之前,建立职工养老统筹台账,并根据台账,记录个人账户。养老统筹台账根据下发的统一格式,由计算机统一打印,不得手工制作。岳普湖县联合社遵照执行。

1994~2001年县联合社基本养老保险个人账户统计汇总表

表4-7   单位:万元

年度	缴费工资	单位缴费	个人缴费	合计
1994	22.31	—	0.45	0.31
1995	50.79	—	1.02	1.46
1996	66.36	5.31	1.99	8.76
1997	67.66	4.74	2.71	16.20
1998	68.74	4.81	2.75	23.77
1999	91.68	6.42	3.67	33.85
2000	76.30	4.58	3.82	42.25
2001	78.93	4.74	3.95	50.93
合计	522.77	30.60	20.36	50.96

2003年,县联合社根据《中华人民共和国劳动保险条例实施细则修正草案》《新疆维吾尔自治区劳动厅、财政厅关于调整企业职工死亡丧葬费标准的通知》和喀什地区的关于规定执行农村信用社职工死亡待遇执行标准为:1.企业职工因工死亡后由劳动保险基金项下支付丧葬费数额为1200元,丧葬费包干使用,超支不补,节余部分归死者亲属,并按下列规定,每月付给供养直系亲属抚恤费:其供养直系亲属1人者,为死者本人工资25%;2人者为死者本人工资40%;3人或以上者,为死者本人工资50%。此项抚恤费付

至供养抚恤者失去供养的条件时止。2.企业职工非因工死亡后由劳动保险基金项下支付丧葬费数额为1000元。丧葬费包干使用,超支不补,节余部分归死者亲属,并按下列规定,一次付给供养直系亲属救济费:其供养直系亲属1人者,为死者本人工资6个月;2人者为死者本人工资9个月;3人或3人以上者,为死者本人工资12个月。以上规定自2001年1月1日起执行。

2006年,县联合社执行自治区联社《关于严禁以职工集资建房的名义变相搞住房实物福利分配或商品房开发的紧急通知》。根据自治区人民政府《关于停止住房实物分配逐步实行住房分配货币的通知》和国家建设部、监察部、国土资源部《关于制止违规集资合作建房的通知》精神,针对农村信用社历年亏损挂账数额较大,资产质量低下,贷款拨备严重不足,资本积累中附属资本比重低,整体抗御风险的能力非常脆弱的现状,为杜绝类似问题的发生,经研究决定:自通知下发之日起,全疆农村信用社一律停止以职工集资建房的名义,变相搞住房实物福利分配或商品房开发。今后职工住房一律采取市场商品化购房,对职工购房资金确有困难的,可采取贷款方式购房,单位不再给予福利补助。

2008年,县联社执行自治区联社下发的《新疆维吾尔自治区农村信用合作社工资制度改革指导意见》,文件中相关条款明确"住房公积金必须按属地规定的比例提取,但单位或个人缴费比例均不得高于12%"。

2011年1月1日,自治区农村信用社系统开设企业年金,企业年金作为一种补充养老保险,按月缴纳,个人缴纳2%,单位缴纳6%,由自治区联社统一管理。2014年岳普湖县联社为职工缴纳企业年金万元。

2001～2014年岳普湖县联社费用支出情况表

表4-8　　　　　　　　　　　　　　　　　　　　　　　　　　　　单位:万元

年份	职工工资	临时工工资	职工福利费	取暖降温费
2001	78.55	—	10.10	11.21
2002	67.26	2.16	9.42	3.71
2003	70.06	5.94	9.81	6.31
2004	79.87	8.82	4.79	2.63
2005	94.70	2.16	13.26	7.07
2006	226.49	3.65	32.22	8.26
2007	247.33	3.50	35.12	10.83
2008	311.95	—	15.82	22.44
2009	331.38		45.97	23.35
2010	495.58		63.77	10.05
2011	1227.20		57.77	45.32

续表 4 – 8

年份	职工工资	临时工工资	职工福利费	取暖降温费
2012	571.53	—	116.92	32.64
2013	613.63	—	96.03	11.51
2014	839.98	—	118.72	22.19

2001~2014 年岳普湖县联社劳动保险费用支出情况表

表 4 – 9

单位:万元

年份	劳动保险金	劳动保护费	失业保险金	基本医疗保险	工伤保险金	生育保险金	住房公积金	养老保险
2000	—	—	—	2.62	—	—	—	2.62
2001	31.69	0.04	1.54	2.64	—	—	3.93	2.64
2002	24.99	—	1.35	2.69	—	—	3.38	2.69
2003	28.04	5.11	1.40	2.80	—	—	3.50	2.80
2004	29.34	6.30	1.42	—	—	—	3.99	—
2005	22.23	8.46	1.74	—	—	—	4.73	—
2006	27.37	—	2.32	—	—	—	3.65	—
2007	44.93	2.29	2.28	—	—	—	12.54	—
2008	47.11	9.50	2.51	—	—	—	13.15	—
2009	84.86	9.03	4.69	—	—	—	27.06	—
2010	91.82	9.16	4.53	—	—	—	25.43	—
2011	148.43	39.51	5.20	14.77	0.23	0.23	30.68	—
2012	113.29	49.48	6.21	27.81	3.10	3.10	6.21	—
2013	—	64.66	9.11	43.81	4.55	4.55	63.61	—
2014	—	0.22	15.68	76.44	7.75	7.75	82.36	—

第五章　股金

農村信用社股金是農牧民群眾和具有法人資格的經濟組織以及信用社職工為取得信用合作社社員資格,自願向信用社繳納的款項。農村信用社股金是農村信用社最原始的資(本)金來源。由社員入股形成的農村信用社股本金,它既有勞動聯合的屬性,也具有資本聯合的特徵,其實質是社員(投資人)資格的證明,這是農村信用社股金在股權改造前的基本性質。嶽普湖縣聯社嚴格執行國家和自治區有關部門的規定,堅持"入股自願、風險自擔、服務優惠、利益共享"的原則,不斷規範股金結構,壯大聯社資金實力,加強股金管理,堅持股金分紅,維護社員合法權益,確保農村信用事業穩步發展。

第一節　入股與退股

一、股金分類

股金,指農村信用社社員加入農村信用社時交納的入股資金。農民通過自願認購信用社股金而成為信用社社員,享有社員權利,主要包括選舉權、表決權和紅利分配權。

1957年,縣域農村信用合作社成立時即按照合作制度規定吸收股金,多為單一的社員股和少量的集體股,一直延續到20世紀90年代。隨著農村金融體制改革的深入,為完善農村信用合作社法人治理結構,擴大資金來源,股金也逐步擴大並呈多種形式。

2014年,嶽普湖縣農村信用社股金按股權結構劃分為自然人股、法人股等。

二、入股原則

1965年11月19日,農業銀行明確農村信用社股金入股,堅持自願和互利原則。凡居住在信用社社區範圍的農村人民公社男女正式社員,經本人自願申請、理事會批准,均可加入信用社為社員。社員入社,以人為單位,入社時應繳納入社費和股金。每個社員以至少繳納1股為原則,過去多入的,可以退回多入部分。貧困社員沒有能力一次繳清的,可以分期繳納,但期限不得超過1年。在繳納入社費和第一次股金後,即取得社員資格。社员退社,要在年终决算1个月前提出,信用社于决算后两个月内退还股金。如有盈余,按股分红,如有亏损,按股扣除。股金不得转让,也不得抵偿债务。社员死亡,其已缴股金应退还或转移给其合法继承人。社员迁出社区的可由信用社报请银行帮助其把社员关系和股金转到迁入地信用社。如本人要求退社的应退还股金(入社费不退)。农村中的四类分子(1970年前后对地主分子、富农分子、反革命分子、坏分子的统称),不能参加信用社成为社员,过去因审查不严混进信用社的,应该坚决清洗出社。其入社时缴纳的股金应予退还;如本人自愿,也可转作存款。

1998年,国务院《关于农村金融体制改革的决定》要求,按合作制原则恢复信用社的合作性质,把农村信用社办成社员入股、社员民主管理、主要为社员服务的社员群众自己的银行。按合作制原则规范信用社,要还利于民、实行民主管理。

2005年,中国银行业监督管理委员会《关于规范向农村合作金融机构入股的若干意见》指出:坚持"入股自愿、风险自担、服务优惠、利益共享"的原则。同时,联合社结合实际,制定方案。

三、增资扩股

(一)扩股概况

1996年底与农行脱钩时,股本金户数12029户,金额48.4万元,其中农民股金12005户,金额43.9万元,职工股24户,金额4.5万元,均为1957～1996年历年来吸收的老股金,都是农民自愿入股形成的。

1997年底农民股金增加为12444户,金额53万元。1998年吸收的农民股、职工股和集体股增加为6859户,金额128.06万元,以后没有吸收过集体股。

1999年底16292户,金额128.26万元。2000年底20859户,金额136.5万元。

2001年底22020户,金额159.51万元。

2002年11月14日,由岳普湖县农村信用联合社改革试点工作领导小组组织开展改革试点工作,并对县辖农村信用社全体职工进行动员,安排部署增资扩股工作。2002年底27605户,金额202.17万元。

2003年4月,县联合社充分利用广播电视、散发宣传单(由喀什监管分局合作科提供)、张贴标语等形式,宣传入股政策、意义和入股社员的权力、义务;督促信用社职工积极参股入股,增强员工的集体责任感;各基层社分别聘请10名代办员(从村干部中选聘),协助信用社开展宣传活动及募集股金,对时间、人力具体安排部署。2003年,县联合社股本金余额达到218万元,比上年同期增加16万元。

2005年,县联合社加大增资扩股工作考核力度,向社会宣传入股政策、入股意义和入股社员的权力、义务,并将6月定为岳普湖县农村信用合作金融知识宣传月,向全县24000余农户免费发放《农村信用合作金融知识读本》,使全县广大农牧民更多、更透彻地了解农村信用社,支持信用社,认识到农村信用社与全县各族农牧民是一体的,共同发展的,增强信用社发展后劲,为全县农村经济发展提供强有力资金保障。年末股金余额614万元,较上年底增加186万元。

2006年,县联合社增资扩股工作坚持"入股自愿、风险自担、服务优惠、利益共享"的原则并加大考核力度,规范社员股金和职工资格股。利用每年6月岳普湖县农村信用合作金融知识宣传月,对入股50年以来的老股金进行张榜公布,开展与群众一起办社,争做群众满意的信贷人员,树立农村信用社新形象等宣传活动。在吸收存款方面,深入农户之中,加强宣传工作。吸收存款和增资扩股工作成绩突出的网点是金星信用社、岳普湖镇信用社、色也克乡信用社。

2007年,县联社按照组建岳普湖县联社统一法人的目标,改造股权结构。在坚持服务"三农"的办社宗旨前提下,以联社原有社员为基础,广泛吸收辖内有金融服务要求的农户、牧民、个体工商户、企业法人和其他经济组织入股,提高股金额度,扩大入股面,增加股金总量。一是确保有入股意愿的社员入股,充分体现农信社合作制的广泛性、群众性特色;二是随着业务不断发展,业务种类和信贷服务项目也随之逐年增多,为增进农户及社会各界对农村信用社提供各类金融服务项目的了解,联社大力开展宣传活动,加大增资扩股及催收不良贷款力度。2007年12月末股金总额达到1001万元,其中:内部职工持股总额100万元,占比为9.99%;自然人持股总额875万元,占比为87.41%;其他股(团体持股)总额26万元,占比为2.60%。2008年12月末,县联社股金总额达到1100万元,其中:内部职工持股总额110万元,占比为10%;自然人持股总额964万元,占比为87.6%;团体持股总额26万元,占比为2.4%。

（二）扩股范围及金额起点

2003年,资格股入股起点为1000股,每股1元;法人股起点为10000股,每股1元;职工股5000股,每股1元(县联合社结合实际每位职工最低入5000股)。

（三）实施增资扩股的对象及方式

2006年,联合社按照组建岳普湖县联社统一法人的目标,改造股权结构。在坚持服务"三农"办社宗旨的前提下,以联社原有社员为基础,广泛吸收辖内有金融服务要求的农户、牧民、个体工商户、企业法人和其他经济组织入股,提高股金额度,扩大入股面,增加股金总量。岳普湖县现有人口13.5万人,其中:农业人口11.1万人,共有农户2.4万户,已向农村信用社入股成为社员的农户有1.5万户,占农户总数的62.5%,联社加大宣传力度,争取剩余农户入股。同时做好吸纳个体工商户、企业法人和其他经济组织入股工作,按照联社章程的规定,对入股社员提供优质服务,社员贷款具有优先权,并在贷款利率方面享受优惠,同时利用广播、电视等媒体对入股社员的优惠条件进行宣传,在防范风险的前提下,进一步简化贷款手续,通过为广大社员提供优质服务,争取得到社会和广大社员认可。

（四）认购股金的其他规定

2006年，按联合社章程规定，社员入股完全采取自由、自愿的原则，在吸纳股金时，联社按以下要求进行：一是入股资金必须是货币资金，不以实物资产、债权、有价证券折价入股；二是不吸收政府机关财政性资金入股；三是社员入股必须是自有资金，信用社不发放贷款吸收股金；四是不以换股形式入股；五是股金只参加分红，但不保利息；六是股金（股权）按章程规定可以转让；七是社员退股必须按照银监部门下发的规定执行。同时，联社将向广大股东进行利益同享、风险共担的风险提示。

四、退股

2004年，岳普湖县联合社第三届理事会研究决定凡在联合社入股的社员，5万元（含5万元）以下的入股社员提出退股申请的，联合社理事会授权营业部主任具体审核签批之后方可办理退股。11月29日，营业部李彩琴因家人生病，急需用钱，申请退股。经理事会同意由营业部办理。

2005年，岳普湖县联合社向喀什银监分局上报2006年增资扩股方案：（一）农村信用社社员（股东）持有的股金，经联合社理事会同意，并按规定办理登记手续后，可依法转让、继承和赠予。社员（股东）持有的投资股，可以转让、继承和赠予，但不得退股。（二）对达不到最低股权标准的自然人股、法人股必须增股或经联合社理事会研究后予以清退。（三）农村信用社社员（股东）持有的资格股，存在下列情况之一的不得办理退股：1.农村信用社当年亏损；2.农村信用社资本充足率未达到规定要求或退股后达不到规定要求。（四）农村信用社社员（股东）持有的资格股同时满足以下条件，可以办理退股：1.社员（股东）提出退股申请；2.不存在本意见第（三）条所列情况；3.持满三年并转让所持全部投资股；4.经联合社理事会同意。（五）资格股退股原则上应在当年年底财务决算后办理，在年底财务决算前办理退股的，不支付当年股金红利。（六）各基层信用社不得接受本社股金证作为质押标的。社员（股东）以本社股金证为自己或他人担保应事先告知理事会。

2006年，岳普湖县联合社根据喀什银监分局印发《关于农村信用社统一股金标准的通知》规定及各社（部）反映部分社员强烈要求退股情况，经联合社理事会议研究决定：一、农区信用社自然人农户50元股金，在4月末全部予以清退或扩为100元，对农户50元股金申请退股的，各社（部）主任可直接审批。农村信用社社员享有贷款优先权，望基层信用社做好增资扩股的宣传动员工作，对暂时无法清退的50元股金，将股金卡片账全部另行专夹保管。二、其他自然人、企业若申请退股，必须按照《岳普湖县农村信用联合社股金管理办法》的规定上报联合社，经联合社理事会研究同意后，办理退股手续。三、联合社仍按月考核各社（部）股金任务，不考虑各社退股因素。

2007～2009 年岳普湖县联社最大股金情况表

表5－1   单位:元

年份	单位名称或姓名	金额
2007	岳普湖县兰新植物化工有限公司	200230.00
	卡米力·米吉提	55000.00
	山东郓城宏伟品有限责任公司岳普湖分公司	50530.00
	那斯尔·忙苏	50000.00
	阿卜力米提·卡米力	40000.00
	布孜来·呀森	38000.00
	哈帕尔·沙塔尔	37000.00
	喀什金慧通实业有限责任公司	30830.00
	图尔荪木·再帕尔	30000.00
	热依木·艾萨	25000.00
2008	新疆金融投资公司	4000000.00
	岳普湖县兰新植物化工有限公司	200230.00
	阿不都许库阿不都克里木	200000.00
	卡米力·米吉提	55000.00
	山东郓城宏伟集团食品有限责任公司岳普湖分公司	50530.00
	那斯尔·忙苏	50000.00
	阿卜力米提·卡米力	40000.00
	布孜来·呀森	40000.00
	哈帕尔·沙塔尔	37000
	新疆达瓦昆畜牧生物科技有限责任公司	30830.00
2009	新疆金融投资公司	4000000.00
	岳普湖县兰新植物化工有限公司	200230.00
	新疆玉昆仑天然食品工程有限公司	200000.00
	岳普湖益华纸业包装有限公司	200000.00
	阿不都许库阿不都克里木	200000.00
	月仁沙·卡斯木	100000.00
	陈珺	60000.00
	岳普湖县振兴粮油制品加工有限责任公司	55000.00
	卡米力·米吉提	55000.00
	山东郓城宏伟集团食品有限责任公司岳普湖分公司	50530.00

2011 年岳普湖县联社实收资本情况表

表 5－2
单位:万元

序号	股东名称	持股金额		占比(%)
		人民币	美元	
1	法人股	1003		37
2	自然人股	1710		63
3	合计	2713		100
4	投资股	2713		100
5	资格股	0		0
合计		2713		100

1996～2014 年岳普湖县联社股金余额情况表

表 5－3
单位:万元

年份	股金余额	年份	股金余额	年份	股金余额
1996	53	2002	202	2008	1696
1997	53	2003	212	2009	2222
1998	128	2004	428	2010	2713
1999	128	2005	614	2014	4559
2000	136	2006	826	2013	5083
2001	159	2007	1016	2014	5083

第二节　股权设置

县联社股金按来源划分,分为自然人股和法人股。按股金性质划分,分为资格股和投资股。2006 年初,岳普湖县农村信用联合社向人行伽师县支行上报的《实施增资扩股的专题报告》明确股权设置及结构是:1.股金来源和归属设置自然人股和法人股两种股权,对自然人股、法人股分别设定资格股和投资股,资格股是取得社员(股东)资格必须缴纳的基础股金;投资股是由社员(股东)在基础股金外投资形成的股金。2.在股权结构上进行创新,充分体现合作制特色。在吸纳股金时,照顾不同入股者需求,避免一股独大,防止内部人控制,同时避免股金总额过度波动。在股权结构上对不同层次股份比例及单

138

个自然人最高持股比例进行限制,即自然人股东持股不低于总股金50%,联合社职工持股不超过总股金25%,法人投资股不超过总股金5%。

一、自然人股

自然人股包括职工股、自然人股(非职工自然人股)。单个自然人投资入股比例不得超过联社股金总额的2%,职工自然人合计投资入股比例不得超过20%,县联社根据自身的资产规模确定单个自然人法人的最低入股股数为40万元。2013年,县联社自然人金额4077万元,占股本金总额的79.82%,自然人股中信用社职工股174户、金额1347万元,占股本金总额的26.5%,非职工股486户,金额2730万元,占股本金总额的66.96%。2014年,县联社自然人股660户、金额4077万元,占股本金总额的79.82%,自然人股中信用社职工股174户、金额1347万元,占股本金总额的26.5%,非职工股486户,金额2730万元,占股本金总额的66.96%。

2011年岳普湖县联社最大10名自然人股情况表

表5-4　　　　　　　　　　　　　　　　　　　　　　　　　　　　　　　　单位:元

序号	姓名	股金余额	交易日期
1	阿布都·许库尔	200000.00	20080407
2	艾买尔·努尔	124950.00	20081113
3	阿布都·许库尔	60000.00	20080324
4	阿布都如苏力·阿布都瓦依提	50000.00	20051221
5	那买提·沙地尔	50000.00	20071230
6	吴鸿琳	50000.00	20080528
7	阿不杜热依木江·阿巴斯	50000.00	20080528
8	姑丽扎尔·那买提	50000.00	20080528
9	艾合买提江·斯力木	50000.00	20081113
10	阿布都瓦依提·如则	50000.00	20051221
	合计	534950.00	

二、法人股

信用社法人股是以其依法可支配的资产向信用社投资形成的股份,或具有法人资格的事业单位和社会团体,以国家允许用于经营的资产向信用社投资形成的股份。2013年,县联社法人股42户、金额1026万元,占股本金总额的20.18%。2014年,县联社法人股42户、金额1026万元,占股本金总额的20.18%。

2011 年岳普湖县联社最大 12 名法人股情况表

表 5-5   单位:元

序号	单位名称	股金余额	交易日期
1	山东郓城宏伟集团食品有限责任公司岳普湖县分公司	50530.00	20071030
2	新疆达瓦昆畜牧生物科技有限责任公司	30830.00	20071030
3	岳普湖县新岳制粉有限责任公司	15380.00	20071230
4	岳普湖县蓝天再生资源科技开发有限责任公司	30393.00	20071030
5	岳普湖县新植物化工有限公司	200230.00	20071030
6	喀什金慧通实业开发有限责任公司	30830.00	20071030
7	岳普湖县天成滴灌带有限责任公司	20000.00	20081108
8	岳普湖县农经总站	1531.00	20071030
9	阿其克乡农经站	1016.00	20071030
10	新疆金融投资公司	4000000.00	20081231
11	岳普湖县恒远养殖场	200000.00	20080801
12	岳普湖县新世界有限责任公司	101000.00	20081223
	合计	4681740.00	

2011 年岳普湖县联社法人股东情况表(一)

表 5-6   单位:万元

序号	单位名称	持股金额		占比(%)
		人民币	美元	
1	喀什金慧通实业开发有限责任公司	3		0.13
2	新疆达瓦昆畜牧生物科技有限责任公司	3		0.13
3	山东郓城宏伟集团食品有限公司岳普湖县分公司	5		0.23
4	岳普湖县新岳制粉有限责任公司	1		0.04
5	岳普湖县兰新植物化工有限公司	30		1.35
6	岳普湖县天成滴灌带有限责任公司	2		0.09
7	岳普湖县蓝天再生资源科技开发有限责任公司	3		0.13
8	岳普湖县运输有限责任公司	5		0.23
9	岳普湖县振兴粮油制品加工有限责任公司	5		0.23
10	新疆玉昆仑天然食品工程有限公司	20		0.90
11	岳普湖益华纸业包装有限公司	20		0.90
12	岳普湖县益民节水灌溉有限公司	5		0.23
13	新疆金融投资公司	800		36
	合计	902		40.59

2011 年岳普湖县联社法人股东情况表（二）

表 5－7

单位:万元

单位名称	出资(持股)比例	法定代表人	注册资本	注册地址	主要经营业务及主要财务状况
岳普湖县蓝天再生产资源科技开发有限责任公司	0.13	张德	100	岳普湖县工业园区	塑料加工,正常
岳普湖县新岳制粉有限责任公司	0.04	刘建军	30	岳普湖县工业园区	面粉加工,正常
山东郓城县宏伟集团食品有限公司岳普湖县分公司	0.23	吴宏伟	500	岳普湖县工业园区	食品(驴肉)加工,正常
喀什金慧通实业开发有限责任公司	0.13	张征	50	岳普湖县工业园区	养羊、加工化肥,正常
岳普湖县兰新植物化工有限公司	1.35	高疑	200	岳普湖县工业园区	甘草加工,正常
岳普湖县天成滴灌带有限责任公司	0.09	赵沈	50	岳普湖县工业园区	塑料加工,正常
岳普湖县运输有限责任公司	0.23	艾米热拉	300	岳普湖县车队	客运,国际货物运输,正常
岳普湖县振兴粮油制品加工有限责任公司	0.23	田培源	20	岳普湖县交通大队旁边	面粉加工,正常
新疆玉昆仑天然食品工程有限公司	0.90	张明	1000	岳普湖县交通大队旁边	畜牧产品,研究,正常
岳普湖益华纸业包装有限公司	0.90	宗军	2350	岳普湖县工业园区	制造,包装,正常
岳普湖县益民节水灌溉有限公司	0.23	朱诗良	151	岳普湖县工业园区	塑料加工,正常
新疆金融投资公司	36				
新疆达瓦昆畜牧生物科技有限责任公司	0.13	董茂林	480	岳普湖—麦盖提公路旁	(驴奶)加工产品积压　销路不畅
合计	40.36				

三、资格股

资格股是取得县联社社员(股东)资格所必须缴纳的基础股金,是社员(股东)获得县联社各项优先、优惠服务的前提。自然人(含职工)资格股起点为 300 股,法人资格股起点为 10000 股。资格股可以依法转让、继承和赠予;符合规定条件的,可以依法退股。社员(股东)持有的资格股同时满足以下条件的,可以办理退股:社员(股东)提出退股申请;县联社当年盈余;退股后县联社资本充足率仍达到规定要求;持满三年并转让所持全部投资股;经县联社理事会同意。资格股退股原则上应在当年年底财务决算后办理。在年底财务决算前办理退股的,不支付当年股金红利。

四、投资股

投资股是由社员(股东)在基础股金外投资形成的股金。入股人要持有投资股,必须先持有资格股。社员(股东)持有的投资股可凭投资股股金大小依法参与股金分红。投资股的收益水平高于资格股,具体方案根据有关政策、规定制定,并经社员(股东)代表大会决议确定。投资股可以依法转让、继承和赠予,但不得退股。社员的投资股只能依法转让或赠予给符合社员(股东)条件的自然人或法人。自然人投资股起点为 1000 股,法人投资股起点为 10000 股。投资股数额由投资人自己决定,但不得违反有关持股比例的限制性规定。投资股根据投资股金多少确定投票权,自然人社员每持有 1000 股投资股取得一个投票权,法人社员每持有 10000 股投资股取得一个投票权。社员持有的投资股可依法参与股金分红,投资股的分红将适当高于资格股。

第三节　股金管理

一、管理机构

2005 年 9 月 16 日,县联合社成立增资扩股及降低不良贷款计划领导小组。组长:红千木(岳普湖监管办事处主任),副组长:卡米力·米吉提(理事长、主任),成员:阿不力孜·买买提(副主任)、唐努尔·艾买提(经营管理部负责人)、艾合买提江·买买提(信贷负责人);领导小组下设办公室,办公室设在经营管理部。主任:阿不力孜·买买提(副主任),成员:唐努尔·艾买提(经营管理部负责人)、艾合买提江·买买提(信贷股负责人)。办公室职责:(1)根据岳普湖县农村信用联社增资扩股及降低不良贷款计划工作的各项要求,做好此项工作的组织、实施方案等工作。(2)及时传达领导小组安排的各项工作,负责相关文件、材料的发放,准确及时上报各类有关数据。(3)完成领导小组交办的其他工作。

2009 年 11 月,县联社成立股金入股业务自查工作领导小组。组长:阿布力孜·喀迪尔(联社主任),副组长:吐拉洪·麦麦提(联社副主任),成员:李巧兰(联社审计部经理)、热阳姑·热合曼(联社财务信息部副经理)、比丽克孜·牙生(联社审计部科员)。并由联社审计部工作人员专门按照文件要求制定股金入股业务自查方案,明确自查组各岗位人员分工及检查的重点内容,有条不紊地开展好股金入股业务自查工作。

二、股金证管理

2006 年 1 月起,县联合社按照实施方案实行股金证管理。(1)各基层信用社签发的股金证,须在明显位置以入股须知的形式对社员(股东)应了解的事项加以说明。入股须知包含以下内容:社员(股东)入股前应详细阅读农村合作金融机构章程,知晓社员(股东)的权利、义务;根据盈利状况,每年按规定向社员(股东)分配红利,不对入股股金支付利息;社员(股东)以其所持股金为限承担农村信用社风险和民事责任;社员(股东)退股应符合章程中规定的条件;社员(股东)对股金证所列项目须如实申报,如有变化应及时变更。(2)农村信用社社员(股东)股金证须列明以下事项:自然人股社员(股东)须列明姓名、性别、住址、身份证号、发证单位、发证日期、入股时间、入股金额等事项;法人股社员(股东)须列明法人名称、法人代表姓名、营业执照号码、发证单位、发证日期、入股时间、入股金额等事项。设置资格股和投资股的各基层信用社须在股金证中对资格股、投资股分别列示。(3)社员(股东)持有的股金证发生被盗、遗失、灭失或毁损时,单位持介绍信、个人持有效身份证明到入股农村信用社办理挂失手续。

第四节　股金分红

1974年1月1起,股金分红参照定期存款利率(可多些,可少些),提出股金分红额,盈余少的,除参照定期储蓄利率外,其分红总额,不得超过当年盈余总额20%。分红过少的,可先提取,过几年再合并分一次。没有盈余年度不分红。

1979年,人行岳普湖县支行根据2月1日人行新疆维吾尔自治区分行关于信用社社员股金分红的通知精神,抽出专人深入各所、社进行分红前摸底。

1999年,岳普湖县联合社对各社股金分红及交易量返还进行批复。按照合作制规范农村信用社的原则,根据信用社章程规定,信用社1998年税后利润10%作为股金分红,30%作为存款交易返还。

2000年,岳普湖县联合社根据各信用社实现利润情况,对入股社员进行股金分红。股金分红按税后利润10%提取。

2004年,县联合社按金融合作制社章规定,实现税后利润的10%用于社员股金分红,30%用于社员存款利润返还。

2006年,股金按照实际持股时间进行分红,当年新增股金以入股当月为准按月计算。2006年,落实分红派息政策:对信用社历年来股息和红利的提取、分配及发放情况进行检查。凡提取、分配应发未发而仍挂在账上的股息、红利,要制定补发方案,经联合社理事会批准后,公布分配方案,如数持股人计算发放。2006年,县联合社对积累部分按规定提足股金分红、应付未付利息、各类保险基金,并按资产风险程度提取风险准备金(按2005年决算文件要求计提),作为信用联社的附属资本,仍有剩余的,拿出一定比例对原有股金予以增值。

2010年末,县联社根据自治区联社分红批复,资格股按10%进行利润分配。

2012年4月20日,岳普湖县农村信用合作联社根据章程,经理事会研究公开2011

年度股金分红情况并发布公告:一、分红比例:1.企业法人投资股分红比率按12%兑现;2.单户1000元以上(包含1000元)一般自然人投资股分红比率按10%兑现;3.单户1000元以下一般自然人投资股分红比率按4.21%兑现。二、分红范围:2011年12月31日在册社员股金。2011年内退股、转让的不在此分红范围内。三、兑现方式:持股社员凭有效居民身份证、股金证到原入股信用社办理。四、分红时间:自公告之日起至2012年5月15日结束。

2014年2月6日,县联社根据国家银行业监督管理委员会和自治区联社的相关规定及岳普湖县农村信用合作联社章程,制定2013年度股金分红方案:(一)盈余分配情况。县联社2013年实现税后利润1408.28万元,按自治区联社《关于做好2013年度新疆农村信用社年终决算工作指导意见》,本年度联社对税后利润分配如下:1.按10%比例提取法定盈余公积金140.83万元;2.按20%比例提取任意盈余公积金281.66万元;3.按20%比例提取一般准备281.66万元;4.按50%比例提取应付利润704.14万元;利润分配方案符合财务管理办法和《关于做好2013年度新疆农村信用社年终决算工作指导意见》的要求;(二)股金分红比例。1.自然人,职工,企业法人10万元(不含10万元)以下的股金12.8%分配;2.自然人,职工,企业法人10万元(含10万元)以上股金14%分配;(三)分红范围。按2013年末在册合规股金进行分红,在2013年期间退股的不分红。年中转让股根据甲乙双方签订的《转让协议》有关条款进行分红;(四)分红发放具体时间与方式:从2013年2月10至2014年3月30日发放2013年度股金分红,采取以转账方式转入股东存款账户支付。参与分红的股东可持《股金证》和本人身份证件,账号到岳普湖县各营业网点领取分红。

2014年末,县联社税后可供分配的净利润1524.50万元。根据利润分配预案,按税后可供分配净利润50%,提取应付股利762.25万元,作为2014年度股金分红的主要来源。2014年末,股本金总额5083万元,全部为投资股。

2006～2014年部分年度岳普湖县联社股金分红比例

表5-8 单位:%

年度	分红比例		年度	分红比例	
	资格股	投资股		资格股	投资股
2006	0.05	0.05	2011	7	12
2007	0.79	0.79	2012	8	15
2008	5.3	6.79	2013	—	13
2010	4	6	2014	—	15

第六章　人民币

中华人民共和国成立后，发行统一人民币，开始在境内流通。通过国家统一货币流通，反假币、反洗钱体现统一货币经济杠杆调节作用和社会主义经济价值规律规范运作。岳普湖县联社注重人民币发行的宣传工作，大力开展反假币、反洗钱活动，坚持进行残损币兑换工作，维护货币流通秩序和县联社正常的经营活动。

第一节　发行宣传

2005年9月20日，县联合社根据人行伽师县支行《关于召开2005年版第五套人民币发行宣传工作联席会议的通知》精神，开始在县辖信用社各网点进行2005年版第五套人民币发行宣传及咨询活动。

联合社办公室及各职能部门在联合社领导安排下积极行动、紧密配合，落实此项工作。一是将2005年版第五套人民币简介（鉴别手册）及时发放到辖内各营业网点，由所在社负责人签字领取，组织职工学习后妥善入库保管；二是在县城信用社各营业网点机构门口张贴2005年版第五套人民币发行宣传画，组织安排专门人员在营业网点、巴扎对2005年版第五套人民币讲解并向各族群众解答提出的问题；三是在联社及县城各营业网点醒目处悬挂"2005年版第五套人民币发行宣传咨询点"的横幅；四是将2005年版第五套人民币发行宣传画张贴辅以文字说明举办一期以2005年版第五套人民币发行宣传为主题的专栏。在进行2005年版第五套人民币发行宣传的同时，请县广播电视局工作人员对此次宣传活动摄像，于当晚在岳普湖县新闻中播出。

第二节　人民币兑换

一、新旧人民币兑换

1951年10月1日，中央政务院发布在新疆统一货币的命令，全疆停止银圆券流通，新疆省人民政府发布通告在新疆开始发行第一套人民币,面额为壹万元、伍仟元、叁仟元、壹仟元、伍佰元、壹佰元 8 种,旧银圆壹元兑换人民币 350 元。1952 年 1 月 31 日,中央人民政府政务院决定停止银圆流通。1955 年 2 月 15 日,国务院公布发行全国统一的第二套人民币,新版人民币以"圆"为单位,票面印有维吾尔族和蒙古族文字,面额为拾元、伍元、叁元、贰元、壹元、伍角、贰角、壹角、伍分、贰分、壹分 11 种。按照第二套人民币 1 元兑换第一套人民币(俗称旧人民币)10000 元的比率进行兑换。

1962 年 4 月 20 日至 1966 年 1 月 10 日,中国人民银行(简称人行)陆续发行第三套人民币,面额为拾元、伍元、贰元、壹元、伍角、贰角、壹角、伍分、贰分、壹分 10 种。1964 年,县域信用合作社遵照上级指示,对 1955 年发行的苏联代印的拾元、伍元、叁元 3 种面额的人民币(俗称"三票")停止流通使用。人民银行县支行(简称人行县支行)要求信用合作社对"三票"只收不付,逐步收回。为保证"三票"顺利收回,1964 年 4 月 15 日,人行发行绿色贰元券和墨绿色贰角券。人行延长内部兑付期限,兑付工作至 1965 年 3 月结束。

1987 年 4 月 27 日,人行陆续发行第四套人民币,共 9 种面额,17 种版别。

1998 年 1 月 1 日起,第三套人民币停止在市场上流通(低面额的纸分币和硬分币除外),县域信用社遵照人行的规定,为全县农牧民群众兑换第四套新版人民币。1999 年 10 月 1 日,人行陆续发行第五套人民币,共 8 种面额,与第四套人民币同时在市场流通,至 2000 年 7 月 1 日止,第三套人民币停止市场流通使用,人民群众持有旧人民币均可到县域信用合作社兑换新版人民币。

二、残损币兑换

1955 年 5 月 8 日,人行发布《残缺人民币兑换办法》,票面残缺不超过五分之一,其余部分的图案文字能照原样连接者和票面污损,熏焦水湿油浸变色,但能辨别真假票面完整或残缺不超过五分之一票面其余部分的图案文字能照原样连接者,可全额兑换;票面残缺五分之一以上至二分之一其余部分的图案文字能照原样连接者,可半数兑换,但不得流通使用对票面残缺二分之一以上者、票面污损熏焦水湿油浸变色不能辨别真假者和故意挖补涂改剪贴拼凑揭去一面者不予兑换,由人行打洞作废不得流通使用。当时具体由人行柜面办理残缺人民币兑换。残缺、污损人民币兑换分"全额""半额"两种情况。能辨别面额,票面剩余四分之三(含四分之三)以上,其图案、文字能按原样连接的残缺、污损人民币,按原面额全额兑换;能辨别面额,票面剩余二分之一(含二分之一)至四分之三以下,其图案、文字能按原样连接的残缺、污损人民币和纸币呈正十字形缺少四分之一的,按原面额的一半兑换。

1958 年 9 月 30 日,人行自治区分行下发《硬分币兑换办法》及残缺 10 元券按照

《残缺人民币兑换》办理的通知,通知办理残损券10元券兑换按1955年5月8日公布规定办理,硬分币兑换凡是在流通中,摩擦受到损伤的硬分币,只要能辨别正面的国徽及反面数字,即可兑换新的硬分币。凡是已经穿孔、裂口、残缺、压薄、变形以及正面的国徽和反面的数字皆不能辨别的硬分币,都一律不能兑换新的硬分币;同时也不能在市场上使用。不予兑换的硬分币均应收回,如原持有人不愿意可退回,但应申明不应在市场上流通。

1991年6月,人行为提高流通中人民币的清洁度,对新旧版人民币做新规定,旧版人民币全部回笼上缴。1998年制定《损伤人民币挑剔标准》。

2001年,岳普湖县联合社按农行喀什中心支行《关于做好人民币券别搭配和损伤券挑剔的通知》,要求各信用社组织学习,为方便顾客兑换,规定各信用社在柜台上悬挂残、破币兑换标志,对收进和兑换的人民币认真挑选,不允许向顾客支付七成新以下人民币。对残损币严格按标准进行整点、墩齐、挑净、封捆、扎紧,印章清晰,新旧版人民币严格区分。为方便各社交残损币减小库存压力,增加县城、农区收款次数。

2003年12月24日,人行制定《中国人民银行残缺污损人民币兑换办法》,新办法规定兑换残缺污损均可由各家金融机构无偿为公众兑换残缺、污损人民币,不得拒绝兑换。各金融机构将兑换的残缺、污损人民币交存当地人行分支机构。此办法自2004年2月1日起施行,同时1955年5月8日人行发布的《残缺人民币兑换办法》废止。

2014年末,岳普湖县联社向人行伽师支行提现4802万元,上缴残损币7.3万元。

第三节 反假币

岳普湖县联社严格执行《中华人民共和国人民币管理条例》《五种不宜流通人民币挑剔标准》《中国人行残缺污损人民币兑换办法》的规定,确保人民币正常流通。

一、组织领导

2013年8月23日,县联社对联社反假币工作领导小组成员进行调整。组长:冯庆,副组长:唐努尔·艾买提,成员:吐尔逊江·亚森、周磊、米热古丽·孜明。领导小组办公室设在计财部,办公室主任:周磊,成员:吐尔逊江·亚森、米热古丽·孜明、阿力木江·卡热曼。办公室主要职责:负责辖区反假币工作的督查督办,负责统计汇总反假币工作相关报表,完成领导小组交办的其他工作。

二、知识培训

1991年冬至1992年春,人行岳普湖县支行先后组织银行出纳人员,举办鉴别真、假币培训班,还分别组织企业财会人员学习,堵住假币流入银行。

2006年2月24日,人行伽师县支行召开人民币整点工作会议,县联合社营业部主任冯庆参加会议。会议对伽师县、农发行、信用社、各金融单位人民币复点工作中出现的差错情况进行通报,学习《假币收缴、鉴定管理办法》,岳普湖县联合社一季度票币整点工作受到人行伽师县支行通报表扬。

2006年4月20日,联合社营业部主任冯庆和出纳员艾力祖农参加人行伽师县支行举办的人民币管理和现金管理工作培训班。培训内容:一是残损缺污人民币兑换和挑剔办法;二是货币防伪技术讲稿的学习。

2006年6月1日,县联合社根据人行伽师县支行《关于举办反假人民币知识培训学习班和反假货币宣传流动安排的通知》精神,主管业务副主任阿不力孜·买买提带领部分工作人员参加人行伽师县支行组织的反假币培训班学习。

2006年6月22日,县联合社3名工作人员前去人行伽师县支行参加"反假币"和"五好捆钱"知识竞赛。

7月6日,人行伽师县支行对县联合社现金管理情况进行检查。联合社在钱币整理、钱币兑换、破币兑换方面受到客户好评,取得良好成绩。

2006年8月24日,联合社副主任阿不力孜·买买提带领全辖出纳人员参加人行伽师县支行召开的2006年上半年工作总结和人民币管理及现金管理工作座谈会。主要学习人民币管理办法、现金管理办法、人民币挑剔办法。

2014年,岳普湖县联社派员在人行伽师支行培训1次,20人取得反假币资格证。

三、反假币宣传

1991~2014年,县联合社先后10多次采取不同形式开展反假币宣传周、宣传月活动。2003年6月27日,县联合社在所有网点挂出反假币标语,张贴宣传挂图,基层网点利用集市之日上街宣传反假币知识,发放宣传资料。

2005年11月4日,县联合社根据人行伽师县支行《关于2005年10月份反假币宣传月活动安排的通知》要求,在县辖信用社各网点进行反假人民币宣传及咨询活动:一是及时将宣传画册下发到各乡(镇)分社营业网点并专门组织人员在网点进行宣传;二是深入乡(镇)巴扎、田间地头发放宣传画册,给广大农牧民讲解假币的主要特征和识别方法。

2006年6月9日,县联合社根据人行伽师县支行对第五套人民币宣传要求,出一期

"反假货币,人人有责"板报,并组织各乡级分社主任带领本社员工利用巴扎天对过路行人进行反假币宣传。

2007年6月15日至7月15日,县联合社开展反假币宣传月活动。制定2007年反假币工作任务,提出建立"一个机制",建设"二个网络",实现"二个转变"要求,制定工作实施方案:2007年反假货币宣传工作将以日常宣传为主,重点宣传为辅,建立社区(村)反假币宣传工作站,将反假币宣传延伸到社会各个角落,构筑全社会反假币工作网络,达到反馈及时、防范有效、宣传到位的目的。在宣传工作站建设上做到定地点、定人员、定目标,在宣传形式上采取设立社区(村)宣传栏、开办反假币学校、组织反假币巡讲团等形式。

2011年3月12日,岳普湖县联社开展以"严厉打击制贩假币犯罪活动"为主题的全方位的反假、爱币宣传活动。

联社成立反假币宣传工作领导小组,领导小组由主管副主任任组长,领导小组下设办公室,办公室由综合办公室、财务信息部、营业部人员组成,具体负责反假币工作的宣传,材料的收集、汇总、反馈和总结,并充分利用农村信用社网点多、覆盖面广的有利条件,乡镇网点利用巴扎天,平时到田间地头,采取集中上街设点发放漫画宣传册、反假币法律法规、货币防伪基础知识、第五套人民币的基本情况、票面及防伪特征、当前发现的假人民币种类及主要识别方式、制贩假人民币典型案例进行宣传。

联社县城网点的宣传群体主要是针对小商贩、学校、企事业单位和城镇低收入弱势群体。乡级社网点,主要针对人员比较密集、大的乡下网点,进行重点宣传。如:岳普湖乡、岳普湖镇信用社、营业部等,采取设置宣传展板、摆放宣传资料、提供反假货币咨询台等形式,加大宣传力度。重点讲解反假币法律法规、货币防伪基础知识、第五套人民币基本情况、票面及防伪特征、制贩假人民币典型案例等方面内容。

四、收缴及处理

2006年7月21日,联合社接到人行伽师县支行关于阿其克分社收缴假币重新流入市场的通知后,当即召集相关人员调查了解具体情况。经查情况属实,于当日下午决定:对阿其克分社在全辖范围内进行通报批评并根据《中国人民银行假币收缴、鉴定管理办法》第十七条的规定,对阿其克分社相关责任人及工作人员做出严肃处理并处以2000元罚款。处理情况是:对阿其克分社负责人阿不地克日木·吾布力处以800元罚款;对阿其克分社会计阿米娜姑丽·吾布力处以800元罚款;对阿其克分社出纳阿不都热合曼·买买提处以400元罚款。

2006年8月13日,金星分社记账员热汗姑·吾布力违反《中国人民银行假币鉴定、收缴管理办法》,将应收缴的假币退还给客户,联社给予热汗姑吾布力1000元罚款。

2014 年,全辖共收缴假币 4065 张,合计金额 375.5 万元。

第四节　反洗钱

一、组织领导

2005 年 8 月 5 日,岳普湖县联合社根据人行伽师县支行《关于对辖区金融机构开展反洗钱工作情况专项检查的通知》精神,成立反洗钱检查工作组:组长:阿不力孜·买买提(副主任);成员:唐努尔·艾买提(经营管理部负责人)、冯庆(营业部主任)、唐新华(营业部会计)、阿孜姑·阿不力米提(营业部出纳)。

2006 年 11 月,联合社根据人行关于反洗钱工作要求,成立岳普湖县农村信用合作社联合社反洗钱宣传工作领导小组:组长阿不力孜·买买提;副组长阿不力孜·卡地尔;成员:冯庆、唐努尔·艾买提、李巧兰。

2013 年 8 月 23 日,县联社对联社反洗钱工作领导小组成员进行调整。组长冯庆(联社主任);副组长唐努尔·艾买提(联社监事长);成员:周磊(财务信息部经理)、米热古丽·孜明(审计部经理)、阿里木·卡热曼(联社营业部副主任)。领导小组下设办公室:主任周磊(财务信息部经理);成员:程凯(电子银行部副经理)、热比古丽·吾布力(财务信息部人员)。

二、反洗钱工作

2005 年 9 月 3 日,县联合社根据人行伽师县支行《关于在伽师县、岳普湖县金融机构开展反洗钱宣传的通知》精神,组织专人在联社、岳普湖镇、岳普湖乡、金星分社等网点开展反洗钱的各项宣传活动。一是在联社大门右侧悬挂"审慎识别可疑交易,严密防范洗钱犯罪"横幅;二是联社办公室举办以反洗钱宣传为主题的专栏;三是安排专门人员在县城信用社各营业网点机构门口张贴反洗钱宣传画,在营业网点、巴扎、闹市区散发反洗钱宣传单;四是联合社各营业网点组织员工学习《人民币大额和可疑支付交易报告管理办法》《金融机构大额和可疑外汇资金交易报告管理办法》《金融机构反洗钱规定》。

2006 年 4 月 25 日,县联合社根据人行伽师县支行转发《中国人民银行办公厅关于办理大额支付系统自动质押融资业务的通知》及下发的《关于伽师、岳普湖两县金融机构开展反洗钱工作自查的通知》精神,认真作好检查的各项准备工作。

2006 年 11 月,县联合社根据人行伽师县支行"关于开展学习宣传《中华人民共和国反洗钱法》的通知"精神,做好《反洗钱法》的学习和宣传工作,在全社上下营造出良好的宣传学习氛围,制定联合社学习宣传工作实施方案。

2008年10月25日,联社根据人行伽师县支行的安排,在县辖信用社网点进行反洗钱、支票影像交换系统、小额支付系统、通存通兑等业务集中宣传活动。联社办公室在联社大门右侧悬挂"打击洗钱犯罪,构建和谐社会"横幅,在县城信用社营业网点门口张贴反洗钱、支票影像交换系统、小额支付系统、通存通兑等业务宣传画。组织有关人员设立咨询台、散发宣传材料,开展反洗钱、支票影像交换系统、小额支付系统、通存通兑等业务宣传活动,尤其是为各企事业单位财务人员和个体工商户解答疑问,使其了解支票影像交换系统、小额支付系统、通存通兑业务的快捷、安全,给广大用户带来更快捷、更安全的支付环境。

2012年1月1日,联社为有效防止农村信用社洗钱风险的发生,促进反洗钱工作经常化、制度化,依据国家有关法律、法规、人民银行和公安部门反洗钱工作的有关规定,联社理事长与联社分管领导、各信用社(部室)负责人签订反洗钱工作责任书。责任目标:年度内规范有序地开展本单位的反洗钱工作,无违规事件发生。责任内容:(一)定期分析所辖反洗钱工作现状,做到有组织、有部署、有措施、有检查、有落实、有记载、有总结。(二)与本单位所属分支机构签订反洗钱工作责任书,做到分工明确、责任到人、措施落实、奖罚分明。(三)认真履行反洗钱义务,将反洗钱工作纳入风险管理范畴,建立有效的反洗钱管理制度,使反洗钱制度与内控制度融为一体,确保反洗钱工作常态化。(四)组织开展反洗钱工作检查,及时发现并整改反洗钱工作中的隐患和漏洞。信用社主任对本营业网点的反洗钱工作检查每月不少于一次,检查面要达到100%。责任处理:凡反洗钱工作出现违规受罚事件的,实行"一票否决制",取消其单位评选先进集体和负责人评选先进个人的资格,并视责任事故情况按照有关规定给予相关责任人相应的处理。

2014年5月,县联社反洗钱操作系统上线。6月3日至10月10日,开展反洗钱宣传活动,参加人数20人,采取LED电子屏和发放宣传单进行宣传,发放反洗钱材料2850份,设立咨询台16个,悬挂横幅3条。8月,县联社调整反洗钱领导小组成员,制定《岳普湖县联社2014年反洗钱宣传活动实施方案》。

第七章　存款

存款业务是信用社组织和管理的一项重要工作。存款是信用社资金的重要来源,是立社之本,在信用社业务中占有及其重要的地位。农村信用社建社近 60 年来,始终如一的坚持以服务"三农"、服务中小企业、服务城乡居民、服务地方经济为根本宗旨,遵循"存款自愿、取款自由、存款有息、为储户保密"原则,不断建立健全和改革各项管理制度,完善管理机制,拓展储蓄存款业务领域,最大限度地做好储蓄存款服务工作。

2001 年,各项存款 5911 万元,较年初增加 1002 万元,增长 20.4%,储蓄存款 5173 万元,较年初增加 601 万元,增长 13.1%。

2014 年,各项存款余额为 113011 万元,比上年增加 4370 万元,增长达 4%。在各项存款中,对公存款余额 52670.6 万元,较年初增加 1317.5 万元,增长达 2.5%;储蓄存款余额 60340.5 万元,比上年增加 2983.2 万元,增长达 5%,其中:卡存款余额为 26259.9 万元。

第一节　储蓄存款

一、业务发展

1957～1960 年,县域信用社成立初期,根据银行与信用社分工,主要吸收农牧民个人储蓄。信用社设立服务站、服务箱,村民存取款可以往服务箱投放条子,每三天服务站人员开箱时,就发现有存款或取款的顾客,然后根据条子上的信息上门服务。信用社干部背挎包走村入户,宣传动员农牧民储蓄。

县域各信用分部之间开展红旗竞赛活动,大多数信用分部向社员进行勤俭持家宣传。

1996 年末,岳普湖县联合社共有 9 个信用社,一个联社营业部,22 个信用分社,在职职工 92 人,退休人员 24 人,各项存款 4078.5 万元,人均存款 44.3 万元,集体存款 408.6

万元。

2001年，岳普湖县联合社执行国务院颁布实施《个人存款账户实名制规定》，为保证个人存款账户真实性，维护存款人合法权益，规定个人在金融机构开立的人民币、外币存款账户，包括活期存款账户、定期存款账户、定活两便存款账户、通知存款账户以及其他形式的个人存款账户，应当出示本人身份证件，使用实名。2001年11月末，各项存款余额5911万元，较年初增加1002万元，增长20.4%；储蓄存款5173万元，较年初增加601万元，增长13.1%。

2003年，岳普湖县联合社各项存款11968万元，其中对公存款2486万元，人均存款166.2万元。

2005年，全疆农村信用社系统通存通兑业务全面开通，农村信用社向客户提供的服务由原来单一的储蓄、贷款业务拓展为办理各项汇总结算、信息咨询、代收代付及其他银行业务。10月15日，岳普湖县农村信用合作社联合社组织80名员工参加全疆农村信用社系统全员上岗考试，试券分为四大类即：高级管理人员岗、中层管理人员岗、业务人员岗、后勤人员岗（含文秘、人事、安全保卫、司机岗），为全疆农村信用社通存通兑业务顺利开通奠定良好基础。

2006年，县联合社牢固树立"存款立社、以效兴社"的思想，按照"增加存款总量、重点调整结构、降低存款成本"，积极组织存款，使信用社资金实力得到增强。年末，各项存款达到15480万元，较年初净增2887万元，增长23%。其中：对公存款达到1993万元，占存款总额的12.87%，储蓄存款达到13487万元，占存款总额的87.13%，完成年初存款计划任务的105%。

2010年，县联社各信用社坚持"存款立社、以效兴社"的思想，加大宣传力度，加强与各单位的联系，新增39个单位账户，不断丰富业务种类，做到玉卡存取款业务的正常运行。发放玉卡达13416张，存款余额达6976.3万元，玉卡办理网点的覆盖率达100%。至年末，人民币储蓄存款余额27258万元，比上年增加4404.6万元。其中新增定期储蓄574万元，新增活期储蓄3830万元，且定期储蓄高于活期储蓄增长25.60个百分点，储蓄定期化趋势仍较明显。人民币对公存款余额29628万元，增长135%。同比增加6620万元，且活期存款新增量为100%。

存款较年初增长、同比增长排名信用社为：联社营业部、岳普湖乡、岳普湖镇信用社，三个信用社的存款余额占全县农村信用社存款余额的74%。

2012年，县联社各项存款余额为100420万元，比上年增加19474万元，增长达24%，完成全年任务97.5%。对公存款余额41396万元，较年初增加905万元，增长达到2.2%；储蓄存款余额59024万元，比上年增加18569万元，增长达到46%，其中：卡存款余额22816万元，占存款总额的23%，卡均存款0.64万元。

2014年,各项存款余额为113011万元,比上年增加4370万元,增长达4%。在各项存款中,对公存款余额52670.6万元,较年初增加1317.5万元,增长达2.5%;储蓄存款余额60340.5万元,比上年增加2983.2万元,增长达5%,其中:卡存款余额为26259.9万元。

2001～2006年岳普湖县联合社各项存款余额表

表7-1   单位:万元

项目	2001年	2002年	2003年	2004年	2005年	2006年
各项存款	7022.98	7892.76	11968.72	10528.56	12592.87	15480.32
活期存款	1002.52	1405.61	2484.31	2552.58	2241.86	1992.85
财政性存款	—	—	0.03	0.01	—	
定期存款	26.07	12.16	1.65	1.65	—	
活期储蓄存款	2628.81	2988.97	5146.77	3948.02	5166.23	7605.21
定期储蓄存款	3365.57	3486.03	4335.97	4026.30	5184.79	5882.26

2006～2012年岳普湖县联社各项存款余额表

表7-2   单位:万元

项目	2007年	2008年	2009年	2010年	2011年	2012年
各项存款	19435.70	24978.56	36603.97	56886.63	80946.45	100420.81
单位活期存款	—	—	—	—	40491.50	41396.71
单位定期存款	—	—	—	—	—	100.00
个人活期存款	—	—	—	—	13520.51	16139.47
个人定期存款	—	—	—	—	13830.71	19923.90
活期存款	2947.16	8703.77	13750.18	29628.17	—	—
待结算财政款项	—	—	7.89	0.56	—	—
银行卡		1295.56	4557.60	6976.33	13103.74	22815.99
活期储蓄存款	10386.52	8365.38	10096.52	11511.17	—	—
定期储蓄存款	6101.58	6611.91	8196.18	8770.68	—	—
教育储蓄存款	0.44	1.94	3.49	0.28	—	—

2013年岳普湖县联社最大10家存款客户情况表

表7-3   单位:万元

排序	客户名称	存款余额	占各项存款比重(%)
1	岳普湖县财政局	6183.31	5.6879%

续表 7 - 3

排序	客户名称	存款余额	占各项存款比重(%)
2	岳普湖县住房和城乡建设局	5787.97	5.3242%
3	岳普湖县乡镇财政管理局	5778.88	5.3158%
4	岳普湖县教育局	5337.79	4.9101%
5	岳普湖县民政局	3427.29	3.1527%
6	岳普湖县国土资源局	2360.53	2.1714%
7	岳普湖县水利局	1805.64	1.6610%
8	岳普湖县兰新植物化工有限责任公司	1713.83	1.5765%
9	岳普湖县房管所	1493.77	1.3741%
10	岳普湖县乡镇财政管理局	1317.43	1.2119%
11	合计	35206.44	32.3855%

二、存款种类

储蓄存款是个人将属于其所有的人民币或者外币存入储蓄机构,储蓄机构开具存折或者存单作为凭证,个人凭存折或者存单可以支取存款本金和利息,储蓄机构依照规定支付存款本金和利息的活动。任何单位和个人不得将公款以个人名义转为储蓄存款。信用社为储户办理储蓄业务遵循"存款自愿、取款自由、存款有息、为储户保密"的原则。储蓄存款按照存款期限分为活期储蓄存款、定期储蓄存款、定活两便储蓄存款和其他储蓄存款。

(一)活期储蓄存款

活期储蓄存款是存款人将人民币存入信用社,不约定存款期限,可一次或分次支取的存款。有约定的起存金额。其特点是无固定存期、可随时存取、存取款金额不限。

(二)定期储蓄存款

1957 年 6 月 1 日起,人行新疆分行通知各行自 6 月 1 日起实行《定期储蓄存款移转异地办法》《定期储蓄存款移转异地会计核算手续》,改进会计核算手续,便于客户存取,其中对职工和部队等因工作调动需要办理定期储蓄存款移转的,其手续和手续费给予优待。

定期储蓄存款是存款人将一定数额的人民币存入信用社,约定存期,一次或分期存入本金,整笔或分次支取本金或利息的一种储蓄存款。分为整存整取储蓄存款、零存整取储蓄存款、整存零取储蓄存款、存本取息储蓄存款、教育储蓄存款和个人通知存款。

整存整取储蓄存款　整存整取储蓄存款是本金一次性存入,约定存款期限,存款人可以分一次或两次支取本金及利息的存款方式。各时期的存款期限如下:1955年,定期存款的期限最短一个月,要求存入时间长的,可以不加限制。整存整取储蓄存款存期分为3个月、6个月、1年、2年、3年和5年;起存金额50元。

零存整取储蓄存款　零存整取储蓄存款是存款人约定存款期限,每月将固定金额人民币本金存入,到期后按照零存整取利率一次支取,并支付存款本金和利息的存款方式。存期分为1年、3年、5年;起存金额人民币5元。

教育储蓄存款　教育储蓄存款是教育部和中国人民银行为鼓励城乡居民以储蓄存款方式,为其子女在非义务教育阶段(指九年制义务教育之外的全日制高中、大中专、大学本科、硕士和博士研究生)积蓄资金而开办的业务品种。教育储蓄存款起存金额为人民币50元。存期分为1年、3年和6年;本金合计金额最高为人民币2万元。

存本取息储蓄存款　存本取息储蓄存款是存款人将人民币本金整笔存入信用社,并约定存款期限,存款人凭存折分次支取利息,到期一次支取本金和剩余利息的一种储蓄存款。存期分为1年、3年、5年;起存金额人民币5000元。

整存零取储蓄存款　整存零取储蓄存款是存款人将人民币本金整笔存入,并约定存款期限,存款人凭存折分次支取本金,到期一次支取剩余本金及利息的一种储蓄存款。存期分为1年、3年、5年;起存金额人民币1000元。

（三）定活两便储蓄存款

定活两便储蓄存款是本金一次性存入,不约定存款期限,支取时按照定活两便储蓄存款计息规则计息并一次性支付全部本金和利息的存款方式。当年起存金额为人民币50元。1986年9月起,农行岳普湖县支行通知各信用社从1986年9月起开办定活两便储蓄业务。定活两便兼有定期和活期的优点,即可在存期较长时获得与定期相似的较高利息,又可享受活期的随时支取等方便。凭证暂不印制,由信用社活期储蓄存单加盖"定活两便储蓄"章后代用。自定活两便储蓄存款开办之日起同时停办活期存单,即开出的活期存单只付不收。定活两便储蓄存款计息:存期不满半年的按活期利率计息;满半年不满一年的按整存整取定期半年利率打九折计息;存满一年及一年以上的均按整存整取一年期利率打九折计息。均按实际存期计算利息。十元起存,多存不限,一律记名,可以挂失。

1992年,人民银行新疆区分行对定活两便储蓄利率的计息问题作出规定,并从1992年1月1日起执行:存期不足三个月的,按天数付活期利息;存期三个月以上(含三个月),不满半年的,整个存期按定期整存整取三个月利率打九折计息;存期半年以上(含半年),不满九个月的,整个存期按定期整存整取半年利率打九折计息;存期在九个月以上(含九个月),不满一年的,整个存期按定期整存整取九个月利率打九折计息;存期在一年以上(含一年),无论存期多长,整个存期一律按整存整取一年期利率打九折计息。如在存期间遇到利率调整,利率由低到高时要分段计息,利率由高到低时不再分段仍按原高利率执行。

(四)其他储蓄存款

个人通知存款 个人通知存款是存款人在存入款项时不约定存期,支取时需提前通知营业机构,约定支取存款日期和金额方能支取的存款。按提前通知的期限分为1天通知存款和7天通知存款,起存金额5万元,最低支取金额5万元。存款人需一次性存入,可以一次或分次支取。

定额储蓄存款 1957年,人行新疆分行下发《关于办理定额储蓄存款的补充指示》,规定各支行计算储蓄存款任务的办法,代办所代办定额储蓄兑付的手续费问题,规定一般营业所只办理兑付,不办理收储。1958年7月起,人民银行新疆区分行修改定额储蓄章程第二条"性质:此种储蓄以固定金额存单为存款凭证,按面额一次存入,存满五天后,即可随时一次支取本息",此次修改对绝大部分储户的用款是不受丝毫影响的,而对节省国家开支,减少印刷费,增加储户储蓄的计划性是有很大好处的。

活期有奖储蓄 1957年,人行新疆分行对1954年颁发的储蓄存款章程进行整理,活期有奖储蓄的性质是可随时存取,开户时由人民银行发给存折,凭以存取,不逐户计给利息,按中奖号码和等级分别付给奖金。特点:开户以一元起存,以后续存不限数目。其中活期有奖储蓄中关于奖金的规定是每一千个账号为一组,每三个月开奖一次,奖金按照存款的平均余额计算。开奖由自治区分行集中办理,奖金打入中奖的存折内,领奖时以存折的账号为凭。1958年,自7月1日起执行,人民银行新疆区分行《关于修改活期有奖储蓄和定期储蓄存款章程的通知》:1.将每季开奖一次改为每月开奖一次。2.奖金按月息2.5‰计算,超过总行规定的2.4‰利率,但因开奖前清户者仍不计息。平均余额超过三百元时,起超过部分亦不计息,故实际支付的奖金不会超过2.4‰的。3.奖金入账日改为"中奖号码公布后的五天内进行收账"。中奖号码登报公告此次修改能更符合奖小面宽的原则,能扩大中奖面,能提前得到奖金,从而扩大新储户。

积零成整储蓄 1980年7月,人民银行新疆区分行按照人民银行《关于增加储蓄种类的通知》的精神,决定自1980年7月1日起增办三年、五年积零成整定期储蓄存款。积零成整定期储蓄存款适应每月有定额节余款的存储,每月存入一次,存额固定,约定存期,到期本息合计是个整数。存期:三年、五年存款,凭证:存折。续存:自开户的第二月起,按固定金额逐月存储,如有漏存,应在次月补存。到期本息合计数的起点是500元。1983年,人行岳普湖县支行《关于自一九八三年七月一日积零成整储蓄新开户存额改为元以上整数和到期支取有关事项的通知》,按照人行新疆区分行通知,自1983年7月1日起积零成整储蓄新开户的每月存款金额改为元以上整数,一元起存,多存不限,但必须固定金额。以前开户的积零成整储蓄仍按原固定金额继续存储。根据计算利息的规定，各项储蓄存款的利息基数均应计算到厘位。

长期保值储蓄存款　1988 年，人民银行对农村信用社办理长期保值储蓄(三年以上定期储蓄)存款使用的会计科目和计息等有关问题进行规范说明，要求自同年 9 月 10 日，开办人民币长期保值储蓄。新开户的保值定期储蓄存款使用定期储蓄有关凭证，加盖"保值储蓄"戳记。严禁将国家资金或集体资金以个人名义存入储蓄，如发现一律不计息。储户的保值储蓄收益率为规定的储蓄利率加上人行参照统计局的零售物价指数按季节平均计算保值补贴率。保值贴补率由人民银行在执行季度前 15 天公布下达全国各地统一执行。计息:保值储蓄存款不得提前支取，如果需要提前支取，不享受保值补贴，只按原规定利率计息。如果到期不取并不办理转存手续，从存款到期日至提取存款日，只按原储蓄利率计息，不再给予保值补贴。

第二节　单位存款

一、业务发展

1996 年 11 月，岳普湖县联合社成立并与农行脱离行政隶属关系。1997 年，岳普湖县联合社与各社签订经营承包责任制书和"三防一保"纠风目标责任书。全面考核各级法人的管理水平和经营能力，对亏损社法人依据联合社考核制度规定进行调整。加大宣传力度，让村民了解信用社体制改革的意义。根据企业需要改进结算制度，为企业提供方便，吸收企业存款，降低存款成本。年末，各项存款达 4078.5 万元，集体存款 408.6 万元。

1999 年，岳普湖县联合社按照喀什地区农村信用社清理整顿实施方案要求，开展清理整顿工作，清理股金和分红，吸收新股金。联合社制定《信用社主任政绩考核办法》，按照办法标准，逐条打分，分为合格、不合格、优秀，评价各信用社主任的责任感和工作成绩。采取不同形式做好宣传，利用乡镇集市，向村民散发传单，增强农民不仅贷款到信用社，存款更要到信用社的意识。通过改善服务环境、提高服务质量，在营业厅(室)内摆放沙发、茶几，并供应茶水等，营造优美舒适环境。在此基础上聘请社会监督员，不定期召开社会监督员会议，征集各方意见，改进服务方式，树立良好的企业形象。

2000～2003 年，岳普湖县联合社实施领导包片蹲点工程。联合社股室随同分管领导挂靠信用社，实行定目标、定任务、定责任、定时间、定奖罚，包点领导和股室人员每月抽时间深入到联系点与基层社职工同吃同住同工作，发挥指导、协调和模范带头作用。各社、部分别与职工签订存款任务,全体职工自我加压,利用工作之余走亲访友,努力获取储源信息。2001年11月末,各项存款5911万元,较年初增加1002万元,增长20.4%;储蓄存款5173万元,较年初增加601万元,增长13.1%。各项存款完成不好的社分别为:色也克、阿其克、阿洪鲁克信用社。

2003年,县联合社各项存款11968万元,其中对公存款2486万元,人均存款166.2万元。

2005年,县联合社全辖各营业网点开通储蓄通存通兑业务、大额支付系统业务,实行柜员制,提高柜员工作效率和服务水平,扩大服务范围,推动存款业务发展。还结合内控制度年活动实施意见,清理废除部分失效制度和条款,完善会计统计、计划信贷、安全保卫、计算机管理、人事劳资、礼仪服务、稽核监察等方面管理办法、工作流程,规范业务操作,促进业务发展。实现各项存款余额12592.87万元。

2006年,联合社牢固树立"存款立社、以效兴社"的思想,按照"增加存款总量、重点调整结构、降低存款成本",积极组织存款,使信用社资金实力得到增强。年末,各项存款达到15480万元,较年初净增2887万元,增长23%。其中:对公存款达到1993万元,占存款总额12.87%;储蓄存款达到13487万元,占存款总额的87.13%,完成年初存款计划任务的105%。

2008~2009年,岳普湖县联社执行自治区联社先后制定的各项制度,特别是揽储和激励机制的有关制度、规定,彻底打破旧的绩效考核机制,按岗位划分责任目标,以联社的总体盈余定职工收入,按贡献大小计付绩效,执行"激励有效、约束严格、权责明晰、奖罚分明"的正向激励制度。完善机构建制,拓宽业务领域,调整业务机构,从各网点选聘营销能力强的员工,专门营销贷款、存款、玉卡、中间业务。2008年,各项存款余额实现24978.56万元,其中:活期存款8703.77万元,银行卡余额1295.56万元,活期储蓄存款8365.38万元,定期储蓄存款6611.91万元,教育储蓄存款1.94万元。2009年,各项存款余额实现36603.97万元。

2011年,县联社建立存款营销工作例会制度,每月由分管领导组织有关人员召开存款营销工作分析会,对各营业网点存款结构情况及各网点或个人在存款营销中遇到的问题和困难及时分析,采取有效措施调整营销策略。年末,县联社各项存款余额80946.45万元,其中单位存款40491.50万元。

2012年,县联社为增加存款总量,确保各项业务稳健发展,以存款劳动竞赛活动为抓手推动存款增长。拓宽营销渠道,加大对财政账户的营销力度,加强对岳普湖县重点企业和新落户企业的营销力度,指定专人对企业实行跟踪服务,对接相关业务,同时,与发改委、经贸委、招商局、工业园区进行对接,加大对新落户项目的跟踪和营销,确保新落户企业账户开立在县联社。年末,县联社各项存款余额超10亿,其中:单位存款余额达

41496.71万元。

2014年,岳普湖县联社各项存款余额113011万元,比上年增加4370万元,增加4%,其中:单位存款余额实现52670.6万元,占存款的46.6%,比上年增加1317.5万元,增加2.5%。

1997～2014年岳普湖县联社(联合社)各项存款余额

表7-4   单位:万元

年份	各项存款年末余额	其中		年份	各项存款年末余额	其中	
		储蓄存款	对公存款			储蓄存款	对公存款
1996	4078	3670	408	2006	15480	13478	2002
1997	5375	4615	760	2007	19436	16489	2947
1998	5598	5293	305	2008	24979	15980	8999
1999	4839	4550	289	2009	36603	18296	18307
2000	4909	4594	315	2010	56886	20282	36604
2001	7022	5994	1028	2011	80946	40455	40491
2002	7892	6476	1417	2012	100420	58924	41496
2003	11969	9483	2486	2013	112526	61173	51353
2004	10529	7975	2554	2014	113011	60341	52670
2005	12593	10351	2242	—	—	—	—

二、存款种类

信用社开办的对公存款业务有活期存款、定期存款、协定存款、通知存款等4类。

(一)活期存款

1961年,县域公社信用分部开始办理单位活期存款。单位活期存款是企业、事业、机关、部队、社会团体及其他经济实体(以下简称单位)在信用社开立结算账户,办理不规定存期,单位可随时转账、存取的存款。单位结算账户是信用社为单位开立的办理资金收付结算的人民币活期存款账户。单位结算账户按用途分为基本存款账户、一般存款账户、临时存款账户和专用存款账户。基本存款账户主要是存款人因办理日常转账结算和现金收付需要开立的银行结算账户;一般存款账户是存款人因借款或其他结算需要,在基本存款开户银行之外的银行营业机构开立的银行结算账户;临时存款账户是存款人因临时需要并在规定期限内使用而开立的银行结算账户(期限不得超过两年);专用存款账户是存款人按照法律、行政法规和规章对其特定用途资金进行专项管理和使用而开立的银行结算户。

（二）定期存款

1984 年，县域信用社开始办理单位定期存款。凡是企事业单位、机关团体、学校等单位暂时闲置的自有资金，都可以参加定期存款。存款不得提前支取，到期不支取或办理转存的，属于企业存款按活期存款计息，属于事业、机关、团体、学校的，不再计息。单位定期存款起存金额为 1 万元，存期有 3 个月、6 个月、1 年、2 年、3 年和 5 年六个档次。

通知存款是存款人在存入款项时约定存期，支取时需提前通知信用社，约定支取存款日期和金额方能支取的存款。单位通知存款不论实际存期多长，按存款人提前通知的期限长短划分为 1 天通知存款和 7 天通知存款两个品种。1 天通知存款必须提前 1 天通知银行约定支取存款金额，7 天通知存款必须提前 7 天通知约定支取存款金额。单位通知存款起存金额为 50 万元，最低支取金额 10 万元，需一次存入，可以一次或分次支取。

协定存款是可以开立基本存款账户或一般存款账户的法人及其他组织与营业机构签订协定存款合同书，并约定基本存款额度，与营业机构将存款账户中超过该额度的存款余额按协定存款利率计息的一种存款方式。单位协定存款合同的期限一般为 1 年，合同期满，如双方均未书面提出终止或修改合同，即视为自动延期。单位协定存款通过单位活期存款科目并使用存款人的单位银行结算账户进行核算，遵循"一个账户、一个余额、两个积数、两种利率"的原则。

（三）保证金存款

保证金是农村信用社在为客户办理承兑汇票、保函、信用证等融资业务和借款担保、付款保函等非融资业务时，为降低银行风险而按客户信用等级和信贷管理规定向客户收取的资金。保证金存款分为个人保证金账户和单位保证金账户。个人保证金账户是指在信用社开立保证金账户的个人客户，包括银行卡保证金、银行承兑汇票保证金、代理资产业务保证金、保证贷款保证金、保函保证金、开立信用证保证金、保管箱保证金、其他保证金、担保保证金、承兑外汇保证金、个人外汇交易保证金、提货担保保证等；单位保证金账户是指在信用社开立保证金账户的对公客户，包括单位信用卡保证金、银行承兑汇票保证金、保证贷款保证金、保函保证金、信用证保证金、单位外汇交易保证金、单位其他保证金等。单位保证金账户不得作为企业结算账户使用，严禁发生保证金账户与客户结算账户串用、经常项目外汇账户及各子账户之间相互挪用等行为。单位保证金账户的开立、支取、退回及销户必须根据相关部门出具的书面通知方可进行相应的处理，严禁未有相关部门通知擅自办理保证金业务的缴存、支付等相关业务。会计主管应定期根据通知书或协议与保证金登记簿的内容逐项核对，核对要点：产品类别、保证金比率、缴存额、期限是否与通知书或协议相符。

单位保证金账户属于内部账户,农村信用社不得向企业出售该账户的支付结算凭证,不得利用保证金账户为企业逃避债务。单位保证金账户的核算内容仅限于企业向信用社申请办理的银行承兑汇票、担保业务、信用证、金融衍生产品、贸易融资等业务。保证金账户分为活期保证金和定期保证金,活期保证金和定期保证账户利率按照人民银行下发的相关利率文件及省联社相关制度执行。企业需要开立本币保证金账户,必须先在信用社开立单位结算账户,用于保证金本息的划转。企业需要开立外币保证金账户,原则上要求在信用社先开立经常项目项下外汇账户,用于保证金本息的划转。保证金存款使用专门保证金科目核算,按保证金性质设置二级科目,以开户单位名称设置分户(注:同一企业只能按不同币种和不同业务类型开立一个活期保证金账户)。保证金账户销户不能跨网点,只能到原开户网点销户。

第三节　存款管理

一、管理制度

1977 年,岳普湖县实行银信(人民银行和信用社)合署办公,开展信用社业务。由信用社会计、人行岳普湖县支行农金股各一人组成工作组,在基层所、社进行银信合署办公试点,制定操作程序和会计、出纳、记账岗位责任制。

1980 年 1 月 1 日,农行岳普湖县支行正式恢复,根据人民银行、农业银行业务范围,县域信用合作社全部划归为农行建制。

1987 年,县域信用社干部职工走出柜台,加强流动服务,联户收储;采取谁联系的储户多,吸收的储蓄存款多,奖金就多的"三多"办法;调动农信职工做好揽储工作的积极因素,再接再厉、完成储蓄存款任务。

1996 年,岳普湖县信用联合社成立,同时联合社营业部对外开张营业。联合社全面实行储蓄承包责任制。"任务到社,层层承包,超额有奖,减少受罚"。给各信用个社分配指令性任务和指导性任务并实行双线考核。各信用社又同代办站及信用社职工签订承包合同,形成层层承包,人人承包全力搞存款新局面。年末,各项存款达 4078.5 万元,集体存款 408.6 万元。

1997 年,岳普湖县联合社完善管理体制,从内部管理入手,与各社签订"经营承包责任书"和"三防一保"纠风目标责任书。全面考核各级法人管理水平和经营能力,对亏损社法人依据县联合社考核制度进行调整。

1998年，联合社从抓主任管理入手，制定《信用社主任政绩考核办法》，按照标准，逐条打分，分为合格、不合格、优秀，评价各信用社主任责任感和年度工作成绩。

2000年4月，岳普湖县联合社严格执行国务院颁布实施的《个人存款账户实名制规定》，保证个人存款账户真实性，维护存款人合法权益。

2003年，岳普湖县联合社领导班子调整后继续实施领导包片蹲点工程，将辖内信用社分成3片，每位领导班子成员分管一片，联社股室随同分管领导挂靠信用社，实行定目标、定任务、定责任、定时间、定奖罚，包点领导和股室人员每月抽时间深入到联系点与基层社职工同吃同住同工作，发挥指导、协调和模范带头作用。年底实现各项存款余额达11968.72万元。

2006年，岳普湖县联合社在联社营业部试行柜员计件工资考核，制定柜员岗位职责和操作流程，规范会计日常工作。

2007年，岳普湖县联社打破旧考核激励机制，实行各网点等级化目标管理，将职工收入分为基础工资、奖金两部分，由联合社统一考核后将奖金分配到信用社，由各信用社进行二次分配，真正做到罚有所励，奖有所激，增强员工责任感和主动性。同时，本着"公开、平等、竞争、择优"原则，推行员工"双聘"方案，选拔优秀员工到中层岗位，轮换重要岗位人员，产生良好的激励效应。

2008年，岳普湖县联社先后制定《农村信用合作联社单位银行结算账户销户授权管理办法》《农村信用合作联社存款营销协调办法》《农村信用合作联社单位存款基本账户营销奖励办法》《联社年绩效考核办法》《联社客户经理绩效考核办法》《联社成本岗绩效考核办法》《联社柜员绩效考核办法》等。年末，各项存款余额实现24978.56万元。

2012年，岳普湖县联社根据自治区联社工作要求，联系自身实际，对所有管理制度和具体操作流程进行全面整合和修订完善，初步建立风险防控体系。一是联社机关"五部一室"，职责明确，分工协作，相互制约；二是充分发挥信贷、会计检查辅导作用，及时发现和纠正业务操作和制度执行中的漏洞，提高会计、信贷基础工作质量；三是落实审计责任，强化稽核检查；四是组织开展案件专项治理、反商业贿赂专项活动，对不正当交易行为和易发案件的风险点进行排查，建立重要岗位人员异常行为排查制度及具体的排查措施；五是严格落实干部交流、重要岗位人员轮岗、强制休假、近亲属回避"四项制度"。上半年强制休假18人，重要岗位人员轮岗57人次。各项内控管理制度的建立、完善、实施和各项内控体系有效运转，联社内部管理水平有明显提高。

同时，联社按照"基本工资保吃饭，效益工资靠实干"的原则，修订完善《岳普湖县农村信用合作联社绩效考核办法》,在绩效考核管理办法中设置存款方面指标进行考核,明确工资分配和绩效考核标准,将干部职工收入与工作业绩挂钩,按月考核,按季发放绩效工资,有效调动全员工作积极性,使县联社各项存款余额首次突破10亿元大关,达100420.81万元。

2014年底,县联社各项存款113011万元。

二、揽储方式

1956年,县域信用社设立服务站、服务箱,村民存取款可以往服务箱投放条子,每三天服务站人员开箱时,就发现有存款或取款顾客,然后根据条子上信息上门服务。

1957年6月1日,县域农村信用社执行人行自治区分行实行的《定期储蓄存款移转异地办法》《定期储蓄存款移转异地会计核算手续》通知,改进会计核算手续,便于客户存取。其中对职工因工作调动需要办理定期储蓄存款移转的,其手续和手续费给予优待。1959年,在农村实现人民公社化,各信用分部之间开展红旗竞赛运动,推动储蓄工作开展。

三、存款业务检查

2012年8月,岳普湖县联社根据自治区联社关于《转发中国银监会办公厅关于开展农村中小金融机构存款业务自查的通知的紧急通知》《关于印发新疆农村信用社存款业务自查实施方案的通知》要求,自8月25日至9月5日,对全县农村信用社存款业务进行全面自查。联社成立由理事长为组长,其他班子成员为副组长,各部室负责人为成员的全面自查工作领导小组,联社全面自查工作领导小组下设3个工作组,理事长为总督导,其他班子成员为督导。第一工作组组长由联社主任冯庆兼任,负责联社营业部、岳普湖镇信用社、岳普湖信用社等3个社的自查工作;第二工作组组长由监事长唐努尔兼任,负责下巴扎、艾西曼、色也克、阿其克等四个社的自查工作;第三工作组组长由副主任吐拉洪兼任,负责铁热木、巴依阿瓦提、阿洪鲁库木等3个社的自查工作;各小组根据自查结果,各自形成书面报告。

此次自查检查现金8889751.49元,重要空白凭证519559张,抽调各类报表资料636本、会计凭证1013册,对公账户资料337份。

县联社对自查过程中已整改存款业务岗位职责不清晰、不明确的问题,已制定存款业务岗位职责,各营业网点主任为存款业务第一责任人,委派会计和综合柜员具体办理人员,各岗位已制定分级授权制度。

县联社投入30余万元,加强存贷管理,修建远程电视监控室,监控室与各营业网点连接,配备专人负责。并制定《岳普湖县农村信用合作联社公共场所电视监控监督检查管理规定(试行)》,实现远程电视监控跟踪检查。对于监控检查发现的问题,逐笔记录、及时确认、月底汇总和全辖通报等方式处罚,做到举一反三,杜绝屡查屡犯现象。

第四节　存款准备金

一、存款准备金率调整

1984年1月1日,人民银行开始实行存款准备金制度,规定专业银行向人行缴存存款准备金,按人民币存款种类核定准备金比率,即企业存款为20%,储蓄存款为40%,农村存款为25%。规定准备金存款不能用于支付和清算。

1985年,人行规定,各专业银行按其一般存款总额10%向中央银行缴纳存款准备金,其中建设银行由于吸收的存款大于贷款数额较多,除财政性存款全部划归人行支配外,其他存款按30%比例缴存人行。准备金存款按年利率4.32%计息。1986年2月20日,农行决定农村信用社向农行缴存存款准备金,缴存比率为10%。

1987年6月18日,农行新疆分行印发《关于进一步调整信用社缴存存款准备金比例的通知》。根据6月17日分行行务会议确定,新疆信用社缴存存款准备金的比例从7月1日起在各地现行缴存比例的基础上降低5%,现行比例已经降到10%的信用社不再下降。信用社缴足存款准备金后的资金,可充分运用。根据人行《关于提高存款准备金比例和中央银行贷款利率的通知》的有关规定,从1987年第四季度起,农村信用社1987年新增加存款的准备金比例,从现在的10%调到12%。应补交的存款准备金,必须在11月按照10月31日比上年末存款增加额全部补足,对未补足的部分按每日万分之三计收罚息。

1988年,人行将银行业金融机构存款准备率调整为13%,对于抑制经济过热、物价上涨过快和货币供应过多状况起到积极作用。

11月12日,农行新疆分行印发《关于信用社缴存准备金存款给付利息问题的补充通知》。分行原通知中"信用社缴存存款准备金超过12%部分,在月息4.2‰基础上,由各开户行按季给信用社补贴0.9‰,并由开户行自己负担,人行补贴部分如何补贴,待总行通知后,另文下发"改为"从1987年12月21日起到1988年8月31日止,信用社交存存款准备金超过专业银行缴存比例部分,按月息6‰计息"。凡在上述时间范围内,未按以上利率计息的,少付利息要予以补足。从1988年9月1日起,信用社缴存准备金超过专业银行缴存比例部分,按月利息7.2‰计付利息。信用社缴存准备金与专业银行相同比例部分,仍执行月利率4.2‰不变。按照以上前两项规定计息(含应补的利息)均由当地农行付给信用社,由人行补贴部分,待人行、农行结算后,在农行上下级之间划拨清算,不再付给信用社。

1992年10月31日,农行新疆分行印发《关于降低农村信用社存款准备金比例的通知》。分行决定:将国务院确定的11个贫困县和新疆规定的"三照顾"贫困地区的信用社存款准备金比例降低到8%。其他地区信用社一律按10%缴存。备付金比例可根据各地实际情况,以备足为前提,各级行要保证信用社自主动用一般转存款,农行已经占用及确需占用的,从1992年10月1日起一律按拆借资金处理,利率以保本或保本微利为原则。

1995年5月,人行对各专业银行备付金率重新做出规定,工商银行、农业银行、中国银行、建设银行喀什地区分支机构等四大商业银行将上级行下达的任务向当地人行备案。

1998年3月,根据人行规定,人行喀什分行将各银行业金融机构的法定存款准备金存款和备付金存款两个账户合并,称为"准备金存款"账户。扩大一般存款范围,将代理人行财政性存款中机关团体存款、财政预算外存款划为一般存款缴存法定存款准备金,法定存款准备金率由13%下调到8%。法定存款准备金按法人统一考核,各国有商业银行的法定存款准备金上缴各自总行,由人行考核其总行。喀什城乡信用社法定存款准备金缴存到人行喀什分行。准备金存款账户剔除法定存款准备金后的超额部分(即改革前的备付金存款)不再实行比率控制。

1999年11月21日起,人行再次下调存款准备金率,由8%下调至6%,该项政策一直延续执行到2002年。2003年9月21日,存款准备金率由6%上调至7%,岳普湖县联合社保持6%不变。

2004年4月25日,实行差别存款准备金率制度,将资本充足率低于一定水平的金融机构存款准备金提高0.5个百分点,存款准备金率由7%上调至7.5%,其他金融机构仍执行原存款准备金率,农村信用社保持6%不变。

2006年7月5日、8月15日、11月15日,人行分别3次调高存款准备金率,由7.5%调高至9%。农村信用社结束自1999年11月以后保持7年之久的6%的存款准备金率,与其他商业银行同时上调存款准备金率,由6%调高至6.5%。

2007年,人行为有效控制过多流动性,合理引导公众通货膨胀预期,稳定市场物价,贯彻从紧货币政策,10次调整存款准备金率,四大国有商业银行存款准备金率由9%调高至14.5%,农村信用社由6.5%调高至12%。

2008年,人行开始对大型银行类金融机构和中小银行类金融机构实行差别化存款准备金率,对农村信用社的职能定位和发展壮大产生积极影响。6月7日,全国性商业银行、城市商业银行、农村商业银行执行法定存款准备金率为 17.5%，农村合作银行执行16.5%，农村信用社执行 15%。其中，对涉农贷款比例较高、资产规模较小的 1379 家县市农村信用社执行 12% 的法定存款准备金率，比一般商业银行低 5.5 个百分点。12 月25 日，人行决定，下调金融机构人民币存款准备金率 0.5 个百分点。

2010 年，人行先后分别 6 次提高准备金率。为加大对"三农"和县域经济支持力度，支持春耕备耕，农村信用社存款准备金只调高 3 次。

2011 年，人行先后 7 次上调存款准备金率。自治区信用社执行比大型商业银行低 6个百分点存款准备金率。资产规模较小、涉农贷款比例较高信用社执行比大型商业银行低 7 个百分点存款准备金率，以支持新疆实现跨越式发展。

2012 年，人行根据国际、国内经济运行情况，先后两次降低存款准备金率。2012 年 5月 18 日，农村信用社执行存款准备金率为 14%，其中 A 类社执行 13%。

二、存款准备金制度

1998 年 3 月 21 日，国务院同意人行改革存款准备金制度，主要将原各金融机构在人行的准备金存款和备付金存款两个账户合并，称为准备金存款账户。法定存款准备金率从 13% 下调到 8%。准备金存款账户超额部分的总量及分布由各金融机构自行确定。对各金融机构法定存款准备金按法人统一考核。法定准备金存款的缴存分为城市信用社（含县联社）的法定存款准备金，由法人存入当地人行分、支行。农村信用社的法定存款准备金，按现行体制存入当地人行分、支行。对各金融机构法定存款准备金按旬考核。城市商业银行和城乡信用社、信托投资公司、财务公司、金融租赁公司等非银行金融机构法人暂按月考核。当月 8 日至下月 7 日每日营业终了时，各金融机构按统一法人的准备金存款余额，与上月末该机构全系统一般存款余额之比，不低于 8%。金融机构按法人统一存入人行的准备金存款低于上旬末一般存款余额的 8%，人行对其不足部分按每日万分之六的利率处以罚息。金融机构分支机构在人行准备金存款账户出现透支，人行按有关规定予以处罚。金融机构不按时报送旬末一般存款余额表和按月报送月末日计表的，依据《商业银行法》第七十八条予以处罚，上述处罚可以并处。金融机构准备金存款利率由一般存款利率 7.56% 和备付金存款利率 7.02% 统一下调到 5.22%。调整金融机构一般存款范围。将金融机构代理人行财政性存款中的机关团体存款、财政预算外存款，划为金融机构的一般存款。金融机构按规定比例将一般存款的一部分作为法定存款准备金存入人行。

2008 年后，人民银行为应对金融危机对中国经济的冲击，抑制通货膨胀和控制物价快速上涨，促进经济健康运行，在货币政策操作的工具选择上，从中国国情出发，更多使用存款准备金率等工具管理国内流动性。

1984～2012年岳普湖县信用社存款准备金率历次调整及与银行业金融机构对照表

表7-5

次数	调整时间	调整后	调整后		调整后	调整后
		一般商业银行准备金率(%)	农村信用社准备金率(%)	A类社(%)	城市信用社(%)	城市商业银行(%)
1	1984	央行规定法定存款准备金率:企业存款20%,农村存款25%,储蓄存款40%				
2	1985	人行将法定存款准备金率统一调整为10%				
3	1987	12	12	—	—	
4	1988.09	13	13	—	—	
5	1998.03.21	8	8	—	—	
6	1999.11.21	6	6	—	—	
7	2003.09.21	7	6	—	—	
8	2004.04.25	7.50	6	—	—	
9	2006.07.05	8	6	—	6.50	同国有商业银行
10	2006.08.15	8.50	6	—	7.00	
11	2006.11.15	9	6.50	—	7.50	
12	2007.01.15	9.50	7	—	8.00	
13	2007.02.25	10	7.50	—	8.50	
14	2007.04.16	10.50	8	—	9.00	
15	2007.05.15	11	8.50	—	9.50	
16	2007.06.05	11.50	9	—	10.00	
17	2007.08.15	12	9.50	—	10.50	
18	2007.09.25	12.50	10	—	11.00	
19	2007.10.25	13	10.50	—	11.50	
20	2007.11.26	13.50	11	—	12.00	
21	2007.12.25	14.50	12	—	13.00	
22	2008.01.25	15	12.50	12.00	13.50	
23	2008.03.25	15.50	13	12.00	14.00	
24	2008.04.25	16	13.50	12.00	14.50	
25	2008.05.20	16.50	14	12.00	15.00	
26	2008.06.15	17	14.50	12.00	15.50	
	2008.06.25	17.50	15	12.00	16.00	

续表7-5

次数	调整时间	调整后	调整后		调整后	调整后
		一般商业银行准备金率(%)	农村信用社准备金率(%)	A 类社(%)	城市信用社(%)	城市商业银行(%)
27	2008.09.25	工行、农行、中行、建行、交行,邮储银行暂不调整	14	11.00	15.00	16.50
28	2008.10.15	17	13.50	10.50	14.50	16.00
29	2008.12.05	16	11.50	10.00	11.50	14.00
30	2008.12.25	15.50	11	10.00	11.00	13.50
31	2010.01.28	16.00	11.00	10.00	11.00	14.00
32	2010.02.25	16.50	11.00	10.00	11.00	14.50
33	2010.05.10	17.00	11.00	10.00	11.50	15.00
34	2010.11.16	17.50	11.50	10.50	12.00	15.50
35	2010.11.29	18.00	12.00	11.00	12.50	16.00
36	2010.12.20	18.50	12.50	11.50	13.00	16.50
37	2011.01.20	19.00	13.00	12.00	13.50	17.00
38	2011.02.24	19.50	13.50	12.50	14.00	17.50
39	2011.03.25	20.00	14.00	13.00	14.50	18.00
40	2011.04.21	20.50	14.50	13.50	15.00	18.50
41	2011.05.18	21.00	15.00	14.00	15.50	19.00
42	2011.06.20	21.50	15.50	14.50	16.00	19.50
43	2011.12.20	21.00	15.00	14.00	15.50	19.00
44	2012.02.24	20.50	14.50	13.50	15.00	18.50
45	2012.05.18	20.00	14.00	13.00	14.50	18.00

第八章 贷款

贷款管理是信用社依据信贷资金的运行规律以及农村经济发展的自然经济规律,在国家相关产业政策的指导下,结合农村经济发展实际情况,通过不断完善信贷管理制度,对农村信贷资金营运全过程进行系统的控制,做到正确决策,灵活调剂,有效地监督与服务,最终取得效益。加强信贷管理,是信用社经营管理的主要内容。信贷管理就是通过完善的信贷制度、科学的信贷操作流程、对贷款的逐个环节进行跟踪、监控和管理,实现每笔贷款安全回收。信用社贷款管理是一个从粗放到精细、科学,不断改进、创新、完善的发展历程。

2007年岳普湖县联社成立后,以完善法人治理结构为突破口,坚持"自主经营、自负盈亏、自我发展、自我约束"的发展原则,坚持以客户为中心、以市场为导向、以效益为目标的服务宗旨,坚持"统筹安排、合理使用""区别对待、择优扶持"、平等、自愿、公平、诚实的原则,完善审贷、绩效奖惩、信贷额度等管理制度,在做好"三农"信贷服务同时做好中小企业、富民安居等项信贷服务。相继开展信用户、村、镇评选,内控制度年、阳光信贷等项活动,确保各项信贷服务工作顺利进行。

2014年末,各项贷款余额各项贷款65391万元,比上年减少2333.1万元,减少3.5%。全年累计投放各项贷款58088.7万元,其中农业贷款53624.1万元。

第一节 贷款管理

一、业务发展

1957年,县域各乡信用合作社建立初期,由于人员少,机制不全,只办些放款业务,扶持发展农业生产,促进互助合作化。对支持当时农村互助合作运动,变革农村借贷关系,扶助生产、解决群众生产和生活困难、打击高利贷等方面起重要作用。

1959年,人行自治区分行转发中央《关于加强农村人民公社信贷管理工作的决定》。

人行县支行根据县域具体情况,把公社信用部中的原信用社分离出来,更名为信用分部,在各生产大队建立服务站,该体制一直延续到1962年。

1960年,中央发布农村人民公社"六十条",对人民公社体制进行调整,允许社员发展家庭副业生产,信用社把贷款重点放在帮助贫下中农解决生产、生活困难上。信用社贷款大致分为农户贷款、集体贷款、社队企业贷款。

1984年以前,农户贷款分为生产贷款和生活贷款两类;集体贷款大致按农、林、牧、渔业分类。1984年,贷款分类越来越细,农户贷款按承包户农、林、牧、渔、工业手工业、商业服务业、生产服务业、承包户其他行业、承包户生活贷款分类;社队企业贷款按所属行业分为社队企业工业贷款、商业服务业贷款、社队其他企事业贷款、社队企事业生产设备贷款等。1987年,承包户生活贷款改为农户生活贷款,社队企业名称改为乡镇企业。

1991年5月10日,农行自治区分行印发《关于印发〈新疆农村信用社信贷管理规范化实施细则〉的通知》规定,信用社贷款方式分为抵押贷款、担保贷款和信用贷款三种。抵押贷款方式:借款人以抵押物作为还款保证的贷款,抵押物必须符合相应的设定条件,信用社对借款抵押物拥有处置权,并优先受偿。担保贷款方式:贷款人采取第三方担保作为还款保证的贷款。贷款担保人要符合法定条件,借款人不履行债务时,信用社有权要求担保人代为履行或承担连带责任。信用贷款方式:借款人以信用程度作为还款保证的贷款,对信用程度高、经济效益好,借款期限短、贷款额度小等风险性小的借款人办理信用贷款。

1994年,贷款分为农业贷款、乡镇企业贷款和其他贷款三大类,细分为短期类、中长期类、抵押类、逾期类、催收类。1997年,取消催收类统计口径,增加呆滞类和呆账类。

1998年,贷款分为农户贷款、农业经济组织贷款、农村工商业贷款和其他贷款四大类,其中还可细分为短期(1年以下,含1年)、中长期(1年以上,含1年;5年以下,含5年;5年以上,不含5年;10年以下)、抵押、质押、逾期、呆滞、呆账类别。

2001年,增加农户小额信用贷款、农户联保贷款、助学贷款三个特色信贷产品。2011年,贷款分为农户贷款、企事业贷款、非农户自然人贷款。截至2014年末,县联社各项存款余额65341.21万元,其中农业贷款46955.28万元,中小企业贷款6360.09万元,其他贷款4773.37万元。

1996～2014年岳普湖县联社(联合社)各项贷款余额表

表8-1

单位:万元

年份	各项贷款余额	全年发放贷款	农业贷款	中小企业贷款	其他贷款
1996	68.6	0	68.6	0	0
1997	67.70	0	67.70	0	0

续表 8 – 1

年份	各项贷款余额	全年发放贷款	农业贷款	中小企业贷款	其他贷款
1998	366.7	4617.49	1543.32	3053.15	21.02
1999	2250	5177.28	2279.83	1189.12	1708.33
2000	2697.4	4239.87	1465.5	0	2774.37
2001	2358.40	3797.67	2716.2	757.84	323.63
2002	3295.88	6565	885	780	1630
2003	3465.83	7978	920	780	0
2004	3754.36	8970	7886.96	800	283.04
2005	4627.98	9036	8855.51	0	180.49
2006	4455.42	10484	0	0	0
2007	5833.20	11348	0	0	0
2008	10375.10	22179	2419.9	0	639
2009	17342.97	31214.20	22446.90	100	8667.3
2010	24454.67	13041.70	6835.71	0	6205.99
2011	44745.23	43598.65	43049.65	549	0
2012	63186.51	58506.91	46988.48	6144.90	5373.53
2013	67675.07	65807.81	52396.12	10394.40	3017.29
2014	65341.21	58088.74	46955.28	6360.09	4773.37

二、贷款原则

20 世纪 50 ~ 70 年代,县域农村信用社贷款遵循"计划性、物资保证性和偿还性"原则。贷款的方针是"自力更生为主、贷款支持为辅",发放农业贷款执行确有物资、物资适用、群众欢迎、讲求实效的原则。坚持"有借有还、到期归还、再借不难"的基本贷款原则。

1978 年后,随着商品经济的发展,逐步形成"计划性、物资保证、偿还计息、区别对待和择优扶持的信贷原则"。实行"决不放松粮食生产、积极开展多种经营"的方针和"计划经济为主、市场调节为辅""统筹安排、合理使用"等原则。还有"区别对待、择优扶持"的基本原则。借贷双方坚持平等、自愿、公平、诚实的信用原则。

三、贷款政策

1957 年,农村在发展生产的同时,开始农业合作化运动。农业贷款在"组织起来,支持大生产"的思想指导下,重点支持农民走合作化道路。农业贷款主要有三种,农业设备贷款、生产费用贷款、临时周转贷款。

1959～1961 年,信用分部成为大队的组成部分后,在贷款的发放上忽视对社员群众的生产、生活困难贷款。县域信用社实际成为社、队官办信用社,在贷款发放上由社、队主要负责人决定。

1963 年 3 月 4 日,人行自治区分行、财政厅、农业厅联合下达灾区口粮贷款办法。规定贷款由信用社代为发放,只能用于受灾重、返销粮多、社员买口粮确有困难的地区。

1963 年 9 月 18 日,人行《关于积极支持信用社发放贫农下中农生产生活贷款的指示》。明确为解决资金不足困难,确定各地从现有信贷指标中划出一部分作为专款,用以支持资金有困难的信用社发放贫农、下中农和贫苦牧民生产生活贷款。此项贷款,银行对信用社不计利息,期限可在一年内归还,也可以延长至两、三年归还。必须专款专用,建立账户。

1964 年 9 月 11 日,农行自治区分行转发人行《关于农村四类分子能否参加信用社和向信用社贷款问题的通知》。明确信用社发放贷款,应当贯彻执行党在农村中的阶级路线,对于广大社员,特别是贫下中农的家庭副业生产和生活上的资金困难,在其积极参加集体生产的前提下,信用社应该大力帮助解决。原则上,信用社对四类分子不予贷款。个别有特殊困难,确实需要解决且有偿还能力的,在信用社资金力量可能的情况下,经贫下中农组织和信用社组织评议,报理事会审查批准后,可以给予贷款。岳普湖县对已经参加信用社的社员,独立生活的四类分子的子女,在生产、生活上有困难,需要信用社贷款帮助的,信用社可按照贷款政策和资金力量适当予以贷款。

1965 年 11 月 15 日,人行新疆分行转发《中国人民银行关于加强农业贷款工作的几项规定》。明确为贯彻执行农业贷款有借有还的原则和便于因地制宜地使用农业贷款,以便更好地促进农业生产的发展,特制定加强农业贷款工作的几项规定:固定到各省、市、自治区的农贷资金,要把长期农贷和短期农贷划分一个适当的比例,长期农贷用于支援社、队农田基本建设和生产设备的资金需要;短期农贷用于支援社、队当年生产费用资金的不足。发放农业贷款必须坚持群众路线,反对包办代替,克服恩赐观点。生产队向国家银行要求贷款,先要经过社员讨论,贫下中农协会(小组)同意;贷款的使用要受贫协的监督。发放农业贷款必须执行"确有物资、物资适用、群众欢迎、讲求实效"的原则。贷款必须坚持有借有还、到期归还、再借不难的原则。反对重放轻收。

1966 年 10 月 14 日,人行自治区分行关于修改社队农贷资金使用管理做出具体规定:对社队举办的集体生活福利(如食堂、托儿所、打饮水井等)方面的合理资金需要,统一由信用社办理贷款(信用社资金不足,银行应对信用社给予支持)。坚持贯彻社队自力更生为主、国家援助为辅;财政信贷资金分口管理分别使用;统筹安排、重点使用、兼顾一般;确有物资、物资适用、群众欢迎、讲求实效和有借有还、到期归还等基本政策原则。

1969 年 6 月 12 日,人行印发《关于抓紧清理 1961 年以前旧农业贷款的通知》,规定

1961 年以前旧农业贷款清理的政策,原则上仍按中共中央、国务院《关于处理 1961 年以前农村四项欠款问题的通知》办理。对 1962 年以后尚未归还的农业贷款,仍要贯彻有借有还的原则,以维护国家信誉。

1975 年 3 月 6 日,人行印发对社队贷款办法(草案)中对社队办企业贷款修改的通知,要求银行因地制宜、就地取材,有组织有计划地对社队办企业的流动资金贷款及设备贷款给予酌情支持。

1980 年 2 月 27 日,农行新疆分行印发《关于信用合作工作中若干问题的解答》,要求信用社对社员临时生产生活资金困难,热诚帮助解决。但贷款是有偿的,所以,对五保户的困难应由生产队公益金解决;长期困难户应由生产队帮助安排农活并用公益金和社会救济费予以解决。

1983 年,农行自治区分行转发农行《关于信用社对双包户、专业户(重点户)贷款的暂行规定及分行〈补充规定〉的通知》。明确随着农村联产承包责任制的普及、稳定、完善和农民家庭副业的发展,农村双包户、专业户(重点户)已逐步成为信用社贷款的主要对象。为适应其发展生产和流通商品的需要,做好这些户的贷款工作,制定《关于信用社对双包户、专业户(重点户)贷款的暂行规定》和《补充规定》。贷款原则:贯彻执行党的农村政策,支持双包户、专业户(重点户)发展生产和商品流通,使农民尽快富裕起来;贯彻执行"决不放松粮食生产,开展多种经营"的方针和"计划经济为主,市场调节为辅"的原则;坚持"自力更生为主,贷款支援为辅""区别对待,择优扶持""统筹安排,合理使用""谁用谁借谁还""有借有还,到期归还"等原则;要尊重农民借款的自主权和维护信用社管理信贷的自主权。

1984 年,国务院批转农行关于改革信用合作社管理体制的报告中指出,在同等条件下,对入股社员贷款可以优先,利率可以优惠。信用社组织的资金,要优先用于农村。存款除按规定比例向农行交提存款准备金外,其余资金有权按国家信贷政策充分运用,多存可以多贷。信用社发放贷款,要贯彻以承包户、专业户(重点户)为主,以农业生产为主和以流动资金为主的方针,在保证农业贷款需要的前提下,可以经营农村工商信贷业务。

1986 年 3 月 20 日,农行自治区分行转发人行《农村信用合作社贷款管理暂行办法》。信用社发放贷款,必须贯彻"自力更生为主,贷款支持为辅"的方针,坚持量力而行、讲究实效、区别对待、择优扶持、有借有还、到期归还的基本原则。

1987 年 10 月 1 日,人行、农行联合印发《关于农村信用社信贷资金管理的暂行规定》。对信用社信贷资金实行比例管理,建立存款准备金、业务周转金、呆账准备金和各项贷款、乡镇企业设备贷款的比例。信用社在遵守国家金融法规和政策的前提下,实行自主经营、独立核算、自负盈亏、自担风险的经营方针,坚持信贷资金以存定贷、多存多贷、自求平衡和比例管理的原则。暂定两项比例管理指标:各项贷款余额占各项存款余额加自有资金之和的比例,一般要控制在75%以内;乡镇企业设备贷款增加额占乡镇企业贷款增加额的比例,一般控制在30%以内,有的地区经人行、农行批准后可适当放宽。信用社信贷资金投向,要坚持以承包户、专业户(重点户)为主,以农业生产为主和以流动资金为主的方针,在保证农业贷款合理需要的前提下,资金有余,可以经营农村工商信贷业务。

2004年8月22日,自治区信用合作办公室印发《新疆农村信用社贷款业务操作规程》。明确新疆农村信用社办理贷款业务必须遵守的基本规则,是信用社规范贷款业务运作程序的基本依据。贷款业务操作遵循审贷分离的原则,实行第一责任人制度。信用社办理借款业务使用统一制式的合同文本。办理贷款业务的基本程序是客户申请、受理、信用等级评定、调查、审查、审议与审批、报备、签订合同、发放贷款、贷后管理、贷款收回。

2006年1月,县联合社根据上级管理部门相关信贷管理规章制度,组成专门工作小组,结合联合社实际情况,制定相应的《岳普湖县农村信用合作社信贷管理制度》《岳普湖县农村信用合作社审贷委员会工作规则》《岳普湖县农村信用合作社信贷业务基本操作规程》等19项规章制度。在信贷管理制度中,《农村信用合作社农户小额信用贷款管理实施细则》和《农村信用合作社农户小额联保贷款实施细则》,由县政府发文。

2007年2月8日,自治区联社印发《新疆维吾尔自治区农村信用合作社信贷管理基本制度》。明确信用社的信贷业务经营和管理必须坚持安全性、流动性、效益性相统一的原则,必须坚持贷前调查、贷时审查、贷后检查的制度。实行审贷分离制度,按照"横向平行制约"原则,县(市)联社必须设置信贷管理部门,成立贷款审查委员会。县(市)联社还要设立客户部门。实行贷款审查委员会(小组)制度、信贷业务权限管理制度、信贷业务报备咨询制度、信贷业务责任人制度、信贷信息披露制度。信用社要坚持为"三农"和入股社员服务的办社宗旨,大力支持农村产业结构调整和农业产业化。信贷资金投放的重点是农村、农业和农民、兵团农牧团场及职工。在满足"三农"资金需求的基础上,经济较发达、客户资源相对丰富区域的经营机构可适当支持符合贷款条件的中小企业及民营经济。

2009年,岳普湖县联社推行贷款"五公开制度"实行"敞开式"贷款申请与"阳光信贷"。五公开,即:一是信贷制度公开:包括贷款种类、期限、利率、对象、方式以及借款人、担保人应具备的条件、抵(质)押物等。二是贷款流程公开:贷款操作程序以流程图的方式对外公开。三是服务时限公开:信贷人员对上门咨询的客户必须一次性告知贷款所需手续。对不符合贷款条件的客户,信贷人员及时告知不贷理由;对符合贷款条件的,及时给予办理相关手续。各基层信用社和营业部贷款受理、调查、审查、审批时间界定,即各基层信用社(部)贷款受理不超过一天、贷款调查不超过三天、贷款审查审批不超过四天、上报不超过两天。联社信贷管理部贷款接受、审查、审批、报备咨询时间界定,即贷款审查不超过两天,审批不超过三天,向自治区联社报备不超过两天,自治区联社信贷管理部风险提示回复后,联社信贷管理部应在两日内给各基层信用社(部)批复。四是联系方式公开:联社对全辖营业网点的主任、信贷员印制名片,将信贷服务热线、信贷员手机号码、举报电话均印制在名片中,方便客户联系。如需要预约业务办理、业务咨询及了解存款、贷款等金融业务方面的疑难问题,可以通过电话直接向主任、信贷员咨询或对话联系,从而为公开办理贷款提供便利条件。如客户的贷款资料已提供齐全,符合贷款要求,而客户经理不予办理或者办理已超过时限,可拨打监督服务电话,联社将在最短的时间内为客户解决。五是廉洁自律公开:按照《新疆维吾尔自治区农村信用合作社员工违反规章制度处理规定》,在办理贷款业务工作中严禁客户经理利用工作之便,对借款人吃、拿、卡、要或要求企业安置家属及亲朋好友。不得利用职务之便,向借款人推销内部工作人员或亲属经营的产品及相关服务。不得利用工作之便,参与借款人安排的旅游、娱乐和联欢等活动。未经借款人许可,不得向第三方泄露客户基本信息。

2010年5月,岳普湖县联社贯彻执行银监会"三个办法一个指引"实施细则的相关规定精神,制定《岳普湖县农村信用合作联社固定资产贷款实施细则》《岳普湖县农村信用合作联社个人贷款实施细则》《岳普湖县农村信用合作联社流动资金贷款实施细则》,细则对借款人及借款人所在集团客户的综合授信额度管理,并按区域、行业、贷款品种等建立流动资金贷款的风险限额管理制度。7月22日,自治区联社印发《新疆维吾尔自治区农村信用合作社信贷管理基本制度》,要求县市联社信贷业务经营和管理,必须坚持安全性、流动性和效益性相统一的原则,必须坚持贷前调查、贷时审查和贷后检查的制度。信贷业务是信用社对客户提供的各类信用的总称,包括贷款、承兑、贴现、信用证等资产和有资产业务。岳普湖县联社在办理信贷业务过程中将受理、调查、审查、审批、发放、贷后管理等环节的工作进行职责分解,由不同经营层次和不同部门(岗位)承担,实现其相互制约和相互支持。按照"横向平行制约"原则,实行审贷部门分离,设置信贷管理部和客户部。

四、贷款分类

1984年以前,社员(农户)贷款分为社员生产贷款和社员生活贷款两类。集体贷款大致按农、林、副、牧、渔业分类,分为集体生产费用贷款和集体生产设备贷款两类。1984年以后,贷款的分类越来越细,集体贷款按乡镇企业、农业、工业、工商业、企事业分类,农户贷款调整划分为承包户农、林、牧、副等贷款种类。

1991年初,农行岳普湖县支行根据上级行有关贷款企业信用等级评定的文件精神,按照农行颁发的《贷款企业信用等级评定办法》组织人力对选出的26个工业商业企业进行信用等级评定工作,共评出3个一级企业,17个二级企业,6个三级企业。

1994年以后,随着农村经济的发展和经济结构的变化,对农村信用社部分会计科目进行调整,贷款科目主要按农户贷款、农业经济组织贷款、农村工商业贷款、其他贷款进行分类,同时按贷款期限分为短期贷款和中长期贷款。为适应贷款风险管理,加强贷款风险管控,贷款按不同的风险等级分类,增加设置抵押贷款和质押贷款等贷款种类。随着农村经济结构的变化和金融产品的不断创新,贷款分类逐步调整增加农户小额信用贷款、农户联保贷款、助学贷款、社团贷款等种类。

岳普湖县联合社实行贷款四级分类管理和贷款五级分类管理两种方式。2006年7月,自治区农村信用社在前期试点的基础上,全面推行贷款五级分类。岳普湖县联合社也在同时开展贷款五级分类,2006年12月,全部完成贷款五级分类工作并通过验收。2007年1月1日开始实行以五级分类为主,四级、五级两种分类数据共同报送的"双轨运行"制度。

五、贷款对象与条件

20世纪50年代末期,贷款对象是个体农户和贫农、雇农为主要对象,以实物形式贷给耕畜、农具、种子、肥料。以后又增加种畜、饲料、小型水利、扑蝗、口粮、夏收等贷款项目,对互助组优先扶持。地主、富农不予贷款。

1963年3月4日,人行自治区分行、财政厅、农业厅联合下达《灾区口粮贷款办法》,规定贷款由信用社代理发放,只能用于受灾重和返销粮多、社员买口粮确有困难的地区。

1964年,县域信用社发放生产费用贷款,主要用于支持产粮区生产队解决生产周转性资金困难,其中90%贷款用于购买肥料、农药、种子和修添农具。

1974年,生产设备贷款主要投入生产队购置耕作、排灌、植保、脱粒等机械设备。借款单位必须有符合规定比例的自有资金,并保持自有流动资金的完整性和流动性。

1978年中共十一届三中全会后,允许多种经济成分并存。国有经济、集体经济、个体经济、股份经济等经济成分并存,迫切要求扩大贷款对象。贷款对象按经济类型分为国有、集体、私营、个体、联营、股份制、投资等经济类型。按产业结构分为生产、供销、劳务、产销联合体。按管理体制和隶属关系分为县(市)、乡、村各级所属的企业、单位和个人。在社会主义市场经济条件下,信用社贷款的对象进一步扩大到依法从事生产或经营的科研、技术、咨询、服务等单位、有营业执照的各类企业以及部分公民个人。

1983年,农行自治区分行转发《关于信用社对双包户、专业户(重点户)贷款的暂行规定》,认为农村联产承包责任制的普及和农民家庭副业的发展,农村双包户、专业户等已逐步成为信用社贷款的主要对象。规定贷款条件为经营项目符合国家政策规定,产品符合社会需要;经营工商业的要有营业执照,有一定数量的自有资金;预测经济效益可靠,还款有来源,遵守信用信贷规定;必要时要有相应经济力量的单位或个人担保。

1984 年,农行印发《关于农民个人或联户购置机动车船和大中型拖拉机贷款的通知》,对农民个人或联户购置机动车船和大中型拖拉机贷款,要坚持以下条件:即一要有生产大队或村民委员会的证明,并经当地县、市的工商行政管理部门审查核准。二是必须有购置机动车船和大中型拖拉机的货源、油料,有正当来源。三是必须具有经营运输能力,其驾驶、轮机人员必须按有关规定经过考试、考核取得合格证明。四是经营运输业的机动车船和大型拖拉机,必须在中国人民保险公司办理保险。五是借款者的自有资金必须占购置总价款的 50% 以上。六是要认真进行投入产出分析,确认其有经济效益、有偿还能力,并要有经济担保。贷款期限一般为一年,最长不超过二年。

1985 年,农行自治区分行转发农村信用合作社贷款呆账损失处理办法。根据情况对贷款呆账损失处理审批权限作规定:每户贷款呆账损失处理在 300 元以下者(含 300 元)由社员代表大会通过后报损;300 元以上 1000 元以下者(含 1000 元)报县联社或支行审批;1000 元以上 5000 元以下(含 5000 元)报中心支行审批;5001 元以上者报分行审批。分行对 1 万元以上者在下批同时,抄报总行。信用社根据贷款呆账损失处理程序,由理事会逐笔审查落实,填制《信用社贷款呆账损失处理申报表》并详细说明和有关证明材料送本社监事会。监事会收到"申报表"后逐笔审查,签署意见后提交到社员代表大会。

1986 年 3 月 20 日,农行自治区分行为加强信用社贷款管理,提高贷款经济效益,促进农村商品经济发展,根据国务院《借款合同条例》和农行《关于〈借款合同条例〉实施办法》的有关规定,印发《农村信用合作社贷款管理暂行办法》。明确信用社贷款对象:一是从事农、林、牧、副、渔等各业的承包户、专业户(含重点户)和农村合作经营单位。二是经有关部门批准实行独立核算的乡(镇)办、村办、户办和各种形式的联办企业或新的经济联合体(统称乡镇企业)。三是有经营收入和还款保证的农村文教、卫生、科研等事业单位。四是经有关部门批准从事手工业、商业、运输、建筑、服务业等农村个体经济户和经济联合体。上述范围,对发展商品生产和流通过程中所需的生产周转、生产设备资金和农户个人生活消费资金均可给予信贷支持。对推广科学技术、采用新工艺所需资金应积极给予支持。

除一般农户小额贷款外,其他贷款者必须具备:一是承包单位(户)有经营承包合同,经济联合组织有联合协议书,工商、运输、建筑、服务等经营单位或个人还要有工商行政管理部门发给的营业执照或筹建许可证,具有法人资格。二是实行独立核算、自负盈亏,生产经营符合国家政策,原料有来源,生产有技术,产品有销路。三是有符合规定比例的自有资金,有明确的盈余分配办法。四是有相应价值的适用适销物资和财产做贷款保证。五是有具有相应经济实力的单位或个人担保,在被担保者不能履行借款合同规定义务时,担保者承担相应经济责任。六是有条件的地区必须参加保险。七是自愿申请,债务落实,遵守信用。凡在信用社贷款的乡镇企业、各种形式的经济联合体和专业户都要在信用社开立存款账户,按期报送生产经营计划和财务收支情况以及有关的统计资料,接受信用社监督和检查。国家机关干部、全民所有制企业单位干部职工以及银行和信用社的干部职工,都不能在信用社贷款。其非城镇户口的行、社干部职工家属生产或生活资金需要,视同社员户贷款办理。

1989年3月10日,人行、工行、农行、建行、中行、中国人民保险公司(5行1司)喀什支行、分公司联合印发《关于利用保险手段确保企业正常经营和银行信贷资金安全的联合通知》,要求凡与信用社有信贷关系的企业,必须在当地的中国人民保险公司参加财产保险,并要保全、保足,以保障企业财产和信贷资金的安全。要将企业是否参加保险作为放贷的一个条件。

1991年5月10日,农行自治区分行印发《新疆农村信用社信贷管理规范化实施细则》。明确贷款基本条件:即一是必须在信用社辖区范围内,借款人必须是经济实体,具备法人资格或自然人资格。二是生产经营项目必须符合社会需要,符合国家经济政策,必须合法、可行及有效,并符合产业政策和当地经济发展规划。三是参加财产保险,借款有计划,用途合理,自有资金符合规定比例,清偿债务能力充足,在信用社开立基本账户(除农户外),愿意接受信用社监督。属于申请固定资产贷款的借款户,还需具备:一是贷款项目有经上级主管部门批准的计划及开工通知。二是贷款项目已完成开工前期准备工作。三是在信用社开户并存入规定比例的货币资金。四是项目竣工投产所需流动资金落实。

1992年7月4日,农行自治区分行转发农行《关于农村信用社对三、四类企业贷款实行财产抵押的通知》,明确农村信用社乡镇企业贷款余额占各家金融机构同类贷款余额总和的63%。要求农村信用社在今后办理三、四类乡镇企业贷款时,一律实行财产抵押。过去凡未实行抵押的,必须重新签订合同。

2007年2月8日,自治区联社印发《新疆维吾尔自治区农村信用合作社信贷管理基本制度》,规定客户(农户贷款客户除外)申请信贷业务具备条件:一是从事的经营活动合规、符合国家产业政策和社会发展规划要求。二是有稳定的经济收入和良好的信用记录,能按期偿还贷款本息,原应付利息和到期信贷已清偿或落实经营社认可的还款计划。三是在信用社已开立基本存款账户或一般存款账户,自愿接受信用社信贷监督和结算监督。四是有限责任公司和股份有限公司对外股本权益性投资符合国家有关规定比例,实行公司制的企业法人申请信用必须符合公司章程,或具有董事会授权或决议。五是除自然人和不需要经工商行政管理机关核准登记的事业法人外,须有人行核准发放的有效贷款卡,以及技术监督部门颁发的组织机构代码。六是除自然人和不需要经工商行政管理机关核准登记的事业法人外,必须经过工商行政管理机关办理《营业执照》年检手续,特殊行业须持有监督管理部门颁发的营业许可证。七是不符合信用方式的,必须提供符合规定条件的担保。八是除国务院规定外,有限责任公司和股份有限公司股本权益性投资累计额不超过资产总额的50%。九是资产负债率符合贷款人的要求。十是申请票据贴现,必须持有合法有效的票据。

农户贷款客户具备条件:一是居住在信用社的营业区域之内。二是具有完全民事行为能力,资信良好。三是从事土地耕作或者其他符合国家产业政策的生产经营活动,并有合法、可靠的经济来源。四是具备清偿贷款本息的能力。五是遵纪守法,诚实正直。

兵团农牧团场职工发放贷款,除具备地方农户规定的条件外,还需具备条件:一是借款申请人必须同所在团场签订合法、有效的土地、林木、养殖群、园林、农机具等承包或租赁合同,并取得有效的合法证明,同时出具已缴纳承包、租赁期内合同约定应缴承包、租赁费的合法凭据。二是具有一定的种植、养殖经验和经营管理能力,并有一定的经济实力和按期偿还贷款本息的能力。三是在贷款信用社开立活期或定期存款账户。四是办理与农业、畜牧、农机等经营范围相关的保险。五是团场负责人签署审核意见,出具监督、约束借款人按期偿还贷款本息的承诺。

2010年7月22日,自治区联社印发《新疆维吾尔自治区农村信用合作社信贷管理基本制度》。明确自然人一般农户申请信贷业务应具备的基本条件:一是年满18周岁,原则上不超过60岁,具有完全民事行为能力和有效身份证件。二是居住在信用社的服务区域,且有固定住所。三是在居住地从事土地耕作或者其他符合国家产业政策的生产经营活动,并有合法、可靠的经济来源,具备清偿贷款本息的能力。四是遵纪守法,诚实正直,资信良好,无不良信用记录。

自然人其他申请信贷业务应具备的基本条件:一是从事的经营活动合规、符合国家产业政策和社会发展规划要求。二是有合法的经济收入和良好的信用记录,具有按期偿还贷款本息的能力。三是在信用社已开立基本存款账户或结算账户,自愿接受信用社的信贷监督与检查。四是持有《营业执照》的,必须经过工商行政机关办理《营业执照》年检手续,特殊行业须持有监督管理部门颁发的营业许可证。五是不符合信用贷款条件的,应提供符合规定的担保。六是信用社要求的其他条件。

企(事)业法人、其他经济组织申请信贷业务应具备的基本条件:一是符合国家产业政策、信贷政策、环保政策和发展规划的要求,所从事的生产经营活动合规、合法。二是持有工商行政管理机关或主管机关颁发并经年检合格的《企业法人营业执照》或《事业法人证书》,特殊行业还须持有监督管理部门核发的从业许可证,并在税务机关办理《税务登记证》。三是持有人行核准发放并经年检合格的《贷款卡》以及质量监督部门颁发并经年检合格的《组织机构代码证》。四是在信用社开立基本存款账户或一般存款账户。

五是有符合规定比例的资本金和资产负债率。六是有限责任公司和股份有限公司对外股本权益性投资符合国家有关规定比例,实行公司制的企业法人申请贷款必须符合公司章程,且具有董事会(股东会、股东大会)授权或决议。七是有良好的信用记录,具有按期还本付息的能力,原结欠贷款本息已清偿或落实贷款人认可的还款计划。八是对不符合信用贷款条件的,应按规定提供担保;申请票据贴现必须持有真实、合法、有效的有关商品交易、劳务供应合同,以及能够证明票据项下的交易确已履行的凭证。九是经营社规定的其他条件。

六、贷款程序

20 世纪 50~70 年代,社员贷款一般由信用社的社员代表、信用小组或村干部介绍,包片包村信用社干部审查发放。非社员贷款一般由村、乡政府机关或单位开具证明,经信用社理事会和银行同意后办理借款手续。贷款金额较大的由信用社主任审查发放。信用社按照"期短、额小、灵活周转"的原则发放贷款,贷款一般不超过一个生产季节,自有资金富裕的地方也有发放期限不超过一年的贷款。

1980 年 10 月,人行岳普湖县支行严格执行人行自治区分行《关于发放城镇个体工商户贷款掌握意见的通知》精神,对有偿还能力,有一定自有资金,持有工商管理部门发给的营业执照,经营正当,符合政策的城镇各种手工业饮食服务行业、货郎担、小商贩、夫妻店等个体工商业者,在用自筹资金购买简单设备、工具或生产加工用的原料和经营的小商品有困难时,银行可以给予适量的贷款。每户贷款金额最高不得超过 1500 元,期限最长为一年,利率月息四厘二,逾期加息 20%。对于符合上述贷款条件要求贷款的个体工商业者,贷款前应由本人提出书面申请,借款时订立契约,确定还款期限,贷款人确认贷款条件,并经有关单位或两名正式职工担保,银行审查同意后,办理贷款手续;贷款逐笔核批。对于个人购买汽车和维修住宅不贷款。

1983 年 3 月 23 日,农行自治区分行印发《信用社对双包户、专业户(重点户)贷款的暂行规定和分行〈补充规定〉》。明确贷款管理:一是一个贷户一般只能在一个信用单位申请贷款;二是坚持按审批权限发放贷款;三是坚持贯彻按期限管理贷款的制度;四是加强贷款发放使用情况的检查。每个农户贷款余额不超过 5000 元的由信用社审批发放,5000 元以上报支行审批;社队集体、社队企业贷款,每个核算单位贷款余额不超过 2 万元的由信用社审批发放,2 万元以上的报支行审批。

1986 年 3 月 20 日,农行制定《农村信用合作社贷款管理暂行办法》。明确借款单位(户)借款,必须提出借款申请,按规定办理贷款手续。信用社在放款前,要做好贷前调查,进行可行性研究,预测效益,择优支持,按审批权限逐级审定后,才可发放贷款。对贷款期限短、数额小、信用好的农户,可简化贷款手续。发放贷款要坚持逐笔核贷,逐笔立据。谁用款、谁立据、谁归还。不得集体立据个人用款,不得一人立据多户用款。借款合同依法签订后,具有法律约束力,任何一方要求变更或解除原合同,必须以书面形式及时通知对方。新协议未达成之前,原借款合同仍然有效。

强调信用社贷款实行按期限管理制度。贷款到期前,必须向贷户发出催收贷款通知书。如贷户暂时无力归还贷款,必须在贷款到期前三天向信用社提出延期申请,经批准后,办理延期手续。办理延期贷款必须从严掌握,延期只能一次,期限最长不得超过原贷款期限。贷款实行民主管理,加强群众监督。信用社应定期不定期向社员口头或张榜公布贷款情况,听取群众意见和反映,并进行分析研究,提出改进措施。建立贷户经济档案,掌握贷户基本情况,做到心中有数,提高贷款管理水平。

1987年,农行新疆分行制订《农村信用社贷款审批办法及浮动利率办法》。规定信用社贷款审批权限:一是分级审批的贷款(不含乡镇企业设备贷款)额度,建立县联社的地方,由信贷员,基层信用社副主任、主任,理事会,县联社分级审批额度。二是未建立县联社的地方,县支行执行县联社一级的审批。三是乡镇企业设备贷款,贷款额度在20万元以上的,由基层信用社和农行县支行进行可行性调查,逐级上报审批。

1991年5月10日,农行自治区分行印发《新疆农村信用社信贷管理规范化实施细则》。明确贷款发放的基本程序:一是必须先由借款人自愿提出意向申请,信用社初步确认其申请后,再由借款人填交申请书。申请书一般由所在主管单位予以证明(农户由所在村、企业由主管部门),有担保的,担保单位应签署意见,连同有关证明文书、资料等一并交信用社。二是信用社受理贷款申请后,必须进行贷前调查。贷前调查由信贷员负责,并在受理申请后10日内日完成调查,并向贷款审批小组提出调查结果及初步意见。三是信用社发放贷款必须坚持贷时审查,贷时审查由相应权限级别的审批小组采取集体审查、主要负责人审定的形式。四是信用社发放贷款,必须根据借款人信用程度和贷款项目的风险程度选择适宜的放款方式。五是凡经审查同意贷款的单位或个人,除小额农业生产费用贷款外,生产基金存贷挂钩的贷款可以以据代合同外,其他贷款都要根据审批意见签订合同。六是信用社会计人员凭贷款申请书和借款合同办理贷款手续,并做好贷款发放程序的复审工作,按章办理借款手续。七是逐户建立贷款登记簿和贷款账务,按期核对,做到账据、账卡、账表、账账四相符,并做到信贷员与会计双线核对相符。八是信用社要做好贷后检查工作。贷后检查由信贷员负责。九是严格坚持到期催收,延期申请,按期收回制度。十是凡收回贷款,必须按有关制度规定,认真办理一切手续,做到严密无误。

1994年,人行喀什支行转发《金融机构大额贷款报备制度暂行办法》和《大额提现制度暂行办法》。明确规定各城市信用社(含联社)发放的中长期贷款在20万元以上、短期贷款在30万元以上须向所在地人行报告备案。各信用社发放的长期贷款在50万元以上、短期贷款在80万元以上的由所在地人行转报自治区分行。报备时间:每笔大额贷款合同签订后最迟不超过 5 个工作日。

2010 年 5 月 5 日,县联社规定贷审会贷款审查审批权限:金额 3 万元以上(不包括 3 万元)5 万元以下的(包括 5 万元)贷款由贷款审查审批委员会办公室审批。金额 5 万元以上(不包括 5 万元)10 万元以下的(包括 10 万元)贷款由贷款审查审批委员会副组长艾尼瓦尔·阿布杜卡迪尔审批。金额 10 万元以上(不包括 10 万元)20 万元以下的(包括 20 万元)贷款由贷款审查审批委员会副组长冯庆审批。金额 20 万元以上(不包括 20 万元),30 万元以下的(不包括 30 万元)贷款由贷款审查审批委员会权审批。对于 30 万元以上贷款进行审查并开会通过后,报自治区联社信贷咨询委员会办公室备案同意方可签批发放。贷审会投票实行无记名投票表决和举手表决两种方式。对于额度 5 万元至 10 万元之间的贷款实行举手表决方式,10 万元以上的实行无记名投票表决方式。各信用社贷款审批权限:1.信贷员审批期限 1 年以下金额 1 万元的贷款(包括 1 万元)。2.贷款审批审查小组审查审批期限 1 年以下(包括一年)金额 1 万元至(不包括 1 万元)3 万元的贷款,期限 1 年以上的贷款在贷款审查审批领导小组办公室记录备案后方可签批,3 万元以上一切贷款报联社审批通过后发放。3.展期贷款期限程序一律按照贷款审查审批权限实行,但信贷员无权力决定展期贷款期限。

2012 年 2 月 4 日,岳普湖县联社规定贷审会贷款审查审批权限:金额 3 万元以上(不包括 3 万元)10 万元以下的(包括 10 万元)贷款由信贷审批委员会办公室审批(此类信贷审批委员会副组长艾尼瓦尔·阿布杜卡迪尔主持)。金额 10 万元以上(不包括 10 万元)的贷款由信贷审批委员会有权审批。10 万元以上贷款的审查审批会议由联社主任冯庆主持,并且理事长、监事长亲自参加。审批会投票实行记名投票表决。对于额度 3 万元以上的贷款一律实行记名投票表决。各信用社贷款审批权限:1.信贷员审批期限 1 年以下金额 1 万元的贷款(包括 1 万元)。2.贷款审批小组,审批期限在 1 年以下(包括一年)金额 1 万元至(不包括 1 万元)3 万元的贷款(包括 3 万),期限 1 年以上的贷款向贷款审批委员会办公室记录备案后办理(包括展期),金额 3 万元以上贷款一律报联社审批通过后方可发放。

2013 年 8 月 23 日,县联社规定贷审会信贷审批权限:对于农户小额信用贷款,按照《新疆维吾尔自治区农村信用合作社农村小额信用贷款管理办法》,按信用评定小组的授信额度,信贷员发放,主任监督;对于担保贷款所有信用社单笔贷款审批权限不得超过 5 万元(含 5 万),5 万元以下的贷款由信用社成立信贷小组负责调查、审批、发放,由信用社相关人员承担全部责任,各信用社要成立贷款审批小组,小组成员不低于三人(奇数),所有担保贷款必须召开贷款审批小组会议,做好会议记录,由信用社主任审批发放;5 万元以上 20 万元以下(含 20 万)的贷款由联社分管信贷主任审批(不少于 5 个贷审会委员表决,A 岗:吐逊江·赛麦提、依布拉依木·热扎克、拜合提亚尔·依明、古丽娜尔·阿西木、周磊;B 岗:阿里木·卡热曼、凯赛尔·塔伊尔,监督委员米热古丽·孜明参会,监督贷审会程序);20 万元以上的贷款由联社主任召开贷审会表决审批,并理事长对所有审议通过的贷款执行一票否决权,需要自治区联社报备咨询的贷款一律经联社理事长签字同意后向自治区联社报备咨询(A 岗:冯庆、吐逊江·赛麦提、佟明亮、依布拉依木·热扎克、周磊、古丽娜尔·阿西木、拜合提亚尔·依明;B 岗:阿里木·卡热曼、凯赛尔·塔伊尔,监督委员唐努尔·艾买提参会监督贷审会程序);根据《新疆维吾尔自治区农村信用合作社贷款展期管理办法》及《新疆维吾尔自治区农村信用合作社借新还旧贷款管理办法》规定,借新还旧贷款审批及贷款展期权限一律在联社所有,展期贷款按金额大小开会审议。贷款展期必须在贷款到期 30 日前向信用社提出书面申请,由信用社受理并初审。对初审符合贷款展期条件的,信用社必须对借款人的经营状况和还款能力进行综合测算,落实还本付息资金来源及还款计划,贷款到期 25 日前报联社审批;在网点发放的所有贷款无论金额大小,由各网点负责收贷收息,并承担贷后和风险管理的终身责任。

第二节 "三农"贷款

一、农牧业贷款

1963 年,人行喀什地区中心支行根据人行新疆分行指示,为有效打击农村高利贷,支持信用社发放好贫下中农、贫苦牧民的生产生活贷款,解决贫下中农、贫苦牧民生产、生活困难。县域信用社根据实际情况,社员贷款按照 3.6‰的幅度清收利息。

1966 年 2 月 21 日,人行自治区分行转发《中国人民银行关于加强农业贷款工作的几项规定》。规定:固定到各省、市、自治区的农贷资金,要把长期农贷和短期农贷划分一个适当的比例,长期农贷用于支援社、队农田基本建设和生产设备的资金需要;短期农贷用于支援社、队当年生产费用资金的不足。发放农业贷款必须坚持群众路线,反对包办代替,克服恩赐观点。生产队向国家银行要求贷款,先要经过社员讨论,贫下中农协会(小组)同意;贷款的使用要受贫下中农协会的监督。发放农业贷款必须执行确有物资、物资适用、群众欢迎、讲求实效的原则。贷款必须坚持有借有还、到期归还、再借不难的原则,反对重放轻收。

1966 年 10 月 14 日,按照人行自治区分行关于修改社队农贷资金使用管理一些具体规定的通知精神,对社队举办的集体生活福利(如农村统一食堂、托儿所、打饮水井等)方面的合理资金需要,统一由信用社办理贷款(信用社资金不足,银行应对信用社给予支持)。坚持贯彻社队自力更生为主、国家援助为辅;财政信贷资金分口管理分别使用;统筹安排、重点使用、兼顾一般;确有物资、物资适用、群众欢迎、讲求实效和有借有还、到期归还等基本政策原则。

1980年2月,县域信用社帮助解决社员临时生产、生活的资金困难,对"五保户"的困难由生产队公益金解决;长期困难户由生产队帮助安排农活并用公益金和社会救济费予以解决。信用社对国营农牧企业及供销社不办理贷款。

1983年,随着农村联产承包责任制的普及、稳定、完善和农民家庭副业的发展,农村双包户、专业户(重点户)已逐步成为信用社贷款的主要对象。为适应双包户、专业户发展生产和流通商品的需要,做好双包户、专业户贷款工作,农业银行制订《关于信用社对双包户、专业户(重点户)贷款的暂行规定》及《补充规定》。执行党的农村政策,支持双包户、专业户(重点户)发展生产和商品流通,使农民尽快富裕起来;认真贯彻执行决不放松粮食生产,开展多种经营的方针和计划经济为主,市场调节为辅的原则;坚持自力更生为主、贷款支援为辅,区别对待、择优扶持,统筹安排、合理使用,谁用谁借谁还、有借有还、到期归还等原则;尊重农民借款的自主权和维护信用社管理信贷的自主权。

1984年,县域信用社根据《国务院批转中国农业银行关于改革信用合作社管理体制的报告的通知》精神,在同等条件下,对入股社员贷款可以优先,利率可以优惠。信用社组织的资金,优先用于农村。存款除按规定比例向农业银行交提存款准备金外,其余资金有权按国家信贷政策充分运用,多存可以多贷。信用社发放贷款,贯彻以承包户、专业户(重点户)为主,以农业生产为主和以流动资金为主的方针,在保证农业贷款需要的前提下,可以经营农村工商信贷业务。

3月10日,县域信用社贯彻执行《关于印发〈新疆维吾尔自治区农村信用合作社管理体制改革实施方案〉的通知》,贷款项目,只要符合国家政策,可根据农村经济发展的实际需要掌握。贷款手续,只要能保证贷款安全和预测有经济效益,也可以灵活办理,如实行贷款合同制,全年一次核定贷款额,分期发放,或实行贷款信用证等办法。贷款期限以生产和流通周转确定并按期限管理贷款。对不守信用的按规定实行加息、罚息制度。

1986年3月20日,农行自治区分行转发农业银行下发的《农村信用合作社贷款管理暂行办法的通知》。县域信用社发放贷款,贯彻自力更生为主,贷款支持为辅的方针,坚持量力而行,讲究实效;区别对待、择优扶持;确有适用适销的物质保证;有借有还到期归还的基本原则。

1987年10月1日起,农行县支行对信用社信贷资金实行比例管理,建立存款准备金、业务周转金、呆账准备金和各项贷款、乡镇企业设备贷款的比例。信用社在遵守国家金融法规和政策的前提下,实行自主经营、独立核算、自负盈亏、自担风险的经营方针,坚持信贷资金以存定贷、多存多贷、自求平衡和比例管理的原则。各项贷款余额占各项存款余额加自有资金之和的比例,一般控制在75%以内;乡镇企业设备贷款增加额占乡镇企业贷款增加额的比例,一般控制在30%以内,经人行、农行批准后可适当放宽。信用社信贷资金投向,坚持以承包户、专业户(重点户)为主,以农业生产为主和以流动资金为主的方针,在保证农业贷款合理需要的前提下,资金有余,可以经营农村工商信贷业务。

2001年底,县联合社各项贷款余额2358万元,其中:集体贷款627万元,农户贷款1302万元,抵质押贷款48万元,其他贷款381万元(生产、养殖、菜、瓜果)。

2002年,县联合社组织力量,深入全县各乡镇,对1142个畜牧户进行统计调查,只有592户是具备养殖条件,238户是需要贷款支持的畜牧户,经信用联合社研究决定,从2002年12月开始发放贷款给予支持,发放二年期畜牧贷款516万元。2002年,县联合社发放各项贷款4599万元,其中:集体贷款276万元,农户小额信用贷款1450万元,联户担保其他贷款2672万元(其中:畜牧贷款1146万元,收回441万元,现余705万元),抵质押贷款201万元。

2007年2月8日,自治区联社印发关于《新疆维吾尔自治区农村信用合作社信贷管理基本制度》的通知。信贷业务经营和管理必须坚持安全性、流动性和效益性相统一的原则,必须坚持贷前调查、贷时审查和贷后检查制度。实行审贷分离制度,按照横向平行制约原则,县联社必须设置信贷管理部门,成立贷款审查委员会,设立客户部门。实行贷款审查委员会(小组)制度、信贷业务权限管理制度、信贷业务报备咨询制度、信贷业务责任人制度、信贷信息披露制度。信用社要坚持为"三农"和入股社员服务的办社宗旨,大力支持农村产业结构调整和农业产业化。信贷投放的重点是农村、农业和农民以及兵团农牧团场及职工。在满足"三农"资金需求的基础上,经济较发达、客户资源相对丰富区域的经营机构可适当支持符合贷款条件的中小企业及民营经济。

2009～2014年岳普湖县联社农业贷款发放情况表

表8-2   单位:万元、户

年份	累放金额	户数	年份	累放金额	户数
2009	6598	405	2012	14060	678
2010	8843	471	2013	15259	855
2011	10841	583	2014	53624.1	—

二、农户小额信用贷款

2002年1月24日,县联合社成立农户小额信用贷款领导小组。组长:联合社理事长杨化石,副组长:联合社主任卡米力·江米吉提、联合社副主任艾沙·吐尔,成员:计划信贷股股长阿布力孜·卡地尔、会计股股长阿布力孜·买买提、铁力木乡信用社主任吾守尔·阿依甫、下巴扎乡信用社主任艾尔肯·提力瓦地。领导小组下设办公室;办公室设在联社计划信贷股,办公室主任由阿布力孜·卡地尔兼任。年初,在各乡镇全面推行小

186

额农户信用贷款。调查农户 25925 户，建立农户档案 21916 户，评定信用等级户 9269 户，占农户 42%（优秀 359 户，较好 1747 户，一般 7263 户），发放小额信用贷 1412 万元，占 2002 年新增贷款 42%，占农业贷款 30%。本期余额是 150 万元。年末，县联合社发放各项贷款 4599 万元，较上年底增加 2241 万元，其中：集体贷款 276 万元，收回 110 万元，现余 116 万元；农户小额信用贷款 1450 万元，收回 1170 万元，现余 280 万元；联户担保其他贷款 2672 万元，收回 439 万元，现余 2233 万元（其中：畜牧贷款 1146 万元，收回 441 万元，现余 705 万元），抵质押贷款 201 万元，收回 149 万元，现余 52 万元；不良贷款 1330 万元，较上年底减少 226 万元。

2003 年，县联合社在 2002 年建立的信用等级档案基础上，对不守信的 394 户农户的各信用等级予以撤销处理。又增评 2081 户农户信用等级，评定信用等级的农户总数达到 11459 户，占建立信用等级档案农户的 52.6%。应发放小额信用贷款 2391.5 万元，其中：被评为优等级农户为 395 户，应放款 386.6 万元，良等级农户为 1965 户，应放款 798.6 万元，好等级农户为 9099 户，应放款 1206.3 万元。截至 2003 年 5 月 25 日被评为各等级 8960 户农户已贷款 1836.1 万元，其中：被评为优等级 336 户农户贷款 256.7 万元，良等级 1815 户农户贷款 691.2 万元，好等级 6819 户农户贷款 888.2 万元，核发小额信用贷款证应贷贷款总额为 2391.5 万元。

2006 年，县联合社累计发放农业贷款 9025 万元，其中累计发放农户小额信用贷款 5700 万元。

2007 年，县联社根据《农村信用合作社发放小额信用贷款指导意见及实施办法》的要求，对全县七乡二镇、县直农林收场 24000 户农民建立信用等级档案，实际发放小额信用贷款为 6165 万元。

2008 年，县联社对全辖 9 个乡镇、5 个国营农林牧场、22354 信用户发放 9556 万元农户小额信用贷款。截至 11 月 30 日已收回农户小额信用贷款 8240 万元，收回率 86%，仍有 2486 农户的 1286 万元贷款到期后未收回，导致不良贷款有所增加。其中归还一部分贷款本金的农户有 1187 户贷款金额为 464 万元，全部未还的农户有 1259 户贷款金额 822 万元。同年，联社根据自治区联社文件精神，积极筹措资金，加大信贷投入，全力支持春耕备耕生产。结合岳普湖县开展的创建信用乡（镇）、村、户建设，争取县人民政府的大力支持和帮助，抓好信用村、乡（镇）的评定工作，与此同时，根据《农户小额信用贷款发放实施细则》的要求，对全县七乡二镇，县直农林牧场共 29598 农户进行调查，有 24735 农户建立信用等级档案，并评定信用等级核发小额信用贷款证的户数为 22450 户，占全县农户的 76%，授信额度为 11823 万元。其中：被评为优等的农民为 912 户，良等级的农民为 3080 户，评为一般农民为 18458 户，为切实解决农户"贷款难"和信用社"难贷款"的问题奠定基础。联社信贷员采取延长工作时间、加班加点等措施，按时发放农业贷款，满足广大农民对农业生产贷款需求。县联社优先满足农户购买化肥、种子、农药、地膜和农机具等主要生产资料的资金需求,截至 10 月底贷款累计发放额 14355 万元(农业贷款累计发放额 11487 万元,其中:累计发放农户小额信用贷款 9556 万元,占农业贷款总额的 83.19%)。

2009 年 11 月末,县联社累计发放农业贷款 15633 万元,其中:农户小额信用贷款 9050 万元,小额信用贷款占农业贷款的 58%。

2010 年,县联社农业贷款余额 1.4 亿元,较年初增加 5400 万元,增长 64%,占贷款总额的 74%,其中:农户小额信用贷款余额 7143 万元,较年初增加 3645 万元,增长 104%。各项贷款比上年增长排名前三个信用社为:阿其克、色也克、巴依阿瓦提信用社。

2011 年,县联社根据《农户小额信用贷款管理实施细则》要求,对岳普湖县七乡二镇,县直农林牧场在 2011 年评定有信用等级且需要贷款的 13261 家农户发放 2.25 亿元农户小额信用贷款,年末余额为 14803.55 万元。

2013 年 5 月 31 日,联社自 2002 年在全辖范围内开展农村小额信用贷款发放工作以来,截至 2013 年 5 月 31 日发放小额信用贷款 15557 笔,余额 23644.70 万元,其中贷款未到期笔数 15147 笔,金额 23134.95 万元,到期未收回笔数 410 笔,金额 509.75 万元。

三、农户联保贷款

农户联保贷款是农村信用社对农户自愿组成相互承担、保证责任的联保小组发放的贷款,实行个人申请、多户联保、周转使用、责任连带、分期还款的管理办法。旨在增加对农户和农业生产的信贷投入,满足农户在生产、生活方面的信贷资金需求。农村信用社按规定对参加农户联保的自然人(具备下列条件的借款人)组成联保小组:具有完全民事行为能力;单独立户,经济独立,具有本地户籍,常年在本地居住,具有固定住所;具有合法、稳定的收入;无不良信用记录;遵纪守法、诚实正直;从事种植业、养殖业及其他与农村经济发展有关的生产经营活动;在信用社开立存款账户;贷款人在得到贷款前,必须在农村信用社存入不低于借款额 5% 的活期存款作为小组互助金,联保小组成员的互助金存入农村信用社专户,小组成员可自主处理互助金。

2002 年,县联合社发放联户担保其他贷款 2672 万元。2003 年,县联合社根据岳普湖县委、县政府在 2003 年灾后重建家园的基础上,再利用三至四年的时间对全县土块房屋进行全面改造的决定,制定《岳普湖县农村信用社农户小额联保贷款管理实施方案》,准备发放农户小额联保贷款,支持农民改造危房。

2005 年,岳普湖县联合社发放农户联保贷款 298 万元。

2007 年 2 月,自治区联社制订《农户联保贷款管理办法》。农户联保贷款实行个人申请、多户联保、周转使用、责任连带、分期还款的管理办法。贷款用途可用于种植业、养殖业等农业生产费用贷款;加工、手工、商业等个体多种经营贷款;消费性贷款;助学贷款;信用社规定或批准的其他用途。联保小组原则上应由从事不同行业且非直系亲属的成员自愿组成,成员原则不少于 5 户。联保协议有效期由借贷双方协商议定,但最长不得超过 3 年。联保协议期满,经信用社同意后可以续签。联保小组所有成员必须遵循自愿组合、诚实守信、风险共担、承担连带责任的原则。联保小组成员在全体成员偿还信用社所有贷款本息后,可自愿退出联保小组;未全部清偿前申请退出的,须经联保小组全体成员一致同意并经贷款信用社审查同意,方可退出,未清偿的贷款本息由联保小组其他成员承担连带保证责任;联保小组成员在未清偿自身贷款本息前不准退出联保小组。经联保小组成员一致同意并经贷款信用社审查同意,可以开除违反联保协议的成员,并责令被开除者在退出前还清其所欠贷款本息。被开除联保小组成员 1～2 年内不得与其他成员组成新的联保小组。联保小组成员需要贷款时必须分别提交个人借款申请书,贷款信用社按相关规定认真进行审查,审查通过后,报有权人签批。经有权人签批后,在授权范围内与借款人签订借款合同,并附联保协议;超过审批权限的,按信贷业务权限管理的有关规定办理。联保贷款期限由贷款信用社根据借款人生产经营活动的周期确定,但最长不得超过联保协议的期限。农户联保贷款利率可根据信用社筹资成本、贷款风险等情况进行测算。具体利率由联社在人民银行公布的贷款基准利率和浮动幅度范围内确定。农户联保贷款还款可采取一次性偿还和分次偿还两种方式,还款方式需在借款合同中约定。贷款期限超过 1 年的,从贷款期限满 1 年起,应分次偿还本金。农户联保贷款实行按季结息。分次偿还本金的,按贷款本金余额计收利息。同年,县联社累计发放农户联保贷款 25 万元。

四、安居富民工程贷款

2007 年,县联社发放抗震安居工程贷款 21 万元,为全县 3606 户居民新建安居房累计发放信贷 7136.25 万元,

2010 年,自治区政府为让各族群众住得上房、住上好房,开始实施"安居富民"工程,并按照"面积、功能、质量、产业二十年不落后"的要求,高起点、高标准推进工程建设。岳普湖县联社按照岳普湖县委、县政府的要求,在开展"安居富民、富民兴牧"建设活动中,充分发挥扎根农村、服务"三农"的优势,积极与县、乡镇政府沟通协调,跟进金融服务,加大信贷投放力度。2010 年累计发放 336 笔,金额 363.25 万元。

2011 年 7 月,县联社与岳普湖县财政局及岳普湖县安居富民工程建设领导小组办公室签订三方协议,贷款对象为岳普湖县境内修建、加固安居富民住房并有信贷资金需求的村民自然人。贷款担保主要采取自然人保证的担保方式,政府不承担担保责任,单户最高授信金额不超过 3 万元第一批贷款,借款期限最长不超过 4 年。至年末,县联社安居富民工程贷款 3826 笔,余额 754222 万元。

2011 年岳普湖县联社安居富民工程贷款汇总表

表 8 - 3
单位:元

序号	社名	贷款金额	笔数	利息	县财经局已支付金额	县财经局未支付金额
1	岳普湖乡	9720000.00	486	222880.17	—	222880.17
2	岳普湖镇	4760000.00	238	132208.05	—	132208.05
3	也克先巴扎乡	10367500.00	550	316041.52	12955.38	303086.15
4	艾西曼镇	7954000.00	400	232296.26	—	232296.26
5	阿其克乡	12140700.00	610	647956.42	26543.94	433465.70
6	色也克乡	14260000.00	731	483574.61	3388.06	480186.56
7	铁力木乡	9640000.00	477	381965.83	22599.00	359366.83
8	巴依阿瓦提乡	5540000.00	277	221132.40	13047.00	208085.40
9	阿洪鲁库木乡	1040000.00	57	41751.00	—	41751.00
10	合计	75422200.00	3826	2679806.26	78533.38	2413326.11

2012 年累计发放 3366 户,3366 笔,金额 6748.80 万元。截至 2012 年 12 月 31 日,安居富民贷款 7192 笔,余额 14291 万元,解决 7192 户农户住房问题。

2013 年 8 月 27 日,岳普湖县富民安居工程领导小组在色也克乡、巴依阿瓦提乡召开富民安居工程示范、资金筹措现场会。自开展安居富民贷款工作以来,岳普湖县农村信用社累计发放安居富民贷款 14836.6 万元。全县开工建设 2410 户,已完成 1620 户建房户信息的采集工作,其中,基础完工 860 户,半主体完工 670 户,主体完工 720 户,封顶竣工 160 户,占计划任务的 80.3%;危旧房拆除 2050 户。同年 11 月末,岳普湖县联社已发放安居富民贷款 9379 笔,金额 19504.70 万元。

五、中小型农机具贷款

中小型农机具贷款是信用社为支持农村经济发展,提高农业机械化程度,为客户购买中小型农机具提供资金支持。借款人应具备年满 18 周岁,有完全民事行为能力,具有有效身份证明的自然人;持有本地常住户口或有效居民身份,有固定住所;具有正当职业和稳定的经济收入,能保证按期偿还贷款本息;在信用社开立账户,已支付 20% 以上的购农机款,并存入特约经销商开立的存款账户;能提供有效的财产抵押质押或第三方保证担保;贷款用途符合指定范围;贷款社的其他条件。特约经销商必须是农村信用社审查确定,与其签订《中小型农机具贷款合作协议》,且资金实力强、信用好并具备合法经营资格,在农村信用社开立结算专户,有一定的销售网络,经营及财务管理较为规范。

六、设施农业贷款

设施农业贷款是指利用现代技术手段和工业化生产方式,为动植物生产提供可控、适宜的生长环境,充分利用土壤、气候和生物潜能,在有限的土地上使用较少的劳动力,以获得较高的产量、优良的品质和经济效益高的农业生产项目发放的贷款。设施农业具有节水、节能、高产、高效、稳定、便利的特点,易被广大农民接受,适应农村发展实际,是农业现代化的重要标志。该类贷款为设施农业生产建设、经营提供资金,加快农业生产基础设施建设,提高农业生产科技含量。贷款农户和公司＋基地＋农户的设施农业企业借款人,应具备以下贷款条件:设施项目符合国家相关产业、区域政策和农业产业化的要求,持有政府有关部门的审批文件;贷款人自有资金在20%以上,具有担保资格;项目经有关机构认证,规模适度,预期效益良好;项目有利于提高农业增产、农民增收;带动转变传统农业生产方式,促进现代农业产业化发展。

七、畜牧业贷款

畜牧业贷款是农村信用合作社向借款人发放的用于养殖、畜产品加工等项目的贷款。为从事畜牧业生产和加工的贷款人提供资金,促进农牧民增收致富,加快畜牧业发展。从事畜牧业、农区养殖业的农牧民、养殖企业及以畜产品为原料的加工企业的借款人,应具备如下条件和要求:从事畜牧养殖、育肥和畜产品深加工;懂得科学养殖技术,有一定的防疫能力;自有资金不得低于30%;提供有效的担保方式。

2003年,岳普湖县联合社发放正常农业贷款4328万元,畜牧业贷款1303万元,林果业贷款额为152万元。

2007年,发放养牛贷款443万元,养鸡贴息贷款193万元。2008年,岳普湖县联社开办畜牧业贴息贷款,对象为畜牧业养殖大户,截至11月末,发放畜牧业贷款3865万元。

2011年12月21日止,县联社畜牧贷款884笔,金额1984.50万元。

2012年,县联社按照(《岳普湖县发展畜牧业贷款生产贴现贷款实施方案》)要求,紧密配合畜牧业贴息贷款工作领导小组的安排部署,截至年末,联社发放畜牧业贷款总计畜牧贷款893笔,余额2017万元。

截至2013年6月30日,县联社累计畜牧业贴息发放贷款893笔,金额2016.50万元,期限3年。

八、扶贫贴息贷款

贴息指用于从事微利项目的小额担保贷款由财政据实全额贴息,借款人本人贷款期内不支付利息,贴息最长不超过两年,过期不贴息。申请政府担保低息贷款的人员要同时满足四个条件:具有本市户口;属于"4050"人员("4050"人员是指处于劳动年龄段中女 40 岁以上、男 50 岁以上的,本人就业愿望迫切,但因自身就业条件较差、技能单一等原因,难以在劳动力市场竞争就业的劳动者。其中,相当一部分是原国有企业的下岗人员)并享受最低生活保障或家庭月人均收入 500 元以下的;参保缴费 5 年以上的;由于家庭生活困难中断缴费的。申请政府担保低息贷款人员可获得当期养老保险费及补缴养老保险欠费的全额贷款。贷款期限一般不超过 20 年,其中宽限期(贷款发放日至还款日)不超过 10 年,还款期不超过 10 年。申请贷款人员携带近期一寸免冠彩照一张,本人户口簿、身份证原件及复印件,婚姻状况证明(已婚人员须提供夫妻双方户口簿、身份证原件及复印件,离断保、尚未接续养老保险关系的人员须携带《终止解除劳动合同证明书》《养老保险增减变动情况表》或参保证明;在单位漏保的人员,须携带人事档案、《终止解除劳动合同证明书》。

2007 年,县联社实际发放贴息贷款总额 636 万元,其中:养牛贴息贷款 443 万元,养鸡贷款 193 万元。首次为各乡(镇)养殖大户发放中、短期贴息贷款 12 万元。

2008 年 1～9 月,县联社实际发放贴息贷款总额 660 万元,其中:养牛贴息贷款 622 万元,养鸡贷款 38 万元。

截至 2009 年末,县联社色也克信用社养牛贷款 25 笔,金额 25 万元,利息 8042.40 元,利率为千分之 9.45。

截至 2011 年末,县联社畜牧贷款 884 笔,金额 1984.50 万元,应收利息(7.0005‰)132.32 万元,其中:县财政局贴息部分(2.0005‰)37.82 万元,县扶贫办贴息 94.50 万元,已支付 64.23 万元,未支(5‰)30.27 万元。应付贴息金额 68.09 万元。

2014 年,县联社为全县 21000 余户农民累计发放贴息贷款 5500 余万元,使 2500 余户农民收益 670 余万元。为 122 户养殖专业户累计发放畜牧贷款 2250 余万元。

2010 年岳普湖县联社农户贷款情况统计表

表 8－4

项目名称	上期余额	本期余额	项目名称	上期余额	本期余额
农户贷款	18998	13621	1.3.2.2 可疑类贷款	2	27
1.农户短期贷款	16351	9874	2.农户中长期贷款	2647	3747
1.1.1 农户生产经营贷款	16351	9874	2.1.1 农户生产经营贷款	2605	3697
1.1.1.1 农户农林牧渔业生产贷款	16351	9874	2.1.1.1 农户农林牧渔业生产贷款	2605	3697
1.2.1 信用贷款	13236	7143	2.1.2 农户消费贷款	42	50
1.2.1.1 其中:农户小额信用贷款	13236	7143	2.1.2.1 其中:助学贷款	42	50
1.2.2 保证贷款	3099	2229	2.2.2 保证贷款	1797	3252

续表 8－4

项目名称	上期余额	本期余额	项目名称	上期余额	本期余额
1.2.3 抵押贷款	0	502	2.2.3 抵押贷款	850	495
1.2.4 质押贷款	16	0	2.3.1 正常贷款	2626	3724
1.3.1 正常贷款	16306	9847	2.3.1.1 正常类贷款	2614	3442
1.3.1.1 正常类贷款	15894	9126	2.3.1.2 关注类贷款	12	282
1.3.1.2 关注类贷款	412	721	2.3.2 不良贷款	21	23
1.3.2 不良贷款	45	27	2.3.2.1 次级类贷款	18	20
1.3.2.1 次级类贷款	43	0	2.3.2.2 可疑类贷款	3	3

第三节　企业贷款

一、业务发展

1971 年,国家下放信贷管理权限,支持地方"五小"工业贷款。

1972 年,经济工作有所恢复。以前被批判为"以副伤农"和"金钱挂帅"的社队企业又纳入信贷范围,农村信用社开始发放社(队)办企业贷款,信用社贷款有所增加。

1979 年开始的农村改革,推动自给半自给性经济逐步向商品经济转化,使农业比重相对下降,商品生产占绝对优势。信用社的业务对象和用途更多的由农业转向乡村工业。1979 年 11 月,农行颁布《农村社队企业贷款试行办法》,鼓励信用社发放社队企业贷款。

1981～1984 年,农业银行再次对乡镇企业贷款提出几次比较系统的重要政策规定,修正贷款办法的不足,规范信用社乡镇企业贷款管理。

1982 年 7 月 1 日,全面实行生产费用贷款合同,明确信用社与企业双方的责任。

1983 年,县域大批乡镇企业破土而出,资金需求增加,为支持乡镇企业发展,信用社发放大量贷款。

1984 年 12 月,农行自治区分行决定从 7 个方面放宽信贷政策。即:增加乡镇企业信贷额;增加贷款指标;增加乡镇企业设备贷款的比例,扩大企业生产能力;放宽贷款企业的自有资金比例;放宽贷款期限;扩大金融服务范围;放宽企业使用现金范围,对符合各种开户条件的企业,可分别允许开立户或存折户。

1985 年 5 月,国务院印发《关于严格控制乡镇企业贷款的通知》,农业银行转发此通知同时提出,乡镇企业贷款只能减少不能增加,收旧贷新,重点支持效益好、能创汇的企业;对已发放的贷款要全面检查。

1986 年 2 月 28 日,农业银行印发《农村信用合作社贷款管理办法》,对信用社发放贷款条件做出规定,符合条件,信用社方可与之签订借款合同,按照规定办理贷款手续,借款单位才能获得贷款。

20 世纪 90 年代初,岳普湖县域信用社贯彻控制总量、调整结构、强化管理、适时调节、提高效益的货币信贷方针,严格贷款条件,从严控制贷款总量,努力盘活存量,适时调节信贷规模和资金,信用社贷款都严格控制在核定的限额以内,贷款发放也比较审慎。

1994 年,农业银行为加强贷款风险管理,提出要严格掌握贷款对象和条件的要求,规定申请信用贷款的企业必须拥有 30% ~50% 的自有资金,严格对企业在他行开户及资金流向的审查,全面掌握企业资产负债情况后才能发放贷款,并要求企业在其账户内应经常保持相当于借款额 10% ~20% 的存款,作为支付保证金,对贷款投放限制增多,信用社贷款门槛有所抬高。

1996 年,农业银行与信用社"脱钩"后,信用社的贷款自主权增加,贷款投放量有所加大。针对一些信用社出现支农贷款有所减少的苗头,人民银行在 1998 年初发出《关于加大信贷投入,强化信贷管理,促进农业和农村经济发展的通知》,规定信用社用于种植和养殖业的贷款不得低于全部新增贷款的 40%,实行贷款总额与农业贷款挂钩的管理办法。同年,按照人民银行《关于扩大对小企业贷款利率浮动幅度的通知》,信用社对小型企业贷款利率上浮由 40% 扩大为 50%。20 世纪 90 年代,信用社贷款投放主要集中在乡镇企业。主要原因是改革开放逐步深入,乡镇企业迎来"二次创业"黄金时期,原有集体性质的乡镇企业开始大规模转制。经资产重组,建立一批适应市场机制的企业,企业规模急剧膨胀,资金需求量加大。由于这些企业多是信用社扶植起家的,对信用社依存度很高,随着企业发展,信用社必须加大支持力度。加之信用社逐步商业化经营的驱动,信用社也只有集中资金,保证"重点客户"需要,才能保证自己的利益。因此,乡镇企业贷款迅速增长。由于信用社贷款相对集中,一定程度上资产风险加大。

2005 年末,岳普湖县乡及乡以上工业企业单位数为 16 家,其中:国有企业 1 家,集体企业 1 家,私营企业 14 家,乡及乡以下工业企业完成工业总产值 7174 万元。2005 年全县商业企业 6 家,其中年销售额在 2000 万元以上,平均从业人员 20 人以上的限额以上商业企业 1 家。县联合社 2003 年开始办理对小企业贷款,截至 2006 年 9 月 30 日止,共办理 5 笔小企业贷款,贷款余额共计 265 万元,仅占农村信用社各项贷款余额的 2.92%。

2007 年,岳普湖县联社累计发放各类贷款 1.22 亿元,比 2006 年增长 26%,招商引资落户企业贷款 1665 万元。

2009 年,岳普湖县联社为招商引资落户企业贷款 4800 万元。

2010 年,联社累计发放企业贷款 2660 万元,贷款企业共计 9 家,其中县域招商引资企业 6 家,贷款总额 2210 万元,占发放的全部企业贷款的 83%。

截至 2011 年 6 月 30 日,共办理 19 笔中小企业贷款,贷款余额共计 2694 万元,仅占联社各项贷款余额的 6.48%。

截至 2012 年末,联社发放中小企业贷款余额为 7942 万元,笔数 33 笔,其中以社团贷款形式发放的有 20 笔,余额 4040 万元,联社自贷的有 13 笔,余额 3902 万元。2012 年累计发放中小企业贷款共计 27 笔,金额 10320 万元,其中给县内企业发放贷款 14 笔,金额 6720 万元(其中由联社牵头发放社团贷款 3 笔,金额 4300 万元),其他联社牵头的社团贷款 13 笔,金额 3600 万元。

2008 年岳普湖县联社招商引资落户企业发放贷款情况统计表

表 8-5　　　　　　　　　　　　　　　　　　　　　　　　　　　　　单位:万元

序号	借款人名称	累计发放贷款金额	贷款余额	始贷日期	到期日期
1	岳普湖县兰新植物化工有限责任公司	650	300	2008.11.20	2009.11.10
2	山东郓城县宏伟集团食品有限公司岳普湖县分公司	250	100	2008.11.20	2008.10.25
3	卡迪尔·艾买提	65	65	2008.10.27	2009.10.15
4	艾麦尔·努尔	100	100	2008.11.21	2010.10.25
5	陈磊	260	260	2008.7.10	2011.7.9
6	那买提·沙地尔	150	150	2008.6.18	2010.6.10
7	麦麦提伊敏·吾斯曼	100	100	2008.7.2	2009.6.20
8	艾合买提·买买提	120	120	2008.10.1	2009.9.10
9	艾麦提·艾海提	100	100	2008.9.26	2009.3.15
10	阿不都许库·阿不都克力木	250	250	2008.4.9	2010.4.8
11	岳普湖县新世纪有限责任公司	350	150	2008.11.13	2009.9.25
12	艾麦提江·买买提	150	150	2008.10.12	2011.10.5
13	新疆达瓦昆畜牧生物科技有限责任公司	190	90	2008.3.31	2009.2.28
14	岳普湖县蓝天再生产资源科技开发有限责任公司	100	100	2008.5.22	2009.5.20
15	岳普湖县天成滴灌带责任公司	50	50	2008.11.19	2009.11.10
16	岳普湖县振兴粮油制品加工有限责任公司	100	100	2008.11.21	2009.11.20
	合计	2985	2185	—	—

2010 年岳普湖县联社小微型企业分行业贷款情况表

表 8-6　　　　　　　　　　　　　　　　　　　　　　　　　　　　　单位:万元、户

项目	微型企业	个人经营性贷款
1.境内贷款余额合计	2942.67	21512.00
1.1 农、林、牧、渔业	433.67	21512.00

续表 8-6

项目	微型企业	个人经营性贷款
1.3 制造业	300.00	0.00
1.4 电力、热力、燃气及水的生产和供应业	1530.00	0.00
1.7 交通运输、仓储和邮政业	400.00	0.00
1.8 住宿和餐饮业	150.00	0.00
1.17 卫生和社会工作	129.00	0.00
附:	0.00	0.00
2.贷款当年累计发放额	1200.00	68549.10
3.贷款当年累计发放户数	4	21,451

2012 年岳普湖县联社农村企业及各类组织贷款情况统计

表 8-7
单位:万元

科目名称	上期数值	本期数值
农村企业及各类组织贷款	3744	2943
1.农村企业及各类组织短期贷款	1834	1538
1.1.1 农村企业短期贷款	1075	1530
1.1.1.1 其中:农林牧渔业贷款	0	0
1.1.1.2 其中:支农贷款	1075	1530
1.1.1.2.1 农田基本建设贷款	0	0
1.1.1.2.2 农产品加工贷款	465	575
1.1.1.2.3 农业生产资料制造贷款	610	955
1.1.2 农村各类组织短期贷款	759	8
1.1.2.1 其中:农林牧渔业贷款	759	8
1.2.1 正常贷款	1828	1440
1.2.1.1 正常类贷款	1828	1260
1.2.1.2 关注类贷款	0	180
1.2.2 不良贷款	6	98
1.2.2.1 次级类贷款	6	98
2.农村企业及各类组织中长期贷款	1910	1405
2.1.1 农村企业中长期贷款	1482	979
2.1.1.1 其中:农林牧渔业贷款	1482	0
2.1.1.2 其中:支农贷款	0	979
2.1.1.2.2 农产品加工贷款	0	979

续表 8-7

科目名称	上期数值	本期数值
2.1.2 农村各类组织中长期贷款	428	426
2.1.2.1 其中:农林牧渔业贷款	428	426
2.2.1 正常贷款	1478	1055
2.2.1.1 正常类贷款	1237	979
2.2.1.2 关注类贷款	241	76
2.2.2 不良贷款	432	350
2.2.2.1 次级类贷款	432	350
附:农村中小企业贷款	2557	2509
农村中小企业短期贷款	1075	1530
农村中小企业中长期贷款	1482	979
附:农村企业及各类组织农业综合开发贷款	434	434
农村企业及各类组织农业综合开发短期贷款	434	434
附:扶贫贴息贷款	170	451
扶贫贴息中长期贷款	170	451
个人扶贫贴息中长期贷款	170	451

二、社团贷款

2011 年,联社累计发放企业贷款 5220 万元,贷款企业共 17 家,其中岳普湖县域招商引资企业 14 家,贷款总额 4620 万元,占发放的全部企业贷款的 91%。联社成功组织 3 笔社团贷款 2600 万元,如岳普湖县兰新植物化工有限责任公司 1000 万元、岳普湖益华纸业包装有限公司 800 万元、岳普湖县友谊商贸有限责任公司 800 万元,参加其他联社组织的社团贷款 5 笔,金额 805 万元。

2012 年,联社累计发放招商引资企业贷款总额 10820 万元,贷款企业共计 29 家。其中:岳普湖县域招商引资企业 15 家,贷款总额 7020 万元,占发放的全部企业贷款的 65%。成功组建 3 笔社团贷款 4300 万元,如岳普湖县大陆公司油脂化工厂 1800 万元、新疆玉昆仑天然食品工程有限公司 1500 万元、岳普湖县兰新植物化工有限责任公司 1000 万元,参加其他联社组织的社团贷款 10 笔,金额 3102 万元。

2013 年 6 月 30 日止,联社社团贷款余额 12979.72 万元,贷款户数 22 户。其中有 6 家社团贷款是由县联社牵头组织的,金额 8143.30 万元,如:岳普湖县新岳家禽养殖有限责任公司 444.19 万元、岳普湖县兰新植物化工有限责任公司 1300 万元、岳普湖天瑞生物工程有限公司 1000 万元、新疆玉昆仑天然食品工程有限公司 3000 万元、岳普湖县大陆公司油脂化工厂 2200 万元,还有一笔社团贷款是给个人发放的,借款人那斯尔·忙苏尔,始贷日期 2009 年 9 月 4 日,始贷金额 450 万元,贷款余额 199.11 万元。参加其他联社组织的社团贷款 16 笔,金额 4836.42 万元。

第四节　其他贷款

一、个体工商户贷款

1981 年 2 月,农行自治区分行《关于信用合作工作的意见》规定,县域农村信用社可以对个体工商户贷款。1983 年,中国农业银行《关于信用社对承包户、专业户贷款暂行规定》强调,贷款对象包括自营专业户,贷款用途可以是从事政策允许的工、商、运、服等行业的流动资金和小型设备的资金需要。县域农村信用社开始办理个体工商户贷款。县域信用社对个体工商户贷款的管理坚持从严掌握,加强管理,适量发放的原则。

1986 年,县域信用社资金中的重点放在促进农村产业结构调整、搞活流通、活跃市场、提高乡镇企业经济效益上,对乡镇企业流动资金贷款逐笔审批、逐笔核贷。对个体工商户贷款余额一般掌控在 1000~3000 元之间,对农民贷款每户余额一般为 500~1000 元,最高贷款不超过 10000 元,超出者不放新贷,压回旧贷。

1999 年,岳普湖县联合社发放个体工商户贷款 369 万元,集体单位贷款 484 万元。2000 年,岳普湖县联合社发放个体工商户贷款 826 万元,集体单位贷款 952 万元。

2003 年,岳普湖县联合社分别为岳普湖镇养鸡场贷款 10 万元,阿塔什餐厅贷款 16 万元,两家维吾尔传统制刀作坊主贷款 8 万元等,发放给宗教人士发展农业畜牧、林果业贷款 50 余万元。

2007 年,岳普湖县联社发放农业贷款 9000 万元,其中:发放各类养牛、养鸡贴息贷款 636 万元。

二、抵质押贷款

个人质押贷款是借款人以未到期的定期储蓄存单、凭证式国债等作质押,从农村信用社取得一定金额的贷款,并按期归还贷款本息的个人贷款业务。质押物是未到期的整存整取、存本取息、大额可转让存单(记名)、定期储蓄存单、凭证式国债、保险单以及经人民银行批准可质押的其他种类的权力凭证。个人质押贷款满足持有长期理财产品客户的融资需求。个人质押贷款的对象是持有本人或他人名下的有价权力凭证,具有完全民事行为能力的自然人,因生产、经营、生活等临时资金周转需要且符合贷款条件,均可向当地农村信用社营业网点申请办理个人质押贷款。

2001年,岳普湖县联合社发放抵质押贷款48万元。

2002年,岳普湖县联合社发放抵质押贷款201万元。

2009年,岳普湖县联社发放以房产作抵押的贷款56笔,贷款余额1600万元。

2011年,县联社农户抵、质押贷款余额为3955.60万元,占贷款总额比为26.72%。

三、下岗失业人员小额担保贷款

下岗失业人员小额担保贷款是经过借款人自愿申请,社区推荐,劳动保障部门审查,贷款担保机构审核并承诺担保等程序后,由营业机构向借款人发放的用作自谋职业、自主创业、合伙经营及组织就业的开办经费和流动资金的人民币贷款。下岗失业人员小额担保贷款分为一般下岗失业人员小额担保贷款和下岗失业人员从事微利项目小额担保贷款。下岗失业人员须具备具有合法身份证件和当地城镇户口;年龄在60岁以内,身体健康、具有完全民事行为能力、诚实守信、具有一定劳动技能;社区推荐;获得劳动保障部门核发的《再就业优惠证》;担保机构承诺担保;贷款人要求的其他条件。申请下岗失业人员从事微利项目小额担保贷款的借款人除具备上述条件外,应取得劳动保障部门微利项目审核确认意见。

2003年,县联合社为使用下岗人员的集体和私营企业发放流动资金贷款额504.3万元,如:绿宝石榨油厂贷款150万元,新世纪公司50万元,岳镇养鸡场10万元,阿塔什餐厅16万元,两家维吾尔传统制刀作坊主8万元等,发放给宗教人士发展农业畜牧、林果业贷款50余万元。

2007年,县联社发放农业贷款9000万元,其中:发放各类养牛、养鸡贴息贷款636万元。2013年6月30日,县联社累计发放妇女小额担保贷款8646笔,金额13228.20万元。

四、生源地国家助学贷款

生源地国家助学贷款是经自治区人民政府批准,信用社对新疆籍考入自治区所属普通高校全日制普通本专科生、研究生以及第二学士学位学生(不含成人夜大、函授、自学考试学员)在其户籍所在地发放,并由财政给予贴息和风险补偿的贷款,其用途是帮助贫困学生支付学费、住宿费和基本生活费,以保障其顺利入学和完成学业。生源地国家助学贷款利息由财政贴补。新疆籍考入全疆所属全日制普通高等学校或在读的(未在高校办理国家助学贷款)家庭经济确有困难学生的家长或法定监护人,均可向户籍所在地的农村信用社申请办理新疆生源地国家助学贷款。借款人应具备具有公民身份和新疆户籍;具有完全民事行为能力;家庭经济困难,能提供所在城市街道(农村乡镇)民政部门出具的经济困难证明;诚实守信。

2007 年,县联社为 49 名贫困大学生累计发放助学贷款 69.8 万元。

2008 年,岳普湖县联社开始办理生源地助学贷款,对象为帮助贫困农户子女完成学业。截至 2013 年 6 月 30 日,联社累计生源地助学发放贷款 154 笔,合同 190 万元,已发放金额 96.27 万元,期限 4~5 年。

五、妇女创业贷款

扶持农村妇女自主创业小额信贷促增收贷款是信用社向农村妇女组织和妇女家庭创业发放的专项贷款。该贷款满足农村妇女组织和妇女家庭创业的资金需求,有效支持各族农村妇女积极参与新农村建设,加快农村经济和社会发展,推动城乡协调进步。农村妇女组织和妇女家庭创业者等借款人须具备创业项目纳入当地政府的扶持范围;有致富愿望的农村妇女组织和农村妇女;有明确的经营范围与经营场所,具有法定的营业证件;从事符合国家产业政策和各级政府的产业要求;具有承包或租赁的土地经营权合同或协议。

2007 年,县联社为 8154 名妇女创业累计发放小额担保贷款 1.2 亿元。

2010 年,岳普湖县联社妇女小额担保贷款。截至 2012 年 12 月 31 日,岳普湖县联社累计发放妇女创业小额担保贷款共计 8646 笔,余额 13226.70 万元,解决岳普湖县 205 名城市妇女、8441 名农村妇女就业创业问题。

六、个人住房贷款

个人住房贷款是营业机构向个人客户发放的用于个人购、建、修住房的人民币担保贷款。适用于具备完全民事行为能力的自然人。借款人应具备具有完全民事行为能力;提供合法的购(建、大修)房合同、协议或其他批准文件;提供足值有效的担保,担保以采取抵押、质押、保证、抵押或(和)质押加保证(阶段性)的方式;有合法、可靠的经济来源具备清偿贷款本息的能力。

2009 年,岳普湖县联社发放以房产作抵押的贷款 56 笔,贷款余额 1600 万元。

第九章　利率

岳普湖县域信用合作组织自组建后,严格执行上级金融系统制定的利率标准,在调剂利率的时候按上级要求的时限划分,或上浮,或下降,根据社会经济发展和国家政策的改变适当做出调整,有效发挥利率杠杆对国民经济的调节作用,维护正常的金融秩序,创造公平有序的竞争环境。

第一节　存款利率

一、储蓄存款利率

1954 年,人行决定信用社转存银行款,不分时间长短,一律按月息一分二厘处理,银行对信用社放款月息为四厘五,之前对信用社所规定的存放利率,均一律作废。自文到之日起以新利率计息。对农业生产合作社放款既是在农业放款利率范围内,其付款与一般存款利率一致,按农村储蓄利率计息。活期利率:活期储蓄(不分支票与存折)由月息4.5‰降至 2.4‰,整存整取一年以上的由 12‰降至 6.6‰,定期六个月以上的由 9‰成为 5.1‰,定期三个月以上的由 8‰降为 4.2‰,三个月以下一律按活期利息计算,并取消九个月定期的利率存本付息。其中,存本取息六个月息 4.5‰,一年期 6‰;零存整取六个月期 4.2‰,一年期 5.1‰。

1957 年,人行将部分转存的信用社资金贷给资金困难的信用社,以便解决社员短期周转困难和存款的支付,在银行有转存款的信用社,如存定期按对信用社定期存款利率计息,如存活期按 5.1‰计息,从银行借款的信用社也同样按 5.1‰计息。4 月,为适当照顾储户利益,对定额储蓄逾期部分可按照活期存款利率计给过期利息,不满十天的零头天数不予计息。8 月,对定期储蓄未到期前提前支取的,利息按照实际存期分别照规定的存入日挂牌利率给予计息:(1)不满 3 个月(对月计算)照活期利率;(2)存满 3 个月或者三个月以上者,分别照同期利率的九折计息,不满十天的零头天数均不计息;(3)开户不满 6 个月照活期利率;(4)开户满 6 个月及 6 个月以上者,按照零存整取 6 个月利率的九折计息,不记名存单也能提前支取。

1959年1月1日起,降低各种存放款利率,活期储蓄存款利率月息1.8‰,无论何时开启,均在1月1日起按此利率计息;整存整取定期储蓄存款,定期6个月及6个月以上者,月息3‰;定期1年及1年以上者,月息4‰;定期不满6个月者,一律按照活期储蓄利率计息。提前支取时,不满6个月者按照活期储蓄利率计息,存满6个月以上者,按实存天数照同期利率九折计算。过期利息按原存单所定利率照实存天数计息。如遇调整利率则应分段计息,自调整之日起,照原定的同期利率计息。1958年过期部分照原存单所列利率计息,1959年部分按新定的同期利率计息。零存整取定期储蓄存款定期半年及半年以上者月息2.1‰,定期一年及一年以上者月息3‰。提前支取与过期利息均按照整存整取定期储蓄办法整理。定期储蓄不论存期长短,一律按月息1.8‰计息,在1959年1月1日以前存入者应分段计息。1959年1月1日起,活期有奖储蓄在未停办前奖金计算标准按新的活期利率计算。7月1日起,储蓄利率进行调整,整存整取定期储蓄3月期月息二厘四(2.4‰);6月期月息三厘九(3.9‰)1年期月息五厘一(5.1‰);二、三年期者按一年复利(即利上算利),活期利率仍为一厘八(1.8‰)不变。信用社吸收的社员储蓄7月1日起也一律按照上述利率执行,公社存款仍按一厘八(1.8‰)。信用分部与银行往来仍按月息四厘二(4.2‰)计息,存放一致。

1965年6月1日,活期储蓄计息方法:每年12月31日(或20日)结算利息一次,从本金起息,未到结息期清户者,照实存天数计付利息,利率为1.8‰;定期储蓄(整存整取)计息方法:利息于支取日结算,存款到期不取,以后来取,以原存本金按实际存期照原存单所定利率计给利息外,其过期部分在调整日以前的天数照原存单所定利率计算,自调整日起照新订的同期利率计算。提前支取的,利息按实际存期的存入日同期利率计算。提前支取一部分者,未取部分另开新存单,仍按照原存期及原利率计息,但以一次为限。6月1日起,结合存款种类的简化,将储蓄存款的利率加以调整:6个月以内的储蓄存款,一律按活期存款利率计算。活期存款利率仍按现行利率月息1.8‰不动。定期6个月的储蓄存款利率,由月息3.9‰降至月息2.7‰;定期1年的储蓄存款利率,由月息5.1‰降至月息3.3‰,1年以上的定期存款均按1年的定期利率计算。零存整取定期储蓄存款,利率略低于整存整取,今后一律按整存整取定期存款利率计算,以发展职工群众的小额储蓄存款。增办现金保管业务(即无息存款),凡满5000元以上的,自愿交给银行保管不计息的,银行可代为保管,存取自由。华侨储蓄存款,根据争取侨汇、优待侨储的精神,仍按现行利率执行,暂时不予调整。农村信用社吸收个人存款的利率,比照城镇储蓄存款利率同时调整;信用社转存银行的存款利率由月息4.2‰降至月息3.9‰(定期一年以上的档次取消)。

1971年1月13日,农村信用社改按银行利率执行,信用社对社员个人和社员集体的存贷利率,按银行的利率执行,即存款按储蓄利率执行。社队生产设备贷款1.8‰,社队生产费用贷款4.8‰,农村社队办工业贷款亦分别按生产设备、生产费用利率执行。对社员个人贷款按4.8‰执行。银行利率以后如有调整,信用社亦应调整的利率执行。银行对信用社的存贷款利率仍按3.9‰执行。

1979年2月16日,新开办6个月定期储蓄存款和5年的长期储蓄存款,利率由人行参照其原有的利率水平自行制定。整存整取:4月1日以后开户的一、二、三年期整存整取提前支取时,按实存时间的同期利率打九五折计算利息。4月1日以前开户的整存整取定期储蓄,已存满6个月以上的,4月1日以后提前支取的,应分段计算。部分提前支取的其提前支取部分同上述提前支取办法一样计算。4月1日以后开户的整存整取定期储蓄,如到期不取,过期来取,过期时间不管多久,应按照原存期的利率计算。整存整取办理一年以上至三年期定期存款的,存款利率仍按照一年期月息2.7‰计算,不计复息。4月1日以前的原存期三年的存款,不论到期支取或者到期不支取,均应分段计息。7月1日以前存入的一年的整存整取定期储蓄存款,到期支取或过期支取月息分别为2.7‰和3.3‰。零存整取:零存整取定期储蓄利率只有月息3‰一档,因此提前支取的,不论存期长短,均按活期利率计息。7月25日,调整储蓄存款利率后,对信用社的利息补贴规定:信用社吸收定期存款半年、一年、三年、五年的,由银行补贴高于转存款利率的2.7‰的部分利息。属于应补的部分由人行补贴,以后的由农行补贴。社员定期半年、一年、三年、五年存款,补贴月利率差分别为0.3‰、0.6‰、1.05‰、1.5‰。

1980年4月12日,人民银行、农业银行新疆分行联合通知,自7月1日起,活期储蓄存款利率从月息1.8‰调整为2.4‰;自1980年起,活期结息日期改在每年6月30日进行,到次年6月30日为结息期。

1980年5月27日,农业银行发出《关于行社往来和信用社内部核算中几项规定的通知》,指出信用社吸收的定期储蓄存款,其利率高于0.27%的部分,按实际支付的利息数计算,由银行分别按档次给予补贴;信用社的政策性亏损,现在都已由银行给予补贴,从1981年起银行对信用社不再给予补贴。

1982年4月1日起,企业单位活期存款利率为1.5‰;企事业单位、机关团体定期存款一年期利率调整为3.0‰;二年期利率3.3‰;三年期利率调整为4.2‰。

1983年,信用社执行集体活期存款利率月息1.5‰,集体定期存款一年期3.0‰、二年期3.6‰、三年期4.2‰,活期储蓄存款2.4‰,定期储蓄存款半年3.6‰、一年期4.8‰、三年期5.7‰、五年期6.6‰、八年7.5‰。

1985年4月1日起,企事业单位、机关团体定期存款一年期利率由3.0‰调整为3.6‰;二年期利率由3.3‰调整为4.2‰。1988年8月23日起,农行对存款利率进行调整,单位存款中活期存款利率由月息1.50‰调整为2.4‰;企事业单位机关团体定期存款,其中,半年期利率月息由 3.6‰调整为 5.40‰;一年期利率由 4.20‰调整为 7.20‰;二年期利率由 4.80‰调整为 7.65‰;三年期利率由 5.40‰调整为 8.10‰;五年期利率调整为 9.00‰;八年期利率调整为 10.35‰。定期整存整取:半年期利率由 5.10‰调整为 5.40‰;一年期利率由 6.00‰调整为 7.20‰;二年期利率调整为 7.65‰;三年期利率由 6.90‰调整为 8.10‰;五年期利率由 7.80‰调整为 9.00‰;八年期利率由 8.70 调整为 10.35‰。定期零存整取:一年期利率由 5.10‰调整为 6.00‰;三年期利率由 6.00‰调整为 7.20‰;五年期利率由 6.6‰调整为 8.1‰。整存整取、存本取息储蓄利率调整按照零存整取同档次办理。定活两便储蓄存款利率调整按照整存整取同档次利率办理(打九折)。

1986 年,人民银行印发《关于调整信用社贷款利率的通知》的要求信用社从 1986 年 5 月 1 日起在保持口粮贷款和治病贷款利率日息 8.4% 不变的情况下,对部分贷款种类实行浮动利率。

1987 年 9 月 21 日,人民银行颁发《关于开办农村信用社特种存款的办法》,规定特种存款交存时间从 10 月 1 日开始办理,11 月末完成,利率为月息 6.6‰。

1988 年 1 月 1 日,农业银行对信用社转存款利率按人民银行对专业银行存款利率执行,由月息 5.7‰调整为月息 4.8‰。9 月 1 日起,农行岳普湖县支行印发存款利率调整表,从 9 月 1 日起实行分段计息,定活两便储蓄按照调整后的定期存款同档次利率打九折执行,也要分段计息。9 月 1 日起,贯彻人行调整信用社存、贷款利率。信用社存款利率按人行规定的执行,可以根据当地资金公务情况,实行浮动利率,浮动幅度在 20% 以内。信用社贷款利率:从月息 6.6‰～9.6‰调整为月息 7.5‰～10.5‰,具体档次调整为,在执行基准利率的基础上,执行浮动利率,浮动幅度由 20% 调整为 30%,超过 30% 的要报经省级人行审批。9 月 12 日,根据农行自治区分行《关于调整信用社存、贷款利率即存款实行利率浮动的通知》的精神,规定存款利率浮动暂不执行;农民粮食生产,贫困户生活贷款,凡信用社社员借款上浮不得超过 15%。9 月 20 日,人行下发关于调整银行存、贷款利率的具体规定的通知,农村信用社存款利率浮动问题,除矿区、城镇存款利率不能浮动外,县支行可以根据当地资金供求情况,在国家规定利率的基础上下浮动20%,超过这个比例的,要逐级报人行自治区分行批准。11 月 18 日,人行对存贷款利率进行调整。定活两便储蓄存款调整利率的具体计算:对存款不满一个月的零头天数应按活期储蓄存款利率月息 2.4‰折成日息后,按日计息。

1989 年 2 月 1 日,人行下发调整信用社存、贷款利率的有关规定,县域信用社各项存款(包括各类储蓄)利率均按照人行及四家专业银行有关存款利率调整规定执行。信用社可根据当地资金供求情况,除城镇、工矿区外,存款可实行浮动利率,浮动幅度在 20% 以内,具体浮动项目及幅度由县联合社、县支行决定,并报中支备案。6 月 1 日,城乡居民和企事业存款活期储蓄利率月息由 2.4‰调整（上浮 30%后）为 3.12‰;定期三个月储蓄利率月息由 6.3‰调整至 8.19‰;定期 6 个月月息由 7.5‰调整至 9.75‰;定期一年储蓄利率月息 9.45‰调整至 12.27‰;定期二年储蓄利率月息由 10.2‰调整至 13.26‰。7 月 1 日起,将信用社转存款中不低于其各项存款 7%的业务周转金存款(不含库存现金)利率由原月利率 7.5‰调整为月利率 8.4‰。

1990 年 2 月 24 日,由于信用社资金成本高,资金运用率低,信用社将对以前个人存款利率上浮 30%的社,从 2 月 1 日起一律执行上浮 15%。3 月 21 日起,农行喀什中心支行规定,银行、信用社实行利率上浮的存款(包括对单位办理的大额定期存单)一律不准上浮。为维护银行信誉,对收文前已办理上浮的部分存款其利率仍执行浮动利率,但以后,必须严格执行文件规定,如再发现浮动问题,谁办理,谁负责。8 月 21 日起,对城乡居民和企事业单位的存款利率进行调整,活期储蓄利率年息由 2.8%调整至 2.16%。定期储蓄中整存整取:三个月年息由 6.38%调整至 4.32%;六个月年息由 7.74%调整至 6.48%;九个月年息由 8.82%调整至 7.56%;一年期年息由 10.88%调整至 8.64%;二年期 10.98%调整至 9.36%;三年期由 11.88%调整至 10.08%;五年期由 13.68%调整至 11.52%;八年期由 16.28%调整至 13.68%。零存整取、存本取息:一年期由 8.28%调整至 7.29%,三年期由 10.98%调整至 8.64%;五年期由 11.88%调整至 10.08%。定活两便:按同期定期整存整取利率打九折执行。华侨人民币储蓄存款:一年期由 11.88%调整至 10.08%;三年期由 13.68%调整至 11.52%;五年期由 15.48%调整至 13.68%。

1993 年 5 月、7 月,由于 1992 年经济出现过热,货币供应量增长,为制止通货膨胀,控制投放,2 次上调定、活期储蓄存款利率。1996 年,通货膨胀大有减缓,经济形势进一步好转,先后 2 次降低存款利率。5 月 3 日,县域农村信用社执行人行阿勒泰地区分行下达《关于降低金融机构存、贷款利率的通知》规定,各项存款利率在现行基础上平均下调 0.98 个百分点。8 月 23 日,再次将活期储蓄利率由月息 2.475‰降至 1.65‰,一年定期储蓄利率由月息 7.65‰降至 6.225‰。11 月 28 日,各信用社执行中国农业银行下发《关于行社脱钩后有关利率问题的通知》规定,信用社在农行备付金存款按年利率 7.92%计息,三个月约期存款利率 8.28%,六个月 8.46%,一年期 9.00%。

1997 ～2000 年,县域农村信用社按照人民银行对利率的调整,共 5 次下调存、贷款利率,时间分别为 1997 年 10 月,1998 年 3 月、7 月、12 月和 1999 年 6 月。其中,1997 年 5 月人民银行公布,在 5 月到期的三年、五年、八年定期储蓄存款保值贴补率为零,原保值储蓄的保值自动消失。同时,活期储蓄利率到 1999 年 6 月月息降至 0.825‰,一年期定期储蓄利率月息降至 1.575‰。

2000 年后,活期存款利率随着国家宏观调控政策的调整,呈小幅微调变化。2000 ～2007 年,县联社根据人行对存贷款基准利率的调整,进行 9 次存款调整,其中,除 2002 年下调 1 次外,其他 8 次均为上调。

2007 年 3 月 17 日至 12 月 20 日,县联社根据中国人民银行调整金融机构人民币存贷款基准利率的通知精神,进行 6 次存款利率调整。7 月、8 月、9 月(含 10 月、11 月)三次活期存款利率上调后执行 0.81%。12 月活期存款利率调整后执行 0.72%。

2008 年,受国际经济危机影响,人总行宣布暂停征收利息所得税,同时存贷款利率下调。10 月 9 日至 12 月 23 日,联社共进行 4 次存款利率的调整。其中:10 月 9 日和 31 日二次活期存款利率未作调整,执行原利率 0.72%。11 月至 12 月,2 次活期存款利率调整后执行 0.36%。2008 年 12 月 23 日至 2010 年 12 月活期存款利率保持 0.36%。

2012 年 6 月 15 日,县联社执行自治区联社办公室下发《关于再次调整部分人民币存款利率的通知》要求,6 月 9 日起存款一年(含一年)以下存款执行基准利率上浮 1.1 倍,6 月 16 日起对其他各档次存款利率相应上浮至 1.1 倍。

2014 年,县联社活期存款利率为 0.385%。定期存款利率分为整存整取、零存整取、整存零取、协定存款、一天通知存款、七天通知六种存款利率,其中:整存整取存款利率三个月利率 2.86%、六个月利率 3.08%、一年利率 3.30%、二年利率 4.125%、三年利率 4.675%、五年利率 5.225%;零存整取一年利率 2.86%、三年利率 3.08%、五年利率 3.30%;整存零取一年利率 2.86%、三年利率 3.08%、五年利率 3.30%;协定存款利率 1.265%、一天通知存款利率 0.880%、七天通知存款利率 1.485%。定活两便利率按一年以内定期整存整取同档次利率打六折执行。零存整取利率分为一年期利率、三年期利率、五年期利率,其中:一年期利率 2.86%、三年期利率 3.08%、五年期利率 3.30%。通知存款分为一天通知存款、七天通知存款两种,其中:一天通知存款利率 0.880%、七天通知存款利率 1.485%。协定存款利率 1.265%。

1955～2014 年岳普湖县信用社存款利率表

表 9-1   单位:年利率%

调整时间	活期	三个月	半年	一年	二年	三年	五年
1955.10.01	2.88	5.04	6.12	7.92	—	—	—
1959.01.01	2.16		3.6	4.8	—	—	—
1959.07.01	2.16	2.88	4.68	6.12	6.3	6.5	
1965.06.01	2.16	—	3.24	3.96	—	—	—
1971.10.01	2.16	—		3.24			
1979.04.01	2.16		3.6	3.96		4.5	5.04
1980.04.01	2.88		4.32	5.4		6.12	6.84
1982.04.01	2.88		4.32	5.76		6.84	7.92
1985.04.01	2.88		5.4	6.84	—	7.92	8.28

续表 9-1

调整时间	活期	三个月	半年	一年	二年	三年	五年
1985.08.01	2.88	—	6.12	7.2	—	8.28	9.36
1988.09.01	2.88	—	6.48	8.64	9.18	9.72	10.8
1989.02.01	2.88	—	9	11.34	12.24	13.14	14.94
1989.06.01	2.88	7.56	—	—	—	—	—
1990.04.15	2.88	6.3	7.74	10.08	10.98	11.88	13.68
1990.08.21	2.16	4.32	6.48	8.64	9.36	10.08	11.52
1991.04.21	1.8	3.24	5.4	7.56	7.92	8.28	9
1993.05.15	2.16	4.86	7.2	9.18	9.9	10.8	12.06
1993.07.11	3.15	6.66	9	10.98	11.7	12.24	13.86
1996.05.01	2.97	4.86	7.2	9.18	9.9	10.8	12.06
1996.08.23	1.98	3.33	5.4	7.47	7.92	8.28	9
1997.10.23	1.71	2.88	4.14	5.67	5.94	6.21	6.66
1998.03.25	1.71	2.88	4.14	5.22	5.58	6.21	6.66
1998.07.01	1.44	2.79	3.96	4.77	4.86	4.95	5.22
1998.12.07	1.44	2.79	3.33	3.78	3.96	4.14	4.5
1999.06.10	0.99	1.98	2.16	2.25	2.43	2.7	2.88
2002.02.21	0.72	1.71	1.89	1.98	2.25	2.52	2.79
2004.10.29	0.72	1.71	2.07	2.25	2.7	3.24	3.6
2006.08.19	0.72	1.8	2.25	2.52	3.06	3.69	4.14
2007.03.18	0.72	1.98	2.43	2.79	3.33	3.96	4.41
2007.05.19	0.72	2.07	2.61	3.06	3.69	4.41	4.95
2007.07.21	0.81	2.34	2.88	3.33	3.96	4.68	5.22
2007.08.22	0.81	2.61	3.15	3.6	4.23	4.95	5.49
2007.09.15	0.81	2.88	3.42	3.87	4.5	5.22	5.76
2007.12.21	0.72	3.33	3.78	4.14	4.68	5.4	5.85
2008.10.09	0.72	3.15	3.51	3.87	4.41	5.13	5.58
2008.10.30	0.72	2.88	3.24	3.6	4.14	4.77	5.13
2008.11.27	0.36	1.98	2.25	2.52	3.06	3.6	3.87
2008.12.23	0.36	1.71	1.98	2.25	2.79	3.33	3.6
2010.10.19	0.36	1.91	2.2	2.5	3.25	3.85	4.2
2010.12.26	0.36	2.25	2.5	2.75	3.55	4.15	4.55
2011.02.09	0.4	2.6	2.8	3	3.9	4.5	5
2011.04.06	0.5	2.85	3.05	3.25	4.15	4.75	5.25

续表 9-1

调整时间	活期	三个月	半年	一年	二年	三年	五年
2011.06.08	0.5	3.1	3.3	3.5	4.4	5	5.5
2012.06.07	0.385	2.86	3.08	3.3	4.125	4.675	5.225
2014.11.22	0.42	2.82	3.06	3.3	4.02	4.80	5.225

二、单位存款利率

信用社储蓄存款利率调整的同时,单位存款利率相应调整。1982 年以前,单位存款不分定期存款和活期存款,存款利率一般在月息 1.5‰~2.4‰之间。1982 年后,单位存款利率进行多次调整。1993 年 7 月 11 日后,同档期的单位存款利率与储蓄存款利率保持一样。

1982~1999 年岳普湖县信用社单位存款利率表

表 9-2   单位:月息‰

调整时间	活期利率	定期利率							
		三个月	六个月	九个月	一年	二年	三年	五年	八年
1982.01.01	1.5	—	—	—	3.0	3.6	4.2	—	—
1985.04.01	1.5	—	—	—	3.6	4.2	4.8	—	—
1987.05.21	1.5	—	—	—	4.2	4.8	5.4	—	—
1988.09.01	2.4	—	5.4	6.3	7.2	7.5	8.1	9.0	10.35
1989.02.01	2.4	—	7.5	8.46	9.45	10.2	10.95	12.45	14.7
1989.06.01	2.4	6.3	7.5	8.46	9.45	10.2	10.95	12.45	14.7
1989.07.01	2.64	6.93	8.25	9.3	10.395	11.22	10.95	12.45	14.7
1990.04.15	2.4	5.25	6.45	7.5	8.4	9.15	9.9	11.4	13.5
1990.06.10	2.4	5.25	6.45	7.5	8.4	9.15	9.9	11.4	13.5
1990.08.21	1.8	3.6	5.4	6.3	7.2	7.8	8.4	9.6	11.4
1991.07.01	1.5	2.7	4.5	5.4	6.3	6.6	6.9	7.5	8.4
1993.07.01	1.8	4.05	6.0	—	7.65	8.25	9.0	10.05	12.15
1993.07.11	2.625	5.55	7.5	—	9.15	9.75	10.20	11.55	14.25
1996.05.01	2.475	4.05	6.0	—	7.65	8.25	9.00	10.05	—
1996.08.23	1.65	2.775	4.5	—	6.225	6.6	6.9	7.5	—
1997.10.23	1.425	2.4	3.45	—	4.725	4.95	5.175	5.55	—
1998.03.25	1.425	2.4	3.45	—	4.35	4.65	5.175	5.55	—
1998.07.01	1.2	2.325	3.3	—	3.975	4.05	4.125	4.35	—

续表9-2

调整时间	活期利率	定期利率								
		三个月	六个月	九个月	一年	二年	三年	五年	八年
1998.12.07	1.2	2.325	2.775	—	3.15	3.3	3.45	3.75	—
1999.06.10	0.825	1.65	1.8	—	1.875	2.025	2.25	2.4	—

三、行社往来利率

1980年1月起,信用社转存银行款利率从1980年1月起,调整为三厘三(1979年12月20日起止年底未计息部分仍按2.7‰计付),调整信用社转存利率后,对信用社吸收定期储蓄存款三年、五年的,由银行补贴利差问题,应相应的调为从1980年1月起由银行补贴高于转存款利率三厘三的部分计息。

1985年10月26日,农行自治区分行对行社往来利率调整,信用社缴存存款准备金利率仍按月息4.2‰不动;信用社转存银行款利率由原来的月息4.8‰调整为月息5.1‰;银行支持信用社贷款利率由原来月息5.1‰调整为月息6‰。

1987年12月21日起,农行自治区分行对行社往来利率调整,信用社缴存存款准备金与专业银行相同比例部分(即12%的部分)利率为月息4.2‰,信用社缴存存款准备金超过12%的部分在月息4.2‰的基础上,由各开户农行按季给信用社补贴0.9‰,并由开户行自己负担,信用社一般存款利率由月息4.8‰调整为5.4‰,对信用社支持款利率仍按原定月息5.7‰不变,对信用社开办定期存款,利率按存期定为:半年期月息6.3‰;一年期月息6.6‰。

1988年3月21日,信用社转存银行款利率由月息5.4‰调整为5.7‰。8月23日,信用社缴存准备金比例与专业银行相同部分的利率仍为月利率4.2‰,超过专业银行缴存比例部分的利率。农行对信用社按月利率7.2‰执行,人行补贴由农行与人行结算。为保证正常支付,信用社在农行的业务周转金存款和库存现金应不低于信用社存款的10%,信用社业务周转金存款和信用社合作发展基金存款月利率5.4‰;介于业务周转金的一般转存款利率,本着行社两利的原则,依保存期长短,行社双方协商确定。

1991年4月21日,农行岳普湖县支行对行社往来利率进行调整:1.信用社缴存准备金存款利率由年利率6.84%调整为6.12%;2.信用社转存款(包括一般转存款和4%~7%备付金存款,发展基金存款)由年利率8.64%调整为7.56%;3.银行支持信用社贷款由年利率8.64%调整为7.56%。对系统内资金往来利率规定:1.分行上存总行及各行上存分行资金,三个月以下(含三个月)由年利率7.02%调整为6.3%;三至六个月(含六个月)由年利率7.2%调整为6.48%;六个月以上由年利率7.38%调整为6.6%;2.分行上存总行和各行上存分行1988年以来新增统筹基金利率,不做调整,仍执行年利率7.2%;3.各行上存分行1987年以前统筹基金利率,不做调整,仍执行年利率7.38%;由总、分行匹配专项贷款资金的利率为年利率7.2%;4.分行乡总行及各行向分行借款三个月以内(含三个月)由年利率7.56%调整为6.84%;三个月以上由年利率7.92%调整为7.2%;5.各行向分行超额度借款三个月以内(含三个月)由年利率7.74%调整为7.02%;三个月以上由年利率8.10%调整为7.38%;6.分行委托发放乡镇企业设备贷款由年利率8.1%调整为7.38%;7.农行联行往来利率由年利率6.84%调整为6.12%;8.铺底资金由现行年利率6.84%调整为6.12%;9.系统内往来逾期借款罚息暂不做调整,仍按原规定执行。

1991年5月8日,农行自治区分行结合自治区信用社实际,调整行社往来利率:信用社准备金利率由月息5.7‰调整为5.1‰;信用社转存款和4%~7%备付金存款、发展基金存款由月息7.2‰调整为6.3‰;银行支持信用社贷款月息由7.2‰调整为6.3‰。

1993年5月18日,农行自治区分行通知,行社往来利率中,信用社准备金利率由年利率6.12%调整为7.56%;信用社转存款利率由年利率7.56%调整为8.64%;银行支持信用社贷款利率由年利率7.56%调整为8.64%。7月11日,人行对信用社行社往来利率进行调整,信用社缴存准备金存款由年利率7.56%调整为年利率9.18%;信用社转存款由年利率8.64%调整为年利率10.26%;银行支持信用社贷款由年利率8.64%调整为10.26%。

1996年5月1日,农村信用社准备金存款、备付金存款年利率由9.18%调整为8.82%;农村信用社准存款年利率由10.26%调整为9.9%;支持信用社贷款年利率由10.26%调整为9.9%。9月1日起,调整农行与信用社资金往来利率,信用社准备金存款年利率由8.82%调整为8.28%;信用社备付金存款年利率由8.82%调整为7.92%;信用社转存款和支持信用社贷款年利率均由9.90%调整为9.00%。

11月,岳普湖县农村信用社联合社成立并与农行岳普湖县支行正式脱离行政隶属关系,农行不再管理和领导信用社,信用社业务管理和金融监管分别由县联合社和人行承担。农村信用社在农行存款实行按期限分档次利率:信用社在农行备付金存款按年利率7.92%计息,三个月期存款年利率为8.28%,六个月约期存款年利率为8.46%,一年期约期存款年利率为9.00%。行社实行资金清算后,对未收回的农行支持信用社贷款,继续按原规定的利率计息。

2009年10月30日,自治区联社对同业存款利率进行调整,县(市)联社存放至自治区联社同业存款利率(以资金实际到账日开始计息):一个月期,年利率为1.6%;三个月期,年利率为1.7%;六个月期,年利率为1.8%;一年期年利率为1.9%。自治区联社存放至县(市)联社存款利率:一个月期,年利率为1.98%;三个月期,年利率为2.25%。

第二节 贷款利率

1961年降低对农业的放款利率。第三个五年计划期间,利率趋于基本稳定。

1962 年 11 月,信用社放款利率高达 9‰~13‰,个别竟高达 20‰,不利于农业生产发展和集体经济的巩固,不利于打击高利贷,不利于农民的生产生活。

1965 年 6 月 1 日,确定信用社对社员的贷款利率仍为月息 6‰,对支持信用社的贷款利率也由月息 4.2‰降至 3.9‰,信用社对社员的贷款利率也要适当降低,最高不得超过月息 7.2‰。

1971 年 1 月 13 日,农村信用社改按银行利率执行,人民公社和生产大队的生产设备贷款 1.8‰,生产费用贷款 4.8‰,所办工业贷款也分别按生产设备、生产费用利率执行。对社员个人贷款按 4.8‰执行。

1978 年 12 月 24 日,信用社发放设备贷款,收回时一律按 1.8‰计息。为使信用社放出的设备贷款实际利率不低于信用社存放银行利率,银行辅助利差率为 0.9‰。

1979 年 1 月 11 日,关于农村社队所办企业的贷款利率重新调整,凡社队办的农业性质的企业,直接为农业服务的企业,以及粮、棉、油和农村产品加工企业的贷款,按照农业贷款利率执行。即费用贷款按 3.6‰,设备贷款按 1.8‰计收利息。其他企业的费用和设备贷款,一律按社办企业贷款利率 3.6‰计收利息。7 月,调整储蓄存款利率后,对信用社的利息补贴调整为信用社发放的设备贷款由银行补贴利差到 3.3‰,属于当年应补的部分由人行补贴,下年以后的由农行补贴。

1980 年 10 月 1 日,对社员搞手工业专业生产,购置非生活必需的高档消费品,建房和运销等贷款的利率,比照城镇个体经济户贷款月息 4.2‰计收,对社员的一般副业生产和生活贷款仍按 3.6‰计收。

1981 年 1 月 1 日,对社队办工商业贷款和社员个人贷款利率进行调整。社队企业贷款利率:种植、养殖业性质的企业和拖拉机站、排灌站、小水电站、沼气及经有关部门批准开办的小煤窑的生产设备的贷款利率,仍按月息 1.8‰计收。生产费用贷款按月息 3.6‰计收,其他社队办工商企业和其他社队企业的生产周转和生产设备贷款利率一律调整为月息 4.2‰。关于社员个人贷款中,社员个人购买口粮和医治疾病以及修建沼气设备和家庭副业营业的养殖业、种植业所需的贷款仍按月息 3.6‰计收。除此之外的社员个人贷款中属于工商业性质和属于生活的贷款利率均调整为月息 4.2‰。对社队企业和社员的旧贷款,在原定合同未到期前,仍按照原利率执行,合同期满需要转期的,则按照新利率执行。

1981 年 3 月 1 日,农行自治区分行对信用社社员个人贷款利率调整,对社员个人购买口粮、衣着和医治疾病以及沼气设备的贷款利率按照月息 3.6‰计收。对社员个人(包括专业承包户)发展家庭副业所经营的养殖业、种植业(包括添置生产工具)的贷款利率调整为月息 4.2‰。对个人经营工业和服务业的贷款利率调整为月息 4.8‰。对个人经营商业的贷款利率调整为月息 6.0‰。对社员个人其他用途的贷款利率(如购买比较高档的消费品和毡房等)调整为月息 6.0‰。

1982 年 7 月 1 日起,农行自治区分行对中短期设备贷款、地方工业生产流动资金贷款实行优惠利率,其中工业企业中短期设备贷款、轻工业中短期专项贷款、纺织工业中短期专项贷款一年期的月息利率由 4.2‰降至优惠利率 3.36‰;其他工业中短期专项贷款一至三年期由 4.8‰降至 3.84‰;集体工业设备贷款、商办工业中短期设备贷款三年以上的由 5.4‰降至 4.32‰;县办小水电设备贷款由 4.2‰降至 3.36‰;地方国营工业生产流动资金贷款、地方国营交通运输流动资金贷款、地方工业结算贷款、集体工业贷款、个体工业贷款均由 6.0‰降至 4.8‰。

1983 年,县域信用社执行集体农业贷款利率 6.0‰,集体企业贷款利率 7.2‰。9 月,对于买口粮或看病临时资金周转要求贷款,则应按一般生活贷款 8.4‰计息。

1984 年 3 月 1 日,对双包户、专业户(重点户)种植、养殖、小水电、贫困户口粮、疾病贷款利率改为 6‰;手工业、工业、服务业等利率为 7.2‰;商业、运销业、建新房、购耐用消费品及一般生活贷款贷款利率为 8.4‰;对社队集体生产费用和生产设备贷款利率为 6‰;对社办企业及集镇集体工商企业贷款利率为 7.2‰。

1985 年 4 月 1 日,根据农行自治区分行《关于调整农村信用社存、贷款利率的通知》精神,结合自治区情况,对农村信用社存、贷款利率进行调整。10 月 26 日,支持信用社贷款利率由原来月息 5.1‰调整为 6‰。12 月 21 日起,对县以下基层供销社贷款利率由月息 6‰调整至 6.6‰,并对此日期前的贷款进行分段计息。凡是从 1984 年 7 月 1 日起实行"存款分户"管理的国营和供销社系统的企业,其按流动资金周转期核定的贷款基数内的贷款,利率可减收 5‰,即按月息 6.3‰给予优惠。1984 年 7 月 1 日以前已经存贷分户的不再减收利率,仍按月息 6.6‰计收利息;代国家储备棉的贷款,不论是否是"三照顾"县,其贷款利率一律按月息 6.6‰计收。

1986 年 4 月 7 日,农行支持信用社贷款利率由原来的月息 3‰调整为 5.4‰。6 月 21 日,种子公司贷款利率,凡纳入合同订购按"倒三七"比例计价的,由月息 3.0‰调整为月息 3.3‰,其余按月息 6.6‰计息。

1988 年 8 月 23 日起,农行对贷款利率进行调整。9 月 20 日,人行印发《关于调整银行存、贷款利率的具体规定的通知》。农村信用社存款利率浮动问题,除矿区、城镇存款利率不能浮动外,县支行可以根据当地资金供求情况,在国家规定利率的基础上下浮动 20%,超过这个比例的,要逐级报人行自治区分行批准。农村信用社贷款利率浮动问题,信用社贷款基准利率由月息 6.6‰~9.6‰调整为月息 7.5‰~10.5‰;农行发放的扶贫贴息贷款利率相应增加 1.08 个百分点,人行对农行的这部分再贷款利率,也由原来的年息 4.68%调整为 5.76%。

1991 年 4 月 21 日,人行对农行扶贫贴息专项贷款利率,由年利率 5.67%降为 4.68%,农行发放的扶贫贴息专项贷款利率仍按年利率 2.88%执行。5 月 19 日,人行对金融机构逾期贷款由原定的按日利率4‰,计收利息改为按日利率3‰计收利息。对欠缴的准备金由原定的按日利率3‰计收利息改为按日利率2‰计收利息。对有意不缴足准备金的或拖延上缴时间的,由原定的按日利率4‰计收利息改为按日利率3‰计收利息。

1995年7月1日,人行再贷款利率平均上调0.24个百分点。扶贫专项贴息贷款仍执行年利率2.88%。7月18日,执行流动资金贷款利率的其他项目由1年期年利率10.98%调整为12.06%;6个月贷款利率调整为年利率10.08%。

1996年5月1日,人行决定适当降低金融机构贷款利率,各项贷款年利率再平均下调0.75个百分点。1997年10月23日,县联合社执行各项贷款年利率平均下调1.5个百分点。1998年7月1日,人行对金融机构贷款利率进行调整。1999年6月10日,人行降低金融机构贷款利率。各项贷款年利率下调0.75个百分点。

2002年2月21日,人行决定降低金融机构贷款利率,各项贷款年利率平均下调0.5个百分点,个人住房贷款利率相应下降,五年期以内由5.31%降为4.77%,五年以上由5.58%降为5.04%。

2004年1月1日,县联合社结合岳普湖县的实际情况,对下属各分支机构部分贷款的利率进行相应的上浮。11月底,对下属各分支机构发放的各类贷款进行彻底清理后,根据人行的利率政策,联合社领导集体果断决策,对农户小额信用贷款执行基准利率,其他各类贷款均执行上浮60%后的利率。正是联合社充分考虑到农户小额信用贷款执行基准利率,岳普湖县66.7%的农户受益。

2005年6月2日岳谱湖县农村信用社贷款利率浮动情况表

表9-3

贷款期限	基准利率		农户小额信用贷款和联保贷款上浮利率			企业贷款上浮利率				其他贷款利率上浮60%
			信用户利率上浮40%	信用村利率上浮35%	信用乡(镇)利率上浮30%	AAA 浮动幅度利率 40%	AA 浮动幅度利率 45%	A 浮动幅度利率 50%	B 浮动幅度利率 55%	
	年利率	月利率	‰	‰	‰	‰	‰	‰	‰	‰
六个月以下(含六个月)	5.22	4.35	6.09	5.87	5.66	6.09	6.31	6.53	6.74	6.96
一年以下六个月以上(含一年)	5.58	4.65	6.51	6.28	6.05	6.51	6.74	6.98	7.21	7.44
一年至三年(含三年)	5.76	4.80	6.72	6.48	6.24	6.72	6.96	7.20	7.44	7.68
三年到五年(含五年)	5.85	4.88	6.825	6.58	6.34	6.825	7.07	7.31	7.56	7.8
五年以上	6.12	5.10	7.14	6.89	6.63	7.14	7.40	7.65	7.91	8.16

2006 年 4 月,县联合社根据人行伽师县支行 3 月 20 日通知要求上报《岳普湖县联合社人民币贷款利率定价管理办法》,其主要特点:1.体现成本与收益、资产负债相结合的定价指导思想,考虑多种因素进行定价,其定价公式为:贷款利率=法定贷款利率×(1+浮动幅度)。直接反映信用社面临的各种贷款风险、成本,能较好地满足农村信用社贷款利率定价的需要。2.浮动幅度的测算考虑企业信用等级、贷款担保方式、企业入股情况、单笔贷款额与信用社往来关系、家庭负债率等多种因素,设立相应指标。根据因素并以当地农村信用社主要风险来源为依据,设置指标权重;在综合贷款风险、成本收益、目标利润、当地经济承受能力的基础上确定最低上浮幅度和不同档次贷款的利率浮动梯度"×",并由此固定不同档次贷款的利率浮动系数。按公式:利率浮动幅度=∑(浮动系数×权重)×100%,综合加权确定浮动幅度,较好地实现贷款定价的差异化和市场化。3.政策明确、详细,便于操作。明确成本测算、风险管理、市场信息收集等对贷款定价的支持服务部门,工作量后移。制定详细的贷款浮动指标、系数对照表,便于前台信贷人员直接操作。4.办法的简化使用。定价基础薄弱、定价能力较低的农信社,可对此办法进行简化应用,主要在定价方法上,测算浮动幅度时可根据实际情况,删去没有或影响小、难度大的浮动指标,并将其所占权重调整到其他指标上即可。定价机构体系、授权等方面,可根据实际情况由简化到复杂,进行逐步过渡。

2006 年 11 月 24 日岳普湖县农村信用社贷款利率浮动情况表

表 9 - 4

贷款期限	基准利率		自然人贷款上浮利率 (贷款申请前已入股的贷款)				企业贷款上浮利率 (贷款申请前已入股的贷款)				贷款申请前未入股的各类贷款上浮利率
			农户小额信用贷款和联保贷款上浮利率		质押贷款上浮利率	抵押、担保、保证贷款上浮利率	AAA	AA	A	未平等信用等级	
			信用户利率上浮60%	信用村、乡(镇)利率上浮50%	浮动幅度利率40%	浮动幅度利率80%	浮动幅度利率65%	浮动幅度利率70%	浮动幅度利率75%	浮动幅度利率80%	浮动幅度利率90%
	年利率	月利率	‰	‰	‰	‰	‰	‰	‰	‰	‰
六个月以下(含六个月)	5.58	4.65	7.44	6.975	6.51	8.37	7.673	7.905	8.138	8.37	8.835
一年以下六个月以上(含一年)	6.12	5.1	8.16	7.65	7.14	9.18	8.415	8.67	8.925	9.18	9.69
一年至三年(含三年)	6.30	5.25	8.40	7.875	7.35	9.45	8.663	8.925	9.188	9.45	9.975
三年至五年(含五年)	6.48	5.4	8.64	8.10	7.56	9.72	8.91	9.18	9.45	9.72	10.26
五年以上	6.84	5.7	9.12	8.550	7.98	10.26	9.405	9.69	9.975	10.26	10.83

2007 年 5 月 19 日岳普湖县联社贷款利率浮动情况表

表 9 – 5

贷款期限	基准利率		自然人贷款上浮利率（贷款申请前己入股的贷款）				企业贷款上浮利率（贷款申请前己入股的贷款）				贷款申请前未入股的各类贷款上浮利率
			农户小额信用贷款和联保贷款上浮利率		质押贷款上浮利率	抵押、担保、保证贷款上浮利率	AAA	AA	A	未平等信用等级	
			信用户利率上浮60%	信用村、乡(镇)利率上浮50%	浮动幅度利率40%	浮动幅度利率80%	浮动幅度利率65%	浮动幅度利率70%	浮动幅度利率75%	浮动幅度利率80%	浮动幅度利率90%
	年利率	月利率	‰	‰	‰	‰	‰	‰	‰	‰	‰
六个月以下(含六个月)	5.85	4.875	7.80	7.313	6.83	8.78	8.044	8.288	8.531	8.78	9.263
一年以下六个月以上(含一年)	6.57	5.475	8.76	8.21	7.67	9.86	9.034	9.31	9.581	9.86	10.40
一年到三年(含三年)	6.75	5.625	9.00	8.438	7.88	10.13	9.281	9.563	9.844	10.13	10.688
三年至五年(含五年)	6.93	5.775	9.24	8.66	8.09	10.40	9.53	9.82	10.11	10.40	10.97
五年以上	7.20	6	9.60	9.000	8.40	10.80	9.900	10.20	10.500	10.80	11.40

　　2007 年 12 月 20 日起,人行决定上调金融机构人民币存贷款基准利率。金融机构一年期存款基准利率上调 0.27 个百分点,即由现行的 3.87% 提高到 4.14%,上调 0.27 个百分点;活期存款利率由现行的 0.81% 下调到 0.72%,下调 0.09 个百分点;一年期贷款基准利率由现行的 7.29% 提高到 7.47%,上调 0.18 个百分点;其他各档次存贷款基准利率也相应调整。个人住房公积金贷款利率保持不变。12 月 26 日,县联社根据人行银发《中国人民银行关于调整金融机构人民币存贷款基准利率及上调人民银行对金融机构再贷款(再贴现)浮息水平的通知》和自治区联社文件要求,本着服务"三农"、支持地方中小企业发展、促进社会主义新农村建设,加快农村信用社增资扩股经营目标,决定自 2007 年 12 月 27 日起,岳普湖县农村信用社对贷款利率进行调整,按照农户(农业)、自然人(个体工商户)贷款和企业贷款等进行细分,其中:农户贷款按照信用村和非信用村划分,信用村入股农户贷款上浮 50%、未入股农户贷款上浮 80%;非信用村入股农户贷款上浮 60%、未入股的农户贷款上浮 80%;按自然人(个体工商户)在信用社入股情况,确定贷款利率,贷款上浮范围为 60% ~ 100%;企业贷款上浮范围为 20% ~ 100%,其具体执行利率根据在信用社入股情况确定;质押贷款根据质押物的不同,上浮范围为

20% ~40%。

2007 年岳普湖县联社农户小额贷款利率定价表

表 9－6

项目			人行调整后基准利率（月利率‰）	信用社调整执行利率（月利率）		入股	未入股
信用村农户	半年		5.475	浮动系数		1.5	1.8
				利率‰		8.2125	9.855
	一年		6.225	浮动系数		1.5	1.8
				利率‰		9.3375	11.205
	一年以上三年以内		6.3	浮动系数		1.5	1.8
				利率‰		9.45	11.34
非信用村农户	半年		5.475	浮动系数		1.6	1.8
				利率‰		8.76	9.855
	一年		6.225	浮动系数		1.6	1.8
				利率‰		9.96	11.205
	一年以上三年以内		6.3	浮动系数		1.6	1.8
				利率‰		10.08	11.34

2007 年岳普湖县联社自然人（个体工商户）贷款利率定价表

表 9－7

项目		人行调整后基准利率（月利率‰）	信用社调整执行利率（月利率）	入股情况				
				未入股	1000 ~5000 元	5000 元(不含)~10000 元	10000 元(不含)~15000 元	15000 元(不含)以上
				5 万元以下	15 万元以下	30 万元以下	50 万元以下	100 万元以下
抵押	半年	5.475	浮动系数	2	1.9	1.8	1.7	1.6
			利率‰	10.95	10.4025	9.855	9.3075	8.76
	一年	6.225	浮动系数	2	1.9	1.8	1.7	1.6
			利率‰	12.45	11.8275	11.205	10.5825	9.96
	一年以上三年以内	6.3	浮动系数	2	1.9	1.8	1.7	1.6
			利率‰	12.6	11.97	11.34	10.71	10.08

2007 年岳普湖县联社自然人（个体工商户）贷款利率定价表

表 9 – 8

项目		人行调整后基准利率(月利率‰)	信用社调整执行利率(月利率)	入股情况				
				未入股	1000~5000元	5000元(不含)~10000元	10000元(不含)~15000元	15000元(不含)以上
				5万元以下	10万元以下	15万元以下	20万元以下	25万元以下
担保	半年	5.475	浮动系数	2	1.9	1.8	1.7	1.6
			利率‰	10.95	10.4025	9.855	9.3075	8.76
	一年	6.225	浮动系数	2	1.9	1.8	1.7	1.6
			利率‰	12.45	11.8275	11.205	10.5825	9.96
	一年以上三年以内	6.3	浮动系数	2	1.9	1.8	1.7	1.6
			利率‰	12.6	11.97	11.34	10.71	10.08

2007 年岳普湖县联社中小企业贷款利率定价表

表 9 – 9

项目		人行调整后基准利率(月利率‰)	信用社调整执行利率(月利率)	入股情况					
				10万元以下	1万元以上3万元以下	3万元以上5万元以下	5万元以上10万元以下	10万元以上20万元以下	20万元以上
				30万元以下	60万元以下	100万元以下	200万元以下	250万元以下	300万元以上
抵押	半年	5.475	浮动系数	2	1.8	1.6	1.5	1.4	1.2
			利率‰	10.95	9.855	8.76	8.2125	7.665	6.57
	一年	6.225	浮动系数	2	1.8	1.6	1.5	1.4	1.2
			利率‰	12.45	11.205	9.96	9.3375	8.715	7.47
	一年以上三年以内	6.3	浮动系数	2	1.8	1.6	1.5	1.4	1.2
			利率‰	12.6	11.34	10.08	9.45	8.82	7.56

2008 年 8 月 27 日,自治区联社研究决定报经自治区人民政府同意,调整冬小麦和棉花生产贷款利率。1. 将冬小麦生产性贷款利率,在上年实际执行利率的基础上下降10%。2. 将棉花生产性贷款利率,在上年实际执行利率的基础上上浮 10%。

2011 年 4 月 6 日岳普湖县联社小额农户贷款利率定价表

表 9–10

项目		人行调整后基准利率(利率%)	人行调整后基准利率(月利率‰)	信用社调整执行利率(月利率)		入股	未入股
信用村农户	半年	5.8500	4.8750	浮动系数		1.5	1.8
				利率‰		7.3125	8.7750
	一年	6.3100	5.2583	浮动系数		1.5	1.8
				利率‰		7.8875	9.4650
	一年以上三年以内	6.4000	5.3333	浮动系数		1.5	1.8
				利率‰		8.0000	9.6000
非信用村农户	半年	5.8500	4.8750	浮动系数		1.6	1.8
				利率‰		7.8000	8.7750
	一年	6.3100	5.2583	浮动系数		1.6	1.8
				利率‰		8.4133	9.4650
	一年以上三年以内	6.4000	5.3333	浮动系数		1.6	1.8
				利率‰		8.5333	9.6000

2011 年 7 月 6 日岳普湖县联社小额农户贷款利率定价表

表 9–11

项目		人行调整后基准利率(利率%)	人行调整后基准利率(月利率‰)	信用社调整执行利率(月利率)	利率‰
信用农户	半年	6.1000	5.0833	浮动系数	1.4
				利率‰	7.1167
	一年	6.5600	5.4667	浮动系数	1.4
				利率‰	7.6533
	一年以上三年以内	6.6500	5.5417	浮动系数	1.4
				利率‰	7.7583
非信用农户	半年	6.1000	5.0833	浮动系数	1.6
				利率‰	8.1333
	一年	6.5600	5.4667	浮动系数	1.6
				利率‰	8.7467
	一年以上三年以内	6.6500	5.5417	浮动系数	1.6
				利率‰	8.8667

2012 年 11 月 27 日岳普湖县联社非涉农企业贷款利率定价表

表 9 – 12

项目		人行调整后基准利率（月利率%）	人行调整后基准利率（月利率‰）	信用社调整执行利率（月利率）		上浮70%
抵押	半年	5.6000	4.666667	浮动系数		1.7
				利率‰		7.933333
	一年	6.0000	5.000000	浮动系数		1.7
				利率‰		8.5000
	一年以上三年以内	6.1500	5.125000	浮动系数		1.7
				利率‰		8.712500
	三年至五年（五年内）	6.4000	5.333333	浮动系数		1.7
				利率‰		9.066667
	五年以上	6.5500	5.458333	浮动系数		1.7
				利率‰		9.279167
				利率‰		7.095833

2012 年 11 月 27 日岳普湖县联社涉农贷款利率定价表

表 9 – 13

项目		人行调整后基准利率（月利率%）	人行调整后基准利率（月利率‰）	信用社调整执行利率（月利率）		上浮50%
担保	半年	5.6000	4.666667	浮动系数		1.5
				利率‰		7.0000
	一年	6.0000	5.000000	浮动系数		1.5
				利率‰		7.5000
	一年以上三年以内	6.1500	5.125000	浮动系数		1.5
				利率‰		7.6875
	三年至五年（五年内）	6.4000	5.333333	浮动系数		1.5
				利率‰		8.0000
	五年以上	6.5500	5.458333	浮动系数		1.5
				利率‰		8.1875

2012 年 11 月 27 日岳普湖县联社住房按揭贷款率定价表

表 9 – 14

项目		人行调整后基准利率(月利率%)	人行调整后基准利率(月利率‰)	信用社调整执行利率(月利率)		上浮30%
担保	半年	5.6000	4.666667	浮动系数		1.3
				利率‰		6.066667
	一年	6.0000	5.000000	浮动系数		1.3
				利率‰		6.5000
	一年以上三年以内	6.1500	5.125000	浮动系数		1.3
				利率‰		6.6625003
	三年至五年(含五年)	6.4000	5.333333	浮动系数		1.3
				利率‰		6.933333
	五年以上	6.5500	5.458333	浮动系数		1.3
				利率‰		7.095833

2013 年,县联社审贷委员会根据人民银行有关贷款利率政策为依据,综合考虑资金成本、客户信用等级、担保方式、银企关系、贷款用途等因素,结合实际情况,对辖内信用社的贷款利率实行统一管理,制定《贷款利率定价管理办法》《定价实施细则》,制定出具体的贷款利率标准后下发到基层信用社执行。上半年,岳普湖县联社共计发放贷款40571.01 万元,其中发放企业贷款4445 万元,上半年企业贷款平均执行利率为7.0154‰,最高执行利率为9.5999‰,最低执行利率为7.5‰;发放农户贷款34403.01 万元,上半年农户贷款平均执行利率为6.3075‰,最高执行利率为8.7126‰,最低执行利率为5.3333。

2014 年,县联社发放农户小额信用贷款多为一年期贷款,一年期贷款利率档次分四种情况执行,无优惠条件的贷款利率6.5‰,信用户贷款利率6‰,满足信用村同时满足信用户贷款利率5.5‰,同时满足信用乡、信用村、信用户贷款利率5‰。自然人贷款利率发放档次为:6 个月的贷款利率8.166667‰,一年的贷款利率8.75‰元,一至三年的贷款利率8.968750‰,三至五年的贷款利率9.3333‰。按揭贷款分为房屋按揭、商铺按揭两种贷款种类,利率均为五年以上的利率,执行利率分四种,1.5 的系数、贷款利率8.1875‰,1.4 的系数、贷款利率7.641667‰,1.3 的系数、贷款利率7.095833‰,1.2 的系数、贷款利率6.55‰。富民安居贷款利率档次为:六个月的贷款利率4.667‰,一年的贷款利率5.00‰,一至三年的贷款利率5.125‰,三至五年的贷款利率5.333‰,五年以上的贷款利率5.458‰。下岗失业人类小额贷款利率六个月的贷款利率6.07‰,一年的贷款利率6.50‰,一至三年的贷款利率6.66‰,三至五年的贷款利率6.93‰,五年以上的贷款利率7.10‰。妇女创业贷款利率六个月的贷款利率6.07‰,一年的贷款利率6.50‰,一至三年的贷款利率6.66‰,三至五年的贷款利率6.93‰,五年以上的贷款利率7.10‰。党员贴息贷款利率六个月的贷款利率6.07‰,一年的贷款利率6.50‰,一至三年的贷款利率6.66‰,三至五年的贷款利率6.93‰,五年以上的贷款利率7.10‰。企业贷款利率档次是:六个月的贷款利率7.00‰,一年的贷款利率7.50‰,一至三年的贷款利率7.69‰,三至五年的贷款利率8.00‰,五年以上的贷款利率8.1875‰。逾期贷款利率在现行利率的基础上加收50%罚息。挪用贷款利率在现行利率的基础上加收100%罚息。

第三节　贴现利率

1987年12月21日,人民银行决定对专业银行和其他金融机构的存、贷款利率予以调整,再贴现利率可按同档次利率降低5%～10%,由人行省、自治区、直辖市分行,计划单列城市分行和改革试点城市分行根据实际情况灵活掌握。

1988年2月1日,再贴现可按同档次利率降低5‰～10‰。2月15日,再贴现利率相应进行调整,不超过20天的,月利率调为5.1‰;20天至三个月的,月利率调为5.4‰;三个月至六个月的,月利率调为5.7‰。

1991年4月21日,经国务院批准,人民银行决定对贷款利率进行适当的调整。其中再贴现贷款年利率按同档次利率上下浮动5%～10%。

1995年7月1日,人民银行决定再贴现贷款利率按同档次利率下浮6%～10%。1996年5月1日,人民银行决定再贴现年利率依然按同档次再贷款利率,按照下浮5%～10%执行。

1998年3月21日,人民银行对金融机构贷款利率进行调整,再贴现利率由再贷款利率下浮5%～10%调整为6.03%。3月25日,人民银行对金融机构贷款利率进行调整,贴现年利率按同档次贷款利率下浮5%～10%;贴现年利率在再贴现利率基础上最高加0.9个百分点。7月1日,再贴现年利率由6.03%调整为4.32%;贴现年利率由再贴现年利率基础上最高加0.9个百分点调整为在再贴现利率基础上最高不得超过2个百分点。12月7日,再贴现年利率由4.32%调整为3.96%,下调0.36个百分点;贴现年利率实行在再贴现利率基础上按不超过同期贷款利率(含浮动)加点。

1999年6月10日,贴现年利率在再贴现利率基础上按不超过同期贷款利率(含浮动)加点;再贴现利率由3.96%调整为2.16%。

2002年2月21日,人行决定,降低金融机构贷款利率,其中,贴现利率,在再贴现利率基础上,按不超过同期贷款利率(含浮动)加点;再贴现利率由2.97%调整为2.97%。

2006年4月28日,人行决定上调金融机构贷款基准利率。贴现年利率在再贴现利率的基础上,按不超过同期贷款利率(含浮动)加点。8月19日,人行决定,上调金融机构人民币存贷款基准利率,贴现年利率在再贴现利率基础上,按不超过同期贷款利率(含浮动)加点。

2007年3月18日,人行决定,上调金融机构人民币存贷款基准利率。贴现利率在再贴现利率基础上,按不超过同期贷款利率(含浮动)加点。5月19日,人行对金融机构的再贷款与再贴现利率、存款准备金利率和超额准备金存款利率保持不变。9月15日,人行决定上调金融机构贷款基准利率。贴现年利率在再贴现利率的基础上,按不超过同期贷款利率(含浮动)加点。12月21日,人行决定调整金融机构人民币存贷款基准利率,从2008年1月1日起上调人行对金融机构再贷款(再贴现)浮息水平。再贴现利率由3.24%上调至4.32%,上浮1.08个百分点。

2008年11月27日,人行决定下调金融机构人民币贷款基准利率,贴现年利率以再贴现利率为下限加点确定。再贴现利率由4.32%调整为2.97%。12月23日,人行决定下调金融机构人民币存贷款基准利率、人行对金融机构再贷款(再贴现)利率。贴现年利率以再贴现利率为下限加点确定;再贴现利率由2.97%下调为1.80%,下调1.17个百分点。

2010年10月20日,人行决定,上调金融机构人民币存贷款基准利率,并启动存贷款基准利率确定方式改革,存贷款基准利率将逐步向0.05%的整数倍规整,贴现年利率以再贴现利率为下限加点确定。

2011年4月6日,人行上调金融机构人民币存贷款基准利率,贴现年利率以再贴现利率为下限加点确定。7月7日,人行决定上调金融机构人民币存贷款基准利率,贴现年利率以再贴现利率为下限加点确定。

2012年6月8日,人行决定下调金融机构人民币存贷款基准利率,同时调整存贷款利率浮动区间,贴现年利率以再贴现利率为下限加点确定。7月6日,人行决定,下调金融机构人民币存贷款基准利率并调整金融机构贷款利率浮动区间,贴现年利率以再贴现利率为下限加点确定。

第十章 会计出纳

会计工作主要任务是指在有关会计法规制度的指引下，会计人员运用会计确认、计量、记录和报告等手段，对信用社经营业务进行真实、准确、及时、完整的反映和监督。为本社社员、业务部门、各级领导、监管部门以及外部管理机构提供充分、有用的会计信息，是信用社管理的重要组成部分。

出纳工作是信用社工作的重要组成部分，担负着依照国家法令、法规办理现金收付、整点以及大小票币、损伤票币的兑换，根据市场货币流通需要，做好现金供应和回笼工作，保管现金、金银、有价证券的调运安全保卫工作，任务繁重，是促进农村和城市经济稳定协调发展，人民生活不可或缺的一项重要工作。

第一节 会计管理

一、会计制度

1957 年 3 月 11 日，人行自治区分行颁发《储蓄代办所暂行办法》《储蓄代办所储蓄业务会计核算制度》。县域信用社认真执行。同年，会计报表增加会计业务量、开户情况、会计单位及人员配备、核算差错事故等内容。储蓄账户核算推行活期储蓄账卡简易抽卡法，活期储蓄变动户轧账法。

1958 年，县域信用社由人民公社生产队管理。县域信用社废除会计科目记账，改复试传票为单式传票，到营业临终记账，按科目分别整理，做科目整理单（营业日记账代）然后根据整理单借贷数登记综合账卡，结出余额后再去和余额卡（余额表代）进行核对，简化内部核算手续，对一些行之有效的规章制度随意删改，是会计核算工作受到一定影响。8 月 9 日，人行自治区分行印发对农村信用社推行"存、放合一"通知，内容为农业社或信用社在银行存款（定期）与一年以下短期贷款，只开往来户处理，余额为贷方即为存款，如为借方即为贷款。

1964年,人行岳普湖县支行执行人行颁发的10项基本规定,钱账分管交叉复核、账务处理、定期通打账务、交账制度、错账错款登记处理、空白重要凭证领发保管、挂失制度、交接制度、安全保卫等制度。

1965年12月,农行与人行合并,人行县支行增设农金股,负责资金管理、信用合作和社队辅导。

1966年,县域信用社实行由借贷记账法改为收付记账法。

1970年,县域信用社由脱离银行领导而逐渐变为实际上是银行基层机构,信用社业务基本上执行国家银行规定机构设置上,一个公社既有银行营业所又有信用社,实行合署办公,由银行领导信用社,银行业务委托信用社办理。

1971年,人行岳普湖县支行要求在决算前,总账与明细账相符,明细账与借据、存折相符,信用社与生产队存贷款账目核对一致。

1973年1月,县域信用社开始实施自治区财政局转发人行《会计基本制度》《财务管理制度》《发行库制度》《出纳制度》和《结算办法》。同年,自治区银行工作会议形成《新疆维吾尔自治区农村牧区信用合作社暂行管理办法》。

1974年7月,人行自治区分行下发《新疆维吾尔自治区农村牧区信用合作社财务管理制度(试行草案)》,对信用社资金管理、财产管理、费用管理及社干部福利待遇、年终决算及错款处理、盈亏处理及移交事项等作详细规定。

1978年,人行重新修订会计制度。1979年7月实施新制度。新制度增设库存现金科目。设置日计表、月计表、季报表、半年报表、1~10月试算表及年终决算表。全面反映资金变化、费用率、利润率、资金周转和盈亏情况。

1980年1月,农行县支行恢复,农行主要任务是管理支农资金,集中办理农村信贷,领导县域农村信用社,发展农村金融事业。农行为岳普湖县域信用社直属领导,信用社人、财、物归农行岳普湖县支行管理。

1985年5月,《中华人民共和国会计法》颁布实施,县域信用社严格执行《中华人民共和国会计法》有关规定。

1986年,农行根据信用社性质和各地实际情况制定《农村信用社会计基本制度》《农村信用社财务管理制度》,规定信用社会计处理账务程序,对会计核算、印章和密押管理、重要空白凭证管理等都做出规定。

1992年1月,国家税务局和农行联合颁发《农村信用社财务管理试行办法》通知,要求本办法自1992年1月1日执行。

1993年7月,财政部发布实施《企业会计准则》《企业财务通则》《金融企业会计制度》。规定统一核算模式,统一以权责发生制为核算基础,统一使用借贷记账法。其主要内容有改革会计核算平衡关系,由原来"资金来源 = 资金占用"两段式平衡,改为国际通用"资产＝负债＋所有者权益"为平衡关系。遵从《金融企业会计制度》基本要求,按资金性质、经济成分设置适应当下体制的银行会计科目。改革会计报表体系。改革记账方法,恢复借贷记账法。改革收付实现制,以权责发生制为原则。取消专用基金科目,改革成本核算和利润分配等。

1994 年,农行岳普湖县支行印发人行县支行大额提现制度暂行办法。

1995 年 3 月,全国人大八届三次会议审议通过《中国人民银行法》,随后又颁布《商业银行法》。6 月 12 日,农行自治区分行下发《关于财务管理考核指标的通知》,提出核定指标原则、内容、有关利率增长、减亏率、利息收回率、催收贷款及逾期贷款收回率、各项存款增长率、综合费用率等计算公式。

1998 年,人行印发《农村信用合作社会计基本制度》,1999 年 1 月 1 起实施。内容有会计基本原则和规定、会计核算、印章与密押(机)管理、重要空白凭证和有价单证管理、信用社网点会计工作、会计电算化管理、会计检查与会计分析、会计档案、会计组织、会计人员等。会计核算内容有记账规则、会计凭证、账务设置、账簿结转、错账冲正、账务核对、利息计算、会计报表、年终结算等。

2000 年 4 月 1 日,岳普湖县联合社为保证个人存款账户真实性,维护存款人合法权益,执行国务院印发的《个人存款账户实名制规定》。

2001 年 11 月,财政部颁发《金融企业会计制度》,在原来提供资产负债表、利润表、财务状况变动表和利润分配表基础上增加所有者权益报表。提出资产减值准备,贯彻谨慎原则。

2006 年,岳普湖县联合社在实际工作中严格执行人行制定的《中国人行会计基本制度》,明确会计人员主要职责是贯彻执行国家法律、法规和人行各项规章制度,维护财经纪律;坚持诚信原则,遵守职业道德;依据岗位职责,办理会计核算,实施会计管理;做到实事求是,客观公正。

2009 年,岳普湖县联社制定委派会计竞聘方案。竞聘委派会计具备条件是:1. 具有良好职业道德,遵守纪律,廉洁自律。2. 具有较强工作责任心,熟悉和坚持国家财经法律、法规、联社会计规章制度,具有良好组织工作能力和协调能力。3. 大专以上学历,从事金融工作满 3 年以上。4. 持有财政部门核发的"会计从业资格证"。5. 身体健康,能够适应本职工作要求。以上条件均可报名参加有审计部门出题考试,经过演讲由县联社领导决定。

2009 年,岳普湖县联社成立事后监督部门。以现行会计制度为标准按照国家金融法律、法规和信用社各项规章制度,监督信用社各种账务处理、资金收付的合法性、真实性、正确性。监督信用社综合核算和明细核算的记载与反映是否真实。具体操作是看全辖各网点的会计凭证票据填写是否合法、是否规范,资金来龙去脉是否正常,金额是否准确、大额现金支付有无违规、错账冲正是否合理、挂账是否正确、汇票是否真实等会计业务取得凭证进行审核,给出评价、考量,同时还要装订凭证归档。制定《事后监督工作管理办法》。

2011年,岳普湖县联社根据新《新疆维吾尔自治区农村信用合作社对账管理办法》有关规定,印发《岳普湖县农村信用合作联社对账实施细则》:一、对账原则:全面性原则、连续性原则、及时性原则、重要性原则、制约性原则。二、对账工作基本要求:1.账务核对面必须达到100%;2.账务核对要做到记账与对账岗分离,交叉换人复核;3.必须对发生额明细和余额进行逐笔逐项核对;4.账务核对不符必须换人复核、查明原因;5.账务核对人员必须对所对账务真实性全面负责。制定对账职责分工、对账范围、对账方式等涉及对账方面的事项。

二、账务设置

岳普湖县域信用社成立初期只有必设的总账、分户账、现金账。

20世纪70年代,县域信用社执行人行会计科目。共有会计科目55个,按资金性质分资产类、负债类、资产负债共同类、损益类。各项收入下设有利息收入、手续费收入、出纳长款、杂项收入。各项支出下:利息支出、手续费支出、杂项支出。各项费用:工资、购置费、印刷费、办公费、旅差费、烤火费、其他费用。

20世纪80年代,农行岳普湖县支行根据上级行通知,修订会计科目分六类,共57个。主要对信用社贷调整科目,修改企业基金和应付股金红利科目名称;除盈亏科目暂不实行外,其余科目1984年1月1日起实行;结转和办理结算同款及投资科目有较大变动,这类科目增加18个,取消10个,实际增加8个;对信用社公积金和盈亏虚数需要进行调整,修订中增设盈亏时进行决算后按新旧科目余额结转表办理新科目余额结转不做传票。

20世纪90年代初期,农行实行《关于实施农村信用社财务管理试行办法若干规定》。

1997年,岳普湖县联合社与农行脱离行政隶属关系。制订会计、出纳执行制度奖惩办法;统一印制各种登记本,建立各项业务登记制度;制定《岳普湖县信用社现金管理办法》,各社配备现金专管员,实行大额现金提现报告、审批制度。对账务处理、凭证进行常年巡回检查,对检查出的问题,及时提出整改意见,要求各社对照检查,改进不足;全面核对内外账务,实行重要空白凭证领用登记。

1999年1月1日,岳普湖县联合社实行新会计制度,资产类科目57个、负债类科目36个、资产负债共同类14个、所有者权益类7个、损益类15个表内科目129个,表外科目10个。增加财务变动表以及现金流量表。

2007 年末，岳普湖县联社执行的资产类科目 82 个，负债类科目 49 个，资产负债共同类科目 16 个，所有者权益类科目 6 个，或有资产负债类科目 2 个，损益类科目 15 个，表内科目 170 个，表外科目 15 个。

2009 年 10 月 23 日，自治区联社下发《新疆农村信用社对账管理暂行办法》。

2011 年 6 月实行新会计准则，资产类科目 55 个，负债类科目 40 个，资产负债类共同科目 24 个，所有权益类科目 7 个，损益类科目 144 个，表内科目 168 个，表外科目 26 个。

三、记账方法

记账方法就是在账户中登记经济业务的方法，根据一定原理和规则，采用一定记账符号，以货币为计量单位记录信用社资金运用状况的一种专门方法。会计记账方法，最初为单式记账法。随着社会经济发展和人们实践与总结，单式记账法逐步改进，演变为复式记账法。

单式记账法，是一种比较简单、不完整的记账方法。这种方法，对发生每一笔经济业务只在一个账户上登记，不能全面地、相互联系的反映资金增减变化情况。复式记账法是指对每项经济业务以相等金额在两个或两个以上账户（科目）相互对照登记的一种专门方法，这种方法能全面反映资金运行增减变化过程和成果。

1957 年，县域信用合作社用借贷记账法。1966 年，根据人行规定改为收付记账法。1994 年 1 月 1 日根据农行转发人行文件要求，改为借贷记账法。

1997 年前，岳普湖县联合社记账均采取手工记账方式，双人临柜，一人记账，一人复核，保证账实相符。

2000 年后，岳普湖县联合社逐步实行计算机账务处理（会计）电算化，采取电子记账，设会计主管、记账员、复核员，记账更规范化、制度化。

四、印章和密押管理

印章是信用社经营管理活动中行使职权的重要凭证和工具，印章管理关系到信用社正常经营管理活动的开展，甚至影响到信用社生存和发展。

信用社各种业务印章，是受理业务的证明。印章主要包括行政印章、业务印章、财务专用章、办讫章、汇票专用章、预留印鉴等。行政印章主要用于发文、公函、对外签订合同及其他行政事务。业务用章主要是办理会计业务、会计核算和会计管理过程中用于签发票据、凭证、报表、函件和证实书、签发单位定期存款单、余额对账单、挂失支付申请书、查询、冻结、扣划等所使用的印章。财务专用章是办理有关财务事宜专用印章。办讫章是柜员办理业务用于现金收付、转账业务借贷方凭证所使用的专用章。汇票专用章用于信用社对外签发汇票。预留印鉴是在开户、上存资金银行或存放同业资金以银行预留印鉴。

信用社联行密押是鉴别联行间汇划款项真伪,保证资金安全的重要工具。管押人员由县联社审查确定,人员变动时必须经原审定机构核准,并办理交接手续。寄送密押代号表,必须加封,以绝密件通过机要部门或派专人直接解送。联行密押代号表在未启用或停用待销毁期间,必须加封,指定专人妥善保管。过期密押代号表销毁时,要按有关规定办理。编押机视同密押管理。编押机在营业中应妥善保管,人离入屉加锁;非营业时间,应入库保管。在未启用或停用期间,必须加封并指定专人妥善保管。

五、会计凭证

信用社会计凭证是用来记录经济业务,明确经济责任,并据以登记账簿的书面证明。凭证包括原始凭证和记账凭证。

(一)重要凭证管理

重要空白凭证是信用社或单位、客户填写金额并签章后即具有支付款项效力的待用凭证,是信用社凭以办理收付款项的重要书面依据。包括支票、汇票、存单、存折、借款借据、股金证、借记卡、办理中间业务的凭证等。

建社初期,县域信用社空白凭证由人行自治区分行统一印制,没有固定格式。由于当时无办公场所,一人背包办业务等客观条件限制,信用社基层业务组人员可向信用社领取一部分统一编号并盖好公章存单存折等凭证(有领取手续),以备使用,办理定期存款时,有业务员填写存单,并加盖私章后发出,凭存根向会计交账。

1979年2月,国务院批准中国人民银行授权农业银行管理农村信用社后,对重要凭证管理得到重视。重要凭证管理纳入财务管理范畴。信用社逐步建立健全相应规章制度。

1980年后,随着农行对信用社管理进一步加强,重要空白凭证管理纳入会计核算范畴,县域信用社逐步建立重要空白凭证管理制度。

1982年,县域信用社根据中国农业银行《关于加强信用站会计工作的通知》要求,信用社加强对信用站会计账务检查监督,信用站所需账表、单证等空白凭证由信用社供应。信用站领取存单、存折等重要空白凭证,根据凭证管理规定办理,严格执行领用登记制度。报账时,将重要凭证使用、作废、结存情况分别种类填入报账表内,作废重要凭证附后,以便信用社审查监督。

1988年,县域信用社对重要空白凭证管理逐步规范。重要空白凭证纳入表外科目核算,按凭证种类设置明细账户,明细账要登记凭证起止号码。

1997年7月16日,国务院农村金融体制改革部际协调小组办公室《关于统一农村信用社账表凭证格式的通知》要求,新的统一账表凭证使用从1997年8月1日起启用,各地现行使用的账表凭证一律使用到1998年7月1日止。从1997年7月1日至1998年7

月 1 日为新旧凭证混合试用期。对新账表凭证使用、管理、印制做出说明和规定。

2000 年,岳普湖县联合社按照人行喀什中心支行有关文件要求,对全辖开展重要空白凭证清理自查,查看重要空白凭证管理制度执行情况、账实是否相符、核对方法是否正确、凭证库房是否安全、过期作废凭证是否按规定销毁,特别是各信用社柜面日常领用、交回、销账核对等各个环节,以及外勤职工领用重要空白凭证以及联社与全辖各社之间重要空白凭证入库、出库管理程序。

2005 年 9 月,人行账户管理系统正式上线,明确规定账户销户时全部按规定收回重要空白凭证,未能收回的,开户单位出示风险承诺书,若有风险开户单位自行承担。

2006 年自治区联社成立后,全疆信用社重要空白凭证由自治区联社统一印制,使得全疆信用社重要空白凭证得到统一,各地使用重要空白凭证向自治区联社领用。

2014 年,岳普湖县联社从自治区联社领取凭证 409668 份,向各营业网点发放凭证 267573 份。

(二)有价单证管理

有价单证是指具有面值的特殊凭证。信用社有价单证包括购买的国库券、金融债券。有价单证视同现金管理,贯彻"账证分管"原则,有会计人员管账,出纳人员管证,相互制约,相互核对。

信用社购买的国库券、金融债券,须通过表内科目核算,其他未发生资金收有价单证,应通过表外科目核算。表内、表外科目核算有价单证,都要建立有价单证登记簿,按单证种类、票面金额立户。出纳人员根据表内、表外科目传票办理收付,每日营业终了会计人员应与出纳人员的有价单证登记簿的数量、金额核对相符。会计科、审计部门也时有检查。

(三)凭证管理员岗位职责

凭证管理员按照凭证种类设立明细账户,购入领取逐笔记账,做到日清日结、逐月核对,确保账实相符。还应对凭证编号、排放有序、防治凭证丢失、被盗。会计凭证要定期装订成册,最长不得超过 10 天,防止失散。重要空白凭证要严格按计划发放领用,带号码凭证要按序号发放,经办人员领用时要签字。负责逐月与各网点领用的重要空白凭证对账、核对号码、检查库存,定期向主管领导汇报重要空白凭证保管、使用、销号等情况。

六、会计核算改革

1957 年,人行根据各地经验,对信用合作社会计核算做修改补充,简化核算程序:(一)凭证:1. 传票的填制,为简化手续可用原始凭证代替活期存、取款凭条,取消存取款凭条,可用存取款登记表代替存取款凭条。2. 定期存单改用两联套写,第一联存单联交储户手执,兑付后代付出传票,第二联卡片账作为每日汇总,填制总传票的根据。3. 对农业社及公营企业开的账户可以使用支票(以银行旧式支票代替)。(二)账簿:1.取消日记账改用库存簿,每结账日把全部传票分别收付汇总一笔记张,其余额应与库存现金相符。2.取消放款账,以借据代替,借据可以以农业社或生产大队为单位顺序装订,另设余额控制卡,定期核打余额。3.取消定期存款账,以卡片账代替。(三)结账:根据各科目传票(或原始凭证)分别收付加计发生额编制日记表,现金科目有库存簿收付数反方填入。(四)增设地方工业存款、地方工业放款、下乡周转金科目,取消生产放款、副业放款、生活放款科目。(五)服务站账务处理。(六)建立四查三对办法:定期查库存、定期查站库、互相抽查账务、全面检查账务;对库存、对存放、对贷户。

1979年,县域信用合作社归农行管理,但核算分开。1987年1月1日,农行制定《农村信用合作社经济核算办法》。

1988年5月4日,农业银行、财政部印发《农村信用合作社成本管理暂行办法》,对农村信用社成本开支范围、成本核算、成本计划和管理作具体规定。12月19日,人行制定《银行结算办法》和《银行结算会计核算手续》,要求自1989年4月1日起实行。同时废止国内信用证、付款委托书、托收无承付、保付支票和省内限额结算方式。

1989年5月16日,人行下发《关于非正常占用贷款账户设置及账务核算的通知》,将非正常贷款划分为逾期、呆滞、呆账三类贷款形态,实行分类管理、分户核算。

1995年,县域信用社为适应业务发展便于实际操作增设"资产负债共同类"及其科目。信用社的会计科目共分为资产、负债、资产负债共同、所有者权益、损益五类。在资产负债共同类下增设科目联行往账、联行来账等科目。

1996年7月,国家税务总局下发《关于加强城乡信用社财务管理若干问题的通知》,要求各级国家税务局加强对城乡信用社财务的管理、监督和检查工作;信用社必须严格执行《农村信用合作社财务管理实施办法》;信用社必须按照权责发生制约原则,据实核算各项业务收入;严格执行国家规定的成本开支标准,控制各项费用开支;加强税收管理;严肃财税法纪。

2001年1月,人民银行、国家税务总局印发《调整农村信用社应收利息核算办法》,贷款准备金科目名称更改为"呆账准备",信用社按照规定,以各项承担风险和损失后资产的年末余额的一定比例提取的呆账准备在本科目核算。"已核销贷款呆账"科目名称更改为"已核销呆账",本科目经批准已核销的呆账资金和经批准冲减当期利息收入的表内应收利息。取消"待处理抵债资产损失"科目,将该科目余额分别转入相关的呆账贷款类科目中;取消"已核销坏账损失"科目,将该科目余额全转入"已核销呆账"科目中。

2002年12月18日,人行印发《银行会计基本规范指导意见》,从会计机构、会计科目、会计凭证、账务核算、记账规则、计息规则、年度决算、会计报告、会计签章等提出指导意见。

2004年,上门柜系统,信用社各项业务工作都已使用电子计算机处理。电子计算机的点算功能:1.记账:存、取、贷、还、结算汇兑收支核算等各项业务,核算账目记载,均由电子计算机记账。2.打印报表、单、证。账簿有总账、明细账;业务及核算表有月计表、业务状况表、年终决算等各项报表还有各项业务报表,单据有科目日结单,利息清单,对账单等。3.结账:包括日结、月结、年终账目结转。4.核算:包括存贷利息计算、损益计算、盈余分配、成本核算、款项汇入汇出、轧差。

2006年2月,岳普湖县联合社营业部实行综合柜员制大额。12月18日,自治区农村信用合作联社印发新疆农村信用社以县(市)为单位统一法人账务核算处理意见。

2007年2月28日,自治区农村信用合作联社制定《新疆维吾尔自治区农村信用合作社财务管理制度》。

2011年,人行开通个人征信系统身份信息库。11月20日新核心系统上线。

七、会计职权

信用社会计人员,是指信用社会计主管、柜员以及县联社从事会计工作人员。信用社会计人员应当具备:1.有会计从业资格。2.具有专业知识和专业技能,熟悉国家有关法律、法规和财务制度。

信用社会计人员肩负着维护国家利益和维护本单位合法经济权益双重任务。为能更好地发挥会计职能作用并充分调动会计人员积极性和主观能动性,必须明确会计人员职责,赋予会计人员工作权限。

岳普湖县联社根据《会计法》《企业财务通则》《企业会计准则》,先后制定或修订会计主要职责、会计权限、会计任免与奖惩、会计职业道德等会计管理制度。

第二节　出纳

农村信用合作社出纳制度是根据《中华人民共和国会计法》《金融企业会计制度》及《现金管理条例》等法律、法规制定的。出纳制度制定,改变农村信用社长期以来一直沿用农行出纳制度做法,进而能够结合实际对信用社出纳人员、业务操作、工作质量、安全保障、工作考核等都做出明确规定。

农村信用社出纳主要任务是:按照国家法令、法规办理现金的收付、整点,以及损伤票币、大小票币的兑换;根据市场流通的需要,调剂、调运各种票币,做好现金供应和回笼;保管现金、有价单证,做好现金有价单证的调运的安全保卫工作;严格库房管理工作,确保库款安全;宣传爱护人民币、做好反假、反破坏人民币的工作;做好现金管理工作,加强现金核算,减少库存现金占压,提高经济效益;加强柜面监督,维护财经纪律,揭露贪污盗窃和各种违法活动。

一、出纳制度

1962 年,县域信用社贯彻钱账分管、当时记账、按期轧账、双人管库等会计、出纳工作的基本制度。

1964 年 5 月至 1974 年末,县域信用社执行人行颁发的《出纳工作暂行办法》《出纳错款处理办法》。

1975 年,县域信用社按人行提高革命责任心,坚持双人押运、双人临柜和交叉复核等制度,杜绝差错事故的发生出纳工作制度执行。

1979 年 7 月 26 日,县域信用社执行《中国人民银行出纳制度》。

1981 年 8 月,县域信用社执行人行颁发的《守库员守则》和《押运员守则》试行办法。

1988 年,人行重新制订《全国银行出纳基本制度(试行)》。自 1988 年 7 月 1 日起实行。

1996 年后,岳普湖县联合社执行人行制定的信用社出纳制度,包括基本规定、现金收付、兑换与整点、库房管理与现金运送、错款处理等内容。依据这些规定,县联合社建造业务库,在人民银行开立账户,直接办理现金缴款业务,配备运钞车,实行武装押运,现金和使用管理更加安全方便。

1998 年 11 月 9 日,人行印发《农村信用合作社出纳制度》,从六个方面进行调整和改革:1. 出纳工作主要任务中,增加做好现金管理工作,加强核算,减少库存现金占压、提高经济效益一项。2. 基本规定中增加及时核对库存、做到账款账实相符和未经业务技术培训人员,不得直接对外办理现金出纳业务。3. 现金收付、兑换章节中增加出纳人员不得代填或代改缴款凭证,收付现金要当面一笔一清,票币封签对外无效、信用社要按核定的业务库存限额保留库存现金,超过限额要及时交存及凡发现图案不全,墨色不正,截切偏斜以及漏印花纹等票币,应予以收回。收回的印坏票币连同原封签通过县联社送当地人行处理。4. 库房管理与现金运送章节中,增加县联社应根据业务周转的正常需要,设立现金业务库,负责对辖内所属信用社现金调缴款任务。5. 错款处理中,增加长款归公、短款自赔原则。6. 去掉奖惩章节。

1999 年 5 月 25 日,岳普湖县联合社执行人行(合作金融机构监管司)下发的《农村信用社营业、守库、押运期间安全保卫工作规程(暂行)》通知,加强安全保卫工作,确保库款安全。

2007 年,自治区联社制定出纳制度。明确信用社出纳工作坚持"统一制度、明确责任、规范操作、保证安全"的原则。主要任务是:1. 按照国家法律法规办理现金的收付、整点以及损伤票币、大小票币的兑换,代理各种债券的保管、发行与兑付。2.根据市场货币流通及开户单位需要,做好现金供应和回笼工作及各种票币的调运。3.保管现金、金银和有价单证,做好现金、金银和有价单证调运的安全保卫工作。4.严格库房管理,确保库款安全。5.做好现金管理工作,加强核算。6.宣传爱护人民币,做好反假工作。7.加强柜面监督,维护财经纪律,配合有关部门做好反洗钱工作。凡办理现金业务,必须做到手续严密、责任分明、准确及时、库款安全。8.凡现金、金银、有价单证,以及库房钥匙、重要空白凭证等重要物品换人经管时,必须办理交接手续。及时核对库存,做到账款账实相符。9.未取得人行颁发假币收缴上岗证的人员,不得直接办理收缴假币业务。

二、出纳管理

出纳工作的主要任务是按照国家法律法规办理现金的收付、整点以及损伤票币、大小票币兑换,代理各种债券保管、发行与兑换。根据市场流通及开户单位需要,做好现金供应和回笼工作及各种票币调剂调运,保管好现金、有价单证。信用社出纳管理制度要求各部门及时地掌握某期间或某时间范围现金收支记录和银行存款收支情况,并做到及时核对库存,做到账款,账实相符。

(一)管理制度

1994年7月,人行自治区分行制定《金融机构大额贷款报备制度暂行办法》和《大额提现制度暂行办法》。

1998年,人行制定《农村信用合作社出纳制度》,1999年1月1日起实施。

2002年7月1日,岳普湖县联合社执行《新疆维吾尔自治区大额现金支付管理实施细则》,客户一次提取5万元以上,需提供有效证件,储蓄机构负责人核实后支付。一次支取20万元,需提前预约。大额提取,分别采取逐笔登记、分支机构备案。

2007年,中国人民银行、银监会、证监会和保监会发布《金融机构客户身份识别和客户身份资料及交易记录保存管理办法》。

2008年7月9日,岳普湖县联社执行人行《关于进一步落实个人人民币银行存款实名制》规定,严格按制度办理业务。并启用联网核查系统,杜绝虚报伪造证件、开设账户或办理业务。

2009年,岳普湖县联社执行《新疆农村信用社上门收款业务管理暂行规定》。

(二)差错处理

联社按照正确处理出纳错款是关系到维护信用社集体财产安全的原则,发生长款事故,如能查明,应补给原主。发生短款事故,应立即追查收回,如经过认真清查,原因清楚,性质肯定,属于责任事故的短款,按审批手续报损。短款查明确是贪污、盗窃、挪用,应一律追回。

（三）金库管理

建社初期，因信用合作社经济能力弱，由开始把少量的库存现金背回家，后来租用简陋的村委会等民房，营业室就是库房，办公桌的抽屉就是保险柜。下班时锁门吃饭，晚上在室内看守。后来购置保险柜，下班后把库款锁入柜内，吃过饭有人再来守库。

2001年12月，县联合社规定：金库、门窗、锁、钥匙的管理实行双人管库，钥匙分管。

2006年7月，县联合社对岳普湖镇分社、金星分社现金库存情况进行检查发现，实际库存现金余额与账面库存现金余额不符。

2007年9月，县联社组织人员对全辖各基层社的内控制度落实情况进行检查，阿其克信用社从9月7～20日共13天，没有在金库出入登记本上进行登记。

2008年，岳普湖县联社严格执行查库碰库管理制度，防患于未然。

2008年3月，县联社安全保卫领导小组分工副组长艾尼瓦尔·阿布都卡迪尔，负责联社金库的安全保卫工作以及消防设施运行情况、全辖现金的调拨、押运工作。2011年，岳普湖县联社根据个别关键和特殊岗位必要分离的内控原则，金库出纳与营业部出纳实施分离，一改集中管理现金，风险隐患表现突出的状况。

2012年7月25日，岳普湖县联社执行《新疆维吾尔自治区农村信用合作社库存现金管理办法》。

（四）库款调拨

1996年，县联合社按农村金融体制改革要求，在农村信用社与农业银行脱钩后，全县基层独立核算信用社均在联合社开户，交存现金由联合社统一办理。

2005年，县联合社要求调款须前一天填写现金调款单，经坐班主任签字，后随库款箱交调缴款人员，对需要搭配零币的网点，在单子上写明。缴款，各营业网点填写缴款单，经主任签字，调缴款人员及时收缴，当面点清。对残损币收缴要求50元以上有1张收1张。20元以下残损币成把收，当面点清，对火烧、鼠咬等残币必须有证明可交给调缴款人员，有调缴款人员缴人行。

2012年7月25日，自治区联社印发《新疆维吾尔自治区农村信用合作社库存现金管理办法》，规定系统内库存现金调拨包括机构间调拨和柜员间调拨。机构间调拨是指联社业务库与营业机构业务库之间的调拨。营业机构之间不得平行调拨，只能通过联社业务库办理。柜员间调拨，必须经会计主管授权后方可办理。为有效控制现金在机构间调拨过程中存在的风险，调出方发起出库，调入方未做入库确认的现金在调出方"在途现金"科目核算。机构日结时"在途现金"科目不得有余额，如遇特殊情况需主管领导进行审批并作为当天"在途现金"科目的附件。营业机构业务库向联社业务库进行调拨时须在规定时间内发起预约调拨，预约调拨由现金管理员发起，预约领、缴日期最迟为下一工作日。现金调拨均须在有效监控下进行，实行双人办理，相互监督，共同负责，现金调拨款项时现金管理员必须与押运员办理交接手续。

(五)票币整点与兑换

票币整点是银行出纳基础工作。票币整点工作包括对票币的分类、分版、点数、挑残、反票币整点假、反破坏以及按规定标准进行整理、封装等项工作。每个出纳人员严格执行整点工作的标准和规定。票币兑换主要是指主辅币兑换,残缺损伤票币兑换,人民币停用券和旧人民币、地方币的收兑。人民币的流通不仅要在总量上,而且必须在结构和质量上适应市场流通的需要。

信用社票币整点基本规定要求:凡办理现金出纳业务的机构,均应办理票币兑换业务,并应挂牌营业;凡兑换的票币必须进行复点;对兑回的损伤币,均不得再流通使用,按券别、版别整理成把,上缴业务库;管库员按人行规定整理上缴发行库;兑入的现金在兑换人离柜前不得与其他款项混淆。凡收入的现金,必须进行复点整理,未经整点,不得直接对外付出、调给系统内机构使用,不得解交金库或发行库;按规定做好对票币的分类、分版、点数、挑残、反假、捆扎、封包等工作;票币在未整点准确前,不得将原封签、腰条丢失,以便在发现差错时证实和区分责任;整点纸币要按券别、版别分类,一百张为把,十把为捆;硬币按面额分类,一百枚(或五十枚)为券;整点损伤币,必须双腰条捆扎;整点两截、火烧等损伤票币,必须用纸粘贴好。凡经整点的票币,应达到"五好钱捆"的标准,即点数准确、残币挑净、平铺整齐、把捆扎紧、印章清楚。

三、出纳职责

2006 年,岳普湖县联合社实行柜员制后,出纳工作赋予新的内容,每个柜员既是会计又是出纳。出纳人员学习《会计法》《现金管理暂行条例》,提高其业务水平,在办理业务中要坚持原则,一切按信用社的操作程序、规章制度办。同时出纳工作处于信用社第一线,是信用社的服务窗口,出纳人员服务态度优劣直接影响到整个信用社声誉,出纳工作较累,较脏,稍有不慎就有错款可能。

出纳人员应开展柜面业务宣传,主动热情、文明礼貌、准确快捷的为客户办理业务,诚恳耐心解答客户提出的各种问题。加强柜面监督。负责日常人民币储蓄和对公业务操作,记载库存现金账务,办理营业用现金的领用、保管、主辅币、残币的兑换及大额支付申请,负责票币整点、挑剔及有价单证兑付工作。办理营业用重要空白凭证、有价单证的领用和保管。负责保管和核打借据、股金卡片账。掌管本柜办讫章及个人名章,并按规定保管使用。人员交接和临时离岗按要求办理交接和签退手续。准确办理大小额支付、同城票据大额交换业务,同城票据交换小额支付业务,坚持资金与实物同步原则,每日至少查看来账和查询业务,及时解付和回复。营业终了,轧记当日经办业务,核对记账凭证、现金与柜员轧账表,做到账账、账款、账实相符。将掌管的印章、重要空白凭证及现金等全部加锁入库保管。负责本柜计算机及其他业务机具的正常使用和维护,发现故障及时与科技人员联系并协助迅速解决。

第三节　转账结算

转账结算,是指单位和个人因商品交易、劳务供应、资金划拨等引起的货币收付行为和债权债务关系,不用现金清算,可通过信用社划付。

2000年前,县联合社支付结算基础设施建设相对滞后、支付结算方式单一、支付结算服务手段陈旧、非现金支付工具应用比重低等问题突出。按照银行结算办法规定,除规定可以使用现金结算的单位以外,所有企业、事业和机关、团体等单位相互之间发生的商品交易、劳务供应、资金调拨等均应按照银行结算办法规定,通过银行实行转账结算。

在农村信用社业务中,资金收付除现金外,转账结算是主要结算方式。转账结算是指发生经济行为的关系人使用信用社规定的结算凭证,通过信用社划转资金结清债权债务的货币收付行为。农村转账结算,是农村各单位之间经济往来的非现金结算。信用社组织农村转账结算,包括一是贯彻执行国家银行规定的结算原则;二是根据农村特点采取体现这些原则的结算方式两个方面工作。

转账结算原则是信用社以及客户在办理结算过程中必须遵守、不得违反的基本准则。基本原则有三条:"钱货两清""维护收付双方的正当权益""银行不予垫款"。后结算原则统一表述为"恪守信用、履约付款""谁的钱进谁的账,由谁支配""银行不垫款"。

结算纪律是国家财经纪律的重要内容,它规定必须禁止的违规违章的结算行为。信用社认真执行国家银行的结算纪律,主要包括不准签发、取得和转让没有真实交易和债权债务的票据,套取银行和他人资金;不准无理拒绝付款,任意占用他人资金;不准违反规定开立和使用账户;不以任何理由压票、任意退票,截留挪用客户和他行(社)资金;不无理拒绝支付应由信用社支付的票据款项;因错付或冒领的,及时查处,造成客户损失的,负责资金赔偿等。

县域信用社建立至县联合社成立,其主要职责是筹集农村闲散资金,为农业、农民和农村经济发展提供金融服务,对国家银行起补充作用。随着国家在农村各项经济政策落实,群众收入增加,商品流通需要。

2005年以前,县联合社主要通过现金方式进行结算。之后,随着农村经济的不断发展,对结算要求也越来越高,相应的信用社也相继开通多种结算渠道。相继开通的转账业务主要有:县辖转汇、开通通存通兑、大小额支付系统、支票影像交换系统、农信银系统、ATM、POS、网上银行等。

2011年,岳普湖县联社向各网点、部室印发《对账实施细则》。

一、结算渠道

1997年,人行自治区分行印发《关于农村信用社开办特约联行业务的通知》。规定:将新疆境内的农村信用社、城市信用社和城市合作银行视为一个系统,50万元(不含)以下汇划款项,通过特约联行办理。50万元(含)以上系统内汇划款项,必须通过人行清算系统或转汇。并且规定须按年初存款余额的1.5%缴纳保证金,保证金有联行管理部门按金融机构存放中央银行存款备付金利率向缴纳单位付息。特约联行业务由人行自治区分行统一领导,二级分行对本地区特约联行业务负有管理、检查、指导、协调责任。新疆信用社业务服务中心是特约联行的管理部门,负责特约联行制度、组织实施、检查辅导、清算汇差,管理特约联行保证金工作。

2004年10月,岳普湖县联合社营业部联网成功。2005年,县联合社在第一季度末全辖实现电子化办公。

2006年2月,县联合社营业部开始实行柜员制。柜员制是指从办理储蓄存、取款、转账业务中的接柜、记账、计息、现金收付、整理票币等业务都由一人完成。2006年,岳普湖县联合社小额支付系统开通。

2007年11月20日,自治区联社印发《县市联社申请使用统一品牌玉卡(借记卡)操作流程》。

2008年10月,岳普湖县联社正式对外开办玉卡(借计卡)业务。还增加大小额实时汇兑系统、人民币账户管理系统、全疆通存通兑业务系统、代发工资业务、贷款形态转换业务等。

二、大小额支付渠道

大额支付系统是人行现代化支付系统的接入系统,是以电子方式实时全额处理跨行及跨区支付业务的应用系统,大额支付系统指令逐笔实时发送,全额清算资金。大额支付系统免去异地汇款手工重复操作和银行凭证往来传递等烦琐事项,整个信息传递过程只需要几秒钟,彻底解决客户资金延迟到账的所有瓶颈制约,使客户汇款资金在途时间为零,提高资金运作效率。

小额支付系统,是人行现代化支付系统的重要组成部分,主要处理跨行同城、异城纸质凭证截留的借记支付业务以及金额在规定起点以下的小额贷记支付业务(人行暂定为50000元〈含〉限额以下),实现不同地区、不同银行营业网点的资源共享。小额支付系统的优点:系统保持全天24小时连续不间断运行,提供跨行、跨地区代收代付业务的清算服务,可大批量处理一并发出的业务,全国"同城",一户走天下。系统工作人员由信用社负责审查任职资格,确定人选,市联社备案,在联社清算中心建立大额支付系统工作人员管理档案。并接受联社统一培训、考核。

大额支付系统操作人员变更时,应填制大额支付系统操作人员变动表。同时提出撤销、建立操作员代码申请,经信用社清算中心审批后,由联社清算中心为调出调入人员撤销、建立大额支付系统代码。大额支付系统操作人员严格遵循一人一码制原则,对自己的操作代码、密码(个人识别码)应严格保密,不得泄露给任何人,不得设单一数字或连续数字,不得使用初始密码,应定期更换密码,以防失密。操作员临时离岗,应退出交易画面。临时顶班人员不得使用原操作人员代码及密码,应重新申请操作员代码。

小额支付系统业务处理方式是:业务实时传输、发出待转过渡、批量组包发送、接收自动挂账、回执确认发送、实时轧差处理、定时日切对账、批量净额清算、24小时运行。业务实时传输:指小额支付业务处理信息由柜员录入、复核完成后系统实时传输。批量组发送:指系统根据确定的笔数、金额、时间由系统自动对待发送小额支付业务进行组包发送处理。接收自动记账:指接收的贷记来账及借记支付业务回执、收费业务、清算汇差等均由系统自动记账完成。回执确认发送:指对接收的借记支付业均由录入员扣款确认后,复核员复核后发送。实时轧差处理:指小额支付业务在通过净借记限额检查后逐包实时进行轧差处理。

第四节　会计出纳制度改革

一、会计主管委派制

2008年,县联社在全辖推行会计主管委派制度。委派会计人员管理采取上挂一级的办法,由联社财务信息部直接管理,其工作绩效考核由财务信息部负责,工资收入系数为信用社副主任系数,基本脱离信用社主任对其在管理上的约束力,有效增强会计主管的责任心。全辖营业网点的会计主管均由财务信息部负责管理培训考核,定期和不定期对辖内信用社进行会计核算、重要空白凭证、现金、反洗钱、账户管理检查,并对会计主管考核打分,与业绩挂钩,严格管理,督促会计主管正确履行其监督职能,充分发挥内管"第二道防线"作用。

根据《中华人民共和国会计法》《新疆维吾尔自治区农村信用合作社财务管理制度》《新疆维吾尔自治区农村信用合作社会计基本制度》《新疆维吾尔自治区农村信用合作社会计主管委派制管理办法(试行)》等相关法规、制度,制定会计委派制。规范县联社会计核算行为,提高会计核算质量,健全会计监督制度,强化内控监督机制,发挥会计的管理和监督职能,保障会计信息的合法、真实、完整,防范经营风险,促进联社实现可持续发展。

会计主管应思想品德端正，坚持原则，忠于职守，廉洁自律，具有良好的职业道德；具有中专（含）以上学历或助理会计（经济）师以上专业技术职务，并且具备会计从业资格，未取得会计从业资格证书的员工，可先进行竞聘上岗，在上岗后的两年内必须取得会计从业资格证书；熟悉农村信用社的业务知识，熟悉金融业务，熟练掌握财会专业技能；有较强的组织能力和协调能力；身体健康，能胜任工作要求；从事会计工作时间三年以上。

委派会计主管实行竞聘上岗，由联社进行聘任或解聘。聘任工作由联社人事部门依照有关规定进行，符合会计主管任职条件的人员，采取笔试与面试考试的方式，按照规定程序进行考察考核。联社按照规定程序办理委派会计主管聘任手续。会计主管聘期为三年，期满后重新竞聘上岗。聘任时须签订实时监督委派书和聘期目标考核责任书，明确委派会计主管的岗位职责、权限、聘期目标、聘任终止条件、考核与奖惩等内容。委派会计主管工作调动或其他原因离职时，必须先由联社审计部门进行离任审计。

委派会计主管由联社统一管理，在联社会计部门领导下开展各项业务工作。联社会计部门建立委派会计主管工作情况档案，负责综合整理保管。审计部对会计主管工作实施稽核和监督。

委派会计主管的工资标准比照联社会计部门副经理标准执行。其工资、奖金和福利待遇按照联社相关考核办法及所在网点综合考评结果，依考核结果发放。

委派会计主管因病、事、休假等原因需须岗三天以上的，由财务信息部根据委派会计主管的建议，并结合信用社的实际和人员情况，指定人员接替其工作，并由审计部或财务部门监督其交接工作。会计主管的岗位轮换和强制休假由岳普湖县联社统一安排，会计主管必须无条件服从。委派会计主管任职期间，因个人原因辞职的，应提前一个月向联社提出申请，待批准后方可离职。每年对反洗钱工作进行内部审计，以便对存在的问题及时进行改正。

二、综合柜员制

2005年，县联合社在全辖农村信用社实行综合柜员制。2006年，县联合社制定《岳普湖县农村信用社综合员制管理办法（试行）》，规定综合柜员制是指在严格授权管理下，以完善的内部控制制度和较高的人员素质为基础，实行单人临柜处理会计、出纳、储蓄、中间代收业务等面向客户的全部业务的劳动组合形式。综合柜员制业务运行遵循"安全、高效、规范"的原则，不断完善监督检查和考核制度，保证重点环节和要害部位的制约。

实行综合柜员制的营业机构，应具备较好的内部管理基础，各项规章制度健全，内控制约机制完善；建立符合柜员制要求的严谨的劳动组织形式和完善的业务操作规程；设有事后监督中心,能够实施全面、及时的事后监督;利用综合业务系统进行业务处理,每个柜员配置一套计算机终端及打印设备,一台高性能防伪点钞机及其他必要的办公设施;有完善的、先进的电子化监控设施,营业厅内外安装电视监控录像设备,柜员每天营业开始直至营业结束账务轧平,业务操作过程始终处于监控之中;每个柜员应有相对独立的操作空间,原则上柜员之间均用隔板隔断,客户办理业务时,能够看到柜员业务处理的过程;营业柜台等基础设施符合安全保卫要求。

柜员应具备良好的职业道德,忠于职守、敬业爱岗、廉洁奉公;能够认真贯彻执行《会计法》《农村信用合作社会计基本制度》《农村信用合作社出纳基本制度》和有关金融法规条例;熟练掌握信用社内部各项规定、办法,坚持制度,照章办事,勇于同一切违法犯罪行为作斗争;熟悉综合业务系统操作和各项业务操作规程,准确、迅速、灵活、独立处理每一笔业务和解决业务中一般性疑难问题。主动热情为客户提供优质、高效的服务;从事金融工作两年以上,具备高中以上文化程度和一定的专业技术职务。

柜员上岗前,应进行全面培训和考核,保证柜员的业务素质和技能能够为客户提供优质、高效的服务。柜员轮休、短期离岗,必须办理交接手续,工作交接应在监交人员监督下进行,交接双方要认真核对账款、有价证券、重要空白凭证及有关事项,核对相符后登记交接登记簿并盖章备查。各营业单位在落实监督制约机制的前提下,科学确定岗位组合。但联行结算、票据交换业务必须落实人员,严格坚持印、押、证分管分用和换人复核等监督制约制度。实行综合柜员制营业网点的主管柜员全面履行会计主管岗位职责,对所有营业事项全面负责。柜员必须凭自己的柜员卡、柜员号和密码上机签到,临时离岗必须退出系统,并将经管的柜员卡、印章(包括业务印章和个人名章)、重要凭证、现金装箱加锁方可离开。任何人不得使用别人已签到的计算机终端处理业务。各柜员日终签退前必须做到平账、账实、账账、账款核对相符,将有关资料打印齐全,经主管柜员审核后方可签退。柜员日间办理业务必须以真实、合法的原始会计凭证作为交易处理依据。受理业务依次一笔一清,一笔未处理完毕不得离柜,不得接受第二笔业务,当日业务当日处理,不得积压。柜员业务操作中,若出现故障应立即向主管报告,不得擅自处理和不管不问。对主管监督发现的问题,柜员要立即纠正,若不纠正被事后检查或上级部门检查发现的,按照有关规定从严处罚。柜员间的工作要协调,凭证传递要及时正确、交接清楚,不得随意压票和拒绝办理。联行结算和票据交换提出提入等业务不实行柜员制,仍按规定进行复核、确认。联行印、押(机)、证必须做到分管分用,各负其责,营业终了,入库(保险柜)保管。其他各类业务印章和个人名章也必须妥善保管,不得混用。柜员要按规定定期更换密码,密码组合不能过于简单。启用的新密码封存后交主管柜员(会计主管)备案、保管。柜员将密码泄密而被他人利用,由此造成的一切后果由柜员承担。因工作需要密码泄露的,事后要立即更换密码。

第十一章 财务管理

　　财务管理是信用社管理的主要组成部分。近六十年来,信用社在财务方面本着勤俭办社的方针,加强内部管理,降低成本核算,努力增收节支,不断改进管理方法,逐步完善管理制度,促进信用社发展。

第一节　组织机构

　　1999年,岳普湖县联合社设财务股。

　　2006~2014年,岳普湖县联社设财务信息部。

　　2010年4月24日,岳普湖县农村信用合作联社成立财务管理工作领导小组。组长卡米力·米吉提(联社党委书记、理事长),副组长冯庆(联社党委委员、主任),成员:唐努尔·艾买提(联社纪检委书记、监事长)、阿娜尔古丽·牙生(联社财务部副经理)祖丽皮娅·阿卜杜热依木(联社财务部工作人员)。主要职责:负责做好各项财务收支的计划、控制、考核和分析工作,制定经岳普湖县农村信用合作联社理事会研究决定的农村信用社财务、费用管理办法;讨论并决定会议费、业务招待费、职工工资、其他财务支出等费用的列支;研究决定超过财务管理领导小组职权范围,按规定报备上级管理部门的财务事宜;负责监督通过财务领导小组研究的财务事项的执行、实施情况;定期检查财务部门的财务核算,并监督履行财务管理制度、职责情况;负责对法定代表人或财务管理工作主管主任提出的需要领导小组研究的财务事项进行研究决定。

　　领导小组下设办公室,主任:冯庆(联社党委委员、主任);成员:阿娜尔古丽·牙生(联社财务部副经理)、祖丽皮娅·阿卜杜热依木(联社财务部工作人员)。主要职责:负责联社各部室、辖区信用社上报的财务报告事项统计汇总,负责提交领导小组的研究;申请召开财务管理工作领导小组的会议,证明参会人员数量是否合规,按规定整理会议的主要内容,记录会议的研究和决定,组织参会人员在会议记录上签名;根据财务领导小组的决定,由财务授权人员审批后,负责通知经办人员执行;负责金额5000元以下(含5000

元），符合规定，并通过财务主管主任审批后的财务费用的支付；负责做好会议研究决定事项的资料整理和归档工作，完成领导小组交办的其他工作。

2013 年 8 月 23 日，县联社对联社财务管理工作领导小组成员进行调整。组长吐尔逊·卡地尔（联社党委书记、理事长），副组长：冯庆（联社党委委员、主任），成员：佟明亮（联社党委委员、副主任）、吐尔逊江·亚森（办公室主任）、周磊（财务信息部经理）。主要职责：负责做好各项财务收支的计划、控制、考核和分析工作，制定经岳普湖县农村信用合作联社理事会研究决定的农村信用社财务、费用管理办法；讨论并决定会议费、业务招待费、职工工资、金额 5000 元（含 5000 元）以上的财务支出等费用的列支；研究决定超过财务管理领导小组职权范围，按规定报备上级管理部门的财务事宜；负责监督通过财务领导小组研究的财务事项的执行、实施情况；定期检查财务部门的财务核算，并监督履行财务管理制度、职责情况；负责对法定代表人或财务管理工作主管主任提出的需要领导小组研究的财务事项进行研究决定。

领导小组下设办公室：主任冯庆（联社党委委员、主任），成员吐尔逊江·亚森（办公室主任）、周磊（财务信息部经理）。主要职责：负责联社各部室、辖区信用社上报的财务报告事项统计汇总，负责提交领导小组的研究；申请召开财务管理工作领导小组的会议，证明参会人员数量是否合规，按规定整理会议的主要内容，记录会议的研究和决定，组织参会人员在会议记录上签名；根据财务领导小组的决定，由财务授权人员审批后，负责通知经办人员执行；负责金额 3000 元以下，符合规定，并通过财务主管主任审批后的财务费用的支付；负责做好会议研究决定事项的资料整理和归档工作，完成领导小组交办的其他工作。

第二节 管理制度

1974 年 2 月 18 日，人行新疆维吾尔自治区分行制定《新疆维吾尔自治区农村牧区信用合作社财务管理制度（试行草案）》。资金、财产、费用管理及社干福利待遇、年终决算、盈亏处理等做出明确规定，对信用社的资金、财产、费用、年终决算等方面的管理进行详细规定，信用社实行财务民主、定期向贫管会报告财务、业务活动情况。贫管会有权监督了解、检查信用社财务情况。

1979 年 11 月 16 日，人民银行新疆分行、农业银行新疆分行联合印发《关于营业所、信用社费用分摊问题的通知》。

1980 年，农行县支行要求各信用社遵照财务管理制度在落实业务计划基础上制定财务计划,从 1980 年起将计划执行情况列为信用社考评内容之一。

1985 年 3 月 20 日,农业银行新疆分行发出《关于重申和明确信用社财务及其分配规定的通知》,要求 1984 年信用社盈余分配,严格按纯益数计算,亏损信用社严格实行"亏损包干、减亏分成,定额拨补"。

1986 年 11 月 28 日,农行新疆分行转发农业银行《关于年终决算前进行信用社财务大检查的通知》,要求检查 1986 年信用社财务、账务中的问题和 1984 年以来,信用合作发展基金的筹集、使用和管理方面的有关问题。

1991 年 9 月 11 日,国家税务局《关于农村信用社、集体企业若干税收、财务问题的两个暂行规定》,就减免所得税、贷款呆账损失处理和提取呆账准备金、计提定期储蓄应付未付利息、计提应付未付保值储蓄贴补息、灾区信用社危房修建费用、运钞车购置费用列支等问题作出规定。

1992 年 1 月 6 日,国家税务局和农业银行联合下发《农村信用合作社财务管理试行办法》。要求税务机关和农行相互配合、相互支持、共同搞好农村信用合作社财务管理工作。其中对固定资产、工资管理、成本管理、收入和利润管理做出规定。

1996 年 11 月 5 日,岳普湖县联合社转发并执行《国家税务总局关于加强城乡信用社财务管理若干问题的通知》。

2003 年,岳普湖县联合社针对历年累计亏损额较多的现状,加强财务及费用管理工作,严格执行财务管理制度,坚持"一支笔"审批,严格控制费用超支。大额支出和新增固定资产由联社理事会研究讨论,报上级行审批,在固定资产购置、使用过程中坚持事前调查,事中监督,事后检查。

2006 年 3 月 15 日,县联合社组织相关人员制定《岳普湖县农村信用社制度汇编》,整理修订各类制度 94 项。3 月 17 日,自治区农村信用社改革办公室印发《关于上缴农村信用社 2005 年度管理费、业务宣传费的通知》,要求县市联社的管理费及业务宣传费上缴新疆农村信用合作管理办公室。3 月 30 日,自治区农村信用社改革办公室印发《关于全疆农村信用社 2006 年财务安排意见》,县联合社贯彻执行,严格控制招待费、会议费、宣传费,努力开源节流,增收节支;财务收支做到应收尽收,应付尽付。在各营业网点,实现贷款本息按月、按季度全额收回。9 月 9 日,县联合社召开第 46 次理事会,研究财务方面的四个问题:(1)对艾西曼、下巴扎、铁力木、巴依瓦提、阿其克旧的固定资产进行处理;(2)根据劳保局相关文件要求,联合社决定补交 1~9 月份生育、工伤保险;(3)随着冬季来临,联合社决定对铁力木、巴依瓦提分社的锅炉进行维修;(4)根据岳普湖乡分社实际情况,决定对部分办公场所进行装修。

2007 年,县联社坚持"一支笔"审批制度,严格控制费用超支,大额支出和新增固定资产购置、使用,领导班子坚持事前调查,事中监督,事后检查,努力做到减少成本,2007

年盈利 102 万元,完成计划的 102%。

2006~2007 年,县联社制定并实施《岳普湖县农村信用合作联社费用管理办法》,明确费用开支管理原则和审批程序,实行限额管理、集中列支、统一报账。严格考核,强化节约意识,营业费用增长明显低于营业收入及实际利润增长,费用控制取得明显成效。还依照国家税务总局、银监会、自治区联社有关农村信用社做实利润的要求及《章程》规定,制定《岳普湖县农村信用合作联社利润分配制度》,规定利润分配原则及分配顺序。

2009 年,县联社根据自治区联社财务管理各项制度,以经费管理、审批、检查、证明制度为主,分离各种经费的审查和审批,建立逐级负责制,大额经费在联社财务领导小组会议上研究,严格控制不必要开支,增收节支,年度利润计划的完成放在首位。年底总收入达 1983.5 万元,比上年同期增加 237.2 万元。总支出 1542.2 万元,比上年同期增加 3.2 万元,年底实现利润 441.3 万元,创造历史最高水平。

第三节 收支管理

一、收入管理

信用社的营业收入是指在经营业务过程中取得的收入总和。包括利息收入、金融机构往来收入、手续费收入、其他营业收入。

信用社成立初期业务单一,没有任何手续费,收入只有利息收入,收入管理制度也不完善。

1971 年,县域信用社各项收入主要有利息收入、手续费收入、长款收入、杂项收入。

1992 年 10 月 24 日,农行自治区分行下发的《农村信用合作社财务管理试行办法》指出:收入包括营业收入、金融机构往来收入和营业外收入等。

2006 年 3 月 30 日,自治区农村信用社改革办公室印发《关于全疆农村信用社 2006 年财务安排意见》,县联社贯彻执行,严格控制招待费、会议费、宣传费,努力开源节流,增收节支;财务收支做到应收尽收,应付尽付。在各营业网点,实现贷款本息按月、按季度全额收回。

2006 年岳普湖县联合社营业收入情况表

表 11-1

单位:元

项目名称		上年数	本年累计数
营业收入	合计	5224402.93	6323643.78

续表11-1

	项目名称	上年数	本年累计数
利息收入	农户贷款利息收入	3616577.36	3534832.40
	农业经济组织贷款利息收入	143059.70	179693.70
	农村工商业贷款利息收入	968907.66	1235209.46
	其他贷款利息收入	162728.07	878940.26
	合计	4891272.33	5828675.82
利息收入	存放同业款利息收入	—	4954.39
	准备金存款利息收入	318909.03	330941.90
	专项央行票据利息收入	—	141750.00
	合计	318909.03	477646.29
利息收入	代理业务手续费收入	13797.79	6577.50
	结算手续费收入	—	10130.00
	合计	13797.79	16707.50
其他营业收入	合计	423.78	614.17

2007年,岳普湖县联社大幅增加信贷投放额度,合理调整信贷结构,重视贷后管理及清收工作,修订完善各项制度及考核办法,营业收入实现1019万元,其中:贷款利息收入实现927万元,比上年增加344万元,增长为36.89%。

2010年,县联社领导班子调整后,加强对财务管理工作领导,完善各类奖惩办法,调动一切积极因素,努力做好各项服务工作。全年实现总收入2429万元,同比增加530万元。其中:实现贷款利息收入2258万元,同比增加534万元,增长达到31%,实现中间业务收入43万元,同比增加6万元,增长达到16.2%,全年中间业务收入任务41万元,完成全年任务的105%。

2011年,县联社营业收入4531.69万元,其中利息收入3936.36万元,金融机构往来收入501.09万元,手续费及佣金收入59.14万元,其他业务收入1.41万元。

2012年,县联社营业收入5696.01万元,其中利息收入4998.2万元,金融机构往来收入564.25万元,手续费及佣金收入69.78万元,其他业务收入2.3万元。

2012年岳普湖县联社营业收入情况表

表11-2   单位:元

项目名称		上年同期数	本年累计数
营业收入	合计	45316908.22	56960146.15

续表 11-2

项目名称		上年同期数	本年累计数
利息收入	农户贷款利息收入	26518136.96	37491249.84
	农村经济组织贷款利息收入	656112.59	-3197.12
	农村企业贷款利息收入	3012704.25	6210472.12
	非农贷款利息收入	8314917.41	5871997.01
	已减值贷款利息收入	861773.26	411518.46
	合计	39363644.47	49982040.31
利息收入	存放中央银行款项利息收入	1948190.52	1840818.80
	存放同业款利息收入	1027826.43	—
	存放系统内款项利息收入	2034847.40	3691274.44
	其他	—	110438.06
	合计	5010864.35	5642531.30
利息收入	银行卡业务手续费收入	21314.90	191504.07
	结算业务手续费收入	191882.66	190927.28
	代理业务手续费收入	190779.08	153958.02
	其他	187419.39	161382.10
	合计	591396.03	697771.47
其他业务收入	合计	14129.85	22957.64
利息收入	债券利息收入	327123.52	601645.43
	股利	9750.00	13200.00
	合计	336873.52	614845.43

2013年,县联社营业收入7496.54万元,其中利息收入6409.75万元,金融机构往来收入944.11万元,手续费及佣金收入130.91万元,其他业务收入1.3万元,投资收益10.46万元。2014年,县联社营业收入7894.81万元,其中利息收入6646.31万元,金融机构往来收入1055.96万元,手续费及佣金收入189.71万元,其他业务收入1.48万元,投资收益1.35万元。

2014年末岳普湖县联社营业收入情况表

表 11-3   单位:元

项目名称	上年同期数	本年累计数	项目名称	上年同期数	本年累计数
营业收入	74965384.43	78948111.09	9.其他	14077.80	29556.90
利息收入	64097497.11	66463139.93	手续费及佣金收入	1309062.72	1897058.40
1.农户贷款利息收入	49289179.58	49269141.39	1.银行卡业务手续费收入	323510.03	478016.92

246

续表 11－3

项目名称	上年同期数	本年累计数	项目名称	上年同期数	本年累计数
2.农村经济组织贷款利息收入	195956.59	－140572.60	2.结算业务手续费收入	228554.06	266335.83
3.农村企业贷款利息收入	8256162.08	10059305.65	4.代理业务手续费收入	704052.73	1122734.84
4.非农贷款利息收入	5411532.30	5450576.57	7.其他	52945.90	29970.81
9.已减值贷款利息收入	944666.56	1824688.92	其他业务收入	13044.00	14760.00
金融机构往来收入	9441140.07	10559622.76	4.其他	13044.00	14760.00
1.存放中央银行款项利息收入	2488729.77	2544160.16	投资收益	104640.53	13530.00
2.存放同业款利息收入	51666.67	1689822.21	1.债券利息收入	92265.53	0.00
3.存放系统内款项利息收入	6886665.83	6296083.49	2.股利	12375.00	13530.00

二、支出管理

1973 年,县域信用社各项费用开支均编制年度费用计划,报人行县支行批准后执行。按规定标准,本着精打细算,厉行节约的精神。编制年度(分上、下半年)费用计划,经贫管组讨论通过,报银行批准后执行,预算内支出,由信用社主任批报,预算外开支,补报追加计划。

1974 年,县域信用社各项费用开支,贯彻勤俭办社方针,精打细算,厉行节约,反对讲排场、铺张浪费。信用社编制年度各项费用预算(包括信用分社、信用站的费用开支),经贫管会讨论,公社审查、银行营业所提出意见,上报县支行批准执行。信用社不得擅自扩大开支范围和开支标准。如预算不敷开支时,应事先报批追加计划,未经批准的费用一律不得开支。

1980 年 8 月 5 日,农行印发《银行、信用社职工家属医药费补助暂行办法的通知(讨论稿)》。

1981 年 4 月 10 日,农行自治区分行《关于信用社利差补贴、费用分摊、亏损补贴等问题的通知》并为便于支行审查拨付,又做补充规定。

2006 年,岳普湖县联合社制定《岳普湖县农村信用社财务管理办法》,对各社、部业务招待费、公杂费、车辆修理费和燃料费进行核定。年底,联合社对执行结果进行通报。对超标准列支业务招待费、公杂费按超支部分全额处罚,考虑到燃油涨价因素,对年初核定的车船燃料费指标全部上浮10%,并对各社租车的燃料费和经联合社审批列支的燃料费和修理费进行扣除。扣除上述部分后,根据《岳普湖县农村信用社财务管理办法》第三十六条,对燃料费和修理费节余部分按60%对各社、部主任及联合社主任、副主任给予奖励,对超支部分按40%进行处罚,奖励部分当即兑现,对处罚部分将从 2007 年度相关社、部主任及联合社副主任工资中扣收。

2006 年岳普湖县联合社营业支出情况表

表 11 - 4   单位:元

项目名称		上年数	本年累计数
营业支出	合计	5437218.51	6699589.02
利息支出	活期存款利息支出	175351.30	120368.43
	活期储蓄存款利息支出	306029.84	360529.05
	定期存款利息支出	1039.22	—
	合计	1057366.23	1062125.66
金融机构往来支出	借银行款利息支出	—	60173.75
	调剂资金利息支出	325191.62	169740.00
	卖出回购债券支出	—	62528.22
	合计	325191.62	292441.97
手续费支出	代办储蓄手续费支出	1000.00	4140.59
	代办收贷手续费支出	5819.32	—
	代办其他业务手续费支出	2281.21	—
	结算手续费支出	—	3326.68
	合计	9100.53	7467.27
营业费用	业务宣传费	26916.28	29229.99
	广告费	110.00	—
	印刷费	140335.56	125090.51
	业务招待费	23383.50	21977.00
	电子设备运转费	155840.35	59593.00
	钞币运送费	188878.27	174125.48
	安全防卫费	215566.38	93509.63
	邮电费	52462.65	57597.30
	审计费	27345.77	25020.00
	职工工资	946911.50	2264813.56
	职工福利费	132567.61	322183.89
	职工教育经费	14203.67	34519.70
	工会经费	18938.23	46026.27
	劳动保护费	84640.00	—
	劳动保险费	222342.28	273665.57
	失业保险金	17356.03	23222.12

续表 11 −4

项目名称		上年数	本年累计数
营业费用	公杂费	96011.29	111405.50
	差旅费	441627.50	319931.20
	水电费	45535.86	37571.04
	会议费	32181.50	59057.00
	低值易耗品摊销	208015.00	190452.00
	无形资产摊销	—	23039.71
	租赁费	9600.00	9600.00
	修理费	269666.25	162458.74
	取暖及降温费	70728.10	82604.02
	绿化费	18555.00	35805.00
	税金	—	9388.18
	上交管理费	28510.82	55231.44
	住房公积金	47345.58	115065.68
	临时工工资	21624.00	36500.00
	其他费用	6700.00	2490.00
	合计	3563898.98	4801173.53
其他营业支出	固定资产折旧费	349142.15	536380.59
	呆账准备金	132519.00	—
	合计	481661.15	536380.59

2010 年,岳普湖县联社成立财会监管组,配备 2 名专职财会监管人员,明确岗位职责,制定《财务自律监管方案》。按照费用限额、严格审批、按月监测、超支自付的管理制度,严格实行报批制度,控制各项不合理开支,确保控制管理成本。实现总支出 1963 万元,同比增加 523 万元。其中:营业费用支出 1196 万元,同比增加 185 万元,增长达到 18%。

2011 年,岳普湖县联社营业支出 3851.62 万元,其中:存款利息支出 592.43 万元,比上年同期增加 319.01 万元;金融机构来往支出 38.13 万元,比上年同期减少 8.06 万元;手续费及佣金支出 6.25 万元,比上年同期减少 9.12 万元;业务及管理费支出 2487.02 万元,比上年同期增加 290.83 万元;主要是职工工资 1227.20 万元;基本养老保险金 148.43 万元;业务宣传费、广告费、印刷费 259.75 万元。

2012 年,岳普湖县联社营业支出 3955.08 万元,其中利息支出 822.94 万元,金融机构往来支出 38.56 万元,手续费及佣金支出 13.87 万元,业务管理费用 2230.93 万元。

2012 年岳普湖县联社营业支出情况表

表 11 – 5   单位:元

项目名称		上年同期数	本年累计数
营业支出	合计	38516207.07	39550753.58
利息支出	单位活期存款利息支出	1671991.17	1836989.59
	单位定期存款利息支出	—	77436.97
	个人活期存款利息支出	1060603.38	1194228.11
	个人定期存款利息支出	3167575.03	5120711.80
	财政性存款利息支出	—	78.64
	其他利息支出	24082.68	—
	合计	5924252.26	8229445.11
金融机构往来支出	向中央银行借款利息支出	381250.00	355833.33
	其他	—	29720.38
	合计	381250.00	385553.71
手续费及佣金支出	银行卡业务手续费支出	20848.50	115178.91
	结算业务手续费支出	41630.66	6882.76
	其他手续费支出	—	16672.36
	合计	62479.16	138734.03
业务管理费用	业务宣传费	1220653.40	1815105.80
	广告费	70130.00	158175.00
	印刷费	1306471.63	384797.38
	业务招待费	365018.61	77289.00
	电子设备运转费	224357.37	433128.55
	钞币运送费	90997.50	3800.0
	安全保卫费	286924.00	1469950.93
	保险费	—	48648.19
	邮电费	227785.79	349024.63
	咨询费	5500.00	22684.70
	审计费	57310.00	41650.00
	公杂费	716272.25	398154.28
	差旅费	542262.86	500587.79
	水电费	194572.50	148215
	会议费	101330.00	267860.00
	绿化费	56025.00	286067.00
	会费	20000.00	—

续表 11 – 5

项目名称		上年同期数	本年累计数
业务管理费用	税费	92151.93	81590.54
	交通工具耗用费	270029.64	226593.80
	管理费	318715.96	563855.23
	职工工资	12271981.47	5715247.51
	职工福利费	577701.00	1169166.50
	职工教育经费	285791.02	11181.11
	工会经费	228632.82	90652.84
	劳动保护费	395087.00	494843.50
	基本养老保险金	1484284.15	1132816.41
	基本医疗保险金	147675.33	278118.58
	工伤保险金	2325.86	30982.62
	生育保险金	2325.86	30982.62
	失业保险金	51968.69	62085.88
	补充养老保险金	—	493046.68
	补充医疗保险金	—	155193.00
	住房公积金	306754.90	682456.00
	取暖及降温费	453150.00	326393.64
	租赁费	68000.00	92880.00
	修理费	688889.22	1547212.96
	低值易耗品摊销	785786.80	1192948.00
	无形资产摊销	19909.62	26924.90
	固定资产折旧费	933418.01	1298282.83
	其他费用	—	667.00
	合计	24870190.19	22309260.77

2013 年,县联社财务管理领导小组权限是讨论并决定会议费、业务招待费、职工工资、金额 5000 元(含 5000 元)以上的财务支出等费用的列支;研究决定超过财务管理领导小组职权范围,按规定报备上级管理部门的财务事宜。其办公室的权限是负责金额 3000 元以下,符合规定,并通过财务主管主任审批后的财务费用的支付。

2014 年,岳普湖县联社营业支出 5445.19 万元,其中利息支出 964.76 万元,金融机构往来支出 413.64 万元,手续费及佣金支出 63.04 万元,业务管理费用 2508.13 万元,营业税金及附加 272.78 万元,资产减值损失 1222.85 万元。

2014 年末岳普湖县联社财务损益表

表 11-6
单位:元

项目名称	上年同期数	本年累计数	项目名称	上年同期数	本年累计数
营业支出	58026739.83	54451940.71	19. 差旅费	292747.25	223295.10
利息支出	8800291.64	9647582.67	20. 水电费	191084.37	173356.11
1. 单位活期存款利息支出	1788209.69	1823965.89	21. 会议费	51828.00	39610.00
2. 单位定期存款利息支出	33105.60	422562.66	22. 绿化费	300727.00	56830.00
3. 个人活期存款利息支出	1292823.35	1262423.15	24. 会费	30000.00	0.00
4. 个人定期存款利息支出	5686153.00	6138630.97	25. 税费	71201.43	96198.38
金融机构往来支出	1389699.20	4136394.99	26. 交通工具耗用费	366941.14	500916.85
1. 向中央银行借款利息支出	779465.56	2725384.07	28. 管理费	536949.08	797613.05
2. 系统内上存款项利息支出	599400.00	1400000.00	30. 职工工资	6136284.61	8399748.52
8. 其他	10833.64	11010.92	31. 职工福利费	960252.94	1187163.00
手续费及佣金支出	606147.01	630358.34	32. 职工教育经费	153407.12	197613.34
1. 银行卡业务手续费支出	268933.66	315568.95	33. 工会经费	122725.69	158090.67
2. 结算业务手续费支出	8554.30	10289.39	34. 劳动保护费	646549.00	2205.00
3. 代理业务手续费支出	324600.00	304500.00	35. 基本养老保险金	1062974.10	1492718.09
4. 其他手续费支出	364.53	0.00	36. 基本医疗保险金	438088.47	764388.59
5. 其他中间业务支出	3694.52	0.00	37. 工伤保险金	45472.15	77513.71
业务及管理费用	21655150.22	25081346.76	38. 生育保险金	45472.15	77513.71
1. 业务宣传费	963886.10	401360.00	39. 失业保险金	91137.46	156807.42
2. 广告费用	82461.00	22000.00	40. 补充养老保险金	458276.77	616445.32
3. 印刷费	1217312.40	1064664.20	45. 住房公积金	636119.10	823623.08
4. 业务招待费	321041.50	300435.00	46. 取暖及降温费	115060.40	221845.48
5. 电子设备运转费	479488.22	423243.53	47. 租赁费	128078.00	158670.00
6. 钞币运送费	1201348.00	1224176.00	48. 修理费	809543.22	172272.47
7. 安全保卫费	142648.00	608070.50	49. 低值易耗品摊销	435620.00	393340.00
8. 保险费	10245.04	58836.06	50. 长期待摊费用摊销	2098.17	40178.00
9. 邮电费	300836.34	526262.47	51. 无形资产摊销	183270.30	686397.31
10. 诉讼费	0.00	1820.00	52. 固定资产折旧费	1915267.32	2392630.79
11. 公证费	500.00	0.00	53. 其他费用	12400.46	1169.00
12. 咨询费	38104.00	83385.00	营业税金及附加	1276218.82	2727799.34
13. 审计费	70419.00	8000.00	1. 营业税	1160198.92	2479817.58
16. 研究开发费	0.00	91647.00	2. 其他税金及附加	116019.90	247981.76
18. 公杂费	587284.92	359294.01	资产减值损失	24299232.94	12228458.61

第四节　决算与核资

一、决算管理

1958年11月4日,人行自治区分行对1958年度决算工作指示:1958年决算工作应在以往基础上把质量进一步提高,要切实做到真实、完整、正确、及时的要求,各级行、社必须事先做好准备工作,除自行制定具体办法布置所属处、所执行外,要在不影响中心任务的同时组织一定人力,要求多快好省地办理决算。对个别需要帮助的处、所应进行帮助。

1964年11月26日,人行自治区分行和农行自治区分行印发1964年决算工作的联合指示,要求立即动手做好清理呆滞资金、核对账务、检查库存、盘点财产、核实损益等决算前的准备工作;全面清理过渡性科目,对暂收暂付款项科目久悬和临时性的款项,必须彻底清理,该收回的及时收回,该付账的付账,压缩占款余额。对于牵涉面广,一时不能处理的,应落实情况和金额,结合四清工作继续清理;全面核对账务,开展四清工作。查清存贷款(包括利息支出)、股金、现金(包括经费开支)。做到"六相符",准确计算利息。为保证损益正确,对各项收入支出利息都应进行复核。办理决算时,各项存、贷款均不计算应收应付利息。信用社决算日期是12月31日。信用社决算报表包括业务状况报告表、年度损益表、信用社机构人员盈亏情况报告表。

1984年1月1日,农行新疆分行根据农行《关于加强信用社经济核算改进财务会计制度的若干问题的通知》印发《关于加强信用社经济核算改进财会制度及办理1984年决算的通知》。

1997年,县联合社年终决算应报的报表有业务状况表、损益表、公积金明细表、暂收暂付明细表、专用基金表、成本计算表、财产表、决算说明书、贷款沉淀表、千元以上贷款沉淀化名表。

2001年1月1日至12月31日,对农村信用社继续按照6%的税率征收营业税。其中按照5%税率计征的部分由地方税务局征收,按照另外1%税率计征的部分由国家税务局征收。随同营业税附征的城市维护建设税和教育费附加,仍按营业税应交税额中按5%税率征收的部分计征。从2003年1月1日起,对农村信用社按照5%的税率征收营业税,由地方税务局负责征收。

2008年1月12~16日,自治区联社审计部委派,抽调克州、阿克苏地区联社审计、财务人员组成检查组,对岳普湖县联社2007年度会计决算真实性、大额贷款的合规性进行专项审计。

2009年2月6~11日,自治区联社派出审计组4人,对岳普湖县农村信用合作联社

2008 年度会计决算真实性进行专项审计。

2011 年,自治区联社组织对岳普湖县联社 2010 年度会计决算真实性进行审计。

二、清产核资

2001 年 11 月末,岳普湖县联合社资产总额为 9403 万元,较年初增加 1368 万元,其中:各项贷款 2356 万元,较年初减少 342 万元,减少 12.7%,农业贷款 2143 万元。较年初减少 324 万元,减少 13.18%,负责总额为 9100 万元,较年初增加 1442 万元,增长 18.8%,其中:各项存款 5911 万元,较年初增加 1002 万元,增长 20.4%,储蓄存款 5173 万元,较年初增加 601 万元,增长 13.1%,各项存款完成不好社分别为:色也克、阿其克、阿洪鲁克。所有者权益 5.05 万元,较年初增加 16 万元,增长 13.1%。11 月末全县农村信用社实现亏损,亏损金额为 80 万元。全县农村信用社存贷款比例 39.8%,拆入资金比例为 2.03%,均达到资产负债比例管理规定要求。

2005 年 4 月 18 日,岳普湖县联合社根据《新疆农村信用社清产核资实施方案》要求,成立清产核资领导小组。组长卡米力·米吉提(理事长、主任),副组长艾沙·吐尔(副理事长、副主任)、阿不力孜·买买提(副主任),成员:阿不力孜·卡得尔(监事长)、唐努尔·艾买提(经管部负责人)、艾合买提江·买买提(信贷负责人)、艾尼瓦尔·阿不都热西提(系统维护员)。领导小组下设办公室,主任阿不力孜·买买提,成员阿不力孜·卡得尔、唐努尔·艾买提。职责:根据《实施方案》要求,做好此次清产核资的组织、实施等各项工作;完成领导小组交办的其他工作。

2005 年,岳普湖县成立由人民银行、监管办事处、工商、税务等相关部门组成的农村信用社改革试点工作领导小组,负责对清产核资工作的组织和监督;自治区银监局和财政厅委派中介机构进驻岳普湖县各农村信用社开展清产核资工作,农村信用联合社安排主管财务的副主任负责,会计、信贷部门密切配合,协助中介机构工作;清产核资现场检查工作结束后,清产核资工作小组召开会议,对清产核资结果进行严格审核,提出净资产处置意见;在此基础上,由改革试点工作领导小组对中介机构出具的《清产核资报告》签章认可后报自治区主管部门验收认定。清产核资是做好以县为单位统一法人工作的基础。联合社经过清产核资,全面查清核实各乡镇农村信用社和县联合社资产、负债、所有者权益及经营成果,核实各项资产损失,严格落实债权债务。

2012 年 4 月,县联社根据新疆银监局《关于加强新疆中小农村金融机构资本管理的通知》,增资扩股,调整股本结构。县联社成立清查核资领导小组,部署实施清产核资工作,以 2011 年 12 月 31 日为清产核资工作基准日,对全部资产、负债和所有者权益进行账务清理与资产清查,此次清产核资过程中,县联社依据谨慎性原则,经充分调查、分析,重新划分部分贷款的风险级别,对正常类贷款由 1% 调整为 5% 的比例计提损失准备,提高县联社抵御潜在风险的能力。同时,发现部分房产未及时办理房产证或土地使用证、报废资产未及时进行账务处理等问题,县联社督促有关部门及时办理资产产权证书和报废资产审批手续。

2001~2014 年岳普湖县联社(联合社)经营指标完成情况统计表

表 11-7　　　　　　　　　　　　　　　　　　　　　　　　　　　　　　　　单位:万元

年份	各项收入	各项支出	利润总额	所得税	净利润	资产	负债	所有者权益
2001	—	—	-146.67	—	-146.67	11909.16	298.18	156.14
2002	451.83	—	-48.48	—	-48.48	9005.85	290.89	44.31
2003	499.31	—	3.87	—	3.87	1248.12	12423.80	58.31
2004	592.48	—	8.20	—	8.20	11192.30	10914.44	277.86
2005	570.21	—	8.21	—	8.21	13324.35	12850.45	467.86
2006	690.39	—	1.19	0.21	0.97	17021.65	15978.37	1022.18
2007	1059.99	—	23.81	7.85	15.95	21488.27	20189.29	1261.76
2008	1746.35	—	207.32	94.33	112.99	27752.32	25812.31	1940.01
2009	1983.49	—	441.31	282.97	158.33	39255.09	37184.42	2070.67
2010	2504.83	—	483.14	174.79	308.34	60709.8	57804.33	2905.47
2011	4582.89	3852.74	730.14	122.98	607.16	86897.88	83396.57	3501.31
2012	6007.80	3962.07	2045.73	417.35	1628.38	109893.74	103265.13	6628.56
2013	7732.03	5829.64	1902.4	485.88	1416.51	118795.46	110875.31	7920.15
2014	—	—	2444.85	—	1856.29	—	—	—

第五节　利息管理

1957 年 11 月 1 日,人行自治区分行对 1954 年 6 月 22 日人行在(54)银字第 261 号指示,其中规定存满一年不取,不再继续计息;同时在章程附录中并具体规定存满一年以上而未来支取之定额存单,定期储蓄可照计过期利息三个月以后不再计给过期利息,此项规定已久,为适当照顾储户的利益,对定额储蓄逾期部分可按活期存款利率计给过期利息,不满十天的零头天数不予计息。此规定自 1958 年 1 月 1 日执行。

1962 年 11 月 20 日,人行自治区分行下发《关于信用社放款利率问题的通知》,要求各地认真地普遍地进行一次检查,如发现高于规定利率的,应迅速纠正,调整下来,并对过去超过规定多收的利息尽可能的退还贷户。对信用社历年旧贷利息的计算,有些行认为目前信用社干部新手多,如按规定分段计算,有一定困难,要求新、旧贷款统一按6‰计算,以简化手续,减轻社员负担。分行对这一问题不做统一规定,可以分段计算,也可以按最新利率计算。采取哪种计算方法应视信用社盈亏情况、干部水平、理事会讨论通过，银行批准后执行，但一个社应采取一致的计算办法。

1965 年 5 月，人行岳普湖县支行印发《关于调整储蓄存款及对信用社存款利率的通知》。从 1966 年开始实行各种储蓄存款全年均按 360 天计息，即无大小月或闰月，每月均按 30 天计算，活期储蓄存款每年结息一次。

1983 年，通过开展银行会计集中互查互审，对上半年计息积数及利息进行复算，少付多付利息错误颇多。提出主要是领导重视不够，奖惩办法不够落实和考核不严格，政治思想工作跟不上形势，革命事业心不强。

1992 年，财务管理制度规定信用社对定期结息或约期结息的贷款单位，按规定计算贷款利息收息，如单位账面存款不足时，信贷人员应督促贷款单位筹集资金交付利息。逾期欠交利息应按规定计收复利。对逾期贷款，转移用途贷款，挤占挪用贷款的加息，按人行有关规定执行。

1993 年，县联合社决算工作通知，储蓄存款利息计算，要组织财会、稽核人员按"储蓄管理条例"规定，对信用社利息支出进行检查，以保证存款利息的正确计算。

1999 年 6 月，县联合社印发《关于开展利率现金政策执行情况自查报告》的通知。

2003 年 12 月，县联合社按 2003 年 12 月 31 日以前发放的贷款，逾期贷款罚息利率按《联合社逾期贷款利率执行表》执行；2004 年 1 月 1 日（含 2004 年 1 月 1 日）以后发放的贷款，逾期贷款罚息利率按借款合同载明利率加收 50% 执行，借款人未按合同约定用途使用借款的罚息利率，按借款合同载明贷款利率加收 100% 执行。

2009 年 1 月 20 日，县联社根据国家有关金融政策法规和人行《人民币利率管理规定》，制定《岳普湖县农村信用合作联社人民币存贷款计息管理办法》。9 月，联社印发《岳普湖县农村信用合作联社贷款计息暂行办法》。贷款利息计算规定，单位贷款利息，一律通过转账，不得收取现金。计息本金以元为起点，元以下角、分不计息，利息金额计算至分位，分以下四舍五入，分段计息的，各段位应计至厘位，汇总后，四舍五入至分。贷款从贷出之日起至归还贷款前一天止，为计息的起止日期，即算头不算尾。贷款利息的计息范围为各项贷款，但对委托单位指定不收利息的委托放款除外。人民币短期贷款（期限在一年以下、含一年）按贷款合同约定的贷款利率计息，贷款合同期内，遇利率调整不分段计息，合同约定按季结息的，每季度末月的 20 日为结息日，合同约定按月结息的，每月 20 日为结息日，结息方式由借贷双方自行协商确定。人民币中长期贷款利率由借贷双方按商业原则确定，既可在合同期间按月、按季、按年调整，也可采用固定利率的确定方式，联社统一采用合同约定固定利率方式，合同期内如遇利率调整，一般也不分段计息（按揭贷款除外）。消费类贷款和经营性物业抵押贷款利率按借款合同生效日相应档次的贷款利率计息，次年 1 月 1 日起按相应档次利率进行调整。

第六节　资金业务

一、存放业务

同业存放是指因支付清算和业务合作等需要,由其他金融机构存放于信用社的款项。

存放同业是指信用社存放在其他银行和非银行金融机构的存款。

2002 年,人行喀什地区中心支行针对农村信用社资金剩余,结合辖区内信用联社资金营运实际下发通知,将特种存款任务分配给辖内联合社,其中岳普湖县联合社分配特种存款万元,期限 3 个月,利率 2.7%。其中规定:存款准备金未达到规定比例 6% 的农村信用社及借用再贷款尚未归还的农村信用社,不得办理特种存款。对已办理特种存款的农村信用社,在特种存款到期之前,不发放再贷款。此次办理的特种存款期限分为 3 个月、6 个月、1 年三个档次,利率分别为 2.7%、2.97% 和 3.15%。

2013 年 5 月,存放中国农业银行岳普湖县支行 2000 万元,利率 3.0%。

2014 年 11 月,存放广发银行 5000 万元,利率 3.7%;2014 年又陆续存放中国农业银行岳普湖县支行 44000 万元,利率分别为 3.5%、3.6%、3.65%、3.85%。

2014 年,岳普湖县联社与自治区联社开办 7 天活期同业存款 49 笔、金额 277000 万元,投资收益 282.82 万元。开办 14 天活期同业存款 6 笔、金额 41000 万元,投资收益 84.30 万元。开办 30 天活期同业存款 1 笔,金额 10000 万元,利率 4%,投资收益 33.33 万元。

二、票据融资业务

1997 年 10 月 1 日,人行颁布《票据管理实施办法》,即日起并施行。

2006 年初,岳普湖县联合社 900 万央行票据申请工作正式完成。2006～2008 年,县联社在自治区联社领导和人民银行、银监部门指导监管下,实施产权制度改革,不断完善法人治理结构,转换经营机制,增强服务功能,全面提高经营管理水平。2008 年 6 月 4 日顺利完成 900 万元央行票据兑付工作。银行承兑汇票业务的开展,拉动结算业务发展,扩大和增加存款来源,改善资产负债结构,增加中间业务收入,助推岳普湖县民营经济市场发展。

第十二章　审计

稽核审计主要包括对会计、出纳、信贷、联社结算制度、财务制度的执行情况和业务办理情况进行稽核审计,对每年财务收支、利润指标、财务决算以及会计报表的真实性、准确性、合规性、合法性进行稽核审计,对有价证券、印章、密押、重要空白凭证的保管、领用、使用、销号、交接情况进行稽核审计,对 ATM 机、POS 机、网上银行电子业务等工作进行稽核审计。

岳普湖县联社为提高内控制度执行力,充分发挥审计部门的监督职能,在联社内部建立相互制约、相互制衡的监督体系,确保联社各项业务依法合规安全运行。联社始终把稽核审计作为重要工作,以联社经营为中心和目标,不断加强稽核审计队伍,完善各种规章制度,加强监督举措,加大工作力度,充分发挥稽核审计的职能作用,为岳普湖县农村信用联社的发展保驾护航。

1996 年,岳普湖县联合社成立后,根据有关规定和内部管理要求,配备联合社稽核员;2001 年,联合社成立稽核股;2003 年,成立监督保障部;2007 年 4 月,监督保障部更名为审计部。

第一节　组织机构

20 世纪 50～70 年代,人(农)行以财务检查代替稽核、审计,"文化大革命"中,曾一度为人民公社、贫下中农管理。1982 年,农行岳普湖县支行在行、社机构开展稽核工作。

2001 年,县联合社任命吐尔洪江为稽核股长。2002 年,县联合社配备专职稽核人员。2003 年 4 月,县联合社任命阿不力孜卡迪尔为稽核股长。

2007 年 4 月,岳普湖县农村信用联社成立内部审计工作委员会。主任委员阿卜力孜·卡德尔(联社监事长),副主任委员:艾合麦提·麦麦提(在新疆财经学院学习,阿卜力孜·卡德尔兼任副主任委员),成员:艾尔肯·铁力瓦尔迪(信贷管理部经理)、唐努尔·艾买提(财务信息部经理)、李巧兰(联社办公室副主任)。联社内审会办公室设在审计部,办公室主任由联社监事长阿卜力孜·卡德尔兼任,副主任由唐努尔·艾买提和艾尔肯提·力瓦尔地兼任。

2007年,岳普湖县联社将监督保障部更名为审计部。2008年6月,岳普湖县联社任命李巧兰为审计部副经理。

2009年3月,岳普湖县农村信用合作联社成立内部审计工作领导小组,组长卡米力·米吉提(联社党委书记、理事长),副组长:冯庆(联社党委委员、纪检委书记、监事长),成员:唐努尔·艾买提(联社综合办公室主任)、李巧兰(联社审计部副经理)、克依木江·阿不力孜(审计部科员)。

2010年8月,岳普湖县联社任命热依汗古热合曼为审计部经理。

2011年,岳普湖县联社调整内审会组成人员:主任委员卡米力·米吉提,副主任委员唐努尔·艾买提,成员:热依汗姑丽·热合曼、李红梅、米克热古力·孜明。

2011年,县联社专职审计人员有审计部经理热依汗姑丽·热合曼、审计部副经理李红梅、审计部科员米日姑·孜明。

2013年8月23日,联社党委会议研究,对联社内部审计工作委员会成员进行调整。内审会主任吐逊·卡地尔(联社党委书记、理事长),副主任唐努尔·艾买提(纪委书记、监事长),成员:米热古丽·孜明(审计部经理)、克依木·阿不力孜(审计部副经理)、布左拉·吐尔逊(审计部工作人员)。内审会下设办公室,主任唐努尔·艾买提,成员:米热古丽·孜明、克依木·阿不力孜、布左拉·吐尔逊。

第二节　制度建设

1991年4月1日,农行自治区分行为贯彻执行《农行稽核工作暂行规定》,结合新疆情况,制定《农行新疆维吾尔自治区分行稽核工作实施细则》,同时又在《细则》基础上制定《稽核工作报告制度》《稽核档案管理制度》《稽核人员岗位责任制》。5月,农行岳普湖县支行印发分行《农行新疆维吾尔自治区分行稽核工作竞赛评比暂行办法》,办法从1991年1月1日起实施,分行以前颁布《竞赛评比办法》同时废止。

2001年,岳普湖县联合社制定稽核工作制度及考核办法,明确稽核任务,并实行分片包干,县联社稽核部门至少每季对基层社进行一次全面检查。在检查中发现问题及经济案件时,则迅速把有关情况上报上级部门,联合采取措施落实和查清案件性质、金额、涉案人员等各方面情况,定性后根据不同情况进行处理。

2003年,岳普湖县联合社制定《要害岗位离岗审计制度》。

2006年,岳普湖县联合社根据《中国银行业监督管理委员会办公厅关于印发〈加强农村信用社稽核工作指导意见〉的通知》精神,结合岳普湖县农村信用社联合社实际,制定《岳普湖县农村信用社联合社'内控制度年'实施方案》。11月28日,联合社根据上级要求制定《岳普湖县农村信用社非现场监管信息系统实施方案》。同年,为加强内部控制,根据人行《加强金融机构内部控制的指导原则》《关于进一步完善和加强金融机构内部控制建设的若干意见》《人行关于进一步加强和完善信用社内部控制的决定》的要求,制定《岳普湖县农村信用合作联社稽核管理办法》。

2007年,自治区联社印发《新疆维吾尔自治区农村信用合作社内部审计基本制度》。

同年,岳普湖县联社内部审计委员会及办公室的主要职责是:全面落实岳普湖县农村信用社内部审计工作方案和措施,定期或不定期地组织内部审计,针对内部审计工作中发现的问题,严格按照《新疆维吾尔自治区农村信用合作内部审计基本制度》,做出处理决定。

2008年4月13日,喀什市联社下发《关于加强喀什地区各县农村信用合作联社审计队伍建设的通知》,要求各县联社切实把内部审计工作作为"自我监督、主动防范、查错除弊、规避风险"的重要手段,严格按照《新疆维吾尔自治区农村信用合作社内部审计基本制度》规定:以员工总数3%或机构总数的30%配备审计人员,以保障审计监督作用的正常发挥;依照喀什地区实际情况,合理配备本联社审计人员。做到审计检查不因语言文字障碍而影响审计工作质量,合理搭配;人员配备时除遵照《新疆维吾尔自治区农村信用合作社内部审计基本制度》规定条件外,还必须符合身体健康、年龄在45岁以下、具有计算机操作技能、有一定的汉语言文字表达能力、遵守保密制度的要求。

2013年,岳普湖县联社内审会工作规则是:以系统化、规范化的方法,审查、评价和督导岳普湖县农村信用联社风险防范、内部控制、治理结构及经营管理的真实性、合规性,评价联社审计部门审计工作的有效性;充分利用审计资源,采取联合审计、外部审计或内部审计的方式,对职能部门、直属机构负责人实施各类专项审计;在实施审计工作中坚持独立审计原则、客观性原则、权责对应原则、相关性原则、重要性原则;内审会对拒绝接受审计及以各种方式逃避、阻挠、妨碍审计的有关部门和人员进行处理处罚,或提出处理处罚建议报告联社理事会进行处理处罚;内审会对拒绝执行及未经批准延迟、停止执行有关审计决定的部门和人员从重进行处理处罚,或提出处理处罚建议报告联社理事会进行处理处罚;内审会必须定期对审计人员的职责履行情况进行监督,对严格履行职责、有重大贡献的审计人员进行奖励,对违反审计工作制度和职业行为规范、有重大工作过失、谋取不适当利益的审计人员进行责任追究。

2014年,岳普湖县联社审计稽核部制定下发《岳普湖县联社业务部门自律监管考核评比办法》《岳普湖县联社业务部门自律监管审计操作规程》《岳普湖县联社业务部门自律监管指导意见》《岳普湖县联社项目审计责任制》《岳普湖县联社内部审计基本制度》

《岳普湖县联社对外部监管内部检查发现问题整改工作的规定》《岳普湖县联社现场审计操作规程》《岳普湖县联社案件防控工作责任制实施办法》《岳普湖县联社案件责任制追究办法》《岳普湖县联社案件问责工作管理办法》《岳普湖县联社业务部门自律监管监督管理办法》《岳普湖县联社离任离岗审计办法》等 12 项制度,并组织网点主任、委派会计以及兼职稽核员进行专项培训 3 次,培训人员 17 名。

第三节　内部审计

稽核方式分为专项稽核、序时稽核、离任稽核、现场稽核与非现场稽核。1997 年 1月,联合社成立稽核监察机构后,采取不同方式开展稽核审计工作,履行监督检查职能。

内审指自治区联社系统的审计,自治区联社、自治区联社委托审计,县联社(联合社)审计。

一、自治区联社审计

2006 年 10 月 21 日,自治区联社贷款五级分类检查组对联合社开展贷款五级分类情况进行验收;联合社理事长、主任卡米力·米吉提陪同。

2008 年 1 月 12～16 日,受自治区联社审计部委派,抽调克州、阿克苏地区各联社审计、财务人员组成检查组,对岳普湖县联社 2007 年度会计决算真实性、大额贷款的合规性进行专项审计。审计发现应收应付款项方面存在清理不及时、其他应收款(1391 科目)诉讼费中有缺法院收款收据现象、其他应付款中存在非其他应收款挂账项目等问题。各类投资款项方面存在未依据权责发生制原则核算投资受益等问题。应解汇款资金方面存在,未建立应解汇款登记簿;有解付手续不规范现象;存在电汇压票现象等问题。递延资产方面存在,将费用类低值易品摊销、修理费、安全防卫费作递延资产类核算,而当年又未进行摊销的问题。内外账务核对方面存在,账务核对不全面,有未清理现象;对贷款未全面进行账务余额核对;对账单回收率未达到 100% 等问题。固定财产和低值易耗品方面存在,低值易耗品的摊销期限超过 2 年;固定资产残值不足现象的问题。现金、有价单证、抵(质)押物和重要空白凭证方面存在,制度建设不规范,未依据自治区联社的有关规定制定信用社的重要空白凭证的限额标准,从而出现营业部的重要空白凭证库太多(19550 份)的问题。各项营业收支、营业外收支、营业税金及附加真实性方面存在,营业收支未执行权责发生制原则,而是采用收付实现制;在费用支出过程中,违背现金管理条例,大量使用现金支付收款人为经营单位的货款;钞币运送费(5321～60)中含有车船使用费、修理费等非钞币运送费项目等问题。减免所得税及营业税方面存在,未进行纳税调整;营业税计提不足等问题。股金方面存在,综合门柜系统中未分开开户资格股与投资股账户;股金债权情况不明确的问题。信贷方面存在,经检查到期贷款没有按期收回,未发放到期贷款催收单;信贷管理系统的贷款形态认定不正确;在有不良贷款未归还的情况下,新增发放贷款;企业贷款发放手续不规范,有无贷款卡、抵押物未进行有效抵押登记现象(为信贷大检查未整改事项);信贷资料不完整,有无企业相关的财务资料现象的问题。其他业务方面存在,一人兼不相容的多岗现象。对于检查发现的问题,要求限期整改。1月12~17日,自治区联社审计部派出索红为审计组长,卡哈尔为主查,阿孜古丽、马红、米吉提、殷贞良为成员的审计组,对岳普湖县联社监事长阿布力孜·卡迪尔,副主任阿不力孜·买买提、艾沙·吐尔自2007年1月1~12月任职期间经营管理职责履行和廉洁自律情况进行离任审计。1月13~15日,自治区联社审计部授权喀什地区审计组派出阿孜古丽为审计组长,卡哈尔、马红、米吉提、殷贞良为成员的审计检查三组,对岳普湖县联社营业部主任冯庆自2005年1月1~12月任职期间经营管理职责履行情况进行离任审计。1月12~17日,自治区联社审计部委派并抽调阿克苏地区、克州地区信用联社审计、财务人员组成检查组对县联社2007年度会计决算真实性、大额贷款的合规性进行专项审计。通过对财务核算中心、联社营业部的现场检查,与中层以上管理人员座谈,发放调查问卷等方式实施审计,共抽调各类报表资料18册、账簿20册、会计凭证69册。

2009年2月6~11日,自治区联社派出审计组4人,对岳普湖县农村信用合作联社2008年度会计决算真实性进行专项审计。4月23~24日,自治区联社派出检查组,对岳普湖县农村信用合作联社2009年3月末信贷工作进行专项检查。根据检查方案,检查组共抽调100万元以上企业贷款档案14笔;30万元以上自然人贷款档案35笔(不含农户贷款);检查联社营业部、巴依阿瓦提信用社的农户贷款和不良贷款。

2011年,自治区联社组织人员对岳普湖县联社2010年度会计决算真实性进行审计。2012年3月21日,自治区联社派出审计组对岳普湖县联社2010~2011年经营管理情况进行审计,此次审计26日结束。

2013年5月8~13日,自治区联社派出审计组对岳普湖县联社进行现场审计。审计发现内控制度建设及执行方面存在问题,内部控制制度建设相对滞后,未根据自治区联社各项规章制度制定本联社制度汇编和实施细则,未结合本联社实际制定实施细则、操作流程等,也未向自治区联社报备;部门职能和岗位职责分工规范,未设置自律监管岗,岗位责任未明确;自律监管工作开展不规范,存在未按期进行自律监管、自律监管资料不全现象;内部控制制度建设相对滞后,未细化建立相关风险资产类管理制度;未定期召开风险例会,对信贷资产及非信贷资产分类结果进行认定,《风险管理委员会》运行建制不全;召开风险会议纪要形成不全;无贷款形态调整审议记录、决议;未对非信贷资产分类结果进行认定;营运资金管理不规范,存在漏洞和风险隐患;金融机构往来账务核对工作不规范;大额集中采购程序不合规;大额采购未进行集中采购管理,无任何集中采购资料;未签订《不良贷款清收目标责任书》将清收责任落实到人;对不良贷款未建立有效的全面监控和诉讼时效预警制度;对信贷表外资产(已置换、已核销)清收未进行量化考核,不良贷款清收未签订清收考核目标责任书;呆账核销手续不完备等情况。信贷业务操作流程合规方面存在,信贷业务授权管理未覆盖整个信贷业务操作流程;贷款利率定价不规范;贷审会运作资料不完备;中长期贷款普遍未约定分期还款计划;信贷档案收集不规范、不齐全;超授信审批额度发放贷款;客户资料不规范,存在法律瑕疵;未严格执行授信制度;动产抵押登记时间早于借款合同签订日;未严格执行贷后资金委托支付管理;展期贷款办理不合规,存在贷款展期审批手续不全、展期动产抵押手续不全、未对抵押物核实、未按规定提前30天办理展期手续等问题;不良贷款形态认定不准确;核心系统中非应计贷款存在人为上调分类结果现象;贷款"三查"制度执行不规范;超权限贷款未上报自治区联社信贷咨询委员会报备咨询;信贷业务操作流程不合规;抵押贷款未办理抵押登记手续;抵押登记存在瑕疵,抵押权存续有效期未能覆盖贷款期限;财产抵押贷款均未办理财产保险;抵押贷款签订的借款抵押合同抵押人未签章,不具备抵押效力;同一借款人在两家以上分支机构贷款;办理借新还旧贷款不符合规定等问题。计划财会业务合规方面存在,新建办公大楼入账金额大于中介机构决算审核金额;存在超批复购置资产的现象;中间业务管理不合规,手续费核算管理不严;签订代理合同不严谨,无法律效力;超额计提工资,同时造成相关费用超比例计提;2012年所得税缴纳按25%比例上缴,未执行15%的优惠比例;年末集中列支费用;费用支付不合规;费用科目使用错误;支付费用无相关票据或后补票据;列支费用无依据;业务招待费超标;基本营运费用中列支员工福利性支出;在费用中列支工资性支出等问题。对于审计发现的问题,审计组提出建议。

2014年5月8~13日,在自治区审计稽核部业务副经理张瑞力带领下,对县联社高管任期经济责任进行审计,检查共发现47个问题,其中已整改29个,部分整改8个,未整改10个。

二、喀什市联社审计

2008年3月25日,喀什市联社为加强重要空白凭证管理,防范经济案件发生,研究决定对喀什地区重要空白凭证进行专项交叉检查。此次检查由喀什市联社财务信息部牵头,检查组成员由每个县抽调2人,抽调人员主要从审计部门和会计部门进行挑选,检查采取交叉方式,原则上不进行一对一交叉,至少三家联社进行交叉,以免出现打击报复现象。检查时间为3月25日至4月10日。

三、县联社(联合社)审计

(一)常规审计

2005年9月5~11日,旺季工作前各项账务核对及第三季度稽核工作领导小组,在本周对金星社、岳普湖镇、岳普湖乡、阿洪鲁克乡的账务核对及第三季度稽核工作检查完毕。

2005年第一、二、三季度稽核检查情况汇总表

表12-1

单位名称	所属时间	现金检查	空白凭证	会计账户	会计记账	信贷检查	利率执行	其他应收款	房租费	安全保卫	内控制度	问题数量合计
营业部	第一季度											5
	第二季度			√							√	
	第三季度	√		√		√						
岳普湖镇	第一季度						√					4
	第二季度			√								
	第三季度			√		√						
岳普湖乡	第一季度							√				7
	第二季度	√		√							√	
	第三季度			√		√						
下巴扎乡	第一季度	√	√				√					6
	第二季度			√								
	第三季度			√		√						
艾西曼	第一季度		√				√					7
	第二季度			√								
	第三季度	√		√			√					
阿其克	第一季度	√	√		√		√	√				17
	第二季度		√	√	√		√				√	
	第三季度	√	√	√			√	√		√		
色也克	第一季度				√		√					10
	第二季度	√		√	√			√			√	
	第三季度		√			√				√		
铁力木	第一季度	√	√				√	√	√			13
	第二季度	√	√	√							√	
	第三季度		√			√	√					

续表 12－1

单位名称	所属时间	现金检查	空白凭证	会计账户	会计记账	信贷检查	利率执行	其他应收款	房租费	安全保卫	内控制度	问题数量合计
巴依瓦提	第一季度		√	√			√	√		√		12
	第二季度			√				√				
	第三季度			√		√		√		√		
阿洪鲁克	第一季度		√	√								10
	第二季度		√	√				√				
	第三季度			√			√	√		√		
金星社	第一季度											3
	第二季度			√								
	第三季度			√		√						

注:"√"表示此项目出现问题   2005.11.3

　　2006 年 6 月 19 日,根据中国银监会喀什监管分局岳普湖监管办事处下发的《关于印发岳普湖县银行业开展自查自纠和案件排查工作的指导意见的通知》精神,县联合社监督保障部成员积极行动起来去下巴扎、艾西曼、岳普湖乡、巴依阿瓦提乡 4 个信用分社并对基层负责人进行离岗稽核,并向乡(镇)、村及部分农户共发放调查表 200 份,经过认真排查,这 4 个信用分社基本无经济案件发生。6 月 19 日,县联合社将自查自纠和排查形式上报岳普湖监管办事处。7 月 3～9 日,县联合社根据岳普湖县纪检委《关于开展清理小金库的紧急通知》精神,联合社监事长会同稽核以及会计部门工作人员,对全辖财务管理情况实施全面、细致地自查,联合社无私设"小金库"情况。7 月 10 日,县联合社根据《喀什地区合作金融机构案件专项治理大检查实施意见》精神,迅速成立两个检查小组于7 月 5～10 日对全辖 10 个营业网点进行为期 6 天的案件专项治理自查,自查程序严格按照"内控十三条"和防范操作风险十三条实施意见进行,对存在问题能当场整改的当场整改,不能及时整改的提出整改意见,并于 7 月 11 日将自查报告上报喀什银监分局岳普湖监管办事处。县联合社贷款五级分类工作领导小组成员通过对各乡级分社贷款五级分类工作检查,小额信用贷款完成良好,担保贷款存在问题比较多,对于存在的问题要求各乡级分社在 8 月 15～25 日间整改完毕。8 月 28 日至 9 月 3 日,县联合社根据监管部门关于案件专项治理和不良贷款指示精神,分三组由三位主要领导带队对各乡级分社案件专项治理情况进行检查,另外一组由阿不力孜卡德尔带队下到各乡级分社对不良贷款清收工作进行督促、检查。8 月 28 日至 9 月 7 日,县联合社根据《喀什地区合作金融机构案件专项治理大检查实施意见》和《关于对莎车县喀群农村信用联社发生一起经济案件的通报》要求,抽调 21 名工作人员组成 2 个检查小组,第一组负责检查内控制度的执行情况;第二组负责检查信贷资产质量情况,各组按照分工,于8月28日至9月7日对所辖各乡镇信用分社11个营业网点在内部管理、规章制度、库存现金、重要空白凭证、会计核算、大额贷款、大额存款、不良贷款等方面的工作情况进行为期11天的案件专项治理全面自查。10月15~18日,县联合社根据自治区联社下发《关于印发〈新疆维吾尔自治区农村信用社信贷资产风险分类检查验收方案〉的通知》精神,对全辖信贷资产风险分类管理进行认真细致的自查,自查面达到100%。10月15~18日,县联合社根据自治区联社下发《关于对全疆农村信用社"信贷管理系统"进行检查验收的通知》精神,联合社信贷管理系统推广领导小组组长及相关部门工作人员于对全辖信贷管理系统实施工作情况进行认真、细致的自查。

　　2007年3月25日,岳普湖县联社召开办公会议研究决定,对全辖内控制度的执行情况进行自查。5月12~20日,联社对11个营业网点岗位组织控制、授权授信、信贷资产管理、财务会计管理、计算机系统管理等易引发风险的主要业务和重要操作风险控制环节,进行为期9天的检查。5月25日,县联社召开办公会议决定,将联社领导班子成员分成四组,每一组负责对指定的网点进行全面检查,并严格按照检查内容认真整改,对存在的问题落实相关人员责任,提出整改意见及整改期限。6月15~26日,岳普湖县联社根据《中国银监会办公厅关于开展农村合作金融机构冒名贷款专项检查的通知》精神,组成由监事长带队,审计部、信贷部工作人员为成员的检查组,对全辖11个营业网点贷款情况进行自查,自查面达到100%。截至6月25日,全辖共有10个网点,1个营业部,各项存款余额为13311万元;各项贷款余额为11959万元,其中:农户贷款、小额信用贷款、联保贷款、农户长期贷款共17619笔,金额8895万元,占贷款总额的74%。通过对全辖所有营业网点借款主体真实性、贷款程序合法性、贷款手续有效性、贷款用途真实性认真细致的检查,阿其克信用社共有冒名贷款9笔,金额为4.3万元,冒名贷款中农户贷款2笔,金额0.47万元,农户小额信用贷款7笔,金额3.8万元,主要原因是阿其克信用社部分职工素质不高,有章不循,违规操作,和客户内外勾结合谋造成的。其他营业网点均未发现这类问题。6月28~30日,县联社一名副主任带队对使用支农再贷款的五家信用社支农再贷款使用管理情况进行认真细致的自查。一是建立健全支农再贷款使用管理办法及相关操作程序,并签订再贷款目标管理责任书,进一步加强支农再贷款使用管理。二是对于再贷款台账管理不规范,登记不及时的情况,及时规范支农再贷款台账,做到专人负责,专夹保管,逐笔登记,并与会计账务核对一致。三是对贷款三查制度、填写信贷档案、贷款借据填写不全和没有信贷员及经办人员签章的情况,当即安排信贷人员补充、填写信贷档案和贷款借据并将印章补盖齐全。9月20~24日,县联社组成内控工作检查组对全县各信用社和联社营业部等10个营业网点执行各项规章制度的情况进行全面检查。检查项目包括:政治业务学习、各种领导小组的成立、会计基础制度、重要空白凭证管理、信贷管理、股金管理、稳定和安全、防范经济案件等 7 个大项目。

2008 年 5 月 13 日,县联社收到新疆维吾尔自治区农村信用联社下发的《关于做好执法大检查工作有关问题的通知》后,组织有关人员成立 5 人组成的自查工作领导小组,并制定检查方案,于 5 月 13～19 日对基层信用社,联社营业部进行执法检查。

2009 年 3 月 3～11 日,县联社为加强银行卡业务的管理,有效防范操作风险,确保资金安全,根据《关于对尉犁县农村信用合作联社丢失玉卡的处罚决定》要求,成立由主管审计工作的监事长为组长,抽调审计部和财务信息部工作人员为成员的银行卡业务专项检查组,对全辖 10 个营业网点进行为期 8 天的银行卡使用情况现场检查,检查覆盖面达到 100%。4 月 4 日,县联社对全辖 10 个营业网点的有关文件传达、学习、落实情况,财会、信贷、安全保卫和 2008 年度决算真实性检查出的问题整改情况等方面进行检查,检查方式采取抽查和全面检查,覆盖面达到 100%。此次检查历时十天,4 月 13 日结束。10 月 5～9 日,县联社根据喀什银监局《关于对岳普湖县农村信用合作联社主要监管指标真实性现场检查整改意见通知》要求,成立由主管业务的联社副主任为组长,信贷、审计部门 5 人为成员的整改问题督导组,对 3 个被查信用社检查出的问题整改情况进行督促、指导、检查。10 月 25 日,县联社根据自治区联社统一安排,成立由主管审计工作的监事长任组长,审计部、财务信息部共 4 人为成员的中间业务收入专项检查组,依据《新疆农村信用社中间业务管理办法》和《新疆农村信用社市场调节价格金融服务价格标准》等规章制度,对全辖 8 个营业网点中间业务手续费收取情况进行专项检查,除联社营业部和阿洪鲁库木信用社未检查外,其余 8 个营业网点共调阅会计凭证 1809 本,错收通存通兑业务手续费 117 笔,贷款手续费 54 笔,存单(折)、密码挂失业务手续费 67 笔,对公卖支票手续费 2 笔,印鉴卡更换手续费 1 笔。共计多收手续费 160.50 元,少收手续费 1426 元。2621 科目挂农户小额信用贷款手续费 1967 元。共未入手续费科目账户金额 3393 元。此次专项检查 11 月 5 日结束。同年,审计部配备人员 2 人,进行每季度常规性检查 1 次、信贷业务专项检查 3 次、股金业务专项检查 5 次、会计业务专项检查 1 次、中间业务收费情况专项检查 1 次、现金、重空业务专项检查 7 次、印章管理业务专项检查 1 次、高风险业务及新开办业务合规性风险检查 1 次、案件风险业务自查 1 次、反洗钱工作专项检查 1 次、银行风险监控系统有关问题培训 2 次、整理销毁历年过期重要空白凭证 1 次共 191083 份、信访工作调查 3 次。同时下发逾期贷款增加风险提示 1 次,上级部门检查出问题复查 4 次,共进行各类检查 31 次,检查中发现问题 1009 个,复查中已整改问题 708 个,未整改问题 301 个,经济处罚人数 15 人,处罚金额 5000 元。人员调整及离任、离岗经济责任审计 48 人,银行操作风险监控系统下发预警通知单 1210 条,其中:正常类预警通知单 1147 条,违规类预警通知单 63 条。

2010 年 10 月 6 ～ 17 日,县联社主任和联社监事长任检查组组长,成员由财务信息部、信贷部和审计部人员组成,对各信用社、联社营业部进行为期 12 天现场检查。11 月 11 ～ 15 日,县联社对各信用社、联社营业部及财务信息部的现金、重要空白凭证及内控制度进行检查。同年,进行每季度常规性检查 4 次、信贷业务专项检查 2 次、股金业务专项检查 1 次、会计业务专项检查 1 次、中间业务收费情况专项检查 1 次、现金、重空业务专项检查 12 次、高风险业务及新开办业务合规性风险检查 1 次、案件风险业务自查 1 次、案件专项治理专题培训 1 次、反洗钱工作专项检查 1 次、经济审计业务有关培训 1 次、信访工作调查 6 次,上级部门检查出问题复查 5 次,共进行各类检查 31 次,检查中发现问题 672 个,复查中已整改问题 557 个,未整改问题 115 个,经济处罚人数 46 人,处罚金额 15600 元。

2011 年,进行每季度常规性检查 4 次、信贷业务专项检查 3 次、会计业务专项检查 1 次、现金、重空业务专项检查 11 次、案件风险业务自查 1 次、案件专项治理专题培训 1 次、反洗钱工作专项检查 3 次、经济审计业务有关培训 1 次、信访工作调查 6 次,上级部门检查出问题复查 2 次,共进行各类检查 32 次,检查中发现问题 672 个,复查中已整改问题 585 个,未整改问题 87 个,经济处罚人数 65 人,处罚金额 48120 元。离任、离岗经济责任审计 40 人,银行操作风险监控系统下发预警通知单 835 条。

2013 年 1 月 21 日至 2 月 17 日,县联社审计部三名人员成立专门的检查小组,由联社监事长亲自带队对全辖网点逐一进行 2012 年第四季度常规检查审计,完成 10 个营业网点调阅相关会计登记簿 302 本,抽调当月会计传票 771 本,现场发出整改通知书 13 份,及时同网点沟通,进行现场反馈和整改要求。同年,县联社开展各项检查 17 次,其中每季度常规性检查 3 次、社团贷款专项检查检查 1 次,现金、重空业务专项检查 2 次、财务管理专项检查 1 次、自律监管再监督 2 次、后续检查 2 次,阳光信贷抽查 1 次,案件风险排查 2 次,上级部门检查出问题复查 3 次,各类检查中发现问题 443 个,复查中已整改 405 个,未整改问题 38 个,经济处罚人数 276 人次,处罚金额 77926 元。离任、离岗经济责任审计 33 人。一年来未发生任何经济案件。

2014 年,全年进行常规审计 3 次,离任、离岗经济责任审计 35 人,其中:中层 12 人,委派会计 8 人,信贷员 15 人。专项审计 6 次,其中:案件风险专项排查及后续审计 2 次,阳光信贷专项审计 1 次,各业务部门自律监管再监督 2 次,开展年终决算前的重要物品审计 1 次。截至年底,全年处罚违规责任人 276 人次,处罚金额合计 7.7926 万元。

(二)离任、离岗审计

2009 年,人员调整及离任、离岗经济责任审计 48 人次。2010 年,离任、离岗经济责任审计 58 人次。2011 年,离任、离岗经济责任审计 40 人次。2013 年,离任、离岗经济责任审计 33 人。

（三）专项审计

2013 年 2 月 21 日至 3 月 20 日，县联社审计部按工作人员包管网点范围对全辖网点进行专项审计。

第四节　外部审计

一、审计机关审计

2009 年 5 月，自治区审计厅组织地州审计机关从 5 月份开始，对 27 个县（市）联社 2007～2008 年资产负债损益情况进行审计。此次审计组织方式包括"上审下""交叉审""同级审"。其中部分地州"交叉审"和自治区审计厅两个"上审下"项目由自治区审计厅下达通知书。

二、社会机构审计

2006 年 7 月 11 日，根据新疆农村信用合作管理办公室《关于做好农村信用社县（市）联社统一法人试点前责任审计工作的通知》精神，新疆瑞新有限责任会计师事务所对岳普湖县联合社 2003 年至 2006 年一季度经营情况进行为期三天的责任审计，审计工作于 7 月 14 日结束。7 月 14 日，联合社理事长、主任卡米力·米吉提陪同会计师事务所工作人员到各乡分社调查核实最大三十户贷款情况。

第五节　检查

一、人民银行检查

2005 年 9 月 28 日，人行伽师县支行行长杨剑一行来岳普湖县联合社对增资扩股及降低不良贷款计划实施方案的真实性进行抽查。检查过程中对联合社增资扩股及降低不良贷款计划实施方案的真实性给予肯定。

2006 年 3 月 15 日，人行伽师县支行对联合社大额转汇支付系统进行现场检查。经检查，联合社在办理大额转汇支付业务没有出现任何问题。6 月 8 日，人行伽师县支行对联合社现金管理情况进行检查。联合社在现金管理方面，存取款没有违规现象发生，大额支付积极报备，总评分 99 分。6 月 14 日，人行乌鲁木齐市中心支行对联合社央行专项票据置换不良贷款及历年亏损置换情况进行检查。此项工作的顺利进行对联合社甩掉历史包袱、轻装前进，健康、持续发展奠定坚实的基础。7 月 6 日下午，人行伽师县支行对县联合社现金情况进行检查。县联合社在钱币整理、钱币兑换、破币兑换方面受到客户好评,取得良好成绩。7月24~25日,人行伽师县支行检查组一行对联社营业部人民币账户管理、反洗钱等工作进行检查,并对检查中发现的问题进行反馈。8月9日,人行伽师县支行对联合社再贷款情况进行检查,对存在问题提出反馈意见,县联合社积极进行整改。8月16日,人行伽师县支行副行长依布拉音带领检查组对县联合社反假币情况、人民币管理办法、人民币挑剔情况进行现场检查。通过检查,提高联合社在现金管理工作中依法合规经营意识,避免工作中类似阿其克乡分社假币流出现象再发生。

2007年6月22日,人行伽师县支行检查组对联社铁力木、巴依阿瓦提等两家信用社支农再贷款使用管理情况进行检查。

2013年11月28日,人行伽师县支行对县联社《征信业务管理条例贯彻落实情况》进行现场检查。

2014年9月12~13日,人行伽师县支行对联社支农再贷款管理使用、存款准备金缴存、央行票据后续监测考核进行检查。发现问题8个,主要有:内控制度落实不到位;制度落实力和执行力不够;责任追究力度和清收力度不足;未制定理事长及高管领导的绩效考核制度;人民银行关于支农再贷款管理使用的各项制度、文件的学习不足;未做好股权结构调整工作;未制定本县贷款利息定价管理办法等,对于存在的问题,已全部整改完毕。

二、银监局检查

2004年,喀什监管分局岳普湖县监管办事处对县联合社实施三个方面的监管:一是认真开展非现场检查工作,进一步规范农村信用社的会计报表的编制、上报等工作,及时、准确地反映农村信用社的经营活动。二是严格执行周报制度。为及时掌握了解农村信用社的工作动态,提高监管办整体工作效率,监管办结合实际专门制定和实行农村信用社工作动态周报制度,对农村信用社工作、学习、活动等情况定期和不定期进行检查,督促各项工作落实。三是加大现场检查工作力度。年内,岳普湖县监管办事处根据分局授权,对辖内农村信用社(含分社)开展社安全保卫、内部管理和规章制度执行情况3个项目的现场检查。

2005年9月29日,喀什监管分局岳普湖县监管办事处对县联合社下发检查通知书,检查内容为:联合社在旺季工作期间内控制度执行情况,检查时间自9月30日至10月30日。10月1日开始,联合社派出监事长阿不力孜·卡地尔随喀什监管分局检查组一行下乡检查联社在旺季工作期间内控制度执行情况。10月17~23日,喀什监管分局检查组一行对岳普湖乡、岳普湖镇两个分社旺季工作期间内控制度执行情况进行检查。11月11日,喀什银监分局三科艾克拜科长及喀什中心机房检查组一行对联合社新业务开办情况进行考核检查。

2006年2月14日下午,喀什银监分局对各县农村信用社各项工作检查小组抵达县联合社,2月15日对联合社内控制度、会计决算、信贷等工作进行正式检查。共抽查6个网点进行检查,这次检查将会进一步促进联合社内控制度、会计决算、信贷等各项制度的建立健全。共检查11天,2月26日结束。5月16日,喀什银监分局伽师县监管办对县联合社账外经营风险情况进行专项检查,在检查中没有发现问题。通过检查,县联合社将进一步加强内控制度执行力度,以尽适应农村金融改革管理的各项要求。7月13日,岳普湖监管办事处对县联合社商业贿赂工作进展情况进行认真细致的检查。通过检查,县联合社对商业贿赂工作的认识有待进一步提高,有关工作做得要更深入,才能使此项工作落到实处,取得实效。县联合社将结合案件专项治理工作,扎实做好商业贿赂各项工作。7月13日,泽普县农村信用联社交叉检查工作组根据《喀什地区合作金融机构案件专项治理大检查实施意见》精神,正式进驻联合社进行检查。7月22日检查工作结束,并于当天对检查情况向联社领导班子进行反馈。8月3日,根据《喀什地区合作金融机构案件专项治理大检查实施意见》精神,喀什银监分局抽查检查组组长蒋永祥及小组成员共4人对联合社营业部进行为期两天的现场检查,并对内控制度的执行情况和会计核算的真实性存在的问题进行反馈。9月15~18日,喀什银监分局岳普湖监管办主任红千木·苏皮、工作人员贾国良对联合社开展的贷款五级分类工作进行检查验收。10月26日,联合社理事长、主任卡米力·米吉提陪同喀什银监分局局长张坚检查联合社不良贷款清收情况。

2007年1月12~19日,喀什监管分局检查组根据喀什监管分局制定的《喀什地区银行业金融机构案件专项治理现场检查实施方案》,对县联社2006年度案件专项治理工作情况进行现场检查。5月17日,喀什银监分局岳普湖监管办事处根据《关于对喀什辖区银行业金融机构网点服务工作进行专项现场检查的通知》对县联社及岳普湖信用社营业网点服务工作情况进行专项现场检查。

2010年,各级监管部门对岳普湖县联社进行4次大型检查。

2012年6月11~23日,喀什银监分局对县联社截至2011年12月末新发放贷款情况进行现场检查。2013年4月24~28日,喀什银监分局对县联社进行现场审计检查。

2014年4月24~28日,喀什银监分局检查组在岳普湖监管办主任红千木·苏皮带领下,对辖内银行业金融机构案件防控工作贯彻落实情况进行检查,发现问题20个,主要有:岳普湖县联社部分制度不健全或制度规定不符合国家法规规定;未严格执行部分会计制度问题;部分业务办理不规范;信贷管理制度未严格落实;未严格执行案件防控相关制度;ATM机管理不规范等问题,对于存在的问题,已全部整改完毕。

第十三章 信用工程

　　2005 年,自治区深化农村信用社改革动员大会以后,岳普湖县委、县人民政府高度重视创建信用乡(镇)、村工作,县政府先后下发《关于印发〈关于创建信用村、乡(镇)实施方案〉的通知》,制定信用工程建设相关制度,具体安排部署创建信用乡(镇)、村的目的及意义,信用等级标准和评定,优惠办法及奖励等;同时与“三级联创”的基层组织建设工作一并“同组织、同部署、同实施、同考核”,信用工程建设工作卓有成效。截至 2014 年末,岳普湖县农户数为 27284 户,建立农户经济档案 26443 户,占农户总数的 96%,累计评定信用户 26300 户,占信用农户总数的 99.45%,其中“AAA”级信用户 763 户,占 2.9%,“AA”级信用户 11572 户,占 44%,“A”级信用户 8942 户,占 34%;县联社评定信用村 70 个,占行政村总数的 80%;县联社已评定信用乡(镇)6 个,占乡(镇)总数的 66.7%。

第一节 组织领导

　　2005 年 9 月,自治区深化农村信用社改革动员大会以后,岳普湖县委、县人民政府高度重视创建信用乡(镇)、村工作,县政府先后下发《关于印发〈关于创建信用村、乡(镇)实施方案〉的通知》,具体安排部署创建信用乡(镇)、村的目的及意义,信用等级标准和评定,优惠办法及奖励等;同时与“三级联创”的基层组织建设工作一并“同组织、同部署、同实施、同考核”。下发《关于成立县农村信用社改革暨“两推一创”工作领导小组的通知》,县委副书记、常务副县长任组长,纪检委、财政局、审计局、农经局、工商局、国税局、地税局、银监办、人民银行、各乡(镇)场的主要负责人任成员,建立创建信用乡(镇)、村主任长效工作机制,并设立创建工作领导小组办公室。办公室设在岳普湖县农村信用合作联社,在创建领导小组的领导下,具体负责创建各项工作。县属各单位也相继建立创建活动领导小组。

　　2005 年 12 月 8 日,岳普湖县联合社根据县委县政府关于农村信用工程建设活动的安排,成立以县联合社理事长、主任为组长的岳普湖县联合社农村信用工程建设活动领

导小组,联合社领导班子成员、各乡(镇)信用社、联合社营业部、联合社机关各部门主要
负责人为领导小组成员。

第二节 制度建设

2006 年,县创建农村信用工程领导小组制定、修改、完善《岳普湖县关于创建农村信
用工程的实施意见》《岳普湖县农户信用等级评定标准》《岳普湖县农村信用社"致富快
车"信用共同体贷款实施操作办法》等规范性文件,将创建指标进行分解,实行目标到岗、
责任到人、措施到位,使创建活动步入科学化、制度化和规范化轨道。

2007 年 10 月,县创建农村信用工程领导小组办公室制定《岳普湖县创建农村信用
工程 2007~2010 年工作规划》。

2009 年,县创建农村信用工程领导小组制定《岳普湖县农村信贷关系合作办法》《岳
普湖县创建农村信用工程考评办法》《岳普湖县农户义务联络员管理暂行办法》,将创建
指标进行分解,目标到岗,责任到人,措施到位,按照"定期检查、半年通报、年中总评、考
核兑现"的方式,把农村信用工程建设纳入到考核各乡镇工作目标中,制定出定性和定量
考核指标,使创建活动步入科学化、制度化、规范化轨道。

2013 年,县联社制定《岳普湖县农村信用联社信贷审查委员会工作规程》《岳普湖县
农村信用联社信贷统计分析工作考评办法》《岳普湖县农村信用联社银行承兑汇票业务操
作规程》《岳普湖县农村信用联社银行承兑汇票贴现操作规程》《岳普湖县农村信用合作联
社个人征信业务管理办法(暂行)》《岳普湖县农村信用合作联社个人征信业务操作规程》
《岳普湖县农村信用合作联社企业征信业务管理办法(暂行)》《岳普湖县农村信用合作联
社企业征信业务操作规程》等信贷管理制度,促进农区信用工程建设的持续、健康发展。

2014 年,根据自治区联社农村信用工程建设目标,县联社对农村信用工程建设提出
新要求,按照《农户授信评级管理办法》相关规定做好授信评级工作,为农村信贷工作有
章可循、有章必循、遵章必严、违章必究奠定坚实基础。同时,与乡(镇)政府、村委会建立
日常沟通机制,提升农区网点对优质客户管理水平和服务水平,实现对他们的科学管理,
提高市场占有率,促进农区业务持续健康发展。

第三节 信用评级

2006 年,县创建农村信用工程领导小组制定《岳普湖县农村信用评定管理暂行办
法》,对单机版系统进行升级实现县域网络化,同时对业务流程、评定指标进行优化,基本

达到系统自动完成信用评定工作,由系统自动进行信用等级评定,提高信用评级的准确性,避免因工作量大所导致的人为信用评定结果错误。

一、评定条件

(一)信用乡(镇)

乡(镇)党委、政府把创建农村信用工程工作列入议事日程,关心和支持农村信用社的工作,创建组织机构健全,有专人管理,有固定办公场所,有制度,有计划,有具体考核奖罚措施,能够落实和履行《农村小额信用贷款管理协议书》;乡(镇)政府一名副职专职负责农村信用工程创建工作,辖区各行政村至少一名协管员(义务联络员)协助农村信用社信贷管理工作,每季度对各村创评工作进行专项考核;辖区达到 A 级以上信用村评定条件的村数比例 90% 以上;辖区无非法集资和逃废农村信用社债务行为,当年新增贷款本息回收率达到 99% 以上,农户小额信用贷款、农户联保贷款本息回收率 100%;建立完整的创建工作信息、档案资料库;具备以上条件,同时辖区 AAA 级信用村占 50% 以上的乡(镇)评定为 AAA 级信用乡(镇),AA 级信用村占 70% 以上的乡(镇)评定为 AA 级信用乡(镇),A 级信用村占 90% 以上的乡(镇)评定为 A 级信用乡(镇)。

(二)信用村

辖区信用户比例占全部农户总数的 90% 以上;各项金融方针政策、金融法律法规和县委、县政府有关农村信贷关系合作的要求、工作安排以及农村信用社有关信贷管理制度能够认真贯彻执行;能够落实和履行《农村小额信用贷款管理协议》,创建工作机制健全,有专人管理,有固定办公场所,有计划,有具体措施,有目标,有落实;村党支部和村委会经济发展有规划,领导班子团结,在群众中有较高的威信;具备以上条件,同时 AAA 级信用户户数占全体农户总数的 70% 以上的村评定为 AAA 级信用村,AA 信用户占全体农户总数 70% 以上的村评定为 AA 级信用村,A 级信用户占全体农户总数的 70% 以上的村评定为 A 级信用村。

(三)信用户

A 级标准　贷款人社会信誉一般,生产经营、劳务活动状况一般,收入水平一般,有偿贷能力和意愿;在人行个人征信信息基础数据库中无不良信用记录;不欠金融机构的贷款本息,能按时缴纳各种费用;无参与黄、赌、毒等任何不良行为;家庭及邻里之间团结和睦;家庭有劳动力,生产经营正常;根据《新疆农村信用社农户信用评分表》对农户信用等级进行测算,农户得分值≥70 分。

AA 级标准　借款人素质较高,社会信誉好,无不良信用记录;生产经营、劳务活动状况较佳,收入水平较高,偿贷能力和意愿强;发展前景较好;能够自觉自愿、诚实向村民委员会和信用社提供家庭经济状况;在人行基础数据信息库中近三年无不良信用记录;按期归还金融机构的贷款本息;按时缴纳各种费用,无任何债务;讲文明、讲礼貌、讲道德;

能吃苦耐,家庭及邻里之间和睦,无参与黄、赌、毒等任何不良行为;有稳定的经济来源和一定积蓄;根据《新疆农村信用社农户信用评分表》对农户信用等级进行测算农户得分值≥80分。

AAA级标准 借款人素质高,社会信誉优良,信用记录良好;生产经营、劳务活动状况佳,收入水平高,偿货能力和意愿强;发展前景好;积极主动、如实向村民委员会和信用社报送家庭经济状况表;获得乡(镇)级以上各种表彰、奖励和荣誉称号,在人行基础数据库中无不良信用记录;按计划如期归还金融机构的贷款本息;积极主动配合信贷员和协管员的工作,积极缴纳各种费用;积极主动配合村乡(镇)和上级领导的工作,遵守各项法规和政策;家庭幸福美满,讲文明礼貌,无参与黄、赌、毒等任何不良行为;与全体村民团结互助,并具有一定规模的自有资金;根据《新疆农村信用社农户信用评分表》对农户信用等级进行测算,农户得分值≥90分。

二、评定程序

农村信用工程创建工作是一项长期开展的系统工程,前提是农户自愿申报,取得相应的信用等级和绿色贷款证。在此基础上逐级创建。一般考评程序分为申请、初审、验收、确认、授牌、年审等。

(一)申请

按照《新疆农村信用社农户小额信用贷款管理实施办法》《新疆农村信用社农村小额信用贷款管理办法》《新疆农村信用社"文明信用户"贷款管理办法》《岳普湖县农村信贷关系合作办法》和县联社有关信贷管理规章制度,首先建立农户经济信用档案,以村为单位成立农户资信评定和创建信用村工作组,对申请信用等级的农户的资信情况确定信用等级、授信、颁发绿色贷款证。具体操作根据农村信用社信贷管理办法执行。

(二)初审

具备信用村条件、达到创建标准的行政村于每年第一季度向该乡(镇)创建农村信用工程领导小组提出书面申请,由该乡(镇)会同乡(镇)农村信用社组织初步评审,同时提出初审意见,向县农村信用工程领导小组推荐。

(三)验收

县联社牵头会同成员单位组织验收工作组,对被推荐的村进行现场检查验收,认为符合条件的,报县农村信用工程创建领导小组确认。

(四)确认

县农村信用工程领导小组办公室根据验收意见,结合平时考评结果,对信用村进行审核,确定相应信用级别,向社会公众进行公示,一般公示期间为10天。如公示期满后社会公众无任何意见,确认为相应级别的信用村,同时将确认结果上报给县农村信用工程领导小组会商同意后命名授牌。

（五）授牌

具备创建信用乡（镇）条件、达到相应信用级别标准的乡（镇）于每年一季度向县农村信用工程领导小组办公室提出书面申请，由县联社牵头会同相关成员单位组成工作组进行现场检查验收。符合条件的乡（镇），向县领导小组办公室提出初审意见报领导小组会商审核。领导小组确认后，向自治区农信联社备案，并审查同意后命名授牌。

（六）年审

对信用户、信用村、信用乡（镇）实行动态管理。被评定为相应级别的信用户贷款证次年一季度由当地农村信用社会同该村农户资信评定和创建信用村工作组进行年度审验，并在该农户贷款证上签有年度审验合格字样盖章。如在年度审验中发现农户信用等级发生变化，适当调整信用等级和授信额度，发现拖欠借款本息或经济状况重大变化年审不合格，取消信用户资格，收回贷款证，停止发放小额信用贷款。对信用村、信用乡（镇）次年一季度组织考评或复查验收，重新确定信用等级级别。在年度考评或复查验收时，凡发现达不到评定标准或信用级别发生变化的，相应降低信用等级级别或取消信用村、信用乡（镇）称号。

三、信用评定

2003 年初，县联合社根据《农村信用社发放小额信用贷款指导意见及实施办法》规定，对县辖七乡二镇，县直农林牧场 21788 户农民建立信用等级档案，并评定信用等级核发小额信用贷款证的户数为 9772 户。在此基础上对不守信的 394 户农民撤销信用等级，又增评 2081 户农民的信用等级，总数达到 11459 户，占全县农户的 52.6%，应发放小额信用贷款 2391.5 万元，联合社实际发放小额信用贷款为 1836.1 万元，其中优等级 336户，放款 256.7 万元，良等级 1815 户，放款 691.2 万元，好等级 6819 户，放款 888.2 万元。

2006 年，岳普湖县联合社为 24281 农户建立经济档案，为 20446 户核发小额信用贷款证。

2007 年末，岳普湖县 9 个乡（镇）、87 个行政村中，2 个乡（镇）被岳普湖县信用等级评定领导小组命名为"信用乡（镇）"、36 个村被命名为"信用村"。

2010 年末，全县信用户总数 25800 户，占比 97%，信用村 28 个，占比 32%，信用乡（镇）2 个，占比 22%；小额信用贷款 1.78 亿元，较年初增加 6200 万元，增长 53%。

2011 年，县联社根据《实施农户小额信用贷款管理细则》规定，对 25800 户农户的信用等级按照 A、B、C 三种等级进行评定，对有贷款需求的 19883 个农户的农业生产、畜牧业、设施农业、购置小型农业机械以及家庭消费等项目发放 4.12 亿元贷款。创建信用乡（镇）2 个，信用村 28 个。

2012 年末，岳普湖县农户数为 27284 户，建立农户经济档案 26443 户，占农户总数的96%，累计评定信用户 26300 户，占信用农户总数的 99.45%，其中被评为"AAA"级信用户 765 户,占 2.9%,评为"AA"级信用户 11745 户,占 44%,评为"A"级信用户 9061 户,占 34%,评为"B"级信用户 136 户,占 0.5%,评为"C"级信用户 12 户,占 0.05%,授信 44816.86 万元;已评定信用村 70 个,占行政村总数的 80%;已评定信用乡镇 4 个,占乡镇总数的 44%;2012 年底农村信用社累计发放各类贷款 49798.80 万元,其中农户小额信用贷款投放 15272.65 万元,占各类贷款的 31%。

截至 2013 年 11 月末,共评定"信用户"26136 户,占总农牧户的 92.95%;评定"信用村"70 个,达到 80.50%;评定"信用乡(镇)"6 个,达到 66.67%的创建目标。

2014 年末,岳普湖县农户数为 27284 户,建立农户经济档案 26443 户,占农户总数的 96%,累计评定信用户 26300 户,占信用农户总数的 99.45%,其中:被评为"AAA"级信用户 763 户,占 2.9%,评为"AA"级信用户 11572 户,占 44%,评为"A"级信用户 8942 户,占 34%,评为"B"级信用户 5010 户,占 18.95%,评为"C"级信用户 13 户,占 0.05%;县联社评定信用村 70 个,占行政村总数的 80%;县联社已评定信用乡(镇)6 个,占乡(镇)总数的 66.7%。

第四节 工程成果

2002~2005 年,为支农开办的小额信贷、联保贷款业务,彻底解决农民贷款难,信用社难贷款的问题,回收率均达到 98%,尤其是小额信用贷款以方便、快捷、周转期短的特点,深受各族农牧民的欢迎。农村信用社为切实体现"农民的银行"的作用,充分利用"利率"的杠杆作用,对小额信贷实行人民银行的基准利率(其他贷款上浮 60%),确保农民增收;在评定农民信用等级和发放农户联保贷款时,农村信用社严格按照"五公开、三自主"的原则办理信贷业务,即信用等级公开、贷款限额公开、贷款额公开、张榜公开和接受监督公开,使农民自主申请、自主使用、自主联保,对农村信用社各分支机构和全体员工改变工作作风具有较大的促进作用,杜绝亲情、交情贷款行为。2003 年初,根据《农村信用社发放小额信用贷款指导意见及实施办法》的要求,对县辖 7 乡 2 镇、县直农林牧场 21788 户农民建立信用等级档案,并评定信用等级核发小额信用贷款证的户数为 9772 户,在此基础上对不守信的 394 户农民撤销信用等级,又增评 2081 户农民的信用等级,总数达到 11459 户,占全县农户的 52.6%,应发放小额信用贷款 2391.5 万元,联社实际发放小额信用贷款为 1836.1 万元,其中优等级 336 户,放款 256.7 万元,良等级 1815 户,放款 691.2 万元,好等级 6819 户,放款 888.2 万元,还有 555.4 万元的贷款指标没有使用,农民可以拿上小额信用贷款证随需随贷。

2005 年 12 月 8 日,岳普湖县农村信用联合社就即将在全县开展的创建信用村、乡(镇)活动进行动员,并对联社全体信贷员进行《岳普湖县农村信用社创建信用村、乡

（镇）实施办法》的专题培训，联社要求全体信贷员认真掌握评定标准，严把评定关，确保评定工作的公开、公平、公正。

2006年，县联合社从以下四个方面做好信用工程建设。一是进一步加大信用环境工程建设力度，对信用农户真正落实贷款优先、利率优惠、额度放宽、服务优先的优惠政策，切实让信用村、信用乡（镇）、信用户得到实惠。2006年，共建立24281农户经济档案，并评定信用等级核发小额信用贷款证的户数为20446户。根据评定等级情况，全县2006年向核发小额贷款证的农户授信7980万元，小额信用户在联社自愿贷款5700万元，有力支持全县春耕生产顺利进行。二是对主动到信用社归还贷款本息的农户，实行优先贷款，以最大诚意引导广大农户树立自觉诚信意识。三是适当提高乡镇的贷款授信额度。基层信用社的贷款审批权限由5000元提高到10000元。四是配合县政府农业产业结构调整和加大设施农业工作力度，加大对具有比较优势的农业和农产品的信贷投放，支持农户发展科技农业、生态农业、高附加值农业等。

2007年，各乡（镇）相应成立创建信用村领导小组，加大信用工程的宣传力度，实行创建目标责任制。全县聘用87名村党支部书记担任"信贷协管员"。全县9个乡（镇）、87个行政村中，2个乡（镇）被岳普湖县信用等级评定领导小组命名为"信用乡（镇）"、36个村被命名为"信用村"，县委、县人民政府决定，岳党办下发《关于表彰奖励2007年度信用乡（镇）、信用村的决定》，于2008年1月8～10日，在岳普湖县委十一届三次全委（扩大）会议上，对创建活动中被评为信用乡（镇）的铁热木乡和色也克乡各奖励3000元并颁发给"信用乡镇"荣誉状、对全县36个信用村各奖励1000元并颁发给"信用村"荣誉状。

2009年6月30日，自治区联社办公室转发自治区政府办公厅《印发关于全面推进自治区农村信用工程建设的实施意见的通知》。

2010年11月13日、2011年3月15日，县联社分别在县辖信用社网点进行征信知识集中宣传活动。

2011年，岳普湖县联社根据《实施农户小额信用贷款管理细则》要求，对9个乡镇26673家农户建立经济档案，其中：25800户农户的信用等级按照A、B、C三种等级进行评定，对有贷款需求的19883家农户的农业生产、畜牧业、设施农业、购置小型农业机械以及家庭消费等项目发放4.12亿元贷款。实行聘用行政村党支部书记为"县联社信贷协管员"制度，并加大对"信贷协管员"培训力度，让其帮助贷款的发放和收回工作，同年开展对信贷协管员的年度考核，全面落实奖励和生活补助，促其做好信贷协管工作。开展农村信用工程建设，农户经济档案的建档率达97%。其中有信贷关系的农户建档率为100%。截至2011年末，创建信用乡（镇）2个，信用村28个。

2012年3月，县联社执行《新疆维吾尔自治区农村信用合作社农户小额信用贷款协管员管理办法（暂行）》。

2013年1月1日，县联社制订《岳普湖县农村信用合作联社"信用工程建设"目标责任书》。联社理事长与联社分管领导、信用社（部室）负责人签订目标责任书。

2014 年 6 月 14 日，岳普湖县联社根据自治区联社关于印发《2014 年新疆第七次"信用记录关爱日"征信宣传活动实施方案》通知，全辖 10 个营业网点统一行动，开展以"珍爱信用记录，享受幸福人生"为主题的征信宣传活动。

2014 年，信用工程建设工作全面推进，工作进度明显加快，工作质量明显提高。截至年底，增加信用额度信用户总数为 16136 户，占比 55%。

第五节　信贷协管员

一、协管员队伍

截至 2013 年 11 月末，全县在册的协管信贷员共计 87 名，全部由各乡镇的村支部书记担任，其中具有大专学历 4 人，中专学历 38 人，高中学历 15 人，初中学历 30 人，平均年龄 39 岁。协管员参加信用社组织的信贷管理学习培训，积极向农民群众宣传信用社的服务宗旨、信贷政策、业务品种和职能作用；在信用社授权范围内，协助信用社扩大农户贷款覆盖率，有效增加贷款规模；广泛收集责任区内农户信息，及时向信用社反馈农户信贷资金使用情况和经营管理情况，做到情况真实可靠；协助信用社组织吸收存款，宣传农户与信用社"两个离不开"的思想，夯实基础；协助信用社增资扩股，动员农户积极参加信用社，紧密农户与信用社的"血肉联系"，加强合作关系；协助信用社建立"农户经济档案"和信用等级评定，加强信用等级管理，提高信用等级管理质量；协助信用社开展调查研究，掌握农户家庭经营、经济状况，认真推荐贷款投向；协助信用社做好授信管理和小额信用贷款的发放工作，以及其他贷款的发放；监督和管理责任区内的农户贷款使用和农户生产经营及管理，及时了解情况和向信用社反映情况；协助信用社催收和清收贷款，确保新发放贷款按时归还贷款本息，提高清收率；协助信用社清收"沉年老贷"，努力降低责任区贷款的不良率，维护责任区内的信用声誉和信用等级，或进一步提高责任区的信用等级。

2013 年岳普湖县农村信用合作联社优秀协管信贷员名单

表 13 - 1

序号	信用社	协管信贷员姓名	村序号	职务	考核得分	考核结果	标准工资	实发工资
1	岳普湖乡信用社	亚森·萨依提	5	村支部书记	96	优秀	3000.00	2880.00
2	岳普湖镇	阿布杜卡迪尔·沙依木	2	村支部书记	93	优秀	3000.00	2797.22
3	下巴扎信用社	库尔班·阿卜杜瓦依提	2	村支部书记	87	称职	3000.00	2610.00
4	艾西曼镇信用社	阿卜杜热合曼·太外库力	3	村支部书记	92	优秀	3000.00	2749.67

续表 13 - 1

序号	信用社	协管信贷员姓名	村序号	职务	考核得分	考核结果	标准工资	实发工资
5	阿其克乡信用社	阿不力米提·赛麦尔	2	村支部书记	85	称职	3000.00	2536.32
6	阿其克乡信用社	热合木·图尔荪	8	村支部书记	80	称职	3000.00	2400.00
7	阿其克乡信用社	卡米力·喀伍力	15	村支部书记	76	基本称职	3000.00	2275.23
8	色也克乡信用社	吾普尔·合力力	3	村支部书记	92	优秀	3000.00	2770.43
9	色也克乡信用社	图热木·尼亚孜	14	村支部书记	93	优秀	3000.00	2776.18
10	铁热木乡信用社	图尔荪·色力木	4	村支部书记	92	优秀	3000.00	2774.67
11	铁热木乡信用社	萨伍提·达伍提	13	村支部书记	87	称职	3000.00	2612.72
12	巴依阿瓦提乡信用社	卡迪尔·阿卜杜如苏力	7	村支部书记	93	优秀	3000.00	2790.00
13	巴依阿瓦提乡信用社	胡寿山	8	村支部书记	98	优秀	3000.00	2940.00
14	阿洪鲁库木乡信用社	麦麦提·纳麦提	4	村支部书记	98	优秀	3000.00	2940.00
合计							42000.00	34972.44

二、协管员管理

2009 年,岳普湖县联社实行信贷协管员制度。

2011 年 3 月 16 日,县联社在县委党校举办第二期以学习《新疆维吾尔自治区农村信用合作社小额信用贷款协管员手册》《喀什地区农村信用社聘用义务信贷协管员管理办法(试行)》为内容的全县信贷协管员培训班。部分联社领导班子成员、信贷部工作人员、各乡(镇)村党支部书记 95 人参加培训。培训期间,岳普湖县联社根据岳普湖县委和县政府联合下发的《关于印发〈关于全县农村信用工程创建工作的指导意见〉》,对 2010 年度表现突出的信贷协管员发放奖励工资,并与 87 个村支部书记签订 2011 年《岳普湖县农村信用合作联社聘用农村义务信贷协管员协议书》,同时对 2010 年以来开展的农村义务信贷员工作进行总结。

2013 年,县联社按照《新疆农村信用社信贷协管员管理办法》,加大信贷协管员管理力度,规范协管行为,严格依法履职,充实信贷协管员队伍;严格按照信贷管理系统上线要求全面采集各项信息,健全客户资料库,争取到 2013 年 2 月底存量贷款户档案建档率达 100%。

2014 年,县联社优化信贷协管员队伍,加强农村信用工程建设,充分发挥县联社金融主力军作用。年末,依据《岳普湖县农村信用合作联社信贷协管员管理办法》的规定,对全辖信贷协管员 2014 年度在信用工程创建工作、协助信用社开展存款、贷款发放管理、不良贷款清收、廉洁自律等进行量化定性考核,考核等级分为优秀、称职、基本称职、不称职 4 个档次,按照百分比进行考核评分,考核得分 90 分(含)以上为优秀,90 分以下 80 分(含)以上为称职,80 分以下 60 分(含)以上为基本称职,60 分以下为不称职。

第十四章　电子银行

电子银行业务是指信用社通过面向社会公众开放的通讯通道或开放型公众网络,以及为特定自助服务设施或客户建立的专用网络等方式,向客户提供的离柜金融服务。主要包括网上银行、电话银行、手机银行、自助银行以及其他离柜业务。银行卡业务是指由商业银行(含邮政金融机构)向社会发行的具有消费信用、转账结算、存取现金等全部或部分功能的信用支付工具。

2004年,岳普湖县联合社投资近130万元,对全辖基层社营业场所进行装修、改造,为全辖基层配备微机和其他相关设备。联合社营业部于2004年10月29日联网成功,2005年第一季度末全辖实现电子化办公。2014年末,累计发放玉卡10125张,玉卡覆盖率达100%,卡存款余额为26259.9万元。

第一节　银行卡

一、宣传与发行

2007年10月29日,经中国银监会批复,同意新疆维吾尔自治区农村信用合作社联合社受辖区农村信用社(含农村商业银行,农村合作银行,农村信用合作联社,农村信用社联合社)委托申请新疆维吾尔自治区辖内农村信用社玉卡(借记卡)作为新疆维吾尔自治区辖区农村信用社银行卡(借记卡)统一品牌。玉卡(借记卡)是面向社会公众发行的具有存取现金、消费结算、转账支付、账户管理、理财等全部或部分功能的不能透支的金融支付结算工具。12月18日,自治区联社在南航乌鲁木齐凯宾斯饭店举行玉卡(借记卡)新产品发布会,新疆营业网点覆盖面最广的新疆农信社信用卡产品—玉卡正式面世。玉卡发行是新疆农村信用社电子化应用的重大成果。

2008年5月,岳普湖县联社根据人行伽师县支行《关于开展银行卡及小额支付系统银行本票业务宣传活动的通知》,成立银行卡及小额支付系统银行本票宣传活动领导小组,在县辖信用社各网点进行银行卡及小额支付系统银行本票业务集中宣传活动。在县城及乡镇信用社各营业网点机构门口、巴扎、闹市区组织安排专门人员散发银行卡及小额支付系统宣传册,张贴宣传画,同时设置咨询台,对银行卡及小额支付系统知识、支票全国通用的相关知识进行解答。联社、也克先拜巴扎、色也克、铁热木等信用社,在大门右侧统一悬挂"迎奥运、放心用卡、安全支付!"的横幅,县联社办公室召开以银行卡及小额支付系统业务宣传为主题的座谈会。10月,岳普湖县联社正式对外开办玉卡(借计卡)业务。年末玉卡发行量1643张、玉卡存款余额1296万元。

2010年末,银行卡累计发卡量达13416张,较年初增加4178张;卡存款余额6976万元,较年初增加2418万元,卡存款余额占储蓄存款的26%,占活期储蓄存款的38%;银行卡交易笔数33128笔,交易额165643万元,银行卡业务继续保持快速增长势头。玉卡办理网点的覆盖率达100%。

2011年末,累计玉卡发卡量达到23376张,存款13103.74万元,2011年再增加2台ATM机。2012年,岳普湖县联社按照自治区联社总体发展要求,结合信用工程建设,对福农卡业务的发行和推广做前期准备工作,进行培训、宣传。采取发广告、短信、悬挂横幅等多种形式,向广大农牧民宣传福农卡惠农便民的特点和服务功能。县联社已开通福农卡,但未办理。至年末,自助设备ATM机上线6台已全部正常运行,POS机安装13台已全部上线正常运行。

2014年,县联社玉卡借记卡存款余额35292万元,占活期储蓄存款的23.65%。玉卡借记卡总交易32648笔,交易金额85200万元,其中:存款14026笔、交易金额17400万元,取款11748笔、交易金额18700万元,转出1969笔、交易金额17300万元,转入4905笔、交易金额31800万元,查询笔数575118笔,改密笔数3596笔。

2009～2014年县联社银行卡业务情况表

表14-1 单位:张、户、个、台、万元

项目	2009年	2010年	2011年	2012年	2013年	2014年
总卡量(张)	0	13416	23376	36164	47129	57254
总户数(户)	0	13416	23376	36164	47129	57254
本期消费金额(万元)	0	1869.49	1666.13	4272.16	3756.56	3195.00
本期取现金额(万元)	0	29389.35	34315.94	29534.93	28174..63	25895.00
本期转账金额(万元)	0	51161.47	13560.00	42521.76	45677..23	38837.00
存款余额(万元)	4557.60	6976.33	13103.74	22815.99	22663.79	26259.95
其他收入(万元)	0	0	2.13	19.15	32.35	47.80
收入合计(万元)	0	0	2.13	19.15	32.35	47.80
银行网点数(个)	10	10	10	10	10	10
自助机具台数(台)	0	0	3	10	11	14

续表 14 – 1

项目	2009 年	2010 年	2011 年	2012 年	2013 年	2014 年
特约商户数(户)	0	0	0	0	0	44
POS 设备台数(台)	0	0	0	11	29	48

二、申领及服务

(一)申领条件

普通卡申领条件　具有完全民事行为能力的境内居民,常住国内的外国人、港澳台同胞均可申领;普通卡申领人必须出具国家法律法规等规定的本人有效身份证件,个人有效身份证件包括居民身份证、户口簿、军官证、警官证、护照、港澳通行证、台胞回乡证等;申领人可在新疆维吾尔自治区各县级联社任一发卡网点,如实填写《玉卡个人借记卡申请表》,申请开立主卡;主卡持卡人凭主卡、主卡持卡人身份证件及附卡持卡人身份证件可申请开立附卡,附卡权限由主卡持卡人设定和修改,主卡持卡人可申请开立 1 ~ 2 张附卡。

开立单位卡条件　在开卡网点开立基本存款账户;单位经营状况良好;提交完整的开卡资料,开卡资料包括中国人民银行核发的基本账户开户许可证、单位组织机构代码证书、营业执照(或有关证明文件)原件及复印件、单位法定代表人或授权人的书面指定。由被指定持卡人凭本人有效身份证件申领。

(二)服务标准

自治区农村信用社营业网点遍布城乡,持卡人可在任一联网网点存取现金、无卡存现、以卡转账等,实现资金瞬间到达。在标有"银联"标识的自助设备上,实现 24 小时取现、转账、查询等。在标有"银联"标识的 POS 上刷卡消费,银行不收取持卡人任何费用。电话银行为持卡人提供 24 小时不间断服务,可实现账务查询、口头挂失等功能。主卡持卡人可对其附卡持卡人的消费及用现情况随时查询,修改附卡权限或注销附卡。持卡人自由选择对账方式。可在新疆维吾尔自治区农村信用社的任一联网网点柜面查询、打印账户资金明细,也可通过 ATM、客服电话等随时查询、打印。

县联社各营业网点在醒目位置增设银行卡宣传栏,摆放有关宣传资料和使用手册等,便于客户随时索取、查阅。设置咨询服务台,负责宣传银行卡有关知识,指导客户申领和使用银行卡,并告知持卡人义务和权利,受理客户现场投诉,解答客户提出的问题等。

三、发放及注销

凡在县联社各营业网点开立基本存款账户的单位和符合发卡条件的个人,承诺并遵守玉卡章程的,均可在联社各营业网点申领玉卡,不需提供担保。个人卡发放方式有开立个人一卡通和卡折同开(卡折同开业务于2011年11月16日暂停办理)2种。凡在县联社营业网点开立基本存款账户的单位,可到其基本账户开户营业网点申请开立单位卡。单位卡凭中国人民银行核发的基本存款账户开户许可证、组织机构代码证和单位法定代表人或授权人的书面指定,由被指定人出示有效身份证件申领。单位卡账户的资金必须由其基本存款账户转账存入,该账户不得办理现金收付业务。联社对玉卡申请表及相关申请材料按会计档案管理,定期装订。

持卡人可凭玉卡在疆内任一网点存取现金(限个人卡)、自动柜员机取现、办理转账结算、查询余额、修改密码,同时可在标有"银联"标识的联网特约商户进行消费。

持卡人1日内连续3次输入卡密码不正确的,当天该卡片即被锁定,如连续9次输入密码错误,发卡网点将冻结该卡片。持卡人需持玉卡及本人有效身份证件到任意联网网点办理解锁交易。持卡人申请解除密码锁定时,如能输入正确密码,则立即开通玉卡,且不收取费用。

玉卡必须先存后支,不具有透支功能。单位卡账户资金一律从其基本存款账户转账存入,不得存取现金,不得将销货收入存入单位卡账户;单位卡可办理商品交易和劳务供应款项的结算,单笔交易超过规定起点的,按相关规定办理。

持卡人跨行、跨地区办理业务,须按照发卡网点公告的收费项目、收费标准支付相关手续费。持卡人如遇玉卡被自动柜员机吞卡,应及时与自动柜员机所属银行联系,并持本人有效身份证件到指定银行办理领回手续。

玉卡书面挂失7日后,个人卡持卡人可凭本人有效身份证件和挂失申请书回执到原发卡网点办理补卡手续。单位卡须凭挂失申请书回执和单位法定代表人或授权人书面证明,及持卡人有效身份证件等资料到原发卡网点办理补卡手续。

属于下列情况之一的,持卡人可凭密码及相关资料到原发卡网点办理销卡:玉卡丢失,已办理书面挂失满7天的;持卡人要求销卡的;持卡人死亡、失踪等原因,按照储蓄管理条例的有关规定办理;申领单位要求销单位卡的;持卡人违反玉卡章程或国家相关规定,发卡机构依照规定取消持卡人的使用资格。

单位卡销卡时,其账户余额转入其基本存款账户,不得提取现金。持卡人应对销卡前发生的一切账务负责。销卡后经办人员应将卡片剪角或在磁条上打洞进行作废处理,登记后妥善保管。

四、权利义务

持卡人凭有效玉卡按规定办理存取现金(限个人卡)、转账结算、消费、查询等业务,如遇拒绝受理卡业务,持卡人有权向发卡网点及其上级主管部门投诉;持卡人有权向信用社发卡网点查询核对;玉卡必须设置密码,持卡人对密码要保密,不得向他人透漏,因持卡人泄露密码引起资金损失由持卡人负责;玉卡停止使用,尚未结清的债权、债务关系继续有效;持卡人有关信息资料变更时,必须及时、如实向发卡网点提出书面变更申请,否则因信息资料变化而引起的全部责任由持卡人承担;持卡人需注销玉卡时,应持本人有效身份证件到发卡县联社指定的网点办理销卡手续,交回玉卡,单位卡销户时,其卡内账户资金必须转入其基本存款账户;持卡人违反相关规定使用玉卡,由此产生的风险、损失由持卡人承担全部责任。

县联社发卡网点依据合规经营玉卡业务,根据章程规定保护持卡人的合法权益,为持卡人提供优质、快捷、安全的服务;持卡人要求查询本人卡内账户余额、交易明细或要求打印交易记录对账单时,发卡网点必须为持卡人提供服务;持卡人违背相关规定,发卡网点有权取消其使用资格并收回玉卡;发卡网点对虚假挂失、伪造玉卡、使用伪造或作废的玉卡、冒用他人玉卡等行为,有权申请法律保护并依法追究有关当事人的经济责任和法律责任;发卡网点对持卡人的资信资料负有保密的责任;由于不可抗力导致玉卡暂时无法使用的,发卡网点不承担相关责任。

五、银行卡业务会计核算

（一）基本规定

银行卡收益按规定分成;ATM 视同所属发卡网点的柜员;签约商户视为签约联社的虚拟社;遵循中国银联相关联网联合技术规范及业务规则;遵循银行卡计息和收费的相关规定;遵循银行卡账户及交易管理的相关规定;手续费的收取按照玉卡（借记卡）业务收费标准执行;县（市）联社之间手续费收取遵循《新疆维吾尔自治区农村信用合作社储蓄通存通兑业务管理补充规定》。

（二）会计科目、凭证及账簿设置

会计科目 个人借记卡存款、20060102 单位借记卡存款、22311101 个人借记卡应付利息、22311102 单位借记卡应付利息、60210101ATM 手续费收入、60210102POS 手续费收入、60210106 银行卡柜面手续费收入、64110501 个人借记卡利息支出、64110502 单位借记卡利息支出、64210101ATM 手续费支、64210102POS 手续费支出。

会计凭证 会计凭证包括现金收入凭证、现金付出凭证、转账借方凭证、转账贷方凭证、表外收入凭证、表外付出凭证。玉卡业务同信用社其他存款业务一样生成各类账簿,并纳入总账核算。

玉卡业务账簿 玉卡业务账簿分为交易流水账、分户账和总账。交易流水账是客户的交易明细资料,是各种卡交易在计算机中的原始记录,是生成凭证、账簿、报表的数据源,也是核对账务、事后查考的依据。分户账是明细核算的主要账簿,是各科目的明细记录,按存款人或核算的具体对象设立分户账,并连续记载。总账是各科目的总括记录,是明细核算与综合核算相互核对和统驭明细账的主要工具。登记簿是适应某些业务需要而设置的账簿,凡是分户账上未能记载而又需要备查的业务事项,都在登记簿上进行记录。银行卡柜面业务相关登记簿主要有:重要空白凭证出入库登记簿,重要空白凭证使用销号登记簿,开销户登记簿,挂失登记簿,废卡登记簿,冻结/解冻登记簿,卡付/解止付登记簿。

第二节　收单业务

一、ATM

ATM 是英语 Automatic Teller Machine 的缩写,意为自动柜员机。它是一种高度精密的机电一体化设备,利用磁卡或智能 IC 卡储存用户信息,同时通过加密键盘(EPP)输入密码,然后通过银行内部网络验证进行各种交易的金融自助设备。ATM 的出现减轻县联社柜面人员工作压力,为人们提供安全、方便的金融服务体验。ATM 功能主要包括现金取款、现金存款、余额查询、本行或异行转账、修改密码等基本功能。本行 ATM 机取款遵循原则是日累计最多取款次数为 10 次,日累计取款限额为 2 万元(含);转账遵循的原则是签约账户日累计转账限额为 5 万元(含 5 万元)。

(一)业务发展

2010 年末,岳普湖县联社安装 3 台 ATM(自动取款机),并上线运行。通过 ATM,银行可把自己对客户服务扩大到银行柜台以外地方,ATM 是银行柜台存取款延伸,ATM 的使用,缓解柜台人员等候压力,并可以全天候服务,深受客户喜爱。

2012 年末,各网点安装 10 台 ATM,县城内民族医院等单位安装 10 台 POS 机。

2014 年,岳普湖县联社在各乡、镇营业网点布放离行式自助设备机具 15 台,其中:ATM 取款机 11 台,存、取款一体机 4 台。全年 ATM 机交易 25471 笔,交易金额 2589 万元。

(二)管理员职责

设备管理员职责　负责自助设备保险柜密码与钥匙、上箱体与钞箱钥匙实物管理;每天上班营业前对 ATM 进行检查,负责自助设备日常管理和巡检等;包括耗材领用和更换、吞没卡收回、交易验证、维修报修、周边环境保洁、监控录像设备检查等;负责登记簿记录与管理,负责吞没卡的登记移交工作;负责持卡人咨询与投诉,遇重大问题及时向网点主任及上级主管部门报告;负责自助设备维护、正常运行所需各种备用品,保证 ATM

286

系统正常运转。

　　现金管理员职责　管理 ATM 现金;管理保险柜钥匙;负责清机时核对钞箱余额,并进行有关账务处理。ATM 钥匙和密码,严格执行"双套制""分管制",工作用钥匙、密码不得交叉使用,备用钥匙、密码分管。ATM 钥匙、密码、备用钥匙和备用密码保管,交接必须在《新疆农村信用社重要物品移交保管登记簿》登记。ATM 钞箱现金属于所属网点库存现金的一部分,必须按照相关规定坚持定期查库制度。清机加钞前须进行清机结账,结账完成后,进行加钞。清机加钞必须双人办理。加钞须在监控下完成。钞票加钞前须经点钞机复点打散,一人点钞,一人复核。加入现金时,按系统规定的各钞箱依次加钞,一人加钞,一人监督。加钞完成后,关闭柜门,打乱密码上锁。放入 ATM 中的钞币须是经过挑选整理达到七到八成新的标准,但不得使用原封卷。ATM 机里的钞币必须过验钞机进行清点。配钞后对外服务前,应进行交易验证测试。检查面额与钞箱有无装错,实际取款试机,无误后方可对外营业。遇下列情况之一,必须一日一清钞,5 个工作日运行稳定后,恢复正常清钞。1. ATM 软件或业务系统软件有改动;2. 新安装的 ATM;3. 连续两次出现差错的 ATM;4. 设备故障后刚修复正常的 ATM。遇下列情况之一,必须立即进行 ATM 清钞,清点现金。1. ATM 加钞时;2. 机器发生故障(非网络故障)需要停机修理时;3. 发现吐钞与输入金额不符时;4. ATM 更换管理员时;5. 出现其他情况需要清点现金时。

　　(三)日间操作与账务处理流程

　　联社财务信息部根据活期存款余额规模、银行卡户数、系统内异地结算业务量、跨行清算业务量等因素进行综合分析,结合 ATM 监控系统统计数据,合理确定每台 ATM 的加钞数量和周期,并根据市场的变化及时进行调整。

　　ATM 清机加钞流程:1. ATM 机具每周至少清机一次,根据钞箱余额情况、客户错账投诉等业务需要可随时清机。2. 清机加钞时必须双人在场,设备管理员负责使用密码,现金管理员负责使用保险柜钥匙,两人不得交叉轮换。3. 清机、加钞。(1)设备管理员打开电子柜将 ATM 从工作状态转换到维护状态;(2)按系统提示进行上周期交易的结账,打印核对信息汇总表;(3)查看是否有吞卡,若有,设备管理员登记《新疆农村信用社自助设备吞(没)卡登记簿》,将吞卡取出移交吞没卡保管员;(4)现金管理员打开 ATM 保险箱钥匙锁,设备管理员打开密码锁;(5)现金管理员取出设备内原有钞箱及废钞箱,并在监控下双人清点核对,无误后加入配钞;(6)将钞箱插回指定位置,推放到位,关闭保险柜,打乱密码上锁;(7)设备管理员进入配钞界面,按系统提示输入各钞箱券别、张数、金额,完成配钞操作,打印信息汇总表由现金管理员进行核对确认;(8)设备管理员按系统提示进行设备硬件自检,并检查凭条纸、流水纸、打印色带的使用情况,以确保设备正常对外营业。将 ATM 从维护状态转换到工作状态,关闭电子柜,登记《新疆农村信用社自助设备运行日志》;(9)设备管理员做一笔取款交易,确认设备运行正常,钞箱放置正确。

二、POS

POS(Point Of Sales)的中文意思是"销售点",全称为销售点情报管理系统,是一种配有条码或 OCR 码(Optical Character Recognition 光字符码识别)终端阅读器,有现金或易货额度出纳功能,品种有有线和无线或有、无线兼用几种。POS 机与广告易货交易平台的结算系统相连,其主要任务是对商品与媒体交易提供数据服务和管理功能,并进行非现金结算。

2011 年,县联社组织辖区网点及相关部门业务人员进行 POS 收单业务培训,内容有《新疆维吾尔自治区农村信用合作社银行卡收单业务管理办法(试行)》《新疆维吾尔自治区农村信用合作社银行卡收单业务操作规程(试行)》和各项规章制度。通过培训,使参训人员掌握和熟知收单业务知识和风险防范的基本要领。同时,对申请试运行 POS 收单业务的网点下发新疆农村信用社特约商户信息调查表,摸清本地收单业务情况及客户需求,完成银行卡收单业务调查论证报告;填报商户情况,掌握商户信息,对具备条件的营业网点、商户作为第一批上 POS 终端的试点营业网点、特约商户。同年,消费 POS 业务(消费 POS 又称普通 POS、无线 POS、移动 POS)正式开展,机具品牌为新国都。其后,联社根据自治区联社《关于开展 POS 机业务及有关问题的通知》要求,成立以联社党委书记、理事长为组长的领导小组,按照《新疆农村信用合作社 POS 机管理办法》制定各部门职责。全年 POS 业务交易笔数 11224 笔,交易金额 5224 万元。2014 年,联社新增 21 台 POS 机,完成年度计划的 67%,交易额达 29604 万元,完成计划的 68.77%。

第三节 网上银行

一、业务发展

网上银行是指银行通过因特网平台设立银行网站为银行提供各种金融业务的网上服务系统。功能:不但可实现网上查询、转账结算、缴费、汇兑、挂失、咨询、投诉等银行传统业务,更可以开展存折炒股、个人外汇实盘买卖、消费信贷、电子信用证等新兴业务。网上银行实质是为各种通过互联网进行商务活动客户提供电子结算手段。特点是客户只要拥有账户和密码便能在世界各地与互联网相连,进入网上办理各种交易。

2012 年 5,县联社组织员工学习自治区联社《新疆维吾尔自治区农村信用合作社电子银行客户信息安全管理规定》《新疆维吾尔自治区农村信用合作社电子银行客户支持暂行管理办法》《新疆维吾尔自治区农村信用合作社电子银行客户支持暂行管理办法》《新疆维吾尔自治区农村信用合作社网上银行业务操作规程》《新疆维吾尔自治区农村信用合作社网上银行安全证书及其介质管理办法》《新疆维吾尔自治区农村信用合作社网上银行业务章程》。7月,根据自治区联社电子银行部针对企业(集团)客户开立网上银行账户所需资料清单和企业(集团)网银开户流程下发《企业网上银行开户操作步骤》的通知,于8月,县联社向自治区联社递交《关于岳普湖县农村信用合作联社申请开通网上银行业务的可行性报告》。9月,县联社向自治区联社递交《关于申请开办网银业务的请示》。10月,根据《岳普湖县农村信用合作联社网上银行业务内部试运行工作方案》,联社成立网上银行业务推广领导小组,负责网上银行业务的组织、协调和实施等工作。2013年,县联社电子银行部组织全辖营业网点主任、会计、柜员进行电子银行业务培训,培训内容有玉卡、福农卡、ATM、POS、企业网银业务。8月26~28日,联社组织人员参加自治区联社电子银行部举办的电子银行系统业务培训,培训内容有网银内部管理系统、企业网上银行系统资金监管功能、个人网上银行系统、手机银行、交易监控系统。

2014年,岳普湖县联社共有18家企业开立网银账户,完成计划的100%,184人开立网银账户,完成计划的6.49%,个人移动银行开户81户,完成计划的6.43%。至年末,县联社办理网上银行客户累计395(家)、交易金额45968万元。

二、业务管理

网上银行开办业务应遵循统一管理、分级经营、确保安全、讲求效益的原则。网上银行业务实行自治区联社、县联社、营业网点三级管理。县联社营业网点负责办理网上银行客户的注册。开办网上银行业务实行逐级审批制。开办网上银行业务须向自治区联社提出业务开办申请,经自治区联社批准申请后,须持相关材料向当地银行业监管部门报备,并符合当地银行业监管部门的监管要求。营业网点对网上银行的业务需求(包括特色业务需求),须由县联社以书面形式提交自治区联社,由自治区联社统一研究和组织开发。

县联社按自治区联社负责制订统一的客户服务协议、业务操作规程、客户指导手册及各种凭证和表格相关规定进行落实。网上银行客户是访问信用社网上银行网站,进行信息查询或办理转账结算等业务的个人、企业和事业单位。网上银行客户按客户身份性质不同,分为企业客户、个人客户;按享有网上银行服务功能不同个人客户又可分为动态口令版客户和专业版客户(证书客户);企业客户只有专业版客户(证书客户)。

动态口令版客户是客户携带有效身份证件及复印件到联社营业网点办理客户注册手续,与营业网点签订网上银行服务协议,从营业网点取得动态口令卡(刮刮卡)的客户。

其所能使用功能与证书客户相同,但交易金额单笔限为 1000 元,单日累计金额为 3000 元。

专业版客户(证书客户)是客户携带有效身份证件及复印件到县联社营业网点办理客户注册手续,并与营业网点签订网上银行服务协议,从营业网点取得 USB－key 的客户。可办理网上查询、转账汇款、网上支付、代理缴费、投资理财等各种业务,但个人客户交易金额单笔不超 20 万元、日累计最高为 100 万元,企业客户交易金额单笔不超 200 万元、单日累计最高为 1000 万元,单笔交易金额企业客户在额度范围内自行设定。

网上银行的注册客户在网上银行系统中被设置有唯一的客户号。在该客户号下可关联多个账户,被关联的多个账户必须是在联社营业网点开立的账户,但客户自助下挂账户只有查询功能,如需有交易功能需到营业网点办理手续并签订网上银行客户服务协议。

按照逐级管理、分级经营的原则,联社严格履行工作职责,强化网上银行的业务管理,积极开展业务经营活动。

县联社网上银行安全证书是由金融认证中心向证书申请人发放的含有申请人特征信息、公钥等有关要素,能够确认申请人唯一身份的一组电子信息。网上银行证书分为个人客户证书和企业客户证书。网上银行证书的存放介质主要是 USB－key。USB－key 应视同重要空白凭证保管,实行专人管理、出入库登记制度。

个人客户证书和企业客户证书由县联社发放和管理。受理网点受理申请资料审核合格后办理制证(申请证书),制证完毕后发放给客户。县联社和营业网点在进行证书的领用、制作、保管、交接、发放时,必须建立严格的登记管理制度。企业客户证书实行双人制证、双人发放制度。个人客户证书业务包括证书申请、换发、补发、废止、冻结、解冻、重发两码、下载。选择 USB－key 需申请证书、下载证书后方可正常使用。证书申请时自动生成两码即授权码和下载码,14 天后自动过期,个人客户需在有效期内完成下载,过期需到柜台重发两码后方可使用。个人客户证书介质遗失、损坏时,允许其办理证书冻结。

县联社受理网点为个人客户办理证书补发,要求客户提供本人有效身份证件及复印件和至少一个已注册的账户凭证原件,并填写业务申请表,补发后证书有效期不变。客户需下载方可使用。

个人客户证书有效期为二年,逾期自动失效。客户可在到期日之前一个月内到县联社网点办理证书换发手续延长有效期;证书过期也可办理换发手续,换发成功后生成新的有效期;若客户原证书介质仍可使用,客户需在办理换发时一并提供。县联社网点办理个人客户证书更新,要求客户提供本人有效身份证件及复印件和至少一个已注册账户凭证原件,并填写业务申请表。客户需下载方可使用。

县联社网点办理个人客户证书冻结、解冻,要求客户提供本人有效身份证件及复印件和至少一个已注册账户凭证原件,并填写业务申请表。更换认证方式或客户要求进行证书废止,应要求客户提供本人有效身份证件及复印件和至少一个已注册账户凭证原件,并填写业务申请表,个人注册客户应自行修改 USB – key 密码(PIN 码)。

企业客户证书实际为企业操作员证书,企业客户至少要配备两个操作员。操作员权限可分为管理、录入和授权。根据企业客户的需要,联社可为企业每个操作员发放证书,操作员使用证书完成自身拥有的操作权限。企业更换操作人员,证书遗失、损坏、密码(PIN 码)遗忘等,需携带相关证件到柜台办理更换、补发证书、重置密码手续。若客户原证书介质仍可使用,客户需在办理补办时一并提供。

企业客户证书业务须由县联社开户网点受理,业务包括证书申请、冻结、解冻、补发、换发、废止、重发两码、下载,各项业务均已建立登记簿。县联社受理网点办理企业客户证书申请,应要求客户提供法人授权委托书、法定代表人、经办人、新增管理员或新增操作员的有效身份证件及复印件,填写业务申请表,并至少填写一个已注册账户的账户信息。审核通过后,县联社受理网点进行客户证书申请。

证书需下载到 USB – key 后方可正常使用。证书申请时自动生成两码即授权码和下载码,14 天后自动过期,客户需在有效期内完成下载,过期需到柜台重发两码后方可。

县联社网点办理企业客户证书冻结,要求客户提供法人授权委托书、法定代表人、经办人的有效身份证件及复印件,填写业务申请表,并至少填写一个已注册账户的账户信息。审核通过后,进行证书冻结操作。

县联社受理网点办理企业客户证书解冻,要求客户提供法人授权委托书、法定代表人、经办人的有效身份证件及复印件,填写业务申请表,并至少填写一个已注册账户的账户信息。审核通过后,进行证书解冻操作。

县联社网点办理企业客户证书补发,要求客户提供法人授权委托书、法定代表人、经办人的有效身份证件及复印件,填写证书补发的业务申请表,并至少填写一个已注册账户的账户信息。审核通过后,具体完成证书补发的处理,补发后证书有效期不变。

县联社网点办理企业客户证书换发,要求客户提供法人授权委托书、法定代表人、经办人员的有效身份证件及复印件,填写业务申请表,并至少填写一个已注册账户的账户信息。审核通过后,具体完成证书换发的处理。

企业客户证书有效期为一年,逾期自动失效。客户应在到期日之前到县联社受理网点办理证书换发手续延长证书有效期;若证书过期也可办理换发手续生成新的有效期。若客户原证书介质仍可使用,客户需在办理换发时一并提供。

县联社网点办理企业客户证书废止,要求客户提供法人授权委托书、法定代表人、经办人的有效身份证件及复印件,填写业务申请表,并至少填写一个已注册账户的账户信息。审核通过后,具体完成证书废止的处理。

三、客户信息安全管理

自治区联社电子银行部、科技中心等相关部门在电子银行应用系统开发过程中对交易信息采取加密存储、备份等保护机制,保证客户交易过程中的技术安全和客户信息传输的机密性、完整性以及交易的真实性和不可抵赖性。

县联社营业网点经办柜员负责电子银行开户系统中客户信息的录入及编辑,营业网点主管柜员负责客户信息查询、统计和审核。

县联社电子银行工作人员不得利用权限,以任何方式公开客户的任何信息。不得未经授权访问、泄露客户的基本信息和交易信息,如查询、转账、支付,或更新证书等信息。

为确保客户信息的正确性和安全性,县联社根据相关规定进行客户信息调用的管理、限制客户信息外传途径以及防止来自银行外部的不恰当调用等,并努力防止信息的遗失、毁坏、篡改或泄露等任何与个人信息相关的问题。客户同意的,不能识别客户信息的,向与签有机密保守契约的企业(业务委托企业等),在必要的最低限范围内提供的,公共机关根据法律要求公开的情况,可以向第三者公开客户信息。

县联社员工如泄露客户信息,视其情节严重程度,按国家法规及农村信用社相关规章制度予以相应处罚。联社营业网点经办柜员和业务主管严格审核客户信息与相关申请资料,按照签约流程办理客户信息录入。

对于使用证书的客户,电子银行系统业务数据在互联网传输过程中,将使用客户唯一的私钥进行加密签名,并同时传送原文和签名数据,在电子银行服务器端加工客户提交数据前,将通过客户公钥和提交的签名数据进行验证签名的动作,如果数据在传输过程中遭到篡改,则丢弃此次交易数据,有效保证交易数据的完整性。

电子银行系统在交易过程中,使用 SSL 通道进行数据传输。在一次客户登录身份得到验证后,服务器端和客户端将产生随机的密钥,并以此密钥进行数据加密后进行传输,客户签退后此密钥则失效,从而保证此密钥的随机性、短暂性和高强度,减少攻击方解密的可能性。

对于使用证书的用户,当用户进行涉及账务的敏感交易时,电子银行系统使用用户私钥进行签名,并将签名数据记录数据库,则当对敏感交易的抵赖发生时,根据用户私钥的唯一性和签名数据,就可以否决这种抵赖,确保银行利益不受损害。

客户身份认证:应采取适当的措施和技术,识别与验证使用电子银行服务客户的真实、有效身份,电子银行签约客户可以使用安全证书进入电子银行系统,通过 PKI 体系保证数据安全性;也可以使用 USB – key 进入电子银行系统,通过唯一的口令保证身份认证的安全。

关键信息加密存储及备份：系统对所有关键信息（如交易密码），都加密成密文进行存储，防止内部柜员读取关键信息明文，造成客户信息的泄露。采用的数据加密技术应符合国家有关规定，并根据电子银行业务的安全性需要和科技信息技术的发展，定期检查和评估所使用的加密技术和算法的强度，对加密方式进行适时调整。系统对客户信息数据采取磁盘、磁带的备份方式，并将磁带异地存放。

根据电子银行业务的安全性需要，定期检查所做的数据备份，同时根据科技信息技术的发展，对备份方式进行适时调整。对 Web 服务器中的资源都进行分级管理，对资源进行安全级别的划分后，设置某种安全级别的用户在对相应级别的资源进行相关操作、访问的权限。对电子银行的工作人员进行权限设置，在内部管理系统将柜员按照角色和级别进行不同的分级控制和管理，不同的柜员拥有不同权限，以防工作人员对客户信息的未授权访问。

第四节　电子化建设

2004 年 10 月 29 日，岳普湖县联合社营业部联网成功。2005 年，岳普湖县联合社在一季度末全辖实现电子化办公。2006 年 3 月，岳普湖县联合社小额支付系统成功上线。

2008 年 5 月，岳普湖县联社在县辖信用社各网点进行银行卡及小额支付系统银行本票业务集中宣传活动。10 月，岳普湖县联社正式对外开办玉卡（借计卡）业务。年末玉卡发行量 1643 张、玉卡存款余额 1296 万元。

2010 年末，岳普湖县联社安装 3 台 ATM 机（自动取款机）正式上线运行。

2012 年 5 月，岳普湖县联社艾西曼信用社、阿其克信用社、阿洪鲁库木信用社开通大、小额支付系统。2012 年末，岳普湖县联社存款突破 10 个亿，其中：发放玉卡达 36164 张，卡存款余额达 22816 万元，玉卡办理网点的覆盖率达 100%。各网点安装 6 台 ATM，县民族医院等城内单位安装 10 台 POS 机。

2014 年末，利用营业网点多的优势，新增 21 台 POS 机，完成年度计划的 67%，交易额达 29604 万元，完成计划的 68.77%；开展网银业务，共有 18 家企业开立网银账户，完成计划的 100%，个人网银开户 184 户，完成计划的 6.49%，个人移动银行开户 81 户，完成计划的 6.43%，中间业务收入为 189.7 万元，完成计划的 126.47%。

第十五章　中间业务

中间业务是指不构成表内资产、表内负债,形成银行非利息收入的业务;是指信用社不需动用自己的资金,依托业务、技术、机构、信誉和人才等优势,以中间人的身份代理客户承办收付和其他委托事项,提供各种金融服务并据以收取手续费的业务,它与资产业务、负债业务共同构成信用社的三大业务类型。

岳普湖县联社开办中间业务种类主要为代理类中间业务。2005 年,代理发放全县各乡(镇)计划生育家庭奖励扶助金 27 万元,并成功代发阿洪鲁克乡和艾西曼镇机关工作人员工资。

2014 年,岳普湖县联社实现各项收入 7894.81 万元,其中:中间业务收入 189.7 万元,为计划的 126.47%。

第一节　代收代付

代收代付业务是指信用社受业务单位或个人客户委托,充分利用信用社客户资源、网络技术、机构网点和资金清算等方面优势,为委托单位或个人客户办理代收(代扣)、代付(代发)及代售业务。

主要包括代理各项公用事业收费、代理行政事业性收费和财政性收费、代发工资、代扣住房按揭消费贷款还款等。1.代收类业务:主要包括代收公用事业费、电信缴费、财政税费等各种费用,以及为电信、院校、公交等行业专用卡续费的业务。2.代付类业务:主要包括代发工资、奖金、红利,代发社会保险、医疗保险、养老金等业务。3.代售类业务:主要包括代售电信、公交等行业专用卡,代售机票、车票、彩票等有价票证的业务。

一、代收

2008 年 10 月 17 日,自治区联社与财政厅签署《新疆维吾尔自治区政府非税收入实行银行代收协议书》,在全疆农村信用社全面开展非税收入代理业务。财政非税收入包括:各级财政单位取得的事业性收费收入、罚没收入、政府性基金、专项收入、财产收入、国有资源收入、资本性收入及其他非税收入。开展代理财政非税收入业务,必须要求当地政府在信用社开立财政专户,安装专用中间业务平台软件,同财政系统联网,实现当地财政非税收入的缴纳、归集。需要上划到自治区财政的部分,由各级财政单位直接汇款至财政厅归集社,汇费按照人行标准计收。

2011 年 11 月,新核心系统上线后,财政非税代理业务操作系统嵌入到新核心中间业务模块,通过新核心系统与财政系统实现直联,不再单独使用专用软件。

2014 年,县联社代理彩票业务手续费收入 2913.4 元。同年,县联社与中国人民财产保险股份有限公司岳普湖分公司、新华人寿保险股份有限公司、中华联合、中国人寿保险等 4 家保险公司合作,代理收取保险手续费 10.53 万元。县联社营业部负责处理全辖资金归集业务。截至年底,国网新疆岳普湖县分公司全年归集上缴电费 5757.31 万元。

二、代付

(一)代付计生奖励扶助金

2005 年,岳普湖县联合社代理发放全县各乡(镇)计划生育家庭奖励扶助金 27 万元。

(二)代发工资

2005 年,岳普湖县联合社成功代发阿洪鲁克乡和艾西曼镇机关工作人员工资。

2005 年 9 月 26 日,岳普湖县联合社根据上级安排派营业部主任冯庆前往乌鲁木齐市参加自治区财政统发工资工作座谈会。自 2005 年 6 月县联合社阿洪鲁克乡和艾西曼镇信用社已成功代发这两个乡机关干部的工资业务,此项工作受到自治区财政厅国库处认可,也为联合社开拓中间业务、增加收益打下良好基础。

县联合社理事长、主任卡米力·米吉提在县联合社代发工资业务会议上提出三点要求:一是要提高认识,加强管理,优质服务。代发工资业务可以优化存款结构,增加余额,提高收入,也是宣传农村信用社优势的重要方式。一方面要讲劳动付出,另一方面也要讲效益,各单位一定要抓紧,抓不紧等于不抓。二是要抓好代发工资业务的关键环节,确保两个"不过夜":收款员应每天下午到银行查转账单,采取不定时的查询方式,转账单一定要当天拿回来,不能在银行"过夜";各个代发工资单位,一接到转账单,要及时组织人员进行数据录入,不能在单位"过夜"。三是要加强配合,互相沟通,做好解释工作。要树立责任观,要有全局观念,遇到问题,不能一推了之,要做好向客户解释的思想准备,要学会尊重别人,尊重别人等于尊重自己。新业务层出不穷,业务要熟练,学习是关键,要加强学习,不能错误操作,影响农村信用社信誉。

(三)抗震救灾

2003 年,岳普湖县联合社代理民政局发放第一批抗震救灾资金 469.3 万元。

2004 年,岳普湖县联合社代理民政局发放抗震救灾、抗震安居款 1200 万元。

2005 年,岳普湖县联合社代理民政局发放抗震救灾、抗震安居款 766 万元。

第二节 代理保险

代理保险业务是指商业银行接受保险公司委托代其办理保险业务的业务。商业银行代理保险业务,可以受托代个人或法人投保各险种的保险事宜,也可以作为保险公司的代表,与保险公司签订代理协议,代保险公司承接有关的保险业务。

代理保险业务的种类主要包括:代售保单业务和代付保险金业务。

2009 年,自治区联社发文要求加强代理保险业务的管理,规定各县市联社只能与已和自治区联社签署战略合作协议的保险公司建立合作关系。与自治区联社签署战略合作协议的保险公司有:人保财险、中华联合(兵保)、平安财险、永安财险、中国人寿、平安人寿、人保人寿、太平洋人寿、泰康人寿、新华人寿 10 家保险公司。各县市联社应要求与之合作的保险公司在当地联社开设存款账户,否则终止业务合作。

2010 年 6 月,县联社根据自治区联社《关于贫困、边境县(市)开展新型农村社会养老保险业务的通知》和《关于加快推进代理新型农村社会养老保险业务的通知》精神,及时成立由联社主要领导任组长的代理新农保业务营销领导小组,多次与县政府、财政局、社保局有关领导联系,沟通,协调,做好开户前期的各项工作。收入汇缴账户、支出账户、社保基金财政专户等三个账户的开户手续正在办理中。

2010 年 9 月 28 日,县联社根据喀什市联社 9 月 27 日通知要求,对邮政银行代理新农保工作情况进行调研。邮政银行自 2010 年 7 月代理,由于邮政储蓄银行基层没设网点,代发第一批农村人员养老金以后,截至 2010 年 9 月 28 日没有继续发放养老金,加之县辖 9 个乡镇离县城近的 10 余千米、远的 60 余千米、农民赴县城取养老金往返费用高,除去费用养老金所剩无几。调研过程中农民反映,希望农信社代理这项业务。

2014 年末,社会保险管理局审核通过岳普湖县联社发放资格,岳普湖县联社给予全县 60 岁以上农民发放退休金 42 万余笔,发放金额达 2051.22 万元。

第三节 代理银行

代理人民银行业务是指根据政策、法规应由中央银行承担,但由于机构设置、专业优势等方面的原因,由中央银行指定或委托商业银行承担的业务。

主要包括代理财政性存款业务、代理国库业务、代理发行库业务、代理金银业务。

一、代理国库

1999 年 11 月,国家开征个人储蓄存款利息所得税以后,岳普湖县联合社按照规定代扣代缴个人储蓄存款利息所得税。每月终了,联合社汇总代扣的个人储蓄存款利息所得税总额后,于下月 5 日至 7 日填制税务部门专用缴款单,通过交换提交给税务部门开户行,为其进账。

2010 年 9 月以前,代理国库业务是将客户需上缴的国、地税税款通过手工同城票据交换税票形式,完成纳税人代扣税款并划缴国库。

2010 年 9 月,自治区农村信用社财税库银税收收入电子缴库横向联网系统上线运行。代理国库业务是利用信息和网络技术,通过财税库银横向联网系统,与人行国库信息处理系统进行数据交互换,完成对纳税人代扣税款并划缴国库的业务。

信用社与纳税人、税务部门签订三方协议,由税务部门发起,信用社代扣后打印生成从纳税人账户划缴税款资金的电子缴税付款凭证。

财税库银横向联网业务,方便客户上缴税款手续,简化信用社柜面操作流程,有效地控制操作风险。

二、国库集中支付

2012 年 8 月 21 日,岳普湖县联社在《关于岳普湖县农村信用合作联社国库集中支付代理银行资格认证申请报告》中提出:根据《中国人民银行关于明确地方国库集中收付代理银行资格认定有关事项的通知》精神,县联社对照代理国库集中收付银行资格认定要求,认为具备相关规定,符合代理国库集中支付银行资格。

申请报告提出:近几年,岳普湖县农村信用社始终坚持"立足社区、服务三农"的战略定位,服务县域经济力度不断加大,支持地方经济发展贡献度不断增强。截至 2011 年底,岳普湖县联社各项存款余额为 80946.47 万元,其中:储蓄存款余额 40454.96 万元,对公存款余额 40491.51 万元。各项贷款余额 44745.23 万元,其中,正常贷款 43282.40 万元,占贷款总额的 96.73%,逾期贷款余额 326.45 万元,占贷款总额 0.73%,呆账贷款余额 1136.38 万元,占贷款总额 2.54%。实现总收入 4531.68 万元,其中:实现贷款利息收入 3936.36 万元,中间业务收入 59.14 万元。总支出 3851.60 万元。其中:营业费用支出 2487.01 万元,账面利润总额 730.15 万元,投资股股金余额 2713.27 万元,资本净额 3471.31 万元,资本充足率达到 7.66%。县联社创新推出各类信贷产品,通过发放农户小额信用贷款、农民联保贷款、下岗再就业贷款、生源地国家助学贷款、个私经济贷款、中小企业贷款、政府基础设施建设项目贷款等,全方位、多层次地支持县域经济发展。2012 年 8 月,在上级行业主管部门、县委、县政府正确领导下,岳普湖县联社已发展成为全县范围内客户资源最广、机构数量最多、存贷款规模最大的银行机构,建成开通技术先进的核心业务系统、现代支付系统、全国农信银系统、银联系统、同城清算系统、代收代付系统、财政性资金代理系统等各类网络系统,并建立相应的结算管理制度,完全具备地方国库集中收付代理银行资格。而且,全县农村信用社拥有机构网点 10 个,覆盖全县各乡镇,具有地方国库集中收付代理业务无可比拟的网点优势。近几年,自代理发放财政惠农资金"一卡通"业务以来,每年免费为全县近 1.5 万户农户代理发放 41 项补贴资金,政策性强,工作量大,贴本经营,承担着巨大社会责任和工作压力。仅此一项代理业务,全县农村信用社每年补贴成本 60 多万元,为农村稳定和经济发展做出贡献。也正是在代理发放惠农资金等工作中,农村信用社积累工作经验,也与广大农民建立深厚感情,农村信用社的服务广受农民客户的普遍认可和欢迎。县联社将严格按照代理地方国库集中收付业务有关制度,不断改进服务,完善网络建设,加快资金汇划和账户管理,确保资金安全,并加强与县财政、人行县支行的信息沟通与工作交流,确保安全、及时、高效的办理地方国库集中收付业务。

第十六章　优惠扶持

━━━━━━━━━━━━━━━━━━━━━━━━━━━━━━━━━━

　　岳普湖县域农村信用合作社自 1956 年建立以来,由于各种历史原因,在国家宏观调控政策影响下,特别是在多次政治运动和体制改革过程中遗留下的不良资产等因素,造成大量不良信贷资产挤占农村信用社可利用资金,严重制约信用社正常业务经营,束缚信用社经营发展。国家从 1999 年起,相继出台《支农再贷款》《中央银行专项借款》《中央银行专项票据》《税收减免》等优惠政策,促进农村信用合作社转换经营机制,完善法人治理,形成"自主经营、自担风险、自负盈亏、自我约束"良性循环运行机制。

　　人民银行每年对信用社发放支农再贷款。央行票据置换政策为县联(合)社减轻背负多年的沉重包袱;县财政部门发放的贴息贷款,对信用社实行涉农贷增量奖励,自助设备补贴,解决贷款难和信用社自助设备落后状况;国家税务机关对信用社制定税收减免政策,减轻信用社税负。国家在政策上给予许多优惠待遇,为农村信用社快速发展奠定坚实基础。

第一节　人民银行扶持政策

一、支农再贷款

　　支农再贷款是人民银行对各类农村金融机构发放的贷款,是人行在农村金融改革过程中促进改善农村金融服务、支持农村信用社扩大涉农信贷投放的一项重要政策措施。自 1996 年农村信用社与农行脱离行政隶属关系以后,农行不再向农村信用社提供资金支持,农村信用社资金实力有所削弱,存款持续徘徊,加上当时国有商业银行集中撤并县以下分支机构,县域金融服务和涉农信贷需求与农村信用社资金不足的矛盾尤为突出。1999 年,人民银行为支持扩大涉农信贷投放,引导增加农户贷款,促进改善农村金融服务和农村经济发展,经国务院批准开始办理支农再贷款业务。

　　人行发放支农再贷款,原来仅是作为一个货币政策操作工具,旨在支持农村信用社改进支农信贷服务,壮大支农资金实力,促进"三农"经济持续快速发展。支农再贷款是在信用社资金不足的情况下,采取向人行拆借资金的支农应急措施。经过十多年的发展,其内涵与外延不断突破,逐步发展成为人行支持农村金融发展的重要工具。

2001年2月9日,人行西安分行印发《人行西安分行对农村信用合作社再贷款管理实施细则》,进一步明确中心支行不对各支行下达支农再贷款额度,再贷款的审批权集中于中心支行。县支行对辖内农村信用社的再贷款申请审查后,提出初审意见,报中心支行审批,待收到中心支行再贷款审批通知书后2个工作日,必须按再贷款审批通知书上的额度办理对农村信用社的再贷款,各支行负责支农再贷款的发放和收回。人行各支行要按照支农再贷款的发放进度建立管理台账,辖区农村信用社联社亦要建立相应的台账,并在"向人行借款"会计科目中反映。各支行要建立健全支农再贷款的检查报告制度,定期、不定期地检查农村信用社在借用季节性再贷款期间农业贷款的增加额不得低于同期借入季节性再贷款的增加额。按季检查再贷款的管理、发放、使用情况,并于季后6日内上报中心支行。

2002年3月,人行办公厅印发《关于增加对农村信用社再贷款的通知》指出,经请示国务院同意,2002年春耕期间安排增加对农村信用社的再贷款260亿元,要将再贷款限额及时下达给县(市)支行,确保不误农时。支农再贷款开始由人行市支行负责发放、收回和管理。

2003年3月10日,岳普湖县联合社为完成2003年春耕生产资金的筹集工作和确保县域畜牧业和种植业发展,向人行岳普湖县支行申请期限为3个月的支农再贷款1000万元。4月7日,岳普湖县联合社向人行岳普湖县支行申请期限为3个月的支农再贷款500万元。5月19日,岳普湖县联合社再次向人行岳普湖县支行申请期限为3个月的支农再贷款1000万元。9月9日,岳普湖县联合社向人行岳普湖县支行申请期限为20天的支农再贷款400万元。9月9日,岳普湖县联合社向人行岳普湖县支行申请期限为3个月的支农再贷款500万元。7月3日,岳普湖县农村信用联合社因资金不足,无法按期偿还2003年7月7日到期的500万元再贷款,向人行岳普湖县支行申请展期3个月。8月15日,岳普湖县农村信用联合社因资金不足,无法按期偿还2003年8月19日到期的1000万元再贷款,向人行岳普湖县支行申请展期3个月。

2004年1月21日,岳普湖县联合社为认真完成2004年春耕生产资金的筹集工作和确保岳普湖县畜牧业和种植业发展,准备发放各类贷款7000万元,其中农户小额信用贷款4000万元,农林牧、养殖及其他贷款3000万元。根据县政府在3～4年内完成改建全县农户土块砖房规划,联合社计划发放小额联保贷款3000万元,用于改建农户住房专项贷款,因联合社资金不够,不能完全满足农户贷款需求,特向人行岳普湖县支行申请解决期限为3个月的支农再贷款1000万元。

2006 年,岳普湖县联合社从人行伽师县支行申请再贷款 1300 万元,解决春耕生产资金缺口问题。

2007 年,岳普湖县联社从人行伽师县支行申请解决支农再贷款 1000 万元,切实解决资金缺口问题。

2009 年 2 月,人行印发《人行关于完善支农再贷款管理支持春耕备耕扩大"三农"信贷投放的通知》,对人行支农再贷款的发放对象、用途及管理等方面进行调整。一是放宽支农再贷款使用主体,支农再贷款的发放对象由单一的农村信用社扩大为农村合作银行、农村商业银行、村镇银行等设立在县域和村镇的存款类金融机构法人。二是扩大支农再贷款使用用途,将支农再贷款的支持对象由农户扩大为农户和注册地在县及县以下的所有企业及各类组织。三是延长支农再贷款使用期限。进一步明确借款人使用支农再贷款的最长期限可达 3 年。

2012 年初,人行印发《关于管好用好支农再贷款支持扩大"三农"信贷投放的通知》,要求各分支机构进一步发挥支农再贷款引导金融机构扩大涉农信贷投放的积极作用,支持农村经济持续、稳定发展。8 月,人行印发《关于开展拓宽支农再贷款适用范围试点的通知》,在坚持涉农贷款占各项贷款比例不低于 70% 的发放标准不变的前提下,将试点地区支农再贷款的对象由设立在县域和村镇的农商行、农合行、农村信用社和村镇银行等存款类金融机构法人拓宽到设立在市区的上述四类机构。3 月,岳普湖县联社向人行伽师县支行申请支农再贷款 5000 万元,用于支持春耕生产。

2013 年 12 月,岳普湖县联社向伽师县支行申请支农再贷款 4744 万元。2014 年 12 月,岳普湖县联社向伽师县支行申请支农再贷款共计 57744 万元。

二、差别准备金

差别准备金率制度,是指对金融机构适用的存款准备金率与其资本充足率、资产质量状况等指标挂钩,实行差别存款准备金率制度可以制约资本充足率不足且资产质量不高的金融机构的贷款扩张。此项政策调整不影响企业和居民的经济生活。实行差别存款准备金率这一货币政策符合国际惯例。

1990 年 2 月 13 日,农行自治区分行下发《关于划拨 1989 年四季度农村信用社超缴准备金利差补贴款的通知》。自治区分行已将 1989 年第四季度农村信用社超缴准备金利差补贴拨给中支,利差补贴金额 10969.50 元,请及时划到各信用社。

2004 年 4 月 25 日,经国务院批准,人行决定实行差别存款准备金率制度,将资本充足率低于一定水平的金融机构存款准备金率提高 0.5 个百分点,执行 7.5% 的存款准备金率,其他金融机构仍执行现行存款准备金率。考虑到各类金融机构改革进程的差异,尚未进行股份制改革的国有独资商业银行和城市信用社、农村信用社暂缓执行差别存款准备金率制度。

三、央行票据置换

中央银行专项票据是指人行向深化农村信用社改革的试点省（市）的农村信用社（含农村商业银行、农村合作银行）定向发行的、用于置换不良贷款和历年挂账亏损的债券。专项票据期限为 2 年，年利率 1.89%（由中央银行向农村信用社支付利息），按年付息，不能流通、转让和质押。

2003 年 9 月 3 日，人行根据《国务院关于印发深化农村信用社改革试点方案的通知》要求，制定《农村信用社改革试点专项中央银行票据操作办法》和《农村信用社改革试点专项借款管理办法》。专项票据发行额按照信用社 2002 年末实际资不抵债数额的 50% 核定。实际资不抵债数额分县（市）以信用社法人为单位计算，按省（自治区、直辖市）汇总核定。实际资不抵债数额＝实际资产损失－所有者权益－呆账准备金。实际资产损失按照"呆账贷款＋呆滞贷款的 40%＋逾期贷款的 10%＋投资资产的 10%＋抵债资产的 50%"计算，所有者权益按照"实收资本＋资本公积＋公积金＋公益金＋未分配利润"计算。以上公式涉及各项目数额，均以 2002 年末金融监管统计数据为基准。专项票据到期时，以县市为单位考核，对符合实行信用社和县市联社两级法人体制的信用社资本充足率达到 2%，实际统一法人体制的信用社资本充足率达到 4%，农村商业银行或农村合作银行资本充足率达到 8%；按"一逾两呆"口径考核，不良贷款比例比 2002 年 12 月末的降幅不低于 50% 条件的，人行给予兑付。专项票据到期时，资本充足率和不良贷款比例未达到前项规定的，人行给予推迟兑付期 2 年，该期限内不计付利息。推迟兑付期满时，资本充足率和不良贷款比例仍未达到以上规定的，人行以其不良贷款和历年挂账亏损置换回专项票据。专项票据到期前，资本充足率和不良贷款比例达到以上规定的，人行可选择提前赎回专项票据。中央银行票据，是中央银行为调节商业银行超额准备金而向商业银行发行的短期债务凭证，其实质是中央银行债券。之所以叫"中央银行票据"，是为突出其短期性特点，中央银行发行的央行票据是中央银行调节基础货币的一项货币政策工具，目的是减少商业银行可贷资金量。

2005 年 9 月 12 日，人行、中国银行业监督管理委员会为提高农村信用社改革试点专项中央银行票据兑付考核工作效率和质量，依据《国务院关于印发深化农村信用社改革试点方案的通知》《国务院办公厅关于进一步深化农村信用社改革试点的意见》以及农村信用社改革试点资金支持方案有关文件的规定，印发《农村信用社改革试点专项中央银行票据兑付考核操作程序》，对中央银行专项票据的操作方式做出规定。9 月 13 日，自治区人民政府组织召开新疆深化农村信用社改革动员大会，正式启动新疆深化农村信用社改革试点工作。

2006 年 1 月,岳普湖县联合社根据《关于新疆维吾尔自治区农村信用社改革试点方案的批复》及人行《关于做好专项中央银行票据申请发行工作的通知》精神,向人行县支行申请认购专项中央银行票据 900 万元。按照《人行关于印发农村信用社改革试点专项中央银行票据操作办法的农村信用社改革试点专项借款管理办法》及《人行关于印发农村信用社改革试点资金支持方案实施与考核指引》的要求,2006 年初,900 万央行票据申请工作正式完成,并于一季度完成置换不良贷款 585 万元以及 315 万元的历年挂账亏损。此项工作顺利进行对联合社甩掉历史包袱、轻装前进,健康、持续发展奠定坚实的基础。2006 年累计收回央行票据置换的不良贷款为 66 万元,顺利完成 2006 年度置换不良贷款清收计划。2006 ~ 2008 年,县联社在自治区联社领导下,在各级人民银行和银监部门有效指导和监管下,实施产权制度改革,不断完善法人治理结构,转换经营机制,增强服务功能,全面提高经营管理水平。

2007 年,岳普湖县联社农村信用联社根据《人行中国银行业监督管理委员会关于印发农村信用社改革试点专项中央银行票据兑付考核办法的通知》及《人行中国银行业监督管理委员会关于印发农村信用社改革试点专项中央银行票据兑付考核指引的通知》的规定,为确保中央银行票据兑付工作顺利完成,成立专项央行票据兑付工作领导小组。

2008 年 2 月,银监会新疆监管局印发《关于印发〈新疆农村信用社改革试点专项中央银行票据兑付考核实施细则〉的通知》。是日,银监会新疆监管局印发《关于开展农村信用社专项中央银行票据兑付预审工作的通知》,一季度进行农村信用社专项中央银行票据兑付预审工作。6 月 4 日顺利完成 900 万元央行票据兑付工作。

第二节　政府优惠政策

一、贴息贷款

2001 年 6 月 11 日,人民银行、财政部、国务院扶贫开发领导小组办公室、农行制定《扶贫贴息贷款管理实施办法》。规定扶贫贴息贷款的发放主体为农行,扶贫贴息贷款的资金由农行在系统内统一调度,资金有困难,可向人行申请再贷款;扶贫贴息贷款的期限以 1 年为主,最长不超过 3 年。扶贫贴息贷款统一执行年利率为 3% 的优惠利率,贷款超过贴息期和展期、逾期的不再享受贴息政策,并按人行的有关规定执行;扶贫贴息贷款优惠利率与人行公布的同期同档次贷款利率之间的利差,由中央财政贴息;扶贫贴息贷款的贴息资金,由财政部根据国务院扶贫开发领导小组审定的扶贫贴息贷款总量及期限结构,安排贴息资金,纳入当年的财政预算。

2008 年 6 月 2 日,国务院扶贫开发领导小组办公室为提高扶贫资金的运行效率和扶贫效益,报经国务院同意,与财政部、人行、银监会决定全面改革扶贫贴息贷款管理体制,并联合印发《关于全面改革扶贫贴息贷款管理体制的通知》。《通知》规定凡愿意参与扶贫工作的银行业金融机构,均可为扶贫贴息贷款发放主体(承贷机构),以鼓励各类金融机构发挥自身优势和经营特点,扩大信贷资金来源。贷款的本金由承贷金融机构自行筹集。贷款利率由承贷金融机构根据央行的利率管理规定和其贷款利率定价要求自主决定。贷款期限由承贷金融机构根据当地农业生产的季节特点、贷款项目生产周期和综合还款能力等灵活确定。中央财政在贴息期内,到户贷款按年利率 5%、项目贷款按年利率 3% 的标准,给予贴息。央行负责加强对扶贫贴息贷款的政策指导和业务管理;银监会负责对承贷银行业金融机构开办的扶贫贴息贷款业务实施审慎监管。金融机构由过去独家承担扶贫贷款任务的农行,扩大到所有自愿参与扶贫工作的银行业金融机构。

2011 年 10 月 21 日,中国残疾人联合会、国务院扶贫办、财政部、人行联合印发《关于进一步完善康复扶贫贷款和贴息资金管理有关政策的通知》。规定自 2011 年开始,中央财政在贴息期内,项目贷款按年利率 3% 给予贴息调整为按年利率 5% 给予贴息。到户贷款按年利率 5% 给予贴息调整为按年利率 7% 给予贴息;项目贷款的扶贫效益应保证平均每 3 万元贷款扶持 1 个残疾人或家庭稳定脱贫 3 年以上。到户贷款扶贫效益应保证平均每 2 万元贷款扶持 1 个残疾人或家庭稳定脱贫 1 年以上。农村残疾人扶贫基地、合作组织和能人大户扶贫效益应保证平均每 4 万元贷款扶持一个残疾人或家庭稳定脱贫两年以上。对扶贫成效显著的项目,根据其生产的实际需要,康复扶贫贷款和贴息原则上可以连续扶持不超过 3 年,扶持人数在第一年基础上逐年递增 20%;人行及其分支机构要继续加强对金融机构发放康复扶贫贷款的业务指导。各地残联要积极动员协调各类银行业金融机构参与康复扶贫贷款工作,特别是当地农村信用社和邮政储蓄银行,充分发挥其深入基层、网点多、覆盖广的行业优势,让更多的残疾人家庭获得康复扶贫贷款的扶持和信贷服务。

二、财政补贴

1957 年 3 月 29 日,农行自治区分行印发《关于 1956 年信用社亏损补贴几项原则的通知》。对于信用社在调整利率和社干待遇后所发生的亏损,分行按原则予以适当补贴,将农行上年度拨给的 30 万元补贴经费根据各县市所报亏损数分配。

1965 年 11 月 10 日,农行自治区分行根据中共中央、国务院《1965 年 3 月 26 日关于处理 1961 年以前农村四项欠款问题的通知》和自治区人民委员会财贸、农牧办公室《关于处理 1961 年以前农村四项欠款几个问题的通知》以及农行《关于贯彻执行中共中央、国务院〈关于处理 1961 年以前农村四项欠款问题的通知〉的通知》精神,提出信用社清理 1961 年以前旧贷款执行的意见。

凡是农村人民公社、生产大队、生产队欠信用社 1961 年以前的贷款,截至 1965 年 11 月尚未归还的部分,一律豁免,不再偿还。信用社对社队的贷款中被个人贪污占用的部分,经过清查落实后,按照中共中央《二十三条》规定由社教团做出处理后,其退赔资金仍应归信用社所有。社员个人 1961 年底以前积欠信用社的贷款,分别以下情况处理:属于贫下中农和贫苦牧民的,全部豁免。属于其他中农和一般牧民的,富裕有力偿还的,应收回,偿还有困难的,可豁免一部分。属于牧主和富农的,应积极收回。属于地主、富农、反革命分子、投机倒把分子、贪污分子等的贷款,一律不得豁免,限期收回本息。社办企业仍继续经营。其所欠 1961 年底以前贷款,如 1965 年能归还的,应当归还,不能归还的可豁免。企业已关闭,但有资产可以变价抵债的,应尽量收回。社队承贷购买拖拉机的贷款,如已移转交国营拖拉机站,应按国家折价在国家支付价款时收回。折价不足原贷款部分豁免。国家干部、公社干部、供销社干部欠信用社借款,除经过"四清"无法落实的以外,原则上不得豁免,但原来是社员,在 1961 年以后提拔为干部的,所欠 1961 年底以前贷款,可根据本人成分和经济情况,比照第二条办理。属于下列情况的,由信用社按呆账报损:死亡绝户、查无下落的外迁户、外逃户以及移民、"三类人员"返乡户的贷款,可以报损。有遗产的应由信用社接受;社队已经接受的,不再收回;由个人接受而又无债权债务关系的,应追回遗产。过去的互助组、生产社等,其组织已合并或撤销,年久无法落实的贷款。原由社队干部出名承贷,经查明确是由社员分户使用,而年久无法落实的贷款。信用社遭受意外事故或账务错乱,经过"四清"运动,仍无法查清落实债权的贷款。司法部门判决或"四清"团批准减免的贪污及其他损失数。原清理历年贷款办法中规定划转银行处理的,一律不再划转;过去已经划转的贷款和补贴的利息,银行也不冲回。信用社清理旧贷后发生的损失(不包括利息损失),首先应以其本身的公积金、历年盈余弥补。不足时,银行可用其所欠的支持款冲抵补足。仍不足时,可在处理旧贷工作结束后,由支行填列"辖内信用社处理 1961 年以前旧农贷款报告表逐级汇总上报分析,再转报总行研究,酌予补足。清理旧贷款工作,要结合重点"四清"运动进行。信用社处理旧贷款应先核实贷款,经理监事会议、社员代表会议、贫下中农代表逐户审查通过。属于个人的欠款,经营业所提出具体意见,由公社审批;属于集体的,经县支行审查,由县(市)人委审批。对于经批准豁免和报损的旧贷款,应开列清单,张榜公布。过去队社集体承贷的社员生活贷款,如已分摊到户,在对集体豁免贷款的同时,应积极帮助社队根据第二条的精神,逐户清理。清理后,也要出榜公布,并相应减除社员借支;其中属于地、富、反革命分子、投机倒把分子、贪污分子等不能豁免的,收回后,资金仍归信用社所有。

1979 年 12 月 5 日,农行自治区分行、人行自治区分行通知,对信用社公用费用要予以补贴,并将 1978 年信用社上半年借用信用社干部的工资一并补清。1990 年 12 月 13

日,人行印发《关于解决农村信用社政策性亏损问题的通知》。

1998年5月29日,财政部颁布《关于修改金融机构应收利息核算年限及呆账准备金提取办法的通知》。

2001年12月12日,人行颁布《农村信用合作社农户小额信用贷款管理指导意见》。

2003年,根据国务院印发《关于印发深化农村信用社改革试点方案的通知》精神,为帮助消化信用社历史包袱,促进改革试点的顺利开展,在防范道德风险前提下,对试点地区的信用社,国家给予扶持政策。对亏损信用社因执行国家宏观政策开办保值储蓄而多支付保值贴补息给予补贴。具体办法是,由财政部核定1994～1997年期间亏损信用社实付保值贴补息数额,由国家财政分期予以拨补。

2009年7月1日,县联社根据《新疆维吾尔自治区县域金融机构涉农贷款增量奖励资金管理实施办法(暂行)》和新疆维吾尔自治区财政厅的统一安排,结合县联社的实际情况,向自治区财政厅申报县联社2008年度涉农贷款增量奖励。自新疆农村信用社改革试点以来,县联社在银监分局、人民银行、上级主管部门和地方党政的领导、支持和关心下,坚持以"完善法人治理结构,提高经营效益"为目标,通过深化改革,各项工作取得阶段性成果,支持"三农"力度不断加大。2007年末,县联社贷款余额为5833万元,不良贷款占比为12.33%,其中涉农贷款余额2951万元。2008年末县联社贷款余额为10375万元,不良贷款占比为7.00%,其中涉农贷款余额为5666万元。2008年与2007年相比,不良贷款占比的降幅为5.33%,涉农贷款余额增加2715万元,增长为92%(以上不良贷款数据为贷款五级分类数据),符合《新疆维吾尔自治区县域金融机构涉农贷款增量奖励资金管理实施办法(暂行)》中第二章第四条"财政部门对县域金融机构上年涉农贷款平均余额同比增长超过15%的部分,按2%的比例给予奖励"的规定,可予奖励贷款增量2314万元,奖励金额46.28万元。

2013年,县联社营业外收入6301科目中政府补贴235.49万元是自助设备补助,其他收入涉农贷款奖励195.49万元、ATM机补助40万元。

2014年,县联社因不良贷款率超过涉农贷款增量奖励标准,未得到涉农贷款增量奖励。

三、保值贴息

2005年2月27日,岳普湖县根据国家指定试点地区农村信用社改革的扶持政策,财政部下发文件(财金〔2003〕123号),特申请保值储蓄补贴自1994～1997年合计595095.80元(其中:1994年保值定期贴息支出为268495.99元,1995年保值定期贴息支出为121952.88元,1996年保值定期贴息支出为36912.20元,1997年保值定期贴息支出为167734.73元)。

1994～1997 年岳普湖县联合社保值贴息情况表

表 16－1

单位:元

单位	保值贴息额				保值贴息合计
	1994 年	1995 年	1996 年	1997 年	
岳普湖镇		7971.15			7971.15
岳普湖乡	55987.00	57528.94	5120.00	164621.40	283257.34
下巴扎乡	6853.65	5862.87	0	0	12716.52
艾西曼乡	11733.16	0	0	0	11733.16
阿其克乡	16369.09	0	0	0	16369.09
色也克乡	15137.97	7034.01	3469.76	0	25641.74
铁力木乡	20958.79	22646.54	28322.44	0	71927.77
巴依阿瓦提乡	135853.85	20909.37	0	0	156763.22
阿洪鲁克乡	5602.48	0	0	3113.33	8715.81
合计	268495.99	121952.88	36912.2	167734.73	595095.80

第三节　税收减免

税收优惠政策是国家利用税收调节经济的具体措施之一,国家通过税收优惠政策,可以扶持某些特殊地区、产业、企业和产品的发展,促进产业结构的调整和社会经济的协调发展。

20 世纪 50 年代初开始,逐步建立农村信用社到 1957 年,为扶持农村信用社的发展,国家对其一直给予免征工商业税的照顾。

1958 年 9 月 11 日,第一届全国人民代表大会常务委员会第 101 次会议原则通过《中华人民共和国工商统一税条例(草案)》,同年 9 月 13 日由国务院发布试行。条例(草案)取消银行、保险等税目,并规定国家银行、保险事业的业务收入免税。

在"文化大革命"中,再次实行以简化税制为核心的税制改革,在 1972 年制定、1973 年全面试行的《中华人民共和国工商税条例(草案)》中,依然没有设置银行、保险等税目,并再次规定国家银行、信用社和保险公司的业务收入免税。

1980 年 9 月 10 日,第五届全国人民代表大会第三次会议通过《中华人民共和国个人所得税法》,规定:个人取得的利息所得税按照 20% 的税率征收个人所得税,但是在国家银行和信用合作社储蓄存款的利息可以免税。

1982 年 6 月 10 日,经国务院批准,财政部发出通知,规定从当年 7 月 1 日起对银行征收工商税,计税依据为业务收入减去存款利息支出额以后的差额,税率为 10%,信用社暂缓征收。

1984～1985 年,国家税务总局对农村信用社给予免征营业税的照顾。

1986 年 9 月 25 日,国务院发布《中华人民共和国个人收入调节税暂行条例》沿用上述规定,并增加国库券利息、国家发行的金融债券利息和邮政储蓄利息免税的规定。

1987 年 9 月 8 日,财政部印发《关于对农村信用社征收集体企业所得税的通知》。按照《中华人民共和国集体企业所得税暂行条例》的规定,农村信用社应是纳税人,前些年,国家为扶持其发展给予免税照顾,目前,情况已发生很大变化,除少数有亏损外,大部分盈利额是逐年增大,为使农村信用社与城市信用社和全民金融企业在所得税政策上挂平,促进其加强经济核算,并为国家做相应的贡献,对农村信用社应恢复征收所得税。农村信用社从 1987 年 1 月 1 日起,按照税法规定恢复征收集体企业所得税。对 271 个专项贴息贷款扶持县(国务院贫困地区经济开发领导小组(1987)国开发第 1 号文所列)的农村信用社,从 1987 年 1 月 1 日起至 1988 年底,免征所得税两年,免税期满后,纳税确有困难的,可按税收管理报批减免。从 1987 年以后凡报经国务院贫困地区经济开发领导小组批准为新的贫困扶持县的,都按本规定执行。农村信用社按照规定征收集体企业所得税确有困难的,可依照税收管理体制的规定,报经税务机关批准,酌情在一定期间内给予减免或免征所得税的照顾。《中华人民共和国集体企业所得税暂行条例》统一规定的减免措施,农村信用社同样适用。9 月 29 日,财政部、税务总局印发《关于对农村信用社征收集体企业所得税具体问题的通知》,将 1987 年执行中涉及的两个问题明确如下:一、鉴于刚刚恢复征收税,对 1986 年亏损,1987 年盈利的农村信用社,可先弥补 1986 年当年的亏损,弥补后的余额,再征收所得税,抵补不足的,1988 年不再继续抵补。二、由于恢复征税的文件印发较晚,对 1987 年一至三季度应当预缴的所得税,可推迟到 11 月底以前入库,全年应纳的所得税按有关规定办理年终汇总清缴。

1988 年,国家税务局发文明确,原则上农村信用合作社一般应按集体企业所得税暂行条例的规定,按季或者按月预缴,年终汇算清缴,多退少补,对于年度中收入较少的信用社按此办理确有困难的,可在征得当地税务机关同意后,年底前缴一次,然后年终汇算清缴。4 月 2 日,自治区人民政府同意农行自治区分行《关于建立农村信用合作社联合社(县联社)几个政策问题的报告》。县联社是信用社自愿组织起来的独立自主、自负盈亏地方性经济联合社,属集体性质合作金融组织,当前,自治区要建立县联社,具有对信用社进行管理和直接经营金融业务的双重职能,建立县联社后,各个信用社仍然是独立经营、独立核算、自负盈亏、自担风险经济实体。因此,县联社不能从信用社无偿抽调资金和积累。县联社创建初期业务收入有限,除负担管理人员费用外,不可能有较多积累。为促进自治区信用合作事业发展,可以通过县联社筹集更多资金,支持农村经济建设,建议在县联社建立头两年内,免征营业税和所得税。

1990 年,税务部门重申对贫困县信用社和确有困难的信用社实行减免税政策,对国务院确定的贫困县继续实行免征所得税两年的规定。对一些确有困难的信用社,允许按财政隶属关系办理营业税减免手续。信用社要建立健全各项规章制度,加强信贷资金和财务管理,努力增收节支,提高经济效益。各地信用社要搞好县联社建设,有条件的地方,县联社可设立营业部,办理存贷业务,增加收入,减轻基层社负担。要通过调动广大信用社干部的积极主动性,尽快实现扭亏增盈,更好地为支援农业生产和发展农村商品经济做出应有的贡献。

1991 年 11 月 22 日,国家税务局印发《关于农村信用社若干税收、财务问题暂行规定的通知》,指出:1991 年以来,信用社由于利率调整和部分地区遭受特大水灾等原因,不仅使农村信用社的经营发生困难,而且使农村信用社的财产遭受严重损失,要求在税收、财务上给予照顾。为稳定农村金融,支持农业生产和农村经济的发展,经与农行协商同意,就几个税收、财务问题的处理暂作规定:关于减免所得税问题。对农村信用社因受灾纳税确有困难的,可按税收管理体制的规定,报经批准,酌情给予定期的减税或免税照顾。关于贷款呆账损失处理和提取呆账准备金问题。农行印发的《农村信用合作社贷款呆账处理试行办法》是经国家税务局审核同意的,各级税务机关应按照国家税务局《关于集体信用合作社建立贷款呆账准备金的暂行规定》和《试行办法》的有关规定,帮助农村信用社及时而稳妥地处理贷款呆账损失。没有按规定处理和核销贷款呆账损失的信用社,在 1991 年度暂停提取呆账准备金,但对部分灾区信用社可由农行分行会商同级税务局同意,继续按规定提取呆账准备金。关于计提定期储蓄应付未付利息问题。农村信用社半年以下(含半年)的定期储蓄存款不再计提应付未付利息,定活两便储蓄存款计提应付未付利息时,计提利率应打一定的折扣,具体折扣比例由各省、自治区、直辖市农行分行根据当地实际情况,会商同级税务局确定。关于计提应付未付保值储蓄贴补息问题。农村信用社在 1991 年度暂不提取应付未付保值储蓄贴补息。对农村信用社 1990 年底以前提取的应付未付保值储蓄贴补息,1991 年暂不处理。关于 1991 年灾区信用社危房修建费用问题。信用社对营业用房进行修理的,凡符合规定的修理费用可列入成本;信用社营业用房被冲毁,或经有关部门验定确属危房的,其重建费用应首先用公积金和折旧基金解决,公积金和折旧基金不足的部分,报经当地税务机关审核批准,可列入成本。对列入成本数额较大的,1991 年可一次支出,分两年摊销。关于运钞车购置费用列支问题。为加强信用社在钞币运送中的资金和人员安全,对确有需要,并经农行分行批准并办理社会集团购买力审批手续后购置的特制运钞车,其购置费用应首先用公积金和折旧基金解决,公积金和折旧基金不足的,1991、1992 两年可报经当地税务机关审核批准,在安全设施中列支。运钞车购置的具体管理办法,由农行总行另行下达。上述规定自 1991年 1 月 1 日起执行。

1992 年 1 月 12 日,农行自治区分行转发农行《〈国家税务局关于农村信用社、集体企业若干税收财务问题两个暂行规定的通知〉的通知》。明确关于减免所得税问题。这项改革是国家税务局对农村信用社的照顾,各级行社根据自身情况,该申请减免税收的要积极主动向税务部门报送有关报表并办理减免税手续。关于贷款呆账损失处理机提取呆账准备金问题:凡有贷款呆账的信用社,均应抓紧落实,并按贷款呆账审批权限,由各级信合管理部门会同同级税务局审批处理。今后呆账准备金应按规定办法提取,按年清算,多退少补。关于信用社危房修建费用问题:营业用房一般修理,修理费可列入成本。属于危房的必须经有关部门验定确属危房的,其重建费用在 5 万元以内(含 5 万元)报中心支行审批。5 万元以上的,由中心支行签署意见,报分行审批。上报时必须注明现有公积金和房屋折旧基金数,不足部分报经当地税务机关审核批准,可列入成本。未经批准的不得修建,修建费数较大的,当年可一次支出,可分两年摊销。关于运钞车及费用的列支。购置运钞车应从严控制,必须购买的由县联社统一安排,报中心支行审核后,上报分行。上报时必须注明购车资金来源,不足部分报经当地税务机关审核批准,在安全设施费中列支。经自治区税务部门审核,福利费提取基数不含成本中奖金,业务宣传费、培训费不应提取,应改为按规定掌握使用。是日,国家税务局印发《农村信用合作社财务管理试行办法》要求:从 1992 年度起试行,各级税务机关与农行要互相配合,互相支持,共同搞好农村信用合作社财务管理工作。9 月 3 日,国家税务局印发《关于农村信用社几个税收、财务问题的处理规定的通知》。其主要内容是:对国务院统一确定的各项贴息贷款扶持贫困县的农村信用社,1992～1993 年,准予继续免征所得税两年。对农村信用社 1986 年底前提取的贷款呆账准备金,应全部转入"呆账准备金"账户,专项用于核销呆账贷款。对农村信用社 1986 年底前预提的应付未付利息,支付 1986 年底前存款利息后的余额,应首先用于弥补 1991 年底前的待处理历年亏损。仍有结余的,可转入"信贷基金"账户。本规定颁发前已对二、三两条所列内容进行处理的,凡与本规定不符的,一律按本规定执行,并在 1992 年度的财务决算中予以调整。11 月 16 日,自治区税务局印发《转发国家税务局〈关于农村信用社几个税收、财务问题处理规定的通知〉的通知》,对国家税务局《关于农村信用社几个税收、财务问题处理规定的通知》的文件,结合自治区实际,做出补充规定,规定:对中央和自治区确定的贫困县的农村信用社,1992～1993 年,免征所得税两年。11 月 20 日,新疆税务局印发《关于农村信用社免征营业税的通知》。由于信用社的资金运用主要是支持农牧业生产,贷款利息低,存款成本高,使得农村信用社大面积亏损,要求税收上给予照顾。根据国家税务局有关文件精神,经自治区税务局减免税审批委员会第二十七次会议研究,同意对全疆县以下农村信用社(含县联社的营业部),1992～1993 年给予免征营业税的照顾。1993 年 2 月 17 日,根据《关于印发〈集体信用合作社贷款呆账处理试行办法〉的通知》的规定,农村信用社低成本存款增长奖,按有关规定计算后,可按增长的千分之三提奖金,在税前列支。

1994 年,鉴于农村信用合作社经营的特殊性,可按财政部、国家税务总局《关于企业所得税若干政策问题的规定》,信用社可享受两档低税率的照顾。经自治区国家税务局研究,对国家和自治区确定的贫困县的农村信用社从 1994～1995 年,免征所得税两年。10 月 12 日,自治区国家税务局印发《关于农村信用社所得税政策问题的通知》。为扶持自治区农村信用社的发展,支持贫困地区经济建设,根据原自治区税务局《转发财政部、国家税务总局〈关于企业所得税若干优惠政策的通知〉精神》,经自治区国家税务局研究,对国家和自治区确定的贫困县的农村信用社,从 1994～1995 年,免征所得税两年。

1995 年 10 月 10 日,自治区联社转发财政部、国家税务总局《关于金融业征收营业税有关问题的通知》。1996 年 3 月 4 日,国家税务总局认定企业在预缴中少缴的税款不应作为偷税处理。在财务税收检查中,信用社如遇上述问题,比照印发国税函〔1996〕8 号文件办理。3 月 18 日,农业银行转发《关于财政部派出机构和当地国税局在工作中加强协作配合的通知》的通知。根据文件精神,财政部派出监察专员整顿财税秩序,严肃财税法纪。纳税人对监督检查结果和处理意见提出异议的,在做出处理决定前可听取当地国税局的意见,根据此精神,各地农村信用社在财税监督检查中,如对检查结果和处理意见有异议的,要依据国家税务局制定以及农总行经商国家税务局会签同意印发的各项财务管理制度、办法、规定等及时向当地国税局如实反映情况,在当地国税局未作出明确答复之前,信用社不能接受无端的处罚。5 月 9 日,农行转发国家税务总局《关于非银行金融机构若干财税政策问题的通知》和《关于金融保险企业有关企业所得税问题的通知》:对财政部驻部分地区财政监察专员办事处、国税局在非银行金融机构财税检查和所得税征管工作中,遇到一些财税政策问题,并先后向财政部、国家税务总局请示。经研究,对 1994 年和 1995 年发生的有关问题给予答复:财政部和国家税务总局对《农村信用合作社财务管理实施办法》的确认及今明两年内所得税给予信用社两档低税率照顾,这是国家给予农村信用社的重要扶持措施。但考虑到农村信用社的特殊情况,1994 年因执行两档照顾税率而少缴的所得税暂不补交。各地要尽快传达到信用社,并且认真贯彻落实。

1998 年 3 月 2 日,财政部、国家税务总局印发《关于农村信用社有关企业所得税问题的通知》,为减轻农村信用社的经营困难,更好地支持农业生产,经国务院批准,在 2000 年 12 月 31 日之前,农村信用社年应纳税所得额在 3 万元(含 3 万元)以下的,减按 18% 的税率征收所得税;年应纳税所得额在 10 万元(含 10 万元)以下至 3 万元的,减按 27% 的税率征收所得税。3 月 25 日,财政部、国家税务总局印发《关于农村信用社征收营业税等有关问题的通知》。对农村信用社自 1998 年 1 月 1 日起至 12 月 31 日止,减按 6%

的税率征收营业税;1999年1月1日起至12月31日止,减按7%的税率征收营业税;2000年1月1日起,恢复按8%的税率征收营业税。农村信用社在税率调整后,按5%的税率征收的部分继续向主管地方税务局缴纳,新增的部分向主管国家税务局缴纳。农村信用社自1998年起逐步调高营业税税率后,对随同营业税附征的城市维护建设税和教育费附加,仍按营业税原税率5%的部分计征,并由原征收机关征收。4月1日,财政部、国家税务总局印发《关于贫困县农村信用社继续免征企业所得税的通知》。1994年税制改革后,财政部,国家税务总局《关于部分行业、企业继续执行企业所得税优惠政策的通知》中的优惠政策,到1997年底已执行期满。为支持贫困地区农村信用社的发展,经国务院批准,对国家确定为贫困县的农村信用社在2000年12月31日前继续免征企业所得税。

1999年2月21日,财政部印发《关于农村信用社有关营业税问题的通知》。鉴于农村信用社经营中的实际困难,经国务院批准,对农村信用社有关税收政策问题做以明确。1999年1月1日~2000年12月31日,对农村信用社继续按照6%的税率征收营业税。其中按照5%税率计征的部分由地方税务局征收,按照另外1%税率计征的部分由国家税务局征收。随同营业税附征的城市维护建设税和教育费附加,仍按营业税应交税额中按5%税率征收的部分计征,并由原征收机关负责征收。《关于农村信用社征收营业税等有关问题的通知》相应停止执行。同年,国家税务总局颁布关于农村信用社管理机构提取管理费问题的通知,鉴于农村信用社县联社的经费一直未纳入财政预算管理,现实又没有经费来源,允许向其辖区内的农村信用社提取管理费,提取最高比例不得超过农村信用社总收入2%。

2000年11月,人行喀什地区中心支行印发《关于转发自治区国家税务局关于我区农村信用社管理部门2000年度行政管理费税前扣除问题的通知》的通知。经研究,2000年各农村信用社按总收入的0.5%提取地市级、省级及总行农村信用社管理机构所需管理费,准予在税前扣除,超过部分应作纳税调整。农村信用社县联社提取的管理费,由各地国家税务局根据《转发〈国家税务总局关于农村信用社管理机构提取管理费问题的通知〉的通知》的有关规定,在规定权限范围内审批。未经审批各信用社上缴的管理费不得在税前扣除。国家税务局返还信用社代扣代缴个人储蓄存款利息所得税手续费。

2001年6月,县联合社向各信用社、联合社营业部转发财政部、国家税务局总局文件,内容为扶持农村信用社的发展,经国务院批准,现对农村信用社有关税收政策通知如下:从2001年1月1日至2002年12月31日,对农村信用社继续按照6%的税率征收营业税。其中按照5%税率计征的部分由地方税务局征收,按照另外1%税率计征的部分由国家税务局征收。随同营业税附征的城市维护建设税和教育费附加,仍按营业税应交税额中按 5% 税率征收的部分计征,并由原征收机关负责征收;从 2003 年 1 月 1 日起,对农村信用社按照 5% 的税率征收营业税,由地方税务局负责征收。10 月 8 日,财政部、国家税务总局印发《关于降低农村信用社营业税税率的通知》。为缓解农村信用社的困难,支持农村信用社发展,经国务院批准,自 2001 年 10 月 1 日起,对农村信用社减按 5% 的税率计征营业税,由地方税务局负责征收,营业税收入全部归属地方,《财政部、国家税务总局关于继续执行农村信用社有关营业税政策的通知》同时废止。自治区同意地市级和自治区级农村信用社管理部门 2001 年度农村信用社总收入的 0.5% 的比例提取管理费,总额不得超过 313 万元,各农村信用社在规定标准内上缴的管理费,准予在税前扣除,超过规定标准上缴的管理费,不得在税前扣除。

2004 年 1 月 2 日,经国务院批准,从 2003 年 1 月 1 日起至 2005 年底,对西部地区和江西、吉林省实行改革试点的农村信用社暂免征收企业所得税;对其他地区实行改革试点的农村信用社,按其应纳税额减半征收企业所得税;从 2003 年 1 月 1 日起,对改革试点地区所有农村信用社的营业税按 3% 的税率征收;文到之日前多征收的税款可退库处理或在以后应缴的营业税中抵减。1 月 15 日,国家税务总局印发《关于个人银行结算账户利息所得征收个人所得税问题的通知》。按照人行发布《人民币银行结算账户管理办法》有关规定,自 2003 年 9 月 1 日起,个人要凭其有效身份证件在银行开立个人银行结算账户。根据国务院发布的《对储蓄存款利息征收个人所得税的实施办法》所确定的原则,个人取得的银行结算账户利息所得属于"储蓄存款利息所得",应依法征收个人所得税。11 月 12 日,财政部、国家税务总局印发《关于进一步扩大试点地区农村信用社有关税收政策问题的通知》。经国务院批准,从 2004 年 1 月 1 日起至 2006 年底,对参与试点的中西部地区农村信用社暂免征收企业所得税;其他试点地区农村信用社,按其应纳税额减半征收企业所得税;从 2004 年 1 月 1 日起,对改革试点地区农村信用社取得的金融保险业应税收入,按 3% 的税率征收营业税。文到之日前多征收的税款可退库处理或在以后缴的营业税中抵减。

2006 年 5 月 14 日,财政部、国家税务总局印发《关于延长试点地区农村信用社有关税收政策期限的通知》《财政部、国家税务总局关于试点地区农村信用社税收政策的通知》《财政部、国家税务总局关于进一步扩大试点地区农村信用社有关税收政策问题的通知》,给予试点地区和进一步扩大试点地区农村信用社的企业所得税优惠政策,在执行到期后,再延长 3 年优惠期限,分别延至 2008 年底和 2009 年底;改革试点地区的农村信用社要将上述免税收入专项用于核销挂账亏损或增加拨备,不得用于分红。7 月 29 日,自治区农村信用社联社印发《关于转发〈中国银行业监督管理委员会办公厅关于农村信用社农村合作银行减免税收入弥补亏损或计入拨备等有关问题的通知〉的通知》,对所得税减免形成的收入,在应缴税金科目下开设专户进行管理,账户名称为"减免企业所得税"。

对所得税减免形成收入的使用:当年盈余但有未弥补历年挂账亏损的农村信用社,同时资产减值准备(包括贷款损失准备、短期投资跌价准备、长期投资减值准备、坏账准备、抵债资产减值准备、固定资产减值准备、在建工程减值准备及无形资产减值准备)计提比例未达到规定要求的农村信用社,当年减免所得税形成的收入,应首先用于弥补历年挂账亏损。没有历年挂账亏损,但资产减值准备计提比例未达到规定要求的农村信用社,当年减免所得税形成的收入,应全部用于增提资产减值准备。没有历年挂账亏损,同时资产减值准备计提比例已达到规定要求的农村信用社,当年减免所得税形成的收入,应全部用于增提一般准备。根据中国银监会 2006 年《关于农村信用社 2006 年度会计决算工作指导意见》通知,管理费提取比例按各项收入 0.8% 提取。

2008 年,县联社享受税收优惠政策,共计取得减免所得税额为 94.33 万元,其中核销历年挂账亏损 36.55 万元,增提贷款损失准备 57.78 万元。

2009 年,按照国家税务总局通知,金融保险业收入按 3% 的税率缴纳营业税,政策的执行期限至 2015 年 12 月 31 日。3 月 2 日,自治区财政厅、劳动和社会保障厅联合印发《关于转发〈财政部人行人力资源社会保障部关于印发小额担保贷款财政贴息资金管理办法的通知〉》。

2010 年 5 月 13 日,财政部、国家税务总局颁发《关于农村金融有关税收政策的通知》。规定自 2009 年 1 月 1 日至 2013 年 12 月 31 日,对金融机构农户小额贷款利息收入,免征营业税,并在计算应纳税所得额时,按 90% 计入收入总额,对 2009 年应予免征或者减征的营业税税款予以退还。

2011 年 3 月 5 日,县联社根据《自治区国家税务总局转发〈财政部国家税务总局关于农村金融有关税收政策的通知〉的通知》和《关于执行〈财政部国家税务总局关于农村金融有关税收政策的通知〉的通知》精神,县联社坚持实事求是的原则,对 2010 年度农户小额贷款利息收入进行详细统计,向岳普湖县国税局提出关于农户贷款利息收入抵减或者予以退税的申请。县联社 2010 年度计算应纳所得额时按 90% 计入收入总额,计算情况全年收入总额 25048369.74 元,其中贷款利息收入 22582694.40 元,农户小额贷款利息收入 8643378.47 元,减去部分 864337.85 元,利润总额 4831412 元,2010 年度应所缴企业所得税总计 1747958.38 元。2010 年度已缴企业所得税 791768.54 元,预交所得税 200000.00 元。农户小额贷款利息收入计入金额 7779040.62 元。10 月 17 日,财政部、国家税务总局《关于金融机构与小型微型企业签订借款合同免征印花税的通知》,对金融机构与小型、微型企业签订的借款合同免征印花税,执行期限至 2014 年 10 月 31 日。11 月 19 日,财政部、国家税务总局《关于金融企业涉农贷款和中小企业贷款损失准备税前扣除政策通知》《关于延长金融企业涉农贷款和中小企业贷款损失准备金税前扣除政策执行期限的通知》规定,涉农贷款和中小企业贷款按关注类贷款 2%、次级类贷款 25%、可疑类贷款 50%、损失类贷款 100% 标准提取的贷款损失准备,准予在计算应纳税所得额时扣除。执行期限延长至 2013 年 12 月 31 日。

2012 年 12 月 27 日,县联社根据《自治区国家税务总局转发〈财政部国家税务总局关于农村金融有关税收政策的通知〉的通知》和《关于执行〈财政部国家税务总局关于农村金融有关税收政策的通知〉的通知》精神,坚持实事求是的原则,对 2009 年度农户小额贷款利息收入进行详细统计,2009 年度小额农户贷款利息收入 5999711.37 元;2009 年度营业税总计 528257.80 元,其中 2009 年度农户小额贷款利息收入所缴营业税 179991.34 元;2009 年度城建税总计 26412.89 元,其中 2009 年度农户小额贷款利息收入所缴城建税 8999.57 元;2009 年度教育附加总计 15847.74 元,其中 2009 年度农户小额贷款利息收入所缴教育附加 5399.74 元;2009 年度农户小额贷款利息收入所缴减免税款总计 194390.65 元,按照财税〔2010〕4 号文件规定,县联社向县地税局申请用以后年度税款进行抵扣。根据财税〔2010〕4 号文件规定 50000 元以下小额农户贷款收入免缴营业税。县联社多缴纳营业税 179991.34 元,城建税 8999.57 元,教育附加 5399.74 元,共 194390.65 元。县联社向县地税局申请用以后年度税款进行抵扣。

2013 年,县联社落实人民银行、财政部门、税务部门给予的各项优惠政策,向县地税局缴纳税额 526 万元。2014 年,县联社向县地税局缴纳税额 526 万元。

第四节　自治区联社扶持

2013 年 1 月 30 日,自治区联社根据《关于对部分联社给予资金扶持的通知》的要求,给予岳普湖县联社 9000 万元扶持资金,期限 11 个月,2013 年 12 月 30 日到期。岳普湖县联社接收到此笔扶持资金后,每月将此笔资金做约期存放,收益近 412.50 万元,有效缓解资金紧张局面,保障县联社正常经营,缓解资金流动性不足情况,增加县联社营业收入。

第十七章　资产风险管理

信贷资产质量下降,既是银行、信用社的风险,也是整个经济的风险,加强信贷风险管理,是确保信贷资金安全、维护经济和社会稳定的需要。信贷资产风险分为:信用风险、国家和转移风险、市场风险、利率风险、流动性风险、操作风险、法律风险、声誉风险。

信贷资产质量好坏直接影响着一个行或信用社发展壮大。从信用社发展历史长河不难看出,由于信贷人员的信贷资产经营和管理水平较低,重贷轻管理,业务处理简陋化和不规范,造成大量不良信贷资产,致使一度停止对某些村镇贷款。甚至包括一些信用良好的小微企业客户群体,影响和束缚信用社信用度和发展,在这种严酷的现实下,信用社要跨越式发展,就必须建立和实施一套完整信贷资产风险管理体系。

第一节　组织机构

岳普湖县联社风险管理组织体系是由联社理事会领导,以风险管理委员会为核心,风险管理委员会办公室实施具体操作,以各职能部门、各条业务线、各分支机构的风险控制人员为主要参与人员组成的组织结构体系。风险管理实行统一领导,垂直管理,分级负责。

2004年6月8日,县联合社根据喀银监办发《关于农村合作金融机构风险评价和预警指标体系(试行)实施细则》的要求,成立风险管理小组。组长:卡米力江·米吉提(理事长、主任),副组长:阿不力孜·买买提(副主任),成员:阿不力孜·卡德尔(监事长)、唐努尔·艾买提(经管部主任)、古扎丽努尔·依明(经管部干部)。风险管理小组负责风险管理和风险监测,评价报表的报送工作,查找风险管理的薄弱环节和漏洞,研究制定防范、控制、化解、处置风险的措施,总结经验和教训,克服薄弱环节,堵塞漏洞,并对报送的报表资料负责,保证报表资料数字真实,准确。6月29日,县联合社成立党风廉政建设教育月活动领导小组。组长卡米力·米吉提(支部书记、理事长、主任),副组长艾沙·吐尔(支部副书记、副理事长、副主任)、阿不力孜·买买提(副主任),成员:阿不力孜·卡得尔（监事长）、唐努尔·艾买提（经营管理部主任）、艾合买提江·买买提（营业部主任）范帆（人事干事）。领导小组下设办公室，由艾沙·吐尔担任办公室主任，日常事务由领导小组成员阿不力孜·卡得尔、范帆具体实施。

2006年3月29日，县联合社为全面推进岳普湖县农村信用社贷款五级分类工作，加强对辖内各分社贷款五级分类的领导、组织、协调和监督，决定成立岳普湖县农村信用社贷款五级分类工作领导小组。组长：卡米力·米吉提（联社党支部书记、理事长、主任），副组长：艾沙·吐尔（联社副主任）、阿不力孜·买买提（联社副主任、办公室主任）；成员：阿不力孜·卡地尔（联社监事长）、唐努尔·艾买提（经营管理部负责人）、范凡、（联社办公室副主任）、艾尔肯·提力瓦地（理事会理事、下巴扎分社负责人）。10月15日，县联合社为确保"1104工程"非现场监管信息系统数据的真实性、完整性和及时性，成立岳普湖县农村信用社非现场监管系统信息工作领导小组：组长卡米力·米吉提（联社党支部书记、理事长、主任），副组长阿不力孜·买买提（联社副主任）；成员：阿不力孜·卡地尔（联社监事长）、唐努尔·艾买提（会计部门负责人）、热合曼吾守尔（信贷部门负责人）。领导小组下设办公室，办公室设在联社经营管理部，办公室主任由阿不力孜·买买提兼任，工作人员唐努尔·艾买提、祖丽皮娅·阿不都热依木。

2007年4月13日，县联社办公会议讨论研究决定，成立岳普湖县农村信用合作联社非信贷资产风险分类领导小组，小组成员如下：组长：卡米力·米吉提，副组长：阿不力孜·卡地尔、阿不力孜·买买提，成员：艾尔肯·提力瓦地、唐努尔·艾买提。领导小组下设办公室，办公室设在信贷管理部。主任：阿不力孜·买买提，成员：艾尔肯·提力瓦地、艾外尔·阿卜都热西提、艾买提江·图尔孙、热依汗姑丽·热合曼。10月，县联社成立开展加强内控、提升执行力主题教育活动领导小组，负责指导、组织全辖农村信用社教育活动的开展。组长由联社理事长卡米力·米吉提担任，副组长由县联社监事长阿卜力孜·喀迪尔担任。成员由县联社副主任阿卜力孜·买买提、艾沙·吐尔及综合办公室副主任李巧兰担任；领导小组下设办公室，办公室主任由阿卜力孜·喀迪尔担任，成员由热依汗姑丽·热合曼、阿不都外力·吐尔逊等组成，办公室设在联社综合办公室，办公室负责活动的组织协调，宣传报道，监督检查和综合情况等工作。

2008年，县联社成立案件专项治理和反商业贿赂工作领导小组。

2010年4月24日，联社党委会议研究决定，成立贷款审查审批委员会。主任委员：卡米力·米吉提（联社党委书记、理事长），副主任委员：冯庆（联社党委委员、主任）、艾尼瓦尔·阿布杜卡迪尔（联社党委委员、副主任），成员：卡米力·阿不力孜（信贷管理部经理）、艾尔肯·铁力瓦尔迪（也克先拜巴扎信用社主任）、阿娜尔古丽·牙生（财务信息部副经理）、阿不都外力·吐尔逊（信贷管理部副经理）。贷款审查审批委员会下设办公室。主任：卡米力·阿不力孜（信贷管理部经理），成员阿娜尔古丽·牙生（财务信息部副经理）、阿不都外力·吐尔逊（信贷管理部副经理）。

2011年3月4日,岳普湖县农村信用合作联社研究决定成立岳普湖县农村信用合作联社风险管理委员会。主任委员冯庆,副主任委员艾尼瓦尔·阿布杜卡迪尔,委员安外尔·阿不都热西提、阿娜姑·亚生、依布拉依木·热扎克。4月,县联社根据自治区联社"三项整治"活动工作方案要求,成立"三项整治"活动工作领导小组,负责"三项整治"活动工作的总体指导和部署。组长:卡米力·米吉提,副组长:冯庆、唐努尔·艾买提、艾尼瓦尔·阿布杜卡迪尔、吐拉洪·麦麦提,成员:安外尔·阿不都热西提、阿那古·亚森、热依汗古丽·热合曼、刘明、李红梅、周磊。

2012年3月4日,岳普湖县联社成立党风廉政建设责任制领导小组成员。组长卡米力·米吉提(联社党委书记、理事长),副组长冯庆(联社党委委员、主任)、唐努尔·艾买提(联社纪委书记、监事长)、艾尼瓦尔·阿布都卡迪尔(联社党委委员、副主任)、吐拉洪·麦麦提(联社党委委员、副主任),成员米热古丽·孜明(联社纪检委员)、克依木·阿不力孜(联社纪检委员)。领导小组下设办公室,主任冯庆,副主任唐努尔·艾买提(联社纪委书记、监事长),成员米热古丽·孜明(联社纪检委员)、克依木·阿不力孜(联社纪检委员)。5月4日,县联社党委会议研究,成立"阳光信贷"主题教育活动领导小组。组长卡米力·米吉提(联社党委书记、理事长),副组长唐努尔·艾买提(联社党委委员、纪检委书记、监事长)、艾尼瓦尔·阿布杜卡迪尔(联社党委委员、副主任),成员:艾尼瓦尔·阿不都热西提(信贷管理部经理)、热依汗古丽·热合曼(审计部经理)、刘明(综合办公室主任)、阿依提拉·麦海提(人力资源部副经理),领导小组下设办公室,主任:唐努尔·艾买提,副主任:艾尼瓦尔·阿不都热西提、热依汗古丽·热合曼,成员:阿依提拉·麦海提、伊布拉因·热扎克、米热古丽·孜明、克依木·阿不力孜。

2013年8月23日,县联社党委会议研究,对联社党风廉政建设及案件防控责任制领导小组成员进行调整。组长吐逊·卡地尔(联社党委书记、理事长),副组长冯庆(联社党委委员、主任)、唐努尔·艾买提(联社纪委书记、监事长)吐逊江·赛麦提(联社党委委员、副主任)、佟明亮(联社党委委员、副主任),成员:吐尔逊江·亚森(联社综合办公室主任)、米热古丽·孜明(联社审计部经理)、周磊(联社财务信息部经理)、伊布拉依木·热扎克(联社信贷部经理)、古丽娜尔·阿西木(联社风险部经理)、克依木·阿不力孜(联社审计部副经理)、阿依提拉·麦海提(联社人力资源部副经理)、拜合提亚尔·依明(联社客户部副经理)。领导小组下设办公室,主任唐努尔·艾买提(联社纪委书记、监事长),成员米热古丽·孜明(联社审计部经理)、克依木·阿不力孜(联社审计部副经理)。是日,县联社党委根据《新疆维吾尔自治区农村信用合作社资产风险管理委员会工作规程》要求,为进一步规范岳普湖县农村信用合作联社资产风险管理委员会工作程序,明确工作职责,提高决策水平,防范和控制资产经营风险,对岳普湖县农村信用合作联社资产风险管理委员会成员进行调整。主任委员:吐逊·卡地尔(联社党委书记、理事长),副主任委员:冯庆(联社党委委员、主任),成员:吐逊江·赛麦提(联社党委委员、副主任)、古丽娜尔·阿西木(资产风险管理部经理)、伊布拉依木·热扎克(信贷管理部经理)、周磊(财务信息部经理)。资产风险管理委员会下设办公室:办公室主任:冯庆(联社党委委员、主任),副主任:吐逊江·赛麦提(联社党委委员、副主任),成员:古丽娜尔·阿西木(资产风险管理部经理)、阿力木·阿不来提(资产风险管理部员工)。联社党委会议研究,对联社非现场监管系统信息工作领导小组成员进行调整。组长吐逊·卡地尔(联社党委书记、理事长),副组长冯庆(联社党委委员、主任),成员:周磊(财务部经理)、依布拉依木·热扎克(信贷部经理)、古丽娜尔·阿西木(资产风险部经理)、拜合提亚尔·依明(客户部副经理)。领导小组下设办公室,办公室设在联社财务部,办公室主任由冯庆兼任。办公室工作人员:周磊、古丽娜·阿西木、热比古丽·吾不力、程凯。A岗复核员:周磊,A岗填报员:热比古丽·吾不力,B岗复核员:古丽娜·阿西木,B岗填报员:程凯。

第二节　风险防控

岳普湖县域信用社成立至1995年期间,信贷投放纯属信贷员受理、审查、审批、发放、收回,一人完成全过程,不仅不符合信贷管理规定,而且存在操作风险,信贷资产质量差、风险大。整体上信用社自上而下信贷经营和管理能力的水平低,信贷人员重贷轻管理,资产风险防范与化解意识淡薄。

2001年,喀什地区对县农村联合社领导班子进行调整,建立"三会"制度,完善领导体制。全县农村信用社大部分乡(镇)信用社配置副主任、主任,在理事会领导下,开展工作,做到权力制衡。县联合社配备专职稽核人员,实行分片包干,制定稽核工作制度及考核办法,明确稽核任务,要求稽核部门每季度至少对基层社进行一次全面检查。

2002年,岳普湖县联合社为规避信贷风险,在县、乡党委、政府的支持帮助下,制定《岳普湖县农村信用社小额信用贷款实施方案》推行小额农户信用贷款。调查农户25925户,建立农户档案21916户,评定信用等级户9269户,占农户42%,优秀户359户,较好户1747户,一般户7263户。同年,还推行农户联户担保贷款,改变户贷户结状况。

2003年,岳普湖县联合社针对部分员工业务素质低下,出现违规贷款形成不良贷款,库存现金短款在社内造成不良影响等情况,及时进行纠正,同时按有关制度进行严肃的处理,做到有章必循,违章必纠。年初,联合社法人与基层社之间签订关于内部管理、防范经济案件责任书,做到层层落实,明确责任。并要求各乡(镇)信用分社加强重要空白凭证管理,实现各基层社无大量重要凭证积存。同时,加强各基层社的稽核工作,配备一名兼职稽核员,对基层社实行定期不定期稽核制度。

2004 年,县联合社严格执行"农户小额信用贷款管理办法""贷款三查制度""三包"责任制、"信用社员工保证书"等制度、措施,层层落实,责任到人,有效防范化解信贷风险,进一步提高贷款质量。

2005 年,县联合社建立健全各项规章制度,修订各类《奖惩办法》,配备联社专职稽核人员,实行分片包干;制定稽核工作制度和考核办法,明确稽核任务,并且由联社副主任任组长,会同专职稽核人员和各部门抽调人员对全辖基层信用社各项工作进行定期和不定期稽核。严格按《会计法》和会计规章制度办事,确保账账、账款、账物、账实相符,及时上报各类会计报表和有关数据资料;加强重要空白凭证管理,做到账证一致,万无一失;加强安全防范措施,严格执行押运、值勤制度,防止抢劫、盗窃库款发生,保障国家、集体、个人的生命财产不受损失。县联合社结合自治区第七次党风廉政建设教育月活动,加大对稽核人员的培训和考核力度,对稽核工作成绩突出的,给予提拔和重用;对素质低,不能及时发现问题,不能适应新业务稽核检查的人员及时进行调整,保证稽核人员要有过硬的业务素质,并给每个基层社配备一名兼职稽核员,强化稽核队伍建设。

2007 年,岳普湖县联社严格按照《岳普湖县农村信用合作社联社规章制度汇编》,有条不紊地开展业务工作。一是加强重要空白凭证管理,对每个操作环节都进行严格管理和监督,实现各基层社无大量重要空白凭证积存。二是在每个基层社配备一名兼职稽核员,加强稽核队伍建设和强化内控制度。三是结合案件专项治理和反商业贿赂工作,对全辖营业网点进行抽查,对容易发生不正当交易行为和商业贿赂的部门、岗位及员工进行分析摸底,有效地预防职务犯罪。四是进一步完善法人治理结构。按照风险控制措施、风险控制方案来开展工作,严防经济案件的发生。5 月 28 日起县联社在全辖信用社开展非信贷资产风险分类工作,目的是规范和加强该社非信贷资产管理,进一步提高非信贷资产质量,建立真实、全面、动态反映非信贷资产实际价值和风险程度,彻底摸清家底,提高和管理好全额资产的质量。2006 年末,县联社资产总额 17021.65 万元,非信贷资产 12706.48 万元,占比 74.65%。联社非信贷资产风险分类的结果为:正常类 12369.27 万元,占比 97.35%,关注类 39.94 万元,占比 0.31%,次级类 1.30 万元,占比 0.01%,可疑类 1.86 万元,占比 0.02%,损失类 294.11 万元,占比 2.31%。不良非信贷资产 297.27 万元,占资产总额的 1.75%。不良非信贷资产主要包括部分固定资产、诉讼费、职工贪污款、待处理财产损溢、历年挂账亏损。其中待处理财产损溢为城市信用社归并联社后形成的,其损失额度达 89.94 万元,职工贪污款 6 笔,金额 63.64 万元。正常非信贷资产中央行票据 900 万元在兑付期内,固定资产中存在老营业室无法出售形成损失,金额 12.86 万元。联社对投资购买的债券,以长期投资为目的,持有至到期日,零风险。

2008 年,县联社成立内控制度建设和案件防范工作领导小组,与各乡农村信用社负责人签订经济案件防范责任书。根据《新疆维吾尔自治区农村信用合作社会计主管委派制管理办法(试行)》,制定《岳普湖县农村信用合作联社会计主管委派工作实施细则(试行)》,9 月,对全辖 9 个营业网点实行会计主管委派制,在全体员工中开展警示教育、金融法规、职业道德教育活动。

2009 年,岳普湖县联社制定《案件专项治理工作方案》,加强督促检查力度,对违反各项规章制度的单位和个人,按制度进行罚款、通报批评。对自治区联社、喀什银监分局检查发现的问题及时整改。按照重要岗位人员轮流上岗制度,对 48 名干部进行离岗审计。2009 年通过案件专项治理和回头看活动,实现不发生重大安全责任事故和大案要案的目标。

2010 年 5 月,岳普湖县联社规定贷款审查审批权限:1. 金额 3 万元以上(不包括 3 万元)5 万元以下的(包括 5 万元)贷款由贷款审查审批委员会办公室审批。2. 金额 5 万元以上(不包括 5 万元)10 万元以下的(包括 10 万元)贷款由贷款审查审批委员会副主任委员艾尼瓦尔·阿布杜卡迪尔有权审批。3. 金额 10 万元以上(不包括 10 万元)20 万元以下的(包括 20 万元)贷款由贷款审查审批委员会副主任委员冯庆有权审批。4. 金额 20 万元以上(不包括 20 万元),30 万元以下的(不包括 30 万元)贷款由贷款审查审批委员会审批。5. 对于 30 万元以上贷款进行审查并开会通过后,报自治区联社信贷咨询委员会办公室备案同意方可签批发放。6. 贷审会投票实行无记名投票表决和举手表决两种方式。对于额度 5 万元至 10 万元之间的贷款实行举手表决方式,10 万元以上的实行无记名投票表决方式。

2011 年,县联社落实防范操作风险"十三条"措施和"十个联动"的要求:一是自觉遵守重点岗位预防操作风险的十三项制度,对会计、信贷岗严格管理,加大轮岗力度。继续组织风险隐患排查,加强对基层营业机构负责人、会计主管、信贷员等关键岗位的管理。二是做好案件高发业务环节的风险控制工作。在负债业务方面建立业务人员岗位职责,规范操作流程,加强事后监督,采取银企对账方式,防范账外存款、账外经营问题发生。在贷款业务方面,重点防范大额超比率贷款、冒名贷款、化名贷款、收贷不入账以及违反操作流程发放贷款。三是做好重点业务环节的防范和控制工作。对会计、出纳、储蓄和信贷工作制度执行情况,现金、重要空白凭证的管理情况做到"六必查",对发现的问题,落实责任,逐个逐项整改,做到检查处理到位,责任追究到位,问题整改到位,把问题消除在萌芽状态。截至 2011 年末,县联社资产总额 86897.8 万元,比上年增加 25240.6 万元,增长 41%;非信贷资产 42916.89 万元,占比 49.39%,较上年增加 14795.17 万元。非信贷资产风险分类的结果为:正常类 41058.69 万元,占比 95.67%,关注类 2856.8 万元,占比 6.66%,次级 137.79 占比 0.23%,可疑 592.57 占比 1.38%,损失类 99.38 万元,占比 0.23%。不良非信贷资产 111.06 万元,占资产总额的 0.25%,不良非信贷资产主要包括诉讼费、职工贪污款、待处理财产损溢、历年挂账亏损、预计损失额为 111.06 万元。

2012 年 2 月 4 日,县联社调整信贷审批委员会组成人员,下设办公室及贷款调查小组、贷款审查小组,对贷款审查审批权限进行调整。1. 金额 3 万元以上(不包括 3 万元)

10 万元以下的(包括 10 万元)贷款由信贷审批委员会办公室审批,(此类信贷审批委员会副主任委员艾尼瓦尔·阿布杜卡迪尔主持)。2.金额 10 万元以上(不包括 10 万元)的贷款由信贷审批委员会有权审批(10 万元以上贷款的审查审批会议由联社主任冯庆主持),并且理事长、监事长亲自参加。3.审批会投票实行记名投票表决。对于额度 3 万元以上的贷款一律实行记名投票表决。对各信用社贷款审批权限作出规定。(1)信贷员审批期限 1 年以下金额 1 万元的贷款(包括 1 万元)。(2)贷款审批小组,审批期限在 1 年以下(包括一年)金额 1 万元至(不包括 1 万元)3 万元的贷款(包括 3 万),期限 1 年以上的贷款向贷款审批委员会办公室记录备案后办理(包括展期),金额 3 万元以上贷款一律报联社审批通过后方可发放。5 月,县联社根据自治区联社 2012 年纪检监察工作会议安排,在全辖农村信用社集中开展以提升农村信用社形象为目的,以整肃农村信用社行风行纪为目标,以全体员工为教育对象,以信贷岗位人员为重点的"阳光信贷"整肃行风行纪职业道德教育活动。并制定《岳普湖县村信用合作联社客户投诉处理管理办法》《岳普湖县农村信用社金融消费者权益保护承诺》《岳普湖县农村信用合作联社服务承诺》《岳普湖县农村信用合作联社文明示范窗口措施》《岳普湖县农村信用合作联社办公场所电视监控监督检查管理规定》《岳普湖县农村信用社职工操办婚丧喜庆事宜管理办法》《行风行纪监督员管理办法》等内部控制制度。

2013 年,县联社严格按照贷款新规"三个办法一个指引"的相关规定办理贷款,确保做到事前防范。对已发放的贷款定期跟踪检查,对新增贷款进行监测考核,增加贷款管理透明度,有效防范暗箱操作等违规行为形成的信贷风险。每月组织人员对信用社权限内的大额贷款进行现场检查,联社信贷部人员分片管理,通过贷款五级分类系统在网上进行监测、考核、跟踪、审查的非现场检查方式控制新增不良贷款发生。同年,县联社在严格执行自治区联社防范操作风险规章制度基础上,把各环节的岗位操作规程制定出实施办法。严格按照贷款发放实名制管理制度执行,加强内控检查监督,做好不良贷款清收工作。把内部账务和外部账务的核对放在首位,对库存现金,重要空白凭证、会计账簿每季度检查一次,对存在的问题按规定进行处理。严格按照"内控十三条"相关规定执行,对重要岗位和敏感环节工作人员强制休假制度和八小时内外的行为监督,建立完善的制度。

2014 年,岳普湖县联社风险部每季度按照贷款五级分类结果对全辖贷款风险进行摸底,对发现的贷款风险问题及时向所在信用社进行提示,对提示不重视的信用社向联社领导汇报,通过上、下联动,预防信贷风险隐患,阻止 5000 万元非应季不良贷款的产生。县联社 100 万元(含 100 万元)以上自然人贷款 11 笔、金额 1400 万元,200 万元(含 200 万元)以上法人贷款 8 笔、金额 2965 万元,按时向自治区联社报备咨询,有效防范信贷风险。2014 年,诉讼案件 53 笔,涉及金额 2684 万元;历年累计胜诉 12 笔,涉及金额 24 万元。

第三节 不良资产管理

一、不良贷款认定

2002年,岳普湖县联合社不良贷款产生的原因,放款时没有按贷款原则制度办;责任划分明确不到位;联合社领导命令安排大额贷款多;政策性造成的户贷户结,花铃贷款面广,是一部分贫困户、困难欠账户无偿还能力,不能按期归还;当年发放的大额贷款金额笔数少,现已到期,贷款户无偿还能力,造成新的不良贷款。

2005年1月前,岳普湖县联合社贷款形态一直沿用四级分类,即正常、逾期、呆滞、呆账四类,不良贷款划分为逾期、呆滞、呆账三种,四级分类对贷款形态认定不明确,不标准。

2006年,岳普湖县联合社贷款形态实施五级分类,即正常、关注、次级、可疑、损失五种。

2007年,岳普湖县联社制定《岳普湖县农村信用合作联社清收不良贷款奖惩办法》。

2010年,岳普湖县联社执行自治区联社关于《新疆维吾尔自治区农村信用合作社不良资产分账管理实施办法》。

二、不良贷款清收与奖罚

2001年,县联合社对农村信用社不良贷款进行专项检查,部分社根据检查结果对不良贷款加大清欠力度,使不良贷款余额有所下降。

2002年8月1日,县联合社成立清查清收不良贷款领导小组,将阿其克、色也克、下巴扎信用社作为重点,加大对不良贷款的清收力度。同时对有关责任进行划分,实行停发工资,催收贷款,按收回贷款数量、占比进行奖罚。

2003年,县联合社安排各乡(镇)信用社对有还贷能力却迟迟不还的159户,金额达197万元的不良贷款向县人民法院提起诉讼,借助法律力量维护农村信用社的合法权益。此项举措使不良贷款回收90%以上。9月,以旺季工作开始为契机,组织各乡(镇)信用社回收不良贷款,截至12月末,共回收35万元不良贷款本金和5.3万元不良贷款利息,同时对229名县直机关单位及各乡(镇)、场干部职工在联合社借款达162.8万元的逾期贷款,向县委、县政府、县纪检委反映,取得县领导支持,截至12月末,已收回本金98.2万元。同年,联合社理事会将不良贷款按金额大小排序分为五类,每类为20笔(户)。第一类不良贷款为全辖最大20笔(户)贷款,由联社理事长(主任)卡米力·米吉提负责重点催收,并逐级落实催收负责人。第二类20笔(户)不良贷款,由负责信贷工作副主任阿不力孜·买买提负责重点催收,并逐级落实催收负责人。第三类20笔(户)不良贷款,由理事会成员、经管部主任唐努尔·艾买提负责重点催收,并逐级落实催收负责人。第四类 20 笔(户)不良贷款由各乡镇分社主任负责重点催收。第五类 20 笔(户)不良贷款由联社信贷人员负责重点催收,各乡(镇)分社信贷员密切配合调查摸清工作。同年,县联社明确不良贷款清收奖励办法。1. 不良贷款 20 笔(户)金额为 200 万元以上的奖励办法:清收额超过 60%,按超额 1‰奖励;清收额超过 75%,按超额 2‰奖励;清收额超过 90%,按超额 3‰奖励。惩罚办法:清收额低于 10%,按低于额 1.5‰罚款;清收额低于 30%,按低于额 1‰罚款;清收额低于 50%,按低于额 0.5‰罚款。2. 不良贷款 20 笔(户)金额为 100 万元以上的奖励办法:清收额超过 60%,按超额 1‰奖励;清收额超过 75%,按超额 2‰奖励;清收额超过 90%,按超额 3‰奖励。惩罚办法:清收额低于 10%,按低于额 3‰罚款;清收额低于 30%,按低于额 2‰罚款;清收额低于 50%,按低于额 1‰罚款。3. 不良贷款 20 笔(户)金额为 50 万元以上的奖励办法:清收额超过 60%,按超额 2‰奖励;清收额超过 75%,按超额 3‰奖励;清收额超过 90%,按超额 4‰奖励。惩罚办法:清收额低于 10%,按低于额 4‰罚款;清收额低于 30%,按低于额 3‰罚款;清收额低于 50%,按低于额 2‰罚款。4. 不良贷款 20 笔(户)金额为 25 万元以上奖励办法:清收额超过 60%,按超额 5‰奖励;清收额超过 75%,按超额 7‰奖励;清收额超过 90%,按超额 10‰奖励。惩罚办法:清收额低于 10%,按低于额 10‰罚款;清收额低于 30%,按低于额 7‰罚款;清收额低于 50%,按低于额 5‰罚款。5. 不良贷款 20 笔(户)金额为 25 万元以下奖励办法:清收额超过 60%,按超额 10‰奖励;清收额超过 75%,按超额 15‰奖励;清收额超过 90%,按超额 25‰奖励。惩罚办法:清收额低于 10%,按低于额 25‰罚款;清收额低于 30%,按低于额 15‰罚款;清收额低于 50%,按低于额 10‰罚款。奖惩办法:联社及各乡镇分社按月进行考核,联社及各乡镇分社逐级上报,奖惩款年底将从扣发的 40%工资中兑现。

2004 年,岳普湖县联合社成立贷款清收领导小组,对各基层社的贷款进行全面清查,并制定《岳普湖县农村信用合作联社清收不良贷款奖惩办法》,累计收回不良贷款 185 万元,还用法律手段对部分不良贷款进行清收,用法律维护联合社的合法权益。在贷款清收过程中对查出违规违纪发放贷款,根据"谁发放、谁负责"原则落实到有关工作人员,有效防范化解信贷风险。

2005 年,联合社调整贷款清收领导小组组成人员,对各基层社的贷款进行全面清查,并修订《岳普湖县农村信用合作联社清收不良贷款奖惩办法》,累计收回不良贷款 153 万元。

2006 年,县联合社对清收不良贷款采取六项措施:一是领导班子成员实行领导包片、股室包干,任务分解落实到个人,按照"谁贷款、谁还款、谁担保、谁负连带责任"原则,明确职责分工,责任落实到人;二是将清收不良贷款的突破口放在内部,对职工自贷、介绍、担保或违规发放的不良贷款,采取责令离岗清收和限期清收措施,对未完成清收任务的,采取停职停薪措施,对责任人进行严肃处理;三是争取县纪检委支持和县法院的配合,注重回收国家干部职工的不良贷款;四是在 8 月底,组织相关人员成立不良贷款催收领导小组,对历年来形成的不良贷款进行逐笔登记和汇总,将清收任务层层分解到社、落实到人;五是在旺季工作期间,积极与县、乡(镇)、场领导协调、配合,利用各乡(镇)、场广播每日三次向广大农户宣传播放"按时还贷、积极清偿不良贷款本息"的通知,让广大群众了解及时还贷的必要性、重要性,调动其还贷积极性;六是成立置换不良贷款清收领导小组,联社主要领导任组长,提高干部职工清收贷款积极性,打好清收不良贷款攻坚战。

2007 年,县联社发挥"贷款清收领导小组"作用,对各基层社的贷款进行全面清查,根据"谁发放、谁负责"原则,按照《岳普湖县农村信用合作联社清收不良贷款奖惩办法》,累计收回不良贷款 60 万元,完成计划的 162% 。成立盘活不良贷款领导小组,负责对全县信用社盘活不良贷款工作的组织、检查、督促和落实工作,并下达联社领导每人承担 20 户金额最大的不良贷款清收任务;各股长、信贷人员每人承担 10 户金额最大的不良贷款清收任务,截至年末,累计收回不良贷款 450 万元(按五级分类)。

2009 年,县联社实行收回不良贷款主任负责制,各信用社主任全面负责本信用社贷款回收,收回指标按岗位落实到人;全面清理联社员工以自己或家属及他人名义的贷款,对于形成的不良贷款,采取扣除工资或者待岗处理等办法,有效降低不良贷款占比。年末,五级分类不良贷款 582.4 万元,较 2008 年底降低 46.6 万元,不良贷款占贷款总额的 3.4% 。2010 年底,五级分类不良贷款 543.7 万元,较 2009 年底降低 38 万元,下降率为 6.5% 。

2011 年末县联社各信用社不良贷款统计表

表 17 – 1　　　　　　　　　　　　　　　　　　　　　　　　　　　　　　单位:元

单位名称	贷款余额	户数	其中		
			不良贷款余额(四级)	不良贷款余额(五级)	当年到期未收回贷款
联社营业部	58388411.34	337	975215.20	975215.20	
岳普湖信用社	49704294.40	1973	2078742.80	1567675.60	430767.20
岳普湖镇信用社	35213021.96	860	1365667.53	712769.53	159249.00
下巴扎信用社	42987840.70	1878	3159870.70	1892964.81	1266965.89
艾西曼信用社	35743547.77	1507	3526467.77	2647394.00	2970706.15
阿其克信用社	65912478.16	2504	3223228.16	233892.65	1883865.51
色也克信用社	43768762.74	2452	840192.76	166341.51	554951.25
铁热木信用社	48773686.47	2297	288402.02	54000.00	15000.00
巴依阿瓦提信用社	53436621.78	2017	85668.78	40000.00	45668.78
阿洪鲁库木信用社	13508250.00	433	—	0.00	0.00
合计	447436915.32	16258	15543455.72	8290253.30	7327173.78

2013年6月,岳普湖县农村信用工程建设领导小组研究决定,对全县农村信用工程小额信用不良贷款进行清收。清收范围:截至2013年5月31日,凡单位或个人在农村信用社有逾期贷款或为他人提供担保的贷款已形成逾期的,属本次清收范围。目标:各乡镇党委协助清收不良贷款410笔,金额509.75万元。清收时间:从7月1日至9月30日止。清收步骤及处置措施:1.县农村信用社于7月1日前将不良贷款分类名单及相关基本情况提供给各乡镇党委,各乡镇党委要于7月15日前安排送达当事单位和个人,采取进村入户、大喇叭、召开会议、巴扎天集中宣传等方式,开展不良贷款清理清收工作宣传。2.当事单位或个人于9月30日前主动到农村信用社办理还款手续。3.对9月30日前不主动到县农村信用社还清本息的,作以下处理:一是在规定期限内仍未还清贷款的个体、私营经济业主和自然人的,由县农村信用社动员全县金融机构共同对其在结算、贷款等方面进行制约,及时录入失信记录,并对其运用法律手段强制催收。二是对拒不履行法院已经发生法律效力的判决、裁定的,将其不良信用记录纳入征信管理系统,并依法申请司法机关强制执行。三是对妨碍、阻挠清收工作的,视情节依法给予处罚;涉嫌犯罪的,依法追究刑事责任。

第四节　玉卡风险管理

一、风险防范

2007年12月13日,自治区农村信用联社印发玉卡(借记卡)业务风险防范措施。业务风险是指在玉卡业务开展过程中,由于各种原因导致农村信用社、持卡人、特约商户或其他当事人合法权益受到损害的可能性。

玉卡风险分为内部风险和外部风险。内部风险包括制度风险、违规风险、道德风险和重点岗位风险等;外部风险包括特约商户风险、欺诈风险和外包风险。

玉卡风险防范,是指在玉卡业务开展过程中,对玉卡风险进行管理,根据直接、间接经验、知识对玉卡风险进行识别分析,在此基础上,采取有效手段防范,控制与处理风险的行为。

(一)违规风险防范

违规风险是指信用社内部工作人员在玉卡办理过程中,因违规操作、违规经营等人为因素,给信用社造成经济损失的可能性。信用社内部可能发生违规风险的相关部门有卡业务管理部门、卡业务操作部门等。岳普湖县农村信用社主要从操作的内部控制、业务培训、监督检查及思想教育等方面入手防范违规风险。

1.业务操作管理:(1)对从业人员资格进行严格把关加强业务培训,使其熟练掌握玉卡各业务环节的操作规程,减少或避免出现操作风险。切实提高员工思想和业务素质,加强对操作人员职业道德教育,增强员工自觉遵章守法观念,提高其自身防范风险意识,减少或避免出现道德风险。(2)加强内部控制,优化人员组合,实行员工岗位责任制和岗位轮换制,并对卡文件制作及传输、玉卡入库、保管、分发、领用,发卡的审查,废卡的保管与销毁,玉卡风险损失的确认与核销都实行 2 人以上办理。操作人员必须遵循互相制约、互相监督的原则。为规避风险 2011 年 11 月 20 日新系统上线已对柜员登录密码作控制必须 1 月更改一次密码。(3)建立规范严格的申请受理审核程序。严格审核申请材料,确保其真实有效,对客户提交的材料要定期装订、妥善保管、严格保密、防止泄漏客户信息,增强防范意识。(4)经办人员办理玉卡存款、取款、转账时,应仔细核对玉卡,刷卡读出的卡号与卡面印刷卡号是否一致,单位卡不得提现。(5)建立业务交易授权制度,对存取款交易实行额度授权制,大额现金交易实行登记报备管理。

2. 建立交易授权制度,对存取款交易实行额度授权控制,大额现金交易实行登记报备管理;对发卡、挂失、冲正、冻结、修改卡资料等实行授权办理。完善事后监督系统,完善内部检查制度,由信用卡部、会计部门、稽核部门负责,定期对于卡各业务环节进行检查,对违规、违纪行为认真查处,限期整改。

(二)诈骗风险防范

诈骗风险是指不法分子骗领、冒用、伪造、编造和非法使用玉卡,给信用社、客户造成经济损失的可能性。信用社应以国家法律法规为依据,配合有关部门打击金融犯罪,力争在风险发生之前将其化解。加大卡业务宣传力度,提高客户对玉卡的认识及风险防范意识。提醒客户妥善保管玉卡和密码,不能设过于简单的密码,提醒持卡人安全用卡,提高防范意识,密码保密。规范玉卡作废剪角处理方法、销毁流程,严防废卡流失。岳普湖县联社安全保卫部门经常转发银监局、公安部门办理的一些不法分子用卡盗用客户资金的案例,让员工借鉴以于防范。

岳普湖县联社对玉卡发行,做大量宣传工作,组织员工学习,要求各部门协调配合,推进玉卡发行,宣传玉卡防范欺诈方法,印刷宣传品加大宣传力度。

客户在办理业务过程中注意事项:(1)个人信息保密:不要将个人信息资料交予他人,不要将个人资料告知不明身份的人,不要在网上随意填写个人资料。(2)刷卡消费注意:消费刷卡要尽量让卡片保持在视线范围内,并留意商户刷卡的次数,签单时要仔细核对。(3)注意保管好卡,玉卡最好放在硬皮钱夹里,远离带磁物品,以免消磁。(4)安全保管玉卡,玉卡要妥善保管,玉卡、密码、身份证等重要证件分开存放,以免玉卡遗失遭他人冒用。(5)在 ATM 上取钱后,及时取出卡,不要随意丢弃交易流水单。(6)不要轻信他人提出的转账要求,防止恶意欺诈造成资金损失。

2010 年,岳普湖县联社根据自治区联社转发的人行开展银行卡安全用卡通知精神,印发银行卡安全用卡宣传活动实施方案,其指导思想是"安全用卡,打击犯罪",目的是加强银行卡的风险管理,"支持三农、服务三农",提高服务质量,为持卡人提供安全、快捷的银行卡受理环境,加强银行卡风险管理,落实业务管理制度,严防不法分子窃取客户银行卡、交易密码,营造有利于促进银行卡业务安全使用和打击银行卡犯罪的社会环境。

岳普湖县联社成立银行卡宣传领导小组,负责银行卡业务宣传活动的组织、协调、指导和检查。组长由联社主任冯庆担任,副组长为办公室副主任,成员为各部门负责人、各网点主任。办公室设在个人金融业务部。

宣传活动分为如下几个阶段。2010年9月28日至10月10日为宣传准备阶段,向全辖网点印发自治区联社通知精神。2010年10月11~25日为组织实施阶段,按自治区联社要求,在各个网点张贴海报,柜面摆放同行业宣传资料,网点宣挂布标等。2010年10月11日至11月5日为集中宣传阶段,在营业网点门前设点集中宣传,发传单、安全用卡须知、96596玉卡客服电话、银信通、ATM使用操作常识等。2010年11月21至12月20日为宣传反馈阶段,受理解答持卡人在办理银行卡业务过程中的咨询,并向银行卡使用客户征询意见,受理客户投诉,为持卡人提供安全、快捷的银行卡受理环境,修订完善玉卡管理办法和操作规程。最后为总结经验阶段,为有力打击银行卡犯罪夯实基础。

二、风险管理

客户与发卡社签订借款合同,在合同约定期限和最高借款额度内,可一次或分次使用借款,同一借款合同下可有多笔贷款,每笔贷款到期日不得超过借款合同到期日,单笔金额最低为人民币1000元(含),借款余额不得超出合同约定的最高借款额度。

福农卡贷款在结息入账时存在欠息,入账时必须归还上一次的全部欠息及本次结计的所有利息,否则系统自动冻结其授信额度,不能再发放新的贷款,客户须还清全部欠息或逾期贷款后,方能重新使用福农卡借款功能,如借款合同约定自动扣收的,系统自动扣收本息。

福农卡贷款发放后,信贷人员应及时走访借款农户,了解和掌握农户借款是否按约定用途使用,生产经营情况是否正常。对未按借款合同规定用途使用的,应查明原因并提出处置意见和建议。对随意变更贷款用途等可能造成贷款风险的应及时采取有效措施,提前收回贷款并取消农户的小额信用贷款资格。信贷员经主管领导批准,也可通过信贷管理系统发出冻结指令,冻结福农卡的可用授信额度,经信贷系统产生的冻结状态由信贷管理系统负责解冻,由核心系统发起的冻结指令由核心系统负责解冻,两个冻结状态均为正常时,福农卡的贷款授信额度才能使用,任何一个状态为冻结时,贷款授信额度均不能使用。

借款合同到期前30天,应及时提示借款人按时还款。借款人仍需周转使用的,须先还后借,才能循环用信。

借款人发生下列情形之一的,信用社应将其所持福农卡贷款功能停止:1.故意丧失信用行为的;2.借款人出现意外、丧失经营能力或死亡的;3.经确认借款人有外借、外租福农卡和帮他人贷款行为的;4.其他违反本办法规定的。

福农卡贷款的风险分类及不良贷款管理按照《新疆维吾尔自治区农村信用合作社信贷资产风险分类管理办法》《新疆维吾尔自治区农村信用合作社不良贷款清收管理办法》等规定执行。

三、网银风险防范

客户使用网上银行应注意防范风险,包括但不限于下列情况可能导致客户账户信息泄露、资金被盗、被他人进行恶意操作等,其产生的责任由客户自行承担:1.在网吧等公共场所使用网上银行。2.网上银行登录密码、支付密码、存款账号、证书密码或登录ID等重要信息被他人猜出、偷窥或利用木马病毒、假网站、假短信、假电话等手段获取。3.采用链接方式间接访问网站登录网上银行系统。4.客户证书介质被他人盗取或在未经允许的情况下被他人使用,且证书密码同时被窃取。5.使用容易造成密码非法破译的密码,如使用姓名、生日、电话号码等与本人明显相关的信息作为密码;账户密码、登录密码、交易密码、证书密码设置成同一个密码;未经常更换密码。6.未下载安装最新的操作系统、浏览器安全程序。

第五节 专项行动

一、"排雷"行动

2007年4月,岳普湖县联社根据自治区联社《关于开展新疆维吾尔自治区农村信用社案件专项治理"排雷"行动的通知》和自治区联社主任阿不都在新疆农村信用社案件专项治理"排雷"行动动员大会上的讲话精神,组织召开案件专项治理动员大会,成立案件专项治理工作领导小组。成立以联社理事长为组长、经营班子成员为副组长、各部(室)经理(主任)为成员的自查工作小组,还成立"排雷"案件处置小组。制定《岳普湖县农村信用合作联社案件专项治理"排雷"自查工作实施方案》,并于4月1日至5月10日按分工协作原则,结合自查要求对各信用社业务进行自查,检查面达100%。

县联社自查组按照"排雷"行动自查要求分财务会计、信贷管理两大块对各网点进行全面自查。在财务会计工作中,主要自查财务核算、账务核对、固定资产、在建工程、股金管理、人民币账户管理、内控制度执行方面展开。在信贷管理自查中,开展贷款内外账务核对工作的交叉检查,重点自查贷款发放中有无跨地区、冒名等违规贷款;检查有无挪用客户信贷资金、收贷、收息不入账现象;采取与贷户见面的核对方式,核对贷款本金、利息清收与账据记录是否相符;根据对账情况与信贷管理系统核对,检查信贷管理系统是否及时跟进,清息还贷记录是否及时、正确录入;对不良贷款的清收、抵贷资产管理等。

二"三项整治"活动

2011年,岳普湖县联社根据自治区联社有关文件要求和工作安排,在全辖开展抵质押贷款风险排查,借名、假冒名贷款专项整治和置换、核销不良贷款排查清理的三项整治活动。

（一）组织领导

县联社根据自治区联社"三项整治"活动方案要求,成立"三项整治"活动领导小组,负责"三项整治"活动总体指导和部署。组长:卡米力·米吉提;副组长:冯庆、唐努尔·艾买提、艾尼瓦尔·阿布杜卡迪尔、吐拉洪·麦麦提;成员:安外尔·阿不都热西提、阿那古·亚森、热依汗古丽·热合曼、刘明、李红梅、周磊。领导小组分为四个小组,分片负责此项工作。第一小组组长冯庆,副组长阿那古·亚森,成员李红梅、艾尔肯·提力瓦尔迪、依再提姑·阿布力孜、西尔艾力·卡迪尔;第二小组组长唐努尔·买买提,副组长吐尔逊·阿依卡迪尔,成员:刘明、周磊、李正波、凯赛尔·塔依尔;第三小组组长艾尼瓦尔·阿布杜卡迪尔,副组长热依汗古丽·热合曼,成员:克依木·阿不都热合曼、吾布力·阿西木亚森、卡米力·阿布力孜、依布拉依木江·热扎克;第四小组组长吐拉洪·麦麦提,副组长安外尔·阿不都热西提,成员艾力·阿布都热依木、阿力木·阿布来提、热依汗古丽·吾布力,米热古丽·孜明。

小组调查区域,第一组:具体检查指导铁热木信用社、巴依阿瓦提信用社、阿洪鲁库木信用社"三项整治"活动和信用工程建设情况,并负责将每日自查情况及工作进度上报至县联社信贷部。第二组:具体检查指导营业部"三项整治"活动和信用工程建设情况,并负责将各小组每日自查情况及工作进度进行汇总后上报至地区市联社信贷部。第三组:具体检查指导岳普湖镇信用社、也克先拜巴扎信用社、艾西曼镇信用社"三项整治"活动和信用工程建设情况并负责将每日自查情况及工作进度上报至县联社信贷部。第四组:具体检查指导岳普湖信用社、阿其克信用社、色也克信用社"三项整治"活动和信用工程建设并负责将每日自查情况及工作进度上报至县联社信贷部。

（二）指导思想及原则

坚持依法治社、从严治社,合规经营、防范风险,提升制度执行力,防范基层网点业务操作风险,全面提升内控和风险管理水平,保证联社各项业务可持续发展。

坚持面向基层、夯实基础、巩固基本的原则;坚持"三项整治"和规范信贷业务基础相结合的原则;坚持"三项整治"和强化信用工程建设相结合的原则;坚持"三项整治"和查防违规违纪行为相结合的原则;坚持"三项整治"和开展合规文化建设相结合的原则;坚持培训、自查、验收、整改、提升循序渐进的原则;坚持时间服从质量的原则,保质保量完成"三项整治"目标任务。

(三)内容及要求

1.假冒名贷款。对客户贷款、资信等情况要有两名以上检查人员持《贷款询证函》逐笔到户核实询证,无异议的现场签字确认,有异议的追查核实,做到户户见面、不留死角,贷款排查面达 100% 。2.抵质押贷款。对客户贷款的担保落实情况进行全面排查,重点排查法人客户是否按照《新疆维吾尔自治区农村信用合作社信贷业务担保管理办法》等规章制度要求办理抵(质)押物担保手续,是否依法合规办理抵质押物的登记手续,抵质押物是否存在完好,抵质押率是否符合相关规定且足值足额、有无存在违规变更担保方式及更换抵质押物,抵质押物是否已丧失变现能力及法律效力。做到贷款逐户排查、抵质押物逐笔落实,排查面须达 100% 。3.置换贷款。对央行票据置换资产清收管理情况进行逐笔核查,与客户见面,核查面 100% 。重点对央行票据和股东购买的不良贷款,要表内表外一并清理,逐步进行核对,检查有无借不良贷款剥离机会恶意逃废员工、关系人债务的行为。4.信用工程基础工作。健全并完善信用工程建设基础资料,做到农户入户率 100% ,农户建档率 100% ,农户资信情况公示率 100% ,需按照要求填制《信用工程进度统计表》。

(四)实施步骤和时间

2011 年 4 月 16 日至 6 月 30 日为自查阶段。各检查小组和各乡镇信用社应组织全体员工学习"三项整治"活动方案,同时围绕活动方案组织参与"三项整治"活动的相关人员进行集中培训;根据活动要求,持《贷款询证函》对借款人贷款相关事宜进行询证、对抵质押物的核实以及核查置换贷款的工作,实行网点交叉、入户核对、阳光公示、双人监督等多种检查方式,发现疑点必须一查到底。自查覆盖率达到 100% ,并形成自查报告;各检查小组和各乡镇信用社每天对自查情况进行统计小结,填制《2011 年"三项整治"活动自查统计表》《信用工程进度统计表》,上报至县联社;各乡镇信用社"三项整治"活动完成后,形成自查报告,并于 2011 年 6 月 30 日前书面向县联社"三项整治"活动领导小组申请验收。7 月 1～10 日为组织检查验收阶段。7 月 11～20 日为整改提升阶段。7 月 21～30 日为公开处理阶段,县联社"三项整治"活动领导小组依据自治区联社《新疆维吾尔自治区农村信用合作社员工违反规章制度处理规定》经研究后,公开处理相关信用社及责任人,针对"三项整治"活动中发现问题进行处理的覆盖面达到 100% 。

第十八章　安全保卫

安全保卫工作是农村信用社各项工作的重要内容之一。20 世纪 50～90 年代末岳普湖县域农村信用社规模小、业务量小,安全保卫工作比较单纯,问题不算突出。安保工作主要由人行、农行、乡(区、公社)政府(管委会、革委会)及公安派出所负责,以"防火、防盗、放坏人"为重点。在商品经济、市场经济条件下,社会治安形势出现新情况新问题,安全保卫工作的重要性和紧迫性日益凸显。

1996～2014 年,县联社(联合社)独立承担安全保卫职责,逐步成立安全保卫相关机构,配备人员,制订完善规章制度。围绕金融工作中心任务,贯彻"防查并举、标本兼治、重在预防"的方针,以"防诈骗、防盗窃、防抢劫、防计算机犯罪,反洗钱,确保银行资金和职工生命安全"为重点,把防范遏制大要案发生作为首要任务,以加强安全保卫人员队伍建设、加强技防设备建设、强化枪弹管理、建立社会治安综合治理工作机制为切入点,不断完善安全工作规章制度,全面提高安全防范和管理水平。建立主动预防、超前控制的安全防控体系。并在长期的实践中,逐步摸索出一条"以教育为前提,以防范为重点,以落实制度为核心,以安全经营为目的,齐抓共管,标本兼治,消除隐患"的安全保卫工作思路和工作体系,做到防抢劫、防盗窃、防诈骗,保护职工人身安全和金融资产安全。

第一节　机构队伍

一、组织机构

1957～1996 年,岳普湖县域信用社的主管部门经常变动,既没有专门的保卫机构,也没有专职保卫人员,基本采取营业所、信用社所社合一方式办公,安全保卫工作由人行县支行、农行县支行保卫部门和信用社所在地的派出所双重管理和领导,以派出所为主。1996 年岳普湖县联合社成立并与农行县支行脱离后,安全保卫工作才逐步纳入正轨,建立机构,安排专兼职人员负责全辖各信用社的安全保卫工作。

2003 年,岳普湖县联合社成立"三防一保"工作领导小组、安全保卫和案件防范工作领导小组。年初,与基层社主任签订年度《安全保卫责任状》和《消防安全管理责任书》。

2006年11月11日,岳普湖县农村信用合作联合社成立安全保卫工作领导小组:组长卡米力·米吉提,副组长艾沙·吐尔,成员:阿不力孜·卡地尔、冯庆、范凡;领导小组负责全辖安全保卫工作。安全生产及保卫领导小组下设办公室:主任艾沙·吐尔,成员:冯庆、范凡。主要职责:定期和不定期对全辖各营业网点进行检查和抽查工作。具体分工是:艾沙·吐尔:联合社安全保卫第一责任人,负责全辖各营业网点安全保卫日常工作的督促检查及指导工作;枪支弹药管理工作;灭火器等消防设施的安全运行管理工作。冯庆:联合社兼职保卫干部,负责联合社金库的安全保卫工作以及消防设施运行情况;全辖现金的调拨、押运工作;全辖各网点及联合社的安全保卫值班工作。范凡:联合社兼职保卫干部,负责安全保卫培训、计划、方案、报告及报表的制定和填报工作;负责全辖安全保卫设施情况的登记造册并对缺、漏、坏、损情况上报联合社财务领导小组。联合社安全保卫领导小组及办公室成员责任追究情况:无论是上级部门还是同级部门在对安全保卫工作检查中出现的问题,以及日常工作中安全保卫工作中出现的问题,都将根据情况分工不同进行责任追究并承担相应的责任。责任承担情况明确如下:安全保卫工作领导小组承担全部责任的40%,其中:领导小组组长承担40%,副组长承担30%,成员承担30%;下设办公室承担全部责任的60%,其中:办公室主任承担50%,成员承担50%。

2007年,县联社调整"三防一保"工作领导小组组成人员。

2011年1月,县联社成立安全生产及监察保卫工作领导小组。组长:卡米力·米吉提(联社党委书记、理事长),副组长:艾尼瓦尔·阿布迪卡迪尔(联社党委委员、副主任),成员:刘明(联社综合办公室主任)、阿娜古丽·亚生(财务信息部经理)、热依汗古丽·热合曼(审计部经理)。3月20日,县联社成立安全保卫工作检查领导小组,组长:吐拉洪·麦麦提(联社副主任),成员:刘明(综合办公室副主任)、古丽娜尔·阿西木(综合办公室工作人员)。

2014年,县联社成立安全保卫工作领导小组。组长佟明亮(联社副主任),领导小组下设办公室,主任图尔孙江·牙生(联社综合办公室主任)兼,办公室成员:阿不来提·艾莎。

二、安保队伍

1996年9月18日,国务院农村金改办颁布《农村信用社安全保卫工作管理规定(暂行)》,明确经济民警警员的条件是,农村信用社的正式职工(含合同制职工),政治素质较高,热爱本职工作,具有高中以上文化程度,身体健康。警员实行轮换制,服役年限一般不超过5年,年龄一般不超过40岁。农村信用社符合条件的每个职工都有义务承担此项工作;经济民警的主要任务是负责本单位金库等主要目标的守卫;现金、金银、有价证券、重要凭证和重要物资的押运;防抢劫、防盗窃、防爆炸、防破坏;维护内部正常工作秩序,保护农村信用社财产和职工人身安全。

2003年,县联合社新录用退伍人员分配到部分基层社保卫岗位,初步解决基层社缺乏专职安全保卫人员问题。

2010年,县联社巡逻组组成人员:巡逻组组长刘明,巡逻组成员凯赛尔·塔依尔、模明江·阿布都热西提、努尔买买提·吾拉木、阿不都外力·图尔孙、艾比拜木·巴拉提、怕夏古丽·阿卜杜热合曼、姑再丽努尔·依明、祖丽皮娅·阿卜杜热依木、李红梅。

2013年,县联社第三次社员代表大会第一次会议召开后,根据人员变动情况及时调整和充实安保队伍。2014年,县联社为10个营业网点配备10名专职安保人员。

第二节　制度建设

1996年9月18日,国务院农村金改办颁布《农村信用社安全保卫工作管理规定(暂行)》,明确保卫部门的职责和权利是,各级领导小组办公室、信用联合社保卫部门是该单位的职能部门,在本单位领导下开展工作,接受上级办公室保卫部门和当地公安机关的指导、检查和监督。

2003年,县联合社落实"三级"(联社领导、保卫股长和基层社主任、保卫人员和干部员工)目标责任制,健全和完善安全保卫规章制度和防范措施,真正把教育和管理措施落实到岗,责任到人;联合社保卫科和各基层社、保卫人员分别签订《"三防一保"及案件防查责任书》《计算机安全目标责任状》《警卫及运钞车驾驶员安全责任状》《联社消防安全责任状》,使安全保卫工作责任到人,在此基础上保卫科又制定《2003年安全保卫工作安排》《营业网点改造计划》《保卫人员政治思想学习计划》《联社领导保卫干部查岗制度》《安全保卫量化考核办法》《消防安全工作制度》。

2004年11月26日,县联合社督促金库管理人员在11月26日前设立管理金库的专用登记簿,金库钥匙必须实行双线管理,做到严格执行金库管理规定。

2006年,县联合社的安全保卫工作做到与其他工作同安排、同布置、同检查、同总结、同评比、同奖惩,实行责任制、逐级负责、层层落实的管理办法,严格落实安全保卫各项规章制度,明确分工,落实责任。

2007年,县联社严格执行自治区联社印发的安全保卫制度,并结合联社实际制定《突发事件总体预案营业网点安全及安全员职责》《营业网点防暴防火应急预案》《安全保卫违规处罚细则》《报警及监控系统管理制度》《"六类案件"报告制度》《员工异常行为监督管理办法》等13项安全保卫内控制度,并与各信用社签订安全保卫责任状,实行安全保卫工作一票否决制。为使安全保卫内控制度得到有效落实,制定《2007年营业网点监察保卫量化考核办法》,按季进行考核。为使重点要害部位能得到有效的控制,联社按月检查登记自治区联社印发的13种安全登记簿,根据实际情况统一设置《重要场所出入人员登记本》《营业网点安全检查登记本》《营业网点验证登记本》《节假日带班领导及值班人员签到登记簿》《不定期查岗登记簿》等7个登记簿,使安全检查不留死角,不留隐患。

2011年,县联社与自治区联社签订《2011年安全保卫工作目标责任书》。责任目标:1.年度内不发生因工作失职造成的抢劫、盗窃、金融票证诈骗等重大刑事案件,不发生本社职工因参与抢劫、盗窃、诈骗等有关犯罪活动被公安机关打击事件。2.年度内不发生计算机网络和设备因管理不善或人为操作失误造成停业的重大事故;不发生职工利用计算机犯罪的案件。3.配合有关部门做好安全消防检查工作,维护各种安全设施,发现问题做到快速反应,快速报告、快速出击,积极参与联社的"创安活动"及实行安全活动。各部(室)、信用社负责人对本部门稳定和安全保卫工作负总责,责任内容:(1)将稳定和安全保卫工作纳入工作日程,加强对技防设施的维护和检查管理。对电视监控、联网报警设备、消防器材经常开展检查或自查,并建立专门的登记簿,做到对安全稳定工作情况进行部署和检查。(2)与本网点工作人员签订责任书,做到分工明确、责任到人、措施落实、奖罚分明,认真贯彻"预防为主、防消结合"的方针,充实更新消防设施,积极做好各项防火灾预案,维护本部门消防安全设施,建立"消防安全制度"保障消防安全。(3)经常性对网点、职工开展法制教育,职业道德教育,各项制度教育,安全防范教育,消防安全教育;及时组织网点员工对上级印发的有关文件、案例和会议精神的学习贯彻,每月不得少于二次。制定全年预案演练、法制教育、重大节日前安全防范专项教育。4.处理信访问题,要按照"属地管理、分级负责,谁主管、谁负责,依法、及时、就地解决问题与疏导教育相结合"的原则,做到"小事不出基层社,大事不出联社,矛盾不上交"。5.做好综合治理工作,加强对员工安全防范意识、职业道德、法制观念的教育。6.落实关于重大突发事件报告制度的有关规定,明确相关报告流程和责任,做到信息畅通,反应及时、准确。同时,协助公安部门做好对重特大案件的查处。7.加强对本部门内部治安保卫工作的组织领导,分析本部门内部治安保卫工作难点和薄弱环节,着力解决治安保卫工作存在的问题。8.对重要岗位人员进行考核和排查,对员工进行防范技能培训,提高一线员工应对与处置突发事件的能力。9.组织开展安全工作检查,及时发现并整改安全保卫工作中的隐患和漏洞,安全检查每月不少于一次,检查面要达到100%,对部门存在的安全隐患及时上报并积极整改,整改率必须达到100%。10.落实计算机安全管理有关规定,确保各类应用系统的安全稳定运行。在责任年度内,凡发生盗窃、抢劫、诈骗、火灾、计算机运行中造成重大责任事故,出现大的上访事件、危害社会稳定的情况,实行"一票否决制",取消其网点评选先进集体和负责人评选先进个人的资格,并视责任事故情况按照有关规定给予相关责任人相应处理。

2012年4月,县联社按照《中华人民共和国合同法》和《保安服务管理条例》等法规,委托喀什疆南保安服务有限责任公司,负责对县联社10各营业网点的现金(含外币)、有价证券、重要空白凭证及其他贵重物品的押运工作。同年,县联社认真执行自治区联社下发的《安全保卫工作操作规程》《安全防范检查考核手册》《安全保卫工作应知应会手册》。

2014年,年初联社主任与各基层信用社主任、信用社主任与员工层层签订《综合治理、治安防火、安全保卫责任书》。

第三节　安保设施

2001年12月,县联合社要求各乡、镇信用社,联合社营业部按照规章制度要求进行自查自纠,发现问题及时整改,消除和杜绝各科隐患和漏洞;对值班,押运,经警,运钞车运作进行检查是否合乎规定,按规章操作;对金库、门窗、锁、钥匙管理是否合规,双人管库,钥匙分管;防范器具是否合乎要求,按照规定合理布放,如:电警棒、报警器、木棒、沙袋、石灰、藏身处、柜台、防护栏等;防火器具是否合乎要求规定,如:灭火器、电路、水,易燃易爆物、用电设备、匾牌、计息机、钞机、插板、插座、插头是否合规使用。

2004年,县联合社针对金库管理中,存在钥匙使用管理不规范、未实行双线管理、未使用专用登记簿的问题,督促金库管理人员严格执行金库管理规定,在11月26日前必须设立管理金库的专用登记簿,金库钥匙实行双线管理。

2004年11月28日,县联合社召开第23次理事会议,专题研究解决运钞车配备通信工具、临柜出纳配备保险柜、营业部守库室设置卫生间等一系列问题,联社将拿出最佳方案在最短的时间整改硬件设施不足的问题。

2007年8月15日,县联社开始对营业部安全防卫设施改建装修,11月15日完成,经公安部门验收,各项安全防卫设施达标,验收合格。8月,县联社开始对色也克信用社的安全防卫设施改建装修,12月18日完成,经工程部门和公安部门验收,工程质量、各项安全防卫设施达标,验收合格。10月11日,县联社决定对岳普湖镇信用社、色也克信用社装修进行公开招标。同年,县联社根据自治区联社《关于认真做好营业场所风险等级评定和安全防范设施建设工作的通知》要求,为加强对各乡(镇)农村信用社的内部管理,加大各营业网点安全防范基础设施的建设,提高防范自卫能力,有效抵御外来侵害和防范各类案件的发生,对2007～2008年安防设施建设进行规划:1.安全防范基础设施情况。(1)各营业场所安全保卫制度基本健全,并能贯彻落实;(2)部分营业场所未按照规定安装防弹玻璃,除 2005 年新建的也克先拜巴扎、艾西曼、阿其克三个信用社安装防弹玻璃以外,其他八个网点均未安装,其中有七个网点安装不锈钢护栏,色也克信用社安装的是铁丝网,联社计划 2007 年将金星信用社撤并到岳普湖镇信用社,现只有七个营业网点需进行安防设施建设;(3)所有营业场所均与当地派出所接通警报器;(4)所辖营业场所均未安装监控器。2. 拟分期改建扩建实施方案。2007 年底前对联社营业部、岳普湖镇、色也克信用社进行改建,安装防弹玻璃、室内卫生设施、监控系统、防尾随门,也克先拜巴扎、艾西曼、阿其克信用社安装监控系统、防尾随门,改建后联社营业部防护级别达到一级标准,岳普湖镇信用社达到二级标准,也克先拜巴扎、艾西曼、阿其克、色也克信用社达到三级标准;2008 年底前对岳普湖、阿洪鲁库木信用社进行新建营业场所,铁热木、巴依阿瓦提信用社安装防弹玻璃、室内卫生设施、监控系统、防尾随门,新建、改建后岳普湖信用社营业场所风险等级达到二级标准,铁热木、巴依阿瓦提、阿洪鲁库木信用社营业场所风险等级达到三级标准。同年,县联社购买 9 个电警棍、12 个灭火器等安全设施配发给各乡(镇)信用社;所有网点都与当地派出所连接警报器,报警系统联网覆盖面达到 100%;为营业部、色也岳普湖镇信用社安装防弹玻璃;为营业部、岳普湖镇、下巴扎、艾西曼、阿其克、色也克信用社安装监控设备,

2008 年,岳普湖县联社为岳普湖、铁热木、巴依阿瓦提、阿洪鲁库木信用社安装好监控设备。

2009 年 8 月,县联社对新建办公楼的安全防卫设施进行安装,2010 年 10 月底完成,经工程部门和公安部门验收,工程质量及各项安全防卫设施达到相关部门规定标准,验收合格。2011 年 4 月岳普湖县联社由岳普湖县文化中路 11 号搬至岳普湖县艾吾再力库木中路 1 号院。

2012 年 4 月,县联社共有营业网点 10 个,全部实现社会化守押;枪支弹药已移交至喀什疆南保安服务有限责任公司。

2014 年,县联社完成 10 个营业网点的安防设施全套配置、安装新增自助银行的监控设备和 110 报警设备;同时购置催泪喷射器 32 个、灭火枪 30 把、两用电击棍 48 个、橡胶狼牙棒 40 个、激光手电 14 把、棍式防暴器 14 把;维修营业网点尾随联动门及锁具 28 次,维修县联社移动金库 2 次。县联社与外界相通出入口安装防盗安全门,场所周边、围墙防护严密,现金业务区出入口安装电子联动防尾随门,现金出纳柜台结构符合要求,出纳柜台上方透明防护板长、宽、高、面积及其以上封顶符合要求,营业办公场所按要求配备自动应急照明设备和消防器材,配备自卫器材达到每人一件。县联社对全辖营业网点、自助设备、办公大楼、运营中心采用远程监控和现场监控,共补安装录像探头 40 个,保持全天 24 小时连续监控,监控录像资料保存 30 天以上。

第四节　安全管理

一、安全教育与检查

2001 年 12 月,县联合社根据岳普湖县公安局、人行县支行联合通知精神,在全县农村信用社内部全面开展一次安全保卫大检查。

2003 年,县联合社注重安全保卫人员思想政治教育,提高思想政治素质,在全体员工和保卫人员中开展警示教育、金融法规、职业道德教育活动;组织有关人员对各个基层社的安全保卫工作进行检查指导,促其及时更换老化设施。并对安保工作管理不规范、违法违规问题追究有关人员的责任,并限期纠正、堵塞漏洞。

2004 年,县联合社充分利用与武警岳普湖县中队的双拥关系,对安全保卫人员进行系统的培训,做到学有所记、学有所用,提高联合社全辖安全保卫人员应付各类事件的能力。全年举办三期培训班。

2006 年 4 月 7 日,县联合社根据《岳普湖县创建"平安岳普湖"宣传工作方案》,以"三个代表"重要思想为指导,贯彻党的十六届五中全会和县委、县政府有关会议精神,要求干部职工努力做到"五个领先""五个最低"和"六个不发生"。4 月 15 日,县联合社召开住宅区、办公区安全保卫、社会治安综合治理以及精神文明建设工作会议,联合社住宅区(含出租户)全体人员及办公室人员参加。9 月 29 日,县联合社理事长兼主任卡米力·米吉提主持召开各股室负责人会议,学习自治区联社下发的《关于认真做好国庆期间安全保卫工作的通知》。

2007 年 8 月 15 日,县联社开始对营业部安全防卫设施改建装修,11 月 15 日完成。经公安部门验收,各项安全防卫设施达标,验收合格。同年,县联社根据喀银监办转发的《关于 2007 年元旦春节期间银行业金融机构安全大检查工作情况的通报》精神,组织全辖员工学习文件内容,理会文件精神,并责成一名负责安全保卫工作的副主任和监察保卫部工作人员,对辖属各乡(镇)信用社防范设施及达标落实情况进行检查并制定整改措施:1. 县联社安全保卫工作现状。(1)联社领导班子高度重视安全保卫工作。年初成立"三防一保"工作领导小组,安全保卫和案件防范工作领导小组等机构,按照"谁主管、谁负责"的原则,与各股室负责人及各乡(镇)信用社主任层层签订安全责任书,把安全隐患消灭在萌芽状态,并积极开展安全保卫大检查活动。对全辖各营业网点进行抽查、定期和不定期检查,对安全保卫制度不认真落实,发现问题不及时整改的信用社,对相关人员进行处罚。(2)强化安全保卫队伍建设,录用复员军人 3 名配备到联社和部分基层社的保卫工作岗位,并制定《培训计划》《突发事件应急预案》和演练方案,增强安全保卫工作人员的素质和责任心。并严格执行领导带班、值班、守库、押运制度。(3)联社组织有关人员对各个基层社安全保卫工作进行检查,针对基层社安全设施老化问题,及时购买9个电警棍、12个灭火器等安全设施配发给各乡(镇)信用社。(4)相继成立安全生产及保卫工作领导小组,负责安全保卫全盘工作。领导小组下设办公室,由一名负责安全保卫工作的副主任担任主任和第一责任人,并制定处罚制度,安全保卫工作领导小组承担全部责任的40%,其中:领导小组组长承担40%,副组长承担30%,成员承担30%;下设办公室承担全部责任的60%,其中:办公室主任承担50%,成员承担50%。2.存在问题及整改措施。(1)安全防范意识薄弱。县联社虽然在安全保卫工作方面制定有详细工作制度,但部分信用社安全保卫人员对安全防范应急预案及有关措施内容不明确,针对这种现状,加大培训力度,提高安全保卫人员安全防范能力和处置突发事件应变能力。(2)安全防范设施损坏严重。如电警棍数量够,部分已损坏,不能正常使用,县联社购买电警棍,配发给安全设施不足的信用社。(3)部分信用社营业室内没有卫生间,如岳普湖镇、岳普湖乡、色也克、金星信用社四个网点营业室内没有卫生间。联社制定营业场所分期改建、扩建计划,2007年联社将金星信用社并到岳普湖镇信用社,并对岳普湖镇、色也克信用社进行改建、扩建,改建、扩建后营业室内修建卫生间。(4)部分信用社未按照规定安装防弹玻璃,除2005年新建使用的下巴扎、艾西曼、阿其克三个信用社安装防弹玻璃以外,其他八个网点均未安装,其中有七个网点安装不锈钢护栏,色也克信用社安装的是钢丝网,并且值班室与金库不在同一室内,而是设在营业室。向自治区联社和地区公安局治安科分别上报关于在营业部、色也岳普湖镇信用社安装防弹玻璃的请示报告,自治区联社分别给予批复,并于6月6日和当地公安局对县联社治安防现状进行现场大检查。(5)部分信用社与当地派出所未连接警报器。2007年所有网点都与当地派出所联通警报器,报警系统联网覆盖面达到100%。(6)所辖各营业网点均未安装监控器,除金星信用社撤并外,2007年,为营业部、岳普湖镇、下巴扎、艾西曼、阿其克、色也克信用社安装监控设备,2008年,为岳普湖、铁热木、巴依阿瓦提、阿洪鲁库木信用社安装好监控设备。

2010年5月1日晚22点10分左右,县联社主任冯庆到巴依阿瓦提信用社检查安全保卫值班情况。

2011年3月28～31日,县联社领导班子研究,在辖属各乡信用社(联社营业部)进行安全保卫检查。5月1～2日,县联社理事长带领有关人员对各信用社执行安全保卫工作规章制度情况进行全面突击检查。发现各信用社的安全生产、安全保卫等方面不同程度存在各种问题和安全隐患。阿洪鲁库木、下巴扎信用社的安全生产、安全保卫工作做得比较好。其他信用社存在一些违反安全保卫制度,不落实双人值班制度、人员安全防范意识淡薄、值班责任性不强,未经批准随意换岗,没有及时登记,不使用紧急情况报警器等问题。

2012年2月24日,县联社根据安全保卫工作规章制度,联社分管安全保卫工作副主任和安全保卫部工作人员于一二两个月不定期对全辖10个网点进行安全保卫检查。1.检查总体情况。10个网点的大部分负责人能重视安全保卫工作,层层签订《安全保卫目标责任书》,一级向一级负责,坚持以预防为主指导方针,加强安全防范意识教育,员工安全防范意识、物防、技防水平明显提高。2.检查发现的问题。(1)人防方面:各信用社都没有按照要求定期召开安全保卫工作分析会;部分信用社安全检查较为简单,检查过于形式化;部分信用社主任对安全保卫不重视,登记簿乱扔,不填写;大部分信用社对自治区联社保卫部下发的《安全保卫工作操作规程》《安全保卫应知应会手册》学习较少;各营业网点制定的突发事件应急预案过于笼统,一线员工对突发事件应急预案掌握不全面。(2)技防方面:大部分信用社对监控维护不到位,对监控在安防方面的认识不到位;联社营业部没有安装入侵报警照明、视频安防监控及声音复合联动功能设备。(3)物防方面:岳普湖信用社现金业务区后门未安装电子联动防尾随门,有的信用社防尾随门使用时不顾外围环境。(4)安全保卫的档案管理仍是安全保卫工作中的一个弱项。同时值班室卫生环境太差。3.整改要求。各信用社对照自己网点存在问题逐一对照整改。同年7月,县联社各职能部门和基层信用社以安全教育为核心,用员工喜闻乐见的形式开展消防、安全、宣传和管理,安全隐患排查整改;以安全事件为事例,形式多样、有的放矢的开展安全教育月活动,取得明显成效。(1)健全工作制度,强化常规工作:坚持把综合治理和安全工作放在第一位,做到警钟长鸣,常抓不懈,形成全员负责、全员抓安全的工作格局,强化安全无小事、安全管理无死角、人人都是责任人的管理观念;层层落实责任,有计划、有部署的及时排除安全隐患,建立和完善安全管理工作和综合治理的长效机制,提高安全管理水平和应急救护能力;县联社组织干部职工学习《突发事件处理办法》,以实现制度性、观念性防范安全事件,减少案件发生带来的损失,并结合实际工作对干部职工开展消防演练教育,提高干部职工的安全防范意识和灾害处置能力。(2)开展安全教育,增强安全意识:县联社通过形式多样的途径和方式,开展以提高干部自护、自救、防灾、逃生能力为主题的教育活动,举办"牢固树立安全意识,积极构筑安全保障"消防知识竞赛、召开"消除火灾隐患,保证安全"座谈会等,都取得很好的宣传、教育效果;开展消防安全知识讲座,通过讲解火灾种类、危害性和防火重要性,详细说明火场逃生技巧、消防器材使用方法要领等知识,并现场演示消防器材使用方法。(3)落实工作措施,强化隐患整治。县联社从规范化管理下手,作好卫生、纪律和安全工作,特别在用电、用火上严格检查,做到防患于未然,联社领导多次进行安全检查,查找安全隐患,检查中特别加大对大功率用电器,易燃易爆物品和私拉乱接现象的检查力度,将用水、用电等安全隐患都消除在萌芽状态。8月,根据自治区联社《关于开展安全保卫检查工作的通知》要求,对全辖安全保卫工作进行检查。同时配合喀什市联社组织的各县联社交叉检查。

2013年5月22日，县联社组织机关全体、各营业网点义务消防队共计60余人在联社六楼会议室举办消防安全知识培训会议，会上特邀自治区消防总队特级讲师多来提讲授消防安全知识。11月27日，县联社根据自治区联社对押运情况进行调查的要求，对2012年4月至2013年11月期间，按照《中华人民共和国合同法》和《保安服务管理条例》等法规，委托喀什疆南保安服务有限责任公司，负责县联社10各营业网点的现金（含外币）、有价证券、重要空白凭证及其他贵重物品的押运工作情况向自治区联社报告。1.押运情况。县联社与喀什疆南保安服务有限责任公司签订押运保安服务合同以来，双方严格按照合同规定，按照负责对县联社10各营业网点的现金（含外币）、有价证券、重要空白凭证及其他贵重物品、向人民银行伽师县支行提缴款、网点之间的现金、重空、有价凭证调配和上门收款、ATM加钞、金库守护、款箱寄库等保安押运工作义务权利履行职责，配合较为默契，未出现违约情况或履职争议。2.喀什疆南保安服务有限责任公司是喀什地区公安局主管的正规保安服务公司，管理服务合法合规，押运人员政审合格，使用车辆符合相关规定。3.经双方商定，联社辖区10个营业网点无论远近，每个营业网点年支付押运费用10万元，全辖年费用共100万元；ATM加钞5万元/台·年；伽师人行调缴款项每次800元/车·次；网点提缴款、上门服务、金融服务点等30千米以内200元/点·车·次、30千米以上300元/点·车·次；金库守护年10万元；寄库服务年10万元。押运公司租用联社金库支付20万元抵扣金库守护、寄库服务年20万元。4.存在的风险点和安全隐患，安全防范意识的培养未做到经常性开展，存在只注重押运过程的保卫以及押运人员体能上的保卫，忽视预防措施和办法。

2014年初，县联社层层签订消防安全管理目标责任书，制定消防演练方案和制度。以营业网点为单位开展消防演练3次，参加人数达73人次。同年，县联社组织安全检查36次，每个信用社平均检查3次。其中：夜间现场检查16社次，社均2次；夜间电话抽查382次。有针对性的采取回头看方式进行复查，并对复查问题，全辖通报批评，给予一定的经济处罚。县联社在公安部门和新疆银监会联合组织自治区银行业金融机构安全评估工作中，得90.6分，名列第五。

二、案件处理

2010年1月7日，县联社根据联社党委及联社纪检委安全保卫责任书第10条的规定，对联社副主任吐拉洪·买买提给予经济处罚500元，并在全辖内进行通报批评。2010年1月1日，联社副主任吐拉洪·买买提通过电话和联社主任阿布力孜·卡迪尔协商交换值班工作，未办理交接手续，阿布力孜·卡迪尔也没去值班，导致无人值班。5月4日，县联社研究给予经警买买提明·乌斯曼100元罚款并全辖通报。县联社下发各信用社五一期间加强值班通知，明确提出值班要求，但是在5月1日晚上22点10分左右，联社主任冯庆到巴依阿瓦提信用社检查安全保卫值班时,经警买买提明·乌斯曼不在值班岗位,检查人员到3分钟后才从外面赶到信用社,并未穿经警制服,根据检查暴露个别信用社值班人员思想麻痹大意,不守纪律,而经警买买提明·乌斯曼违反岳普湖县联社和各信用社签订的安全保卫责任书第10条规定。8月11日,县联社根据《岳普湖县农村信用合作联社安全保卫和反洗钱工作责任书》违规人员处分部分的第十条有关规定,对巴依阿瓦提信用社经警买买提依明·吾斯曼在全辖予以通报并罚款200元。巴依阿瓦提信用社职工买买提依明吾斯曼在8月6日早晨因押运到联社,中午新疆时间12:00回到巴依瓦提提信用社后、下午新疆时间2:00时擅离值班区,晚上新疆时间5:00才回来,旷工3个小时,此行为严重违反安全保卫制度。

　　2011年5月8日,县联社下发安全保卫工作检查情况通报。1.存在问题的主要表现如下:联社副主任吐拉洪·麦麦提、安瓦尔·阿布杜卡德尔2011年5月1日、2日值班时,半天多时间无故离开值班岗位;2.岳普湖镇、艾西曼、阿其克、铁力木、巴依阿瓦提信用社的依则提姑·阿不力孜、西尔艾力·阿布杜卡德尔、吾布力阿西木·亚森、艾力·阿布都热依木、阿力木·阿不来提等5名信用社主任未落实主任值班制度;在一般工作人员中,廖世民、赵雪晴、努尔古丽·巴斯提、比力克孜·亚森、布左拉·图儿孙、阿卜力孜·阿里马斯、艾力·祖农、阿提开木·亚森、阳丽古丽·艾山、阿丽屯古丽·米吉提、帕提玛·吾普尔、阿布都艾尼·吾守尔等人员未安排3天休息期间的值班;2011年5月1日联社白班人员古力那尔·阿西木与阿娜古丽·亚森换班,当天晚班人员安瓦尔·阿卜杜热西提未去值班,跟5月2日值班人员吐孙江·亚森换班;色也克信用社赛来买买提力和安瓦尔·艾尔肯交换晚班,古再丽努尔·吾普尔和赛来·买买提力交换白班,值班登记簿无记录,也没有相关人员的批示;色也克信用社门窗未关闭,营业室信贷机电源未关闭,电棒未及时充电;色也克、阿其克、铁力木信用社虽然有各种安全保卫记录本,但记录不全;铁力木、巴依阿瓦提信用社监控设备不正常,艾西曼信用社值班室没有配备灭火器,巴依阿瓦提信用社灭火筒没有放入灭火沙。2.处理决定。以上行为严重违反《岳普湖县农村信用合作联社安全保卫和反洗钱工作责任书》的有关规定。对违反责任书的人员给予经济和行政处罚,根据《新疆维吾尔自治区农村信用社违反规章制度人员处理规定》的第十八节第一百二十九条、第一百三十一条、第一百三十二条之规定,做出如下处理决定:对联社副主任吐拉洪·麦麦提,安瓦尔·阿布杜卡德尔进行全县通报批评,对吐拉洪·麦麦提处以400元罚款,对安瓦尔·阿布杜卡德尔罚款200元;对值班制度没有落实的岳普湖镇、艾西曼、阿其克、铁力木、巴依阿瓦提信用社员工依再提姑·阿不力孜、西尔艾力·阿布杜卡德尔、吾布力阿西木·亚森、艾力·阿布都热依木、阿力木·阿不来提进行全县通报批评,分别给予300元罚款。在一般人员中没有值班的廖世民、赵雪晴、努尔古丽·巴斯提、比力克孜·亚森、布左拉·图儿孙·阿卜力孜·阿里马斯、艾力·祖农、阿提开木·亚森、阳丽古丽·艾山、阿丽屯古丽·米吉提、帕提玛·吾普尔、阿布都艾尼·吾守尔进行全县通报批评，分别给予200元罚款；古力那尔·阿西木、阿娜古丽·亚森、安瓦尔·阿卜杜热西提、吐孙江·亚森、赛来·买买提力、安瓦尔·艾尔肯、古再丽努尔·吾普尔等6名人员进行全县通报批评，对安瓦尔·阿卜杜热西提罚款300元；对古力那尔·阿西木、阿娜古丽·亚森、吐孙江·亚森、赛来·买买提力、安瓦尔·艾尔肯、古再丽努尔·吾普尔各罚款200元；针对色也克信用社存在的3项问题，对色也克信用社主任卡米力·阿不力孜和当天值班人员祖丽皮亚·阿卜杜热依木、赛来·买买提力、阿卜杜热合曼·麦麦提进行全县通报批评，分别给予200元罚款；针对色也克、阿其克、铁力木信用社安全保卫各种记录本填写不全的问题，对色也克、阿其克、铁力木信用社进行全县通报批评，对各信用社主任分别给予200元罚款。针对铁力木、巴依阿瓦提、艾西曼信用社存在的监控、安全保卫设施不正常问题，对铁力木、巴依阿瓦提、艾西曼信用社进行全县通报批评，对所涉信用社主任分别给予200元罚款。

同年8月29日，县联社根据自治区联社办公室、岳党办文件精神，安排领导带班，干部值班，并要求带班领导对各信用社值班情况进行现场查岗、电话查岗，但是仍有值班人员脱岗、空岗现象，根据检查情况，对不严格执行值班制度的人员进行处罚。联社经警阿布杜卡哈尔肉孜2011年7月31日(星期天)未经有关领导同意，值班迟到2小时有余，以上行为违反新疆农村信用社员工违反规章制度处理规定第十八节第一百二十九条，并违反新疆农村信用社〔2010〕218号文件，迟到半小时以上视为矿工一天，按照以上两条合并处罚，对经警阿布杜卡哈尔·肉孜在全辖予以通报并罚款500元。联社经警买买提明·吾斯曼于8月21日在值班守库期间擅自脱岗3小时之多，以上行为违反新疆农村信用社员工违反规章制度处理规定第十八节第一百二十九条，并违反新疆农村信用社〔2010〕218号文件，迟到半小时以上视为矿工一天，按照以上两条合并处罚，处以500元罚款，并在全辖内通报。联社经警阿不力孜·依得热斯于8月21日在值班守库期间睡岗，以上行为违反新疆农村信用社员工违反规章制度处理规定第十八节第一百二十九条，处以100元罚款，并在全辖内通报。联社计财部科技工作人员于8月21日在值班守库期间擅自脱岗近半小时，以上行为违反新疆农村信用社员工违反规章制度处理规定第十八节第一百二十九条，处以200元罚款，并在全辖内通报。联社经警努尔·艾力于8月27日值夜班，于8月28日早晨离开联社时未锁好运钞车车门，此类事件于8月21日同样发生过，对于同样的错误屡犯屡错的行为违反新疆农村信用社员工违反规章制度处理规定第十八节第一百二十八条，经联社党委会研究决定给予努尔·艾力15天待岗并停发一个月工资，让其反省，根据其表现和考察再定是否可以上岗。

第十九章　社务管理

1956年,岳普湖县域信用合作社成立,先后隶属人民银行岳普湖县支行、农行岳普湖县支行管理,这种管理模式在两行之间反复更迭6次。1996年,岳普湖县联合社成立并与农行岳普湖县支行正式脱离,自主行使管理权,开始逐步完善信用社管理制度。做好行政管理、后勤保障、档案等工作,规范各种业务活动,促进联合社各项工作有序开展和信用社快速健康发展。2006年岳普湖县联社成立至2014年隶属自治区联社管理,各项管理工作步入规范化轨道。

第一节　行政管理

一、行政事务

（一）公文处理

2006年,自治区联社成立后,制定下发《新疆维吾尔自治区农村信用合作社公文处理办法》《新疆维吾尔自治区农村信用合作联社公文实施细则》等文件,县联社综合办公室按照自治区联社要求,负责公文处理工作,由专职人员负责统一收发、分办、传递、立券和归档。

2014年,县联社接收自治区联社文件310份、新疆银监局文件184份,起草、发送各类文件202份;起草、撰写工作简报14份;全部整理或立券。组织起草领导讲话5篇,制发各类公文194件,文字处理量98000字,收文763件。

（二）信息

2013年,县联社信息报送重点围绕2013年中心任务和工作重点,发挥信息宣传作用,提升信息报道质量,围绕全年不同时期"春耕备耕、支农、抓存、增效"等工作重点、工作经验做好信息工作。关注工作亮点,抓住身边典型,形成新闻性较强、形式多样的信息;同时,把有价值的新闻线索及时提供至自治区联社办公室,自治区联社组织媒体赴当地进行采访。加强新闻图片的拍摄与搜集工作,根据南北疆差异,结合当地实际,拍摄不同题材的照片。

2014年，县联社向《自治区联社新闻快报》刊用信息12篇。主要对岳普湖县联社2014年度工作和进行报道，涉及服务、宣传、经营业务和重大活动。县联社向自治区联社投简报24篇，向自治区联社修志专刊上报信息4篇。

（三）保密工作

县联社保密工作主要由综合办公室负责，综合办公室做好安全保密人员培训、教育和管理考核，保密措施的制订、落实和督促检查，保密资料、信息、事项范围的确定及分类管理，保密资料、信息的保管、解密及销毁等工作。县联社通过党委学习会、每周例会、中层干部会议、全员大会等对职工开展保密教育，并要求各部室、支行利用晨夕会组织职工学习《保守国家秘密法》《人民银行法》《商业银行法》《中国人民银行关于银行业金融机构做好个人金融信息保护工作的通知》等法律法规和规章制度。以"阳光信贷"宣传教育月活动为契机，学习保密工作"四公开，一保密"（农户贷款金额、贷款姓名、贷款期限、贷款利率公开，对客户信息保密）规定，提高职工保密意识和防范能力。

（四）印鉴印信管理

县联社综合办公室指定专人管理印章，切实规避用印风险。印信管理人员和承办人员认真填写《印章使用登记簿》《印章移交登记簿》，经领导签字审核后加盖公章，未经审核，不擅自用印。规范介绍信的使用，将介绍信分为上下2联，上联存根部分由综合办公室留存，下联介绍信部分由各网点留存备查。联社内部人员进入金库、各网点现金区等重要区域时均要有标注姓名、人数、事由、时间及加盖公章的介绍信方可进入。外部人员除要有上述基本信息外，介绍信必须标注清晰的身份证号码，在单位相关工作人员的陪同下方可进入重要区域。

（五）联络协调

县联社综合办公室发挥协调上下内外关系的枢纽作用。通过每周例会，加强机关内部事务的统筹协调，强化与各基层社之间的沟通交流，确保联社各项工作有序运行。平时加强与自治区联社、喀什银监分局、中国人民银行岳普湖县支行等相关部门的联络工作，为业务往来创造良好的外部条件。发挥承上启下，保证联社和各部室、各基层信用社政令畅通的枢纽作用。

（六）会议服务

县联社会议由联社综合办公室具体负责会议后勤保障工作，做到卫生整洁、会议资料齐全，参会人员桌签摆放整齐、茶水充足、照片拍摄清晰等。电子银行部协助进行会议音响调试、连接视频会议电视、播放音乐、调整灯光等工作。2014年，县联社综合办公室承办各类会议68余次，参会人员487人次。

二、档案管理

(一)管理队伍

2012 年,县联社明确一名副主任全面负责档案达标升级的组织领导工作,将档案工作的主要指标列入县联社规划和计划之中,要列出档案达标与规范管理的时间进度表,按年、按季、按月逐步推进档案达标升级工作,逐项落实,要将责任细化到主管领导、经办部门和相关责任人。2014 年,县联社有兼职档案员 2 人。

(二)管理制度

县联社按照国家档案法的有关规定和自治区联社档案管理办法,建立健全档案管理制度。按照《银行会计档案管理办法》《新疆维吾尔自治区农村信用合作社档案管理办法》和《新疆维吾尔自治区农村信用合作社会计基本制度》,结合实际,先后制定《档案保管制度》《档案利用制度》《档案工作保密制度》《档案材料归档制度》等,明确档案工作职责和任务,及归档范围及整理要求,使各有关单位对文件材料的形成、积累、收集、整理有据可依,同时,制定《档案人员岗位责任制》和考核、奖惩制度,并纳入机关岗位责任制。

(三)信贷档案内容与特点

2001 年,县联合社农户信贷档案内容:乡、村、组名称,门牌号码,家长姓名,家中人口数,耕地面积,在信用社贷款及使用情况,还贷情况,经济状况,家庭成员的文化程度等;对该农户家庭基本情况的评估,填写家庭情况评估书。首先填好信贷项目和内容,后把农户档案带到每一个农户进行实地调查,按照等级进行评估并填好农户档案。一级农户标准:有三间以上砖木结构的住房,有七年以上的杨树 100 多株或两亩以上果园(产果两年以上的),有 5 头以上大牲畜,20 只以上小牲畜(如果缺一项,有信用社存款也可以),每年贷款按期还贷的。二级农户标准:有三间以上砖木结构或土木结构的住房,有 5 年以上的杨树 50 多株或产果两年以上的一亩果园,有两头以上大牲畜,10 只以上小牲畜(如果缺一个项目有相应的其他经济产业或存款),有 0.03 公顷蔬菜和瓜果出产温室。三级农户标准:达不到一级、二级要求的应符合二级要求的 70%,不具备上述条件的农户必须注明他是贫困户或五保户。填写农民基本情况(农户档案)有 5 个方面的特点:1. 有利于落实"户贷户还办法",有利于搞活农村信用社的信贷业务,严格控制不良贷款的增加,抵制一刀切的行为,为经济情况好的农户提供较多的贷款,为经济情况差的农户提供适当的贷款,提高贷款的使用效果。2. 有利于进一步密切信用社和农民的关系,农信社为农民直接提供贷款,简化贷款手续让农民进一步理解农村信用社。3. 有利于防止超出范围发放贷款,控制不良贷款现象的发生,防止个别农户多头贷款,强化贷款质量风险,确保贷款"安全、有效运转"。4. 能够增加社员股金,规范吸收社员,争取本县农民 80%以上入社。5. 有利于强化内控制度,防止信用社干部在发放贷款过程中发生违规违章操作。

（四）设施建设

2011 年,县联社搬进新办公楼后,根据自治区联社主任阿不都的讲话精神,将原计划档案室设置在地下室,更改为单独建档案室,自治区联社于 2012 年 5 月批复县联社建档案室的请示报告。2012 年,县联社建档案室,并按照档案室建设、档案管理工作的相关规定进行装修,配置相关设备。

2014 年 2 月 25 日,县联社为改变档案资料由各乡镇信用社保管,档案存放凌乱,并达不到自治区联社及上级有关档案管理工作要求的现状,避免重要文件丢失,使档案管理达到规范化,标准化,县联社向自治区联社、岳普湖县政府请示建造两层 400 平方米的档案室。

（五）档案整理

2014 年,县联社信贷、会计、文书等各类档案共计文书档案 254 券。其中文书档案永久、长期共 196 券,7820 件,短期 14 券,586 件。当年新入券 463 件,其中永久 478 件、长期 66 件、短期 19 件。

（六）档案检查

2010 年 4 月 22 日,人行喀什中支调查统计科为规范农村信用联社金融统计报表报送和征信管理工作,确保金融统计报表数据和征信相关业务的准确性、完整性和及时性,对岳普湖县联社进行执法检查。检查发现存在,县农村信用联社统计制度建档不完善;联社业务状况表与岳普湖县农村信用联社信贷系统中的贷款余额不一致;对公贷款与个人贷款指标混淆;涉农贷款指标理解有误;贷款分行业和大中小型企业的划分不明确,未严格按照人行统计制度执行;企业信用信息数据库管理员及操作员用户缺失,未按规定执行企业信用情况,贷前没有登录系统查询;企业信用信息数据库上报系统用户缺失,未按规定上报企业贷款信息;个人信用信息数据库管理员及操作员用户缺失,未按规定执行个人信用情况贷前核查手续;农村信用体系建设工作进展情况汇总表数据存在错误;农户电子档案建设进展缓慢,电子档案建立不规范,未建立完善辖区农户的电子信用信息档案建设等问题。对于检查发现的问题,提出整改意见。

三、机关效能建设

2011 年,县联社加强机关自身建设,建立行为规范、办事高效、动作协调的新型机关。联社建立健全各项制度,规范《机关考勤制度》《联社值班管理制度》《机关卫生管理制度》《联社内部招待管理办法》《联社车辆管理办法》等,同时,建立"首检负责制",引入"突袭检查"机制,全面推行会计委派制和重要岗位"强制休假"和"岗位轮换"制度,建立起重大违规问题移交机制、总结和问询制度等。规范机关人员行为,明确机关人员管理和服务要求,严肃工作纪律,实现用制度规范服务行为,用制度规范办事程序,用制度管人治事的运行机制。同时,联社还不定期组织机关员工集体学习,学习内容以政治理论、职业道德、法律法规、廉政教育等为主。联社部室每周组织一次学习,学习内容以业务学习为主,学习时间不少于2小时。要求每人专设学习笔记本,认真做好笔记,达到从思想政治到业务水平全面提高的目的,努力创建"学习型"机关,促使员工在学习理念、工作水平、服务质量、自我约束力等方面有明显提高。员工参学情况纳入年终考核的内容。在秩序化建设方面,联社认真落实"三会"制度,严格执行社员代表大会、理事会和监事会议事规则和决策程序。实行员工对部室经理负责、部室经理对分管领导负责、分管领导对主任负责、主任对理事长负责的分级负责制度,一般不越级请示、汇报,不越级指挥。领导之间、部室之间,既有分工,又有合作,相互协调,相互配合。周一召开由办公室负责召集的理事长、主任、副主任和各部室经理、主任及负责人参加的例会,各部室汇报上周工作及下周工作安排,理事长、主任布置、协调工作。做到工作脉络清晰,协调有序。联社对例会布置的工作,及时催办,限期完成,进一步加强催办考核作用,及时汇总,及时处理,进一步理顺办事流程,简化办事程序,缩简办事环节,改进办事方式,解决部室之间相互推诿、工作拖沓、问题久悬不决的问题,提高工作效率。联社部室还重新明确信用社各岗位职责,做到员工岗位明确,职责分明,该谁做的事谁做,不该做的事不做,谁做的事谁负责,形成人人做实事,事事有人做的良好工作环境。

第二节　固定资产管理

一、组织机构

县域信用合作社创建初期,条件很差,动产与不动产都没有一个可供查找的账面上的数据。1996年县联合社成立后,随着信用合作社发展,经营项目增加,经营业务面拓展,固定资产也随之增加,不论是动产或不动产数量、种类、价值都与日俱增。登记造册、盘查清点、运行状况、易损消耗状况都需按期或不定期的清查核实。做到不流失、低消耗和无不良保管的失误。

2009年8月21日,县联社成立固定资产委员会。主任委员:卡米力·米吉提(联社党委书记、理事长),副主任委员:阿布力孜·卡迪尔(联社党委委员,联社主任),成员:冯庆(联社党委委员,联社监事长)、吐拉洪·买买提(联社党委委员,联社副主任)、唐努尔·艾买提(综合办公室主任)、热汗古丽(计财部副经理)、李巧兰(审计部经理)。领导小组下设固定资产监督办公室,办公室负责固定资产的监督工作。办公室主任:冯庆(联社监事长、联社党委委员),成员:唐努尔·艾买提(综合办公室主任)、热汗古丽(计财部副经理)。固定资产监督办公室主任承担管理、指导和监督工作,成员负责汇总、组织实施相关监督工作。是日,县联社成立新建办公楼项目领导小组。组长:卡米力·米吉提

（联社党委书记、理事长），副组长：阿布力孜·卡迪尔（联社主任、联社党委委员），成员：冯庆（联社监事长、联社党委委员）、吐拉洪·买买提（联社副主任、联社党委委员）、唐努尔·艾买提（综合办公室主任）、热汗古丽（计财部副经理）、李巧兰（审计部经理）。领导小组下设工程监督办公室，负责工程的正常工作。办公室主任：冯庆（联社监事长、联社党委委员），成员：唐努尔·艾买提（综合办公室主任）、热汗古丽（计财部副经理）。工程监督办公室主任承担管理、指导和监督工作，成员负责汇总、组织实施相关工作。

2010 年 9 月 18 日，县联社成立采购管理工作委员会，集中采购委员会在理事长授权下，对集中采购进行统一管理。主任委员：冯庆（联社党委委员，联社主任），副主任委员：吐拉洪·买买提（联社党委委员，联社副主任），评审委员：阿娜古丽·亚森（计财部经理）、刘明（综合办公室副主任），监督委员：热汗古丽（审计部经理）。领导小组下设集中采购办公室，办公室设在联社综合办公室。办公室主任：吐拉洪买买提（联社党委委员，联社副主任），成员：阿娜古丽亚森（计财部经理）、刘明（综合办公室副主任）。集中采购办公室主任承担管理、指导和监督集中采购工作，成员负责汇总、组织实施集中采购的相关工作。

2014 年，县联社根据人员变动情况及时调整固定资产管理委员会和办公室组成人员，加强对联社固定资产的管理工作。

二、固定资产购建

（一）购建制度

2007 年 11 月 7 日，县联社贯彻自治区联社印发的《关于加强农村信用社固定资产购置管理的通知》。2008 年 1 月 1 日，县联社执行自治区联社印发的《新疆维吾尔自治区农村信用合作社固定资产购建管理办法》，规定针对县以下营业机构的经营状况，提出实施意见：配备机动车的条件；交通费的核定办法；超标准车辆的处置。

2010 年 3 月 10 日，县联社执行自治区联社办公室印发的《关于下达 2010 年度固定资产购建计划的通知》规定：各单位要加大力度完善房屋、土地的相关产权证明，做到产权明晰。除土地、房屋、车辆等的处置需向自治区联社报备，其他由各单位自行进行处置，无须报备。处置工作要做到依法合规，按照市场化原则，公开、公平、公正的方式进行。

2011 年 1 月 31 日，县联社执行自治区联社办公室《关于下达 2011 年度固定资产购建计划的通知》，规定除土地、房屋、车辆等的处置需向自治区联社报备外，其他由各联社自行进行处置。处置工作要做到依法合规，按照市场化原则，公开、公平、公正的方式进行。安全防卫（运钞车辆除外）固定资产投入，无须上报，各联社根据需要自行购置。

2012 年 2 月 8 日，县联社执行新农信办《关于下达 2012 年度固定资产购建计划的通知》，规定除土地、房屋、车辆等价值较高资产处置需向自治区联社报备外，其他由各联社自行进行处置。处置工作要做到依法合规,按照市场化原则,以公开、公平、公正的方式进行。对于 2012 年固定资产计划中已批复同意的电子设备、安全防卫设备(运钞车辆除外)等固定资产投入,无须申报。进一步强化基础设施建设,加大基层营业用房、"五小"工程、电子化建设资金的投入力度,为一线员工创造良好的办公和生活环境。

(二)购建情况

2003 年 12 月 16 日,县联合社上报人民银行喀什地区中心支行合作科关于配备微机的请示:深化农村信用社改革,科技水平落后成为制约信用社发展的"瓶颈",市场竞争能力较差,电子化建设迫在眉睫,电子化建设带来的好处不言而喻,不仅体现在存、贷款增长,经营效益的提高上,更重要的是信用社的核心竞争能力将得到进一步增强,也是农村信用社发展的必然趋势。为提高县联合社竞争能力,联合社理事会于 2003 年 12 月 16 日召开第 10 次理事会议,研究决定购买 17 台微机,一台笔记本电脑(报表管理、统计),需要资金 18 万元左右,配备各项业务专用,请人民银行喀什中心支行合作科批准。

2004 年 3 月 12 日,县联合社上报岳普湖县国土资源局关于划拨办公用地的申请:根据岳普湖县委、县政府将艾西曼镇党委、政府办公场所迁至省道 314 线旁的决定,县联合社也将艾西曼镇分社迁移至艾西曼镇党委、人民政府的所在地,并采取招商引资的办法,从乌市人行引资 10 万元,用于艾西曼镇信用社办公场所的重建,将对艾西曼镇招商引资工作创造良好的硬件环境,请县国土局根据相关规定划拨营业用地及职工住宅用地。

2004 年 6 月 16 日,县联合社上报喀什银监分局合作科关于更新桑塔纳车的请示:县联合社于 1996 年 5 月购入的一辆桑塔纳 2000 轿车(2001 年和普通桑塔纳换入的车),已使用 8 年,近两年由于老化,费用居高不下,2004 年 6 月该车年度审验时,在地区车辆管理所该车档案中写明为"出租车",根据出租车使用期限为 8 年的规定,不予进行年度审验,并告知县联合社,该车于 2004 年 6 月 24 日应报废。该车牌号为新 Q - 16896,型号为桑塔纳 2000,原值 82840.00 元,已提折旧为 30436.00 元,净值 52404.00 元,故在 2004 年 6 月 15 日联合社第 17 次理事会议研究决定,根据固定资产使用报废规定进行账务处理,按市场价格出售,并购入一辆与该车同型号的工作车,请喀什地区银监局合作科批准。7 月 20 日,县联合社上报喀什银监分局合作科关于更换运钞专用牌照的请示:根据农村信用社固定资产报损处理的相关规定,以岳农信字〔2003〕70 号文《关于处理运钞车的报告》报合作科,联合社根据合作科的批复,将原五十铃运钞车、牌号为新 Y - 7133 报损作账务处理,为保护农村信用社的形象和安全,请中国银监会喀什监管分局合作科办理更换专用牌照为地方牌照的相关手续。

2006 年 4 月 1 日,县联合社召开办公会议,理事长兼主任卡米力·米吉提主持,研究以下事项:岳普湖镇信用社盖职工住宅楼 6 套;岳普湖乡信用社盖住宅及办公楼 18 套;

色也克乡分社盖不超过 190 平方米的办公楼;联合社营业大厅及大门进行重新装修;联合社院内及下巴扎、艾西曼、阿其克等营业网点的院内硬化地坪、建花池。

2008 年末,县联社办公自动化设备情况。计算机数量共 64 台,其中:台式计算机 32 台、笔记本 6 台、业务机 26 台;工作用机数量共 65 台,其中:计算机 32 台,笔记本 7 台,业务机 26 台;与互联网连接计算机数量 3 台;优盘数量 5 个;移动硬盘数量 1 个;复印机共 7 台,其中:Aficio2015L 型号 4 台、XEROX500 型 2 台、松下 KX – FM383CN 型 1 台;打印机共 41 台,其中:惠普 5000LE 型(激光打印机)2 台、惠普 1020E 型(激光打印机)2 台、方正文杰 A321 型(激光打印机)1 台、四通 OKI5600SP 型 14 台、得实 3200II 型 12 台、爱普生 1020K 型 8 台、得实 700 型 2 台。

2009 年 1 月 8 日,县联社向自治区联社提出更换线路的请示:县联社自联网以来一直使用联通公司提供的线路服务,因近年自治区联社不断更新系统,增加新业务品种,联通线路已无法满足现用的通信需求,各乡镇网点在业务高峰期时经常出现网络延迟现象,严重影响信用社形象,部分乡镇停电时联通公司无法保障通讯正常,县城也没有专门的联通线路维护人员,当线路出现故障时还要向喀什市联通公司维护人员联系,严重耽误信用社工作,而且联通公司的网络未全部覆盖岳普湖县,如:艾西曼镇(现使用电信网络),阿洪鲁库木乡(未联网)。岳普湖县电信分公司电路网络已经达到各乡镇场,覆盖面积 100%,网络速率稳定,传输速率高,网络保密性较高,县城有专门的线路维护人员,各乡镇场均有电信公司的机房,都有 24 小时值班人员,停电时可以保证电路正常,现申请更换线路,使用电信线路。

2010 年 12 月 19 日,县联社向自治区联社提出新建办公楼亮化装修的请示:县联社新建办公楼处于县城中心繁华地段,根据县委、县人民政府的要求,新建办公楼外观要亮化装修,为积极响应县委、县政府城市建设现代化的号召,并树立农信社的形象,经联社理事会第 3 次会议研究决定,在新办公楼外面装彩灯亮化办公楼。装修预算总费用为 21.5 万元。12 月 20 日,县联社向自治区联社提出新建办公楼追加装修费的请示:县联社根据新农信函〔2010〕163 号批复,抓紧时间对装修工程进行招投标,招投标完时,亦是 6 月底,此时装修所用原材料、人工工资已涨价,在中介机构评估时,室内干挂砖实际面积和预算相差 260 余平方米,而且根据效果图,将原有的砖由 80×80 变更为 50×100。室外广告牌没有在预算内,部分木质门更改为型材门,在以上多种原因下,致使自治区联社批复的控制在 100 万元以内的装修费用不够,按照中介机构审计结果,实际工程费用已达到 150 余万元。申请在批复装修控制在 100 万元以内的基础上,再追加 50 万元装修费用。12 月 26 日,县联社向自治区联社计财部上报关于购置自动柜员机(ATM)的申请:为加快县联社支付结算业务由传统方式向现代科技方式转型,为新农村建设提供优质、高效、安全的金融服务,在自治区联社的大力支持下,不断加快电子化、科技化进程,积极筹备自动柜员机(ATM)业务开展工作。为提高农村信用社社会形象,提高农村信用社核心竞争力,更好地为客户服务,有效完成县联社自动柜员机(ATM)建设工作,结合本地自助设备建设水平和业务发展实际,申请购置三台机型为NCR自助设备(两台在行穿墙式,一台离行穿墙式),单价为12.7万元,共38.1万元,3个网点装修费24万元,共计费用62.1万元。

2011年7月20日,县联社向自治区联社计财部提出购置自动柜员机(ATM)的请示:为提高农村信用社社会形象,提高农村信用社核心竞争力,更好地为客户服务,有效完成县联社自动柜员机(ATM)建设工作,结合本地自助设备建设水平和业务发展实际,申请购置三台机型为NCR自助设备(两台在行穿墙式,一台离行穿墙式),单价为12.7万元,共38.1万元,3个网点装修费27万元,共计费用65.1万元。

2012年4月9日经县联社第二届理事会第八次会议研究,也克先拜把扎信用社建设总面积600平方米左右办公楼,单价1500元/平方米,工程总造价为90万元。4月12日,县联社向自治区联社计财部提出购置自动柜员机(ATM)的请示:为加快县农村信用社支付结算业务由传统方式向现代科技方式转型,为新农村建设提供优质、高效、安全的金融服务,在自治区联社的大力支持下,不断加快电子化、科技化进程,积极筹备自动柜员机(ATM)业务开展工作。为提高农村信用社社会形象,提高农村信用社核心竞争力,更好地为客户服务,有效完成县联社自动柜员机(ATM)建设工作,结合本地发展实际,申请购置4台NCR型号自助设备单价为13万元,共52万元,4个网点装修费68万元(含UPS,监控,报警器)共计费用120万元。4月20日,县联社向自治区联社提出修建交流干部宿舍的请示:联社为给交流干部提供住宿环境,在车库和职工食堂上面增建建筑面积为225平方米的交流干部宿舍,工程造价为35万元。是日,岳普湖县农村信用合作联社向自治区联社上报关于岳普湖信用社新建办公楼及住宅用房的请示:随着县联社各项业务的不断发展,各项代办业务的增加,岳普湖信用社营业厅狭小,跟不上现在经济发展需求,为给广大客户提供优质的服务,按照自治区联社对县联社新建办公楼的申请的要求,结合岳普湖信用社实际现状,需要新建办公楼。岳普湖信用社现有营业用房建于1989年,原值152197.90元,累计折旧151778.56元,净值4553.36元。现需要新建办公楼,其中:一楼是营业用房,二、三、四、五层为住宅楼,地下室商铺面积378.75平方米,由县联社职工全额集资修建;商铺按平方米以预收款方式全部出售,县联社不垫付任何款项。为广大客户提供优质的服务需要修建600平方米左右的营业用房,单价1512元,工程造价90万元。岳普湖县农村信用合作联社向自治区联社上报也克先拜把扎信用社新建办公楼的请示:随着县联社各项业务的不断发展,各项代办业务的增加,也克先拜巴扎信用社营业厅狭小,跟不上业务发展需求,为广大客户提供优质的服务,按照自治区联社对县联社新建办公楼的申请的要求,结合也克先拜巴扎信用社实际现状,需要新建办公楼。也克先拜把扎信用社现有营业用房建于 2004 年,原值 208407.86 元,累计折旧 62281.38 元,净值 147126.48 元。8 月 8 日,县联社向喀什监管分局提出为阿其克等两个网点安装 ATM 机的请示:联社根据市场的需求及业务发展的需求,计划在下巴扎信用社、阿其克信用社两个经济繁华区域和条件成熟的网点安装 ATM 机,现两个网点的 ATM 操作区已装修完毕,经工程部门和公安部门验收,工程质量及各项安全防卫设施已达到相关部门标准,验收合格,申请营业。12 月 12 日,县联社向自治区联社提出购买安装电子宣传显示屏的请示:经联社党委会议和第二届理事会研究,拟在联社办公楼安装广告显示屏,每平方米 19600 元,面积 32.26 平方米,共计 632300 元(付款方式为 2012 年度 40% ,2013 年 1 月份 30% ,2013 年 12 月之前验收后支付 30%)。

三、固定资产管理

1998 年 11 月 4 日,人行自治区分行印发《关于印发〈新疆农村信用社固定资产管理办法〉的通知》。

2003 年 4 月 17 日,县联合社执行乌鲁木齐中心支行《关于转发人总行〈关于严格控制农村信用社固定资产投资的紧急通知〉的通知》中的规定:一、要严格执行人行乌鲁木齐中心支行印发的《新疆农村信用社固定资产管理办法》有关规定,严格固定资产的管理。二、严格执行人行、国家公安部联合印发的《金融机构营业场所、金库安全防护暂行规定》,农村信用社新建办公营业用房的基础安全设施必须精心设计,做到既美观,更要坚固实用,设计方案要报上级信合部门和公安部门审定备案。三、各县(市)联合社要按总行规定,结合当地实际配置专用运钞车,凡没有按规定购置运钞车的一律不再审批工作用车。四、农村信用社购置固定资产,不论是用自有资金购置,还是采取租赁方式,都必须报经人行乌鲁木齐中心支行批准,未申报、申报未批准的不得购置。对违反上述规定的单位负责人,一经查出,将按有关规定进行严肃处理。

2006 年 11 月,县联合社根据自治区联社计财部《关于上报固定资产、在建工程情况的通知》要求,对固定资产及在建工程进行全面清理。

2009 年 8 月 21 日,县联社为规范县联社固定资产购入、处置行为,加强对固定资产的管理、指导和督促,经党委会研究决定,成立固定资产委员会。

2010 年 9 月 18 日,县联社为规范县联社集中采购行为,加强对集中采购的管理、指导和督促,按照新农信办〔2010〕229 号文件要求,成立采购管理工作委员会,集中采购委员会在理事长授权下,对集中采购进行统一管理。

2014 年,县联社按照"高效、安全、节能"的要求加强车辆使用,落实车辆管理各项制度,全年公务派车达 539 次。制定《驾驶员管理办法(试行)》,开展安全行车教育,确保全年安全行车无事故。

四、固定资产维修

2004年12月24日,县联合社上报银监会喀什地区监管分局合作科关于也克先拜巴扎乡分社营业用房前铺设地坪、围墙维修的报告:也克先拜巴扎乡分社根据业务发展的需要,2004年在该乡新建营业用房,根据也克先拜巴扎乡人民政府城镇建设规划,要求驻也克先拜巴扎乡各单位将沿省道旁的办公、出租、营业用房前人行道必须铺设成混凝土地面;也克先拜巴扎乡分社营业用房前面积为580平方米,混凝土每平方米70元,合计40600元,为确保也克先拜巴扎乡分社附属用房和土地不受侵害,须修建原围墙和大门,费用为12000元,共计需要投入资金52600元。

2014年,车辆维修管理坚持逐级审批,定点维修,最大限度地降低维修费用支出。

五、固定资产处置

2003年11月11日,县联合社第八次理事会研究决定,根据《固定资产管理办法》的规定对原运钞车以1.5万元左右的价格处理(原有五十铃运钞车已使用8年,原值15.3万元。已提折旧5.5万元)。

2004年6月16日,县联合社上报喀什银监分局合作科关于更新桑塔纳车的请示:县联合社于1996年5月购入的一辆桑塔纳2000轿车(2001年和普通桑塔纳换入的车),已使用8年,近两年由于老化使用费用居高不下,2004年6月该车年度审验时,在地区车辆管理所该车档案中写明为"出租车",根据出租车使用期限为8年的规定,不予进行年度审验,并告知县联合社,该车于2004年6月24日应报废。该车牌号为新Q-16896,型号为桑塔纳2000,原值82840元、已提折旧为30436元,净值52404元,故在2004年6月15日联合社第17次理事会议研究决定,根据固定资产使用报废规定进行账务处理,按市场价格出售,并购入一辆与该车同型号的工作车,请喀什地区银监局合作科批准。

2004年7月20日,县联合社上报喀什银监分局合作科关于更换运钞专用牌照的请示:根据农村信用社固定资产报损处理的相关规定,以岳农信字〔2003〕70号文《关于处理运钞车的报告》报合作科,联合社根据合作科的批复,将原五十铃运钞车、牌号为新Y-7133报损作账务处理,为保护农村信用社的形象和安全,请中国银监会喀什监管分局合作科办理更换专用牌照为地方牌照的相关手续。

2010年11月11日,经县联社理事会第二次会议研究决定,处置原有工作车,购置一辆价值25万元(所需全部手续)左右的工作车。12月4日,县联社向自治区联社提出处置工作车的请示:县联社于2005年购入的一辆工作车已使用5年,由于使用年限较长,修理费用居高不下,其固定资产原值为266266元,已提折旧为256680.46元,净值9585.54元。12月16日,县联社向自治区联社提出处置原办公楼资产的请示:按照自治区联社《关于岳普湖县农村信用合作联社新建办公大楼的批复》,于2009年7月,在原电影院用地开始新建办公楼,新建、装修于 2010 年 12 月底完成,经工程部门和公安部门验收,工程质量及各项安全防卫设施已达到相关部门标准,验收合格。县联社原办公楼建筑面积 1027 平方米,原值 2014224.32 元,累计折旧 988055.96 元,净值 1026168.36 元,土地原值 400000 元,累计摊销额 59053.11 元,净值 340946.89 元。为进一步加强资产管理,理顺产权关系,于 2010 年 11 月 11 日,经县联社理事会第二次会议研究决定,拟对联社原办公楼及土地进行资产处置。处置方式:拟通过产权置换来进行处置。用于置换的县联社原办公楼及土地已经评估公司评估,总价为 2431970.04 元;岳普湖县人民政府用于置换的原电影院处(联社新建办公楼处)已经评估公司评估,面积为 2430.78 平方米,总价为 2439623.18 元。由产权共有人或者有意受让人,经资产评估、双方协商一致,县联社原办公楼及土地与原电影院用地进行置换,双方将各自房产、土地进行置换过户,置换后的原电影院处作为联社独立办公用地。

2012 年初,县联社将运钞工作已移交押运公司,按照固定资产管理的相关规定,经县联社第二届理事会第九次会议决定将以上两辆运钞车以公开拍卖的形式处置。8 月 20 日,县联社上报自治区联社关于处置运钞车的请示:县联社于 2007 年购入的一辆运钞车已使用 5 年,固定资产原值为 260440.00 元,已提折旧为 226799.81 元,净值 33640.19 元,车牌号为新 Q－51092。2009 年购入的一辆运钞车已使用 3 年,固定资产原值为 262542 元,已提折旧为 149648.91 元,净值 112893.09 元。车牌号为新 Q－62839。

2014 年末,县联社固定资产账面原值 1299 万元,累计折旧 192 万元,固定资产净值 1107 万元。

第三节　目标管理

一、经营目标管理

1996 年末,县联合社各项存款 4078.5 万元,人均存款 44.3 万元,集体存款 408.6 万元。各项贷款 68.6 万元,无不良贷款,股金 53 万元,固定资产总额 117 万元,营业收入 603 万元,营业支出 595 万元,利润 8 万元,营业费用 267 万元,人均费用 2.9 万元。

1997 年初,县联合社与人行岳普湖县支行签订"三防一保"目标管理责任书,同时又与各社签订"三防一保"纠风目标责任书,各社根据"两大责任制"与岗位职工进行工效挂钩。从管理人员到一般工作人员一律扣工资总额的 50%(效益工资与利润挂钩)。年末,各项存款 5375.2 万,人均存款 57.8 万元,集体存款 760 万元。各项贷款 6770 万元,全部是正常贷款,当年发放贷款 3720 万元,农业贷款 3720 万元,股金 53 万元,固定资产总额 147.5 万元,比上年增加 30.5 万元。营业收入 504 万元,营业付出 498.2 万元,盈利

5.8万元,比上年减少2.2万元,营业费用226.4万元,人均费用2.4万元,较上年减少0.5万元。

1998年初,县联合社制定《安全保卫工作违规处罚办法,各社与岗位人员签订岗位责任制(信贷人员考核责任制、出纳岗位责任制、复核员岗位责任制、信贷内勤岗位责任制、记账员岗位责任制),做到任务到人,责任到人,实现利润与效益工资挂钩,年终考核利润,完成100%的可以全部兑现,完成90%的兑现90%,依次类推进行考核。联合社从抓主任管理入手,制定《信用社主任政绩考核办法》,按照考核办法标准,逐条打分,分为合格、不合格、优秀,最大程度评价各社主任责任感及一年来工作成绩。同年,联合社根据《新疆农村信用社稽核处罚细则》,制定《会计、出纳奖罚办法》和《贷款管理办法》,尤其对收回历年贷款的奖罚做详细规定。实行历年贷款收回按月考核,年底奖罚办法,各社与所在村又制定收贷任务责任书。结合全辖农村信用社人员结构、文化素质,制定新的《劳动人事管理办法》并在职工大会上讨论通过。联合社在坚持增效节支的原则上加强对车辆、电话费用管理,制定《车辆管理办法》《电话费管理规定》,规定严禁主任开车,核定年内车辆费用,各社与驾驶员签订安全责任合同书,规定单位安装的住宅电话一律作价卖给私人,又重新核定各股、室,各社、部电话费标准。年末,各项存款5598万元,人均存款60.8万元,集体存款305.5万元。各项贷款366.7万元,正常350.9元,逾期贷款15.8万元,放贷4617.4万元,农业贷款4527万元,集体贷款余额208万元,集体发放贷款3053万元。股金128万元,较上年增加0.75万元,固定资产总额349万元,较上年增加202万元,营业收入550万元,营业支出545.6万元,利润4.4万元,营业费用232万元,人均费用2.5万元。

1999年,县联合社与各社主任签订《1999年经营承包责任制》,主要从存、贷款,利润"三防一保"四个方面进行详细考核,对1998年制定的《信用社主任政绩考核办法》进行修改,要求各社职工按照标准逐条进行打分,公正评价社主任一年来的工作成绩。年末,各项存款4839.6万元,人均存款55.6万元,集体存款289.6万元。各项贷款2250万元,正常贷款483.6万元,逾期贷款1542.1元,农业贷款1955.1万元,发放贷款3420万元,发放集体贷款1189.1万元,余额431万元。股金128.2万元,增加0.2万元,固定资产总349额万元,未增减。营业收入309.8万元,营业支出333.1万元,亏损23.3万元,营业费用195.3万元,人均费用2.25万元,缴税款14万元。

2000年末,县联合社各项存款4909万元,人均存款63.8万元,对公存款315万元。各项贷款2697.4万元,集体贷款1024.5万元,农户1672.9万元,正常贷款687.6万元,逾期贷款2001.8万元,呆滞贷款8万元,不良贷款2009.8万元。发放贷款3239.8元。集体发放1200万元。股金136.5万元,较上年增加8.2万元,固定资产总额347.8万元,减少12万元。营业收入377.5万元,营业支出373.1万元,盈利4.4万元,营业费用

234.6万元,人均3万元,缴税款21.7万元。经营过程中发生经济案件1起,涉及金额18.58万元,未追回13.5万元,追回5.08万元,损失13.5万元。行政处罚2人,当事人开除被判刑10个,给予艾西曼社主任警告处分。

2001年,县联合社与各社签订《2001年经营承包责任书》,主要从存款、贷款、利润、"三防一保"、费用五大项进行综合考核,考核结果与所有职工的效益工资及午餐费挂钩。年末,各项存款7023万元,对公存款1028万元。各项贷款2358万元,正常贷款802万元,占34%,逾期贷款1501万元,占64%,呆滞贷款54万元,占2%,各项贷款收回3101万元,其中正常贷款收回1669万元,逾期贷款收回1437万元,呆滞贷款收回2万元,股金159万元,较年初增加23万元,固定资产360.3万元,与年初相同,历年亏损378.2万元,应付利息75.9万元,案件损失数58.7万元,挂账预算2001年底,营业收入359.6万元,营业支出506.3万元,缴税款16.6万元,亏损146.9万元,全部贷款利息95%收回。

2002年,县联合社根据《新疆农村信用社经营目标责任制实施办法》,制定经营目标考核责任制,通过一级考核一级的办法,将经营目标完成情况与职工工资、午餐费、专项奖金挂钩;对未完成考核指标的信用社和亏损社已扣发的职工工资的40%的风险抵押金、专项奖金和午餐费冲减当期损益,亏损社一律不发放午餐费、专项奖金。年末,实现各项存款7893万元,对公存款1417万元。各项贷款3295万元,正常贷款1829万元,占56%,逾期贷款1422万元,占43%,呆滞贷款45万元,占1%,各项贷款收回5199万元,其中正常贷款收回4702万元,逾期贷款收回484万元,呆滞贷款收回10万元,股金202万元,较年初增加43万元,固定资产360.3万元,与年初相同,历年亏损426.7万元,应付利息73.6万元,营业收入397.3万元,营业支出428.8万元,缴税款17.2万元,亏损48.4万元,全部贷款利息93%收回。

2003年9月12日,县联合社召开旺季工作会议,安排部署收贷收息工作,联社主任、副主任、部室划分责任区蹲点,并签订责任书、制定《清收不良贷款奖惩办法》,分配硬性指标,做到奖罚分明。年末,各项存款余额达11000万元,各项贷款余额达到6700万元,收贷收息率达到95%,扭转亏损局面走向盈利。

2005年,年初县联合社向各社、部一次性下达每月存款、不良贷款、"两呆"贷款、贷款利息收入四项考核指标,按各社、部各项指标当月月末余额考核,不按当月完成绝对额考核。

2006年1月2日,县联合社各部室及乡镇分社在紧张进行2005年年终决算,据年终决算小组提供的相关数据,联合社较好地完成2005年各项指标。制定《岳普湖县农村信用社2006年度综合考核办法》,定量经营指标,按完成经营指标程度进行考核打分。

2007年3月27日,县联社在四楼会议室召开2006年工作总结大会,联社理事长卡米力·米吉提作2006年度工作总结讲话,联社副主任艾沙·吐尔宣读关于2006年度先进工作者及表现突出的营业网点表彰奖励的决定,并与各基层社签订 2007 年工作目标责任书。

2008 年 2 月,县联社按照自治区联社《关于下达 2008 年业务经营计划的通知》精神,结合实际研究制定岳普湖县农村信用合作联社 2008 年度经营目标,并将经营指标任务分解下达,按月进行通报。通报各部门和各社经营指标任务完成数、较任务差额、完成比例等情况,督导各部门和信用社合理制定工作计划,采取有效措施,保证按时完成全年指标任务。

2009 年末,县联社资产总额 40225 万元,比上年增加 11525.2 万元,增长 40%,其中:各项贷款最高余额 2.2 亿元,创造历史最高水平,比上年同期增加 5000 万元,增长 29%。年底贷款余额 17343 万元,比上年年底增加 6967.9 万元,增长 67%,其中:正常贷款 16760.6 万元,不良贷款 582.4 万元,比不良贷款实际控制计划增加 155.7 万元。不良贷款占贷款总额的 3.4%。年底农业贷款 13280.6 万元,占贷款总额的 77%。其中,农户小额信用贷款 9090 万元,占农业贷款的 68%。负资产总额 38131.9 万元,比上年增加 11372.1 万元,增长 43%。各类存款 36603.9 万元,比上年增加 11625.4 万元,增长 47%。年均存款余额达 330 万元。在各项存款中,储蓄 22853.8 万元,占存款总额的 62%,存款计划的完成率达 132%。股金余额达 1695.7 万元,比 2008 年底增加 83.2 万元,增长 5.2%。年底总收入 1983.5 万元,比上年同期增加 237.2 万元,总支出 1542.2 万元,比上年同期增加 3.2 万元。年底实现账面利润 441.3 万元,比上年年底增加 234 万元,创造历年最高水平。资本充足率为 9%,案件发生率为 0。

2010 年,县联社总体目标是:各类存款比上年增长 30%,存款总额达到 4.7 亿元;各类贷款余额比上年增长 60%,贷款最高余额达到 3.5 亿元,较 2009 年底贷款余额增长 60%,年底贷款余额达到 2.8 亿元,不良贷款绝对额降到 160 万元,不良贷款比例控制在 1.5% 以内;中间业务达到 50 万元;实现利润达到 700 万元;固定资产比例控制在 38% 以内;资本充足率不少于 8%;新发放银行卡 8000 张,银行卡存款余额达到 8000 万元以上,重大案件发生率 0%。

2012 年 2 月 21 日,县联社召开会议,传达自治区农村信用社会议精神。党委书记、理事长卡米力·米吉提介绍自治区农村信用社会议情况,代表联社与各乡镇(部室)签订 2012 年工作目标责任书。县联社根据自治区联社制定的各项经营目标和财务收支计划,合理制定各项经营指标和财务收支计划,为确保各项指标顺利完成,制定《经营目标考核方案》,与职工工资挂钩,实行按季、按年考核兑现的办法,真正做到季度有考核,年度有验收,促进全辖经营工作开展。至年末,县联社各项存款余额为 100420 万元,比上年增加 19474 万元,增长达 24%,完成全年任务 97.5%。对公存款余额 41396 万元,较年初增加 905 万元,增长达到 2.2%,储蓄存款余额 59024 万元,比上年增加 18569 万元,增长达到 46%,其中:卡存款余额 22816 万元,占存款总额的 23%,卡均存款 0.64 万元,各项贷款余额 63186 万元,比上年增加 18441 万元,增长达 41.2%,控制在全年增量计划之内。其中,正常贷款 60181 万元,占贷款总额的 95.2%,不良贷款按五级分类余额 930 万元,占贷款总额 1.47%,存贷比例 63%。实现营业收入 6007 万元,同比增加 1424 万元,增长达到 31%,其中:实现贷款利息收入 4998 万元,同比增加 1062 万元,增长达到 27%,实现中间业务收入 69 万元,同比增加 10 万元,增长达到 16.9%,实现营业支出 3962 万元,同比增加 11 万元,同比增长 1.7%,实现净利润 1281 万元,同比增加 764 万元,增长达到 148%。股金余额 4559 万元,同比增加 1846 万元,增长达到 68%,资本充足率达到 9.7%。自助设备 ATM 机上线 6 台已全部正常运行,POS 机安装 13 台已全部上线正常运行,各类经济案件发生率为零。

2013 年,县联社业务经营综合计划:存款计划,2012 年末存款余额 100421 万元,2013 年计划增加 20000 万元,2013 年余额 120421 万元;中间收入:2012 年 70 万元,2013 年计划完成 80 万元;银行卡计划:2013 年商户 5 户,2013 年 POS 交易金额 10000 万元,2013 年发卡量计划 5000 张;股金计划:2012 年末余额 4559 万元,2013 年增资扩股计划 2000 万元。

二、安全目标管理

1995 年 3 月,农行喀什地区中心支行印发《1995 年"三防一保"工作安排》的通知。要求各行、信用社进一步提高认识,加强管理把"三防一保"工作当作一项大事来抓,要把加强"防""保"工作当作是搞好行社正常经营的必要保证来认识,无论召开什么会议安排部署工作必须要有"防""保"工作内容。"三防一保"领导小组要坚持每季召开一次专题会议,交流"防""保"工作任务落实情况,分析存在的问题产生的原因,有针对性的制定防范措施并进行部署。必须上下左右层层建立"三防一保"工作岗位目标责任制,坚持行长亲自抓,分管领导具体抓,纪检、监察部门牵头抓,职能部门配合抓,党政工团协助抓,一级抓一级,层层负责。各行社制定"三防一保"岗位目标责任制。要围绕"三防一保"工作有针对性地开展人生观价值观教育,开展职业道德、法规、安全保卫和有关业务制度的教育。结合案例分析在职工中开展法制纪律教育。各社要结合近年来农行信用社青年职工发案多,手段简单,法律意识单薄的特点,在职工中首先抓好《中华人民共和国刑法》中关于惩处贪污贿赂的有关章节,"人大常委会关于惩治贪污罪贿赂的补充规定"以及"两高对补充规定若干问题的解答"等内容学习,教育职工明确贪污贿赂、挪用公款罪的犯罪个体、特征、量刑量纪的处罚标准,认识违法的严重后果,自觉用法律纪律规范行为,做到懂法、守法,加强法制纪律规章职业道德意识和保障行社资金安全工作责任感。各县农行、信用社要开展三无活动,即:无事故、无违纪、无案件,并纳入双文明目标管理。首先"三防一保"工作实行一票否决制度,凡年内发生案件、事故的取消部门个人当年评选先进的资格,并追究当事人和部门负责人的责任。发生重大经济案件和责任事故的要坚决查处并及时向上级如实汇报。同时对"三防一保"工作中有突出贡献的单位和个人,要给予表彰和奖励。其次"三防一保"工作要实行百分制考核,检查结果作为评比奖励的依据。

2003年,县联合社制定《安全保卫量化考核表》,与各信用社、部室签订《2003年岳普湖县农村信用社纠正行业不正之风、"四防一保"、计算机安全目标责任书》。

2007年,县联社严格落实安全防范责任,层层签订"四防一保及案件防范责任书""案件专项治理责任状",制定严格的学习制度,要求保卫人员熟知安全保卫各项规章制度并定期进行制度应知应会知识考试,结合业务学习组织职工军训、消防演练。在各信用社设立兼职安全员,负责网点日常安全环节的巡视及监督,协助网点主任做好安全维护。对基层社职工的制度学习进行现场问答,将制度学习落到实处。

2009年,县联社从三个方面做好工作,实现安全生产和安全保卫工作目标。一是联社积极开展安全保卫工作大检查活动。对下属的各营业网点,抽查与定期不定期检查相结合,对不认真落实安全保卫制度,发现问题不及时整改的信用社和有关人员及时进行按制度处理;二是乌鲁木齐发生"7·5"打砸抢烧严重暴力犯罪事件后,联社按照自治区联社和县委、县政府有关文件的要求,及时建立应急管理工作领导小组,要求及早联动切实做好联社的维护稳定工作。同时联社的全体人员擦亮眼睛,清醒地认识到这一事件的真实情况,与自治区联社、县委和县人民政府保持高度的一致,坚决做到"不信谣、不传谣、不造谣"。教育自己的亲属和朋友不发表反动政治言论、不参与非法宗教活动、不做与党和人民对抗的事,以自身实际行动来维护祖国统一、民族团结,确保不发生任何事件;三是联社组织有关人员检查各基层信用社的安全保卫工作,及时更换陈旧设备,加强对安全保卫工作的指导。对安全保卫工作的管理不规范、违反法律规定的问题,追究有关人员的责任,以及定期整改,堵塞漏洞,真正实现预防盗、抢、诈,维护国家财产和职工人身安全。

2010~2014年,县联社根据自治区联社有关要求,结合县联社安保工作的实际,严格落实安全防范责任,层层签订"四防一保及案件防范责任书";制定突发事件演练方案进行演练,组织员工观看"营业期间应急处置方法音像视频资料";对营业网点及部(室)实施百分量化考核,按季进行考核打分;推行"员工家属承诺书""寄给员工家属的一封公开信"等方式,实行双向互动,预防案件发生,实现零发案率的安全防控目标。

三、社务公开制度

2008年,县联社制定《岳普湖县农村信用合作联社信息披露管理办法》,规定在每个会计年度终了后三个月内向社员和社会公众进行信息披露,明确信息披露内容、标准、方式和范围。规范信息披露审查审批程序。联社严格按有关规定,规范信息披露审查审批程序。经会计师事务所年度审计后,由财务信息部填制《信息披露表》,出具《年度报告》,综合办公室对信息资料进行审核后,上报当地监管部,监管部门签署意见,由联社理事长签发。自2008年3月起,披露时间均为2个月,向广大社员和客户进行公开披露,确保社员及利益相关者能及时查阅,充分发挥外部约束作用。

2009年,县联社按照《中国银监会合作部关于做好农村信息披露工作的通知》文件精神,结合《商业银行信息披露办法》及监管评级结果,规范和完善信息披露工作。

第四节　后勤管理

一、组织领导

2013年8月23日,县联社调整县联社爱国卫生工作领导小组组成人员:组长:佟明亮(党委委员、副主任),副组长:吐尔逊·亚森(综合办公室主任),成员:周磊(财务信息部经理)、帕夏古丽·阿布都热合曼(综合办公室科员)、帕提古丽·苏皮(综合办公室科员)、阿布都热合曼(联社经警)。爱国卫生领导小组工作职责:1.贯彻县爱卫会有关环境卫生工作的规划、法规及相关条例;2.负责全辖环境卫生的年度规划和长远规划,做好统筹协调和组织管理工作;3.负责各居民户、营业网点签订卫生目标责任书,切实落实卫生目标责任制;4.把环境卫生工作纳入议事日程,并列入年度工作目标,主要领导亲自抓,分管领导具体抓;5.年初将环境卫生工作所需经费纳入财务预算并落到实处;6.开展每月一次和不定期的情况汇报,做到年初有计划,每月有检查小结,年终有书面总结。

2012年11月,县联社严格执行自治区联社印发的《新疆维吾尔自治区农村信用社业务招待费管理办法》。

二、车辆管理

2010年10月23日,县联社根据喀什银监分局10月4日紧急通知《关于疏附县联社发生车辆安全事故情况的通报》和自治区联社10月12日新农信办文件精神,成立联合检查组对辖区各信用社、各部室进行综合检查,于10月16日根据检查结果进行汇总并制定车辆管理制度及实施细则。办公室对车辆实行统一管理、统一调度;联社领导公务用车予以保证,各部室工作用车分别由其分管领导告知办公室,由办公室报请主要领导同意后统筹安排。出车应做好登记,实行领票加油;小车实行定点维修,单车核算。维修前必须报请分管领导同意并经联社财经领导小组审核,维修车辆时驾驶员同办公室工作人员一道到指定地点进行修理,车辆大修或更换主要零部件须报联社理事长或联社班子成员会议根据车况实际研究决定。否则修理费不予报销。车辆用油实行专人管理。用油一律到办公室领派车单,凭单领油票,并在办公室指定地点加油。县内跑车原则上不准在外现金加油,因出远门,需在外加油,回单位两天内核报,并说明情况;车辆费用采取月核制。当月费用必须当月算清,并公布耗油量、维修费等费用;办公室对驾驶员要加强教育和管理,驾驶员要服从管理和调度,遵守交通规则,礼貌行车,不开疲劳车、带病车,严禁酒后开车,确保行车安全;驾驶员要精心爱护车辆,不用车时及时归库。不得擅自将车辆交与他人驾驶,不得擅自出车,严禁公车私用,否则由此造成的一切费用和损失由驾驶员个人负责;车辆使用必须以工作为主,如因单位职工婚事、丧事用车,须经联社领导批准同意后方可安排车辆。

车辆使用坚持为工作服务、为急需服务和统一调配的原则,淡化用车意识,加强车辆调度,保证车辆安全,提高用车效率,节约车辆开支,严禁公车私用。联社理事长和主任设专车,根据需要辖外出差在5天以上者,一般不带车,但可酌情接送;部室下基层工作,属机关统一安排或急需者,视车辆情况,予以安排车辆;短途用车实行送达再接制度;办公室统一协调派车,实行出车在登记簿登记制度,平衡司机工作量,避免疲劳驾驶;司机负责填写"出车派车单"。出车派车单分为里程、地点、用车人等项目,由司机本人如实填写,一次一登记、一月一小结,交办公室主管人员审核后,作为司机领取补助及年底考核司机的依据。司机和办公室主管人员通信工具要24小时保持畅通。办公室主管人员和司机的通讯补贴按有关规定执行。司机上下班不准迟到早退,上班时间司机必须坚守岗位,随叫随到;司机行车时应保持良好的精神状态,身心不适随时报告,严禁疲劳驾驶;车管人员和司机要保持车况良好,严禁派、开病车,消除事故隐患;司机不准私自用车和酒后开车、让他人开车,否则扣发本月出车补助,同时,后果自负。情节严重者,另行研究处理;机关所有工作人员不准私自开车,否则,需写出书面检查,并处以一定数额罚款。工作时间以外一律将车辆停放在指定地点,并将钥匙和存车牌随身携带;县外停车,应交有关人员看管,或司机本人看护,不准将小车停放在不安全的地方,否则出问题按联社车辆管理办法处理,除追究有关人员责任外,还要对直接责任人实行经济处罚。

车辆燃料实行定点加油,加油时凭办公室人员按号发的油票,司机到定点加油站加油,加油后根据油票金额和领票时的里程数核对,然后由计财部复核;长途出车途中加油,可由司机掌握适量购买,用车人审签后及时报办公室主管人员登记报销;办公室人员每月将油料购置、使用情况盘点一次,将盘点情况通报给办公室主任。每辆车的行驶里程、耗油情况,半年统计一次,将统计结果送领导传阅。要定期按要求进行保养,防患于未然。车辆需经常保持车内外清洁卫生,机件要定期检查、擦拭、保养,确保行驶安全;车辆出现故障时,要先进行自修,自修不成时,由机关二名以上司机及车队队长进行会诊,送修理厂维修。大额维修由司机、车队队长拟定维修目录,讲定价钱,编制预算,填写车辆维修申请审批单;小额维修(预算金额200元以下)由司机、办公室人员办理。凭维修申请审批单到指定厂家维修。修理时,本车司机要一直在场,监督修理。修理完毕,办公室人员会同司机或有关人员一起检查维修情况,确保修理效果,并按有关财务规定及时报送维修回执单。

三、公务接待

建社初期,县信用社公务接待先后由人行县支行、农行县支行统一负责。1996年12月30日,县联合社与农行县支行脱离隶属关系,后勤工作由办公室负责,业务招待费由办公室负责人审批报销。2006年县联社成立后,后勤工作仍由办公室负责,业务招待费由办公室负责人审批报销。

2012年11月,县联社业务招待费按《新疆维吾尔自治区农村信用社业务招待费管理办法》执行。业务招待费指为业务经营的合理需要而支付的业务交际费用。业务招待费核算包括接待食宿费、招待用品费和其他业务招待费用等。接待食宿费指在业务招待过程中发生的接待用餐、住宿费用开支。招待用品费指为满足日常业务招待合理需要而发生的物品购置支出。其他业务招待费用指业务招待过程中支出的其他合理业务交际费用。县联社业务招待费控制在当年营业收入5‰以内,管理遵循原则:1.预算管理,标准控制。对业务招待费实行预算管控,并根据实际情况,制定开支标准,合理控制相关开支。2.提倡节俭,讲究效益。业务招待支出本着合理、必须、从简、节约的原则从严掌握,不得开支与业务发展和经营管理无关的费用。3.事前控制,授权审批。在发生业务招待需求前,原则上根据授权权限,报有权审批人审批,审批同意后方可开支。4.规范核算,准确反映。业务招待支出按照有关规定进行核算,严禁虚列虚支或乱列科目逃避预算控制,确保核算的真实性、完整性和及时性。对业务招待费的管理,费用主管部门负责核定招待费接待标准和控制措施,制定招待费接待标准,对预算执行情况进行监测和控制,同时负责业务招待费核算等工作。联社综合办公室负责招待费控制、选择定点招待场所及日常业务招待用品的采购、登记、保管、分发管理等。审计监督部门负责对业务招待支出管理和核算情况进行审计和合规检查。业务招待费原则实行事前审批,在发生业务招待需求前,招待申请部门说明招待事宜有关情况,按规定权限报有权审批人批准;对于金额较小或遇特殊情况无法履行事前审批手续的,可将费用审批与报销程序同时进行。业务招待经办人员报销费用时,凭真实、合法的票据,按照规定程序报销,对于大额业务招待费,按照相关支付管理规定,原则上采用转账方式进行支付。业务招待费纳入营销费用实行年度预算管理,根据营销费用配置政策,测算全年预算额度,同时根据需要合理计划业务招待费和宣传费开支结构,均衡开支进度。招待系统外部人员时,按照文明、节俭的接待原则,根据招待对象确定合理的接待标准和陪餐人员数量,合理控制相关开支,严禁铺张浪费。财务部门做好业务招待费列支情况的日常监测工作,定期向主管财务领导报告招待费列支和预算节余情况。同时,加强对业务招待费列支情况检查,对超预算列支、乱用会计科目逃避预算控制以及其他违反信用社财务管理制度的行为,按照相关规定进行处理。

四、职工生活

2002 年 12 月 18 日,县联合社上报人民银行喀什地区中心支行农金科关于如何处置医疗费的请示:岳普湖县农村信用联合社理事长杨化石,因病在乌鲁木齐肿瘤院住院手术治疗,全部医疗费 59114.83 元,因联合社福利(医疗)费没有结余,无法支付医疗费,对杨化石的医疗费如何作账务处理,望农金科能够在年底决算前给予批示。

2003 年 11 月,县联合社上报人民银行喀什地区中心支行合作科关于如何处置医疗费的请示:岳普湖县农村信用联合社也克先拜巴扎乡分社退休干部阿布拉卡德尔因心脏动脉手术住院治疗,已花费 55778.00 元,到目前该分社已在其他应收款科目预支医疗费 30000 元,根据县联合社 2001 年 28 号文《岳普湖县农村信用联社职工医疗费报销标准的通知》之规定,应请示合作科按规定的比例 90%(即 50200.00 元)予以报销,由于联合社费用较紧张,无退休人员医疗费支出款项,联合社于 2003 年 11 月 11 日第八次理事会议研究决定,50% 医疗费 25100 元列入营业费用列支;其余 50% 医疗费 25100 元无法正常处理其他应收款预支的医疗费,故向人行地区中支合作科汇报,请合作科在年终决算前给予批示。12 月 16 日,县联合社上报人民银行喀什地区中心支行合作科关于返还职工住房公积金的请示:2003 年 2 月 24 日、5 月 4 日地震后,县联合社 80% 职工住房受到不同程度的破坏,严重影响县联合社职工的生命财产安全,截至 2003 年 12 月参加住房公积金职工的公积金余额为 466418.00 元,原有职工住宅楼是由职工全额集资,因住房有限,故没有完全分配给危房住户,联合社考虑到部分职工危房要修、部分职工住房需重建,购房职工要交购房款等情况,联合社理事会于 2003 年 12 月 16 日召开第 10 次理事会议,决定将职工住房公积金分 2003、2004 年返还给职工,请人民银行喀什中心支行合作科批示。

2010 年 10 月,县联社发放旺季误餐补助 1.59 万元,其中:县联社机关 20 人,3000 元;联社营业部 17 人,2550 元;岳普湖镇信用社 9 人,1350;岳普湖乡 8 人,1200 元;也克先拜巴扎信用社 8 人,1200;艾西曼信用社 7 人,1050 元;阿其克信用社 8 人,1200 元;色也克信用社 8 人,1200 元;铁热木信用社 9 人,1350 元;巴依阿瓦提信用社 7 人,1050 元;阿洪鲁木库信用社 5 人,750 元。同年,县联社买煤情况统计:也可先拜巴扎信用社 4 吨、巴依阿瓦提信用社 6 吨、阿洪鲁库木信用社 4 吨、阿其克信用社 6 吨、艾西曼信用社 5 吨、铁热木信用社 5 吨、色也克信用社 5 吨。同年,县联社员工工装发放情况:联社机关 23 人,其中:男 14 人、女 9 人,发放裤子 37 条、衬衫 46 件、裙子 9 条;联社营业部 9 人,其中:男 4 人、女 5 人,发放裤子 13 条、衬衫 18 件、裙子 5 条;岳普湖信用社 7 人,其中:男 2 人、女 5 人,发放裤子 9 条、衬衫 14 件、裙子 5 条;岳普湖镇信用社 8 人,其中:男 3 人、女

5 人,发放裤子 11 条、衬衫 16 件、裙子 5 条;色也克信用社 7 人,其中:男 5 人、女 2 人,发放裤子 12 条、衬衫 14 件、裙子 2 条;也可先拜巴扎信用社 5 人,其中:男 4 人、女 1 人,发放裤子 9 条、衬衫 10 件、裙子 1 条;阿其克信用社 7 人,其中:男 5 人、女 2 人,发放裤子 12 条、衬衫 14 件、裙子 2 条;艾西曼信用社 7 人,其中:男 5 人、女 2 人,发放裤子 12 条、衬衫 14 件、裙子 2 条;铁热木信用社 8 人,其中:男 4 人、女 4 人,发放裤子 12 条、衬衫 16 件、裙子 4 条;巴依阿瓦提信用社 5 人,其中:男 3 人、女 2 人,发放裤子 8 条、衬衫 10 件、裙子 2 条;阿洪鲁库木信用社 3 人,其中:男 2 人、女 1 人,发放裤子 5 条、衬衫 6 件、裙子 1 条。县联社员工 T 恤衫发放情况:联社机关 23 人,23 件;联社营业部 9 人,9 件;岳普湖信用社 7 人,7 件;岳普湖镇信用社 8 人,8 件;色也克信用社 7 人,7 件;也可先拜巴扎信用社 8 人,8 件;阿其克信用社 7 人,7 件;艾西曼信用社 7 人,7 件;铁热木信用社 8 人,8 件;巴依阿瓦提信用社 5 人,5 件;阿洪鲁库木信用社 5 人,5 件;经济警察 12 人,12 件。

五、报刊征订

2003 年,县联合社各乡镇信用社订阅报刊 41 份。其中:岳普湖镇信用社 4 份、岳普湖乡信用社 3 份、下巴扎乡信用社 4 份、艾喜曼信用社 5 份、阿其克信用社 4 份、色也克信用社 7 份、铁力木信用社 4 份、巴依瓦提信用社 6 份、阿洪鲁克信用社 4 份。

2003 年县联合社报刊订阅情况

表 19－1

报刊名称	订阅份数	其中		报刊名称	订阅份数	其中	
		维文	汉文			维文	汉文
参考消息	2	2		求实	2	1	1
新疆日报	4	2	2	新疆支部生活	3	2	1
喀什日报	9	7	2	中国电视报	1		1
乌鲁木齐晚报	2	2		法制纵横	3	2	1
新疆经济报	3	3		新疆青年	5	3	2
工人日报	2	1	1	西安金融	10	5	5
工人时报	2	1	1	金融信息	5		5
半月谈	8	6	2	人民银行文稿	1		1
新疆法制报	1		1	新疆金融	10	5	5

第二十章　党群组织

　　1956年,岳普湖县域农村信用合作社成立后,党群组织关系和党群发展等工作隶属于所在乡,按照乡各级党群组织安排,参加各类组织生活,党员发展也由乡党组织负责。1979年归农行管理后,由农行岳普湖县支行管理。1996年,县联合社成立并与农行县支行脱钩后,县联合社机关由岳普湖县直机关工委管理,各乡、镇信用社党群组织由所在乡镇党委管理。2006年自治区联社成立后,党组织由其直接领导为主,地方党委领导为辅。

　　党群组织建设是岳普湖县农村信用社的重要工作。近60年间,农村信用社不断加强党组织建设,牢固树立发展、效益和服务观念,围绕经营开展工作,激发职工活力,保证党和国家方针政策在信用社贯彻执行;支持股东会、理事会、监事会和管理层依法行使职权;全心全意依靠职工群众,支持职工代表开展工作;领导思想政治工作、精神文明建设和工会、共青团等群众组织,真正发挥"凝聚人心、鼓舞士气、锻炼队伍、促进工作"战斗堡垒作用。为农村信用社改革和发展以及充分发挥建设社会主义新农村主力军作用提供坚实组织保证、制度保证和思想作风保证。

　　重视群众组织建设,做到组织健全、制度规范、活动经常。工会、共青团组织成为联社党委联系群众的桥梁和纽带,在团结群众、民主管理、民主监督、群众性文体活动等方面发挥不可替代的作用,使岳普湖县农村信用社呈现勃勃生机。

第一节　中共党组织

一、组织建设

　　20世纪50～60年代,县域信用社党的组织建设由各信用社所在地的县属各社(场),后改为区、乡(镇)党组织负责。信用社因党员少,不能单独建立党支部,信用社的党员在人民公社机关党支部过组织生活。20世纪70～90年代末期,信用社开始重视党员的发展工作,并具备单独建立党支部的条件。1979～1996年,农业银行开始领导管理信用社,党的组织关系在农业银行。1996年县联合社成立后,信用社与农行脱钩,联合社党支部由地方党委管理与领导。2006年,自治区联社成立后,岳普湖县联社党组织由自治区联社管理。

(一)党委

2008年1月,自治区农村信用社联社党委决定,成立中共岳普湖县农村信用合作联社委员会。党委由5名委员组成。其中党委书记1名,委员4名。由自治区联社党委领导,岳普湖县委协助管理,党的组织关系隶属自治区联社党委组织部管理。党委委员:卡米力·米吉提、艾尼瓦尔·阿布杜卡德尔、吐拉洪·买买提、冯庆、阿不力孜·卡德尔,卡米力·米吉提任岳普湖县联社党委书记。

2010年4月,因人事调整,增补唐努尔·艾买提为岳普湖县联社党委委员。

2013年7月,因人事调整,自治区联社党委批准,岳普湖县联社党委由五人组成,即:吐逊·卡地尔、冯庆、唐努尔·艾买提、吐逊江·赛麦提、佟明亮任党委委员,吐逊·卡地尔任县联社党委书记。

2008~2014年中共岳普湖县农村信用合作联社委员会组成人员名表

表20-1

姓名	性别	民族	职务	任职时间	备注
卡米力·米吉提	男	维吾尔	书记	2008.1~2013.7	
艾尼瓦尔·阿布杜卡德尔	男	维吾尔	委员	2008.1~2013.7	
吐拉洪·买买提	男	维吾尔	委员	2008.1~2013.7	
冯庆	男	汉	委员	2008.1~2014.12	
阿不力孜·卡德尔	男	维吾尔	书记	2008.3~2010.4	
唐努尔·艾买提	女	维吾尔	委员	2010.4~2014.12	纪委书记
吐逊·卡地尔	男	维吾尔	书记	2013.7~2014.2	
吐逊江·赛麦提	男	维吾尔	委员	2013.7~2014.2	
佟明亮	男	满	委员	2013.7~2014.2	

(二)党支部

1997年1月,岳普湖县联合社党支部委员会成立,麦合木提·吾布力、杨化石、艾莎·图尔为支部委员,麦合木提·吾布力任党支部书记。

1998年4月,因人事调整,杨化石不再担任支部委员,吾麦尔·依明任支部委员。

2001年8月,岳普湖县联合社党支部委员会召开党员大会,改选支部委员会,杨化石、艾莎·图尔等为支部委员,杨化石任党支部书记。

2003年4月10日,岳普湖县联合社党支部委员会召开党员大会,改选支部委员会,大会应到人数13人,实到人数10人。选举情况:书记卡米力·米吉提(理事长、主任),

副书记艾沙·吐尔(副主任)。纪检委员阿布力孜·买买提(副主任),组织委员阿布力孜·卡地尔(监督保障部负责人),宣传委员古丽娜尔(人事干事)。

2008年,岳普湖县联社党委成立后,各乡(镇)信用社党组织由县联社党委领导、管理,全辖6个党支部。

2014年4月3日,岳普湖县联社党委会议研究并上报自治区联社党委,将原有的6个党支部合并为3个党支部。

1997~2007年中共岳普湖县联合社支部委员会组成人员名表

表20-2

姓名	性别	民族	职务	任职时间	备注
麦合木提·吾布力	男	维吾尔	书记	1997.1~2001.7	
杨化石	男	汉	委员	1997.1~1998.4	
艾莎·图尔	男	维吾尔	委员	1997.1~2007.12	
吾麦尔·依明	男	维吾尔	委员	1998.4~2001.8	
杨化石	男	汉	书记	2001.8~2003.3	
卡米力·米吉提、	男	维吾尔	书记	2003.4~2007.12	
艾莎·图尔	男	维吾尔	委员	2003.4	副书记
阿布力孜·买买提	男	维吾尔	委员	2003.4	
阿布力孜·卡地尔	男	维吾尔	委员	2003.4	
古丽娜尔	女	维吾尔	委员	2003.4	

2008~2014年中共岳普湖县联社各支部委员会负责人更迭表

表20-3

党支部名称	姓名	性别	民族	职务	任免职时间	备注
联社机关党支部	阿娜姑·亚森	女	维吾尔	书记	2010.9	
	唐努尔·艾买提	女	维吾尔	书记	2011.1	
岳普湖镇信用社党支部	吐尔逊阿衣·卡地尔	男	维吾尔	书记	2010.9	
艾西曼信用社党支部	吐尔逊·艾沙	男	维吾尔	书记	2009.4	免
	阿不都克依木·阿不都热合曼	男	维吾尔	书记	2009.4	
	艾肯·铁力瓦尔地	男	维吾尔	书记	2010.9	
阿洪鲁库木信用社党支部	艾力·阿卜杜热伊木	男	维吾尔	书记	2009.4	免
	热合曼江·吾徐尔	男	维吾尔	书记	2009.4	
	阿里木江·阿不来提	男	维吾尔	书记	2010.9	
	艾力·阿不都热依木	男	维吾尔	书记	2012.9	

续表 20 - 3

党支部名称	姓名	性别	民族	职务	任免职时间	备注
阿其克信用社党支部	热合曼·吾守尔	男	维吾尔	书记	2010.9	
	吾不拉西木·亚生	男	维吾尔	书记	2011.1	
	希尔艾力·阿卜杜卡迪尔	男	维吾尔	书记	2012.9	
铁热木信用社党支部	吾不拉西木·牙生	男	维吾尔	书记	2010.9	
	艾力·阿卜杜热依木	男	维吾尔	书记	2011.1	
	吐尔逊·阿衣卡地尔	男	维吾尔	书记	2012.9	

二、党员发展

2003 年,岳普湖县联合社党支部制订 2003 年发展党员计划,做好入党积极分子摸底工作,提交支部大会表决接收唐努尔、范帆为预备党员。唐努尔,女,维吾尔族,新疆岳普湖县人,1976 年 8 月 24 日出生,1995 年 6 月参加工作,大专文化程度。范帆,女,汉族,1974 年 9 月 25 日出生,1999 年 8 月参加工作,大专文化程度。

2010 年,岳普湖县联社严格按照党员发展标准,加强对入党积极分子培养教育,把好党员发展质量关;认真做好预备党员按期转正工作。计划培养积极分子 10 人,发展对象 5 人,预备党员 3 人,转正党员 3 人。

2014 年,岳普湖县联社党委有党员 78 人,其中:男党员 66 人,女党员 12 人,汉族党员 3 人,少数民族党员 75 人。预备党员 3 名。

2012 年岳普湖县联社党员情况表

表 20 - 4

姓名	性别	民族	入社时间	文化程度	入党时间	现工作单位(职务)
卡米力·米吉提	男	维吾尔	1989.3.16	本科	1992.7.1	联社党委书记、理事长
冯庆	女	汉	1989.2.1	专科	1995.7.1	联社纪检委书记、监事长
唐努尔·艾买提	男	维吾尔	1995.6.10	本科	2003.6.20	联社纪检委书记、监事长
艾尼瓦尔·阿布杜卡迪尔	男	维吾尔	1985.12.6	本科	1997.7.1	联社党委委员、副主任
吐拉洪·麦麦提	女	维吾尔	1989.3.1	本科	2006.7.1	党委委员、副主任
阿娜尔古丽·牙生	男	维吾尔	1996.8.1	本科	1997.7.1	财务信息部经理
安外尔·阿卜杜热西提	男	维吾尔	1996.9.1	本科	2007.5.1	信贷部经理
刘明	男	汉	2008.11.1	大专	1998.7.1	综合办公室主任
阿里木江·阿不来提	女	维吾尔	1993.7.1	大专	1995.7.1	风险部经理
姑丽娜尔·阿西木	女	维吾尔	1996.8.1	大专	1999.7.1	风险部副经理

续表 20 - 4

姓名	性别	民族	入社时间	文化程度	入党时间	现工作单位(职务)
米克热古力·孜明	女	维吾尔	1994.2.1	大专	2003.7.1	审计部副经理
克依木江·阿不力孜	男	维吾尔	1998.8.1	中专	2007.7.1	财务信息部科技人员
阿卜力孜·喀迪尔	男	维吾尔	1985.2.1	大专	1985.2	联社机关离退
艾沙·吐尔	男	维吾尔	1970.1.1	中专	1976.7.1	联社机关离退
阿力木·喀热曼	男	维吾尔	2010.8.6	本科	2009.11.15	营业部委派会计
阿依古丽·依斯拉木	女	维吾尔	1991.4.1	高中	1997.7.1	清算中心管库人员
克依木·阿卜杜热合曼	男	维吾尔	1989.8.1	大专	1993.7.1	岳普湖乡信用社主任
阿瓦古丽·阿卜杜克热木	女	维吾尔	2001.1.1	大专	2003.7.1	岳普湖乡委派会计
比力克孜·亚森	女	维吾尔	1995.6.1	大专	2000.7.1	岳普湖乡信贷员
拜合提牙尔·依明	男	维吾尔	2005.11.1	大专	2007.7.1	岳普湖乡信贷员
艾尔肯江·提力瓦尔迪	男	维吾尔	1989.8.1	本科	1994.7.1	下巴扎乡信用社主任
库尔班·买买提依明	男	维吾尔	1992.3.1	中专	1997.7	风险部
阿力吐尼姑·米吉提	女	维吾尔	1993.9.1	大专	1996.7.1	艾西曼镇信用社信贷员
柯优木·艾海提	男	维吾尔	1991.4.1	中专	1994.7.1	艾西曼镇信用社信贷员
希尔艾力·阿布杜卡迪尔	男	维吾尔	2002.2.5	大专	2002.2.5	阿其克信用社主任
艾山·艾海提	男	维吾尔	2001.1.1	大专	2004.6	阿其克信用社信贷员
图荪阿依·卡地尔	女	维吾尔	1995.7.1	大专	1999.7.1	铁力木信用社主任
阿不来提·艾萨	男	维吾尔	1994.3.1	大专	2001.7.1	铁力木信用社信贷员
艾力·阿卜杜热伊木	男	维吾尔	1994.2.1	大专	2002.7.1	巴依阿瓦提信用社主任
图尔洪·吾布力	男	维吾尔	1993.3.1	高中	1994.7.1	病退干部
阿不都卡哈尔·肉孜	男	维吾尔	2010.5.1	大专	2005.7.1	岳联社保安
阿不力孜·阿力马司	男	维吾尔	1995.2.1	高中	1998.7.1	风险部清数员
巴克由·努斯	男	维吾尔	2000.7.1	中专	1980.7.1	风险部清数员
乌布力阿西木·亚森	男	维吾尔	1986.9.1	中专	1993.7.1	风险部清数员
色来买买提·艾力	男	维吾尔	1986.10.1	中专	1976.7.1	风险部清数员
阿不都克热木·吾布力	男	维吾尔	1993.6.1	大专		风险部清数员
如则·纳伊普	男	维吾尔	1989.6.1	初中	2000.7.1	风险部清数员
麦合木提·艾麦提	男	维吾尔	1992.5.1	大专	1992.7.1	风险部清数员
热合曼江·吾守尔	男	维吾尔	1989.2.1	中专	1993.7.1	岳普湖真信贷员
玉苏·普亚森	男	维吾尔	1983.10.1	高中	1982.2.1	联社机关离退
吐尔洪·阿不都热依木	男	维吾尔	1986.10.1	专科	1993.7.1	巴依阿瓦提乡信用社病退干部
穆萨·艾萨	男	维吾尔	1987.3.1	高中	1995.3.1	铁热木信用社离退干部

续表 20 - 4

姓名	性别	民族	入社时间	文化程度	入党时间	现工作单位（职务）
阿依提拉·买海提	男	维吾尔	2007.12	大专	2012.7.1	人力资源部副经理
周磊	男	汉	2007.12	大专	2012.7.1	岳县联社综合办公室
麦热合巴·阿不力克木	女	维吾尔	2010.6	大专	2012.7.1	下巴扎信用社柜台会计
依布拉依木·热扎克	女	维吾尔	2010.7	本科	2012.7.2	艾西曼镇信用社主任
祖丽皮亚·阿布杜热依木	女	维吾尔	2003.4	大专	2009.7.1	色也克信用社委派会计
艾力·阿卜杜热伊木	男	维吾尔	1994.2.1	大专	2002.7.1	阿洪鲁库木信用社主任
吐尔逊·沙吾提	男	维吾尔	1977.1	初中	1977.4	阿洪鲁库木信用社退休干部
阿卜杜喀迪尔·艾合麦提	男	维吾尔	1985.6	初中	1987.7	阿洪鲁库木信用社退休干部
吾布力·沙吾提	男	维吾尔	1969.11	高中	1974.9	阿洪鲁库木信用社退休干部
克依木玉素甫	男	维吾尔	1977.1	高中	1976.1	阿洪鲁库木信用社退休干部
艾沙·毛明	男	维吾尔	1965.1	高中	1987	阿洪鲁库木信用社退休干部
努尔买买提·阿布都热希提	男	维吾尔	2008.10.15	专科	2008.10.15	铁力木信用社综合柜员

三、党建工作

（一）组织机构

2010 年 8 月，县联社党委为切实加强对以"四强四优"为主要内容的创先争优活动的组织领导，决定成立岳普湖县联社以"四强四优"为主要内容的创先争优活动领导小组，组长：卡米力·米吉提（联社党委书记、理事长），副组长：冯庆（联社党委委员、主任）、唐努尔·艾买提（联社纪检委书记、监事长）、艾尼瓦·阿布都卡迪尔（联社党委委员、副主任）、吐拉洪·买买提（联社党委委员、副主任），成员：艾力江·阿布都热依木（联社信贷部经理）、阿娜姑·亚生（联社计财部经理）、热依汗姑·热合曼（联社审计部经理）、刘明（联社办公室副主任）。

2011 年 1 月，岳普湖县农村信用合作联社党委调整党建工作领导小组组成人员：组长：卡米力·米吉提（联社党委书记、理事长），副组长：冯庆（联社党委委员、主任）、唐努尔·艾买提（联社党委委员、纪检委书记、监事长）、艾尼瓦尔·阿布都卡迪尔（联社党委委员、副主任）、吐拉洪·麦麦提（联社党委委员、副主任），成员：艾肯江·铁力瓦尔地（艾西曼信用社党支部书记）、希尔艾力·阿布杜卡德尔（阿其克信用社党支部书记）吐尔逊阿依·卡德尔（铁热木信用社党支部书记）、艾力江·阿布都热依木（阿洪鲁库木信用社党支部书记）。

2013 年 7 月，县联社党委成员调整后，根据工作需要对县联社党建工作领导小组组成人员进行调整。

（二）主要工作

2004年，岳普湖县联合社党支部在党员领导干部中抓好"八个坚持、八个反对"的正面教育；围绕按照集体领导、民主集中、个别酝酿、会议决定原则，完善党支部委员会决策制度和工作机制。

2009年，联社党建工作坚持科学发展观，紧紧围绕行业特点，坚持从严治党，强化教育管理，强化组织建设，健全监督制约机制；加强思想政治工作和干部队伍建设，充分发挥党在业务经营和管理中的核心作用，为推进业务经营发展提供坚强有力的组织保证。从四个方面做好党建工作：1.抓好班子建设，增强联社党委的凝聚力和战斗力。抓大局，立足"三农"工作服从服务于全县的大局，发挥金融部门的职能作用，把农业生产、畜牧业和农民作为主要服务对象，为岳普湖县农业、农村经济的发展提供资金支持；抓团结，强调联社领导班子成员在工作中求团结、求统一。党委成员在联社的全面建设上，齐心协力、奋发进取，形成凝聚力；抓廉洁，在农村信用社纠风工作中，以"三个代表"重要思想为指导，对干部职工思想作风、工作作风、领导作风和干部作风等方面的问题，向各乡（镇）发放征求意见表，自觉接受群众监督。2.抓好班子学习，切实提高班子的理论水平。开展"学习型领导班子"建设活动，要求党员加强理论学习，不断提高干部队伍的理论水平、政治水平、工作水平，督促班子成员参加专升本及续职培训，采取自学与集中学习相结合的方式，阅读规定的篇目，做好学习笔记，每人每月写心得体会1篇，每半年检查一次。把会计门柜业务培训与金融职业道德教育结合起来，要求全体党员树立诚实守信的思想，提高理论素质和知识水平，增强责任意识和服务意识以及解决实际问题的能力。3.提高党员综合素质。（1）丰富学习内容。注重日常学习，重视学习阵地建设，做到年度有计划、季度有要点、月度有安排，教育内容充实丰富；采取举办培训班、上党课、演讲比赛、专题讲座、领导干部专题民主生活会、讨论会、集中交流等多种形式，形成团队学习、全员学习、全程学习氛围。（2）营造学习氛围。在干部职工中开展专题学习活动，定计划、定任务、定时间，组织和引导党员读好书、好读书，学习经济、金融、科技、法律、管理和岗位技能等方面知识，读书笔记撰写规范到位，引导干部职工在做好为基层服务、为客户服务、为发展服务的"三服务"上，提高自身综合素质，争做眼界宽、思路宽、胸襟宽，具有创业、创新、创优精神的"三宽三创"型党员干部队伍。4.提高党建工作水平。（1）加大基层党组织建设力度。一是深入一线抓落实。支部书记能够转变作风，深入实际，深入群众，主动加强与党员沟通、与员工交流，倾听他们的呼声、想法、意见，采纳好的建议推动工作，把问题带上来、反馈上来，使党委有针对性地开展工作，有的放矢的解决问题；基层信用社对业务发展的形势有一个最基本的判断。经常深入客户、贷款户，调查分析其资金流向流量、经营状况、抵质押物等情况，以有效拓展市场、把控贷款风险；机关部门明确每月下基层的时间，要到基层调查、了解，掌握基层最真实的情况、信息、资料，为有效开展工作提供参考依据。二是强化督查抓落实。深入到情况复杂、问题多、矛盾尖锐、工作推进难的地方去抓好落实，通过突出重点、突破难点来推动全面工作的有效落实。2009年党委采用跟踪督查、立项督查、定期检查、领导督查等方式，加大对支部工作的督查力度，做到有一项决策就有一项督查，切实改进基层工作作风，提高工作效率。（2）加大党建工作制度建设力度。一是坚持民主评议党员制度，严格按照民主评议党员的要求和程序，提高评议质量，增强评议效果。二是执行"三会一课"制度，健全党员干部组织生活会制度；教育党员按时交纳党费、履行党员义务，加大对不合格党员的教育和处置力度，建立党员"出口"机制，保持党员队伍的纯洁性。

2010年，岳普湖县联社党委贯彻执行《党和国家机关基层组织工作条例》《县级机关基层党的工作目标考核细则》，加强基层党组织建设。1.加强党支部班子建设。完善和落实党建工作支部书记负责制；加强支部党建工作考核，完善监督制约机制，落实岗位责任制；坚持和完善"三会一课"，按照民主评议党员的要求和程序，提高评议质量；开展创先争优活动，评比表彰先进支部和优秀共产党员；坚持党支部工作与业务工作相结合，组织党员干部深入基层、深入群众，从基层和群众的实践中探索和总结攻坚克难的办法；抓好支部书记和组织委员的学习考察和培训工作。2.加强党员干部队伍建设。加大党员干部教育力度，按照自治区联社对党的各级组织工作制度的要求，组织党员过好组织生活，每季度开展一次党课教育，每半年召开一次民主生活会。抓好党的十七大精神的学习，领导班子成员带头讲党课，开展批评与自我批评，发扬党内民主，提高党员主体意识，发挥其应有的作用。完善干部准入制度。主要是把好"五点"准入关：政治素质好、管理能力强、经营业绩突出、银行业务熟练、群众公认；完善选拔干部的途径和方式。采取公开考核考评、公开竞聘上岗等措施来丰富选拔的途径，实行分层分类培养，努力建设数量充足、素质优良、结构合理的干部队伍；建立干部监督制度。探索建立与监事会、监察室的监督有机融合监督体系，建立干部责任追究制。尤其关注党员干部8小时外社交活动，用通电话、家访等形式进行监督。发挥党员干部的先锋模范作用，在工作、学习中努力做到"四带头"：即带头承担工作任务，带头执行规章制度，带头帮助身边人员，带头学习政治理论，以党员干部的榜样作用，去影响、感染和带动身边人员，发挥党员推动业务发展的模范作用，培养政治坚定、业务过硬、作风优良、学识丰富的党员队伍。3.严格按照党员发展标准，加强对入党积极分子的培养教育，把好党员发展质量关；认真做好预备党员按期转正工作。2010年计划培养积极分子10人，发展对象5人，预备党员3人，转正党员3人。4.切实改进机关作风，带着问题检查指导工作，带着责任帮助解决问题，履行服务发展、服务基层、服务群众的职责，在主动、优质、创新服务上下功夫、尽力而为，做到工作实、作风硬、服务优。在工作中具体要做到"五办"：对基层、企业反映的亟待解决的问题，要高效快捷"立即办"；对业务发展中的一些大难问题，要迎难而上"主动办"；对改革发展中的重大问题或带有普遍性的问题,要深入实际"上门办";对一些条件暂不具备,但对发展有重大影响的问题,要创新思维"变通办";对一些涉及面广、政策性强的问题,要不遮不掩"公开办"。要以优质高效的服务,为基层分忧,为群众解难,为发展除碍。

5.加大组织建设力度。一是做好党员目标管理工作。结合党员民主评议工作,加强对党员的民主监督,树立党员在群众中良好形象,保持坚实的群众基础。对于在评议中表现欠缺的党员,及时做好帮教工作,确保每一个党员不落伍。严要求,重考查,完善评选规则,认真做好全年评选先进支部、优秀党员、合格党员工作;二是逐步完善党支部阵地建设。基层党组织阵地建设,作为规范基层组织建设的一种有效形式,是发挥党支部战斗堡垒作用和加强党员教育管理的必备物质条件,2010年计划建立健全各党支部党员活动室配套设施。

2010年12月26日至2011年1月12日,县联社党委组织开展民主评议党员工作。1.大会动员。12月26日联社党委召开党员会议,对民主评议党员工作进行专题动员、部署。会上组织学习自治区联社党委2010年17号文件及《党员民主评议制度》,明确评议原则、时间安排和工作程序,同时,要求全体党员要结合工作实际,统一思想,充分认识开展党员民主评议工作是党员自觉利用批评与自我批评的思想武器检查、剖析自己,增强党性锻炼,党性修养、思想素质和政治素质的有效途径。2.对照检查,写好总结。全体党员根据民主评议党员的要求,查找差距,提高认识,深入剖析自己,实事求是地查找分析在党性、工作作风等方面存在的问题和原因,针对存在的问题提出切实可行的整改措施。3.评议情况。截至2011年1月12日,县联社民主评议党员工作全部结束。共有75名党员参加民主评议,占联社党委75名党员的100%。党员参评率100%。其中优秀党员11名,合格党员64名,无不合格党员。在评议中联社基层6个党支部都严格按照《民主评议党员制度》规定程序,在个人自评基础上,支部着重以加强作风建设为重点,围绕改进工作作风,提高工作效率,增强为三农工作服务的意识开展评议;从增强共产党员的党性锻炼和修养,提高党员的思想素质和政治素质方面开展批评和自我批评,切实从思想上、组织上、作风上加强建设,增强党组织的战斗力和凝聚力。

2012年1月,县联社党委根据自治区联社党委《关于召开2012年度党员领导干部民主生活会的通知》要求,结合实际,扎实做好召开民主生活会的各项准备工作。1.学习党的十八大报告、十七届中央纪委报告、《中国共产党章程(修正案)》和中共中央总书记习近平重要讲话;深入学习中央新疆工作座谈会和自治区第八次党代会精神;重温《中国共产党党员领导干部廉洁从政若干准则》《关于领导干部报告个人事项的规定》等党纪条规,增强忠诚意识、宗旨意识、使命意识、创新意识、纪律意识。坚持自学和集中学习相结合,专题研讨和辅导相结合,确保十八大精神入脑入心,奠定开好民主生活会的思想基础。2.围绕贯彻落实十八大精神,采取发放征求意见表、召开座谈会等形式,征求人民银行、银监局、地方政府、员工和客户的意见建议,鼓励领导班子和党员干部多向上一级提建设性意见。征求意见工作,要按照领导职责范围,向党员干部通报 2012 年度民主生活会主题和 2011 年民主生活会整改措施落实情况,对领导班子和领导班子成员落实党风廉政建设责任制规定情况进行评议,并将收集到的意见建议原汁原味向领导班子及领导干部本人反馈。3. 主要负责人同领导班子成员、领导班子成员之间、班子成员同分管部门主要负责人之间要从实际出发,有针对性地开展谈心活动,真诚听取意见,充分交流思想,促进团结协调和工作和谐。4. 每个领导班子成员围绕"坚定理想信念、坚守精神追求"主题,结合学习心得、个人实际和征求到的意见,认真撰写发言材料。重点剖析理想信念、精神状态、遵守纪律、廉洁自律等方面存在的不足及原因。5. 党委及各支部按照务求实效的要求精心谋划、专题研究党员领导干部民主生活会,切实把民主生活会开出党性、开出干劲、开出效益。民主生活会上,党委(党支部)对 2011 年度民主生活会整改措施落实情况进行说明和总结。每个党员领导干部都要围绕主题,联系思想和工作实际,开展党性分析和对照检查。6. 对照学习党的十八大精神,着重从提高思想理论水平、增强党性修养、加强道德建设,保持思想纯洁、组织纯洁、作风纯洁和清正廉洁方面找差距、摆不足,明确努力方向。要坚定对马克思主义的信仰,坚定对社会主义和共产主义的信念,坚定对中国特色社会主义道路认同,坚定实现农村信用社跨越式发展的信心的情况;检查加强党性修养,遵守政治纪律,贯彻党的路线方针政策和自治区联社重大决策部署、保证政令畅通,讲党性、重品行、作表率情况;检查自觉践行党的宗旨,坚持民生优先、群众第一、基层重要、密切联系群众,加强领导班子和领导干部作风建设,解决干部群众反映最突出问题的情况;检查贯彻落实民主集中制,按照集体领导、民主集中、个别酝酿、会议决定的原则决定重大事项,自觉接受党组织和人民群众监督的情况;检查落实党风廉政建设责任制,遵守领导干部廉洁从政有关制度规定及执行个人有关事项报告制度的情况。剖析检查要全面深刻,触及思想和灵魂。7. 开展批评和自我批评。要实事求是地开展批评和自我批评,增强民主生活会的原则性。自我批评要襟怀坦白,正视问题,剖析根源。相互批评要坚持原则,坦诚相见,真诚地帮助其认识问题、解决问题。党委(党支部)书记要对班子成员的发言逐个进行评议,班子成员之间也要互相进行评议,帮助查找存在的问题,提出改进意见和建议。党委(党支部)书记要切实发挥开好领导班子民主生活会"第一责任人"的作用,带头发扬民主,带头认真学习,带头进行深入的自我检查和剖析,带头开展批评,带头详细报告与个人有关的重大事项;班子成员之间要互相开展批评。自我批评要正视问题,剖析根源;相互批评要实事求是,开诚布公。要避免简单以会前谈心代替会上开展批评和自我批评的情况。

2012 年,县联社党委组织专题集中学习 5 次。1 月 18 日,联社党委在县联社 5 楼会议室集中学习,联社党委书记、理事长卡米力·米吉提主持,党委班子全体成员、各党支部书记、机关党支部委员、中层干部、要害岗位干部参加,学习内容是《中国共产党党员领导干部廉洁从政若干准则》。2月25日,联社党委在联社三楼党委会议室集中学习,联社党委书记、理事长卡米力·米吉提主持,党委班子全体成员、各党支部书记、党支部委员参加,学习内容《中共新疆维吾尔自治区农村信用社联合社纪律检查委员会2012年工作要点》。4月19日,联社党委在三楼会议室集中学习,联社党委书记、理事长卡米力·米吉提主持,党委班子全体成员、各党支部书记、党支部委员参加,学习2011年7月7日自治区联社主任阿不都在自治区农村信用社第十四个党风廉政教育月动员大会上的讲话。6月25日,联社党委在三楼会议室集中学习,联社党委书记、理事长卡米力·米吉提主持,党委班子全体成员、机关党支部委员、各党支部书记参加,学习党的民主生活会制度等内容。11月25日,联社党委在联社3楼会议室集中学习,联社党委书记、理事长卡米力·米吉提主持,党委班子全体成员、各党支部书记参加,学习胡锦涛在2012年11月8日召开的中国共产党第十八次全国代表大会上所作的题为《坚定不移沿着中国特色社会主义道路前进,为全面建成小康社会而奋斗》的政治报告。重点理解"一个主题,一个总结,一面旗帜,一个目标,九项任务"的精神要点。

2014年7月1日,县联社党委召开庆祝建党九十三周年暨先进党支部、优秀共产党员表彰大会,邀请联社全体退休老党员老干部参加。党委委员带领参会的全体党员重温入党誓词、面向党旗宣誓,大会向先进党支部、优秀共产党员颁发奖状和奖金。7月,县联社党委组织开展党员评议工作,按照全辖3个党支部,75名党员10%的比例评出优秀共产党员8名。

四、重要活动

1998年7月,县联合社党支部根据中组部、中宣部《中共中央关于深入学习邓小平理论》的通知和上级党委要求,组织党员学习邓小平理论。

1999年9月,县联合社党支部根据岳普湖县机关党委开展"三讲"教育活动要求,组织党员干部开展"三讲"教育活动。全辖所有党员、主任、股长、联合社机关工作人员参加,学习内容有《反对自由主义》《为人民服务》《纪念白求恩》《邓小平建设有中国特色社会主义理论》。

2001年2月,县联合社党支部组织全体党员学习《中共中央办公厅关于在农村开展"三个代表"重要思想学习教育活动的意见》《中共中央关于农业和农村工作若干重大问题的决定》《深入基层总结实践,积极探索开拓前进,按照"三个代表"要求加强党的建设》《紧密结合新的历史条件加强党的建设,始终带领全国人民促进生产力的发展》等文件和文章。

2002年11月23日,县联合社党支部成立学习领导小组,组长:理事长杨化石,副组长:副理事长、主任卡米力·米吉提、副主任艾沙·吐尔,成员:办公室主任阿不来孜·卡迪尔、营业部主任冯庆。学习小组制订《学习十六大精神方案》。《方案》明确学习地点:信用联社二楼会议室;参加人员:联社全体职工;每周一、三、五晚上(北京时间9:00~11:00)2个小时。学习内容:《十六大报告》《中国共产党章程》《沿着党的十六大指引的方向奋勇前进》的人民日报社论、中央、自治区、县委关于认真学习十六大精神的安排部署等。《方案》要求:人人都要准时参加,按时点名,不能迟到早退、请假旷学,特殊情况除外,每人都要作学习笔记,写心得体会,真正把学习十六大精神活动落到实处,做到工作、学习两不误。

2004年8月9日,县联合社党支部根据岳普湖县委《关于开展保持共产党员先进性教育活动前期准备工作的实施意见》召集所属党员召开党员先进性教育活动动员大会,并成立保持共产党员先进性教育活动领导小组,组长:卡米力·米吉提(支部书记、理事长、主任),副组长:艾沙·吐尔(支部副书记、副理事长、副主任)、阿不力孜·买买提(纪检委员、副主任),成员:阿不力孜·卡得尔(组织委员、监事长)、姑丽娜尔·阿西木(宣传委员、会计)。领导小组下设办公室,办公室设在联社监督保障部。主任:艾沙·吐尔(支部副书记、副理事长、副主任),成员:阿不力孜·卡得尔(组织委员、监事长)、范帆(人事劳资)。职责:根据《实施意见》要求,做好党支部前期准备工作的各项工作;及时传达领导小组安排的各项工作,负责各类文件、材料的发放、上报及会议记录和存档工作;完成领导小组交办的其他工作。

2005年1月31日,县联合社按照岳普湖县委关于深入开展保持共产党员先进性教育活动的统一部署,全面开展保持共产党员先进性教育活动。

2008年10月,县联社党委根据自治区联社党委印发的《关于成立新疆农村信用社深入学习科学发展观活动领导小组的通知》精神,成立岳普湖县联社深入学习实践科学发展观活动领导小组,按照自治区联社党委要求组织开展深入学习实践科学发展观活动。

2010年8月,县联社党委按照自治区联社党委要求,开展"四强四优"创先争优活动。联社党委研究制定创先争优活动实施方案,成立以党委书记、理事长卡米力·米吉提为组长的岳普湖县联社"四强四优"活动领导小组。召开动员大会,联社理事长卡米力·米吉提作动员讲话。

2013年1月15日,县联社党委贯彻落实自治区联社党委办公室转发自治区党委组织部《关于继续推动基层党组织和广大党员学习先进争当先进的意见》,在全辖党组织和党员中开展学习先进、争当先进活动。2月1日,县联社党委决定举办学习十八大精神专题培训班。时间2月2日(下午新疆时间1:30 - 5:30),地点岳普湖县农村信用合作联社六楼会议室;参加培训人员:联社领导班子成员、中层干部、机关工作人员、各信用社员工;培训主要内容:贯彻落实十八大反腐败精神,推进领导干部廉洁从业;十八大精神解读—经济建设专题辅导。

2013 年学习十八大精神专题培训班参加培训人员情况表

表 20 – 5

工作单位	姓名	职务	工作单位	姓名	职务
联社机关	卡米力·米吉提	联社党委书记、理事长	人力资源部	阿卜杜·艾尼	科员
联社机关	冯庆	联社党委委员、主任	财务信息部	克衣木·阿不力孜	科技人员
联社机关	唐努尔·艾买提	党委委员、纪委书记、监事长	财务信息部	古丽·巴哈	出纳
联社机关	艾尼瓦尔·阿布杜卡迪尔	联社党委委员、副主任	财务信息部	程凯	科技人员
联社机关	吐拉洪·买买提	联社党委委员、副主任	审计部	布左拉	科员
办公室	刘明	主任	信贷部	凯塞尔	科员
审计部	热依古丽·热合曼	经理	客户部	阿依·努尔	科员
信贷部	安外尔·阿卜杜热西提	经理	客户部	希尔艾力·买买提	科员
风险部	阿里木江·阿不来提	经理	客户部	比力克孜·亚森	科员
客户部	阿不都外力·图尔孙	经理	办公室	达吾提江·卡斯木	车队队长
审计部	米日古丽·孜明	副经理	办公室	亚森江·米吉提	驾驶员
财务信息部	周磊	副经理	办公室	吐逊江·马木提	监控室
风险部副	古丽娜·阿西木	经理	联社营业部	阿里木江·喀合热曼	委派会计
联社营业部	图尔孙江·牙生	主任	联社营业部	阿曼古丽·阿不力孜	综合柜员
岳普湖信用社	阿卜杜克衣木·阿不都热合曼	主任	联社营业部	廖世民	综合柜员
岳普湖镇信用社	依再提姑·阿不力孜	副主任	联社营业部	帕丽达·阿不拉	综合柜员
也克先拜把扎信用社	艾尔肯江·提力瓦力地	主任	联社营业部	热孜万古丽·艾尔肯	综合柜员
艾西曼信用社	依布拉依木·热扎克	主任	联社营业部	热比古丽·吾布力	综合柜员
阿其克信用社	希尔艾力·阿卜杜喀迪尔	主任	清算中心	如仙姑力·艾萨	委派会计
色也克信用社	卡米力·阿布力孜	主任	清算中心	艾比拜木·巴拉提	管库员
铁热木信用社	图尔荪·阿依喀迪尔	主任	清算中心	古再努·依明	复点员
巴依阿瓦提信用社	艾力·阿布都热依木	主任	清算中心	阿依古丽·依斯拉姆	管库员
阿洪鲁库木信用社	热伊汗古丽·奥布力	副主任	阿其克信用社	买热哈巴·亚森	委派会计
岳普湖镇信用社	阿不都·热合曼	委派会计	阿其克信用社	艾山江	信贷员
岳普湖镇信用社	帕提曼	信贷员	阿其克信用社	穆拉丁	信贷员

续表20 – 5

工作单位	姓名	职务	工作单位	姓名	职务
岳普湖镇信用社	阿曼姑	信贷员	阿其克信用社	阿里木江·买合体	综合柜员
岳普湖信用社	阿瓦古丽·阿布杜可热木	委派会计	阿其克信用社	努日姑·阿不力孜	综合柜员
岳普湖信用社	夏米西·努尔	信贷员	色也克信用社	祖丽·皮娅	委派会计
岳普湖信用社	拜合提牙尔·依明	信贷员	色也克信用社	帕夏姑·阿布杜外力	综合柜员
也克先拜巴扎	买热哈巴·阿不力克木	委派会计	色也克信用社	买买提·艾力	信贷员
也克先拜巴扎	努日姑·巴斯提	信贷员	铁热木信用社	卡迪江·艾再孜	委派会计
也克先拜巴扎	努尔买买提·吾拉木	信贷员	铁热木信用社	努尔买买提·阿不都热西提	综合柜员
也克先拜巴扎	哈尼克孜·依明	信贷员	铁热木信用社	阿不来提·艾莎	信贷员
也克先拜巴扎	比力克孜·图儿孙	综合柜员	铁热木信用社	买买提·亚森	信贷员
艾西曼信用社	苏力坦·阿吾提	委派会计	铁热木信用社	米日姑·吾休	综合柜员
艾西曼信用社	阿力吐尼姑·米吉提	信贷员	艾西曼信用社	艾尼瓦尔·艾尔肯	综合柜员
艾西曼信用社	买买提明	综合柜员			

　　2013年8月1日,县联社党委根据自治区联社党委要求成立党的群众路线教育实践活动领导小组,负责党的群众路线教育实践活动的领导和总体部署。成员如下:组长:吐逊·卡地尔,副组长:冯庆、唐努尔·艾买提、吐孙·赛买提、佟明亮,成员:吐孙江·亚生、热依汗古丽·热合曼、艾尼瓦尔·阿不都热西提、阿娜尔古丽·亚生、阿力木·阿不来提、阿布都外力·图尔孙、阿依提拉·麦海提、古丽娜尔·阿西木。领导小组下设办公室,负责制定并落实教育活动方案等工作。办公室主任:唐努尔·艾买提,副主任:阿娜尔古丽·亚生、吐孙江·亚生、阿依提拉·麦海提,成员:阿布都艾尼·阿布拉、赵莹、伊拉木·斯迪克。联社党委书记、理事长吐逊·卡地尔全盘负责此项活动。领导小组分为四个小组,分片负责此项工作。第一小组组长:冯庆,成员:阿布都外力·图尔孙、阿依提拉·麦海提。具体负责、指导联社人力资源部、联社营业部、也克先拜巴扎信用社、艾西曼信用社的党的群众路线教育活动情况,并负责将小组活动情况及工作进度上报至县联社活动小组办公室。第二小组组长:唐努尔·买买提,成员:阿娜尔古丽·亚生、古丽娜尔·阿西木。具体负责、指导联社财务信息部、审计部、岳普湖镇信用社、岳普湖信用社的党的群众路线教育活动情况,并负责将小组活动情况及工作进度上报至县联社活动小组办公室。第三小组组长:吐孙·赛买提,成员:热依汗古丽·热合曼、阿力木·阿不来提。具体负责、指导联社信贷管理部、风险部、铁热木信用社、巴依阿瓦提信用社、阿洪鲁库木信用社的党的群众路线教育活动情况,并负责将小组活动情况及工作进度上报至县联社活动小组办公室。第四小组组长:佟明亮,成员:吐孙江·亚生、艾尼瓦尔·阿不都热西提。具体负责、指导联社客户部、综合办公室、阿其克信用社、色也克信用社的党的

群众路线教育活动情况,并负责将小组活动情况及工作进度上报至县联社活动小组办公室。

同年8月1日,县联社党委根据自治区联社党委"关于在全区深入开展党的群众路线教育实践活动的实施方案"要求,结合本社实际,制订《中共岳普湖县农村信用合作联社委员会深入开展党的群众路线教育实践活动的实施方案》。教育实践活动自上而下进行,大体安排半年时间。具体从2013年8月开始,年底基本完成。1.动员学习。8月3日召开动员部署大会,党委书记作动员报告。组织党员、干部学习中国特色社会主义理论体系,学习党章和中共十八大报告,学习中共中央总书记习近平一系列重要讲话,学习中央关于进一步改进作风、密切联系群众的有关制度规定,学习中央关于新疆工作重要指示精神,学习自治区党委七届九次全委(扩大)会议以来的重要文件、会议精神,通读《论群众路线—重要论述摘编》《党的群众路线教育实践活动文件选编》《厉行节约反对浪费—重要论述摘编》,学习党的历史和优良传统等。普遍开展中国特色社会主义理论、道路、制度"三个自信",群众工作立场、政策、方法"三个自觉"专题学习和讨论。学习过程中,每人要撰写学习笔记和心得体会(不少于5千字)上交县联社教育活动领导小组办公室。2.查摆问题、开展批评。一是撰写对照检查材料。在学习教育的基础上,每个部门、基层社和每位员工要对自始至终重点围绕为民务实清廉要求,通过群众提、自己找、上级点、互相帮,认真查摆政治不够坚强和形式主义、官僚主义、享乐主义和奢靡之风方面的问题,进行党性分析和自我剖析,开展批评和自我批评。每个部门、基层社和员工都要撰写一篇自查对照检查材料。对照检查材料一般应包括政治表现和作风基本情况、存在的主要问题、原因分析、努力方向和改进措施等,重点放在后三个部分;二是组织召开一次高质量的专题民主生活会。联社党委及基层党支部要切实负起责任,主要负责人要带头查摆问题,带头开展批评和自我批评。既要进行深刻的自我批评,又要进行诚恳的相互批评。会后,要在规定范围通报民主生活会情况。每个党支部要围绕如何把政策落实到底、与服务对象脸熟、帮助群众致富,召开专题组织生活会,每个党员、干部提出改进措施和办法,表明"我能行、我尽责"的态度,躬行实践。3.整改落实、建章立制。自始至终重点针对作风方面存在的问题,提出解决对策,制定和落实整改方案;对一些突出问题进行集中治理。每个单位都要围绕政治坚强、改进作风,抓住重点问题,制定整改任务书、时间表,实行一把手负责制,并在一定范围内公示。注重从体制机制上解决问题,使政治坚强、贯彻党的群众路线成为党员、干部长期自觉的行动。要加强领导班子建设和严格教育管理干部,对软、懒、散的领导班子进行整顿,对存在一般性作风问题的干部,立足于教育提高,促其改进;对群众意见大、不能认真查摆问题、没有明显改进的干部进行组织调整。在活动中发现的重大违纪违法问题,及时移交纪检监察机关或有关方面严肃查处。同时,大力提拔使用信念坚定、为民服务、勤政务实、敢于担当、清正廉洁的好干部,不让老实人吃亏、不让综合素质高能干事的人吃亏、不让长期在一线埋头苦干的人吃亏。对那些在反分裂、反恐怖斗争中敢于站出来、能够豁出去,保护群众生命财产的有功人员,实行火线入党、火线奖励、火线提拔。8月3日,联社党委书记、理事长吐逊·卡地尔在联社召开的动员大会讲话时强调:开展党的群众教育实践活动,关键是把中央、自治区党委的精神学习好、领会好、贯彻好。这次教育实践活动,总要求是:"照镜子、正衣冠、洗洗澡、治治病"。在部署和推进教育实践活动过程中,要坚持做到"九个贯穿始终",处理好"三个关系"。

第二节　纪检监察

一、组织机构

2003年,岳普湖县联合社党支部根据上级党委要求增设副书记,重点抓支部内部事务,尤其是党风廉政建设工作。

2003年8月,岳普湖县联合社成立信访纪检、监察工作领导小组。

2008年1月10日,经自治区农村信用社联社党委会议研究决定,成立中共岳普湖县农村信用合作联社纪律检查委员会,设纪委书记1名。3月,中共岳普湖县农村信用社联社纪律检查委员会正式成立,纪检委员冯庆、唐努尔·艾麦提、克尤木·阿不力孜,冯庆当选为纪委书记。

2010年4月,唐努尔·艾麦提、克尤木·阿不力孜、米日古丽·依明当选为岳普湖县纪律检查委员会委员,唐努尔·艾麦提当选为纪检委书记。10月19日,县联社党委为加强县农村信用合作联社党风廉政建设和反腐败工作树立"科学、公正、廉洁、高效"的金融干部形象,促进联社党风廉政建设和反腐败工作规范化、制度化建设,根据新农信党干〔2010〕55号文件,原纪委委员唐努尔·艾买提现任纪委书记,经纪委书记提名、联社党委审查同意米日姑·孜明补充为纪委委员。

2011年1月,县联社成立党风廉政建设、反腐败工作领导小组:组长:卡米力·米吉提(联社党委书记、理事长),副组长:冯庆(联社党委委员、主任)、唐努尔·艾买提(联社纪检委书记、监事长)、艾尼瓦尔·阿布迪卡迪尔(联社党委委员、副主任)、吐拉洪·麦麦提(联社党委委员、副主任),成员:米热古丽·孜明(联社审计部副经理)、克依木·阿布力孜(联社纪检委员)。

2014年,县联社纪委组成人员:唐努尔·艾麦提、克尤木·阿不力孜、米日姑·孜明。

2003～2014 年中共岳普湖县联社纪律检查委员会组成人员名表

表 20 - 6

姓名	性别	民族	职务	任职时间
冯庆	男	汉	书记	2008.3
唐努尔·艾麦提	女	维吾尔	委员	2008.3
克尤木·阿不力孜	男	维吾尔	委员	2008.3
唐努尔·艾麦提	女	维吾尔	书记	2010.4
克尤木·阿不力孜	男	维吾尔	委员	2010.4
米日姑·孜明	女	维吾尔	委员	2010.10

二、党风廉政建设

2004 年 6 月 29 日，县联合社根据"关于第六个党风廉政建设教育月活动方案"的安排，成立党风廉政建设教育月活动领导小组，小组成员如下：组长：卡米力·米吉提（支部书记、理事长、主任），副组长：艾沙·吐尔（支部副书记、副理事长、副主任）、阿不力孜·买买提（副主任），成员：阿不力孜卡得尔（监事长）、唐努尔·艾买提（经营管理部主任）、艾合买提江买买提（营业部主任）、范帆（人事干事）。领导小组下设办公室，由艾沙·吐尔担任办公室主任，日常事务由领导小组成员阿不力孜卡得尔、范帆具体实施。

2009 年，加大党风廉政建设力度。一是强化党风廉政建设责任。进一步明确新形势下做好党风廉政建设工作的重点和努力方向，坚持和完善反腐败领导体制和工作机制。二是扎实开展党风廉政系列教育活动，多种方式教育和培养支部书记、中层干部树立正确的权力观，要常思贪欲之祸、常怀律己之心、常除非分之想，不断提高自己的思想政治素质。县联社充分利用党风廉政教育月的有利契机，将教育月活动与案件防控治理有效地结合起来，建立起全员案防体系。在党风廉政教育月活动中县联社与领导干部签订《新疆农村信用社领导干部廉洁从业承诺书》，总计 6 份，与员工分别签订《新疆农村信用社员工廉洁从业承诺书》总计 83 份。并对提出的倾向性、苗头性和突出问题，及时研究提出解决意见和建议。加强县联社领导班子成员思想作风、学风、工作作风、领导作风和生活作风方面律己意识，接受组织和职工群众监督的主动意识，切实做到权为民所用、情为民所系、利为民所谋，树立起为民、务实、清廉的良好形象。

2010 年，县联社执行中共中央颁发的《建立健全教育、制度、监督并重的惩治和预防腐败体系实施纲要》和《两个条例》，宣传和弘扬勤政廉政的先进典型，注重抓好警示教育。开展"第十二个党风廉政教育月"活动，推进党风廉政建设工作力度。

2011 年，县联社按照自治区联社党委《关于开展第十三个党风廉政教育月活动的通知》精神和岳普湖县纪委开展反腐倡廉宣传教育活动月的要求，开展反腐倡廉宣传教育月活动。一是召开党委会,专题研究安排反腐倡廉宣传教育月活动各项工作。二是下发宣教月活动实施意见,明确此次宣教月的指导思想、参加对象、学习教育内容、活动安排及组织领导及具体要求。三是成立以联社党委书记为组长,其他班子成员为副组长的宣教月活动领导小组。四是先后组织开展 3 次集中学习。学习胡锦涛在第十七届中央纪委第五次全会上的重要讲话和贺国强在贯彻实施《中国共产党党员领导干部廉洁从政若干准则》电视电话会议上的讲话精神;组织学习《中国共产党党员领导干部廉洁从政若干准则》等有关文件。五是联社党委书记围绕反腐倡廉制度创新和贯彻落实《廉政准则》的意义上党课。7 月 22 日上午,县联社纪委组织中层以上干部 20 余人到喀什监狱进行预防职务犯罪警示教育活动。参观服刑人员生活、工作、学习的禁闭区,听两名服刑人员现身说法。教育月活动期间各支部办学习板报 2 期,全体党员撰写一篇学习体会文章。

2014 年,岳普湖县联社与党员签订党风廉政建设目标管理责任书,以支部为单位开展党风廉政建设工作。推行廉政文化、合规文化建设,制定《联社纪律检查委员会 2014 年工作要点》《岳普湖县联社党风廉政建设及案件防控责任制考核办法》等制度,设立党支部书记为兼任纪检监察员。严格执行党政领导干部选拔任用制度和"四项监督"制度,坚持民主推荐、民主测评、考察预告、廉政审查、干部票决、任前公示等制度,推选出区联社后备干部 2 名。通过中层干部述廉,员工对中层干部民主测评和考核打分,抽查学习资料,联社中层领导干部成员测评结果满意率均为 99%。党风廉政建设开展专项活动 1 项。每季度开展案件防控及治理商业贿赂自查工作并报告当地银监局和区联社,同时对"九种人"、重要岗位、重要环节进行严格排查,发现问题,及时处理。6 月,开展"学习十八大、崇尚廉政文化、促进业务发展"为主题的学习活动。4 月 20 日至 5 月 30 日开展阳光信贷宣传教育活动,撰写学习心得 136 篇、学习笔记 287 万字、自查报告 86 篇;102 人参加预防职务犯罪警示教育;设立举报箱和举报电话各 10 个,活动期间发出民意测评表857 份,收回率 99%;参与测评的群众对所属片区的信用社、信贷部工作满意率达 98%;举办座谈会 2 场,参加 21 人;电话询问 29 人次。5 月份,县联社组织开展纠风工作,对有损企业和广大客户利益的不良、不正之风坚决予以惩治。

三、预防职务犯罪

1997 年 2 月,县联合社要求各社、部执行喀什地区农金改办关于加强农村信用社"三防一保"工作精神,制定关于刹住以贷谋私及纠正行业不正之风的制度,主要包括严格执行贷款"包放、包收奖惩责任制",严禁信用贷款(5000 元以内除外)冒名贷款、跨地区贷款、自批自贷和人情贷款。严格执行贷款、财务报批制度。严格制度,加强监督,防止经济案件发生。严格执行信用社一系列规章制度,加强复核,坚持各项业务事后监督。按时清账、结账,定期、不定期核对各类账务。做好"三防一保"工作,保证工作人员和资金安全。提高职工思想防范意识,保证防范器具完好无损。加强结算纪律、严防金融诈骗,掌握防诈骗知识,准确及时地办理业务。

2009年,县联社在预防职务犯罪方面,一是重点把授权授信、信贷、财务、计算机系统管理等方面,作为案件防范的重要部位,对排查出的风险点问题强化整改力度。二是落实监管部门要求,注重员工的心理障碍,加强员工思想教育和八小时之外监督,加强员工异常行为约束和重点关注对象的管理,防范挪用盗用资金和违规放贷的风险产生。三是开展干部交流、岗位轮换、强制休假、近亲属回避,对15名重要岗位人员进行岗位交流,交流部门负责人及信用社主任7人,调整委派会计5人,交流信贷人员3人。四是加强对信贷、财务、招投标等部门、项目的检查和监察,发挥监察、财务、审计、人事等部门的监督作用,加大查处违纪违规行为的力度,做到有案必查、违规必处,确保无各类案件发生。

2010年2月,县联社根据自治区联社转发的《关于在自治区党政机关和事业单位开展"小金库"专项治理工作的实施方案的通知》要求,及时组织召开会议,成立联社治理"小金库"工作领导小组。组长:阿布力孜·卡迪尔(联社党委委员、主任),副组长:冯庆(联社党委委员、纪检委书记、监事长)、艾尼瓦尔·阿布都卡迪(联社党委委员、副主任)、吐拉洪·买买提(联社党委委员、副主任)。认真组织开展小金库专项治理工作。11月,根据自治区联社转发的《自治区党委办公厅、自治区人民政府办公厅关于严禁领导干部大操大办婚丧喜庆事宜的通知》,组织县联社领导班子成员学习《通知》精神,严格遵守廉洁自律各项规定,自觉做到"两带头""八不准"和"两报告"。

同年,县联社针对联社容易发生不正当交易行为和商业贿赂的部门、岗位及员工进行分析摸底,组织信贷、会计、办公室各部门主任和员工重点对2010年以来是否发生过不正当交易行为和商业贿赂进行回顾自查,并写出回顾自查报告,做到边学习、边检查、边核实。治理岗位:主要针对各部门负责人、办公室外勤岗、基层社负责人、委派会计、信贷员、柜员等岗位进行自查;治理内容:业务工作、经营费用、基建工程、大宗物品采购、资产处置、中间业务以及商业广告制作等方面;治理方式:翻阅业务凭证,实行抽查与重点环节详查相结合的方式。业务工作方面:1.在经营费用管理方面,县联社在购置固定资产、装修、大宗物品采购、资产处置、中间业务办理等经营费用的管理方面,首先县联社理事会研究做出决定进行开支,加强财务管理坚持"一支笔"审批,办公用品购置时,购置物品清单附后,实行审批管理制度。各基层分社业务费用,即电话费、水电费、值班费等费用严格按照规章制度来办理。其次建立低值易耗品购置的管理制度,低值易耗品购入由专人保管,建立登记、领用、管理制度,账、卡、物相符,坚持财务制度,每年对物品进行一次清查,核销物品按规定手续办理。2.存款管理方面,根据存款管理规定,严格控制违规现象,未发生存款挪用,即公款转到私人存款、超额支付存款、用白条吸引存款、违反存款实名制乱支存款等现象。3.在信贷管理方面,县联社严格按照贷款管理原则,发放贷款时,未发生收受赠品、吃、拿、卡、要等问题,亲朋好友贷款时也没有发生简化贷款手续、违规发放贷款、索贿、行贿、自己以他人名义贷款私用、债权债务不明确等问题。4. 在现金管理方面,县联社开户的单位领导和财会人员对现金管理工作比以往有所重视,不存在违规行为,能按照《现金管理办法》进行现金管理,并参照执行,并且能积极配合县联社现金管理工作,严格坚持柜台监督支付,对单位和个人现金支出特别是大额的现金支出进行严格审查,登记备案,报备上级银行。5. 在会计、柜员工作方面:会计出纳部能够认真贯彻执行"会计法",自觉遵守各项规章制度,会计人员树立正确的世界观、人生观和价值观,忠于职守,一身正气,爱岗敬业;每月对财务管理进行一次审查辅导,主要对《会计法》的执行情况,对印、押、证的管理是否执行三人分管,业务操作是否按具体操作规程办理,有无利用伪造单证,涂改票据、挪用、贪污公款现象,会计出纳岗位是否坚持"双人临柜,双人复核,双人押运,双人管库";能够积极开展银行汇票案件的专项治理,加强银行承兑汇票业务的监督管理,防止金融案件的发生,防患于未然。采取的措施:1. 县联社从2010年1月开始,根据上级规定的规章制度的基础上,结合县联社实际,制定符合工作实际的《岳普湖县农村信用合作联社规章制度汇编》,同时加强内控制度,定期或不定期地检查各项规章制度落实情况。规范每个工作岗位职责,明确工作责任,严格执行工作责任追究制度。2. 加强职工的政治思想工作。加强政治思想教育,筑牢思想防线,严格执行内控制度、端正经营方向和服务宗旨,提高为"三农"服务质量、爱岗敬业、切实发挥支农主力军作用。3. 结合实际,每年年初制定培训计划,并制定考核办法,对各乡(镇)分社的会计、柜员、信贷人员个别进行脱产培训,抓好每周五半天的业务学习。4. 加强审计队伍建设,把年富力强、工作经验丰富人员调整到审计队伍,内外监督相结合,自觉接受客户的监督。5. 对工作涣散、管理松懈、制度执行不力、以往出现过经济案件的基层分社实行重点治理,对重点嫌疑人员的工作进行跨年度审计,加强对员工8个小时内外言行的检查,以严防经济案件和各类责任事故的发生。6. 对重要岗位的人员,实行轮岗制度,对其工作进行跟踪检查。

2012年2月,县联社根据自治区联社要求为推动"规范贷款行为、科学合理收费"为主题的不规范经营问题专项治理活动的深入开展,严格遵守贷款融资"七不准"规定,坚持遵循服务收费四条基本原则,重点整治存贷款和服务收费两大领域八个方面不规范行为。7月16日,县联社为贯彻中央《建立健全惩治和预防腐败体系2008～2012年工作规划》,全面落实《岳普湖县人民政府办公室关于廉政风险防控机制建设的实施意见》,成立廉政风险防控机制建设领导小组。组长:卡米力·米吉提(联社党委书记、理事长),副组长:冯庆(联社党委委员、主任)、唐努尔·艾买提(联社党委委员、纪委书记、监事长)、艾尼瓦尔·阿布杜卡迪尔(联社党委委员、副主任)、吐拉洪·麦麦提(联社党委委员、副主任),成员:艾尼瓦尔·阿不都热西提(信贷管理部经理)、阿娜古丽·亚生(财务信息部经理)、刘明(综合办公室主任)、热依汗古丽·热合曼(审计部经理)、阿布都外力·图尔孙(资产风险管理部经理)、阿依提拉麦·海提(人力资源部副经理)。领导小组下设办公室,办公室主任由唐努尔·艾买提(兼)担任,主要负责矛盾纠纷排查化解工作。

2013年1月25日,县联社严格执行自治区联社纪检委提出的"八个严禁"规定:1.严禁使用公款大吃大喝,杜绝铺张浪费,总结表彰一律从简;2.严禁滥发钱物,讲排场、比阔气;3.严禁借考察参观的名义用公款旅游;4.严禁用公款进行高档消费娱乐活动;5.严禁用公款走访、送礼;6.严禁参与任何形式的赌博或变相赌博;7.严禁领导干部大操大办婚丧喜庆事宜或借机敛财;8.严禁出差期间住五星级酒店和豪华房间。

2014年4月28日,县联社党委召开联社领导班子成员、中层干部、联社机关、各营业网点工作人员参加的开展"阳光信贷"整肃行风行纪职业道德教育活动动员大会。联社党委书记、理事长吐尔逊·卡地尔作动员讲话,传达自治区联社2014年纪检监察工作会议精神,宣读岳普湖县农村信用社开展"阳光信贷"整肃行风行纪职业道德教育活动实施方案,对活动各个时间段具体工作进行全面安排。2014年,组织专项检查、自查、自评3次。同年,县联社经对轮岗、内审稽核、银企对账、重大操作风险事件、查库等方面进行检查,排查共计125人次,对违规人员经济处罚22人次。

四、党风廉政建设目标管理

2000年,联合社党支部书记与党员签订《岳普湖县信用联合社党支部2000年精神文明建设及党的建设"双目标"管理责任状》,以党员目标管理百分考核责任状打分制从思想建设、组织建设等四项内容进行考评。其中党风廉政建设作为一项内容进行考核,考核细则:带头廉洁自律,不违纪违法,不以权谋私,不吃拿卡要,办事公道,高效廉洁,不奢侈浪费,不参与"黄、赌、毒",纠风和综合治理工作有计划、有检查、有成效。加大查处违法违纪案件的力度,做到发现一起,查处一起。

2002年,联合社党支部制定《2001年党建工作安排》《党风廉政建设及反腐败工作责任制》。党支部与每个党员签订《党员目标管理责任状》。

2009年,县联社党委与领导干部签订《新疆农村信用社领导干部廉洁从业承诺书》,总计6份,与员工分别签订《新疆农村信用社员工廉洁从业承诺书》总计83份,《新疆农村信用社员工案件防控责任承诺书》,总计83份。

2010年,县联社严格落实党风廉政建设责任制,层层签订廉政责任书,明确责任人,抓好落实,继续把制度建设贯穿于党风廉政建设的各个环节;认真落实领导干部廉洁自律的各项规定,抓好述职述廉,防止走过场;建立和落实高管人员"四个一"制度,即签订一份反腐倡廉建设责任状,提交一份反腐倡廉建设承诺书,将党风廉政责任目标纳入年度目标管理,对人财物的管理做到公开透明,以制度约束、规范权力行使。

2011年1月14日,县联社党委根据人事变动及工作需要,对2011年领导班子成员党风廉政建设责任制责任分工进行调整。卡米力·米吉提负责落实党风廉政建设责任制,主要任务和要求:1.贯彻落实联社制定的《岳普湖县农村信用合作联社党风廉政建设责任制实施办法》,建立健全责任追究制度,抓好责任制的落实和责任追究工作。2.落实主办单位在党风廉政建设责任制中的工作职责,及时召开协调会。3.抓好党风廉政建设责任制执行情况的考核、检查和材料归档工作。4.签订部门主要负责人的《党风廉政建设责任书》,建立各部门干部廉政档案并建立年终报告制度。冯庆负责健全党员领导干部从政行为准则。主要任务和要求:1.建立健全党员领导干部廉洁自律的规章制度,规范党员领导干部从政行为。2.对贯彻执行各项规定的情况进行监督检查。3.加强对中层干部的教育。4.要严格执行上级关于廉洁自律的有关规定。5.严格执行廉政准则。唐努尔·艾买提负责开好领导干部和党员廉洁自律专题民主生活会;落实上级关于《关于各级领导干部接受和赠送现金、有价证券和支付凭证的处分规定》;对用公款向领导干部赠送现金、有价证券和支付凭证的有关责任人,必须给予党纪政纪处分或组织处理。杜绝私设"小金库"问题。卡米力·米吉提(主管),唐努尔·艾买提、冯庆(分管)。领导干部个人重大事项报告制度任务和要求:1.提高领导干部报告个人重大事项的自觉性,明确报告内容。2.对领导干部报告的重大事项,要用专项记录本记录。3.对执行情况进行监督检查的负责人:吐拉洪·麦麦提。党风廉政建设责任制和反腐倡廉宣传教育工作主要任务和要求:1.加大国家法律法规宣传教育力度。2.将党风廉政建设宣传教育内容列入信用社工作整体计划。3.抓好党课教育与警示教育(反腐倡廉电教片)。4.加强对员工进行"尊廉崇洁"教育。负责人卡米力·米吉提(主管),艾尼瓦尔·阿布都卡迪尔(分管)。

2012年3月,县联社根据《新疆维吾尔自治区农村信用合作社党风廉政建设及案件防控责任制考核办法(试行)》,于11月制定下发《岳普湖县农村信用合作联社2012年度党风廉政建设责任制量化管理考核方案》。

2014年,县联社与党员签订党风廉政建设目标管理责任书,以支部为单位开展党风廉政建设工作。推行廉政文化、合规文化建设,制定《岳普湖县联社党风廉政建设及案件防控责任制考核办法》,设立党支部书记为兼任纪检监察员。

五、违规违纪处理

1999年,县联合社在经营过程中发生农业经济案件1起,涉及金额47.249万元,追回24.249万元,损失22.5万元。行政处罚5人,开除2人,联合社领导2人记过,1人警告处分,经济处罚7人,金额7800元。铁力木原会计艾山江·依力亚司被开除公职,铁力木乡信用社原主任阿不来提·莫合提被判有期徒刑15年。

2007年7月3日,县联社研究决定,对存贷款操作存在虚假现象,人为操作性风险的联社营业部、艾西曼镇信用社的相关责任人及县联社案件专项治理排雷行动自查小组的4人共15人经济罚款7000元。

2010年2月18日,县联社财务信息部卫生区域未打扫干净,严重影响联社精神文明容貌。原因是 2 月 17 日值班人员将垃圾堆放财务信息部卫生区域。经联社精神文明办公室研究决定,将 2 月 17 日白班和夜班人员姑再努、艾比拜木·巴拉提、阿不力孜·依地热斯、凯赛尔、莫明江、买买提·艾力全辖内进行通报并每人罚款 20 元。2 月 23 日,县联社综合办公室因联社办公室后勤人员姑再努在上班前打扫卫生,但在 2 月以来在打扫二楼楼道卫生时,打扫完卫生多次未关闭楼道的照明灯,根据联社规章制度一次不关窗或灯罚款 50 元,但考虑姑再努一月份调入联社对各项制度不熟悉所以处以 50 元的经济处罚,并给予通报。县联社综合办公室 2010 年 2 月 12 日下午根据联社〔2010〕12 号文件内容联社主任阿不力孜·卡迪尔开会通知春节放假事宜,民族员工放假三天,于 2 月 14~16 日放假,汉族员工放假 7 天,于 2 月 13~19 日放假,但联社营业部李红梅和周磊却于 2 月 22 日才来单位上班,不遵守单位规章制度,无故旷工两天。根据联社考勤制度于全辖各信用社、各部室给予以上两人通报并扣两天工资李红梅 150 元、周磊 134 元。4月 21 日,联社决定,根据农村信用社的有关规章制度给予阿洪鲁库木信用社委派会计努拉洪·买买提、信贷员阿布杜克力木·吾布力三个月待岗。待岗原因:阿洪鲁库木信用社委派会计努拉洪·买买提、信贷员阿布杜克力木·吾布力二人在平时日常工作中对工作不负责任,在工作期间和值班期间酗酒、脱岗,此二人随意变更信贷档案数据,严重违反农村信用社规章制度。待岗期间发给 350 元生活费,并收相关责任贷款。三个月待岗期满后,进行考核上岗。4 月 24 日,县联社党委会议研究决定,对也克先拜巴扎信用社综合柜员肉鲜姑·玉素甫、信贷员玉素甫·艾尔曼、信贷员克依木·艾海提等给予待岗三个月的处理决定。也克先拜巴扎信用社综合柜员肉鲜姑·玉素甫、信贷员玉素甫·艾尔曼、信贷员克依木·艾海提在岗期间借用农户小额信用贷款证给关系人发放贷款,随意核定小额信用贷款额度,借用农户的姓名给另一个农户发放贷款,共 50 笔,金额 129.8万元,违反《新疆维吾尔自治区农村信用合作社信贷管理基本制度的通知》《新疆维吾尔自治区农村信用合作社农村小额信用贷款管理办法的通知》文件有关规定,且 3 人上岗期间服务态度较差,在单位造成极其恶劣的影响,为严肃社纪,给予三人三个月待岗处理,待岗期间发放生活费 350 元,并及时清收相关责任贷款。三个月待岗期满后,根据表现,参加上岗考试合格后再上岗。6 月 7 日,县联社信贷部科员努尔买买提·吾拉木(6月 5 日)不遵守单位考勤制度,无故旷工一天。根据自治区联社机关考勤制度第一章第四条规定,扣除 1 天当日工资 67 元,并在全辖通报。9 月 3 日,县联社综合办公室联社安排每周三、周五 20:30 分为业务学习时间,但 2010 年 9 月 1 日(星期三)业务学习时有些职工未来参加学习(帕夏古丽、姑再努尔、达吾提江、亚森江、吐孙江(司机)、麦尔哈巴、克依木江·艾海提、阿不都·卡哈尔、阿不来子依地热斯)违反联社学习制度。给予通报批评。

2014 年,岳普湖县联社每季度开展一次全辖范围内的案件防控和治理商业贿赂检查工作并将检查结果上报中国银行业监督管理委员会喀什监管分局。组织专项检查、自查、自评共3次。2014年,县联社通过对轮岗、内审稽核、银企对账、重大操作风险事件、查库等方面进行检查,排查共计125人次,对违规人员经济处罚22人(次)。县联社审计监察部门受理各类投诉1起,其中:县联社收到电话和信件投诉1起,全部办结,办结率100%。县联社向社会各界公布监督投诉电话0998-6824387,0998-6825503,专设监察办公室和监察员,受理公众对联社提供的服务、对外公布的信息披露、重大事项等的监督、举报、投诉。

六、"阳光信贷"整肃行风行纪职业道德教育活动

2012年,岳普湖县联社根据自治区联社工作安排,开展以提升形象为目的,以整肃行风行纪为目标,以全体员工为教育对象,以信贷岗位人员为重点的"阳光信贷"整肃行风行纪职业道德教育活动。联社成立"阳光信贷"整肃行风行纪职业道德教育活动领导小组。组长:党委书记、理事长卡米力·米吉提,副组长:冯庆、唐努尔·艾买提,成员由各信用社、联社营业部、联社机关各部门负责人组成。领导小组办公室设在联社监察保卫部,负责制定并落实教育活动方案等工作。办公室主任由唐努尔·艾买提兼任。联社制定《岳普湖县农村信用合作联社"阳光信贷"整肃行风行纪职业道德教育活动方案》,并细化活动各时间段的具体工作。

教育活动分三个阶段。动员学习阶段(5月1~30日),重点是从事信贷工作员工开展一次专项职业道德和岗位廉政教育,学习内容有十七届中央纪委七次全会精神和中共中央总书记胡锦涛的重要讲话,《中国共产党党员领导干部廉洁从政若干准则》《〈中国共产党党员领导干部廉洁从政若干准则〉实施办法》《中华人民共和国刑法》中有关非国家工作人员受贿罪、职务侵占罪等条款,中国银行业协会下发的《银行业从业人员职业操守》《新疆维吾尔自治区农村信用合作社员工违反规章制度处理规定》《新疆维吾尔自治区农村信用合作社员工守则》和自治区联社纪委下发的"六个不准"等廉洁从业各项规定。自查自纠阶段(6月1~30日),撰写自查报告、落实责任书;逐一谈话,做出承诺;设立举报箱、举报电话;贷款公示,做到"四公开、一保密";聘任行风(贷款)义务监督员,接受社会舆论和客户监督;重点走访与抽查相结合;分片包干落实责任,联社各分管领导按照既定的分片包干网点进行督导和落实责任,对分片包干网点进行走访和调研,及时解决活动中遇到的困难,确保活动有效落实。验收整改阶段(7月1~30日),联社负责对活动进行验收整改。由联社领导带队,深入到乡镇村开展工作,基层社的验收覆盖率要达到100%。此次活动县联社共收到108份自查报告。其中部门、网点自查报告16份,个人自查报告92份,累计谈话38人次,重点了解信贷岗位人员的廉洁从业情况,签订廉洁从业承诺书38份。签订党风廉政建设责任书32份,公示农户贷款总共23876笔,金额5.06亿元,接受社会舆论和广大客户监督。全县10个营业网点共聘任行风监督员为

30名,召开行风监督员聘请仪式,并颁发聘书.员工轮岗交流45人,其中基层信用社主任4人,信贷岗位人员13人,其他员工28人。

2013年,岳普湖县联社根据自治区联社关于《自治区农村信用社2013年"阳光信贷"宣传教育月活动方案》的通知要求,结合实际积极开展"阳光信贷"宣传教育月活动,修订《岳普湖县联社2013年"阳光信贷"宣传教育月活动实施方案》,组织党员干部和客户经理动员学习,并按照要求深入乡镇党委、纪委、人大、政协座谈,积极征求行风义务监督员的意见,从根本上排查和规范员工的工作行为。

2014年5月,岳普湖县联社注重强化"阳光信贷"各项措施,务求实效。1.加强教育培训,提高员工为客户服务的能力,筑牢防腐拒变的防火墙。组织员工以集中学习与自学相结合方式,开展形式多样的学习活动,通过学习,切实提高员工廉洁自律和拒腐防变的能力。累计上交学习笔记89册,学习心得体会89份。制作2期内部简报、1面心得体会墙,制作电子屏(横幅)宣传内容6条。在学习阶段,邀请检察院领导,就职务犯罪和廉洁自律内容进行警示教育,讲解公司法、物权法、担保法等法律法规要点。2.扎实开展自查自纠,及时发现解决问题。各部门(信用社)的负责人在组织学习教育基础上,要求每位员工对照规章制度和所学内容进行自我检查,从自身素质方面剖析不足,寻根溯源查找问题,进行反思,以达到在思想上提高执行制度的自觉性、在行为上达到严于律己的自律性、在业务上达到熟练掌握的可控性要求。共写107篇自查报告。其中部门、网点自查报告18份,个人自查报告89份。3.加强信贷规范管理,做好信贷自查工作。按照自治区联社工作部署,联社高度重视,成立"阳光信贷"贷款核查小组,共抽调50人形成15个核查小组,对基层网点信贷风险情况,联社初步制定10个网点中3个网点核查率达到100%,3个网点核查率达到50%,剩余4个网点核查率达到30%,2014年5月12日至6月5日进行逐步自查。一是核实信用贷款和保证贷款的真实性,对抵押贷款抵押物的合规性和有效性进行核实;二是重点核对借款人身份证、户口簿和结婚证是否与信贷系统中录入的名字一致,在填写《贷款询证函》时,要求必须由借款本人(或企业法人)亲自签字(盖公章)并摁手印,夫妻双方不在本地的,要求自然人贷款由一个知情人员对贷款进行签字确认后,再由村委会阐明情况出示证明并加盖公章;企业法人因公外出不在本地的,要求企业阐明相关情况后由其授权人签字确认,加盖企业公章;以严防冒名贷款,确保贷款真实性;三是针对户籍在本地,经营在外地的贷款户,通过询问本人以及向周围邻居侧面打听的方式,仔细核查每笔信贷资金的流向,防止信贷资金挪作他用;四是针对信贷员是否遵守廉洁自律相关规定的问题,逐一询问贷款户,信贷员在贷款发放过程中,有无逆程序操作、弄虚作假,有无吃、拿、卡、要等违规违纪违法行为并要求贷款户在《贷款风险排查表》上签字确认;五是针对贷款逾期的贷款户,在询问贷款逾期的原因向其解释贷款逾期不还危害的同时下发《贷款催收通知单》督促贷款户及时还款;六是对自查范围内的每一笔担保贷款进行贷后检查,并填制《贷后检查表》,以确保每一笔担保贷款的真实性;七是针对自查过程中发现的违规违纪情况时,排查人对其进行走访谈话,并做好谈话记录,事后进行核查确认,在确认无误后上报到联社教育月活动领导小组办公室进行处理。至2014年5月31日,联社在自查工作中已自查贷款16303笔,占全部贷款笔数的61%;自查金额53570.48万元,占各项贷款的64.19%。自查中发现冒名贷款2笔,金额4万元,发现抵押物不合规贷款5笔,金额934万元;发现挪用贷款29笔,金额349万元。在"阳光信贷"活动期间,检查组共收回《贷款询证函》16303份、检查贷款金额为53570.48万元;共有16303人填写《贷款风险排查表》,发放《贷款催收通知单》1040份、逾期贷款金额为8603.96万元,同时对自查范围内的666笔担保贷款进行贷后检查再确认,担保贷款金额为22626.98万元,填制《贷后检查表》666份。进行走访谈话9次,记录《走访记录》共9份,对发现的违纪违规情况检查组对其进行个人谈话,做谈话记录12份,撰写工作底稿25份。4.安排基层社主任、信贷员和客户经理轮岗。联社对在同一地方担任基层社主任超过三年的,担任信贷员、客户经理超过两年的人员进行统筹安排交流轮岗。其中基层社主任轮岗3人,信贷员轮岗3人,客户经理轮岗1人。5.强化监督管理,推进业务健康发展。贷款户以村为单位进行张榜公布,同时在各营业网点进行张榜公布,对已设立的举报箱进行维护,保证正常使用。"阳光信贷"监督电话号码也在公示栏中进行公示,以方便广大客户进行举报和监督。公示农户贷款共24297笔,金额6.22亿元,通过贷款公示接受社会舆论和广大客户监督。6.以开展"阳光信贷"活动为契机,根据实际情况填写《信贷协管员考核评分表》,对辖内基层信用社聘任的30名行风监督员及87名信贷协管员进行考核。其中考核的信贷协管员中有32名信贷协管员成绩为优秀,53名信贷协管员为一般,2名信贷协管员不合格,因此对工作岗位有变化的监督员进行调整。同时由联社领导带队,检查组分别走访县、9个乡、镇两级纪委、人大、政协等单位,认真征求对农信社金融服务工作意见,向代表们详细了解信贷员在办贷过程中是否存在违规违纪现象,在现场对信用社服务表示满意。7.深入乡(镇)大队和农户,召开各种类型座谈会,广泛征求和听取各阶层人士的意见和建议。由联社领导带队,分为3个检查小组,抽调12人,深入到涉农贷款的乡(镇)、农村、农户开展深入细致的调查和征求意见、民主测评,其中发放《"阳光信贷"征求意见表》176份,收集意见和建议11条。

第三节　工会

一、组织机构

1996年县联合社成立后,组建联合社工会组织,由艾莎·吐尔负责。在岳普湖县总工会指导下,开展各项活动。2008 年,岳普湖县农村信用合作联社工会委员会(简称工会)成立,由纪委书记、监事长冯庆兼任工会主席。2014 年,由纪委书记、监事长唐努尔·艾买提兼任工会主席。

1997~2014 年岳普湖县联社联社历任工会主席名表

表 20-7

姓名	性别	民族	职务	任职时间	离任时间
艾莎·吐尔	男	维吾尔	联社副主任	1996.12	2008.03
冯庆	男	汉	纪委书记、监事长、工会主席	2008.04	2010.03
唐努尔·艾买提	女	维吾尔	纪委书记、监事长、工会主席	2010.04	

二、主要活动

2009 年 2 月,县联社转发自治区总工会《关于做好地州市县办理基层工会法人资格登记工作的通知》,并组织学习,指定专人负责,做好登记工作。

2010 年 5 月,县联社根据自治区联社党委关于在全疆农村信用社系统开展全员岗位大练兵活动的要求,及自治区联社《关于印发〈新疆维吾尔自治区农村信用社第一届业务技术比赛方案〉的通知》,制订《岳普湖县联社业务技术比赛方案》。2010 年,县联社参加篮球比赛人员:刘明、阿布都外力、凯赛尔、吐逊江亚生、买买提艾力、塔依尔、阿里木江卡迪尔、穆拉丁;参加乒乓球比赛人员:岳普湖镇信用社艾尼瓦尔、联社营业部凯赛尔。

2011 年 3 月,县联社工会贯彻执行自治区联社印发的《关于在农村信用社农牧区网点开展"五小"工程建设活动的实施意见》。按照因地制宜、节约实用原则,结合自身实际,灵活掌握建设项目,每个网点根据自身条件,做到需要什么建什么,缺什么补什么,不搞一刀切,努力营造良好工作环境,达到员工快乐工作,幸福生活为目标。建设项目主要包括办一个小食堂、盖一个小宿舍、建一个小阅览活动室、有一个小花园。

2013 年 1 月 8 日,县联社工会贯彻落实自治区联社工会办公室通知精神,元旦、春节期间开展"走基层、察实情、解民忧、送温暖"活动。

2014 年 3 月 8 日,县联社举办业务知识和文艺表演竞赛活动,全社 50 余名女员工踊跃参加。文艺表演竞赛活动中贯穿"孝老爱亲""诚实守信""友爱互助"的教育,在"时尚女性、农信社在我心中"文艺表演竞赛中,通过女员工自编自导的小品、舞蹈等表演节目,使员工在相互尊重、相互团结氛围中树立自尊、自爱和自信。最终,由县妇联、总工会和联社组成评委,评选出业务知识、文艺表演竞赛各一等奖一个、二等奖一个、三等奖一个。

第四节 共青团

一、组织机构

2013 年 8 月 25 日,共青团岳普湖县联社第一次代表会第一次全体会议召开,参加 24 人。会议选举产生共青团岳普湖县联社第一届委员会。阿依努尔·艾买提、买买提艾力·阿不都卡德尔、热比古丽·吾布力、塔伊尔·吐尔洪当选为委员。是日,共青团岳普湖县联社第一届委员会召开第一次会议,选举阿依努尔·艾买提任书记,买买提艾力·阿不都卡德尔、热比古丽·吾布力任组织委员,塔伊尔·吐尔洪任宣传委员。

2014 年末,全辖 3 个团支部,有 24 名团员,其中男 9 名,女 15 名;本科生 8 名、大专及以下 16 名。

二、主要活动

2013 年,共青团岳普湖县联社委员会后,在县联社党委领导下,以中国共产主义青团誓词、团歌为联社团组织的誓词、团歌,购买团员证和团徽,制定团支部活动计划,开展文娱活动、岗位练兵等活动。

2013 年 12 月 6 日,县联社团委为完成联社存款任务,下发《关于岳普湖县联社开展团员奋战 22 天开展揽储竞赛活动的通知》,号召全体团员开展揽储竞赛工作。年末,3 名团员被联社评为先进工作者。12 月 24 日,县联社团委下发《关于成立团费管理办公室的通知》,健全团费收缴组织机构,明确团费使用、管理、指导、监督职责。

2013 年 7 ~ 12 月,县联社团委收到基层团组织上解团费 11000 元,截至年末,团费结存 11000 元。

2014 年 9 月,县联社团委按照自治区联社团委统一部署,组织全辖团员学习自治区党委书记张春贤在共青团新疆维吾尔自治区第十二次代表大会上的讲话。

第二十一章 精神文明建设

岳普湖县农村信用社始终坚持物质文明、精神文明"两手抓两手硬"方针,坚持"发展为员工,发展依靠员工,发展成果由员工共享"理念,弘扬企业文化精神,充分发挥信用观念是信用社文化的基础,不断加强精神文明创建活动,加大企业文化宣传推广力度,凝聚广大职工智慧和力量,创造和谐发展氛围,着力构建和谐农村信用社,为实现"两个一百年目标"而努力奋斗。

第一节 文明创建

一、组织领导

2004 年 3 月 15 日,县联合社成立精神文明建设领导小组。组长:卡米力·米吉提(联社理事长、主任),副组长:艾萨·图尔(副理事长、副主任)阿布利孜·买买提(联社副主任),成员:阿布利·孜卡德尔(监事会监事长)、唐奴尔·艾买提(经营管理部主任)、图尔·洪江(色也克乡分社主任)、冯庆(金星分社主任)、姑丽娜尔·阿西木(劳资干事)。精神文明建设领导小组下设办公室,办公室主任由阿布利孜·买买提兼任,精神文明建设日常事务均由办公室负责落实。

2009 年,县联社成立文明窗口、文明科室、文明家庭、文明职工创建文明行业活动组委会。理事长卡米力·米吉提任组长,副组长艾沙·吐尔、阿不力孜·买买提,成员冯庆、唐努尔·艾买提、范凡。

2010 年 2 月 23 日,县联社成立机关效能建设领导小组:组长:卡米力·米吉提,副组长:阿卜力孜·喀迪尔、冯庆,成员:艾尼瓦尔·阿布都卡迪尔、吐拉洪·麦麦提、唐努尔·艾买提、克依木·阿不力孜。

2011 年 1 月,县联社调整精神文明建设领导小组组成人员:组长:卡米力·米吉提,副组长:唐努尔·艾买提,成员:刘明、阿娜古丽·亚生、阿依提拉·麦海提。

394

二、文明建设活动

1998～2001年,县联合社坚持对联系点阿其克乡11村的扶贫帮困工作,对11村累计发放支农贷款40多万元,收回20万元,收回率50%。并且同县乡镇企业局联合为11村修建办公室出资2.5万元;给11村小学捐助桌椅50套;给贫困户捐煤10吨。截至2001年,县联合社领导给贫困户捐款3500元、面粉35袋、羊11只、清油120千克、衣物65套;县联合社职工捐款3030元、化肥44袋、衣物82件。2001年底8户贫困户中已有两户脱贫,一户是5组吐尔洪·塔利普,一户是4组肉孜·阿提克。

2002年11月,县联合社党支部制定学习十六大精神方案并成立学习领导小组。2002年初,县联合社领导对阿其克乡11村捐款678元,衣物15套;县联合社职工对阿其克乡11村捐款752元,衣物51件。

2003年10月30日,县联合社党支部制定《学习"三个代表"重要思想整顿"五风"活动学习计划》,党支部要求在不影响2003年9月12日安排部署旺季工作前提下,做到学习、工作两不误,各部室必须保证人员按时完成学习任务。

2003年,县联合社结合第五个党风廉政教育月、掀起学习"三个代表"重要思想新高潮和《警示教育》活动,以全县行政村为单位征集意见建议,切实转变工作作风,解决难点热点问题。

2004年6月,县联合社组织开展第六个党风廉政建设教育月活动。成立以卡米力·米吉提为组长的党风廉政建设教育月活动领导小组,制定下发《岳普湖县联合社关于第六个党风廉政建设教育月活动方案》。8月9日,县联合社党支部召集所属支部党员召开党员先进性教育活动动员大会,对如何开展党员先进性教育活动进行安排布置。

2005年1月31日,县联合社按照岳普湖县委关于深入开展保持共产党员先进性教育活动的统一部署,全面开展保持共产党员先进性教育活动。3月27日,联合社党支部书记卡米力·米吉提带领联社9名党员干部把个人捐款购买的化肥,以及联合社捐赠的10套桌子送到联社扶贫点色也克乡1村,在1村党员活动室召开联合社党支部联系点扶贫帮困座谈会。10月23日北京时间15:30,联社职工在达瓦昆广场观看由岳普湖县武装部和各乡(镇)武装部共11支代表队参赛的"岳普湖县第四届民兵军事大比武活动"。10月26日,岳普湖县委组织部、纪检委监察局、综治办、信访局联合检查组成员一行对县联合社下半年党风廉政建设和反腐败工作进行督查。听取联合社卡米力·米吉提工作汇报、查看各类档案及信息,对联合社党风廉政建设和反腐败工作予以充分肯定。10月27日,县联合社理事长、主任卡米力·米吉提参加全县各单位党政负责人会议,会议内容为:关于调整县核定中小学机构编制和补充教师招考工作的通知;关于2006年度党报党刊征订工作安排;关于在全县开展以灭鼠为重点的除四害工作安排意见。12月10日,喀什地区检查组对县联合社精神文明创建活动进行检查,对精神文明创建活动工作给予充分肯定。

2006年1月26日,县联合社领导及有关人员到武警岳普湖县中队慰问全体官兵,送去节日问候和新春祝福,并赠送1000元现金。2月10日,县联合社召开2005年度工作总结暨表彰大会准备会议,唐努尔·艾买提被确定评为2005年度三八红旗手。2月12日,县金融系统联合举办元宵节舞狮子举花束活动,联合社5名职工参加舞狮子活动。2月15日岳普湖县农村信用联合社召开2005年度总结暨表彰大会,会议由联社副主任艾沙·吐尔主持。联社理事长兼主任卡米力·米吉提总结2005年度各项工作并安排2006年各项工作;表彰先进集体3个、清收贷款先进个人9名、优秀工作者9名;喀什银监分局艾科长、岳普湖县监管办事处主任红千木讲话。2月21日县联合社组织人员参加县委组织的形势报告会。会议内容是"打造喀什地区南亚、中亚经济圈重心地位,建设社会主义新农村的主题"。3月5日,县联合社理事长、主任卡米力·米吉提参加岳普湖县招商引资工作会议。县联合社被评为岳普湖县"2005年度招商引资工作优质服务先进单位"。3月11日县联合社理事长兼主任卡米力·米吉提带领联合社党员和入党积极分子参观喀什地区组织的《党和国家领导人国务外交礼品展》活动。4月6日,县联合社根据岳普湖县总工会《迅速开展"树立正确荣辱观,增强主人翁责任感"主题教育活动的通知》,开展"八荣八耻"主题教育活动。5月12日县联合社组织全体员工在二楼会议室召开民族团结教育月动员大会。理事长兼主任卡米力·米吉提主持并作动员讲话。同年,县联合社先后举办计算机、经营管理、信贷管理、双语培训班,培训80人次;委派业务人员到乌鲁木齐学习10人次。年末通过考核,处理一批违规违纪人员,即对工作不负责任,有章不循的5名干部给予待岗处分,4名干部,给予留职查看处分。

2007年1月5日,县联社响应县委、县政府号召,为扶贫联系点色也克1村送去33袋面粉、33桶清油等慰问品,为孤寡老人送去900元慰问现金。3月4日,县联社组织员工参加县委、县政府举办的岳普湖县第七届元宵节社火表演。4月1日,县联社组织员工参加自治区《中石化西北石油杯"爱党、爱祖国、爱社会主义"有奖知识竞赛》考试。5月12日,县联社组织全体员工在二楼会议室召开民族团结教育月动员大会,联社理事长兼主任卡米力·米吉提主持并作动员讲话。5月13日,县联社按照县委《关于在全县开展第十九个"爱国卫生月"活动的通知》精神,开展环境卫生综合整治工作。成立爱国卫生领导小组、除"四害"领导小组,彻底清除县联社的越冬垃圾、残土、废弃塑料等白色污染。5月28日,县联社根据县委政法委《关于组织开展认清"伊斯兰解放党"反动本质宣传教育活动的通知》精神,制定宣传教育方案和学习计划,召开认清"伊斯兰解放党"反动本质动员大会。6月27日,县联社在色也克信用社召开岳普湖县抗震安居工程建设贷款发放现场会,出席会议的有岳普湖县政府副县长玉素音·艾买提,县纪检委、城建局、色也克乡政府、信用社干部职工和建房户农民代表等200余人参加。会后,县联社为色也克乡4村30家农户发放12万元抗震安居建设工程贷款。7月13日,县联社根据自治区联社开展新疆维吾尔自治区农村信用合作社第九个党风廉政教育月活动要求,召开动员大会,安排布置第九个党风廉政教育月活动。县联社监事长阿卜力孜·喀迪尔作动员讲话,要求各部室、各营业网点负责人为第九次党风廉政教育月活动第一责任人,组织开展各项活动。7月30日,县联社向驻县武警官兵赠送矿泉水、水果等物品。10月1日,县联社决定由联社副主任阿卜力孜·麦麦提带队,信贷部、营业部及审计部联合组成考察组赴兰州及上海对兰新甘草厂实地考察,考察结束后,决定对该企业资金投入力度。10月21日,县联社召开《开展加强内控、提升执行力主题教育活动》动员大会。卡米力·米吉提要求全体员工深刻领会国务院32号文件和国务院总理温家宝在新疆考察工作时重要讲话以及新疆农村信用社理事长(主任)会议精神,要把学习文件、讲话精神同学习贯彻党的十七大精神紧密结合起来,同学习贯彻自治区联社做出的一系列重大决策部署紧密结合起来,主要是加强自治区联社下发的105项规章制度的学习,在学习阶段,结合开展加强内控、提升执行力主题教育活动,积极向联社建言献策。县联社针对存在问题,制定相应措施,进行整改。11月27日,县联社召开理事会议和监事会议,研究制定2008年经营计划和经营目标,还对加强"信用乡(镇)、信用村、信用户"创建活动,提出具体实施意见。12月14日,岳普湖县联社被自治区精神文明建设指导委员会命名为自治区级文明单位。

　　2008年3月,县联社组织开展岳普湖县第七个"公民道德建设月"活动。1.以打造"诚信岳普湖"为目标,在联社机关各部(室)深入开展"创文明机关、做人民公仆"活动。组织引导广大员工认真学习、深入贯彻《公民道德实施纲要》,增强道德操守、提高业务素质,塑造廉洁勤政、务实亲民的公仆形象。组织开展"共产党员先进性应该怎样做"讨论活动,教育引导机关党员干部在现代城市建设实践中发挥先锋模范作用。开展"八要八不"活动,在全社树立道德新风尚。2.开展"创文明行业、建满意窗口"活动。把加强思想道德教育与健全和落实行业服务规范紧密结合起来,推广社会服务承诺制、挂牌服务制、事后监督制,认真解决服务环境、态度、效率、质量等方面存在的问题,自觉纠正行业不正之风,努力为广大信贷客户提供优质、高效、满意的服务。3.积极开展评选"文明乡镇""文明村""文明户"活动,在广大农牧民中大力倡导"诚信光荣"思想,对讲"信用"的乡镇、村和农牧民使其继续享受到贷款的优惠。4.以公民道德建设教育月和公民道德宣传日活动为契机,开展主题宣传活动,弘扬以"八荣八耻"为主要内容的社会主义荣辱观,广泛开展世界观、人生观、价值观宣传教育,引导干部群众自觉遵守社会基本道德规范,形成"知荣辱、讲正气、促和谐"的良好社会风尚。5.县联社结合创建卫生县、卫生镇、卫生村工作和开展"爱国卫生月"活动,组织全体员工参与爱国卫生运动月活动,讲文明、讲卫生、讲科学、树新风,强化环境整治。7月19日,县联社召开全体员工参加的第十次党风廉政教育月动员大会,联社监事长冯庆作动员讲话。8月,县联社根据自治区联社和岳普湖县委、县政府工作部署,在北京举办奥运会之际,深入开展"迎奥运、讲文明、铸诚信、树新风"活动。在各信用社开展"学科学文化、讲诚信文明"主体教育活动,引导信用社职工树立适应建设社会主义新农村的思想观念和文明意识;把"创建平安岳普湖,促进社会发展"的活动深入贯彻到社会主义荣辱观教育中,采取举办座谈会、交流会等形式,引导员工自觉对照"八荣八耻"自查,在全社上下形成人人为平安岳普湖添光彩行动;加强联社文明细胞创建工作。联社不断充实文明创建内涵,继续开展"文明楼院、文明科室、文明职工、文明家庭"等创评活动,使创建活动深入到单位的每个角落;改进服务质量,提高创建水平。以"改进服务、便民利民"为主题,在各营业网点窗口广泛开展"六比六看"活动。10月21日,县联社在四楼会议室召开深入学习实践科学发展观动员大会。联社纪检委书记、监事长冯庆主持会议,联社党委书记、理事长卡米力·米吉提作动员讲话。领导班子成员、各部室人员、各信用社主任、员工、退休党员参加大会。

2009年1月20日,县联社召开慰问退休老干部座谈会。春节来临之际,开展军民共建活动,用5000元现金和价值1000元物品对岳普湖县武警支队官兵进行慰问;为联社联系点阿洪鲁库木乡3村捐赠2万元;联社职工为"两基"建设捐款8900元。2月22日,县联社召开2008年工作总结表彰大会。3月7日,县联社召开庆祝"三八妇女节"座谈会。5月12日,县联社组织全体员工在二楼会议室召开民族团结教育月动员大会。6月26日,县联社成立以党委书记卡米力·米吉提为组长的禁毒宣传工作领导小组,并加大对各部室和基层社毒品宣传工作的指导和检查;采取观看禁毒光盘、禁毒电影,利用广播、黑板报、墙报、专栏等宣传形式,广泛宣传党和国家的禁毒方针政策和禁毒的法律法规,宣传禁毒的重大意义和吸毒、贩毒的危害性,不断提高干部员工的禁毒意识。据不完全统计,利用现有的校园宣传阵地,如墙报、黑板报、专栏等,进行毒品预防宣传教育,先后出专刊、专栏10余期;悬挂禁毒教育宣传标语牌,组织观看禁毒电视片,并积极配合当地公安部门举行禁毒挂图展活动。抽调干部参加对全县各中小学校学生进行毒品预防知识讲座。7月9日,县联社召开全体员工会议,学习贯彻中共中央政治局委员、自治区党委书记王乐泉关于"7·5"事件的重要讲话。乌鲁木齐"7·5"事件发生后,为向在"7·5"事件中无辜受害的武警、公安及人民群众献一份爱心,积极参加全疆农村信用系统举行的"同舟共济、血浓于水"献爱心捐款活动,捐款12150元。7月21日,县联社召开第十一个党风廉政教育月活动动员大会,下午召开声讨"7·5"事件大会。8月15日,县联社召开维稳工作会议。8月29日,县联社召开会议,学习中共中央总书记胡锦涛在自治区干部大会上的重要讲话。同年，县联社围绕"优化服务、提高效能、创新工作、完善制度、客户满意"的五个标准，扎实开展好优质服务建设工作，通过监督电话、监督信箱等方式畅通投诉渠道。

2010年2月，县联社为加强纠风工作，树立良好形象，提高职工的道德素质和文化素养，克服"门难进、脸难看、事难办"的不良习气，提高服务质量，做出以下规定来规范全体干部职工的言行。一、政治思想强，爱党、爱国、爱民、爱岗敬业，积极进取，加强民族团结，本着"科学、公正、廉洁、高效"的原则为人民服务；二、树立良好的道德风尚，自觉遵守文明市民公约，文明市民"八不"规范，讲社会公德、职业道德和家庭美德；三、业务技能强，努力钻研专业技术知识，按时保质保量完成工作任务，遵守各种规章制度；四、严格服从规范，以礼待人，热情服务，严格按制度办事，无违章行为或不礼貌行为发生；五、个人形象好，工作区域整齐干净，不留、染怪发，讲文明，讲礼貌，讲卫生，举止大方；七、积极开展用文明用语和服务活动，严格禁止生、冷、硬态度和不文明言行。3月7日，县联社召开庆祝"三八妇女节"座谈会。传达贯彻自治区、岳普湖县妇女工作会议精神，回顾联社妇女事业发展的成绩，研究和部署妇女工作的目标和任务。联社党委书记、理事长卡米力·米吉提讲话，联社领导冯庆、唐努尔、吐拉洪·麦麦提、艾尼瓦尔·阿布杜卡迪尔，联社职工及受表彰对象共13人参加座谈会。4月21日，自治区联社在辖内开展以"四强四优"为主要内容的创先争优活动。5月10日，县联社党委书记、理事长卡米力·米吉提在联社召开的维稳工作暨民族团结集中教育动员大会上作题为《加强民族团结，反对民族分裂》的讲话。联社干部职工69人参加会议。7月1日，县联社召开第十二个党风廉政教育月活动动员大会。下午召开庆祝建党89周年大会。7月31日，县联社召开慰问武警驻岳官兵座谈会。8月9日，县联社为切实加强对以"四强四优"为主要内容的创先争优活动的组织领导，推动岳普湖县农村信用合作联社创先争优活动深入开展，成立以联社党委书记、理事长卡米力·米吉提为组长的岳普湖县联社创先争优活动领导小组。8月17日，自治区文明委检查组一行来县联社检查文明创建活动。8月，岳普湖县联社根据自治区热爱伟大祖国建设美好家园主题教育活动领导小组办公室《关于开展"热爱伟大祖国建设美好家园"主题教育活动第一阶段学习培训的实施意见》的通知和自治区联社安排，认真制定主题教育学习培训的组织实施方案，制定具体的学习培训计划，加强督促检查，及时了解和掌握主题教育学习培训工作进展情况，防止形式主义和走过场。坚持改造主观世界与改造客观世界相结合，坚持学习培训与指导实践相结合，把主题教育活动同研究本单位改革发展稳定中的重大问题结合起来，同自治区农村信用社关于开展以"四强四优"为主要内容的创先争优活动结合起来，把主题教育学习培训的成效转化为促进本单位改革发展稳定的坚定决心，转化为推进自治区农村信用社跨越式发展的自觉行动。11月，县联社根据自治区联社转发的《自治区党委办公厅自治区人民政府办公厅关于严禁领导干部大操大办婚丧喜庆事宜的通知》，组织县联社领导班子成员认真学习《通知》精神，严格遵守廉洁自律各项规定，自觉做到"两带头""八不准"和"两报告"。

2011年1月19日，县联社在元旦、春节期间，走访慰问慰问工作采取普遍走访与重点对象帮困抚慰相结合等多种形式走访慰问，共慰问退休老干部19人，老党员27人，老模范1人，困难员工1人，共投入慰问经费72000元。2011年，为符合条件的78名贫困大学生共发放助学贷款188万元，同时为12名贫困大学生捐款2.4万元，为县联社联系点阿洪鲁库木乡3村贫困户捐赠价值2万元的化肥、面粉、清油等物资。5月，县联社开展"继续推行文明规范服务标准充分发挥先进典型示范作用"主题宣传学习活动。成立以联社纪检委书记、监事长唐努尔·艾买提任组长，联社副主任吐拉洪麦麦提任副组长宣传学习活动领导小组。宣传学习活动依据及内容:《中国银行业文明规范服务千佳示范单位考核标准》《中国银行业文明规范服务工作指引》《中国银行业柜面服务规范》《中国银行业营业网点大堂经理服务规范》《中国银行业公平对待消费者自律公约》。宣传活动步骤:1.准备阶段;2011年5月10~30日，主要任务是:(1)各分社积极向乡(镇)党委、人民政府汇报，充分利用原小额信贷档案，为开展宣传工作的基础;(2)做好按村、组逐户公开贷款名单工作;(3)做好股金逐户告知的准备工作;(4)各信用社按照宣传方案做好培训工作，确保宣传活动顺利开展。2.宣传入户阶段:2011年6月1~25日，任务是:(1)宣传员入户，采用多种形式进行宣传，使农民知道农村信用社是农民自己的"银行"，农村信用社的发展离不开农民的支持，农村信用社信贷资金取之于农、用之于农，鼓励农民积极到农村信用社储蓄。(2)向农户免费发放《岳普湖县农村信用社农民信贷须知事项》，让农民全面了解农村信用社各项业务以及服务方式，自己的权利和义务，积极参与农村信用社的管理和监督。(3)结合《三项整治》活动，按村、组逐户公开贷款名单，明确债权债务。(4)向每个农户宣传"入股须知"、股东的权利和义务，继承股金的过户，历年股金分红，现行股金及其优点，股金分红的有关新规定，农村信用社对入股社员优惠措施等，形成积极入股的良好风气。(5)开展与农户谈心活动，找出工作不足之处，积极协调整改，耐心向农民解释，积极探索农村信用社的发展途径。(6)邀请当地党政、农口、财政、工商、税务等有关部门领导以及大客户召开座谈会，广泛征求意见、建议，争取加大对岳普湖县农村信用社的支持力度，创造良好的内、外部环境。3.电视、广播宣传阶段:(1)在岳普湖县电视台新闻开播前打出报时广告，准点报时(报时内容:岳普湖县农村信用合作联社提醒您距离岳普湖新闻开播还有一分钟)，制作30秒钟小广告片插播于电视节目之间。(维文台以维文的形式播放。汉文台以汉文的形式播放)，广告内容15天更换一次;(2)在节目开播以后，在屏幕右下方进行字幕宣传。(字幕内容:信用社的标志及"中国信合"四个字);(3)《岳普湖新闻》已经成为县城最具影响力的新闻服务性栏目,在此时间段投放广告,宣传内容一个星期更换一次。宣传内容:岳普湖县农村信用合作联社为您提供一流的服务;(4)利用《岳普湖新闻》这个栏目之后在县城及各乡镇广播站插播 5 分钟/2 次/天的品牌宣传。(宣传内容:岳普湖县农村信用合作联社的基本情况及业务);4.总结阶段:各信用社总结宣传活动,找出并整改存在的不足之处,因地制宜探索本社的发展途径。7 月 22 日,县联社组织中层以上干部 20 余人到喀什监狱进行预防职务犯罪警示教育活动。为能更深切地理解开展党风廉政建设和经济发展环境整治年活动的重要意义,达到警示教育目的,全体人员在喀什监狱参观服刑人员的生活、工作、学习禁闭区,听两名服刑人员现身说法。同年,县联社按照按自治区联社党委《关于开展第十三个党风廉政教育月活动的通知》精神和县纪委开展反腐倡廉宣传教育活动月的要求,以"学习反腐倡廉制度,推进反腐倡廉建设"为主题,以学习贯彻总书记胡锦涛在中央纪委第五次全会上的重要讲话和《中国共产党党员领导干部廉洁从政若干准则》为重点,结合实际,突出重点,精心组织,周密安排,扎实深入开展反腐倡廉宣传教育月活动,取得明显成效。

2012 年 2 月 10～12 日,县联社对铁力木乡 8 村开展调研,召开由村委班子、村民代表组成的座谈会,深入农户进行走访,共与村干部 6 人、农民 32 人进行交谈,了解群众疾苦,全面掌握所驻 8 村生产、生活状况,在调研过程中,宣传自治区、地区、岳普湖县"两会"精神,宣传党的"三农"政策,为把实事办好,确保群众满意,为解决群众关心的热点难点问题,协调解决涉及群众切身利益的各类矛盾纠纷,切实帮助解决或解答群众关心的热点、难点问题奠定基础;将关系到群众生产生活的问题及时与村干部、村民代表共同探讨,初步研究铁力木乡 8 村的发展方向与思路。3 月 10 日,县联社印发《岳普湖县农村信用合作联社 2012 年度党风廉政建设责任制量化管理考核方案》。11 月 25 日,县联社党委组织领导班子和全体共产党员学习胡锦涛在 2012 年 11 月 8 日召开的中国共产党第十八次全国代表大会上所作的题为《坚定不移沿着中国特色社会主义道路前进,为全面建成小康社会而奋斗》的政治报告。重点理解"一个主题,一个总结,一面旗帜,一个目标,九项任务"的精神要点。

2013 年 2 月 2 日,县联社党委在县联社机关六楼会议室举办学习十八大精神专题培训班,联社领导班子成员、中层干部、机关工作人员、各信用社员工 94 人参加培训;道德讲堂开展 15 期,参加听课约 1000 余人次;筹集 6.4 万元"爱心"基金。5 月,县联社组建10 人参加的学雷锋志愿服务队,主要开展主要清扫垃圾、街头巡逻、走访慰问等活动,成立后共清理垃圾 7 吨,慰问 11 次。8 月 1 日,县联社党委根据自治区社联社党委"关于在全区深入开展党的群众路线教育实践活动的实施方案"要求,经联社教育活动领导小组开会研究决定,结合本社实际,制订《中共岳普湖县农村信用合作联社委员会深入开展党的群众路线教育实践活动的实施方案》。8月3日,联社党委书记、理事长吐逊·卡地尔在县联社召开的动员大会上讲话。

2014年4月28日,县联社召开联社领导班子成员、中层干部、联社机关、各营业网点工作人员参加的开展"阳光信贷"整肃行风行纪职业道德教育活动动员大会。联社党委书记、理事长吐尔逊·卡地尔作动员讲话,并传达自治区联社2014年纪检监察工作会议精神。会上宣读岳普湖县农村信用社开展"阳光信贷"整肃行风行纪职业道德教育活动实施方案,对活动各个时间段的具体工作做出全面安排。5月,喀什地区召开民族团结教育活动总结大会,表彰在长期开展民族团结教育活动中涌现出来的模范集体,岳普湖县联社作为岳普湖县金融系统唯一表彰的单位出席会议。7月1日,岳普湖县联社党委召开庆祝建党九十三周年暨先进党支部、优秀共产党员表彰大会。同年,县联社工会牵头成立"行业道德讲堂"建设工作小组,组长唐努尔·艾买提。举办三期道德讲堂。第一季度主题为"廉政文化",第二季度主题为"社会公德",第四季度主题为"榜样就在你身边"和"民族团结";每期道德讲堂精心设计各个环节,精心准备歌曲、读物和道德卡片,收集播放开展向刘国忠学习、《2011感动中国人物—阿力木江·哈力克、杨善洲的故事》《全国道德模范—郭明义先进事迹》、组织观看电影《焦裕禄》等40多套视频节目。

三、文明单位创建

1998年4月,县联合社制定精神文明建设规划,要求每位职工从自身做起,努力学习时事、政治、业务知识,提高思想政治觉悟和业务能力,做好本职工作。开展职工职业道德教育、文明单位、卫生单位创建活动。塑造信合形象,增强信用社的凝聚力和竞争力。同时,参加救灾捐献、助残济困、帮建扶贫等社会公益活动,奉献爱心,回报社会。

2001年,县联合社向扶贫点阿其克乡11村买日木妮沙·卡地尔等八户捐助16袋面粉,现金800元。另外,联合社22名职工向11村的困难户捐献衣物32套,解决冬季保暖问题。联合社领导个人对那些虽未登记,但确有困难的农户捐助1200元现金,帮助其克服春耕生产和生活上的困难。联合社领导班子考虑到11村学校教学设备短缺,经济上有困难,教师办公桌椅不足,所以向11村学校捐助八套桌椅。2001年岳普湖县联合社为县辖实际有困难的1600户农户提供260万元贷款,为农户提高生产生活水平创造条件。

2003年2月25日,岳普湖县农村信用联合社营业部为使创建工作更加科学化规范化,加强指导和管理,特申报地级"青年文明号"先进集体,以继续深入做好青年文明号创建活动。4月,岳普湖县联合社制定创建文明单位计划。思想政治工作以总书记江泽民的"三个代表"重要思想和"七一"讲话为指导,加强思想政治教育和思想文化阵地建设,深入开展"三个代表"教育,继续"讲政治、讲礼貌、讲正气"作为开展各项工作的基本准则,在职工中进行社会公德、职业道德、家庭美德"三德"教育,以及"三义""五观"教育,有声有色地开展讲文明、树新风活动,把代表有中国先进文化的前进方向作为党的建设的一项根本任务和要求抓紧抓好,以新的精神面貌和工作斗志做好2003年度的各项工作。理论学习计划继续以"三个代表"重要思想为指导,落实县委理论学习任务,坚持周一、二、四晚上及周三、五半天学习,做好学习记录和笔记,办好学习专栏,进行理论考试,不断提高干部职工理论水平。创建精神文明活动,开展创建先进科室,先进个人,文明家庭,文明服务活动,单位一把手亲自抓,领导向职工、群众承诺,推行"三结合"。切实落实好计划生育这项基本国策,保证无超生现象。积极开展群众性文化娱乐活动,计划开展劳动竞赛活动,同时也要参加县直机关举办的各种活动,力争在本年内创建地区级文明单位。

2005年7月,县联合社被喀什地区文明委正式命名为"地区级文明单位",也是喀什地区农村信用社系统唯一的"地区级文明单位"。

2006年,县联合社做好文明建设、综合治理、计划生育、双拥、普法、扶贫帮困等具体工作。在各个节假日期间,参加县直机关举办的文体活动、在"百日广场"参加金融系统举办的文艺联欢等活动,丰富职工业余文化生活。开展军民共建活动,在春节、古尔邦节之际,向武警中队赠送慰问金1000元,在八一建军节来临之际,又向武警中队送慰问价值2800元的数码相机一部;开展扶贫帮困送温暖活动,动员全体员工捐款13300元,有效地帮助困难群众渡过难关,受到人民群众好评和赞誉。

2007年,县联社先后投资13万元硬化联社机关大院、安装健身器材。经过全体员工共同努力、奋力拼搏、开拓创新,认真做好文明建设、综合治理、就业再就业、招商引资、计划生育、双拥、普法等具体工作。在各节假日间,联社举办职工喜闻乐见的文艺联欢、体育比赛等活动,丰富职工业余文化生活,积极开展慰问"三老"人员,人民子弟兵,献爱心捐款工程,带头向地震、冰雹受灾地区捐款900余元,衣物13件(套),倡导全体员工向"6·23"冰雹灾害捐款4700元,衣物175件,代理发放民政局、抗震救灾、抗震安居款1200万元,使精神文明、物质文明和政治文明取得三丰收。创建"县级文明行业",被岳普湖县委、县政府评为支持地方经济发展"先进单位"。经过持续地加强政治文明、精神文明、物质文明建设,明显提高县农村信用社的知名度和信誉,同时也为各项业务发展创造良好的社会环境。12月14日,自治区精神文明建设指导委员会命名岳普湖县联社为自治区级文明单位。

2008年,岳普湖县联社积极动员全体员工捐款13300元,向死亡职工家属以及子女送去煤、面粉、大米、清油等价值2500元慰问品及慰问金1000元;向扶贫帮困点色也克一村捐价值1000元的农用物资、抗震安居工程款2650元,发动联社机关人员,向城镇困难群体献爱心活动捐款1900元。县联社为解决病退职工子女上大学的学费问题,捐助

5000元,并在全辖各营业网点设立"爱心捐款箱",以此来帮助岳普湖县儿童福利院孩子们的学习和生活。在春节、古尔邦节之际,县联社慰问军民共建单位武警岳普湖县中队全体官兵,并送节日慰问金1000元,在八一建军节之际,又赠送2800元数码相机一部。

2009年,县联社根据创建文明行业活动的要求,制定文明窗口、文明科室、文明家庭、文明职工创建工作措施。成立以理事长卡米力·米吉提组长的创建文明行业活动组织委员会,制定创建文明行业活动实施方案,做出进一步加强党风廉政建设责任制的决定、首问负责制的规定、机关办公室内务考评办法、"青年文明号"争创活动管理办法、加强学习全面提高工作人员整体素质的意见以及创建文明行业承诺、创建文明行业标准、行业精神、行业形象、文明服务公约、社会公德守则、职业道德守则、家庭美德守则、文明窗口(文明科室)标准、文明职工标准、文明服务用语、文明家庭标准等办法、规定、标准。具体活动:一是狠抓思想教育,全面提高干部职工队伍素质。要求各信用社遵循"以人为本、以德兴业"的指导原则,继续进行理论教育、职业道德、职业形象、职业纪律教育。通过教育,努力提高业务能力。同时重点解决干部职工存在的理想观念问题,坚决杜绝不正之风。办公室根据联社领导班子的工作部署,制定出抓思想教育工作的计划,通过组织学习和开展各种丰富多彩的活动,有针对性地解决存在的各种问题,切实提高干部职工素质;二是健全目标管理机制,实施科学有效的内部管理。系统各单位以创建文明行业为契机,以落实岗位责任制为基础,根据创建文明行业的总体目标,制定年度实施计划,明确各信用社的任务目标,建立和完善创建工作检查考核办法,联社机关各处室每季度自查,每半年检查或抽查,年终全面检查考核,并与奖惩挂钩,推动联社按期实现创建目标;三是健全监督约束机制,保证创建工作取得成果。不断完善监督管理制度,加大内部督查和处罚的力度,并严格进行责任追究。将创建文明行业活动的内容、标准、要求,向社会公示,继续坚持设立行风监督箱、举报电话。在系统内的各股室聘请行风监督员。各"窗口"单位的工作人员要实行挂牌上岗,使用文明用语,自觉接受群众的监督,切实做到工作有责任、行动有制度、考核有目标、奖惩有依据。同年,县联社首问负责制规定:联社全体员工,特别是对外服务窗口的职工,凡第一个接受外单位咨询、查询或联系业务工作(包括来人、来电等形式)的人员均为首问接待人;首问接待人必须按照"热情接待、实事求是、遵守规定、迅速办结"的原则,认真做好接待工作。无论所接待的工作是否与本职工作相关,都要履行受理责任;热情接待服务对象的咨询、查询等,对服务对象提出的要求和需办理的事项,做好记录;首问事项属本职范围的必须尽快处理或答复,不属本职范围的也要负责帮助服务对象,联系好职能部门,直至有人接受办理,不得拒绝或扯皮推诿;职能部门受理后应尽快处理,在规定或约定的时间内办结,并及时给予答复,如因客观原因不能及时处理或办理的,必须耐心向对方说明情况和续办意见。

2010年末,县联社自治区级文明单位通过三年届满复验。

2011年1月,岳普湖县联社机关环境建设规划:1.年内在办公楼前左右两侧各建一个花池,面积约为50平方米,池内种植花草,让来者感到联社机关环境优美。2.2012年3月以前,由机关财务支付5000元购买200个小花盆、四个大花盆及花种。两个大花盆摆放在台阶下的两侧,其余小花盆分三列摆放在台阶之上。3.2012年4月前购买松树等风景树共20棵,定植于院内花池中。4.计划在院内安装6台大型照明灯。5.院后空地修建机关干部职工家属楼,经审批后,2011年安排动工,家属楼建成后,2012年修建楼前美化花池,种植花草。6.加强院区管理。建立健全外来车辆、人员登记和安全保卫巡查制度,进一步坚持和完善文明监督岗制度,维护安全和文明秩序。7.做好院区绿化、净化、美化工作。继续开展“十无院区”活动,清理卫生死角,搞好院区的人文景观建设。6月30日,县联社党委召开第十三个党风廉政建设宣传教育月活动动员大会,认真贯彻落实自治区联社2011工作会议精神,动员部署县农村信用社系统党风廉政建设宣传教育月活动。时间7月1日开始,31日结束。

2012年5月8日,县联社在联社六楼会议室召开农村信用社开展“阳光信贷”整肃行风行纪职业道德教育活动动员大会。会议传达自治区联社2012年纪检监察工作会议精神,对全县农村信用社开展“阳光信贷”整肃行风行纪职业道德教育活动进行动员。5月25日,县联社纪检委组织各部室负责人、信用社主任、信贷人员、联社机关部分人员前往喀什监狱接受警示教育。12月1日,岳普湖县联社上报自治区联社关于下发获自治区级文明单位奖励第13个月的工资的请示:岳普湖县联社的精神文明工作在县委、县人民政府的正确领导下,高举邓小平理论伟大旗帜,认真贯彻落实党的十八大和十八届全会精神,努力践行“三个代表”重要思想,紧紧围绕“服务大局、突出重点、整体推进”的方针,全面提高干部职工思想道德素质和文化水平,认真开展好党建、思想政治、道德建设、教育、科技、文化、民族团结、社会综合治理、环境卫生、精神文明创建、经济效益等方面内容,受到上级部门奖励和好评。同年,联社全面加强对内控制度建设和案件防范工作的领导,层层签订经济案件防范责任书,加强督促检查力度。根据自治区联社安排,开展《阳光信贷》《存贷款风险排查》等活动。通过现场检查、案防督查等方式,加大风险排查、常规和专项检查及后续整改跟踪检查力度,严肃处理违规操作责任人。2012年开展各类业务常规、专项检查42次,处罚违规责任人114人次,罚款42100元,未发生经济案件及安全保卫责任性事故,有效防范风险,构建干部员工“不能为”“不敢为”“不想为”的案件防控工作机制,巩固案防成果。2012年,联社先后组织开展专业知识竞赛、文艺比赛,以“如果我是一位客户”题目的演讲比赛等活动,促进职工之间的团结合作友谊;牢固树立“以人为本”的管理理念,将“五小”工程纳入单位重要议事日程来抓,指定专人对所有基层网点的五小建设进行逐一摸底调查。对有建设条件的信用社本着节约为本、充分利用的原则,累计投入资金250余万元,集中进行网点"五小建设"达标改造,有效改善员工们的就餐、住宿及学习条件;进一步加强基层信用社的硬化、绿化工作,共同促进环境建设;联社领导班子进一步丰富企业文化建设,为符合条件的78名贫困大学生共发放助学贷款188万元,同时为12名贫困大学生捐款2.4万元,为县联社联系点铁热木乡8村贫困户捐赠价值3万元的化肥、面粉、清油等物资。慰问困难职工、退休老党员。由于县联社做好以上工作,继续保持"自治区级文明单位"荣誉称号。

2013年,县联社以科学发展观为主题,将社会主义核心价值体系贯穿于精神文明创建活动中,着力党的建设、道德建设、文化建设、民族团结、社会治安、环境建设、创建活动和农村金融事业,提升员工整体素质,文明建设取得突出成绩。在精神文明创建活动中,县联社始终把"讲文明、树新风"主题创建活动与理论学习、思想道德教育、"五个一"建设、民族团结教育、军民共建、"扶贫帮困""送温暖"等工作有机地结合起来,紧紧围绕"弘扬一种精神、塑造一种形象、培养一种风气",按照"爱岗敬业、诚实守信、服务群众、奉献社会、维护稳定"的要求,统一安排、循序渐进,协调发展,使"讲文明、树新风"的目标融入各种形式的创建活动中。县联社贯彻落实《公民道德建设实施纲要》,发挥道德建设中的主阵地和主渠道作用,把《纲要》对公民的道德建设要求纳入到教育中。引导干部从点滴小事做起,培养自己的法律意识、责任意识和诚信意识,努力成为文明干部。教育要与培训和党组织活动等其他教育形式有机结合,使"二十字"道德规范真正入脑入心,促进干部的全面健康发展。加强和改进思想政治工作,使县联社的思想政治工作适应新形势、新任务的要求,在继承优良传统的基础上与时俱进,改进方法、充实内容,增强思想政治工作的针对性和实效性;通过多种形式,加强教育,增强干部职工的法律意识,推进联社依法治社的进程;加强思想政治工作队伍建设,通过多种途径提高干部职工的素质,培养一支政治上过硬、业务上精通的高素质的队伍。县联社按照"五个一"建设相关精神,结合自治区农村信用社对"五小"工程建设要求,县联社先后投资200余万元在联社机关和全辖各营业网点建成小宿舍,小食堂,小菜园,小果园,小澡堂,小图书室,小健身房,员工工作生活条件明显改善,精神面貌焕然一新。按照政治强、业务精、纪律严、作风正的要求,努力建设一支"肯干事、能干事、干好事"的农村金融队伍,通过培训学习、集中辅导、经验交流等形式,不断提高员工队伍的思想政治素质和业务工作能力,努力增强政治意识、大局意识、责任意识和开拓进取、团结协作精神。积极开展精神文明创建活动。树文明新风,创良好的工作、生活作风,创文明部室,适时开展文明竞赛和评比,树立典型,推广先进,把创建活动不断引向深入。同年,县联社开展15期道德讲堂,参加听课约1000余人次。县联社按照文明单位测评体系测评全部合格。

2014年3月27～28日,岳普湖县联社派员参加自治区联社在自治区总工会培训中心举办的文明规范服务培训班,83家行社的104名负责文明规范服务人员参加培训。3月,县联社在第26个爱国卫生月活动中,开展"爱国卫生人人参与,健康生活人人享有"爱国卫生月活动,内容有:一、大力开展宣传教育活动。二、全面整治环境卫生。三、落实门前三包责任制。四、加强环境卫生管理工作。五、扎实开展以灭鼠、灭蟑为重点的春季除"四害"活动。"爱国卫生月"活动分为3个阶段开展(宣传发动、卫生整治、检查评比)。县联社综合办公室对卫生整治活动开展情况进行督导检查,对工作不重视的部门限时整改,并给予通报批评。8月,县联社领导班子成员,联社党委委员、副主任吐尔逊·赛买提和机关员工一起参与铁热木乡八村扶贫工作,对铁热木乡八村贫困农牧民相关信息逐一采集归档。11月19日,县联社组织干部职工收听、收看自治区联社召开"与我同行、万人宣讲、依法治国"电视电话会议。同年,县联社推进"讲文明树新风"活动,引导员工修身律己,展示信合人的良好形象。组织道德模范学习宣传活动,提升员工的道德自觉和道德水准;深化文明单位创建,推进"我们的节日"主题活动;推进"弘扬雷锋精神、开展志愿服务"活动,深化"三关爱"(关爱他人、关爱社会、关爱自然)志愿服务活动;加强文明诚信教育,举办"我与诚信手拉手、文明与我结伴走"诚信教育、故事大赛等。

第二节 民生工程

一、基本情况

2003年,县联合社关注下岗、贫困人员,联社安排五大毕业生、国企下岗、贫困人员16名;贷款600万元支持私营企业主,鼓励他们安排下岗、贫困人员17名;贷款120余万元支持宗教人士发展农、林、果、牧、养殖业。

县联合社"2·24""5·4"地震后,以最短的时间调查了解灾情,主动请战代发县民政局救灾款,先后四次将救灾款2060万元及时送到5600户灾民手中,农村信用社员工捐款7000元、捐衣物175件,送到受灾群众手中,同时简办贷款手续,为救灾、重建、春耕赢得宝贵时间。

2006年,岳普湖县联合社在春耕生产资金不足情况下,响应县委、县政府建设社会主义新农村的号召,发挥农村信用社支农主力军作用,从莎车县联社调剂资金1000万元,从伽师县人民银行申请再贷款1300万元,切实解决春耕生产资金缺口问题。

2009年8月18日,县联社召开向贫困学生发放助学贷款会议。在乌鲁木齐"7·5"打砸抢烧严重暴力犯罪事件发生后,岳普湖县联社根据自治区联社党委安排,组织开展

"同舟共济、血浓于水"献爱心捐款活动。截至7月13日(北京时间)12点30分,全体员工共捐款12150元。同年,岳普湖县联社结合第九个党风廉政教育月,深入开展为职工、群众办实事、办好事上来。积极响应县委、县人民政府要求,为城镇贫困人员和弱势群体捐款2100元,为了解决色也克4村建房资金困难,联社在县委、县人民政府的号召下,于6月27日首次在色也克乡给30家农户发放12万元的抗震安居工程贷款,目的是解决贫困农民建房资金困难。

2010年,岳普湖县联社为需要贷款的17690户提供农业生产、畜牧业、设施农业、小型农机具和家庭消费贷款共计9090万元。

2011年6月7日,县联社在巴依阿瓦提乡6村召开安居富民工程贷款发放工作现场会议。县委常委玉素因·艾买提、各乡(镇)乡(镇)长、各乡镇信用社主任、信贷员及农民70余人参加会议。县委常委玉素因·艾买提、县联社理事长卡米力·米吉提作重要讲话。同年,县联社坚持为"三农"服务的宗旨,结合民生规划,把"农民增收、提高信用社效益、政府满意、多方共同受益"作为一切工作的出发点和落脚点,以农村青年、妇女创业活动、"安居富民、安居兴牧"工程为契机,开展多种形式的信贷支持建设。联社为13261户发放22489万元贴息贷款,解决岳普湖县农民建房、贫困妇女创业、畜牧业发展、贫困大学生就学困难等一系列问题,其中:为符合条件的78名贫困大学生共发放助学贷款188万元,同时为12名贫困大学生捐款2.4万元,为县联社联系点阿洪鲁库木乡3村贫困户捐赠价值2万元的化肥、面粉、清油等物资。联社牢固树立"以人为本"的管理理念,紧紧围绕自治区联社工会对"五小"工程工作要求,结合自身实际,将"五小"工程纳入单位重要议事日程来抓,指定专人对所有基层网点的五小建设进行逐一摸底调查。对有建设条件的信用社本着节约为本、充分利用的原则,累计投入资金52.6余万元,集中进行网点"五小建设"达标改造,有效改善员工的就餐、住宿及学习条件。

2013年,岳普湖县联社坚持服务"三农"的宗旨不动摇,以开展扶持农村青年和妇女创业、富民安居、发展畜牧养殖等活动为契机,实施信贷扶持工程。2013年各项贷款中,投放春耕生产贷款20500万元;投放妇女创业贷款、发展畜牧业贷款、两居工程贷款、大中专院校贫困生助学贷款等贴息贷款29600万元,投放购买农机、个体工商户贷款6700万元,29家招商引资落户企业贷款9610万元,为增加农民收入,改善各族群众生活,增添新的动力。继续推进基层信用社的"五小"工程建设工作,加强联社机关的环境建设,做好机关的硬化和绿化工作。

2014年,岳普湖县联社积极争取地方政府扶持,向全县21000余户农民累计发放贴息贷款5500余万元,使2500余户农民收益670余万元,向122户养殖专业户累计发放畜牧贷款2250余万元。为增加农民收入,改善群众生活,及时成立"五小"工程建设推广实施领导小组,领导小组下设办公室,并制定"岳普湖县农村信用社农牧区网点开展"五小"工程建设活动的实施方案。将"五小"工程纳入单位重要议事日程来抓,监事长专门负责,指定专人对所有基层网点的五小建设进行逐一摸底调查。按照食堂、宿舍、学习条件等实际情况对所有网点进行分类排队,有针对性地提出整改措施和整改时限,个别单位重点督促,有条件的单位及时改造职工食堂、宿舍,开辟小菜园、小果园。

二、"五小"工程

岳普湖县联社2011年实施"五小"工程以来,牢固树立"以人为本"的管理理念,紧紧围绕"五小"工程建设工作要求,结合自身实际,深入开展以小伙房、小菜园、小浴室、小阅览室、小活动室建设为主要内容的"五小"工程,关怀员工活动,为员工创造温馨、舒适的工作、学习和生活环境,使干部职工充分感受到农村信用社大家庭的温暖。县联社职工说"吃得舒心,住的也舒心,就像在家一样,咱信用社真是建设得越来越好了!"

岳普湖县联社为将"五小"工程工作落到实处,专门成立建设办公室,指定专人对所有营业网点"五小"工程建设情况进行摸底调查并根据自治区联社工委《关于在农村信用社农牧区网点开展"五小"工程建设活动的实施意见》,按照食堂、宿舍、学习条件等实际情况,对各营业网点进行分类排队,有针对性地提出建设措施和建设时限,本着以节约为本、充分利用的原则,先后投入200余万元,建设改造职工食堂、宿舍,开辟小菜园、小绿地、小运动场和员工活动室。按照自治区联社工会委员会印发的《自治区农村信用社"五小"工程建设活动检查验收标准》,对全辖"五小"工程建设情况进行自查。

2014年末,在全县10个营业网点建成小伙房12个,其中:联社机关食堂可一次性容纳45人就餐;小宿舍5个,可提供12人住宿;小活动室3个。

第三节　企业文化

信用社在近60年的发展过程中,形成自己独特的企业文化。20世纪50年代起,信用社职工与农牧民结下深厚的友谊,得到农牧民广泛认同。把营业网点建在乡镇,与其他金融机构相比具有明显农牧民认同的文化优势。2006年,自治区农村信用社联合社成立后,对联社企业文化资源进行整合,形成新的企业文化和经营理念,提高企业的社会知名度,增强企业的凝聚力。推出"服务三农、富民兴疆"的企业使命和"手握手的承诺、心贴心的服务""诚信致远,合作共赢"等宣传语,抓住社员和"三农"核心,缩短与农牧民的距离,用各种方式宣传企业文化,推广企业文化,促进农村信用社"两个文明"建设。

一、塑造形象

1996年11月,岳普湖县联合社采取工资与效益挂钩,逐级考核,同时实行统一着装,挂牌服务,提高服务质量。

1997年6月,岳普湖县联合社开展第一个"全国农村信用合作社金融宣传月"活动,采取印发传单、张贴标语、电视讲话等形式塑造信用社企业形象,扩大社会影响。

1999年,岳普湖县联合社为基层社聘请社会监督员,分别召开监督员会议并颁发证书,通过明察暗访,对一线员工的服务给出评价。6月,组织开展第二个全国农村信用合作宣传月活动。

2000年6月,岳普湖县联合社结合"第三个全国信用合作金融宣传月"活动,开展合作金融百日宣传活动,以国务院关于农村金融体制改革的决定为指针,统一部署,上下联动,出动宣传车,利用巴扎及节假日进行储蓄知识宣讲、张贴标语、散发传单等在城乡范围掀起宣传高潮。

2003年,岳普湖县联合社制定《关于加强农村信用社精神文明建设的意见》,开展提高全员服务质量,改善服务态度,树立眼里装着群众,脑中想着群众,心头系着群众,工作为群众服务的思想教育活动。努力塑造文明形象,全体员工统一着装,挂牌上岗,做到文明礼貌用语,待客礼貌周到,使用"您好、谢谢""对不起、请原谅、欢迎再来"等文明用语,给顾客宾至如归的感觉。具体工作中,遇事不推诿,当天能办的事绝不拖到明天,一次能办的事绝不让顾客跑两次。同时,健全检查、监督机制,加大培训力度,使职工熟练掌握服务技能,做到有心有力地为客户服务,使服务质量达到一个新水平。县联合社加强社风社貌建设,营造良好的外部环境,搞好环境卫生,治理"脏、乱、差",美化单位、家院,提倡绿色环保,积极绿化、美化、净化环境,种花、种草,争创卫生先进单位和花园式单位。同年,被县委、县政府命名为文明单位。

2005年,岳普湖县联合社制定员工行为规范、礼仪行为管理办法。规范使用文明用语,禁止使用服务禁语,与客户说话时吐字要清楚,语意要明确,语气要亲切,称谓要得体;要使用普通话,接听电话或与人交谈要热情、礼貌、客气,重要内容要做好笔录,及时汇报或转告;站姿挺拔、坐姿文雅、行姿稳重;应着工装、整洁得体,佩戴工号牌;发型大方,不染异色、不留怪异发型;女员工化淡妆,男员工保持面部清洁。实行首问制,遇来信用社办事的人员要热情、礼貌,认真解答客户的问题及时处理。营业场所干净卫生,室内和桌面整齐有序,不能摆设与办公无关的物品和资料;营业场所要保持柜台整洁,单据整齐有序,地面清洁,方便客户办理业务。

2010年1月14日,岳普湖县农村信用社根据岳普湖县委、县政府建设"文化大县、文化强县"的要求,制定《岳普湖县农村信用社关于加强文化建设的实施意见》。文化建设的指导思想和工作目标:指导思想是:以邓小平理论和"三个代表"的重要思想为指导,坚持科学发展观,坚持以人为本,紧紧围绕全县建设文化强县的目标,以先进的文化引领干部队伍建设、机关作风建设和全面工作,为加快全县农信事业的发展提供强大的思想保证、精神动力和智力支持;主要目标是:建设具有系统性、实践性、高品位、符合部门特点的机关文化,使干部职工潜能得到挖掘,热情得到激发,才智得到发挥。塑造一支具有团队整体意识、改革创新理念、进取奉献精神的干部职工队伍,树立良好的机关形象和工作作风,进而实现"建一流队伍,干一流工作,创一流业绩"的目标。文化建设需要坚持的原则:1. 坚持以人为本的原则。关心人、尊重人、培养人、锻炼人,培育共有的价值理念,提高队伍的凝聚力、战斗力、创造力。2. 坚持注重实效的原则。文化建设要贴近工作,贴近社会,贴近队伍建设,从实践中来,到实践中去,与促进本部门工作,树立文明形象,打造服务品牌结合起来,不搞形式主义。3. 坚持不断创新的原则。既要突出县联社文化的特色,又要学习借鉴其他单位文化建设的有益经验。既要符合当前工作和队伍建设的实际,继承传统文化的精髓,又要与时俱进,反映时代要求,提升文化品位。4. 坚持系统性的原则。文化建设尽可能全面反映工作宗旨与行业精神、工作与学习、思想与行为等各个方面、各个层次价值理念与行为准则,集中全体人员的思想和智慧,并在实践中不断改进和完善,形成具有部门特色的文化体系。文化建设的重点内容:提炼文化建设的精神理念,发动干部职工广泛参与,征集提炼形成具有普通指导意义、积极向上、全体认同的价值观念,工作宗旨,行业精神,以及学习、工作、服务等方面的理念;健全各项规章制度,建立和完善干部职工学习培训、工作目标责任制、财务管理、纪律考勤、后勤保障、廉政建设等诸方面的规章制度,规范干部职工的思想和言行,学习、工作和各项活动有据可依,体现行业文化精神;树立文化的典型和品牌,要通过树立典型人物、典型经验、实践活动,把无形的文化形象化、典型化、人格化,促进干部职工对文化的理解和贯彻,进而转化为干部职工学先进、赶先进的自觉活动,同时要树立品牌意识和精品意识,在树立机关整体和先进个体典型的基础上,进一步提炼为机关建设品牌,形成机关文化更为有效的载体,使其更贴近大众,成为机关工作形象的代表;建设良好文化形象。建设统一规范、文明有序的文明办公场所;建立公正、公平的工作环境,形成团结协作的工作秩序、以人为本的管理体制、有效的激励约束机制;塑造员工衣着整洁、言语文明、积极向上的精神风貌;通过设计代表文化内涵的宣传语、标志物、器物等,加大宣传力度,增强社会的认知度,充分展现本单位的风采;大兴学习之风,加强干部职工学习培训。立足会干事、干成事和工作信息化、网络化的要求,完善学习制度,强化理论业务知识和工作技能的培训。

2011 年,岳普湖县联社加强机关自身建设,建立行为规范、办事高效、动作协调的新型机关,促进全辖各项工作有序开展,有效地提升县联社的服务形象。

2013年5月6日,岳普湖县企业家协会邀请全县金融企业召开银企恳谈会,县联社副主任吐拉洪·麦麦提带领联社信贷部、客户部负责人参加恳谈会。吐拉洪·麦麦提代表农村信用联社感谢县企业家协会为农村信用社提供与县各企业、各金融机构面对面交流的机会。企业家代表分别谈各自发展中遇到的困难和存在的问题,联社副主任吐拉洪·麦麦提分别针对企业提出的问题,积极进行解答,并介绍农村信用社信贷政策和信贷产品。银企一致认为,要彻底解决"企业贷款难,银行难贷款"的困难,县人民政府、企业家协会要注入一定比例资金,作为企业贷款的担保基金,解决银行后顾之忧。5~7月,县联社开展"阳光信贷"整肃行风行纪教育活动。在活动期间,充分利用设立检举箱、举报电话、张榜公示贷款、聘任行风(信贷)义务监督员、民意测评等多种形式,在全体干部员工中强化职业道德和岗位廉政教育,紧紧围绕自治区民生建设年的主题,狠刹贷款发放过程中以贷谋私、"吃、拿、卡、要"等不正之风,维护农村信用社为民服务的良好风尚,树立良好的社会形象。

二、规范服务

2008年3月,是岳普湖县第七个"公民道德建设月",作为支农主力军的信用社,开展各类丰富多彩的活动。1.以打造"诚信岳普湖"为目标,在联社机关各部(室)开展"创文明机关、做人民公仆"活动。组织引导员工认真学习、深入贯彻《公民道德实施纲要》,增强道德操守、提高业务素质,塑造廉洁勤政、务实亲民的公仆形象。组织开展"共产党员先进性应该怎样做"讨论活动,教育引导机关党员干部在实践中发挥先锋模范作用。开展"八要八不"活动,在全社树立道德新风尚。2.在窗口服务部门开展"创文明行业、建满意窗口"活动。把加强思想道德教育与健全和落实行业服务规范紧密结合起来,推广社会服务承诺制、挂牌服务制、事后监督制,认真解决服务环境、态度、效率、质量等方面存在的问题,自觉纠正行业不正之风,努力为群众提供优质、高效、满意的服务。3.组织广大农牧民评选"文明乡镇""文明村""文明户"活动,在广大农牧民中大力倡导"诚信光荣"思想,对讲"信用"的乡镇、村和农牧民使其继续享受到贷款利率的优惠。4.以公民道德建设教育月和公民道德宣传日为契机,开展主题宣传活动,大力弘扬以"八荣八耻"为主要内容的社会主义荣辱观,广泛开展世界观、人生观、价值观宣传教育,引导干部群众自觉遵守社会基本道德规范,形成"知荣辱、讲正气、促和谐"的良好社会风尚。5.开展爱国卫生运动。结合创建卫生县、卫生镇、卫生村工作和开展"爱国卫生月"活动,联社发动干部职工广泛参与爱国卫生运动,讲文明、讲卫生、讲科学、树新风,强化环境整治。深入开展"迎奥运、讲文明、铸诚信、树新风"活动,积极推进群众性精神文明创建活动。1.开展"共铸诚信"活动。在各信用社开展"学科学文化、讲诚信文明"主体教育活动,引导信用社职工树立适应建设社会主义新农村的思想观念和文明意识。2.把"创建平安岳

412

普湖,促进社会发展"的活动深入贯彻到社会主义荣辱观教育中,通过举办座谈会、交流会等形式,引导广大员工自觉对照"八荣八耻"自查,在全社上下形成人人为创建平安岳普湖添光彩行动。3.加强联社文明创建工作。联社不断充实文明创建内涵,继续开展"文明楼院、文明科室、文明职工、文明家庭"等创评活动,使创建活动深入到单位的每个角落。4.改进服务质量,提高创建水平。以"改进服务、便民利民"为主题,在各营业网点窗口广泛开展"六比六看"活动。

2009年,岳普湖县联社制定文明优质服务制度。1.班前事务。职工要干净利落,穿着整洁,不准穿奇装异服、拖鞋上班;注意个人卫生,男职工要常修面、理发,女职工不准化浓妆,洒浓香型香水;办公场所要整洁、有序,精心培育花草树木,各项规章制度上墙,不准挂无意义图画,桌上物品摆放整齐,如违反上述规定罚款20~50元。2.办公期间应尽的义务。站立迎接顾客,热情主动服务,有求必应,顾客找时应请顾客"稍候",态度和好;顾客存款时,要主动问请存款种类、金额,当面点清现款;顾客取款时,要问清支取金额,请顾客出示有关证件,请顾客当面点清签名,并说"谢谢合作";请顾客多提意见、建议,虚心接受;办完业务后,站立送顾客,并说"再见,欢迎您再来";在办理业务期间,发现态度生硬、服务差,没有站立接送和其他违反服务承诺的行为,罚款10元;发现职工与顾客争吵或拒绝服务的行为,根据情节罚款100~500元;在办理业务时,出现差错造成损失的,除赔偿损失外,根据情节罚款100~300元;发现3次违反服务承诺行为,停职检查,学习、整顿。在文明优质服务中禁止的言行。1.不准在营业场所吸烟,不准吃零食或吃饭,不准放映录像、录音,不准大声喧哗,不准干私事、带小孩,不准化浓妆,不准看与业务无关的书刊杂志,不准交头接耳。2.不准用"不知道""墙上有,自己去看""刚才不是给你讲过吗?"等生硬语言打发顾客。3.不准催顾客快办业务,不准以现钞太乱为理由拒办业务,不准用"太慢,快点"等生硬语言。4.不准用"你那么多事,办一起办,烦死了"等语言对待顾客。5.不准用"存前想好""未到期不能办""以后想好后存定期"等恶劣态度对待顾客。6.不准用"就那么多利息,自己算去""我又没拿你的利息"等语言伤害顾客,要做到认真、细致解释清楚。7.不准用"有意见找主任","给你准备了意见箱,去提吧""你甭提我们也知道"等语言。8.不准用"快下班了""现在已下班了""明天来吧""你早点来不行吗?"等生硬语言打发顾客。9.不用"没小钱""没大钱"到其他银行换去等语言。10.违反上述规定,根据情节大小处以20~50元罚款。

2011年,岳普湖县联社为规范农村信用社文明规范服务工作,全面提升金融服务水平,树立农村信用社良好社会形象。根据自治区联社开展《继续推行文明规范服务标准,充分发挥先进典型示范作用主题宣传学习活动方案》要求,成立以联社纪检委书记、监事长唐努尔·艾买提为组长,联社副主任吐拉洪·麦麦提为副组长的岳普湖县联社宣传学习活动领导小组。宣传学习依据及内容:《中国银行业文明规范服务千佳示范单位考核标准》《中国银行业文明规范服务工作指引》《中国银行业柜面服务规范》《中国银行业营业网点大堂经理服务规范》《中国银行业公平对待消费者自律公约》;宣传活动步骤:准备阶段:自2011年5月10~30日,这一阶段的主要任务是:各分社积极向乡(镇)党委、人民政府汇报,充分利用原小额信贷档案,为开展宣传工作奠定良好的基础;做好按村、组逐户公开贷款名单工作;做好股金逐户告知的准备工作;各信用社按照宣传方案做好培训工作,确保宣传活动顺利开展。宣传入户阶段:2011年6月1~25日,任务是:宣传员入户,采用多种形式进行宣传,使农民知道农村信用社是农民自己的"银行",农村信用社的发展离不开农民的支持,农村信用社信贷资金取之于农、用之于农,鼓励农民积极到农村信用社储蓄;向农户免费发放《岳普湖县农村信用社农民信贷须知事项》,让农民全面了解农村信用社各项业务以及服务方式,充分了解自己的权利和义务,积极参与农村信用社的管理和监督;结合《三项整治》活动,按村、组逐户公开贷款名单,明确债权债务;向每个农户宣传"入股须知"、股东的权利和义务,继承股金的过户,历年股金的分红,现行的股金及其优点,股金分红的有关新规定,农村信用社对入股社员优惠措施等,形成积极入股的良好风气;开展与农户谈心活动,找出工作中的不足之处,积极协调整改,耐心向农民解释,积极探索农村信用社的发展途径;邀请当地党政、农口、财政、工商、税务等有关部门领导以及大客户召开座谈会,广泛征求意见、建议,争取加大对县农村信用社的支持力度,为工作创造良好的内、外部环境。电视、广播宣传:在岳普湖县电视台新闻开播前打出报时广告,准点报时(报时内容:岳普湖县农村信用合作联社提醒您距离岳普湖新闻开播还有一分钟),制作30秒钟小广告片插播于电视节目之间。(维文台以维文的形式播放。汉文台以汉文的形式播放)。广告内容15天更换一次;在节目开播以后,在屏幕的右下方进行字幕宣传。(字幕内容:信用社的标志及"中国信合"四个字)。《岳普湖新闻》已经成为县城最具影响力的新闻服务性栏目,在此时间段投放广告,宣传内容一个星期更换一次。宣传内容:岳普湖县农村信用合作联社为您提供一流的服务;利用《岳普湖新闻》这个栏目之后在县城及各乡(镇)广播站插播5分钟/2次/天的品牌宣传(宣传内容:岳普湖县农村信用合作联社的基本情况及业务)。

三、文化建设

2010年,岳普湖县联社为树立形象,提高职工的道德素质和文化素养,克服"门难进、脸难看、事难办"的不良习气,提高服务质量,制定以下规定来规范全体员工的言行。1.政治思想强,爱党、爱国、爱民、爱岗敬业,积极进取,加强民族团结,本着"科学、公正、廉洁、高效"的原则为人民服务。2.树立良好的道德风尚,自觉遵守文明市民公约,文明市民"八不"规范,讲社会公德、职业道德和家庭美德。3.业务技能强,努力钻研专业技术知识,按时保质保量完成工作任务,遵守各种规章制度。4. 严格服从规范,以礼待人,热情服务,严格按制度办事,无违章行为或不礼貌的行为发生。5. 个人形象好,空域整齐干净,不留、染怪发,讲文明,讲礼貌,讲卫生,举止大方。6. 积极开展用文明用语和服务活动,严格禁止生、冷、硬的态度和不文明言行。同年,岳普湖县联社为全面提高经营管理水平,形成经营合规、管理有序、内控有效、执行得力的企业合规文化,全面、扎实、持久地推进农村中小金融机构合规文化建设,以此促进县农村信用社从整体优化流程管理、强化内部控制,实现由制度管控到文化管控的转变,使县农村信用社又好又快发展。县联社成立以理事长为组长,主任、监事长和副主任为副组长,各部门经理和信用社负责人为成员的领导小组。

根据县联社合规文化建设年活动的方案和要求,县农村信用社 2010 年合规文化合规建设活动用 7 个月的时间组织实施完成。(即:2011 年 6 月 1 日至 2011 年 12 月 1 日,分五个阶段组织实施。宣传发动、部署动员;制度梳理、组织学习;全面自查、发现问题;整改完善、培训教育;及时总结、促进提高)。具体安排如下:1. 岳普湖县联社和基层信用社分别召开宣传动员会议。县联社在 5 月 30 日召开会议,县农村信用社全体员工 121 人参加动员大会。通过宣传动员,提高全体员工对开展合规文化建设年活动的意义,了解合规文化建设活动的目的、学习内容和重点以及具体安排,在农村信用社内部形成人人皆知合规文化建设的良好氛围。增强全体员工对合规工作重要性的认识,提高贯彻落实的自觉性和主动性。2. 合规文化建设年活动领导小组认真梳理近年来出台的有关监管规定、规则及行业规章制度,整理出一套较为完整的学习资料。3. 岳普湖县联社、基层信用社组织员进行学习。采取集中学习及自学相结合方式。每周组织学习时间不少于 5个小时,学习结束后每位员工写出 1 篇学习心得,共计收到心得体会 120 份,学习笔记120 本,全员学习率达到 99.17%。4. 开展合规风险排查活动。排查内容:信用社各项业务操作流程是否符合监管要求,有无违规现象;员工对合规文化建设的思想认识是否到位;员工对规章制度的执行是否到位。信贷管理方面:信用风险、市场风险和操作风险是否得到有效控制;是否严格按照权限和程序落实贷款三查制度;贷款手续是否完整、规范,操作是否符合规定;已核销、已置换贷款是否加强管理;是否存在借、冒、假名贷款;对存量不良资产进行逐笔分析、落实形成原因。财务管理方面:账务管理是否严格,账务是否定期和不定期核对;与客户对账制度是否得到落实;联行结算手续是否按规定流程运作;固定资产、递延资产的取得、购置、使用、保管及摊销是否符合规定;财务收支行为是否真实、合规,是否建立严格的费用审批制度并认真执行;印章、密押、凭证的保管、使用、销号、销毁制度是否落实到位。柜员是否超权限办理业务、柜员管理制度是否落到实处;尾箱碰库制度是否落实到位。安全保卫方面:安全保卫内控制度是否落实到位。计算机安全制度是否落实到位;稽核审计方面:违规行为和问题是否及时进行整改,对检查属实的有关责任人是否受到相应的处理。重要岗位及人员管理方面:检查高管人员的履职和领导责任制度落实情况;对信贷、会计、出纳等关键岗位和人员的"亲属回避制度""请销假制度""岗位轮换制度""离岗审计制度"是否落实到位;对员工的日常行为考核是否到位。5.自查阶段:全面自查、评估合规管理机制是否协调、有效,合规职责是否明确、清晰;合规工作是否正常开展并在组织上得到全面保障;岗位设置是否合理;各项业务操作是否合法合规,各岗位、各部门、各网点在学习相关规章制度的基础上,对照排查内容,逐项逐环节进行自查,查出存在的不合规行为。共收到自查报告19份,确保整改完善收到实效。6.县联社检查阶段:根据自查情况,领导小组抽调业务骨干,根据排查内容,在县信用社范围内开展合规风险检查,检查面达到100%。

通过学习规章制度及合规风险排查后,县联社向全体员工征集合理化建议,鼓励员工对业务流程及规章制度中不合理、漏洞、死角提出意见和建议。根据收集到的建议,结合农村信用社的实际和业务发展情况,对现有的规章制度和操作流程进行补充,对不适应实际发展要求的规章制度和操作流程及时进行修改完善,对员工合理化建议被采纳的给予奖励,提高员工参与的积极和主人翁意识。通过深入开展合规文化建设活动,使员工形成诚实、守信、正直的职业道德和行为操守,形成"合规人人有责""主动合规""合规创造价值""内部合规与外部监管有效互动"的理念和行为准则,带动农村信用社的企业精神、价值观念、经营目标、规章制度、工作环境、企业形象、服务礼仪、企业标识等方面不断建立和完善,形成有自己特色的农村信用社企业文化。

合规文化建设是一项关系农村信用社和谐、可持续发展的系统工程,是一项长期的工作,是一个持续的过程,县联社不仅以阶段性成果检验合规文化建设的落实情况,还要着眼长远,建立长效机制,常抓不懈,不断提升县农村信用社合规经营管理水平,为农村信用社今后的稳健发展打下坚实的基础。

2011年,岳普湖县联社贯彻自治区联社制定的《新疆维吾尔自治区农村信用合作社企业文化建设纲要》,积极组织开展各种企业文化建设活动。2012年,企业文化建设一是联社先后组织开展专业知识竞赛、文艺比赛,以"如果我是一位客户"题目的演讲比赛等活动,促进职工之间的团结合作友谊;二是联社牢固树立"以人为本"的管理理念,将"五小"工程纳入单位重要议事日程来抓,指定专人对所有基层网点的五小建设进行逐一摸底调查。对有建设条件的信用社本着节约为本、充分利用的原则,累计投入资金250余万元,集中进行网点"五小建设"达标改造,有效改善员工的就餐、住宿及学习条件,进一步加强基层信用社的硬化、绿化工作,共同促进环境建设;三是联社领导班子进一步丰富企业文化建设。为符合条件的78名贫困大学生共发放助学贷款188万元,同时为12

名贫困大学生捐款 2.4 万元,为联社联系点铁热木乡 8 村贫困户捐赠价值 3 万元的化肥、面粉、清油等物资。慰问困难职工、退休老党员。继续保持"自治区级文明单位"荣誉称号。

2014 年,形成并弘扬农村信用社的企业文化。联社领导更新传统思路,打造一支具有理解力、执行力和创造力的团队,视现有的干部员工为企业最可贵的资源,通过各种方式促使价值认同并提升员工的道德、文化和业务素质。为激发每个员工的积极性和创造性,内铸精神动力,外树企业品牌,营造农村信用社有效开展各项业务、严格各项管理、热忱服务、防范道德风险的道德环境和文化氛围,汲取现代金融企业先进文化素养、总结发掘农村信用社数十年精神财富,提炼出以"敬业"为核心价值观、以"勤奋、忠诚、严谨、开拓"的企业精神,形成包括战略文化、精神文化、规制文化、行为文化、形象文化五个层面的系统企业文化体系,使之成为农村信用社各级管理者有效管理企业并逐步走向成功的大思路。在此基础上,弘扬和落实各种措施,使企业文化真正成为各级员工普遍认同的共同价值观和推动企业发展的强大精神力量。同年,联社机关设视频培训中心 1 个,面积 40 平方米,职工文艺活动室 1 个,面积 150 平方米篮球场 1 个,排球场 1 个,面积 120 平方米健身房 1 个,跑步机 1 个,健身器 1 套,小健身器 4 个,乒乓球台 1 个,乒乓球拍 2 副,羽毛球拍 2 副。

四、志鉴编纂

(一)社志

2013 年 2 月,自治区联社召开修志工作会议,对全疆各县(市)行社的修志工作进行部署。3 月,岳普湖县联社成立《岳普湖县农村信用合作社志》编纂委员会,组建修志办公室,配置专人负责修志工作。同时拨出专项经费,聘请修志专家,召开社志编纂工作动员大会。4 月,拟定社志篇目后,由编委会主持召集修志人员开会,制定修志计划,分配编修任务,把篇目章节分割至与内容相关部门中,分别开展资料搜集和资料长篇的编写工作。期间对资料收集整理和编写进行针对性的培训和指导。5～6 月,派 2 人到喀什地区人行、农行、银监局、报社、地区档案馆收集电子版资料 50 余万字。2013 年 7 月至 2014 年 6 月,搜集、整理联社文书和会计档案资料资料 10000 余份 80 余万字;采取座谈和采访退休老职工收录整理口碑资料 18 万字。

2014 年 7 月,资料收集暂时结束,进入初稿撰写阶段。至年末,编纂工作正在进行。

(二)年鉴

2014 年 1 月,自治区联社召开年鉴编纂工作会议,要求全疆各行社在做好社志编纂工作的同时,以地州为单位,启动年鉴编纂工作。5 月,喀什地区 12 家联社在喀什市联社召开年鉴编纂工作会议,决定以喀什市联社为牵头社,地区 12 家联社联合编纂《喀什地区农村信用社年鉴(2014)》(简称年鉴)。同时,成立年鉴联合编纂委员会,并在喀什市联社设立年鉴编辑办公室,负责年鉴编纂的协调工作。聘请喀什地委史志办年鉴科科长任学燕负责年鉴的指导和编纂,地区各县市联社修志办承担年鉴的供稿工作。至2014年末,岳普湖县联社完成《年鉴》供稿资料8余万字。

第四节　集体荣誉

2001～2014年岳普湖县联(合)社获县(处)级及以上表彰先进集体

表21－1

获奖单位(部门)	授奖单位	荣誉称号	授奖时间
联合社	岳普湖县委、县政府	2001度扶贫工作先进单位	2001.12
联合社团支部	共青团喀什地委	青年文明号	2001
联合社	岳普湖县委、县政府	支持经济发展先进单位	2002.1
联合社	岳普湖县综治委	社会治安综合治理先进单位	2002.12
联合社	岳普湖县委、县政府	2002年度扶持畜牧业发展先进单位	2002.12
联合社	岳普湖县委、县政府	支持再就业工作先进集体	2002.12
联合社	岳普湖县综治委	社会治安综合治理先进单位	2003.12
联合社	岳普湖县委、县政府	文明单位	2003
联合社	岳普湖县委、县政府	2003年度招商引资工作先进单位	2004.1
联合社	岳普湖县委、县政府	2003年度精神文明工作先进单位	2004.1
联合社	地区文明委	地区及文明单位	2004.10
联合社	岳普湖县委、县政府	农村工作服务先进单位	2004.12
联合社	地区文明委	地区级文明单位	2005.7
联合社	岳普湖县	招商引资工作优质服务先进单位	2005
联合社	岳普湖县爱卫会	县级卫生合格单位	2006
联合社党支部	岳普湖县委	先进党支部	2006
联合社党支部	岳普湖县委	群众满意的基层五好县直单位	2006
联社	县文明委	2006年度宣传思想工作先进集体	2007.2
联社	岳普湖县委、县政府	2006年度为招商引资落户企业贷款先进单位	2007.2
联社	岳普湖县委、县政府	支持地方经济发展"先进单位"	2007
联社	自治区文明建设指导委员会	自治区级文明单位	2007

续表 21 - 1

获奖单位(部门)	授奖单位	荣誉称号	授奖时间
联社	岳普湖县委、县政府	县级文明行业	2007
联社党支部	岳普湖县委	先进党支部	2008
联社党支部	岳普湖县委	群众满意的基层单位	2008
联社党支部	岳普湖县委	五好县直单位	2008
联社	岳普湖县委、县政府	2008 年度平安创建先进单位	2009.1
联社	岳普湖县委、县政府	2008 年度城市经济工作先进单位	2009.1
联社	岳普湖县委、县政府	2008 年度为招商引资落户企业贷款先进单位	2009.2
联社	岳普湖县政府	城市经济工作先进单位	2010.3
联社	岳普湖县综治委	流动人口服务管理先进集体	2010.3
联社	岳普湖县	城市经济工作先进单位	2011
联社	喀什地区	安居富民工程先进集体	2011
联社	喀什地区	三八红旗集体	2011
联社	岳普湖县委、县政府	2011 年度招商引资先进单位	2012.1
联社	岳普湖县委、县政府	2011 年度服务企业先进单位	2012
联社	岳普湖县委、县政府	2011 年度安居富民工程先进集体	2012.1
联社	岳普湖县	三八红旗集体	2011
联社工会	岳普湖县总工会	基层工会服务站	2013.5
联社	全国妇联	全国妇女小额担保财政贴息贷款工作先进集体	2013.3
联社	喀什地委、行署	民族团结进步模范单位	2014.5
联社	喀什地区安居富民工程建设领导小组	2013 年度金融支持安居富民工程先进单位	2014.4
联社	岳普湖县综治委	平安单位	2014
联社	喀什地区	文明单位	2014

第二十二章 人物

人物分人物传、人物简介、人物名表三部分记述。人物传收录县联社（联合社）去世高管，人物简介收录县联社（联合社）高管，人物名表分为县（处）级及以上单位表彰的先进个人和县联社（联合社）表彰的先进个人两部分。按照志书编写惯例，人物传人物以卒年为序排列先后，简介人物以生年为序排列先后。本章共收录人传人物2人，简介人物12人，人物名表收录各类先进个人82人次，其中县（处）级及以上单位表彰37人次、县联社（联合社）表彰45人次。

第一节 人物传

杨化石　男，汉族，1959年3月1日出生，甘肃武威人，中共党员，大专学历。

1959年3月至1965年9月受家庭教育；1965年9月至1970年7月在巴依阿瓦提乡农场小学就读；1970年9月至1973年7月在巴依阿瓦提乡就读初中；1973年7月至1974年12月在巴依阿瓦提乡农场接受再教育；1975年1月至1976年12月在巴依瓦提乡农场学校任教；1977年1月至1988年12月在巴依瓦提乡信用社从事会计工作；1982年3月在巴依阿瓦提乡加入中国共产党；1989年1月至1990年12月在岳普湖乡信用社从事会计工作；1991年1月至1996年10月在农行县支行信合股任副股长；1996年11月至1998年8月在岳普湖县联合社任副主任；1998年9月至1999年9月在陕西省财经学院学习任班长、党支部书记；1998年8月至2001年6月在疏附县联合社任主任、党支部书记；2001年7月至2003年4月在岳普湖县联合社任理事长、党支部书记；2003年5月至2005年5月在家休养，2005年6月因病去世。

卡米力·米吉提　男，维吾尔族，1967年5月出生，新疆岳普湖人，中共党员，本科学历。

420

1989年3月,在岳普湖县艾西曼乡信用社参加工作;1989年3月至1993年4月在岳普湖县艾西曼乡信用社从事出纳、会计、稽核员工作;1992年7月,加入中国共产党;1992年9月至1993年4月在新疆农行干校就读农村金融专业;1993年4月至1996年12月任岳普湖县农行信合股专职稽核员;1997年1月至1998年12月任岳普湖县下巴扎乡信用社主任;1998年12月至2001年6月任伽师县联合社副主任;1999年9月至2002年7月在新疆财经学院金融专业专科毕业;2001年7月至2003年4月任岳普湖县联合社副理事长、主任;2003年4月至2006年12月任岳普湖县联合社理事长、主任(其间,2004年6月毕业于新疆财经学院自学考试金融专业本科);2006年12月至2008年1月任岳普湖县联社理事长、主任;2008年1月至2013年6月任岳普湖县联社党委书记、理事长;2013年7月调任伽师县联社党委书记、理事长;2015年3月25日因病去世,享年49岁。

1990年、1991年、1992年、1995年、1997年先后被评为农行县支行、岳普湖县联合社先进个人;1992年被评为县级优秀党务工作者;2002年被评为县级先进工作者;2002年被机关工委评为优秀共产党员;2003年度被评为招商引资先进个人;2003年被评为抗震救灾重建家园先进个人;2003年被评为县级优秀党务工作者;2004年被评为县级优秀党务工作者;2004年被机关工委评为优秀共产党员;2005年度被评为精神文明工作先进个人、招商引资优质服务先进个人;2006年度被评为招商引资优质服务先进个人;2008年度"经济发展先进个人";2008年被县委县政府评为2007年度招商引资工作优质服务先进个人;2008年被县委县政府评为2007年度平安创建工作先进个人;2008年被县委县政府评为2007年度精神文明创建模范个人;2009年被岳普湖县城市经济工作领导小组评为2008年度招商引资工作先进个人、重建家园工作先进个人;2009年被中国科学发展与人文社会科学优秀创新成果评选中获一等奖;2009年被县委县政府评为2008年度岳普湖县十佳经济建设工作标兵、优秀党务工作者;2010年被岳普湖县城市经济工作领导小组评为2009年度城市经济工作先进个人;2012年被岳普湖县妇女联合会评为支持妇女工作好领导。

第二节 人物简介

买合木提·吾布力 男,维吾尔族,1958年5月10日出生,新疆岳普湖人,中共党员,大专学历,经济师。

1976 年 1 月至 1979 年 11 月在铁热木乡林场接受再教育;1979 年 12 月至 1986 年 12 月在农行阿其克乡营业所工作;1986 年 12 月至 1988 年 7 月在新疆农行干校就读;1988 年 9 月至 1993 年 12 月任农行县支行人事股股长;1993 年 12 月至 1996 年 11 月任农行县支行信合股股长;1996 年 11 月至 2001 年 7 月任岳普湖县联合社理事长、主任;2001 年 7 月调离。

吐逊·卡地尔　男,维吾尔族,1958 年 4 月出生,新疆泽普县人,1985 年 7 月加入中国共产党,经济师职称,大专学历。

1977 年 2 月至 1982 年 1 月历任泽普县波斯喀木乡农村信用社出纳、信贷和会计;1982 年 2 月至 1988 年 3 月任泽普县波斯喀木乡农村信用社主任;1988 年 4 月至 2001 年 1 月任泽普县农村信用社合作社副主任(其间 1993 年 7 月毕业于新疆财经学院金融专业);2001 年 2 月至 2006 年 6 月任泽普县农村信用合作社联合社党支部书记、理事长;2006 年 6 月至 2008 年 1 月任泽普县农村信用合作联社党支部书记、理事长;2008 年 1 月至 2013 年 7 月任泽普县农村信用合作联社党委书记、理事长;2013 年 7 月任岳普湖县信用合作联社党委书记、理事长。

艾买尔·衣明　男,维吾尔族,1968 年 9 月出生,新疆麦盖提人。中共党员,大学双本科学历,助理会计师。

1986 年 10 月参加工作;1986 年 10 月至 1988 年 8 月任麦盖提县央塔克乡信用社会计;1988 年 9 月至 1990 年 7 月在新疆农业银行干部学校就读金融专业;1990 年 8 月至 1993 年 9 月任麦盖提县央塔克乡信用社会计、稽核员;1993 年 10 月至 1994 年 12 月任农行麦盖提县支行信合股主审;1995 年 1 月至 1998 年 11 月在麦盖提县城镇信用社工作(其间:1996 年 9 月至 1999 年 8 月在喀什地区党校就读经营管理专业大专函授学习);1998 年 12 月至 2001 年 6 月任岳普湖县联合社副主任;2001 年 6 月调离岳普湖县联合社。

冯庆　男,汉族,1966 年 2 月出生,甘肃武威人,中共党员,大专学历。

1989 年 3 月,在岳普湖县巴依阿瓦提乡信用社参加工作;1989 年 3 月至 1996 年 11 月,任岳普湖县巴依阿瓦提乡信用社出纳、会计;1995 年 7 月,加入中国共产党;1996 年 11 月至 2001 年 8 月,在岳普湖县联合社从事出纳工作;2001 年 9 月至 2004 年 1 月,任岳普湖县联合社营业部主任;2004年1月至2005年1月,任岳普湖县金星信用社主任;2005年1月至2008年1月,任岳普湖县联社营业部主任;2008年1月至2010年3月,任岳普湖县联社党委委员、纪检委书记、监事长;2010年4月至2015年2月任岳普湖县联社党委委员、主任。

阿卜力孜·喀迪尔　男,维吾尔族,1966年3月出生,新疆岳普湖人,中共党员,大专学历,助理会计师。

1985年2月至1988年月任铁力木乡信用社信贷员、会计;1988年9月至1990年6月在新疆农行干校学习;1990年7月至1991年12月任铁力木乡信用社稽核;1992年1月至1995年12月任铁力木乡信用社会计;1996年1月至1997年7月任铁力木乡信用社分社会计;1997年8月至2003年3月任岳普湖县联合社稽核员、信贷股长;2003年4月至2008年1月任岳普湖县联社监事长;2008年1月至2010年4月任岳普湖县联社党委委员、主任。

阿卜力孜·麦麦提　男,维吾尔族,1974年5月出生,新疆人,中共党员,本科学历,经济师。

1994年在岳普湖县巴依阿瓦提乡信用社参加工作;1994年至1995年任岳普湖县巴依瓦提乡信用社会计;1996年1月至1996年12月任岳普湖县铁力木乡信用社会计;1997年1月至1998年12月任岳普湖县联合社营业部会计;1999年1月至2003年3月任岳普湖县联合社会计股股长;2003年4月至2008年3月任岳普湖县联社副主任(2004年7月至2005年8月在新疆财经学院一年制大专班农村金融专业学习);2008年4月调任英吉沙县联社副主任。

艾沙·吐尔　男,维吾尔族,1950年2月17日出生,新疆岳普湖人,中共党员,中专学历,会计师。

1970年1月至1976年12月在岳普湖县阿其克乡12村小学任教;1976年12月至1995年10月任阿其克乡信用社出纳会计等职;1995年11月至1996年11月在农行岳普湖县支行信合股从事会计、人事工作;1996年12月至1998年11月在岳普湖县联合社从事人事、劳资工作;1998年12月至2003年3月任岳普湖县联合社副主任;2003年4月至2006年12月任岳普湖县联合社副理事长、副主任;2006年12月至2008年3月任岳普湖县联社副主任。

唐努尔·艾买提 女,维吾尔族,1976年8月出生,新疆岳普湖人,本科学历,中共党员,经济师。

1991年9月至1994年7月在新疆供销学校学习审计专业;1994年8月至1995年6月任岳普湖县下巴扎乡供销社统计员;1995年6月至1999年1月任岳普湖县金星城市信用社会计;1995年12月至1999年12月在新疆财经学院金融专业自学(大专);1999年1月至2003年4月任岳普湖县联合社营业部会计;2003年4月至2007年3月任岳普湖县联合社理事、经营管理部负责人;2005年4月至2008年12月在新疆财经大学金融专业自学(本科);2007年3月至2008年6月任岳普湖县联社理事、纪检委员、机关党支部书记、财务信息部经理;2008年6月至2010年4月任岳普湖县联社理事、纪检委员、机关党支部书记、综合办公室主任;2010年4月任岳普湖县联社党委委员、纪检委书记、监事长。

吐拉洪·麦麦提 男,维吾尔族,1969年2月出生,新疆喀什人,本科学历,中共党员,助理会计师。

1993年6月至1995年1月在喀什市金汇城市信用社任出纳、会计员;1995年2月至1998年11月在喀什市金汇城市信用社信贷员、主任助理;1998年12月至2001年7月任喀什市金汇农村信用社副主任;2001年8月至2003年3月任喀什市农村信用联社信贷股股长;2003年3月至2008年1月任喀什市农村信用合作联社党委委员,副主任;2008年1月至2013年7月任岳普湖县农村信用合作联社党委委员、副主任;2013年7月调任麦盖提县农村信用合作联社党委委员,副主任。

艾尼瓦尔·阿布杜卡迪尔 男,维吾尔族,1970年8月出生,新疆人,本科学历,中共党员。

1985年12月至1988年8月在艾古斯乡农信社任会计职务;1988年9月至1990年9月,在新疆农业银行学校进修;1990年10月至1996年10月,在农行英吉沙县支行信用社管理股从事会计稽核工作(其间,1993年取得会计助理职称);1996年11月至2001年12月,在英吉沙县联合社从事稽核工作;2002年1月至2003年1月,任英吉沙县联合社稽核股股长;2003年2月至2004年10月,任英吉沙县联合社会计股股长(其间,2003年7月至2005年7月在新疆财经学院金融专业函授班学习大专);2004年10月至2008年3月任英吉沙县联社党委委员、副主任(其间,2005年至2007年在新疆财经学院金融专业函授班本科学习);2008年3月至2013年6月任岳普湖县农村信用合作联社党委委员、副主任;2013年7月调任英吉沙县联社党委委员、副主任。

吐逊江·赛麦提 男,维吾尔族,1968年8月出生,新疆叶城人,大专学历,中共党员。

1986年9月至1988年4月在叶城县恰瓦克信用社参加工作,先后担任出纳、会计、复核等职;1988年4月至1991年7月在农行干校全脱产学习;1991年8月至1993年5月在叶城县联合社稽核股工作;1993年5月至1998年8月在叶城县恰瓦克信用社工作,任职会计、复核;1998年8月至2002年6月任叶城县乌吉热克信用社主任;2002年6月至2005年4月任叶城县任恰瓦克信用社主任;2005年4月至2010年4月任叶城县联社监事长;2010年4月至2013年7月任叶城县联社副主任;2013年7月任岳普湖县联社党委委员、副主任。

佟明亮 男,满族,1977年12月出生,辽宁省人,本科学历,中共党员。

1996年9月至1998年6月在新疆银行学校学习;1999年5月至2001年8月在叶城县建设银行工作;2001年9月至2005年10月在阿图什市农村信用社联合社工作(其间,2004年3月至2005年11月在中央电大学习,大专法律专业);2005年10月至2010年8月任阿图什市联社营业部主任(其间,2006年3月至2008年9月在中央电大学习,本科法律专业);2010年9月至2013年6月任阿图什市联社办公室主任;2013年7月任岳普湖县联社党委委员、副主任。

第三节　人物名表

一、县(处)级及以上单位表彰先进个人

1996～2014年岳普湖县联社(联合社)职工获县(处)级及以上单位表彰先进个人名表

表22-1

姓名	授奖单位	荣誉称号	授予时间
阿卜力孜·麦麦提	县机关工委	优秀党员	1998
阿卜力孜·麦麦提	人行喀什地区支行	双先先进工作者	2000

续表 22 – 1

姓名	授奖单位	荣誉称号	授予时间
卡米力·米吉提	岳普湖县	县级先进工作者	2002
卡米力·米吉提	县机关工委	优秀共产党员	2002
唐努尔·艾买提	岳普湖县妇联	巾帼建功标兵	2002
卡米力·米吉提	岳普湖县	招商引资先进个人	2003
卡米力·米吉提	岳普湖县	抗震救灾重建家园先进个人	2003
卡米力·米吉提	岳普湖县委	县级优秀党务工作者	2003
唐努尔·艾买提	岳普湖县妇联	巾帼建功标兵	2003
卡米力·米吉提	岳普湖县委	优秀党务工作者	2004
卡米力·米吉提	县机关工委	优秀共产党员	2004
唐努尔·艾买提	岳普湖县妇联	巾帼建功标兵	2005
卡米力·米吉提	县委	精神文明工作先进个人	2005
卡米力·米吉提	县委县政府	招商引资优质服务先进个人	2005
唐努尔·艾买提	岳普湖县	民族团结暨双拥工作先进个人	2006
唐努尔·艾买提	县机关工委	优秀共产党员	2006
卡米力·米吉提	县委县政府	招商引资优质服务先进个人	2006
卡米力·米吉提	县委县政府	招商引资优质服务先进个人	2007
卡米力·米吉提	县委县政府	平安创建工作先进个人	2007
卡米力·米吉提	县委县政府	平安创建工作先进个人	2007
卡米力·米吉提	县委县政府	经济发展先进个人	2008
卡米力·米吉提	县委县政府	招商引资工作先进个人	2008
卡米力·米吉提	县委县政府	重建家园工作先进个人	2008
卡米力·米吉提	县委县政府	十佳经济建设工作标兵	2008
卡米力·米吉提	县委县政府	优秀党务工作者	2008
卡米力·米吉提	县城市经济工作领导小组	城市经济工作先进个人	2009
阿力吐尼姑·米吉提	自治区联社	新疆农村信用社系统2008年度优秀共产党员	2009.7
唐努尔·艾买提	中央纪委监察部北戴河培训中心	获得第182期培训班"优秀学员"称号	2011.8
唐努尔·艾买提	自治区联社	新疆农村信用社系统2007~2008年度先进个人	2009.2
唐努尔·艾买提	自治区联社	新疆农村信用社系统2008年度优秀共产党员	2009.7

续表 22 - 1

姓名	授奖单位	荣誉称号	授予时间
阿力吐尼姑·米吉提	自治区联社	新疆农村信用社系统 2009～2010 年度优秀共产党员	2011.7
克依木江阿布力孜	自治区联社	新疆农村信用社系统 2009～2010 年度优秀共产党员	2011.7
希尔艾力·买买提	自治区联社	新疆农村信用社 2009～2010 年度先进个人	2011.7
唐努尔·艾买提	喀什地区	五好文明家庭	2012.3
卡米力·米吉提	普湖县妇联	支持妇女工作好领导	2012
阿里木·喀日曼	自治区联社	新疆农村信用社系统 2011～2012 年度优秀共产党员	2013.7
米热阿迪力·米吉提	自治区联社	自治区农村信用社农牧区优秀客户经理	2013.2

二、县联社(联合社)表彰先进个人

1996～2014 年岳普湖县联社(联合社)职工获县联社(联合社)表彰的先进个人名表

表 22 - 2

姓名	授奖单位	荣誉称号	授予时间
冯庆	县联合社	先进个人	1996
阿卜力孜·麦麦提	县联合社	先进工作者	1996
卡米力·米吉提	县联合社	先进个人	1997
阿卜力孜·麦麦提	县联合社	先进工作者	1997
艾沙·吐尔	县联合社	先进工作者	1998
古丽娜尔·阿西木	县联合社	先进工作者	1998
冯庆	县联合社	先进个人	1998
阿卜力孜·麦麦提	县联合社	先进工作者	1998
阿卜力孜·麦麦提	县联合社	先进工作者	1999
唐努尔·艾买提	县联合社	吸储能手	1999
阿卜力孜·麦麦提	县联合社	先进工作者	2000
古丽娜尔·阿西木	县联合社	先进工作者	2000
古丽娜尔·阿西木	县联合社	先进工作者	2001
阿卜力孜·喀迪尔	县联合社	先进个人	2001
冯庆	县联合社	先进工作者	2001
冯庆	县联合社	先进工作者	2002

续表 22 - 2

姓名	授奖单位	荣誉称号	授予时间
唐努尔·艾买提	县联合社	吸储能手	2002
古丽娜尔·阿西木	县联合社	先进工作者	2002
古丽娜尔·阿西木	县联社	先进工作者	2003
唐努尔·艾买提	县联合社	先进工作者	2003
克依木江·阿布力孜	县联合社	先进工作者	2003
阿卜力孜·麦麦提	县联合社	先进工作者	2003
艾沙·吐尔	县联合社	先进工作者	2003
冯庆	县联合社	吸储收贷先进个人	2004
阿卜力孜·喀迪尔	县联合社	先进个人	2004
唐努尔·艾买提	县联合社	先进工作者	2004
唐努尔·艾买提	县联合社	先进工作者	2005
冯庆	县联合社	先进工作者	2005
冯庆	县联合社	先进工作者	2006
唐努尔·艾买提	县联合社	先进工作者	2006
克依木江·阿布力孜	县联社	先进个人	2007
廖世民	县联社	先进个人	2009
古丽娜尔·阿西木	县联社	先进工作者	2010
克依木江·阿布力孜	县联社	先进工作者	2011
赵雪晴	县联社	先进个人	2011
克依木江·阿布力孜	县联社	优秀党员	2011
古丽娜尔·阿西木	县联社	优秀党员	2014
程凯	县联社	先进个人	2014
阿曼古丽	县联社	先进个人	2014
克依木江·阿布力孜	县联社	优秀党员	2014
艾散江·艾海提	县联社	先进个人	2014
阿娜尔古丽·亚森	县联社	先进个人	2014
艾尔肯·铁力瓦尔迪	县联社	先进个人	2014
西仁阿依	县联社	先进个人	2014
阿力木江	县联社	存款业务优秀个人	2014

附录

第一辑　文献辑存

岳普湖县农村信用合作联社章程

（修改草案）

第一章　总则

第一条　本联社名称：岳普湖县农村信用合作联社

本联社法定地址：岳普湖县文化路11院

第二条　本联社是在岳普湖县境内依法设立的，由社员入股组成，实行社员民主管理，主要为社员、为农业、为农村经济服务的合作制金融组织。

第三条　本联社是独立的企业法人，依法享有民事权利，承担民事义务，以本联社全部资产对外承担有限责任。

第四条　本联社的经营活动，除中国银行业监督管理委员会及其派出机构有特别规定外，均在本县范围内开展。本联社主要为社员提供金融服务，在充分满足本联社社员正当资金需求的前提下，剩余资金可运用于非社员（本联社社员是指已在本联社入股的自然人和法人）。

第五条　本联社坚持入社自愿、社员所有、利益共享、风险共担、民主管理、勤俭办社的原则。

第六条　本联社在辖区内下设信用社、信用分社、储蓄所，均为非独立核算的分支机构，在本联社授权范围内依法、合规开展业务，其民事责任由本联社承担。

本联社按照"统一法人、授权经营、分级核算、单独考核"的原则，对分支机构实行财务统一核算，人员统一调配，财产统一管理，资金统一调度，所得税、费统一缴纳。

第七条　本联社遵守国家法律、法规和规章，贯彻执行国家金融方针政策，依法接受中国银行业监督管理委员会各级派出机构的监督管理，执行行业统一的业务、财务、会计、劳动工资等规章制度。

第二章　经营范围

第八条　经银监局批准,本联社可以经营下列业务:

(一)吸收公众存款、发放贷款;

(二)办理国内结算、票据贴现;

(三)代理其他银行的金融业务,代理收付款项及受托代办保险业务,代理发行、代理兑付、承销国债和政策性金融债券;

(四)买卖国债和政策性金融债券;

(五)按银监局规定并经中国人民银行批准从事同业拆借;

(六)提供保管箱服务;

(七)经银监局批准的其他业务。

第九条　本联社执行全国农村信用社统一的结算制度,按照银监局规定,组织本县的县辖结算,办理同城和异地结算业务。

第三章　社员

第十条　本联社社员分为个体社员、团体社员和职工社员。

凡本县的农户及居民,承认本联社《章程》,承担社员义务,均可申请入社,经本联社审查,银监局审核同意的,按规定缴纳股金后,成为本联社个体社员。

凡本县各类具有法人资格的企事业和其他经济组织等,承认本联社的《章程》,承担社员义务,均可申请入社,经本联社审查同意后,按规定缴纳股金后成为本联社团体社员。

本联社职工应按规定缴纳股金,成为本联社职工社员。

第十一条　社员的权利:

(一)选举权和被选举权;

(二)获得本联社金融服务的优先权和优惠权;

(三)对本联社工作及工作人员提出建议、批评,进行监督或质询;

(四)享有股金分红权;

(五)本联社依法破产后参加剩余财产分配的权利;

(六)享有接受本联社为社员举办的文化、教育等公益事业的权利;

(七)本联社《章程》规定的其他权利。

第十二条　社员义务:

(一)遵守本联社《章程》及各项规章制度,服从和履行社员代表大会、理事会的决议;

(二)缴纳股金;

（三）以缴纳股金为限对本联社的债务承担责任；

（四）维护本联社的利益和信誉，支持本联社的合法经营；

（五）在本联社开户，积极存款；

（六）本《章程》规定的其他义务。

第四章　资本金（股金）

第十三条　本联社股金每股起点为 100 元人民币，个体社员每人至少 1 股；团体社员每个至少 10 股；职工社员每个至少 100 股。单个个体社员（含农村信用社职工）持股额不得超过股本金总额的 2%，单个团体社员持股额不得超过股本金总额的 5%。本联社职工入股总额不得超过股本金总额的 30%。

第十四条　本联社的集体资本金是由本联社历年积累按规定程序转作实收资本所形成的资本金。

第十五条　本联社注册资金为人民币 1695.7 万元，其构成如下：

法人资本金 508.4 万元；

个体社员股金 1077.1 万元；

团体社员股金 22.8 万元；

职工社员股金 87.4 万元。

第十六条　缴纳股本金必须以货币资金方式进行，不得以债权、实物资产和有价证券等折价入股。

第十七条　本联社使用记名式股金证，作为社员资格证明和股金所有权证明。社员不得以股金证在本联社以外设定质押。社员股权经向本联社办理登记手续后可以转让和依法继承。

第十八条　资格股退股符合银监会有关规定，投资股未予退股，社员资格股退股，应向本联社理事会提出书面申请，理事会同意后，办理退股手续。

第五章　组织机构

第十九条　本联社实行民主管理，其权力机构是社员代表大会。社员代表大会由社员代表组成。社员代表按社员人数的一定比例，由社员选举产生。非职工自然人和法人社员代表人数不得低于代表总数的 60%。本联社管理部门职工代表人数不得超过代表总数的 10%，每届任期三年。表决时实行每个社员代表一人一票。

第二十条　社员代表大会由理事会召集，每年召开一次。经半数以上理事提议或三分之一以上社员代表提议，理事会可临时召开社员代表大会。

第二十一条　社员代表大会行使下列职权：

（一）制定和修改章程；

（二）选举和更换理事、监事；

（三）审议批准理事会、监事会工作报告；

（四）审议批准本联社年度财务预决算方案、利润分配方案和弥补亏损方案；

（五）对本联社的分立、合并、解散和清算等重大事项作出决议；

（六）对本联社其他重大事项作出决议。

第二十二条 《章程》的修改，本联社分立、合并、解散和清算，理事、监事的选举更换等重大事项，须经社员代表大会以全体代表的三分之二以上多数通过。其他议案须经社员代表大会以全体代表的二分之一以上多数通过。

第二十三条 本联社设理事会。理事会是社员代表大会的常设执行机构，由 9 ～ 13 名理事（奇数）组成。本联社管理部门职工社员代表担任理事人数不得超过 3 名，非职工自然人和法人社员代表担任理事的人数不得低于三分之一。理事由社员代表大会选举产生或更换，每届任期 3 年，可连选连任。

第二十四条 理事会会议由理事长召集和主持，每半年召开一次，必要时可随时召开。

第二十五条 理事会行事下列职权：

（一）召集、主持社员代表大会，并向大会报告工作；

（二）执行社员代表大会决议；

（三）审定本联社的发展规划、经营方针、年度业务经营计划；

（四）批准本联社的内部管理制度；

（五）批准本联社的人员管理制度和奖惩制度；

（六）选举、更换理事长和副理事长；

（七）聘任、解聘本联社主任、副主任；

（八）审议本联社年度财务预、决算方案、利润分配方案和弥补亏损方案；

（九）批准本联社的内部职能部门设置和调整方案，审议分支机构的设置及调整方案；

（十）提出本联社合并、分立、解散等重大事项的计划和方案；

（十一）《章程》规定和社员代表大会授予的其他职权。

第二十六条 理事长、副理事长的选举和更换，须经理事会全体理事的三分之二以上多数通过，其他议案须经全体理事的二分之一以上多数通过。

第二十七条 理事会设理事长 1 名，主持理事会工作；可设兼职副理事长 1 名，协助理事长工作。理事长、副理事长由理事会选举产生，每届任期 3 年，可连选连任。理事长为本联社的法定代表人。

第二十八条 理事长行使以下职权：

（一）主持社员代表大会，主持、召集理事会会议；

（二）负责本联社的日常工作；

（三）检查理事会决议的实施情况；

（四）签署本联社股金证；

（五）签署本联社主任和副主任的聘书；

（六）对本联社业务活动的合法、合规性进行监督；

（七）社员代表大会和理事会授予的其他权利。

第二十九条 本联社设监事会，监事会是本联社的监督机构，由 5~9 名（奇数）监事组成。监事由社员代表大会选举产生和更换，每届任期与社员代表大会相同。本联社理事、主任、副主任和财务负责人不得兼任监事。

第三十条 监事会会议由监事长召集和主持，每半年召开一次，必要时可随时召开。

第三十一条 监事会行使下列职权：

（一）向社员代表大会报告工作；

（二）派代表列席理事会会议；

（三）监督本联社执行国家法律、法规、政策；

（四）监督本联社经营管理、财务管理及对分支机构的管理、协调和指导；

（五）对理事会决议和主任的决定提出质询，并要求复议；

（六）《章程》规定和社员代表大会授予的其他职权。

监事会设监事长 1 名，主持监事会工作。监事长由监事会选举和更换，每届任期 3 年，可连选连任。监事长列席理事会会议。

监事长的选举和更换，须经全体监事的三分之二以上多数通过，其他议案须经全体监事的二分之一以上多数通过。

第三十二条 本联社实行理事会领导下的主任负责制。设主任 1 名，副主任 2~3 名。主任、副主任由理事会聘任，可连聘连任。

主任与理事长分设（或者主任由理事长兼任）。

第三十三条 主任负责本联社日常经营管理工作，行使下列职权：

（一）组织实施理事会决议，负责管理辖区内的业务活动；

（二）拟定内部管理制度草案；

（三）拟定发展规划、经营方针和经营计划草案；

（四）拟定年度财务预、决算方案和利润分配方案；

（五）拟定内设部门和分支机构设置及调整方案；

（六）决定对内部工作人员的奖惩；

（七）向理事会推荐副主任人选；

（八）聘任和解聘中层管理人员；

（九）根据员工管理制度聘任和解聘员工；

（十）《章程》规定和理事会授予的其他职权。

第三十四条　本联社理事长、副理事长、主任、副主任及其他主要管理人员不得在党政机关任职，不得兼任其他企、事业单位的高级管理人员，不得从事除本职工作以外其他任何以营利为目的的经营活动。

第六章　财务会计

第三十五条　本联社执行国家统一制定的农村信用社财务会计制度，并按照国家有关规定，建立、健全财务制度。在每一会计年度终了时按规定制作财务会计报告，向银监局报送会计报表。财务会计报告包括下列财务会计报表及附属明细表：

（一）业务状况表；

（二）资产负债表；

（三）损益表；

（四）利润分配表；

（五）决算说明书。

第三十六条　本联社的财务会计报告在召开社员代表大会五天以前置备于本联社，供社员代表查阅。

第三十七条　本联社依法纳税，税后利润，除国家另有规定外，按下列顺序分配：

（一）弥补以前年度亏损；

（二）提取盈余公积。法定盈余公积按不低于税后利润（减弥补亏损，下同）10%的比例提取，法定盈余公积累计达到注册资本的50%时，可不再提取。

（三）提取公益金。公益金的提取比例原则上不得超过法定盈余公积的提取比例。

（四）向社员分配利润。支付不超过税后利润的15%的股金分红。

第三十八条　本联社的盈余公积可用于弥补亏损和转增资本；法定盈余公积规定转增资本金后，留存的法定盈余公积不得少于实收资本的25%。

第三十九条　本联社除法定的会计账册外，不得另立会计账册。本联社资产不得以任何个人名义开立账户存储。

第七章　终止和清算

第四十条　本联社因分立、合并需要解散的，由理事会提出议案，并附解散的理由、解散的清算方案，召集临时社员代表大会作出决议，报银监局批准后实施。

本联社被依法撤销或关闭、被宣告破产，清算依照国家有关规定执行。

第八章　附则

第四十一条　本章程报经新疆银监局核准后，经本联社社员代表大会审议通过，由理事会发布实施。

第四十二条　本章程解释权属本联社理事会,修改权属本联社社员代表大会。

岳普湖县农村信用合作社农户小额信用贷款管理实施细则

第一章　总则

第一条　为支持农业和农村经济的发展,提高农村信和合作社(以下简称信用社)信贷服务水平,简化贷款手续,方便农户借贷,增加对农户和农业生产的信贷投入,支持农户增收,促进农村信用文化建设,发挥信用社农村金融主力军的作用,根据《中华人民共和国中国人民银行法》《中华人民共和国商业银行法》和《贷款通则》及中国人民银行《农村信用合作社农户小额信用贷款管理指导意见》《农村信用社农户小额信用贷款管理暂行办法》等有关法律、法规和规章的规定,结合本地实际,制定本《实施细则》。

第二条　本《实施细则》适用于本县各信用社和信用联社。

第三条　本《实施细则》所称农户是指具有农业户口,主要从事农村土地耕作或者其他与农村经济发展有关的生产经营活动的农民、个体经营户等。

第四条　本《实施细则》所称农户小额信用贷款是指信用社基于农户的信誉,在核定的额度与期限内向农户发放的不需抵押、担保,由农户承担无限还款责任的贷款。

第五条　农户小额信用贷款采取"一次核定、随用随贷、余额控制、周转使用"的管理办法。

第六条　信用社发放农户小额信用贷款,应当按照有关金融法律、法规和本《实施细则》的规定,坚持贯彻基本信贷原则,自主审查和批准贷款的发放,自主决定贷款数量、期限、利率。

第七条　发放农户小额信用贷款,应当坚持农户自愿申请、自主使用,并自觉按期归还贷款本息。严禁各信用社在发放贷款中发生以物抵贷、抵扣欠款、扣收股金、预扣利息等违规行为。

第八条　信用社依法办理农户小额信用贷款业务,不受任何单位和个人的干涉。

第二章　借款人及借款用途

第九条　申请小额信用贷款的农户应同时具备以下条件:

(一)居住在信用社的营业区域之内;

(二)具有完全民事行为能力,资信良好,无恶意拖欠贷款本息的不良记录;

(三)从事土地耕作或其他符合国家产业政策的、与农村经济发展有关的生产经营活动,并有合法、可靠的经济来源。

(四)家庭成员中必须有具有劳动生产或经营管理能力的劳动力;

（五）无拖欠的呆滞、呆账贷款；

（六）具备清偿贷款本息的能力。

第十条 农户小额信用贷款的用途及安排次序：

（一）种植业、养殖业、林果业方面的农业生产费用贷款；

（二）小型农机具贷款；

（三）围绕农业生产的产前、产中、产后服务等贷款；

（四）购置生活用品、建房、治病、子女上学等消费类贷款。

第三章　资信评定及信用额度

第十一条 信用社成立农户信用评定小组。农户信用评定小组组长由信和社主任或理事长担任，成员包括：信用社信贷员 1～2 人，监事会成员 1 人，被评定农户户口所在村支部书记或村委会主任 1 人。

农户信用评定小组职责：一是评定农户信用等级；二是确定农户小额信用贷款限额。

第十二条 信用社按户建立完善的农户信用档案，一户一档。农户信用档案包括以下内容：

（一）农户向信用社提出的信用评定申请书；

（二）农户基本情况。包括内容：户主姓名、身份证、有效证件、家庭住址、联系方式、家庭成员、家庭生产经营活动的主要内容，收入状况，实际资产、实有负债等；

（三）农户近三年在信用社或其他金融机构贷款及还款情况；

（四）所在村委会对其资信的评价；

（五）信用社包片信贷员对其资信的评价及建议；

（六）信用社信用评定小组评定意见。

以上前五项资料由包片信贷员在评定小组评定前完成收集、整理工作；包片信贷员应当努力保证各项资料的真实性。

第十三条 农户资信评定的步骤：

（一）农户向所在地信用社提出书面信用评定申请；

（二）信用社包片信贷员对农户家庭及生产经营情况进行调查，提出对农户资信状况的评价及评定建议，并收集本《实施细则》第十二条所涉及的相关资料，为评定小组的评定工作做好准备。

（三）信用社农户信用评定小组依照本《实施细则》第十二、十四、十五条的规定，对申请人进行资信评定，确定信用等级、信用贷款限额，核发农户小额信用贷款证。

第十四条 农户信用等级分为优秀、较好、一般三个等级。

"优秀"等级的标准是：（1）近三年在信用社的贷款能按时还本付息，无不良记录；（2）家庭年人均收入在3000元以上；（3）自有资金占生产所需资金的70%以上。

"较好"等级的标准是:(1)有稳定可靠的收入来源,基本不欠贷款或无其他负债;(2)家庭年人均纯收入在2000元以上。

"一般"等级的标准是:虽有小额贷款(1000元以下)未按期归还,但在信用社无呆滞、呆账贷款,家庭年度收入与支出能基本持平。

第十五条 信用贷款限额:

"优秀"等级的贷款限额控制在15000元(含)以内;

"较好"等级的贷款限额控制在7000元(含)以内;

"一般"等级的贷款限额控制在4000元(含)以内。

具体限额由评定小组依据农户的具体情况在以上相应等级限额内确定,并报联社备案。

第十六条 以前年度在信用社有其他贷款尚未归还的,信用社在贷款发放时应充分考虑,控制对其再次贷款额度。

第十七条 贷款证以户为单位发放,一户一证,农户不得涂改贷款证的有关记录,不得出租、出借或转让贷款证。

第十八条 贷款证有效期原则上为二年。贷款证到期后,信用社应收回贷款证,重新对农户资信等级进行评定,核发新的贷款证。

对信誉程度发生明显变化的农户,为规避风险,信用社应及时收回贷款证,重新对其资信状况进行评定,及时变更信用等级及贷款限额。

第十九条 有以下情形之一的农户,信用社不得向其核发农户小额信用贷款证:

(一)经评定小组评定,达不到"一般"等级规定标准的;

(二)在近年信用社正常信贷活动中,发生殴打、辱骂信用社正常收贷工作人员或恶意阻挠信用社正常收贷工作,情节恶劣的;

有以上第二款所列情形,目前确有悔过表现,向信用社当面致歉并主动承担相应责任的,信用社可以考虑受理其提出的评定申请。

第二十条 信用社及联社要职极宣传国家信贷政策,不断增强农户的信用意识。在开展对农户信用评定的基础上,信用社要积极鼓励服务区内各村开展创建"信用村"活动;联社要鼓励服务区内各乡镇积极开展创建"信用乡(镇)"的活动。

第二十一条 信用社成立"信用村"评定委员会,邀请乡(镇)有关领导参加对"信用村"的评定工作;县联社成立"信用乡(镇)"评定委员会,邀请县政府有关部门负责人参加对"信用乡(镇)"的评定工作。

第二十二条 信用村、信用乡(镇)的评定期限与农户信用评定期限相同,二年一次。

第二十三条 "信用村"由信和社评定后命名,"信用乡(镇)"由县联社评定后命名。

第二十四条 符合以下全部条件的行政村,可命名为"信用村":

（一）无拖欠贷款的农户占辖区内贷款农户总数的80%以上；

（二）村党支部和村委会支持信用社的工作，积极帮助信用社组织资金、清收旧贷；

（三）本村沉淀集体贷款已清偿100%以上并逐年减少；

（四）辖内未发生本《实施细则》第十九条第二款所列的行为。

第二十五条　符合以下全部条件的乡（镇）可命名为"信用乡（镇）"：

（一）辖内"信用村"占总村数的80%以上；

（二）辖内信用社年末不良贷款率在15%以下；

（三）乡（镇）党政支持信用社工作，帮助信用社组织资金，清收旧贷，成效显著；

（四）本乡（镇）历年沉淀集体（农经站）贷款，已清偿一定比例以上，并逐年减少。

第二十六条　"信用村""信用乡（镇）"在同等条件下享受以下优惠：

（一）优先安排信用评定；

（二）贷款优先，服务优先；

（三）利率优惠；

（四）信用贷款限额放宽。原则上"信用村""信用乡（镇）"农户在下一次确定贷款限额时，可在原定限额基础上上浮20%。但单户农户贷款限额不得突破本《实施细则》第十五条规定的相应等级的最高限额。

第四章　贷款的发放与管理

第二十七条　持有贷款证的农户可以凭贷款证及有效身份证件（包括身份证或户口簿），到发证信用社营业网点直接办理限额内的贷款。信用社的包片信贷员也可以到持贷款证的农户家中发放贷款。

第二十八条　信用社对持证人发放小额信用贷款时，包片信贷员要认真做好贷前审核工作。审核内容包括：

（一）审核贷款证的真伪、是否属本社颁发的贷款证、审查贷款证上的记录有无涂改，并与留存档案或贷款台账进行核对；

（二）审核借款人提供的贷款证、身份证或户口簿以及借款人的贷款申请书与借款人本人是否一致；

（三）根据农户的书面申请，审核贷款用途。

第二十九条　包片信贷员认为贷款用途不符合规定，决定不予贷款的，应向农户做出解释；同意贷款的，在核定的贷款限额内，确定贷款金额、期限、利率，直接与农户签订借款合同，填制贷款借据、登记贷款证及贷款台账，并交由会计部门办理贷款业务的其他手续。

第三十条　信用社以户为单位设立农户小额信用贷款台账。为便于管理，台账就按村、组顺序设立、分类保管。包片信贷员应认真登记贷款的发放和收回情况，保持台账、贷款证记录一致。

第三十一条　信用社对所发放的小额信用贷款要认真核算,正确使用会计科目,真实反映贷款形态。

第三十二条　贷款发放后,包片信贷员要经常深入农户,了解和掌握农户的生产经营情况和贷款使用情况,加强贷款管理,认真做好贷款催收工作。信用社包片信贷员应及时向社主任汇报贷款发放、收回情况。

第三十三条　对随意改变贷款用途、出租、出借和转让贷款证或在信用社前期调查中隐瞒、虚报影响信用社决策的重要事实,骗取信用贷款限额的农户,信用社应及时收回贷款证,并取消其小额信用贷款资格。

第五章　贷款期限与利率

第三十四条　农户小额信用贷款期限根据农户生产经营活动的实际周期、还款能力和信用社自身的资金供给能力确定,小额生产费用贷款期限一般不超过一年。

第三十五条　农户小额信用贷款利率可以按中国人民银行公布的贷款基准利率和浮动幅度适当优惠。

第三十六条　农户小额信用贷款的结息方式与其他贷款相同。

第六章　贷款的考核与奖惩

第三十七条　信用社应对信贷人员发放、管理和收回小额信用贷款的情况施行目标责任考核,与其工资挂钩,责任到人,对信贷人员所发放的贷款实行终身负责制。除其他业务考核要求外,对其办理的小额信用贷款业务,还应考核如下内容:

(一)包片信贷员应使片区内的小额信用贷款农户数不低于该片区农户总数的50%,并使该比例逐年上升;

(二)包片信贷员要确保所审批发放的小额信用贷款本息全部按期收回;

(三)包片信贷员要确保给农户发放的小额人用贷款按贷款合同规定的用途使用;

(四)包片信贷员所发放的小额信用贷的额度不低于片区内贷款总额的50%,并使该比例随着持证农户的增加逐年上升。

第三十八条　信用社要根据小额信用贷款发放的户数、发放量和回收率等指标,对信贷人员进行考核、奖惩:

(一)信贷员发放的小额信用贷款的户数、发放量达到本《实施细则》第三十七条第一至四款内容规定、到期贷款本息收率达100%的,县联社授予"优秀信贷员"称号;连续3年被联社表彰为"优秀信贷员"的,由联社授予"模范信贷员"称号,并给予物质奖励;

(二)如信贷人员所发放的小额信用贷款形成逾期或风险的,应给予一定经济处罚,问题严重的,责成其下岗收贷或给予行政处分;

(三)对信贷人员超过核定限额发放贷款的,要按有关规定追究行政责任;给信用社造成损失的,要加重处罚,直至追究法律责任。

第三十九条 信用社对小额信用贷款的发放、管理和收回中的违纪违规行为按有关金融规章或法律法规给予处罚。

(一)对信贷人员发放和收回贷款后,未能及时登记台账和贷款证,致使账证不一致的,根据其情节轻重,给予批评或其他处理;

(二)对信贷人员收贷不及时入账的,信用社要责令其及时纠正,由此造成的贷款利息损失全部由信贷员赔偿,并视其情节轻重按《农村信用社工作人员违反规章制度处理的暂行规定》给予相应的行政处分;问题严重的要依法追究其法律责任;

(三)信贷员在收取农户贷款利息时,有多收或少收行为的,责令信贷员退、赔;若属信贷员的故意行为,按其非法多收利息或少收利息金额的3倍给予经济处罚,并视其情节轻重,按《农村信用社工作人员违反规章制处理的暂行规定》给予相应的行政处分,触犯刑法的,依法交司法部门追究其法律责任;

(四)信贷人员发放小额信用贷款过程中发生借款人与实际用款人不符的,应区分其性质,如属信贷人员的故意行为,但未造成严重损失的,按《农村信用社工作人员违反规章制度处理的暂行规定》给予相应行政处分和一定经济处罚;如造成严重损失,交司法部门依法追究其法律责任;

(五)信贷人员利用职务上的便利,索取、收受贿赂或者违反国家规定收受各种名义的回扣、手续费、挪用客户资金的,按《农村信用社工作人员违反规章制度处理的暂行规定》从严处理,触犯刑律的,交司法部门追究其法律责任。

第七章 其他

第四十条 对超过农户小额信用贷款限额,借款者本人又无法提供有效抵押、担保的农户贷款,信用社可采取3~5户农户联保的办法。

第四十一条 对于农户其他生产和经营,特别是市场前景难以把握的较大规模生产、经营的大额资金需求,信用社原则上不得发放信用贷款,应按《中华人民共和国商业银行法》及《贷款通则》的有关规定,坚持审贷分离、逐笔核贷,确保信贷资金安全。

第四十二条 发放农户小额信用贷款所需支农资金不足的,首先由县联社调剂解决,资金仍有不足的,可向当地人民银行申请再贷款。

第四十三条 全辖信用社开办农户小额信用贷款工作要自觉接受人民银行的监管和指导,县联社职能部门要加强对辖内信用社农户小额信用贷款发放和管理的检查指导。

第四十四条 信用社要将农户信用等级评定标准、信用村、信用乡(镇)的评定条件、农户小额信用贷款管理办法、贷款发放程序及发放和收回情况向广大社员和农户公开,自觉接受农民群众的监督,取信于民。

第八章 附则

第四十五条 本《实施细则》中未尽事宜按《中华人民共和国中国人民银行法》《中华人民共和国商业银行法》和《贷款通则》的有关规定执行。

第四十六条 本《实施细则》由岳普湖县联社负责解释、修改、补充。

第四十七条 本《实施细则》自颁布之日起施行。

岳普湖县农村信用联社

2003 年 12 月 22 日

岳普湖县农村信用合作联社人事劳动工资管理办法

第一章 总则

第一条 为规范岳普湖县农村信用合作联社(以下简称联社)人事劳动工资管理,确保职工合法权益,激发工作积极性,加强职工队伍建设,加大对农村信用社的管理、指导和协助,按有关规定特制定本办法。

第二条 工资管理办法使用对象是岳普湖县农村信用联社全体职工。

第三条 联社人事劳动工资管理,一定要严格执行国家有关方针政策和业务管理部门的规章制度。

第二章 聘用和调整

第四条 联社聘用和招收员工,必须按国家有关规定,贯彻落实公开、平等、竞争、择优的原则,面向社会公开登记,采取统一考试、综合考核、择优录取的办法。

第五条 聘用(招收)人员条件:思想、道德、态度要端正,遵守有关的法律法规,为人正直,热爱农村合作金融事业,具有一定的组织能力、理论知识和写作能力、大专以上文化水平,所学专业合适本职工作,身体健康,年龄相符。

第六条 聘用(招收)和调整原则:(1)坚持精简、有效的原则,减少或淘汰多余编制人员。(2)按编制和结构比例,严格调整工作人员,按工作设立岗位。(3)坚持亲属人员分散制度,有亲属关系的职工不得同时安排联社工作。

第三章 劳动用工形式

第七条 县联社组织合作管理制度,劳动用工方面执行现有的国家机关员工有关制度和政策,保留干部身份不变,在职工的工资不变的待遇基础上,随着改革的深入,全部员工逐渐过渡到合同制阶段。

第八条 要建立职工能上能下的劳动用工制度,逐步执行劳动合同制度,在与劳动者平等、自愿的基础上达成协议,签订劳动合同,明确双方的权利、职责和义务,制定合法的劳动关系,充分体现联社和员工之间双方的合法权益。

第九条　按照中华人民共和国劳动法和上级有关劳动合同制规定,结合本地实际情况,制定劳动合同制实施细则。

第四章　工资和福利保险

第十条　实行按劳分配原则,与每位员工业务水平的高低、岗位责任的轻重、工作质量的好坏、实际成绩的效益相结合,实行考核制度,把工资与员工业务任务相互挂钩。

第十一条　执行月工资制度,按月支付工资,对国家规定超过部分的工资限额要交纳一定比例的税金。

第十二条　联社所有员工的养老保险、医疗保险、失业保险和其他社会福利保障,按国务院有关规定执行。

第五章　考核

第十三条　职工考核内容:德、能、勤、绩等四个方面的工作重点考核。

第十四条　坚持以客观、公正、公开考核的原则,工作评价与群众评价相结合,以工作成绩为主,一般考核和年度考核相结合,以一般考核为主,专门评定和综合评定考核相互结合。

第十五条　年度考核按个人述职报告、群众意见和主要领导的评价,提出考核等级,待考核组检查后评定考核成绩。

第十六条　年度考核成绩分为:优秀、称职、基本称职、不称职等四个种类。考核成绩作为员工奖惩、教育、提拔、加薪的依据,并列入个人档案保管。

第六章　奖励和处罚

第十七条　对工作中成绩突出的工作人员给予奖励,且采取鼓励和奖励相互结合的办法。

第十八条　工作人员有下列情况给予奖励;

(一)热爱本职工作,积极工作,有成绩突出的;

(二)遵守纪律,清正廉洁,作风端正,办事高效,坚持原则;

(三)在工作过程中,提出合理的建议,采纳后有突出成绩的;

(四)勇于同违法犯罪行为作斗争,为保护国家和集体的财产而受到伤害或有突出贡献的。工作中被奖励的人员比例为10%~15%,因特殊情况奖励的人员不受比例限制。

第十九条　工作人员出现以列情况之一,除相应处理外,还要采取解除劳动合同的办法。

（一）忽视组织纪律，使群众和集体的利益受到损失或造成恶劣后果的；

（二）违反规章制度，未遵守劳动纪律或违反其他处理规定和奖惩条例的。

第二十条 工作人员处罚分为警告、记过、记大过、降级、免职等种类。对工作人员的处理，必须证据真实、明确、齐全，正确定性，采取的措施要得当，做到手续齐全。

第二十一条 联社的职工奖惩办法和程序，按《企业职工奖惩条例》和本单位制定的有关规定执行。

第七章 附则

第二十五条 县联社理事会负责解释本办法和制定相应的实施细则。

第二辑 工作总结摘要

2001 年县联合社工作总结摘要

一、基本情况

（一）机构、人员基本情况

1. 机构法人数量变化

截至 11 月末，全辖农村信用社共有 11 家分支机构，其中县联社营业部 1 家，信用社 10 家，信用分社 7 家，全辖农村信用社机构总数较一季度相同。

2. 人员数量及变化

截至年末，全县农村信用社共有员工 81 人，较年初相同，其中：专科 8 人，占总人数的 10%；中专 33 人，占总人数的 40.7%；高中 26 人，占总人数的 32%；初级以下 14 人，占总人数的 17.2%。女职工 18 人，占总人数的 22%；本年度联社部分干部职工进行调整。

（二）主要业务情况

截至 11 月末，全辖农村信用社资产总额为 9403 万元，较年初增加 1368 万元，其中：各项贷款 2356 万元，较年初减少 342 万元，减少 12.7%，农业贷款 2143 万元，较年初减少 324 万元，减少 13.18%，负责总额为 9100 万元，较年初增加 1442 万元，增长 18.8%，其中：各项存款 5911 万元，较年初增加 1002 万元，增长 20.4%，储蓄存款 5173 万元，较年初增加 601 万元，增长 13.1%。各项存款完成不好社分别为：色也克、阿其克、阿洪鲁克，所有者权益 5.05 万元，较年初增加 16 万元，增长 13.1%。11 月末全县农村信用社实现亏损，亏损金额为 80 万元。

（三）资产负债比例管理指标执行情况

截至11月末，全县农村信用社存贷款比例39.8%，拆入资金比例为2.03%，均达到资产负债比例管理规定的要求。

二、资产质量分析

（一）贷款资产质量分析

截至11月末，县农村信用社不良贷款总额1637万元，较年初减少372万元；呆滞贷款31万元，较年初增长23万元，增长28%。县农村信用社不良贷款增加的主要原因：一是信贷资产质量不高，不良贷款比重大，清收盘活及收息难度大。二是县农村信用社农户贷款推行户贷户结以来，部分乡农经站不代为扣收贷款，使贷款收回难度加大。三是近年来县边疆发生洪涝、风暴等灾害，加上农副产品价格下调，使农民歉收，给农村信用社收贷工作增加难度，使贷款难以在期收回，逐年沉淀，潜伏着一定的信贷风险。四是部分信用社对逾期贷款进行清分，使不良贷款有所增加。五是在本年度，县联社对农村信用社不良贷款进行专项检查，部分社根据检查结果对不良贷款进行加收力度，使不良贷款有所下降。

（二）贷款分布情况分析

1. 单户及最大十户贷款分析

县农村信用社每户贷款金额较小，单户贷款比例较低，近年随着金融体制改革的不断发展，信用社发放给乡镇农经站的集体贷款，由于占其各乡社贷款总额的比重较大，贷款收回难度较大，因此信用社采取有效措施，已对此类贷款停止发放，加大收回力度。

2. 贷款方式分析

据统计，县农村信用社贷款方式主要是担保贷款和信用贷款，有些乡信用社贷款结构不全，户结户贷款占比大，抵押和质量贷款相对较少，从不良贷款占有形态看，信用贷款和担保贷款易形成不良贷款，抵押质押贷款相对的风险较小，应逐渐加大所占比重。

三、盈亏状况分析

截至11月末，全县独立核算的11家农村信用社中全部亏损，亏损金额80万元。

截至11月末，全县农村信用社财务总收入166万元；利息收入165万元；财务总支出246万元；利息支出119万元。

四、资本充足率分析

截至11月末，县农村信用社实收资本为2.09万元，较年初相同，其中：股本金为152万元，较年初增加16万元，盈余公积37万元。全县农村信用社可用资金为288万元，流动资产为7185万元。经县农村信用社逐社进行测算，预算下季全辖农村信用社有足够的资金投入夏粮收购，资金实力较为雄厚，不会出现支付风险。

五、内部控制分析

（一）法人治理结构建设情况

1. 按合作制规范农村信用社情况。始终把加强对农村信用社的管理作为农村信用社金融管理工作的一个重点，整顿与规范双管齐下，一手抓经营，一手抓管理，取得较好的社会效益和经济效益。目前县农村信用社按合作制原则管理的要求，进一步对农村信用社按各项工作加以完善。"三会"制度基本得到落实，进一步加强民主管理，使全县农村信用社逐步走上按合作制原则健康发展的轨道。

2. 权力制衡方面。地区对县农村联社领导班子进行调整，建全"三会"制度，完善领导体制。全县农村信用社大部分乡（镇）信用社配上副主任、主任，在理事会领导下，开展工作，做到权力制衡。但由于县贫穷落后，缺乏管理人员，一部分社还没有配齐。

（二）内控制的建立和执行情况

县农村信用社建立健全各项规章制度。但部分社在贯彻执行这些规定时，出现操作过程扭曲，处理手续变形，许多重要岗位的规定没有真正全面落实到位，有章不循，违章不纠，有错不报等现象时有发生，如：个别社发生出纳长短款，自行处理不上报等，针对这些问题，县农村信用联社组织成立现场检查工作组，狠抓各项制度的落实情况，进一步加强农村信用社自我约束、自我发展的能力，充分发挥农村信用社内控制度作用，有效地防止金融风险。

（三）内部稽核部门独立运作情况，内部稽核检查及处理情况

全辖农村信用社没有专职稽核人员，并配备县信用社专职稽核人员，实行片包干，制定稽核工作制度及考核办法，明确稽核任务，县联社稽核部门至少每季对基层社进行一次全面检查。在检查中发现问题及经济案件时，则迅速把有关情况上报上级部门，联合采取措施落实和查清案件性质、金额、涉案人员等各方面情况，定性后根据不同情况进行处理。全县发现重大问题和有效防范经济案件。

（四）违法违规案件情况分析

本年度以来，信用社加大案件的查处力度，进一步完善业务操作规章，加强思想政治工作，进一步完善业务监督，坚决抑制各类经济案件的发生。截至11月末，全县农村信用社未发生一起经济案件，农村信用社违法违规案件呈下降趋势。

六、存在问题

个别基层信用社存款余额有所下降，其原因有：个别农村信用社主任对其职工，有时要求很严格，有时不是很严格。宣传范围不够广泛，优质服务不到位。回收贷款不利，不良贷款余额长期居高不下，至2001年10月底县基层信用社贷款余额共计3219.5万元，其中不良贷款达2062.4万元以上，占各项贷款余额的64%，收支比例不平衡，支出超出80万元，预计年内很可能出现亏损。

2002年县联合社工作总结摘要

一、基本情况

（一）机构、人员基本情况

1. 机构法人数量变化

截至10月末,全辖农村信用社共有11家分支机构,其中:县联社营业部1家,信用社10家,信用分社7家,全辖农村信用社机构总数较一季度相同。

2. 人员数量及变化

截至年末,全县农村信用社共有员工76人,其中:专科8人,占总人数的10%;中专33人,占总人数的43.4%;高中22人,占总人数的28.94%;初级以下14人,占总人数的18.4%。女职工19人,占总人数的25%。

（二）主要业务情况

截至10月末,全辖农村信用社资产总额为10674万元,较上年同期增加1271万元,其中:各项贷款4091万元,较上年同期增加1735万元,增加73.6%,农业贷款3297万元。较上年同期增加1154万元,增加53.9%,负责总额为10549万元,较上年同期增加1449万元,增长15.9%,其中:各项存款6794万元,较上年同期增加883万元,增长14.9%,储蓄存款5736万元,较上年同期增加563万元,增长10.9%。各项存款完成不好社分别为:阿洪鲁克,巴依瓦提,色也克。10月末全县农村信用社实现亏损,亏损金额为88万元。

（三）资产负债比例管理指标执行情况

截至10月末,全县农村信用社存贷款比例60.2%均达到资产负债比例管理规定的要求。

二、资产质量分析

（一）不良贷款的总额、占比及其变化情况

截至10月末,县农村信用社不良贷款总额1344万元,较上年同期减少293万元;呆滞贷款50万元,较上年同期增长19万元,增长61%。县农村信用社不良贷款增加的主要原因:一是信贷资产质量不高,不良贷款比重大,清收盘活及收息难度大。二是县农村信用社农户贷款推行户贷户结以来,部分乡农经站不代为扣收贷款,使贷款收回难度加大。三是近年来县边疆发生洪涝、风暴等灾害,加上农副产品价格下调,使农民歉收,给农村信用社收贷工作增加难度,使贷款难以在期收回,逐年沉淀,潜伏着一定的信贷风险。四是部分信用社对逾期贷款进行清分,使不良贷款有所增加。五是在本年度,县联社对农村信用社不良贷款进行专项检查,部分社根据检查结果对不良贷款进行加收力度,使不良贷款有所下降。

（二）贷款分布情况分析

1. 单户及最大十户贷款分析

县农村信用社每户贷款金额较小，单户贷款比例较低，近年随着金融体制改革的不断发展，信用社发放给乡镇农经站的集体贷款，由于占其各乡社贷款总额的比重较大，贷款收回难度较大，因此信用社采取有效措施，已对此类贷款停止发放，加大收回力度。

2. 贷款方式分析

据统计，县农村信用社贷款方式主要是担保贷款和信用贷款，有些乡信用社贷款结构不全，户结户贷款占比大，抵押和质量贷款相对较少，从不良贷款占有形态看，信用贷款和担保贷款易形成不良贷款，抵押质押贷款相对的风险较小，应逐渐加大所占比重。

3. 发放小额信用贷款情况

县农村信用联社根据"农村信用社小额信用贷款实施方案"和县农业生产结构的调整，岳普湖县农村信用社在县委、县政府的支持和帮助下，2002 年初推行小额农户信用贷款后，在全县各乡镇全面推行，调查农户 25925 户，建立农户档案 21916 户，评定信用等级户 9269 户，占农户 42%，优秀户 359 户，较好户 1747 户，一般户 7263 户，发放小额信用贷 1412 万元，占 2002 年新增贷款 42%，占农业贷款 30%。本期余额是150 万元。

三、盈亏状况分析

截至 10 月末，全县独立核算的 11 家农村信用社全部亏损，亏损金额 88 万元。全县农村信用社财务总收入 171 万元；利息收入 126 万元；财务总支出 259 万元；利息支出110 万元。

四、资本充足率分析

截至 10 月末，县农村信用社实收资本为 215 万元，较上年同期相同，其中：股本金为202 万元，较上年同期增加 50 万元，盈余公积 53 万元。全县农村信用社可用资金为1108 万元，流动资产为 8873 万元。

五、内部控制分析

（一）法人治理结构建设情况

1. 按合作制规范农村信用社情况。始终把加强对农村信用社的管理作为农村信用社金融管理工作的一个重点，整顿与规范双管齐下，一手抓经营，一手抓管理，取得较好的社会效益和经济效益。目前县农村信用社按合作制原则管理的要求，进一步对农村信用社按各项工作加以完善。"三会"制度基本得到落实，进一步加强民主管理，使全县农村信用社逐步走上按合作制原则健康发展的轨道。

2. 权力制衡方面。全县农村信用社大部分乡（镇）信用社配上副主任、主任，在理事会领导下，开展工作，做到权力制衡。

（二）内控制的建立和执行情况

县农村信用社建立健全各项规章制度。但部分社在贯彻执行这些规定时,出现操作过程扭曲,处理手续变形,许多重要岗位的规定没有真正全面落实到位,有章不循,违章不纠,有错不报等现象时有发生,如:个别社发生出纳长短款,自行处理不上报等,针对这些问题,县农村信用联社组织成立现场检查工作组,狠抓各项制度的落实情况,进一步加强农村信用社自我约束/自我发展的能力,充分发挥农村信用社内控制度作用,有效地防止金融风险。

（三）内部稽核部门独立运作情况,内部稽核检查及处理情况

全辖农村信用社没有专职稽核人员,并配备县联社专职稽核人员,实行片包干,制定稽核工作制度及考核办法,明确稽核任务,县联社稽核部门至少每季对基层社进行一次全面检查。在检查中发现问题及经济案件时,则迅速把有关情况上报上级部门,联合采取措施落实和查清案件性质、金额、涉案人员等各方面情况,定性后根据不同情况进行处理。全县发现重大问题和有效防范经济案件。

（四）违法违规案件情况分析

本年度以来,信用联社加大案件的查处力度,进一步完善业务操作规章,加强思想政治工作,进一步完善业务监督,坚决抑制各类经济案件的发生。截至10月末,全县农村信用社未发生一起经济案件,农村信用社违法违规案件呈下降趋势。

六、存在问题和不足

个别基层信用社存款余额有所下降,其原因有:个别农村信用社主任对其职工,有时要求很严格,有时不是很严格。宣传范围不够广泛,优质服务不到位。回收贷款不利,不良贷款余额长期居高不下,至2002年10月底县基层信用社贷款余额共计4091万元,其中不良贷款达1344万元以上,收支比例不平衡,支出超出88万元。

2003年县联合社工作总结摘要

一、经营情况

截至2003年末,各项存款1.2亿元,比上年增加4100万元,增长51.64%。发放各类贷款6200万元,股金212万元,比上年增加10万元,固定资产371万元,比上年增加11万元,累计亏损423万元,应付利息78万元,贷款本息回收率为93%,收入总额499万元,比上年增加13万元,支出总额495万元,比上年增加66万元,2003年度盈利4万元,比上年增加52万元,上缴营业税及附加24万元,比上年增加7万元,使连续亏损的信用社面向盈利。

二、加强信贷管理,进一步提高贷款质量

2003年,各乡（镇）信用社对有还贷能力却迟迟不还的159户,金额达197万元的不

良贷款向县人民法院法院进行起诉,借助法律的力量来维护农村信用社的合法权益。此项举措使不良贷款回收 90% 以上。9 月,以旺季工作开始为契机,各乡(镇)信用社回收不良贷款。截至 12 月末,共回收 35 万元的不良贷款本金和 5.3 万元的不良贷款利息,同时对 229 名县直机关单位及各乡(镇)、场干部职工在信用社借款达 162.8 万元的逾期贷款,积极向县委、县人民政府及纪检委反映,取得县领导的支持,截至 12 月末,已收回本金 98.2 万元。同年,县域信用社严格执行"农户小额信用贷款管理办法""贷款三查制度""三包"责任制、"信用社员工保证书"等规章制度,层层落实,责任到人,有效防范和化解信贷风险,进一步提高贷款质量。

三、做好扩股增资工作

2003 年,针对信用社股本金余额较低的现状,采取督促信用社职工积极参股入股,增强员工的集体责任感;向社会积极宣传入股政策、入股的意义和入股社员的权力、义务等措施,使股本金余额达 212 万元,比上年增加 10 万元。

四、加强财务管理,加快资金周转速度,提高利用率

2003 年,针对信用社历年累计亏损额较多的现状,加强对财务及费用的管理工作,严格执行财务制度,坚持"一支笔"审批制度,严格控制费用超支。大额支出和新增固定资产由联社理事会研究讨论,报上级行审批,在固定资产购置、使用过程中坚持事前调查、事中监督、事后检查。

五、加强内控制度建设,促进各项业务的健康发展

2003 年,针对信用社部分员工业务素质低下,出现违规贷款形成不良贷款,库存现金短款在社内造成不良影响等情况,及时进行纠正,同时按有关制度进行严肃的处理,做到有章必循,违章必纠。年初,联合社法人代表与基层社签订关于内部管理、防范经济案件的责任书,做到层层落实,明确责任。要求各乡(镇)信用分社加强重要空白凭证的管理,实现各基层社无大量重要凭证积存。在每个基层社配备一名兼职稽核员,加强稽核队伍建设和内控制度。加强对各基层社的稽核工作,对基层社实行定期不定期稽核制度。强化安全保卫队伍建设列入自己工作的重要议事日程,抓好各项安全保卫工作措施的落实。

六、人事工作

2003 年,县联合社领导重视干部队伍素质的提高,举办财会、信贷、安全保卫、金融法规等培训班,结果培训人员达 85 人次;同时鼓励干部员工积极参加自学考试和成人教育,增加信用社的整体实力。为激发干部队伍的活力,建立高效、务实、廉洁、奉献的员工队伍,督促全体员工牢固树立爱岗敬业凭实力上岗的忧患意识。

七、做好两个文明工作

2003 年,县联合社始终坚持两个文明建设工作,不断探索一条精神文明建设和金融

企业发展紧密相结合的新路子。在上级行的正确领导下、在各级党委、政府的大力支持下,经过全体员工共同努力、奋力拼搏、开拓创新,认真做好精神文明建设、综合治理、计划生育、双拥、普法等具体工作。在各节假日期间组织员工举办职工喜闻乐见的文艺联欢晚会、体育比赛等活动,进一步丰富职工们的业余文化生活。除此之外,开展慰问"三老"人员、人民子弟兵、献爱心捐款工程等活动。同年,县联合社获县级文明单位、县级文明行业等称号。

八、存在问题

2003 年,联合社虽然在清收不良贷款提高贷款质量方面做大量的工作,但是两呆贷款比率仍然未下降。在有些信用社和个别干部职工中存在一些制度落实不到位,执行不严格等问题,尤其是存在违反信贷原则不坚持为"三农"服务方向等现象。个别干部职工的组织纪律观念有待于加强。

2004 年县联合社工作总结摘要

一、树立存款立社思想不动摇,增强发展后劲

2004 年,县联合社坚持"存款立社"思想不动摇,采取有效措施,狠抓组织资金工作。一是发挥网点多的资源优势,狠抓组织资金工作。结合实际,对各营业网点按现有存款规模的业务量核定目标,实行专项考核,实行谈话戒免制。同年,各项存款比 2003 年初增加 2635 万元。二是扩大宣传,加强服务,树立农村信用社新形象。8 月,县联合社在全辖范围内开展声势浩大的作风整顿活动,通过整顿排查,没有一名信贷员有"吃、拿、卡、要"现象发生,没有一名综合会计因服务质量问题调离原岗位。通过作风整顿树立机关为基层服务,基层为社会服务的信用社新形象。同时要求外勤人员利用小额农贷发放的有利时机建立存款信息档案,充分运用信贷杠杆拉动存款增长。

二、加强信贷管理,严惩违规违纪现象发生

2004 年初,县联合社根据《农村信用合作社发放小额信用贷款指导意见及实施办法》的要求,对县 7 乡 2 镇,县直农林牧场 2.4 万户农民建立信用等级档案,并评定信用等级核发小额信用贷款证的户数为 16015 户,其中被评为优等级的农民为 861 户,良等级的农民为 2306 户,评为一般农民为 12848 户,占全县农户的 66.7%。年初预计发放的小额信用贷款余额为 4000 万元,信用社实际发放小额信用贷款 3635 万元,其中优等级发放小额信用贷款 195 万元,良等级发放小额信用贷款 523 万元,一般等级发放小额信用贷款 2947 万元,累计发放小额信用贷款和农户联保贷款 3400 万元,为县春耕生产提供有力的资金保障。严格执行"农户小额信用贷款管理办法""贷款三查制度""三包"责任制、"信用社员工保证书"等制度、措施,层层落实,责任到人,有效防范化解信贷风险,进一步提高贷款质量。加强不良贷款的清收力度,成立贷款清收领导小组,对各基层社

的贷款进行全面清查,并制定《岳普湖县农村信用社清收不良贷款奖惩办法》,累计收回不良贷款 185 万元。县联合社积极用法律手段对部分不良贷款进行清收,用法律维护联社的合法权益,在贷款清收过程中对查出违规违纪发放贷款,信用社根据"谁发放、谁负责"的原则落实到有关工作人员,有效防范化解信贷风险。加强信贷管理工作规范化、信贷员收贷工作简洁化、贷款日常管理明化,按照地区监管分局合作科的安排、部署和具体要求,全体工作人员提高对信贷管理工作的认识,增强信贷人员的工作责任心,对今后的信贷管理工作起到良好的督促作用。

三、做好增资扩股工作

2004 年,县联合社在上年的基础上,对扩股工作提出更高的要求,一是督促信用社职工积极参股入股,增强员工的集体责任感;二是向社会积极宣传入股政策、入股的意义和入股社员的权力、义务,使本金余额达 428 万元,比上年末增加 217 万元。

四、强化管理,提高会计业务水平

全年紧紧围绕上级部门的有关要求,严抓会计业务基础管理工作,推进会计业务规范化管理。一是加强岗位培训和技术练兵。为提高会计出纳人员的群体素质,适应信用社业务发展的要求。8 月,县联合社组织人员参加人民银行举行的会计出纳业务技术比赛。利用每月 1 日会计例会时间对内勤人员进行业务培训。二是完善岗位责任,提高会计核算质量。结合县会计出纳工作实际,建立和完善各岗位责任制,进一步强化全县信用社内部管理。通过认真开展"会计核算质量年"活动,堵塞漏洞,严防出纳、结算事故的发生。三是规范股金管理。先后多次组织会计人员对全县股金进行检查、规范整改,确保股金合规、合法,以促进央行票据顺利兑付。

五、干部职工年度考核工作

2004 年,经全面考核,全辖共有在职职工 72 人,实际参加考核 69 人,其中优秀 22 人、合格 45 人、不合格 2 人;临时工 16 人,参加考核 11 人,其中优秀 3 人、合格 8 人。通过考核,进一步提高信用社干部职工的考核质量,逐步实现"能者上,庸者下,平者让"的新格局。

六、安全工作

结合全辖实际,坚持求真务实抓安防,把"三防一保"工作摆在与业务经营同等位置,抓紧抓实,抓出成效,确保安全稳健运行。年初,联合社第一责任与基层社主任签订年度《安全保卫责任状》和《消防安全管理责任书》。同时注重加大安全检查力度,强化制度落实,对检查中发现的问题,当场处罚。

七、存在问题

一是未能充分提高资金使用效益。二是考核措施不够完全科学,部分信用社的积极性没有充分提高。三是主抓经营的经验不足,有待进一步提高。

2006 年县联合社工作总结摘要

一、总体情况

截至 2006 年末,全辖 10 分社、一个营业部,在职职工 94 人,其中内退 3 人,待岗 1 人,退休人员 34 人。联社领导班子在广大员工中牢固树立"存款立社、以效兴社"的思想,按照"增加存款总量、重点调整结构、降低存款成本",积极组织存款,使信用社资金实力得到进一步增强。截至年末,各项存款达到 15480 万元,其中:对公存款达到 1993 万元,占存款总额的 12.87%,储蓄存款达到 13487 万元,占存款总额的 87.13%,完成年初存款计划任务的 105%。各项贷款余额 4455 万元,其中不良贷款 246 万元,占贷款总额的 5.52%,股本金余额 826 万元,比上年末增加 212 万元,增长 34.53%,资本充足率为 22.2%,各项收入 690 万元,各项支出 689 万元,综合费用率 70%,实现盈利 1 万元。全年未发生任何经济案件。

二、吸收存款、增资扩股工作

县联合社加大增资扩股工作考核力度,规范社员股金和职工资格股。充分利用每年 6 月岳普湖县农村信用合作金融知识宣传月,对入股 50 年以来的老股金进行张榜公布,开展与群众一起办社,争做群众满意的信贷人员,树立农村信用社新形象等宣传活动。使全县广大农牧民更多、更透彻地了解农村信用社,支持信用社,充分认识到农村信用社与全县各族农牧民是一体的,共同发展的,增强信用社的发展后劲。在吸收存款方面,深入农户之中,加强宣传工作。吸收存款和增资扩股工作成绩突出的网点是金星信用社、岳普湖镇信用社、色也克乡信用社。

三、积极争取国家支持资金,做好央行票据的申请和置换工作

自 2005 年 9 月开始,县联合社根据国务院关于深化农村信用社改革的有关文件精神,积极筹备,做好央行票据的申请工作。2006 年初,900 万央行票据申请工作正式完成,并于一季度完成置换不良贷款 585 万元以及 315 万元的历年挂账亏损工作。此项工作的顺利进行对信用社甩掉历史包袱、轻装前进,健康、持续发展奠定坚实的基础。同年,累计收回央行票据置换的不良贷款为 66 万元,顺利完成 2006 年度置换不良贷款清收计划。

四、进一步优化信贷结构,始终坚持为"三农"服务发展方向不动摇

一是适应县农业产业结构的调整,积极优化农村信用社信贷结构,增加农户农业生产、畜牧业、农机购进、林果业等贷款投入,简化贷款手续,抓紧做好农户小额信用贷款和农户联保贷款的发放工作。年初根据《农户小额信用贷款发放实施细则》的要求,对县 7 乡 2 镇,县直农林牧场共 26048 农户进行调查,有 24281 农户建立信用等级档案,并评定信用等级核发小额信用贷款证的户数为 20446 户,其中:被评为优等的农民为 1541 户,

良等级的农民为 1777 户,评为一般农民为 17130 户,切实解决农户"贷款难"和信用社"难贷款"的问题,充分发挥出农村信用社信贷资金安全、高效、优质运行。同年,县 92 个行政村(镇)中有 35 个行政村已达到信用村评定的条件,有 1 个乡已达到信用乡(镇)的条件。通过信用村、信用户、信用乡(镇)的评定,在社会上形成良好的信用环境,为如期回收贷款奠定基础。二是加大清收不良贷款工作力度,有效防止信贷风险。1.联社领导班子成员在年初实行领导包片、股室包干,任务分解落实到个人,清收工作按照"谁贷款、谁还款,谁担保、谁负连带保证责任"的原则,责任落实到人,明确职责分工。2.将清收不良贷款的突破口放在内部,对职工自贷、介绍、担保或违规发放的不良贷款,采取责令离岗清收和限期清收的措施,对未完成清收任务的,采取停职停薪措施,对责任人进行严肃处理。3.积极争取县纪检委的支持和县人民法院的紧密配合,注重回收国家干部职工手中的不良贷款。4.8 月底,组织相关人员成立不良贷款催收领导小组,对历年来形成的不良贷款进行逐笔登记和汇总;将历年来形成的不良贷款清收任务层层分解到社、落实到人。5.在旺季工作期间,积极跟县、乡(镇)、场领导协调、配合,充分利用各乡(镇)、场的广播每日三次向广大农户宣传播放"按时还贷、积极清偿不良贷款本息"的通知,让广大人民群众更进一步深入透彻了解及时还贷的必要性、重要性,充分调动起农民还贷积极性。6.通过采取以上一系列措施,打好清收不良贷款攻坚战。年底按贷款四级分类划分,不良贷款余额为 246 万元(不含置换央行票据的不良贷款 525 万元),占贷款总额的 5.52%,按贷款五级分类划分,不良贷款余额为 708 万元(不含置换央行票据的不良贷款 525 万元),占贷款总额的 15.89%,清收不良贷款工作成绩突出的网点是也克先拜巴扎信用社。三是根据贷款发放及需求状况,在春耕生产资金不足的情况下,积极响应建设社会主义新农村的号召,进一步发挥农村信用社支农主力军作用,从莎车县联社调剂资金 1000 万元,从伽师县人民银行申请再贷款 1300 万元,切实解决春耕生产资金缺口问题,为县春耕生产提供资金保障。截至年末,各项贷款余额控制在 4455 万元,全年累计发放农业贷款 9025 万元,其中累计发放农户小额信用贷款 5700 万元。

五、推进贷款五级分类工作

2006 年 3 月,联合社成立贷款五级分类领导小组,召开推行贷款五级分类工作动员大会,制定印发贷款五级分类实施意见和实施办法,对全体业务工作人员进行专门培训,累计培训 6 期,培训人数达 203 人次。为做好档案资料整理及客户资料收集工作,联社领导班子向县委、县人民政府汇报此项工作,取得县委、县人民政府的支持和帮助,由政府办公室对各乡(镇)、农、林、牧场专门下发《关于做好农村信用社贷款五级分类工作的通知》,保证贷款五级分类工作资料收集的真实性和完整性。截至 2006 年 9 月末,按贷款五级分类划分,各项贷款余额为 9062 万元,其中企事业单位贷款 17 笔,金额为 802 万元,占各项贷款总额的 8.85%;自然人其他贷款 684 笔,金额为 2253 万元,占各项贷款总额的 24.86%;农户一般贷款(含农户小额信用贷款)14258 笔,金额为 6007 万元,占各项贷款总额的 66.29%。县联合社贷款五级分类工作总体上做到"组织工作基本到位、资料搜集基本齐全、风险分析基本准确、分类结果基本正确、分类档案基本完整",基本达到农村信用社贷款五级分类工作要求。

六、改革试点工作取得新进展

自治区联社于 2006 年 7 月挂牌成立,县联合社顺利完成统一法人筹建工作,为使改革试点工作进一步取得进展,10 月 23 日,召开由本社社员、机关干部、乡村农民共 54 人参加的岳普湖县农村信用合作联社第一届社员代表大会,选举出岳普湖县农村信用联社新一届理事会、监事会成员,理事会中产生理事长、副主任,监事会产生监事长,建立健全"三会"制度,规范各自的职责和议事规程,建立决策、执行和监督相互制衡的机制,真正把群众满意的领导干部选拔出来,把想干事、能干事、干成事的干部从员工队伍中选拔出来,推动农村信用社进一步向前发展。新疆银监局已于 2006 年 12 月 26 日批准开业。

七、做好财务管理工作

加强财务管理,自觉遵守国家财务纪律,严格控制费用开支。信用社认真贯彻执行自治区联社下发的《关于全疆农村信用社 2006 年财务安排意见》,严格控制招待费、会议费、宣传费,努力开源节流,增收节支;财务收支做到应收尽收,应付尽付。在各营业网点,实现贷款本息按月、按季度全额收回。

八、严防经济案件和安全保卫工作得到进一步提高

2006 年 4 月,县联合社制定下发 94 项规章制度,进一步提高员工遵守各项规章制度的自觉性。加强对内控工作的领导,每季度对各营业网点的账务进行一次检查,找出违规违纪的一些问题,责令其限期纠正,并对纠正情况进行复查,与此同时在联社下属各信用社成立案件专项治理和预防商业贿赂领导小组,有效杜绝违规违纪现象;在开展案件专项治理的活动中,加强对员工内控制度的执行情况进行检查,增强他们工作责任感,采取内外监督相结合的办法取得显著成效。进一步加强安全保卫工作。年初,联合社与各乡(镇)信用社层层签订《安全保卫工作责任书》,对责任书的执行情况进行定期、不定期的监督检查,按照"谁主管谁负责"的原则,抓好安全保卫工作的落实,严格执行值班、守库、押运制度,真正做到"防盗窃、防抢劫、防诈骗,保护国家财产和职工的人身安全",始终坚持基层信用社主任每周一次、县联社主任每月一次安全保卫工作大检查的同时,抽调专人定期不定期地节假日检查、日夜检查,保证安全保卫工作不出任何问题。通过内控制度组织建设和严格安全保卫制度执行力度,全年未发生任何经济案件。

九、做好员工的培训、考核和人事工作

先后举办计算机、经营管理、信贷管理、双语培训,培训人员 80 人次;委派业务人员

到乌鲁木齐学习10人次,提高职工的整体业务素质。加大考核、考评力度。半年、年末进行考核、考评,根据考核成绩下发20%的效益工资,严防违章问题的发生。通过考核,严惩一批违规违纪人员,即对于工作不负责任,有章不循的5名干部给予待岗处分,4名干部,给予留职查看处分。同时将遵纪守法、爱岗敬业的员工安排到重要岗位,激发员工的积极性,推进各项工作发展。

十、做好党风廉政建设和反腐败工作

认真学习和贯彻落实党风廉政建设有关文件精神,结合县第八次党风廉政建设教育月活动,推动各岗位工作的有效进展。2006年,县联合社党支部被县委评为"先进党支部""群众满意的基层五好县直单位",被县机关党委被为"2006年党建工作先进集体",受到表彰和奖励。

十一、"三个文明"建设取得实效

县联合社坚持"三个文明"建设一起抓,认真做好文明建设、综合治理、计划生育、双拥、普法、扶贫帮困等具体工作。在各节假日间积极参加县委举办的文体活动、在"百日广场"参加金融系统举办的文艺联欢等活动,进一步丰富职工们的业余文化生活。积极开展军民共建活动,在春节、古尔邦节之际,向武警中队慰问1000元,在八一建军节来临之际,又向他们慰问送价值2800元的数码相机一部;开展好扶贫帮困送温暖活动,积极动员全体员工捐款13300元,有力地帮助困难群众渡过难关,得到人民群众的好评和拥护。经过全体员工共同努力,2006年,县联合社被县爱卫会评为县级卫生合格单位。继续保持"地区级文明单位"称号,为各项业务的发展创造良好的社会环境。

2007年县联社工作总结摘要

一、加强学习,努力提高工作水平,牢固树立为"三农"服务的思想

2007年,县联社结合实际,加强对领导班子和全社干部职工的政治思想教育,带领班子成员积极参加学习小组学习,把理论学习与改进作风、提高效率、提高服务质量结合起来,加强民主管理,重大事务的决策均通过理事会研究讨论决定,有效提高领导班子的凝聚力、战斗力和向心力。自觉认真学习党的各项路线、方针、政策,努力实践"三个代表"重要思想,认真学习中共十六届五中、六中全会精神,尤其是中共十七大召开以后,党委班子带头学习胡锦涛总书记在十七大的工作报告,利用每周三和周五晚上时间组织职工及时学习传达党的十七大精神和国务院32号文件精神,要求职工撰写心得体会。与此同时,在工作中把学习银行业法律、法规知识作为开展工作的重点,认真学习和领会上级下发的金融工作有关文件和会议精神以及银监会下发的有关各项政策法规、指引和规范性文件,掌握有关政策法规相关内容。加强对"三法"和《新疆农村信用社职工知识读本》的学习,通过自学、组织学习、上级培训等方式,不断提高自身业务水平。

二、努力推广小额信贷，进一步提高贷款质量

根据《农村信用合作社发放小额信用贷款指导意见及实施办法》的要求，对县7乡2镇，县直农林收场24000户农民建立信用等级档案，实际发放小额信用贷款为6165万元，为县春耕生产提供有力的资金保障。

三、加强不良贷款清收力度

切实加强不良贷款的清收力度，充分发挥"贷款清收领导小组"的作用，对各基层社的贷款进行全面清查，根据"谁发放、谁负责"的原则，严格按照《岳普湖县农村信用合作联社清收不良贷款奖惩办法》，累计收回不良贷款60万元，完成计划的162%。

四、做好扩股增资工作

向社会积极宣传入股政策、入股的意义和入股社员的权力、义务，带头积极入股，督促信用社职工积极参股入股，增强员工的集体责任感；到2007年底联社的股本金余额达到1061万元。

五、加强财务管理

县联社坚持"一支笔"审批制度，严格控制费用超支，大额支出和新增固定资产购置、使用，领导班子坚持事前调查，事中监督、事后检查，努力做到减少成本，2007年盈利102万元，完成计划的102%。

六、加强稽核工作

加强稽核工作，促进各项业务的健康发展，在建立和完善各项业务规章制度的同时，严格执行规章制度，做到"有章必循，违章必究"，进一步提高各项业务的规范化、制度化。年初联社和基层社签订关于内部管理、防范经济案件的责任书，做到层层落实，明确责任。一是广泛征集意见、建议，切实改变工作作风，切实加强联社支农力度；结合自治区第六次党风廉政建设教育月活动，联社掀起改变工作作风、树立农村信用社新形象的活动，在原有意见箱、意见簿的基础上，联社向全县各族群众、单位、集体征集意见建议，找出在《警示教育》、学习"三个代表"重要思想新高潮和第六次党风廉政教育活动中遗留出现的各类工作作风问题，对联社改变工作作风起到很大的推动作用，有效解决群众提出的热点、难点问题。二是加强重要空白凭证的管理，对重要空的凭证的领用登记、销号等每个操作环节都进行严格管理和监督，实现各基层社无大量重要凭证积存。三是在每个基层社配备一名兼职稽核员，加强稽核队伍建设和强化内控制度。四是加强对各基层社的稽核工作，联社对基层社实行定期不定期稽核制度，对查出的违反贷款管理办法、会计达标要求、内控制度、安全保卫制度等违纪问题及时进行纠正，同时按有关制度进行严肃的处理，做到有章必循，违章必纠。

七、做好安全保卫和防范工作

一是在联社成立"三防一保"工作领导小组、安全保卫和案件防范工作领导小组等机

构,落实"三级"(联社领导和保卫股长、保卫人员和基层社主任、保卫人员和干部员工)目标责任制,层层签订责任书,健全地完善安全保卫规章制度和防范措施,真正把教育和管理措施落实到岗位,责任到人。二是为强化安全保卫队伍建设,当年将录用退伍人员配各部分基层社的保卫工作岗位,并制定培训计划,解决在基层社缺乏专职的安全保卫人员问题。三是进一步加强保卫人员的思想政治教育,不断提高思想政治素质,在全体员工和保卫人员中深入开展《警示教育》、金融法规、职业道德教育活动,激发和增强工作人员和保卫人员的事业心和责任感,认真解决他们的世界观、价值观、人生观等问题。四是联社组织有关人员对各个基层社的安全保卫工作进行检查,及时更换老化设施,进一步加强安全保卫工作的指导。并对安全保卫工作管理不规范、违法违规的问题追究有关人员的责任,并限期纠正,堵塞漏洞,确保国家财产和人员生命不受伤害。

八、加强基础设施电子化建设

经上级的批准,在当年投资近130万元,对全辖基层社的营业场所进行装修、改造。同时联社在上级的大力支持下,克服种种困难,投入大量人力、物力、财力给全辖基层分社配备微机和其他相关设备。联社营业部于2004年10月29日联网成功,使全辖10个基层分社将实现电子化办公,为联网工作打下坚实的基础。2005年第一季度末前在全辖上机办公,加快电子化进程,进一步提高联社服务环境、服务质量和竞争力。

九、做好人事工作

一是加强员工培训工作提高干部队伍素质,举办财会、信贷、安全保卫、金融法规等培训班,先后培训人员85人次;委派业务股干到乌鲁木齐学习17人次,干部员工积极参加自学考试和成人教育,从社会各界吸纳19名大中专院校毕业生及有专业技能的财会人员补充员工,从而彻底解决人员紧的矛盾,提高员工的整体素质,增加联社的整体服务实力。二是做好干部职工养老统筹、医疗保险、失业保险、住房公积金等工作,解决联社职工的后顾之忧。三是为激发干部队伍的活力,建立高效、务实、廉洁、奉献的员工队伍,进一步加强全体干部爱岗敬业凭实力上岗的忧患意识,进一步加强员工的凝聚力和竞争力。四是加大考核、考评力度,建立一文高效、务实、廉洁、奉献的员工队伍。联社坚持严抓制度落实,积极推行"能者上庸者下"的用人机制,正确引导员工按章办事热情,为确保各项制度有效推行,制定员工违规处罚办法,加大违章违纪行为的查处力度,在月末、季度末、半年末、年末进行考核、考评,分别对违章违规违纪人员处理的同时,将遵纪守法、爱岗敬业的员工安排到重要岗位,提高待遇,激发员工的积极性。

十、做好文明建设工作,促进联社各项业务不断健康发展

联社坚持"三个文明"建设一起抓,自觉推进文明建设,不断创新协调发展,走出一条文明建设和金融企业发展紧密相结合的新路子。联社在上级的正确领导下,在各级党委、政府的大力支持下,先后投资13万元硬化联社大院、安装健身器材,经过全体员工共

同努力、奋力拼搏、开拓创新,做好文明建设、综合治理、就业再就业、招商引资、计划生育、双拥、普法等具体工作。在各节假日间信用社举办职工喜闻乐见的文艺联欢、体育比赛等活动,进一步丰富职工们的业余文化生活。积极开展慰问"三老"人员、人民子弟兵、献爱心捐款工程抢救无效活动,带头向地震、冰雹受灾地区捐款900余元,衣物13件(套),倡导全体员工向"6·23"冰雹捐款4700元,衣物175件,代理发放民政局、抗震救灾、抗震安居款1200万元,使精神文明、物质文明和政治文明取得三丰收。创建县级文明行业,联社被县委、县政府评为支持地方经济发展的先进单位;通过政治文明、精神文明、物质文明建设,于2004年10月被地区文明委命名为地区及文明单位,是喀什地区农村信用社系统唯一的地区级文明单位,进一步提高农村信用社的知名度和信誉,为各项业务的发展创造良好的社会环境。

十一、内控制度建设

结合联社实际情况,专门成立工作小组,始终把加强内控制度作为开展业务工作的重中之重,严格按照《岳普湖县农村信用合作社联合社规章制度汇编》,有条不紊地开展业务工作;按照上级主管部门的要求,及时调整充实"三防一保"工作领导小组,有效防范信贷风险,进一步建立健全联社内部控制制度建设。一是加强重要空白凭证的管理,对每个操作环节都进行严格管理和监督,实现各基层社无大量重要空白凭证积存。二是在每个基层社配备一名兼职稽核员,加强稽核队伍建设和强化内控制度。三是结合案件专项治理和商业贿赂工作,对全辖营业网点进行抽查,对容易发生不正当交易行为和商业贿赂的部门、岗位及员工进行分析摸底,有效的预防职务犯罪。四是进一步完善法人治理结构。按照风险控制措施、风险控制方案来开展工作,严防经济案件的发生,确保2007年不发生任何经济案件。

十二、依法合规经营和加强经营管理

为进一步规范信用社依法合规经营工作,联社领导多次深入各基层网点,听取一线员工的意见与建议,紧紧围绕不同阶段的重点业务工作开展多次专题调研;在各营业网点实行综合柜员制,方便客户提高业务办理速度;在金融、计算机、法律专业方面新公开招聘8名大专以上文化程度的专业人才;各营业网点安置监控系统,以便加强安全保卫工作。围绕加大支农力度,与政府有关部门多次协调,并深入农村农户、种养殖小区,进行实地调研,加大对县养殖业的支持力度;围绕严格新增贷款管理,深入贷款户,进行逐户调研的方式,提出强化信贷管理的新措施;围绕增资扩股工作,采取召开座谈会、对农户进行实地调查等方式,实行以农户为主,先农户、后个体、再企业的原则,起到意想不到的效果。通过调研,进一步掌握情况,发现问题,为工作的顺利开展奠定良好的基础。在经营管理和依法合规经营工作中,重点突出"三抓"。一是抓考核。主要突出"三项考核",即突出组织资金增长计划考核、突出实际增长考核、突出日均基数考核。逐月对基

层社组织资金计划进行考核,按完成比例核发工资。把资金增长计划考核与日均基数考核结合。突出增长考核,把基层社分农村、城区两块,按其相应平均增长进行排队比较,一季一排名,通过"三项考核",有效提高职工干事创业的积极性,使联社市场占有率明显提高。二是抓惠农。支农是农村信用社永远的主题。一年来,联社相继推出方便农民贷款,支持农村经济发展的有效措施。首先进一步加大信用环境工程的建设力度,对信用农户真正落实贷款优先、利率优惠、额度放宽、服务优先的优惠政策,切实让信用村、信用乡(镇)、信用户得到实惠。至目前,共建立 24281 农户建立经济档案,并评定信用等级核发小额信用贷款证的户数为 20446 户。根据评定等级情况,全县向核发小额贷款证的农户授信 7980 万元,小额信用户在信用社自愿贷款 5700 万元,有力支持县春耕生产顺利进行。其次对主动到信用社归还贷款本息的农户,实行优先贷款,以最大诚意引导广大农户树立自觉诚信意识。再次适当提高乡镇的贷款授信额度。基层信用社的贷款审批权限由 5000 元提高到 10000 元。最后积极配合县人民政府农业产业结构调整和加大设施农业工作的力度,加大对具有比较优势的农业和农产品的信贷投放,积极支持农户发展科技农业、生态农业、高附加值农业等。抓"双降"。联社成立盘活不良贷款领导小组,负责对全县信用社盘活不良贷款工作的组织、检查、督促和落实工作,并下达联社领导每人承担 20 户金额最大的不良贷款清收任务;各股长、信贷人员每人承担 10 户金额最大的不良贷款清收任务。加强员工队伍不良贷款考核,逐级制定清收计划。截至 2007 年底,累计收回不良贷款 450 万元。通过抓重点工作,有效促进各项业务工作的顺利开展。2007 年年底各项存款余额 1.92 亿元,其中:储蓄存款 1.59 亿元,占存款总额的 83%,单位存款 3300 万元,占存款总额的 17%;当年累计发放各类贷款 1.22 亿元,比 2006 年增长 26%,各类贷款中农业贷款 9000 万元,招商引资落户企业贷款 1665 万元,共发放各类养牛、养鸡贴息贷款 530 万元,抗震安居工程贷款 21 万元。存贷比例 31%,股本金余额为 1006 万元,比 2006 年末增加 181 万元,增长 22%,资本充足率为 6%。

2009 年县联社工作总结摘要

一、总体情况

截至 2009 年末,联社下属有 1 个营业部,9 个乡信用社共 10 个营业网点。职工总数 112 人,其中:正式人员 87 人,聘用的临时人员 25 人。2009 年末,资产总额 40225 万元,比上年增加 11525.2 万元,增长 40%,其中:各项贷款最高余额 2.2 亿元,创造历史最高水平,比上年同期增加 5000 万元,增长 29%。年末贷款余额 17343 万元,比上年末增加 6967.9 万元,增长 67%,其中:正常贷款 16760.6 万元,不良贷款 582.4 万元,比不良贷款实际控制计划增加 155.7 万元。不良贷款占贷款总额的 3.4%。年末农业贷款 13280.6 万元,占贷款总额的 77%。其中:农户小额信用贷款 9090 万元,占农业贷款的 68%。

负资产总额38131.9万元,比上年增加11372.1万元,增长43%。各类存款36603.9万元,比上年增加11625.4万元,增长47%。年均存款余额达330万元。在各项存款中,储蓄22853.8万元,占存款总额的62%,存款计划的完成率达132%。股金余额达1695.7万元,比2008年末增加83.2万元,增长5.2%。年末总收入1983.5万元,比上年同期增加237.2万元,总支出1542.2万元,比上年同期增加3.2万元。年末实现账面利润441.3万元,比上年末增加234万元,创造历年最高水平。资本充足率为9%,案件发生率为0。

二、扎实推进党建工作,加强基层党组织建设

联社进一步加强对党建工作的领导,切实增强党组织的战斗力、凝聚力和向心力。为使党建工作再上新的水平,年初,联社根据上级党委关于加强党建工作的意见,完善联社党员队伍建设,制定实施党建工作细则,确定党员队伍建设的总体思路,制定出党员和党员建设目标内容的量化考核标准。重点加强党员和干部培训以及思想作风建设工作,完善党的组织生活制度,加强全局意识,在2009年里,共召开8次党委会议和党委扩大会议,遇到重大事项召开党委会议进行研究,坚持民主集中制和法人治理要求,有效履行岗位责任制,增强党委领导的核心作用。

三、完善《三会一层》工作职责

根据联社章程,严格落实理事长、监事长和主任的义务,定期召开社员代表大会、理事会、经营班子会议和监事会议,完善经营授权机制,充分发挥经营层的主动性。加强监事会的监督制约职能,推动各负其责,做到工作分工、统一思想,责任划分、目标一致,职能不同、关系正常,建立健全相互监督制约,又紧密配合机制,切实完善法人治理结构,并作为可继续发展的方向,全力推进各项工作。2009年共召开理事会2次、监事会1次、股东大会1次,对联社在市场上的地位、发展目标、网点建设等联社改革发展有紧密联系的大问题进行科学决策,形成法人治理的合力。

四、较好地完成组织存款、增资扩股工作任务

(一)存款方面

各信用社始终坚持"存款立社、以效兴社"的思想,加大宣传力度,加强与各单位的联系,新增39个单位账户,不断丰富业务种类,顺利实施"玉卡"发放工作,为玉卡业务的正常运行打下基础,做到玉卡存取款业务的正常运行。发放的玉卡达9238张,存款余额达4557.6万元,玉卡办理网点的覆盖率达100%。做到自动化办公,4月在阿洪鲁库木乡做到各项业务用电脑办理。各信用社实施综合柜台人员制度,进一步优化信用社的服务环境,进一步提高服务质量和竞争力。为广大客户提供方便条件,对县地税局等3个单位安装5个POS机。重视业务工作和宣传工作的有机结合,不断在新闻媒体上宣传,坚持"广播、电视、报纸"宣传,利用各种形式,宣传农村信用社支持地方发展的

好方法和经验,全面实施综合宣传方案,提高联社在社会上的形象,督促各项任务指标的完成,各类存款达 36603.9 万元,比上年同期增加 11625.4 万元,增长 47%,存款计划的完成率达 132%。

(二)增资扩股规范化管理方面

加大县农村信用社增资扩股考核工作力度的同时,有效清理历年来的股金,进一步规范股金。截至 12 月底,股金总额达 1695.7 万元,比上年增加 83.2 万元,增长 5.2%。2008 年提取的股金利润 68 万元,保证股金利润的分红,资本充足率达 9%。

五、信贷支持农村经济和城市经济发展

县农村信用社坚持为"三农"服务的指导思想,把农业生产和畜牧业生产的发展作为主要的服务目标,把农民作为主要服务对象,为县农业和农村经济的发展提供信贷支持。加强信贷管理,合理调整信贷结构,为县各项工作,尤其是畜牧业生产工作的稳步发展,提供信贷资金。

当年累计发放各类贷款 2.2 亿元,比上年同期增加 5000 万元,增长 29%,其中:累计发放农业贷款 1.72 亿元,占贷款总额的 78.2%,比上年同期增加 2600 万元,增长 18.1%。为临街开发项目、招商引资落户企业发放的贷款 4800 万元,占贷款总额的 21.8%。

六、做好不良贷款的清理和降低工作,提高资产质量

一是分清不良贷款回收任务,分配收回任务,实行不良贷款收回由主任负责制,各信用社主任全面负责本信用社的贷款回收,按岗位收回指标落实到人;二是全面清理联社员工以自己的名义或者家属的名义以及他人名义的贷款,对于为此形成的不良贷款,采取扣除工资或者待岗处理等办法,一定程度的降低不良贷款比例。2009 年末,五级分类的不良贷款 582.4 万元,比 2008 年末降低 46.6 万元,不良贷款占贷款总额的 3.4%。

七、扎实推进农村信用工程

在联社农村信用工程创建工作领导小组的领导下,统筹指导农村信用工程,建立健全考核办法,为推进农村信用工程打下扎实基础。一是 2009 年县联社根据《农户小额信用贷款实施细则》的要求,为县 9 个乡(镇)和县直各国营农林牧场 24998 农户建立经济档案,其中 22683 户的信用等级按 A、B、C 三种进行划分,为需要贷款的 17690 户提供农业生产、畜牧业、设施农业、小型农机具和家庭消费贷款共计 9090 万元。二是全面实施"聘请村党支部书记信贷协管员"制度,把村党支部书记聘请当地信用社的信贷协管员,加大对信贷协管员的培训力度,使他们帮助贷款的发放和收回工作,开展年度考核,全面落实奖励和工作补贴办法。积极开展信用乡镇建设,农户的建档面达 95%。其中建立信贷关系的农户建档面积达 100%,档案内容登记情况较好。截至 2009 年年末创建的信用乡(镇)2 个,信用村 22 个。

八、加强培训,做好学习型领导班子建设

学习型领导班子建设是在新形势下,以人为本,落实科学发展观的必然要求,是开发人才资源、提高竞争能力,实现可持续发展的战略性选择。为此,把提高各信用社人员综合素质放在首位,根据自治区联社 2009 年度培训计划,联社制定出"培训计划",组织人员,先后对信贷管理、加强内控制度建设、反洗钱以及自治区联社制定下发的 105 项规章制度等内容进行培训,联社共组织培训 5 次,培训人员达 130 人次。除此之外,为适应现代化金融改革发展形势,提高人员业务素质和工作效率,提高农村信用社竞争能力和服务水平,进一步挖掘和整合劳动力资源,科学配备和有效利用人力资源,联社组织部分中层干部和业务骨干于 2009 年 6 月 19 日至 7 月 10 日赴江苏省连云港东方农村合作银行去进行学习考察培训,通过这次培训,提高联社的综合能力和水平。

九、积极争取国家的资金支持

联社根据《新疆维吾尔自治区关于金融机构涉农贷款奖励管理办法》和自治区财政厅的统一安排,顺利完成 2008 年度涉农贷款奖励的申报工作,2009 年末争取 87.36 万元涉农贷款奖励。这项工作的顺利完成,为联社的进步和健康继续发展奠定基础。

十、规范财会工作,创造经营效果新水平

一是加强检查指导,堵塞漏洞,提高会计制度的执行力。二是加强按季度收回利息的考核工作,明确任务,落实到客户,提高利息收入水平。三是加强会计委派考核制度,进一步提高委派会计履行职责的能力,完善会计监督制度,加强内控制度建设,为发挥会计的管理监督职能和会计信息的合法、真实和完整打下扎实的基础。四是联社根据自治区联社财务管理各项制度,以经费管理、审批、检查、证明制度为主,分离各种经费的审查和审批,建立逐级负责制,大额经费在联社财务领导小组会议上研究,严格控制不必要的开支,增收节支,年度利润计划的完成放在首位。由于做好财务管理工作,年末总收入达 1983.5 万元,比上年同期增加 237.2 万元。总支出 1542.2 万元,比上年同期增加 3.2 万元,年末实现利润 441.3 万元,创造历史最高水平。

十一、加强内控制度建设,严防经济案件的发生

一是领导班子加强对内控制度建设和案件防范工作的领导,及时建立内控制度建设和案件防范工作领导小组,为领导班子成员定点,以点带面,明确领导班子成员的分工。与各乡农村信用社负责人签订防范经济案件责任书。二是为保证内控工作的顺利运行,制定出案件专项治理工作方案的同时加强督促检查力度,及时处理有关责任人。落实案件防范和安全保卫工作责任制。三是迎接自治区联社检查联社 2008 年度年终决算准确率,信贷、财会专项检查组及喀什银监分局主要监管指标的真实性的检查,对检查过程中发现的问题,能够现场整改的进行现场整改;现场不能够整改的问题,安排并督促在短期内整改。四是离岗审计方面,联社按照重要岗位人员轮流上岗制度,对 48 名干部进行离

岗审计。五是对违反各项规章制度的单位和个人,按制度采取罚款、通报批评,罚一劝百等方法,强化职工的制度意识。2009 年通过开展案件专项治理和回头看活动,实现不发生重大安全责任事故和大案要案的目标,案件发生率为 0。

十二、做好安全生产和安全保卫工作

一是联社积极开展安全保卫工作大检查活动。对下属的各营业网点,抽查与定期不定期检查相结合,对不认真落实安全保卫制度,发现问题不及时整改的信用社和有关人员及时进行按制度处理。进一步加强对安全保卫人员的政治思想教育,不断提高他们的政治思想素质。二是乌鲁木齐发生"7·5"打砸抢烧严重暴力犯罪事件后,联社按照自治区联社的有关文件和县有关文件的要求,及时建立应急管理工作领导小组,联社范围内要求及早联动切实做好联社的维护稳定工作。同时联社的全体人员擦亮眼睛,清醒地认识到这一事件的真实情况,与自治区联社、县委和县人民政府保持高度的一致,坚决做到"不信谣、不传谣、不造谣"。教育自己的亲属和朋友不发表反动政治言论、不参与非法宗教活动、不做与党和人民对抗的事,以自身实际行动来维护祖国统一、民族团结,确保不发生任何事件。三是联社组织有关人员检查各基层信用社的安全保卫工作,及时更换陈旧设备,进一步加强对安全保卫工作的指导。对安全保卫工作的管理不规范、违反法律规定的问题,追究有关人员的责任,以及定期整改,堵塞漏洞,真正实现预防盗、抢、诈,维护国家财产和职员的人身安全。

十三、做好党风廉政建设,促进"三文明建设"

1. 认真学习党风廉政建设有关文件精神,开展学习型领导班子创建活动,进一步加强广大党员的理论学习,从而不断提高干部队伍的理论水平、政治素质、工作水平,强力促进职工的思想作风建设。

2. 在农村信用社的作风整顿工作中,以"三个代表"重要思想为指导,加强对职工思想作风、工作作风、领导作风和干部生活作风等方面的监督,清醒地认识干部思想作风存在的问题,在廉政建设工作中取得较好的成绩。

3. 联社领导班子成员按照县委、县人民政府的安排,加强对联系点清真寺的检查,保证党的宗教政策的正常进行。

4. 联社坚持"三个文明一起抓",认真做好文明建设、综合治理、计划生育、双拥、浦发等具体工作。进一步加强联社和基层信用社美化、绿化环境工作,共同促进经济和环境的协调发展。在庆祝建党 88 周年、诺鲁孜节、元宵节等庆祝活动,组织职工参加各项娱乐活动;春节来临之际,积极开展军民共建活动,用 5000 元现金和价值 1000 元的物品对岳普湖县武警支队官兵进行慰问;为联社联系点阿洪鲁库木乡 3 村捐赠 2 万元;联社职工为"两基"建设捐款 8900 元;乌鲁木齐发生"7·5"事件后,为在事故中受害的武警、公安干警和无辜群众开展爱心捐款活动,主动捐款 1.2 万元。

2010 年县联社工作总结摘要

一、总体情况

截至 2010 年末,联社下属有 1 个营业部,9 个乡信用社共 10 个营业网点。职工总数 113 人,其中:正式人员 86 人,聘用的临时人员 27 人。在正式人员中:大学本科 11 人,大专 43 人,中专 16 人,高中 16 人。在职工中,35 岁以下人员 49 人,占 56% ,36～45 岁职工 32 人,占 37% ,50 岁以上人员 6 人,占 7% 。在聘用的临时人员中从业人员 13 人,后勤人员 12 人。至年末,资产总额 40225 万元,比上年增加 11525.2 万元,增长 40% ,其中:各项贷款最高余额 2.2 亿元,创造历史最高水平,比上年同期增加 5000 万元,增长 29% 。年末贷款余额 17343 万元,比上年末增加 6967.9 万元,增长 67% ,其中:正常贷款 16760.6 万元,不良贷款 582.4 万元,比不良贷款实际控制计划增加 155.7 万元。不良贷款占贷款总额的 3.4% 。年末农业贷款 13280.6 万元,占贷款总额的 77% 。其中:农户小额信用贷款 9090 万元,占农业贷款的 68% 。负资产总额 38131.9 万元,比上年增加 11372.1 万元,增长 43% 。各类存款 36603.9 万元,比上年增加 11625.4 万元,增长 47% 。年均存款余额达 330 万元。在各项存款中,储蓄 22853.8 万元,占存款总额的 62% ,存款计划的完成率达 132% 。股金余额达 1695.7 万元,比 2008 年末增加 83.2 万元,增长 5.2% 。年末总收入 1983.5 万元,比上年同期增加 237.2 万元,总支出 1542.2 万元,比上年同期增加 3.2 万元。年末实现账面利润 441.3 万元,比上年末增加 234 万元,创造历年最高水平。资本充足率为 9% ,案件发生率为 0。

二、扎实推进党建工作,加强基层党组织建设

联社进一步加强对党建工作的领导,切实增强党组织的战斗力、凝聚力和向心力。为使党建工作再上新的水平,年初,联社根据上级党委关于加强党建工作的意见,完善联社党员队伍建设,制定实施党建工作细则,确定党员队伍建设的总体思路,制定出党员和党员建设目标内容的量化考核标准。重点加强党员和干部培训以及思想作风建设工作,完善党的组织生活制度,加强全局意识。在 2010 年里,共召开 8 次党委会议和党委扩大会议,遇到重大事项召开党委会议进行研究,坚持民主集中制和法人治理要求,有效履行岗位责任制,增强党委领导的核心作用。

三、完善《三会一层》工作职责

根据联社章程,严格落实理事长、监事长和主任的义务,定期召开社员代表大会、理事会、经营班子会议和监事会议,完善经营授权机制,充分发挥经营层的主动性。加强监事会的监督制约职能,推动各负其责,做到工作分工、统一思想,责任划分、目标一致,职能不同、关系正常,建立健全相互监督制约,又紧密配合机制,切实完善法人治理结构,并作为可继续发展的方向,全力推进各项工作。2010 年共召开理事会 2 次、监事会 1 次、股

东大会 1 次,对联社在市场上的地位、发展目标、网点建设等联社改革发展有紧密联系的大问题进行科学决策,形成法人治理的合力。

四、较好地完成组织存款、增资扩股工作任务

(一)存款方面

各信用社始终坚持"存款立社、以效兴社"的思想,加大宣传力度,加强与各单位的联系,新增 39 个单位账户,不断丰富业务种类,顺利实施"玉卡"发放工作,为玉卡业务的正常运行打下基础,做到玉卡存取款业务的正常运行。发放的玉卡达 9238 张,存款余额达 4557.6 万元,玉卡办理网点的覆盖率达 100%。做到自动化办公,4 月在阿洪鲁库木乡做到各项业务用电脑办理。各信用社实施综合柜台人员制度,进一步优化信用社的服务环境,进一步提高服务质量和竞争力。为广大客户提供方便条件,对县地税局等 3 个单位安装 5 个 POS 机。重视业务工作和宣传工作的有机结合,不断在新闻媒体上宣传,坚持"广播、电视、报纸"宣传,利用各种形式,宣传农村信用社支持地方发展的好方法和经验,全面实施综合宣传方案,提高联社在社会上的形象,督促各项任务指标的完成,各类存款达 36603.9 万元,比上年同期增加 11625.4 万元,增长 47%,存款计划的完成率达 132%。

(二)增资扩股规范化管理方面

加大县农村信用社增资扩股考核工作力度的同时,有效清理历年来的股金,进一步规范股金。截至 12 月底,股金总额达 1695.7 万元,比上年增加 83.2 万元,增长 5.2%。2008 年提取的股金利润 68 万元,保证股金利润的分红,资本充足率达 9%。

五、信贷支持农村经济和城市经济发展

县农村信用社坚持为"三农"服务的指导思想,把农业生产和畜牧业生产的发展作为主要的服务目标,把农民作为主要服务对象,为县农业和农村经济的发展提供信贷支持。加强信贷管理,合理调整信贷结构,为县各项工作,尤其是畜牧业生产工作的稳步发展,提供信贷资金。

当年累计发放各类贷款 2.2 亿元,比上年同期增加 5000 万元,增长 29%,其中:累计发放农业贷款 1.72 亿元,占贷款总额的 78.2%,比上年同期增加 2600 万元,增长 18.1%。为临街开发项目、招商引资落户企业发放的贷款 4800 万元,占贷款总额的 21.8%。

六、做好不良贷款的清理和降低工作,提高资产质量

一是分清不良贷款回收任务,分配收回任务,实行不良贷款收回由主任负责制,各信用社主任全面负责本信用社的贷款回收,按岗位收回指标落实到人;二是全面清理联社员工以自己的名义或者家属的名义以及他人名义的贷款,对于为此形成的不良贷款,采取扣除工资或者待岗处理等办法,一定程度的降低不良贷款比例。2010 年末,五

级分类的不良贷款 582.4 万元,比 2008 年末降低 46.6 万元,不良贷款占贷款总额的 3.4%。

七、扎实推进农村信用工程

在联社农村信用工程创建工作领导小组的领导下,统筹指导农村信用工程,建立健全考核办法,为推进农村信用工程打下扎实基础。一是 2010 年县联社根据《农户小额信用贷款实施细则》的要求,为县 9 个乡(镇)和县直各国营农林牧场 24998 农户建立经济档案,其中 22683 户的信用等级按 A,B,C 三种进行划分,为需要贷款的 17690 户提供农业生产、畜牧业、设施农业、小型农机具和家庭消费贷款共计 9090 万元;二是全面实施"聘请村党支部书记信贷协管员"制度,把村党支部书记聘请当地信用社的信贷协管员,加大对信贷协管员的培训力度,使他们帮助贷款的发放和收回工作,开展年度考核,全面落实奖励和工作补贴办法。积极开展信用乡镇建设,农户的建档面达 95%。其中建立信贷关系的农户建档面积达 100%,档案内容登记情况较好。截至 2010 年年末创建的信用乡(镇)2 个,信用村 22 个。

八、加强培训,做好学习型领导班子建设

学习型领导班子建设是在新形势下,以人为本,落实科学发展观的必然要求,是开发人才资源、提高竞争能力,实现可持续发展的战略性选择。为此,把提高各信用社人员综合素质放在首位,根据自治区联社 2010 年度培训计划,联社制定出"培训计划",组织人员,先后对信贷管理、加强内控制度建设、反洗钱以及自治区联社制定下发的 105 项规章制度等内容进行培训,联社共组织培训 5 次,培训人员达 130 人次。除此之外,为适应现代化金融改革发展形势,提高人员业务素质和工作效率,提高农村信用社竞争能力和服务水平,进一步挖掘和整合劳动力资源,科学配备和有效利用人力资源,联社组织部分中层干部和业务骨干于 2010 年 6 月 19 日至 7 月 10 日赴江苏省连云港东方农村合作银行去进行学习考察培训,通过这次培训,提高联社的综合能力和水平。

九、积极争取国家的资金支持

联社根据《新疆维吾尔自治区关于金融机构涉农贷款奖励管理办法》和自治区财政厅的统一安排,顺利完成 2008 年度涉农贷款奖励的申报工作,2010 年末争取 87.36 万元涉农贷款奖励。这项工作的顺利完成,为联社的进步和健康继续发展奠定基础。

十、规范财会工作,创造经营效果新水平

一是加强检查指导,堵塞漏洞,提高会计制度的执行力;二是加强按季度收回利息的考核工作,明确任务,落实到客户,提高利息收入水平;三是加强会计委派考核制度,进一步提高委派会计履行职责的能力,完善会计监督制度,加强内控制度建设,为发挥会计的管理监督职能和会计信息的合法、真实和完整打下扎实的基础。四是联社根据自治区联社财务管理各项制度,以经费管理、审批、检查、证明制度为主,分离各种经费的审查和审

批,建立逐级负责制,大额经费在联社财务领导小组会议上研究,严格控制不必要的开支,增收节支,年度利润计划的完成放在首位,由于做好财务管理工作,年末总收入达1983.5万元,比上年同期增加237.2万元。总支出1542.2万元,比上年同期增加3.2万元,年末实现利润441.3万元,创造历史最高水平。

十一、加强内控制度建设,严防经济案件发生

一是领导班子加强对内控制度建设和案件防范工作的领导,及时建立内控制度建设和案件防范工作领导小组,为领导班子成员定点,以点带面,明确领导班子成员的分工。与各乡农村信用社负责人签订防范经济案件责任书。二是为保证内控工作的顺利运行,制定出案件专项治理工作方案的同时加强督促检查力度,及时处理有关责任人。落实案件防范和安全保卫工作责任制。三是迎接自治区联社检查联社2008年度年终决算准确率,信贷、财会专项检查组及喀什银监分局主要监管指标的真实性的检查,对检查过程中发现的问题,能够现场整改的进行现场整改;现场不能够整改的问题,安排并督促在短期内整改;四是离岗审计方面,联社按照重要岗位人员轮流上岗制度,对48名干部进行离岗审计;五是对违反各项规章制度的单位和个人,按制度采取罚款、通报批评,罚一劝百等方法,强化职工的制度意识。2010年通过开展案件专项治理和回头看活动,实现不发生重大安全责任事故和大案要案的目标,案件发生率为0。

十二、做好安全生产和安全保卫工作

一是联社积极开展安全保卫工作大检查活动。对下属的各营业网点,抽查与定期不定期检查相结合,对不认真落实安全保卫制度,发现问题不及时整改的信用社和有关人员及时进行按制度处理。进一步加强对安全保卫人员的政治思想教育,不断提高他们的政治思想素质。二是乌鲁木齐发生"7·5"打砸抢烧严重暴力犯罪事件后,联社按照自治区联社的有关文件和县有关文件的要求,及时建立应急管理工作领导小组,联社范围内要求及早联动切实做好联社的维护稳定工作。同时联社的全体人员擦亮眼睛,清醒地认识到这一事件的真实情况,与自治区联社、县委和县人民政府保持高度的一致,坚决做到"不信谣、不传谣、不造谣"。教育自己的亲属和朋友不发表反动政治言论、不参与非法宗教活动、不做与党和人民对抗的事,以自身实际行动来维护祖国统一、民族团结,确保不发生任何事件。三是联社组织有关人员检查各基层信用社的安全保卫工作,及时更换陈旧设备,进一步加强对安全保卫工作的指导。对安全保卫工作的管理不规范、违反法律规定的问题,追究有关人员的责任,以及定期整改,堵塞漏洞,真正实现预防盗、抢、诈,维护国家财产和职员的人身安全。

十三、做好党风廉政建设,促进"三文明建设"

认真学习党风廉政建设有关文件精神,开展学习型领导班子创建活动,进一步加强广大党员的理论学习,从而不断提高干部队伍的理论水平、政治素质、工作水平,强力促进职工的思想作风建设。在农村信用社的作风整顿工作中,以"三个代表"重要思想为指导,加强对职工思想作风、工作作风、领导作风和干部生活作风等方面的监督,清醒地认识干部思想作风存在的问题,在廉政建设工作中取得较好的成绩。联社领导班子成员按照县委、县人民政府的安排,加强对联系点清真寺的检查,保证党的宗教政策的正常进行。联社坚持"三个文明一起抓",认真做好文明建设、综合治理、计划生育、双拥、浦发等具体工作。进一步加强联社和基层信用社美化、绿化环境工作,共同促进经济和环境的协调发展。在庆祝建党88周年、诺鲁孜节、元宵节等庆祝活动,组织职工参加各项娱乐活动;春节来临之际,积极开展军民共建活动,用5000元现金和价值1000元的物品对岳普湖县武警支队官兵进行慰问;为联社联系点阿洪鲁库木乡3村捐赠2万元;联社职工为"两基"建设捐款8900元;乌鲁木齐发生"7·5"事件后,为在事故中受害的武警、公安干警和无辜群众开展爱心捐款活动,主动捐款1.2万元。

2011 年县联社工作总结摘要

一、经营情况

截至2011年末,各项存款80946万元,比上年增加24059万元,增长42%,计划完成率为100%;各项贷款44745万元,比上年增加20290万元,增长83%。其中:不良资产829万元,占比1.85%,不良资产拨备充足率达183%;股本金2713万元,比上年增加491万元,增长22%,资本充足率7.66%;2011年营业收入4587万元,营业支出3852万元,年末实现账面盈余730万元,比上年增加247万元,利润增长率51%。应付利息备付率2.42%,抗风险能力明显增强。

二、始终坚持为"三农"服务方向不动摇,积极支持民生建设的发展

2011年,联社坚持为"三农"服务的宗旨,结合民生规划,把"农民增收、提高信用社效益、政府满意、多方共同受益"作为一切工作的出发点和落脚点,以农村青年、妇女创业活动、"安居富民、安居兴牧"工程为契机,开展多种形式的信贷支持建设。全年,联社为13261户发放22489万元贴息贷款,较好地解决县农民建房、贫困妇女创业、畜牧业发展、贫困大学生就学困难等一系列问题,为农民增收、民生改善提供新的活力。

三、高度重视内控制度建设,扎实开展案件专项治理工作,严防经济案件的发生

一是联社领导班子加强对内控制度建设和案件防范工作的领导,及时成立内控制度建设和案件防范工作领导小组,领导班子成员定点,以点带面,明确领导班子成员的分工。与各乡农村信用社负责人签订经济案件防范责任书。二是明确制定联社审计人员的审计范围,对职务和责任进行分离,层层签订责任书,并加强对履行责任的管理。为保证此项工作的顺利开展,制定出案件专项治理工作方案的同时加强督促检查力度,及时处理有关责任人员。落实案件防范和安全保卫工作责任制。2011年以来,实现重大安全

责任性事故和重大经济案件"零控制"的目标。

四、扎实开展《三项整治》活动

根据新农信办〔2011〕88号《自治区农村信用社2011年"三项整治"活动方案》的要求,联社全面扎实推进借名、假冒名贷款排查、置换核销不良贷款排查、抵质押贷款排查,坚持"三项整治"活动与"合规管理和风险防控年"活动齐头并进,扎实推动活动的有效开展,推进合规文化建设迈上新台阶。在"三项整治"活动中,核查贷款19811笔41034万元,在自查中发现违规发放的贷款50笔750万元,截至目前,已收回违规贷款20笔303万元;无违规置换、核销贷款。对于"三项整治"活动中查出的违规问题,对18名责任人在经济和行政方面进行严肃处理。

五、抓好"五小"工程,进一步加强企业文化建设

一是联社牢固树立"以人为本"的管理理念,紧紧围绕自治区联社工会工作委员会"五小"工程工作要求,结合自身实际,将"五小"工程纳入单位重要议事日程来抓,指定专人对所有基层网点的五小建设进行逐一摸底调查。对有建设条件的信用社本着节约为本、充分利用的原则,累计投入资金52.6余万元,集中进行网点"五小建设"达标改造,有效改善员工们的就餐、住宿及学习条件,进一步加强基层信用社的硬化、绿化工作,共同促进经济与环境;二是联社领导班子进一步丰富企业文化建设。为符合条件的78名贫困大学生共发放助学贷款188万元,同时为12名贫困大学生捐款2.4万元,为联社联系点阿洪鲁库木乡3村贫困户捐赠价值2万元的化肥、面粉、清油等物资。慰问困难职工、退休老党员。由于联社做好以上工作,继续保持"自治区级文明单位"的荣誉称号。

六、不断提高队伍素质,搭建发展平台

一是严格按照员工招聘相关制度。2011年社会化招聘录用大学生5人,进一步优化员工队伍,改善员工结构,提升联社整体员工素质。二是做好员工教育培训工作。强化员工学习意识,提升员工整体素质,联社把每周三、五作为员工集体学习日,集中组织员工统一进行培训,同时根据自治区联社的安排,四大系统参加培训人员135人次,在本联社组织培训人员达434人次。三是实施绩效挂钩薪酬考核分配机制。按照"基本工资保吃饭,效益工资靠实干"的原则,明确工资分配和绩效考核标准,将干部员工的收入与工作业绩挂钩,有效调动全员工作积极性。

2011年,联社做好各项工作,被喀什地区评为"安居富民工程先进集体"、荣获"三八红旗集体"称号,被岳普湖县评为"城市经济工作先进单位""招商引资先进单位""服务企业先进单位""安居富民工程先进集体""三八红旗集体"等荣誉称号。在2011年的工作中,涌现出联社营业部等3个先进集体和22名先进个人。

2012年县联社工作总结摘要

一、经营情况

2012年末,各类存款10.04亿元,比上年增加19474.4万元,增长24%。自治区下达任务完成97%,占比全县存款的51%,各项贷款余额63186.5万元,比上年末增加18441.3万元,增长41%,占比全县各项贷款87%,各项存贷款全县第一,其中:涉农贷款56948.2万元,占比总贷款90%,不良贷款930.5万元,占比总贷款1.47%,贷款准备金覆盖率2.42%,股金余额达4559万元,比上年增加1846万元,增长68%。资本充足率为9.43%。年末总收入6000万元,比上年增加1424万元,总支出3961.9万元,比上年增加109万元。工资性支出1315万元,比上年增加200万元,考核利润总额2831万元,比年初770万元,增长37%,税后净利润1218万元,比上年增加763万元,增长147%,缴税金额494万元,比上年2万元,应付利息率3.30%,增加抗风险能力。

二、较好完成组织存款、增资扩股工作任务

2012年,联社始终坚持"存款立社、以效兴社"的思想,加大宣传力度,加强与各组客户、各单位的联系,新增289个单位账户,特别是增加开立基本账户、增加稳定客户群,加点工作时间,实行存款劳动比赛,夯实组织资金,不断丰富业务种类,做到玉卡存取款业务的正常运行。2012年末突破10亿存款大关,发放玉卡36164张,存款余额为22816万元,玉卡办理网点的覆盖率达100%。各网点安装10台ATM,县民族医院等城内单位安装10台POS机,方便各族群众。加大县农村信用社增资扩股考核工作力度的同时,积极向银监局增加扩股计划,扩大大额股金的入股率,提高资本充足率,有效提升联社抗风险能力;2012年拟分红为14%。

三、坚定不移地走服务"三农"路线,积极支持中小企业和民生

2012年,县联社坚持为"三农"服务的指导思想,结合"民生年"规划,增加农牧民收入,进一步提高农村信用社工作效率,将工作以政府满意、股东放心、农信社增效和农牧民增收为目标,开展支持农村青年就业、妇女创业、安居富民等多种形式的信贷支持。2012年各项贷款中春耕生产贷款20500万元,妇女创业贷款,畜牧贷款,两居工程贷款,助学贷款等贴息贷款余额29600万元,购买农机、个体工商户贷款6700万元,招商引资企业贷款9610万元,提高增加农牧民收入,民生好转。

四、扎实推进农村信用工程

2012年,全县农村信用工程建设工作已经全面启动,工作进度明显加快,工作质量明显提高。截至2012年末,全县信用户总数26057户,占比93%,信用村70个,占比80%,信用乡(镇)6个,占比67%;小额信用贷款24500万元,较年初增加3200万元,增长13%。

五、加强内控制度,防范案件

联社加强内控制度、防范案件,明确领导班子分工工作,各部室、信用社主任签订经济案件防控目标责任书,加强尽职尽责分清工作。按每季度开展对基层信用社监督。对

存在的问题加大纠正、指导、处理力度。2012 年组织专项检查,离任审计 24 人,经济处罚、通报 114 人次,提高员工制度思想。2012 年实现没发生大安全事故及经济案件。

2013 年县联社工作总结摘要

一、经营情况

2013 年末,各项存款为 10.87 亿元,比上年增加 8289.7 万元,增长 8.25%,完成自治区联社下达任务的 85.93%,占全县金融机构存款总额的 51%,各类贷款金额为 67675 万元,比上年增加 44885 万元,增长 7.1%。其中:扶持农业贷款 52631.2 万元,占各类贷款的 90%,不良贷款 9761.1 万元,占各类贷款的 14.42%,贷款准备金余额 4585.7 万元,覆盖率为 150.05%。股金余额为 5083.2 万元,比上年增加 523.9 万元,增长 11.49%,资本充足率为 10.88%。2013 年末总收入为 7496.5 万元,比 2012 年末增加 1800.5 万元,总支出为 5802.6 万元,比 2012 年末增加 1847.5 万元。在各项支出中,干部职工的工资性支出为 1079.7 万元,比 2012 年减少 235.3 万元,考核利润总额为 1900.24 万元,比上年减少 143.3 万元,减幅 7.53%,税后净利润 1416.5 万元,比上年减少 211.8 万元,减幅 14.96%,缴税金额 485.8 万元,比 2012 年增加 68.5 万元,应付利息备付率 2.98%,抗风险能力进一步提高。

二、较好地完成组织存款和增资扩股的工作

2013 年,联社坚持"存款立社以效兴社"的思想不动摇,加大宣传力度,加强与各单位的联系,新增 28 个单位的账户,特别是通过开立基本账户,增加稳定客户群,延长工作时间,开展组织存款劳动竞赛,为组织资金夯实基础。

截至 2013 年末累计发放玉卡 47129 张,卡存款余额为 22663.8 万元,利用营业网点多的优势,布放 13 台自动取款机,27 台 POS 机,为各族群众提供便利,通过向喀什银监局申请扩股计划,增加部分大额股金,提高资本充足率,2013 年末股金拟分红比例为 14%。

三、坚持服务"三农"路线,大力支持民生建设的发展

2013 年,联社坚持服务"三农"的宗旨不动摇,结合"民生年"计划,把"增加农民收入提高信用社效率政府满意多方共赢"作为所有工作的出发点和立足点,以开展扶持农村青年和妇女创业、富民安居、发展畜牧养殖等活动为契机,实施信贷扶持工程。2013 年各项贷款中,投放春耕生产贷款 20500 万元;投放妇女创业贷款、发展畜牧业贷款、两居工程贷款、大中专院校贫困生助学贷款等贴息贷款 29600 万元,投放购买农机、个体工商户贷款 6700 万元,29 家招商引资落户企业贷款 9610 万元,为增加农民收入,改善各族群众生活,增添新的动力。

四、扎实推进信用工程建设工作

2013 年,信用工程建设工作全面推进,工作进度明显加快,工作质量明显提高。截至

年末,信用户总数为26057户,占比93%,信用村达70个,占比80%,信用乡镇达6个,占比67%。在县委组织部的大力支持下,经地区信用工程办公室实地调研,全喀什地区首次在县召开信用工程现场会,联社的信用工程建设工作经验在全地区得以推广。全年发放小额信用贷款24500万元,较上年增加3200万元,增长13%。

五、开展"阳光信贷",整肃行风行纪职业道德教育活动

根据自治区联社的安排和部署,2013年从5月至7月在联社扎实的开展"阳光信贷"整肃行风行纪教育活动,在活动期间,充分利用设立检举箱、举报电话、张榜公示贷款、聘任行风(信贷)义务监督员、民意测评等多种形式,在全体干部员工当中进一步加深职业道德和岗位廉政教育,紧紧围绕自治区民生建设年的主题,狠刹贷款发放过程中以贷谋私、"吃、拿、卡、要"等不正之风,维护农村信用社为民服务的良好风尚,树立良好的社会形象,使农村信用社的各项工作得以稳定和健康有序的发展。

六、加强内控制度建设,扎实开展案件专项治理,严格防范经济案件的发生

1.2013年,联社领导班子加强对于内控制度建设和案件防控工作的领导,明确领导班子的分工,与各部室和信用社主任签订经济案件防控目标责任书,同时也加强对于履行职责的管理。每个季度对基层信用社进行检查,对存在的问题加大纠正、督促和处理力度。2013年,共组织18次专项检查,进行34人次的离任审计,对276人次的违规行为进行通报批评和处罚,通过这些手段,进一步提高员工的制度观念。

2.在案件风险排查过程中,根据自治区联社的检查方案,结合联社的自身实际,自2013年8月15日至11月15日进行全面细致的检查,在检查过程中发现一些违规问题,联社对于失职的19人进行严肃处理并给予经济处罚。对大额贷款风险度也进行梳理和排查,针对信贷资产质量的情况,联社也向自治区联社进行实事求是的反映,进一步摸清信贷风险的底数,明确形成信用贷款风险的主观和客观原因,及时制定防范和解决的措施,为落实和履行足额回收的责任奠定基础。2013年实现重大安全责任事故和重大经济案件"零"突破的目标。

七、坚持以人为本,通过开展形式多样的活动,促进企业文化建设的发展

1.第一季度,先后组织开展"业务知识智力竞赛""文艺节目表演赛""如果我是一位客户"等内容的各项活动,促进职工之间团结合作的友谊之情。

2.2013年,联社继续推进基层信用社的"五小"工程建设工作,进一步加强联社的硬化和绿化工作,实现经济和环境共同发展。

3.在春节、元旦、肉孜节和古尔邦节等节假日期间,联社领导班子带着现金和慰问品赴基层慰问在岗的员工和退休人员,使他们深深感受到大家庭的温暖。

4.联社还建立"爱心"基金,并通过宣传和动员,全体员工都纷纷踊跃进行捐款,共筹集6.4万元"爱心"基金。

八、进一步提高队伍的素质，创建发展的平台

2013 年，联社招聘四名大学生，进一步优化员工队伍，改善人员的结构。为进一步增强人员的学习理念，提高整体素质，通过对"信贷管理系统配套化"、会计业务"、自动取款业务操作规则""反洗钱常识"等内容的培训，培训 276 人次，使联社全体员工的素质有一定的提高。

九、提高认识，结合自身，深入扎实地开展党的群众路线教育实践活动

依照《关于在新疆农村信用联社系统里广泛开展党的群众路线教育实践活动有关方案和安排意见》的要求，联社党委非常重视此项工作，在贯彻和学习实践活动的同时，结合党的十八大精神，联社领导班子对于在"四风"方面所存在的问题，通过"照镜子、正衣冠、洗洗澡、治治病"的总体要求，进一步加强思想政治建设，促进体制改革和现代企业文明建设等方面的重点工作，自始至终的提高认识。在实践方面，把体现自身特色，着重检查和解决突出问题渗透到实践活动的整个过程当中，取得初步的效益，有力地促进各项业务工作的顺利开展。

2014 年县联社工作总结摘要

一、基本情况

2014 年末，联社现有 9 家乡镇信用社 1 家营业部 10 家营业网点，在职职工 114 名，其中正式职工 96 名，劳务派遣人员 11 名，内退 7 人。

二、经营情况

截至 2014 年末，各项存款 113011 万元，比上年增加 4370 万元，增加 4%。在各项存款中，对公存款余额为 52670.6 万元，占存款的 46.6%，比上年增加 1317.5 万元，增加 2.5%，储蓄存款余额为 60340.5 万元，占存款的 53.4%，比上年增加 2983.2 万元，增加 5%。比自治区联社部署的存款任务减少 6988.9 万元，完成计划的 94%，占县金融机构各项存款的 52.9%。各项贷款 65391 万元，比上年减少 2333.1 万元，减少 3.5%，比自治区联社部署的贷款任务增加 1339.1 万元，完成计划的，102%。其中:农业贷款 59116.2 万元，占贷款总额的 90%，占县金融机构各项贷款的 67.9%，存贷款占县域金融机构第一;不良贷款 4593.1 万元，占比 4.81%，不良贷款拨备充足率达 179%，余额达 8740.7 万元，股本金 5083 万元，资本充足率 13.82%;2014 年营业收入 7894.81 万元，比上年增加 542.5 万元，增长 28.5%，人均薪酬 85245 元，比上年增加 21501 元，增长 35%，固定资产原值、股金占比严格控制在 17.23% 以内;营业支出 5445.19 万元，年末实现账面盈余 2444 万元，比上年增加 542 万元，利润增长率 28%，2014 年实现零发案率，抗风险能力明显增强。

三、进一步完善理事会工作职责

根据联社章程，严格落实理事的义务，定期召开社员代表大会、理事会，完善经营授权机制，充分发挥经营层的主动性。

1. 不断增强理事会的战略决策能力。2013 年以来,理事会共召开 4 次会议,对联社的市场定位、发展目标、网点建设等事关联社改革与发展的重大问题进行科学决策,坚持增强决策的透明度,保证不走过场,不搞形式。

2. 逐步健全经营层的授权管理体系。每年度理事会对经营班子在经营方向、经营目标、信贷投向投量和风险防范等方面进行授权,结合授权执行情况对有些不适应的进行及时的调整,并签定目标考核责任书。

3. 有效发挥理事的监督管理作用。一是建立理事提案和报告制度,要求理事按期对理事会进行工作报告。2013 年以来,理事会召集社员代表和职工征求 18 余条意见和建议;二是对部分理事实行分工包片。对 9 名理事进行划片分工,主要负责高管人员道德监督、业务经营的行为监督和改革与发展的调查研究。

四、强化措施,加大存款营销力度

一是在广大员工中牢固树立"存款立社、以效兴社"的思想,按照"增加存款总量、降低存款成本"的原则,积极组织存款,实现存款稳步增长;二是抓好客户群体。根据自治区联社年度工作会议要求,坚持对公与储蓄两手抓、两手都要硬的工作策略,变过去的拉存款为拉客户、拉账户,尤其是开设基本账户,培育稳定的客户群体,夯实资金组织工作的基础。截至 2014 年末累计发放玉卡 10125 张,玉卡覆盖率达 100%,卡存款余额为 26259.9 万元,比上年增加 3596.1 万元,增长 15.9%。利用营业网点多的优势,新增 21 台 POS 机,完成年度计划的 67%,交易额达 29604 万元,完成计划的 68.77%,为各族群众提供便利;积极推广网银业务,共有 18 家企业开立网银账户,完成计划的 100%,个人网银开户 184 户,完成计划的 6.49%,个人移动银行开户 81 户,完成计划的 6.43%,中间业务收入为 189.7 万元,完成计划的 126.47%。

五、信贷支持农村经济和城市经济的发展

县农村信用社坚持为"三农"服务的指导思想,把农业生产和畜牧业生产的发展作为主要的服务目标,把农民作为主要服务对象,为县农业和农村经济的发展提供信贷支持。加强信贷管理,合理调整信贷结构,为县各项工作,尤其是畜牧业生产工作的稳步发展,提供信贷资金,有力支持地方经济的发展。2014 年累计发放各类贷款 58088.7 万元,其中农业贷款为 53624.1 万元;积极争取地方政府扶持,向全县 21000 余户农民累计发放贴息贷款 5500 余万元,使 2500 余户农民收益 670 余万元,向 122 户养殖专业户累计发放畜牧贷款 2250 余万元,为增加农民收入,改善各族群众生活,增添新的动力。2014 年,信用工程建设工作全面推进,工作进度明显加快,工作质量明显提高。截至年末,增加信用额度信用户总数为 16136 户,占比 55%。

六、加强内控制度建设,扎实开展案件专项治理工作,严防经济案件的发生

一是领导班子加强对内控制度建设和案件防范工作的领导,及时建立内控制度建设和案件防范工作领导小组,为领导班子成员定点,以点带面,明确领导班子成员的分工。

与各科室、各乡农村信用社负责人签订防范经济案件责任书,并加强他们履行职责的管理。为保证这项工作的顺利开展,制定案件专项治理工作方案的同时,加强督促检查力度,及时处理有关责任人。2014年开展要害岗位专项检查29人次,对违反农村信用社业务操作规程的13人处以经济处罚和通报批评。二是根据自治区联社的统一部署,2013年、2014年深入开展"三项整治""阳光信贷"教育活动,进一步强化合规经营意识、规范管理意识、风险防范意识,加强制度落实情况检查,进一步提高经营管理水平,防范风险。三是认真开展"存款排查"工作,根据自治区联社存款排查方案,对联社全辖网点存款业务进行认真细致的排查,对查出的违反存款业务规程的19人处以经济处罚和通报批评。2013年以来,将案件防控、专项整治等工作与日常业务工作紧密结合起来,做到专项整治和"回头看"同时进行,努力实现"零"发案率。

七、加强队伍建设,提升经营理念,搭建发展平台

2010年以来,联社理事会认真研究分析整体状况,对于存在的服务质量较差、办事作风拖拉、工作效率不高等突出问题进行梳理,开展"机关为基层服务、基层为客户服务、全员为社会服务"活动,切实解决思想认识问题,提升经营理念。新吸收员工10名,努力优化员工队伍结构,举办各类期培训班,培训员工1372人次,培养良好的职业道德,树立起爱岗敬业的精神,解决团队的基本素质问题。

八、大力推进"五小"工程建设和企业文化建设

一是联社领导班子十分重视"五小"工程的贯彻落实,及时成立"五小"工程建设推广实施领导小组,领导小组下设办公室,并制定"岳普湖县农村信用社农牧区网点开展'五小'工程建设活动的实施方案"。将"五小"工程纳入单位重要议事日程来抓,监事长专门负责,指定专人对所有基层网点的五小建设进行逐一摸底调查。按照食堂、宿舍、学习条件等实际情况对所有网点进行分类排队,有针对性地提出整改措施和整改时限,个别单位重点督促,有条件的单位及时改造职工食堂、宿舍,开辟小菜园、小果园。二是积极探索实践,企业文化建设初见成效,企业文化具有重要的导向、约束、凝聚、激励作用,是农信社立社之魂。联社充分认识企业文化的重要意义和作用,坚持在抓好业务发展的同时,努力探索企业文化建设的途径和方法,取得阶段性成果,为深化企业文化建设奠定坚实基础。

九、做好安全生产和安全保卫工作

联社不断加强安防资金的投入力度,对辖内营业网点进行改造,严格按照营业场所风险等级评定和安全防范设施建设工作以及安防建设工程定点服务单位及安防产品相关要求,安装监控录像、防弹透明玻璃防尾随门,在营业网点配置灭火器,现金区安装尾随门。在今后的工作中联社将加大安全生产检查力度,对未改造高清监控网点的尽快改造,对损坏的安防设备进行及时更新,加大员工培训力度,提高员工安全意识,从员工思想上引起足够的重视,坚持做到预防为主,努力杜绝各类安全事故的发生。

2013年以来,联社在上级部门的正确领导和全体员工的共同努力下,取得地区级文明单位和富民安居工程建设地区级先进集体的荣誉。自联社组成第三届理事会以来,认真履行职责,努力实现经营理念、企业文化上一新台阶的目标,是实现"双赢"的关键一年。

第三辑　载文选辑

走群众路线受群众欢迎
岳普湖县阿克其区乡信用社办得好

上年年底,岳普湖县阿克其区一乡信用社共吸收3万多元存款。社员存款是为了以后用的。究竟社员们要在什么时候用呢? 他们认为在什么地方取款最方便呢? 为这支付存款的问题,一乡信用社早在春耕前,就采用和社员们座谈商讨以及访问谈家常的方式,把社员取款的大致时间和金额摸了个底。如该乡红星一、二两社的存款都要在5月份拿来买肥料和派别的用场;社员个人储蓄都要在2月到5月间陆续取出买口粮、衣服等;社员最喜欢在巴扎天取款。根据上述情况,信用社便在巴扎日办公;平时流动服务,主动送款上门,保证随取随存。如存户阿吾提麻木提事先和信用社干部约好8月20日取100元存款,到了那天,信用社干部一点没忘,按时把款送上门了,他感动地说:在信用社存款比放在自己口袋里还方便。

春季总还有些欠粮的困难户,为了解决春季生产时期社员的生活困难,信用社特别注意通过农业社了解情况。一般社员有了困难,由信用社社员小组长(或生产队长)介绍,农业社主任证明,信用社主任审查批准,就给以贷款。对特别困难的,信用社了解到情况后,还主动登门贷给。如贫农社员阿不都如素普家里在2月20日就断了口粮,虽然有一羊,但是因为带羔卖出不合算,再说一家八口,光指着卖这一只羊的钱,也过不了几天。正愁得没办法,信用社干部主动到他家贷给了款子。他很受感动,说:我的困难解决了,生产劲头大了。

县里好多信用社觉得春季生产时候农民困难多,只能发贷款,没办法收贷款和存款。一乡信用社干部却不这样想。他们认为:只有不断地搞"三收"(收存款、收贷款、收股金),才能更有力地支持生产。他们从未间断宣传和访问座谈摸底等工作。到4月中,信用社果然收回各种贷款和股金1100多元、定期和活期存款27800多元。不但解决了本乡贷款,在银行里转存下了部分存款,还调剂给二、四两乡信用社5000元,帮助他们解决了资金不足、无力支持生产的困难。

(摘自《新疆日报》2930期,作者董文)

岳普湖岳下八扎区二乡信用社
结合购粮工作大力收贷收储

岳普湖讯　岳普湖县岳下八扎区二乡信用社,结合夏粮收购开展收贷收储工作有很大成绩。

该社在购粮工作中,除针对群众的思想情况广泛深入宣传存款收贷的意义外,社干部还明确分工,采取分片包干和农业社挂钩的办法,大力开展收贷收储工作。随着群众的社会主义觉悟不断提高,存款还贷又很方便,农民们都积极把出售的粮款归还贷款和参加储蓄。如该社结合第三旗帜农业社给两个生产队的社员分配售粮款,三天中就收回各种贷款 300 元,吸收存款 1128 元。社员阿不都瓦衣提·沙哈拉,把 108 元的售粮款,除归还 45 元贷款外,还在信用社存了 50 元。

该社计划在夏粮收购工作中,除要收回约占 60% 的贷款外,还要争取吸收存款 15000 元。

（摘自《新疆日报》2577 期,作者董文）

积聚资金大力支援农牧业生产
铁力木区结合分配组织货币回笼

岳普湖讯　岳普湖县铁力木区银行营业所和全区六个信用社,结合各农业社棉花款分配,积极开展收贷收储工作。自 10 月上旬至下旬共二十天左右时间,全区共回笼货币 54364 元,占分配现款数的 38%。

铁力木区银行营业所在各农业社没进行分配之前,召开了营业所和全区信用社干部会议,根据当地农业生产和粮、棉收购情况,详尽讨论和研究了收贷、收储工作,并制订了工作计划。

农业社分配工作一开始,营业所和信用社干部就按乡、社分片包干,利用一切生产空隙,向农民进行广泛宣传;此外,还在乡内召开的各种干部会议上,要求各级干部给予协助和支持,讲明了干部带头还贷、存款的意义,随即掀起了一个还贷、存款的热潮。如四乡光荣一社主任吐日安托乎在分配时,当场带头存款 100 元,并向社员宣传了存款的好处,结果就有 22 户社员相继将 1500 元存入了信用社。

为了便利群众储蓄,更好地为广大群众服务,在旺季到来之前,区营业所并协助二、四、六乡三个比较分散的信用社,建立了四个服务站,展开了工作。

（摘自《新疆日报》2648 期,作者董文）

编后记

    《岳普湖县农村信用合作社志》的编纂工作自2013年3月开始,至2016年12月结束,共经历搜集整理资料、初稿撰写、修改加工、审稿出版四个主要阶段。

    2013年2月,自治区联社召开修志工作会议,对全疆各县(市)行社的修志工作进行部署。3月,岳普湖县联社成立《岳普湖县农村信用合作社志》编纂委员会,组建修志办公室,配置专人负责修志工作。同时拨出专项经费,聘请修志专家,召开社志编纂工作动员大会。

    资料是志书的生命,资料的缺失直接加大撰写志稿的难度,资料的搜集、挖掘工作贯穿于编修志书的全过程。4月,拟定社志篇目后,由编委会主持召集修志人员开会,制定修志计划,分配编修任务,把篇目章节分割至与内容相关部门中,分别开展资料搜集和资料长篇的编写工作。期间对资料收集整理和编写进行针对性的培训和指导。5~6月,派2人到喀什地区人行、农行、银监局、报社、地区档案馆收集电子版资料50余万字。2013年7月至2014年6月,搜集、整理联社文书和会计档案资料资料10000余份80余万字;采取座谈和采访退休老职工收录整理口碑资料18万字。

    2014年7月,资料收集暂时结束,进入初稿撰写阶段。该阶段进展缓慢,至2015年6月,没有形成志书初稿。

    2015年6月,自治区联社党委巡视办主任、修志办主任任胜和修志办专家到联社调研修志工作,与时任联社党委书记、理事长吐尔洪·赛买提和时任党委委员、主任王智座谈时得知志书编纂困难,推荐乌鲁木齐天晟志鉴文化传播有限公司(简称天晟文化)承担编纂工作。7月,经联社党委会研究决定,与乌鲁木齐天晟文化合作编纂《社志》。

    2015年7月,天晟文化接受编纂任务后,重新制定篇目,由公司编辑孙汝翔、陈成意、蒋生平负责编纂工作。8月,天晟文化编辑陈成意和蒋生平到联社重新收集资料。9月进入初稿撰写,至2016年11月完成70余万字志稿,报送联社资料补充和史实校对。联社党委书记、理事长唐努尔·艾买提,风险部经理古丽娜尔·阿西木,办公室主任图尔孙江·牙生,对志稿的史实内容和部分章节进行校对和补充,并提出修改建议。12月天晟文化根据联社修改意见和补充资料,对志稿进行删重不漏、规范文风,于12月20日形成90余万字的送审稿报送自治区联社修志办终审。12月21~25日,自治区联社党委巡视办主任兼修志办主任任胜对《岳普湖县农村信用合作社志》的政治观点、篇章结构、志书体例、史实内容、行文规范进行全方位的审核把关。是月，县联社党委书记、理事长唐努尔·艾买提对志书的文风、体例、结构、观点和事实内容做最后审定，并交中国文史出版社出版。

《岳普湖县农村信用合作社志》是岳普湖县金融企业的第一部部门志书，是全县信合人集体智慧的结晶。在此，谨向为本书提供帮助、支持和付出心血的有关领导、有关部门及个人并表深深谢意！

尽管在志书编写中书付出足够的心血和做出最大的努力，终因某些重要资料的收集难以如愿，再加之编写人员水平有限，缺乏经验，仅是"摸着石头过河"，志书中瑕疵疏漏等错误之处敬请读者批评指正。

编者

2016 年 12 月

新疆维吾尔自治区农村信用合作社志丛书

哈巴河县
农村信用合作社志

《哈巴河县农村信用合作社志》
编纂委员会

中国文史出版社

图书在版编目（CIP）数据

哈巴河县农村信用合作社志 /《哈巴河县农村信用
合作社志》编纂委员会编. -- 北京 : 中国文史出版社，
2016.3

ISBN 978-7-5034-7602-0

Ⅰ.①哈… Ⅱ.①哈… Ⅲ.①农村信用社 – 概况 – 哈
巴河县 Ⅳ.①F832.745.4

中国版本图书馆CIP数据核字（2016）第055564号

责任编辑：马合省　卢祥秋

出版发行：中国文史出版社

网　　址：www.wenshipress.com

社　　址：北京市西城区太平桥大街23号　邮编：100811

电　　话：010-66173572　66168268　66192736（发行部）

传　　真：010-66192703

印　　装：洛阳市报人印刷有限公司

排版设计：乌鲁木齐天晟志鉴文化传播有限公司

经　　销：全国新华书店

成品尺寸：210×285

印　　张：27印张

字　　数：740千字

版　　次：2016年3月第1版

印　　次：2016年3月第1次印刷

定　　价：258.00元

ISBN 978-7-5034-7602-0

《新疆维吾尔自治区农村信用合作社志丛书》
编审机构及编纂人员

《新疆维吾尔自治区农村信用合作社志丛书》编纂委员会
（2013年2月25日）

主　任　阿不都（哈萨克族）

副主任　田海舟　谭建新　李文祖　姜志国　杨志勇　陈伟林

委　员　任　胜　潘　隽　王　虎　薛峰林　高　磊　袁　忠　帕尔哈提·赛帕尔（维吾尔族）

　　　　杨照文　张　军　辛夏菡（女）　张晓东　彭名安　吾米提·阿不力克木（维吾尔族）

　　　　陶　钧（女）　李耀涛（女）　王　冰　赵雄胜　吴永江　张　涛　宁学金　王彦军

　　　　阿德力汗·热合木（维吾尔族）　任建疆　陈海力

《新疆维吾尔自治区农村信用合作社志丛书》编纂委员会
（2014年1月15日）

主　任　阿不都

副主任　田海舟　谭建新　李文祖　姜志国　杨志勇　陈伟林

委　员　任　胜　潘　隽　王　虎　薛峰林　高　磊　袁　忠　帕尔哈提·赛帕尔　杨照文

　　　　张　军　辛夏菡　张晓东　彭名安　吾米提·阿不力克木　陶　钧　李耀涛　王　冰

　　　　赵雄胜　吴永江　张　涛　宁学金　王彦军　阿德力汗·热合木　任建疆　陈海力

　　　　马文学　田　戈　刘怀强　徐长江　王海勇

《新疆维吾尔自治区农村信用合作社志丛书》编纂委员会
（2015年12月5日）

名誉主任　田海舟　米丽古丽·阿吉努尔

主　任　阿不都

副主任　谭建新　于文辉　李文祖　姜志国　杨志勇　陈伟林　李曙光

委　员　任　胜　王　虎　薛峰林　高　磊　袁　忠　杨照文　张　军　辛夏菡　张晓东

　　　　彭名安　吾米提·阿不力克木　陶　钧　李耀涛　王　冰　赵雄胜　张　涛

　　　　王彦军　马文学　田　戈　徐长江　刘怀强

《新疆维吾尔自治区农村信用合作社志丛书》编辑部

主　编　任　胜

特约编纂　郑东辉　刘德润　孙文件

《哈巴河县农村信用合作社志》
编审机构及编纂人员

《哈巴河县农村信用合作社志》编纂委员会

2013年4月18日

主　任	董朝晖			
副主任	窦德贵	吾拉西·木哈乃（哈萨克族）	郭庆业	
委　员	吕厚超	孙　红（女）　王秀云（女）	王志友	贾敬伟
	王　琳	苏　敏　　徐　路	贾　博	崔云虹（女）
	王桂兰（女）曹继承	李治军	张泽奎	赵立峰
	巴河提汗·哈布都			

《哈巴河县农村信用合作社志》编纂委员会

2013年7月26日

主　任	董朝晖			
副主任	赵立锋	吾拉西·木哈乃　郭庆业	杨　波	窦德贵
委　员	吕厚超	孙　红　　王秀云	王志友	贾敬伟
	王　琳	苏　敏　　徐　路	贾　博	崔云虹
	王桂兰	曹继承　　李治军	张泽奎	赵立峰
	巴河提汗·哈布都			

《哈巴河县农村信用合作社志》编辑部

主　　编	董朝辉
执行主编	赵立锋　　窦德贵
特邀编纂	范钦利　蒋生平　王学孝　刘炳发　贾维科
编　　辑	（按姓氏笔画排名）
	于海舰　　王　琳　　王秀云　　王志友　　王献伟　　孙　红
	吕厚超　　苏　敏　　李晓霞（女）　胡明娟（女）　贾　博
	徐　路　　贾敬伟　　樊芳萍（女）

《哈巴河县农村信用合作社志》审定验收单位

哈巴河县党史、地方志编纂委员会
《新疆维吾尔自治区农村信用合作社志丛书》编纂委员会
中国文史出版社

序

　　盛世修志是中华民族的优良传统。地方志作为一个时期的历史缩影，内容涉及自然和社会的方方面面,具有地方性、广泛性、资料性、时代性和连续性等特征，并肩负着为科学决策提供参考、为经济建设提供信息、为科学研究提供资料、为思想教育提供素材的历史使命。《哈巴河县农村信用合作社志》是一部行业专志，全方位、多角度记述县信用合作事业的历史和现状。

　　哈巴河县农村信用社自建社以来，在60年艰苦创业历程中,始终坚持以农为本、为农服务的办社宗旨，深深扎根农村，为县域农牧民脱贫致富和农村经济发展做出重大贡献。2014年末，县域90%以上农业生产贷款和乡镇企业贷款由县农村信用社发放，在支持县域"三农"和地方经济发展中发挥着举足轻重作用。

　　哈巴河县农村信用社的发展壮大，主要靠党的方针政策指导，各级党委、政府和上级银监部门支持及自治区联社正确领导的结果，也是信合人团结创新、齐心努力的结果。60年的历程，60年的发展，伴着信合人辛勤的汗水和心血，成就信合事业今日的辉煌。将信合人的奉献精神和信合事业的辉煌载入史册，从而褒扬先贤，激励后人，是历史赋予我们义不容辞的责任。

　　《哈巴河县农村信用合作社志》编纂工作于2013年5月启动。全体修志人员忠于职守，克服时间紧、任务重的困难，做到修志与业务两不误。辛勤耕耘，历经寒暑，数易其稿，砥砺琢磨，一部观点正确、资料翔实、文风朴实的行业专志终于杀青付梓。这是县信用合作事业一大成就，也是全县信合人可喜可贺的大事。值此出版之际，我愿与全县从事信用合作事业的同事们一道，按照上级党委、政府的要求，在自治区联社领导下，努力开拓、锐意进取，再创哈巴河县农村信用合作事业新辉煌。

哈巴河县农村信用合作联社　党委书记　董朝晖
理　事　长

2016年1月

凡例

一、《哈巴河县农村信用合作社志》以马克思列宁主义、毛泽东思想、邓小平理论、"三个代表"重要思想和科学发展观为指导，运用辩证唯物主义和历史唯物主义的观点，以事实求是的科学态度，如实记述哈巴河县农村信用合作联社的历史和现状。

二、本志坚持详今略古、详近略远原则，立足当代，突出行业时代特色和地方特色，力求反映哈巴河县农村信用合作联社历史发展的全貌，着力体现哈巴河县农村信用合作联社在建设有中国特色社会主义进程中的发展过程。

三、本志记述年限，上起事物发端，下限断至2012年。为保证记述资料的系统和完整，也为了更多地了解哈巴河，部分内容作适当上溯或延伸。

四、本志采用章、节、目结构，目为基本书写单位，部分内容为使条理清楚列设子目和细目；采用体裁有述、记、志、图、表、录等，以志为主。卷首置序、凡例、图片、目录、大事记，卷末置附录、编后记。

五、本志以第三人称记述事物，使用语体文记叙。概述、无题小序以记述为主，略加评议；大事记以编年体为主，辅之以纪事本末体，一事一记。

六、本志称谓、纪年、数字用法、计量单位执行国家出版物标准或中国地方志指导小组办公室、新疆维吾尔自治区地方志编纂委员会有关规定。

七、本志币制通用1955年3月1日改革后的新人民币。

八、本志对哈巴河县农村信用社各历史时期名称称谓。1955年3月至1989年6月称乡镇信用合作社或乡镇信用社；1989年6月至2006年5月称哈巴河县农村信用合作社联合社，简称县联合社或联合社；2006年5月后称哈巴河县农村信用合作联社，简称县联社或联社。

九、称谓书写："哈巴河县农村信用合作联社"简称"县联社"，"中国人民银行"简称"人民行银行"，"中国农业银行哈巴河县支行"简称"农行县支行"，文件或引文中保留原称；其他金融机构名称、文件名称、会议名称，首次出现时使用全称，后使用简称；人物第一次出现冠以职务，后直书姓名；少数民族人名后加父名；地名演变加括注。

十、本志入志人物记录对哈巴河县农村信用社事业有较大贡献者为主，兼录具有一定影响的人物。传记人物坚持"生不立传"的原则；简介人物收录县联社（联合社）高管人员和地厅级及以上表彰的劳模先进；名表人物收录县联社（联合社）及以上表彰的劳模先进。

十一、本志资料来源于县联社、地区人民银行、地区和县农业银行、阿勒泰银监分局、阿勒泰报社、地县馆藏档案，并以口碑资料作为补充。本志所用资料均经考证核实，一般不注明出处。

2014年，县联社全体员工合影

2015年，县联社党委书记、理事长董朝晖

2015年，县联社党委委员、主任赵立锋

2015年，县联社党委委员、纪委书记、监事长吾拉西·木哈乃

2015年，县联社党委委员、副主任郭庆业

2015年，县联社党委委员、副主任杨波

　　2015年，县联社党委领导成员（左起党委委员、副主任郭庆业，党委委员、纪委书记、监事长吾拉西·木哈乃，党委书记、理事长董朝晖，党委委员、主任赵立锋，党委委员、副主任杨波）

2015年，县联社经营班子成员

2014年3月26日，县联社理事会会议

2014年3月28日，县联社监事会会议

信合记忆

1955年，县域信用社使用的公章（兼业务公章）

1959年，县域信用社使用过的美化家庭储蓄、汽车储蓄、拖拉机储蓄的专用条章

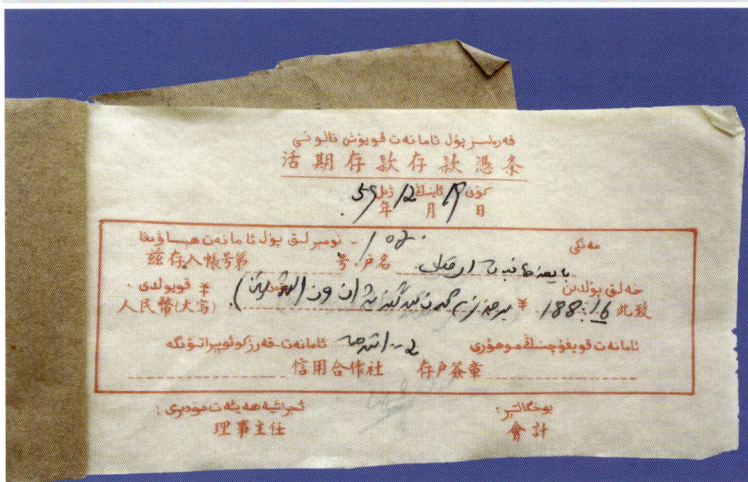

1959年，县域信用社使用的手写式存单（套写）

县域信用社建立初期借用的人民银行支票（信用社当时无支票）

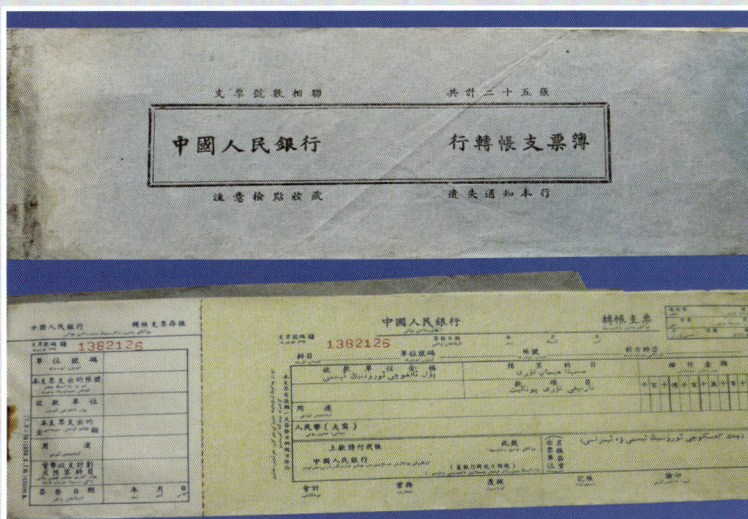

县域信用社1984年改革后向信用社社员确权使用的股金证

2003年，县农村信用工程建设领导小组颁发的信用户家庭挂牌

考察调研

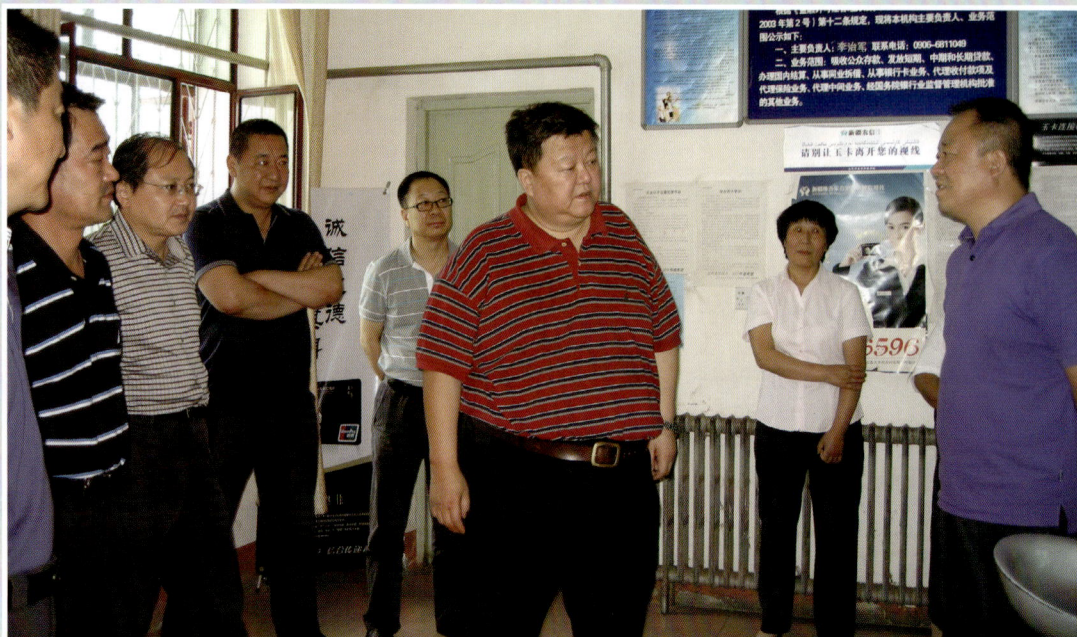

2011年6月30日，时任自治区人民政府主席助理、金融办主任、自治区联社党委书记王会民（右三）到县联社调研

2013年3月16日，时任自治区联社党委委员、纪委书记、监事长田海舟（主席台右）到县联社调研并参加联社换届考察干部大会

2日，自治区联社党委委员、理事长米力古丽·阿吉努尔（主席台左

2006年8月29日，时任自治区联社党委委员、理事长玉素甫·哈斯木（前排左四）
到县联社调研

质量 专业 高效 快捷

合格证

检验员：004

洛阳市报人印刷有限公司

2010年2月22日，时任自治区联社党委委员、主任阿不都（左三）到县联社调研

2013年8月24日，自治区联社党委委员、副主任陈伟林（左四）到县联社调研

2003年10月，阿勒泰地区行署副专员戴建新（前排左三）、中国人民银行阿勒泰地区中心支行行长谭建新（前排左二）在哈巴河县县委书记张金玉（前排左一）、哈巴河县人大常委会主任克里木克·努尔哈力（前排左四）的陪同下到县农村信用社调研

2012年2月，阿勒泰银监分局局长孟齐到县联社调研（图为在新疆康源生物有限责任公司）

重要会议

2013年8月2日，县联社召开党的群众路线教育实践活动动员大会

2009年3月20日，县联社召开第二届二次社员代表大会

2013年7月20日，县联社召开第三届一次社员代表大会

2013年7月20日，县联社召开第三届职工代表大会

工作纪事

2009年，县联社党委书记、理事长董朝晖（前排右一），党委委员、主任窦德贵（后排右一）看望联社退休老干部

2013年7月30日，县联社党委委员、主任赵立锋（左二）慰问消防官兵

2014年8月7日，县联社党委委员、纪委书记、监事长吾拉西·木哈乃（右二）带领审计部工作人员开展贷款真实性、合规性专项审计

2012年2月17日，县联社党委委员、副主任郭庆业（左二）到贷款企业调研

2015年12月31日，县联社党委委员、副主任杨波（左一）到银行卡助农取款服务点调研

2003年10月22日，县联合社主任王海勇现场接受记者采访

2009年1月23日，县联社领导与员工签订目标责任书

哈巴河县农村信用合作联社"三项整治"动员大会

中国 信合

2011年4月17日，县联社召开"三项整治"动员大会

2013年2月7日，县联社召开2013年度工作会议

2013年4月27日，县联社召开推动支农服务"三大工程"动员会

2013年4月27日，县联社召开"阳光信贷"宣传教育月活动动员大会

2013年5月13日，县联社组织员工参加哈巴河县举办的首届"信合杯"职工篮球比赛

2013年9月18日，县联社开展"热爱各族人民·建设美好新疆"为主题的教育实践活动

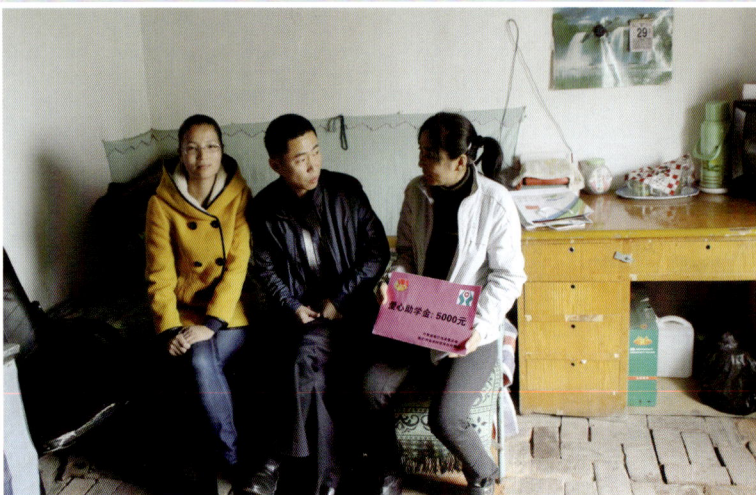

2014年9月29日，县联社参与金秋助学爱心公益活动，图为县联社党委委员、主任赵立锋（中）代表联社向考取大学的贫困生捐助爱心公益助学金

2014年2月9日，县联社召开竞岗竞聘大会

2014年6月3日，阿勒泰银监分局在县联社召开审慎监管会议

2014年12月5日，县联社开展"与法同行宣讲"活动

党团工作

2011年7月1日，县联社
召开党委（扩大）会议

2013年11月22日，县联
社河东党支部召开民主生活会

2013年11月22日，县联
社党员重温入党誓言

2013年3月30日，共青团哈巴河县农村信用合作联社委员会成立大会暨第一次团员大会

2014年12月25日，县联社团委举办"放歌信合·青春飞扬"歌咏比赛活动

2013年5月27日，县联社团委向贫困学生赠送学习用品

服务三农

2011年5月5日，县联社信贷员深入农村核实贷款情况

2013年3月28日，县联社发放春耕生产贷款

2011年4月29日，县联社信贷员为农户办理贷款发放手续

2014年5月12日，县联社营业部工作人员为行动不便的农村老人上门服务

扶持企业

县联社信贷扶持企业——
哈巴河县阿山水泥有限公司

县联社信贷扶持企业——哈
巴河县桦林节水设备有限公司

县联社信贷扶持企业——新
疆康元生物科技股份有限公司

县联社信贷扶持企业——哈巴河县西部行旅游汽车运输公司

县联社信贷扶持企业——阿勒泰新吉国际贸易有限公司

县联社信贷扶持企业——新疆鑫旺矿业有限公司

教育宣传

2008年7月12日，县联社组织举办委派制会计相关制度学习

2008年8月9日，县联社举办会计业务操作规程第二期培训班

2008年8月16日，县联社举办信贷业务知识培训班

2011年6月17日，县联社举办反假币知识培训班

2014年3月14日，县联社举办电子银行业务培训班

2014年4月11日，县联社举办消防知识讲座

2011年11月17日，县联
社开展消防演练活动

2011年8月19日，县联社
开展反假币宣传活动

2011年9月8日，县联社参
加县金融机构开展的征信宣传
活动

2013年5月27日，县联社开展送金融知识进校园活动

2014年3月15日，县联社参加县金融机构开展的消费者权益日宣传咨询服务月活动

2014年5月16日，县联社开展防范和打击非法集资宣传活动

企业文化

2010年8月18日，县联社举办窗口服务礼仪及主动服务营销专题培训班

2011年7月1日，县联社与北屯联社联合开展野外拓展活动

2012年7月30日，县县联社、县财政局、县消防大队联合举办庆八一联欢会

2014年9月10号，县联社举
办第三届业务技术比赛

2014年10月31日，县联社
营业部员工业余时间练习文明
服务礼仪

2011年3月8日，县联开展
庆三八妇女节文艺表演

部室员工掠影

2014年，县联社综合办公室工作人员

2014年，县联社客户部工作人员

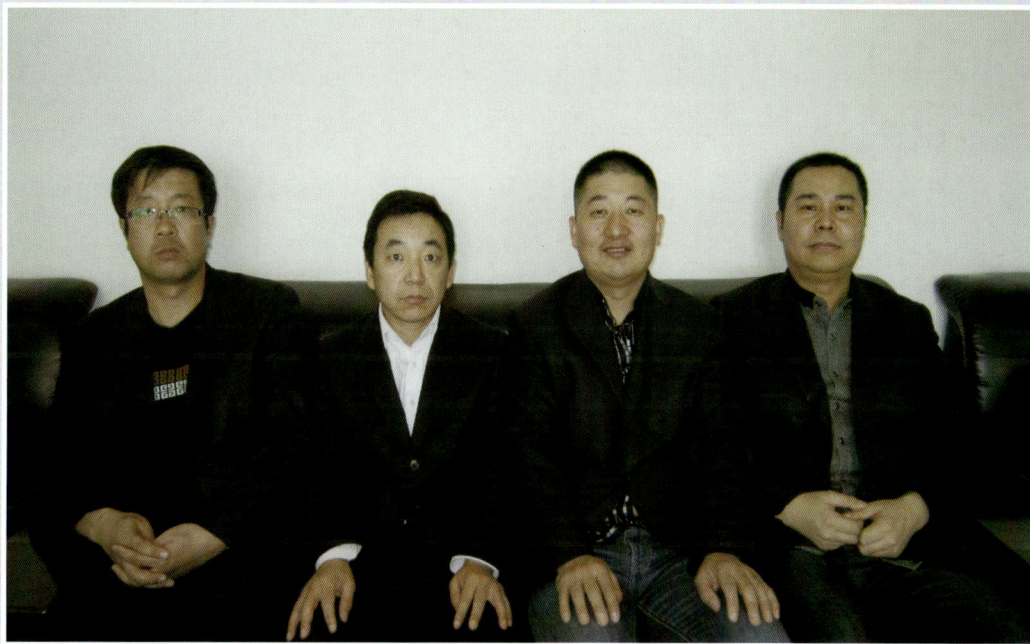

2014年，县联社信贷与风险管理部工作人员

2014年，县联社财务信息部工作人员

2014年，县联社审计部工作人员

2014年，县联社监察保卫部工作人员

2014年，县联社电子银行部工作人员

基层信用社

县联社办公楼（一楼为联社营业部）

2014年，县联社营业部工作人员

县联社边贸市场信用社外景

2014年，县联社边贸市场信用社工作人员

县联社萨尔布拉克信用社外景

2014年，县联社萨尔布拉克信用社工作人员

县联社加依勒玛信用社外景

2014年，县联社加依勒玛信用社工作人员

县联社萨尔塔木信用社外景

2014年，县联社萨尔塔木信用社工作人员

县联社齐巴尔信用社外景

2014年，县联社齐巴尔信用社工作人员

县联社库勒拜信用社外景

2014年，县联社库勒拜信用社工作人员

荣誉集锦

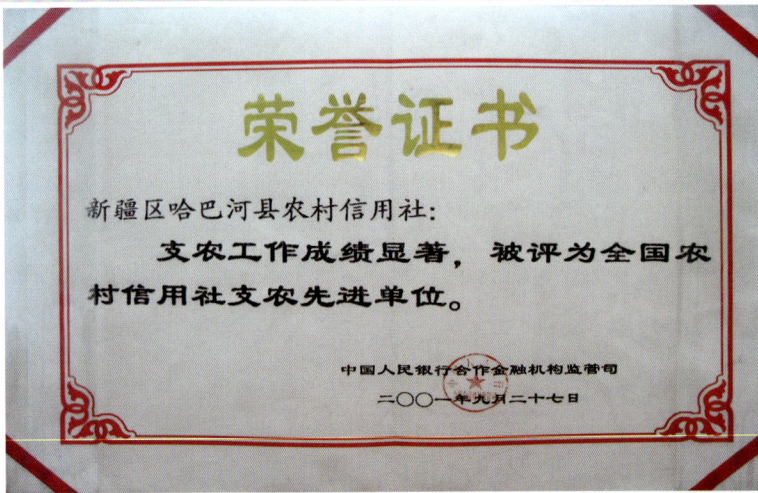

2010-2011年度
阿勒泰地区

2011-2010 جىلىغا
التاي ئىماقتىن

توقتامدا سەنئەمدى ، ۋادەدە تۇراتىن كاسپورىن

守合同重信用企业

التاي ئىماقتىن ۋەنكاسب ساۋدا ئەمەسلەك باشقارۇ مەكامەسى
阿勒泰地区工商行政管理局
2012.11

阿勒泰地区银行业第三届职工运动会

乒乓球男子团体项目

第六名

阿勒泰银监分局　　　阿勒泰地区银行业协会
二〇一三年八月

2011年度统计信息工作

三等奖

阿勒泰银监分局
二〇一二年三月

青年文明号

كومۇنىستىك ياشلار ئىتتىپاقى ئالتاي ۋىلايەتلىك كومىتىتى

共青团阿勒泰地区委员会

جوڭگو خەلق بانكىسىنىڭ ئالتاي ۋىلايەتلىك شۆبىسى

中国人民银行阿勒泰地区分行

-2009 جىلغى

2009年度

ەرەكشە ۇنەس سىلغى

特殊贡献奖

ج ك پ قابا ئۆۋاندىق كومىتەتى 中共哈巴河县委员会

قابا ئۆۋاندىق حالىق ۆكمەتى 哈巴河县人民政府

2010.1

奖给：2010年抗灾救灾

先进集体

中共哈巴河县委员会
哈巴河县人民政府
二0一0年七月

阿勒泰地区农村信用社系统首届员工文艺汇演

曲艺类

优秀奖

阿勒泰地区农村信用社文艺汇演组委会
二〇一一年四月

爱国拥军先进集体

哈巴河县双拥工作领导小组
2010.7

奖 给

在哈巴河县首届"信合杯"

职工篮球比赛中荣获:

第 一 名

哈巴河县文化体育局
哈巴河县信用联社
二〇一三年五月

修志工作

2013年4月27日，县联社召开编纂《社志》工作动员大会

2013年5月23日，联社修志人员在阿勒泰银监分局搜集修志资料

2013年6月18日，联社修志人员在县档案局搜集修志资料

2013年7月9日，联社修志人员在县联社搜集修志资料

县雅居床服有限责任公司

G219

红

旗

路

森林派出所

规 划 路

青

友

团

结

胡杨家园

金菊家园

雪松家园

年

建 业 路

建 业 路

云杉家园

海棠家园

移动公司

公安局

锦

县广播电视局

育苑小区

绣

沁园小区

阿勒泰公路
管理局哈巴河分局

红

路

化

县国土资源局

平安小区

解 放 路

G331

旗

第一中学

县政府★

县财政局

人

民

国税局

县人民法院

文体局

路

青少年宫

光明小区

民

笑凯农家乐

团

月光小区

友

民主西路社区

结

边贸市场
信用社

住建局

主

绿

谊

友

友谊峰大酒店

路

路

第二小学

人民医院

民主中路社区

化

县疾病控制中心

县

安居阁

路

县气象局

新 S（2015）128号

联社城区网点分布图

第二初级中学

银杏家园　白桦家园　丁香家园

旅游宾馆　蔷薇家园

宏利农副产品专业合作社

春天花苑小区

产品批发交易市场

阿克齐村

鸿泰小区

美丽家园小区

阿克齐镇

县联社

主东路社区　县客运站

紫金大酒店　双拥公园

水利局　厚德大酒店

苑小区　塞外田园　县建筑安装
有限责任公司

塞外明珠小区

路　友　好　光　明　路　迎　宾

新华　幸福　路　建业路　锦　绣　路　解放　人民路

幸福路　路

友　谊　路

G331

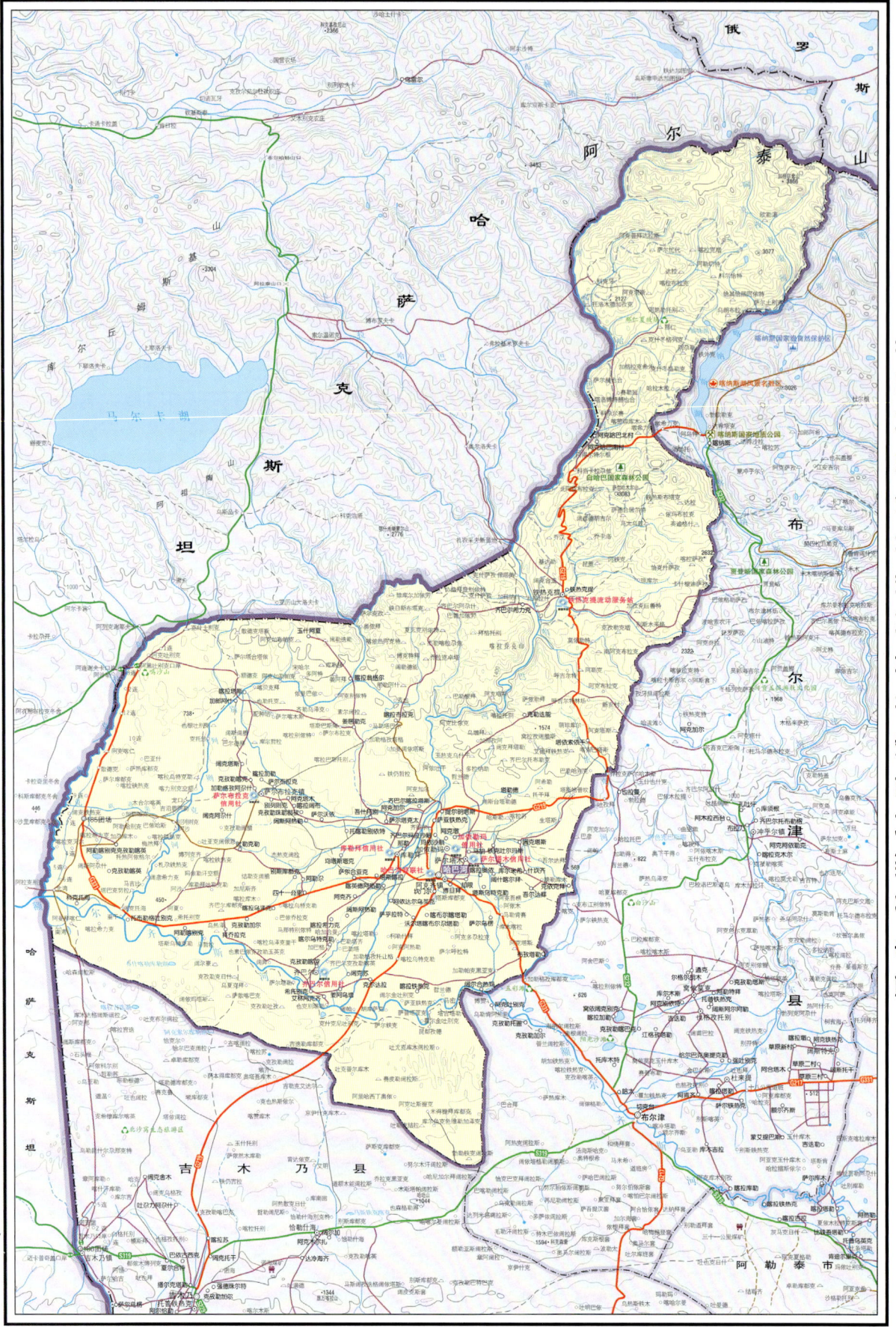

哈巴河县农村信用合作联社网点分布图

目　录

概述 ··· 1

大事记 ··· 5

第一章

区域环境 ·· 35

第一节　位置面积 ·· 35

第二节　建置　区划 ··· 35

一、建置沿革 ··· 35

二、行政区划 ··· 35

第三节　自然环境 ·· 36

一、地形地貌 ··· 36

二、水文 ·· 36

三、气候 ·· 36

第四节　资源环境 ·· 36

一、土地资源 ··· 36

二、水资源 ·· 36

三、矿产资源 ··· 37

四、动物资源 ··· 37

五、植物资源 ··· 37

六、旅游资源 ··· 37

第五节　经济环境 ·· 37

一、农业 ·· 37

二、工业 ·· 38

三、固定资产投资 ··· 38

四、国内贸易 ·· 38

五、邮电和旅游 ·· 38

六、财政、金融和保险业 ·· 38

第六节　社会环境 ·· 39

一、教育 ·· 39

二、文化和卫生 ·· 39

三、民族、人口 ·· 39

四、人民生活和社会保障 ·· 39

第七节　金融环境 ·· 40

第二章

组织机构 ·· 41

第一节　机构沿革 ·· 41

第二节　社员代表大会 ·· 41

一、职能沿革 ·· 41

二、乡镇信用合作社社员代表大会 ·· 42

三、县联合社社员代表大会 ·· 43

四、县联社社员代表大会 ·· 45

第三节　理事会 ·· 49

一、职能沿革 ·· 49

二、县联合社第一届理事会 ·· 50

三、县联社第一届理事会 ·· 50

四、县联社第二届理事会 ·· 51

第四节　监事会 ·· 53

一、职能沿革 ·· 53

二、县联合社第一届监事会 ·· 53

三、县联社第一届监事会 ·· 54

四、县联社第二届监事会 ·· 55

第五节　经营管理层 ·· 56

一、沿革 ·· 56

二、主任办公会 ·· 57

三、经营班子 ·· 58

第六节　内设机构 ·· 59

一、综合办公室 ·· 60

二、计划财务部 ·· 61

三、信贷管理部 ·· 62

四、审计部 ·· 62

五、电子银行部 ·· 63

六、监察保卫部 ……………………………………………………………… 64

七、资产风险管理部 ………………………………………………………… 64

八、客户部 …………………………………………………………………… 65

九、联社营业部 ……………………………………………………………… 65

第七节 基层信用社 …………………………………………………………… 66

一、边贸市场信用社 ………………………………………………………… 67

二、加依勒玛信用社 ………………………………………………………… 67

三、萨尔塔木信用社 ………………………………………………………… 68

四、库勒拜信用社 …………………………………………………………… 68

五、萨尔布拉克信用社 ……………………………………………………… 69

六、齐巴尔信用社 …………………………………………………………… 70

七、铁热克提流动服务站 …………………………………………………… 70

第三章

体制改革 …………………………………………………………………………… 71

第一节 管理体制改革 ………………………………………………………… 71

一、乡镇信用社体制改革 …………………………………………………… 71

二、农村信用合作社联合社体制改革 ……………………………………… 75

三、农村信用合作联社体制改革 …………………………………………… 77

第二节 人事与劳动用工制度改革 …………………………………………… 78

一、人事制度改革 …………………………………………………………… 78

二、劳动用工制度改革 ……………………………………………………… 79

第三节 分配制度改革 ………………………………………………………… 79

一、薪酬 ……………………………………………………………………… 79

二、福利 ……………………………………………………………………… 90

第四章

队伍建设 …………………………………………………………………………… 92

第一节 职工来源 ……………………………………………………………… 92

第二节 职工结构 ……………………………………………………………… 96

一、性别结构 ………………………………………………………………… 96

二、民族构成 ………………………………………………………………… 96

三、年龄构成 ………………………………………………………………… 96

四、文化构成 ………………………………………………………………… 97

第三节 专业技术队伍 ………………………………………………………… 97

一、专业技术职务评定 ……………………………………………………… 97

二、专业技术人员管理 ……………………………………………………… 98

第四节 职工教育 ………………………………………………………… 98

　　一、在职教育 ………………………………………………………… 98

　　二、学历教育 ………………………………………………………… 99

　　三、挂职学习 ………………………………………………………… 99

第五节 职工管理 ………………………………………………………… 100

　　一、劳动纪律 ………………………………………………………… 100

　　二、学习制度 ………………………………………………………… 101

　　三、柜员管理 ………………………………………………………… 101

第五章

人民币 ………………………………………………………………… 102

第一节 人民币兑换 ……………………………………………………… 102

　　一、新旧人民币兑换 ………………………………………………… 102

　　二、残损币兑换 ……………………………………………………… 103

第二节 反假币 …………………………………………………………… 104

　　一、防范假币 ………………………………………………………… 104

　　二、假币识别 ………………………………………………………… 106

　　三、假币收缴流程 …………………………………………………… 107

第三节 反洗钱 …………………………………………………………… 107

　　一、组织领导 ………………………………………………………… 107

　　二、反洗钱内控制度 ………………………………………………… 107

　　三、宣传培训 ………………………………………………………… 108

第六章

股金 …………………………………………………………………… 109

第一节 入股 ……………………………………………………………… 109

第二节 股金管理 ………………………………………………………… 112

　　一、入股原则 ………………………………………………………… 112

　　二、入股条件 ………………………………………………………… 112

　　三、股权设置 ………………………………………………………… 113

　　四、股权改造 ………………………………………………………… 113

第三节 股金分红 ………………………………………………………… 114

第七章

存款 …………………………………………………………………… 116

第一节 储蓄存款 ………………………………………………………… 116

　　一、存款政策和原则 ………………………………………………… 116

二、存款业务 ……………………………………………………………… 117

三、活期存款 ……………………………………………………………… 122

四、定期存款 ……………………………………………………………… 123

第二节 单位存款 …………………………………………………………… 123

一、存款业务 ……………………………………………………………… 123

二、存款期限 ……………………………………………………………… 126

三、保证金存款 …………………………………………………………… 126

四、存款对象 ……………………………………………………………… 126

第三节 存款准备金 ………………………………………………………… 128

第八章

贷款 ………………………………………………………………………… 130

第一节 "三农"贷款 ……………………………………………………… 130

一、农牧业贷款 …………………………………………………………… 130

二、农户小额信用贷款 …………………………………………………… 134

三、农户联保贷款 ………………………………………………………… 134

四、"两居"工程贷款 …………………………………………………… 135

第二节 其他自然人贷款 …………………………………………………… 135

一、个体工商户贷款 ……………………………………………………… 135

二、抵、质押贷款 ………………………………………………………… 136

三、妇女创业贷款 ………………………………………………………… 137

第三节 企业贷款 …………………………………………………………… 138

一、业务发展 ……………………………………………………………… 138

二、社团贷款 ……………………………………………………………… 139

第四节 贷款管理 …………………………………………………………… 142

一、贷款资金管理 ………………………………………………………… 142

二、贷款期限管理 ………………………………………………………… 144

三、贷款形态分类管理 …………………………………………………… 144

四、贷款担保管理 ………………………………………………………… 144

五、贷款授权与审批管理 ………………………………………………… 145

六、贷款合同管理 ………………………………………………………… 146

七、贷款"三查"制度 …………………………………………………… 146

第九章

利率 ………………………………………………………………………… 149

第一节 存款利率 …………………………………………………………… 149

一、储蓄存款利率调整 …………………………………………………… 149

　　二、单位存款利率 ………………………………………………………………… 153

　第二节　贷款利率 ………………………………………………………………… 154

　　一、利率政策 ……………………………………………………………………… 154

　　二、利率种类 ……………………………………………………………………… 154

　　三、利率调整 ……………………………………………………………………… 154

第十章

电子银行 ……………………………………………………………………………… 165

　第一节　银行卡业务 ……………………………………………………………… 165

　　一、宣传发行 ……………………………………………………………………… 165

　　二、业务管理 ……………………………………………………………………… 165

　　三、发放及注销 …………………………………………………………………… 166

　　四、权利义务 ……………………………………………………………………… 166

　　五、银行卡业务会计核算 ………………………………………………………… 167

　　六、银行卡申领及服务 …………………………………………………………… 167

　第二节　收单业务 ………………………………………………………………… 168

　　一、POS …………………………………………………………………………… 168

　　二、ATM …………………………………………………………………………… 169

　第三节　网银业务 ………………………………………………………………… 170

　第四节　科技 ……………………………………………………………………… 170

　　一、电子化建设 …………………………………………………………………… 170

　　二、操作系统 ……………………………………………………………………… 171

　　三、科技人才培训 ………………………………………………………………… 172

　　四、科技开发利用 ………………………………………………………………… 172

　第五节　信息化建设 ……………………………………………………………… 172

第十一章

中间业务 ……………………………………………………………………………… 173

　第一节　代理业务 ………………………………………………………………… 173

　　一、代理发放农业贷款 …………………………………………………………… 173

　　二、代理社队集体、单位存款 …………………………………………………… 174

　　三、代理兑付公债 ………………………………………………………………… 174

　　四、代理发放救济费和受灾区口粮无息贷款 …………………………………… 174

　　五、代理发放贫下中农和贫苦牧民、困难户无息贷款 ………………………… 174

　　六、代理农行办理定期储蓄 ……………………………………………………… 174

　　七、代理中国银行长城借记卡业务 ……………………………………………… 175

　　八、代理保险 ……………………………………………………………………… 175

九、代理批量业务 ……………………………………………………………………… 176

第二节 委托业务 ………………………………………………………………………… 177

第十二章
资金业务 …………………………………………………………………………………… 178
第一节 资金管理制度 …………………………………………………………………… 178

第二节 同业资金业务 …………………………………………………………………… 180

一、约期存款 ……………………………………………………………………… 180

二、同业拆借 ……………………………………………………………………… 182

第三节 债券投资业务 …………………………………………………………………… 184

第四节 转贴现业务 ……………………………………………………………………… 184

第五节 特种存款业务 …………………………………………………………………… 185

第十三章
会计 出纳 …………………………………………………………………………………… 186
第一节 会计 …………………………………………………………………………… 186

一、会计制度 ……………………………………………………………………… 186

二、账务设置 ……………………………………………………………………… 191

三、记账方法 ……………………………………………………………………… 194

四、印章和密押管理 ……………………………………………………………… 195

五、会计凭证 ……………………………………………………………………… 197

六、会计核算改革 ………………………………………………………………… 199

第二节 出纳 …………………………………………………………………………… 201

一、制度建设 ……………………………………………………………………… 201

二、出纳管理 ……………………………………………………………………… 203

第三节 会计出纳改革 …………………………………………………………………… 204

一、会计主管委派制 ……………………………………………………………… 204

二、综合柜员制 …………………………………………………………………… 205

三、会计达标升级 ………………………………………………………………… 205

第四节 会计电算化 ……………………………………………………………………… 206

第五节 结算业务 ………………………………………………………………………… 207

一、结算方式 ……………………………………………………………………… 207

二、支付系统 ……………………………………………………………………… 210

第十四章
优扶政策 …………………………………………………………………………………… 212
第一节 人民银行扶持政策 ……………………………………………………………… 212

一、支农再贷款 …………………………………………………………………… 212

二、央行票据 ·· 214

三、差别准备金率 ···································· 215

四、专项借款 ··· 216

第二节　财政优惠政策 ································ 216

一、保值储蓄补贴 ···································· 216

二、分红补贴 ··· 216

三、涉农贷款增量奖励 ································ 216

四、基础金融服务薄弱地区定向费用补贴 ············ 217

第三节　税收减免政策 ································ 218

第十五章

信用工程 ·· 221

第一节　组织机构 ···································· 221

第二节　信用评级 ···································· 222

一、评定标准 ··· 222

二、授信额度 ··· 223

三、信用评定 ··· 223

第十六章

资产风险管理 ······································ 224

第一节　风险防控 ···································· 224

一、制度建设 ··· 224

二、风险防范 ··· 227

第二节　资产风险管理体系 ···························· 229

一、管理理念 ··· 229

二、贷后风险监测 ···································· 229

三、质量管理评级体系 ································ 229

四、信贷资产结构调整 ································ 229

五、信贷资产风险分类 ································ 230

第三节　不良贷款处理 ································ 230

第四节　专项行动 ···································· 232

一、"排雷"行动 ······································ 232

二、"三项整治"活动 ·································· 233

第十七章

财务管理 ·· 234

第一节　财务管理制度 ································ 234

第二节　成本管理 ···································· 237

一、成本构成 ……………………………………………… 237
二、成本核算 ……………………………………………… 238

第三节 财务收支 ………………………………………… 241

第四节 盈亏情况 ………………………………………… 243

第五节 盈亏处理 ………………………………………… 243
一、盈余分配 ……………………………………………… 243
二、亏损处理 ……………………………………………… 245

第六节 决算管理 ………………………………………… 245
一、清理资金 ……………………………………………… 245
二、核对账务 ……………………………………………… 246
三、盘点财产 ……………………………………………… 246
四、资产分类 ……………………………………………… 246
五、加大"双收"力度 …………………………………… 246
六、核实损益 ……………………………………………… 246

第七节 清产核资 ………………………………………… 246

第八节 固定资产账务管理 ……………………………… 248
一、固定资产计价 ………………………………………… 248
二、固定资产折旧 ………………………………………… 249
三、固定资产维修规定 …………………………………… 250

第十八章

社务管理

社务管理 …………………………………………………… 252

第一节 行政管理 ………………………………………… 252
一、公文处理 ……………………………………………… 252
二、档案管理 ……………………………………………… 253

第二节 经营目标管理 …………………………………… 254

第三节 固定资产实物管理 ……………………………… 255
一、固定资产范围 ………………………………………… 256
二、制度规定 ……………………………………………… 257
三、固定资产构建 ………………………………………… 260
四、实物管理 ……………………………………………… 263

第四节 后勤管理 ………………………………………… 265
一、车辆管理 ……………………………………………… 265
二、公务接待 ……………………………………………… 266

第十九章

审计

审计 ………………………………………………………… 267

第一节 制度建设 ………………………………………… 267

第二节　内审 ························ 268
一、自治区联社审计 ················ 268
二、县联社审计 ···················· 270
第三节　外审 ························ 274
一、审计机关审计 ·················· 274
二、社会审计机构审计 ·············· 274
第四节　检查 ························ 275
一、农行稽核 ······················ 275
二、人民银行检查 ·················· 276
三、银监局检查 ···················· 277

第二十章

安全保卫 ························ 278
第一节　组织机构 ·················· 278
第二节　制度建设 ·················· 278
第三节　安全防范 ·················· 279
一、安全防范教育 ·················· 279
二、枪支弹药管理 ·················· 279
三、维稳工作 ······················ 280
第四节　安保设施 ·················· 281
一、技防措施 ······················ 281
二、金库 ·························· 282
三、守库押运 ······················ 282
第五节　综合治理 ·················· 282

第二十一章

党群工作 ························ 284
第一节　中共党组织 ················ 284
一、组织建设 ······················ 284
二、党员教育 ······················ 286
三、重要活动 ······················ 288
第二节　纪检监察 ·················· 289
一、机构 ·························· 289
二、廉政教育 ······················ 290
三、党风廉政建设 ·················· 290
第三节　工会 ······················ 291
一、机构 ·························· 291

二、活动 ··· 292

第四节　共青团 ··· 293

第二十二章

精神文明建设 ··· 294

第一节　精神文明创建工作 ··· 294

第二节　优质服务 ··· 297

第三节　民族团结 ··· 301

第四节　爱心捐助 ··· 303

一、信合爱心基金 ··· 303

二、捐资助学 ·· 304

三、自然灾害捐助 ··· 304

四、抗震救灾 ·· 305

五、扶贫帮困 ·· 305

第五节　军民共建 ··· 306

第六节　先进集体 ··· 307

第二十三章

企业文化 ··· 309

第一节　企业文化建设规划 ··· 309

第二节　企业经营理念 ··· 309

第三节　行为规范 ··· 310

一、规范化服务 ··· 310

二、评先树优与服务宣传 ·· 311

三、大堂经理管理 ··· 311

四、企业形象 ·· 311

第四节　"五小"工程 ··· 311

第五节　文化体育活动 ··· 312

一、文化娱乐活动 ··· 312

二、体育活动 ·· 312

第六节　宣传报道 ··· 313

第二十四章

人物 ··· 314

第一节　人物传 ··· 314

第二节　人物简介 ··· 315

一、历任高管 ·· 315

二、先模人物 ……………………………………………………… 318

第三节 人物表 …………………………………………………… 320

附录 …………………………………………………………… 326

第一辑 限外辑要 ………………………………………………… 326

一、2013～2014年大事记 ……………………………………… 326

二、2013～2014年联社领导机构 ……………………………… 332

第二辑 文献辑存 ………………………………………………… 332

一、哈巴河县三区一乡农村信用合作社章程(1955年) ……… 332

二、哈巴河县农村信用合作社章程(1957年) ………………… 336

三、哈巴河县齐巴尔农村信用合作社章程(1984年) ………… 340

四、哈巴河县农村信用合作社联合社章程(1989年) ………… 343

五、哈巴河县农村信用合作联社章程(2012年) ……………… 347

六、2013～2014年哈巴河县农村信用合作联社工作总结摘要 … 351

七、农村信用互助小组公约(草案) …………………………… 358

第三辑 载文选辑 ………………………………………………… 359

编后记 ………………………………………………………… 361

概述

一

　　哈巴河县位于阿尔泰山南麓、新疆维吾尔自治区西北部。地处北纬 47°37′30″ ~ 49°07′30″，东经 85°33′45″ ~ 87°18′45″。县境西北与哈萨克斯坦和俄罗斯接壤，东与布尔津县相邻，南与吉木乃县毗连。同哈萨克斯坦和俄罗斯的边界线长 320 千米。境域地势北高南低。南北长 168 千米，东西宽 10 ~ 130 千米。全县总面积 8180.57 平方千米。辖 1 镇 6 乡 113 个行政村 6 个居民委员会，境内驻有新疆生产建设兵团农业第十师一八五团场。全县总人口 87470 人（含一八五团场 3689 人），由 24 个民族组成。其中哈萨克族 53228 人，占全县总人口的 60.85%；汉族 26377 人，占 30.11%；其他少数民族 7865 人，占 8.99%。县政府所在地距自治区首府乌鲁木齐市公路里程 674 千米，距伊犁哈萨克自治州政府所在地伊宁市公路里程 920 千米，距阿勒泰地区行政公署所在地阿勒泰市公路里程 160 千米。地貌特征山区多，平原少，山地位于县境北部，主要海拔 3396 米；丘陵位于县境中部，是山地与平原的过渡地带；平原位于县境南部，海拔 600 米以下，北部为冲积 - 洪积平原，地势平坦，土质较好，水源丰富，是哈巴河县的主要农业区。

二

　　哈巴河县农村信用社是由社员入股，入股社员民主管理，主要为入股社员服务的合作金融组织，是经中国人民银行批准的合法金融机构。其主要任务是筹集农村闲散资金，为农业、农民和农村经济发展提供金融服务。农村信用社从无到有、从小到大、从弱到强，在社会主义建设的各个历史时期都发挥重要作用。特别是中共十一届三中全会以后，随着改革开放的步伐，农村信用社体制改革不断深化，给信用社注入生机和活力，促进农村信用合作事业的发展。

　　机构网点遍布城乡，职工队伍不断壮大，素质不断提高。2012 年末，全县共有机构网点 7 个。其中独立核算单位 1 个，营业部 1 个，信用社 6 个。机构网点分布在六乡一镇。全县信用社共有干部职工 95 名，年龄结构日益年轻化，45 岁以下职工 75 人，占总人数的 78.95%。文化层次日益提高，结构日趋合理，具有大专以上学历的人员 75 人，占总人数的 78.95%；高中、中专学历的有 13 人，占总数的 13.68%。具备各类专业技术职务任职资格人员共 24 人，占职工总人数的 25.26%。

三

认真贯彻国家法律法规,做好货币管理工作。按照《中国人民银行残缺污损人民币兑换办法》的规定,兑换残缺污损人民币。贯彻执行《中华人民共和国人民币管理条例》和《中国人民银行假币收缴、鉴定管理办法》,做好反假币工作。根据中国人民银行《金融机构反洗钱规定》和《人民币大额和可疑支付交易报告管理办法》规定,县联社成立反洗钱领导小组,实行岗位人员负责制,加强宣传培训,制定印发《哈巴河县农村信用社反洗钱内控制度》《哈巴河县农村信用社大额交易和可疑交易报告制度》《哈巴河县农村信用社客户身份识别和客户身份资料及交易记录保存管理办法》,对反洗钱工作领导小组和内控办事机构、各具体岗位职能、职责做到明确分工,确保反洗钱工作顺利进行。

股金规模不断扩大。哈巴河县联社按照国家相关政策,以社员入股的资本金开展业务,由社员民主管理,主要为社员提供服务,并不断规范股金结构,加强股金管理,坚持盈余分红,维护社员合法权益。2012 年,年末股金 3892 万元,是 1956 年的 2746 倍。其中法人股 1272 万元,占 32.68%;职工股 720 万元,占 18.50%;其他自然人股 1900 万元,占 48.82%。单个自然人持股最高额 50 万元,占股金总额 1.28%;单个法人持股最高额 800 万元,占股金总额 20.55%。

各项存款大幅度增长,贷款规模不断扩大。2012 年底,全县农村信用社存款余额达 108497 万元,比 1978 年增长 695 倍。全县信用社各项贷款余额 60704 万元,比 1978 年增长 2428 倍。信用社支持集体和个人贷款户数达 12792 户。

各项业务不断发展,经济效益显著提高。2012 年,全县信用社实现收入 8326 万元,获得纯收益 3004 万元,比 1978 年的 0.25 万元增长 12016 倍。全县信用社共有总资产 12077 万元,固定资产总值 1921 万元。

为支援国家经济建设做出贡献。2012 年末,全县信用社转存银行款 33661 万元(含准备金 24600 万元)。另外,1978～2012 年,全县信用社共向国家缴纳营业税金及附加 761 万元,企业所得税 2559 万元。

为服务"三农"促进县域经济的发展做出贡献。全县信用社始终以支持农业和农村经济的发展作为一切信贷工作的根本出发点,以支持"三农"为己任,把信贷支农放在各项工作的首位。紧紧围绕全县农业产业结构调整,及时调整信贷结构,改进服务方式,简化贷款手续,增加服务品种,努力提高支农服务水平。在优先满足农户种养业资金需求的前提下,支持农民发展高效优质特色农业和龙头企业。支持农民从事多种经营,引导农民走生产、加工、销售一条龙路子,切实增加农民收入。在满足支农资金需求的基础上,本着区别对待、"择优扶持"的贷款原则,积极支持一大批个体私营经济的发展,使之成为当地经济发展的主力军。大力支持招商引资项目,为外来投资者提供最优惠的政策,最优质的服务,并给予资金支持。2012 年末,全年累计发放农业贷款 57798 万元,较好地解决农民"贷款难"问题。哈巴河县农村信用社合作联社多次被县委、县政府授予"支农先进单位"称号。全县农村信用社为促进哈巴河县经济发展、推进社会进步发挥重要作用。

结束手工传统作业的历史,电子化建设步伐加快,成效显著。2005 年,全县开通计算机综合业务网络系统。此后,随着网络升级和新业务系统开通,实现通存通兑。客户在信用社的营业网点上可以综合处理存、取业务及转账业务,也可以在特约商店进行刷卡消费。依托网络建设,开办玉卡通、代收代付等多种中间业务。

哈巴河县联社在利率市场化、银行业竞争日趋激烈的形势下,审时度势,抓住机遇,创新业务,创新功能,丰富服务品种,改善服务质量,提高服务水平,大力开拓和发展中间业务。先后开办代理发放农业贷款,代理社队集体、单位存款,代理兑付公债,代理发放和受灾区口粮无息贷款,代理发放贫下中农和贫苦牧民、困难户无息贷款,代理银行办理定期储蓄、代理中国银行长城借记卡,代理保险,代理批量业务等代理业务。另外还开办有委托业务、收单业务。把发展中间业务作为信用社提高竞争力,降低经营风险的有效途径,取得良好效果。

四

哈巴河县农村信用社建社初期,基础设施简陋。营业场所和住房主要依靠借用,办公、营业和住宿在同一个房间,基本没有安全设施,经营地点经常变动。中共十一届三中全会后,随着信用合作事业的不断发展壮大,信用社加快基础设施建设步伐,不断优化办公、营业环境和职工生活环境,经过数十年的努力,县联社、全辖各网点都有自己的办公、营业用房,为全县信用社持续健康发展创造坚实的物质基础和良好的环境条件。

2002 年 2 月 26 日,哈巴河县联合社根据上级要求,在全县正式启动信用工程工作。通过开展信用户、信用村、信用乡镇评定及加强自身信用建设,推进农村信用社端正经营方向,转换经营机制,建立农村金融生态环境。农村信用社、地方政府、村委会和农户在诚信基础上加强合作,共建"四位一体"的社会信用服务体系。在地方政府、村委会的支持协助下,由农牧户自愿参与,建设由农村信用社主持和管理,为农牧民生产、生活、经营提供免担保的小额信用贷款管理体系。2012 年,信用社新信贷管理系统上线运行,为农户信用评级提供先进科技手段,实现农户信用等级评定自动化。全县共评定信用户 2587 户,占农户总数的 19.39%,占已建档评级客户的 63.27%,其中 AAA 级 20 户、AA 级 985 户、A 级 1582 户。信用村 5 个,占行政村总数的 4.42%。农户贷款金额 45194 万元,其中农户小额信用贷款余额 433 万元,占农户贷款余额的 0.96%。

五

哈巴河县联社以经营管理为中心,建立健全风险管理体制,提高风险管理水平。特别是从 2006 年自治区联社成立后,县联社针对信贷管理实际情况,制定《哈巴河县信用社贷款操作细则》《不良贷款责任追究制度》,进一步落实贷款责任制,健全激励机制。修订完善《不良贷款清收奖励办法》等制度,使联社贷款操作各项环节真正实现贷前调整、贷后检查,步入科学化、制度化、规范化轨道。通过规章制度的补充完善以及合规文化建设工作的开展,农村信用社风险管理得到加强,最大限度地减少各类风险可能造成的损失,风险状况明显好转。

2006 年统一法人社改革后,伴随电子技术发展,农村信用社电子技术应用上已成为必不可少的竞争手段以及新的效益增长点和服务利器。县联社加大投入,网上银行、电子银行、自助银行等新型业务广泛应用,为社会各界和广大农牧民提升高效优质服务,推动县农村信用合作联社快速发展。2012 年末,全县信用社共运行 ATM 机 5 台,布放 POS 机具 11 台,改善县域的用卡环境,提高客户用卡率。

拥有路由器8个、各种计算机及终端设备80余台、各类打印机60余台。

加强经营目标、安全目标、综合目标等目标管理;界定固定资产范围,制定管理制度,强化固定资产购建与管理;实施收入管理、支出管理、清产核资、决算管理、利息管理、提留核算等财务管理;加强车辆管理、公务接待等后勤管理;加强档案整理、档案查阅、档案处置等档案管理;保障各项工作的正常运转。

稽核审计工作紧紧围绕上级主管部门的要求和联社总体工作思路,转变稽核审计工作理念,不断创新稽核审计工作方法,推动稽核审计由合规性稽核审计向风险管理稽核审计转变。重点围绕执法执纪、合规守法经营、内控制度执行、规范管理、风险防范等情况开展全面的稽核审计,有效促进联社依法合规经营和稳健发展。

六

哈巴河县联社党组织坚持抓组织建设,不断加强党的领导。联社党委下设联社机关党支部、河东片区党支部、河西片区党支部,共有党员39人,占职工总数的41.05%。联社党委坚持不懈地对党员进行党的基本理论和基本路线教育、党风党纪教育、社会主义思想教育、"三个代表"重要思想教育、保持共产党员先进性教育、科学发展观教育,充分发挥党组织的战斗堡垒作用和党员的先锋模范作用。

中共哈巴河县农村信用合作联社纪律检查委员会认真履行职责,在金融业务经营和日常工作中严格落实国家金融政策、法律、法规,监督信用社干部员工履行岗位职责、恪尽职守、依法从业,检查处理破坏金融工作制度,以贷谋私、以职谋利、玩忽职守、违犯财经纪律的违法违纪案件,对广大干部职工进行法制教育和反腐蚀教育,检查处理来信来访案件的落实执行情况,确保金融业务正常高效运转。

工会组织在联社党委的领导下,带领职工学习有关法律法规和规章制度,学习先进人物,开展社区共驻共建活动、爱心捐款活动,组织职工开展业务技术竞赛和文体活动,维护职工合法权益。共青团组织带领青年职工积极参加以"五讲四美三热爱"为主题的文明礼貌月活动,开展学"二兰"、学雷锋活动和讲文明树新风活动,创建"青年文明号",争做"青年服务明星",为联社的物质文明、精神文明和企业文化建设做出贡献。

哈巴河县农村信用联社始终把精神文明建设摆在与经济效益同等的地位,坚持两手抓两手都要硬。在职工中广泛开展"五讲四美三热爱"活动,进行职工道德教育、"三个代表"重要思想教育、"八荣八耻"教育。通过文明单位、文明服务、环境卫生、"五小"工程等创建活动,提高员工素质,塑造综合形象,增强信用社的凝聚力和竞争力。

七

农村合作金融事业大有作为,任重而道远。相信经过信合人的共同努力,农村金融体系中的基础地位将更加巩固,促进哈巴河县农业、农村经济发展和农牧民脱贫致富奔小康的作用将会进一步凸显。农村合作金融事业也一定会随着哈巴河县农村社会经济繁荣进步而不断发展壮大,必将创造出更加辉煌的明天。

大事记

1955 年

2月14日,人行县支行上报《试建哈巴河县农村信用合作社工作计划》,信用社筹备建设工作开始实施。

3月1日,带有汉、壮、藏、蒙、维吾尔五种文字的新人民币由中国人民银行发行,新版人民币以一元折合旧人民币10000元的比率开始兑换。6月11日,新旧人民币兑换工作停止。

3月14日,哈巴河县第一个农村信用合作社——三区一乡信用合作社(又名阿不列兹克信用合作社)在三区一乡驻地阿不列兹克村成立,主任阿克汉,会计库那什。当月,阿不列兹克信用社放款1569.30元,帮助农民解决春耕生产中的困难。第一次让农民认识到信用社是自己的银行,是帮助农民解决生产、生活困难的互助金融组织。年末,阿不列兹克信用社入社社员502人,达到全乡总人数的34%,共认股535股,计2675元。收回435股,计2175元,达总认股数的81.3%。

6月20日,中国人民银行总行发出《关于办理贫农合作基金贷款的通知》。贷款期限规定为5年,利率一律按月息4厘计算,帮助贫农解决初参加农业社筹措入社费用困难。

8月20日,阿不列兹克信用合作社为二乡18户社员贷款200元,购买25把钐镰,解决打草困难。使未入社的群众,逐步了解信用社的作用。

10月1日,县域信用合作社的存款、放款利率进行调整:生产贷款15‰,存款利率定期不满六个月者5‰,六个月以上不满一年者8‰,一年以上者9‰,活期利率3‰。

11月16日,县委同意人行县支行上报的《关于整顿信用合作社计划》。要求县人行在农工部的领导下负责做好县域信用合作社的整顿工作。

是年,哈巴河县共建农业生产队18个、互助组158个,组织起来的农牧民占70.97%。各合作组织发放农业生产互助组放款73077.63元;个体农民放款51004.24元;信用合作社放款62568.07元;贫农合作基金放款7559.00元;其他放款22000元;共计放款216208.94元。

1956 年

2月10日,中国人民银行《关于调整银行贷款利率和训练信用社干部的指示》提出:农业贷款利率,除贫下中农合作基金贷款为月息4‰,农业生产合作贷款及农牧民垦荒贷款为月息4.8‰不变外,对生产互助组、个体农民和农业生产个人的各种贷款,按月息7.2‰计息;银行对信用社的贷款和信用社转存到银行的存款,按存款一致的办法,由原月息9‰降为月息5.1‰;优待利率一律取消。

3月1日,县域信用合作社根据人行阿勒泰专区中心支行要求,即日起对农牧民放款利率最高不超过7.2‰,对信用社放款5.1‰,活期存款2.4‰,定期存款6.6‰,信用社存银行5.1‰。

3月9日,根据农行自治区分行《信用社一九五六年工商业税免收的通知》,免征县域信用合作社1956年度工商业税。

5月,人行县支行设立农村股,由农村股管理县域各信用合作社。

6月20日,人行伊犁州分行针对县域信用合作社在吸收社员入股时,采用以生产社入股为集体社员入股且股金定得高的做法,指示立即纠正,改为社员个人入股。

6月26日,根据农行自治区分行转发中国农业银行关于地主、富农贷款问题的批复,县域各信用社对已经取得社员称号的地主、富农在生产、生活,缴纳股金方面有困难无法解决的,酌量贷给一般贷款,未取得社员称号的不予贷款。

6月,县域相继成立5家信用社。

7月,县域各信用合作社贯彻执行中国人民银行制定的"存款自愿,取款自由,为储户保密"的原则,开展降低利率的宣传教育工作,组织社员群众向信用社储蓄。

8月20日,经自治区批准,农行县支行成立。

9月,县域相继成立6家信用社,达乡乡有社。

11月6日,根据人行自治区分行《关于修改鞋、袜补贴标准的通知》规定,县域各信用合作社为经常下乡的农村流动工作人员及经常流动服务的储蓄外勤人员,每人每年补助单布鞋两双、棉布鞋一双。其价格按单鞋4元/双、棉鞋7元/双计算,发给代金。购置若干件公用皮大衣或棉大衣、毡筒等(多雨地区可购雨衣),由各信用合作社统一掌握,借给外勤人员使用。

12月11日,根据农行自治区分行下发《关于解决信用社干部待遇问题的指示》。县域各信用合作社主任、会计工资参照乡干部待遇,主任待遇稍高于会计。对非脱产干部根据其工作分量、务工情况给予适当津贴。对已脱产而待遇过低,或名义上虽未脱产而实际绝大部分时间用于信用合作社工作,导致收入减少、生活发生困难的社干,给予一次适当补助。

是年,县域信用合作社亏损1501.31元,损失由国家拨款弥补。

是年,县域信用社达12家,入社户数2995户,社员5561名(其中妇女社员2146名),占全县人口的80%。股份基金达7000股,共计35020元。

1957 年

3月,根据人行自治区分行下发的《关于信用合作社资金管理上存在的问题和处理意见的报告》精神,县域各信用合作社开始进行巩固和整顿。

1958 年

4月,县撤销区级管理体制,乡级建制合并为8个,信用合作社机构由12个合并为5个(阿克齐镇信用合作社、克孜勒哈营信用合作社、阔克铁列克信用合作社、胡木大拉信用合作社、巴克拉乡信用合作社),共有社员 3013 户,占全县农户的 82%。

9 月 30 日,县各信用社召开理事、监事会议,对信用社工作进行总结,安排部署当前和今后的工作。

11 月 24 日,县委批转人行县支行《关于在人民公社内建立信用部机构的意见》,同意将信用部迅速建立起来。并将试行情况及时总结,以便研究改进。

是月,哈巴河县撤销乡级管理体制,建立"政社合一"的人民公社建制,成立 4 个人民公社。县域信用合作社机构由 5 个合并为 3 个,按驻地公社名称更名为东风人民公社信用合作社、红旗人民公社信用合作社、跃进人民公社信用合作社。

12 月 8 日,人行县支行上报《在信用社开展社会主义教育运动的报告》。县域信用社个别人在社会主义教育运动中受到不公正处理。

是月,县域各人民公社信用合作社与人行县支行基层营业所合并成立人民公社信用部,划归人民公社金融部管理,县域成立东风人民公社信用部、红旗公社信用部、跃进公社信用部等 3 个人民公社信用部。信用部的行政事务、思想教育由公社统一领导,业务方面属于公社自存自放业务由公社领导,同时接受银行的具体领导。

是年,人行县支行提出解决县域信用社经济困难的措施:会计参加劳动,一年要求做 600 个工分,劳动收入归信用社;租马通过协商变成生产队轮流派马;放款利率从 9.9‰ 提高至 12‰。

1959 年

1 月 1 日,县域各信用社执行中国人民银行规定,降低农村各种储蓄利率。活期储蓄存款月息按 1.8‰ 执行,零存整取定期存款月息按 3‰ 执行。

4 月 20 日,人行自治区分行转发中央《关于加强农村人民公社信贷管理的规定》后,县各人民公社信用部(即银行营业所)受上级人民银行和公社管理委员会双重领导,以银行领导为主;人民公社信用部和上级银行间的资金往来,一律改按银行内部往来关系办理,不再作为存贷关系,不再相互计算利息;人民公社的各种贷款由上级人民银行核定;人民公社的各个生产队(相当于原来高级农业社的管理区或生产队),可以设立信用分部。

5 月 30 日,人行县支行和县域信用社共计发放农牧业贷款 537370 元。其中信用社贷款 299000 元。贷款用于购买拖拉机 2 台、种马 4 匹、洋犁 100 架、插秧机 4 部、奶油机 2 架、剪毛机 1 架、打铁锁 43 个、麻袋 671 条、打水桶 6 个、锄头 479 把、铁锨 350 把、钢铁 17534 千克、种子 201.850 千克、皮毛绳 8200 条。

7 月 13 日,县财贸部同意信用社在公社建立信用部、营业所以及大队建立信用分部。

11 月 24 日,县委同意人行县支行《关于在人民公社建立信用部的意见》。把并入金融部的信用社从公社信用部分出,下放给生产大队,成立信用分部,由生产大队和公社信用部双重领导。

1960 年

3 月 24 日,中央为帮助穷社穷队发展农牧业生产,给阿勒泰专区拨款 60 万元,其中哈巴河县 9

万元。

1961 年

2月,县域有银行营业所3个(人民公社信用部),公社信用分部10个。其中,东风公社信用分部3个;红旗公社银行营业所1处,信用分部5个;跃进公社银行营业所1处,信用分部2个。年底,全县信用分部发展到12个,其中东风公社4个,红旗公社6个,跃进公社、火箭公社各1个。

5月2日,下调农业贷款利率,由月息6厘降低为4.8厘。降息以前放出的尚未收回的贷款采取分段计息的办法。

6月9日,人行县支行向县财贸部、县委书记刘义清、县长那斯夫呈送《关于信用分部体制和人员情况的报告》,建议配备专职会计,并在红旗公社牧业生产队建立一个牧业生产信用分部,更好地为牧业生产服务。

7月22日,人行县支行针对红旗公社信用分部会计工资待遇和乘马问题明确指出,信用分部是公社的一个机构,待遇和乘马问题应由公社负责。

12月3日,人行县支行向县委提交《关于开展整顿信用分部工作和解决当前信用分部体制及干部问题的报告》。

12月31日,县域信用分部发展到12个,其中东风公社4个,红旗公社6个,跃进公社、火箭公社各1个。

是年,农行县支行组成工作组,清理1961年以前的农业贷款,共清理信用社发放贷款16049.43元。

1962 年

4月20日,人行发行第二套人民币5元券。

6月,县公私合营牧场成立,场部设在克孜勒哈英。成立牧场信用社,吸收职工4人。

11月,县农村信用社贯彻中共中央、国务院批转人行《关于农村信用社若干问题的决定》,压缩农村信贷规模,整顿农村信用社。整顿之后,恢复信用合作社,县域有信用社5个。每个信用社都建立民主管理制度,建立由5~7人组成的理事会,3~5人组成的监事会。每个生产队都有一个基层服务站。

是年,哈巴河县大旱,农牧民生产生活遇到困难。信用社发放生产生活贷款2.7万元。

1963 年

1月28日,人行县支行召开行务会议,提出农村金融工作的三项任务:清理农贷、帮助公社安排资金、整顿信用社。

2月13日,人行县支行上报县委《关于整顿信用社的工作安排意见》。提出信用社存在的问题,整顿的步骤、方法,采取的措施以及达到的目的。

3月5日,县域各信用社干部职工参加全县组织的学雷锋活动。

3月19日,根据国务院批转中国人民银行《关于信用合作社干部的粮油副食品,日用品供应情况的报告》规定,县域各信用合作社脱产干部的口粮全部由国家供应,副食品和日用品由商业部门供应。

是年,县域各信用社开展社会主义教育运动。主要内容:整顿组织、贯彻阶级路线,做到领导权牢牢掌握在贫下中农手里,清除四类分子;开展四清,查存放款、股金、现金、财产,做到账账、账表、账据、账款、账实、账户六相符。

是年,县域有 3 个信用合作社,专职干部 10 人,公共积累达 39900 余元(包括股金和历年提留),社员个人储蓄年末余额达 61000 余元。全年发放个人贷款 33000 元,其中,15257 元用于 735 户困难户买茶、盐等生活品;7223 元用于 358 户春耕、秋收、打草;5079 元帮助 314 人解决医疗费;4296 元帮助 196 户解决经济困难。

1964 年

1 月 8 日,县委、县人民委员会联合发出《关于结合年终分配认真清理社与社员之间的经济拖欠的指示》。

4 月 15 日,哈巴河县遵照上级文件精神,兑换收回由苏联代印的 3 元、5 元、10 元三种面值的人民币。

是月,中国人民银行发行第三套人民币,比值 1∶1。

1965 年

是年,县域各信用合作社根据中国农业银行《关于信用社豁免 1961 年以前贷款问题的通知》,对 1961 年以前贫下中农的贷款,有困难的予以豁免。对脱产干部在脱产前的欠款,经过群众同意酌情豁免一部分或全部。脱产后的欠款一律不豁免。

是年,县域信用合作社发放生产、生活贷款 34265 元(其中 91% 以上发放给贫下中农),超额 71% 完成储蓄任务,新发展社员 269 人,入股金 1345 元。

1966 年

3 月,根据县委、县人民委员会部署,县域各信用合作社干部职工开展学习焦裕禄的先进事迹。

5 月 25 日,县委成立"文化大革命领导小组"。县"文化大革命"开始,县域各信用合作社干部受到冲击,业务基本瘫痪。

9 月 1 日,县域信用合作社实行收付记账法。

1967 年

1 月,县人武部宣布对县公安局、邮电局、银行实行军事管制。

7 月 26 日,县域信用合作社对 1961 年底以前旧贷款偿还有困难的,给予豁免。在豁免中信用合作社的损失,由银行给予补贴。

1968 年

3 月,根据中央的规定,县域信用社职工不参加本单位以外的群众组织,外单位人员也不能介入银行的"文化大革命",住在银行的外单位人员,应当立即无条件撤出。

是年,县各单位、部门普遍开展"三忠于"(忠于毛主席、忠于毛泽东思想、忠于毛主席的革命路线)活动,早请示,晚汇报,跳"忠"字舞,唱《忠字歌》等形成高潮,县域信用合作社干部参与活动。

1969 年

11 月 28 日,全县开展斗、批、改运动,各公社信用合社业务又遭受到冲击,制度遭到破坏。

是年,根据中国人民银行召开农村信用社"斗、批、改"座谈会提出的信用社要参加革命大批判。县域各公社信用合作社的人权、财权、资金使用权必须由贫下中农使用和管理,金融秩序再次混乱。

是年,县域各公社信用合作社由人行县支行和公社党委双重领导。

1970 年

是年,县域各公社信用合作社定期存款执行半年和一年两种期限,之后增加三个月、三年、五年、八年四种期限。

1971 年

1 月,县东风人民公社划分为团结和胜利两个公社,红旗人民公社划分为反修、前哨两个公社,公私合营牧场改名为卫东牧场。

3 月 30 日,县域各信用社改按银行利率执行,即信用合作社对社员个人和社队集体的存款利率按银行的利率执行。对社员个人贷款按 4.8‰执行。银行对信用社的存贷款利率仍按 3.9‰执行。

1972 年

10 月,根据中国人民银行工作会议精神,提高信用社职工的政治和经济待遇。县域各信用合作社不再走亦工亦农道路。

是年,县域各公社信用合作社的贷款范围扩大,县域各公社生产费用贷款、生产设备贷款和社

（队）办企业贷款一律由信用社发放。

1973 年

2 月 17 日，经县革命委员会常务会研究，同意建立反修公社信用社、前哨公社信用社。

7 月 12 日，县域信用合作社执行：整存整取 10 元起存，低于 10 元以下，灵活掌握予以收储；整存整取定期储蓄存款存期一年，储户要求存一年以下，以活期存款处理；整存整取定期储蓄存款每月放到 50 元；活期储蓄存款是储蓄存款的重要组成部分，不能拒收活期储蓄；为储户保密，除公安、司法部门根据有关程序调阅储户信息外，其他单位无权查询。

是年，县域信用合作社由 3 家调整为 4 家，即东风人民公社信用合作社、反修人民公社信用合作社、前哨人民公社信用合作社、公私合营牧场信用合作社。

1974 年

1 月 1 日，县域各信用合作社执行《新疆维吾尔自治区农村牧区信用合作社财务管理制度》（试行草案）。

2 月 24 日，县域信用合作社完成 1961 年以前旧农贷的豁免工作。

是年，县域各信用合作社实行工资基金管理制度，按管理册监督支付工资，各单位除签收支票外，连同工资管理册一起交验后，方可支付工资。

是年，县域东风人民公社信用合作社分解成立团结人民公社信用合作社、胜利人民公社信用合作社，县域信用合作社增至 5 家。

1975 年

9 月，县域各信用合作社贯彻执行《现金管理细则》，严格核定库存检查库存，加强柜面监督，禁止坐支现金。

11 月 28 日，按照人行阿勒泰地区中心支行提出的方法、步骤及应注意的问题，县域各公社信用合作社开始进行整顿。

是年，县铁列克提人民公社成立，金融业务由团结公社信用社管理，设置一名信贷外勤做服务。

1976 年

是年，县域信用合作社再次修订统一会计科目，将原来存贷合一的科目一分为二。

1977 年

3 月 11 日，根据上级政策，县域信用合作社执行：干部福利费按工资总额 2.5% 提取，医疗费按脱产干部实有人数每人每月 2 元,从各项费用科目提取。四类分子不能吸收为社员,已入股,坚决退回,如自愿可转为存款。地、富、反、坏、右子女要区别对待。四类分子的子女生活、生产困难,对已入社的给予适当贷款。新增户不再扩股,外迁户应退股,死亡无继承人的作为基金。不能收买干部自建的住房,对确实有困难的干部,应适当给予补助。

10 月 23 日,经人行阿勒泰地区中心支行同意,各公社银行农村营业所、信用合作社实行合署办公,但信用合作社须经过整顿。对没经整顿就合署办公的,进行整顿补课。

11 月 28 日,国务院在《关于整顿和加强银行工作的几项规定》中着重指出:信用社是集体经济组织,又是国家银行在农村的基层机构,信用社的资金应纳入国家信贷计划,人员编制纳入县集体劳动工资计划,职工的待遇应与人民银行基本一致。根据《规定》,县域信用合作社职工工资按照政策进行调整。

是年,县域 5 家信用合作社拥有股金、公积金等自有资金达 58000 元,吸收社队存款和社员储蓄存款余额达 2239 元,扭亏增盈 9700 余元,亏损局面得以扭转。

1978 年

2 月 4 日,人行自治区分行、自治区劳动局《关于调整部分信用社职工工资的通知》规定,对信用社职工工资进行调整。县域各信用合作社执行调整后的工资标准。

5 月 20 日,县域信用合作社执行中国人民银行《关于农村金融机构的几点意见》,自 1978 年起按存款利率付给社员股息,对 1977 年以前盈余社没有分红,给予补分。

7 月 1 日,人行阿勒泰地区支行批转《哈巴河县支行关于信用社扭亏增盈情况的报告》。

8 月 15 日,县城镇信用社成立,并对外开门营业。

9 月 5 日,人行县支行革委会出台《关于整顿和加强农牧区信用社工作的几项规定》。规定信用社必须在各级党委领导下;信用社是集金融组织;信用社必须坚决贯彻中央"回笼票子"的指示,把农牧民手中的闲散资金积累起来,为生产提供服务;信用社实行独立核算,自负盈亏;信用社必须按照国务院关于实行现金管理的规定,帮助银行加强对农牧区集体单位资金的管理。

9 月 29 日,阿勒泰地区计划委员会为县域农村信用合作社增加 8 名工作人员指标。

是年,人行自治区分行要求刻制信用社印章一律不加"人民公社"字样。

1979 年

2 月,县铁列克信用合作社成立,与人行县支行铁列克营业所合署办公。

3 月 9 日,农行地区中心支行下拨县三家信用合作社(前哨、牧场、城镇)亏损补贴款 5004.75 元。

3 月 10 日,县域各信用合作社执行调整后的城乡居民活期储蓄存款、城乡居民定期储蓄存款、零存整取,半年定期、一年、二年、三年定期利率。月利率分别为 1.80‰、3.00‰、3.00‰、3.30‰、3.75‰、4.20‰。

是年,县域信用合作社按照国务院《关于发展社队企业若干问题的规定(试行草案)》,开始办理乡镇企业贷款业务。

是年,县域各信用合作社采用同银行一致的会计核算方法,运用各种分户账,现金日记账,登记簿

（卡）余额表进行明细核算，运用总账科目结算，日记表进行综合核算。

1980 年

1 月 8 日，县城镇信用社撤销。

是月，农行县支行再次恢复成立，县域信用社由人行县支行划归农行县支行管理。

4 月 4 日，农行阿勒泰地区中心支行拨付县域信用合作社经营亏损补贴。分别为 1978 年 1070 元，1979 年 6817.53 元。

4 月 15 日，中国人民银行发行面额为一角、二角、五角、一元的金属人民币。

9 月 12 日，农行阿勒泰地区中心支行党组会议研究决定，米吉提任农行县支行计划会计股股长，免去团结信用合作社主任职务。

11 月 22 日，县域各信用合作社录用干部试用期工资按行政 26 级，标准工资为 37.00 元，转正后按行政 25 级，标准工资为 42.50 元。

12 月 2 日，农行自治区分行、自治区劳动局《关于信用社职工工资实行国家行政工资标准的通知》规定，从 1981 年 1 月 1 日起实行国家行政级工资标准，与农业银行职工工资标准取得一致。

是年，县域各信用合作社试行贷款合同制，每发放一笔贷款都明确规定承贷单位、物资供应部门和信用社三方面的经济责任，并互相监督，保证专款专用原则的贯彻落实。

是年，县萨尔塔木信用合作社主任、共产党员朱马汗·巴亚合买提一人吸收储蓄存款达 18 万元，占该信用社储蓄总额的 37.6%。

1981 年

10 月 21 日，农行阿勒泰地区中心支行、阿勒泰地区计划委员会联合下发《关于分配信用社 1981 年集体所有制劳动指标的联合通知》，县域信用社分配 7 名招工指标。

12 月 23 日，《新疆日报》刊登萨尔塔木信用合作社主任居马汗《为四化繁忙——记全国金融战线红旗手居马汗的模范事迹》。

是年，县域信用合作社建立包贷、包使用、包经济效果、包按期收回的"四包制度"。

是年，根据国务院批转中国农业银行《关于处理农贷积欠加强农贷管理的报告》和中国人民银行《关于处理农贷积欠实施办法》规定，县域信用合作社开始清理历年农贷积欠工作。

是年，县萨尔塔木信用社职工朱马汗·巴亚合买提被评为全国农村金融战线红旗手，受到农业银行总行的表彰和奖励。

1982 年

6 月 18 日，中国农业银行对信用社职工退休的住房问题提出，原则上比照农行的规定办理，所需资金从所在信用社历年积累中解决。

7月21日,县域各信用合作社按照农行自治区分行《清理1978年以前农业贷款的实施细则》,开始清理1978年以前的农业贷款。

是年,县域信用合作社全年累计发放各项农牧业贷款124.2万元,比上年增加30.4万元,增长32.4%。

1983 年

4月26日,县委、县政府发出《关于认真开展第一个"民族团结教育月"活动的通知》,确定每年5月为"民族团结教育月"。县域信用合作社员工积极参加民族团结教育月活动。

是年,县域信用合作社贷款执行合同制,内容包括当年生产主要项目、贷款计划、归还和存款数额等。

1984 年

2月24日,县域信用社按照县委、县政府安排,开始开展以讲文明、讲礼貌、讲卫生、讲秩序、讲道德,心灵美、语言美、行为美、环境美,热爱祖国、热爱社会主义、热爱中国共产党为主要内容的"五讲四美三热爱"活动。

3月,县域各信用合作社分别召开社员代表大会,选举产生信用合作社成立以后第一批由信用社职工担任的领导干部。

8月,县域各信用合作社开办个人通知存款储蓄。

10月11日,为纪念中华人民共和国成立35周年,中国人民银行限量发行一套3枚三种图案纪念币,面值均为壹元,与市场上流通纸(硬)币等值流通。

11月2日,哈巴河县完成撤社建乡工作,共建6个乡、1个镇,信用社机构覆盖6个乡(镇未设信用社机构)。

1986 年

1月1日,县域信用合作社经营业务收入恢复征收营业税,个别纳税有困难的单位,可按税收管理体制的规定给予定期减免税照顾。

7月26日,根据农行自治区分行《关于信用社职工发放书报费的通知》,县域各信用合作社补发脱产职工自年初开始每人每月3元的书报费。

1987 年

1月,县域各信用合作社开始办理定活两便储蓄业务,并增设定活两便储蓄科目。

3月28日,农行阿勒泰地区中心支行发出《关于信用社1986年度统计报表评比情况通报》,哈巴河县被评为第三名。

4月27日,中国人民银行发行第四套人民币。在原来第三套人民币面额的基础上增加50元和100元券。第四套人民币与第三套人民币比值相等,混合流通。第四套人民币实行"一次公布,分次发行"。

6月14日,农行阿勒泰地区中心支行下发《关于调整我区信用社交存款准备金比例的通知》。县域各信用社存款准备金执行20%比例。分"年中"和"年底"两个档次执行。

7月1日,县域各信用合作社执行信用社职工劳保用品费用发放标准。

10月,县域各信用合作社落实中国农业银行《关于农村信用合作社实行专业技术职务聘任制度的通知》,启动对工作人员进行专业技术职务评审聘任工作。

是年,农行阿勒泰地区中心支行下发《关于表彰阿勒泰地区农行系统1986年度金融先进单位、先进工作者及文明标兵的通报》。铁列克信用社被评为先进单位,赛力汗被评为先进个人。

1988 年

2月26日,按照农行阿勒泰地区中心支行《关于信用社职工实行医疗费限额包干的通知》。县域信用合作社职工原则上按本人工资总额的7%提取4%作为核定包干限额,每个职工均可按全年核定给自己的包干限额凭医院诊断收据全额报销。亲属凭收据报50%,超支自理。

5月10日,中国人民银行发行第四套人民币100元券、2元券、1元券、2角券。

8月16日,农行阿勒泰地区中心支行转发中国人民银行《关于开办人民币长期保值储蓄存款有关问题的通知》。县域各信用社根据《通知》,确定自1988年9月10日开始,对城乡居民个人三年期以上定期储蓄存款(整存整取、存本取息、华侨人民币储蓄存款)实行保值贴补。

9月22日,中国人民银行发行第四套人民币10元券、5元券、1角券。

是年,农行阿勒泰地区中心支行组织开展"三高一好"竞赛活动,哈巴河县获得第四名。

1989 年

2月1日,县域各信用合作社执行农行阿勒泰地区中心支行《关于调整大额定期计息办法的通知》。

6月1日,中国人民银行在2月1日上调存款利率的基础上,再次调整存贷款利率。信用社存款利率上浮50%。

是月,经人行阿勒泰地区中心支行审核同意,县农村信用合作社联合社成立大会在农行县支行二楼会议室召开。

8月1日,县域信用社即日起,执行新的存、贷利率浮动方案。

10月,县联合社营业部挂牌营业,对外开办对公存款、居民储蓄及城镇居民工商户贷款业务。

1990 年

8月22日,县域信用社开展以整顿职工队伍、信贷秩序、财会纪律、机构网点和提高职工政治和业务素质、信贷管理水平、财会管理水平、服务效能为主要内容的综合治理整顿工作。

12月28日,农行阿勒泰地区中心支行《关于上报1990年度纪检、监察工作总结的函》指出:哈巴河县在惩治腐败,坚决查处违法违纪案件中,查出县牧场信用社错乱账、白条顶库、贪污挪用等问题,涉及金额55773.91元。

是年,县库勒拜乡信用社哈拉齐力克牧办信用分社成立。

是年,农行自治区分行下发《关于表彰奖励1988~1989年度农村金融先进单位、先进个人及部分专业先进集体、先进个人的通报》。县铁列克信用社被评为金融先进单位,县库勒拜信用社主任哈不都勒被评为先进工作者。

1991 年

2月1日,农行阿勒泰地区中心支行下发《关于表彰阿勒泰地区农村金融系统1990年度先进单位和先进工作者的通报》,县加依勒玛信用社被评为先进集体,栾珍文、色依提汗被评为先进个人。县农村信用社获得信用社决算各专业对口赛前三名。

2月21日,县域信用社对在职自学取得国家承认的大中专学历职工分别给予500元、400元的奖励。

5月8日,县域信用社执行调整后的农村信用社存贷款利率及行社往来利率标准。

7月2日,县域信用社执行中国农业银行制定的《农村信用社会计工作达标升级实施办法》。

8月23日,农行阿勒泰地区中心支行任命郭同元为哈巴河县农村信用合作社联合社主任。

是年,县域信用社增设分行二级专用科目,0741合同制职工养老金科目,本科目为收方余额,属县农村信用社专用科目,排列在074专用基金科目之后。

1992 年

3月27日,农行阿勒泰地区中心支行下发《关于表彰阿勒泰地区农村金融系统一九九一年度先进集体的通知》,县萨尔塔木信用社被评为金融先进集体,县农村信用社获得信用社会计决算对口赛评比第二名。

6月17日,农行自治区分行下发《关于调整农村信用社存贷款利率及行社往来利率的通知》。根据《通知》要求,县域信用社自1993年7月1日起执行调整后的利率标准。

7月11日,县域信用社即日起执行调整存贷款利率后有关储蓄计息办法。有关储蓄包括活期储蓄、定活两便储蓄、整存整取定期储蓄、零存整取定期储蓄、零存整取有息集体户储蓄。

8月20日,中国人民银行发行1990年版带有安全线的50元券和100元券人民币。

1994 年

1月1日,县域信用社执行调整后农村信用社各项流动资金贷款利率标准。

是日,县域信用社开始执行《农村信用社利息收支管理办法》。使用新会计科目,恢复借贷记账法。

4月12日,农行阿勒泰地区中心支行确认1993年度哈巴河县联合社赛力汗、哈布都、胡马尔汗具备经济师资格,窦德贵、热玛占、刘善中、何计划具备助理经济师资格,杨新玉、栾珍文具备助理会计师资格。

8月28日,县域信用社参照执行《中国农业银行工作人员工资制度改革实施办法》。

11月1日,县域信用社执行新的《银行账户管理办法》。

是日,县域信用社执行《违反银行结算制度处罚规定》。

11月7日,县域信用社各项流动资金贷款利率一律按人民银行规定的基准利率,即年利率10.98%执行。

是年,县联合社管理部门引进第一台(宏基)80486计算机,开创联合社会计电算化的序幕。

1995 年

1月1日,县域信用社执行中国人民银行《个人定期储蓄存款存单小额抵押贷款办法》。

2月10日,县萨尔塔木信用社主任刘善中,沙尔布拉克信用社主任吾拉别克通过农村信用社法人资格审查。

4月10日,人行阿勒泰地区中心支行同意哈巴河县成立阿克齐镇农村信用社,5月8日对外开门营业。

5月24日,农行阿勒泰地区中心支行同意哈巴河县辖内8个信用社扩股400万元。实行保息分红,股息按二年定期存款利率支付,红利分配按1~2个百分点从税后利润中列支;新股金证由中支统一发给。

5月25日,县联合社增设稽核机构,配备专职稽核员。

6月12日,经农行阿勒泰地区中心支行批准,县联合社启动公大楼建设。新办公楼为5层砖混结构,面积为2517平方米,总投资176.19万元。

是月,县联合社投资59800元购入一辆吉普运钞车。

8月12日,农行县支行任命徐浩为萨尔塔木信用社副主任,主持工作;哈里木汉为齐巴尔信用社副主任,主持工作。免去徐浩齐巴尔信用社副主任职务,撤销刘善中萨尔塔木信用社主任职务、李长亮萨尔塔木信用社副主任职务。

9月14日,人行阿勒泰地区中心支行《关于同意哈巴河县萨尔布拉克农村信用社搬迁的批复》,批准萨尔布拉克农村信用社迁至新营业场所。

10月20日,农行自治区分行转发中国农业银行《关于加强农村信用社固定资产贷款管理的意见》的通知。县联合社根据通知精神对辖内固定资产贷款发放、资产质量、贷款档案建立和贷款债务落实方面的情况进行全面清查,对查出的问题进行整改。

10月25日,阿勒泰地区农金系统开展文明优质服务检查评比活动,县阿克齐信用社获得表彰。

是年,县域信用社各项存款余额达2822万元(含股金449万元),比上年增加905万元,增长47.2%,超额完成任务18%;各项贷款余额达966万元,比上年增加7.1万元,增长1.5%。全年累计发放农村"三户"贷款1345万元,乡镇企业流动资金贷款9.5万元,农田养畜贷款29万元。

1996 年

1月15日,农行县支行出台《信用社财务管理补充办法》,就现金资产、固定资产、专项基金、暂收暂存款项、成本管理等做出具体规定。

2月1日,农行阿勒泰地区中心支行下发《关于对1995年度我区信用合作社管理工作进行表彰奖励的通报》,县阿克齐信用社受到表彰和奖励。

2月16日,县域信用社开办第二期特种存款,特种存款的截止日期为1996年12月30日。

4月2日,人行阿勒泰地区中心支行转发人行自治区分行《关于停办新的保值储蓄业务的紧急通知》,县域信用社停止办理定期保值储蓄存款业务。

4月26日,哈巴河县水电局在经营水产公司时,欠信用社贷款本息173.18万元无法偿还,将水产公司所有权移交县联合社。

5月3日,县域信用社各项存款利率在现行基础上平均下调0.98个百分点,各项贷款年利率在现行基础上平均下调0.75个百分点。

5月9日,农行阿勒泰地区中心支行专业技术职务评审委员会评审,确认哈巴河县联合社沙恒别克、王秀云、庞菊香、沙依拉什为助理会计师,木哈买提哈力、吾木尔别克、胥洪强为助理经济师。

8月1日,县域信用社根据《中华人民共和国票据法》启用新版票证、票据。

11月10日,县域信用合作社开办通知存款业务。通知存款分7天、15天、1个月、3个月和6个月5个档次,各档次年利率分别为2.07%、2.16%、2.25%、2.34%、2.25%。

11月25日,农行阿勒泰地区中心支行审核评定,县联合社李汉良具备会计师资格。

11月28日,县域信用社在农行备付金存款按年利率7.92%计息,3个月约期存款利率为8.28%,6个月约期存款利率为8.46%,一年期约期存款利率为9.00%。

12月18日,人行阿勒泰地区中心支行同意县萨尔布拉克乡农村信用社搬迁。

12月24日,经阿勒泰地区农村金融体制改革领导小组研究决定,聘任李汉良为县联合社副主任(主持工作),聘任窦德贵为县联合社副主任。

12月30日,县域信用社与中国农业银行脱离行政隶属关系。

1997 年

3月5日,人行阿勒泰地区中心支行确定哈巴河县人行副行长负责监管县联合社的工作。

6月1日,县域信用社开办特约联行业务。

是日,县域信用社执行《新疆农村信用社经济案件查处统计管理暂行办法》。

6月5日,县联合社任命栾珍文为阿克齐镇农村信用社副主任(主持工作),免去贾敬伟阿克齐镇农村信用社副主任职务。

9月11日,县联合社会计达标领导小组对齐巴尔农村信用社、萨尔塔木乡信用社验收,均符合达标要求。

11月3日,县联合社依据《新疆农村信用社经营目标责任制实施办法》,按目标责任要求对信用社进行考核。

12月11日,经人行阿勒泰地区中心支行批准,同意县联合社迁入新办公大楼。

是月,经人行阿勒泰地区中心支行批准,增设县联合社农贸市场信用合作分社。

是年,县联合社制定《哈巴河县农村信用合作社章程》和《哈巴河农村信用社联合社章程》,并经社员代表大会审议通过。

1998 年

1月1日,县域信用社执行修改后的《金融机构应收利息核算年限及呆账储备金提取办法》。

1月8日,县联合社营业部迁至新办公楼营业,原联社营业部改为农贸市场信用分社。

2月,县域信用社启用"全国农村信用社统计报表系统",实现农村信用社拥有独立的会计、统计报表电子化核算体系。

3月25日,人行出台《农村信用合作社和农村信用合作联合社主要负责人任职资格管理试行办法》。对农村信用社、县联合社主要责任人的职权范围、任职资格、任职前的审查、任职期间的管理、离任稽核、任职资格取消等做出明确规定。

4月8日,哈巴河县遭受特大风灾,直接经济损失1600万元,其中贷款户损失1350万元。

4月13日,阿勒泰地区农村金融体制改革领导小组下发《关于对地区农村信用社一九九七年度荣获地区级先进单位和先进个人进行表彰奖励的通报》,县阿克齐信用社获地区级先进单位称号。

4月20日,县联合社制订出台《哈巴河县农村信用社会计达标,三年目标规划及实施方案》。

4月28日,人行阿勒泰地区中心支行上报《阿勒泰地区对资不抵债农村信用社综合治理工作规划及实现规划的措施》。县齐巴尔信用社、沙尔布拉克信用社、库勒拜信用社、沙尔塔木信用社、加依勒玛信用社被列入资不抵债、综合治理范围。

5月1日,县域信用社执行《新疆农村信用社二级存款准备金管理暂行办法(试行)》。

7月7日,县联合社转发新农金改办《关于做好我区农村信用社会员考试考核有关事宜的通知》,设立办公室,负责组织辖区内的信用社职工"双考"工作。

是月,县联合社引进首台柜面计算机系统,柜面营业开始使用计算机。

9月1日,县联合社按照上级要求对自办经济实体经营情况进行清查:信用社"信联水产有限责任公司共有资产200.12万元,其中固定资产159.04万元,负债216.36万元,其中注入流动资金51万元,亏损16.24万元。

9月10日,人行阿勒泰地区金融系统创建"青年文明号"工作领导小组下发《关于召开阿勒泰地区金融系统"青年文明号""青年岗位能手"命名表彰大会的通知》,县库勒拜信用社、齐巴尔信用社获得青年文明号先进集体称号。

是年,县域信用社营业税按6%交纳。

1999 年

1月15日,县联合社出台《哈巴河县农村信用社医疗费管理办法》《哈巴河县农村信用社差旅费报销办法》。

2月10日,县联合社通报表彰马彦武、王桂兰、马丽娜救死扶伤(1998年12月27日,3人因公下乡,抢救被车撞伤女孩)和庞菊香拾金不昧的先进事迹。

2月22日,县联合社任命薛亮为加依勒玛乡农村信用社副主任,主持工作;刘登同为萨尔塔木乡农村信用社副主任,主持工作。免去薛亮库勒拜乡农村信用社副主任职务,胥洪强加依勒玛乡农村信用社副主任职务。

3月11日,县联合社任命于登山为库勒拜乡农村信用社副主任;王伟忠为联合社营业部内勤坐班主任;李治军为沙尔布拉克乡农村信用社内勤坐班主任。免去乔玉东联合社营业部内勤坐班主任职务,王伟忠沙尔布拉克农村信用社内勤坐班主任职务,王琳沙尔布拉克乡农村信用社副主任职务。

3月12日,县联合社制定《关于使用支农再贷款的规定》,对支农再贷款的用途、监督检查等做出具体规定。3月22日,县联合社向人行县支行借入第一笔支农再贷款100万元,约定期限10月31日到期,利率3.45‰,用途为春耕生产。

是日,人行县支行批准县联合社《小型企业贷款浮动利率实施细则》。

8月25日,县域信用社即日起执行《中国人民银行阿勒泰地区中心支行对农村信用合作社再贷款管理实施细则》。

10月1日,中国人民银行陆续发行第五套人民币,有1元、5元、10元、20元、50元、100元六种面额。其中1元有纸币、硬币两种。

11月1日,国家税务总局规定,对个人储蓄存款滋生的利息所得,按照20%的比例税率征收个人所得税。由存入银行机构代收。

11月15日,县联合社任命热马占为哈巴河县农村信用社联合社纪检监察稽核股股长,乔玉东为计划信贷股副股长,孙红为会计股副股长,王秀云为联合社营业部主任。

是年,人行县支行对辖内农村信用社进行分类处置:三类社1个,五类社7个。其中阿克齐信用社被定为三类社,哈巴河县联合社、加依勒玛乡信用社、萨尔塔木乡信用社、库勒拜乡信用社、齐巴尔乡信用社、沙尔布拉克乡信用社、铁列克乡信用社被定为五类社。

2000 年

1月1日,县域信用社执行《农村信用合作社财务管理办法》《新疆维吾尔自治区境内的农村信用合作社及农村信用合作社县级联合社补充规定》。

3月6日,县联合社任命王琳为沙尔布拉克乡信用社副主任,赛力克为加依勒玛乡信用社副主任,哈里木汗为农贸市场信用分社主任,布列斯汗为齐巴尔乡信用社副主任(主持工作),王伟忠为联合社办公室负责人。免去王琳联合社办公室负责人职务,赛力克农贸市场信用分社主任职务,哈里木汗齐巴尔乡信用社主任职务。

3月11日,县联合社出台《哈巴河县农村信用社2000年春耕生产贷款发放的有关规定》。坚持以农为主,优先支持本社社员;严格执行"三查"制度;严格执行贷款审批权限;完善贷款手续;实行包放,包收责任制;加强对贷款的稽核监督。

3月14日,县阿克齐镇农村信用社搬迁至新址营业。

4月1日,县域信用社执行《个人存款账户实名制规定》。

4月28日,人行县支行同意县联合社在加依勒玛乡四大队设立临时外勤代办点。

5月9日,人行阿勒泰地区中心支行批准县铁列克提乡信用社降格为铁列克提乡分社,齐巴尔信用社降格为齐巴尔分社。

6月,国务院批准第三套人民币于2000年1月1日至6月30日开始兑换收回,7月1日起停止流通。

是月,县联合社对辖内7家信用社统一换发金融许可证。

8月1日,人行县支行同意王秀云任农贸市场信用社主任,布列斯汗任齐巴尔乡信用分社主任,沙恒别克任铁列克乡信用分社主任。

8月2日,县联合社转发中国人民银行办公厅《关于加强金融机构依法收贷,清收不良资产的法律指导意见》。

9月28日,人行阿勒泰地区中心支行下发《关于调整2000年度农村信用社存款比例考核指标的通知》。县域信用社执行存贷比例考核指标。

10月6日,中国人民银行发行5角硬币。

10月16日,中国人民银行发行20元纸币、1元和1角硬币。

10月18日,中国人民银行印发《农村信用社安全保卫基本制度》。

10月25~28日,人行县支行对辖内信用社8个网点重要空白凭证的使用、领用、登记、保管、交接、销号等环节进行检查。

是月,县域信用社执行《财务管理实施办法》。

是年,县域信用社各项存款3499万元,较上年增加122万元,其中低成本存款余额1313万元,较上年增加172万元;累计发放各项贷款2319万元,较上年增长359万元,其中农业贷款1713万元,占各项贷款的75%。

是年,县联合社为加依勒玛信用社、沙尔布拉克信用社、库勒拜信用社,申请紧急贷款1000万元。

是年,县联合社出台《软、硬件维护制度》《办公自动化设备管理制度》《机房管理制度》《软件管理及操作人员管理制度》。

2001 年

1月1日,县域信用社启用"借入支农再贷款"一级会计科目。

2月26日,农行阿勒泰地区中心支行聘任王海勇(主持工作)、窦德贵、吾拉西·木哈为县联合社副主任,聘期3年。免去李汉良县联合社副主任职务。

3月19日,县联合社制定《县农村信用社财务管理暂行办法》。

3月20日,县联合社制定出台《哈巴河县农村信用社关于收回"两呆"贷款的奖励办法》。奖励办法从奖励的基本原则、清收的方法及范围、如何奖励提出明确规定。

5月9日,县联合社出台《社员贷款享受利率优惠规定》。

5月14日,人行县支行同意县域信用社退出特约联行业务。

9月1日,中国人民银行发行50元、10元纸币。

9月26~27日,县联合社被人民银行总行评为"全国支农先进集体"。

10月15日,人行阿勒泰地区中心支行下发《关于阿勒泰地区农村信用社2001年10月份上半月信贷收支情况的通报》,县域信用社各项存款余额3833万元,比上期增加388万元,其中储蓄存款3583万元,较上期增加270万元,为阿勒泰地区农村信用社之首。

12月13日,县联合社制定2001年冬季及2002年春季贷款管理的有关规定。

是年,人行阿勒泰地区中心支行同意县联合社农贸市场分社搬迁至民主东路新址营业。

是年,县域信用社执行《信用社特约电子汇兑往来业务收费标准》。

是年,县域信用社在地区率先推行农牧民贷款五户联保制。

2002 年

1月1日,县联合社制定《社会治安综合治理、"三防一保"暨安全保卫工作领导责任制实施细则》。

1月8日,县联合社成立军警民联防领导小组,联合社主任为组长。

1月15日,县联合社电子银行业务正式运行。

1月16日,联合社党支部改选:王海勇任党支部书记,贾敬伟任组织委员,王伟忠任宣传委员。

1月20日,县联合社成立信用社员工年度考核领导小组。

1月26日,县联合社被县委评为"三个代表"重要思想教育活动先进集体。

2月21日,县域信用社执行调整后的贷款利率。

3月4日,人行县支行下发《哈巴河县农村信用联社存款余额透支处罚的决定》。

3月5日,县联合社制定《信用社会计工作达标升级奖惩办法》。

3月6日,县联合社推选评定的首批县5个信用村(铁克吐玛斯村、阿哈托拜村、阿克敦村、喀斯哈英村、沙亚铁列克村),在县三级干部会议上授予信用村牌匾。

3月26日,县联合社成立纠正行业不正之风工作领导小组。

6月3日,哈巴河县沙尔布拉克乡、库勒拜乡24个农业村遭受冰雹、大风袭击。受灾作物面积1333多公顷(2万余亩),受灾户844户,9个农业村受灾十分严重,绝收面积达1109.27公顷(16639亩)。县联合社向灾区捐款3万余元,解决受灾户作物重播、补种资金困难问题。

6月19日,县联合社向人行县支行借入支农再贷款200万元,用于农作物和草场遭受冰雹和虫灾的抢救资金。

6月21日,县域信用社采取悬挂横幅、板报、广播、宣传单、咨询等多种形式开展"爱护人民币、反假人民币宣传周"活动。

9月25日,经人行阿勒泰地区中心支行批准,县阿克齐信用社降格为分社。

10月20日,人行西安分行支农再贷款检查组对人行县支行、县联合社、信用社支农资金使用、管理情况进行检查。

是月,地区农村信用社系统还贷现场会在哈巴河县召开。

11月15日,县域信用社执行人行乌鲁木齐中心支行印发的《新疆维吾尔自治区金融机构办理人民币存取款业务收缴假币实施管理暂行办法》。

11月18日,中国人民银行发行1999年版5元纸币、1角硬币、5角硬币。

是年,县联合社制定出台《哈巴河县农村信用联社财务管理暂行办法》。

是年,县域农村信用社有5个独立核算信用社、3个非独立核算信用分社、1个营业部,共有员工50人。

2003 年

1月21日,县农村合作金融体改领导小组评选阿合加尔村、萨亚铁热克村、铁克吐玛斯村、阿合吐拜村、阿克敦村为"信用村",并给予 5 个村贷款优先、利率优惠、贷款手续简便等优惠政策。

2 月 9 日,人行阿勒泰地区中心支行办公室下发《关于招收农村信用社专职保卫人员的通知》。县农村信用社分配名额 2 名。

3 月 6 日,县联合社被县委、县政府评为 2002 年度先进单位。

9 月 25 日,人行阿勒泰地区中心支行同意撤并县联合社齐巴尔乡分社。

11 月 13 日,县联合社第一届社员代表大会第一次会议召开,会议听取和审议联合社主任工作报告;讨论通过《哈巴河县农村信用合作社联合社章程》;选举产生本届理事会理事、监事会监事;建立县联社一级法人管理体制。

是年,县联合社各项存款 7882 万元,比上年增加 1908 万元,增长 32%,超额完成地区计划的 189%;各项贷款 7857 万元,累计投放贷款 12057 万元,比上年投放增加 3472 万元。

是年,县联合社执行《干部交流(轮岗)实施意见》。

2004

1 月 20 日,县联合社出台《哈巴河县农村信用联社爱国卫生综合管理实施办法》。

是日,县联合社制定《哈巴河县农村信用联社精神文明创建实施办法》。

2 月 1 日,县联合社采取悬挂横幅、制作板报、接受现场咨询等多种形式开展《银行业监督管理法》《商业银行法》宣传活动。

2 月 12 日,县联合社下发《关于对逾期贷款罚息处理办法的补充通知》。

2 月 20 日,经阿勒泰银监分局批准,撤销县联合社铁列克分社,其人、财、物并入加依勒玛信用社。

是日,经阿勒泰银监分局批准,撤销县萨尔塔木信用社、沙尔布拉克信用社、库勒拜信用社、加依勒玛信用社独立法人资格,降格更名为哈巴河县农村信用社联合社萨尔塔木分社、沙尔布拉克分社、库勒拜分社、加依勒玛分社。

2 月 26 日,阿勒泰银监分局任命刘登同为县联合社副主任。

3 月 1 日,县联合社制定《会计制度考核办法》。

3 月 8 日,阿勒泰银监分局下发《关于 2003 年度农村信用社高级管理人员经营目标完成情况暨综合评比先进个人的通报》。县联合社副主任王海勇获经营目标评比第一名,奖励 5 万元。

5 月 19 日,县联合社执行财政部、银监会《关于重点家禽养殖、加工企业流动资金贷款财政贴息资金管理办法》。

7 月 5 日,县联合社制定《清收职工贷款的实施细则》。

7 月 30 日,中国人民银行发行 1 元纸币,第五套人民币增加 20 元面额,取消 2 元面额。

9 月 3 日,县联合社制定《哈巴河县农村信用社支付风险处置预案》。

10 月 26 日,县政府命名县联合社为 2004～2005 年度 AA 级信用企业。

10 月 29 日,县联合社执行调整后的金融机构存贷款利率。

11 月 25 日,阿勒泰银监分局同意县联合社库勒拜分社扩建营业办公用房。

11 月 26 日,县联合社以集中接入直联方式接入支付系统,畅通农村信用社支付结算汇路,提高系统安全防范和风险管理水平。

11 月,县联合社营业部业务并入新疆农村信用合作社集中大系统。

12月14日,县联合社核编54人。

是年,县农村信用社营业税按3%税率征收。

是年,县联合社理事长王海勇被阿勒泰地区行署授予民族团结先进个人,被县委授予"十佳"青年称号。

2005 年

1月1日,县联合社出台《股本金管理办法》。

1月8日,县联合社召开"竞岗竞聘"演讲大会,全辖51名员工参加竞聘。

1月20日,新疆宏昌有限责任会计事务所受托对县联合社股本金进行验证。

1月29日,县联合社下发《关于认真学习和严格执行安全保卫实施细则的通知》。

2月1日,《哈巴河县信用社贷款操作实施细则》即日起执行。

2月24日,县联合社召开第一届社员代表大会第二次会议。县委常委、政府副县长张献成及特邀代表18人,个协等70多人(其中社员代表42人)参加会议。审议并通过联合社理事会《2004年度业务工作报告》、监事会《2004年度监事会工作报告》和《关于修改农村信用合作社联合社章程的说明》等议案;根据阿勒泰银监分局的建议,改选理事会和监事会。

2月28日,县联合社一届二次社员代表大会通过"三会"制度。

是日,县联合社任命贾敬伟任联合社办公室主任、王伟忠任综合股股长、乔玉东任河西片区主任、王秀云任综合股主管稽核、孙红任综合股主管财务会计、刘文琴任联合社营业部主任。

是日,县联合社理事会聘任薛亮任联合社副主任(主持工作),聘任吾拉什任联合社副主任。

4月28日,县联合社出台《重大突发事件预案》。

5月27日,阿勒泰银监分局依照县联合社2004年经营情况和真实性检查结果核定县联合社工资类别为B类联社。

6月14日,县联合社执行《阿勒泰地区农村信用合作联社信息考核办法》。

6月21日,县联合社下发《哈巴河县信用社信贷业务权限管理的通知》。

是日,县联合社下发《关于做好2005年度残损人民币回收工作的通知》,重点是收回10元以下小面额人民币。

6月27日,县联合社大额支付系统上线运行。

7月15日,县联合社下发《2005年贷款合同专项检查的情况及处罚通报》。

8月1日,县联合社慰问县人民武装部官兵,并捐赠电冰箱、洗衣机、饮水机、随身听以及体育健身器材、红砖和水泥等物资,折合人民币1.6万余元。

8月6日,县联合社下发《存单质押贷款享受优惠利率的通知》。

8月7日,县联合社开始对职工进行微机培训。

8月8日,县联合社开办信用社民族职工汉语培训班。

8月31日,中国人民银行发行改进后的100元、50元、20元、10元、5元纸币和1角硬币。

9月,县联合社综合查询系统上线运行。

10月2日,县联合社凭证管理系统上线运行。

10月10日,县联合社理事长王海勇、计财部经理孙红参加新疆银监局在乌鲁木齐市金鑫酒店举办的为期 2 天的新疆农村信用社专项中央银行票据置换培训班。

12 月 15 日，新疆银监局、人行乌鲁木齐中心支行批准县联合社《增资扩股及降低不良贷款计划》。

是年，县联合社理事长王海勇被县政协评为优秀政协委员。

是年，县联合社存款余额 1.17 亿元，比上年增加 2000 万元；贷款余额 9500 万元，下降 750 万元；股金余额 1428 万元，增加 412 万元；各项收入 1100 万元，增加 183 万元；实现赢利 208 万元。

2006 年

2 月 10 日，县联合社与武装部建立"军地相互走访、互通情报制度"。

2 月 15 日，阿勒泰银监分局县联合社 2005 年依据县联合社 2004 年经营情况和真实性检查结果核定联合社工资类别为 A 类联社。

3 月 20 日，县联合社办公网络系统开通。

3 月 21 日，县联合社对认购的专项中央银行票据进行账务处理。其中，650 万元置换呆滞贷款，共计 1765 笔；350 万元置换历年挂账亏损。

4 月 20 日，阿勒泰地区农村信用社工作会议在哈巴河县召开。地委、行署领导及各县市领导参加会议。

4 月 28 日，阿勒泰银监分局批准县联合社筹建边贸市场信用分社。

5 月 1 日，县联合社执行调整后的人民币贷款利率。

5 月 20 日，哈巴河县农村信用合作联社在县旅游宾馆会议室召开第一届社员代表大会第一次会议。大会通过《哈巴河县农村信用合作联社第一届社员代表大会关于通过规范管理筹备工作报告》，审议通过哈巴河县农村信用合作联社社员代表大会议事规则、哈巴河县农村信用合作联社章程、选举产生理事办法、选举产生监事办法等议案。选举产生第一届理事会、监事会成员。

5 月 29 日，县联社主任王海勇参加自治区联社召开的发起人大会。根据《新疆维吾尔自治区农村信用社联合社发起人协议书》要求，县联社出资 120 万元入股。

是月，县联社增设联社办公室，负责人贾敬伟；会计股，负责人孙红；稽核股，负责人王秀云。

是月，县联社对种粮农民补贴实行一卡通。

6 月 10 日，阿勒泰银监分局初审：王海勇担任哈巴河县信用合作联社理事长，薛亮担任联社副主任(主持工作)，吾拉什担任副主任，王伟忠担任营业部主任符合任职条件。

6 月 13 日，县联合社边贸市场分社开业。

7 月 6 日，县联社制定《哈巴河县农村信用联社开展社区"共驻共建"活动的具体措施和办法》。

7 月 17 日，县联社理事长王海勇被评为地区级优秀党务工作者。

7 月 26 日，县联社理事长王海勇代表县联社参加自治区农村信用社联合社创立大会暨第一届社员代表大会，并被推荐为自治区联社理事。

9 月，县联社贷款五级分类系统上线运行。

11 月 7 日，县联社开展定岗位、定职责、定编制的"三定"工作。

11 月 9 日，阿勒泰银监分局同意县联合社阿克齐分社撤并。

11 月 30 日，阿克奇分社业务并入县联社营业部，阿克苏奇分社停止营业，县联社全部业务进入新疆农村信用社网络集中系统。

12月1日,自治区联社批准县联合社边贸市场分社购买营业用房。费用总额控制在64万元以内。

12月26日,银监会新疆监管分局同意县农村信用合作联社正式成立并开业。

12月28日,县联社下发《严禁哈巴河县农村信用社干部和职工参与赌博歪风的通知》。

是月,县联社2001~2006年累计投入贷款8.26亿元。其中支农支牧资金6.4亿元,每年"三农"贷款的投放不低于当年贷款的80%,高于国务院规定的60%的比例。

是年,县联社被县委、县政府评为先进企业。

是年,县联社7个网点均与全疆信用社联网,联社辖内网点开通OA办公系统。

2007 年

1月2日,县联社公布2006年度利润分配方案。

1月18日,县联社召开竞岗竞聘大会,53名员工参加竞聘。

3月15日,县联社在全辖开展反假币宣传日活动,共悬挂横幅5条,发宣传单200余份。

4月11日,县联社成立内部审计委员会,窦德贵任主任,王秀云任副主任。

4月13日,县联社理事长王海勇受自治区联社委派到香港大学学习。

5月27日,县域沙尔布拉克乡、齐巴尔乡、库勒拜乡受暴风雨袭击,县联社承诺提供120万元救灾贷款,用于农牧民抗灾自救。

5月31日,县联社启动实施帮扶春蕾女童计划,自2007年6月起,联社职工党员每人每月10元,非党员每人每月5元。专款用于帮扶春蕾女童"玛尔瓦什"。

6月25日,县联社正式接入中国人民银行"支票影像系统",实现统一上线运行。

7月15日,县联社提出文明规范化服务标准:"八要""九不""十做到"。

7月21巴,县联社执行调整后的金融机构人民币存贷款基准利率标准。

7月22日,县联社成立以理事长为组长的专项中央银行票据置换管理考核兑付工作领导小组。

7月27日,县联社调整内设机构名称。统一为部(室),负责人职务称为经理(副经理)、主任(副主任)。

10月31日,自治区联社后备干部考察组田海舟一行在县联社五楼会议室召开哈巴河县联社领导班子考察动员大会。

11月1日,自治区联社同意县联社录用曹继承、孙惠君(女)、陈海葆、臧兴刚、汤黎(女)等5名工作人员。2008年6月23日,自治区联社同意为5人办理录用手续并签订正式员工合同。

12月12日,县联社对无偿献血的联社职工贾敬伟、刘文琴、苏敏、王桂兰、古丽、贾博、陈海葆进行表彰。

12月15日,县联社反洗钱系统上线运行。

12月25日,县联社被县财政局评为县2006年度企业财务会计决算表和企业主要财务指标先进单位。

12月31日,县联社各项存款余额为3.35亿元,贷款余额2.16亿元。

是年,县联社用于支持县"菜篮子工程"建设贷款559万元。其中奶牛贷款220万元,瓜果种植58

万元,家禽类贷款 35 万元,奶业 220 元,其他贷款 26 万元。

是年,县联社开展以"六抓(抓宣传、抓典型、抓规范、抓载体、抓互动、抓整改)"为主要内容的争先创优工作。

是年,县联社投入 500 万元扶持 1000 余户种植户、386 户养殖大户,扶持和引导农牧民成立合作专业协会十多个。

是年,县联社理事长王海勇被新疆伊犁州工会评为开发建设伊犁边陲奖章。

2008 年

1 月 15 日,县委安排县财政在征收县联社营业税中拿出 20 万元资金,作为县联社入股股民的分红补助资金,提高农牧民入股的积极性。要求县各单位干部在 3 个月内必须全部归还县联社欠款,对不按时还款干部进行公示;单位欠款的要制订还款计划,及时归还。

1 月 18 日,县联社在县三级干部会议上被评为 2007 年度先进企业。

1 月 20 日,库勒拜乡阿克加尔村、喀拉阔布村、库勒拜村、喀拉布拉克村、巴勒塔村、那勒村、萨尔黑亚村、铁列克胡克村、萨尔塔克太村、吾什托别村、阿夏村、希托别村、喀拉乌特克勒村被乡政府评为"重承诺、守信用"还贷先进村。

1 月 26 日,萨尔布拉克信用社在萨尔布拉克乡二级干部会议上被评为先进单位,农科村、跃进三村、基建村、姜格孜阿尕什村、吐鲁库勒村、哈勒加尔村、牧业 6 队被乡评为支农还贷先进村。

2 月 1 日,县联社执行调整后的贷款利率标准。

2 月 25 日,县联社干部程淑萍被阿勒泰地区妇女联合会评为"三八"红旗手。

2 月 28 日,县联社被阿勒泰地区监管评级审核会议审议评定为 2007 年度 5B 级联社。

是日,加依勒玛信用社在加依勒玛乡干部会议上被评为支农先进单位,阿克墩村、阿格拉村、巴特斯加依勒玛村、切格斯加依勒玛村、哈布了喀塔勒村、副业组、玉什库木村、托普阿尕什村、玛依沙斛村被评为还贷先进村。

3 月 5 日,县联社在自治区联社 2007 年度等级社综合考评中评比为 A 类社。

3 月 10 日,县联社研究决定:免去王伟忠县联社信贷管理部经理职务,乔玉东河西片区主任职务。

是日,县联社设立资产风险管理部和信用卡中心。

3 月 12 日,县联社召开第二届第一次社员代表大会,选举新一届理事会、监事会成员。

是日,县联社第二届理事会第一次会议选举董朝晖任联社理事长,聘任窦德贵任联社主任、薛良任副主任;第二届监事会第一次会议选举吾拉西·木哈乃任监事长。

3 月 20 日,县联社制定(2008 ~ 2011 年)业务发展规划。

3 月 24 日,县联社制定《哈巴河县农村信用合作联社工资改革实施细则》。

3 月 26 日,县联社任命王琳任联社信贷管理部副经理(主持工作)。

5 月 12 日,四川汶川发生大地震,县联社 53 名员工向灾区捐款 18690 元。

5 月 15 日,中国银监会阿勒泰监管分局核准县联社理事长董朝晖任职资格、联社主任窦德贵任职资格、业部主任刘琴营任职资格,核准联社理事任清瑞、扎尼牙、胡马尔任职资格,核准基层信用社主任阿依波丽、王桂兰、何计划、吕超、王志友、苏敏任职资格。

是日,自治区联社理事长玉素甫·哈斯木、自治区党委调研室副主任樊晓琳到县调研农村金融改革工作。

5月25日,县联社通报2006年12月31日前形成不良贷款认定情况:至2006年12月31日前,联社形成不良贷款153笔,金额184万元;违规贷款99笔,金额103万元。要求责任人2008年12月31日前收回贷款。

5月26日,中国银监会阿勒泰监管分局同意县联社东川市场信用社撤并。

6月6日,县联社收到人民银行兑付的专项中央银行票据1000万元。

6月19日,县联社出台《哈巴河县农村信用合作联社物品采购、使用管理办法》。

7月9日,中国银监会阿勒泰监管分局同意哈巴河县联社2008年吸收投资股400万元。

9月3日,自治区联社纪律检查委员会研究决定:贾敬伟、阿依波丽·乌拉勒别克任中共哈巴河县联社纪律检查委员会委员。

10月1日,县联社聘任巴哈提汗为边贸市场信用社委派会计主管,聘任程淑萍为萨尔塔木信用社委派会计主管。

11月4日,县联社玉卡业务试运行。至12月31日,县联社发玉卡72张,"卡"余额21万元。

12月13日,阿勒泰地区农村信用社理事长联席会议在县联社召开,会议确定阿勒泰地区农村信用社使用统一贷款利率。

12月28日,萨尔塔木信用社在萨尔塔木乡干部会议上被评为先进单位,铁克吐尔玛斯村、却限村、克孜尔哈克村、萨尔塔木一村、萨尔塔木二村、阔克塔斯村、玛胡村、克依克拜村被评为还贷先进集体。

12月31日,中国银监会阿勒泰监管分局同意县联社增资扩股。

是日,中国银监会新疆监管局同意新疆金融投资有限公司以现金的方式向联社投入400万元作为股金入股,该公司股本金占联社股金本金总额的16.33%。联社股金增长率达23.78%,股金余额2082万元。

是年,县联社出台《哈巴河县农村信用合作联社贷款审查委员会职责》《财经审批委员会职责》《风险管理委员会职责》《安全保卫实施细则》《职能管理部门职责》。

2009 年

1月7日,县联社成立物品集中采购管理委员会。

是月,县联社玉卡业务正式对外发行。

2月6日,县联社任命李治军任萨尔塔木信用社副主任(主持工作)。

3月12日,县联社公布信贷情况:2006~2008年累计投入贷款4.57亿元,其中支农(牧)贷款3.8亿元,每年"三农"贷款的投放不低于当年贷款投放总量的80%。

是日,县联社计财部经理孙红被阿勒泰地区行政公署评为先进个人。

3月16日,自治区联社同意录用赵立峰、于海舰、展琳(女)、徐路、努尔扎提(女,哈萨克族)为县联社正式员工。

3月20日,县联社召开第二届第三次理事会会议,审议通过新疆金融投资有限公司向县联社增入投资股 400 万元的议案。

是日,《哈巴河县农村信用合作联社章程》实施。

4 月,自治区联社检查组到县联社对联社成立至 2009 年 3 月 31 前的存款信贷业务进行专项检查。

5 月 5 日,县联社理事长董朝晖在自治区联社党委组织的县(市)联社领导干部 2008 年度考核中被评为优秀等次。

5 月 7 日,县联社制定《职工八小时以外行为规范监督管理暂行办法》。

7 月 11 日,县联社即日起执行《新疆维吾尔自治区小额担保贷款工作奖励补助资金管理暂行办法》。

7 月 15 日,县联社制定《矛盾纠纷、排查化解工作制度》。

8 月 6 日,自治区联社党委授予县联社职工于登山、居马汗、马吾提汗为新疆农村信用社系统 2008 年度优秀共产党员及"共产党员先锋岗"称号。

9 月 2 日,中国银监会阿勒泰监管分局核准县联社萨尔布拉克信用社贾博、萨尔塔木信用社李治军、边贸市场信用社崔云虹的主任任职资格。

是月,县新农保账户正式落户县联社。

是年,县联社各项存款余额 40677 万元,比上年增加 7129 万元,增长 21.25%;各项贷款余额 28860 万元,增加 7249 万元,增长 33.5%;实现利润总额 601 万元,增加 219 万元,;实现经营利润 803 万元,完成上级下达的利润指标。

2010 年

1 月 22 日,自治区联社党委委员、主任阿不都带领自治区联社抗灾救灾工作组深入哈巴河县指导抗灾救灾工作,并向沙尔布拉克乡灾区捐款 20 万元。

2 月 25 日,自治区联社党委副书记、纪委书记田海舟一行到县联社对联社领导班子进行履职考察,并探望生病的联社老职工木哈买提哈里木。

3 月 14 日,县联社任命:王桂兰任联社营业部主任,贾博任加依勒玛信用社主任,王琳任信贷管理部经理,李治军任萨尔塔木信用社主任,苏敏任信用联社客户部经理,陈海葆任萨尔布拉克信用社副主任(主持工作),张泽奎任库勒拜信用社副主任(主持工作),吕厚超任信用社综合办公室主任,贾敬伟任监察保卫部经理。免去贾博萨尔布拉克信用社副主任(主持工作)职务,王志友库勒拜信用社主任职务,吕厚超加依勒玛信用社主任职务,贾敬伟县联社办公室主任职务。

是日,县联社召开 2009 年度联社先进集体、先进个人表彰大会。联社营业部、萨尔塔木信用社分别获先进集体一、二名,边贸市场信用社获储蓄贡献奖,萨尔布拉克信用社获收息贡献奖,客户部获特殊贡献奖;孙红、胡明娟、程淑萍、张正东、巴河提汗·哈布都尔、张泽奎、热叶提汗·阿里汗、赵立峰被授予联社先进个人称号,别列斯汗·黑依那亚提、李治军、苏敏、陈海葆被评为收贷能手,王桂兰、栾珍文被评为揽储能手,孙慧君、常珊获"三八"红旗手称号。

4 月 1 日,自治区联社党委组织部任命郭庆业任县联社党委委员,免去薛亮县联社党委委员委员职务。

4月25日,县联社制定《哈巴河县农村信用合作联社职工贷款管理办法》。2010年5月1日执行。

5月7日,县联社成立联社业务技术比赛领导小组。

5月10日,中国银监会阿勒泰监管分局同意县联社增资扩股600万元(投资股),联社股本总额增至3000万元人民币。

5月29日,县联社成立《哈巴河县农村信用合作社联社标准化管理领导小组》。

是日,县联社成立内控和案防制度执行年活动领导小组,并制订活动方案。

5月31日,县联社制订《"送金融知识下乡"活动实施方案》,开展"送金融知识下乡活动"。活动时间5月31日至6月25日。

6月7日,县联社制定《信用社职工八小时以外行为规范管理办法》。

6月8日,中国银监会阿勒泰监管分局核准县联社副主任郭庆业任职资格,核准加依勒玛信用社主任贾博任职资格、萨尔塔木信用社主任李治军任职资格、萨尔布拉克信用社副主任(主持工作)陈海葆任职资格、库勒拜信用社副主任(主持工作)张泽奎任职资格。

是日,县联社执行《农信银电子商业汇票业务处理系统、纸质商业汇票登记查询管理暂行办法》。

8月1日,县联社举办第一届业务技术模拟比赛。

8月9日,县联社制定《关于对在部队立功受奖士兵再奖励的规定》《重大节日和老兵退伍期间走访慰问制度》。

8月23日,县联社任命王志友任信用联社资产风险部经理,胡明娟任信用联社计财部副经理。

9月30日,县联社印发《哈巴河县农村信用社资金营运业务管理规定》。

是日,联社股金余额2578万元,其中法人股727万元,占比28.20%;社会自然人股1608万元,占比62.37%;内部职工股243万元,占比9.45%。联社职工股占比9.43%,未超过总股本的20%;单个职工持股最高股金10.2万元,占比0.40%,未超过总股本的2‰。股金来源是自有资金,不存在联社提供贷款、补贴等情况。

10月10日,县联社上调金融机构存款基准利率。

10月15日,县联社制定《哈巴河县农村信用合作联社会计专用印章实施细则》。

10月16日,县联社在阿勒泰地区各县(市)信用社业务技术比赛中获团体第二名,崔云虹获珠算项目第一名,孙慧君获点钞项目第三名。

10月23日,县联社采取多种形式开展支付系统宣传月活动。活动中张挂横幅6条,发放宣传册近1000份。

11月8日,中国银监会阿勒泰监管分局同意设立县联社铁热克提乡金融服务站、齐巴尔乡金融服务站。

12月4日,县联社为张正东、张苏、雷晓刚、陶胜光办理转正录用手续。

12月8日,县联社成立联社股权改造工作领导小组,制订《哈巴河县农村信用合作联社股权改造工作方案》。

是年,自治区联社批准县联社对营业厅、办公楼第四层进行整体装修。投资金额控制在106万元以内。

是年,县联社各项存款余额83966万元,比上年增加25030万元,增长42.47%,完成存款计划

277.77%，完成力争存款计划 185.18%。其中，储蓄存款余额 23478 万元，增加 1917 万元，增长 8.89%；对公存款 60488 万元，增加 23114 万元，增长 61.85%；卡存款余额 5568 万元，增加 2231 万元，增长 66.86%。各项贷款余额 42641 万元，比上年增加 8590 万元，增长 25.29%。累计贷款 55878 万元，增加 6338 万元。其中，农业贷款 36876 万元，增加 12748 万元；小额信用贷款 203 万元，增加 92 万元；农户联保累计贷款 7234 万元，减少 54 万元；涉农贷款累计发放 37575 万元，增加 8828 万元。

2011 年

1 月 14 日，县联社聘任吕厚超任县联社综合办公室主任，孙红任资金计划部经理，王秀云任审计部经理，王林任信贷部经理，贾敬伟任监察保卫部经理，王志友任计财部经理，苏敏任客户部经理，贾博任资产风险部副经理（主持工作），崔云虹任营业部主任，王桂兰任边贸信用社主任，李治军任萨尔塔姆信用社主任，张泽奎任库勒拜信用社主任，陈海葆任萨尔布拉克信用社副主任（主持工作），曹继承任加依勒玛信用社副主任（主持工作），胡明娟任计财部副经理，马彦武任综合办公室副主任职务。免去孙红联社计财部经理职务，王志友资产风险部经理职务，王桂兰营业部主任职务，崔云虹边贸市场信用社主任职务，张泽奎库勒拜信用社副主任职务，贾博加依勒玛信用社主任职务。

1 月 20 日，县联社调整股权改造工作领导小组，联社理事长董朝晖任组长。

是日，县联社调整非信贷资产风险管理委员会。联社理事长董朝晖任主任、联社主任窦德贵任副主任。

1 月 22 日，县联社召开迎新春老干部座谈会，并开展走访老党员、老干部活动。

3 月 8 日，县联社职工程淑萍、阿丽努尔·阿德力、张峻获联社 2010 年度三八红旗手称号。

3 月 24 日，县联社成立《哈巴河县农村信用合作联社案件防控培训工作领导小组》。联社监事长吾拉西·木哈乃任组长。

3 月 28 日，县联社成立深入推进"三个办法一个指引"领导小组（三个办法即固定资产贷款管理暂行办法、流动资产管理暂行办法、个人贷款管理暂行办法，一个指引为项目融资业务指引）。

4 月 11 日，县联社调整贷款审议审批领导小组，联社主任窦德贵任组长。

4 月 12 日，县联社根据《自治区农村信用社 2011 年"三项整治"活动方案》的通知，制定县联社"三项整治"具体实施方案、检查工作计划，开展假冒名贷款、抵质押贷款和置换贷款管理情况整治工作。

4 月 13 日，县联社成立"对账管理专项检查工作小组"，王志友任组长。

5 月 12 日，县联社在全辖基层营业网点开展"继续推行文明规范服务标准，充分发挥先进典型示范作用"宣传活动。活动至 6 月 30 日结束。

5 月 16 日，县联社成立开展"合规文化建设年活动"领导小组，理事长董朝晖任组长，并制定《哈巴河县农村信用联社"合规文化建设年"活动实施准则》。

5 月 26 日，县联社执行《阿勒泰地区金融机构重大事项报告制度（试行）》。

5 月，县联社开展以唱响"共产党好、社会主义好、改革开放好、民族团结好"为主旋律的第 29 个民族团结教育月活动。

是月，县联社财税库银系统正式上线。

6月1日,县联社印发第二届第四次社员代表大会修订的《哈巴河县农村信用社章程》。

6月12日,县联社开展最佳党课竞赛活动。

6月13日,县联社成立以联社理事长董朝晖任组长的哈巴河县农村信用合作联社信息管理系统信息验证及检查工作小组。

6月25日,县联社录用李媛等4人为合同制员工。

6月26日,哈巴河县联社党委被自治区联社党委评为自治区农村信用社2009~2010年先进基层党委,联社党委书记董朝晖被评为优秀党务工作者,于登山被评为优秀党员。

7月1日,县联社制定《哈巴河县农村信用社代理保险业务管理办法》和《哈巴河县农村信用社安居富民贷款管理办法》。

是日,县联社党支部与北屯联社党支部结为友好支部并共同开展庆"七一"联谊活动。

7月10日,县联社制定《哈巴河县农村信用合作联社股金管理办法》和《哈巴河县信用社股金分红管理办法》。

8月2日,县联社齐巴尔乡金融服务站升格为固定营业网点。

9月2日,自治区联社同意县联社新建库勒拜信用社营业用房,总建筑面积控制在548平方米,总投资控制在232万元以内,承建商通过招标确定。

9月13日,县联社成立贷款数据清理领导小组,联社主任窦德贵任组长。

10月20日,县联社成立"客户满意窗口、青年服务明星"活动领导小组。

12月12日,县联社执行下调人民币存款准备金率标准。

是年,县联社开展"五小工程建设活动"。即小食堂、小菜园、小畜群、小宿舍、小阅览室建设。

是年,联社各项存款余额102784万元,比上年增加18742.78万元,增长22.30%;完成存款保证计划197.28%,超额玩成自治区联社下达存款任务20848万元,增加4971万元,增长89.27%。贷款余额55835万元,增加13227万元,增长30.09%。五级分类不良贷款730万元,下降41万元。银行卡发行12059张,其中2011年发行玉卡5176张,占累计发卡量的42.92%,超额完成自治区联社下达的任务。

2012 年

1月1日,县联社成立哈巴河县农村信用合作联社会计委派工作领导小组。联社主任窦德贵任组长。

1月2日,县联社修订重要岗位轮岗强制性休假和员工行为排查的规定。

是日,县联社下发《关于核定辖内各信用社库存限额的通知》,要求各信用社在非旺季时期若超核定库存,必须在3天内上交联社营业部。

2月10日,县联社与辖信用社、部室负责人签订2012年安全保卫、消防安全、案件防控工作责任书、承诺书、党风廉政建设目标责任书、反洗钱目标责任书、精神文化工作责任书及营业场所治安联防协议书。

是日,县联社召开2012年度工作会议暨2011年工作总结表彰大会。会议安排部署2012年的工作,对2011年度综合考评中成绩突出的先进集体、先进个人进行表彰。联社客户部被评为先进集体,李晓霞、孙慧君、程淑萍、谷兴欢、李缓、沙依尔古丽、常珊被评为先进个人,巴合提汗·哈斯曼、汤黎、塔斯恒、张苏被评为业务能手,张泽奎被评为优秀信用社主任。

2月17日,自治区联社同意县联社罗贞等3名员工转正,办理录用手续。

3月1日,县联社各项存款余额突破10亿元大关,达10.07亿元。

3月8日,县联社职工阿依努尔·阿德勒汗、阿里努尔·阿德力、钟秋丽、臧鑫等4人获联社2011年度三八红旗手称号。

3月14日,新疆银监局同意新疆金融投资有限公司以现金方式向县联社入股400万元。该公司股权占联社股份额的13.3%,并要求新疆金融投资有限公司所持股份必须在3年内全部退出。

3月27日,县联社主任窦德贵参加上海银院举办的全面风险管理专项培训班。

4月12日,县联社成立"档案"鉴定销毁领导小组,负责档案的鉴定、销毁工作。

是日,县联社成立保密工作委员会。联社理事长董朝晖任委员会主任。

4月26日,县联社开展为期1个月的三农金融服务宣传推进月活动。

5月3日,县联社信贷业务并入自治区联社新信贷管理系统,正式上线运行。

5月5日,县联社召开"阳光信贷"动员大会,辖区全体信贷员、负责人及机关干部44人参加会议。

5月8日,县联社成立哈巴河县农村信用联社银行卡收单业务工作领导小组,联社主任窦德贵任组长。

5月9日,县联社成立"阳光信贷"整肃行风行纪道德教育活动领导小组,联社理事长董朝晖任组长。

5月18日,县联社邀请消防中心教官为信用社员工进行消防安全知识培训,主要内容包括防火、灭火、逃生自救及疏散等消防知识,联社有66名员工参加培训。

是日,县联社制订哈巴河县农村信用合作联社机构信用代码推广应用工作方案。

5月25日,自治区联社同意县联社开办银行卡收单业务。

6月8日,中国人民银行下调金融机构存贷款基准利率,县联社对存贷款利率做出相应调整。

6月15日,自治区联社办公室下发《关于再次调整部分人民币存款利率的通知》。要求2012年6月9日起全区农村信用社人民币一年期(含)以下存款执行基准利率上浮1.1倍。6月16日起对其他各档次存款利率相应上浮至1.1倍。并要求对利率调整后出现的新情况、新问题及时上报自治区联社。

6月25日,县联社组织全体员工学习青年英雄教师张丽莉、军人英雄沈星的感人事迹。

是日,自治区联社批准县联社劳务派遣人员臧鑫、阿里努尔·阿德力转为正式员工。

6月28日,县联社牵头组织喀什市、青河县、和田县、和田市和吉木乃县农村信用合作联社组成社团,为新疆鑫旺矿业有限公司发放流动资金贷款4000万元。

6月29日,县联社根据自治区联社《关于做好近期信访维稳工作的通知》精神,对信访维稳工作进行详细的安排和部署。对重点、敏感节点,偏远地区营业网点进行重点再布置、再防护、再检查,保持与当地乡政府、派出所的密切沟通和联系,共同做好联防工作。

7月6日,县联社根据新农信办《关于调整人民币存款利率的通知精神》,从即日起执行人民币存款基准利率上浮1.1倍,各档次存款利率亦相应调整。

7月10日,自治区联社副主任杨志勇一行在哈巴河县就"阳光信贷""三大工程"工作与哈巴河、布尔津、富蕴、阿勒泰四县市联社理事长进行座谈。

7月12日,自治区联社同意县农联社萨尔布拉克信用社在原址新建营业用房。新建营业用房为二层建筑,面积548平方米,投资控制在248万元以内。

7月17日,人行布尔津县支行对县联社反洗钱组织机构建设、内控制度建设和宣传培训情况进行检查。

7月26日,新疆银监局现场一处对县联社2011年新发放贷款的结构和投向是否符合国家政策规定和监管部门要求、真实反映贷款风险分类及管理情况进行检查。

8月1日,即日零时起,新版信用报告替代银行标准版信用报告正式运行,个人征信系统为地方性金融机构提供的信用报告均以新版为准。

是日,县联社领导慰问县消防大队官兵,并送去慰问金8000元。

是日,县联社组织召开银企座谈会,联社监事长、监察保卫部经理、信贷部经理及县阿山水泥有限公司、新疆哈巴河县雅居床服有限责任公司等8家企业代表参加座谈会。

8月10日,县联社在全辖开展2012年反洗钱主题宣传活动。联社在辖属网点建立6个反洗钱工作宣传点,悬挂横幅、发放宣传资料、设立反洗钱咨询台,开展形式多样的宣传工作。

是日,县联社组队参加阿勒泰地区信用社系统首届"信合杯"乒乓球比赛。联社职工李晓霞获得女子单打第一名。

8月22日,自治区联社农户信贷部经理潘隽一行到县联社了解信贷风险排查情况。

8月30日,自治区联社电子银行部举办第二期网上银行业务培训班,县联社员工孙红、王志友、魏海艇、徐路参加培训。

9月1日,县联社举办反洗钱培训班,有84名职工参加培训。

9月10日,县联社制定2012年度县联社普及金融知识万里行活动实施细则。

是日,经县联社党委研究决定成立电子银行部,任命孙红为电子银行部经理。

9月13日,县联社企业网上银行正式开通,县阿山水泥有限公司成为联社第一家企业网上银行用户。

9月15日,县联社举办第二届业务技术比赛,有61名员工参加比赛,徐路、孙慧君、于海舰、张苏、罗贞在各分项比赛中分别取得第1名。

11月5日,县联社监察保卫部经理贾敬伟参加自治区联社在水西沟培训中心举办的纪检监察干部培训班。

11月7日,县联社成立2012年党风廉政建设案件防控责任制考核工作领导小组,联社吾拉西·木哈乃任组长。

11月12日,新疆农村信用社系统企业文化建设培训班开班,县联社党委书记、理事长董朝晖参加培训。

11月15日,县联社为县红蜻蜓专卖店安装固定POS机具,拓展县第一个收单业务商户。

11月30日,县联社制定《哈巴河联社网上银行业务操作规程(试行)》《哈巴河联社网上银行业务管理办法(试行)》《哈巴河联社玉卡借记卡业务管理办法》《哈巴河联社网上银行操作业务规程(试行)》。

12月4日,县联社计财部经理王志友参加自治区联社2012年度财务会计决算工作会议。

是日,县联社第一台存取款一体机上线运行。

是年,县联社执行员工带薪年休假工作规定。

第一章 区域环境

第一节 位置面积

哈巴河县位于新疆维吾尔自治区最西北部,阿勒泰山脉中段西部南麓,准噶尔盆地北缘。西北与哈萨克斯坦、俄罗斯两国接壤,东邻布尔津县,南接吉木乃县。地域坐标位置东经85°31′36″~87°18′45″,北纬47°37′30″~49°07′30″,南北长168千米,东西宽10~132千米。县政府驻地阿克奇镇距自治区首府乌鲁木齐市公路里程674千米,距伊犁哈萨克自治州政府驻地伊宁市公路里程920千米,距阿勒泰地区行署驻地阿勒泰市公路里程160千米。

第二节 建置 区划

一、建置沿革

哈巴河县因哈巴河而得名。春秋战国时期属呼揭人牧地。西汉时期属匈奴右部呼揭王领地。东汉至隋,先后有鲜卑、柔然、高车、突厥等入驻境内草原。唐时,设金山都护,北庭都护府管辖境域。元时,先后为成吉思汗子孙窝阔台、贵由汗领地。清乾隆年间哈萨克中玉兹的阿巴克烈部合乃曼部入迁,光绪三十二年(1906年)属阿尔泰办事大臣管辖。民国19年(1930年)10月,设哈巴河县,隶属阿山行政公署。中华人民共和国成立后,1951年建立哈巴河县人民政府,隶属伊犁哈萨克自治州阿勒泰专区。

二、行政区划

1951年8月,哈巴河县政府废除爵制,建立区、乡基层政权。至1954年1月,全县建立4个区13个乡。1958年4月,撤销区级建制,建立8个乡。1958年10月,撤销乡建制,组建政社合一的人民公社。至1960年1月,共建立5个人民公社。1960年9月至1977年2月,区划调整为6个公社1个牧场。1969年10月,哈巴河县成立革命委员会。1977年2月至1981年3月县革命委员会撤销,县域乡级行政区划无变化。1984年11月,政社分开,各社(场)、镇改建为乡、镇人民政府,全县辖6乡1镇、103个村民委员会、3个居民委员会,1个五七队,1个蔬菜社。2012年,哈巴河县辖6乡1镇、113个行政村、6个社区和驻县单位兵团十师一八五团。

第三节　自然环境

一、地形地貌

哈巴河县地势北高南低,北部是阿尔泰山脉,南部是准噶尔盆地,额尔齐斯河横贯县境南部,县域地貌大致分北部山地、中部平原。北部山地海拔高度 1200~3886 米,总面积 2744.06 平方千米,占县域面积 32.55%,是重要林区和夏季牧场。中部丘陵位于东风大渠和萨尔布拉克大渠以北,海拔 600~1200 米,面积 1605.13 平方千米,占县域面积 19.04%,是重要的春秋牧场和矿藏区。南部为冲积平原,面积 4081.11 平方千米,占县域面积 48.40%,是重要的农业区。

二、水文

县域内河道属额尔齐斯河水系,流域面积 7218 平方千米,主要河道有一级河哈巴河、别列则克河、阿克别克河 3 条,总长 329 千米;二级河有阿克哈巴河等 8 条;最大河流额尔齐斯河自东向西横贯县境南部,流经哈萨克斯坦,注入北冰洋,境内长度 121 千米,水域面积 28.7 平方千米,年径流量 110 亿立方米。域内地下水储量约 5.28 亿立方米,山区地下水由天然降水和积雪融化补给,补给量约 4.36 亿立方米,可采量约 2.31 亿立方米;平原地下水由河流、灌溉和少量降水补给,补给量 0.65 亿立方米,可采量 0.31 亿立方米。境内有较大胡泊十余处,总面积 1.73 平方千米,水深 0.5~6 米,储水量 345.5 万立方米。

三、气候

哈巴河县域地处欧亚大陆腹地,属北温带大陆寒冷气候,四季不明,春旱多大风,夏季短炎热,秋季凉爽,冬季漫长而寒冷,降水量少,蒸发量大,秋季干燥,日照丰富,温差较大。年平均气温 4.2℃,年降水量 250.6 毫米,全年日照时数 3042.9 小时,无霜期 187 天,年平均风速 2.6 米/秒。

第四节　资源环境

一、土地资源

2012 年,哈巴河县有耕地面积 37273.33 公顷,园地面积 4333.33 公顷,林地面积 133793.33 公顷,草地面积 545573.33 公顷,城镇村及工矿用地 4533.33 公顷,交通运输用地面积 2333.33 公顷,水域及水利设施用地 10386.67 公顷,其他土地面积 83253.33 公顷。

二、水资源

哈巴河县水资源比较丰富,冰川、积雪、降雨是水资源的主要来源,域内地表水域面积 6987.87 平方千米,主要河流额尔齐斯河、哈巴河、别列则克河、阿克别克河,年径总流量 135.83 亿立方米;另有较大湖泊十余处,储水量 345.5 万立方米。地下水储量约 5.28 亿立方米,可采量 2.62 亿立方米,全县人均占有水资源量 12.98 万立方米,是全国人均占有水资源量的 47 倍。水能蕴藏量 53.3 万千瓦,已开发装机容量 2.52 万千瓦。

三、矿产资源

至 2012 年,哈巴河县境内探明地下矿藏有铁、铜、锌、铅、银、锰、金等 30 多种。其中铜金属储量 150 万吨,锌金属储量 60 万吨,铅金属储量 2 万吨,伴生银金属储量 2 万吨,岩金属储量 66 吨,伴生金属储量 18 吨。已开发的阿舍勒多金属矿,位于县境西北 32 千米处,矿区面积 1.73 平方千米,铜地质储量 91.2 万吨,可采量 88.41 万吨;锌地质储量 41 万吨,可采量 25 万吨;年产铜 3.49 万吨,锌 3.43 万吨。

四、动物资源

县域内野生动物中,有兽类四十余种,属国家级兽及保护的动物有:高鼻羚羊、雪貂、马鹿、紫貂、雪兔、赤狐、猞猁等十余种。野生禽类有 180 多种,属国家保护动物有:黑颈鹤、丹顶鹤、大天鹅、松鸡、金雕、高山雪鸡等。鱼类有 28 种,其中西伯利亚鲟鱼、哲罗鱼、细鳞蛙、长合天白蛙是额尔齐斯河 4 大名贵鱼种。此外两栖类动物 10 种,昆虫类 100 余种。

五、植物资源

县域内野生植物有 1000 余种,其中森林植物 20～30 种,牧草植物 800 余种,药用植物 200 余种。药用植物中大宗药材有:甘草、麻黄、柴胡等;珍贵类药材有贝母、百里香、冬虫夏草、大芸等几十种。

六、旅游资源

县域东北邻喀纳斯湖,属国家级自然保护区。县域主要景点:地文景观类有哈龙沟、鸣沙山;水域风光类有姊妹湖、白沙湖、齐也镜泉、加格尔套山冰川、阿克哈巴河风景段;生物景观类有那仁牧场、桦林公园、阿克奇大草原;古迹和建筑类有细石器遗址多尕特岩画、唐巴勒格斯岩画、白哈巴村风情等。

第五节　经济环境

2012 年,哈巴河县实现地区生产总值 39.38 亿元,比上年增长 15.1%(2012 年可比价计算)。第一产业增加值 6.05 亿元,增长 6.8%;第二产业增加值 27.25 亿元,增长 17.9%,其中工业 23.6 亿元,增长 17.8%,建筑业 3.6 亿元,增长 18.6%;第三产业增加值 6.08 亿元,增长 12.9%,其中交通运输、仓储及邮政业 1.16 亿元,增长 7.7%,批发和零售业 0.45 亿元,增长 15.6%,住宿和餐饮业 0.35 亿元,增长 2.8%,金融业 0.36 亿元,增长 34.1%,房地产业 0.19 亿元,增长 37.8%。一、二、三产业占生产总值的比重分别为 15.4%:69.2%:15.4%。

一、农业

2012 年,全县完成农林牧渔业增加值 56656.64 万元,比上年增长 7.06%。其中,农业增加值 29887.35 万元,增长 6.42%;林业增加值 2396.49 万元,增长 2.9%;畜牧业增加值 23328.27 万元,增长 8.67%;渔业增加值 213.18 万元,增长 0.48%;农林牧渔业增加值 831.35 万元,增长 0.48%。

全年农作物种植面积 53.88 万亩。其中,粮食作物种植面积 10.47 万亩;油料作物种植面积 18.6

万亩;蔬菜种植面积 0.75 万亩。粮食总产量 63301 吨,比上年下降 32.35%,其中小麦 15148 吨,下降 16.59%;玉米 32056 吨,下降 50.4%;大豆 15464 吨,增长 57.78%。油料产量 35575 吨,增长 57.78%。年末牲畜存栏头数 39.53 万头(只),下降 1.89%;全年牲畜减少数 26.03 万头(只),增长 8064%;肉类总产量 11474 吨,增长 6.71%,其中猪肉产量 96 吨,牛肉产量 7329 吨,羊肉产量 3412 吨。水产品总产量 380 吨,与上年持平。全年完成植树造林面积 46425 亩,增长 11.17%。

年末,全县农业机械总动力 12.78 万千瓦特,比上年增长 10.84%。拥有大中型拖拉机 1572 台,增长 22.05%;小型拖拉机 3786 台,增长 8.61%。全年化肥使用量(折纯)3352 吨,增长 18.7%;农药使用量 40 吨,增长 25.05%;地膜使用量 228 吨,下降 21.38%。有效灌溉面积 28220 公顷,下降 0.63%。农村用电量 892 万千瓦时,增长 3.72%。

二、工业

2012 年,县域 500 万元以上工业企业完成增加值 234656 万元,比上年增长 17.8%。实现矿业增加值 232109 万元。500 万元以上工业企业完成销售产值 334515 万元,工业产品销售率 101.5%,增长 1.5 个百分点;其中,轻工业产品销售率 82.2%;重工业产品销售率 101.9%。500 万元以上工业企业实现利润总额 150034 万元,下降 6.65%。资产总计 339513 万元,下降 0.66%,负债合计 102699 万元,增长 2.66%。税金总额 39737 万元。全部从业人员年平均人数 2478 人,增长 7.83%。

三、固定资产投资

2012 年,全县完成固定资产投资 281583 万元,比上年增长 39.28%。其中,城镇投资 244596 万元,同比增长 23.7%;房地产开发完成投资 34448 万元,比上年增长 970.15%。

按经济类型分:国有经济控股 230747 万元,比上年增长 20.51%。国家预算内资金 114657 万元,增长 199.69%;自筹资金 77252 万元,增长 10.5%。

从产业投向看,第一产业投资 24924 万元,比上年增长 7.35%;第二产业投资 90213 万元,下降 9.8%;第三产业投资 166446 万元,增长 110.87%。

全年房地产开发投资 34448 万元,增长 970.15%。商品房销售面积 21779 平方米,商品房销售额 3957 万元。

四、国内贸易

2012 年,全县实现社会消费品零售总额 35875.3 万元,比上年增长 16.71%。分城乡看,城镇消费品零售额 31643.3 万元,增长 17.61%;农村消费品零售额 4232 万元,增长 10.38%。

五、邮电和旅游

2012 年,全县电信业务总量 1437 万元,增长 4.5%;邮政业务总量 292 万元,增长 12.3%。本地电话年末用户 13300 户,下降 28.3%,其中乡村电话用户 7000 户,增长 0.7%。年末互联网用户 6800 户,增长 61.5%。年用电量 26156.94 万千瓦时,增长 10.5%。全年接待旅游人数 34.37 万人次,实现旅游综合收入 2.82 亿元。

六、财政、金融和保险业

2012 年,县地方财政收入 55086 万元,增长 44.56%,其中,公共财政预算收入 50007 万元,增长 40.28%。地方财政支出 143704 万元,增长 29.04%,其中,一般公共服务支出 19199 万元,增长

3.81%。

年末,县域金融机构各项存款余额 180673 万元,比上年增长 7.7%。各项贷款余额 82969 万元,增长 10.8%。

全年人寿保险收入 2022 万元,增长 2.6%;健康险和人身意外伤害险收入 156 万元,增长 0.4%,各项赔款给付总额 98 万元,与上年持平。

第六节　社会环境

一、教育

2012 年,哈巴河县有高级中学 1 所,在校学生数 1522 人,比上年增长 3.2%;高级中学专任教师 137 人,比上年增长 0.4%。有普通中学 1 所,在校学生数 2779 人,比上年下降 5.9%;普通中学专任教师 314 人,比上年下降 38.7%。有小学学校 18 所,在校学生数 7824 人,比上年增长 3.2%;小学专任教师数 541 人,比上年下降 13.7%。学龄儿童入学率 99.8%,初中升学率 76%;高中升学率 80%。

二、文化和卫生

2012 年,全县共有艺术表演团体 1 个,文化馆 1 个,公共图书馆 1 个,档案馆 1 个,广播电台 1 座(8114 台),电视录转台 1 座,阿黑吐别克口岸调频发射台 1 座。县广播人口覆盖率 95.17%,电视人口覆盖率 95%,有线电视用户 7153 户。

年末,全县共有医院和卫生院 7 个,其中,医院 1 个、卫生院 6 个。医院、卫生院有卫生技术人员 305 人,增长 15.1%。拥有病床 346 张,增长 3.6%。新型农村合作医疗覆盖农村人口数 49653 人,增长 6.77%。

三、民族、人口

哈巴河县是多民族聚集区,2012 年有 21 个民族,其中汉族 26204 人,占总人口的 30.1%,哈萨克族 52818 人,占总人口的 60.7%。

2012 年末,全县总人口 86945 人(兵团一八五团 3707 人),比上年末减少 525 人,下降 0.6%。非农业人口 30580 人,下降 0.5%;农业人口 56365 人,下降 0.7%,城镇化率为 22%。男性人口 44103 人,占总人口 50.7%,下降 0.5%;女性人口 42842 人,占总人口 49.3%,下降 0.7%。人口出生率 15.69‰,死亡率 4.68‰,人口自然增长率 11.01‰。人口密度 10.63 人/平方千米。

四、人民生活和社会保障

2012 年,哈巴河县农牧民人均纯收入 7558 元,增长 20.7%。在岗职工年平均人数 10110 人,增长 4%,年均在岗职工工资 36218 元,增长 11%。年末城乡居民储蓄存款余额 86679 万元,增长 29.3%。

当年,全县参加失业保险 5672 人,比上年增长 4.2%;基本养老保险 8680 人,增长 3.7%;参加医疗保险 25374 人,增长 17.2%;工伤保险参保 9477 人,增长 2.8%;生育保险参保 7050 人,增长 3.2%;城镇居民最低生活保障人数 64498 人,增长 261.3%;农村居民最低生活保障人数 88029 人,增长 764.4%。

第七节　金融环境

　　1955 年 3 月至 1964 年 2 月,县域金融机构有人行县支行和信用社 2 家。1964 年 2 至 1965 年 11 月,县域金融机构有人行县支行、农行县支行和信用社 3 家。1965 年 11 月至 1980 年 1 月,县域金融机构有人行县支行和信用社 2 家。1980 年 1 月至 1984 年 12 月,县域金融机构有人行县支行、农行县支行和信用社 3 家。

　　1984 年,建设银行哈巴河县支行成立,县域金融机构增至 4 家。1985 年 1 月,工商银行哈巴河县支行成立,县域金融机构增至 5 家。1988 年 3 月,中国人民保险公司哈巴河县支公司成立,县域金融机构增至 6 家。1997 年 1 月,中国人民保险公司哈巴河县支公司拆分成立中保财产保险公司哈巴河县支公司和哈巴河县人寿保险公司,同年农业发展银行哈巴河县支行成立,年末县域金融机构有 8 家,分别为人行县支行、农行县支行、建行县支行、农业发展银行县支行、信用社、工行县支行、中保财产保险公司哈巴河县支公司和哈巴河人寿保险公司。1998 年 10 月,建行县支行撤销,县域金融机构减至 7 家。

　　2012 年,县域有金融机构 6 家,其中银行业金融机构 5 家和保险业金融机构 1 家。农行县支行设有 1 个营业网点,邮政储蓄银行县支行设有 1 个营业网点,县联社设有 7 个营业网点。保险业有哈巴河人寿保险股份有限公司 1 家机构。年末,县域金融机构银行业各项存款余额 186073 万元,其中县联社存款余额 108497 万元,占 58.31%;各项贷款余额 82969 万元,其中县联社各项贷款余额 60704 万元,占比 73.16%;存款余额、贷款余额均占县银行业金融机构第一名。

第二章　组织机构

第一节　机构沿革

1955 年 3 月,哈巴河县在三区一乡成立哈巴河县第一个农村信用合作社——哈巴河县三区一乡信用合作社(成立时称阿不列兹克农村信用合作社,1956 年按区划更名为哈巴河县三区一乡信用合作社),驻三区一乡阿不列兹克村。至 1956 年,全县 13 个乡建立 12 个农村信用合作社(其中四区 2 个乡合建 1 个信用合作社),基本达到乡乡有信用合作社。1958 年 4 月,县撤销区级管理体制,乡级建制合并为 5 个,信用合作社机构随之由 12 个合并为 5 个。1958 年 11 月,县撤销乡级管理体制,建立"政社合一"的人民公社建制,县域各乡信用合作社与人行县支行基层营业所合并成立人民公社信用部,划归人民公社金融部管理,全县成立 3 个人民公社信用部。1962 年,信用部从人民公社中脱离出来恢复成立 5 个信用社,1963 年合并为 3 个。1979 年,县域各农村信用合作社划归农行县支行管理,主营业务逐渐恢复和发展。1984 年,县域各信用合作社体制改革,实行民主管理、独立核算、自负盈亏。1989 年 6 月,由县域 6 家信用社投资入股成立哈巴河县农村信用合作社联合社。1996 年,县联合社与农业银行脱离行政隶属关系,独立经营、自负盈亏,由人行县支行管理。2003 年 11 月,县联合社实行统一法人核算体制改革,各乡信用合作社取消独立法人资格,成为县联合社的分支机构,更名为信用分社,实行一级法人、统一核算、分级管理、授权经营的管理体制。2004～2006 年 7 月,县联合社划归阿勒泰银监分局监管。2006 年 5 月,县联合社再次实行统一法人体制改革,召开县农村信用合作联社第一届社员代表大会,成立县农村信用合作联社(2006 年 12 月新疆银监局批复),各信用分社更名为信用社。2006 年 7 月,自治区联社成立后,隶属自治区联社垂直管理。

第二节　社员代表大会

信用社社员代表大会是信用社的最高权力机构,由社员代表组成(分职工代表、非职工代表);社员代表由社员选举产生,每届任期 3 年。社员代表大会由理事会召集,每年召开 1 次,必要时可临时召开。召开临时社员代表大会须经半数以上理事提议,或三分之一以上社员代表提议。

一、职能沿革

1955～1956 年,哈巴河县域各信用合作社建社初期,社员代表大会职能主要以 1951 年中国人民银行颁布的《农村信用合作社章程(草案)》为蓝本对其定义。社员代表大会为信用合作社的最高权力机构,主要职能:通过和修改信用社章程,增加社员股金额,决定有关本社的解散或与其他社的合并等问题;选举或罢免理事主任及理事、监事主任及监事,并审查和通过对本社理、监事处分问题;审查和通过本社的业务、方针、计划、预算及理事会的工作报告和决算;通过盈余和分配或弥补亏损的议案;通过社员的开除或奖励事项;其他重要问题的讨论和决议。

1984年后,县域农村信用社恢复"三性"(组织上的群众性,管理上的民主性,业务经营上的灵活性)改革,社员代表大会职能主要以1984年中国农业银行《关于信用合作管理工作的若干规定》为蓝本进行定义。社员代表大会为信用合作社的最高权力机构,设立信用合作社民主管理委员会;社员代表大会选出信用社主任负责经营业务、管理社务、对民主管理委员会负责;民主管理委员会监督社务、业务。

2003年11月,县联合社实行统一法人体制改革后,社员代表大会行使以下职能:制定或修改本社章程,选举和更换理事会成员、监事会成员,审议批准理事会、监事会工作报告,审议批准本社年度财务预算和决算方案、利润分配和弥补亏损方案,对本社的分立、合并、解散和清算等重大事项作出决议,决定其他重大事项。

2006年5月,县联社成立后,社员代表大会行使职能:制定和修改章程,选举和更换理事、监事,审议批准理事会、监事会工作报告,审议批准联社年度财务预决算方案、利润分配方案和弥补亏损方案,对联社的分立、合并、解散和清算等重大事项作出决议,对本联社其他重大事项作出决议。章程的修改、联社的分立、合并、解散和清算,理事、监事的选举更换等重大事项,须经社员代表大会全体代表的三分之二以上多数通过。其他议案须经社员代表大会全体代表的二分之一以上多数通过。

二、乡镇信用合作社社员代表大会

县域各乡镇社员代表大会自1955～1956年建社初期召开第一届社员代表大会至2003年11月12日共召开3届。其间,1958～1978年20年间,由于受"左"的思想的影响,县域各农村信用合作事业遭受严重的破坏,以至信用社社员代表大会制度荡然无存,各信用社均未召开过社员代表大会。

(一)乡镇信用合作社第一届社员代表大会

1955年3月14日,县第一家农村信用合作社——三区一乡农村信用合作社成立暨社员代表大会召开,出席会议的有哈巴河县农村信用合作社筹备委员会全体成员,三区及三区一乡相关领导及全体农村信用社社员,邀请三区二乡部分村民代表参加会议。会议通过信用社章程,选举产生理事会、监事会成员、信用社主任(何吉汉)和信用社会计(胡纳什)。至1956年9月底,全县新建立的11个农村信用合作社各自召开第一届社员代表大会,并通过农村信用合作社章程;选举产生理事会、监事会;审查和批准本社1956年业务方针;讨论决定股金数额,存放利率、盈余分配、弥补亏损的决议案和社干待遇;通过新社员入社及社员退社、开除、奖励办法。

(二)乡镇信用合作社第二届社员代表大会

1984年,县域农村信用合作社根据中国农业银行总体安排和中国农业银行新疆维吾尔自治区分行支行长会议精神,逐步进行管理体制改革,恢复和加强信用合作社"三性"(组织上的群众性、管理上的民主性、业务经营上的灵活性)。县域各信用合作社在农行县支行领导下,逐步恢复社员代表大会制度,以村为单位组织推选信用社社员代表1名,召开第二届社员代表大会。大会由农行县支行牵头组织召开,分管信用合作工作的副行长主持会议,信用合作股股长代表信用社通报1983年底以前信用社经营情况,并对国务院《批转中国农业银行关于改革信用合作社管理体制的报告的通知》主要内容进行摘要宣讲,对信用社今后发展方向进行说明。会议通过和修改农村信用社章程。大会选举产生新一届信用社主任,个别大社选举配备一名副主任协助主任开展工作;选举产生各信用社的民主管理委员会,民主管理委员会主任由信用社主任担任;信用社监察员由农行县支行信用合作股股长兼任;审查和通过信用社 1984 年的业务计划;通过对信用社老社员的清理和开展吸纳新社员的方案。

(三)乡镇信用合作社第三届社员代表大会

2003 年 11 月 12 日,根据国务院《关于印发深化农村信用社改革试点方案的通知》和中国银行业监督管理委员会《关于农村信用社以县(市)为单位统一法人工作的指导意见》精神,县域各农村信用合作社分别召开第三届社员代表大会。大会中心议题是合并以各乡镇为单位的信用社,组建以县为单位的统一法人信用合作社。各乡镇信用社社员代表大会均决定:改变各乡镇农村信用合作社的独立法人地位和资格,合并为县合联社辖属非独立核算的分支机构,降格为分社,所有资产、负债、所有者权益划归县联社统一管理、统一核算;各信用社原社员加入县联合社,继续保持社员身份不变,解散各乡镇信用合作社社员代表大会。

三、县联合社社员代表大会

1989 年 6 月,经人行阿勒泰地区中心支行审核同意,县农村信用合作社联合社成立。该时期联合社档案资料显示,联合社成立大会在农行县支行会议室举行,参加会议的人员仅限农行县支行领导及信用合作股人员(当时县域各乡镇信用社由农行县支行管理)和各乡镇信用社主任;无有关成立县联合社召开社员代表大会的相关文件资料和参加的社员代表记录。从尊重历史和兼顾保存资料的角度考虑,本志将此次会议的有关内容收入该目中,列为一个子目(县联合社成立大会)做专题记述,不作为社员代表大会会议。至 2003 年 11 月,县联合社无社员代表大会召开记录。2003 年 11 月 13 日,县联合社实行统一法人体制改革召开第一届第一次社员代表大会。至 2006 年 5 月,县联合社共召开 1 届 2 次社员代表大会。

(一)县联合社成立大会

1989 年 6 月,哈巴河县农村信用合作社联合社成立大会在农行县支行二楼会议室召开。出席会议的有农行阿勒泰地区中心支行行长李永库、副行长李锡印,副县长张玉华,农行阿勒泰地区中心支行农村信用合作管理科科长,农行县支行行长、副行长,农行县支行农村信用合作管理股全体工作人员,各信用社主任;农行县支行其他各股室负责人列席会议。会议通过《哈巴河农村信用合作社联合社章程》。会议决定由农行县支行农村信用合作股代表农行县支行和县域 6 家独立核算的乡镇信用社为社员组成理事会,选举产生首任理事长;通过县域 6 家乡镇信用社向联合社入股议案;经农行阿勒泰地区中心支行推荐产生县农村信用合作社联合社领导班子:主任由农行支行县分管农村信用合作工作副行长艾提木汗兼任,农行县支行干部哈布哈德为联社副主任(主持联社日常工作),同时兼任哈巴河县农村信用合作管理股股长,县联社日常工作由信用合作股承担。

附:

哈巴河农村信用合作社联合社章程简要

县联合社章程规定,哈巴河县农村信用合作社联合社的主要任务是根据党和国家有关方针、政策和信用社的各项规章制度及社员代表大会的决议指导、协调和管理本辖区的信用合作工作,为基层社服务,经营信贷业务。主要职责:检查信用社执行金融方针、政策的情况,稽核、辅导信用社的业务、财务和账务工作;综合平衡信用社各项计划,检查考核各项计划的执行情况,向农业银行报送信贷计划,提供有关数字资料;管理全县信用社职工(含合同制职工)及职工培训教育工作;组织信用社之间资金余缺的调剂;管理全县信用社上交的各项基金,统筹解决信用社职工退职退休经费;组织信用社经验与信息交流,做好承上启下的各项服务工作;组织县内社社之间的汇划往来;接受国家金融机构和基层信用社委托代办业务;经营信贷业务。县联社建立后,信用社的人事、业务等管理工作仍由农业银行承担。

(二)县联合社第一届社员代表大会

县农村信用合作社联合社第一届社员代表大会有社员代表40人,其中职工代表16人,非职工代表24人。第一届社员代表大会共召开2次会议。

县联合社第一届社员代表大会代表名表

表 2-1

姓名	性别	民族	文化程度	工作单位
王海勇	男	汉	大专	县农村信用合作社联合社
窦德贵	男	汉	大专	县农村信用合作社联合社
刘领成	男	汉	大专	县个体工商户
祝艺	男	汉	大专	县个体工商户
米成海	男	回	高中	县萨尔塔木乡阿克托别村村民
刘登同	男	汉	大专	县农村信用合作社联合社
薛亮	男	汉	大专	县农村信用合作社联合社
马仲江	男	回	高中	县齐巴尔乡克孜勒喀英村村民
刘登浩	男	汉	高中	县齐巴尔乡四十一公里村村民
许新泉	男	汉	高中	县库勒拜乡萨尔沃依村村民
孙红	女	汉	大专	县农村信用合作社联合社
吾拉什	男	哈萨克	中专	县农村信用合作社联合社
姜尼斯	男	哈萨克	高中	县库勒拜乡铁热克胡拉克村村民
赵广辉	男	回	高中	县加依勒玛乡阔克沙孜村村民
叶尔宝	男	哈萨克	高中	县阿克齐镇坎门村村民
王秀云	女	汉	大专	县农村信用合作社联合社
乔玉东	男	汉	大专	县农村信用合作社联合社
孜克多拉	男	哈萨克	高中	县加依勒玛乡阿克铁热勒村村民
王庭格	男	汉	高中	县加依勒玛乡加依勒玛村村民
哈不哈克	男	哈萨克	高中	县库勒拜乡吐勒克勒村村民
贾敬伟	男	汉	大专	县农村信用合作社联合社
王伟忠	男	汉	大专	县农村信用合作社联合社
朱马汗	男	哈萨克	高中	县农村信用合作社联合社

续表 2-1

姓名	性别	民族	文化程度	工作单位
努尔兰	男	哈萨克	高中	县萨尔塔木乡库尔米希村村民
姜学勤	男	汉	高中	县萨尔塔木乡铁克吐尔玛斯村村民
塔拉哈提	男	哈萨克	高中	县农村信用合作社联合社
沙恒别克	男	哈萨克	中专	县农村信用合作社联合社
马忠玉	男	回	高中	县萨尔布拉克乡阿克塔木村村民
聂荣禄	男	汉	高中	县萨尔布拉克乡阔斯阿尕什村村民
哈不特卡力木	男	哈萨克	高中	县齐巴尔乡提尔明塔斯村村民
吕超	男	汉	大专	县农村信用合作社联合社
王桂兰	女	汉	中专	县农村信用合作社联合社
马春贵	男	汉	高中	县个体工商户
姜安宁	男	汉	高中	县个体工商户
木扎别克	男	哈萨克	高中	县个体工商户
栾珍文	女	汉	高中	县农村信用合作社联合社
热马占	男	哈萨克	大专	县农村信用合作社联合社
沈吉泉	男	汉	高中	县个体工商户
吕祥林	男	汉	大专	县个体工商户
索尔坦马木提	男	维吾尔	高中	县个体工商户

第一次会议 2003年11月13日,县联合社在县旅游宾馆会议室召开第一届社员代表大会第一次会议。通过《哈巴河县农村信用合作社联合社第一届社员代表大会关于通过规范管理筹备工作报告》和《哈巴河县农村信用合作社联合社章程》等7项议案,选举产生县联合社第一届理事会和监事会。

第二次会议 2005年2月24日,县联合社在县旅游宾馆会议室召开第一届社员代表大会第二次会议。大会审议并通过联合社理事会《2004年度业务工作报告》、监事会《2004年度监事会工作报告》和《关于修改农村信用合作社联合社章程的说明》等议案;根据阿勒泰银监分局的建议,改选理事会和监事会。

四、县联社社员代表大会

由于2003年县联合社统一法人社过程不符合国家银监会的相关规定,自治区银监局不予认可,2006年由哈巴河银监办牵头再次组织县联合社进行统一法人体制改革,组建县联社。2006年5月20日,在县旅游宾馆会议室召开哈巴河县农村信用合作联社第一届社员代表大会。7月26日,自治区农村信用合作社联合社成立后,县联社社员代表大会届次接续阿勒泰银监分局管理时期县联社社员代表大会届次进行。至2012年,县联社共召开2届7次社员代表大会。

（一）县联社第一届社员代表大会

县联社第一届社员代表大会有社员代表42人,其中职工代表14人,非职工代表28人。第一届社员代表大会共召开2次会议。

县联社第一届社员代表大会代表名表

表2-2

姓名	性别	民族	文化程度	工作单位	理事类别
王海勇	男	汉	本科	县农村信用合作联社	职工理事
窦德贵	男	汉	本科	县农村信用合作联社	职工理事
薛亮	男	汉	专科	县农村信用合作联社	职工理事
贾敬伟	男	汉	中专	县农村信用合作联社	职工理事
乔玉东	男	汉	专科	县农村信用合作联社	职工理事
孙红	女	汉	本科	县农村信用合作联社	职工理事
王秀云	女	汉	大专	县农村信用合作联社	职工理事
吕超	男	汉	本科	县农村信用合作联社	职工理事
吾拉什	男	哈萨克	中专	县农村信用合作联社	职工理事
叶尔肯	男	哈萨克	高中	县农村信用合作联社	职工理事
朱马汗	男	哈萨克	高中	县农村信用合作联社	职工理事
布尔列斯汗	男	哈萨克	大专	县农村信用合作联社	职工理事
木哈买提哈里木	男	哈萨克	中专	县农村信用合作联社	职工理事
阿依波丽	女	哈萨克	中专	县农村信用合作联社	职工理事
邓世宏	男	汉	本科	县财政局	非职工理事
吴新生	男	汉	本科	县审计局	非职工理事
祝艺	男	汉	大专	县阳光开发公司	非职工理事
陈宝刚	男	汉	高中	县阿克齐镇个体私营经济户	非职工理事
徐富民	男	汉	高中	县阿克齐镇个体私营经济户	非职工理事
杜有泉	男	汉	高中	县阿克齐镇个体私营经济户	非职工理事
徐国良	男	汉	高中	县阿克齐镇个体私营经济户	非职工理事
姜安宁	男	汉	高中	县阿克齐镇个体私营经济户	非职工理事
胡国忠	男	汉	高中	县阿克齐镇个体私营经济户	非职工理事
马自成	男	回	高中	县加依勒玛乡玛依沙斛村村民	非职工理事
阿达力	男	哈萨克	高中	县加依勒玛乡玉什库木村村民	非职工理事
王延格	男	汉	高中	县加依勒玛乡加依勒玛村村民	非职工理事
闻旺	男	汉	高中	县加依勒玛乡博旦拜村民	非职工理事
米成海	男	回	高中	县萨尔塔木乡阿克托别村村民	非职工理事
哈巴特	男	哈萨克	高中	县萨尔塔木乡阔克塔斯村村民	非职工理事
幸生华	男	汉	高中	县萨尔塔木乡却限村村民	非职工理事
高天山	男	汉	高中	县萨尔塔木乡铁克吐尔玛斯村村民	非职工理事
王有成	男	汉	高中	县库勒拜乡喀英德阿热勒村村民	非职工理事

续表2-2

姓名	性别	民族	文化程度	工作单位	理事类别
许加成	男	汉	高中	县库勒拜乡阿克加尔村村民	非职工理事
加尼斯	男	哈萨克	高中	县库勒拜乡铁热克胡拉克村村民	非职工理事
努尔肯	男	哈萨克	高中	县库勒拜乡库勒拜村村民	非职工理事
马仲江	男	回	高中	县齐巴尔乡克孜勒喀英村村民	非职工理事
阿巴克	男	哈萨克	高中	县齐巴尔乡玛依沙斛村村民	非职工理事
王辉荣	男	汉	高中	县齐巴尔乡萨亚铁热克村村民	非职工理事
马建华	男	回	高中	县萨尔布拉克乡阿克塔木村村民	非职工理事
王东海	男	汉	高中	县萨尔布拉克乡农科村村民	非职工理事
罗忠玉	男	汉	高中	县萨尔布拉克乡塔依什拜村村民	非职工理事
李宝财	男	汉	高中	县萨尔布拉克乡阔斯阿尕什村村民	非职工理事

第一次会议　2006年5月20日,县联社在县旅游宾馆会议室召开第一届社员代表大会第一次会议。大会通过《哈巴河县农村信用合作联社第一届社员代表大会关于通过规范管理筹备工作报告》,审议通过县联社社员代表大会议事规则、县联社章程、选举产生理事办法、选举产生监事办法等议案。选举产生联社第一届理事会、监事会成员。

第二次会议　2007年1月8日,县联社在联社五楼会议室召开第一届社员代表大会第二次会议。大会审议通过理事会2006年度工作总结报告,2006年度利润分配方案,2006年度理事长、监事长和高管人员绩效考核结果的决议。制定县联社第二期5年发展规划。

(二)县联社第二届社员代表大会

县联社第二届社员代表大会有社员代表42人,其中职工代表14人,非职工代表28人。第二届社员代表大会共召开5次会议。

县联社第二届社员代表大会代表名表

表2-3

姓名	性别	民族	文化程度	工作单位	社员类别
董朝晖	男	汉	本科	县农村信用合作联社	职工社员
窦德贵	男	汉	本科	县农村信用合作联社	职工社员
薛亮	男	汉	专科	县农村信用合作联社	职工社员
吾拉什	男	哈萨克	中专	县农村信用合作联社	职工社员
孙红	女	汉	本科	县农村信用合作联社	职工社员
王秀云	女	汉	大专	县农村信用合作联社	职工社员
吕超	男	汉	专科	县农村信用合作联社	职工社员
贾敬伟	男	汉	专科	县农村信用合作联社	职工社员
苏敏	男	汉	专科	县农村信用合作联社	职工社员
布尔列斯汗	男	哈萨克	专科	县农村信用合作联社	职工社员

续表2-3

姓名	性别	民族	文化程度	工作单位	社员类别
叶尔肯	男	哈萨克	高中	县农村信用合作联社	职工社员
朱马汗	男	哈萨克	高中	县农村信用合作联社	职工社员
木哈买提哈里木	男	哈萨克	中专	县农村信用合作联社	职工社员
阿依波丽	女	哈萨克	中专	县农村信用合作联社	职工社员
任清瑞	男	汉	本科	县财政局	非职工社员
吴新生	男	汉	本科	县审计局	非职工社员
祝艺	男	汉	大专	县阳光开发公司	非职工社员
陈宝刚	男	汉	高中	县阿克齐镇个体私营经济户	非职工社员
杜有泉	男	汉	高中	县阿克齐镇个体私营经济户	非职工社员
盛承明	男	汉	高中	县阿克齐镇个体私营经济户	非职工社员
安斌	男	汉	高中	县阿克齐镇个体私营经济户	非职工社员
梁玉河	男	汉	专科	县阿克齐镇个体私营经济户	非职工社员
马海亮	男	回	高中	县阿克齐镇个体私营经济户	非职工社员
阿达力	男	哈萨克	高中	县加依勒玛乡玉什库木村村民	非职工社员
王廷格	男	汉	高中	县加依勒玛乡加依勒玛村村民	非职工社员
司海龙	男	汉	高中	县加依勒玛乡阿克敦村村民	非职工社员
也尔肯	男	哈萨克	高中	县加依勒玛乡阿克敦村村民	非职工社员
王德福	男	汉	高中	县萨尔塔木乡马胡村村民	非职工社员
姜学勤	男	汉	高中	县萨尔塔木乡铁克吐尔玛斯村村民	非职工社员
特列吾别尔德	男	哈萨克	高中	县萨尔塔木乡阔克塔斯村村民	非职工社员
塔拉斯汗	男	哈萨克	高中	县萨尔塔木乡却限村村民	非职工社员
王有成	男	汉	高中	县库勒拜乡喀英德阿热勒村村民	非职工社员
加尼斯	男	哈萨克	高中	县库勒拜乡铁热克胡拉克村村民	非职工社员
朱孔学	男	汉	高中	县库勒拜乡阿克加尔村村民	非职工社员
叶尔波力	男	哈萨克	高中	县库勒拜乡库勒拜村村民	非职工社员
马仲江	男	回	高中	县齐巴尔乡克孜勒喀英村村民	非职工社员
周新平	男	汉	高中	县齐巴尔乡齐巴尔村村民	非职工社员
阿巴合	男	哈萨克	高中	县齐巴尔乡玛依沙斛村村民	非职工社员
马建华	男	回	高中	县萨尔布拉克乡阿克塔木村村民	非职工社员
何绿化	男	汉	高中	县萨尔布拉克乡阔斯阿尕什村村民	非职工社员
加尔恒	男	哈萨克	高中	县萨尔布拉克乡农科村村民	非职工社员
革命	男	哈萨克	高中	县萨尔布拉克乡塔依什拜村村民	非职工社员

第一次会议　2008年3月22日,县联社召开第二届社员代表大会第一次会议。审议通过2007年度理事会工作报告、2007年度利润分配方案、2007年度信息披露报告,讨论和通过修改后的《哈巴河县农村信用合作联社章程》,选举产生理事会、监事会成员。

第二次会议　2009年3月20日,县联社召开第二届社员代表大会第二次会议。听取和审议董朝晖做2008年度理事会工作报告、2008度利润分配方案、2008年度信息披露报告。

第三次会议　2010年4月22日,县联社召开第二届社员代表大会第三次会议。听取和审议董朝晖做2009年度理事会工作报告、吾拉西·木哈乃做2009年度监事会工作报告、2009年度利润分配方案、2009年度信息披露报告,改选理事会和监事会。

第四次会议　2011年4月9日,县联社召开第二届社员代表大会第四次会议。听取和审议董朝晖做2010年度理事会工作报告、吾拉西·木哈乃做2010年度监事会工作报告、2010年度利润分配方案、2010年度信息披露报告。

第五次会议　2012年4月6日,县联社召开第二届社员代表大会第五次会议。听取和审议董朝晖做2011年度理事会工作报告、吾拉西·木哈乃做2011年度监事会工作报告、2011年度利润分配方案、2011年度信息披露报告、2011年股金分红方案。

第三节　理事会

理事会由信用社社员代表大会选举产生,是社员代表大会的常设执行机构,由5～11名理事组成,分为联社内部(职工)理事和外部(非职工)理事,理事由社员代表大会选举或者罢免,经银行业监督管理机构任职资格审查后行使职责。每届任期时间同社员代表大会每届任期相同。

一、职能沿革

1955～1956年,哈巴河县域各信用合作社建社初期,理事会职能主要以1953年中国人民银行颁布的《农村信用合作社章程(草案)》为蓝本对其定义。理事会是社员代表大会执行机构,主要职能:执行社员代表大会或社员大会决议和国家银行的指示;制订本社发展社员和业务计划,提交社员大会或社员代表大会通过,经国家银行批准后执行;对外代表本社签订合同契约,对本社社员群众进行教育工作,组织社员参加社会活动;任命和撤销本社工作人员,评定社员最高贷款额度;其他有关本社业务、财务、组织等执行事项。理事会必须严格遵守各种报告制度,按期向社员大会或社员代表大会和国家银行提出有关业务、财务、组织等各种报告。

1958～1978年,受"极左"的思想影响,县域各信用社"三会"制度遭严重破坏,理事会处于停滞状态。1989年6月,召开县联合社成立大会,选举产生理事会。但在实际工作中理事会职能没有发挥应有作用。

2006年5月县联社成立后,法人治理结构趋于完善,理事会作为联社社员代表大会常设执行机构的职能得到充分发挥。县联社理事会行使职能和产生程序:召集社员代表大会,并向社员代表大会报告工作;执行社员代表大会决议;审定联社的发展规划、经营方针、年度业务经营计划;批准联社的内部管理制度;批准联社的人员管理制度和奖惩制度;选举、更换理事长和副理事长;聘任、解聘联社主任、副主任;审议联社年度财务预、决算方案、利润分配方案和弥补亏损方案;批准联社内部职能部门设置和调整方案,审议分支机构设置及调整方案;提出联社合并、分立、解散等重大事项的计划和方案;《章程》规定和社员代表大会授予的其他职能。

二、县联合社第一届理事会

2003 年 11 月 13 日,县联合社实行统一法人体制改革,召开县联合社第一届社员代表大会,选举产生第一届理事会。第一届理事会由 5 名成员组成,其中内部理事 4 人,外部理事 1 人。至 2005 年 2 月,县联合社第一届理事会共召开 2 次会议。

县联合社第一届理事会组成人员名表

表 2-4

姓名	担任本机构及其他机构职位	选任本机构职务时间	任职时间	理事类别
王海勇	联合社理事长	2003.11.13	2003.11~2006.10	内部理事
窦德贵	联社副主任	2003.11.13	2003.11~2006.10	内部理事
刘登同	联社副主任	2003.11.13	2003.11~2006.10	内部理事
刘领成	瑞峰公司经理	2003.11.13	2003.11~2006.10	外部理事
薛亮	加依勒玛信用社主任	2003.11.13	2003.11~2006.10	内部理事

(一)第一次会议

2003 年 11 月 13 日,联合社召开第一届理事会第一次会议,选举王海勇为联合社理事长。聘任王海勇为联合社主任,窦德贵为联合社第一副主任,刘登同为联合社第二副主任。

(二)第二次会议

2005 年 2 月 24 日,县联合社第一届理事会第二次会议,表决通过阿勒泰银监分局免去王海勇兼任联社主任职务(2004 年 8 月免),任命薛亮任县联社第一副主任主持工作(2004 年 8 月任)、吾拉西·木哈乃任县联社第二副主任(2004 年 8 月任)的决定。

三、县联社第一届理事会

2006 年 10 月 30 日,县联社召开第一届社员代表大会,选举产生联社第一届理事会。第一届理事会由 9 名成员组成,其中联合社内部理事 4 人,外部理事 5 人。至 2007 年 11 月,县联合社第一届理事会共召开 3 次会议。

县联社第一届理事会组成人员名表

表 2-5

姓名	担任本机构及其他机构职位	选任本机构职务时间	任期时间	理事类别
王海勇	哈巴河县联社理事长	2006.10	2006.10~2008.03	内部理事
邓世洪	哈巴河县财政局局长	2006.10	2006.10~2008.03	外部理事
孙红	县联社会计股股长	2006.10	2006.10~2008.03	内部理事
贾敬伟	县联社办公室主任	2006.10	2006.10~2008.03	内部理事

续表2-5

姓名	担任本机构及其他机构职位	选任本机构职务时间	任期时间	理事类别
祝艺	县阳光开发公司职务	2006.10	2006.10~2008.03	外部理事
乔玉东	县联社河西片区信用社主任	2006.10	2006.10~2008.03	内部理事
马仲江	县齐巴尔乡克孜勒喀英村村民	2006.10	2006.10~2008.03	外部理事
陈宝刚	县阿克齐镇个体私营经济户	2006.10	2006.10~2008.03	外部理事
阿达力	县加依勒玛乡玉什库木村村民	2006.10	2006.10~2008.03	外部理事

（一）第一次会议

2006年5月20日，县联社在县旅游宾馆会议室召开第一届理事会第一次会议，选举王海勇为理事长。经理事长提名，薛良任县联社副主任（主持工作），吾拉西·木哈乃任第二副主任。

（二）第二次会议

2007年1月8日，县联社在联社5楼会议室召开第一届理事会第二次会议，审议通过2006年财务决算和2007年预算草案及县联社双聘工作提案、县联社人事调整工作提案及县联社发行银行卡业务等提案。

（三）第三次会议

2007年11月20日，县联社在联社5楼会议室召开第一届理事会第三次会议，审议通过县联社2007年前10个月经营状况分析、县联社"三定"方案和2008年各项工作的相关建议。

四、县联社第二届理事会

2008年3月12日，县联社召开第二届社员代表大会，选举产生联社第二届理事会。第二届理事会由9名成员组成，其中内部理事3人，外部理事6人。至2000年11月，县联社第一届理事会共召开13次会议。

县联社第二届理事会组成人员名表

表2-6

姓名	担任本机构及其他机构职位	选任本机构职务时间	任期时间	理事类别
董朝晖	县联社理事长	2008.03	2008.03~	内部理事
贾敬伟	县联社办公室主任	2008.03	2008.03~	内部理事
孙红	县联社计财部经理	2008.03	2008.03~	内部理事
王庭格	县加依勒玛乡加依勒玛村村民	2008.03	2008.03~	外部理事
任清瑞	县财政局局长	2008.03	2008.03~	外部理事
马仲江	县齐巴尔乡克孜勒喀英村村民	2008.03	2008.03~	外部理事
陈宝刚	县阿克齐镇个体私营经济户	2008.03	2008.03~	外部理事
加尼斯	县库勒拜乡铁热克胡拉克村村民	2008.03	2008.03~	外部理事
阿达力	县加依勒玛乡玉什库木村村民	2008.03	2008.03~	外部理事

（一）第一次会议

2008 年 3 月 12 日，县联社在联社 5 楼会议室召开第二届理事会第一次会议，选举董朝晖为联社理事长，聘任窦德贵为联社主任、薛亮为联社副主任。

（二）第二次会议

2008 年 7 月 20 日，县联社在联社 5 楼会议室召开第二届理事会第二次会议，审议通过 2009 年发展设想等文件。

（三）第三次会议

2009 年 3 月 20 日，县联社在联社 5 楼会议室召开第二届理事会第三次会议，审议通过理事会提交社员代表大会讨论的一系列信用社改革方案。

（四）第四次会议

2009 年 8 月 10 日，县联社在联社 5 楼会议室召开第二届理事会第四次会议，审议通过新疆金融投资公司向联社投资入股事项。

（五）第五次会议

2010 年 4 月 20 日，县联社在联社 5 楼会议室召开第二届理事会第五次会议，根据自治区联社推荐，重新聘任经营管理层，聘任窦德贵为联社主任，郭庆业为联社副主任。

（六）第六次会议

2010 年 6 月 20 日，县联社在联社 5 楼会议室召开第二届理事会第六次会议，审议通过联社增资扩股专项议题。

（七）第七次会议

2010 年 8 月 5 日，县联社在联社 5 楼会议室召开第二届理事会第七次会议，审议通过联社增设网点专项议题。

（八）第八次会议

2010 年 10 月 26 日，县联社在联社 5 楼会议室召开第二届理事会第八次会议，审议通过联社员工绩效考核方案的议题。

（九）第九次会议

2011 年 4 月 9 日，县联社在联社 5 楼会议室召开第二届理事会第九次会议，表决通过县联社 2011 年股权改造方案。

（十）第十次会议

2011 年 5 月 15 日，县联社在联社 5 楼会议室召开第二届理事会第十次会议，审议通过"关于认购华融新疆金融投资公司股权收益权转让集合资金信托 1400 万元的决议"。

（十一）第十一次会议

2011 年 8 月 5 日，县联社在联社 5 楼会议室召开第二届理事会第十一次会议，审议通过"建立哈巴河县农村信用合作联社干部员工企业年金制度的决议"。

（十二）第十二次会议

2012 年 4 月 6 日，县联社在联社 5 楼会议室召开第二届理事会第十二次会议，表决通过县联社 2012 年股权改造方案。

（十三）第十三次会议

2012 年 7 月 6 日，县联社在联社 5 楼会议室召开第二届理事会第十三次会议，审议通过联社主任窦德贵所做的上半年经营工作汇报。

2003～2012 年县联社(联合社)理事长更迭表

表 2 - 7

姓名	性别	民族	籍贯	出生年月	任职起止时间
王海勇	男	汉	甘肃武威	1968.09	2003.11～2008.2
董朝晖	男	汉	北京顺义	1968.08	2008.3～

第四节 监事会

监事会由社员代表大会选举产生,是社员代表大会的监督机构,代表全体社员监督和检查理事会工作。监事会由 3 名以上(奇数)监事组成,分为内部(职工)监事和外部(非职工)监事,每届任期同社员代表大会相同;信用社理事、主任、副主任和财务负责人不得兼任监事。监事会设监事长一人,主持监事会工作;监事长由监事会选举和更换,须经全体监事三分之二以上通过,其他议案须经全体监事二分之一以上通过。监事会会议由监事长召集和主持,每半年召开一次,必要时可随时召开。

一、职能沿革

1955～1957 年,县域各信用合作社建社初期,监事会作为各社的监察机关,代表全体社员监督和检查理事会的工作。监事会的职能为监督理事会对社员代表大会决议、国家银行指示和政府法令的执行情况;监督检查本社的业务经营和财务会计情况,监督理事会和本社服务人员服务情况;接受社员意见,向理事会提出查询或建议;列席理事会议;发现理事会有违法舞弊行为,要求理事会召开临时社员代表大会,并报告国家银行指导解决。

1958～1978 年,受"极左"的思想影响,县域各信用社"三会"制度遭严重破坏,监事会处于停滞。

1984 年,县域乡镇信用合作社第二届社员代表大会通过的章程规定恢复监事会,增设监察员岗位。监察员职责:监督民主管理委员会对社员代表大会和上级指示的执行;监督检查民主管理委员会和联社工作人员的服务情况和贯彻政策、经营业务、财务、账务管理等事项;检查信用社、服务站人员违反政策规定、徇私舞弊、铺张浪费、贪污盗窃及其他违法乱纪行为;收集社员要求和反映向民主管理委员会提出建议或查询;向社员代表大会报告工作。

2006 年 5 月,哈巴河县农村信用合作联社成立,监事会行使的职能:派代表列席理事会会议;监督信用社执行国家法律、法规、政策情况;对理事会决议和主任的决定提出质询;监督信用社经营管理和财务管理;向社员代表大会报告工作;章程规定和社员代表大会授予的其他职能。

二、县联合社第一届监事会

2003 年 11 月 13 日,县联合社召开第一届社员代表大会,选举产生联合社第一届监事会。第一届监事会由 5 名成员组成,其中内部监事 3 人,外部监事 2 人。至 2005 年 2 月,县联合社第一届监事会共召开 2 次会议。

县联合社第一届监事会组成人员名表

表2-8

姓名	担任本机构及其他机构职位	选任本机构职务时间	任职起止时间	监事类别
吾拉西·木哈乃	县联合社监事长	2003.11	2003.11~2004.08	内部监事
窦德贵	县联合社监事长	2004.09	2004.08~2006.10	内部监事
王秀云	县联合社审计部经理	2003.11	2003.11~2006.10	内部监事
祝艺	县阳光开发公司	2003.11	2003.11~2006.10	外部监事
乔玉东	库勒拜信用社主任	2003.11	2003.11~2006.10	内部监事
马仲江	县齐巴尔乡克孜勒喀英村村民	2003.11	2003.11~2006.10	外部监事

（一）第一届监事会第一次会议

2003年11月13日,县联合社在县旅游宾馆会议室召开第一届监事会第一次会议,选举吾拉西·木哈乃为县联合社监事长。

（二）第一届监事会第二次会议

2005年2月24日,县联合社在县旅游宾馆会议室召开第一届监事会第二次会议,表决通过阿勒泰银监分局任命窦德贵为县联合社监事长(2004年8月任)的决定。

三、县联社第一届监事会

2006年10月30日,县联社召开第一届社员代表大会,选举产生联社第一届监事会。第一届监事会由5名成员组成,其中内部监事3人,外部监事2人。至2007年11月,县联社第一届监事会共召开3次会议。

县联社第一届监事会组成人员名表

表2-9

姓名	担任本机构及其他机构职位	选任本机构职务时间	任职起止时间	监事类别
窦德贵	县联社监事长	2006.10	2006.10~2008.03	内部监事
吴新生	哈巴河县审计局局长	2006.10	2006.10~2008.03	外部监事
王秀云	县联社审计部经理	2006.10	2006.10~2008.03	内部监事
吕超	县联社萨尔塔木信用社主任	2006.10	2006.10~2008.03	内部监事
努尔肯	县库勒拜乡库勒拜村村民	2006.10	2006.10~2008.03	外部监事

（一）第一次会议

2006年5月20日,县联社在县旅游宾馆会议室召开第一届监事会第一次会议,选举窦德贵为联社监事长。

（二）第二次会议

2007年1月8日,县联社在联社3楼会议室召开第一届监事会第二次会议,审议2006年度联社监事会工作总结和 2006 年度联社工作总结。

（三）第三次会议

2007 年 9 月 15 日,县联社在联社五楼会议室召开第一届监事会第三次会议,审议通过 2007 年度监事会上半年工作总结和对理事会 2007 年下半年工作的建议。

四、县联社第二届监事会

2008 年 3 月 12 日,县联社召开第二届社员代表大会,选举产生联社第二届监事会。第二届监事会由 5 名成员组成,其中内部监事 3 人,外部监事 2 人。至 2012 年 8 月,县联社第二届监事会共召开 10 次会议。

县联社第二届监事会组成人员名表

表 2 - 10

姓名	担任本机构及其他机构职位	选任本机构职务时间	任期时间	监事类别
吾拉西·木哈乃	县联社监事长	2008.03	2008.03 ~	内部监事
吴新生	哈巴河县审计局局长	2008.03	2008.03 ~	外部监事
王秀云	县联社审计部经理	2008.03	2008.03 ~	内部监事
吕超	县联社加依勒玛信用社主任	2008.03	2008.03 ~	内部监事
努尔肯	县库勒拜乡库勒拜村村民	2008.03	2008.03 ~	外部监事

（一）第一次会议

2008 年 3 月 12 日,县联社在联社 5 楼会议室召开第一届监事会第一次会议,选举吾拉西·木哈乃为联社监事长。

（二）第二次会议

2008 年 5 月 20 日,县联社在联社 5 楼会议室召开第一届监事会第二次会议,县联社管理层向监事会通报 2006 年底前形成不良贷款认定情况,征求处理意见。

（三）第三次会议

2009 年 3 月 20 日,县联社在联社 5 楼会议室召开第一届监事会第三次会议。表决通过县联社 2009 年度的各项工作计划和安排。

（四）第四次会议

2010 年 4 月 22 日,县联社在联社 3 楼会议室召开第二届监事会第四次会议,选举吾拉什为监事长。

（五）第五次会议

2010 年 12 月 2 日,县联社在联社 5 楼会议室召开第二届监事会第五次会议,听取县联社理事会关于对信用合作社股权进行改造的意见。

（六）第六次会议

2011 年 4 月 9 日,县联社召开第二届监事会第六次会议,表决通过县联社 2011 年度的各项工作计划和安排。

（七）第七次会议

2011 年 9 月 10 日,县联社召开第二届监事会第七次会议,对县联社 2011 年党风廉政建设和"三项整治"工作进行总结。

（八）第八次会议

2012年1月16日，县联社召开第二届监事会第八次会议，听取新疆金融投资有限公司以现金方式向县联社入股400万元建议。

（九）第九次会议

2012年4月6日，县联社召开第二届监事会第九次会议，表决通过县联社2012年度的各项工作计划和安排。

（十）第十次会议

2012年8月10日，县联社召开第二届监事会第十次会议，对县联社2012年党风廉政建设和"阳光信贷"工作进行总结。

2003年～2012年县联社（联合社）监事长更迭表

表2-11

姓名	性别	民族	籍贯	出生年月	任期
吾拉西·木哈乃	男	哈萨克	新疆哈巴河	1963.	2003.11～2004.08
					2008.03～
窦德贵	男	汉	甘肃积石山	1963.06	2004.08～2008.03

第五节 经营管理层

一、沿革

1955～1957年，县域各信用合作社建社初期，实行理事会领导下的理事主任负责制，理事主任即为信用社主任。负责信用社经营管理的成员有主任、副主任、会计，信用社主任一般由乡领导兼任。1958年后，各乡镇信用合作社划归人民公社管理，并与人行县支行营业所合并成立人民公社信用部，信用社主任由信用部主任兼任，会计由信用部会计兼任。1963年恢复信用合作社后，明确各乡镇信用社独立地位，信用社主任、会计由信用社干部担任。1964年信用社划归农行管理，信用社主任、会计均由农行乡镇营业所主任、会计兼任。"文化大革命"开始后，信用社经营混乱。1984年后，县辖各信用社进行体制改革，实行"民主管理、独立经营、独立核算、自负盈亏"，经营管理班子逐渐恢复。至1989年县联合社成立，县域各信用社没有经营管理层概念和称谓，各乡镇信用社经营管理班子主任、副主任、会计即为经营管理层，实行任命制。

1989年，县农村信用合作社联合社成立后，实行两级法人管理，产生经营管理层的概念。经营管理层由理事会聘任，管理各信用社。1996年，县联合社与农行县支行脱离行政隶属关系，实行独立经营，经营管理层由阿勒泰地区农村金融体制改革办公室聘任，实行目标责任制。2003年11月，县联合社实行统一法人体制改革后，县域各乡镇信用社撤销独立法人资格，转变为县联合社辖属分支机构，县联合社经营管理层由联合社主任、副主任组成，联合社主任由理事长兼任，负责联合社经营管理工作。此管理模式是信用社在体制改革探索期，法人治理结构尚未完善所致。

2006年县联社成立后，"三会一层"管理制度趋于完善，理事会聘请高级管理人员组成经营管理层对联社业务进行经营管理,理事会与经营管理层分设,理事长不再兼任主任,实行理事会领导下的主任负责制。理事会聘任主任全面负责联合社的经营管理工作。主任行使职能:主持本社的业务经营管理工作,组织实施社员代表大会和理事会的决议;提出内部管理制度草案;提出本社发展规划、经营方针和经营计划草案;提出本社年度预、决算方案和利润分配方案;拟定本社内部机构设置;决定对工作人员的奖惩;征得理事会同意后,向县联社推荐副主任人选;章程规定和理事会授予的其他职能。至此,信用社的管理演变为在理事会的领导下、监事会监督下的主任负责制,即管理、经营、监督三分离。

二、主任办公会

主任办公会采取定期不定期的方式召开。主任办公会议负责研究制订辖内各项业务经营发展规划,制订并组织实施年度工作计划及各项业务管理工作的规划和战略,研究制订有关业务发展、重大信贷投向投量、重要财务开支、基础设施建设等方面的规划意见。研究制定内部管理的各项规章制度和落实上级各项制度的实施细则。研究设计辖内重大改革方案、经营管理方针、年度计划、财务预算方案、干部任免及员工考核奖惩、机构设置、人事调动等重大事项。沟通、协调部门营业网点间的关系等事项。

（一）县联合社主任办公会

2003 年,县联合社主任办公会议召开 9 次,主要事项有:经营分析会议、传达决算会议精神、旺季工作会议、党风廉政建设会议、传达学习十六届三次全会会议精神等。

2004 年,县联合社主任办公会议召开 12 次,主要事项有:年初工作会议、考评评优、人员分配、支农再贷款工作事项讨论、学习传达上级文件精神、经营工作安排、年末决算前的准备事项等。

2005 年,县联合社主任办公会议召开 18 次,主要事项有:春耕备耕工作、学习传达上级文件精神、经营工作会议、规章制度学习会议、财务分析会议、内退内养文件精神传达会议、旺季工作会议、安全保卫会议等。

（二）县联社主任办公会

2006 年,县联社主任办公会议召开 24 次,主要事项有:年初工作会议、传达自治区联社会议精神、信贷资产五级分类会议、央票置换工作会议、不良贷款会议、信贷资产五级分类验收检查会议、旺季工作会议、经营分析会议、规章制度学习等。

2007 年,县联社主任办公会议召开 22 次,主要决议的事项有:春耕备耕生产会议、新员工招录、经营分析会议、两项审计整改会议、央票置换工作会议、加强内控提升执行力会议、会计真实性检查反馈会、非信贷资产五级分类会议、旺季工作会议、案件专项治理、季度经营分析会、不良贷款清收、传达自治区联社会议精神、财务分析会议、年末决算会议等。

2008 年,县联社主任办公会议召开 19 次,主要决议的事项有:年初工作会议、工资改革会议、央行票据兑付工作安排会议、支农再贷款会议、传达上级会议精神、经营分析会议、财务分析会议等。

2009 年,县联社主任办公会议召开 23 次,主要决议的事项有:调整领导班子分工及中层任免职情况、年初工作会议、绩效分配方案、案件专项治理、传达学习上级会议精神、旺季工作会议、安全保卫会议等。

2010 年,县联社主任办公会议召开 15 次,主要决议的事项有:总结 2009 动员 2010、中层干部调整、干部人员聘任和人员调整、制定绩效奖金分配实施细则、传达自治区联社王会民讲话、经营分析会议、上半年工作会议、安全保卫会议、旺季工作会议、不良贷款双降会议、民主生活会等。

2011 年,县联社主任办公会议召开 29 次,主要决议的事项有:员工双聘工作会议、审议中层干部竞聘情况、库勒拜信用社新建营业用房会议、关于招录新员工会议、经营工作会议、传达自治区联社会议精神、"三项整治"专题会议、旺季工作安排、案件防控工作会议、妇女创业贷款和富民安居贷款发放等。

2012 年,县联社主任办公会议召开 35 次,主要决议的事项有:上半年经营工作总结和下半年工作安排、春耕贷款发放工作、"阳光信贷"动员会、经营分析会、重建萨尔布拉克信用社和加依勒玛信用社会议、购置原人行办公楼宿舍楼会议、采购工作用车会议、贷款风险排查督导会议、传达自治区联社会议精神、安全保卫会议、关于人员调整会议、采购宿舍家具会议、员工定做工装会议、各项经营指标完成情况会议等。

三、经营班子

(一)县联合社经营班子

1989 年 6 月,县联合社成立大会,根据农行阿勒泰地区中心支行推荐,聘任农行县支行副行长(分管农村信用合作工作)艾提木汗兼任联合社主任,聘任农县支行干部哈布哈德为联合社副主任。

1991 年 7 月,县联合社理事会会议对县联合社经营管理层人员进行调整。聘任农行县支行行长郭同元兼任联合社主任,聘任农行县支行干部吾塔别克为联合社第一副主任,李汉良为第二副主任,农行干部哈布哈德为第三副主任。

1993 年 11 月,农行阿勒泰地区中心支行党组任命窦德贵为县联合社第四副主任。

1996 年 3 月,县联合社理事会会议聘任李汉良为县联合社第一副主任主持工作,免去农行县支行干部吾塔别克联合社副主任职务。

1996 年 12 月 17 日,经阿勒泰地区农金体改办会议研究决定,聘任李汉良为县联合社副主任(主持工作),窦德贵为县联合社第二副主任。

2001 年 2 月 28 日,经阿勒泰地区农金体改办会议研究决定,聘任王海勇为县联合社第一副主任(主持工作),窦德贵为县联合社第二副主任,吾拉西·木哈乃为联合社第三副主任。

2003 年 11 月 13 日,县联合社第一届社理事会第一次会议聘任王海勇为联社主任,窦德贵为县联合社第一副主任,刘登同为第二副主任。

2005 年 2 月 24 日,县联合社第一届理事会第二次会议,表决通过阿勒泰银监分局免去王海勇兼任县联社主任职务(2004 年 9 月免),任命薛亮任县联社第一副主任主持工作(2004 年 9 月任)、吾拉西·木哈乃任县联社第二副主任(2004 年 9 月任)的决定。

(二)县联社经营班子

2008 年 3 月 2 日,县联合社第二届理事会第一次会议聘任窦德贵为县联社主任,薛亮为副主任。

2010 年 4 月 20 日,县联社第二届理事会第五次会议聘任窦德贵为县联社主任,郭庆业为副主任。

1989~2012 年县联社(联合社)主任、副主任更迭表

表 2-12

姓名	职务	出生年月	籍贯	任职时间	备注
艾提木汗·哈木扎	副主任	1941.12	新疆哈巴河	1989.06~1991.07	兼任
郭同元	主任	1947.9	天津河东区	1991.07~1996.10	兼任

续表 2 – 12

姓名	职务	出生年月	籍贯	任职时间	备注
哈布哈德·俄力亚斯	副主任	1936.9	新疆哈巴河	1989.06 ~ 1991.06	主持工作
				1991.07 ~ 1995.10	
吾塔别克·斯勒别克	副主任	1963.1	新疆哈巴河	1991.07 ~ 1996.01	主持工作
李汉良	副主任	1958.3	安徽涡阳	1991.07 ~ 1996.02	
				1996.03 ~ 2001.02	主持工作
王海勇	副主任	1968.8	甘肃武威	2001.02 ~ 2003.11	主持工作
	主任			2003.11 ~ 2004.08	兼任
薛亮	副主任	1972.6	河南永城	2004.08 ~ 2008.03	主持工作
				2008.03 ~ 2010.04	
窦德贵	副主任	1963.6	甘肃积石山	1993.11 ~ 2004.08	
	主任			2008.03 ~	
吾拉西·木哈乃	副主任	1963	新疆哈巴河	2001.02 ~ 2003.11	
				2004.08 ~ 2008.03	
刘登同	副主任	1973.5	甘肃武威	2003.11 ~ 2004.08	
郭庆业	副主任	1973.1	安徽萧县	2010.04 ~	

第六节 内设机构

1989 年 8 月,县联合社营业部对外挂牌营业。编制 2 人,热马赞·达吾尔为会计,杨新玉为出纳,联合社营业部不设领导机构,由联合社领导直接兼任。

1991 年 7 月,县联合社第二次理事会决定联合社成立综合业务股,负责联合社的公文处理、会计辅导、会计报表汇总等工作。

1996 年 12 月 17 日,县联合社根据阿勒泰地区农村金融体制改革办公室批准的机构设置规定设立综合股、会计股、办公室等管理机构,其中综合业务股负责计划、信贷、稽核等工作,会计股负责会计辅导、数据汇总及会计报表的编制等工作。

1999 年 11 月 15 日,经县联合社社务会研究决定撤销综合业务股,成立纪检监察稽核股、计划信贷股。热马赞·达吾尔任纪检监察稽核股股长、乔玉东任计划信贷股副股长,孙红任会计股副股长。

2003 年 11 月,县联合社实行统一法人体制改革。改革后联合社职能部门配置与改革前相同,即会计股、计划信贷股、纪检监察稽核股、办公室。

2004 年 1 月,县联合社调整股室职能,将纪检监察稽核股中的纪检监察工作划归办公室负责,撤销纪检监察稽核股,成立稽核股。

2005 年 1 月,县联合社按照《阿勒泰农村信用社劳动用工制度改革实施意见》要求,管理部门设置综合业务部、办公室。综合业务部包括会计、统计、信贷、稽核等岗位。

2006年2月,县联合社社务会研究决定,撤销综合业务部,增设会计股、稽核股。

2007年2月,县联合社根据自治区联社成立时(2006年7月26日,新疆维吾尔自治区农村信用社联合社成立)的部门划分标准,对联合社职能部门进行重新划分,设立财务信息部、信贷管理部、资产风险部、审计部、监察保卫部、综合办公室、联社营业部等7部一室。其中信贷管理部、资产风险部为两块牌子一套人马,监察保卫部、综合办公室为两块牌子一套人马。原管理股设置全部取消。孙红任财务信息部经理,王伟忠任信贷管理部、资产风险部经理,王秀云任审计部经理,贾敬伟任办公室主任兼监察保卫部经理。

2008年,鉴于联社本级信贷业务成倍增加,联社营业窗口发放管理贷款维护成本增加,经联社社务会研究,决定成立客户部,负责城镇区域及小型以上企业贷款的放、管、收工作。

2010年,联社社务会决定监察保卫部与办公室分设,贾敬伟任监察保卫部经理,监察保卫部编制6人;吕厚超任办公室主任。信贷部与资产风险部分设,信贷部由王琳任经理,资产风险部由王志友任经理,资产风险部编制1人。

2011年,联社社务会决定增设资金计划部,编制1人,孙红任经理。同年,自治区联社启用新的综合门柜业务系统,根据该系统的设置需要,设置清算中心负责县联社对外部银行的一切清算工作,该中心由计财部负责管理,清算中心主任由计财部经理兼任。

2012年,联社社务会对联社内部机构进行调整,增设电子银行部、撤销资金计划部,资金计划部的业务划归计划财务部管理,计划财务部的编制由2人增加到3人。电子银行部负责外布设备ATM机、POS机的评估、布放、管理、维护工作,同时负责全辖电子设备的配置、维护工作,编制2人,经理孙红。

一、综合办公室

综合办公室前身为县联合社办公室,成立于1996年10月。县联社成立后,2007年3月更名为综合办公室。2012年有编制8人,其中主任1人、副主任1人、职员4人。

综合办公室是主管联社社务系统运行、规章制度建设、决策督办、企业形象维护及行政后勤管理的综合协调和服务部门。主要职责:协同联社领导和有关部门建立机关正常办公秩序,保证机关工作的正常运转;拟定联社文书处理、会议、宣传等相关管理制度,并督促落实;负责联社公文处理工作,保证政令畅通;负责联社工作总结、重要公文、领导讲话及有关综合材料的撰写、上报工作;负责联社各类会议的组织与材料准备及会议记录、会议纪要的整理;负责对联社领导指示和会议议定事项的督察督办工作;做好机关各部门间及与各基层单位的协调工作,与对口部门和有关单位进行沟通和协调;负责全辖计算机业务系统网络的正常运行,对全辖电子设备进行日常管理,对各类业务系统进行日常维护和定期升级;负责全辖新会计业务核算的计算机操作测试、培训和推广工作;联社行政印信的管理;联社企业文化建设工作;负责联社全辖保密工作,并对全辖各部门保密工作进行指导;负责联社精神文明建设及各项创建工作;负责联社宣传管理工作,负责信息编辑上报工作;制订机构设置和岗位设计方案;组织拟定部门职责、岗位说明书,并根据岗位调整需要进行相应的变更,保证岗位说明书与实际相符;组织拟定招聘计划、招聘程序,进行初步的面试与筛选,办理有关人事异动的事宜;负责联社培训管理工作,组织拟定联社培训计划,组织实施对员工的各种培训;组织拟定联社薪酬政策、薪资调整方案和实施管理工作,审核联社员工月度薪酬的发放;组织办理员工社会保险、住房公积金和劳保福利;负责联社绩效管理工作。对各部门绩效评价过程进行监督控制,及时解决出现的问题;处理员工针对考核结果的申诉,使绩效考核工作落到实处,并不断完善绩效管理体系;建立人才储备库,在联社内外寻找和发现联社需要的人才,保障联社人力资源供给;根据部门人员需求情况,提出内部人员调配方案,经审批后实施,促进人员优化配置;负责联社辖内营业网点的筹建、搬迁、撤并的申报和金融许可证管理工作;组织联社职称评聘、考试管理工作;负责联社劳动合同管理工作,以及处理各种与劳动合同相关的事宜;负责联社考勤管理工作;负责做好各部门及与各基层单位的协调工作,与对口部门和有关单位进行沟通和协调;与员工进行积极沟通,及时了解员工的思想动态;组织做好人事、劳资方面的年、季、月度的各种报表编制及报送工作;负责联社员工年度考核工作,并将考核结果及时入档;负责联社车辆管理、调配工作;负责联社网点营业现场、各部(室)室内及窗口规范化服务、卫生的评价、考核、岗位明星的评选等工作;负责联社档案管理工作;负责联社后勤、库房的管理工作;负责联社机关办公用品采购、宣传品管理、发放工作;负责联社房产的使用、维修及管理工作;负责辖属网点办公、营业场所消防设施及配电系统管理;负责联社基建工程的申报、组织、验收及工程质量监督工作,网点装修工作;负责联社及信用社水、电、暖维护、管理、费用缴纳工作,保证日常工作的正常运转;负责联社固定资产及低值易耗品的实物管理;负责联社各类证照的审验、年检及更换等手续;做好政府职能部门(包括社区组织)安排的绿化、卫生及公益性活动。

县联社(联合社)综合办公室负责人更迭表

表2-13

姓名	性别	民族	文化程度	职务	任期
贾敬伟	男	汉	中专	主任	2003.03~2010.03
吕厚超	男	汉	本科	主任	2010.03~

二、计划财务部

计划财务部前身为县联合社会计股,成立于1996年10月。2005年1月会计股撤销,职能并入综合业务部。2006年2月恢复成立会计股。县联社成立后,2007年2月更名为财务信息部。2011年改称计划财务部。2012年有编制3人,其中经理1人、副经理1人、职员1人。

财务信息部是主管联社计划财务管理工作的综合管理部门,肩负着财务管理、会计核算和会计结算、资金管理、信贷政策和计统分析等经营和管理职能。主要职责:根据联社发展战略和年度经营计划,拟定财务收支计划;拟定和完善联社资产负债、财务、计算机内控管理制度,并督促落实;参与联社资产负债、财务、计算机以及经济资本的管理;监督审核财务整体预算的执行情况;根据联社经营情况,按月、按季撰写财务分析报告;提请召开联社财务管理委员会议,提请审议固定资产购、处置费用等相关事项;提请召开联社集中采购管理委员会议,提请审议按要求进行招投标的相关事项;负责全辖现金管理工作;负责全辖重要空白凭证的计划、保管、调拨、使用监督管理工作;负责全辖资金非信贷资金的营运管理工作;负责全辖计算机业务系统网络的正常运行,对全辖电子设备进行日常管理,对各类业务系统进行日常维护和定期升级;负责全辖新会计业务核算的计算机操作测试和推广工作;负责税务筹划、核算、解缴工作;协同联社办公室组织对辖内财会知识、柜面操作和计算机操作的培训;负责定期编制和汇总上报财务报表、统计报表及各类涉及财会业务的报表等;负责会计主管的日常管理工作。

县联社(联合社)会计股、计划财务部负责人更迭表

表2-14

姓名	性别	民族	文化程度	职务	任期
王秀云	女	汉	大专	负责人	1996~1998.07

续表 2 - 14

姓名	性别	民族	文化程度	职务	任期
孙红	女	汉	本科	负责人	1998.08 ~ 1999.11
				副股长(主持工作)、股长	1999.11 ~ 2007.02
				经理	2007.02 ~ 2010.12
王志友	男	汉	本科	经理	2010.12 ~

三、信贷管理部

信贷管理部前身为县联合社计划信贷股,成立于 1999 年 11 月。2005 年 1 月计划信贷股撤销,职能并入综合业务部。县联社成立后,2007 年 2 月设立信贷管理部,与资产风险部为两块牌子一套人马。2010 年,信贷管理部与资产风险部分社。主要负责信贷管理工作,同时担负城区客户信贷服务。2012 年有编制 2 人,其中经理 1 人、职员 1 人。

信贷管理部是主管联社信贷制度、判别监控信贷风险、统一组织、管理和审批辖内信用社信贷业务的综合管理和审批部门。主要职责:根据联社发展战略和年度经营计划,拟定年度信贷工作计划,并组织实施;负责拟定联社信贷业务管理制度、业务操作规程,并督促落实;负责辖内信用社信贷业务的指导、检查和监督工作,规范信用社信贷管理工作;对改进现行信贷政策、优化信贷资产配置等方面提出建议;负责对信贷资金需求、新业务开发的分析上报工作;负责中小企业事业部信贷业务的审查工作;负责个人金融业务部上报贷款审查委员会资料的审核工作;负责贷款利率的检查、监督工作,拟定辖内信用社贷款利率浮动方案;负责贷审会办公室工作,提请召开贷审会,指导辖内信用社贷审组工作;负责协调有关部门进行贷款规模管理;负责审查辖内法人客户信用等级评定工作;负责银行承兑汇票的审核、管理工作;负责信贷管理系统录入、查询的管理;协同人力资源部组织对辖区信贷人员的培训;负责信贷业务档案的管理;负责相关信贷业务报表的统计、分析与上报;负责拟定股本金管理办法、增资扩股计划。

县联社(联合社)计划信贷股、信贷管理部负责人更迭表

表 2 - 15

姓名	性别	民族	文化程度	职务	任期
乔玉东	男	汉	大专	副股长(主持工作)	1999.11 ~ 2001.1
王伟忠	男	汉	本科	经理	2007.2 ~ 2008.02
王琳	男	汉	本科	经理	2008.2 ~

四、审计部

审计部前身为县联合社纪检监察稽核股,成立于 1999 年 11 月。2004 年股室职能调整,纪检监察稽核股中的纪检监察职能划入办公室,撤销纪检监察稽核股成立稽核股。2005 年 1 月稽核股撤销,职能并入综合业务部;2006 年 2 月,恢复成立稽核股。县联社成立后,2007 年 2 月更名为审计部。2012 年有编制 2 人,其中经理 1 人、职员 1 人。

审计部是负责对联社业务经营、管理、资产质量进行稽核审计,对规章制度执行、班子、党建工作及党风廉政建设进行全方位监督的部门。主要职责:根据联社发展战略和年度经营计划,拟定审计部年度工作计划,并组织实施;负责拟定或完善联社审计制度、审计业务操作规程,并督促落实;经授权对联社辖内的财务收支、信贷资产质量、年度业务经营真实性合规性等情况进行审计;经授权对联社辖内经营机构法定代表人(负责人)年度经济责任进行审计;对辖内日常经营业务合规性、真实性进行审计;经授权对联社中层管理干部以及核心岗位人员进行离任、离岗及强制休假的审计;负责对联社业务部门自律监管工作进行再监督;负责对上级审计机构安排和核准的项目进行审计;负责银行风险监控系统的日常工作;负责整理归集本部门业务档案的立卷、保管工作;负责审计业务报表的编制和上报工作。负责与有权监管机构或上级部门进行沟通与协调。

县联社(联合社)纪检监察稽核股、稽核股、审计部负责人更迭表

表 2 - 16

姓名	性别	民族	文化程度	职务	任期
热马赞·达吾尔	男	哈萨克	大专	股长	1999.11 ~ 2005.01
王秀云	女	汉	大专	股长	2006.02 ~ 2007.02
				经理	2007.02 ~

五、电子银行部

2012 年 9 月,县联社成立电子银行部,编制 2 人,其中经理 1 人、职员 1 人。

主要职责:根据联社业务发展规划,制定电子银行业务、卡业务、ATM、POS 业务中长期发展规划;负责编制电子银行业务和卡业务、ATM、POS 业务年度经营计划,提出经营目标,并分解、落实和推进目标的实现;负责县联社企业网上银行、个人网上银行、手机银行、电话银行(自助)、短信金融服务、多媒体自助渠道、e 动终端和电子账单等电子银行业务产品推广、服务支持等工作。负责对电子银行业务、卡业务、ATM、POS 等业务运行、发展情况进行分析、跟踪、考核和评价。落实内外部审计及监管部门发现的电子银行业务问题的整改。负责为电子商务客户提供整体业务解决方案,实施电子商务业务创新及推广工作。负责电子银行服务体验区的规划建设、规范业务流程及标准等工作。负责电子银行业务、卡业务、ATM、POS 等业务的风险防范、监控管理及应急处理。负责协助电子银行业务、卡业务、ATM、POS 等业务外部欺诈纠纷的调查与和解工作。负责电子银行业务、卡业务、ATM、POS 等业务运营管理、日常维护等工作。负责电子银行各类业务报表的报送,电子银行业务开展及宣传情况的报道。根据业务发展需要适时推出 ATM 机及 PS 机的上线测试工作。负责全辖计算机业务系统网络的正常运行,对全辖电子设备进行日常管理,对各类业务系统进行日常维护和定期升级;负责全辖新业务系统的计算机操作测试、培训和推广工作;

县联社电子银行部负责人名表

表 2 - 17

姓名	性别	民族	文化程度	职务	任期
孙红	女	汉	本科	经理	2012.09 ~

六、监察保卫部

2007 年 2 月,哈巴河县联社设立监察保卫部,与综合办公室一套人马两块牌子,2010 年与办公室分离,编制 6 人。2012 年有编制 2 人,其中经理 1 人、职员 1 人。

安全保卫部是主管联社治安保卫工作的职能部门。主要职责:根据联社实际拟定安全保卫工作计划,并组织实施;负责拟定和完善联社安全保卫、消防制度,并督促落实,确保联社和员工的资金财产和人身安全;负责联社机关办公楼的安全保卫工作,会同办公室维护联社机关正常的经营办公秩序;负责联社安全防范设施建设和管理,指导、检查辖内的安全保卫工作措施,及时发现隐患并提出整改建议,督促落实整改,做好防抢、防盗、防诈骗、防破坏和防火工作;负责联社辖内消防器材、设施的配置、维护、更换、定检工作,保证完好;会同计划财务部做好机房和营业网点监控设施系统的建设和安全管理,定期对机房和各营业网点的检查,消除隐患;依据年度计划,负责在联社辖区内层层签订安全保卫责任状,并按责任状进行考核;组织员工进行消防安全演练;会同有关部门对员工进行警示教育、防暴预案演练和安全防范技能培训,提高员工安全防范意识;依据有关规定,对违反安全保卫规章制度的信用社和个人进行经济处罚及提出行政处分建议;掌握员工的思想动态,加强要害岗位人员管理,协助人力资源部定期对要害岗位人员进行考查,并提出调整建议;对异常现象,做到早发现、早解决;负责联社监察工作的指导、监督,落实和开展执法监察工作;负责联社枪支、弹药的保管、维护管理工作;负责联社安全保卫、消防工作档案管理,为安全保卫工作提供全面、准确的信息;负责做好联社各部门间的协调工作,与对口部门和相关部门进行沟通与协调;协助有关部门侦查和处理刑事案件、治安灾害事故,做好运钞押运工作;做好值班执勤工作;负责全辖值班执勤工作的督导工作;负责配合当地派出所与街道办事处做好安全保卫工作;按照金融系统《要情快报及重大事故报告制度》,负责刑事案件、治安灾害事故的统计和上报工作;负责做好联社信访、举报工作,并对来信来访、举报情况进行初步调查了解;协助党委做好廉政宣传教育工作;负责指导、监督和检查保安人员的日常工作;负责联社远程集中监控的监督检查工作。

县联社监察保卫部负责人名表

表 2-18

姓名	性别	民族	文化程度	职务	任期
贾敬伟	男	汉	中专	经理	2010.08～

七、资产风险管理部

2008 年 3 月,县联社设立资产风险部,与信贷管理部两块牌子一套人马。2010 年 8 月与信贷管理部分离,编制 1 人。2012 年有编制 5 人,其中副经理 1 人、职员 4 人。

资产风险管理部主管联社不良资产、抵债资产、自有资产等特殊资产的经营处置,并具体负责法律事务工作。主要职责:根据联社发展战略和年度经营计划,拟定年度不良贷款清收工作计划,并组织实施;负责拟定联社不良贷款清收制度和考核办法,并督促落实;组织实施对上划不良贷款的清收、清理、盘活、保全工作;负责部署对各基层社上划及上报不良贷款案件的诉讼和执行;参与各类贷款发放的审查工作;对抵贷资产的接收、处置、出租进行审查上报,并经资产风险管理委员会审批后组织实施;负责辖内呆账贷款的核销工作;负责辖内信贷五级分类和非信贷资产风险分类的认定(权限内)、审核工作,上报资产风险管理委员会最终认定并实施;负责做好各信用社间的不良贷款清收协调工作。负责做好联社和各级法院之间的沟通与协调;对潜在的信贷风险提出相关建议;负责组织实施对信贷业务风险的过程控制和贷后管理的检查,对信贷业务风险进行预警、监测、检查、分析和报告;负责对接收的不良贷款档案资料的管理;负责全辖不良贷款各类统计报表的编制和报送工作;完成领导交办的其他工作。

县联社资产风险管理部负责人更迭表

表 2 – 19

姓名	性别	民族	文化程度	职务	任期
王志友	男	汉	专科	经理	2010.08 ~ 2010.12
贾博	男	汉	本科	经理	2010.12 ~

八、客户部

2008 年,县联社设立客户部,与信贷部合署办公,信贷部经理兼任客户部经理。2010 年 3 月客户部与信贷部分离。2012 年有编制 4 人,其中经理 1 人,职员 3 人。

信贷部的主要职责是负责县城区域贷款的放、管、收工作,根据联社授权参加与社团贷款的评估,组织开展企业评级授信和企业存贷款对账等工作。年末各项贷款余额 35462 万元。

县联社客户部负责人更迭表

表 2 – 20

姓名	性别	民族	文化程度	职务	任期
王琳	男	汉	本科	经理(兼)	2008 ~ 2010.03
苏敏	男	汉	专科	经理	2010.03 ~

九、联社营业部

县联社营业部位于县城人民路 29 号,前身为县联合社营业部,1989 年 8 月挂牌营业。2006 年 5 月县联社成立后,更名为哈巴河县农村信用合作联社营业部。

2012 年,县联社营业部拥有办公营业用房面积 140 平方米,有职工 14 人,其中主任 1 人、会计主管 1 人、柜员 12 人。开展业务主要有存款、贷款、各项代理业务及汇划等业务。年末,各项存款余额 85019 万元,其中人均揽存余额 1498 万元,布放 ATM 机具 2 台。

联社(联合社)营业部负责人任更迭表

表 2 – 21

姓名	性别	民族	文化程度	任期
王秀云	女	汉	大专	1999.08 ~ 2001.12
王伟忠	男	汉	高中	2002.1 ~ 2005.1
刘文琴	女	汉	大专	2005.02 ~ 2008.06
王桂兰	女	汉	大专	2008.07 ~ 2011.01
崔云虹	女	汉	本科	2011.02 ~

第七节　基层信用社

1955 年 3 月,哈巴河县第一家农村信用合作社三区一乡信用合作社建立。1956 年,县域信用合作社达 12 家。1958 年 11 月,县域信用合作社与银行营业所合为 3 个人民公社信用部。1962 年,恢复成立 5 家信用社。至 1989 年县联合社成立,县域有 6 家独立法人信用社。

1998 年 1 月,县联合社增设联合社农贸市场信用分社,为营业部下属机构。

2000 年 7 月,县齐巴尔信用社、铁热克信用社分别撤销独立法人资格,降格为县联合社分社,由联合社营业部管理,属营业部的下属机构。其中铁热克信用分社只留流动服务人员,不设办事机构。

2001 年,为便于管理,防止内部不正当竞争,经人行阿勒泰地区中心支行批准,取消县阿克齐镇信用社独立法人资格,降格为县联合社营业部的分支机构,更名为哈巴河县农村信用合作社联合社阿克齐信用分社。

2002 年 7 月末,齐巴尔信用分社停业,其业务并入联合社营业部。经人行阿勒泰地区中心支行批准,撤销齐巴尔信用分社、铁热克信用分社。10 月,县联合社农贸市场信用分社迁至东川市场附近,更名为市场信用分社。

2003 年 11 月,县联合社实行统一法人核算,撤销各乡信用合作社独立法人机构,成为县联合社分支机构,更名为相应的信用分社,即:哈巴河县农村信用合作联社萨尔塔木信用分社、哈巴河县农村信用合作联社加依勒玛信用分社、哈巴河县农村信用合作联社库勒拜信用分社、哈巴河县农村信用合作联社沙尔布拉克信用分社。同时调整阿克齐信用分社、市场信用分社的隶属关系,由县联合社直接领导。

2006 年 1 月,县联社边贸市场信用社经阿勒泰银监局审核批准,启动筹建工作。5 月,县联社根据中国银行业监督管理委员会颁布的《关于农村信用社以县(市)为单位统一法人工作的指导意见》精神,将所属营业网点名称进行统一规范,即:哈巴河县农村信用合作联社萨尔塔木信用社、哈巴河县农村信用合作联社加依勒玛信用社、哈巴河县农村信用合作联社库勒拜信用社、哈巴河县农村信用合作联社沙尔布拉克信用社、哈巴河县农村信用合作联社阿克齐信用社、哈巴河县农村信用合作联社市场信用社。6 月,县联社边贸市场信用社对外营业。11 月,经阿勒泰银监分局批准县联社阿克齐信用社撤销,业务并入联社营业部。

2008 年 5 月,经阿勒泰银监分局批准,县联社市场信用社撤销,业务并入县联社营业部。

2010 年,根据国家银监局关于恢复建立金融服务机构,提高金融服务水平的相关通知精神,县联社在县铁热克提乡、齐巴尔乡等金融空白乡设立金融流动服务站。

2011 年 11 月,经阿勒泰银监分局批准,县联社齐巴尔乡金融流动服务站升格为固定金融机构,即县联社齐巴尔信用社。

一、边贸市场信用社

哈巴河县联社边贸市场信用社,位于县城过境路 58 号,2006 年 6 月成立。

2012 年,边贸市场信用社拥有办公营业用房面积 100 平方米,有职工 5 人,其中主任 1 人、会计主管 1 人、柜员 3 人。开展业务主要有存款、贷款、各项代理业务及汇划等业务。年末,各项存款余额 9085 万元,其中人均揽存余额 1770 万元。

边贸市场信用社负责人更迭表

表 2 - 22

姓名	性别	民族	文化程度	任期
王桂兰	女	汉	大专	2006.06 ~ 2008.07
崔云虹	女	汉	本科	2008.08 ~ 2011.01
王桂兰	女	汉	大专	2011.02 ~

二、加依勒玛信用社

加依勒玛乡位于哈巴河县北部,东接萨尔塔木乡,西连齐巴尔乡,南至吉木乃县,北邻铁热克提乡。乡政府驻地加依勒玛村距县城公路里程 4.5 千米。辖区南北长 73 千米,东西宽 17 千米,全乡总面积 1241 平方千米。乡域经济以农为主,农牧结合,多种经营,是县产粮大乡。2012 年,乡辖区有 18 个村民委员会,居住有哈萨克、汉、回、维等 12 个民族,居民 13400 人,其中少数民族占 63%。年末,农村经济总收入 9630 万元,农牧民人均纯收入 1350 元。

县联社加依勒玛信用社位于乡政府驻地加依勒玛村,其前身为团结人民公社信用社,1974 年由东风人民公社信用社拆分成立。1980 年更名为加依勒玛信用社。2003 年统一法人后降格为加依勒玛信用分社。2006 年 5 月,县联社成立后更名为加依勒玛信用社。2012 年,加依勒玛信用社拥有办公营业用房面积 102 平方米,有职工 9 人,其中主任 1 人、会计主管 1 人、柜员 7 人。开展业务主要有存款、贷款、各项代理业务及汇划等业务。年末,各项存款余额 3720 万元,各项贷款余额 5670 万元,其中人均揽存余额 497 万元,人均贷款余额 810 万元。

加依勒玛信用社负责人更迭表

表 2 - 23

姓名	性别	民族	文化程度	任期
米吉提	男	维	初中	1974.03 ~ 1980.09
依拉	男	回	初中	1980.10 ~ 1996.12
胥洪强	男	汉	初中	1997.01 ~ 1999.01
薛亮	男	汉	高中	1999.02 ~ 2004.08
何计划	男	汉	高中	2004.09 ~ 2006.12
吕超	男	汉	大专	2007.01 ~ 2010.02
贾博	男	汉	本科	2010.03 ~ 2011.01

续表 2-23

姓名	性别	民族	文化程度	任期
曹继承	男	壮	本科	2011.01~

三、萨尔塔木信用社

萨尔塔木乡位于哈巴河县东部,东接布尔津县,西连加依勒玛乡,南至额尔齐斯河,北邻铁热克提乡。乡政府驻地萨尔塔木村距县城公路里程5千米。辖区总面积1295平方千米。境内有金矿2座,主要农作物有小麦、玉米、豌豆、塔尔米、葵花、马铃薯及瓜果、蔬菜等。2012年,乡辖区有22个村民委员会,居住有汉、哈、回等7个民族,人口11000人,其中少数民族占59.9%。年末,农村经济总收入13231万元,农牧民人均纯收入9719元。

县联社萨尔塔木信用社位于乡政府驻地萨尔塔木村,其前身为东风人民公社信用社,1962年成立。1974年更名为胜利人民公社信用社,1980年更名为萨尔塔木信用社,2003年统一法人后降格为萨尔塔木信用分社。2006年5月,县联社成立后更名为萨尔塔木信用社。2012年,萨尔塔木信用社拥有办公营业用房面积178平方米,有职工9人,其中主任1人、会计主管1人、柜员7人。开展业务主要有存款、贷款、各项代理业务及汇划等业务。年末,各项存款余额3998万元,各项贷款余额6696万元,其中人均揽存余额441万元,人均贷款余额744万元。

萨尔塔木信用社负责人更迭表

表 2-24

姓名	性别	民族	文化程度	任期
居马汗	男	哈萨克	初中	1974.03~1980.12
刘善中	男	汉	初中	1984.06~1989.01
李汉良	男	汉	高中	1989.02~1991.12
刘善中	男	汉	初中	1993.07~1995.07
徐浩	男	汉	高中	1995.08~1997.01
沙依拉叶	女	哈萨克	中专	1997.02~1999.01
刘登同	男	汉	高中	1999.02~2003.12
吕厚超	男	汉	本科	2004.01~2007.02
何计划	男	汉	大专	2007.03~2009.02
李治军	男	汉	大专	2009.03~

四、库勒拜信用社

库勒拜乡位于县城西部,东接哈巴河,西连萨尔布拉克乡,南至齐巴尔乡。乡政府驻地库勒拜村距县城公路里程7千米。辖区总面积1360平方千米,主要农作物有打瓜、小麦、玉米、油葵、黄豆等。2012年,乡辖区有22个村民委员会,居住有汉、哈、回等7个民族,居民4099户14246人,其中哈萨克族占75%以上。年末,农牧民人均纯收入9036元。

县联社库勒拜信用社位于乡政府驻地库勒拜村,其前身为红旗人民公社信用社,1962 年成立。1973 年更名为反修人民公社信用社。1980 年更名为科勒拜信用社。2003 年统一法人后降格为库勒拜信用分社。2006 年 5 月,县联社成立后更名为库勒拜信用社。2012 年,库勒拜信用社拥有办公营业用房面积 177 平方米,有职工 10 人,其中主任 1 人、会计主管 1 人、柜员 8 人。开展业务主要有存款、贷款、各项代理业务及汇划等业务。年末,各项存款余额 3627 万元,各项贷款余额 7457 万元,其中人均揽存余额 343 万元,人均贷款余额 746 万元。

库勒拜信用社负责人更迭表

表 2 - 25

姓名	性别	民族	文化程度	任期
阿布德米西	男	哈萨克	初中	1963.01 ~ 1973.05
哈布都	男	哈萨克	初中	1980.04 ~ 2001.05
乔玉东	男	汉	大专	2001.06 ~ 2008.03
王志友	男	汉	大专	2008.04 ~ 2010.03
张泽奎	男	汉	大专	2010.03 ~

五、萨尔布拉克信用社

萨尔布拉克乡位于县城西北部,东接库勒拜乡,西连兵团十师一八五团,南至额尔齐斯河与吉木乃县毗邻,北与哈萨克斯坦国接壤。乡政府驻地塔依什拜村距县城公路里程 38 千米。辖区总面积 1818 平方千米。2012 年,乡辖区有 17 个村民委员会,居住有哈萨克、汉、回等 6 个民族,居民 4099 户 13291 人,其中哈萨克族占 86% 以上。年末,农村经济总收入 3890 万元,农牧民人均纯收入 6948 元。

县联社萨尔布拉克信用社位于乡政府驻地塔依什拜村,其前身为前哨人民公社信用社,1973 年由红旗人民公社信用社拆分成立。1980 年更名为沙尔布拉克信用社,2003 年统一法人后降格为萨尔布拉克信用分社。2006 年 5 月,县联社成立后更名为萨尔布拉克信用社。2012 年,萨尔布拉克信用社拥有办公营业用房面积 82 平方米,有职工 10 人,其中主任 1 人、会计主管 1 人、柜员 8 人。开展业务主要有存款、贷款、各项代理业务及汇划等业务。年末,各项存款余额 3048 万元,各项贷款余额 5600 万元,其中人均揽存余额 276 万元,人均贷款余额 560 万元。

萨尔布拉克信用社负责人更迭表

表 2 - 26

姓名	性别	民族	文化程度	任期
哈来	男	哈萨克	初中	1973.03 ~ 1974.01
恰里甫	男	哈萨克	初中	1977.02 ~ 1993.05
吾拉西·木哈乃	男	哈萨克	中专	1993.06 ~ 2001.01
吾拉西·木哈乃	男	哈萨克	中专	2001.01 ~ 2003.10(兼任)
李治军	男	汉	中专	2003.11 ~ 2006.12

续表 2 - 26

姓名	性别	民族	文化程度	任期
苏敏	男	汉	中专	2007.01 ~ 2008.05
贾博	男	汉	本科	2008.06 ~ 2010.03
陈海葆	男	汉	大专	2010.04 ~ 2012.01
赵立峰	男	汉	本科	2012.02 ~

六、齐巴尔信用社

齐巴尔乡位于县城南部,东邻哈巴河,西连萨尔布拉克乡,南至额尔齐斯河与吉木乃县毗邻,北接库勒拜乡。乡政府驻地克孜勒哈英村距县城公路里程 39 千米。辖区总面积 565 平方千米。2012 年,乡辖区有 11 个村民委员会,居住有哈萨克、汉、回等 10 个民族,居民 2463 户 8394 人,其中少数民族占 97% 以上。年末,农村经济总收入 7329 万元,农牧民人均纯收入 9069 元。

县联社齐巴尔信用社位于齐巴尔乡驻地克孜勒哈英村,其前身为公私合营牧场信用社,1962 年成立。1980 年更名为齐巴尔信用社,2002 年因经营不善,经人行阿勒泰地区中心支行批准撤销,业务并入联合社营业部。2010 年根据中国银监会《关于认真做好金融机构空白乡镇金融服务工作的指导意见》,县联社在齐巴尔乡增设流动服务站,属库勒拜信用社管辖。2011 年 11 月经阿勒泰银监分局批准升格为固定网点,即齐巴尔信用社,2012 年末对外挂牌营业。齐巴尔信用社拥有办公营业用房面积 527 平方米,有职工 5 人,其中主任 4 人、会计主管 1 人、柜员 3 人,布放 ATM 机具 1 台。

齐巴尔信用社负责人名表

表 2 - 27

姓名	性别	民族	文化程度	任期
巴合提汗·哈布都	男	哈萨克	本科	2012.10 ~

七、铁热克提流动服务站

铁热克提乡位于县城北部,东与布尔津县接壤,西连库勒拜乡夏牧场,南至萨尔塔木乡,北与哈萨克斯坦国交界。乡政府驻地铁热克提村距县城公路里程 93 千米。辖区总面积 1323 平方千米。2012 年,乡辖区有 5 个村民委员会,居住有哈萨克、蒙、汉、回等 4 个民族,居民 858 户 2726 人,其中少数民族占 98% 以上。年末,农村经济总收入 1361 万元,农牧民人均纯收入 6300 元。

县联社铁热克提流动服务站位于乡政府铁热克提村。2010 年,根据中国银监会《关于认真做好金融机构空白乡镇金融服务工作的指导意见》,县联社在铁热克提乡设立流动服务站,由加依勒玛信用社提供定时定点服务,平均每周服务 1 次。

第三章　体制改革

哈巴河县农村信用社的管理体制自 1955 年建社起至 2006 年联社成立,在各个历史时期经历不断改革的过程,逐步完善成为县域金融机构的中坚力量。1978 年改革开放后,人事制度、劳动用工制度、分配制度改革不断深化,逐步形成职工能进能出、干部能上能下、收入能升能降,领导人员竞争上岗,管理者和职工实行双向选择的竞争机制,促进县联社各项业务的快速发展。

第一节　管理体制改革

一、乡镇信用社体制改革

(一)人民银行管理

1955 年 3 月 14 日,哈巴河县成立第一家农村信用合作社,即三区一乡信用合作社(又名阿不列兹克信用合作社)。至 1956 年县域 13 个乡建立 12 个信用合作社(其中,四区 2 个乡合建一个信用合作社)。1957 年 3 月起,县域各乡信用合作社根据人行自治区分行下发的《关于信用合作社资金管理上存在的问题和处理意见的报告》精神,开始进行巩固和整顿。各信用合作社通过整顿,健全内部组织和制度,改选部分理事和监事,查清账务、公布财务;部分社配备业务人员,落实部分脱产职工待遇;盈余社进行分红,调动社员积极性,促使信用合作社健康发展。1958 年 4 月,县撤销区级建制,县域乡级行政区划合并成立 8 个直属乡,县域信用合作社合并为 5 个(阿克齐信用合作社、克孜勒哈营乡信用合作社、阔克铁列克乡信用合作社、阔木达乡信用合作社、且可拉乡信用合作社),有社员 3013 户(占县农户 82%),认股 29025 元。至 1958 年 11 月,该时期县域农村信用合作社隶属人行哈巴河县支行管理。人行县支行农金股具体负责各信用合作社的组建、撤并等管理工作,营业所具体负责指导各信用合作社的业务开展工作。

(二)人民公社管理

1958 年 11 月,哈巴河县撤销乡级建制,组建政社合一的人民公社,相继成立东风人民公社、红旗人民公社、跃进人民公社等 3 个人民公社。县域信用合作社按所在公社名称更名为东风人民公社信用合作社、红旗人民公社信用合作社、跃进人民公社信用合作社。1958 年 12 月,中共中央、国务院下发《关于适应人民公社化的形势改进农村财政贸易管理体制的决定》,在农村实行"两放(下放人员、下放财产)、三统(统一政策、统一计划、统一流动的资金)、一包(包财政任务)"的财政贸易新体制。根据文件精神,县各公社信用合作社和人行县支行农村营业所合并,统一更名为公社信用部,划归人民公社金融部管理,挂人行县支行农村营业所和公社信用部两块牌子,经营决策由人民公社决定。

1959年4月20日,人行自治区分行转发中央《关于加强农村人民公社信贷管理工作的决定》。根据文件精神,人行县支行收回下放到各人民公社农村营业所管理权,把公社信用部中原信用社分离出,下放到各生产大队,改名为信用分部。信用分部的工作人员由生产大队管理,盈余由生产大队统一核算,业务由生产大队和银行营业所共同管理。至年末,县域信用分部达到10家,分别为:东风人民公社5家、红旗人民公社3家、跃进人民公社2家。1960年10月,东风公社和红旗公社各建立1个牧业信用分部,年末,县域信用分部增至12家。1961年,人行县支行针对县域信用合作社工作中存在的问题,分期分批对生产大队信用分部进行整顿。

(三)人民银行恢复管理

1962年11月,根据中共中央、国务院批转《中国人民银行关于农村信用社若干问题的规定(试行草案)的通知》精神,县域各公社信用分部的管理权从人民公社、生产大队收回,将各公社信用分部合并,恢复成立人民公社信用合作社,由人行县支行领导和管理。恢复信用合作社的性质和任务,重新明确信用合作社的独立地位,并赋予自主权。年末,县域有公社信用合作社5家,编制7人,分别为:东风人民公社信用合作社(编制2人)、火箭人民公社信用合作社(编制1人)、红旗人民公社信用合作社(编制2人)、跃进人民公社信用合作社(编制1人)、公私合营牧场信用合作社(编制1人)。

1963年,县域各公社区划调整,由5个公社合并为3个,信用合作社也随之由5家合并为3家,分别为东风人民公社信用合作社、红旗人民公社信用合作社、公私合营牧场信用合作社。年末,县域3家信用合作社有专职脱产干部10人,公共积累达39900余元(包括股金和历年提留)、社员个人储蓄余额达61000余元。当年累计发放个人贷款33000元。

(四)农业银行管理

1964年6月,中国农业银行哈巴河县支行成立后,人行县支行农村金融业务移交农行县支行管理,各公社人行农村营业所和信用合作社的管理权划归农行县支行。农行县支行农村营业所与公社信用合作社合署办公,对外挂一个牌子、写两个名字、办两家业务、记两套账目,营业所主任兼信用社主任,营业所会计兼信用社会计。

(五)人民银行再次恢复管理

1965年11月,按照国务院《关于调整中国人民银行和中国农业银行农村基层机构的通知》精神,农行县支行撤销,人员、财产并入人行县支行,县各公社信用合作社管理权再次交由人行县支行管理。年内,县域各信用合作社对1961年以前的贫下中农贷款,经调查有困难的予以豁免;对脱产干部在脱产前的欠款,经过群众同意酌情豁免一部分或全部,脱产后欠款一律不予豁免。县域信用合作社全年发放生产、生活贷款34265元,其中贫下中农贷款占91%以上;储蓄任务超额71%完成;新发展社员269人,入股金额1345元。

1966年"文化大革命"开始后,受"极左"思想影响,县农村信用合作事业遭受破坏,信用社干部被下放,各公社信用社的社员代表大会、理事会和监事会先后停止活动,信用社业务处于停顿或半停顿状态。

(六)贫下中农管理委员会管理

1969年,人民银行总行"农村信用社斗批改座谈会"提出,信用社的人权、财权、资金使用权必须由贫下中农领导和管理。县域各信用合作社再次下放,交由贫下中农管理委员会领导,各信用社的人事权、财权、资金调动权由贫下中农管理委员会管理。

1970年,根据人行新疆分行《关于信用社体制改革试点报告》的精神,县域公社设信用社、生产大队设信用站、生产队设业务员,职工走亦工亦农道路,信用社干部不脱产。各信用合作社积极为贫下中农发放无息贷款和灾区口粮无息贷款,解决贫下中农的生产、生活困难。

1972年,根据人民银行工作会议精神,提高信用社职工的政治和经济待遇,县域各信用社职工不再走亦工亦农道路。《自治区农村信用合作社暂行管理办法》重申信用社性质、任务、作用和隶属关系。年内,各信用合作社的贷款范围扩大,辖内生产费用贷款、生产设备贷款和社(队)办企业贷款一律由信用社发放。

1973年3月,县红旗人民公社信用合作社拆分,成立反修人民公社信用合作社(编制2人)和前哨人民公社信用合作社(编制3人)。5月,自治区财政局制定《农牧区信用合作社暂行管理办法》,要求对信用社的业务、财产、资金等进行整顿。

1974年1月1日,县域信用合作社执行《新疆维吾尔自治区农村牧区信用合作社财务管理制度》(试行草案)。5月,东风人民公社信用合作社拆分,成立胜利人民公社信用合作社(编制2人)和团结人民公社信用合作社(编制2人)。6月,人民银行全国金融工作座谈会强调,信用社必须收回,纳入国家计划管理,属国家银行在农村的组成部分,必须加强整顿和管理。当年,县域信用合作社实行工资基金管理制度,按管理册监督支付工资,各单位除签收支票外,连同工资管理册一起交验后,方可支付工资。该时期,县域各信用社大搞"斗、批、改"和批判资本主义,均出现队伍不稳定,资金被抽调、挪用,账务混乱等现象,业务发展缓慢。

(七)贫下中农管理委员会和人民银行共同管理

1975年2月,人行自治区分行《关于进一步加强农村信用社工作领导意见》提出整顿信用社和建立健全信用社贫下中农管理组织问题。1975年9月10日,人民银行新疆分行北疆片区信用合作工作座谈会决定所、社合一,分别核算。人行县支行收回贫下中农管理委员会对信用合作社的部分领导权与贫下中农管理委员会共同管理信用社。人行县支行负责信用社的行政、业务管理工作,贫下中农管委会负责信用合作社的监督和政治思想工作,各公社信用社与银行营业所合署办公,实行两块牌子,两套资金,两本账目,分别核算,分别经营银行和信用合作社业务,干部统一使用。11月28日,县域信用合作社按照人行阿勒泰地区中心支行提出的方法、步骤及应注意的问题,开始进行整顿。

1977年3月,根据有关政策,县域信用合作社干部的福利费按工资总额的2.5%提取,医疗费按脱产干部实有人数每人每月2元,从各项费用科目提取;四类分子不能吸收为社员,已经入股的,坚决退回,或自愿转为存款;地、富、反、坏、右子女要区别对待。四类分子的子女生活、生产困难,已经入社的要给予适当贷款;根据1972年自治区金融会议精神,新增户不再扩股,外迁户应退股,死亡无继承人的应作为基金;不能收买干部自建住房,对确实有困难的干部,应适当给予补助。10月,人行阿勒泰地区中心支行同意农村营业所与公社信用合作社实行合署办公,合署办公的信用合作社必须经过整顿,没有整顿就合署办公的信用合作社,须进行整顿补课。11月28日,国务院《关于整顿和加强银行工作的几项规定》提出,信用社既是集体金融组织,又是国家银行在农村的基层机构,各地一定要把信用社办好,信用社资金应当纳入国家信贷计划,人员编制应当纳入县集体劳动工资计划,职工待遇应当与人民银行基本一致。哈巴河县按政策规定对信用社职工工资进行适当调整。年末,县域5家信用合作社拥有股金、公积金等自有资金达58000元,吸收社队存款和社员储蓄存款余额2239元,扭亏增盈 9700 余元,亏损局面得以扭转。

1978 年 8 月,县城镇信用合作社成立并对外营业。9 月,人行县支行革委会出台《关于整顿和加强农牧区信用社工作的几项规定》。规定:信用社必须在各级党委领导下;信用社是集体金融组织;信用社必须坚决贯彻中央"回笼票子"的指示,把农牧民手中闲散资金积累起来,为生产提供服务;信用社实行独立核算,自负盈亏;信用社必须按照国务院关于实行现金管理的规定,帮助银行加强对农牧区集体单位资金的管理。9 月,阿勒泰地区计划委员会为县域信用合作社增加 8 名工作人员指标。当年,人行自治区分行要求刻制信用社印章一律不加"人民公社"字样。

(八)恢复农业银行管理

1979 年,中共中央办公厅转发中国人民银行党组《关于建议修改〈农村人民公社工作条例(试行)〉中有关信用社问题的报告》,同意将农村信用社更改为"是集体金融组织,又是农业银行的基层机构。办理农村各项金融业务,执行国家金融部门的职能任务"。11 月,农业银行再次从人民银行分设出,第三次成立中国农业银行阿勒泰地区中心支行。

1980 年 1 月,农行县支行恢复成立,县域信用合作社交由农行县支行管理。同月,县城镇信用社因业务量小,连年亏损,经农行阿勒泰地区中心支行批准撤销。4 月,农行阿勒泰地区中心支行拨付县域信用合作社经营亏损补贴:1978 年 1070 元,1979 年 6817.53 元。当年,县域信用社开展"四定一奖"工作(定地点、定任务、定费用、定时间),按 1980 年盈余的 1.5% 进行奖励。试行贷款合同制,每发放一笔贷款都明确规定承贷单位、物资供应部门和信用合作社三方的经济责任,并互相监督,保证专款专用原则贯彻落实。年末,县域信用合作社各项存款余额 292 万元,各项贷款余额 36 万元。

1981 年 3 月,根据公社名称统一改为驻地名称和《中国农业银行关于规范银行业所、信用社名称的通知》精神,县域各信用合作社统一更名:胜利人民公社信用合作社更名为萨尔塔母信用社、团结人民公社信用合作社更名为加依勒玛信用社、公私牧场信用合作社更名为齐巴尔信用社、反修人民公社信用合作社更名为库勒拜信用合作社、前哨人民公社信用合作社更名为沙尔布拉克信用社。当年,县域信用社建立包贷,包使用,包经济效果,包按期收回的四包制度。

1982 年 6 月,根据有关规定,县域信用社职工退休的住房原则上比照农行县支行的规定执行,所需资金从所在信用社历年积累中解决。7 月,各信用社按照农行自治区分行《清理 1978 年以前农业贷款的实施细则》,开始清理 1978 年以前农业贷款。

1983 年,各信用社贷款执行合同制,内容包括当年生产主要项目、贷款计划、归还和存款数额等。

1984 年 3 月,县域各信用社召开社员代表大会,选举产生信用社成立后第一批由信用社职工担任的信用社领导干部。8 月,国务院批转农业银行《关于改革信用合作社管理体制的报告》。10 月,农行新疆分行下达实施方案。根据实施方案,对合署办公时期的资产负债进行清分,在清分的基础上与营业所分门办公,信用社完全脱离银行营业所的领导,明确信用社"自主经营、独立核算、自负盈亏"的改革方向,标志着信用社以恢复"三性"为目标的改革开始全面展开,并确定开始实行贷款浮动利率。年末,县域信用社存款余额 480 万元,各项贷款余额 203 万元。

1986 年 1 月,国务院发布《中华人民共和国银行管理暂行条例》,规定信用社网点的增设、撤并由人民银行审批,新业务的开办需人民银行核准。

1987 年 10 月,县域信用社根据农业银行《关于农村信用合作社实行专业技术职务聘任制度的通知》要求,开始对工作人员进行专业技术职务评审聘任工作。

二、农村信用合作社联合社体制改革

(一)成立县联合社与农业银行脱离隶属关系

1989 年 4 月,根据农行自治区分行指示精神,经人行阿勒泰地区分行批准,由农行县支行牵头,组建哈巴河县农村信用合作社联合社。6 月,县域 6 家乡镇信用社投资入股,成立哈巴河县农村信用合作社联合社。县联合社是县一级法人机构,是各乡镇信用社组织的联合体,实行民主管理、独立核算、自主经营、自负盈亏、自求平衡;任务是指导、协调和管理信用合作工作,为基层服务;联合社设在县政府驻地阿克齐镇,在各级党政的统一领导下,办理金融机构的设立、撤并和业务经营以及有关事项,接受中国人民银行的监督管理。县联合社的成立,对单个基层信用社所不能或不便解决的问题,如调剂资金、职工培训、经验交流与信息交流、职工退职退休、调剂盈亏等都有积极作用;经营业务的原则是独立核算、自主经营、自负盈亏、自求平衡、自担风险。其业务范围,除办理工商个体户、经营承包户、经济联合体和乡镇企业的存、放、汇款业务外,可以扩大到集体、国营单位和企业,并同专业银行业务适度交叉。主要职责是检查辖内各信用社执行金融方针、政策的情况,稽核、辅导信用社的业务、财务和账务工作;综合平衡信用社各项计划,检查考核各项计划的执行情况,向农行县支行报送信贷计划,提供有关数字资料;管理全县信用社职工(含合同制职工)及职工培训教育工作;组织各信用社之间资金余缺的调剂;管理辖内信用社上交的各项基金,统筹解决信用社职工退职退休经费;组织信用社经验与信息交流,做好承上启下的各项服务工作;组织县内社社之间的汇划往来;接受国家金融机构和基层信用社委托代办的业务;经营信贷业务。农行县支行不再直接管理信用社,县联合社开始对信用社进行垂直管理,业务上接受农行县支行的指导,行政上受农行阿勒泰地区中心支行的直接领导。

1990 年 8 月,县联合社根据农行自治区分行下发《关于对信用社内部实行综合治理整顿的意见》。开展以整顿职工队伍、信贷秩序、财会纪律、机构网点和提高职工政治和业务素质、信贷管理水平、财会管理水平、服务效能为主要内容的综合治理整顿工作。10 月,人民银行发布《农村信用合作社管理暂行规定》,规定农村信用合作社信贷资金管理的基本原则是:以存定贷,自主运用,比例管理。当国家实行宏观紧缩措施时,人民银行对农村信用社实行计划管理,农业银行受人民银行的委托,根据国家有关金融法规、政策和本规定的要求,行使对农村信用社的管理职能。自此信用社的信贷计划纳入国家计划体系。

1991 年 2 月,县联合社对自学取得国家承认的大中专文凭的在职职工分别奖励 500 元、400 元现金。5 月,联合社执行调整后的农村信用社存贷款利率及行社往来利率标准,7 月彻执行中国农业银行制定的《农村信用社会计工作达标升级实施办法》。

1995 年 1 月,县联合社执行人民银行下发的《个人定期储蓄存款存单小额抵押贷款办法》。5 月根据农业银行下发的《进一步加强农村信用社稽核工作的意见》,增设稽核机构,配备专职稽核员。10 月,县联合社根据农行自治区分行转发农业银行总行《关于加强农村信用社固定资产贷款管理的意见》,对辖内固定资产贷款发放、资产质量、贷款档案建立和贷款债务落实方面的情况进行全面清查,对查出的问题进行整改。年末,县域信用社各项存款余额达 2822 万元(含股金 449 万元),比上年增加 905 万元,增长为 47.2%;各项贷款余额达 966 万元,增加 7.1 万元,增长 1.5%;全年累计发放农村"三户"贷款 1345 万元,乡镇企业流动资金贷款 9.5 万元,农田养畜贷款 29 万元。

1996 年 8 月,国务院发布《关于农村金融体制改革的决定》,要求农村信用社与农业银行脱离行政隶属关系,由人民银行进行监管。把农村信用社逐步改为由农民入股,由社员民主管理,主要为入股社员服务的合作金融组织。10 月 22 日,人行阿勒泰地区分行下发《关于加强农村信用社人、财、物管理工作的通知》,要求县联合社做好农村信用社体制改革过渡期的各项工作,确保平稳过渡。12月30日,县联合社与农行县支行正式脱离行政隶属关系。

(二)人行和农金办共同管理

1997年1月7日,经自治区农村金融体制改革办办公室批复,同意阿勒泰地区农村信用社与农业银行正式脱离行政隶属关系,农村金融体制改革办公室行使对县域信用社的领导职能,人行县支行对县域信用社进行业务指导。

1998年2月,县联合社启用"全国农村信用社统计报表系统",实现联合社拥有独立的会计、统计报表电子化核算体系。3月,人民银行出台《农村信用合作社和农村信用合作联合社主要负责人任职资格管理试行办法》。对乡镇信用社、县联合社主要责任人的职能范围、任职资格、任职前的审查、任职期间的管理、离任稽核、任职资格取消等做出明确规定。4月,人民银行印发《加强联社建设问题的若干意见》,对农村信用社体制改革过渡时期加强联合社建设提出总体要求和工作重点。总体要求:按照把联合社办成基层信用社联合经济组织的方向,规范组织,理顺关系,加强管理,强化制约,改善服务,真正把联合社办成基层信用社的行业管理中心和经营服务中心,充分发挥联合社管理、指导、协调、监督、服务的职能作用。建设工作重点:按合作制原则抓紧开展联合社规范工作;加强组织建设,进一步理顺各方面关系;完善内部各项制度,强化监督制约机制;树立联合社权威,加强对信用社的业务、财务、员工管理;改进加强服务,改善经营状况,提高农村信用社经营管理水平和防范风险的能力。人民银行逐步加大对县联合社的管理工作,通过县联合社规范信用社的发展。9月,县联合社对自办经济实体经营情况进行清查,发现联合社信联水产有限责任公司有资产200.12万元,其中固定资产159.04万元;负债216.36万元,其中注入流动资金51万元,亏损16.24万元。

1999年,人行县支行对县域信用社进行分类,阿克齐信用社被定为三类社,县联合社、加依勒玛信用社、萨尔塔木信用社、库勒拜信用社、齐巴尔信用社、沙尔布拉克信用社、铁热克提信用社被定为五类社。

2000年5月,县铁热克提信用社、齐巴尔信用社撤销独立法人资格,降格为县联合社铁热克提分社、齐巴尔分社,由联合社营业部管理。年末,县域信用社各项存款3499万元,比上年增加122万元,其中低成本存款余额1313万元,增加172万元;累计发放各项贷款2319万元,比上年增长359万元,其中农业贷款1713万元,占各项贷款75%。

2001年3月,县联合社出台《哈巴河县农村信用社关于收回"两呆"贷款的奖励办法》。10月,人行阿勒泰地区中心支行下发《关于阿勒泰地区农村信用社2001年10月份上半月信贷收支情况的通报》,县域信用社各项存款余额3833万元,比上年增加388万元,其中储蓄存款3583万元,增加270万元,名列阿勒泰地区农村信用社之首。当年,人行阿勒泰地区中心支行同意县联合社农贸市场分社迁至民主东路新址营业,联合社在全地区率先推行农牧民贷款五户联保制。

2002年3月,县联合社推选评定的首批哈巴河县5个信用村(铁克吐玛斯村、阿哈托拜村、阿克敦村、喀斯哈英村、沙亚铁列克村),在县三级干部会议上被授予信用村称号。9月,县阿克齐信用社降格为县联合社分社,成为联合社营业部分支机构。年末,县联合社管辖4个独立核算信用社、3个非独立核算信用分社、1个营业部,共有员工50人。

2003年6月27日,国务院下发《深化农村信用社改革试点实施方案》,提出"明晰产权关系、强化约束机制、增强服务功能、国家适当支持、地方政府负责"的总体要求,加快农村信用社管理体制和产权制度改革。11月,经人民银行核准,县联合社实行统一法人体制改革。同月13日,县联合社召开统一法人暨第一届社员代表大会,选举产生理事会、监事会和经营管理层。实行由县联合社"统一管理、统一核算"的一级法人管理体制模式,取消各乡基层信用社独立法人地位和资格,降格为分社,变更为非法人分支机构。

（三）银监局管理

2003 年 10 月,中国银行业监督管理委员会新疆监管局（简称新疆银监局）挂牌成立,作为中国银行业监督管理委员会在新疆的派出机构,辖属 14 个地（州、市）银监分局。当年,中国银行业监督管理委员会新疆监管局阿勒泰监管分局成立,县联合社划归阿勒泰银监分局进行行业管理。年末,县联合社各项存款 7882 万元,比上年增加 1908 万元,增长 32%,超额完成地区计划的 189%；各项贷款 7857 万元,累计投放贷款 12057 万元,比上年增加 3472 万元。

2004 年 2 月 20 日,经阿勒泰银监分局批准,县联合社辖属信用社统一更名:萨尔塔木信用社更名为县联合社萨尔塔木分社、沙尔布拉克信用社更名为县联合社沙尔布拉克分社、库勒拜信用社更名为县联合社库勒拜分社、加依勒玛信用社更名为县联合社加依勒玛分社。同时,撤销铁热克提信用社,其人、财、物并入加依勒玛信用分社。5 月,县联合社执行财政部、银监会《关于重点家禽养殖、加工企业流动资金贷款财政贴息资金管理办法》。11 月,县联合社以集中接入直联方式接入支付系统,畅通农村信用社支付结算汇路,提高系统安全防范和风险管理水平。

三、农村信用合作联社体制改革

（一）成立县联社与银监局脱离隶属关系

2006 年 5 月,由阿勒泰银监分局牵头,县联合社再次实行统一法人体制改革,成立哈巴河县农村信用合作联社（2003 年县联合社统一法人社过程不符合国家银监会的相关规定,自治区银监局不予认可）。20 日,哈巴河县联社召开第一届社员代表大会第一次会议。通过《哈巴河县农村信用合作联社第一届社员代表大会关于通过规范管理筹备工作报告》,审议通过县联社社员代表大会议事规则、县联社章程、选举产生理事办法、选举产生监事办法等议案,选举产生县联社第一届理事会、第一届监事会。同月,县联社将辖属营业网点名称进行统一规范,更名为:哈巴河县农村行用合作联社萨尔塔木信用社、哈巴河县农村行用合作联社沙尔布拉克信用社、哈巴河县农村行用合作联社库勒拜信用社、哈巴河县农村行用合作联社加依勒玛信用社、哈巴河县农村行用合作联社阿克其信用社、哈巴河县农村行用合作联社社市场信用社。8 月,县联社与阿勒泰银监分局脱离隶属关系。年末,县联社共有职工 51 人,其中男职工 33 人、女职工 18 人。

（二）自治区联社垂直管理

2006 年 7 月,新疆维吾尔自治区农村信用合作联社联合社成立。8 月,县联社化归自治区联社垂直管理,阿勒泰银监分局对县联社执行监管职能,人行布尔津支行负责县联社货币政策执行情况的管理工作。12 月 26 日,经新疆银监局批复,哈巴河县农村信用合作联社正式成立并开业,实行一级法人、统一核算、分级管理、授权经营的管理体制。年末,县联社内设 2 股 1 室,下设 7 个营业网点,有职工 51 人,其中男职工 33 人、女职工 18 人。

县联社由自治区联社垂直管理后,"三会"制度逐步完善,定期召开社员代表大会,修改章程,选举理事会、监事会,由理事会聘请高级管理人员对联社业务进行管理,监事会负责联社日常运行的监督。主营业务坚持"以农为本、为农服务社"的宗旨,深化改革、强化管理、勇于创新,经营业绩不断突破刷新。至 2012 年,县联社存款余额达 108497 万元,比 2006 年增加 88639 万元,增长 446.36%；各项贷款余额达 60704 万元,比 2006 年增加 50605 万元,增长 501.09%。

第二节 人事与劳动用工制度改革

一、人事制度改革

2001 年,为提高农村信用社综合竞争力,使职工各尽所能,发挥才干,县联合社按照个人自荐、资格审查、竞聘演讲、民主测评、县联合社聘任决定等程序实行中层岗位竞聘制。同时,为确保人才资源的合理流动,最佳配置,使职工队伍保持活力,按照双聘原则,采取职工按规定自主申报选择信用社和工作岗位,中层管理人员按申报要求和信用社编制选择职工。

2002 年,县联合社为提高信用社综合竞争力,实现以人为本,人才立社经管理念,通过引入人才市场化竞争机制,发挥每位职工潜能,建立干部能上能下,能进能出,竞争上岗的人才管理体制,本着公开、民主、平等、择优的原则,完善中层岗位竞争上岗制度。应聘者必须坚持四项基本原则,热爱农村合作金融事业,熟悉和正确执行国家的经济、金融法律法规;有丰富的金融业经营和管理专业知识,有较强的管理、协调和业务工作能力;有强烈的责任心和事业心,爱岗敬业,能够以身作则,团结职工,起模范作用;具有中专以上学历,从事信用社工作 3 年以上;无不适宜从事金融工作的不良行为。

2005 年,县联合社开展基层信用社经营目标考核末位淘汰制。末位淘汰以定量考核为主,对各项考核指标完成情况进行自然排序,优胜劣汰。年末,有 2 名员工被淘汰。

2006 年县联社成立后,继续推进人事制度改革,中层管理人员竞聘上岗。竞争竞聘上岗坚持以改善经营、提高经济效益为目标,以激励职工爱岗敬业、开拓进取精神,提高队伍素质为重点,以拓宽选人用人渠道,促使有能力和自信心的优秀人才脱颖而出的用人机制为核心,坚持"公开公平、竞争择优、合理组合、双向选择"的原则,公开选拔年富力强、德才兼备、业绩突出、群众公认的优秀人才,推动联社稳健、规范、快速发展。联社中层管理人员岗位在公开竞争基础上实行聘任制,根据实际缺岗职数确定竞聘职数,不得超职数聘任。中层管理人员岗位竞聘工作结束后,所有上岗人员一律实行优化组合和双向选择,采取职工按规定自主申报选择工作岗位,中层管理人员按申报要求选择职工,职工定岗后,与联社签订劳动合同。在联社工作满 5 年者(2000 年 12 月 31 日前),不得参与原岗位竞聘。实行近亲回避制度,联社职工之间不得有近亲属关系。

2008 年,县联社推行员工持证上岗"双考"(考试、考核)。"双考"严格坚持"公平、公正"的原则,第一批参考 43 名员工全部合格。"双考"的实行使员工在思想上产生危机感,学业务、学理论的积极性空前高涨。同时,联社进一步改革干部管理和人事制度,继续开展一年一度的全员公开竞争竞聘上岗工作。

2010 年 1 月,县联社开展 2010 年度全员公开竞争竞聘上岗工作。中层管理人员岗位在公开竞争基础上自主申报,实行聘任制,根据实际缺岗职数竞聘。竞聘上岗中层管理人员在聘任期间,不能胜任本职工作的,由县联社经营管理层申报,经领导班子成员联席会议研究决定予以解聘,该岗位重新聘任。

2011 年,县联社制定合理用人制度,以同工同酬为基点,建立与贡献紧密挂钩的内部激励机制,推行企业化绩效考核和收入分配制度。同时建立以业绩为标准的管理人员评价机制,实行任期目标管理,推行中层领导和要害岗位人员考试考核、竞聘上岗、岗位轮换、末位淘汰等制度,形成"能者上,平者让,庸者下"的用人机制。促进职工奋发向上,充分发挥潜能,为人才脱颖而出创造公开公平的环境。

二、劳动用工制度改革

1984 年,县域信用社开始全面推行劳动用工合同制,打破"大锅饭""铁饭碗"。1988 年 8 月 28 日,根据农行自治区分行转发农业银行总行《农村信用合作社职工管理暂行规定》,县域信用社对 1982 年末以前参加信用社工作的原在编固定职工实行聘用制,对 1983 年起新增加的信用社职工实行合同制。对 1982 年末以前参加工作的非在编职工经考试或考核合格后,可转为合同制职工,并按合同制职工管理。1982 年末以前的固定职工自然减员后,一律按合同制职工补充。原固定职工和合同制职工,均是信用社的正式职工。合同制职工与所在信用社原固定职工享有同等的劳动、学习、参加民主管理、获得政治荣誉和物质奖励等权利。

1997 年,县联合社清理清退违规招雇的代办员、临时工,整顿职工队伍。通过清理整顿,实现人员合理布局。制定配套措施和考核办法,体现按劳取酬、奖勤罚懒的用工制度。

2010 年,县联社改革劳动用工制度,建立职工能进能出的用人机制。与合同制职工重新签订劳动合同,完善相关要素。吸收一批年富力强、文化层次较高的大学生充实到县联社。采用劳务派遣用工的方式吸收一部分业务熟练、工作阅历丰富的人员到县联社,使县联社职工整体素质有所提高。

2012 年,县联社对劳务派遣工实行考核管理。当年对劳务派遣工进行一次笔试和综合考评,考核总分值在 60 分以下者,降低其所在档工资级至下一档,同时在 6 个月后进行补考,补考考核总分值仍在 60 分以下者,经县联社办公会议研究决定予以辞退。对在日常工作和生活中有违法、违规行为的,参照《自治区农村信用社员工违反规章制度处理规定》中的内容进行处理,并经县联社办公会议研究决定予以辞退。对临时用工人员违反与县联社签订的《用工合同》中有关规定应予以解除劳动合同的,经县联社办公会议研究决定予以辞退。

第三节　分配制度改革

一、薪酬

(一)薪酬制度

1955 年 3 月,县域第一家农村信用合作社成立,职工薪酬标准是脱产干部每月 22 元,非脱产干部补助 15 元。

1956 年 12 月,农行自治区分行下发《关于解决信用社干部待遇问题的指示》,规定"社干待遇应受其自身经济能力的限制,只能参照乡干待遇标准,根据生产水平,以稍高于一般农民收入,相当于当地农业社主要社干平均收入的原则下,根据社区范围、人口密度、业务开展情况、社干工作能力和工作态度予以评定。"

1959 年,信用分部成立初期,信用分部工作人员在大队以计工分办法计酬,信用分部会计工资采取记工分办法解决,生产工作和信用分部工作结合进行,对好的会计进行奖励。

1964 年 8 月 5 日,农行自治区分行、自治区劳动局联合下发《关于调整信用社干部工资、福利待遇的通知》，通知规定"自治区信用社干部的工资标准，比照村基层供销社干部标准工资，分为十级（见附表），在标准工资上另加当地国家机关干部的生活补贴。信用社脱离生产专职干部工资等级，按照本办法规定工资标准，根据干部本人职务和德、才条件，并适当照顾其工作年限，进行评定。"

信用社干部工资标准表

表 3 - 1

级别	1	2	3	4	5	6	7	8	9	10
基本工资（元）	79.5	70	61	53.5	47	40.5	35	30	26	22
	大社主任									
		大社会计、小社主任								
			小社会计、出纳员、业务员							

1981 年，农行自治区分行、自治区劳动局联合下发《关于信用社职工工资实行国家行政工资标准的通知》，规定信用社职工工资自 1981 年 1 月 1 日起实行国家行政工资标准，与农业银行职工工资待遇标准取得一致，采取套级办法，即信用社工资级别套相似行政级别按所套行政级工资标准发放。"

信用社工资级别相似行政级别表

表 3 - 2

信用社级	1	2	3	4	5	6	7
行政级	20	21	22	23	24	25	26
行政级工资（元）	77	70	63	56	49	42.5	37
基本工资（元）	79.5	70	61	53.5	47	40.5	35

1983 年，县域信用社执行自治区党委《关于改善知识分子的工作、学习和生活条件的暂行规定》。在三类地区工作的研究生、大中专毕业生和技术员及相当于这一级职称以上的专业技术干部以及从事教学工作满 12 年的中小学教师，可在本人现行工资标准的基础上向上浮动一级工资。后连续在疆工作满 6 年转为固定工资。继续在疆工作，可再向上浮动一级工资。在新疆工作满 6 年的研究生、大中专毕业生和技术员及相当于这一级职称以上的专业技术干部，再连续在疆工作满 3 年后，其浮动工资转为固定工资。继续在疆工作，可再向上浮动一级工资。在疆实际工作满 25 年的其他国家干部，可在本人现行工资标准的基础上向上浮动一级工资。以后连续在新疆工作满 8 年转为固定工资。凡技术职务相当于助理工程师及其以上的，或虽无技术职务，但在疆工作年限满 10 年的大专毕业生和年满 15 年的中专毕业生，在三、四类地区工作的每人每年发给 40 元书报补贴费。

1984 年，县域信用社执行自治区党委《关于进一步改善知识分子及边疆职工生活待遇若干问题的规定》。在三类地区工作助工及其以上职务的；转正后的大专以上毕业生；在疆实际工作年限满 15 年的中专毕业生、技术员（含相当职务），均可享受知识分子补贴，标准为每人每月 30 元。国家职工在疆工作满 1 年以上不满 5 年的每月发 2 元；满 5 年每月发 3 元；之后每满 5 年依次递增 3 元。

1985 年，自治区工资改革领导小组办公室、劳动人事厅下发《关于实施国家机关和事业单位工资制度改革方案若干问题的补充规定》，确定机关、事业单位工资改革的范围，规定工龄（教、护龄）津贴的发放办法和新参加工作人员工资待遇及其他具体问题。套改工资具体办法:凡现行工资在国家机关、事业单位工资标准上(含调整时在原标准上加上国家机关、事业单位其他工资标准级差)的人员,均按本人现行标准工资额就近套改新工资标准。现行标准工资额为十一类区标准工资加副食品价格补贴和行政经费节支奖金11.3元,另加当地生活费补贴。国家机关、事业单位的工作人员凡本人现行标准工资额低于138元(工人低于109.5元,公安人员民警三级及以下,另加当地生活补贴,属于1982年6月底以前参加工作,就近靠级后增资不足一个新级差的,除犯有严重错误,表现很差外,均可高套一级。现行标准工资额高于138元的人员中,高于所任职务最高等级工资的行政人员,照发原工资;其他人员可按本人现行标准工资额就近套改新工资标准。执行企业工资标准和在企业工资标准上加国家机关、事业单位工资标准级差的,及原执行国家机关、事业单位工资标准的干部,调资时加新拟企业干部工资标准级差的均按相应工资等级现行标准工资额套改新工资标准,对于其中现行标准工资额高于就近套入新工资标准的部分,可予以保留。按相应行政人员工资等级或者以现行标准工资额就近套级,均套入新工资标准同一等级的干部。其现行标准工资额高于相应行政人员工资等级现行标准工资额的部分,不能保留。

1994年,农业银行总行下发《中国农业银行工作人员工资制度改革实施办法》,规定自1993年10月1日起,农业银行实行行员等级、专业技术职务双系列工资制度。其各类工资构成为:1.行员等级工资制在工资构成上,主要分为行员等级工资和责任目标津贴两部分。(1)行员等级工资是按照行员职务序列确定的,是工资构成的固定部分。一至七级行员职务分别设立若干工资档次(见附表)。(2)行员责任目标津贴是在实行行员目标责任制的基础上,按照行员所负责任大小和完成目标责任情况确定的,是工资构成中活的部分。2.专业技术职务等级工资在工资构成上,主要分为专业技术职务工资和津贴两部分。(1)专业技术职务工资是工资构成的固定部分。专业技术职务工资标准是按照专业技术职务序列设置的。每一职务分别构成若干工资档次(见附表)。(2)津贴是工资构成中活的部分,与专业技术人员的实际工作数量和质量挂钩。工资制度改革后,员工工资晋升在严格考核基础上,实行定期升级的办法。连续两年考核合格以上人员,可晋升一个工资档次。既有行政职务,又有专业技术职务人员,在工资制度改革套改时执行就高不就低原则,同时对较低工资序列按档案工资办法进行保留。该办法对新参加工作人员定级工资中专业技术人员做出规定,即专业技术人员按确定的专业技术职务领取相应职务工资:中专、高中生按经济员工资标准第一档确定;大学专科毕业生按经济员工资标准第二档确定;大学本科毕业生按助理师工资标准第二档确定;获得双学士学位大学本科生、研究生班毕业和未获得硕士学位的研究生按助理师工资标准第三档确定;获得硕士学位的研究生按助理师工资标准第四档确定;获得博士学位的研究生按经济师工资标准第三档确定。

行员等级工资标准表

表3-3　　　　　　　　　　　　　　　　　　　　　　　　　单位:元/月

行员等级	行员等级工资标准表									
	一	二	三	四	五	六	七	八	九	十
一级行员	480	520	560	605	650	695				
二级行员	390	427	464	504	544	584				
三级行员	335	370	405	440	477	514				

续表3-3

行员等级	行员等级工资标准表									
	一	二	三	四	五	六	七	八	九	十
四级行员	235	260	285	310	340	370	400	430		
五级行员	180	198	216	234	252	276	300	324	348	372
六级行员	160	174	188	202	216	233	250	267		
七级行员	145	157	169	181	193	207	221	235		

专业技术职务工资标准表

表3-4   单位:元/月

专业技术类别	行员等级工资标准表									
	一	二	三	四	五	六	七	八	九	十
正高级职称	480	520	560	605	650	695				
副高级职称	390	427	464	504	544	584				
中级职称	335	370	405	440	477	514				
助理级职称	235	260	285	310	340	370	400	430		
员级职称	180	198	216	234	252	276	300	324	348	372

领导岗位津贴系数表

表3-5

领导职务	津贴系数
总行行长(含相当职务,不含非领导职务,下同)	3.3~3.6
总行副行长	2.9~3.2
省分行行长、总行部门主任	2.6~2.8
省分行副行长、总行部门副主任	2.3~2.5
地(市)分(支)行行长	2.1~2.2
地(市)分(支)行副行长	1.9~2.0
县(市)支行行长	1.7~1.8
县(市)支行副行长	1.5~1.6
营业所主任	1.3~1.4
营业所副主任	1.1~1.2

　　1994年9月19日,农行自治区分行下发《关于做好农村信用社职工工资制度改革及有关问题的通知》,《通知》规定信用社比照《中国农业银行工作人员工资制度改革实施办法》精神进行工资套改,推行行政、技术双系列工资制度。

2004年5月18日,阿勒泰银监督分局出台《阿勒泰农村信用社工资制度改革实施办法》。办法确定工资改革范围、工资改革原则、工资改革内容。

工资改革范围:竞聘上岗、签订劳动合同的县(市)农村信用联社、农村信用社员工。

工资改革原则:1.坚持以收定支,保障员工基本生活原则。农村信用社作为自负盈亏的合作金融组织,工资支出要以其自身收入为前提,同时兼顾职工基本生活。2.坚持按劳分配原则。工资分配要同员工个人业务水平高低、岗位责任大小、工作质量好坏、贡献多少紧密联系,客观公正地进行岗位劳动评价,体现按职论绩,按绩计酬,克服平均主义。3.坚持工资增长与经济效益挂钩的原则。工资随经济效益提高而增长,工资总额增长幅度要低于经济效益增长幅度;员工平均工资增长幅度要低于人均利润增长幅度。4.坚持工资能升能降原则,以保本经营为基点,根据实现效益情况,保本和有盈利的单位工资水平要适当提高,亏损单位工资水平要降低,增效增资,减效减资。

工资改革内容:1.农村信用社工资分配,实行结构工资制。工资结构分为基本工资、岗位工资、津贴、效益工资四部分。其中基本工资、岗位工资、津贴为标准工资。基本工资是保障员工基本生活的工资。以自治区上年统计测算平均工资水平确定,2004年确定基本工资标准为660元/月。2.岗位工资是根据履行岗位职责大小和完成工作任务情况考核而分配的工资。阿勒泰辖区农村信用社分为8个岗位。根据上年各联社经营情况将阿勒泰辖区农村信用联社划分为4种类型。不同类型的信用社岗位工资基数不同。各类社岗位工资基数为A类社1100元,B类社800元,C类社600元,D类社400。3.津贴是对员工在特殊情况下工作给予的补偿性工资。津贴只设乡镇信用社(不含设在城区的乡镇信用社)工作津贴、艰苦边远地区津贴、工龄津贴和特岗津贴。4.效益工资是按当年实现利润计提,由农村信用社根据员工完成工作目标和履行岗位责任制及贡献大小情况自主分配的工资。效益工资计提标准为盈利社最高按税前利润10%计提;减亏社最高按减亏额5%计提。

县(市)联社、信用社岗位划分表

表3-6

岗位类别	系数	职务
一岗	2.0	联社理事长
二岗	1.8	联社副理事长、主任
三岗	1.6	联社副主任、监事长
四岗	1.4	信用社主任、县联社部门经理、联社主管会计、联社专职稽核员、地(州)所在联社中心机房系统管理员
五岗	1.3	信用社副主任、县联社部门副经理、县联社中心机房系统管理员
六岗	1.2	联社机关业务人员、信用社坐班主任、信用社主管会计、信用社信贷员、分社(储蓄所)负责人
七岗	1.1	信用社、信用分社业务人员
八岗	1.0	信用联社、信用社经警、司机、工勤人员

注:表中所指信用社包括系统统一法人后原信用社降格的信用社分社

2008年1月7日,自治区联社印发《新疆维吾尔自治区农村信用合作社工资制度改革指导意见》,提出工资改革自2008年1月1起施行。

总原则:保障工资保吃饭,岗位工资凭实干,效益工资凭贡献。

工资改革方案:改革后工资实行结构工资制,结构工资由保障工资、岗位工资、津贴和效益工资四部分组成。1.保障工资。保障在职员工基本生活的工资,其月工资标准为600元;岗位工资按照联社等级,根据员工所在岗位责任大小、劳动强度和技术难度确定标准,按照履行岗位职责和完成工作任务情况而考核分配的工资。2.岗位工资。以保障工资为基数,按不同岗位的不同系数设定各岗位工资标准,岗位工资标准随保障工资的变动而调整。3.津贴。是对员工专业技术水平、学历、资历等方面的补贴性工资。4.效益工资。根据联社等级和联社本年实现经营效益情况(盈利或减亏)计提,按照员工贡献大小考核发放的效益工资。

津贴的设置:全疆农村信用社系统设置职称、学历和工龄等三项津贴。1.职称津贴是经确认,凡取得经济、会计、法律、政工及计算机工程类专业技术职务任职资格,及从事工勤岗位的驾驶员、打字员等考取当地劳动人事部门技术工人等级证书的,经县(市)联社聘任后,可享受相应的职称津贴。2.学历津贴是取得国民教育系列学历文凭或国家教育部承认学历,并持有正式毕业证书的可享受此项津贴(专业证书必须持有自治区人事厅颁发的同等学历待遇证书)。3.工龄津贴是自员工参加工作当年开始,按每年5元标准计发,工龄计算等于当前年份减参加工作年份加1,间断工龄扣除。

效益工资:根据联社等级和联社本年实现经营效益情况(盈利或减亏)计提,按照员工贡献大小考核发放的效益工资。1.效益工资的提取标准。效益工资根据各联社等级,按完成本年计划利润额和超额利润的一定比例提取。A级联社按照完成计划利润额的25%提取,B级联社按照完成计划利润额的20%提取,C级联社按照完成计划利润额的15%提取,D级联社按照完成计划利润额的10%提取,E级和亏损实现减亏的联社按照完成计划利润额或计划减亏额的5%提取;扭亏增盈的,扭亏、盈利部分分别计算;超额完成利润或超计划减亏的按30%提取;增亏的一律不得提取效益工资;效益工资总额=本年完成计划利润(减亏)额×提取比例+超额利润×提取比例。2.效益工资的考核分配。各县(市)联社提取的效益工资,用于联社所有在岗员工的考核分配,未上岗人员均不参加效益工资分配。各联社要根据多贡献,多创利,多收入的原则,适当拉开单位与单位、岗位与岗位、同岗位员工与员工之间收入差距,制订合理效益工资分配方案。效益工资提取总额的1%~3%可用于奖励联社领导班子成员。领导班子成员之间效益工资的分配,副职可按正职的80%比例掌握;主任助理则按正职70%比例掌握。部门负责人可按联社领导副职60%比例掌握。联社领导班子成员年工资总额,原则上控制在本联社年人均工资水平4倍以下。

职称津贴标准表

表3-7

职称	员级	助理级	中级	高级
月津贴	40元	80元	140元	220元

技术津贴标准表

表3-8

技术	初级工	中级工	高级工	技师
月津贴	30元	60元	100元	140元

学历津贴标准表

表 3 – 9

学历	高中	中专	大专	本科或双大专	双本科或研究生班毕业	双学士或硕士研究生	博士研究生
月津贴	30 元	40 元	80 元	120 元	180 元	240 元	300 元

　　2010 年 6 月 24 日,自治区联社制订《新疆维吾尔自治区农村信用合作社薪酬制度改革实施方案》,自 2010 年 1 月 1 日起执行。薪酬制度改革的主要内容:1. 优化薪酬总额分配机制。将薪酬总额分为固定薪酬总额和浮动薪酬总额两部分,加大绩效挂钩的力度。固定薪酬总额根据核定人数,参照同行业平均工资水平进行分配,保持相对稳定,体现保障功能;固定薪酬按照责任、风险和贡献相称的原则,分 13 个职级,包含管理、经办和专业序列。其中管理序列划分为 9 个职级,专业序列划分为 6 个职级,经办序列划分为 5 个职级,按照职级档次进行分配。同时在考虑引进专业技术人才基础上专门设置专业岗位职务序列薪酬。该方案就固定薪酬职级晋升与薪酬调整进行规定。(1)员工晋级按个人绩效和能力提升情况晋级。二级员工任职年限达到 2 年,且连续 2 年考核结果称职及以上,可晋升一级;三级员工任职年限达到 4 年(自治区联社为三级和四级员工),且后 2 年考核结果称职及以上,可晋升一级;4 级及以上员工进入管理序列或专业序列(自治区联社为五级员工),分别按行政任命和专业技术岗位职务聘任晋级。(2)员工职务晋升的,首先以原职级档次为基准升一档,再与新职级各档次薪酬相比较,按就近就高原则确定新职级薪酬的档次。(3)员工不再聘任职务的,按现有条件重新套改。2. 浮动薪酬总额由整体经营业绩决定,实行增效增资、减效减资,以绩效奖金的形式分配,体现激励功能。县(市)联社绩效奖金总额按照联社综合效益情况计提,计算公式为绩效奖金总额 =(存量考核利润×存量提取比例 + 增量考核利润×增量提取比例)×绩效考核系数。2010 年存量考核利润提取比例为 19%,增量考核利润提取比例为 24%。绩效考核系数 = 绩效考核得分/100,得分 45 分以下,绩效考核系数按 0.45 计提。浮动薪酬主要以绩效奖金形式体现,在确保固定薪酬保障功能前提下,绩效奖金对应一个绩效周期内根据绩效表现确定浮动薪酬,坚持以按劳分配与效率优先、兼顾公平相结合原则,体现与岗位责任、风险、贡献相对等。薪酬制度改革后,除误餐补贴和加班工资外,其他津补贴均不再保留。

信用社员工薪酬职级体系表

表 3 – 10

职级		自治区联社	县市联社	专业通道
管理序列	14	—		
	13	理事长、主任		
	12	党委副书记/副主任/工会主席		
	11	主任助理		
	10	部门总经理		10 级专业师
	9	部门副总	副总经理级理事长、主任(董事长、行长)	9 级专业师
	8	部门总经理助理	理事长、主任	8 级专业师
	7	科室经理/业务经理	副职领导(监事长、副主任、副行长、纪委书记)	7 级专业师
	6	科室副经理/业务副经理	主任助理、部门经理/网点主任	6 级专业师

续表 3 – 10

职级		自治区联社	县市联社	专业通道
经办序列	5		部门副经理/网点副主任/委派会计(属管理序列)	5 级专业师
	4	员工类	员工类	
	3			
	2	—		
	1			

信用社基本工资档级表

表 3 – 11　　　　　　　　　　　　　　　　　　　　　　　　　　　单位:元

档位线职级 行员	档位线职级 技术	1	2	3	4	5	6	7	8	9
13		10000	10625	11250	11875	12500	13125	13750	14375	15000
12		8000	8500	9000	9500	10000	10500	11000	11500	12000
11		6000	6375	6750	7125	7500	7875	8250	8625	9000
10	10 级	5000	5312.5	5625	5937.5	6250	6562.5	6875	7187.5	7500
9	9 级	4200	4462.5	4725	4987.5	5250	5512.5	5775	6037.5	6300
8	8 级	3600	3825	4050	4275	4500	4725	4950	5175	5400
7	7 级	3000	3187.5	3375	3562.5	3750	3937.5	4125	4312.5	4500
6	6 级	2400	2550	2700	2850	3000	3150	3300	3450	3600
县 5	5 级	2240	2380	2520	2660	2800	2940	3080	3220	3360
区 5	5 级	1920	2040	2160	2280	2400	2520	2640	2760	2880
4		1920	2040	2160	2280	2400	2520	2640	2760	2880
3		1920	2040	2160	2280	2400	2520	2640	2760	2880
2		1920	2040	2160	2280	2400	2520	2640	2760	2880
1										

典型岗位评估职级和对应的绩效奖金分配系数区间

表 3 – 12

职级	9	8	7	助理	6	5	会计	4	3	2
绩效奖金分配系数	4.0	3.5 – 3.8	2.8 – 3.4	2.8	2.2 – 2.8	1.8 – 2.2	1.6	1.3 – 1.5	1.0 – 1.3	0.5 – 1.0

（二）员工薪酬调整

1955 年 3 月,县域第一家农村信用合作社成立,薪酬标准为脱产干部每月 22 元,非脱产干部补助

15 元,无其他福利待遇。

1955 年 8 月,县委批转的中国人民银行哈巴河县支行"关于整顿信用合作社的工作计划"中对脱产干部薪酬进行定义,"会计胡纳什平时工作积极负责,其工资待遇可酌量提高到七十个工资分,按乡级待遇不加 15% 边疆优待费,如按十月份工资计算为 32.2 元",即行执行。

1956 年 10 月 6 日,在人行县支行召开的行务会上,对不脱产信用社主任工资问题进行研究,决定按季度补给津贴费 45～60 元,并开展劳动竞赛,评级计发。

1956 年 12 月,农行自治区分行下发《关于解决信用社干部待遇问题的指示》,指示明确规定,各社应迅速根据原有基础、业务情况,适当设置脱产干部,至少应设置一人,信用社脱产社干待遇就不能全部按乡干待遇标准执行,只能参照乡干待遇标准,根据各社社区范围、人口密度、业务开展情况、社干工作能力和工作态度予以评定。根据文件精神,人行县支行对县与各信用社脱产干部工资进行调整,执行统一标准。

1959 年,县域信用分部成立初期,信用分部工作人员在大队以记劳动工分办法计酬,信用分部会计工资采取记工分办法解决,生产工作和信用分部工作结合进行,对好的会计进行奖励。各信用分部职工年终参加所服务生产大队分配。

1962 年,信用分部撤销后重新组建信用社,对脱产信用社干部重新计发定额工资,其标准比照公社文书执行。

1964 年 8 月 5 日,农行自治区分行、自治区劳动局联合下发《关于调整信用社干部工资、福利待遇的通知》,县域各信用合作社在人行县支行指导下按规定对在职干部工资进行调改。调改面 100%,自1964 年 8 月 1 日起执行。

1974 年 4 月 16 日,县委会调资办公室按照国务院、人行自治区分行和自治区劳动局有关文件精神,批复人行县支行《关于信用社干部调整工资标准的报告》,同意对县域信用合作社部分干部工资标准进行调整,自 1971 年 7 月 1 日起执行,对 1971 年 7 月至调整日工资进行补发。

1978 年 6 月,县革委会调资办公室批复人行县支行《关于信用社干部调整工资的报告》,同意调整县域信用合作社部分干部工资,自 1977 年 10 月 1 日起执行,并对差额部分进行补发。

1979 年,人行阿勒泰地区中心支行批复人行县支行《关于哈巴河县信用社部分员工调整工资的报告》,同意调整县域信用合作社部分员工工资。

1980 年,农行自治区分行、自治区劳动局联合下发《关于信用社职工工资实行国家行政工资标准的通知》,信用社职工工资自 1981 年 1 月 1 日起实行国家行政工资标准。农行县支行组织对县域信用合作社职工工资进行套改,职工最高级别为行政三级。县域信用合作社执行行政级工资标准后,职工工资得到提高。

1983 年,自治区党委出台《关于改善知识分子工作、学习和生活条件的暂行规定》,县域信用合作社遵照执行。

1984 年,自治区党委出台《关于进一步改善知识分子及边疆职工生活待遇若干问题的规定》,县域信用社遵照执行。

1985 年 12 月,县域信用社工资根据自治区工资改革领导小组办公室、劳动人事厅下发的《关于实施国家机关和事业单位工资制度改革方案若干问题的补充规定》文件精神进行套改,套改后工资自1985 年 7 月 1 日起执行。

1994年9月19日,农行自治区分行下发《关于做好农村信用社职工工资制度改革及有关问题的通知》,县域信用社职工工资比照《中国农业银行工作人员工资制度改革实施办法》精神,对1993年9月30日及其以后在岗职工进行工资套改,自1993年10月1日起执行,并对差额部分进行补发。同时,执行有关对新参加工作人员定级工资中专业技术人员工资的规定,并进行技术等级套级。同年,推行经营业绩与职工收入挂钩制。业绩决定收入。

1998年3月17日,自治区农村金融改革体制领导小组下发《新疆农村信用社、信用联社工作人员正常晋升工资档次的实施办法》,要求对农村信用社员工必须严格执行《中国农业银行工作人员工资制度改革实施办法》中两年一次的工资正常晋升规定,同时根据人民银行总行下发的《关于1997年调整机关,事业单位工作人员工资标准等问题的通知》精神,对行员等级、专业技术职务等级工资档次进行调整。根据文件精神,县域信用社对1997年9月30日在岗员工工资进行调整,自1997年10月1日起执行。

行员等级工资标准表

表3－13   单位:元/月

行员等级	行员等级工资标准表														
	一	二	三	四	五	六	七	八	九	十	十一	十二	十三	十四	十五
一级行员	494	534	574	619	664	709	754	799	844	889					
二级行员	404	441	478	518	558	598	638	678	718	758					
三级行员	349	384	419	454	491	528	565	602	639	676	713				
四级行员	249	274	299	324	354	384	414	444	474	504	534	564	594		
五级行员	194	212	230	248	266	290	314	338	362	386	410	434	458	482	506
六级行员	174	188	202	216	230	247	264	281	298	315	332	349	366	383	
七级行员	159	171	183	195	207	221	235	249	263	277	291	305	319	333	

专业技术职务等级工资标准表

表3－14   单位:元/月

职务等级	职务工资标准																
	一	二	三	四	五	六	七	八	九	十	十一	十二	十三	十四	十五	十六	十七
高级师	289	319	349	379	409	444	484	524	564	604	644	684	724	764	804	844	884
中级师	219	239	259	279	299	329	359	389	419	449	479	509	539	569	599	629	
助理师	179	193	207	227	247	267	287	307	327	347	367	387	407	427	447		
助理员	164	176	188	206	224	242	260	278	296	314	332	350	368	386			

1999年9月17日,人民银行合作金融监管司下发《1999年农村信用社调整工作人员工资标准和增加离退休人员离退休费的实施办法》,自治区农村金融改革体制领导小组以明传电报形式转发,通知各级人民银行组织对信用社员工进行工资改革。重点调整各类工资基础基数,对1999年6月30日

在岗职工列入本次调整工资标准范围。根据文件精神,县联合社对1999年6月30日在岗员工的工资进行调整,执行起始时间推算自1999年7月1日起。

行员等级工资标准表

表 3－15 单位:元/月

行员等级	行员等级工资标准表														
	一	二	三	四	五	六	七	八	九	十	十一	十二	十三	十四	十五
一级行员	665	705	745	790	835	880	925	970	1015	1060					
二级行员	541	578	615	655	695	735	775	815	855	895					
三级行员	486	521	556	591	628	665	702	739	776	813	850				
四级行员	361	386	411	436	466	496	526	556	586	616	646	676	706		
五级行员	287	305	323	341	359	383	407	431	455	479	503	527	551	575	599
六级行员	254	268	282	296	310	327	344	361	378	395	412	429	446	463	
七级行员	230	242	254	266	278	292	306	320	334	348	362	376	390	404	

专业技术职务等级工资标准表

表 3－16 单位:元/月

职务等级	职务工资标准																
	一	二	三	四	五	六	七	八	九	十	十一	十二	十三	十四	十五	十六	十七
高级师	401	431	461	491	521	561	601	641	681	721	761	801	841	881	921	961	1001
中级师	312	332	352	372	392	422	452	482	512	542	572	602	632	662	692	722	
助理师	260	274	288	308	328	348	368	388	408	428	448	468	488	508	528		
助理员	236	248	260	278	296	314	332	350	368	386	404	422	440	458			

经阿银监合〔2005〕39号文确定县联合社2005年工资类为B类。县联合社员工工资根据2004年5月18日阿勒泰银监分局出台《阿勒泰农村信用社工资制度改革实施办法》按B类社进行套改,自2005年1月1日起执行。

经阿银监合〔2006〕4号文确定县联社2006年工资类为A类。县联合社员工工资按照2004年5月18日阿勒泰银监分局出台的《阿勒泰农村信用社工资制度改革实施办法》按A类社进行套改,自2006年1月1日起执行。

2008年1月7日,县联社制订《哈巴河县农村信用合作联社新工资制度实施方案》,报经自治区联社批准后组织工资改革。此次工资改革自2008年1月1起施行。

2009年5月4日,自治区联社对2008年下发的《新疆维吾尔自治区农村信用合作社工资制度改革指导意见》进行修订,修订的主要内容:1.调整岗位工资。全疆农村信用社实行统一标准岗位工资。自治区联社根据员工所在岗位责任大小、劳动强度和技术难度,统一划分岗位类别,岗位工资标准随保障工资的变动而调整。2.调整效益工资提取比例和计算办法。A级联社按照24%提取,B级联社按照 18% 提取,C 级联社按照 12% 提取,D 级联社按照 7% 提取,E 级联社按照 5% 提取,当年亏损联社(即损益表中的利润总额与损益表中计提的拨备之和小于零)一律不得计提效益工资。效益工资计算公式修改为效益工资总额=(损益表中的利润总额+损益表中计提的拨备)÷(1+效益工资提取比例)×效益工资提取比例。3.核定联社领导班子的工资额度。联社领导班子成员与一般员工平均工资水平倍数按以下倍数控制。A 级联社应控制在 4 倍以内,B 级联社应控制在 3 倍以内,C 级联社应控制在 2 倍以内,D 级和 E 级联社应控制在 1 倍以内。4.下放联社工资改革审批权限。各县(市)联社要根据自治区联社指导意见的总体要求,结合自身情况,进一步修订完善本联社工资改革实施细则,经各县(市)联社《章程》规定的法定程序通过后实施。县联社根据文件精神,修改《哈巴河县农村信用合作联社新工资制度实施方案》,并报经理事会批准后组织实施工资改革。

等级社岗位划分标准表

表 3 – 17
单位:元/月

岗位类别	岗位系数	月标准岗位工资	岗位
一岗	3.5	2100	农村合作银行董事长、行长岗 县(市)联社理事长、主任岗
二岗	3.0	1800	农村合作银行副行长、监事长岗 县(市)联社理事长、主任岗
三岗	2.3	1380	部门经理、信用社主任岗
四岗	2.1	1260	部门副经理、信用社副主任、委派会计主管岗
五岗	1.8	1080	一般员工岗

2010 年 6 月 24 日,县联社根据自治区联社下发的《新疆维吾尔自治区农村信用合作社员工职级档次初始化实施办法》对全辖员工进行初始化套改。同时根据自治区联社《新疆维吾尔自治区农村信用合作社薪酬制度改革实施方案》文件精神,制订《哈巴河县农村信用社绩效奖金分配实施细则》,经联社薪酬管理委员会审批后付诸实施。

二、福利

1963 年 3 月 19 日,国务院批转《中国人民银行关于信用合作社干部口粮和副食品、日用品供应情况的报告》,信用社脱产干部的口粮全部由国家供应,副食品和日用品由商业部门供应。

1979 年,信用社职工与银行职工享受同等政治待遇和福利待遇。

1980 年 3 月 27 日,人行新疆分行和农行自治区分行共同转发《关于给退休职工发宿舍取暖补贴问题的通知》及洗理费发放问题的通知。文件规定退休及病休期的职工,由发放退休、离休、退职费和病假工资的单位,同在职职工一样,自 1980 年 1 月起,享受洗理待遇;由民政部门发放退休费的,不发洗理费。

1991 年 8 月 15 日起,县域信用社执行中共中央、国务院及自治区人事厅关于职工休假问题的有关通知精神,正式职工(固定职工、合同制职工)参加工作工龄在 5 ~ 19 年的每年休假 10 天,参加工作工龄在 20 年以上的每年休假 14 天。休假天数计算不含星期日和法定节假日,休假期间工资照发,当年休假不得跨年使用;当年疗养、休养及探亲时间超过本人休假期限,不再安排休假,未超过可以补足休假天数;病休全年累计超过2个月,事假累计超过20天的,不再享受休假,因公负伤住院治疗不影响休假。

1992年,信用社职工奖励工资自1992年1月暂按一个半月提取,即每人每月23元,到年末根据经济6项指标完成情况及盈亏情况予以考核;根据国务院及自治区关于粮食提价文件精神,信用社职工粮价补贴自1992年4月1日起,每人每月补贴5元;奖励工资与粮价补贴均与工资一起发放。

1995年,农业银行对全系统干部职工增发一个月奖金。按1994年底系统在册职工(含计划内临时工)12月份当月工资的3项合计(职务等级工资、责任目标津贴、艰苦地区津贴)计发奖金;系统内调入人员的标准,在调入单位按上述标准全月计发;系统外调入人员的标准,上半年调入人员按上述标准全月计发,下半年调入人员按上述标准半月计发。1994年度离退休人员计发标准,上半年离退休人员按上述标准半月计发,下半年离退休人员按上述标准全月计发。代办员奖金标准按照其工资3项合计统一计发。农村信用社职工增发奖金,各中心支行可参照以上标准,结合辖内信用社1994年各项工作任务完成情况及信用社承受能力而定,增发奖金在营业费用科目工资户列支。

1996年,县联合社开始缴纳养老保险费。

1998年,根据1994~1998年农村养老保险统筹单位缴纳和个人缴纳比例,提取养老统筹基金,存入专户管理。于1999年1月20日之前,建立职工养老统筹台账,并根据台账,记录个人账户。

2003年,县联合社根据《新疆维吾尔自治区劳动厅、财政厅关于调整企业职工死亡丧葬费标准的通知》精神,职工因工死亡后由劳动保险基金项下支付丧葬费数额为1200元,丧葬费包干使用,超支不补,节余部分归死者亲属,并按规定,每月付给供养直系亲属抚恤费。企业职工非因工死亡后由劳动保险基金项下支付丧葬费数额为1000元。丧葬费包干使用,超支不补,节余部分归死者亲属,并按规定一次付给供养直系亲属救济费。

2004年,县联合社对各分社及联合社信贷人员实施交通油料费用补助。

2006年后,县联社职工住房一律采取市场商品化购房,对职工购房资金确有困难的,可采取贷款方式购房,单位不再给予福利补助。

2008年,自治区联社下发(新农信〔2008〕6号)《新疆维吾尔自治区农村信用合作社工资制度改革指导意见》,文件中相关条款明确住房公积金必须按属地规定的比例提取,单位或个人缴费比例均不得高于12%。

第四章　队伍建设

县农村信用社成立后，坚持把职工队伍建设作为发展信用合作事业的根本，不断加强职工思想政治、科学文化、业务知识水平教育，职工队伍的整体素质、服务水平、工作效率、经营能力得到明显进步。

第一节　职工来源

县域信用社建社初期和信用合作化时期，信用社干部、职工的录用，以贫农为主及一定数量的中农积极分子，经过民主选举录用。

1958 年"大跃进"期间，县域信用合作社职工管理混乱，队伍不稳定。尤其下放至生产队期间，信用分部干部职工基本由生产队会计或保管兼任。

1963 年及以后"文化大革命"期间，县域信用合作社干部来源主要是生产队表现较好的会计和生产队队长。

1978 年，县域信用合作社开始安置银行干部子女就业及信用社职工子女顶替。1992 年底，废止子女顶替制度。

1980 年后，县域信用合作社招收部分回乡知识青年。

1985 年，县域信用社开始招收合同制职工，实行劳动合同制。

1991 年，县域信用社为解决员工短缺问题，开始使用代办员类非正式职工。

1991～2006 年，县域信用社正式职工的主要来源为吸纳表现比较好的代办员。

1992～1998 年，县域信用社接收分配中专生就业人员 3 批。

2003 年、2010 年，县联社招收 2 批 6 名复员转业军人为专职警卫。

2007 年自治区联社成立以后，县联社开始面向社会招收员工。

2008 年 1 月 1 日起，按照《中华人民共和国劳动合同法》规定，全面清理、清退各类代办员，改用派遣公司派遣的工作人员。同年，自治区联社对吸收员工的管理推行"五个二工程"，由县联社委托自治区联社直接招收在校大学生。

2012 年县联社正式员工统计表

表 4 - 1

姓名	性别	民族	行政职务	任职时间
董朝晖	男	汉	理事长	2008.5.15

续表 4 - 1

姓名	性别	民族	行政职务	任职时间
吾拉西·木哈乃	男	哈萨克	监事长	2008.3.4
窦德贵	男	汉	主任	2008.5.15
郭庆业	男	汉	副主任	2010.6.8
贾敬伟	男	汉	监察保卫部经理	2010.3.14
李长亮	男	汉	科员	
吕厚超	男	汉	办公室主任	2010.3.14
马彦武	男	回	办公室副主任	2007.1.12
马丽娜·阿斯哈布勒	女	哈萨克	科员	
杨新玉	女	汉	档案员	
李晓霞	女	汉	科员	
徐路	男	汉	科员	
孙红	女	汉	电子银行部经理	2012.10.9
陶明先	男	汉	科员	
王志友	男	汉	计财部经理	2011.1.14
胡明娟	女	汉	计财部副经理	2010.8.23
于海舰	男	汉	科员	
王秀云	女	汉	审计部经理	2006.2.6
魏海艇	男	汉	科员	
王琳	男	汉	信贷部经理	2010.3.14
陈海葆	男	汉	科员	
苏敏	男	汉	客户部经理	2010.3.14
阿依波丽·吾拉孜别克	女	哈萨克	科员	
雷晓刚	男	汉	客户经理	
陶胜光	男	汉	客户经理	
贾博	男	汉	资产风险部副经理	2011.1.14
热马赞·达吾尔	男	哈萨克	客户经理	
胥洪强	男	汉	客户经理	
月木特·库赞	男	哈萨克	客户经理	
居马汗·马吾提汗	男	哈萨克	客户经理	
崔云虹	女	汉	营业部主任	2011.1.14
汤黎	女	汉	营业部会计主管	
热孜万·哈力汗	女	哈萨克	柜员	
努尔扎提·阿格赞别克	女	哈萨克	柜员	
贾斯木汗·哈布都尔	男	哈萨克	管库员	

续表4-1

姓名	性别	民族	行政职务	任职时间
任玉清	女	汉	柜员	
罗贞	女	汉	柜员	
邹晨	女	汉	柜员	
王丙丽	女	汉	柜员	
阿依努尔·阿德勒汗	女	哈萨克	柜员	
臧鑫	女	汉	柜员	
刘建华	男	汉	柜员	
王桂兰	女	汉	边贸市场信用社主任	2011.1.14
程淑萍	女	汉	边贸市场信用社会计主管	
杨明元	女	汉	柜员	
李治军	男	汉	萨尔塔木信用社主任	2009.1.12
种秋丽	女	汉	萨尔塔木信用社会计主管	
沙依拉叶·哈不都拉	女	哈萨克	柜员	
塔斯恒·沃依胡尔	男	哈萨克	客户经理	
塔拉哈提·木哈乃	男	哈萨克	客户经理	
樊芳萍	女	汉	柜员	
何景珍	女	汉	柜员	
曹继承	男	壮	加依勒玛信用社副主任	2011.1.14
孙慧君	女	汉	加依勒玛信用社会计主管	
于登山	男	汉	客户经理	
木哈买提哈力木·阿拜乃	男	哈萨克	客户经理	
热叶提汗·哈力汗	男	哈萨克	客户经理	
马合巴勒·米赞	女	哈萨克	柜员	
张泽奎	男	汉	库勒拜信用社主任	2011.1.14
谷兴欢	女	汉	库勒拜信用社会计主管	
庞菊香	女	汉	柜员	
卡肯·阿斯力别克	男	哈萨克	客户经理	
萨哈太·再尼亚尔甫	男	哈萨克	客户经理	
叶尔肯·哈来	男	哈萨克	客户经理	
张苏	男	汉	客户经理	
马黎欣	女	回	柜员	
叶力夏提·叶尔肯	男	哈萨克	柜员	
赵立峰	男	汉	萨尔布拉克信用社副主任	2012.2.10
李媛	女	汉	萨尔布拉克信用社会计主管	
臧兴刚	男	汉	柜员	

续表 4 - 1

姓名	性别	民族	行政职务	任职时间
别列斯汗·黑依那亚提	男	哈萨克	客户经理	
张正东	男	汉	客户经理	
库来汗·朱马胡音	女	哈萨克	柜员	
阿吾塔力普·阿克木	男	哈萨克	客户经理	
殷薇	女	汉	柜员	
蒋仲宇	男	汉	柜员	
巴合提汗·哈布都	男	哈萨克	齐巴尔信用社副主任	
常珊	女	汉	齐巴尔信用社会计主管	
阿里努尔·阿德力	女	哈萨克	柜员	

2012 年县联社劳务派遣员工统计表

表 4 - 2

姓名	性别	民族	行政职务	任职时间
巴合提汗·哈斯曼	男	哈萨克	客户经理	
索勒潘·木合买提哈里	女	哈萨克	柜员	
云欣丽	女	汉	柜员	
沙依尔古丽·阿努尔别克	女	哈萨克	柜员	
都曼·阿德勒	男	哈萨克	柜员	
雷隽	男	土	柜员	
王海波	男	汉	柜员	
加尔恒·吾拉西·木哈乃	男	哈萨克	柜员	
努尔兰·阿布都拉	男	哈萨克	柜员	
王献伟	男	汉	柜员	
赵贤德	男	汉	柜员	
努尔别克·阿哈买提南卫	男	哈萨克	柜员	
李俊	男	汉	柜员	
阿尔达克·对散	男	哈萨克	柜员	
窦文杰	男	汉	柜员	

2012 年县联社退休人员统计表

表 4 - 3

姓名	性别	族别	单位名称	退休时间
赛力汗·朱玛胡力	男	哈萨克	哈巴河县联社	2004.05
依拉尔·萨尔木拉	男	哈萨克	哈巴河县联社	2005.05

续表4－3

姓名	性别	族别	单位名称	退休时间
恰力甫·木汗哈力	男	哈萨克	哈巴河县联社	2003.08
哈森·叶克巴斯	男	哈萨克	哈巴河县联社	1993.04
哈乃·沙力克	男	哈萨克	哈巴河县联社	1993.04
木哈乃·俄了斯旦	男	哈萨克	哈巴河县联社	1993.04
胡马汗·尼尔买提	男	哈萨克	哈巴河县联社	1996.01
哈布都力·加法尔拜	男	哈萨克	哈巴河县联社	2002.01
栾珍文	女	汉	哈巴河县联社	2009.11

第二节　职工结构

1955～1958年,县域信用合作社建设初期,各信用合作社工作人员由主任和会计2人组成。主任由乡领导兼任,会计为专职脱产干部,均为男性,多为初小文化程度。1959年4月,县域信用社下放生产生产大队成立信用分部,各信用分部工作人员多由生产队会计或保管兼任。1963年,恢复信用合作社后,县域各公社信用分部合并为3家信用合作社,有专职脱产干部10人,均为男性。1966年"文化大革命"开始后,县各信用社受极左思想影响,职工队伍不稳定,管理混乱。1980年,农行县支行恢复成立,县各公社信用社职工队伍逐渐稳定。1984年,县域各信用社进行体制改革,实行"自主经营、独立核算、自负盈亏",县域共有7家信用合作社,有职工35人。其中,女职工5人,占职总数14.3%;少数民族职工25人,占71.4%。

一、性别结构

1989年,县联合社成立后,有职工37人,其中女职工9人,占职工总数24.3%。1996年10月,县联合社与农行县支行脱离隶属关系,实行独立经营后,年末有职工41人,其中女职工11人,占27%。2003年11,县联合社实行统一法人体制改革后,年末有职工50人,其中女职工15人,占30%。2006年5月,县联社成立后,年末有职工51人,其中女职工16人,占31%。2012年,县联社有正式职工79人,其中女职工33人,占41.7%;派遣工15人,其中女职工3人,占20%;退休人员9人,其中女职工1人,占11.1%。

二、民族构成

1989年,县联合社成立后,有职工37人。其中少数民族职工26人,占职工总数70%。1996年10月,县联合社与农行县支行脱离隶属关系,实行独立经营后,年末有职工41人,其中少数民族22人,占53.6%。2003年11,县联合社实行统一法人体制改革后,年末有职工50人,其中少数民族22人,占44%。2006年5月,县联社成立后,年末有职工51人,其中少数民族21人,占41.2%。2012年,县联社有职工94人,其中汉族57人,占60.6%;少数民族37人,占39.4%。少数民族职工中,哈萨克族33人,回族2人,其他2人。

三、年龄构成

1989年,县联合社成立后,有职工37人。其中45岁以下职工28人,占总人数的75.7%;45岁以上 9 人,占 24.3%。1996 年 10 月,县联合社与农行县支行脱离隶属关系,实行独立经营后,年末有职工 41 人,其中 45 岁以下 37 人,占 90.2%;45 岁以上 4 人,占 9.8%。2003 年 11 月,县联合社实行统一法人体制改革后,年末有职工 50 人,其中 45 岁以下 47 人,占 94%;45 岁以上 3 人,占 6%。2006 年 5 月,县联社成立后,年末有职工 51 人,其中 45 岁以下 43 人,占总人数的 84.3%;45 岁以上 8 人,占 15.7%。2012 年,县联社有职工 94 人。其中 45 岁以下 74 人,占 78.7%;45 岁以上 20 人,占 21.3%。

四、文化构成

1989 年,县联合社成立后,有职工 37 人。其中具有高中、中专学历 12 人,占 32.4%;高中、中专以下学历 25 人,占 67.6%。1996 年 10 月,县联合社与农行县支行脱离隶属关系,实行独立经营后,年末有职工 41 人,其中具有大专以上学历 3 人,占 7.3%;高中、中专学历 24 人,占 58.5%;高中、中专以下学历 14 人,占 34.2%。2003 年 11 月,县联合社实行统一法人体制改革后,年末有职工 50 人,其中具有大专以上学历 9 人,占 18%;高中、中专学历 30 人,占 60%;高中、中专以下学历 11 人,占 22%。2006 年 5 月,县联社成立后,年末有职工 51 人,其中具有大专以上学历 23 人,占 45.1%;高中、中专学历 16 人,占 31.4%;高中、中专以下学历 12 人,占 23.5%。2012 年,县联社共有职工 94 人。其中具有大专以上学历 75 人,占 79.8%;高中、中专学历 13 人,占 13.8%;高中、中专以下学历 6 人,占总人数的 6.4%。

第三节　专业技术队伍

一、专业技术职务评定

1988 年 11 月 2 日,经农行阿勒泰地区中心支行信用合作专业技术评审委员会评审,通过哈布都、哈来、木哈乃、伊拉、哈龙卡汗、维吾尔、恰里甫、乌同那斯、塞力汗、胡马汗等 10 位员工的助理师级专业的审核,同意晋升为助理经济师职务。12 月 2 日,经农行县支行信用合作专业技术评审委员会评审,通过县联合社职工李时济等 18 人员级专业审核,同意晋升为员级职务。其中李时济、加斯木汗、吾拉什、刘善中、伊买买迪、李长亮、木哈买提哈力木、吾门别克、何计划、热马占、窦德贵为经济员,王秀云、栾珍文、娜孜古力、李汉良、沙依拉什、庞菊香、杨新玉为会计员。

1991 年 11 月 2 日,农行阿勒泰地区中心支行下发《关于信用社二十一名助理级专业技术职务评审决定的通知》,同意晋升县联合社吾拉孜别克(吾拉什)为助理经济师、李汉良为助理会计师。

1993 年 6 月 2 日,农行自治区分行下发《关于做好我区农村信用社评聘专业技术职务专业考试及专业技术职务评审工作的通知》。

1994 年 4 月 12 日,农行阿勒泰地区中心支行下发《关于确认 1993 年度我区农村信用社经济师、会计师、助理经济师、助理会计师专业技术职务任职资格的通知》,通过县联合社职工哈布都、塞力汗、胡马汗的经济师,刘善中、热马占、窦德贵助理经济师,栾珍文、杨新玉的助理会计师专业审核,任职资格自 1993 年 9 月 30 日起计算。

1994 年,县联合社执行《中国农业银行工作人员工资制度改革实施办法》规定,对新参加工作的专业技术人员按确定专业技术职务领取相应的职务工资。其中,中专、高中生按经济员工资标准第一档确定;大学专科毕业生按经济员工资标准第二档确定;大学本科毕业生按助理师工资标准第二档确定;获得双学士学位大学本科生、研究生班毕业和未获得硕士学位研究生按助理师工资标准第三档确定;获得硕士学位研究生按助理师工资标准第四档确定;获得博士学位研究生按经济师工资标准第三档确定。

1996 年 5 月 9 日,农行阿勒泰地区中心支行下发《关于信用社初级专业技术职务任职资格的通知》,通过县联合社职工王秀云、沙依拉什、庞菊香、沙恒别克的助理会计师,木哈买提哈力木、吾门别克、胥洪强的助理经济师专业审核,任职资格从 1996 年 5 月起计算。9 月 4 日,农行自治区分行下发《关于确认 1995 年度信用社经济、会计师系列中级专业技术职务任职资格的通知》,通过县联合社李汉良会计师职务。任职资格自 1995 年 8 月 1 日起计算。

1997 年农村信用社与农业银行脱离行政隶属关系后,信用社专业技术职务任职资格进入社会化考核制,取消评审制。

2012 年,县联社具备各类专业技术职务任职资格人员共 24 人,占职工总人数 25.26%。

二、专业技术人员管理

1989 年 12 月 20 日,县联合社下发《关于信用社首届专业技术职务聘任及享受职务待遇的通知》,对哈布都等 27 人的专业技术职务进行聘任,并享受其相应待遇。自 1988 年 1 月 1 日起执行。

1991 年,农行阿勒泰地区中心支行下发《关于信用社二十一名助理级专业技术职务评审决定的通知》,聘任吾拉孜别克(吾拉西·木哈乃)为助理经济师、李汉良为助理会计师职称。

1994 年,农行阿勒泰地区中心支行下发《关于确认 1993 年度我区农村信用社经济师、会计师、助理经济师、助理会计师专业技术职务任职资格的通知》,确认县联合社职工哈布都等 8 人的专业技术职务,自 1994 年 4 月起享受待遇。

1996 年,农行阿勒泰地区中心支行下发《关于信用社初级专业技术职务任职资格的通知》,确认县联合社职工木哈买提哈力木等 7 人的专业技术职务,自 1996 年 6 月起享受相应待遇。

第四节　职工教育

一、在职教育

哈巴河县农村信用社自建社起,十分重视对职工进行思想政治教育、政策法规教育、文化专业教育,不断提高职工政治素质和业务水平。

1955 年,县第一家信用合作社成立至 1966 年,县域各信用合作社在职工中先后开展社会主义新思想、新道德、新习俗、新风尚,学习雷锋,学习毛泽东著作,学习焦裕禄等教育活动。

"文化大革命"开始后,学习毛泽东关于社会主义社会阶级、阶级矛盾和阶级斗争的论断以及"无产阶级专政下继续革命"的理论,开展"评法批儒"、批林批孔活动,造成职工思想混乱。

粉碎"四人帮"后,县域信用社开展真理标准的讨论,进行思想理论上的拨乱反正。深入学习贯彻中共十一届三中全会精神,掀起改革开放热潮。

1981 年,县域信用社开展学习中共中央《关于建国以来若干历史问题的决议》。

1984 年,县域信用社开展学习中共中央《当前农村经济政策的若干问题》和《中共中央关于农村工作的通知》,推进农村经济体制改革,促进商品经济发展。

1985 年,县域信用社开展有理想、有道德、有文化、有纪律教育,大力推进社会主义物质文明和精神文明建设。

1987 年,县域信用社在职工中开展以《坚持四项基本原则,反对资产阶级自由化》和《建设有中国特色社会主义》为基本教材的政治理论学习活动。

1991～1993 年,县域信用社开展学习《毛泽东选集》《邓小平文选》和江泽民总书记在庆祝中国共产党成立 70 周年大会上的讲话。1999 年,县域信用社全体职工集中学习《担保法》《合同法》《中国人民银行法》《商业银行法》《金融违法处罚条例》等法律法规,参加金融系统金融法规知识竞赛和全员考试。学习《会计、出纳制度》《贷款通则》《信用社各项规章制度》,参加计算机操作培训。

2005 年,县联合社聘请业务骨干担任授课辅导员,分批分岗位举办培训班。

2007 年,县联社围绕创建学习型联合社目标,提倡学习创新的工作作风,注重加强职工思想政治教育,结合保持共产党员先进性教育活动,开展多种形式廉政勤政教育活动,以增强全体职工的事业心、责任感、法制观念和服务意识。

2010 年,县联社举办会计、信贷、出纳、风险管理、审计人员集中培训班,组织测试,提升业务技能。开展争优创先竞赛活动,举办职工业务技能比赛,掀起"比、学、赶、帮、超"竞赛活动。学习中共十七届四中、五中全会精神,开展党性、党风教育活动。

2012 年,县联社加强职工思想道德和技能建设,对全辖职工从思想政治、业务技能等方面进行培训,提高职工思想和业务素质。

二、学历教育

1986 年 9 月,县联合社职工吾拉西·木哈乃在农行自治区分行干校参加脱产中专教育,期限 2 年6 个月。

1991 年 9 月,县联合社职工沙恒别克在农行自治区分行干校参加脱产中专学历教育,期限 2 年。

1993 年 9 月,县联合社职工孜班、赛力克在农行自治区分行干校参加脱产中专教育,期限 2 年 6个月。托合道在新疆财经学院参加脱产大专教育,期限 2 年。

1998 年 9 月,县联合社职工窦德贵在湖南农村金融职工大学参加脱产大专教育,期限 2 年。王秀云在西安财经学院参加脱产大专学历教育,期限 1 年。布列斯汗在新疆财经学院参加非脱产大学专科教育,期限 3 年。

1999 年 9 月,县联合社职工薛亮、王琳、刘登同在湖南农村金融职工大学参加非脱产学历教育,期限 2 年 6 个月。

2000 年 3 月,县联合社职工热马占、庞菊香在新疆财经学院参加脱产大专学历教育,期限 1 年。

2002 年 3 月,县联合社职工乔玉东、刘文琴、王伟忠、孙红在新疆财经学院参加非脱产本科学历教育,期限 2 年。

2004 年 9 月,县联合社职工李志军、王桂兰、吕超在新疆财经大学湖南农村金融职工大学参加非脱产大专学历教育,期限 2 年 6 个月。

2006～2007 年,县联合社职工乔玉东、刘文琴、王伟忠、孙红在新疆财经学院参加非脱产本科学历教育,期限 1 年。

2010 年 3 月,县联合社职工郭庆业、王琳、吕超、崔云虹在东北财经学院参加非脱产本科学历教育,期限 2 年 6 个月。

三、挂职学习

2006 年 5 月 10 日,县联社理事长王海勇经阿勒泰银监分局协调,到中国工商银行布尔津县支行进行挂职学习,任布尔津县支行行长助理职务,期限 3 个半月。

2008 年 3 月 17 日,县联社副主任薛亮被自治区联社选派到山东省潍坊地区青州市农村信用合作联社挂职,任主任助理,挂职期限6个月。

2009年5月5日,县联社理事长董朝晖被自治区联社选派到江苏省宜兴市农村合作银行挂职锻炼,期限6个月。乌鲁木齐"七五事件"发生后,挂职提前结束。

2010年6月12日,县联社副主任郭庆业被自治区联社选派到天津市合作银行挂职锻炼,期限6个月。

第五节　职工管理

一、劳动纪律

1984年5月20日,农行县支行信用合作股印发《关于转发〈团结营业所、信用社奖惩办法〉的通知》规定:全月旷工1天取消评奖资格;工作时间离开本职工作岗位超半小时进行登记,全月累计超过1个工作日取消评奖资格;请事假每月超过3天取消评奖资格;经医生证明每月病假不超过5天,超过5天取消评奖资格。

1992年1月,《哈巴河县信用社劳动纪律执行制度与办法》规定,请事假每月不得超过3天,超过3天的自第四天开始扣发工资。零星请假月底按实际累计小时数折天数计算扣发工资。请事假不出县境3天内由本社主任审批,出县境超过3天由县联合社主管日常工作的主任审批。请病假必须持医院证明方可批准,无医院证明请病假按旷工处理。如医院证明经查有弄虚作假情况,除每天扣发工资10元外,视情节轻重给予处分。旷工每天扣发工资10元,旷工连续15天或一年累计30天作除名处理。

2007年,县联社执行《新疆维吾尔自治区农村信用社联合社机关考勤制度》。制度规定,实行每周5天工作日,每天8小时工作制,周六、周日全天休息。自每月初开始累计迟到(早退),按次数计算扣除当月基本工资。每次迟到(早退)30分钟以上、60分钟以内的,按旷工半天处理;每次迟到(早退)1小时以上的,按旷工1天处理;旷工1天扣除当日基本工资。职工婚假一般为3天,晚婚除按国家规定的婚假外,增加婚假20天。计划生育内产假为90天,其中产前假15天;晚育产假为120天,其中产前假15天;计划生育内难产或双产产假为135天,其中产前假15天;怀孕4个月流产,产假15天,4个月以上42天。按规定女职工晚育,给予男方15天护理假。职工每年有1次探亲假,探望配偶,假期为30天(不含路途);未婚探望父母,假期为20天(不含路途);已婚每3年1次,假期为20天(不含路途)。职工工龄假,正式职工参加工作满5年以上未满20年,可休假10天;工作满20年以上,可休假14天。员工因病、因事休假,按比例扣发岗位、绩效工资,其中病假6个月以内,每请假1天,扣发当日60%的岗位、绩效工资;病假超过6个月以上,停发其岗位、绩效工资。连续旷工15天以上或全年累计旷工30天以上,予以除名。

2010年,县联社执行《新疆维吾尔自治区农村信用合作社劳动纪律管理规定》,要求考勤员认真做好考勤登记,按月向人力资源部门报送《员工考勤登记表》。《员工考勤登记表》经部门负责人审核签字并加盖部门公章后,于次月5日前,送交人力资源部门。增加职工年休假,员工参加工作已满1年未满10年,年休假5天;工作已满10年未满20年,年休假10天;已满20年,年休假15天。对职工迟到、早退、旷工新规定,上班晚到30分钟以内(含30分钟)视为迟到;提前下班30分钟以内(含30分钟)视为早退;上班时间擅自离开岗位30分钟以内(含30分钟)视为脱岗。迟到、早退5分钟以内每次扣20元,5～15分钟以内每次扣50元,15～30分钟以内每次扣100元,脱岗1次扣50元。一个月内迟到、早退、脱岗累计 3 次,扣 500 元,每增加一次扣 200 元,一个月内迟到、早退、脱岗次数超过 10 次,同时扣发全月绩效奖金。上班晚到、上班时间擅离岗位、下班提前在 30 分钟以上的视为旷工,旷工半天以上扣 200 元,超过半天未满 1 天扣 500 元;1 天以上 3 天以内,扣发当日基本工资及半个月绩效奖金;旷工 3 天以上 7 天以内,扣发当日基本工资及全月绩效奖金;旷工 7 天以上 14 天以内,除扣发当日基本工资外,连续扣发 3 个月绩效奖金,给予行政警告处分;旷工连续超过 15 天,或一年内累计超过 30 天,与其解除劳动合同。

二、学习制度

2006 年县联社成立后,要求全辖员工加强马列主义、毛泽东思想、邓小平理论和"三个代表"重要思想以及党的路线、方针、政策的学习;加强业务知识学习,要求员工准确、完整地掌握各项业务流程、政策及规章制度。鼓励员工利用业余时间参加函授、自学考试、学习培训,努力提高业务技能。员工学习由办公室负责组织实施,每周三下午为全体员工学习时间。员工参加各类会议和学习须提前 10 分钟到达会场,会议期间要专心听讲和认真讨论,并做好会议记录和学习笔记,严格遵守会场纪律,自觉关闭手机铃声,严禁在会场内交头接耳,严禁会议期间中途退场。

2008 年 3 月县联社党委成立后,规定每月一次党委中心学习组学习,由党委办公室组织,党委成员、各职能部门负责人参加。由各党支部组织实施每月一次党员学习,重点学习党的方针、政策和党的理论知识。

三、柜员管理

(一)柜员持证上岗考试

2008 年,县联社按照《新疆农村信用社 2008 年员工持证上岗资格考试实施方案》,实行员工持证上岗资格考试制度。考试坚持公开、公平、公正的原则;坚持切合实际,难易适度的原则;坚持考试结果与岗位聘任、职务晋升、薪酬收入挂钩原则;坚持统一组织,分级负责,分类实施,协调一致原则。结合信用社实际情况,组织对信贷管理、财务会计、风险管理和审计等业务进行上岗资格考试(汉、维两种语音)。同时,有计划、分步骤地适时组织开展各类业务上岗资格考试,逐步形成完善、制度化的上岗制度。上岗资格考试结果记入员工本人档案,作为员工竞(续)聘相应岗位工作、职务晋升、岗位交流、进入人才库以及确定其薪酬收入的重要依据。对首次考试不合格未获得资格证书的员工,进行在岗学习培训,其间扣发岗位工资 30%,效益工资由联社根据实际情况予以扣发。并在 3 个月内组织一次补考,补考合格,发给上岗资格证书,补考费由本人自理。对补考仍不合格员工,扣发岗位工资 50%;对再次补考仍不合格员工,实施待岗处理。待岗期间,其待遇按照收入分配制度有关规定,只发放基本生活费,不调整工资,不聘任行政职务,不晋升专业技术职务。

(二)柜员档案

县联社柜员人事档案是县联社在招聘、调配、培训、考核、奖惩、选拔和任用等工作中形成的有关员工个人经历、政治思想、业务水平、工作任用及工作变动等情况的文字材料,是全面考察员工的依据。柜员人事档案内容有:收集记载柜员个人经历的材料;收集自传及属于自传性质的材料;收集鉴定(含自我鉴定)、考察、考核材料,经济责任审计报告;学历、学位、学绩、培训和专用技术情况的材料;收集柜员政治历史、家庭成员和主要社会关系情况材料;收集柜员加入中国共产党、中国共产主义青年团及民主党派的材料;收集各种先进人物登记表、先进模范事迹、嘉奖、通报表扬等材料;收集柜员违反党纪、政纪、国法等材料;收集反映柜员录用、转正、任职、工资、调动、出国、出境、退休等方面的材料;其他可供组织参考有保存价值的材料。柜员档案按照管理权限,实行分级管理。

第五章 人民币

人民币是中华人民共和国唯一法定货币。1948 年 12 月,中国人民银行成立,开始发行人民币。1951 年 9 月 21 日,中央人民政府政务院发布《关于在新疆发行带维吾尔文的人民币的命令》。10 月 1 日,新疆省人民政府发布加印维吾尔文人民币,收回省币银圆票的布告。哈巴河县农村信用社自 1955 年建社后,严格执行人民银行货币发行管理制度,认真做好新旧人民币兑换、残损币兑换、反假币、反洗钱工作,为县域金融稳定做出贡献。

第一节 人民币兑换

一、新旧人民币兑换

1951 年 9 月 21 日,中央人民政府政务院发布《关于在新疆发行带维吾尔文的人民币的命令》。10 月 1 日,新疆省人民政府发布加印维吾尔文人民币,收回省币银圆票的布告。人民银行新疆分行发布关于发行加印维吾尔文人民币的通告。带维吾尔文的人民币与其他多版人民币等值在全国流通。旧银圆票壹元兑人民币 350 元。自 1951 年 10 月 1 日起,所有公私交往收支、记账、纳税、议价、债务处理,均以人民币为本位币。阿山专区人民币收兑工作自 1951 年 10 月 1 日至 12 月 31 日。

1955 年 2 月 21 日,国务院颁发《关于发行新的人民币和收回现行的人民币的命令》。1955 年 3 月 1 日,新版人民币由中国人民银行发行,有汉、壮、藏、蒙、维吾尔等 5 种文字,面额为 1 分、2 分、5 分、1 角、2 角、5 角、1 元、2 元、3 元、5 元、10 元等 11 种。1955 年 4 月 1 日,停止流通旧人民币,新版人民币以 1 元折合旧人民币 10000 元的比率将旧人民币全部收回。

1962 年 4 月 20 日至 1966 年 1 月 10 日,中国人民银行陆续发行第三套人民币,面额有 1 元、2 元、5 元、10 元、1 角、2 角、5 角、1 分、2 分、5 分等 10 种。1964 年 4 月 15 日,哈巴河县遵照上级文件精神,兑换收回由苏联代印的 3 元、5 元、10 元 3 种面值的人民币(简称"三票"。"三票"是 20 世纪 50 年代,由于国家印钞生产能力不足,缺少高质量印钞纸,面额 3 元、5 元、10 元的人民币由国内设计,苏联代印,称为苏印"三票"),不再流通使用。兑换前几个月,人行县支行营业所和信用社对"三票"只收不付,逐步回收。公开兑换时,人行县支行增设兑换点,兑换比率 1:1,整个收兑工作顺利,基本在预定期限内完成收兑。

1987 年 4 月 27 日开始发行流通第四套人民币,在原来第三套人民币面额的基础上增加 50 元券和 100 元券。第四套人民币与第三套人民币币值相等,混合流通。第四套人民币实行"一次公布,分次发行"。第一次于1987年4月27日,发行了50元券和5角券;第二次于1988年5月10日起,发行了100元券、2元券、1元券、2角券;第三次于1988年9月22日发行了10元券、5元券、1角券。1992年8月20日人民银行又发行了1990年版带有安全线的50元券和100元券。1998年1月1日起,第三套人民币停止在市场流通(低面额纸币、硬分币除外),县域信用社遵照人民银行规定,为县域农牧民群众兑换第四套人民币。至2000年7月1日,第三套人民币停止市场流通使用,县域群众持有旧人民币可到县域信用社兑换新人民币。

1999年10月1日,在中华人民共和国成立50周年之际,中国人民银行发行第五套人民币,实行"一次公布,分次实行"。第五套人民币有1元、5元、10元、20元、50元、100元6种面额,其中1元有纸币、硬币2种。1999年10月,首先发行100元纸币;2000年10月16日发行20元纸币、1元和1角硬币;2001年9月1日发行50元、10元纸币;2002年11月18日发行5元纸币、5角硬币;2004年7月30日发行1元纸币。第五套人民币增加20元人民币面额,取消2元面额,面额结构更加合理。2005年8月31日发行第五套人民币2005年版100元、50元、20元、10元、5元纸币和1角硬币。第五套人民币自1999年发行后,县域信用社遵照人民银行规定,为县域群众兑换新版人民币。

二、残损币兑换

1955年5月8日,中国人民银行公布残缺人民币兑换方法,并对残缺人民币兑换办法做出内部掌握说明。残缺人民币票面残缺不超过五分之一,票面其余部分的图案、文字能照原样连接的;票面污损、熏焦、水湿、油浸、变色但能辨别真假、票面完整或不超过五分之一,票面其余部分的图案、文字能照原样连接的;票面残缺五分之一以上至二分之一,其余部分的图案文字能照原样连接者,应持币向中国人民银行照原面额半数兑换,但不能流通使用。凡残缺人民币票面残缺二分之一以上的,票面污损、熏焦、水湿、油浸、变色不能辨别真假的,刻意挖补、涂改、贴、拼凑揭去一面的均不予兑换。不予兑换的人民币由中国人民银行打洞作废,不得流通使用。

1958年9月30日,人行自治区分行转发《硬分币兑换办法》及残缺拾元券按照《残缺人民币兑换办法》办理通知。通知内容:10元券不另发兑换办法,按现行残缺人民币兑换办法(1955年5月8日公布)规定办理。硬分币兑换办法规定在流通过程中,摩擦受到损伤的硬分币,能辨别正面的国徽或反面数字,即可兑换新的硬分币;已经穿孔、裂口、破缺、压薄、变形以及正面的国徽和反面的数字皆不能辨认的硬分币,一律不能兑换新硬分币,同时不能在市场上使用。人行自治区分行在转发硬分币兑换办法的同时转发《硬分币兑换办法掌握说明》。规定版面略有弯曲、伤痕或有凹凸不平的情况,凡能辨别国徽、金额均可按面额兑换;不予兑换的硬分币要收回,群众要求退还的,应声明不得在市场上流通;有硬分币被破坏或伪造情况时,须配合相关部门进行追查,如情况属实,参照《妨害国家货币治罪暂行条例》处理。

1960年2月2日,人行阿勒泰专区分行转发人行自治区分行《关于建立残缺破币销毁点及有关销毁手续的通知》。通知要求充分认识销毁残缺币意义,加强对残损币管理,强化销毁程序和审批。同时规定银行和监销人员职责、销毁时安全事项、销毁后手续处理。县域信用合作社,执行上级通知精神,严格审批手续,认真履行职责,做到及时、安全销毁残缺破币。

1964年4月3日,人行阿勒泰专区分行(代电)《关于公开收兑三种钞票的通知》,通知指出:按人行自治区分行特急电通知,关于公开收兑三种钞票,中央已决定自4月15日起,停止流通使用,限30天兑换完毕。县域信用合作社和银行营业所按通知精神,做好宣传和职工收兑培训工作,使职工了解收兑程序和收兑券分版工作,为县域收兑"三票"工作有序开展打下基础。

1965年9月28日,人行自治区分行转发人民银行《关于残缺人民币兑换规定》和《关于修订人民币销毁和挑剔标准加强破币回收工作的意见》。县域信用合作社根据通知精神,组织出纳人员学习,并贯彻实行。

2003年12月24日,中国人民银行公布《中国人民银行残缺污损人民币兑换办法》,自2004年2月1日起施行。残缺、污损人民币指票面撕裂、损缺,或因自然磨损、侵蚀,外观、质地受损,颜色变化,图案不清晰,防伪特征受损,不宜继续流通的人民币。群众在办理人民币存取款业务的金融机构应无偿兑换残缺、污损人民币,不得拒绝兑换。残缺、污损人民币兑换分"全额""半额"。能辨别面额,票面剩余四分之三(含四分之三)以上,其图案、文字按原样连接的残缺、污损人民币,按原面额全额兑换;能辨别面额,票面剩余二分之一(含二分之一)至四分之三以下,其图案、文字能按原样连接的残缺、污损和票面呈正十字形缺少四分之一的人民币,按原面额一半兑换。兑付额不足1分,不予兑换;5分按半额兑换,兑付2分。10月15日,人行阿勒泰地区中新心支行下发《关于进一步做好残损人民币回收工作的通知》,通知要求各支行要安排部署好残损人民币回收工作。县域信用社执行通知精神,认真做好残缺、污损人民币兑换工作。

2004年4月,农村信用合作社现金发行纳入国家发行基金管理,同时人民银行根据货币管理有关规定,对农村信用社残损币回笼纳入考核计划。当年,县联合社召开由分管领导和各部室负责人参加的残损人民币兑换会议,制订计划,把任务分解到基层各信用分社。各分社设立"残损人民币兑换服务窗口",随时办理兑换业务,为客户提供方便。同时,联合社各分社采取发放宣传单、悬挂横幅、设立咨询台为农牧民讲解残损币知识,并实行上门兑换服务。

2005年6月21日,县联合社下发《关于做好2005年度残损人民币收回工作的通知》。要求全辖出纳、柜面人员高度重视残损人民币回收工作,做到应收尽收。2005年以后,县联社按照人民银行要求,每年制订残损币回收计划,分解到各基层信用社。

第二节　反假币

一、防范假币

1959年,中国人民银行总行规定:信用部的出纳人员负责现金收付、封装、保管、收兑破币、兑换金银、调剂市场主辅币以及进行反假币斗争。至此,信用社把反假币作为出纳工作的一项职责,逐步树立起反假币意识。

1968年,人行自治区分行下发《加强反假币工作通知》及《注意防范假币的通知》,县域各信用社遵照执行。

1978年6月2日,人行自治区分行下发《关于寄发十元券鉴别手册的通知》。要求辖内各金融机构根据内紧外松的原则,对出纳干部进行一次反假票斗争教育,切实做好防范假币工作。县金融系统组织出纳人员研究假票特点,掌握识别技术,提高警惕,做到一有假票就能及时发现。同时,县域金融系统加强与公安、边防部门联系,强化对入境(县域地处边境)人员检查,做好把关堵口工作,杜绝假票流入。

1982年10月4日，人行自治区分行转发中国人民银行《关于变造国家货币按伪造国家货币治罪的通知》。

1989年8月，县联合社贯彻人民银行《关于开展反假人民币工作的情况和意见》，要求辖内各信用社人员提高警惕，严格把关，发现问题，及时上报。县联合社下发《关于发现"90年版"机制假人民币的情况通报》，要求各辖内各信用社发现情况立即上报联合社和当地公安机关。

1992年8月20日，人民银行发行带有安全线的90年版50元券和100元券，人民币的防假功能得到进一步提高。当年，县联合社执行《中国农业银行关于反假币工作奖惩暂行办法》，配合人民银行和有关单位开展反假币斗争，严厉打击伪造、变造人民币活动。同年，按照人行县支行《转发〈关于加强银行柜面堵截新版假币的通知〉的通知》，县联合社要求辖内各信用社收付50元以上大面额钞票，须手工清点与双检伪验钞机相结合，以手工鉴别为准，做好柜面堵截工作，严防假币流出银行。

1995年3月，《中国人民银行法》颁布。该法明确伪造、变造和出售伪造、变造的人民币，或明知伪造、变造的人民币而运输构成犯罪的，依法追究刑事责任。购买伪造、变造的人民币或明知伪造、变造的人民币而持有、使用构成犯罪的，依法追究刑事责任。5月4日，人民银行制定《反假人民币奖励办法（试行）》，为防范和打击反假币工作提供有力保障。

1998年12月21日，人民银行颁布《农村信用合作社出纳制度》，针对反假币及票样管理做出规定。县联合社根据制度规定，指定专人负责建立领发保管票样手续。分发保管票样，须办理签收手续，登记票样登记簿，按券别、版别立户登记号码和领用单位名称。换人保管票样时，须办理交接手续，真假币鉴别手册及资料保管。

2001年，县联合社根据国务院反假币工作联席会议精神的要求，加强辖内各信用社反假币工作力度。

2002年6月21日，县联合社组织辖内各信用社采取悬挂横幅、板报、广播、发放宣传单、接受咨询等形式，开展"爱护人民币、反假人民币宣传周活动"。11月15日，县联合社组织辖内各信用社出纳学习人行乌鲁木齐中心支行印发的《新疆维吾尔自治区金融机构办理人民币存取款业务收缴假币实施管理暂行办法》。

2003年2月17日，人行阿勒泰中心支行办公室转发《中国人民银行办公厅关于发现第五套人民币10元券假币的通报》；2月20日，县联合社根据通报精神，组织县内各信用社出纳、柜员等有关人员学习，提高识别假币防范能力和意识。同月，县联合社对辖内信用社13名一线员工进行反假币培训，并在人行阿勒泰地区中心支行工作人员监考下进行考试，合格率100%，13人取得反假币上岗资格证书。6月10日，县联合社根据人行阿勒泰地区中心支行办公室转发《关于对近期发现假100元券的通报》，加强辖内临柜人员防范意识，防止出现误收误支假币及拼凑币现象。当年，县联合社组织辖内信用社临柜人员进行专业培训，同时利用宣传栏、咨询台等多种形式进行反假币宣传，提高群众防范和识别假币的意识和技能。至年末，共制作反假币宣传栏8期，设置反假币咨询台7个，举办培训班1期。

2004年，县联合社针对各营业网点离县城较远，信息闭塞，假币活动活跃的特殊情况，在偏僻乡村开展识别真假人民币宣传活动。各信用分社工作人员在宣传识别真假人民币活动中，重点指导农牧民群众辨认人民币的防伪标志，从视觉、手感等不同角度进行识别。同时大力宣传使用假人民币的危害性，从根源上减少假币流通市场空间。

2005 年 10 月,县联合社辖内各信用社分社采取悬挂反假宣传横幅、设置展板、发放散发传单、设立反假咨询台和开展反假币知识竞赛等形式,在全辖开展反假币宣传月活动。

2007 年 3 月 15 日,县联社在全辖开展反假币宣传日活动,共挂横幅 5 条,发宣传单 200 余份,联社员工 42 人参加宣传活动。

2008 年,县联社加大反假货币宣传活动力度,辖属各信用社在营业厅门口悬挂"爱护人民币,杜绝假币"的反假币宣传横幅;同时利用巴扎天,在乡(镇)主要街道悬挂反假币横幅,张贴反假币标语,设置反假币知识咨询台,由工作人员现场讲解假币的识别方法和特点。城区网点在县城闹市区设置宣传台,接受群众设别假币知识咨询。9 月 19 日,自治区联社办公室下发《关于进一步规范假币印章样式的通知》,对假币印章的样式、作用、刻制、尺寸、规格以及管理使用进行规范。

2010 年 7 月 8 日,县联社根据人行乌鲁木齐中心支行《关于开展 2010 年反假币宣传月工作的通知》要求,于 7 月 8~9 日,对辖属各信用社主任、会计、柜员进行反假币集中学习。通过学习,提高员工对反假币工作认识,推动反假币工作机制建设。辖属信用社主任、会计、柜员 35 人参加学习。

2012 年 9 月 20 日至 10 月 20 日,联社按照上级要求开展反假币宣传月活动。宣传内容:反假货币法律法规,货币防伪基础知识,第五套(2005 版)人民币的基本常识及防伪特征,发现的假人民币种类及主要识别方式,制贩假人民币及货币诈骗典型案例等。联社有 265 人次参加活动,发放宣传资料 2500 份,接受现场咨询 1500 人次。

二、假币识别

识别人民币真伪,通常采用"一看、二摸、三听、四测"的方法。

一看。1. 看水印:第五套人民币各券别纸币的固定水印位于各券别纸币票面正面左侧的空白处,迎光透视,可以看到立体感很强的水印。100 元、50 元纸币的固定水印为毛泽东头像图案,20 元、10 元、5 元纸币的固定水印为花卉图案。2. 看安全线:第五套人民币纸币在各券别票面正面中间偏左,均有一条安全线。100 元、50 元纸币的安全线,迎光透视,分别可以看到缩微文字"RMB100"、"RMB50"的微小文字,仪器检测均有磁性;20 元纸币,迎光透视,是一条明暗相间的安全线,10 元、5 元纸币安全线为全息磁性开窗式安全线,即安全线局部埋入纸张中,局部裸露在纸面上,开窗部分分别可以看到由微缩字符"￥10""￥5"组成的全息图案,仪器检测有磁性。3. 看光变油墨:第五套人民币 100 元和 50 元券正面左下方面额数字采用光变墨印刷。将垂直观察的票面倾斜到一定角度时,100 元券的面额数字会由绿色变为蓝色;50 元券的面额数字则由金色变为绿色。4. 看票面图案是否清晰,色彩是否鲜艳,对接图案是否可以对接上。第五套人民币纸币是阴阳互补对印图案,应用于 100 元、50 元和 10 元券中。这三种券别的正面左下方和背面右下方都印有一个圆形局部图案,迎光透视,两幅图案准确对接,组合成一个完整的古钱币图案。5. 用 5 倍以上放大镜观察票面,看图案线条、微缩文字是否清晰干净。第五套人民币纸币各券别正面胶印图案中,多处印有微缩文字。100 元微缩文字为"RMB"和"RMB100";50 元为"50"和"RMB50";20 元为"RMB20";10 元为"RMB10";5 元为"RMB5"和"5"字样。

二摸。1. 摸人像、盲文点、中国人民银行行名是否有凹凸感。2. 摸纸币是否薄厚适中,挺括度好。

三听。即通过抖动钞票使其发出声响,根据声音来分辨人民币真伪。人民币的纸张,具有挺括、耐折、不易撕裂的特点。手持钞票用力抖动、手指轻弹或两手一张一弛轻轻对称拉动,能听到清脆响亮的声音。

四、测。即借助一些简单的工具和专用的仪器来分辨人民币的真伪。如借助放大镜可以观察票面线条清晰度、凹印微缩文字等;用紫外灯光照射票面,可以观察钞票纸张和油墨的荧光反映;用磁性检测仪可以检测黑色横号码的磁性。

三、假币收缴流程

县联社办理假币收缴流程:由2名以上业务员当面予以收缴(收缴人员必须具有鉴定技能并获反假币上岗资格证);对假人民币纸币应在假币背面加盖"假币"字样的戳记,对假外币纸币及各种假硬币当面以统一格式的专用袋加封,封口处加盖"假币"字样戳记,并在专用袋上标明币种、券别、面额、张(枚)数、冠字号码、收缴人、复核人、复核人名章等细项;向持有人出具中国人民银行统一印制的《假币收缴凭证》;告知持有人如对被收缴的货币真伪有异议,可向中国人民银行当地分支机构或中国人民银行授权的当地鉴定机构申请鉴定。收缴的假币不再交还持有人。2004~2012年,县联社共收缴假人民币2430元。

第三节 反洗钱

一、组织领导

2004年8月10日,县联社成立反洗钱领导小组。组长薛亮,副组长王伟忠,成员乔玉东、刘文琴、王志友、李志军、吕超、何计划、王琳、王桂兰。

2006年6月,县联社调整反洗钱工作领导小组。组长王海勇,副组长窦德贵,成员刘文琴、王志友、李志军、吕超、孙红、王琳、王桂兰、王秀云。

2008年8月10日,县联社调整反洗钱工作领导小组,组长董朝晖,副组长窦德贵,成员孙红、贾敬伟、王琳、王志友、贾博、吕超、王秀云。反洗钱工作领导小组下设反洗钱调查联络小组、现金支付交易监测小组、转账支付交易监测小组。办公室设在计财部,负责信息收集和反馈,确保反洗钱工作顺利开展。

二、反洗钱内控制度

2006年,县联社按照《金融机构反洗钱规定》做好账户及现金管理,堵塞漏洞,杜绝洗钱活动的发生。

2007年1月1日,《中华人民共和国反洗钱法》施行。为预防洗钱活动,维护金融秩序,遏制洗钱犯罪及相关犯罪,县联社依法采取预防、监控措施,建立健全客户身份识别制度、客户身份资料和交易记录保存制度、大额交易报告制度,履行反洗钱义务。

2008年,县联社分两批对会计主管、柜员进行反洗钱培训,提高职工领悟反洗钱工作的重要性。组织召开由市联社领导、中层干部及各网点主办会计参加的反洗钱宣传活动动员会,强调活动的目的和重要性,学习《金融机构反洗钱规定》及法规,提高认识和假币识别的业务技能。

2009年,县联社制定《哈巴河县农村信用合作联社反洗钱工作方案》《哈巴河县农村信用社反洗钱内控制度》《哈巴河县农村信用社大额交易和可疑交易报告制度》《哈巴河县农村信用社客户身份识别和客户身份资料及交易记录保存管理办法》等制度、办法,在全辖范围内开展反洗钱宣传工作。

同时对反洗钱工作领导小组和内控办事机构、各具体岗位职能、职责做到明确分工,确保反洗钱工作顺利进行。

当年,县联社按照《金融机构大额和可疑外汇资金交易报告管理办法》要求,加强对大额现金专账支付交易监测,落实大额和可疑交易报告制度;建立台账制度和异常交易制度,制定大额汇兑登记制度和对公大额收付登记制度,对大额转账收付交易进行详细登记、分析,防止洗钱活动发生;按规定每月报送大额交易、可疑交易报告的相关资料及报表;落实大额现金超出审批权限以上交易,能够主动上报。

2012 年,县联社对反洗钱工作领导小组及其内设办事机构、各具体岗位的职能、职责重新明确分工,不定期组织检查,确保反洗钱工作深入开展。当年,联社各营业网点在开户开立新账户时,要求并认真审查客户填写的《开户申请书》及其他信息资料,确保完整、清晰、准确。会计人员准确、完整地将存款人信息按规定录入门柜系统,建立完整的存款人信息库,包括单位存款人的名称、法定代表人或负责人姓名及其他有效身份证件的名称和号码,开户的证明文件,身份证的名称和号码、住所地址、联系电话等信息。

同时,联社在监察保卫部设置反洗钱工作处,各基层信用社按要求设置 AB 处;选拔文化程度较高,专业知识对口,有良好计算机操作水平,熟悉经济金融及法律方面知识的员工充实到反洗钱工作岗位。并加强与公安及其他金融机构等部门沟通,构建较为完善的反洗钱工作体系,协调配合形成合力。

三、宣传培训

2006 年县联社成立后,通过悬挂反洗钱宣传横幅、发放反洗钱宣传单和广播电视等形式宣传反洗钱知识。同时,结合联社实际加强反洗钱知识普及和金融法规的宣传教育,提高客户法律意识,形成预防和打击洗钱活动的社会氛围。

2008~2010 年,县联社先后举办 7 次职工反洗钱知识培训,通过考试,合格率达 100%。

2012 年,县联社根据人民银行出台的《金融机构反洗钱规定》,加强对各网点监柜人员反洗钱知识培训,增强反洗钱专业队伍。同时,在辖内建立 6 个反洗钱工作宣传点,采取悬挂反洗钱宣传横幅、发放反洗钱知识宣传单、办反洗钱知识板报、设立反洗钱柜台等方式宣传反洗钱及相关金融知识。至年末,联社举办反洗钱知识培训班 2 期,培训 160 人次;悬挂反洗钱宣传横幅 10 条,发放反洗钱宣传单450 份,设立反洗钱柜台 6 个,办反洗钱板报 4 期。

第六章　股金

股金即资本金,是辖内农村信用社社员加入农村信用社时缴纳的入股资金,是建立农村信用社的第一资金来源。农村信用社按照国家相关政策,以社员入股的资本金开展业务,由社员民主管理,主要为社员提供服务,同时不断规范股金结构,加强股金管理,坚持盈余分红,维护社员合法权益,使农村信用社事业在不断改革和壮大中持续发展。

第一节　入股

哈巴河县辖内农牧户、个体工商户、信用社职工、企业法人和其他经济组织承认哈巴河县农村信用社章程,以人民币入股成为其社员,参与信用社经营管理,承担社员义务,获取优惠服务和参与收益分配。

1955年3月成立阿不列兹克农村信用合作社时,实行入股自愿原则,一人一股,每股5元,每人入社费0.3元。有502人申请入社,占全乡总人数34%,认股535;实际收到435股,股金2175元,实际入股数占认股数81%。

1956年农业合作化运动高潮时期,农牧民在生产和生活上对经济合作的愿望日益迫切。至年末,建成12个信用合作社,达到乡乡有社。入社户数2995户,社员5561人,其中妇女社员2146人,入社社员占全县人口80%。认股7000股,股金1.45万元。

1958年5月,随着撤区并乡工作开展,12个信用合作社合并为5个信用合作社,有社员3013户,占全县农牧户82%,社员5805人,股金1.88万元。1958年8月至1961年成立人民公社后,5个信用合作社的财产、资金(包括股金、公积金、公益金)、存款等业务并到3个由所社合并的信用部,在生产大队陆续成立12个信用分部。1962年,经过整顿,恢复建立5个公社信用合作社,实行独立经营、自负盈亏,坚持民主办社原则,使农村合作机构和组织得到加强,股金达2.63万元。

1963年,随着居住边境区域的农牧民内迁,将边境区域的2个公社信用合作社撤并,至1965年股金达2.9万元。

"文化大革命"期间,由于"极左"思想的影响和林彪"四人帮"的破坏,给县农村信用合作事业造成严重损失。几经磨难,历经曲折,在信合员工的艰辛努力下,信合事业得以持续。1976年末,全县有公社信用合作社5个,股金2.59万元。

1984年,县域信用社进行体制改革,恢复农村信用社"三性"(组织上的群众性、管理上的民主性、经营上的灵活性),规定农村个人和集体经济单位都可以向信用社入股,成为信用社社员。股金设置一元一股,入股起点10元。县域信用社对原有股金进行清理核对,落实股权,换发新证,积极扩股

11.39万元,清理股金1.17万元,年末股金达12.65万元。

1989年4月,县域6家农村信用社入股10万元,成立哈巴河县农村信用合作社联合社,其中加依勒玛信用社2万元,萨尔塔木信用社、齐巴尔信用社、库勒拜信用社、萨尔布拉克信用社、铁列克信用社各入股1.6万元。当年联合社营业部成立后,开始吸收城镇居民入股。年末股金18.94万元。至1992年末,股金达26.84万元。

1993年,县域信用社扩股工作按照"入股自愿、股权平等、利益共享、风险共担"原则,实行"保息分红"政策,其股息为定期存款利率基础上上浮16%,吸收股金638万元(实际为存款化股金)。年末股金663万元,其中存款化股金638万元。

1995年,人行阿勒泰地区分行批复《关于阿勒泰地区农村信用社扩股股管理办法》,同意阿勒泰地区农村信用社1995年度扩股。哈巴河县联合社通过县广播电视台对扩股工作进行宣传,县域信用社扩股指标400万元(存款化股金),实际完成311万元,年末股金449万元。

1996年,县域信用社与农业银行脱离行政隶属关系。1997年,联合社调整股金结构,规定一元一股,提高入股起点,个体社员入股不少于100元,团体社员入股不少于1000元。开展清股扩股工作时做到有机结合,对现有股金认定核实,使用记名式股金证,按新股金标准重新登记建立台账;对存款化股金进行清理,不足起点的要求补足,对1993年底以前未补足的进行专户管理。当年清理股金306万元(主要是存款化股金),吸收股金14.6万元,年末股金57万元。

1998年,县联合社决定全员职工必须入股,在农村信用社工作的职工每人入股500元,在联合社工作职工每人入股1000元,职工共入股2万元(14人未入股),年末股金66.81万元。同年,各信用社向联合社增股21.6万元,其中加依勒玛信用社增股3万元,萨尔塔木信用社、齐巴尔信用社、库勒拜信用社、萨尔布拉克信用社各增股3.4万元,阿克齐信用社入股5万元。当年末,县域信用社共向县联合社入股31.6万元。

1999年,县域信用社逐步恢复自愿入股,由社员民主管理,主要为入股社员服务的合作金融组织性质。2000~2003年,县联合社贯彻为入股社员服务的经营理念,抓住当地政府调整产业结构的机遇,制定社员贷款优先,利率优惠的政策,将入股金额和信贷额度相结合,促进社员参与信用社经营管理,增强社员入股积极性。至2003年末,入股金额623万元。

2004年,县联合社要求内部一般员工入股5000元,中层以上员工入股10000元,内部员工增股32万元,法人增股7万元,其他自然人增股354万元。年末股金余额1016万元,其中法人股16万元,职工股42万元,其他自然人股958万元。

2005年,县联合社制定《哈巴河县农村信用社股本金管理办法》,拟订增资扩股实施方案,在全县宣传信用社改革目的、入股优惠政策。赞助电视台插播信用社宣传广告,在城乡主要路段竖立宣传牌,在村委会户外墙体喷写宣传语。县联合社层层分解上级下达400万元增资扩股任务,纳入到年度工作考核中。年末完成增股任务的103%,股金达1428万元,其中法人股17万元,职工股201万元,其他自然人股1210万元。

2006年,县联社清理不合规股金18万元,其中清退不足起点股金1万元,超比例股金8万元,1993年以前入股股东不详股金9万元暂作挂账处理。年末,联社股金1562万元。

2007年,县联社对自然人股和法人股分别设定资格股和投资股,年末股金余额1682万元。按投资主体分,自然人股金1656万元,占98.45%;法人股金26万元,占1.55%。按股金性质分,资格股1491万元,占88.64%;投资股191万元,占11.36%。社员持有的资格股经理事会同意,按规定办理登记手续后可以退股。投资股可依法转让、继承和赠予,但不能退股。

2008 年第一季度,县联社吸收投资股 370 万元,投资股比例 30.75%,达到监管部门不低于 30% 规定。12 月,联社吸收新疆金融投资有限公司投资股 400 万元。年末,联社股金余额 2449 万元。按投资主体分,自然人股金 1722 万元,占 70.31%;法人股金 727 万元,占 29.69%。按股金性质分,资格股 1408 万元,占 57.49%;投资股 1041 万元,占 42.51%。

2010 年,县联社制订《哈巴河县农村信用合作联社股权改造方案》,通过增扩投资股、转换或转让资格股,进行股权改造。2011 年末,联社股金 3892 万元,其中投资股 3432 万元,占 88.18%;资格股 460 万元,占 11.82%。

2012 年 2 月,县联社转换 145 万元资格股,对 314 万元资格股清理挂账,资格股改造工作全面完成。年末,联社股金 3892 万元。其中,法人股 1272 万元,占 32.68%;职工股 720 万元,占 18.50%;其他自然人股 1900 万元,占 48.82%。单个自然人持股最高额 50 万元,占股金总额 1.28%;单个法人持股最高额 800 万元,占 20.55%。

1989 ~ 2012 年县联社(联合社)股金统计表

表 6 - 1　　　　　　　　　　　　　　　　　　　　　　　　　　　　　单位:万元

年度	股金总额	按股金来源与归属			按股权结构	
		自然人股	其中职工股	法人股	资格股	投资股
1989	19	19	0	0	19	0
1990	21	21	0	0	21	0
1991	23	23	0	0	23	0
1992	27	27	0	0	27	0
1993	663	663	0	0	663	0
1994	377	377	0	0	377	0
1995	449	449	0	0	449	0
1996	349	349	0	0	349	0
1997	57	56	0	1	57	0
1998	67	67	0	0	67	0
1999	65	64	2	1	65	0
2000	58	57	2	1	58	0
2001	85	84	2	1	85	0
2002	266	261	6	5	266	0
2003	623	614	10	9	623	0
2004	1016	1000	42	16	1016	0
2005	1428	1411	201	17	1428	0
2006	1562	1544	214	18	1562	0
2007	1682	1656	214	26	1491	191
2008	2449	1722	241	727	1408	1041
2009	2447	1720	233	727	1400	1047

续表 6 - 1

年度	股金总额	按股金来源与归属			按股权结构	
		自然人股	其中职工股	法人股	资格股	投资股
2010	3012	1885	251	1127	1189	1823
2011	3892	2615	719	1277	460	3432
2012	3892	2620	720	1272	0	3892

第二节　股金管理

县联社根据《关于规范农村合作金融机构入股的若干意见》及《哈巴河县农村信用合作联社章程》等有关规定,坚持"入股自愿、风险自担、服务优惠、利益共享"的原则管理股金。2005 年,联社制定《哈巴河县农村信用合作社股本金管理办法》,并于 2011 年进行修订,规范联社股金管理,保护县联社和入股社员的合法权益。

一、入股原则

1955～1956 年哈巴河县建立农村信用合作社时,建社委员会积极组织,对全县农牧民广泛宣传入股自愿原则,实行一人一股制。1957 年 2 月 7 日,县域农村信用合作社根据农业银行自治区分行转发农总行修订的《农村信用合作社示范章程草案》,坚持自愿和互利原则,社员入股自愿,退股自由,存款自愿,取款自由,贷款合理,有借有还;每一社员加入一股为原则。7 月,县域农村信用合作社根据人行自治区分行下发《关于信用社示范章程及农村非现金结算办法的修改意见》,将"一人一股"原则改为"一人一股,多入不限"原则,提高群众入股积极性,适当扩大股金,壮大资金力量,巩固信用社支持生产。

1984 年 5 月,县域信用社根据农总行下发《中国农业银行关于对信用社管理体制改革几个问题的意见的通报》,扩股贯彻自愿原则,不用行政命令、行政方法派摊。社员有入股、退股自由。8 月,县域信用社执行国务院下发《国务院批转中国农业银行关于改革信用合作管理体制的报告的通知》,农村个人和集体经济单位均可入股,入股贯彻自愿原则,有入股和退股自由;信用社办理业务,在同等条件下,对入股社员贷款可以优先,利率可以优惠。1992 年 9 月,根据全国农村信用合作工作会议精神,县域信用社股金实行"利益共享、风险共担"原则。

1996 年 3 月,县域信用社执行农行自治区分行下发《1996 年新疆农村信用合作工作意见》,按照"入股自愿、利益共享、风险共担"原则加强股金管理。

1997 年 11 月,县域信用社执行中国人民银行颁发《农村信用合作社章程(范本)》规定,坚持入股自愿、社员所有、利益共享、风险共担、民主管理、勤俭办社原则。

2004 年 4 月,县域信用社执行中国银行业监督管理委员会印发《关于规范农村合作金融机构入股的若干规定》,坚持入股自愿、风险自担、服务优惠、利益共享原则。

二、入股条件

自然人、企业法人和其他经济组织符合向金融机构入股条件的,均可向其户口所在地或注册地的农村信用社申请入股,成为县联社社员。联社吸纳股金以货币资金入股,不得以实物资产、债权、有价证券等形式作价入股。社员必须以自有资金入股,不得以各种贷款入股。联社不接受各级人民政府、财政资金直接向联社入股。

三、股权设置

县联社采取合作制产权形式,根据股金来源与归属设置自然人股和法人股。按股权结构将自然人股和法人股分别设定资格股和投资股 2 种。社员参与县联社股金管理,实行一人一票表决权。

1996 年 5 月,县域信用社执行《阿勒泰地区农村信用社社员股金章程》规定,社员股 100 元为一手,集体股 500 元为一手,采取股权证形式。

1997 年,县域信用社执行《农村信用社合作社章程(范本)》规定,单个社员最高持股额不超过本社股本金总额 2%。

2005 年 1 月,县联合社制定《哈巴河县农村信用社股本金管理办法》,规定股金中,单个自然人股东(含职工)持股(包括资格股和投资股)最高不超过股本 5‰;单个法人持股(包括资格股和投资股)最高不超过股本 5%;自然人持股总额不得少于总股本 50%,其中职工持股总额不得超过股本总额 25%。

2006 年 1 月 16 日,县联社执行阿勒泰银监分局下发《关于统一阿勒泰辖区农村信用社股本金入股起点的通知》规定,入股坚持自愿原则,在办理入股时区分资格股和投资股,明确社员的权利、义务及相关规定。自然人入股起点最低额 100 元,单个自然人投资(包括资格股和投资股)最高不超过股本总额 5‰,自然人持股总额不得少于总股本 50%;职工股起点最低额 1000 元,职工持股总额不得超过股本总额 25%;法人股入股起点最低额 10000 元,单个法人投资最高不超过股本总额 5%。

2008 年 3 月,县联社第二届第一次社员代表大会通过《哈巴河县农村信用合作联社章程》。《章程》规定,联社股金每股人民币 1 元,单个自然人入股不少于 100 股;单个法人股不少于 10000 股;每位职工社员入股下限 20000 股。单个自然人(含农村信用社职工)持股不得超过股本金总额 5‰;单个法人持股最高不超过股本金总额 5%;联社职工入股总额不得超过股本金总额 25%。在第一季度兑付专项中央银行票据时,监管部门要求投资股比例不得低于 30%。3 月末,联社投资股比例 30.75%。

2010 年 10 月,县联社执行新疆银监局转发《中国银监会办公厅关于规范农村中小金融机构内部职工持股有关政策的函》相关规定,内部职工合计投资入股比例不得超过其股本总额 20%,单个职工投资入股比例不得超过其股本总额 2%。同年,联社内部职工股比例 8.33%,单个职工股比例 3.36‰,符合监管规定。

2011 年 7 月 10 日,县联社修订《哈巴河县农村信用合作联社股金管理办法》。《办法》规定,联社股金每股金额为人民币 1 元,100 股为一手,自然人入股起点 100 手,法人入股起点金额为人民币 1000 手的整数倍。社员以所持股参与联社的管理,实行一人一票。股金中,单个自然人持股最高不超过股本总额 5%;单个法人持股最多不超过股本总额 15%;最大十户持股比率不得高于 50%;新入股股金不得低于现有股金 2‰。结合当地经济发展水平,适当提高股东最低入股起点,三年内逐步调整至新增单一自然人股东持股比例不得低于增资扩股后股本总额 5‰,新增单一法人股东不得低于 1%。单个职工持股最高不超过 50 万股,其中职工持股总额不超过股本总额 20%。

四、股权改造

2010 年 12 月 8 日,县联社成立股权改造领导小组,制订《哈巴河县农村信用合作联社股权改造方案》。在股权改造过程中,不再新增资格股,对股东自愿转换股份的,将持有的资格股全部转换为投资股;股东同意转让股份的,在转让股份时转换为投资股;股东不愿意转换或转让资格股的,加强宣传,阐释政策,引导其加快转换。经过股权改造,2011 年末投资股比例达 88.18%。

2012 年 2 月 7 日,按照自治区联社 2 月底前全面取消资格股要求。县联社对 145 万元资格股转变为投资股,对 314 万元资格股清理挂账。至 2 月末,联社资格股改造工作完成,股金均为投资股。

第三节　股金分红

1955 年建社至 1957 年,县域农村信用合作社连续亏损,未对社员股金分配红利。

1958 年,县域农村信用合作社股金、积累、财产转给公社信用部。由于执行"一大二公",认为股金分红属于资金分红性质,违反按劳分配原则,也违背信用社社会主义性质,从当年开始,社员股金不再分红。

1963 年,县域公社信用合作社根据人行自治区分行召开农村信用合作社工作座谈会精神,分红条件必须是账务基本清楚,股金核对落实,提出呆账、损失款后仍有盈利。红利比例一般控制在纯益 15% ~25% 之间,最高不超过 30%。具体掌握上,纯益多的信用社多提公积金,分红比例可以从低掌握,纯益少反之。每股红利金额,历年一次分给的,不得超过股金金额;每年分红的,不得超过股金金额 20%。每股红利过少的,可以暂不分红,留待下年再分。贯彻一人一般原则,一人只能分一股红利,多入股金,可以退给,或经本人同意转做定期储蓄。对新老社员分红要有差别,不能平均分配,如历年红利一次分的,一般的可以分二至三段时间计算。对于混入信用社的地富反坏右分子一律不分红,应结合整社清洗出社,退还股金。当年入社新社员,不能参加分红。

1966 年,由于受"极左"思想的影响,县域公社信用合作社取消股金分红。

1978 年,县域公社信用合作社按照人总行《关于农村金融机构的几点意见》文件精神,按一年期定期储蓄存款利率计付股息。

1984 年 8 月 13 日,县域信用社执行农总行下发《关于改革信用社管理体制的实施意见》相关规定,社员股金实行保息分红制度。年末,县域信用社按年初股金余额以一年期定期存款利率计提,在成本中列支股金利息 7017.39 元,同时有三个盈余社计算 1964 ~1982 年股息,共 2894.77 元,从公积金转付到应付股金红利。

1992 年,县域信用社执行自治区税务局和农行自治区分行下发《关于〈农村信用合作社财务管理试行办法〉的补充规定》,吸收的社员股金按不高于规定的一年定期储蓄存款利率支付的股息可在成本中列支,超过部分及红利,一律在分红基金中列支。

1994 年,县域信用社按农行自治区分行和自治区国家税务局《农村信用合作社财务管理实施办法》规定,对 1993 年以前的股金执行入股自愿退股自由和保息分红,同时实行专户管理,股息按一年定期储蓄利率计算,保息分红合计数不超过股金额 20%。

1997 年末,县域信用社执行自治区体改办和自治区国家税务局《关于做好一九九七年农村信用社会计决算工作的通知》规定,股金保息分红采取新老划段政策,对 1994 年以后的股金不再实行保息分红政策,对 1993 年以前的股金仍实行保息分红政策,并按一年期储蓄存款利率提取当年的应付利息,但保息分红不得超过股金总额 20%。《农村信用社合作社章程(范本)》规定年底财务决算前退股的,不支付当年股息红利。

2004 年开始,县联合社每年制订分红方案,经社员代表大会通过后,给社员股金分红一次。当年盈余,但又有未弥补历年挂账亏损的信用社,连续 3 年内允许其在弥补历年挂账亏损前,按最高不超过 2 年期定期储蓄存款利率的标准,同时不超过当年利润总额 50% 比例,达到任何一项条件就可以向社员分配股金红利,其红利分配原则上采用转增股金方式;无历史挂账亏损盈余社,按照正常利润分配程序进行分配,其中对社员股金分配股息、红利现金分配额,最高不得超过股本金 5% ,转增股本金比例 5% ,2 项加起来不得超过 10% ;对 1993 年以后入股社员,只分红不保息。2004 ~ 2005 年,县联社连续 2 年盈利,但有未弥补历年挂账亏损,符合第一条分红规定。2 年均以年末股金余额为基数,按 2 年期定期储蓄存款利率 2.7% 进行分配股金红利,分别分配红利 26.72 万元、38.56 万元,同时将红利转增股本金。

2005 年,县联合社取消对 1993 年以前股金实行保息分红政策。2006 年,联社当年盈余,无历年挂账亏损,五级分类信贷资产未提足呆账准备,股金红利分配可按现金方式,也可转增股本方式进行。年末,联社派分现金红利,按股金余额 2.7% 提取红利 42.18 万元,全部转增股本。

2007 年,自治区联社下达县联社股金分红比例为 7.15% ,联社按此标准以年末股金余额为基数在净利润中分配股金红利 120.27 万元。哈巴河县政府为支持农村信用社金融体制改革,提高社会入股积极性,以财政退税形式拨付 20 万元增加股金分红。当年,联社股金分红 140.27 万元,对 1491 万元资格股按 7.7% 派现分红,191 万元投资股按 10% 派现分红。

2008 ~ 2009 年,县联社连续 2 年均按股金余额 10% 从净利润中进行分配股金红利 204.87 万元和 244.75 万元。分别按 8% 、10.4% 比例对资格股、投资股派现分红。

2010 年,县联社股金分红在次年年初未分配利润中,以 2010 年末股金余额(剔除 2010 年 12 月 30 日新疆金融投资有限公司入股 400 万元股金)10.63% 进行分配股金红利 277.72 万元。分别按 9% 、12% 比例对资格股、投资股进行分红。

2011 年,县联社对 460 万元资格股按 8% 分配红利,对 3432 万元投资股按 15% 分配红利。

2012 年,县联社股权改造工作完成,社员所持股金均为投资股。根据自治区联社下发的《关于 2012 年度股金分红有关事项的补充通知》要求,现金分红比例不得高于 15% ,下限原则上不低于 10% ,联社按 15% 对社员股金分配红利。

2004 ~ 2012 年县联社(联合社)股金分红统计表

表 6 - 2

年度	分红比例		分红金额
	资格股	投资股	
2004	2.7		26.72
2005	2.7		38.56
2006	2.7		42.18
2007	7.7	10	140.27
2008	8	10.4	204.87
2009	8	10.4	244.75
2010	9	12	277.72
2011	8	15	551.56
2012		15	583.74

第七章　存款

哈巴河县农村信用社始终把存款业务放在各项工作首位,坚持诚信经营,优化服务,把"存款立社"的思想融入各项业务之中,通过存款集聚资金支持农村经济发展,帮助农民发家致富。2012年末,县联社存款余额达108497万元,比1978年增长695倍。

第一节　储蓄存款

储蓄存款分为活期与定期两种。在活期存款中,又分为存折储蓄、定活两便储蓄、工资转存活期几种形式。定活两便储蓄,利率从存款之日计息,随存期的长短而变动。不满半年的按活期利率计息,满半年以上又不满一年的,按半年利率打九五折计息。职工工资转存活期储蓄,是由储户所在单位根据职工自己的意愿,将一定的工资额以储蓄方式直接存入职工活期账户内。这是避免企业与个人,个人与信用社反复支付烦琐的一种简便储蓄方式。2006年后,随着信用社体制的改革和商品经济的发展,城乡经济一体化进程加快,农村经济日益繁荣,社会闲散资金逐步增多,县联社存款业务得到迅速发展。

一、存款政策和原则

1955年3月哈巴河县第一家信用合作社成立后,实行"存款自愿、取款自由,为储户保密"储蓄原则。

1957年3月,县域农村信用合作社执行人行自治区分行颁发《中国人民银行新疆维吾尔自治区分行储蓄存款章程》。

1958年,县域农村信用合作社执行中共八届六中全会通过的《关于农村人民公社若干问题的决议》,社员个人所有信用社存款,在公社化后仍然归社员所有,并永远归社员所有。

1972年11月11日,县域公社信用合作社执行中国人民银行颁发《储蓄存款试行章程》,把储蓄原则确定为"存款自愿、取款自由、存款有息、为储户保密"。

1982年12月4日,县域信用社执行全国五届人大第五次会议通过的《中华人民共和国宪法》第十三条规定,居民个人所持有的现金是个人财产,任何单位和个人均不得以各种方式强迫其存入或不让其存入储蓄机构;居民可根据其需要随时取出部分或全部存款,储蓄机构不得以任何理由拒绝提取存款,并要支付相应利息;储户的户名、账号、金额、期限、地址等均属个人隐私,任何单位和个人没有合法手续均不能查询。

1993 年开始,县域信用社执行《储蓄管理条例》。2010 年 12 月 29 日,国务院第 138 次常务会议通过《国务院关于废止和修改部分行政法规的决定》,对本条例部分条款予以修正,于 2011 年 1 月 8 日经国务院令第 588 号发布施行,县联社遵照执行。

二、存款业务

1955 年 3 月 14 日,哈巴河县第一家农村信用合作社—阿不列兹克信用合作社在三区一乡成立,开始组织社员入股,开展存放款业务。

1956 年,县域农村信用合作社通过宣传,广大农牧民充分认识到储蓄的好处,把自己的闲散资金拿到信用社存储。年末储蓄余额 12494 元。

1957 年 3 月,县域农村信用合作社执行人行自治区分行颁布《储蓄存款章程》《储蓄代办所暂行办法》和《储蓄代办所业务核算制度》等规定,停办零存整取有奖定期储蓄。6 月 29 日,人行伊犁州分行做出《结合整风学习关于如何加强当前银行各项工作的指示》。结合哈巴河县实际情况,各信用合作社采取每年在 5、9、10 月畜产品收购季节和 8、9、10 月农产品收获销售季节,根据集体社队采取"先售后分"的分配特点,首先吸收农牧业社或生产队收购时的集体存款,预分时吸收一部分个人储蓄,最后在年终分配时通过农牧社、生产队会计协助,组织个人储蓄。同时信用社在牧业队各组织专职、兼职代办员、协储员跟踪服务,为农牧民存、取款提供方便。

1958 年 7 月 27 日,县域农村信用合作社根据人行自治区分行下发《关于各地银行和信用合作社均可以开办新的储蓄存款种类的意见》,坚持多快好省的方针和政治、生产、群众三个观点以及有利于生产,有利于群众,有利于国家聚集更多资金的原则,结合农畜产品购销季节的特点,除开展活期、定期、零存整取定期、定额储蓄存款外,增设机械化储蓄(包括汽车、拖拉机)、定居、美化家庭实物存款等存款种类。由于存款种类增加,各信用合作社抓住秋季农畜产品销售和社员分配的有利时机,采取多种措施,提前 1 个月完成 197.6 万元储蓄任务。同年,哈巴河县撤区并乡,共建 5 个信用社、7 个服务站。7 个服务站 5 天内吸收储蓄存款 500 元。截至年末,县域农村信用合作社共完成农村储蓄 47.6 万元,完成计划任务 99.6%。

1959 年 5 月 1 日,县域公社信用分部执行人行自治区分行颁发《零存整取定期、定额储蓄存款章程》;7 月,执行人行自治区分行出台的《储蓄存款章程(草案)》。当年,哈巴河县根据二放、三流、一包的精神和存贷相抵、差额包干的办法,提出农业贷款最高限额 40 万元,年终余额达 22 万元。下放商业贷款 47 万元,工业贷款 16 万元,共 103 万元,作为全年最高指标。资金主要靠社员、干部储蓄,储蓄指标为社员储蓄 45 万元,干部职工储蓄 30 万元,其他各项存款和基金 63 万元。

1960 年,县域公社信用分部执行国务院、自治区人委《关于大力开展人民储蓄工作的指示》和人行自治区分行《关于调剂公社信用分部转存款的几项规定》《储蓄存款章程》,取消活期储蓄中的支票储蓄,各种定期储蓄提前支取由必须提出确属急用和单位证明函件改为须提出存单确属本人所有的证件,以便利储户存取(单位另有特殊规定者例外);计划储蓄改称定期计划储蓄;定期计划储蓄的三五年存期的每月存款金额均改为计算到分位(以往只算到角位),以资公允合理,同时符合利率规定;1958 年 6~12 月开户的,因当时利率较现行利率高,故每月存款金额仍照原订金额继续存储;1959 年 1 月至 1961 年 5 月开户的,自 1961 年 6 月 1 日起均按照《储蓄存款章程》所列金额继续存储,其以前存储金额分位差数不再补交或退付。另外,定额计划储蓄中增列一、二、四年存期,以适应群众存储的需要。年内,县域公社信用分部深入偏远农牧区,采取走村串户,分成连户集中、老户带新户、亲戚连亲戚、借会宣传等多种形式,向农牧民宣传储蓄意义,信用社储蓄原则,以社会发展实际消除农牧民种种顾虑,调动社员储蓄积极性,推动储蓄事业开展。

1962年,县域公社信用合作社在人行县支行统一安排下,在农畜产品收购旺季,深入各农牧区和粮、棉、油及外贸畜产品收购点,组织货币回笼工作。宣传收贷、收储意义及"存款自愿、取款自由、存款有息、为储户保密"的原则。全年储蓄存款余额突破10万元大关,达10.17万元。

1963年,县域公社信用合作社学习人总行新修订的《储蓄存款章程》,完善定活期储蓄制度,贯彻人行自治区分行召开信用合作社工作座谈会精神,宣传储蓄工作,采取突击宣传和经常宣传,图片、传单、口号宣传相结合,调动广大农牧民存款积极性。截至年末,社员个人储蓄余额达6.1万元。

1964年12月9日,县域公社信用合作社执行人行自治区分行《关于加强信用社收贷、收储工作的指示》,搞好货币回笼工作。截至年末,储蓄存款达4.23万元。1965年,超额71%完成储蓄任务,达9.58万元。

1966年"文化大革命"开始,县域公社信用合作社部分会计人员受到冲击,一些行之有效的制度遭到破坏,信用社业务工作由于人心涣散,年末储蓄存款余额降至57323元。

1967年6月13日,县域公社信用合作社执行阿勒泰人民银行军事管理委员会要求,贯彻"抓革命、促生产"的指示,积极支援农牧业生产,支持贫下中农困难户,开展农村储蓄,扭转信用社的亏损局面。截至年末,储蓄存款余额达9.25万元,比上年末增加3.52万元。

1968年,县域公社信用合作社贯彻中共中央、国务院、中央军委、中央文革小组《关于进一步节约闹革命,坚持节约开支的紧急通知》(即十一条)精神,采取多种形式,宣传节约每一分钱意义,调动社员参加储蓄积极性。截至年末,储蓄余额达11.04万元,比上年末增加1.79万元。

1969年11月,银行系统开展斗、批、改运动,县域公社信用合作社制度遭到破坏,储蓄额度大幅下降。截至年末,储蓄存款余额8.67万元,比上年末减少2.37万元。

1970年,县域公社信用合作社定期存款分半年和一年两种期限,后增加三个月、三年、五年、八年4种期限。定期存款年限的增加和调整,给广大储户提供选择空间,提高储户存款效益,激发农牧民参加储蓄积极性。至年末,储蓄存款余额9.63万元,比上年末增加0.96万元。

1971年,县域公社信用合作社的服务范围扩大而集中,农牧民贷款储蓄方便,信用合作社改按银行利息执行计息方法,存款利率有所降低,信用合作社职工宣传人民储蓄意义,扩大宣传范围,拓展储源。至年末,储蓄存款余额10.58万元,比上年末增加0.95万元。

1972年11月11日,根据中国人民银行颁发的《储蓄存款试行章程》,县域公社信用合作社坚持"存款自愿、取款自由、存款有息、为储户保密"原则,开展人民储蓄,扩大财源,组织存款,确保存款业务稳步上升。至年末,储蓄存款余额16.63万元,比上年末增加6.05万元。

1973年,县域公社信用合作社根据人行自治区分行就《储蓄存款试行章程》执行以来一些问题的答复,灵活掌握收储政策,改革整存整取定期储蓄存款章程规定,每月不超过30元限额;每月存额放到50元,加强活期存款组织指导,认识重要性;不能拒收活期存款;强化对储户保密工作,除公安、司法部门按程序调阅储户信息外,其他单位不许查阅。至年末,储蓄存款余额21.23万元,比上年末增加4.6万元。

1977年,县域公社信用合作社贯彻人行自治区分行召开的南北疆储蓄工作会议精神。根据储户要求,灵活掌握储蓄年限;开户限额由储户每月定额,如漏存,以后仍可续存,不必补存;以便利储户促进储蓄业务发展为落脚点,结合本地实际,制定收储措施,推动储蓄业务健康发展。至年末,储蓄存款34.17万元。

1978年,县域公社信用合作社全体员工学习中共十一届三中全会公报,解放思想,实事求是,总结农村金融工作的历史经验和教训。拨乱反正,澄清是非,端正思想路线,树立正确的观点。截至年末,储蓄存款达30.57万元,为开创金融工作新局面打下基础。

1979年11月30日,县域公社信用合作社执行人行自治区分行、农行自治区分行对城乡储蓄、县机关所在地职工、居民的储蓄和集镇的职工、居民、农村社员和国营农牧团场职工存款等做出的分工和规定。县所在地职工、居民的个人存款归城镇储蓄所,由人行县支行办理,农行县支行不办储蓄业务。县以下集镇的职工、居民、农村社员和国营农牧团场职工的个人存款,一律划归农村储蓄,由农行营业所、信用合作社办理。城乡储蓄存款的分工,在一定程度上影响信用社储蓄业务。信用合作社贯彻国民经济"调整、改革、整顿、提高"方针,恢复规章制度,加强储蓄工作,储蓄事业稳步发展。年末,储蓄存款余额40.44万元。

1980年3月22日,县域公社信用合作社根据人行自治区分行、农行自治区分行转发《关于调整储蓄存款利息和逾期贷款加收利息的报告》要求,4月1日执行定期储蓄存款,7月1日执行活期存款。5月28日,执行人总行制定出台《中国人民银行储蓄存款章程》。年内,提高储蓄利率,调动储户积极性,使储蓄事业走上恢复和健康发展的道路。至年末,储蓄存款余额94.22万元。

1981年,县域信用社职工在学习贯彻农行自治区分行召开的农村信用社财会工作座谈会精神的同时,对旺季收贷、收储工作制订收储措施。深入各农畜产品收购点,宣传储蓄意义,让农牧民合理安排资金,把剩余资金存入信用社;走村串户,了解农牧民生活、生产情况,宣传中共十一届三中全会后农村政策的变化,鼓励社员发展多种经营,增加收入。截至年末,储蓄存款达157.83万元,比上年末增长67.5%,储蓄存款首次突破100万元。

1982年,县域信用社根据中国农业银行转发的《中国人民银行单位定期存款暂行办法》,办理单位定期存款。银行对信用社吸收的这部分定期存款利率高于转存款部分,按社员储蓄利差补贴办法给予补贴。截至年末,农村存款2453万元,完成计划任务330%;社员储蓄余额202.7万元,净增44.7万元,完成计划任务111.7%。

1983年,县域信用社改善服务态度,在筹措资金、办理信贷、监督资金使用方面发挥应有作用。同时,随着承包责任制落实,多种经营发展,农村经济开始活跃,带动农村储蓄事业发展。信用社根据本县具体情况,建立、扩大信用合作组织。11月,全县完成撤社建乡工作,共建6个乡、1个镇,每个乡(镇)都建有农村信用合作社。年末,储蓄存款余额达262.26万元。

1984年6月20日,哈巴河县农村信用社第二次社员代表大会号召广大农牧民积极加入信用社,凡参加信用社的社员在信用社贷款享有优先权,并享有优惠利率。社员应积极参加储蓄,不断壮大信用社的资金,共同把信用社办成农牧民自己的小银行,为振兴县农村经济努力奋斗。截至7月,全县6个信用社先后召开社员代表大会,建立民主管理组织和监事会;全县股金发展到11.7万元,信用社社员达5000多人,全县80%的农户入社。与此同时,哈巴河县实行农业村联产承包责任制进入第二个年头,土地得到改造,产量大幅度提高。扣除上交的"三提""五统"以外,社员收入大有提高。牧业队实行牲畜、草场承包制,调动牧民积极性,牲畜接羔成活率提高,出栏率、存栏率较承包前有明显提高,牧民收入增加。信用社和农行营业所分户办公,调动信用社职工开展储蓄积极性。截至年末,储蓄存款余额达354.85万元。

1985年4月1日和8月1日,县域信用社抓住人总行两次提高储蓄存款利率的机会,宣传人民储蓄意义,各乡信用社深入偏远地区宣传,使广大农牧民认识到人民储蓄利国利己。年末,储蓄存款余额达388.32万元。

1986年,县域信用社广大职工,学习中国人民银行行长陈慕华视察农村信用社时的讲话精神,结合1986年4月10日阿勒泰地区农业银行信用合作会议要求,把组织存款放在首位,广辟储源,利用合作金融组织点多、面广密切联系群众的特点,挖掘和吸收社会闲散资金潜力,使信用社拥有雄厚的信贷资金力量,提高自身的造血功能,发挥信用社在支持农村、牧区产业结构调整商品经济中的作用。年末,各项储蓄存款余额达417.9052万元。

1987年1月,县域信用社开始办理定活两便储蓄业务,同时增设定活两便储蓄科目。10月1日,根据人行自治区分行转发人总行《关于开办农村信用社特种存款办法的通知》,从10月1日起到11月底开办农村信用社特种存款。信用社存款种类的增加,给客户带来方便。截至年末,储蓄存款余额达509.63万元。

1988年,县域信用社根据农行阿勒泰地区中心支行《1988年信用社合作工作安排意见》《关于转发人行〈关于开办人民币长期保值储蓄存款有关问题的通知〉的通知》及农行自治区分行《关于调整信用社存贷款利率及存款实行利率浮动政策的通知》精神,从9月10日开始对城乡居民个人三年期以上定期储蓄存款(整存整取、存本取息、华侨人民币储蓄存款)实行保值补贴,调动人民群众储蓄积极性。9月,央行调整存贷利息,各信用社贯彻执行调整后的利率标准。由于国家采取放开物价、市场调整政策,物价普遍上涨,特别是电器涨价凶猛,导致群众产生恐慌心理,广大储户纷纷提款,出现一股商品抢购风,储蓄存款遇到困难。各信用社采取多种形式宣传人民币长期保值储蓄,宣传存款利率浮动政策,在拓展农村储蓄业务的同时,积极吸取承包户、个体户存款,促进储蓄存款稳步增长。年末,储蓄存款余额达639.38万元,比上年增加129.75万元。

1989年,国家调高存款利率,县域信用社发挥各自特点,把吸储资金与信贷投向有机地结合起来,使储蓄存款保持良好的势头。至年末,储蓄存款余额764.77万元。

1990年1月19日,县域信用社根据人行自治区分行《关于退还农村信用社特种存款问题的通知》要求,特种存款全部展期到1990年2月底,其续期间仍按年息12.6%计利息,各信用社按规定进行兑付。3月9日,县域信用社执行人行阿勒泰地区分行制定下发《阿勒泰地区储蓄业务活动规范》,推动信用社储蓄业务有序、规范开展,提升储蓄业务服务水平。截至年末,储蓄存款余额达841.48万元。

1991年12月19日,县域信用社执行农行自治区分行转发总行印发的《关于农村信用社开办生产基金存款业务的意见》,存一贷一、存二贷二的存贷挂钩比例管理。保值储蓄存款的保值补贴、生产基金存款业务的开展,存一贷一、存二贷二的存贷挂钩比例的提出,调动储蓄存款积极性。截至年末,储蓄存款余额达851.93万元,比上年末增加10.45万元。

1993年3月1日起,县域信用社施行国务院《储蓄管理条例》。3月,县联合社组织各信用社开展庆祝全国农村储蓄超5000亿元暨自治区农村储蓄超75亿元宣传活动。7月11日,县联合社调整存贷利率后有关储蓄计息办法,有关储蓄包括活期储蓄、定活两便储蓄、整存整取定期储蓄、零存整取定期储蓄、零存整取有息有集体户储蓄。各信用社利用利息杠杆,开展宣传咨询服务,收集储源信息,主动上门吸储和下乡揽储。经过一年多的努力,截至1994年末,储蓄存款余额达1425.79万元,首次突破1000万元大关。

1996 年 2 月,县域信用社根据人行阿勒泰地区分行《关于开办第二期特种存款办法的通知》,开办第二期特种存款,截止时间 1996 年 12 月 30 日。9 月 18 日,根据国务院农村金融体制改革部际协调领导小组办公室《关于切实做好信用社存款支付工作的紧急通知》,各信用社做好宣传工作的同时,与人、农两行协调配合,调剂资金,保证存款支付的需要,未出现挤兑现象,维护信用社信誉。农行、信用社脱钩后,各项业务有序开展,存款业务未受到大的影响。11 月 10 日,各信用社执行人行自治区分行有关文件要求,通知存款为 1 天、7 天、15 天、1 个月和 3 个月五个档次,各档次年利率分别为 2.07%、2.16%、2.25%、2.34%、2.25%。年末,储蓄存款余额 3312.15 万元,比上年增加 139.12 万元。

1997 年 3 月 19 日,县域信用社根据阿勒泰地区农村金融改革领导小组办公室《关于转发〈阿勒泰地区存款管理公约通知〉的通知》,执行各项公约条款,按有关规定吸收存款,靠优质服务打动客户,以实际行动维护信用社信誉。年内,县联合社组织实施《新疆农村信用社经营目标责任制实施办法》,分解经营目标,信用社职工人人参与揽储,服务质量的提高,得力的揽储措施使县信用社储蓄目标圆满完成。至年末,储蓄存款余额 2800.49 万元。1998 年,由于存款利息 3 次下调,加之自然灾害的影响,年末储蓄余额降至 2716.57 万元。

1999 年,县域信用社执行《浮动利率实施细则》和《储蓄存款利息所得个人所得税征收管理办法》相关规定,信用社为扣缴义务人,开征利息税对于存款者来说,相当于 1996 年后的第八次降息,如一年期存款利率为年 2.25%,征 20% 利息税后,利率实际降为年 1.8%,给储蓄业务开展增加难度。为广辟储源,引导和动员更多的群众来信用社开户存款,县域信用社采用上门走访、电话联系、送储蓄宣传品等多种形式招引顾客。年末,储蓄存款余额 2927.30 万元,比上年末增加 210.73 万元。2000 年,哈巴河县遭遇雪灾,死亡牲畜 5600 头(只),牧民为抗灾保畜;受县房地产开发优惠政策影响,居民出现购房热;企业改制职工下岗,收入减少;农产品价格低,销售难,农牧存款减少。为做好揽储工作,县联合社加强员工优质服务教育,自觉接受客户监督。每位职工利用社会人际关系,寻亲问友,全方位寻求,向本地在外人员打电话、发信函,以最优质服务,恳请他们支持家乡发展,把吸储、揽储工作延伸向外县、外省。年末,全县信用社储蓄存款余额达 3189.80 万元。

2001 年,县联合社继续做好揽储工作,抓住旺季农畜产品销售时节,深入农牧区开展收贷揽储工作。根据人行阿勒泰地区中心支行合作金融机构监管科《关于阿勒泰地区农村信用社 2001 年 10 月 15 日前信贷收支情况的通报》,哈巴河县农村信用社储蓄存款 3583 万元,比上年同期增加 270 万元,名列阿勒泰农村信用社系统之首。年末,储蓄存款余额 4346.63 万元,比上年末增加 1156.83 万元。

2002 年,县域信用社更新服务意识,改善服务态度,变坐等吸储为上门揽储,拓宽筹资渠道,增加储蓄份额。年末,储蓄存款余额 5145.8014 万元,比上年末增加 799.1687 万元。

2004 年,县域信用社围绕《阿勒泰地区农村信用社领导班子 2004 年度经营目标考核细则》,层层落实责任,制订收贷揽储措施。年末,储蓄存款余额突破 6326.70 万元,总量和增量均居全县金融行业首位。

2005 年,县农资大幅涨价,土地投入成本上升,加之气候异常,出苗率低,影响农作物产量,秋季农畜产品滞销,农民平均收入减少,给信用社收贷收储带来困难,储蓄业务下滑。县域信用社为把下滑速度降到最低,加大了解金融市场需求变化趋势及其规律,发挥信用社熟悉了解农村、乡镇客户和办事灵活的优势,用真诚周到的服务吸引客户,稳定储源,抢占市场份额。年末,全县信用社储蓄存款余额 6265.18 万元,比上年减少 61.52 万元。

2006年，县联社开展揽储竞赛活动，动员多年支持发展起来的企业、客户把闲置资金存入信用社。年末，联社储蓄存款余额9329.83万元。

2007年，县联社以旺季收储为抓手，深入打工返乡人员、个体工商户家中，春秋开学深入学校现场收储。在做好收储业务的同时，争取代收代付资金，代发粮食直补资金、退耕还林资金、五保户补助资金等多种代付资金。年末，联社储蓄存款余额1.30亿元，储蓄存款首次突破亿元大关。

2008年，县联社建立激励机制，试行存款与奖励挂钩，制定《哈巴河县农村信用合作联社存款专项目标考核办法》。同时开办银行卡业务，为客户提供便捷服务，调动全体员工积极性。至年末，联社储蓄存款余额1.65亿元。

2009年，县联社以多种形式宣传储蓄政策，抓住信用社"贴近三农、网络通畅、网点众多、服务功能齐全"的优势，以优质的服务，良好的信誉稳住老客户、引进新客户、发展周边户，培植"永久型"的"黄金"客户群体。年末，联社储蓄存款余额2.16亿元，存款占有量位居全县金融机构第一位。

2010年，哈巴河县遭遇雪灾，牧区受灾严重，农区由于雪大，融化缓慢，早期农作物播种期推迟，产量受到影响。县联社以为"三农服务"为重点，在加大贷款扶植的同时，进矿山，走企业，访个体，抓好储蓄工作，力争做到大灾之年储蓄不减。年末，联社储蓄存款余额2.35亿元，比上年增加0.19亿元。

2011年，县联社利用"双节"期间外出务工人员和个体工商户资金回笼的高峰期，开展"送祝福"活动，挖掘新储源，稳定老客户，培植稳定的客户群体。对辖内企业及个人客户逐个进行走访，征求客户对信用社工作的意见和建议，增进信用社和客户之间的感情。通过以贷引存，以情引存，年末储蓄存款余额达2.96亿元。

2012年7月6日，县联社根据自治区联社《关于调整人民币存款利率的通知》精神，人民币存款执行调整的基准利率上浮1.1倍，各档次存款利率相应调整，利率的调高，让广大储户得到相应回报促进储蓄存款稳步增长。年末，联社储蓄存款余额4.02亿元，比上年增加1.06亿元。

三、活期存款

（一）活期存折储蓄

1955年3月14日，哈巴河县成立农村信用合作社时，开始办理活期存折存款业务。业务开户时一元起存，多存不限，由银行、信用社按照办理存折制度办理存款，以后凭存折（或凭密码印鉴）办理存取款。个人储蓄每年6月30日结息一次，利息并入本金起息，未到结息期销户者，利息算到销户的前一天止。可以挂失，但挂失前被冒领，信用社概不负责。储户在自己存款内，存、取款的数目多少不受任何限制，按人民银行规定，大于5万元需提前一天向银行报备，以便于银行、信用社准备客户所需资金。2008年11月5日，县联社玉卡业务开始上线运行。玉卡是信用社所属联网储蓄所为储户签发的一种多功能磁式活期储蓄存款。储户凭储蓄卡可在自动取款机上存取现金、自动转账、修改密码、查询余额、在特约商户购物消费。玉卡必须先存后支，不提供透支服务；玉卡可与活期存折并用。

（二）定活两便储蓄

1987年1月，县域信用社开始办理定活两便储蓄业务。10元起存，多存不限，整存整取，存期不限，利率限存期的长短而变动。存期不满半年，按活期计息，存期半年以上不满一年，按半年定期利率打九折计息；存期一年以上一律按一年定期利率打九折计息。1993年3月1日，县域信用社社执行《储蓄管理条例》。定活两便储蓄的起存由原来的10元定位50元起存。存期不满3个月，按活期利率计息；存期超过3个月，按一年期以内同档次定期储蓄打六折计息。

四、定期存款

（一）整存整取定期存款

1963 年，县域公社信用合作社开办整存整取定期存款业务。开户时 10 元起存，多存不限，一次存入，到期支取，存期分半年、1 年、3 年、5 年四个档。1989 年 6 月 1 日起，新增 3 个月和 8 年存期。1993 年 3 月 1 日，取消 8 年存期档次，开户时 10 元起存改为 50 元起存。在开户时，根据储户的意愿，为其办理存款到期约定自动转存业务。

（二）零存整取定期储蓄

1981 年，县域农村信社开办零存整取定期储蓄业务。5 元起存，存期分 1 年、3 年、5 年，按照固定金额每月存入一次，中途如有漏存，应在次月补存。到期时一次支取本息，按规定利息计息。

（三）教育储蓄

2005 年，县域信用社申请开办教育储蓄存款业务。教育储蓄是一种特殊的零存整取储蓄存款，是国家为鼓励城乡居民以储蓄存款方式，为其子女接受非义务教育积蓄资金而开设的一个储种，存期分 1 年、3 年和 6 年，最低起存金额 50 元，本金合计最高限额 2 万元。适用对象为在校小学四年级（含四年级）以上的学生，储户只需持孩子的户口本或居民身份证到各营业网点，即可以学生的名义申请开户。教育储蓄按整存整取利率计息，比零存整取储蓄利率高一档。存款到期，凭存款人接受非义务教育全日制高中、专科、大学本科、硕士和博士研究生学校开具证明，免交个人利息所得税。

（四）保值储蓄

1988 年 9 月 10 日，县域信用社开办人民币长期保值储蓄业务。长期保值业务指 3 年、5 年、8 年的储蓄存款。1996 年 4 月 20 日，根据人总行文件精神，各信用社停办保值储蓄业务。

第二节　单位存款

一、存款业务

1953 年农村创立农业生产合作社以后，单位存款从信用社活期存款中分离出来。1955 年，哈巴河县共建农业生产队 18 个、互助组 158 个，组织起来的农牧民站 70.97% 为信用社集体存款奠定基础。

1958 年，哈巴河县撤乡建社，信用社成为公社所属机构，受公社领导。社员除个人劳动所得外，均为集体所有。信用社的农村储蓄存款结构业发生一些变化。存款对象上，个人存款变为社员存款，集体存款由农业社集体存款变为公社、生产队的集体农业存款、集体工商业存款。同年，信用社下放给公社管理，取消信用社的独立经营，成为公社的金库，资金管理混乱，储蓄业务发展缓慢。5 月 15 日，县域公社信用合作社根据人行自治区分行下发《对公存款自 1959 年 1 月 1 日起不再扣收利息所得税的通知》要求，把已经扣收的对公存利息所得税应如数退还原单位，该利息所得税的取消，调动单位存款积极性。

1962 年，县域信用分部进行整顿，整顿后的信用分部称信用合作社，恢复其在管理上的民主性、组织上的群众性、经营上的灵活性。信用合作社规章制度得以完善和健全，各项业务工作有序开展，对公存款量逐步上升。截至年末，集体存款达 65554 元。

1963 年,县域公社信用合作社执行总行新修订的《储蓄存款章程》,完善定期储蓄、活期储蓄制度。年内,国民经济开始复苏,哈巴河县社、队企业逐步走向正规,产生经济效益,对公存款有所上升。截至年末,集体存款达 66811 元,比上年末增加 1257 元。

1965 年,县域公社信用合作社发挥信用社职工、代办员、信贷协管员作用,深入农牧区,根据不同的储蓄对象做好个人储蓄,集体、单位储蓄工作。对公存款对象主要是社队存款。1966 年"文化大革命"开始,县域公社信用合作社受到冲击,业务工作基本瘫痪,单位存款下降。

1970 年,随着社队企业的发展,县域公社信用合作社社队企业存款从集体存款中分出单列,对公存款分为集体存款和社队企事业存款。1971 年,各信用合作社对社员个人和集体存贷款利率按银行利率执行。

1972 年,哈巴河县进行人民公社核算体制改革,由公社、生产队二级核算改为公社、生产大队、生产小队三级核算,生产大队、生产队对集体资金有自主权。每年除去分配外,剩余的资金存在信用社,做来年办公、公益、生产和扩大再生产等费用开支。1973 年,哈巴河县出现一些社办、队办企业,县域公社信用合作社对公存款增加社队企业存款。

1974 年,哈巴河县遭遇大旱,粮食作物损失面积 13.71 万亩,失收率达 52.65%。公社大队、生产队的集体收入降低 60%,除去成本后,收入几乎是零,社、队存款受到严重影响。

1977 年 11 月 28 日,国务院颁发《关于现金管理的决定》,决定人民公社、生产大队、生产队及其所办企业实行现金管理。该决定的出台规范现金的支、付、留、存管理,为县域公社信用合作社提供稳定的储源。截至年末,对公存款达 189.73 万元,比上年末增加 162.11 万元,首次突破百万元大关。

1978 年中共十一届三中全会后,实行改革开放的经济政策,乡镇企业、农村中各种联合体企业开始出现,县域公社信用合作社单位存款由单一的农村集体存款发展成为多种成分的单位存款。由于其他存款较少,社办、队办企业亏损。截至年末,对公存款余额 124.03 万元,比上年末减少 65.70 万元。

1979 年,县域公社信用合作社在加大对社队企业支持的同时,抓住社队企业存款这一环节,加大宣传力度,引导企业充分利用信用社的支持资金,扩大再生产,提高经济效益,单位存款有所提高。截至年末,对公存款 192.49 万元,比上年末增加 68.46 万元。

1980 年 3 月 18 日,哈巴河县内生产队推行五定一奖(定任务、定分工、定劳力、定产量、定投入、超产奖励)和三包一奖(包产量产值、包工分、包开支、超产奖励)管理办法。此办法调动农民积极性,生产热情高涨,社员个人收入、集体收入大幅度提高,县域公社信用合作社的单位存款开始回升。截至年末,集体存款 197.98 万元。

1982 年 2 月,上级决定对单位实行一、二、三年定期存款并按规定计息。县域信用社单位存款适应不同对象,有企事业单位存款、合作农业存款等种类。截至年末,集体存款达 258.61 万元。

1984 年,县域信用社承包户和个体户存款开始单列。随着农村经济体制改革的发展,承包户和个体户经营活动随之发展,从事商业服务、运输、修理、建筑、加工等联合体企业的经济收入不断增加。根据存款对象的变化,集体农业存款变为合作农业存款,社、队企业存款变为乡(镇)企事业单位存款。为给个体工商户在资金结算、存款、取款创造一个宽松的环境,取消集体存款等科目编制,开始使用活期存款、定期存款科目,企事业单位和联合体企业成为农村信用社的重要揽储对象。由于包产到户后,生产队收入减少,主要是社员个人收入造成对公存款下滑。年末,集体存款 125.38 万元,比上年减少 47.26 万元。

1985 年,县域信用社对公存款业务只有活期存款。单位活期存款实行账户管理,并按照《人民币银行账户管理办法实施细则》进行管理。定期存款与存款单位双方在存款时事先约定期限、利率,到期后支取本息的存款。单位定期存款起存为 1 万元,存期有 3 个月、6 个月、1 年、2 年、3 年和 5 年六个档次。单位通知存款不论实际存期多长,按存款人提前通知的期限长短划分为一天通知存款和七天通知存款两个品种。一天通知存款必须提前一天通知银行约定支取存款金额,七天通知存款必须提前七天通知约定支取存款金额。单位通知存款起存金额 50 万元,最低支取 10 万元,需一次存入。定期、协定、通知存款的办理条件与活期存款相同。

1989 年,县联合社提出"更新吸储观念,改善存款结构、优化存款增量"的工作思路,各信用社把对公存款由农村拓展到城乡接合部及县城企事业单位。随着国家单位存款的逐年增加,对公存款提升较快。至 1992 年末,集体存款 112.20 万元,比上年增加 48.62 万元。

1993 年 6 月 11 日,由于哈巴河县普降暴雨,河谷一带洪水泛滥,水利设施、农牧业生产损失惨重。受灾村的生产提留收取困难,集体存款受到影响,收储、收贷同样遇到困难。7 月 11 日,县域信用社执行调整存贷款利率后有关储蓄计息办法。有关储蓄包括后期储蓄、定活两便储蓄、整存整取定期储蓄、零存整取定期储蓄、零存整取有息有集体户储蓄。截至年末,集体存款余额 137.46 万元。

1996 年,根据人行阿勒泰地区分行文件精神,县域信用社人民币业务经营范围调整为吸收公众存款,发放短、中、长期人民银行批准的其他业务。至年末,集体存款达 173.18 万元。

1997 年,县域信用社对单位活期存款和各项贷款统一实行按季结息。1998 年,县联合社撤销农村合作社临时存款账户。

2000 年,县域信用社集体存款变为对公存款。2001~2002 年,县域信用社采取各种措施,到各单位宣传引导,以优质的服务质量,吸收部分企事业单位存款,对公存款上升较快,2001 年达 427.05 万元,2002 年达 771.35 万元。2003~2005 年,继续加大对公存款吸储力度,除吸收企事业单位存款外,向规模较大的矿业、农畜产品加工业加大吸储力度,以优质服务为切入点,以行业存款公存大户为重点,改善和优化存款结构,使各信用社对公存款稳步上升。2005 年,对公存款达 5464.92 万元。2006 年,对公存款突破 1 亿元大关,达 1.05 亿元。

2007 年,随着县联社结算手续的不断改进和提升,联社对公存款大幅度增加。年末,联社对公存款余额 20523 万元。

2008 年,县联社稳妥推进对公存款工作,规范对公存款业务。年末,对公存款余额 24128 万元,比上年末增加 3605 万元。

2009 年 4 月,自治区联社检查组对县联社成立以来至 2009 年 3 月末以前的存款信贷业务进行专款检查。年末,联社对公存款余额 37374 万元。

2010 年,县联社层层分解存款任务,落实指标,实行绩效考核办法,调动员工揽储积极性,做到储蓄与对公并重、柜台与上门服务并重、旺季与淡季并重,努力扩大市场占有份额。年末,对公存款余额 60476 万元。

2011 年,县联社以"创先争优"为契机,开展青年文明号、客户满意窗口"青年服务明星"活动,推动储蓄发展。截至 2011 年 12 月 30 日,各项存款余额 102784 万元,首次突破 10 亿元大关,比上年同期增长 22.30%,完成存款保证计划 197.28%;对公存款完成 73223 万元,比上年同期增加 12747

万元。

2012 年,县联社利率的提高,调动存款积极性。年末,对公存款余额达 68274 万元。

二、存款期限

单位存款分为单位活期存款和单位定期存款。

（一）单位活期存款

1955 年,哈巴河县第一家农村信用合作社成立,对集体开始吸收存款。因集体资金大多是指临时资金,存入的基本都是活期储蓄。

活期储蓄不约定存款期限,可以随时存取,按结息日（每年 6 月 30 日结息 1 次）人民银行规定的活期存款利率计付利息。单位活期存款实行账户管理,同时按照《人民币账户银行管理办法实施细则》进行管理。按账户的结算用途分人民币基本存款账户、一般存款账户、专用存款账户、临时存款账户。1997 年,县域信用社执行人总行《单位活期存款和各项贷款统一实行按季结算的通知》精神。

（二）单位定期存款

1989 年,县域信用社开始对公办理定期存款业务。与存款单位双方在存款时,事先约定期限、利率、到期后支取本息。单位定期存款,起存金 10000 元,存期有 3 个月、6 个月、1 年、2 年、3 年、5 年和 8 年 7 个档次。1996 年取消定期储蓄 8 年档,变为 6 个档次。

三、保证金存款

保证金存款,是县联社为客户出具具有结算功能的信用工具,或提供资金担保后按约履行相关义务,而与其约定将一定数量的资金存入特定账所形成的存款类别。在客户违约后,联社有权直接扣划该户中的存款,以最大限度地减少联社损失。按照保证金担保对象不同,可分为银行承兑汇票保证金、信用证保证金、黄金交易保证金、远期结售汇保证金 4 类。2011 年 5 月 26 日,县联社办理曲杰砂石料厂第一笔保证金存款业务。

四、存款对象

1956～1958 年,农业生产合作社由初级向高级集体经济的发展,为县域农村信用合作社开展单位存款创造条件。人民公社化后,国家对财贸管理体制实行改革。信用社成为公社所属机构,受公社领导,社员除个人所得外,均为集体所有,信用社的农村储蓄存款结构发生一些变化。个人存款变为社员存款,集体存款由农业社集体存款变为公社、生产大队、生产队的集体农业存款。

1959 年,哈巴河县实现人民公社化,生产、分配、交换、消费关系发生变化。县域公社信用分部的任务、作用也发生变化。除引导个人储蓄外,组织集体闲散资金,开展对公存款业务。

1970 年,县域公社作用合作社社队企业存款从集体存款中分出单列,对公存款变为集体存款和社队企业存款。

1978 年中共十一届三中全会后,乡镇企业、农村中各种联合体企业开始出现,县域公社信用合作社单位存款由单一的农村集体存款发展成多种成分的单位存款。

1984 年,哈巴河县农牧业实行联产承保责任制,调动农牧民生产积极性。农村经济快速发展,各种个体经营业主大量涌现,收入大幅度增加。根据存款对象的变化,县域信用社集体农业存款变为合作农业存款,社、队企业存款变为乡（镇）企事业单位存款。

2000 年以前,单位存款对象名称几经改变,存款种类不断增加。2000 年以后基本规范。单位存款对象为农村国有企业、农村工商业、农村机关团体、乡镇企事业。

1962～2012 年县联社(乡镇信用社、联合社)存款余额情况表

表 7 - 1　　　　　　　　　　　　　　　　　　　　　　　　　　　　　　　　　　单位:元

年度	储蓄存款	对公存款	合计
1962	101726	65554	167280
1963	60892	66811	127703
1964	42328	17686	60014
1965	95170	31633	126803
1966	57323	22928	80251
1967	92509	34490	126999
1968	110448	23075	133523
1969	86686	28491	115177
1970	96318	14704	111022
1971	105811	34411	140222
1972	166270	43239	209509
1973	212320	101752	314072
1974	228540	99024	327564
1975	248158	121886	370044
1976	306334	276195	582529
1977	341735	1897267	2239002
1978	305695	1240271	1545966
1979	404434	1924907	2329341
1980	942234	1979799	2922033
1981	1578314	1916448	3494762
1982	2027149	2586084	4613233
1983	2622637	1726321	4348958
1984	3548480	1253830	4802310
1985	3883249	770275	4653524
1986	4179052	597811	4776863
1987	5096277	749095	5845372
1988	6393791	701849	7095640
1989	7647734	757151	8404885
1990	8414820	926084	9340904

续表 7 – 1

年度	储蓄存款	对公存款	合计
1991	8519330	636377	9155707
1992	9335874	1122001	10457875
1993	6914833	1374599	8289432
1994	14257860	1158385	15416245
1995	21730236	2016438	23746674
1996	23121478	1731763	24853241
1997	28004897	2102915	30107812
1998	27165728	2185721	29351449
1999	29273005	4482522	33755527
2000	31897957	3103450	35001407
2001	43466327	4270494	47736821
2002	51458014	7713462	59171476
2003	58351416	30810050	89161466
2004	63266965	33352682	96619647
2005	62651751	54649202	117300953
2006	93298280	105286633	198584913
2007	130269426	205239749	335509175
2008	165495041	241285933	406780974
2009	215620784	373741930	589362714
2010	234901731	604760376	839662107
2011	295611538	732228197	1027839735
2012	402225901	682744731	1084970632

第三节　存款准备金

　　1984 年起,县域信用社开始向农行县支行缴存款准备金,信用社农村存款比例为 30%。根据放松或紧缩银根的需要,有权调整缴存款比例。9 月 1 日,农村信用社吸收的农村储蓄和农村存款向农行缴存准备金,缴存的比例不低于 30%,后又逐渐降低至 20%、15%。

　　1985 年起,县域信用社存款按 10% 缴存(企业存款、农村存款、储蓄存款合称一般存款)。

　　1986 年,县域信用社向人行县支行缴存存款准备金,存款准备金按月缴存。

1987年11月5日,县域信用社执行自治区农行下发《关于提高农村信用社存款准备金比例等问题的通知》规定,从第四季度起新增加存款的准备金比例从10%调到12%。

1988年4月1日,县域信用社执行农行自治区分行下发《关于调整阿勒泰地区1986年末信用社所交存款准备金比例的通知》规定,1986年末按存款17%交存的,以后新增存款按12%比例执行。9月1日起,一般性存款准备金缴存比例调整为13%。

1989年3月15日,县域信用社执行中国人民银行《关于农村信用社存、贷款利率等问题的通知》规定,1989年人民银行对农村信用社超比例(13%)缴存的准备金,仍按100亿元限额予以补贴,年补贴利差为1.8%。

1991年2月8日,县域信用社执行农业银行总行转发人民银行总行《关于解决农村信用社政策性亏损问题的通知》规定,缴存准备金比率降到13%,与专业银行一致。

1992年10月30日,根据农行自治区分行下发《关于降低农村信用社存款准备金比例的通知》,县域信用社存款准备金比例降到8%。

1996年,根据国务院农村金融体制改革部际协调小组《关于印发农村信用社与中国农业银行脱钩资金划转及清算办法和会计核算手续的通知》精神,信用社与农行脱钩后,将在人行开户,原缴存农行的存款准备金全部划转到人行,并向人民银行缴存。

1998年3月24日,县域信用社执行人民银行总行下发《关于改革存款准备金制度的通知》规定,将法定存款准备金按现行体制存入人行县支行。5月1日,各信用社执行《新疆农村信用社二级存款准备金管理暂行办法(试行)》。

2007年2月15日,县联社执行中国人民银行《关于提高人民币存款准备金率的通知》规定,将存款准备金率提高0.5个百分点。

2010年11月10日,县联社执行中国人民银行《关于上调人民币存款性准备金率的通知》规定,从2010年11月16日起上调人民币存款准备金率,执行10.5%准备金率,上调0.5个百分点。

2011年12月1日,县联社按照人行乌鲁木齐中心支行办公室《关于调整新疆农村信用社财政存款和准备金存款范围的通知》要求,按时向人民银行报送有关资料,按照存款准备金管理规定缴存财政存款和准备金存款。联社调整后开展的财政存款和准备金存款有2001单位活期存款、2002单位定期存款、2003个人活期存款、2004个人定期存款、2005银行卡存款、2006财政性存款、2007待结算财政款项(减20070106县级待结算财政款项)、2014保证金存款。12月12日,联社根据乌银发〔2011〕217号、银发〔2011〕280号文件精神,执行下调人民币存款准备金率标准。

第八章 贷款

贷款是农村信用社的主要业务,是资金用途的主渠道。自县域信用社建社起,在不同的历史时期坚持贯彻执行党的金融方针、政策,立足农村,坚持为农牧村、农牧民服务,充分发挥信用社农村金融主力军作用。行、社脱钩后,县域信用社在县委、县政府的支持下,结合自身努力,资金实力不断增强,市场份额不断扩大,经济效益不断提升,贷款业务种类不断增加。县域经济得快速发展,使农村信用社在不断探索徘徊中壮大起来。2012 年末,联社各项贷款余额 60704 万元,比 1978 年增长 2428 倍。

第一节 "三农"贷款

一、农牧业贷款

建社初期,县域农村信用合作社主要向农牧民投放生产生活贷款,用于解决农牧民在生产生活中的困难。1956 年农村生产集体化后,开始向人民公社、生产队发放集体贷款,解决生产集体在农牧业生产中的困难。1982 年,随着哈巴河县生产大队建制的撤销和农村联产承包责任制的实行,县域信用社对农户投放的农牧业生产、生活及多种经营贷款逐年增多。

1955 年 3 月 14 日,哈巴河县第一家农村信用合作社——阿不列兹克信用社成立,当月向农牧民发放春耕生产贷款 1569.30 元,解决农村在春耕生产中的困难。8 月 20 日,为三区二乡 18 户非社员发放贷款 200 元,买钐镰,解决打草困难。至 9 月末,投放各种贷款 3925.68 元。当年,县域农村信用合作社累计投放农业贷款 62568.07 元,支持哈巴河县农牧业生产。

1956 年,县域农村信用合作社共发放贷款 458828 元。其中羊只贷款占 37%,保障生活、生产等个体贷款占 43%,生产社贷款占 15%,互助合作基金贷款占 9%。农村信用合作社结合哈巴河县畜牧业社会主义改造发放牧民定居贷款,使传统的游牧生活逐步向定居半定居过渡。

1957 年,农牧民经过合作化运动,生产积极性提高。县域农村信用合作社全年发放各项贷款 238.37 元,贷款最高余额达 406.213 元,对哈巴河县扩大生产,增加社员收入起到积极作用。同时,及时发放春耕贷款和保育贷款,保护 511 头牲畜平安地度过寒流侵袭。随着农村生产逐步走向集体化,农村生产关系发生深刻变化,农业贷款随之发生变化,农村信用合作社贷款对象农牧民逐渐转向农村生产集体。

1958 年人民公社化后,县域公社信用部信贷资金由公社统一安排,贷款重点是支持生产队集体经营的发展。1958~1961年,在大办人民公社和"大跃进"形势下,绝大部分贷款用于帮助社队集体解决生产方面资金困难,少量向社员发放贷款,用于解决社员治病、结婚、丧葬等方面困难。

1959年1月起,县域公社信用部根据中央农村实行"两放、三统、一包"(即人员和财产下放,统一政策、统一计划、统一流动资金管理,包财政任务)的精神,试行存贷相抵、差额包干办法。全年发放贷款29.9万元,用于购买拖拉机、种马、洋犁、插秧机、奶油机、剪毛机、打铁锁、麻袋、打水桶、锄头、铁锹、钢铁、种子、皮毛绳等。

1961年,县域公社信用分部清理年前农业贷款16049.43元。1962年,哈巴河县大旱粮食总产量低,农牧民生产生活遇到困难。县域公社信用合作社发放生产生活贷款2.7万元,年末贷款余额4.2万元。

1963年1月10日,根据自治区党委批转人行自治区分行党分组关于贯彻执行中共中央、国务院批转中国人民银行《关于农村信用合作社若干问题的规定(试行草案)》和《自治区开展信用合作社整顿工作的意见的报告》,县域公社信用合作社的主要任务是解决社员个人在副业生产和生活上临时性的资金困难,打击高利贷,一般不再发放集体贷款。当年,县域公社信用合作社共发放社员个人贷款33000元。其中发放15257元,帮助735户社员个人解决茶、盐的临时性生活困难;发放7223元,帮助358户社员个人在春耕、秋收、打草的困难及牧区社员穿鞋、毡筒等御寒需要方面的临时性困难;帮助314人解决医疗费5079元;发放4296元,196户农牧民解决经济困难。

1964年,县域公社信用合作社共发放生产生活贷款30310元。其中发放贫下中农贷款14600元,帮助504名社员购买504双鞋,105名社员购买价值929元的衣服,51名社员购买价值3399元的茶叶和咸盐,为39人支付解决医药费2727元。为牧业队患下肢瘫痪症三个月的贫牧社员加斯木汗发放贷款50元,使他得到治疗,恢复健康,重新投入生产。为因生活困难而无法更换夏装的社员热依汗发放贷款12元,解决其季节更替换装问题。

1965年1月10日,县域公社信用合作社贯彻中国农业银行召开第三次全国分行行长会议精神,加强农贷工作,同有关部门密切协作,打击高利贷,维护贫下中农的利益。全年发放生产生活贷款34265元,91%以上发给贫下中农,解决其生产生活困难。

文化大革命"期间,由于金融工作方针、政策和制度遭到破坏。县域公社信用合作社贷富不贷贫、贷亲不贷疏的情况较多,部分信用社社员个人贷款出现"三多一少"(国家职工贷款多,大队小队干部贷款多,亲戚朋友贷款多,有困难的贫下中农贷款少)现象。1972年,生产费用贷款、生产设备贷款和社(队)办企业贷款一律由公社信用合作社发放。1977年3月1日,各公社信用合作社执行人行阿勒泰地区中心支行在《关于信用社几个具体问题的答复》中规定,对已经参加信用社的社员,独立生活的四类分子的子女在生产、生活上有困难,需要信用合作社贷款帮助的,按照贷款政策和资金力量,适当给予贷款。发放社员贷款的对象,首先是帮助贫下中农、牧解决生产、生活方面的临时资金困难,解决正当家庭副业生产的临时资金困难,其次对其他社员群众的生产、生活方面的资金困难,给予帮助和支持。当年,全县干旱,风沙、蝗灾相继发生,庄稼受到危害,减产严重,给信用合作社收贷产生严重影响。

1978年9月5日,县域公社信用合作社执行人行县支行在《关于整顿和加强农牧区信用社工作的几项规定》中规定,通过广泛吸收农牧区闲散资金,运用这些资金积极支持农牧业生产发展和帮助贫下中农(牧)及社员群众解决生产、生活方面的临时困难。上半年发放生活贷款5.8万元,帮助近200户有困难的社员穿衣、看病和买口粮。

1982年，县域信用社共发放各项农牧业贷款124.2万元，比上年增加30.4万元，增长32.4%。

1983年，县域信用社为适应农牧业"双包"生产责任制新形势，贯彻"以牧为主"和"决不放松粮食生产，积极开展多种经营"的方针政策，贷款对象主要面向农牧民，并向"三户"（承包户、重点户、专业户）倾斜，积极支持农牧业生产。优先解决优良籽种、农机修配、化肥等资金需求。当年，县域信用社共投放农业贷款197.9万元，比上年增长97%。办理贷款开始推行贷款合同制，共签订贷款合同1034份。全年落实旧贷10.9万元，占应落实贷款数81.48%。其中落实到24个集体单位5.3万元，利息1.6万元；落实到228个"双包户"5.6万元，利息0.2万元。

1984年，县域信用社贯彻中央两个一号文件精神和全疆支行长会议精神，冲破以往单纯支持农牧业发展，统筹安排信贷资金，在满足农牧业生产的同时，对有技术特长、有经营能力和经营经验的农牧户，坚持"区别对待，择优扶持"原则，支持多种经营生产。在贷款用途上，不再停留于籽种、化肥、农药、耕畜、农机具等生产费用方面，而是支持农林牧副渔、运输、加工、商业等多个领域全面发展。从单纯在生产环节上支持生产发展，改为从生产、流通、消费等全过程支持生产发展。在贷款额度上由以往的几十元、几百元，扩大到千元、几千元。同时改变以往"春贷、秋收、冬不贷"的做法，实行常年贷，常年收的适应农村经济发展的做法。当年，县域信用社响应县委、县政府"开发河西，振兴农牧业生产"号召，根据河西原有农机具老化、不足的情况，及时发放贷款37.5万元，帮助农牧民购买推土机、五铧犁、播种机、康拜因收割机，支持"开发河西，振兴农牧业生产"建设。

1995年，县域信用社累计投放农业贷款1383.5万元，投放量比上年增长1.2倍。其中投向"三户"贷款1345万元，占96%；农田养畜贷款29万元，占2%；乡镇企业流动资金贷款9.5万元，占0.7%。对农村"三户"的农业生产资料贷款采取乡、村、财政所三级担保的方式发放，对个体工商户贷款强调抵押，万元以上大额贷款严格审批。同时坚持谁放、谁收、谁承担风险责任的原则，杜绝人情贷款、跨区贷款和自批自贷贷款的发生。

1996年，县域信用社贯彻贷款资金向农村、农（牧）业和农（牧）户倾斜的信贷政策，加大农牧业生产资金贷款投放量。全年投放农牧业生产贷款1699万元，占全部贷款投放量100%，比上年增加315.1万元。8月21日，哈巴河县后山夏牧场普降大雪，2000头（只）牲畜死亡，给信用社牧业贷款回收造成困难，依法收回旧贷5万元。

1997年，县域信用社贯彻落实国发〔1996〕33号文件精神，坚持为农业、农民和农村经济发展服务，积极向人民银行申请再贷款460万元，克服与农行"脱钩"后资金紧张的困难，改进服务，做好支农服务。全年投放支农贷款1263万元。

1998年，县域信用社贯彻自治区农村金融体制改革领导小组办公室《关于1998年新疆开展规范农村信用社工作的安排意见》，积极筹措资金，从人民银行取得支农再贷款400万元，用于投放农牧业贷款，优先对入股社员放贷。全年投放农牧业贷款1635万元，占各项贷款85%，比上年增加372万元。

1999年，县域信用社继续贯彻为农民、农业和农村经济发展服务政策，加大对入股社员的支持与服务力度。联合社适当下放农贷审批权限，对贷款对象、期限等方面加以约束限制，确保贷款资金真正用于支农。为解决资金不足，向人民银行申请支农再贷款500万元，用于投放农牧业贷款。全年投放农牧业贷款1200万元。

2000年，县域信用社在贷款投放上优先安排信用社社员和农牧民生产资金需求，在用途上重点支持农牧民购买籽种、化肥、农药等生产资料。同时贯彻落实"扶优扶强"政策，支持种养殖大户的规模生产。在投放手续上,积极在三个乡发放农户联保贷款,简化贷款手续。为解决资金不足问题,向人民银行累计申请支农再贷款 1750 万元,全部用于农牧业。全年投放农牧业贷款 1713 万元,占各项贷款 75%,比上年增加 513 万元。2001 年,累计申请支农再贷款 3250 万元,用于支持"三农"经济发展。全年投放农牧业贷款 4050 万元,占各项贷款投放量 78%。其中农户联保贷款累放 647 万元,是上年累放的 3.46 倍。

2002 年,县域信用社坚持"以农为本、立足农村、为农服务"的办社宗旨,深挖农村主阵地潜力,围绕县委、县政府制定的"养肉牛、种芸豆、兴林草"的发展方针,落实"扶优扶强"政策,推广农户联保贷款,开展"信用户、信用村"评定试点工作,推行农户小额信用贷款,加大信贷支农力度。同时改进工作作风,转变服务方式,一改以往的办公室等贷,实行主动上门送贷服务。重点支持花芸豆特色种植,西蒙塔尔肉牛特色养殖等。全年投放农牧业贷款 7632 万元,占各项贷款投放量 78%,比上年增加 3582 万元,解决 9410 户农牧民生产资金问题。2003 年,县域信用社继续加大对"三农"工作的信贷投入力度,支持农牧民增产、增效、增收。全年投放农牧业贷款 11321 万元,占各项贷款投放量 82.8%。

2004 年,县域信用社建立健全农户经济档案,掌握农户资金需求,简化贷款手续,压缩贷前调查时间,在确保安全可靠的前提下,做到对农户贷款发放快速及时。全年投放农牧业发展生产贷款 11000 万元,占各项贷款投放 80%。

2005 年,县域信用社围绕县委、县政府"养牛、种豆、兴林草"发展生态型特色农牧业的发展方针,不断调整农村经济产业结构的发展思路,结合自身实际,开展贷款营销,扩大信贷投放,促进农村经济快速发展。全年发放农牧业贷款 11200 万元,占各项贷款投放量 83.7%。其中农业贷款 7100 万元,牧业贷款 4100 万元。重点支持豆类种植、黄牛品种改良及完善产业链、提高附加值项目。

2006 年,县联社简化贷款手续,支持特色种养殖户及大中型农牧机械更新,帮助农牧民脱贫致富。同时,支持菜篮子工程建设。全年投放农牧业贷款 12531 万元,占各项贷款投放量 87%。

2007 年,县联社与县委组织部合作推出"党员直通车"贷款。当年投放贷款 20 万元,支持 15 户贫困党员的农牧业生产。全年发放农牧业贷款 12979 万元,其中农户联保贷款 4646 万元,农户小额信用贷款 737 万元。

2008 年,县联社加大对农牧业贷款投放力度,扩大投放范围,在满足农牧民生产生活资金需求的前提下,逐步介入对农村涉农支农企业的支持。全年投放支农贷款 17567 万元,其中投放农村涉农支农企业贷款 4223 万元。由于哈巴河县遭受风灾、旱灾,联社对受灾农牧民贷款实施信贷救助特殊扶持政策,对受灾农户贷款期限延长 2 年,对受灾农牧民贷款办理借新还旧,期限 3~5 年,帮助农牧民抗灾自救,恢复生产。同年,联社与县委组织部合作推出"桦林先锋"贷款,解决党员大户发展问题。当年投放 35 万元,支持 3 户党员大户发展。

2009 年,县联社坚持服务"三农"宗旨,扩大支农服务范围,支持农业基础设施建设,加大对农村支农企业的支持服务力度,加快农业产业化发展。全年投放贷款 5000 万元,支持哈巴河县大型灌区、中低产田改造(膜下滴灌技术推广)等农业基础设施项目建设。年末农业贷款余额 15563 万元。

2010 年,哈巴河县遭遇特大雪灾,县联社及时伸出援助之手,在第一时间组织向灾区捐款,同时投放"抗灾保畜"等抗灾自救贷款 2084 万元,并执行基准贷款利率,帮助农牧民将损失降到最低。加大对农村基础设施建设项目支持力度,投放贷款 5000 万元,用于节水灌溉。加强对金融服务薄弱地区的信贷服务,信用社在偏僻的齐巴尔乡、铁热克提乡设立 2 个金融流动服务站,彻底消除空白服务区。当年,联社累计投放"三农"贷款 36876 万元,占各项贷款 66%,比上年增加 12748 万元。年末,联社农业贷款余额 33179 万元,占比 77.81%,增加 17616 万元。

2011 年,县联社加大对农牧业发展的支持力度,利用信贷杠杆不断调整种养殖结构,引导农牧民向打瓜、食葵等特色种植发展,畜牧业上扩大牛、马、驼等大畜比重。不断加大对农村小微企业的支持与服务,完善产业链,促进"三农"经济快速发展。年末,联社农业贷款余额 46628 万元,占比 83.46%。

2012 年,县联社支持萨尔布拉克安居楼建设。年末,联社农业贷款余额 54976 万元,占各项贷款 90.56%,比上年增加 8348 万元。

二、农户小额信用贷款

2002 年,县域信用社开始办理小额信用贷款业务,全年投放农户小额信用贷款 2870 万元。

2005 年,县域信用社继续推行农户小额信用贷款,简化贷款手续,方便农户。通过对农户高限额的界定,对农户进行贷款授信,密切信用社与农牧民的联系,最终形成一批分层次授信为主体的优质客户群体。

2006 年,县联社以市场为导向,以农村为中心,以效益为目标,在支持"三农"经济发展中找准自己的位置,努力抓好农户小额信用贷款。至 2007 年末,联社农户小额信用社贷款余额 737 万元。

2008 年,县联社坚持服务"三农"宗旨不动摇,加大农户小额信用贷款推广发行力度,农户小额信用贷款受惠面进一步扩大,满足农牧民生产资金的需要。

2009 年,县联社全面推行小额信用贷款工作,实现农户小额贷款可持续发展,发放贷款 7500 万元,支持农牧民春耕生产,保障哈巴河县 6000 牧民标准化定居。2010 年,联社农户小额信用贷款 74 万元。2011 年,联社农户小额信用贷款 203 万元。

2012 年,县联社通过农户小额信用贷款扩大农户贷款面和贷款用途,增加对农牧业信贷资金投入,发展农牧村经济,改善农牧民生活。同时,随着信贷资金投入总量增长,管理手段改进和加强,实现农村信用社自身效益同步增长。

三、农户联保贷款

2000 年 3 月,县联合社根据中国人民银行《农村信用合作社农户联保贷款管理指导意见》,在萨尔布拉克信用社、库勒拜农村信用社试点投放农户联保贷款。经过组织宣传,做好贷款前期工作,全年投放农户联保贷款 380 万元,占各项贷款投放 12.68%;服务对象为农牧民,主要投向于农牧业生产。

2001 年,县联合社逐步向各信用社推广农户联保贷款。针对农户联保贷款操作过程中存在的风险,各信用社加大审查力度,对每个联保小组成员进行资格审查,做到认领贷款时执行亲签制度和亲领制度。全年发放农户联保贷款 647 万元,占当年各项贷款投放 12.5%。2002 年,累计投放农户联保贷款 2478 万元。

2003 年 5 月底,哈巴河县萨尔布拉克乡、齐巴尔乡、萨尔塔木乡、库勒拜乡遭暴风雨袭击,农作物受灾严重。县域信用社及时投放 120 万元救灾款,帮助受灾农户进行补种、重播与抗灾自救,受到农牧民好评。全年投放农户联保贷款 3901 万元。2004 年,累计投放农户联保贷款 4341 万元。

2005 年,县联社实行多户联保,以村定贷,贷款上门,现场服务。在发放新增贷款时,对上年按期或逾期归还的,区别情况在贷款额度和条件上给予奖励或惩罚。对有逾期贷款未归还的不贷,非本人使用的不贷,为他人担保不履行还款责任的不贷。提高贷款质量,减少贷款风险,降低信用社与贷款人关系。全年投放农户联保贷款 6190 万元,占各项贷款累放 43.2%,成为最主要贷款品种。其中信贷员深入农村牧区为农牧民发放贷款1400万元,被农牧民称之为"送及时雨的信合人"。

2006年,县联社在支持"三农"经济发展中找准自己的位置,努力抓好农户联保贷款工作。当年,联社累计投放农户联保贷款5837万元,占各项贷款累放40.6%。

2007年,县联社执行《关于新疆维吾尔自治区农村信用合作社农户联保贷款管理办法》。全年投放农户联保贷款21600万元。至2008年末,联社农户联保贷款余额6374万元。

2009年,县联社加大涉农资金投放力度,保证春耕生产资金。全年发放农业贷款24128万元,其中农户联保贷款7338万元。2010年,联社农户联保贷款余额7284万元,比上年减少54万元,下降0.7%。

2011年,县联社执行《自治区联社发放农户联保贷款管理办法》,经过实践和不断完善,农户联保贷款成为主要贷款方式,在支持"三农"服务中发挥不可替代的作用。全年发放农户联保贷款10723万元。

2012年,县联社制定《关于农村联保贷款发放管理规定》,加强联保贷款管理,提高信贷资产质量,有效防范控制信贷风险。全年发放农户联保贷款25954万元,比上年增加15231万元,增长142.04%。

四、"两居"工程贷款

2009年,哈巴河县人民政府开始推进"两居"(安居富民、定居兴牧)工程工作。县联社积极响应县委、县政府号召,加大工程建设贷款的投放力度。全年投放"两居"贷款1063.5万元,支持522户农牧民实现定居。

2010年,县联社进一步加大"牧民定居"工程建设贷款投放力度,同时,牧民定居贷款全部执行基准贷款利率降,低牧民利息支出,减轻牧民负担。全年投放"两居"贷款1359.75万元,支持597户牧民实现定居生活。

2011年1月1日起,县联社享受自治区"两居"贷款贴息政策,投放农牧民的"两居"贷款由自治区财政给予全额贴息。农牧民"两居"贷款执行基准贷款利率。当年,联社累计投放"两居"贷款1088.01万元。其中支持"安居富民"工程建设贷款390.47万元,103户;支持"定居兴牧"工程建设贷款697.54万元,227户。

2012年,县联社累计投放"两居"贷款5600.9万元。其中支持"安居富民"工程建设贷款4344万元,640户;支持"定居兴牧"工程建设贷款1256.9万元,238户。

第二节 其他自然人贷款

一、个体工商户贷款

1988年前,由于处在改革初期,思想解放程度有限,县域信用社受旧的信贷框架束缚,加之信用社资金力量薄弱,信贷管理水平仅限于农业贷款方面,至1988年底,未发放个体户贷款。

1989年,哈巴河县农村经济体制改革全面铺开,个体经济得到发展。县域信用社为适应形势发展的需要,开始发放个体户贷款。但贷款额度很小,一般在300~1000元之间。全年发放个体户贷款20.89万元,支持个体户300多家。

1990~1993年,县域信用社个体户贷款管理坚持"从严掌握,适量发放"原则。4年间发放个体户贷款 116.38 万元。

1994~1996 年,县域信用社对个体户贷款进行全面清理,清收非正常贷款。同时,坚持对个体户贷款"从严掌握,加强管理,适量发放"原则。2 年间投放个体户贷款 97.96 万元。

1997 年,哈巴河县城镇个体经济发展快,个体户贷款猛增。全年发放工商户贷款 345.01 万元,促进城镇个体市场的繁荣。

1998~2000 年,县域信用社共投放个体工商户贷款 1078.42 万元,支持哈巴河县个体工商业发展。

2001~2010 年,县联社共投放个体工商户贷款 22819.92 万元,哈巴河县有贷款需求的工商户 70% 成为信用社的客户。

2011 年,县联社投放个体工商户贷款 6368 万元。2012 年,投放 7096 万元。

二、抵、质押贷款

1991 年,县域信用社根据农行新疆分行《关于人民币抵押贷款利率的通知》,明确企业用定期存款作抵押,办理流动资金抵押贷款,只限于企业临时性资金需要,抵押贷款期限不超过一年。

1992 年,县域信用社根据《关于农村信用社对三、四类企业贷款实行财产抵押的通知》(农银信〔1992〕31 号),做好企业贷款抵押工作。

1994 年 12 月 15 日,县域信用社执行中国人民银行印发《个人定期储蓄存款存单小额抵押贷款办法》。

1995 年,县域信用社根据中国农业银行《个人定期储蓄存款存单小额抵押贷款办法》,做好个人定期存单小额抵押贷款工作。

1997 年,县域信用社根据中国人民银行《关于暂停存单质押贷款业务和进一步加强定期存款管理的通知》,组织开展对未到期存单质押贷款(不含 10 万元以下个人定期储蓄存款小额抵押贷款业务)进行清理和审查。暂停存单质押贷款业务,加强定期存款管理,防范和化解金融风险,打击经济犯罪。至 1998 年末,县域信用社共有抵押农户贷款 89.97 万元,抵押其他贷款 276.66 万元。

2007 年 2 月,县联社根据《新疆维吾尔自治区农村信用合作社个人质押贷款管理办法》,个人质押贷款坚持"以存定贷,凭证质押,到期归还,逾期扣收"的原则,贷款实行调查、审批、检查的审贷分离和岗位制约制度。个人质押贷款在确保贷款本息能足额收回的前提下,每笔贷款额度不超过质押凭证面额的 90%。个人质押贷款的期限由贷款人与借款人协商确定,但最长不超过质押权利凭证到期日;若为多张凭证质押,在确保贷款本息能足额收回的前提下,贷款期限最长不超过凭证最迟到期日。个人质押贷款执行同期贷款利率和有关计息规定,结息方式由借贷双方协商确定。至年末,联社抵押农户贷款余额 52.2 万元,抵押其他贷款 1024.65 万元;质押农户贷款余额 18.33 万元,质押其他贷款 50.1 万元。

2010 年 7 月,县联社根据《新疆维吾尔自治区农村信用合作社农村土地承包经营权抵押贷款管理办法》,明确规定贷款对象是从事合法生产经营活动的农户、个体经营户、企业以及农村集体经济组织和专业合作经济组织。贷款用途为农业生产、农业开发。是月,联社根据《新疆维吾尔自治区农村信用合作社代发工资账户权利质押个人综合消费贷款管理办法》,明确借款人必须具备 6 个条件。贷款用于购置耐用消费品、旅游、子女上学等生活消费;住房装修等。至年末,联社抵押农户贷款余额 477.5 万元,抵押农村工商行业贷款余额 2609 万元,抵押其他贷款余额 1090.89 万元;质押农户贷款 23 万元,质押农村工商行业贷款 104.11 万元,质押其他贷款 118.4 万元。至 2012 年末,联社抵押农户贷款余额 8298.33 万元。

1998~2012 年县联社（联合社）抵、质押贷款情况表

表 8-1　　　　　　　　　　　　　　　　　　　　　　　　　　　　　　　　　单位：万元

年份	抵押农户贷款	抵押农村工商行业贷款	抵押其他贷款	质押农户贷款	质押农村工商行业贷款	质押其他贷款
1998	89.97	—	276.66	—	—	—
1999	—	—	134.52	136.98	—	224.03
2000	19.62	—	175.42	145.68	—	75.12
2001	30.76	—	323.94	156.71	—	109.75
2002	14.35	—	702.91	257.31	—	101.28
2003	96.10	—	976.83	181.83	—	126.86
2004	195.50	—	887.04	313.61	—	85.03
2005	220.00	—	550.75	130.37	—	146.45
2006	59.21	—	376.45	62.71	—	37.23
2007	52.50	—	1024.65	18.33	—	50.10
2008	—	—	2458.97	34.89	—	73.96
2009	—	700	4829.38	14.61	500.00	37.39
2010	477.50	2609	4090.89	23.00	104.11	118.40
2011	5665.08	—	—	—	—	—
2012	8298.33	—	—	—	—	—

三、妇女创业贷款

2010 年，县联社根据自治区《关于在全区妇女中开展"妇女创业贷款"活动的通知》和《新疆维吾尔自治区城乡信用合作社信贷管理基本制度》，开办小额妇女创业贷款。妇女创业贷款遵循"政策引导、各界支持、专项管理"原则，贷款对象为城乡妇女组织及妇女家庭自主创业，贷款用途为开展种植业、养殖业、产品加工等生产经营。贷款范围是城乡妇女组织和城乡家庭妇女，贷款条件是项目必须纳入当地政府的扶持范围；有致富愿望的城乡妇女组织和城乡妇女；有明确的经营范围与经营场所，具有法定的营业证件；从事符合国家产业政策和各级政府的产业要求；具有承包或租赁的土地经营权合同或协议。对从事简单和小规模种植、养殖、加工行业的妇女、生产经营大户，授信额度在 8 万元以内，对城乡妇女组织经营项目、周期、规模，合理确定授信额度。贷款期限根据贷款项目的生产经营周期和借款者综合还款能力确定贷款期限，对于城镇创业妇女经营个体工商户的，期限为 2 年。贷款方式采取小额担保贷款或联保贷款方式。贷款利率在中国人民银行规定的贷款基准利率基础上上浮 3 个百分点。结息方式为按季结息。联社按季向当地财政部门申请贴息资金。同时在每季度结息后 5 个工作日内将贴息资金申请表和明细报当地财政部门。办理妇女创业贷款依次经过申请、贷款受理及调查、贷款评估、贷款审查、贷款审批、贷款发放、贷款使用的监督和收回等程序。至 2012 年末，联社累计发放妇女创业贷款 520 笔，余额 2246.8 万元，共帮助 1000 余人实现创业愿望，使 2000 余人自主就业。

第三节　企业贷款

1978年中共十一届三中全会后,农村实行经济体制改革,哈巴河县乡镇企业快速发展,给农村经济带来活力。1984年,开始改革农村政权体制,1984年社队企业贷款扩大范围,改为乡镇企业贷款和中小企业贷款。到1985年,银行对信用社的资金供应缩小,使乡镇企业流动资金贷款减少。1987年,信用社支持乡镇企业发展的力度开始增大,在保证所需的前提下,支持乡镇企业的流动资金,为促进农村经济发展起到推动作用。

一、业务发展

1958年人民公社成立,人行阿勒泰专区中心支行对人民公社的贷款分为公社贷款、公社工业贷款、贫农合作基金贷款、公社社员贷款、公社信用分部贷款。其中,公社工业贷款主要是支持农业以外的生产性贷款。后来扩大范围,统一发放社队企业贷款。

1962～1971年,县域公社信用合作社累计发放集体农业生产费用贷款12.34万元。1972年,县域公社信用合作社贷款范围扩大,生产费用贷款、生产设备贷款、社队企业贷款一律由信用社发放。

1973年,县域公社信用合作社贯彻"发展经济,保障供给"的方针,支持集体生产发展,弥补购置农业机械设备资金的不足,开始发放社队生产设备贷款。到1975年底,发放的设备贷款很少。

1975年,县域公社信用合作社执行中国人民银行对社队企业贷款利率做出统一规定,凡社队办的农业性质的企业,直接为农业服务的企业,以及粮、棉、油和农副产品加工企业的贷款可以按照农业贷款利率执行。即费用贷款按3.6‰,设备贷款1.8‰,其他贷款一律按3.6‰计收利息。1975～1980年,县域信用社累计发放社队办企业贷款1万元、社队生产设备贷款12.11万元。

1976年起,县域公社信用合作社配合农村开展的农业学大寨运动和支持社队购置小型农机县和农产品加工设备,贷款投放量增加。1977年,根据中国农业银行《关于信用社发放设备贷款给予利差补贴的通知》,为发挥信用社在支持农业生产开展农业学大寨,普及大寨县运动中的积极作用,信用社发放的生产设备贷款其利率低于转存银行款利率的利差,由银行补贴。此后,信用社发放的设备贷款逐年增加。

1980年,县域农村信用合作社支持农村商品经济发展,对农村的小型农机具和小型农产品加工设备的资金需要,继续给予支持。

1981年后,随着经济体制改革,县域信用社的设备贷款业务逐年扩大。至2004年末,县域信用社共发放社队生产设备贷款94.12万元。

1983年,县域信用社执行中国农业银行下达《关于信用社双保户、专业户、重点户、贷款暂行规定》,对从事农业生产的设备贷款,从事政策允许的工、商、运、服等行业的小型设备贷款资金需要,均可以贷款,期限一般不超过3年。农村信用社的设备贷款逐步扩大到农户,在很大程度上改变农牧机械化设备短缺的状况。

1984年,县域信用社对农户和个体户发放的小型设备贷款增加,主要解决农户资金不足部分,余额小,期限一年以内。

2005 年 5 月 23 日,县联合社首次向公有制企业哈巴河县自来水有限责任公司发放贷款 85 万元。6 月 6 日,向非公有制企业哈巴河县天烨热力供应中心发放贷款 200 万元。解决哈巴河县供水、供热管网改造问题。

2006 年,县联社从信贷、结算等方面提供系列服务,支持民营经济。全年为 3 个民营经济户发放贷款 158 万元,促进民营经济发展。

2007 年,县联社执行《自治区农村信用社联合社下发的关于中小企业贷款管理办法》。全年自主发放民营企业贷款 575 万元。2008 年,联社以担保、抵押、质押方式自主发放民营企业贷款 285 万元。

2009 年,县联社加大对中小企业支持力度,不断调整和优化信贷结构,实现信贷业务的稳健高效发展。在小企业信贷政策上始终保持连续性和稳定性。小企业绝大多数受到农村信用社的资金支持,多数在信用社开立存款账户。在做好信贷支农工作的同时,把支持县域经济发展,支持非公有制企业和农业产业化龙头企业的发展作为重点,坚持科学发展观,不遗余力地支持企业健康持续可协调发展。在继续支持阿山水泥、新疆鑫旺、哈巴河县桦林节水等企业的同时,重点支持哈巴河县国有资产投资经营有限责任公司的哈巴河县大型灌区续建配套与节水改造工程项目,以社团贷款形式发放贷款 5000 万元,确保项目顺利实施。

2010 年,县联社实施倾斜政策,突出扶持重点。在主动搞好服务,提高服务效率的基础上,紧紧围绕区域特点和主导产业,优化信贷投向,对中小企业实行倾斜支持。支持哈巴河县国有资产投资经营有限责任公司的哈巴河县大型灌区续建配套与节水改造工程项目,择优扶持"龙头"和重点企业扩规模、增效益,对康元生物科技股份有限公司通过 3 年支持,将一个初级加工且低产的沙棘加工企业扶持成一个精加工、产品多样化的、符合 QS 认证的沙棘加工企业。年末,联社企业贷款金额 14908 万元。

2011 年,县联社始终以支持地方经济发展为己任,从联社班子成员到部门客户经理均主动深入中小企业调查了解其行业类别、经营状况、资信情况、市场风险、发展前景等综合情况,筛选扶持重点,密切跟踪其发展趋势,对有资金需求和符合贷款条件的中小企业贷款申请快速审批、快速办理,支持哈巴河县雅居床服、阿勒泰新吉国际贸易、新疆康元生物、桦林节水设备、新疆鑫旺矿业等中小企业的发展。全年发放企业贷款 3350 万元,发挥支持当地经济发展资金主渠道的作用。

2012 年 6 月 17 日,县联社根据中国银行业监督管理委员会颁布的"三个办法一个指引"和《新疆维吾尔自治区农村信用合作社中小企业贷款管理办法》的规定,成立中小企业客户服务中心,为中小企业"短、小、快、频"的融资需求创造宽松、稳健、双赢的融资平台。当年,县联社为哈巴河县 14 家中小企业累计投放贷款 4700 万元。

二、社团贷款

2007 年 9 月 21 日,县联社参加布尔津县联社牵头的社团贷款,为布尔津县喀纳斯旅游文化产业有限责任公司发放社团贷款 600 万元,联社参加份额 150 万元。12 月 26 日,联社首次作为牵头社发放社团贷款,组织阿勒泰市联社、福海县联社、富蕴县联社 3 家联社为成员社,为新疆鑫旺矿业有限公司放款 2000 万元,解决联社单一客户支持额度不足问题及企业生产资金不足问题。当年,联社累计发放社团贷款 1650 万元。2008 年,县联社累计发放社团贷款 1510 万元。

2009 年 3 月 9 日,县联社组织阿勒泰地区 6 家联社为哈巴河县国有资产投资经营有限责任公司放款 5000 万元。全年发放社团贷款 5510 万元。

2010 年 7 月 22 日，县联社执行自治区联社新颁布《新疆维吾尔自治区农村信用合作社社团贷款实施细则》。全年发放社团贷款 7830 万元。2011 年，累计发放社团贷款 9430 万元。2012 年，累计发放社团贷款 9900 万元。

2007～2012 年县联社社团贷款明细表

表 8 - 2 单位:万元

客户名	贷款用途	始贷日期	期限	始贷金额	贷款余额
新疆鑫旺矿业有限公司	流动资金	2007.05.30	12 个月	1500	0.00
布尔津县喀纳斯旅游文化产业有限责任公司	流动资金	2007.09.21	24 个月	1500	0.00
阿勒泰市山河水电有限责任公司	工业	2007.10.09	60 个月	200	0.00
新疆华凌工贸(集团)有限公司	流动资金	2007.11.12	24 个月	500	0.00
米泉市三道坝镇二号矿	流动资金	2007.12.25	36 个月	5000	0.00
新疆鑫旺矿业有限公司	开采业	2007.12.27	24 个月	500	0.00
哈巴河县阿山水泥有限责任公司	工业	2008.01.28	6 个月	48	0.00
新疆鑫旺矿业有限公司	开采业	2008.12.25	36 个月	260	0.00
哈巴河县国有资产投资经营有限责任公司	农资	2009.03.09	120 个月	140	0.00
哈巴河县国有资产投资经营有限责任公司	农资	2009.03.11	120 个月	360	0.00
新疆伊犁钢铁有限责任公司	工业	2009.03.27	48 个月	300	0.00
乌鲁木齐经济技术开发区农工商贸总公司	服务业	2009.03.27	36 个月	300	0.00
哈巴河县国有资产投资经营有限责任公司	订单农业	2009.04.01	120 个月	250	0.00
布尔津县友谊峰实业有限责任公司	商业	2009.04.22	36 个月	200	0.00
哈巴河县国有资产投资经营有限责任公司	农资	2009.05.05	120 个月	250	0.00
哈巴河县阿山水泥有限公司	工业	2009.05.12	60 个月	600	0.00
新疆生产建设兵团农十师供销合作公司	农资	2009.10.15	8 个月	330	0.00
新疆生产建设兵团农业建设第十师一八七团场	农资	2009.10.15	6 个月	500	0.00
阿勒泰市山河水电有限责任公司	工业	2009.10.26	120 个月	500	452
新疆鑫旺矿业有限公司	开采业	2009.11.03	6 个月	2800	0.00
青河县惠源矿业有限责任公司	开采业	2009.11.24	12 个月	400	0.00
布尔津县国有资产经营有限责任公司	订单农业	2009.11.27	36 个月	200	0.00
青河县国有资产投资经营有限责任公司	种植业	2009.12.18	60 个月	300	0.00
新疆福海三和食品有限责任公司	商业	2009.12.21	18 个月	240	0.00
新疆一龙房地产开发有限公司	建筑业	2009.12.22	24 个月	340	0.00
新疆国际置地房地产开发有限责任公司	建筑业	2009.12.28	36 个月	300	0.00
布尔津县华鑫房地产开发有限责任公司	商业	2010.01.15	24 个月	280	0.00
福海县国有资产投资有限公司	种植业	2010.01.21	48 个月	350	0.00

续表 8 – 2

客户名	贷款用途	始贷日期	期限	始贷金额	贷款余额
新疆久泰化工有限公司	流动资金	2010.01.28	19 个月	300	0.00
阿勒泰地区金马碳化硅有限公司	流动资金	2010.04.08	36 个月	200	0.00
新疆北纬阳光番茄制品有限公司	周转	2010.05.21	12 个月	500	0.00
哈巴河县国有资产投资经营有限责任公司	节水改造	2010.06.11	120 个月	5000	2550
新疆远方旅游有限公司	服务业	2010.06.23	60 个月	200	0.00
新疆康元生物科技股份有限公司	加工业	2010.07.08	60 个月	400	0.00
新疆生产建设兵团农十师供销合作公司	流动资金	2010.07.28	12 个月	450	0.00
新疆美丽田野贸易有限公司	流动资金	2010.07.28	60 个月	400	0.00
新疆柳沟红番茄制品有限公司	流动资金	2010.08.02	9 个月	400	0.00
新疆康元生物科技股份有限公司	流动资金	2010.10.09	12 个月	100	0.00
青河县惠源矿业有限责任公司	流动资金	2010.12.16	12 个月	200	0.00
福海县鑫源城市开发建设有限公司	建筑业	2011.01.05	60 个月	300	0.00
新疆鑫旺矿业有限公司	流动资金	2011.01.19	12 个月	3000	0.00
新疆金宝矿业有限责任公司	流动资金	2011.01.31	12 个月	500	0.00
富蕴县民用爆破器材专卖有限责任公司	流动资金	2011.04.29	12 个月	400	0.00
新疆鑫旺矿业有限公司	流动资金	2011.06.28	12 个月	400	0.00
新疆康元生物科技股份有限公司	种植业	2011.06.28	60 个月	210	63
鄯善县精诚城市建设投资经营有限责任公司	建筑业	2011.07.29	36 个月	500	0.00
新疆北纬阳光番茄制品有限公司	购原料	2011.08.12	9 个月	400	0.00
新疆柳沟红番茄制品有限公司	购原料	2011.08.12	9 个月	400	0.00
新疆美汇特石化产品有限公司	流动资金	2011.11.03	11 个月	600	0.00
鄯善万振石材发展有限公司	流动资金	2011.11.03	36 个月	600	0.00
新疆蒙鑫水泥有限公司	流动资金	2011.11.15	36 个月	500	385
乌苏市百盛源油脂有限责任公司	农资	2011.11.15	9 个月	600	0.00
新疆华东实业有限公司	流动资金	2011.11.29	36 个月	500	460
阿勒泰新吉国际贸易有限公司（资金专户）	流动资金	2011.11.30	12 个月	370	0.00
鄯善东鲲铸造有限公司	周转	2011.12.15	12 个月	450	450
新疆金汇新型建材有限公司	周转	2011.12.16	26 个月	600	579
新疆生产建设兵团农八师天山铝业有限公司	流动资金	2011.12.21	12 个月	500	0.00
石河子郑氏化纤有限公司	流动资金	2011.12.21	11 个月	500	0.00
青河县惠源矿业有限责任公司	流动资金	2011.12.23	12 个月	600	0.00
新疆新宇进出口有限责任公司	流动资金	2011.12.24	8 个月	200	0.00

续表 8-2

客户名	贷款用途	始贷日期	期限	始贷金额	贷款余额
石河子炮台农场	流动资金	2012.01.19	12 个月	600	0.00
鄯善恒昌铸造有限公司	流动资金	2012.02.15	12 个月	500	0.00
新疆恒永兴矿业有限责任公司	流动资金	2012.02.15	12 个月	500	0.00
精河县永合力纺织有限公司	流动资金	2012.03.01	9 个月	500	0.00
哈巴河县桦林节水设备有限公司	流动资金	2012.03.14	12 个月	800	0.00
叶城县兴祚矿业开发有限责任公司	流动资金	2012.03.21	36 个月	500	380
阿勒泰市华丽商贸有限责任公司	流动资金	2012.03.27	12 个月	500	0.00
乌鲁木齐市会兴实业有限公司	流动资金	2012.03.30	5 个月	800	0.00
乌鲁木齐高新技术产业开发区大成实业有限责任公司	商业	2012.03.31	61 个月	600	510
富蕴县通达电力投资有限责任公司	商业	2012.04.05	52 个月	600	0.00
福海县鑫源城市开发建设有限公司	建筑业	2012.04.25	45 个月	300	0.00
新疆塘巴湖旅游开发有限公司	养殖业	2012.05.23	36 个月	500	300
乌苏市华泰石油化工有限公司	流动资金	2012.05.24	12 个月	800	0.00
哈巴河县阿山水泥有限公司	工业	2012.05.26	36 个月	300	100
新疆远方旅游有限公司	服务业	2012.05.30	59 个月	200	0.00
和田普瑞有色金属有限公司	流动资金	2012.05.31	37 个月	400	350
新疆鑫旺矿业有限公司	流动资金	2012.06.28	12 个月	600	0.00
富蕴县蕴盛供热中心	服务业	2012.09.20	12 个月	300	0.00
阿勒泰新吉国际贸易有限公司(资金专户)	流动资金	2012.10.25	12 个月	800	0.00
新疆康元生物科技股份有限公司	流动资金	2012.11.27	12 个月	300	0.00
新疆乌苏市兴业农资有限责任公司	农资	2012.12.18	12 个月	600	0.00
青河县惠源矿业有限责任公司	流动资金	2012.12.21	12 个月	500	0.00

第四节　贷款管理

一、贷款资金管理

　　1955 年哈巴河县成立第一家农村信用合作社起,实行"以存定贷,存贷结合"的资金管理体制。以自己吸收的存款发放贷款,存款多,就可以多放。信用社资金周转不灵时,银行可以给予短期的贷款,主要是解决信用合作社支付存款的临时周转金。

　　20 世纪 60 年代,县域公社信用合作社实行"分口管理,分别使用,统筹安排,综合平衡"的资金管理体制。分口管理是指信用社的资金由自己管理,与财政、银行支援农村的资金分开。分别使用是指信用合作社只发放短期生产费用、社员生产生活和小型设备贷款,对属于财政性的投资项目和救济性的资金,信用合作社不予解决;对应由银行发放的大中型生产设备和大中型水利工程贷款,信用合作社不予贷款。统筹安排是指信用合作社资金与财政资金、银行贷款、预购定金、社队自筹等各项支援农业资金统一安排;资金使用顺序是社队自有资金、财政资金、预购定金、银行贷款、信用合作社贷款。综合平衡是指农业生产资金需要与社队资金及各项支援农业资金平衡;可用农业资金与物资供应平衡,信用合作社放款资金与资金来源平衡。

1970～1981年,县域信用社信贷资金纳入银行信贷资金管理。各信用社每年编制存、贷款计划上报银行,经银行审批后执行;根据存、贷款计划编制转存银行和向银行借款计划;借款单位编制年度、季度贷款计划,报送信用社经核准后逐笔发放;信用社每月向银行报送存、贷款计划执行情况。在计划管理中,银行对信用社规定年度存款最低余额的限度内,在保证存款支付的原则下,按一定比例用于发放贷款。以后则强调信用社存、贷款计划与银行信贷计划衔接,转存银行款必须完成,向银行借款不突破计划。

1980年3月29日,县域公社信用合作社执行人民银行《关于对农村社队信贷管理试行存贷挂钩、差额包干办法》。1985年,各信用根据农行自治区分行的规定,信贷资金管理实行"统一计划、核定资金、实贷实存、独立经营"的资金管理办法。

1987年8月,根据人民银行和农业银行总行下发《关于农村信用合作社信贷资金管理的暂行规定》,农行县支行对县域信用社的信贷资金营运,实行比例管理,主要采取计划、政策、信贷、利率等手段加强指导和管理。

1990年10月,根据中国人民银行发布《农村信用合作社管理暂行规定》,县域信用社信贷资金管理以存定贷,自主运用,比例管理,当国家实行宏观紧缩措施时,人民银行对信用社实行计划管理,农业银行受人民银行委托,根据国家有关金融法规、政策和本规定的要求,行使对农村信用社的领导和管理职能。自此信用社的信贷计划纳入国家信贷计划体系。

1991年,根据农业银行自治区分行《关于下达一九九一年农村信用合作社信贷计划的通知》精神,县域信用社信贷资金管理改为按比例与规模控制相结合的管理办法,信用社年末贷款余额可占到自有资金及视同自有资金加各项存款余额的65%,年度中间可控制在75%以内。农村信用社的信贷工作贯彻控制总量,调整结构,强化管理,适时调节,提高力盘活资金,支援农牧业生产方针,信贷资金使用在保证存款支付的前提下,按"资金使用序列"管理,即按种养业、其他农业、乡镇企业、个体工商业、社员生活及其他工商业列出序列,在优先满足农牧业生产所需资金的前提下,根据产业政策规定,按贷款顺序依次后推支持农村经济协调发展。

1992～1995年,县域信用社资金管理实行贷款限额管理。农业银行自治区分行根据阿勒泰地区实际编制当年各季度信贷计划,报农总行批准后下到农行阿勒泰地区中心支行,中心支行按照哈巴河县实际将信贷计划分解到各农村信用社执行。

1996年3月,根据农业银行自治区分行《关于做好1996年我区农信信用社信贷资金管理及有关问题的通知》,农业银行对农村信用社的信贷资金管理实行多存多贷、比例管理的办法,不再下达季度、全年贷款限额,核定年中和年末的存贷款比例,依据存款增长按比例发放贷款。据此,农行自治区分行对阿勒泰地区不再下达农村信用社贷款规模,只下达存款计划和年中、年末存贷款比例(原下达一季度贷款限额作废)。

1998 年 1 月 16 日,县域信用社执行人行新疆分行转发人总行《农村信用合作社资产负债比例管理暂行办法》,资本净额与加权风险资产总额的比例不低于 8%;逾期贷款比例不超过 8%,呆滞贷款比例不超过 5%,呆账贷款不超过 2%;对最大的一家客户贷款余额不超过本社资本总额 30%,对最大的十家客户贷款余额不超过本社资本总额 1.5 倍;各项贷款余额与各项存款余额的比例,年末比例不高于 80%;利润总额与全部资产的比例不低于 0.5‰。

二、贷款期限管理

1984 年,根据农业银行转发人民银行《关于对农业贷款实行按期限管理的试行办法》,县域信用社对信用社所有贷款实行按期限管理,按期限管理的贷款主要是集体单位贷款。按期限管理贷款,首先确定贷款期限,即根据借款单位生产(流通)周期或综合收入的还贷能力,确定每笔贷款的还款期限;其次加强到期、逾期贷款的管理和催收工作,贷款到期前,向贷户发出催收贷款通知书,对贷户暂时无力归还的商定日期,办理延期手续。为加强贷款期限管理,信用社掌握到期、逾期贷款情况,即每发放一笔贷款都按贷款期限在会计科目下,分出当年(月)、次年、次年以后分档登记,设控制卡,同时逐月填置报表;对到期、逾期贷款收回情况进行考核。

三、贷款形态分类管理

1988 年,县域信用社执行财政部《金融保险企业财务制度》,贷款按形态划分为正常贷款、一般逾期贷款、呆滞贷款和呆账贷款。

1994 年 1 月 13 日,县域信用社执行农行自治区分行转发农总行《农村信用社信贷资产监测考核暂行规定》,自 1994 年 1 月 1 日起贷款形态以贷款的约定还款期限和安全程度来划分标准。各项贷款占用形态分为主要占用形态和辅助占用形态。主要占用形态按贷款还款期限分为未到期贷款、逾期贷款和催收贷款。未到期贷款是指尚未到达借款合同约定还款期限的贷款;逾期贷款是指到达借款合同期限后尚未偿还的贷款;催收贷款是指逾期三年(含三年)以上的贷款。辅助占用形态按贷款安全程度分为关停企业贷款、挤占挪用贷款和呆账贷款。关停企业贷款和经批准列入呆账贷款后在"催收贷款"科目反映。

1996 年 11 月 19 日,根据国务院农村金融体制改革部际协调小组办公室下发《关于调整农村信用社部分会计科目的通知》要求,县域信用社增设 1277、1278、1279 三个呆账贷款科目,将 1271、1275、1276 催收贷款科目改为 1274、1275、1276 呆滞贷款科目。贷款形态划分由未到期贷款、逾期贷款和催收贷款改为正常贷款、逾期贷款、呆滞贷款、呆账贷款。

2006 年 7 月,县联社五级分类系统上线运行。联社贷款形态开始以贷款的内在风险程度作为形态划分标准,分为正常类、关注类、次级类、可疑类和损失类五级形态。贷款形态划分进入正常、逾期、呆滞、呆账四级形态分类和正常类、关注类、次级类、可疑类、损失类五级形态分类并行阶段。

四、贷款担保管理

1986 年 3 月 10 日,县域信用社执行中国农业银行《农村信用合作社贷款管理暂行办法》,除一般农户小额贷款外,其他贷款者必须有相应价值的适用适销物资和财产作贷款保证,有具有相应经济实力的单位和个人担保,在被担保者不能履行借款合同规定义务时,担保者承担相应经济责任。1991 年 5 月 10 日,县域信用社执行农行自治区分行印发《新疆农村信用社贷款管理规范化实施细则》,贷款方式分为抵押贷款、担保贷款、信用贷款三种方式。对信用程度高、经济效益好、借款期限短、贷款额度小等风险性小的借款人可办理信用贷款。信用社发放贷款必须根据借款人的信用程度和贷款项目的风险程度选择适宜的放款方式;对额度小、期限短的农业生产费用性质的贷款和信用好的借款人一般选用信用放款方式;对额度大、期限长及风险性较大的固定资金贷款以及集体、个体工商户贷款,一律实行抵押放款或担保放款方式;对农村专业大户、乡镇企业单位,一般实行抵押放款或担保放款。

1994年1月,县域信用社执行《中国农业银行贷款担保办法》。12月,执行人总行《个人定期储蓄存款存单小额抵押贷款办法》。

1995年10月1日起,县域信用社执行《中华人民共和国担保法》,办理贷款实行担保(保证、抵押、质押)时有明确的法律依据,办理担保贷款更加规范、合法。1996年8月1日起,执行中国人民银行《贷款通则》。

2000年2月23日,县域信用社执行人民银行乌鲁木齐中心支行转发人总行《农村信用合作社农户联保贷款管理指导意见》,办理农户贷款开始联保方式,除农户小额信用贷款外,包括农户贷款在内的所有贷款均需担保。

2008年6月5日,县联社执行自治区联社下发《新疆维吾尔自治区农村信用合作社信贷业务担保管理办法》,贷款担保管理得到规范和完善。

五、贷款授权与审批管理

1984年1月6日,县域信用社执行农行县支行《关于贷款有关问题的规定》,200元以内贷款由分片包干信贷员决定是否发放,200~5000元由信用社主任研批,超过5000元大额贷款由县农行支行营业所会同信用社进行可行性研究后加注审查意见报县支行核批。

1985年1月22日,县域信用社执行农行县支行《哈巴河县农业银行关于八五年贷款管理的规定》,1000元以下由信贷员决定发放,1000~5000元由信用社主任审批后发放,5000元以上由农行县支行营业所会同信用社进行可行性调查研究并批注意见后报县支行核批。

2005年2月18日,县联合社成立贷审会,组长王海勇,成员为窦德贵、贾敬伟、孙红、乔玉东,负责10万元(不含10万元)以上大额贷款的审议审批,组长有一票否决权,无一票决定权。10万元以下贷款由经营班子审批。

2005年6月21日,县联合社下发《关于哈巴河县信用社信贷业务权限管理的通知》,对办理信贷业务进行授权。0.5万元(含0.5万元)以下由各信用社信贷员决定发放,1万元(含1万元)以下由各信用社主任审批;河西片区贷审小组负责河西2个信用社3万元(含3万元)以下贷款审议审批,河东贷审小组负责河东2个信用社2万元(含2万元)以下贷款审议审批;综合股股长负责县城各信用社3万元(含3万元)以下贷款审批;主管信贷领导负责各信用社上报5万元(含5万元)以下贷款审批;经营班子贷审小组负责各信用社上报10万元(含10万元)以下贷款审议审批。

2008年3月31日,县联社调整贷审会成员及贷款审批范围,主任委员董朝晖,副主任委员窦德贵,成员薛亮、贾敬伟、孙红、王琳。贷审会负责20万元(不含20万元)以上大额贷款审议审批,主任委员不参与表决,但有一票否决权。同日,联社调整经营班子贷审小组成员及审批范围,组长窦德贵,副组长薛亮,成员为王琳和上报贷款的信用社主任。贷审小组负责20万元(含20万元)以下贷款审议审批,组长不参与表决,但有一票否决权。

六、贷款合同管理

建社初期,县域农村信用合作社放款与借款需签订合同,合同内容包括债权、债务双方的权利与义务。但时间不长便中断,代之以借据、契约。借据、契约是借贷双方债权债务的凭证。其内容只有债务人应遵守的义务。如专款专用、保证信用、到期归还等。1983年,县域信用社恢复借款合同,合同内容包括当年生产主要项目、贷款计划、归还和存款数额等。1985年4月1日,县域信用社执行国务院《借款合同条例》。1998年4月,人民银行农村合作金融监督管理局印发《农村信用社借款合同文本及相关文书凭证》,对签约双方应履行的义务和违约责任做出规定,信用社合同管理逐步走向规范。2004年,新疆银监局印发《新疆农村信用合作社借款合同》《新疆农村信用合作社保证合同》《新疆农村信用合作社借款抵押合同》《新疆农村信用合作社借款质押合同》等合同文本,信用社合同文本得到统一和完善,信用社开始使用新的合同文本。2006年自治区联社成立后,对贷款合同文本做进一步的统一规范与补充完善。

七、贷款"三查"制度

1955年后,农业贷款重点逐步转向互助组、农业社,同时实行贷款"三查"(贷前调查、贷中审查、贷后检查)经验交流制度。

1979年后,县域农村信用合作社根据"区别对待、择优扶持"原则,建立贷款项目管理和信用等级管理制度。对有代表性的乡镇企业和承包户、专业户建立联系点;建立"两清"制度,帮助乡镇企业清物资、清资金;建立信贷管理档案制度。这些制度,主要通过"三查"活动来落实。

1986年,县域信用社建立"信贷员活动日"制度,信贷员每月活动一次,交流企业经济活动分析的经验,成为事后检查贷款的主要方法。

2000~2005年,县域信用社重申贷款"三查"制度。贷前调查,调查是否符合贷款对象、贷款条件、贷款原则;贷中审查,审查贷前调查的情况是否真实,有无变化,该笔贷款手续和文书是否完整齐全,符合法律条文和制度规定;贷后检查,检查贷款用途是否正当,有无转移、挪用,查贷款所支持的项目经营情况和经济效益等,发现问题及时纠正或收回贷款。

2006~2012年,县联社执行自治区联社制定的信贷管理制度,层层成立贷审委员会、贷审小组,规范贷款运作程序,实现贷款发放、审批、监督三分离。落实贷款"三查"制度,加强贷款的事前、事中、事后管理,落实贷款责任追究制度,强化信贷员岗位责任。

1962~1993年县联合社(乡镇信用社)贷款余额情况表

表8-3

单位:元

年度	信用社经营贷款			代理银行贷款
	个人贷款	对公放款	合计	
1962	28024	14000	42024	
1963	30871	16049	46920	
1964	39694	16049	55743	
1965	20067		20067	
1966	57856	26874	84730	

续表 8-3

年度	信用社经营贷款			代理银行贷款
	个人贷款	对公放款	合计	
1967	60830	14913	75743	
1968	52878	14813	67691	
1969	61963	5639	67602	
1970	66723	115	66838	
1971	80680	14977	95657	
1972	60837	7180	68017	45220
1973	71059	8016	79075	41939
1974	78718	14253	92971	38865
1975	83106	7746	90852	61369
1976	86670	7356	94026	72357
1977	91723	24283	116006	33790
1978	122324	113100	235424	16886
1979	145630	146187	291817	1844
1980	140137	218324	358461	1392
1981	126465	178286	304751	
1982	148136	267787	415923	
1983	425750	217686	643436	
1984	1931120	95732	2026852	
1985	1990271	46424	2036695	
1986	2363358	29176	2392534	
1987	2733258	74610	2807868	
1988	3148096	63836	3211932	
1989	3991724	99585	4091309	
1990	3985852	118805	4104657	
1991	4488414	111456	4599870	
1992	5437576	910410	6347986	
1993	5240925	927310	6168235	

1994～2012 年县联社（联合社）贷款余额情况表

表 8-4

单位:元

年度	农户贷款	企业贷款	其他贷款	合计	贴现
1994	1964324	1219500	1404336	4588160	

续表 8－4

年度	农户贷款	企业贷款	其他贷款	合计	贴现
1995	6920527	1317324	1423508	9661359	
1996	2855821	1787324	2045436	6688581	
1997	3321349	1803504	4533146	9657999	
1998	5348309	1654504	4435067	11437880	
1999	7164260	1597819	5990643	14752722	
2000	7773408	1530819	6230825	15535052	
2001	13973717	1502744	8070891	23547352	
2002	29439516	445819	13284230	43169565	
2003	45872821	396319	19809729	66078869	
2004	62764799	369995	20475844	83610638	
2005	65170631	369995	29615063	95155689	
2006	71590052	0	29360914	100950966	
2007	62998127	500000	52614367	116112494	100000000
2008	84626121	0	71231548	155857669	132740416
2009	115631019	40000000	94924328	250555347	89950000
2010	192113879	139681100	94617471	426412450	
2011	267926351	198096012	92325286	558347649	
2012	358573785	191145085	57280794	606999664	

第九章　利率

1955 年 10 月 1 日前,县域信用合作社的贷款利率是在国家银行指导下,按照低于农村私人贷款,略高于国家银行的原则,根据资金供求,贷款用途自行制定。10 月 1 日起,农村信用合作社贷款利率比照国家专业银行利率执行,开始执行国家银行统一利率。1970 年 8 月,国家的利率水平降低至最低点,存款利率最高 2 厘 7,最低 1 厘 5;贷款利率最高 4 厘 2,最低 1 厘 8。1978 年,利率作为经济杠杆的功能有所加强,政府对资金配置的作用开始弱化。

第一节　存款利率

1955 年农村信用合作社建立初期,存款利率依照国家利率政策,按照略高于国家专业银行水准,低于社会自由借贷的标准,由信用社根据所在地经济发展情况和信用社资金吸收和特有概况,比照国家规定浮动利率的范围,经全县信用社讨论通过,报经人行县支行批准后执行。10 月 1 日起,农村信用合作社存款利率比照国家专业银行利率执行,开始执行国家银行统一利率。

一、储蓄存款利率调整

1955 年 10 月 1 日,县域农村信用合作社活期储蓄利率由 4.5‰降至 2.4‰;定期一年以上储蓄存款利率由月息 12‰降至 6.1‰,略高于公债利率(年息 4%);三个月存款利率由 8‰降至 4.2‰;六个月由 9‰降至 5.1‰。取消九个月储蓄存款档次。各信用合作社转存款利率无论期限长短一律为月息 9‰。人行县支行指示,下调信用合作社存款利率,不满六个月定期存款利率执行 5‰,六个月以上不满一年执行 8‰,一年以上执行 9‰;活期存款利率执行 3‰。

1956 年 3 月 1 日起,县域农村信用合作社农牧民活期存款利率执行 2.4‰、定期存款利率执行 6.6‰,信用社到银行存款利息为 5.1‰。

1957 年,县域农村信用合作社执行人行自治区分行下达《关于信用社的利率问题的指示》,一般存款利率可参照银行利率,放款在 7 厘 2 至 1 分 2 之间酌定,转存款活期 5 厘 1。同时开办定期存款,三个月 6 厘、一年 7 厘 2。

1959 年 1 月 1 日,县域公社信用合作社执行人行自治区分行下发《关于降低各种储蓄存款利率和奖金的指示》,活期储蓄存款月息按 1.8‰执行,零存整取定期存款月息按 3‰执行。6 月,各公社信用分部执行人行自治区分行根据总行决定提高城乡储蓄存款利率。7 月 1 日,各公社信用合作社执行人行自治区分行下发《关于调整储蓄存款利率的指示》,主要对零存整取、定期储蓄进行调整。同月,增办三个月定期储蓄,利率为月息2.4‰。1965年3月30日,县域公社信用合作社执行人行自治区分行《关于储蓄存款过期支取及信用社改按银行利率执行后计息方法的通知》规定,信用合作社改按银行利率执行(是指信用合作社对社员个人和社队集体的存款利率,按银行的利率执行),对社员个人贷款按4.8‰执行,银行对信用合作社的存贷款利率仍按3.9‰执行。6月1日,县域公社信用合作社根据国务院批示,降低储蓄存款利率,定期一年储蓄存款利率由月息5.1‰降至3.3‰;六个月由3.9‰降为2.7‰;同时取消三个月、二年、三年3个档次定期储蓄存款。

1979年3月10日,县域公社信用合作社执行国务院批转中国人民银行《关于调整银行储蓄存款利率的请示报告》,调整城乡居民活期储蓄存款利率;城乡居民定期储蓄存款、零存整取、六个月定期、一年、二年、三年定期利率。调整后的利率(月息)分别是1.8‰、3‰、3‰、3.3‰、3.75‰、4.2‰。

1979年4月1日,县域公社信用合作社活期储蓄存款利率不变仍为1.8‰,定期整存整取储蓄存款一年期的由月息2.7‰提到3.3‰,同时增加六个月、三年、五年期储蓄存款,利率分别为月息3‰、3.75‰、4.2‰。

1980年1月,县域公社信用合作社零存整取三年、五年期储蓄利率月息为3.3‰和3.75‰。7月1日,县域公社信用合作社执行人行自治区分行对活期储蓄利率的调整,由月息1.8‰调至2.4‰,一年、三年、五年期的定期储蓄利率相应提高。

1982年4月1日起,县域信用社除活期存款利率不变外,全面调高存款利率,增加八年定期储蓄,利率月息7.5‰。

1985年4月1日,为配合价格改革和工资改革,县域信用社调高定期储蓄利率,一年期、三年期、五年期月息分别执行5.7‰、6.6‰、6.9‰。8月1日,调整个人定期储蓄利率(含零存整取),稳定原有存款,鼓励人民群众积极参加储蓄,增加货币回笼和信贷资金来源,缓和市场商品需求压力,为价格改革和工资改革顺利进行创造良好社会经济环境。此次调整,单位定期、活期存款利率均未变动。

1986年1月19日,县域信用社执行人行自治区分行下发《关于退还农村信用社特种存款问题的通知》要求,农村信用社特种存款全部展期至1990年2月,届时各地自行退还,其续存期间仍按年息12.69%计利息。4月8日,县域信用社根据农行县支行下发《关于调整银行、信用社资金往来利率的通知》要求,调整后的利率自1985年12月21日起执行,信用社交存存款准备金利率由原来的月息4.2‰调整为月息5.7‰,转存银行款利率仍按月息5.4‰不变。

1988年9月1日,县域信用社执行上级指示,活期存款利率不变,定期存款利率普遍上调,同时新增二年期定期储蓄存款,利率月息7.65‰。

1989年2月1日,县域信用社执行人民银行调整的存款利率。活期储蓄存款利率不变,仍为2.4‰,上调半年、一年、二年、三年、五年、八年期的定期存款利率和零存整取储蓄存款利率。6月,县域信用社执行人行自治区分行决定,农村信用社存款利率实行上浮,上浮幅度10%,1990年3月7日后新存的不再上浮;三年、五年、八年定期储蓄因于1988年9月10日开始实行保值,利率不上浮。

1990年4月,县域信用社执行国家对城乡居民储蓄和企事业等单位定期存款利率的调整。城乡居民储蓄存款一年期存款利率由月息9.45‰调整为月息8.4‰,八年期利率由14.7‰调整为13.5‰;城乡居民三年以上定期储蓄存款仍实行保值。当年8月到1991年7月,又分别下调存款利率,一年期利率月息由7.2‰下调为月息6.3‰,其他各档次存款利率都有所下调,活期存款利率分别降低月息1.8‰、1.5‰。

1993 年 5 月、7 月，由于 1992 年经济出现过热，货币供应量增长，为制止通货膨胀，控制投放，2 次上调定活期储蓄存款利率。1996 年，通货膨胀大有减缓，经济形势进一步好转，先后 2 次降低存款利率。5 月 3 日，县域信用社执行人行阿勒泰地区分行下达《关于降低金融机构存、贷款利率的通知》规定，各项存款利率在现行基础上平均下调 0.98 个百分点。8 月 23 日，再次将活期储蓄利率由月息 2.475‰降至 1.65‰，一年定期储蓄利率由月息 7.65‰降至 6.225‰。11 月 28 日，各信用社执行中国农业银行下发《关于行社脱钩后有关利率问题的通知》规定，信用社在农行备付金存款按年利率 7.92%计息，三个月约期存款利率 8.28%，六个月 8.46%，一年期 9.00%。

1997～2000 年，县域信用社按照人民银行对利率的调整，共 5 次下调存、贷款利率，时间分别为 1997 年 10 月，1998 年 3 月、7 月、12 月和 1999 年 6 月。其中，1997 年 5 月人民银行公布，在 5 月到期的三年、五年、八年定期储蓄存款保值贴补率为零，原保值储蓄的保值自动消失。同时，活期储蓄利率到 1999 年 6 月月息降至 0.825‰，一年期定期储蓄利率月息降至 1.575‰。

2000 年后，活期存款利率随着国家宏观调控政策的调整，呈小幅微调变化。2000～2007 年，县联社根据人行对存贷款基准利率的调整，进行 9 次存款调整，其中，除 2002 年下调 1 次外，其他 8 次均为上调。

2007 年 3 月 17 日至 12 月 20 日，县联社根据中国人民银行调整金融机构人民币存贷款基准利率的通知精神，进行 6 次存款利率调整。7 月、8 月、9 月（含 10 月、11 月）三次活期存款利率上调后执行 0.81%。12 月活期存款利率调整后执行 0.72%。

2008 年，受国际经济危机影响，人总行宣布暂停征收利息所得税，同时存贷款利率下调。10 月 9 日至 12 月 23 日，联社共进行 4 次存款利率的调整。其中：10 月 9 日和 31 日二次活期存款利率未作调整，执行原利率 0.72%。11 月至 12 月，2 次活期存款利率调整后执行 0.36%。2008 年 12 月 23 日至 2010 年 12 月活期存款利率保持 0.36%。

2012 年 6 月 15 日，县联社执行自治区联社办公室下发《关于再次调整部分人民币存款利率的通知》要求，6 月 9 日起存款一年（含一年）以下存款执行基准利率上浮 1.1 倍，6 月 16 日起对其他各档次存款利率相应上浮至 1.1 倍。

1955～2012 年县联社（乡镇信用社、联合社）存款利率表

表 9－1

单位：年利率%

调整时间	活期	三个月	半年	一年	二年	三年	五年
1955.10.01	2.88	5.04	6.12	7.92			
1959.01.01	2.16		3.6	4.8			
1959.07.01	2.16	2.88	4.68	6.12	6.3	6.5	
1965.06.01	2.16		3.24	3.96			
1971.10.01	2.16			3.24			
1979.04.01	2.16		3.6	3.96		4.5	5.04
1980.04.01	2.88		4.32	5.4		6.12	6.84
1982.04.01	2.88		4.32	5.76		6.84	7.92
1985.04.01	2.88		5.4	6.84		7.92	8.28

续表 9 – 1

调整时间	活期	三个月	半年	一年	二年	三年	五年
1985.08.01	2.88		6.12	7.2		8.28	9.36
1988.09.01	2.88		6.48	8.64	9.18	9.72	10.8
1989.02.01	2.88		9	11.34	12.24	13.14	14.94
1989.06.01	2.88	7.56					
1990.04.15	2.88	6.3	7.74	10.08	10.98	11.88	13.68
1990.08.21	2.16	4.32	6.48	8.64	9.36	10.08	11.52
1991.04.21	1.8	3.24	5.4	7.56	7.92	8.28	9
1993.05.15	2.16	4.86	7.2	9.18	9.9	10.8	12.06
1993.07.11	3.15	6.66	9	10.98	11.7	12.24	13.86
1996.05.01	2.97	4.86	7.2	9.18	9.9	10.8	12.06
1996.08.23	1.98	3.33	5.4	7.47	7.92	8.28	9
1997.10.23	1.71	2.88	4.14	5.67	5.94	6.21	6.66
1998.03.25	1.71	2.88	4.14	5.22	5.58	6.21	6.66
1998.07.01	1.44	2.79	3.96	4.77	4.86	4.95	5.22
1998.12.07	1.44	2.79	3.33	3.78	3.96	4.14	4.5
1999.06.10	0.99	1.98	2.16	2.25	2.43	2.7	2.88
2002.02.21	0.72	1.71	1.89	1.98	2.25	2.52	2.79
2004.10.29	0.72	1.71	2.07	2.25	2.7	3.24	3.6
2006.08.19	0.72	1.8	2.25	2.52	3.06	3.69	4.14
2007.03.18	0.72	1.98	2.43	2.79	3.33	3.96	4.41
2007.05.19	0.72	2.07	2.61	3.06	3.69	4.41	4.95
2007.07.21	0.81	2.34	2.88	3.33	3.96	4.68	5.22
2007.08.22	0.81	2.61	3.15	3.6	4.23	4.95	5.49
2007.09.15	0.81	2.88	3.42	3.87	4.5	5.22	5.76
2007.12.21	0.72	3.33	3.78	4.14	4.68	5.4	5.85
2008.10.09	0.72	3.15	3.51	3.87	4.41	5.13	5.58
2008.10.30	0.72	2.88	3.24	3.6	4.14	4.77	5.13
2008.11.27	0.36	1.98	2.25	2.52	3.06	3.6	3.87
2008.12.23	0.36	1.71	1.98	2.25	2.79	3.33	3.6
2010.10.19	0.36	1.91	2.2	2.5	3.25	3.85	4.2
2010.12.26	0.36	2.25	2.5	2.75	3.55	4.15	4.55
2011.02.09	0.4	2.6	2.8	3	3.9	4.5	5

续表 9 - 1

调整时间	活期	三个月	半年	一年	二年	三年	五年
2011.04.06	0.5	2.85	3.05	3.25	4.15	4.75	5.25
2011.06.08	0.5	3.1	3.3	3.5	4.4	5	5.5
2012.06.07	0.385	2.86	3.08	3.3	4.125	4.675	5.225

二、单位存款利率

储蓄存款利率调整的同时，单位存款利率相应调整。1982 年以前，单位存款不分定期存款和活期存款，存款利率一般在月息 1.5‰ 至 2.4‰ 之间。1982 年后，单位存款利率进行多次调整。

1982~1999 年县联合社（乡镇信用社）单位存款利率表

表 9 - 2　　　　　　　　　　　　　　　　　　　　　　　　　　　　　　　　单位：月息‰

| 调整时间 | 活期利率 | 定期利率 | | | | | | | |
		3 个月	6 个月	9 个月	1 年	2 年	3 年	5 年	8 年
1982.01.01	1.5	—	—	—	3.0	3.6	4.2	—	—
1985.04.01	1.5	—	—	—	3.6	4.2	4.8	—	—
1987.05.21	1.5	—	—	—	4.2	4.8	5.4	—	—
1988.09.01	2.4	—	5.4	6.3	7.2	7.5	8.1	9.0	10.35
1989.02.01	2.4	—	7.5	8.46	9.45	10.2	10.95	12.45	14.7
1989.06.01	2.4	6.3	7.5	8.46	9.45	10.2	10.95	12.45	14.7
1989.07.01	2.64	6.93	8.25	9.3	10.395	11.22	10.95	12.45	14.7
1990.04.15	2.4	5.25	6.45	7.5	8.4	9.15	9.9	11.4	13.5
1990.06.10	2.4	5.25	6.45	7.5	8.4	9.15	9.9	11.4	13.5
1990.08.21	1.8	3.6	5.4	6.3	7.2	7.8	8.4	9.6	11.4
1991.07.01	1.5	2.7	4.5	5.4	6.3	6.6	6.9	7.5	8.4
1993.07.01	1.8	4.05	6.0	—	7.65	8.25	9.0	10.05	12.15
1993.07.11	2.625	5.55	7.5	—	9.15	9.75	10.20	11.55	14.25
1996.05.01	2.475	4.05	6.0	—	7.65	8.25	9.00	10.05	—
1996.08.23	1.65	2.775	4.5	—	6.225	6.6	6.9	7.5	—
1997.10.23	1.425	2.4	3.45	—	4.725	4.95	5.175	5.55	—
1998.03.25	1.425	2.4	3.45	—	4.35	4.65	5.175	5.55	—
1998.07.01	1.2	2.325	3.3	—	3.975	4.05	4.125	4.35	—
1998.12.07	1.2	2.325	2.775	—	3.15	3.3	3.45	3.75	—
1999.06.10	0.825	1.65	1.8	—	1.875	2.025	2.25	2.4	—

第二节　贷款利率

一、利率政策

建社初期,县域农村信用合作社贷款利率在人民银行指导下,由信用合作社根据资金供求、贷款用途和私人借贷利率订出自己的利率。利率水平可略高于银行放款利率,低于私人自由借贷利率。以后信用社的贷款利率和银行取得一致,执行国家银行统一利率。改革开放后,信用社的贷款利率有浮动权。信用社在人民银行规定的浮动幅度内,实行以基准利率为基础的浮动利率。

二、利率种类

贷款利率按作用可分为基准利率、浮动利率、优惠利率和加息罚息利率 4 种。基准利率基准利率由中国人民银行制定,经国务院批准后发布实施。在整个利率体系中起主导作用。它是国家宏观调控的一项政策,各银行业金融机构必须执行,不得超越人民银行给予的权限,随意浮动利率。

浮动利率浮动利率是银行业金融机构以基准利率为基础,在一定幅度内按不同的情况上下浮动确定的利率。农村信用社在浮动利率执行过程中,一般是按照规定的浮动幅度内,根据贷款对象的信用等级或其经营管理水平、资金信用状况、贷款期限、风险程度以及银根松紧等因素,在基准利率基础上进行浮动。

优惠利率是指银行业金融机构发放贷款时对某些客户执行的利率低于同类贷款基准利率。国家为鼓励某些行业、产业的发展,同时考虑某些地区、行业和企业的承受能力,到 1984 年底,先后实行的优惠贷款利率曾达 47 种之多,占银行全部贷款利率种类的 90% 以上。结果是大范围地降低利率水平,弱化利率杠杆的作用。在这之后,中国人民银行逐步对优惠贷款利率进行清理。在清理整顿的基础上,把现行的 20 多项优惠项目划分为四大类,同时由人民银行对优惠项目给予贷款适当补贴。

加息罚息利率是银行业金融机构对客户不遵守有关信贷政策和原则使用贷款时所征收的高于合同利率的利率。是为鼓励客户遵守信用,促进客户节约使用资金,提高经济效益,防止客户不按期归还贷款,挤占挪用贷款等违约行为采取的惩罚性措施。农村信用社现行制度规定,对逾期贷款加收利息 50%,对挤占挪用贷款罚息 100%。

三、利率调整

1955 年 3 月至 1955 年 10 月 1 日,县域农村信用合作社依据 1953 年 9 月 1 日人行新疆省分行转发人总行《关于信用社存放款利率问题》规定,执行自行制订利率,农牧业贷款利率水平为月息 18‰。10 月 1 日起,县域农村信用合作社执行人行县支行对信用合作社存款、放款利率调整,生产贷款利率按月息 15‰执行。

1956 年 2 月 10 日,县域农村信用合作社执行中国人民银行下发《关于调整银行贷款利率和训练信用社干部的指示》,农业贷款利率中除贫下中农合作基金贷款月息 4‰、农业生产合作贷款及农牧民垦荒贷款月息 4.8‰不变外,对生产互助组、个体农民和农业生产个人的各种贷款按月息 7.2‰计息。3 月 1 日,县域农村信用合作社执行人行阿勒泰专区中心支行要求,对农牧民贷款的利率最高不超过 7.2‰。

1957 年 3 月 21 日,县域农村信用合作社执行人行阿勒泰专区中心支行下发《公私合营牧场贷款利息的通知》要求,月息按 4.8‰执行。4 月,各信用合作社根据人行自治区分行在 1957 年的工作意见中关于信用社的利率问题,放款在7.2厘至1.2分之间酌定,特别困难的信用合作社可发放长期(1~2年)低利贷款,利息率4厘。5月29日,各信用合作执行人行自治区分行下发《关于调整信用社存放款利率的若干问题》规定,允许信用社存放款利率上下浮动,一般活期存款和一年以上定期存款不浮动,三至六个月可浮动;对于放款,经济效益好的信用社少浮动,经济效益差的信用社多浮动,浮动范围一般在5厘左右。

1958年1月1日,县域信用合作社执行人行自治区分行下达《关于调整现行存放款利率的指示》,信用社转存银行和银行对信用社的贷款利率仍按存款利率同贷款利率一致的原则,即月息5.1厘计息;信用社低利贷款取消;逾期放贷利息按计利息加息10%的规定不变。同年,县域农村信用合作社执行人行县支行对信用社贷款利率的调整,放款利率从9.9‰提高到12‰。

1961年5月2日,县域公社信用分部执行人行自治区分行下发《关于降低农贷利率的通知》规定,从现行月息6厘降低至月息4.8厘,降息以前放出、尚未收回的贷款采取分段计息办法。

1963年1月10日,县域公社信用合作社执行人行自治区分行规定,利率在月息5.4‰至7.2‰的幅度内掌握。10月7日,各公社信用合作社执行自治区分行《关于积极支持信用社发放贫农、下中农、贫苦牧民生产、生活贷款的指示》规定,社员贷款按月息3.6‰执行。

1965年6月1日,县域公社信用合作社执行人、农总《关于调整现行储蓄存款及对信用社存款利率的规定》,对社员的贷款利率适当降低,最高不超过月息7.2‰。下半年,各信用合作社根据人总行文件规定,贷款利率下调,最高个人生活贷款月息7.2‰,最低位2.4‰。

1971年1月13日,县域公社信用合作社执行人行自治区分行革命委员会下发《农村信用社改按银行利率执行的有关问题》规定,对社员个人和集体存贷款利率按银行利率执行,如遇银行利率调整,信用社也要调整执行。3月30日,各信用合作社执行人行自治区分行下发《关于储蓄存款过期支取及信用社改按银行利率执行后计息方法的通知》规定,信用合作社改按银行利率执行,即信用社对社员个人和社队集体的存款利率按银行的利率执行,对社员个人贷款按4.8‰执行;银行对信用社的存、贷款利率仍按3.9‰执行。

1975年6月7日,县域公社信用合作社执行中国人民银行对社队企业贷款利率做出统一规定,凡社队办的农业性质的企业,直接为农业服务的企业,以及粮、棉、油和农副产品加工企业的贷款按照农业贷款利率执行,即费用贷款按3.6‰,设备贷款1.8‰。其他贷款一律按3.6‰计收利息。

1978年7月12日,县域公社信用合作社执行人行自治区分行下发《关于〈重申调整利率的一些有关规定〉的补充通知》规定,费用贷款按3.5‰计收利息,设备贷款按1.8‰计收利息,社队办其他企业贷款一律按社办企业贷款利率3.3‰计收。

1980年10月,县域公社信用合作社执行农行自治区分行转发人总行《关于计算信用社利差补贴的通知》规定,凡贷款利率低于银行工商业贷款利率部分按实收利息,分别按贷款档次补差;定期储蓄余额大于放款余额的信用社,按存放款月底平均余额加权相抵差额以1‰付工本费。

1981年3月1日起,县域公社信用合作社执行农总行《关于调整信用社社员个人贷款利率的通知》规定,对社员个人购买口粮和医治疾病以及修建沼气设备的贷款利率按月息3.6‰计收;对社员个人(包括专业承包户)发展家庭副业所经营的养殖业、种植业贷款利率调为月息4.2‰~4.8‰;对社员个人经营工、商业和服务业的贷款利率调为月息4.8‰~6‰;对社员个人其他用途的贷款(如购买耐用消费品和建房等)调为月息6‰~7.2‰。4月27日,各信用合作社执行农行自治区分行下发《关于信用社利差补贴、费用分摊、亏损补贴的通知》规定,贷款利率低于月息4.2‰的补至月息4.2‰,定期活期储蓄按月平均余额补付利差1.8‰,原定储蓄利率超过2.7‰的利差补贴和1‰的工本费不再执行。

1983年2月5日,县域信用社执行农总行印发《关于信用社对双包户、专业户(重点户)贷款的暂行规定的通知》规定,对包产户、包干户、承包专业户(重点户)、自营专业户(重点户)用于从事农林牧渔业的生产费用和生产设备(包括耕牛);用于政策允许的工、商、运输、服务等行业的流动资金和必要的小型设备资金;用于生活方面的正当资金贷款利率月息4.8‰～9‰。生产费用(流动资金)贷款、生活资料贷款一般不超过一年;生产设备贷款,建房贷款一般不超过三年。

1984年3月14日,县域信用社执行农行自治区分行下发《关于信用社对"三户"贷款实行浮动利率的通知》规定,从1954年3月1日起对信用社所发的"三户"贷款试行上下浮动利率,对国家政策鼓励的项目向下浮动,反之向上浮动;期限一年以上,信用不好的贷款向上浮动,利润高的贷款利率向上浮动,反之执行基准利率。5月,各信用社对入股社员实行优惠利率。同时执行农行自治区分行转发农总行《关于改革信用社管理体制报告的实施方案》规定,贷款对入股社员可以优先,利率可以少浮动,非入股社员的利率可上浮月息0.6‰～1.2‰之间;贷款利率可以上浮20%～30%之间,取消银行对信用社存贷利差的补贴。8月6日,各信用社执行国务院批转《中国农业银行关于改革信用合作社管理体制的报告的通知》规定,信用社的利率可以和银行不一样,贷款利率在农业银行批准的基准利率的基础上,在规定的幅度内,灵活浮动;可以对不同行业、不同项目、不同对象(包括对象的信用可靠程度、经营能力等)采取不同利率,发挥利率的杠杆作用;基准利率的高低、浮动的幅度,由农行自治区分行规定;划定范围,由农行县支行因地制宜,具体规定信用社执行。

1985年4月1日,县域信用社贷款利率最高的是工商、运输业、高档消费贷款,月息9.6‰;最低的是集体、经济户、粮食生产、贫困户生活贷款,月息6.6‰。

1988年8月30日,县域信用社执行人总行下发《关于调整银行存、贷款利率的具体规定的通知》规定,存、贷款利率浮动权限仍按人民银行、农业银行《关于农村信用社信贷资金管理的暂行规定》执行,对逾期贷款加收利息20%,对挤占挪用贷款加收利息50%。

1989年2月1日起,县域信用社执行人总行要求,贷款利率在专业银行贷款利率基础上上浮50%,超过50%由农行自治区分行批准。6月1日起,各信用社执行人总行通知要求,贷款利率按专业银行和各项贷款利率最高上浮100%。

1990年2月1日起,县域信用社贷款利率按专业银行贷款利率基础上最高上浮50%,但须经过县级以上人行批准。4月15日,各信用社执行中国人民银行下调存贷款利率,平均下调1.26个百分点。8月21日起,各信用社执行人总行通知要求,贷款利率在专业银行贷款利率的基础上上浮60%,超过60%须由县级以上人行批准。

1991年5月,县域信用社根据新银信发〔1991〕第16号文件通知要求,不执行银行流动资金贷款中的六个月档次;对贫困户生活贷款按法定利率7.2‰执行,不实行上浮,给予照顾;农户一般生活、生产费用贷款、集体生产费用贷款、乡镇企业流动资金贷款,从月息7.8‰调整为7.2‰;对婚丧及耐用消费品贷款、个体工商户、商业、运输业、服务业、修理业、建房等贷款月息8.7‰不变;固定资产贷款一年(含一年)以下从月息7.8‰调整为7.05‰,三年以上至五年(含五年)从月息9‰调整为7.95‰,五年以上从月息9.3‰调整为8.1‰。贷款利率实行上浮,幅度60%,超过这个幅度,报县级以上人行批准,对各种贷款的上浮幅度,由农行县支行统一规定执行。

1993年5月15日,县域信用社执行国务院批准贷款利率上调0.82个百分点,7月1日再次上调1.38个百分点。

1995年12月21日,县域信用社根据1995年11月6日银复〔1995〕380号文件和12月19日阿农银信发〔1995〕45号文批复,对所有逾期贷款在逾期期间一次性按日利率万分之七计收利息;对挤占挪用贷款在挤占挪用期间一次性按日利率万分之九计收利息。以上两项不再计算其他利息。

1996年5月1日,县域信用社逾期贷款日利率由最高不超过万分之七调整为万分之五,挤占挪用贷款日利率由最高不超过万分之九调整为万分之七。8月23日,各信用社执行人总行要求,贷款利率在基准利率基础上上浮40%。

1997年10月23日,县域信用社六个月至一年(含一年)贷款月利率执行10.08‰,一年期至三年(含三年)期贷款月利率执行10.92‰;存单质押贷款六个月(含六个月)以内月利率执行9.24‰;逾期贷款罚息日利率为万分之五,挤占挪用贷款罚息日利率为万分之七。

1998年3月25日,县域信用社六个月(含六个月)以内贷款月利率执行8.19‰,六个月至一年(含一年)贷款月利率执行9.24‰,一年期至三年(含三年)贷款月利率执行10.05‰,三至五年(含五年)贷款月利率执行11.34‰;存单质押六个月至一年(含一年)贷款月利率执行7.26‰;逾期贷款罚息日利率为万分之五,挤占挪用贷款罚息日利率为万分之七。7月1日,各农村信用社六个月(含六个月)以内贷款月利率执行7.665‰,六个月至一年(含一年)贷款月利率执行8.085‰,一年期至三年(含三年)贷款月利率执行8.295‰,三至五年(含五年)贷款月利率执行8.925‰;存单质押六个月(含六个月)以内贷款月利率执行6.0225‰,六个月至一年(含一年)贷款月利率执行6.3525‰;逾期贷款罚息日利率为万分之五,挤占挪用贷款罚息日利率为万分之七。12月7日,各农村信用社六个月(含六个月)以内贷款月利率执行7.14‰,六个月至一年(含一年)贷款月利率执行7.455‰,一年期至三年(含三年)贷款月利率执行7.77‰,三至五年(含五年)贷款月利率执行8.4‰;存单质押六个月(含六个月)以内贷款月利率执行5.61‰,六个月至一年(含一年)贷款月利率执行5.8575‰。12月15日,各信用社执行人总行下发《关于利率调整有关具体问题的补充通知》规定,降低逾期贷款和挤占挪用贷款的罚息利率水平,逾期贷款罚息利率由日利率万分之五下调为日利率万分之四;挤占挪用贷款罚息利率由日利率万分之七下调为日利率万分之六;罚息利率从利率调整日开始分段计息。

1999年3月20日,县域信用社六个月(含六个月)以内贷款月利率执行7.65‰,六个月至一年(含一年)贷款月利率执行7.9875‰,一年期至三年(含三年)期贷款月利率执行8.325‰,三至五年(含五年)贷款月利率执行9‰;存单质押六个月(含六个月)以内贷款月利率执行6.12‰,六个月至一年(含一年)贷款月利率执行6.39‰;逾期贷款罚息日利率为万分之四,挤占挪用贷款罚息日利率为万分之六。6月10日,各信用社六个月(含六个月)以内贷款月利率执行6.875‰,六个月至一年(含一年)贷款月利率执行7.3125‰,一年期至三年(含三年)贷款月利率执行7.425‰,三至五年(含五年)贷款月利率执行7.5375‰;存单质押六个月(含六个月)以内贷款月利率执行5.58‰,六个月至一年(含一年)贷款月利率执行5.85‰;逾期贷款罚息利率由日利率万分之四下调为日利率万分之三;挤占挪用贷款罚息利率由日利率万分之七下调为日利率万分之五;罚息利率从利率调整日开始分段计息。

2002年2月21日,县域信用社根据人民银行基准利率调整,对贷款执行利率随之进行调整,对社员、非社员执行差别化利率;对逾期贷款执行利率由原来不分期限档次统一执行一个固定利率,调整为在合同利率基础上向上浮动。质押(存单、国库券)贷款六个月至一年期贷款月利率执行4.8675‰;入股社员贷款、非入股社员贷款六个月至一年期贷款月利率分别执行6.195‰、6.6375‰;对逾期贷款在基准利率基础上浮50%,挤占挪用贷款上浮100%。

2004年2月1日,县域信用社质押(存单、国库券)贷款各期限档次利率均在基准利率的基础上上浮20%,其中六个月至一年期贷款月利执行5.31‰;入股社员贷款、非入股社员贷款各期限档次利率均在基准利率的基础上分别上浮50%、70%,其中六个月至一年期贷款月利率分别执行6.6375‰、7.5225‰;对逾期贷款在基准利率基础上上浮50%、挤占挪用贷款上浮100%。10月29日,县域信用社根据人民银行基准利率调整,对贷款执行利率随之进行调整。调整过程中增加信用户贷款利率,提高各类贷款利率上浮幅度。质押(存单、国库券)贷款各期限档次利率均在基准利率基础上上浮20%,其中六个月至一年期贷款月利率执行5.58‰;信用户贷款各期限档次利率均在基准利率基础上上浮80%,其中六个月至一年期贷款月利率执行8.37‰;入股社员贷款、非入股社员贷款各期限档次利率均在基准利率的基础上分别上浮100%、130%,其中六个月至一年期贷款月利率分别执行9.3‰、10.695‰;对逾期贷款、挤占挪用贷款利率规定不变。

2005年2月20日,县域信用社根据人民银行基准利率调整,对部分贷款执行利率进行调整。调整降低对信用户、入股社员贷款上浮幅度。质押(存单、国库券)贷款各期限档次利率均在基准利率的基础上上浮20%,其中六个月至一年期贷款月利率执行5.58‰;信用户贷款各期限档次利率均在基准利率基础上上浮60%,其中六个月至一年期贷款月利率执行7.44‰;入股社员贷款、非入股社员贷款各期限档次利率均在基准利率基础上分别上浮70%、130%,其中六个月至一年期贷款月利率分别执行7.905‰、10.695‰;对逾期贷款、挤占挪用贷款利率规定不变。

2006年5月1日,县联社对贷款执行利率进行调整。质押(存单、国库券)贷款各期限档次利率均在基准利率的基础上上浮20%,其中六个月至一年期贷款月利率执行5.55‰;信用户贷款各期限档次利率均在基准利率基础上上浮60%,其中六个月至一年期贷款月利率执行7.8‰;入股社员贷款、非入股社员贷款各期限档次利率均在基准利率基础上分别上浮70%、130%,其中六个月至一年期贷款月利率分别执行8.2875‰、11.2125‰;对逾期贷款、挤占挪用贷款利率规定不变。

2007年10月1日,县联社对贷款执行利率进行调整,降低部分种类贷款上浮幅度。质押(存单、国库券)贷款各期限档次利率均在基准利率基础上上浮20%,其中六个月至一年期贷款月利率执行7.29‰;信用户、工资卡抵押贷款各期限档次利率均在基准利率基础上上浮50%,其中六个月至一年期贷款月利率执行9.1125‰;农户入股社员贷款、其他入股社员、非入股社员贷款各期限档次利率均在基准利率的基础上分别上浮60%、70%、100%,其中六个月至一年期贷款月利率分别执行9.72‰、10.3275‰、1215‰;对逾期贷款、挤占挪用贷款利率规定不变。

2008年,县联社贷款利率执行走向统一标准,由阿勒泰市联社依据基准利率制定向联社发布,联社遵照执行。2月1日,阿勒泰市联社制定发布统一后的第一份贷款利率表,质押(存单、国库券)贷款在基准利率基础上上浮20%,其中六个月至一年期贷款月利率执行7.47‰;信用村(户)贷款在基准利率基础上上浮40%,其中六个月至一年期贷款月利率执行8.715‰;入股社员贷款在基准利率基础上上浮50%,非入股社员贷款上浮80%,其中六个月至一年期贷款月利率分别执行9.3375‰、11.205‰;对逾期贷款在基准利率基础上上浮50%、挤占挪用贷款上浮100%。

2009 年 1 月 1 日,县联社执行阿勒泰市联社制定发布统一后的第二份贷款利率表。此次按企业贷款、自然人其他贷款、农户贷款等进行细分。企业非社员客户贷款在基准利率基础上上浮 120%,社员客户贷款上浮 80%,其中六个月至一年期贷款月利率分别执行 9.375‰、7.965‰;自然人其他非社员客户贷款在基准利率基础上上浮 110%,社员客户贷款上浮 70%,其中六个月至一年期贷款月利率分别执行 9.2925‰、7.5225‰;自然人农户非社员客户贷款在基准利率基础上上浮 80%,社员客户贷款上浮 60%,其中六个月至一年期贷款月利率分别执行 7.965‰、7.08‰;信用户社员贷款在基准利率基础上上浮 40%,其中六个月至一年期贷款月利率执行 6.195‰;汽车(农机)按揭贷款在基准利率基础上上浮 10%,其中六个月至一年期贷款月利率执行 8.85‰;质押(存单、国库券)贷款在基准利率基础上上浮 20%,其中六个月至一年期贷款月利率执行 5.31‰;个人住房按揭贷款在基准利率基础上上浮 10%,其中六个月至一年期贷款月利率执行 4.8675‰;对逾期贷款、挤占挪用贷款利率规定不变。

2010 年 10 月 22 日,县联社执行阿勒泰市联社下发阿勒泰地区农村信用社贷款现行利率执行表,对各类贷款的上浮幅度均做不同程度下调。企业非社员客户贷款在基准利率基础上上浮 115%,社员客户贷款上浮 75%,其中六个月至一年期贷款月利率分别执行 9.9616‰、8.1083‰;自然人其他非社员客户贷款在基准利率基础上上浮 105%,社员客户贷款上浮 65%,其中六个月至一年期贷款月利率分别执行 9.4983‰、7.6449‰;自然人农户非社员客户贷款在基准利率基础上上浮 75%,社员客户贷款上浮 55%,其中六个月至一年期贷款月利率分别执行 8.1083‰、7.1816‰;信用户社员贷款在基准利率基础上上浮 35%,其中六个月至一年期贷款月利率执行 6.255‰;汽车(农机)按揭贷款在基准利率基础上上浮 95%,其中六个月至一年期贷款月利率执行 9.0349‰;质押(存单、国库券)贷款执行基准利率,其中六个月至一年期贷款月利率执行 4.6333‰;个人住房按揭贷款在基准利率基础上上浮 10%,其中六个月至一年期贷款月利率执行 5.0966‰;对逾期贷款、挤占挪用贷款利率规定不变。

2011 年 1 月 26 日起,县联社不再参照执行阿勒泰市联社发布的阿勒泰地区农村信用社统一贷款利率调整表,由联社依据当地实际进行调整;不再以是否本社社员作为利率浮动的参照依据,将是否涉农、贷款担保方式纳入利率浮动参照依据;本着回馈社会、让利于民原则,大幅下调上浮幅度;增加牧民定居贷款、北区集资建房贷款利率种类。对涉农企业(国民经济行业分类为农林牧渔业的企业及各类组织、支农的企业及各类组织)及小微企业贷款、农户贷款、自然人其他户中用于农林牧渔业及门面房抵押方式的贷款在基准利率的基础上上浮 40%,其中六个月至一年(含一年)贷款执行月利率 6.7784‰;对非涉农企业贷款、自然人其他户中工资卡抵押及保证担保方式贷款在基准利率的基础上上浮 50%,其中六个月至一年(含一年)贷款执行月利率 7.2626‰;对信用户贷款在基准利率的基础上上浮 30%,其中六个月至一年(含一年)贷款执行月利率 6.2942‰;对妇女创业贷款在基准年利率基础上提高三个百分点,其中六个月至一年(含一年)贷款执行月利率 7.55‰;对牧民定居贷款、存单与国库券质押贷款、北区集资建房贷款按基准利率执行,其中六个月至一年(含一年)贷款执行月利率 4.8417‰;对逾期贷款、挤占挪用贷款利率规定不变。2 月 10 日,县联社对贷款执行利率进行调整,对涉农企业(国民经济行业分类为农林牧渔业的企业及各类组织、支农的企业及各类组织)及小微企业贷款、农户贷款、自然人其他户中用于农林牧渔业及门面房抵押方式贷款在基准利率基础上上浮 50%,其中六个月至一年(含一年)贷款执行月利率 7.575‰;对非涉农企业贷款、自然人其他户中工资卡抵押及保证担保方式贷款在基准利率基础上上浮 60%,其中六个月至一年(含一年)贷款执行月利率 8.08‰;对信用户贷款在基准利率基础上上浮 40%,其中六个月至一年(含一年)贷款执行月利率7.07‰;对妇女创业贷款在基准年利率基础上加三个百分点,其中六个月至一年(含一年)贷款执行月利率7.55‰;对"两居"(安居富民、定居兴牧)贷款、存单与国库券质押贷款、北区集资建房贷款按基准利率执行,其中六个月至一年(含一年)贷款执行月利率5.05‰;对逾期贷款、挤占挪用贷款利率规定不变。4月6日,县联社对部分贷款的执行利率进行调整,对妇女创业贷款在基准年利率基础上提高三个百分点的规定不变。因基准利率上调,其中六个月至一年(含一年)期贷款执行月利率由7.55‰调整为7.7583‰;对"两居"(安居富民、定居兴牧)贷款、存单与国库券质押贷款、北区集资建房贷款执行基准利率的规定不变,其中六个月至一年(含一年)期基准月利率由5.05‰调整为5.2583‰;其他各类贷款执行利率仍按2011年2月10日调整后的数据执行;对逾期贷款、挤占挪用贷款上浮规定不变。7月7日,县联社再次对执行利率进行部分调整,调整对象为"两居"等执行基准利的贷款与妇女创业贷款,对"两居"(安居富民、定居兴牧)贷款、存单与国库券质押贷款、北区集资建房贷款按基准利率执行,其中六个月至一年(含一年)期贷款执行月利率5.4667‰;对妇女创业贷款在基准年利率基础上提高三个百分点的规定不变,其中六个月至一年(含一年)期贷款执行月利率7.9667‰;其他各类贷款执行利率仍按2011年2月10日调整后的数据执行,但因基准利率上调,故计算出的上浮率均再次下降;对逾期贷款、挤占挪用贷款上浮规定不变。12月7日,县联社对贷款执行利率进行调整,对涉农企业(国民经济行业分类为农林牧渔业的企业及各类组织、支农的企业及各类组织)及小微企业贷款、农户贷款、自然人其他户中用于农林牧渔业及门面房抵押方式的贷款在基准利率的基础上上浮50%,其中六个月至一年(含一年)期贷款执行月利率8.2001‰;对非涉农企业贷款、自然人其他户中工资卡抵押及保证担保方式贷款在基准利率的基础上上浮60%,其中六个月至一年(含一年)期贷款执行月利率8.7467‰;对信用户贷款在基准利率的基础上上浮40%,其中六个月至一年(含一年)期贷款执行月利率7.6534‰;对妇女创业贷款执行性利率不变,仍按上起执行;对"两居"(安居富民、定居兴牧)贷款、存单与国库券质押贷款、北区集资建房贷款执行利率仍按上期执行;对逾期贷款、挤占挪用贷款的上浮规定不变。

2011年1月26日县联社贷款利率执行表

表9-3

单位:月利率‰

项目	基准利率(%)	企业贷款		自然人其他贷款			农户贷款	其中		质押(存单、国库券)	集资建房贷款
		涉农企业贷款	其他企业贷款	工资卡抵押、保证担保	门面房抵押	用于农林牧渔业		信用户	牧民定居贷款		
上浮率	%	上浮40%	上浮50%	上浮50%	上浮40%	上浮40%	上浮40%	上浮30%	%	%	%	%
6个月(含6个月)以内	4.4583	6.2416	6.6875	6.6875	6.2416	6.2416	6.2416	5.7958	4.4583	4.4583	4.4583	
6个月至1年(含1年)	4.8417	6.7784	7.2626	7.2626	6.7784	6.7784	6.7784	6.2942	4.8417	4.8417	4.8417	
1年至3年(含3年)	4.8750	6.8250	7.3125	7.3125	6.8250	6.8250	6.8250	6.3375	4.8750	4.8750	4.8750	
3年至5年(含5年)	5.1833	7.2566	7.7750	7.7750	7.2566	7.2566	7.2566	6.7383	5.1833	5.1833	5.1833	
5年以上	5.3333	7.4666	8.0000	8.0000	7.4666	7.4666	7.4666	6.9333	5.3333	5.3333	5.3333	

注:1. 涉农企业贷款是指农村企业及各类组织农林牧渔业贷款、农村企业及各类组织支农贷款。

2. 贷款逾期后按执行合同利率基础上上浮50%执行,挤占挪用贷款按合同利率基础上上浮100%执行。

2011 年 2 月 10 日县联社贷款利率执行表

表 9 - 4　　　　　　　　　　　　　　　　　　　　　　　　　　　　　　　　单位：月利率‰

项目	基准利率（%）	企业贷款		自然人其他贷款			农户贷款（含妇女创业贷款）	其中		质押（存单、国库券）	集资建房贷款
		涉农企业贷款	其他企业贷款	工资卡抵押、保证担保	门面房抵押	用于农林牧渔业		信用户	牧民定居贷款		
上浮率	%	上浮50%	上浮60%	上浮60%	上浮50%	上浮50%	上浮50%	上浮40%	%	%	%
6个月（含6个月）以内	4.6667	7.0001	7.4667	7.4667	7.0001	7.0001	7.0001	6.5334	4.6667	4.6667	4.6667
6个月至1年（含1年）	5.0500	7.5750	8.0800	8.0800	7.5750	7.5750	7.5750	7.0700	5.0500	5.0500	5.0500
1年至3年（含3年）	5.0833	7.6250	8.1333	8.1333	7.6250	7.6250	7.6250	7.1166	5.0833	5.0833	5.0833
3年至5年（含5年）	5.3750	8.0625	8.6000	8.6000	8.0625	8.0625	80625	7.5250	5.3750	5.3750	5.3750
5年以上	5.5000	8.2500	8.8000	8.8000	8.2500	8.2500	8.2500	7.7000	5.5000	5.5000	5.5000

注：1. 涉农企业贷款是指农村企业及各类组织农林牧渔业贷款、农村企业及各类组织支农贷款。

　　2. 贷款逾期后按执行合同利率基础上上浮50%执行，挤占挪用贷款按合同利率基础上上浮100%执行。

2011 年 4 月 6 日县联社贷款利执行率表

表 9 - 5　　　　　　　　　　　　　　　　　　　　　　　　　　　　　　　　单位：月利率‰

项目	基准利率（%）	企业贷款		自然人其他贷款			农户贷款	妇女创业贷款	其中		质押（存单、国库券）	集资建房贷款
		涉农企业贷款	其他企业贷款	工资卡抵押、保证担保	门面房抵押	用于农林牧渔业			信用户	牧民定居贷款		
6个月（含6个月）以内	4.8750	7.0001	7.4667	7.4667	7.0001	7.0001	7.0001	7.3750	6.5334	4.8750	4.8750	4.8750
6个月至1年（含1年）	5.2583	7.5750	8.0800	8.0800	7.5750	7.5750	7.5750	7.7583	7.0700	5.2583	5.2583	5.2583
1年至3年（含3年）	5.3333	7.6250	8.1333	8.1333	7.6250	7.6250	7.6250	7.8333	7.1166	5.3333	5.3333	5.3333
3年至5年（含5年）	5.5417	8.0625	8.6000	8.6000	8.0625	8.0625	8.0625		7.5250	5.5417	5.5417	5.5417
5年以上	5.6667	8.2500	8.8000	8.8000	8.2500	8.2500	8.2500		7.7000	5.6667	5.6667	5.6667

注：1. 涉农企业贷款是指农村企业及各类组织农林牧渔业贷款、农村企业及各类组织支农贷款。

　　2. 贷款逾期后按执行合同利率基础上上浮50%执行，挤占挪用贷款按合同利率基础上上浮100%执行。

2011 年 7 月 7 日县联社贷款利率执行表

表 9 - 6　　　　　　　　　　　　　　　　　　　　　　　　　　　　　　　　单位：月利率‰

项目	基准利率（%）	企业贷款		自然人其他贷款			农户贷款	妇女创业贷款	其中		质押（存单、国库券）	集资建房贷款
		涉农企业贷款	其他企业贷款	工资卡抵押、保证担保	门面房抵押	用于农林牧渔业			信用户	牧民定居贷款		
6个月（含6个月）以内	5.0833	7.0001	7.4667	7.4667	7.0001	7.0001	7.0001	7.5833	6.5334	5.0833	5.0833	5.0833

续表 9 - 6

项目	基准利率(%)	企业贷款		自然人其他贷款			农户贷款	妇女创业贷款	其中		质押(存单、国库券)	集资建房贷款
		涉农企业贷款	其他企业贷款	工资卡抵押、保证担保	门面房抵押	用于农林牧渔业			信用户	牧民定居贷款		
6个月至1年(含1年)	5.4667	7.5750	8.0800	8.0800	7.5750	7.5750	7.5750	7.9667	7.0700	5.4667	5.4667	5.4667
1年至3年(含3年)	5.5417	7.6250	8.1333	8.1333	7.6250	7.6250	7.6250	8.0417	7.1166	5.5417	5.5417	5.5417
3年至5年(含5年)	5.7500	8.0625	8.6000	8.6000	8.0625	8.0625	8.0625	—	7.5250	5.7500	5.7500	5.7500
5年以上	5.8750	8.2500	8.8000	8.8000	8.2500	8.2500	8.2500	—	7.7000	5.8750	5.8750	5.8750

注:1. 涉农企业贷款是指农村企业及各类组织农林牧渔业贷款、农村企业及各类组织支农贷款。

2. 贷款逾期后按执行合同利率基础上上浮50%执行,挤占挪用贷款按合同利率基础上上浮100%执行。

2011 年 12 月 7 日县联社贷款利率执行表

表 9 - 7

单位:月利率‰

项目	基准利率(%)	企业贷款		自然人其他贷款			农户贷款	妇女创业贷款	其中		质押(存单、国库券)	集资建房贷款
		涉农企业贷款	其他企业贷款	工资卡抵押、保证担保	门面房抵押	用于农林牧渔业			信用户	牧民定居贷款		
上浮率	0%	50%	60%	60%	50%	50%	50%	49.18%	40%	0%	0%	0%
6个月(含6个月)以内	5.0833	7.6250	8.1333	8.1333	7.6250	7.6250	7.6250	7.5833	7.1166	5.0833	5.0833	5.0833
6个月至1年(含1年)	5.4667	8.2001	8.7467	8.7467	8.2001	8.2001	8.2001	7.9667	7.6534	5.4667	5.4667	5.4667
1年至3年(含3年)	5.5417	8.3126	8.8667	8.8667	8.3126	8.3126	8.3126	8.0417	7.7584	5.5417	5.5417	5.5417
3年至5年(含5年)	5.7500	8.6250	9.2000	9.2000	8.6250	8.6250	8.6250	—	8.0500	5.7500	5.7500	5.7500
5年以上	5.8750	8.8125	9.4000	9.4000	8.8125	8.8125	8.8125	—	8.2250	5.8750	5.8750	5.8750

注:1. 涉农企业贷款是指农村企业及各类组织农林牧渔业贷款、农村企业及各类组织支农贷款。

2. 贷款逾期后按执行合同利率基础上上浮50%执行,挤占挪用贷款按合同利率基础上上浮100%执行。

2012 年 5 月 4 日,县联社调整贷款执行利率,基准年利率及各类贷款浮动规定不变,仍按 2011 年 12 月 7 日调整后的数据执行;对年利率换算成月利率后除不尽的由保留四位小数调整为保留六位小数。6 月 8 日,县联社调整贷款执行利率,对涉农企业(国民经济行业分类为农林牧渔业的企业及各类组织、支农的企业及各类组织)及小微企业贷款、农户贷款、自然人其他户中用于农林牧渔业及门面房抵押方式的贷款在基准利率的基础上上浮 50%,其中六个月至一年(含一年)期贷款执行月利率 7.8875‰;对非涉农企业贷款、自然人其他户中工资卡抵押及保证担保方式贷款在基准利率基础上上浮 60%,其中六个月至一年(含一年)期贷款执行月利率 8.413333‰;对信用户贷款在基准利率的基础上上浮 40%,其中六个月至一年(含一年)期贷款执行月利率 7.361667‰;对妇女创业贷款在基准年利率基础上提高三个百分点,其中六个月至一年(含一年)期贷款执行月利率 7.758333‰;对"两居"(安居富民、定居兴牧)贷款、存单与国库券质押贷款、北区集资建房贷款按基准利率执行的规定不变,其中六个月至一年(含一年)期贷款执行月利率5.258333‰;对逾期贷款、挤占挪用贷款的规定不变。7月6日,县联社调整贷款执行利率,对涉农企业(国民经济行业分类为农林牧渔业的企业及各类组织、支农的企业及各类组织)及小微企业贷款、农户贷款、自然人其他户中用于农林牧渔业及门面房抵押方式的贷款在基准利率基础上上浮50%。其中六个月至一年(含一年)期贷款执行月利率7.5‰;对非涉农企业贷款、自然人其他户中工资卡抵押及保证担保方式贷款在基准利率的基础上上浮60%,其中六个月至一年(含一年)期贷款执行月利率8.0‰;对信用户贷款在基准利率基础上上浮40%,其中六个月至一年(含一年)期贷款执行月利率7.0‰;对妇女创业贷款在基准年利率基础上提高三个百分点,其中六个月至一年(含一年)期贷款执行月利率7.5‰;对"两居"(安居富民、定居兴牧)贷款、存单与国库券质押贷款、北区集资建房贷款按基准利率执行,其中六个月至一年(含一年)期贷款执行月利率5.0‰;对逾期贷款、挤占挪用贷款的规定不变。12月28日,县联社下发《哈巴河县农村信用合作联社贷款利率定价管理办法》,即日起执行。办法规定贷款利率定价原则、适用范围、定价组织、定价方法等。

2012年5月4日县联社贷款利率执行表

表9-8　　　　　　　　　　　　　　　　　　　　　　　　　　　　　　　　　　　　单位:月利率‰

| 项目 | 基准利率(%) | 企业贷款 | | 自然人其他贷款 | | | 农户贷款 | 妇女创业贷款 | 其中 | | 质押(存单、国库券) | 集资建房贷款 |
		涉农及小微企业贷款	其他企业贷款	工资卡抵押、保证担保	门面房抵押	用于农林牧渔业			信用户	牧民定居贷款		
上浮率	0%	50%	60%	60%	50%	50%	50%	49.18%	40%	0%	0%	0%
6个月(含6个月)以内	6.1000	7.625000	8.133333	7.625000	7.625000	7.625000	7.625000	7.583333	7.116667	5.083333	5.083333	5.083333
6个月至1年(含1年)	6.5600	8.200000	8.746667	8.200000	8.200000	8.200000	8.200000	7.966667	7.653333	5.466667	5.466667	5.466667
1年至3年(含3年)	6.6500	8.312500	8.866667	8.312500	8.312500	8.312500	8.312500	8.041667	7.758333	5.541667	5.541667	5.541667
3年至5年(含5年)	6.9000	8.625000	9.200000	8.625000	8.625000	8.625000	8.625000	—	8.050000	5.750000	5.750000	5.750000
5年以上	7.0500	8.812500	9.400000	8.812500	8.812500	8.812500	8.812500	—	8.225000	5.875000	5.875000	5.875000

注:1. 涉农企业贷款是指农村企业及各类组织农林牧渔业贷款、农村企业及各类组织支农贷款。

2. 贷款逾期后按执行合同利率基础上上浮50%执行,挤占挪用贷款按合同利率基础上上浮100%执行。

2012年6月8日县联社贷款利率执行表

表9-9　　　　　　　　　　　　　　　　　　　　　　　　　　　　　　　　　　　　单位:月利率‰

| 项目 | 基准利率(%) | 企业贷款 | | 自然人其他贷款 | | | 农户贷款 | 妇女创业贷款 | 其中 | | 质押(存单、国库券) | 集资建房贷款 |
		涉农及小微企业贷款	其他企业贷款	工资卡抵押、保证担保	门面房抵押	用于农林牧渔业			信用户	牧民定居贷款		
上浮率	0%	50%	60%	60%	50%	50%	50%	49.18%	40%	0%	0%	0%
6个月(含6个月)以内	5.8500	7.312500	7.800000	7.800000	7.312500	7.312500	7.375000		6.825000	4.875000	4.875000	4.875000

续表9-9

| 项目 | 基准利率(%) | 企业贷款 | | 自然人其他贷款 | | | 农户贷款 | 妇女创业贷款 | 其中 | | 质押(存单、国库券) | 集资建房贷款 |
		涉农及小微企业贷款	其他企业贷款	工资卡抵押、保证担保	门面房抵押	用于农林牧渔业			信用户	牧民定居贷款		
6个月至1年(含1年)	6.3100	7.887500	8.413333	8.413333	7.887500	7.887500	7.887500	7.758333	7.361667	5.258333	5.258333	5.258333
1年至3年(含3年)	6.4000	8.000000	8.533333	8.533333	8.000000	8.000000	8.000000	7.833333	7.466667	5.333333	5.333333	5.333333
3年至5年(含5年)	6.6500	8.312500	8.866667	8.866667	8.312500	8.312500	8.312500	—	7.758333	5.541667	5.541667	5.541667
5年以上	6.8000	8.500000	9.066667	9.066667	8.500000	8.500000	8.500000	—	7.933333	5.666667	5.666667	5.666667

注:1. 涉农企业贷款是指农村企业及各类组织农林牧渔业贷款、农村企业及各类组织支农贷款。

2. 贷款逾期后按执行合同利率基础上上浮50%执行,挤占挪用贷款按合同利率基础上上浮100%执行。

2012年7月6日县联社贷款利率执行表

表9-10 单位:月利率‰

| 项目 | 基准利率(%) | 企业贷款 | | 自然人其他贷款 | | | 农户贷款 | 妇女创业贷款 | 其中 | | 质押(存单、国库券) | 集资建房贷款 |
		涉农及小微企业贷款	其他企业贷款	工资卡抵押、保证担保	门面房抵押	用于农林牧渔业			信用户	牧民定居贷款		
上浮率	0%	50%	60%	60%	50%	50%	50%	49.18%	40%	0%	0%	0%
6个月(含6个月)以内	5.6000	7.000000	7.466667	7.466667	7.000000	7.000000	7.000000	7.166667	6.533333	4.666667	4.666667	4.666667
6个月至1年(含1年)	6.0000	7.500000	8.000000	8.000000	7.500000	7.500000	7.500000	7.500000	7.000000	5.000000	5.000000	5.000000
1年至3年(含3年)	6.1500	7.687500	8.200000	8.200000	7.687500	7.687500	7.687500	7.625000	7.175000	5.125000	5.125000	5.125000
3年至5年(含5年)	6.4000	8.000000	8.533333	8.533333	8.000000	8.000000	8.000000	—	7.466667	5.333333	5.333333	5.333333
5年以上	6.5500	8.187500	8.733333	8.733333	8.187500	8.187500	8.187500	—	7.641667	5.458333	5.458333	5.458333

注:1. 涉农企业贷款是指农村企业及各类组织农林牧渔业贷款、农村企业及各类组织支农贷款。

2. 贷款逾期后按执行合同利率基础上上浮50%执行,挤占挪用贷款按合同利率基础上上浮100%执行。

第十章　电子银行

随着金融信息化发展,县联社于 2012 年 9 月 10 日成立电子银行部,确保卡业务、电子银行业务、ATM 业务、POS 业务的整体规划、协调营销、监督检查和客户服务等项工作,使联社卡业务、电子银行业务全面、规范、可持续发展。

第一节　银行卡业务

一、宣传发行

2008 年 11 月 4 日,县联社营业部开始对玉卡业务进行试运行,为联社营业部员工热孜万·哈力汗开办第一张玉卡。11 月 24 日,联社做好申请开办玉卡业务的准备工作,向自治区联社信用卡中心递交申请。12 月 26 日,自治区区联社下发《关于哈巴河等 3 家县联社开办统一品牌玉卡(借记卡)业务的批复》。联社先后完成玉卡发行前各项规章制度的制定、业务需求调查、程序测试、营销宣传方案的出台、基层人员的培训等准备工作。2009 年 1 月 1 日,联社在辖属营业网点正式对外开办玉卡业务。玉卡的发行,为联社增加业务品种,实现信合人有卡的愿望,进一步缩小信用社与专业银行之间差距。年内,联社加大宣传玉卡业务力度,发放玉卡业务宣传彩页,彩页上印有"玉卡连接城乡信合传递希望"等宣传用语,同时在县电视台天气预报栏目、群众点播台宣传玉卡业务。至年末,联社发行玉卡 3260 张,卡余额 3337 万元,占新增储蓄存款总额 66.57%。2010 年 10 月,联社营业部 ATM 机正式运行。年末,联社玉卡存量 6883 张,银行卡存款余额 5568 万元。至 2012 年末,联社累计发行玉卡17482 张,银行卡存款余额 14125 万元。

二、业务管理

2008 年 11 月 22 日,县联社成立以主管玉卡业务副主任为组长,计财部、营业部、信贷部负责人为成员的玉卡试运行工作领导小组,具体工作由计财部负责会计核算指导、信贷部负责卡业务管理、营业部负责实施。联社按照《新疆维吾尔自治区农村信用合作社有价单证及重要空白凭证管理办法》有关规定进行管理。各发卡网点按照《新疆维吾尔自治区农村信用合作社玉卡(借记卡)管理办法》有关规定订购和领用。做到玉卡按起止号码登记入账、发出、使用,不跳号、漏号。发行网点对发行前发现的不可用卡(含重号),发行后不能正常使用的损坏卡,以及客户注销后收回的卡、无人认领卡等,作废卡处理。废卡沿磁条对角线作剪切磁条处理。县联社各营业网点建立废卡登记制度,设置《待上缴废卡登记簿》,对发行前的废卡及收回的废卡做登记并妥善保管。定期抄列明细清单逐级移交至县联社,同时销记《待上缴废卡登记簿》。联社财务部门收到营业网点交来的废卡后,及时核对废卡的数量及清单,无误后人库保管。定期会同审计、保卫、银行卡等部门人员监督销毁,并在销毁清单上签名确认。

2011年1月14日,成立资金计划部,由资金计划部负责管理玉卡相关工作。

2012年9月11日,电子银行部接管卡业务相关业务。电子银行部负责辖内玉卡业务的宣传、推广工作;负责辖内玉卡业务的管理工作;负责辖内玉卡业务的风险控制工作;接受和处理辖内持卡人的投诉;发展和管理玉卡特约商户;规划、布放和维护辖内ATM、特约商户POS机具;负责辖内特约商户的培训;管理辖内玉卡持卡人、特约商户档案,动态监督持卡人购物消费和存取款行为;负责辖内与玉卡有关的重大事项的上报工作;负责区联社交办(或委托)的其他事项。

三、发放及注销

凡在县联社各营业网点开立基本存款账户的单位和符合发卡条件的个人,承诺并遵守玉卡章程的,均可在联社各营业网点申领玉卡,不需提供担保。个人卡发放方式有开立个人一卡通和卡折同开(卡折同开业务于2011年11月16日暂停办理)2种。凡在县联社营业网点开立基本存款账户的单位,可到其基本账户开户营业网点申请开立单位卡。单位卡凭中国人民银行核发的基本存款账户开户许可证、组织机构代码证和单位法定代表人或授权人的书面指定,由被指定人出示有效身份证件申领。单位卡账户的资金必须由其基本存款账户转账存入,该账户不得办理现金收付业务。联社对玉卡申请表及相关申请材料按会计档案管理,定期装订。

持卡人可凭玉卡在疆内任一网点存取现金(限个人卡)、自动柜员机取现、办理转账结算、查询余额、修改密码,同时可在标有"银联"标识的联网特约商户进行消费。

持卡人1日内连续3次输入卡密码不正确的,当天该卡片即被锁定,如连续9次输入密码错误,发卡网点将冻结该卡片。持卡人需持玉卡及本人有效身份证件到任意联网网点办理解锁交易。持卡人申请解除密码锁定时,如能输入正确密码,则立即开通玉卡,且不收取费用。

玉卡必须先存后支,不具有透支功能。单位卡账户资金一律从其基本存款账户转账存入,不得存取现金,不得将销货收入存入单位卡账户;单位卡可办理商品交易和劳务供应款项的结算,单笔交易超过规定起点的,按相关规定办理。

持卡人跨行、跨地区办理业务,须按照发卡网点公告的收费项目、收费标准支付相关手续费。持卡人如遇玉卡被自动柜员机吞卡,应及时与自动柜员机所属银行联系,并持本人有效身份证件到指定银行办理领回手续。

玉卡书面挂失7日后,个人卡持卡人可凭本人有效身份证件和挂失申请书回执到原发卡网点办理补卡手续。单位卡须凭挂失申请书回执和单位法定代表人或授权人书面证明,及持卡人有效身份证件等资料到原发卡网点办理补卡手续。

属于下列情况之一的,持卡人可凭密码及相关资料到原发卡网点办理销卡:玉卡丢失,已办理书面挂失满7天的;持卡人要求销卡的;持卡人死亡、失踪等原因,按照储蓄管理条例的有关规定办理;申领单位要求销单位卡的;持卡人违反玉卡章程或国家相关规定,发卡机构依照规定取消持卡人的使用资格。

单位卡销卡时,其账户余额转入其基本存款账户,不得提取现金。持卡人应对销卡前发生的一切账务负责,销卡后经办人员应将卡片剪角或在磁条上打洞进行作废处理,登记后妥善保管。

四、权利义务

持卡人凭有效玉卡按规定办理存取现金(限个人卡)、转账结算、消费、查询等业务,如遇拒绝受理卡业务,持卡人有权向发卡网点及其上级主管部门投诉;持卡人有权向信用社发卡网点查询核对;玉卡必须设置密码,持卡人对密码要保密,不得向他人透露,因持卡人泄露密码引起资金损失由持卡人负责;玉卡停止使用,尚未结清的债权、债务关系继续有效;持卡人有关信息资料变更时,必须及时、如实向发卡网点提出书面变更申请,否则因信息资料变化而引起的全部责任由持卡人承担;持卡人需注销玉卡时,应持本人有效身份证件到发卡县联社指定的网点办理销卡手续,交回玉卡,单位卡销户时,其卡内账户资金必须转入其基本存款账户;持卡人违反相关规定使用玉卡,由此产生的风险、损失由持卡人承担全部责任。

县联社发卡网点依据合规经营玉卡业务,根据章程规定保护持卡人的合法权益,为持卡人提供优质、快捷、安全的服务;持卡人要求查询本人卡内账户余额、交易明细或要求打印交易记录对账单时,发卡网点必须为持卡人提供服务;持卡人违背相关规定,发卡网点有权取消其使用资格并收回玉卡;发卡网点对虚假挂失、伪造玉卡、使用伪造或作废的玉卡、冒用他人玉卡等行为,有权申请法律保护并依法追究有关当事人的经济责任和法律责任;发卡网点对持卡人的资信资料负有保密的责任;由于不可抗力导致玉卡暂时无法使用的,发卡网点不承担相关责任。

五、银行卡业务会计核算

(一)基本规定

银行卡收益按规定分成;ATM视同所属发卡网点的柜员;签约商户视为签约联社的虚拟社;遵循中国银联相关联网联合技术规范及业务规则;遵循银行卡计息和收费的相关规定;遵循银行卡账户及交易管理的相关规定;手续费的收取按照玉卡(借记卡)业务收费标准执行;县(市)联社之间手续费收取遵循《新疆维吾尔自治区农村信用合作社储蓄通存通兑业务管理补充规定》。

(二)会计科目、凭证及账簿设置

会计科目　20050101 个人借记卡存款、20060102 单位借记卡存款、22311101 个人借记卡应付利息、22311102 单位借记卡应付利息、60210101 ATM 手续费收入、60210102 POS 手续费收入、60210106 银行卡柜面手续费收入、64110501 个人借记卡利息支出、64110502 单位借记卡利息支出、64210101 ATM 手续费支、64210102 POS 手续费支出。

会计凭证　会计凭证包括现金收入凭证、现金付出凭证、转账借方凭证、转账贷方凭证、表外收入凭证、表外付出凭证。玉卡业务同信用社其他存款业务一样生成各类账簿,并纳入总账核算。

玉卡业务账簿　玉卡业务账簿分为交易流水账、分户账和总账。交易流水账是客户的交易明细资料,是各种卡交易在计算机中的原始记录,是生成凭证、账簿、报表的数据源,也是核对账务、事后查考的依据。分户账是明细核算的主要账簿,是各科目的明细记录,按存款人或核算的具体对象设立分户账,并连续记载。总账是各科目的总括记录,是明细核算与综合核算相互核对和统驭明细账的主要工具。登记簿是适应某些业务需要而设置的账簿,凡是分户账上未能记载而又需要备查的业务事项,都在登记簿上进行记录。银行卡柜面业务相关登记簿主要有:重要空白凭证出入库登记簿,重要空白凭证使用销号登记簿,开销户登记簿,挂失登记簿,废卡登记簿,冻结/解冻登记簿,卡付/解止付登记簿。

六、银行卡申领及服务

(一)申领条件

普通卡申领条件　具有完全民事行为能力的境内居民,常住内地的外国人、港澳台同胞均可申领;普通卡申领人必须出具国家法律法规等规定的本人有效身份证件,个人有效身份证件包括居民身

份证、户口簿、军官证、警官证、护照、港澳通行证、台胞回乡证等;申领人可在新疆维吾尔自治区各县级联社任一发卡网点,如实填写《玉卡个人借记卡申请表》,申请开立主卡;主卡持卡人凭主卡、主卡持卡人身份证件及附卡持卡人身份证件可申请开立附卡,附卡权限由主卡持卡人设定和修改,主卡持卡人可申请开立 1～2 张附卡。

开立单位卡条件　在开卡网点开立基本存款账户;单位经营状况良好;提交完整的开卡资料,开卡资料包括中国人民银行核发的基本账户开户许可证、单位组织机构代码证书、营业执照(或有关证明文件)原件及复印件、单位法定代表人或授权人的书面指定。由被指定持卡人凭本人有效身份证件申领。

(二)服务标准

自治区农村信用社营业网点遍布城乡,持卡人可在任一联网网点存取现金、无卡存现、以卡转账等,实现资金瞬间到达。在标有"银联"标识的自助设备上,实现 24 小时取现、转账、查询等。在标有"银联"标识的 POS 上刷卡消费,银行不收取持卡人任何费用。电话银行为持卡人提供 24 小时不间断服务,可实现账务查询、口头挂失等功能。主卡持卡人可对其附卡持卡人的消费及用现情况随时查询,修改附卡权限或注销附卡。持卡人自由选择对账方式。可在新疆维吾尔自治区农村信用社的任一联网网点柜台查询、打印账户资金明细,也可通过 ATM、客服电话等随时查询、打印。

县联社各营业网点在醒目位置增设银行卡宣传栏,摆放有关宣传资料和使用手册等,便于客户随时索取、查阅。设置咨询服务台,负责宣传银行卡有关知识,指导客户申领和使用银行卡,并告知持卡人义务和权利,受理客户现场投诉,解答客户提出的问题等。

第二节　收单业务

一、POS

(一)业务发展

2011 年 9 月,县联社孙红参加新疆农村信用社第二期银行卡 POS 业务培训班。2012 年 5 月 8 日,县联社向自治区联社提交《关于开办银行卡收单业务的报告》,同时根据自治区联社收单业务相关制度制定实施细则及工作方案。5 月 9 日,县联社成立银行卡收单业务工作领导小组,负责银行卡收单业务的具体开展和督办落实工作。5 月 25 日,自治区联社同意县联社开办银行卡收单业务,同时要求遵守《银行卡业务管理办法》《银联卡业务运作规章》《银联卡收单机构商户风险管理办法》《自治区联社收单业务管理办法》操作规程等相关法规、规范性文件的规定。9 月 6 日,县联社组织员工对收单业务相关规章制度、管理办法、管理规则、操作规程等进行培训学习,参加培训 23 人。11 月 15 日,县联社在哈巴河县红蜻蜓专卖店安装第一台 POS 机具。截至年末,县联社共发展特约商户 10 户,布放 POS 机具 11 台。

(二)特约商户管理

县联社重视特约商户管理工作,做好特约商户的开发、拓展、审批和签约工作,对商户开展调查评估,选择综合条件优良的发展其为特约商户;加强对特约商户受卡机具的管理,做好出库、入库、领用、签收及登记等工作;对于特约商户提出的新增、更换、维护 POS 机具的要求,履行必要的核实程序,以避免不法分子冒充商户人员利用 POS 机具进行欺诈活动;加强对特约商户的培训,提高商户验卡、受理操作等各项工作的效率和质量,以防止和减少特约商户人员操作不当而造成的风险损失;加强对持卡人有效身份的确认,持卡人在 POS 机上进行刷卡消费时,要求特约商户核对签购单签名与卡片背面签名是否一致,确保持卡人签名一致性,特约商户将签购单保存 1 年以上备查,在保存期内若因特约商户遗失签购单导致无法查询引起纠纷的,由特约商户承担全部责任。POS 交易凭条的卡号等部分号段进行屏蔽,保护卡号安全;特约商户不得将相关机具、设备、凭证等用于受理协议许可范围以外的用途,也不可提供给第三者使用;特约商户对账户和交易数据安全进行保密,否则因泄密而造成的风险损失由特约商户自行承担;除非经过收单机构书面允许,否则特约商户不得将受理银联卡的业务委托或转让给第三方;建立对特约商户的检查制度,经常检查和监督特约商户的经营情况,定期或不定期了解特约商户的信誉情况,对信誉下降商户,立即对其采取措施并反映汇报,情况严重者取消其资格;检查特约商户受理卡的情况、交易质量以及是否按有关要求进行操作,及时纠正违章、违约行为;建立对特约商户的交易监控机制,对商户的交易情况进行跟踪管理,着重分析、研究商户产生异常交易的原因,制定控制办法,尽早防范风险的产生。

二、ATM

(一)业务发展

2010 年 8 月 6 日,县联社成立以联社主任为组长的 ATM 实施领导小组,制订《哈巴河县农村信用合作联社设立自动柜员机实施方案》。8 月 16 日,县联社向阿勒泰银监分局提交《关于设立自动柜员机的申请》。8 月 25 日,县联社首台 ATM 机(自动柜员机)在联社营业部成功上线启用。ATM 机具有取款、转账、查询余额、修改密码等功能,能为客户提供 24 小时自助式服务。12 月 7 日,县联社安装的存取款一体机开始提供银行卡存取款功能。随着电子化建设的发展,联社乡村网点也开始安装自助设备,解决偏远地区农牧民取款难、存款难的问题,节省偏远地区的客户来回往返的路费、餐费、住宿费。乡村网点自助设备的安装,标志着联社电子化建设开始走向农牧区,逐步改善农牧区的用卡环境。截至 2012 年末,联社共运行 ATM 机 5 台。

(二)自助设备管理

县联社 ATM 自助设备设置自助设备管理员,实行专人管理。联社加强管理员教育培训,强化其风险意识,增强其对自助设备的操作和风险防范技能,以保证自助设备操作时的安全。自助设备钥匙和密码实行保管等级制度,双人平行保管,严禁交叉管理,备用钥匙和密码在负责人的监督下分别密封、签章,办理登记签收手续,并入保险柜内妥善保管,以防密码泄露。自助设备定期更换密码,密码保管人员工作变动时,办理交接手续,登记交接登记簿。完成交接后,替代人员更换密码。自助设备钞箱视同现金库管理,实行双人开箱、双人复核、双人装钞制度,每次装钞完毕,调乱密码锁。现金的领取与上缴,执行银行出纳制度和安全保卫制度,办理出入库手续。离行式自助设备装钞工作视同到营业网点接送款,按运钞操作规程执行。自助设备出现卡钞、吞卡、设备故障等异常情况时,及时按相关规定解决。如需维护进行维修时,自助设备管理员现场全程陪同监督。对穿墙式自助设备安装防护罩,以免受到碰伤、损坏,同时对用户办理业务起到保护密码和遮光的作用;对 ATM 交易凭条的卡号等部分号段进行屏蔽,保护卡号安全;及时对自助设备防伪、加密等技术进行升级或加载;自助设备加装监控设备,随时监控内部人员装钞、运行时的状况,并妥善保存监控录像。加强对自助设备安全防范检查,建立巡查制度,检查内容有自助设备是否有任何附加物,特别是密码键盘、出钞口、屏幕是否被异物覆盖,出钞口内是否有异物;自助设备上或周围是否有非法摄像头;键盘上是否有电线接入;自助设备周围是否有非法告示;插卡口是否正常;自助设备的监控设备的运行情况,确保设备正常有效工作。

第三节　网银业务

2012年6月30日,自治区联社电子银行部举办第二期网上银行业务培训班,县联社孙红、王志友、魏海艇、徐路参加培训。9月,县联社对网点业务人员进行网银业务培训,学习有关网银业务的知识,并就网银业务环境进行演示和模拟练习。9月13日,县联社开办企业网上银行业务,同时制定《哈巴河县农村信用合作联社网上银行业务操作规程》《哈巴河县农村信用合作联社网上银行管理办法》,哈巴河县阿山水泥有限公司成为哈巴河县联社第一位企业网上银行用户。截至年末,县联社发展企业网上银行用户8户,代发工资16笔,金额4.68万元;跨行转账81笔,金额1287万元;办理行内转账141笔,金额952万元。

第四节　科技

1955~1980年,信用社与农行合署办公,对外营业、数据汇总、计算利息都是用手工操作。新员工入社第一要务就是学会打算盘、手工点钞。算盘从老式笨重的七珠算盘到1980年后被轻便灵活的五珠算盘代替。1990年储蓄电脑进入,特别是从2006年统一法人社改革后,伴随着电子技术的飞速发展,农村信用社电子技术应用上成为必不可少的竞争手段以及新的效益增长点和服务利器。县联社加大投入,网上银行、电子银行、自助银行等新型业务广泛应用,为社会各界和广大农牧民提升高效优质服务,推动联社电子化业务快速发展。

一、电子化建设

1994年,县联合社购入第一台计算机,型号为宏基80486。1997年,县域信用社年底汇总会计决算报表由手工填制过渡到计算机打印。

1998年,县联合社引进第一台柜面计算机,提高办理业务工作效率,会计电算化逐步替代手工业务。

1999年4月2日,县域信用社根据人行阿勒泰地区中心支行印发《新疆农村信用社计算机工作会议》精神,对计算机2000年问题的硬件设备限期更换或作文件处理使用,确保所有业务用机彻底解决2000年问题。

2000年,县联合社制定《软、硬件维护制度》《办公自动化设备管理制度》《机房管理制度》《软件管理及操作人员管理制度》。

2004年7月,新疆农村信用合作管理办公室实施核心业务数据集中,由新疆农村信用社电子信息技术服务中心统一管理全疆核心业务数据。9月,县联合社成立数据信息中心,对联县域信用社信息科技进行管理和维护,同时建立数据机房,启动数据移植和系统切换工作。至此,县联合社综合门柜业务系统实现县辖内通存通兑。

2003年,哈巴河县联合社社引进单机版处理会计账务,替代手工记账。

2006年9月,新疆农村信用社信贷五级分类管理系统正式上线运行,县联社信贷业务管理实现电子化,通过计算机实现录入、分类、统计、风险划分等功能,信贷管理能力得到提升。12月,合作金融数据报表管理分析系统上线运行。县联社以系统方式进行报表统计工作,系统功能包括数据采集、录入、生成、审核、报送、打印、查询等。当年,联社门柜系统实现全疆通存通兑,客户在全疆各县(市)联社网点均可办理业务。联社7个网点与全疆信用社联网,在联社辖内开通OA办公系统,逐步走向无纸化办公。

2010年10月25日,县联社首台ATM(自动取款机)在联社营业部正式投入运行,标志着联社可以24小时向广大客户提供更优质、更全面、更便捷的现代化金融服务,结束联社没有金融自助设备的历史,联社电子化建设迈上一个新台阶。

2012年末,县联社共运行ATM机5台,布放POS机具11台,改善县域用卡环境,提高客户用卡率。拥有路由器8个、各种计算机及终端设备80余台、各类打印机60余台。

2012年县联社计算机等设备分布情况表

表10-1

单位:台

单位名称	计算机	其他设备	
		打印机	终端
联社营业部	3	10	8
边贸市场信用社	1	6	5
加依勒玛信用社	5	8	4
萨尔塔木信用社	5	7	4
库勒拜信用社	6	7	5
萨尔布拉克信用社	6	8	4
齐巴尔信用社	3	5	3
合计	29	51	33

二、操作系统

2004年11月26日,县联合社以集中接入直联方式接入支付系统,畅通农村信用社支付结算汇路,提高系统安全防范和风险管理水平。

2005年5月,县域信用社除股金账外,其他账务脱离手工。6月27日,开通通存通兑、大额支付系统,全疆信用社实现计算机联网。

2007年6月25日,县联社接入人民银行支票影像系统,实现统一上线运行。

2011年1月,新会计准则暨财务管理系统(简称"财新系统")正式上线运行。县联社加强业务学习,规范使用会计科目,核对门柜业务系统与"财新系统"数据,确保数据一致。

2012年5月,新疆农村信用社信贷管理系统、客户信息管理系统全面上线运行。县联社组织部分信用社员工对信贷管理系统的理论架构、规则控制、审批流程、业务流程等理论方面进行学习,同时加强实际操作学习培训,全面了解、掌握和熟练运用信贷管理系统。信贷管理系统改变以往传统的贷款审批模式,实现网上审批,提高办事效率,对抵制冒名、跨区、垒大户等违规现象,强化农信社信贷业务管理,防范经营风险有着重大意义。8月1日,根据《中国人民银行征信中心关于个人征信系统2011

银行版信用报告正式运行的通知》,个人征信系统新版信用报告正式切换投产。

三、科技人才培训

县联社在抓紧电子化基本建设的同时,始终把改进技术、培养既懂技术又懂银行业务的"两会人才"作为金融电子化建设的一个战略重点来抓。1998~2010年,县联社依靠自身和社会力量,先后举办多期计算机技术培训班,同时组织员工参加上级举办的各类计算机培训,提高信用社职工计算机应用水平。

2009年10月30日,阿勒泰科技分中心建设会议召开。根据会议议程安排和《科技分中心建设实施指导意见》,由科技中心命题,对11名有意愿到分中心工作的人员进行综合考试,哈巴河县联社陈光奇经考试合格被阿勒泰地区科技分中心录用。

四、科技开发利用

至2012年,县联社计算机应用系统经过研发、调试,投入到核心业务系统、财新系统、新疆农村信用社信贷管理系统、网上银行管理系统、新疆农信报表管理系统、信贷报表系统、农信银系统等系统使用。系统的投入使用,在提高工作质量、效率和减轻劳动强度、增强信息准确性的同时,取得较好的经济效益。

第五节　信息化建设

1998至2003年7月,县域信用社采用单机作业的方式,全县未联网。

2004年9月,县域信用社在新疆农村信用社电子信息技术服务中心指导下进行网络环境的搭建,网络架构为三级架构,开始数据移植和系统切换工作,BANK2000综合门柜业务系统上线。

2009年,县联社网络改造工作如期进行。在自治区联社科技中心及联社领导的支持下,完成网络改造工作,实现农信业务信息网络高速化目标。联社通过变更通信网络电路,完善和改进网络性能,提高网络效率,发挥网络资源,集中管理核心设备,保证设备安全,降低运行风险,提高管理水平。根据阿勒泰农信网络改造工作的要求,阿勒泰地区各县(市)联社通过招标,选择中国电信提供线路服务,同时对中国电信线路运营商提出要求,落实协调和配合工作。根据《阿勒泰市农村信用合作联社IDC业务协议》,双方约定电信机房场地和环境要求,规定工期和各种技术标准,按照双方的约定,保证农信网络的建设需要。为合理利用现有设备,提高机具使用效率,集中统一管理,根据需要,对阿勒泰地区8家联社除高速打印、空调、不间断电源以外的机房内电子设备HP前置主机、IBM信贷服务器、博达等网络设备,集中到阿勒泰市科技分中心统一管理。通过合理优化,提高设备冗余水平。整合后,提高计算机系统管理的科学化、规范化水平,集中科技力量,减少维护环节,降低维护成本,稳定科技队伍,更好地为日益增长的业务提供优质服务。

第十一章 中间业务

在利率市场化已是大势所趋,银行业竞争日趋激烈的形势下,县联社审时度势,抓住机遇,创新业务,创新功能,丰富服务品种,改善服务质量,提高服务水平,开拓和发展中间业务,把发展中间业务作为信用社提高竞争力,降低经营风险的有效途径,取得良好效果。

第一节 代理业务

1955 年 3 月,哈巴河县第一家农村信用合作社成立后就经办代理业务。

1956 年 2 月 23 日,县域农村信用合作社执行农行自治区分行《关于降低农村存款利率应注意事项的补充指示》,制定开展业务的全面规划,开展存放业务,合理利用资金,克服浪费现象,扩大代理业务,增加收入,信用合作社代理业务范围逐年扩大。下半年,开始代理兑付公债。

1961 年 9 月 26 日,县域公社信用分部执行人行自治区分行转发人总行《关于信用社若干问题的规定草案》规定,代理业务主要有现金管理、转账与结算、农贷的发放收回。1964 年 8 月 17 日,银行营业所委托信用社办理救济费监督支付。

1984 年 5 月 22 日,县域信用社代理农行县支行办理定期储蓄业务。2002 年 10 月 28 日,开始代理中国银行长城卡业务。

2006 年,县联社代理保险、代发城市居民最低生活保障金、代发工资、代发涉农补贴、代理资金归集业务、代理银信通业务等业务。

一、代理发放农业贷款

1961 年,人行县支行组成工作组,清理农村信用社代理发放的 16049.43 元农业贷款。由于正值三年困难时期,农民生活困难,大部分农业贷款无法收回。

1962 年 1 月 23 日,县域公社信用分部执行中国人民银行《关于银行委托信用社代办农贷应按照规定付给手续费的通知》规定,手续费按 5% ~ 10% 计算,包括代收代放,即代放贷款 1000 元手续费 21.4 元,收回 1000 元手续费 31.6 元。年内,哈巴河县大旱,粮食产量低,农牧民生产、生活遇到困难,共发放生产、生活贷款 2.7 万元。当年,县域公社信用分部执行人行自治区分行《切实加强信用社工作的意见》,严格控制投放,加强信贷管理;吸收社员储蓄,组织信用回笼;做好代理国家银行业务;彻底整顿账目、清理资金。

二、代理社队集体、单位存款

1962 年 6 月 19 日,县域公社信用合作社执行人行自治区分行《关于农贷贯彻执行当年平衡略有回笼方针和中央六条决定的意见》,做好代理国家银行业务。9 月 24 日,按照人行阿勒泰地区中心支行转发伊犁州分行《关于农金工作问题的通知》精神,信用社代理社队集体存款和一部分距银行较远的机关、学校、团体、单位存款,按月平均余额 2‰付给手续费,同时机关团体存款凡 1000 以上交存银行。县域信用社除加依勒玛信用社、萨尔塔木信用社离县城银行较近外,其余信用社离县城较远且交通不便,都开展代理社队集体存款和机关、学校、团体、单位存款。1980 年后,银信业务开始交叉,逐渐停办。

三、代理兑付公债

1956 年下半年,县域农村信用合作社开始代理兑付公债。农村信用合作社首先向银行领取周转金,兑付结束后,银行支付 1‰手续费。1984 年,代理兑付公债工作逐步转由农行营业所办理。

四、代理发放救济费和受灾区口粮无息贷款

1964 年 8 月 17 日,根据农行自治区分行下发《关于委托信用社监督支付农村救济费、自然灾害救济费、会计核算处理手续的通知》要求,农行县支行营业所委托信用社监督支付救济费,根据信用社所在地公社批准的救济费数额,由信用社出具分批领用资金的收据,持以向农行县支行营业所办理手续。

每年根据人行自治区分行下达阿勒泰地区的专用资金指标,由当地党政机关分配到受灾严重的地区,落到生产队个人,再委托信用社发放。对贫下中农的口粮优先解决。此项贷款收回后,第二年可继续周转使用。手续费发放时按 3‰,收回时按 5‰。县域公社信用合作社根据当地党政机关分配的口粮无息贷款,按要求分发到受灾群众手中,帮助他们解决生产、生活中的困难,及早恢复生产,重建家园。

1984 年,根据农行自治区分行下发《新疆农村信用社管理体制改革方案》,县域信用社代理农行收贷按收取利息的 15%支付信用社手续费,对促进信用社帮助农行收取历年旧贷起到积极作用。

五、代理发放贫下中农和贫苦牧民、困难户无息贷款

1963 年 9 月,县域公社信用合作社执行人行自治区分行《关于积极支持信用社发放贫下中农和贫苦牧民生产、生活贷款的指示》,积极向贫下中农和贫苦牧民发放贷款,帮助其解决实际困难,坚持打击高利贷活动。当年,阿勒泰专区按上级分配的指标拨出专款 2 万元,由信用社发放。银行对信用社不计利息,信用社按月息 2.4‰~3.6‰的幅度收取利息,贷款期限 1~3 年。贷款主要解决贫下中农、贫苦牧民饲养业及力所能及的家庭副业;购买小型农具;解决临时性生活困难等。

1967 年,县域公社信用合作社贯彻人行阿勒泰支行军事管理委员会《关于支持贫下中农困难户无息贷款有关问题的答复》精神。该项贷款由银行委托信用社发放与收回;国家不向信用社要利息,信用社也不向国家要手续费;该项贷款是支持贫下中农的专款,不得挪作他用。

六、代理农行办理定期储蓄

1984 年 5 月 22 日,县域信用社遵照农行自治区分行《关于农村信用社代理银行办理定期储蓄的有关规定和会计核算方法》精神,代理农行县支行办理定期储蓄业务,同时按会计核算要求做会计处

理手续。1996 年,信用社和农行脱离行政隶属关系,代理银行办理定期储蓄业务结束。

七、代理中国银行长城借记卡业务

2002 年 10 月 28 日,县域信用社代理中国长城借记卡业务。该业务的代理为客户提供快捷、方便、安全的服务。

2006 年,中国人民银行大额交换系统上线运行,所有的卡业务在银行之间都可以相互办理,县联社代理的中国银行长城借记卡业务终止办理。

八、代理保险

2006 年,县联社与人寿保险股份有限公司阿勒泰分公司协商,代理国寿鸿泰两全保险业务,签订代理协议,初步尝试代理保险业务。同年,中国人民财产保险股份公司哈巴河支公司授权县联社代理国寿康裕重大疾病保险业务,签订代理保险业务协议,同时收取相应保险费。全年代理保险业务 1984 笔,保险金额 10152 万元,保险费收入 91.2 万元,手续费收入 9.1 万元。

2008 年,县联社代理保险业务 3133 笔,保险金额 20888 万元,保险费收入 101.13 万元,手续费收入 15.17 万元。2010 年,联社代理保险业务 6426 笔,比上年增加 2535 笔;保险金额 26264 万元,增加 5086 万元;保险费收入 165.73 万元,增加 32.41 万元;手续费收入 15.17 万元,减少 1.89 万元。

2011 年 7 月,县联社制定《哈巴河县农村信用社代理保险业务管理办法》。全年代理保险业务 4411 笔,保险金额 29267 万元,保险费收入 68.54 万元,手续费收入 13.71 万元。

2012 年,县联社与中华联合财产保险股份有限公司协商代理一年期及以下意外险业务,同时签订代理保险协议。全年代理保险业务 7912 笔,保险金额 45010 万元,保险费收入 136.74 万元,手续费收入 24.48 万元。

2006～2012 年县联社保险代理业务费统计表

表 11 - 1   单位:笔、万元

年份	合作单位	笔数	保险金额	保险费收入	手续费收入
2006	财险公司	957	5623	35.20	3.50
	寿险公司	1027	4529	56.00	5.60
	小计	1984	10152	91.2	9.1
2007	财险公司	923	7563	53.00	5.30
	寿险公司	1256	8624	42.60	4.26
	小计	2179	16187	95.6	9.56
2008	财险公司	1152	9853	32.66	4.90
	寿险公司	1981	11035	68.47	10.27
	小计	3133	20888	101.13	15.17
2009	财险公司	1978	10153	77.24	15.53
	寿险公司	1913	11025	56.08	11.22
	小计	3891	21178	133.32	26.75

续表 11 – 1

年份	合作单位	笔数	保险金额	保险费收入	手续费收入
2010	财险公司	3592	13256	92.53	13.88
	寿险公司	2834	13008	73.20	10.98
	小计	6426	26264	165.73	24.86
2011	财险公司	1803	14265	33.64	6.73
	寿险公司	2608	15002	34.90	6.98
	小计	4411	29267	68.54	13.71
2012	财险公司	3706	23560	67.54	11.21
	寿险公司	4206	21450	69.20	13.27
	小计	7912	45010	136.74	24.48

九、代理批量业务

县联社开办的批量业务主要是代发工资、代发农财政补贴等。

(一)代发城市居民最低生活保障金

2004 年 10 月 26 日,县联合社与财政局签订《哈巴河县城市居民最低生活保障金社会化发放协议书》,确保最低生活保障资金及时足额发放到低保户手中,增加社会透明度。

2009 年 12 月 1 日,哈巴河县新农保账户正式落户县联社。至 2010 年 1 月 25 日,根据社保部门提供的首批参保人员名单,联社完成 1343 人的开户及首期款项的代理发放工作,标志着联社代理新农保业务取得成功。

(二)代发工资

2006 年 11 月 15 日,中国工商银行股份有限公司哈巴河县阿克齐分理处与县联社签订《代发财政工资业务委托代理协议书》,委托县联社办理发放萨尔布拉克乡行政事业单位职工工资(含离退休人员)。萨尔布拉克离县城 40 千米,工资由县联社萨尔布拉克信用网点发放后,每个职工 1 月可节省 50 元费用,一年可节省 600 元。代发工资业务的开展受到偏远地区广大职工特别是离退休老职工的欢迎,同时扩大业务范围。2007 年,联社代发工资 57958.23 元。2009 年,联社代发工资 2798.12 万元,比上年增加 1814.29 万元。2011 年,联社代发工资 7329.55 万元,增加 1089.8 万元。2012 年,联社代发工资 9750.36 万元。

(三)代发涉农补贴

2006 年 5 月,县联社对种粮农民补贴实行一卡通,调动农民种粮积极性,保护农民利益。6 月 19 日,县联社与哈巴河县财政局签订《哈巴河县财政局委托哈巴河县农村信用社代发涉农资金协议书》。涉农补贴资金有种粮户粮食直接补贴资金;农民承包的耕地实行退耕还林粮食补助(现金形式发放)各项现金补助资金;牧民承包使用的草场实行退牧还草、轮牧休牧、禁牧草场等补贴;农村优抚对象补贴资金;农牧村五保户补助资金;农村"三老"人员(老干部、老党员、老模范)补助资金;农村计划生育奖励金(领取独生子女证、光荣证家庭);农村计划生育宣传员补助资金(报酬和津贴);村干部(报酬)补助资金;乡村医生(不在编医务人员)补助资金;孤残儿童补助资金;农牧民建房补助资金等财政性涉及农(牧)民的补贴资金。哈巴河县财政局在县联社开立代发财政补贴农(牧)民资金账户,联社通过做代理把资金发放到农（牧）民在信用社开的"一卡通"存折中。2008年,联社代发涉农补贴资金235.13万元。2010年,联社代发涉农补贴资金1202.58万元,比上年增加287.16万元。2012年,联社代发涉农补贴资金3614.32万元,增加1254.79万元。

（四）代理资金归集业务

2006年5月10日,县联社作为第三方服务机构,与中国工商银行哈巴河县阿克齐分理处、中国石油天然气股份有限公司新疆阿勒泰销售分公司哈巴河县经营部签订三方协议,由联社代理工行哈巴河分理处收取中石油哈巴河县经营部油料款。中石油哈巴河县经营部在工行哈巴河县分理处开立基本账户,用于资金的归集和上划;在联社开立专用账户,用于资金过渡。联社使用上门收款业务,按照实际上门收款天数,收取一次40元标准代理费。在三方协议中,确定三方权利与义务,同时要求三方认真履行职责。

2008年8月13日,县联社开始办理县电力公司电费归集业务。运用农村信用社结算系统办理电费异地缴存等资金结算业务,增强乡镇供电所电费资金安全,为农村电费收缴提供便利,同时有助于联社构建高效的资金集中管理体系。县乡镇供电所采用异地交存方式,将电费资金交存至县联社开立的电费专用账户上,乡镇供电所不再开立电费账户。全年代理电费归集业务34笔,归集资金52.15万元。2009~2012年,联社代理资金归集业务有电费归集。2009年,联社代理电费归集业务98笔,归集资金85.33万元。2011年,联社代理电费归集业务98笔,归集资金178.32万元;业务笔数比上年减少1笔,归集资金增加74.56万元。2012年,联社代理电费归集业务92笔,归集资金211.41万元。

第二节 委托业务

1968年1月17日,县域公社信用合作社执行中国人民银行下发《关于农业贷款会计核算工作的几项规定》,开始代理社队集体贷款。

2007年,县联社执行自治区联社制定下发《新疆维吾尔自治区农村信用合作社委托贷款管理办法》《新疆维吾尔自治区中小型农机具贷款管理办法》《再就业项目担保贷款实施细则》《新疆维吾尔自治区农村信用社中间业务管理办法》,并纳入《制度汇编》。6月12日,县联社发放第一笔单位委托贷款,委托单位为中共哈巴河县委员会组织部,委托项目是哈巴河县桦林先锋党员互助基金。全年发放该项目贷款12笔,金额15.7万元。在办理委托贷款业务过程中,信用社不承担任何形式贷款风险,只按协议规定收取每笔20元手续费。

2009年5月6日,县联社组团为哈巴河县阿山水泥有限公司发放日产2500吨水泥生产线建设贷款8000万元,其中6000万元贷款资金为自治区联社委托发放。当年,累计发放桦林先锋党员互助基金委托贷款6笔,金额9万元;累计发放桦林团旗红青年就业创业扶助金委托贷款5笔,金额5万元。

2010年4月6日,县联社受自治区联社委托为新疆鑫旺矿业有限公司发放委托贷款8700万元,贷款资金主要用于企业铜铅锌选矿技术改造项目、萨尔朔克铜矿6.3KV供电建设项目。项目实施提高企业矿产资源综合利用,经济效益明显,同时有一定的社会效益,对哈巴河县资源经济发挥重要作用。全年发放桦林先锋党员互助基金委托贷款10笔,金额9万元;发放桦林团旗红青年就业创业扶助金委托贷款1笔,金额10万元。

2011年,县联社发放桦林先锋党员互助基金委托贷款1笔,金额1.5万元。

2012年,县联社发放桦林先锋党员互助基金委托贷款7笔,金额10.5万元。

第十二章　资金业务

资金业务是指同业存款、同业拆借、买卖债券、买断式转贴现等，通过对资金预测和市场情况分析进行资金运作及交易。20世纪80年代末至21世纪初期，受季节性影响和贷款规模控制，县域信用社在资金富裕时多为存放人行特种存款、存放上级管理部门式拆放至其他金融机构。2006年后，县联社存款业务增长较快，资金不断壮大，受存贷比约束，资金出口问题尤为突出。联社与人行阿勒泰地区中心支行、乌鲁木齐市联社建立业务合作关系，开始办理债券和转贴现业务。之后，联社不断拓宽营运合作渠道，与建行阿勒泰地区支行、农行哈巴河县支行、工行哈巴河县支行、自治区联社等建立业务合作关系。2011年，联社成立资金计划部，配备专门人员进行资金运作，资金业务规模不断扩大，收益占比不断提高。

第一节　资金管理制度

2010年以前，县联社未制定有关资金业务的管理制度，办理同业拆借业务执行人行、农行、银监局有关制度。2010年后，县联社制定《哈巴河县县农村信用合作联社资金营运业务管理规定》和《哈巴河县农村信用合作联社资金营运管理办法》。

1989年，县联合社执行农行阿勒泰地区中心支行《关于信用社资金调剂的几点规定》，对规范资金业务做出具体规定。联合社尽快配备资金调度员（兼计划员），随时掌握辖内信用社资金动态，及时做出反馈，资金来源运用情况每月随同月报表分析上报。各信用社除个别交通不便或资金短缺外，均在联合社开立存款账户，吸收的各项存款除依法缴足存款准备金和按联合社核定的业务周转金（一般为各项存款的10%）限额在当地银行营业所开立辅助账户外，其余暂时闲置存款一律通过联合社往来科目上存到联合社存款户，联合社在当地支行开立存款户，支行对联合社，县联合社对信用社的存款均按一般转存款利率计付利息，同时保证存款社随时提款需要，存款社在营业所存款超过限额时，将超过部分及时上存县联合社。资金调剂次序先系统内，后系统外；先县内，后县外。凡县内资金拆借统由联合社负责办理，跨县资金调剂，由双方联合社商定或报中支信合部门协调，但资金往来手续费和利息支付由资金拆入联合社直接办理。其利率由于资金拆出单位风险小，中支的意见，以不低于拆出信用社上年组织资金成本或略高于银行一般转存款利率做到保本微利为原则。资金调度采取最快方式，凡不通电讯地方，一律采取信汇自带。跨县汇款一律采用加急电报。在途压一天算一天，一般不超过三天。其利息由拆入方按借据利率计付。超过占压预计天数由当事支行追究有关人员经济责任。

1990年，县联合社执行人行《同业拆借管理试行办法》规定，资金融通坚持自主自愿、平等互利、恪守信用、短期融通的原则，对专业银行拆出资金，期限最长不超过四个月。同业拆借的利率最高不高于人行对专业银行日拆性贷款利率30%。每月日平均拆入资金余额，不超过自有资本金。

1992年，县联合社执行农行阿勒泰地区中心支行《阿勒泰农村信用合作社拆借资金管理办法》规定，拆借资金均由中支信合科统一借入和管理，各信用社资金余缺由中支信合科统一调剂，减少资金积压和浪费，加速资金周转，提高效益。调剂资金由中支信合科先在联合社与联合社之间调剂余缺，对资金缺额再从农行、人行拆借。拆借资金限用于解决"三户"生产费用贷款，不准发放生活贷款。县联合社向中支拆借资金签订合同，严格执行。在合同期内提前归还，由县联合社主动上划；按时归还，由中支信合科用付方报单划回，中支信合科如期归还银行。

1998年1月1日，县联合社按照《农村信用合作社资产负债比例管理暂行办法》，执行拆入资金余额与各项存款余额的比例不得高于4%，拆出资金余额与各项存款余额的比例不高于8%的规定，拆借资金时报人行哈巴河县支行备案。

2004年8月，县联合社执行新疆银监局《新疆农村信用社资金融通管理暂行办法》规定，信用社资金融通包括资金调剂和资金拆借。资金调剂指系统内信用社之间、县（市）联合社之间资金调剂。资金拆借指信用社与银行及其他非银行金融机构之间的资金拆借。信用社调剂和拆借资金最长期限9个月，可展期1次；调入、拆入资金余额不超过其存款余额4%，调出、拆出资金余额不超过其存款余额8%。

2005年11月，县联合社执行人行乌鲁木齐中心支行《新疆金融机构同业拆借备案管理试行办法》规定，办理网下同业拆借业务时，实行交易双方在交易达成2个工作日内向人行县支行报备拆借业务情况的管理方式；信用社同业拆借最长期限为4个月。

2006年11月，县联社成立资金营运管理委员会，主任委员由联社理事长王海勇担任，副主任委员由县联社主任薛亮（主持工作）担任，委员由联社监事长窦德贵、联社副主任吾拉西·木哈乃、会计股股长孙红担任。资金管理委员会下设办公室，办公室设在会计股，办公室主任由孙红担任。资金营运管理委员会运作每一笔资金业务须经集体研究，表决通过后进行业务操作。2008年，因高管人员变动调整资金管理委员会，做好资金管理，提高联社资金使用效率。

2010年9月，县联社制定《哈巴河县县农村信用合作联社资金营运业务管理规定》，规范系统内资金拆借、同业存放、债券买卖和经中国银监会批准经营的各类资金融通业务的操作。联社开展资金营运业务必须具备条件：满足辖内正常、合理的信贷需求后，确有资金富裕；在所在地人行开立准备金账户，并及时足额缴存存款准备金；备付金充足，没有从其他金融机构拆入资金或已全部归还。联社开展资金营运业务期限：存放区联社时资金最长期限为6个月，从自治区联社调入资金最长期限不超过12个月；存放本地区其他联社和其他金融机构时资金最长期限为3个月；丙类账户只可购买期限不超过一年的国债、政策性银行金融债。办理资金运用业务必须签订书面同业存款合同，合同须载明机构名称、法定代表人或负责人姓名、签章、资金存放日期、资金汇划方式、金额、期限、利率、罚息率、违约责任等主要条款；结算性质的同业存放，双方需协商利率并签订活期存款协议，存放利率不低于人行超额准备金利率。存放同业款项利率不得低于自治区联社同期限上存资金利率水平。办理资金营运业务逐笔上报自治区联社备案。岗位设置：设置联社主任为召集人，召集联社领导班子集体决策资金业务；设置报备经办岗和复合岗。授权管理：联社主任授权营业部汇划资金款项。操作流程：存放资金业务由联社主任召集联社领导班子集体研究，财务信息部负责记录；财务信息部负责向自治区联社报备,内勤人员为经办岗,经理为复核岗;理事长负责资金业务合同的签订;联社主任授权营业部按大额资金汇划业务规定办理资金划转,营业部会计主管建立资金业务台账。

2011年1月,县联社成立资金计划部,配备专门人员进行资金运作,资金业务规模不断扩大,收益占比不断提高。4月,联社制定《哈巴河县农村信用合作联社资金营运管理办法》,对开展资金营运条件、系统内资金调剂、存放同业、债券业务等做出规定。资金营运业务风险内控及岗位职责:实行部门和岗位分离,具体交易与账务核算分离,业务操作与风险监控分离,岗位之间建立双人复核制度,做到相互监督、相互制约;由联社资金计划部根据测算的可用资金负责确定、联系资金营运交易,掌握资金交易信息全部资料,负责可用资金的测算、营运计划、计划审批、报备以及档案的整理和保管;根据业务需要资金营运员设置为资金经办岗、主管岗、审批岗、业务交易岗、档案管理岗,资金经办岗负责"新资金业务报批表"的填制及上报,主管岗负责建立完善资金管理制度、资金测算、营运计划、对交易事项监督、复核,审批岗负责对资金营运业务的审批、业务合同的签订,业务交易岗主要负责每笔资金营运业务的账务划转等具体业务交易,档案管理岗负责对每一笔资金营运业务交易合同、审批表等资料进行整理和保管;联社营业部会计主管根据资金计划部资金汇划通知完成资金划转安排工作,负责对交易事项的监督,实现资金营运业务的营管分离。资金营运流程:资金营运员对当期资金情况进行测算,留足备付金,针对富余资金及时联系自治区联社和其他金融机构,掌握资金营运的准确信息,包括期限、利率、收益,整理、分析资金营运信息后上报联社资金业务管理委员会;根据资金业务管理委员会研究结果将所需营运资金金额、期限及市场利率填制新资金业务报批表,报部门负责人复核、理事长或主管主任审批,报自治区联社计划财务部审批;资金营运员根据自治区联社批准后的新资金业务报批表对富余资金进行营运交易,同时将资金转出计划通知联社营业部会计主管进行资金汇划和转出;联社营业部会计主管接到关于资金划转通知后立即指定专人办理,确保资金及时汇出,完成资金营运交易;联社营业部成功处理资金划转业务后,资金计划部建立资金业务台账。风险管理:加强对国家宏观经济、金融政策的研判,深入研究市场,准确把握利率及市场行情走势,与其他金融机构建立良好的信息沟通渠道,防范利率风险;对货币市场价格变动、流动性降低以及主要交易对手风险状况要有所预见,同时制定市场出现大幅异常波动和可能出现最坏情况时的应对措施;按照市场价格计算交易品种的市值和浮动盈亏情况,对资金交易产品的市场风险进行实时监控;按规定权限办理资金业务,同时实行前后台职责分离,将前台交易与后台结算分离,业务操作与风险监控分离,岗位之间相互监督制约;加强对交易对手的融资背景、业务经营真实性调查,严格遵守人行关于资金营运主体资格、限额、期限、备案、操作程序等方面的规定,加强对合同完备性的审查,防止对方以虚假理由、虚假证明文件及材料从事金融诈骗活动。开展资金业务限定范围:存放同业款项仅限于国有商业银行和政策性银行;在资金富裕时可向本地州内的联社和自治区联社开展系统内资金调剂业务;债券买卖业务只限于开展购买国债业务,委托人行阿勒泰地区支行办理。

第二节　同业资金业务

一、约期存款

县联社在资金充裕时,与其他金融机构签订合同,约定期限、金额、利率等,存将资金放到其他金融机构,提高资金使用率,同时获得较高收入。

1992 年 12 月 25 日,县联合社集中各信用社资金 65 万元,存放农行阿勒泰地区中心支行。

1993 年,县联合社集中各信用社资金 2 笔,金额 160 万元,存放农行阿勒泰地区中心支行。至年末,上存资金余额 225 万元,其中营业部 100 万元,加依勒玛信用社 10 万元,萨尔塔木信用社 15 万元,齐巴尔信用社 20 万元,库勒拜信用社 30 万元,萨尔布拉克信用社 10 万元,铁热克提信用社 40 万元。

1994 年,县联合社集中各信用社资金上存农行阿勒泰地区中心支行 7 笔,金额 703 万元,累计收回 140 万元。至年末,上存资金余额 788 万元。

1995 年 1 月,县联合社集中各信用社资金上存农行阿勒泰地区中心支行 2 笔,金额 212 万元,上存资金余额首次达 1000 万元。3～5 月陆续收回 290 万元投放春耕生产,8～12 月先后上存 540 万元,年末余额 1250 万元。

1996 年行社脱钩后,拆放农行阿勒泰地区中心支行资金余额 880 万元,1997 年收回 765 万元,至 1999 年 12 月 30 日收回 115 万元。

1998 年 12 月,县联合社存放阿勒泰市联合社 400 万元,其中分配给营业部 100 万元、阿克奇信用社 200 万元、萨尔塔木信用社 50 万元、库勒拜信用社 50 万元,于 1999 年全部收回。

1999 年 12 月,县联合社存放阿勒泰市联合社 3 笔,金额 400 万元,其中分配给阿克齐信用社 200 万元,分配营业部、萨尔塔木信用社各 100 万元。2000 年 1 月 14 日,联合社存放阿勒泰市联合社 1 笔,金额 100 万元。4 笔资金于 2000 年 10 月 31 日前归还。

2003 年 12 月 30 日,县联合社存放阿勒泰市联社 1 笔,金额 1000 万元,期限 3 个月,于 2004 年 3 月 17 日收回。

2007 年 12 月,县联社存放农业发展银行哈巴河县支行 2 笔,金额 6500 万元。根据联社资金使用情况,于 2008 年 2 月 26 日至 5 月 4 日分 5 次收回,共收息 30 万元。

2008 年,县联社累计存放国有银行 6 笔,金额 16700 万元,其中存放农行哈巴河县支行 2 笔 7 天通知存款、金额 5500 万元;存放农业发展银行哈巴河县支行 4 笔、金额 11200 万元。共收息 20.54 万元。

2009 年,县联社存放同业资金 10 笔、金额 38400 万元,其中存放农业发展银行哈巴河县支行 3 笔、金额 7400 万元;存放建行阿勒泰地区支行 2 笔 7 天通知存款、金额 14000 万元,存放农行哈巴河县支行 2 笔 7 天通知存款、金额 2000 万元,存放自治区联社 3 笔、金额 15000 万元。共收取利息 42 万元。同年,阿勒泰地区农村信用社系统在阿勒泰市联社召开联席会议,为解决短期资金缺口确定各联社之间开立存放同业账户,县联社在兄弟联社开户并存放资金 5 笔、金额 6500 万元,其中存放阿勒泰市联社 1 笔、金额 2000 万元、期限 6 个月、年利率 1.8%;存放布尔津县联社 1 笔、金额 1000 万元、期限 3 个月、年利率 1.71%;存放福海县联社 1 笔、金额 1000 万元、活期、年利率 1.50%;存放北屯市联社 2 笔、金额 1500 万元、活期、年利率 1.8%。

2010 年,县联社累计存放同业约期存款 27 笔、金额 97000 万元,其中存放农业发展银行哈巴河县支行 9 笔、金额 37000 万元;存放建行阿勒泰地区支行 2 笔、金额 4000 万元;存放人行阿勒泰地区中心支行 6 笔、金额 13000 万元;存放农行哈巴河县支行 1 笔、金额 3000 万元、期限 7 天、年利率 1.7%;存放邮政储蓄银行哈巴河县支行 1 笔、金额 1000 万元、活期、年利率 1.9%;存放自治区联社 8 笔、金额 39000 万元。全年实现利息收入 238.28 万元。

2011 年,县联社累计存放同业约期存款 94 笔、金额 338500 万元,收息 1197.92 万元。其中,存放人行阿勒泰地区中心支行 21 笔、金额 69400 万元,收息 402.22 万元;存放农行哈巴河县支行 1 笔、金额 3000 万元,期限 14 天、年利率 4%,收息 4.52 万元;存放农业发展银行哈巴河县支行 1 笔、金额 7000 万元,期限 1 个月、年率 2.6%,收息 15.17 万元;存放工行哈巴河县支行 32 笔、金额 88100 万元,收息 222.78 万元;存放自治区联社 39 笔、金额 171000 万元,收息 553.23 万元。

2012 年,县联社累计存放同业约期存款 146 笔、金额 544800 万元,利息 1034.09 万元。其中,存放人行阿勒泰地区中心支行 8 笔、金额 25500 万元,利息 69.71 万元;存放工行哈巴河县支行 10 笔、金额 32000 万元,利息 60.16 万元;存放农业发展银行哈巴河县支行 1 笔、金额 9000 万元,期限 1 个月、年率 3.75%,利息 29.06 万元;存放自治区联社 127 笔、金额 478300 万元,利息 875.16 万元。至年末,联社存放同业约期存款 4 笔、金额 35000 万元,其中存放自治区联社约期存款 3 笔、金额 26000 万元;存放农业发展银行哈巴河县支行 1 笔、金额 9000 万元。

二、同业拆借

县联社与兄弟联社及其他金融机构间因头寸紧张而相互拆借资金,双方签订借款合同,约定利率、期限、用途、划款方式和双方的权利、义务及违约责任等,通过短期拆借调剂余缺,解决临时资金不足困难,保障正常经营。

(一)调剂资金

1987 年,县域信用社资金余缺通过农行哈巴河县支行合作金融管理股安排,资金充裕的信用社把资金调剂给资金短缺的信用社使用,保证各信用社正常营业。年内,各信用社之间相互调剂资金 49 万元。

1989 年县联合社成立后,县域信用社将富余资金集中存放县联合社,由联合社在各信用社之间调剂使用。统一法人成立县联社后,不再使用调剂资金科目,联社通过社内往来科目进行资金调拨。

(二)同业拆放

1995 年 12 月 14 日,县联合社开始办理拆出资金业务,向哈巴河县第一金矿拆出资金 12.8 万元,于 1996 年 2 月 10 日收回 11.9 万元,8 月 15 日收回 0.9 万元。

1996 年 5 月 7 日、7 月 29 日,县联合社向布尔津县联合社分别拆出资金 10 万元、20 万元,分别于 6 月 25 日、9 月 15 日收回。10 月 15 ~ 22 日,联合社累计向青河县联合社拆放资金 3 笔、金额 100 万元,于 1997 年 4 月 4 日至 6 月 24 日分 5 次收回。

1997 年 12 月,县联合社通过阿勒泰市联合社向新疆证券公司拆出资金 500 万元,于 1998 年 3 月收回,收息 15.08 万元。

1999 年 5 月 26 日,县联合社向布尔津县联合社拆出资金 100 万元,其中营业部和阿克齐信用社各拆出 50 万元,于 9 月 10 日收回。

2000 年 1 月 14 日,县联合社拆放金新信托公司 200 万元,期限 90 天,利率 7.5‰,到期后续存半年至 10 月 14 日到期,其中分配给营业部 150 万元,阿克齐信用社 50 万元。4 月 24 日,拆放金新信托公司 300 万元,利率 7.5‰,于 2002 年 6 月 4 日至 8 月 1 日分 4 次收回。7 月 18 日,拆放金新信托公司 200 万元,利率 7.5‰,分配给营业部和萨尔塔木信用社各 100 万元,于 2001 年 12 月 21 收回。

2001 年 12 月 24 日,县联合社拆放新疆证券公司 700 万元,利率 6.5‰,于 2002 年 3 月 11 日收回。2005 年 4 月 30 日,联合社拆放富蕴县联合社 1000 万元,于 5 月 11 日至 7 月 6 日分 3 次收回,收息 3.12 万元。

2007年7月5日,县联社拆放福海县联社500万元,期限3个月,于10月23日收回,收息4.05万元。7月27日,拆放吉木乃县联社500万元,期限2个月,于9月28日收回,收息2.84万元。

2008年1月16日,县联社拆放富蕴县联社1000万元,于1月18日收回,收息0.18万元。4月1日,拆放1000万元帮助阿勒泰市联社解决资金紧张的局面,于8月12日收回,未收取利息。4月7日,拆放布尔津县联社500万元,于7月8日收回,收息4.05万元。11月20日,拆放阿勒泰市联社4000万元,帮助其归还支农再贷款,于12月15日收回2000万元,收息10.08万元,剩余2000万元于2009年收回。

2012年1月19日,县联社拆放布尔津县联社1000万元,期限14天,年利率5.4%,于1月29日收回,收息1.5万元。

(三)同业拆入

建社初期,县域信用合作社吸收存款有限,一方面保证存款支付,另一方面要向广大贫困农牧民发放生产、生活贷款。资金不足的信用合作社每年向银行借款,解决临时资金短缺。20世纪60年代初期,资金不足的信用社仍然向银行借款,用于解决临时资金不足困难。

1992年,县联合社累计向农行阿勒泰地区中心支行拆借资金9笔、金额390万元,分配给营业部43万元、加依勒玛信用社87万元、萨尔塔木信用社78万元、齐巴尔信用社51万元、萨尔布拉克信用社55万元,年内全部还清。

1993年3月13日,县联合社向农行哈巴河县支行拆借资金100万元。3~6月,累计向农行阿勒泰地区中心支行拆借资金155万元,分配基层信用社用于投放农牧业生产,于11月初全部还清。

1994年,县联合社累计向农行哈巴河县支行拆借资金140万元。1995年6月6日,县联合社因头寸不足向农行阿勒泰地区中心支行拆借资金25万元,于12月11日归还。6月20日,向乌鲁木齐市二道桥信用社拆借资金100万元,于8月30日归还。

1996年3月,县联合社累计向阿勒泰市联合社拆借资金3笔,金额180万元,于6月5日归还。4~6月,累计向农行哈巴河县支行拆借资金4笔,金额470万元,至9月23日全部归还。

1997年3月18日,县联合社向阿勒泰地区农金体改办拆借资金100万元,于4月3日归还。5月16日,临时拆借农行哈巴河县支行10万元,5月21日归还。

1998年,县联合社向农金体改办拆借资金250万元,向农行哈巴河县支行拆借资金20万元,分别向阿勒泰市联合社、青河县联合社、富蕴县联合社拆借50万元、8万元、60万元,当年全部归还。

1999年,县联合社向富蕴联合社拆借2笔、金额100万元,向福海县联合社拆借50万元,向阿勒泰市金城信用社拆借100万元,当年全部归还。

2001年5月17日,县联合社因头寸不足向阿勒泰市联合社拆借资金50万元,于6月4日归还。

2004年12月23日,县联合社因投放中长期贷款占比较高,归还支农再贷款出现困难,向富蕴县联合社拆借资金800万元,于2005年1月5日归还,支付利息1.04万元。2005年9月13日,联合社向吉木乃县联社拆借资金300万元,利率3‰,于9月22日归还。

2007年7月2日,县联社因支农再贷款到期拆借富蕴县联社资金2000万元,于当日归还。9月14日,拆借富蕴县联社资金2000万元,10月10日归还,支付利息4.68万元。

2010年4月16日,县联社因投放春耕生产贷款集中,存放同业的约期存款未到期,造成临时性头寸紧张,向自治区联社拆借资金3000万元,期限7天,年利率1.89%。

2012年1月5日,县联社临时向布尔津县联社拆借资金1100万元,期限4天,年利率5.4%,付息

0.66 万元。4 月 9 日,联社因县财政基建账户资金转移 10000 万元,造成投放春耕生产资金及营业头寸紧张,向自治区联社申请借款 2 笔,其中 1 笔金额 5000 万元、期限 7 天、年利率 3.90%,于 4 月 11 日归还,支付利息 1.08 万元;另 1 笔金额 5000 万元、期限 14 天、年利率 4.30%,于 4 月 16 日归还,支付利息 4.18 万元。

第三节　债券投资业务

2006 年,县联社在中央国债登记结算有限责任公司开立丙类托管账户,委托中国银行交易中心(上海)为结算代理人进行债券交易,通过人行阿勒泰地区中心支行进行汇划购买债券款,每笔交易支付中央国债登记结算有限责任公司(简称国债公司)结算费用 150 元,人行阿勒泰地区中心支行按现券面额 0.02‰收取代理结算费用。11 月 24 日,县联社通过中国银行交易中心(上海)首次代购债券 4000 万元,利率 2.4%,期限 3 个月。现券全价金额 99.3419 元/百元面值,债券由人行阿勒泰地区中心支行托管,支付国债公司结算费用 150 元,支付人行阿勒泰地区中心支行代理结算费用 800 元。12 月 22 日,联社购买债券 2000 万元,利率 2.4%,期限 3 个月。现券全价金额 99.38 元/百元面值,支付国债公司结算费用 150 元,支付人行阿勒泰地区中心支行代理结算费用 400 元。2 笔债券在 2007 年到期后又续购债券,收益 113 万元。2007 年第四季度,联社购买债券 8 笔,金额 18453 万元,收益 33 万元,全年债券收益 146 万元,占业务收入 8%。

2008 年,县联社购买债券 2 笔,金额 3000 万元,收益 3.4 万元。

2011 年 6 月 21 日,县联社回购央行票据,券面总额 1000 万元,折算比例 100%,回购利率 6%,回购期限 14 天,收益 2.3 万元,支付代收债券结算费 120 元,佣金 200 元。

第四节　转贴现业务

2007 年,县联社与乌鲁木齐市联社建立业务合作关系,通过乌鲁木齐市联社运作资金,开展转贴现业务。双方签订银行承兑汇票转贴现协议,明确双方权利与义务,协议规定由乌鲁木齐市联社对贴现的票据信用状况进行评估,对贸易背景及资料的真实性、合法性、有效性和完整性负完全责任,按贴现利息 10% 收取手续费。11 月 29 日,联社首次办理转贴现业务 8 笔,月利率 7.8‰,其中 3 笔期限 3 个月、金额 500 万元,5 笔期限 4 个月、金额 4500 万元,转贴现利息收入 155.17 万元,支付手续费 15.52 万元。12 月 4 日,联社办理转贴现业务 6 笔,金额 5000 万元,月利率 7.8‰,期限 6 个月,收取转贴现利息 227.42 万元,支付手续费 22.74 万元。

2008 年,县联社累计办理转贴现业务 88 笔,金额 34403 万元,年末余额 13274 万元,实现转贴现利息收入 290.5 万元,支付手续费 28 万元。

2009 年,县联社累计办理转贴现业务 24 笔,金额 14048 万元,年末余额 8995 万元,实现转贴现利息收入 79 万元。由于转贴现利率较低,月利率略高于 1‰,乌鲁木齐市联社未收取手续费。

2010 年,县联社累计办理转贴现业务 60 笔,金额 9895 万元,年末全部收回,实现转贴现利息收入

46 万元。此后,联社未办理转贴现业务。

第五节　特种存款业务

人行根据农村信用社不同发展时期有针对性地开办特种存款。特种存款是调整农村信用社贷款结构或解决资金利率倒挂亏损严重而采取的一种货币政策。

1988 年 12 月,人行为控制农村信用社贷款增长过快过猛、贷款结构不够合理情况,向农村信用社下达特种存款额度。特种存款资金由人行统一安排使用,主要用于支持农副产品收购。人行阿勒泰地区分行分配给哈巴河县农村信用社 5 万元特种存款,期限 1 年,月利率 6.6‰。由加依勒玛信用社和萨尔塔木信用社各认购 2 万元,铁列克提信用社认购 1 万元,存放在人行哈巴河县支行。该笔特种存款到期后又展期到 1990 年 9 月,续存期间按年利率 12.6% 计息。

1996 年 12 月,人行阿勒泰地区分行分配给县联合社特种存款额度 150 万元,期限 3 年,年利率 10.08%,由县联合社营业部全额认购,存放在人行哈巴河县支行。

1997 年,人行继续开办特种存款,缓解信用社资金剩余营运率低,经营困难,亏损严重的状况。县联合社营业部存放人行哈巴河县支行特种存款 300 万元,期限 3 个月,年利率 8.13%。

2002 年 11 月 7 日,县联合社营业部存入人行哈巴河县支行特种存款 200 万元,期限 6 个月,月利率 2.475‰。之后,县联合社未办理特种存款业务。

第十三章　会计　出纳

会计工作是农村信用社重要的基础工作,直接关系到农村信用社工作效率、服务质量、账务的组织管理和收支的规范及生存和发展。会计工作主要任务是真实、准确、及时、完整地对信用社的业务及财务活动进行核算、反映、管理和监督,并向信用社社员、监管部门提供会计信息。

出纳主要职责是按照有关法令、法规和出纳制度做现金收付、整点以及损伤票币的兑换工作,代理债券发行、保管及兑付工作;根据市场和客户需要,组织货币,调剂调运各种货币,确保现金供应和回笼工作;保管现金、金银、外币和有价单证,严格库房管理,确保库房安全。宣传爱护人民币,做好反假票、反破坏人民币的工作;做好现金管理和核算,减少库存现金占压,提高经济效益;加强柜面监督,维护财经纪律,揭露贪污盗窃和各种违法活动。

第一节　会计

一、会计制度

农村信用社会计制度的演变过程,寓于整个社会经济制度的改革与发展之中,总的趋势是适应社会经济发展。农村信用社会计工作的基本制度、办法由人民银行制定。会计科目、记账方法、联行制度、报表制度以及一些主要业务的处理程序,由人民银行制定统一的规章制度。

1955 年,县域信用社建社后,按照人行 1951 年颁发的《农村信用合作社试行记账办法(草案)》记账,办理存贷款等业务。当年,人民银行完成大会计制改革,账务组织与劳动组织有所改进,克服大会计制机械烦琐不够灵活的缺点,有利于信用社业务的开展。

1957 年 3 月 11 日,人行自治区分行颁发《储蓄代办所暂行办法》《储蓄代办所储蓄业务会计核算制度》。县域信用社执行储蓄代办所的暂行办法及储蓄业务核算制度。当年,会计报表进行修改,增加会计业务量报告表、开户情况报告表、会计单位及人员配备报告表、核算差错事故报告表等内容。储蓄账户核算推行活期储蓄账卡简易抽卡法,活期储蓄变动户轧账法。

1958 年"大跃进"期间,在会计核算工作中,银行废除会计双线复核制,实行会计、出纳、复核三项基本分工由一人经办(即"三员合一")的"一手清",并采用以单代账,以表代账,以余额表控制各单位的余额。致使一段时间会计核算账务混乱,错账、错款现象严重。

1959 年 2 月 5 日,人行自治区分行业务办公室会计组下发《关于人民公社信用部会计核算工作有关规定的补充说明》。县域各信用社组织会计人员学习,严格按照自治区分行要求执行。4 月 30 日,人行自治区分行下发《关于人民公社信用部和信用分部账务划分的几点意见》。指出,公社信用部和上级人民银行的资金往来是内部往来关系,公社信用部的会计科目、账务组织完全与过去营业所相通;信用分部同信用部的资金往来是存贷关系,存款、贷款相互计算利息,信用分部的会计科目和账务组织参照此前下发的《人民公社信用部会计核算工作有关规定》办理。

1960年,人行自治区分行出台《定期储蓄存款主动划付试行办法及会计处理手续》,规定定期储蓄存款、主动划付的程序、利息和本金的处理、注意的事项,应备的材料、代理银行主动划付的手续、存款人开户行的处理手续等。当年,人行自治区分行转发人民银行《人民公社信用分部会计制度(草案)总说明》。主要内容:信用分部受大队信用部(即银行营业所)双重领导并执行办理大队及所属单位及个人储蓄,办理个人生产、生活贷款及单位放款、帮助生产大队健全财务制度合理安排资金、办理国家银行委托业务等任务。信用分部独立核算,单位盈亏由生产大队统一处理;多余资金必须及时存入信用部,资金不足时,由信用部贷款支持;信用分部采用复式记账原理,会计年度自1月1日至12月31日止;信用分部逐日结账,特殊情况可隔日或5日结账1次,不能过10日,按时办理月结、年终决算,库存现金必须每天核对。信用部各项开支先报预算,经大队批准可动用。会计人员必须遵守财经纪律,执行国家法令,对经手凭证、账簿、报表必须正确填单,妥善保管,及时上报报表。

1961年3月2日,自治区人分行下发《对农村人民公社的基本核算单位和社办企业实行现金管理的办法》。当年,基金管理采取分工管理、分制使用,统筹安排、综合平衡的资金管理体制。信用社出纳、会计分设,实行钱账分管,严格复核制,财务管理逐步规范,制度进一步健全。

1962年12月,人行自治区分行颁发《信用合作社会计制度(修正稿)》,该制度为新疆信用社建社以来,专门为信用社会计制定的第一个制度。规定会计科目分为负债类、资产类、损益类、资产负债类;账簿分为现金出纳账、分户账和总账;报表分为日计表、决算表。存款业务处理手续中活期存款处理手续有开户、续存、支取、销户;定期存款处理手续有开户、到期支取、提前支取。放款业务处理手续分放出手续和收回手续。同时,对利息计算、年终决算、记账的一般规则、结账冲正、凭证账簿的装订、会计人员交接手续等做出规定。

1966年1月17日,人民银行制定《关于农业贷款会计核算工作的几项规定》。内容有农贷核算的凭证、账页格式、信用社贷款业务的备用金、计算利息的方法等。9月1日,县域信用社执行修改后的收付记账法。

1967年6月21日,人行自治区分下发《社队财务管理制度和建立社队会计辅导网的几项决定》。

1974年2月,县域各信用社对资金管理、财产管理、费用管理、信用社干部福利待遇、年终决算和盈亏处理及移交事项等均按人行自治区分行印发《新疆维吾尔自治区农牧区信用社财务管理制度(试行草案)》执行。

1975年初,县域金融系统贯彻执行国务院提出的《财政金融十条》。

1977年8月,国务院印发《关于现金管理的决定》,对货币的发行、现金的库存、单位间经济往来、外地采购所需资金的结算、人民公社生产队办企业的现金管理做出具体规定。11月28日,国务院下发《关于实行现金管理的决定》,实行现金管理范围:国有企业、事业、机关、团体、部队、学校、集体经济单位所有现金,除核定现金库存限额外,其余必须存入当地人行(无银行机构的地方,授权信用社办理)。

1978年6月7日,人行自治区分行转发人民银行《关于农村金融机构的几点意见》,规定信用社和所社合一机构在办理银行业务和信用社业务时发生业务收支应分别银行和信用社各项业务支出和各项业务收入科目记账。

1980年9月27日,国务院《现金管理暂行条例》及《实施细则》出台。11月12日,中国农业银行颁发关于《信用合作社统一会计科目与会计报表》的通知,要求各地信用社自1981年起实施。

1984年2月29日,农行县支行会计股制定《联行核算财务收支及费用管理、内部资金管理规定》。规定内容:1.联行业务。规定营业所、信用社无权办理省辖联行业务;县辖汇款必须填明收款单位、开户银行;联行专用凭证要填写齐全,字迹清楚,涂改无效;联行传递必须使用专用信封,自带信封要封口盖章、填明期限和收件行名;严格执行收发登记制度。2.农贷业务。规定各项农贷科目必须准确使用、归类装订和保管;农贷借据为明细账卡片,不能代替明细账,更不能汇总代总账;贷款借据必须填写齐全,否则会计人员有拒绝进账的权利;归还农贷要详细填写还款记录,农贷还清要按程序将借据注销。3.关于财务收支和费用管理及内部资金核算。规定要准确计算各项财务收支,尤其各项利息收支,银行、信用社分别核算的须分清;为现金调拨人员支出的差旅费,在运钞费用中支出,不能占用其他费用;公用费用仍执行包干办法,不得超支及超出范围;低值高耗品购置和房屋修缮费严格审批手续;暂收、暂付款科目除出纳长、短款、出售空白凭证和包干费用外,不可随意使用,不须借支和白条抵库;必须按季计算公存账户和供销社贷款利息;每季要将财务收支、已使用包干费用发票上划支行。要加强日计表、月计表、会计档案的上报与管理。

1985年4月24日,农业银行下发贯彻《中华人民共和国会计法》中有关会计人员任免规定的通知。规定自5月1日起,会计人员任免须经过上级主管单位同意。

1986年8月1日,农业银行总行下发《农村信用合作社财务会计基本制度的通知》。

1987年4月1日,中国人民银行颁发《全国银行统一会计基本制度(试行)本》。农业银行依据《全国银行统一会计基本制度(试行)本》规定,结合系统实际,制定农行系统《会计基本制度》,信用社共同执行。6月13日,农行自治区分行下发《关于贯彻农村信用社财务会计基本制度的补充规定》。补充规定内容:1.农村信用社财务会计工作,实行统一领导、分级管理的原则,制度管理权集中在总行和分行。2.信用社实行经济责任制,各级行(信用社)考核信用社经济责任制必须以六项经济指标为依据。即各项存款增长率、股金增长率、到逾期贷款收回率、资金周转率、资金损失率、损益指标。3.县支行(或县联社)应对信用社的经营思想,贯彻方针政策、遵守规章制度和财经纪律、改善服务等方面做出具体条文规定,纳入六项经济指标考核、计奖罚分,遵守者不加分,违犯者扣分。4.信用社实行工资浮动责任制,完成指标的拿回浮动工资,完不成按比例扣减。5.信用社计算奖金额总行规定3种方法,新疆维吾尔自治区区统一实行第1种方法。奖金发放要与六项经济指标得分多少,同增同减。6.信用社利息收付实行应收、应付制。7.信用社因业务需要增加固定财产,应于每年3月底前编造计划,一般计划购置金额不得超过公积金可用余额的半数加折旧基金余额总和。千元以内、千元以上万元以下、五万元以上,分别由信用社理事会批准、县支行审批、中支审批、分行审批。8.财产、资金多缺处理权限。1000元以下县支行(联社)审批,1000~5000元上报地州中心支行审批,5000元以上报分行审批,并由分行转总行备案。9.暂付款项管理。一切暂付款制度要经过审批。10.不论盈亏社,应从各项费用和业务支出中提取呆账准备金、固定资产折旧基金、职工福利费、职工资金、储蓄业务宣传费、上缴管理费、统筹职工退休专用基金和费用。11.信用社纯益分配。公积金一般不少于百分之十五、社员分红基金、职工奖励基金、上缴合用发展基金、社员公益金、职工福利基金。12.补充规定自1987年1月1日起实行。

1988年9月23日,中国人民银行印发《现金管理暂行条例实施细则》。1992年1月6日,国家税务局和中国农业银行联合颁发《农村信用社财务管理试行办法》的通知,对加强信用社财务管理、经济核算、提高经营管理水平起积极作用。办法自 1992 年 1 月 1 日执行。

1993 年 7 月 1 日,财政部发布实施《企业会计准则》《企业财务通则》《金融企业会计制度》,规定:统一核算模式,统一实行借贷记账法,统一权责发生制为核算基础。改革会计核算平衡关系,以"资产 ＝负债＋所有者权益"为会计恒等式;改革按资金性质、经济成分、领导关系设置适用计划经济体制会计科目,启用按《金融企业会计制度》基本要求及商业银行特点设置会计科目;改革报表体系;改革资金收付记账法,恢复借贷记账法(1994 年 1 月 1 日起执行);改革和建立资本金制度;改革调整成本、费用管理范围;改革和明确企业结算规定;改革会计记账基础,以权责发生制为原则;改革成本核算和利润分配制度,取消专用基金科目;改革信用社内部经营目标责任制考核指标体系。

1995 年 6 月 12 日,农行自治区分行下发《关于财务管理考核指标的通知》,明确核定指标原则、内容、有关利率增长、减亏率、利息收回率、催收贷款及逾期贷款收回率、各项存款增长率、综合费用率等计算公式。

1996 年 12 月 19 日,国务院农村金融体制改革部际协调小组办公室下发《关于印发农村信用社特约汇总往来业务试行办法、核算手续及有关管理规定的通知》,要求农村信用社特约汇兑往来试行办法、核算手续及有关规定,自 1997 年 1 月 1 日起实行。

1998 年 3 月 5 日,人民银行农村合作金融管理局下发《关于进一步加强农村信用社会计管理的若干规定》。1. 全面实行会计工作内勤主任负责制(独立核算的没内勤主任,不独立核算的分行、储蓄所指定会计主管人员)。在主任领导下,实行岗位责任制。2. 财会工作必须实行统一管理。信用社系统会计核算业务,必须接受和服从同级和上级会计部门管理、指导、检查和监督。3. 各级会计人员要忠于职守。严格执行《会计法》和信用社各项财会制度;严禁设置账外账、篡改数据、截留利润或虚报盈亏;违者视情节给予惩戒。4. 严格执行会计业务操作规程。会计凭证、账务核算、错账冲正和大额支付等重要会计事项,严格按有关规定操作、处理和核准。5. 微机处理会计业务必须制定和执行严密的管理规定和操作规程;与信用社会计业务有关软件必须由会计部门提出需求,经会计部门测试认可后方可使用;操作人员必须严格按规定权限进行操作,严格保密,微机处理业务严格实行数据备份、专人负责、异地妥善保管。6. 全面实行岗位责任制和重要人员定期轮换制。信用社要严格按制度规定的岗位设置要求,配备足够的会计人员,并按相互制约原则,明确权限和岗位责任制;年终对履职情况严格奖惩;对会计岗位人员,实行定期轮换制度。7. 严格有价单证、重要空白凭证和其他会计账表凭证管理。对有价单证和重要空白凭证出入库、保管、使用作废、销毁必须按制度规定办理;对信用社统一格式账表凭证印制要严格购销手续。8. 全面实行会计业务事后监督和检查制度,定时与不定时抽查,发现问题及时纠正;县联合社会计部门每年至少进行 1 次会计制度执行情况检查。9. 加强会计人员培训。要采取多种形式对会计人员进行政治思想、职业道德、法规制度、业务知识、操作技能和计算机知识教育培训。10. 切实实行会计工作奖惩制。对在会计工作中成绩显著、安全无事故、及时堵漏洞、避风险和案件发生揭发违法犯罪有功人员进行表彰奖励;对不执行会计制度,发生违纪违规违法犯罪有关人员追究责任,同时追究会计主管、内勤主任和主任的责任。3 月 8 日,县联社转发《关于对农村信用社会计报表有关事宜的通知》的通知。通知要求:1. 农村信用社财务收支项目电报表,根据地区分行农金科要求按季上报,并要求建立农村信用社财务收支项目电报表分析制度。2. 要正确地反映会计报表中的贷款形态及时调整贷款科目,贷款到期半年以上(含展期)要调整为逾期贷款;贷款逾期三年要转呆滞贷款;宣告破产、死亡、失踪、重大自然灾害、意外事故巨大而且不能获得保险补偿、确定无力偿还的借款,要转为呆账借款。3.会计部门调整贷款形态时,要通过借贷发生额进行调整(不须有红字冲账)逾期呆滞、呆账字,应在原借款合同上加盖逾期贷款、呆滞贷款、呆账贷款戳记。6月22日,人民银行转发财政部《关于修改金融机构应收利息核算年限及呆账准备金提取办法的通知》,县联社参照执行。11月9日,中国人民银行重新修订《农村信用合作社会计基本制度》和制定《农村信用合作社出纳制度》。新制度自1999年1月1日起实施,同时1986年颁发的《农村信用合作社会计基本制度》作废。《农村信用合作社会计基本制度》规定:会计核算遵循真实性、及时性、谨慎性原则和各项财产按取得时实际成本计价的原则。将会计科目按照资金性质、业务特点、经营管理和核算要求设置,划分为表内科目和表外科目。表外科目分为资产类、负债类、资产负债共同类、所有者权益类和损益类,各科目按分类编制科目代号;表外科目用于业务不能发生,尚未涉及资金增减变化以及单证、重要空白凭证和实物管理等业务事项的核算。记账规则中,发现传票内容有错误或遗漏不全,应更正补充后再行记账,未发现凭证内容不全或有错时,应交由制票人更正、补充或更换,并加盖名章后,再行记账。账务核对由每日核对、定期核对增加一项不定期核对。决算报表中增加了资产负债表、利润分配表。印章的种类增加联行专用章、汇票专用章和受理凭证专用章。增加信用社网点的会计工作和会计电算化管理。永久保管的档案,增加房屋购建契据(包括土地证、基建批准书、竣工报告、购建房契约、征税收据和公证书等)。保管期五年的增加调整信用站的交账清单和信用社本身及汇总分社、储蓄所日报旬报表。将保密制度由职责范围调整到权限范围。增加会计人员配备两项内容,根据会计工作需要配足会计人员,指定会计主管人员;会计人员任用坚持回避制度(需要回避直接亲属:夫妻关系、直系血亲关系、三代以内旁系血亲以及配偶亲属关系)。增加岗位培训、岗位考核、岗位转换等会计培训内容。会计人员的交接增加实行会计电算化的单位从事该项工作的移交人员,应在移交清册中列明会计软件及密码、会计软件数据磁盘(磁带)及有关资料、实物等和短期离岗的交接;会计人员、会计主管和内勤主任短期离岗,必须有人代理其工作,建立会计人员短期代理交接登记簿,登记备查。交接时双方要认真核对有关账项并签章证明外,对待办事项、遗留问题均应交代清楚。会计人员短期代理交接登记簿,每年年终应由会计部门归档保管。

1999年1月,人民银行总行颁布《农村信用合作社基本制度》和《农村信用合作社出纳制度》。7月20日,按照人行县县支行文件精神,联合社对自成立以来制定的各项规章制度进行清理。废除不规范制度6项,继续沿用的22项。对不规范制度,重新修订和健全。

2001年3月9日,县联合社制定《财务管理暂行办法》。2002年11月12日,人民银行下发《关于农村信用社应收利息核算期限等若干会计财务问题的通知》,县联合社遵照执行。

2003年1月1日,《银行会计基本规范指导意见》开始实施,1987年制定的《全国银行统一会计基本制度》同时废止。3月1日,县联合社制定《哈巴河县农村信用社会计制度考核办法》,激励会计人员学习会计知识,提高对会计工作认识,强化会计职业道德教育,推动会计工作高效、规范、廉洁运行。

2007年2月2日,自治区联社下发《关于印发新疆维吾尔自治区农村信用合作社财务管理制度的通知》。9月,中国银监会下发《关于银行业金融机构全面执行〈企业会计准则〉的通知》。要求农村商业银行、农村合作银行、农村信用社、城市信用社三类新型农村金融机构等,自2009年起按照新会计准则编制财务报告。

2009年8月,自治区联社下发《会计业务操作流程》第二册。9月4日,中国银监会办公厅下发《关于加强农村合作金融机构结算账户管理的通知》。县联社根据通知要求,认真贯彻执行。

2011年2月26日,自治区联社下发《关于新会计准则暨财务管理系统有关事项的通知》。

二、账务设置

自 1955 年县域信用社建立至 1986 年。各信用社账务设置较为简单,设总户账、分户账、现金账、贷款借据代替分户账,定期储蓄第三联代替定期储蓄分户账,登记簿设出纳差错等少量登记簿。1986 年,农业银行制定《农村信用社会计基本制度》后,账务设置逐步走向规范。

1955 年 3 月,县第一家信用合作社阿不列兹克农村信用合作社成立,采用借贷记账法,设置全国统一的会计科目。

1959 年 5 月 23 日,人行自治区分行下发《关于农村公社信用部的会计科目的通知》,县域各公社信用部的有关会计科目做出调整:取消农业生产合作社存款(116)、农业生产合作社放款(118)、牧业生产合作放款(138)、渔业生产合作社放款(139)、农业社社员放款(126)、信用合作社往来(217)、信用合作社放款(218)等科目。新增公社存款(112)、公社农业放款(113)、公社企业存款(120)、公社工业放款(121)、公社商业放款(123)、公社社员放款(127)、公社信用分部存款(130)、公社信用部放款(131)等科目。新增科目排在农业存放款类(415)公私合营牧场等科目后,按次序排列,将原 125 贫农合作基金放款科目(127)插入公社社员放款科目前;办理其他业务使用人民银行和人行自治区分行统一规定的其他有关科目。信用部使用的科目:资产类 5 个、负债类 9 个,损益类 6 个。

1960 年 3 月 4 日,人行自治区分行转发人民银行《关于修改农村会计科目的通知》。县域各公社根据通知要求,转存款调剂的放款及四化储蓄专用放款均不单独反映在银行的资金平衡表上。取消用信用分部转存款调剂的放款(135)科目,该项调剂列在公社信用分部存款(130)科目下,设立用转存款调剂的放款专户处理,由公社信用部在信用分部转存款的规定比例内掌握贷放。

1964 年 11 月,哈巴河县农村信用合作社贯彻执行农行自治区分行转发总行《关于保存清理农村四项欠款的账册、单据的补充规定的通知》。

1973 年起,县域各公社信用社修订业务状况表科目及排序,将存、贷类科目排序分离,真实、完整反映各项存、贷款款项。

1977 年 10 月,人民银行出台《账户管理办法》。从基本规定、账户设置、申请开户手续和账户名称、账户的名称变更、合并迁移与撤销、账户的使用与管理等方面提出基本要求。11 月 9 日,人行自治区分行下发《关于办理一九七七年决算的通知》。调整会计科目,增设社队企业生产设备贷款(21)科目,撤销中央基本建设支出(71)科目,代理中央基建存款(132)科目改名为代理基建存款(132)科目。在 132 科目改名的同时,撤销代理地方基建存款(133)和代理其他基建存款(134)2 个科目。

1979 年开始,县域信用社执行银行统一会计核算法,采用资金收付记账法。资金来源类使用 15 个科目,资金运用类使用 10 个科目,资金往来类使用 1 个科目,资金损益费使用 6 个科目,共 32 个科目。

1981 年,农行自治区分行颁发《信用合作社统一会计科目与会计报表》。县域信用社使用新会计科目及会计报表,使各项报表趋于规范、资金来源和运用真实、有效。

1983 年,农业银行下发关于修订信用社科目及调整盈亏和办理 1983 年决算等问题的通知。修订科目 6 类 57 个,比原科目新增 6 个,其中新增科目 20 个,取消旧科目 14 个。

1986 年 8 月,县域信用社开始执行农业银行《农村信用合作社会计基本制度》,调整统一会计科目。资产类科目 28 个,负债类科目 30 个,损益类科目 4 个,共 62 个会计科目。

1987 年 11 月 8 日,农行自治区分行转发农业银行《关于调整信用社部分会计科目的通知》的通知。通知要求,取消科目余额,1987 年决算后,一律通过新旧科目结转对照表办理余额转账,并汇总上报。新增会计科目自1988年1月1日起执行。

1990年底,县域信用社会计科目增加至89个,其中全国统一的农村信用社会计科目82个。

1992年11月10日,农行自治区分行体改办转发《中国农业银行信贷资产监测考核表、会计科目归属说明的通知》。通知要求,自1993年1月1日起对农业贷款、工业贷款、商业贷款、信托贷款、其他贷款等考核表科目做归属说明。

1993年,县联合社增设合同制职工养老金二级专用(0741)科目。该科目为收方余额,属县联合社专用科目,排列在专用基金(074)科目之后。11月15日,农行自治区分行下发《关于做好1993年度农村信用社决算工作的通知》,通知要求,增设向分行上存统筹款(0671)科目,核算信用社、联合社向分行上存统筹款,该科目为付方余额,1993年10月1日启用,通过传票输入;1994年1月1日起一律使用全国信用社新的会计科目及本区新增设会计科目;信用社自1994年1月1起执行新的财务制度,1993年会计决算中有关财务问题仍按自治区税务局、农行联合下发的新税四字(1992)023号执行。

1994年1月1日,县联合社改为采用复式借贷记账法处理账务。资产类科目38个,负债类科目27个,所有者权益类科目5个,损益类科目13个,表内科目83个,表外科目6个。8月12日,农行自治区分行转发农业银行关于《农村信用社财会制度有关事项的补充规定的通知》。通知规定:因微机对5位代码不能输入,对自治区增设的6个科目代号做出更改,原科目名称核算内容排列不变。向分行上存统筹款科目代号1211改为6211.2,向县联社入股股金科目代号14211改为6421.3,保值定期储蓄存款科目代号21511改为7151.4,合同职工养老金科目代号26211改为7621,信用社入股股金科目代号30112改为8012,股金科目代号3011改为8011。

1996年11月4日,国务院农村金融体制改革部际协调领导小组办公室下发《1996年度农村信用社会计决算工作意见》的通知,调整会计科目。增设缴存中央银行存款准备金(1112)科目、信用社上存联社款(2323)科目、特约汇兑往来(4651)科目,取消缴存存款准备金(1122)科目。在营业费用(5321)科目中增设住房补贴账户,用于核算按有关房改政策规定在成本中列支的各项住房补贴支出;在存放联社款项(1124)科目中增设存款准备金、备付金和一般转存3个账户,分别核算3项资金增减。11月19日,国务院农村金融体制改革部协调小组办公室下发《关于调整农村信用社部分会计科目的通知》。增加资产类科目6个,负债类科目1个,将催收贷款3个科目1274、1275、1276改为呆滞贷款科目1274、1275、1276。

1997年根据新银会〔1997〕24号文精神,自6月1日起,县联合社开办特约联行业务,执行调整后的省辖联行往来会计科目及有关文件精神。

1998年12月23日,人行阿勒泰地区分行、阿勒泰地区国家税务局转发人行乌鲁木齐中心支行、自治区国家税务局《关于1998年度农村信用社会计决算工作意见的通知》,调整会计科目。新增设待处理抵债资产损益(1292)、待结算财政款项(2013)、地方财政库款(2014)、财政预算外存款(2015)、质押农户贷款(1255)、质押农业经济组织贷款(1256)、质押农村工商业贷款(1257)、质押其他贷款(1258)等会计科目。取消准备金存款(1112)、存放农业银行约期存款(1122)、保值定期储蓄存款(2152)等会计科目核算。在利息收入(5011)科目下增设抵贷资产利息收入账户,取消金融机构往来收入(5021)科目下的存入中央银行利息收入和缴存准备金利息收入账户。在金融机构往来收入(5021)科目下增设准备金存款利息收入账户,取消手续费支出(5311)科目下的代办放款手续费账户。在手续费支出(5311)科目下增设代办收贷手续费支出账户,取消利息支出(5211)科目下的保值定期贴息支出账户。

1999 年 1 月 1 日,县联合社会计科目中,资产类科目 56 个,负债类科目 33 个,资产负债共同类科目 9 个,所有者权益类科目 6 个,损益类科目 15 个;表内科目共 119 个,表外科目 9 个。

1999 年 11 月 14 日,人行乌鲁木齐中心支行、自治区国家税务局下发《关于做好 1999 年度农村信用社会计决算工作的通知》,对部分科目、账户进行调整。取消省辖往来科目、特约汇兑往来科目、上年特约联行往账、上年特约联行来账、特约联行汇差、汇差资金划拨,增设汇总汇差、应缴代口利息税、省辖往账、省辖来账、上年省辖往账、上年省辖来账省辖汇差资金划拨、省辖汇兑汇差科目。联行往账科目更改为特约汇兑往账科目,联行来账科目更改为特约汇兑来账科目,上年联行往来往账科目更名为上年汇兑往账科目,上年联行来账科目更名为上年汇兑来账科目。12 月,年终决算报表中新科目余额表增设借入支农再贷款一级会计科目。在汇出汇款(2441)科目下增设自带凭证账户,在存放联社款项(1124)科目下增设上存清算资金账户,在信用社上存联社款项(2323)科目下增设汇差清算资金账户。

2000 年 12 月 25 日,人行阿勒泰中心支行、阿勒泰地区国家税务局下发《关于做好 2000 年度农村信用社会计决算工作的通知》,对会计科目和账户做出调整。待处理抵债资产损益(1292)科目中的数字须按照国税发〔2000〕101 号文件的规定在年度中间进行结转,年末余额为零。增设农户小额信用贷款(1246)、农户联保贷款(1247)、助学贷款(1248)、逾期农户小额信用贷款(1266)、逾期农户联保贷款(1267)、逾期助学贷款(1268)、呆滞农户小额信用贷款(1276)、呆滞农户联保贷款(1277)、呆滞助学贷款(1278)、呆账农户小额信用贷款(1286)、呆账农户联保贷款(1287)、呆账助学贷款(1288)、待处理抵债资产损失(1293)、广告费结转(1623)、借入支农再贷款(2313)等会计科目中的表内科目和已核销坏账损失表外(110)科目。原待处理抵贷资产(1290)科目名称改为待处理抵债资产(1290)。短期农户贷款(1231)、中长期农户贷款(1241)、逾期农户贷款(1261)、呆滞农户贷款(1271)、呆账农户贷款(1281)、借入中央银行款项(2312)等科目代号及科目名称不变。利息收入(5011)科目下增设贴现利息收入账户,营业费用(5321)科目下增设广告费账户,投资收益(5141)科目下增设其他投资收入账户,营业外收入(5151)科目下增设租赁收入账户,营业费用(5321)科目下增设会费账户。利息收入(5011)科目下取消抵贷资产利息收入账户,其他营业收入(5121)科目下取消租赁收入账户,投资收益(5141)科目下取消股票利息收入账户。5121 科目下外汇买卖收益账户更改为汇兑收益,5231 科目下电子设备购置运转费账户更改为电子设备运转费,住房补贴账户更改为住房公积金,5341 科目下外汇买卖损失账户更改为汇兑损失,5311 科目下代办收款手续费支出账户更改为代办收贷手续费支出。5321 科目下待业保险金账户更改为失业保险金,董事会费账户更改为理事会费。年末,联合社会计科目中资产类科目 57 个,负债类科目 36 个,资产负债共同科目 14 个,所有者权益类科目 7 个,损益类科目 15 个;表内科目 128 个,表外科目 10 个。

2001 年 1 月 1 日,县联合社启用借入支农再贷款一级会计科目。9 月 14 日,人行乌鲁木齐中心支行、自治区国家税务局转发人民银行、国家税务总局《关于调整农村信用社应收利息核算办法的通知》。通知要求,在应收利息(1321)科目下增设待核销应收利息(6321)二级科目。12 月 4 日,县联合社会计科目进行调整,取消县辖往来项目(4631),增设县辖往来账(4631)、县辖来账(4632)、上年县辖往账(4635)、上年县辖来账(4636)、县辖汇总汇差(4639)等科目。增设临时工工资账户。对人民银行增设的股金科目(3021),已设股金科目(30111 已改为 8011)科目,不做账务转销,将 8011 科目代号改为 3012 科目。在负债类增设管理部门统筹资金科目,在资产类中增设催收农业贷款、催收乡镇企业贷款、催收其他贷款 3 个科目。增设股金科目用于核算信用社吸收的股金,原在实收资金科目核算的股金可通过发生额转入本科目。在利润分配科目下增设提取劳动分红账户。原借入银行款科目代号改为2311,排列在2321同业存放款科目前。

2002年1月后,根据人民银行〔2002〕370号文件精神,信用社对会计业务实行统一管理、指导,监督和检查。县联合社会计科目按资金性质、业务特点、经营管理和核算要求设置,分为资产类、负债类、资产负债共同类、所有者权益类、损益类及表外科目;会计凭证分为原始凭证和记账凭证,账簿分为基本账簿和辅助账簿。基本账簿包括流水账、分户账、总账;辅助账簿包括登记簿、余额表;会计报表包括资产负债表、利润表、利润分配表、现金流量表、业务状况报告表、其他会计报表。年末,联合社会计科目中资产类科目69个,负债类科目35个,资产负债共同科目16个,所有者权益类科目6个,损益类科目15个;表内科目共141个,表外类科目9个。

2003年11月11日,县联合社根据新疆银监局、自治区国家税务局、人行乌鲁木齐中心支行下发的《关于做好2003年度新疆农村信用社年终决算的通知》精神,增设专项央行票据科目、央行专项扶持资金科目、转贴现科目、应收转贴现款项科目、央行拨付专项票据资金过渡性科目、借记卡、贷记卡2个二级科目。增设转贴现利息收入账户、专项央行票据利息收入账户、汇票保证金利息支出账户、已置换不良资产账户。调整应收再贴现款项科目,取消住房周转金科目。

2005年12月29日,县联合社根据新疆银监局、自治区税务局转发中国银监会、国家税务局《关于农村信用合作社2005年度会议决算工作指导意见》的通知精神,对部分会计科目进行调整。存放农业银行款项科目余额转至存放其他同业款项科目;股本金科目将科目余额转到实收资本(股本)科目;新疆、青海两省份实收资本科目中的余额暂结转到一般准备科目核算。取消利息支出科目下的股本金利息支出账户、金融机构往来收入科目下的存入农业银行款利息收入账户、营业费用科目下的会费账户。增设信用卡透支科目、教育储蓄存款科目、代转资产价值科目、递延税款科目、一般准备科目。金融机构往来收入科目下增设存放同业款项利息收入账户,手续费用科目下增设结算手续费支出账户,营业费用科目下增设车船使用费账户。

2007年12月12日,自治区信用联社《关于发放农村小额信用贷款协管员奖励款项有关财务核算问题的通知》。通知要求,信用社填制发放清单,经县(市)联社信贷财会部门按照相关财务事项审批程序核准后据实列支;协管员在奖励款项发放清单上签收确认,签订的贷款管理协议书做传票附件;奖励款项在手续费支出(5311)代办收贷手续费支出中核算。年末,联社会计科目中资产类科目82个,负债类科目49个,资产负债共同类科目16个,所有者权益类科目6个,或有资产负债类科目2个,损益类科目15个;表内科目170个,表外科目15个。

2010年末,联社会计科目中资产类科目84个,负债类科目45个,资产负债类共同科目16个,所有者权益类科目6个,或有资产负债类科目2个,损益类科目15个;表内科目168个,表外科目16个。

2011年6月,实行新会计准则。联社会计科目中资产类科目55个,负债类科目40个,资产负债类共同科目24个,所有权益类科目7个,损益类科目144个;表内科目168个,表外科目26个。

三、记账方法

记账法主要分为单式记账法和复式记账法。信用社在业务操作及登记账簿时,多种方法并用,即单式记账法、收付记账法、复式记账法和借贷记账法并用。日常业务中以复式记账法为主要记账方法,形式分为收付记账法和借贷记账法。

收付记账法以"收""付"作为记账符号,"有收必有付,有付必有收,收付必相等"。数额增加记

"收"方,数额减少记"付"方,余额在"收"方。该记账方法执行先收后付,没有透支,无须平衡。记账公式:上日收入余额 + 本日收入 − 本日付出 = 本日收入余额;上日付出余额 + 本日付出 − 本日收入 = 本日付出余额。余额平衡公式:各科目收入余额合计 − 各科目付出余额合计 = 本日现金库存。

借贷记账法是以"借""贷"为记账符号,对每项经济业务都以相等的金额在两个或两个以上有关账户进行记录的一种复式记账法。数额增加记"借"方,数额减少记"贷"方,余额在"借"方;对负债、权益、收入类账户,数额增加记"贷"方,数额减少记"借"方,余额在"贷"方。借贷记账法以有借必有贷、借贷必相等作为记账规则,即对每一笔经济业务,不论是资产类项目之间的此增彼减,还是负债类项目之间的此增彼减;不论是资产类项目和负债类项目之间的同时增加,还是资产项目和负债类项目之间的同时减少,都一律采用有借必有贷,借贷必相等的记账规则,以相等的金额,借贷相反的方向,在两个或两个以上相互联系的账户中进行连续、分类登记。所有账户的左方定为"借"方,右方定为"贷"方,并用一方登记增加数,一方登记减少数。其中,资产类、成本类和损益支出类账户用借方登记增加数,贷方登记减少数,期末余额在借方;负债类、所有者权益类和损益收入类账户用贷方登记增加数,借方登记减少数,期末余额在贷方。

1955 年 3 月,县域成立信用合作社后,采用借贷记账法。主要学习苏联银行会计记账法,以会计科目为记账主体。

1966 年 9 月 1 日,县域信用合作社废除借贷记账法,改为以现金为主的收付记账法。每笔经济业务,或者转账业务,同时记收、付 2 个或 2 个以上的账户,收付双方金额必须相等。

1972 年,又改为以资金为主的资金收付记账法。

1992 年 5 月 25 日,中国农业银行下发《关于农村信用社恢复借贷记账法有关问题的通知》。通知规定,自 1994 年 1 月 1 日起农村信用社恢复借贷记账法。1994 年 1 月 1 日,县域信用社恢复借贷记账法。

1997 年之前,县域信用社记账均采取手工记账方式,双人临柜,一人记账,一人复核,保证账实相符。1998 年后,县域信用社逐步实行计算机账务处理(会计电算化),采取电子记账,设会计主管、记账员、复核员,记账更规范化,制度化。

四、印章和密押管理

（一）印章管理

信用社会计专用印章是会计、个人金融、银行卡等业务部门办理会计核算过程中,在票据、凭证、报表、函件、证实书等凭据上加盖的印章,是信用社对内、对外发生权责关系,具有法律效力的重要依据。

1986 年,县域农村信用社的印章管理执行《农村信用合作社会计基本制度》规定。1. 各种印章实行专人使用、专人保管、专人负责的办法,使用前领用人员在"业务印章使用保管登记簿"上预留印模,注明启用期并签章,人员调换时必须办理交接手续。2. 各种会计专用印章,严格按照规定范围使用,坚持印、押分管。业务印章使用人员临时离开时,人离章收,不得违规和擅自授予他人使用。各种业务印章在未启用或停用待上缴销毁期间,加封由主任或指定专人妥善保管。3. 各种专用印章停止使用时,在"业务专用印章使用保管登记簿"上注明停止使用日期和原因。县联行专用印章和汇票专用章(钢印)停止使用后,逐数上交颁发部门统一销毁。4. 会计专用印章使用保管登记簿由会计主管保管。

1989 年,县联合社成立后,使用的印章有业务公章、存折(单)专用章、业务办讫章、结算专用章、资金调拨专用章、财务专用章、贷款合同专用章、操作员私章等。

1999 年,人民银行下发《农村信用合作社会计基本制度》,规定信用社印章种类和使用范围。社名业务章用于对外签发的重要单证,如存单、存折、收据等;现金收讫章用于现金收入凭证及现金缴款回单;现金付讫章用于各种现金付出凭证;转讫章用于转账凭证、回单、收付账通知等;结算专用章用于签发结算凭证以及结算款项的查询、查复等;联行专用章用于签发联行业务往来凭证、往来报告表、信汇凭证、联行业务的查询查复等;汇票专用章(钢印)用于信用社对外签发或代理签发的银行汇票;受理凭证专用章用于信用社受理客户提高而尚未进行转账处理的各种凭证的回执;个人名章用于已经办理和记载的各种单证、凭证、账簿和报表等,信用社对会计专用印章的设计和刻制实行分级管理。联行专用章和汇票专用章(钢印)由联社业务开办单位或授权代理单位负责设计、刻制和下发,其他会计专用印章由省级农金管理部门统一设计和管理。对印章保管和使用执行现有的制度和办法。

2007年4月14日,自治区联社办公室下发《关于规范电子印章管理和使用的通知》。通知要求:电子印章的保管视同实物印章,应由同一人保管;电子印章存放在计算机中,要注意计算机登记密码和电子印章使用密码的保密工作,应将密码设置6位同时有数字和字母的密码,并及时进行更换,以保障用户名及密码安全;自治区联社办公室下发启用电子印章通知后,各县(市)联社统一启用,如有不按通知要求和私自启用的,造成后果自负,并在全辖进行通报批评;在电子印章使用过程中,遇到问题及时与自治区联社科技中心联系;统一法人社后更换印章的联社,要及时将公章印模交自治区联社办公室。

2008年后,县联社严格遵守各项内控制度,严守各项操作规程,重点加强现金、重要空白凭证、印章及其交接管理,明确岗位职责对要害岗位人员实行担保制,必须有2人以上进行担保。会计专用印章由自治区联社统一设计式样和规格,统一规定印章的字体、质地和统一刻制。各类会计业务印章的保管人,应由会计负责人或会计主管指定,对业务公章、存单(折)专用章、业务办讫章、结算专用章、汇票专用章、受理凭证专用章六类印章移交,必须登记《业务印章保管(移交)登记簿》。各类会计业务印章在位启用或停用待上交销毁期间,必须加封,指定专人妥善保管。

(二)密押管理

信用社密押器是针对资金汇兑业务而设计的设备,专用于汇兑、票据交换业务编押、核押,是有效保证汇划款项真实、准确的专用设备。信用社使用的密押器由清算中心绑定柜员号和密押编号,一个密押器可绑定多个柜员号,柜员用密押器登录系统,办理业务需授权时,可以选择本地授权或者异地授权,授权柜员使用密押器产生授权编号,方可办理业务。

密押分为系统密押和手工密押两大类。信用社系统密押以全功能银行系统密押为主。全功能银行系统密押指在办理银行汇票业务过程中,使用索押交易,由计算机系统按照规定的计算方法,对票据有关要素进行加密运算得出的一组数据。手工密押分为应急密押和支付结算代理业务密押,各级密押器要经过逐级签发后方可启用。由经办行密押主管负责在密押器上注册、注销密押员卡号、对超过限额的编押业务进行授权、查询历史记录。经办行密押员由两名会计人员组成,负责对业务数据进行编押或核押、对编押或核押业务进行复核、查询历史记录。经办行的密押主管和密押员不得兼管与密押配套使用的印章、重要空白凭证。

1986年,县域农村信用社的密押使用和管理执行《农村信用合作社会计基本制度》规定,指定专人保管使用,密押经管人员变动,经过核准后按规定办理交接手续。

1997年,县联合社开通省辖电子汇兑业务,制定和实施密押管理具体办法。1.密押的组成和编制方法,由联合社指定专人办理,密押代号统一下发,其启用、废止、变动均按照通知办理。2.密押由专人保管使用,并设立密押使用保管登记簿详细登记,严密保管,在使用中注意保密,不准抄录副本,不准随意放置。非营业时间,必须入保险柜保管。3.在查询查复工作中,凡涉及密押组成、编制方法的,应以保密文件委派专人处理,不准以普通挂号信或电话查询查复。停用待销毁的密押,指定时间,专人上缴,由主任监督。4.变动密押人员,应经过核准,并按规定办理交接手续。

1999年,人民银行下发《农村信用合作社会计基本制度》,规定联行密押的使用和管理,执行编押机,压数机在营业期间人离入屉加锁,非营业时间入库保管,做到密押机、压数机由专人保管。

1999~2012年,县联社每季度组织相关人员对各网点、各部室的密押管理进行检查,将检查中发现的风险隐患现场排除或限期整改,逐步修订完善密押管理制度,堵塞漏洞。

五、会计凭证

县域信用合作社建社初期,采用复式传票记账制度。1958年,实行"无账会计",以单据代替分户账。1960年,县域信用社使用专用会计凭证,采用同银行一致会计核算方法,运用各种分户账、现金日记账、登记簿(卡)、余额表等进行明细核算,运用总账、科目日结单、日计表等进行综合核算。

1998年后,县域信用社实行计算机储蓄、计算机记账,使用计算机专用定期储蓄存单、活期储蓄存单、定活两便储蓄存单和活期储蓄存折。2010年,县联社启用《2010年版银行票据凭证》。

(一)重要空白凭证管理

县域信用社建社初期,空白凭证的印制没有统一固定格式,对重要凭证管理不够重视。

1964年5月11日,人行自治区分行转发人民银行《关于填写凭证有关问题的说明》,明确各单位从银行提出的凭证,根据填写要求,确定可受理或不可受理。单位提出的凭证须按规定填写,并经复核无误后送出。储蓄存款的存折,其存入、支取余额均以小写金额填写,为防止涂改,应在余额数字前填写人民币符"¥"。

1971年7月22日,自治区革命委员会下发《关于银行、信用社空白凭证下放各中心支行供应的通知》,自1972年起,人行自治区分行供应少部分银行凭证外,大部分银行凭证和信用社凭证由人行各地州中心支行供应;人行自治区分行供应的凭证不再下发到各支行,一律下发至各地州中心支行;各种会计制度未改革前,必须按照原来凭证格式、颜色印刷,不得擅自改变。

1979年2月,国务院批准人民银行授权农业银行管理农村信用社后,对凭证的管理得到重视,重要凭证管理纳入财务管理范畴。信用社逐步建立健全相应的规章制度。

1982年,县域各信用社根据农业银行《关于加强信用站会计工作的通知》要求,加强对信用站会计账务的检查监督,信用站所需账表、单证等空白凭证由各信用社供应。信用站领取存单、存折等重要空白凭证,根据凭证管理的规定办理,严格执行领用登记制度。报账时,将重要凭证使用、作废、结存情况分种类填入报账表,作废凭证附后,便于审查监督。

1997年7月16日,国务院农村金融体制改革部协调小组办公室下发《关于统一农村信用社账表凭证格式的通知》。明确自1997年8月1日起启用新的统一账表凭证,各地现行使用的账表凭证使用至1998年7月1日止;1997年7月1日至1998年7月1日新旧凭证混合试用。通知对新账表凭证使用、账表凭证管理和印制做出具体说明和规定。

1998年10月8日,县联合社组织相关人员对本社及所辖内信用社重要空白凭证的保管使用情况进行清查,增强职工规范使用重要凭证和遵守重要凭证管理制度。

1999年10月1日,县联合社执行人行乌鲁木齐中心支行下发的《新疆农村信用社空白凭证管理办法》。对联合社重要空白凭证存放设施的管理,凭证印制,凭证价格,凭证保管,重要凭证范围,凭证领取、运输、出库、签发、使用,重要空白凭证核算,凭证库核算,凭证管理检查、注销和销毁做出明确规定。

2000年10月25~28日,人行哈巴河县支行对辖内8家信用社重要空白凭证的使用、领用、登记、保管、交换、销号等环节进行检查。检查发现,各信用社普遍存在凭证存放混乱,未对库存空白凭证起止号码进行登记,未按营业单位在柜面使用凭证时逐日销号和登记《重要空白凭证登记簿》的规定;个别社存在1个多月未登记销号和账面重要空白凭证余额与实际不符等现象。联合社针对检查发现的问题,提出整改意见,限期整改。

2002年2月初,人行县支行对县联合社及辖内各信用社重要空白凭证管理情况进行检查。检查发现,联合社票据库房无安装防盗设施;加依勒信用社金库无安装防盗门,营业室双层门严重松动、内层无安装门锁;联合社营业部和库勒拜信用社的重要空白凭证未入库。2月7日,人行县支行下发《关于对哈巴河县农村信用社重要空白凭证检查情况的通报》,对检查发现的问题提出整改意见,要求限期整改。3月19日,经上级批准,县联合社在人行县支行锅炉房监销停用的历年重要空白凭证。其中,转账支票2304张、现金支票1287张、代付报单108张、代收报单141张、借款借据38张、收贷凭证347张、定期存单71张、定活两便存单23张,共4733张。人行县支行监销人员3人,联合社监销人员2人。

2003年10月18日,县联合社对辖内各信用社历年使用的重要空白凭证进行清查,对已经停用的重要空白凭证进行清理回收。清理对象,各信用社在职工作人员及历年退休的干部、职工。清理重点,各信用社凭证柜、办公桌、凭证库房。共清理出人民银行转账支票75份,信用社转账支票45份、现金支票27份、定期储蓄存单5份、放款凭证11份、辖内往来贷方报单103份、辖内往来借方报单126份、定活两便储蓄存单32份(其中6份盖有公章)、活期储蓄存单1395份、贷款还款凭证20份、零存整取存单69份。

2006年2月6日,阿勒泰银监分局同意县联社销毁作废重要空白凭证。10月26日,自治区联社计划财务(会计)部下发《关于加强凭证管理工作的通知》。要求根据新农信联发〔2006〕48号文件授权,切实承担起对所在地区各县(市)联社的各类凭证的调运、保管、供应、检查和监督,确保信用社各项业务的正常开展、重要空白凭证管理系统的正常运行;从2006年11月1日开始,到自治区联社凭证管理办公室领取空白凭证要开据介绍证明,注明要领取重要空白凭证名称、数量并加盖业务名章;各县(市)联社对凭证库房及设施进行一次安全检查,切实做好防盗、防水、防火、防潮、防鼠工作;对重要空白凭证的运输使用全封闭的厢式车辆,使用租用车辆时必须要有两名押运人员负责运送;各县(市)联社对凭证管理工作要安排或指定专人负责,对重要空白凭证管理系统的运行和核算情况进行监督,对凭证管理工作存在的问题和建议及时向凭管办反馈;重要空白凭证管理系统运行后,各县(市)联社之间严禁相互调剂重要空白凭证,特殊情况要书面报告凭证管理办公室同意后在系统中调整后方可调剂使用。

2007年2月8日,自治区联社下发《新疆维吾尔自治区农村信用合作社有价单证及重要空白凭证管理办法》的通知。凭证管理办法分总则、有价单证管理、重要空白凭证的管理、附则4章54条。县联社即日起遵照执行。12月10日,县联社对辖属营业网点的重要空白凭证进行检查和清理。清理出已停用手工活期储蓄存折695份、手工活期储蓄存单700份、手工定期储蓄存单1750份、现金支票253份、转账支票550份、人行支付系统专用凭证96份。当年,联社对清理出的重要空白凭证进行登记造册,报经上级部门批准后,在县审计部门监督下进行销毁。

2008～2012 年,县联社按照自治区联社的要求,对重要空白凭证的调运、领用加强管理,明确责任,严防散失。重要空白凭证入库,凭供货单位发货票或上级重要空白凭证领用(交回)单,对空白凭证清点验收入库,并及时登记。出库凭证,凭上级调拨单或营业机构、业务柜组填制并经会计主管人员签章的《重要空白凭证领用交回单》办理重要空白凭证的出库登记。重要空白凭证出入库应坚持双人办理原则;重要空白凭证保管坚持证印分管、证押分管的原则,不定期进行账实核对,每年年终决算前要对凭证库房进行一次全面清理货存,保证账实相符。在客户领购空白支票或其他重要空白凭证时,应填写《重要空白凭证领用单》,加盖全部预留印鉴,由领用人签字;领购数量每次一般不超过 25份;各营机构在客户领购的重要空白凭证上加填客户账户和付款(社)全称,提醒客户按顺序号使用重要空白凭证。非业务人员不得领用重要空白凭证;严禁将重要空白凭证移作他用;属于信用社签发的重要空白凭证,严禁由客户签发;严禁在重要空白凭证上预先加盖印章。重要空白凭证一律纳入表外科目核算,按凭证种类分明细账户,以假定价格记账,并登记凭证起讫号码;成本假定价格为一份一元,客户销户时,必须将剩余空白支票或其他重要空白凭证全部交回开户信用社登记注销,不得短缺。信用社对交回空白支票和其他重要空白凭证应加盖"作废"戳记,做当日有关科目凭证附件。客户对领购的空白支票和其他重要空白凭证负全部责任,如遗失或未交回而产生的经济损失,由客户自行负责。县联社财务信息部每月 5 日前将营业机构上月领用重要空白凭证种类、数量、起讫号码等情况填制对账单,交营业机构领用人员、会计主管人员核对。营业机构于每月 15 日前将对账单交回县联社财务信息部留存备查。县联社分管会计工作的领导每季度、会计信息部负责人每月、会计主管人每旬,须至少核对一次重要空白凭证使用、结存数量等情况,核对账实,并填写查库记录,在登记簿上签章。对检查中发现的问题,要提出处理意见,由检查人监督整改。在检查中发现账证不符,须追查原因;如发现被盗、丢失,立即向联社领导报告并向当地公安机关报案,追究有关人员责任。

(二)有价单证管理

有价单证指具有面值的特殊凭证,如国库券、金融债券、定额存单等,均应视同现金管理。

县联社有价单证管理贯彻"账证分管"原则,由会计人员管账,网点负责人或事后监督员管证,相互制约,相互核对。购买的各种有价债券、股票等,通过表内有关科目核算,其他未发生资金收付的有价单证和贷款质押的存单及各种债券等,通过表外科目核算。不论表内、表外科目核算的有价单证,建立"有价单证登记簿",按单证种类、票面金额立户,经办人员根据表内、表外科目传票办理收付单证。每日营业终了,会计人员与出纳人员就库存登记簿数量、金额核对相符。

有价单证填错作废,除有特殊规定外,加盖"作废"戳记,单独编制有关表外科目付出传票,以作废单证作附件。作废单证的号码应登记在登记簿上备查。已经兑付收回的有价单证,当时加盖兑付戳记,并及时组织解送和按规定权限办理相关手续。

基层信用社主任或会计主管每月检查 1 至 2 次有价单证库存数量、金额,核对账实相符,并登记查库登记簿以备查考。注销和兑付有价单证加盖"注销"或"付讫"戳记,上缴时双人签封,办妥交接手续。放款质押的存单和各种债券视同重要凭证建账建卡纳入表外科目核算,信用社会计和信贷员同时建立登记簿,及时登记和注销,在贷款还清之前,任何人不得随意将抵押的存单和各种有价单证抽出或退还客户,将按违规操作承担全部责任。

六、会计核算改革

1959 年 2 月 28 日,人行自治区分行根据中央的指示精神,提出:人民公社的资金基本实行"两放、三流、一包"管理办法,银行对信用社的资金管理采取"存贷相抵,差额包干,半年一算,基本不变"的方法,信用社的人权、财权、资金使用权由人民公社管理,盈亏由人民公社统一核算。同年,自治区分行制定"人民公社信用部会计核算工作有关规定(草案)及人行营业所和信用社(部)合并为人民公社金融科交接有关手续的规定"。

1960 年 1 月 15 日,人行自治区分行转发人民银行《关于信用分部共同积累提取问题的批复》。文件指出:信用分部是公社、大队的组成部分。盈亏由公社、大队统一核算,生产大队动用信用分部共同积累,由公社党委研究决定。

1964 年起,信用社的合理亏损资金由人民银行列入各项业务支出补贴。

1968 年 1 月 17 日,人民银行制定《关于农业贷款会计核算工作的几项规定》。

1972 年,县域信用社执行中国人民银行《会计基本制度》规定,会计核算必须经过复核,账务必须做到当时记账、当日结账、日清日结,达到账账、账款、账据、账实、内外账相符。

1979 年 1 月 19 日,人民银行下发《关于信用社实行经济核算的规定》。自 1980 年起,信用社比照银行有关规定实行经济核算。同年,人民银行制定《财务管理制度》和《经济核算试行办法》,规定考核资金、质量、成本和利润 4 项经济指标。实行统一领导,分级管理,独立核算,各计盈亏的财务管理体制,公用经费包干,超支不补,结余留用。

1980 年 1 月 1 日起,县域信用社资金来源与资金运用,实行日或月报表,7 月实行按月报表,方便核算。12 月 19 日,农行自治区分行印发关于《自治区信用社经济核算试行办法》的通知,决定自 1981 年起,全疆信用社核算规定:考核组织资金率、资金运用率、工作质量、费用开支、盈余等 5 项经济指标。当年,信用社实行经济核算,要求各社、所补记。

1984 年 1 月 23 日,农行自治区分行制定《信用合作社经济核算暂行办法》。办法主要内容:基本规定、经济核算考核指标、经济责任效益的考核、经济利益的计算、提取和使用及其他。

1985 年 4 月 26 日,县域信用社各根据阿勒泰地区中心支行下发《关于信用社实行"业务承包和超利润分成"试行办法》,制订存款计划、贷款计划、收入计划、支出计划、利润计划等,结合实际,制订"百分制"实施方案。

1987 年 1 月 1 日,县域信用社执行农业银行制定的《农村信用合作社经济核算办法》。

1988 年 5 月 4 日,农业银行、财政部印发《农村信用合作社成本管理暂行办法》,对信用社成本开支范围、成本核算、成本计划和管理做出具体规定。12 月 19 日,人民银行制定《银行结算办法》和《银行结算会计核算手续》,要求自 1989 年 4 月 1 日起实行,同时废止国内信用证、付款委托书、托收无承付、保付支票和省内限额结算方式。

1989 年 5 月 16 日,县联合社执行人民银行下发《关于非正常占用贷款账户设置及账务核算的通知》,将非正常贷款划分为逾期、呆滞、呆账三类贷款形态,实行分类管理、分户核算。

1994 年 9 月 29 日,农业银行下发《农村信用社县辖往来核算示范办法》的通知。要求各地信用社贯彻全国银行结算会议精神,按照结算纪律,整顿结算秩序,加快资金周转,促进经济发展。

1996 年 7 月 23 日,国家税务总局下发《关于加强城乡信用社财务管理若干问题的通知》,要求各级国家税务局加强对城乡信用社财务的管理、监督和检查工作;信用社必须严格执行《农村信用合作社财务管理实施办法》,按照权责发生制约原则,据实核算各项业务收入,严格执行国家规定的成本开支标准,控制各项费用开支。

1998 年 8 月 13 日,县联合社执行财政部《关于修改金融机构应收利息核算年限及呆账准备金提取办法的通知》精神,将应收、未收利息自核算年限内 2 年缩短至 1 年;呆账准备金按年初贷款余额 1% 的差额提取变更为按本年末贷款余额 1% 的差额提取;对金融企业实际呆账比例超过 1% 部分,当年应全额补提呆账准备金。

2001 年 1 月 1 日,县联合社执行中国人民银行、国家税务总局下发的《调整农村信用社应收利息核算办法》,将贷款准备金科目名称更改为呆账准备,以各项承担风险和损失后资产年末余额的一定比例提取呆账准备在本科目核算。已核销贷款呆账科目名称更改为已核销呆账,本科目经批准已核销呆账资金和经批准冲减当期利息收入的表内应收利息。取消待处理抵债资产损失科目,将该科目余额分别转入相关的呆账贷款类科目中;取消已核销坏账损失科目,将该科目余额全转入已核销呆账科目中。

2002 年 12 月 18 日,人民银行印发《银行会计基本规范指导意见》,对会计机构、会计科目、会计凭证、账务核算、记账规则、计息规则、年度决算、会计报告、会计签章等项目提出指导意见。当年,县联合社实行统一核算后实现扭亏为盈。

2003 年,县联合社引进单机版处理会计账务,替代了手工记账。

2006 年 12 月 18 日,县联社根据自治区联社下发的《新疆农村信用社以县(市)为单位统一法人账务核算处理意见》,实行统一管理、授权经营、分级核算、单位核算的原则和一体性原则、财务处理合法性原则,推进统一法人账务核算处理改革工作。当年,县联社实施会计核算科目有表内科目和表外科目。表内科目分为资产类、负债类、资产负债共同类、所有者权益类和损益类。其中所有者权益类的科目有股本金科目、实收资本科目、资本公积科目、盈余公积科目。

2007 年 2 月 28 日,自治区联社为规范财务管理,加强财务核算,提高经济效益,制定《新疆维吾尔自治区农村信用合作社财务管理制度》。当年,县联社实行柜员制。

2008 年,县联社会计核算计算机化普及,柜员 1 人 1 台终端。

第二节　出纳

一、制度建设

1955 年县信用社建社后,执行中国人民银行的出纳制度。

1959 年,人民银行规定:公社信用部(即信用社与营业所合并)的出纳人员担负着现金收付、封装、保管、收兑破票、兑换金银、调剂市场主辅币,进行反假币斗争的职责。同年,自治区分行下发《现金出纳计划执行统计办法》。

1961 年,信用社采取出纳、会计分设,实行钱账分管严格复核制。

1964 年 5 月,人民银行颁发《出纳工作暂行办法》,规定信用社出纳人员必须严格执行现金管理制度,及时向人行编送现金收支计划;出纳业务必须做到收付准确、整理及时,保证库款与重要凭证安全;出纳错款处理,应贯彻长款归公,短款根据具体情况,区别对待、慎重处理的原则。同时,暂行办法还对出纳人员调动、交接、款项调拨、运送等具体事项和现金收付办法及出库、守库、查库管理做出明确规定。

1965 年 10 月,人民银行下发《出纳错款处理办法》。办法内容:1. 从组织上、制度上、技术上采取有效措施,力求避免错款发生。2.发生出纳错款事故,应迅速组织查找,力求挽回损失;发生百元以上大宗错误,行领导须亲自过问。发生短款,经查找无法查明,经过审批可以报损;短款事故查明是贪污,应按贪污案严肃处理。发生长款,及时查明退还原主;经查找无法查明,经过审批,可作为信用社收益。同时,在《出纳错款处理办法》中,还规定处理错款审批权限,20元以内由信用社主任审批,200元以内由人行县支行行长审批。

1966年4月5日,人行自治区分行下发《全疆会计、出纳工作会议纪要》,提出:努力提高业务技术水平,提高工作质量、工作效率;苦练基本功,正确掌握残券兑换挑剔标准,努力消除出纳差错事故。

1969年8月27日,人行阿勒泰中心支行军管会下发《关于加强金库安全保卫工作的通知》。要求各县支行提高警惕,坚持双人管库、双人查库、双人押运;人不离钱、钱不离人;压缩库存现金,当日营业结束时,所有现金、公章、密码、有价凭证等必须存入保险柜。

1973年11月9日,自治区革命委员会制定《新疆维吾尔自治区现金管理暂行办法》,明确国营、公私合营、国家机关、事业单位、人民团体、公社及社办企业、农村生产大队及队办企业、部队和保密单位、采购、旅社、招待所等现金管理办法。

1975年,人民银行提出提高革命责任心,坚持双人押运,双人临柜和交付核查等制度,杜绝差错事故的发生。

1977年,国务院颁发《关于现金管理的决定》,对货币的发行,现金的库存,单位间经济往来,外地采购所需资金结算,人民公社及生产大队办企业的现金管理做出具体规定。

1988年,人民银行重新制订《全国银行出纳基本制度(试行)》。规定出纳工作的基本任务是贯彻执行国家的金融法令和有关法规制度,进行柜面监督;办理现金收付、整点、保管和调运业务,做好现金回笼和供应工作;办理人民币兑换和挑剔业务,调剂市场券别比例;办理金银收购、配货、封装、保管和调运业务;宣传爱护人民币,负责反假、反破坏人民币工作和票样管理工作。同时,制度专门对出纳工作必须坚持的基本原则做出详细规定:1.双人临柜、双人管库、双人押运;2.账实分管,收付分开,交接清楚,责任分明;3.收入现金先收款后记账,付出现金先记账后付款;收购金银先收实物后付款,配售金银先收款后付实物,收必复点,付必复核,手续严密,数字准确;4.严禁挪用库存现金、金银,严禁白条抵库,坚持查库制度,做到账实相符;5.维护国家利益和银行信誉,坚持服务与监督并重。制度自1988年7月1日起实行,1979年7月26日公布的《中国人民银行出纳制度》即行废止。

1989年1月26日,农行阿勒泰地区中心支行下发《关于信用社资金调剂的几项规定》。要求各县(市)联社配备资金调剂员(兼计划员);基层信用社除个别交通不便或资金短缺外,均应在县联合社开设存款账户;资金调剂先系统内,后系统外;资金调剂应采取最快方式,不通电讯地方采取信寄自带。

1992年11月30日,农业银行印发《中国农业银行关于反假币工作奖惩暂行办法》,对临柜人员没收假币程序、假币上交、假币标准、奖励额度及临柜人员在没收假币中违规、伪造、弄虚作假,均作出明确规定。

1998年11月9日,人民银行印发《农村信用合作社出纳制度》,主要对原有制度进行调整和改革。1.在出纳工作的主要任务中,增加做好现金管理工作,加强核算,减少库存现金占压、提高经济效益。2.在基本规定中增加及时核对库存、做到账款账实相符和未经业务技术培训人员不得直接对外办理现金出纳业务。3.在现金收付、兑换与整点章节中增加出纳人员不得代填或代改交款凭证,收付现金要当面一笔一清,票币封签对外无效;按核定业务库存限额保留库存现金,超过限额及时交存;发现图案不全,墨色不正,截切偏斜以及漏印花纹等票币,应予以收回,收回的票币连同原封签通过县联合社送至当地人民银行处理。4.在库房管理与现金运送章节中,增加县联合社根据业务周转正常需要,设立现金业务库,负责对辖内信用社现金调缴款任务。5.错款处理中,增加长款归公、短款自赔原则。6.去掉奖惩章节。

2001年3月,县联合社以人民银行制定的《农村信用社安全保卫基本制度》为主要参考依据,结合本地的实际,制定《哈巴河县农村信用社临柜安全守则》,强化临柜安全,将安全责任落到实处。

2007年2月8日,自治区联社下发《新疆维吾尔自治区农村信用合作社出纳制度》的通知,制度自发布之日起执行。《出纳制度》共8章41条,明确自治区联社社及分支机构出纳工作应坚持的原则,即统一制度,明确职责,规范操作,保障安全。

二、出纳管理

1955年3月,县第一个农村信用社在三区一乡成立,有主任、会计2人。出纳由会计兼职;出纳付款、收款实行自我复核。

1956年,县域相继成立11个信用社,由于人员匮乏,未单独设置出纳岗位,各信用社会计、出纳由1人兼职。

1976年2月,县域各信用社执行人行阿勒泰中心支行下发的《关于加强出纳工作的通知》,加强出纳工作管理,开展苦练基本功劳动竞赛,认真执行出纳制度,改进劳动组织和操作规程,坚持领导查库制度等有关事项。

1977年2月24日,人行阿勒泰中心支行下发《关于做好1977年银行项电统计工作,开展红旗竞赛的通知》,对全辖资金、现金项电、农村信用社资金、现金项电,按月对上报时间、差错等项目进行考核,年终总评。通知要求出纳人员按月向银行报告差错等事项,并参与红旗竞赛活动。

1978年10月17日,人行阿勒泰中心支行下发《关于对会计出纳人员进行业务知识和基本功测验的通知》,对全辖会计、出纳人员的业务知识和操作基本功进行测试。

1980年5月,人行阿勒泰中心支行分别在阿勒泰市、富蕴县、布尔津县3地分片组织全辖珠算、点钞、公存记账、储蓄计息等4个项目的业务技能比赛。县域各信用社参加布尔津片区比赛。

1984年,县域各信用社先后开始配备专职出纳人员。

1989年4月,县联合社规定辖内各信用社会计、出纳实行交叉复核。会计复核出纳项目:对外付出款项,出纳清点后须交会计复核,会计复核后交付客户,严禁出纳直接对外付款;对外收进款项,先由会计初点,无误后制出凭证连同现金交出纳复点,无误后由出纳将有关凭证交付客户;会计、出纳在每日营业结束前必须碰库,出现差错2人共同承担责任。出纳复核会计项目:会计各种报表、利息计算和有关账簿的记载等。实行交叉复核后,各信用社会计、出纳现金收付依据合法凭证,做到手续清楚、责任分明、数字准确,差错率明显下降。

1994年7月,哈巴河县联社贯彻实施自治区人行制定的《金融机构大额贷款报备制度暂行办法》和《大额提现制度暂行办法》。

1999年1月,县域信用社执行人民银行下发的《农村信用合作社出纳制度》规定,现金收付依据内容正确、要素齐全的有效凭证办理,做到手续完备、责任分明、数字准确。

2002年7月,县域信用社执行《新疆维吾尔自治区大额现金支付管理实施细则》规定,对单次提款5万元以上的客户,要求客户提供有效证件,并经信用社负责人核实后支付;对单次提取20万元以上的客户,要求提前预约;大额提取,采取逐笔登记、备案。11 月,联合社组织辖内各信用社会计、出纳 15 人,学习人行乌鲁木齐中心支行印发的《新疆维吾尔自治区金融机构办理人民币存取款业务收缴假币实施管理暂行办法》。

2003 年 3 月 25 日,县联合社组织辖内各信用分社主任、会计、出纳 30 多人学习人行乌鲁木齐中心支行印发的《人民币大额和可疑支付报告管理办法》,增强会计、出纳人员对大额支付及可疑支付的认识,确保支付安全。4 月 30 日,联合社组织辖内各信用分社会计、出纳 12 人学习《人民币银行结算账户管理办法》。

2004 年 1 月,县联合社组织辖内各分社会计、出纳 32 人学习《中华人民共和国人民币管理条例》和《中国人民银行假币收缴、鉴定管理办法》,提高会计、出纳人员对假币收缴程序和鉴定知识。

2007 年,中国人民银行、银监会、证监会和保监会颁布《金融机构客户身份识别和客户身份资料及交易记录保存管理办法》,自 8 月 1 日起,个人在银行办理现金存取业务时,单笔金额为人民币 5 万元以上或外币等值 1 万美元以上,须提交身份证件。同时规定,个人在银行或信用社未开立账户,须办理现金汇款、现钞兑换和票据兑付业务,单笔金额为人民币 1 万元以上或外币等值 1000 美元以上,须提交有效身份证件。银行、信用社将登记其身份基本信息,并留存身份证件复印件或影印件。

2008 年 7 月 9 日,县联社执行人民银行《关于进一步落实个人人民币银行存款实名制》的规定,严格按制度办理业务。同时,启用联网核查系统,杜绝虚报伪造证件、开设账户或办理业务。11 月 15 日,联社相关部门对辖属网点金库和现金出入管理的各项规章制度执行情况进行检查。检查发现与《信用社出纳制度》存在脱节之处,联社及时对有关制度进行修订完善,要求各网点贯彻执行。当年,县联社营业网点实行柜员制单人收缴,不在是收款必复。

2009 年,县联社根据《新疆农村信用社上门收款业务管理暂行规定》,要求办理上门收款业务的出纳人员必须做到:双人办理,换人复核;当面点清,一笔一清或按双方签订合同封包收款协议办理;钱账分管,共同负责;日清日结,及时入账,汇总核对;上门收款登记簿及收款服务证应同上门收款现金收讫章加锁入库保管。

2012 年 8 月,县联社根据自治区联社《关于进一步加强票据业务风险防范的通知精神》,对临柜人员、出纳人员进行培训。培训内容:《中华人民共和国票据法》《支付结算法》《新疆维吾尔自治区农村信用社银行承兑汇票业务管理办法》。培训增强临柜、出纳人员知法、守法、懂法、执法意识,使其熟练掌握票据主要特征、辨别方法、假票特征、犯罪分子作案手法等知识。

第三节　会计出纳改革

一、会计主管委派制

在基层信用社推行会计主管委派制,是自治区联社深化新疆农村信用社改革,防范财务会计风险的一项重要举措。充分发挥会计监督、管控职能的独立性作用,全面综合防范操作风险,促进基层信用社加强财务会计管理,提高会计基础管理水平。2008 年 4 月,自治区联社先后制定下发《新疆维吾尔自治区农村信用社会计主管委派制推广实施方案》《新疆维吾尔自治区农村信用合作社会计主管委派制管理办法(试行)》。6 月 18 日,下发《关于全面推行会计主管委派制的通知》,在全疆农村信用社全面推行会计主管委派制。要求各县(市)联社于 2008 年 9 月 30 日基本完成会计主管委派制实施工作。

2008 年 6 月 28 日,县联社根据自治区联社《关于全面推行会计主管委派制的通知》要求,对竞聘县联社营业部委派会计人员进行资格审查、业务能力考试、公示等环节,聘任胡明娟为县联社营业部委派会计主管,颁发委派证书,签订委派会计目标责任书。9 月 10 日,县联社根据竞聘会计主管委派条件和要求,经过资格审查、业务能力考试、公示等环节,聘任巴合提汗·哈不都任边贸市场信用社委派会计主管,程淑萍任萨尔塔木信用社委派会计主管。

2009 年,县联社委派会计主管工作全面展开。6 月 6 日,对竞聘加依勒玛信用社、库勒拜信用社、萨尔布拉克信用社委派会计人员,按照竞聘委派会计主管条件和要求,通过资格审查、业务能力考试、公示等环节,聘任魏海艇任加依勒玛信用社委派会计主管,张泽奎任库勒拜信用社委派会计主管,臧兴刚任萨尔布拉克信用社委派会计主管。至此,县联社 6 个网点全部施行会计主管委派,实行面 100%。

二、综合柜员制

综合柜员制指在严格授权管理下,以完善的内部控制制度和较高的人员素质为基础,实行单人临柜处理会计、出纳、储蓄、中间业务代收等面向客户全部业务的劳动组合形式。

2004 年 11 月,新疆农村信用合作管理办公室下发《新疆农村信用社门柜人员计算机日常操作规程》的通知,要求各级信用合作管理部门、县(市)联合社营业网点组织相关人员学习,严格遵守。

2006 年,县联社开始在全辖推行综合柜员制,崔云虹、胡明娟、热孜万·哈力汗成为联社第一批柜员。

2009 年 6 月,县联社根据中国银行业协会印发的《中国银行业柜面服务规范》要求,加强柜员柜面服务规范培训,为客户提供文明优质服务。

三、会计达标升级

1988 年 7 月 21 日,人民银行转发财政部《会计工作达标升级试行办法》和《会计达标考核标准(试行)》的通知,要求认真学习,并结合本地区、单位实际,组织实施会计达标升级工作。同时规定可以先试点,在试点过程中加强检查、考核,对于符合达标标准的可由上级行组织验收,并颁发合格证。县域各信用社根据通知精神,认真学习《会计达标升级试行办法》《会计达标考核标准(试行)》,启动会计达标升级准备工作。

1991 年 7 月 2 日,农业银行制定下发《农村信用社会计达标升级实施办法》。该办法是继国家财政部提出《会计工作达标升级(试行)办法》后,银行系统首次提出会计达标升级工作。《农村信用社会计达标升级实施办法》对会计工作等级分为达标、三级、二级、一级 4 个等级,达标为最低要求,一级为最高标准。会计一级单位应具备条件:门市业务日均办理 150 笔以上;会计主管人员必须具有助理会计师以上职称;逾期和催收贷款两项合计不超过各项贷款余额 15%;完成上级核定利润计划;业务处理基本使用电子计算机等现代化设备。当年,县联合社成立以联合社主任为组长的会计达标升级工作领导小组,加强对会计达标升级工作的领导。

1996 年 9 月 11 日,县联合社会计达标验收小组对齐巴尔农村信用社、加依勒玛信用社、阿克齐信用社进行验收,均达到达标要求。

1998 年 3 月 11 日,人行阿勒泰地区分行转发人行自治区分行《新疆农村信用社会计达标升级实施细则》的通知,要求信用社会计达标 10% 达二级标准,50% 达验收标准(其中 20% 社达三级标准)。4 月 20 日,县联合社针对辖内各信用社对会计达标升级认识不足,对新《会计制度》学习、了解不够等问题,制订《哈巴河县会计达标升级三年目标规划方案》。10 月 2 日,人行阿勒泰地区分行农金科转发人行自治区分行《新疆农村信用合作社会计达标升级奖惩办法(试行)》的通知,要求结合本信用社实际情况参照执行《达标奖惩办法》。

1999 年初,县联合社制订《哈巴河县农村信用社会计工作达标年度计划》。要求:第一季度,1998 年未达标的加依勒玛信用社、库勒拜信用社、萨尔布拉克信用社、铁列克提信用社、营业部、农贸市场信用分社等 6 个单位申报达标;1998 年已达标的齐巴尔信用社、萨尔塔木信用社、阿克齐信用社申报升三级标准;由联合社达标验收小组验收。第二季度,在第一季度未达标与未升三级的单位,分别进行整改;整改后仍未被验收,则按《会计奖惩办法》给予处罚。对已在第 1 季度升三级和本季度整改后升三级的,由联合社申请农金科验收。第三季度,已申请农金科验收升三级的信用社力争升三级标准;在第二季度未达标、升三级未被达标小组验收合格和三级未被农金科验收合格的,要求达标和升三级,由农金科验收达标和升三级的信用社,被验收合格给予奖励,未被验收合格的给予处罚。第四季度,联合社达标小组对已达标和升级的单位进行复查,督促对会计工作常抓不懈。当年,经县联合社会计达标升级验收小组验收,齐巴尔信用社、萨尔塔木信用社达三级标准,联社营业部、加依勒玛信用社、农贸市场信用分社达到达标要求。

2000 年,通过县联合社会计达标领导小组验收,阿克齐信用社、萨尔塔木信用社达三级标准,齐巴尔信用社达二级标准,县联合社、萨尔布拉克信用社、库勒拜信用社达标。

2002 年,县联合社制定《信用社会计工作达标升级奖惩办法》,成立督导检查组,定期不定期检查会计达标升级单位工作,按检查情况,给予奖励和处罚。

第四节　会计电算化

1996 年 7～9 月,县联社相继选派会计孙红、阿依波丽·吾拉孜别克分期参加在昌吉州职工大学举办的 1996 全疆信用社系统微机应用培训班。培训内容:微机基础知识及操作技能,包括计算机基础知识,DOS 操作系统,汉字输入技术及文字处理,Foxbase 数据库;业务应用基础知识及操作技能,包括储蓄业务、对公业务、报表处理等微机应用知识。培训结束后经过考试,联合社会计孙红、阿依波丽·吾拉孜别克成绩合格,取得计算机应用技术上岗合格证。成为联合社第一批持有自治区计算机应用技术上岗证人员。

1996 年 10 月 27 日,农行自治区分行转发《中国农业银行计算机系统稽核、试行办法》,从稽核目的、任务与依据、一般控制稽核、应用控制稽核、信用系统开发周期内的稽核、测试证实稽核、实施与处罚做出明确规定。1998 年 1 月 9 日,人民银行下发《关于农村信用合作社参加电子联行有关问题的通知》,决定将部分农村信用合作社纳入电子联行办理资金汇划。1 月 13 日,人行阿勒泰地区中心支行召集金融系统各行、司(社)主要领导联席会议,专题讨论金融系统职工计算机上岗证培训问题,形成阿勒泰地区金融系统职工计算机上岗证实行统一培训的决定。县联合社按统一培训的决定,结合本单位工作实际,组织职工 11 人进行统一培训,经考试 11 人全部合格,获自治区统一的计算机上岗证。4 月 10 日,人民银行下发《关于加强农村信用社信息电脑工作的通知》,要求建立健全信息电脑的组织体系,解决农村信用社计算机"2000年"问题,规范优化农村信用社综合门柜业务软件,建立农村合作金融统计报表系统,逐步实施农村信用社电子汇兑系统,加强电子化建设的领导,做好普查摸底工作。

2000年4月11日,县联合社取消农村信用社计算机营业网点手工账务,联社会计电算化基本普及。当年,县联合社出台《软、硬件维护制度》《办公自动化设备管理制度》《机房管理制度》《软件管理及操作人员管理制度》。

2002年1月15日,县联合社电子银行业务正式运行,联合社会计电算化逐步由核算型专向管理型。

2004年11月11日,县联合社组织职工学习《新疆农村信用社计算机网络分中心机房管理规定》及《新疆农村信用社门柜人员计算机日常操作规程》。通过学习,提高职工对中心机房管理的认识,规范门柜人员操作规程,预防网络事故的发生。联合社职工41人参加学习。

2005年5月,县联合社辖内各分信用社除股金账外,全部实现会计电算化。8月7日,联合社开始对辖内各信用分社职工进行微机培训。

2006年,县联社7个网点与全疆信用社联网;在县联社范围内开通OA办公系统。

2007年2月8日,人行自治区分行下发《新疆维吾尔自治区农村信用合作社电子公文传输管理办法》,管理办法分总则、职责分工、传输范围、电子印章文件及印章密码管理、安全保密、基本操作程序、设备维护和管理、监督检查和其他事项共8章35条,自下发之日起施行。

2008年1月1日,自治区联社下发《新疆维吾尔自治区农村信用社科技管理工作实施细则》,县联社按细则要求遵照执行。

2010年6月25日,自治区联社转发农信银中心《农信银电子商务汇票业务处理系统纸质商业汇票登记查询管理暂行办法》的通知,明确电子商业汇票业务处理系统于2010年6月28日上线试运行,将通过农信银电子商业汇票业务处理系统,以直连方式接入人民银行电子商业汇票系统,并开办相关业务。10月15日,自治区联社下发《新疆维吾尔自治区农村信用合作社财税库银税收收入电子缴库横向联网管理暂行办法》,县联社按照办法要求遵照执行。

2011年,县联社执行《新会计准则暨财务管理系统操作流程》的规定。

2012年5月3日,县联社信贷业务并入自治区联社新信贷管理系统,正式上线运行。9月10日,为确保电子银行业务、卡业务、ATM业务、POS业务的整体规划、协调营销、监督检查和客户服务等工作,经联社党委研究决定,成立电子银行部,任命孙红为电子银行部经理。

第五节　结算业务

一、结算方式

1955年6月,人民银行颁布《国有企业、供销合作社、国家机关、部队、团体间非现金结算暂行办法》。该办法明确9种结算方式:异地采用异地托收承付、特种账户、信用证、汇兑4种结算方式,同域采用同城托收承付、付款委托书、计划结算、支票、限额结算5种结算方式。

1957年1月,人民银行对异地结算做出修改和补充,取消一些烦琐做法,规定结算方式由购销双方自行选择,自3月1日起执行。7月,人行自治区分行规定:县区间汇款结算及托收承付划回款,以邮划为主,为解决单位急用款,可放宽信拨自带范围。电话汇款,限于紧急防汛、救灾、军政临时性紧急汇款。8月19日,人行伊犁自治州分行出台《农产品采购非现金结算试行办法(草案)》。办法规定:在农产品中收购除农业社自愿扣除贷款(银行贷款、预购定金等)外,收购单位、银行、信用社均不得从价款中扣除任何款项,同时各行不得接受各单位委托扣款责任;在防止错乱前提下,尽量简化手续,统一实行支票结算一种方式,其他结算方式不宜轻易使用;为规范结算程序,要求参加农产品采购非现金结算的农业生产社、收购站,必须在当地(支行或营业所)或信用社开户,以便进行结算;在结算中,收购单位可在其结算户存款额度内签发支票,不得超过其结算户存款余额签发空头支票。当年,县域信用社贯彻执行《农产品采购非现金结算试行办法》规定,简便结算手续,制止在农产品购销中乱扣款项,维护农业社利益,保证国家收购计划完成。

1958年7月7日,人行自治区分行出台《农村非现金结算办法的修改意见》,提出:开展农村非现金结算以服务于农牧业生产,便于农牧业社资金管理,节约现金使用为目的;必须坚持自愿原则,使用现金或通过非现金结算均须在农牧业社自愿下办理;结算手续应力求简化,尽量做到便利、及时、迅速;农牧业社在结算后向银行或信用社提取款项时,应给予便利,须保证支付;参加结算的单位均须分别在银行或信用社开户;实行非现金结算时,除农牧业社自愿外,银行或信用社均不得在其价款中扣收任何款项;对社员个人自愿要求在其出售农副产品或农业社分配款中转账时,银行或信用社亦可办理;应通过宣传教育工作,开展农村非现金结算。

1960年1月12日,人行自治区分行根据人民银行《非现金结算办法》有关同城结算的基本规定,制定《关于开发空头支票处理办法》,经自治区人民委员会财政厅批准,由分行公布并通知各开户单位贯彻执行。4月13日,人民银行《转账结算制度》将异地结算中特种账户改为采购账户结算,其余3种结算方式不变;将同城结算中托收承付结算改为委托收款结算,恢复同城托收无承付结算,其余4种结算方式不变。5月2日,人行自治区分行转发人民银行《关于推行信用证结算方式的通知》,规定在异地商品交易中,恢复信用证结算方式,自8月15日在全国实行。人民银行将《信用证结算方式》和《信用证会计结算手续》下发各行,要求各行组织信贷干部学习具体做法,并做好宣传工作,保证信用证结算方式顺利进行;国营工商企业需信用证结算地贷款时,遵照通知中的有关规定执行,其他单位一律不发放信用证结算贷款;信用证结算所使用凭证,由人民银行统一印制。

1965年12月2日,人行自治区分行转发人民银行《关于会计和结算制度几项改革的通知》,对会计、结算等方面进行改革。

1966年"文化大革命"开始后,结算工作受到冲击,结算制度被视为"封、资、修"大加批判。20世纪70年代初,在经历较长时间混乱后,国务院决定重新建立结算制度。

1972年,人民银行下发《中国人民银行结算办法》,自1973年1月1日实行。办法确立集中统一、分级管理的结算管理体制。1976年推广城乡限额结算。

1977年,人民银行召开全国结算工作会议,对1972年下发的结算办法进行修改和补充,颁发新《银行结算办法》,自1978年起施行。新结算办法对托收承付结算等做一定改革,同时补充结算纪律以及违纪处罚规定。10月28日,人民银行总结新中国成立以来结算工作中的经验教训,重申结算制度。对异地3种结算方式、同城4种结算方式、农村2种结算方式及每种结算方式的施行办法做出明确规定,使转账结算制度更加完整和系统化。12月15日,人民银行出台《结算办法》,从总则、异地结算、同城结算和县内结算共4章14条规范明确结算程序及相应办法。

1980年3月10日,为适应经济体制改革的需要,人民银行规定:1.对异地托收承付结算方式增加验货付款内容;对延期付款,除按日计扣万分之三赔偿金外,对逾期 2 个月仍不承付货款的托收,从 2 个月后开始每日加收万分之二罚金,作付款单位开户银行的收益。2. 增加异地委托收款结算方式。3. 扩大推行"限额结算"方法。

1988 年,人民银行对现金管理规定再次做修改、完善,形成较为科学、合理、操作性强的《现金管理条例》。转账结算方式随之做出几次改革。

1989 年,在 1988 年国务院批准人民银行《关于改革银行结算的报告》的基础上,出台《银行结算办法》,自 1989 年 4 月 1 日起在全国施行。结算办法改革内容:放宽开户条件、发展信用支付工具、大力推行使用票据、确立以"三票一卡"为主体的结算体系、对保留的结算方式进行改进、废止不适应结算方式、建立清算中心、加速电子化进程、完善结算管理体制、加强结算管理、严肃结算纪律、制定票据法规、实行依法管理、减少行政性监督、改进现金管理和调整结算收费标准等 12 个方面。同时明确结算的性质、任务和原则。

1995 年 5 月 10 日,第八届全国人民代表大会常务委员会第十三次会议通过《中华人民共和国票据法》。

1997 年 6 月 1 日,县联合社开办特约联行业务(2001 年 5 月 14 日,人行县支行同意哈巴河县农村信用联社退出特约联行业务)。6 月 23 日,国务院批准由中国人民银行发布施行《票据管理实施办法》。9 月 19 日,人民银行下发《银行结算会计核算手续》和《支付结算办法》,要求加强会计核算人员培训,做好前期准备工作,严格执行《银行结算会计核算手续》。《支付结算会计核算手续》《支付结算办法》自 1997 年 12 月 1 日起实行,同时废止 1988 年 12 月 19 日下发的《银行结算办法》,规定自 12 月 1 日起,取消国有商业银行签发 50 万元大额银行汇票通过人民银行清算资金的规定;各商业银行跨系统汇划款项和系统内 50 万元(含)以上大额汇划款项仍通过人民银行清算资金和转汇。县联合社根据通知精神,制订宣传方案。12 月 31 日,新疆信用社业务发展服务中心转发人行自治区分行《关于信用社签发大额银行汇票通过人民银行清算资金的通知》,要求自 1998 年 1 月 1 日起,恢复大额银行汇票通过人民银行清算资金,移存清算办法,手续不变,金额标准改为 20 万元(含)以上。同时对农村信用社未及时向人民银行移存资金按延误天数和金额、次数进行处罚做出明确规定。

1998 年 1 月 20 日,人行自治区分行下发《关于信用社签发银行汇票通过人民银行清算资金的通知》和《关于修订大额汇划款项转汇会计核算手续》的通知。

2001 年 6 月 25 日,中国人民银行(合同司)下发《关于农村信用社特约电子汇兑往来业务收费标准的通知》,规范特约电子汇兑往来业务收费。12 月 19 日,中国人民银行下发《关于进一步加强大额现金支付管理的通知》,要求严格企事业单位账户大额现金支付管理;严格企事业单位库存现金管理;加强对乡镇企业、私营企业和个体经营者提取大额现金的管理;加强居民个人储蓄账户大额现金支付管理;严禁公款私吞;加强对银行卡存取现金的管理;加强现金银行汇票和银行本票大额提取现金的管理;加强对非银行金融机构大额现金支取的管理;加强对异常大额现金支取的管理;加强开户银行库存现金管理;加快各商业银行及全国金融系统大额现金支取管理监测系统建设;开展大额现金制度执行情况检查,强化内部控制制度,健全监管机制。县联合社根据通知精神,举办由会计、柜面、安全保卫等人员 25 人参加的培训班。并结合单位实际制定切实可行加强大额现金支取管理的具体措施,明确现金管理的责任,定人、定岗、定职责,建立健全《哈巴河县农村信用社大额现金支取内部控制制度》及监督制度。

2002 年 9 月 1 日,新疆农村信用社电子汇兑业务正式开通。9 月 18 日,人行乌鲁木齐中心支行办公室下发《关于开展全疆结算纪律大检查的通知》。1. 检查目的:规范支付结算行为、严肃结算纪律、维护全区良好结算秩序,更好地为新疆经济发展提供保障。2. 检查对象:全疆政策性银行、商业银行城市、农村信用社。3. 检查依据:《中华人民共和国票据法》《支付结算办法》《票据管理实施办法》《银行账户管理办法》《金融违法行为处罚办法》《违反银行结算制度处罚规定》及其他相关法律。4. 检查内容:与上述内容"一部法""四个办法""一个规定"相悖的行为。9 月 26 日,县联合社转发《关于开展全疆结算纪律大检查的通知》的通知,要求各信用社按文件要求进行自查,对查出问题及时整改。县域各信用社,根据中心支行、县联合社要求,对照"一部法""四个办法""一个规定"内容,进行严格细致的自查。

2003 年 3 月 25 日,人行阿勒泰地区中心支行转发乌鲁木齐中心支行《人民币大额和可疑支付交易报告管理办法》,县联合社组织辖内各信用社主任、会计、出纳等 30 余人学习《人民币大额和可疑支付交易报告管理办法》。6 月 6 日,人行阿勒泰地区中心支行办公室转发乌鲁木齐中心支行关于《停止银行和银行承兑汇票准入与退出行政、审批有关事项的通知》。8 月 22 日,人民银行下发关于实施《人民币银行结算账户管理办法》有关事项的通知,县联合社根据通知精神,规范县联社对人民币结算账户的开立和使用,加强信用社对结算账户的管理。

2004 年 2 月 9 日,农信银特约电子汇兑系统上线。

2006 年 9 月,1104 非现场监管报送系统上线,贷款五级分类系统上线运行。

2007 年 5 月 22 日,人行乌鲁木齐中心支行转发人民银行《关于改进个人支付结算服务的通知》,县联社组织相关人员学习,并遵照执行。

至 2012 年,县联社业务结算方式种类主要包括支票、银行本票、银行汇票、商业汇票、汇兑业务委托收款、托收承付以及开通的网内联行系统、大小额支付系统、农信银支付清算系统、全国支票影像系统、同城票据交换系统等 6 套联行结算系统。

二、支付系统

(一)大小额支付系统

县联社开通的主要支付系统有网内联行系统、大小额支付系统、农信银支付清算系统、全国支票影像系统、同城票据交换系统等 6 套联行结算系统。

大额支付系统　大额支付系统是人民银行现代化支付系统的接入系统,以电子方式实时全额处理跨行及跨区支付业务的应用系统,大额支付系统指令逐笔实时发送,全额清算资金。大额支付系统不设置金额起点,按照国家法定工作日运行,将每一个工作日分为日间业务处理时间、清算窗口时间、日终/年终业务处理时间、营业准备时间段,受理业务时间 8:30 ~ 17:00。

2005 年 6 月,县联合社以集中接入直联方式接入大额支付系统,联合社大额支付系统正式运行。同时联合社制定《哈巴河县农村信用合作社联合社大额支付管理办法》,办法规定:各信用社选派业务水平高,责任心强,诚实可靠的会计人员担任大额支付系统操作工作,实行定期岗位轮换制度。大额支付系统工作人员由信用社负责审查任职资格,确定人选,县联合社备案,在联合社清算中心建立大额支付系统工作人员管理档案。接受联合社统一培训、考核。大额支付系统操作人员变动时,应填制大额支付系统操作人员变动表,同时提出撤销、建立操作员代码申请,经联合社清算中心审批后,由联合社清算中心为调出调入人员撤销、建立大额支付系统代码。大额支付系统操作人员严格遵循一人一码制原则,对自己操作代码、密码(个人识别码)应严格保密,不得泄露给任何人,不得设单一数字或连续数字,不得使用初始密码,应定期更换密码,以防失密。操作员临时离岗,应退出交易画面,临时顶班人员不得使用原操作人员代码及密码,应重新申请操作员代码。

2012 年,自治区联社下发《新疆维吾尔自治区农村信用合作社大额支付系统业务管理办法》,县联社依据管理办法办理大额支付业务。

小额支付系统 小额支付系统是人民银行现代化支付系统的重要组成部分,主要处理跨行同城、异城纸质凭证截留的借记支付业务及金额在规定起点以下小额贷记支付业务(人行暂定为 2 万元〈含〉限额以下),实现不同地区、不同银行营业网点的资源共享。小额系统保持全天 24 小时连续不间断运行,提供跨行、跨地区代收代付业务清算服务,可大批量处理一并发出的业务。小额支付系统设置金额上限,单笔金额上限贷记 50000 元,实时贷记和借记业务不设限制。

小额支付系统实行 7 天×24 小时连续不间断运行,每日 16:00 进行日切处理,即前日 16:00 至当日 16:00 为小额支付系统的一个工作日,小额支付系统资金清算时间为大额支付系统的工作时间;小额支付系统日切后仍可正常接受小额业务,部分小额业务不再纳入当日清算,自动纳入次日第一场轧差清算(遇节假日顺延至节假日后的第一个工作日)。

2006 年 3 月,县联合社小额支付系统上线运行。

2007 年,人民银行下发《小额支付系统通存通兑业务制度办法和工程实施计划的通知》。

2010 年 5 月 4 日,中国人民银行决定小额支付系统普通贷记和定期贷记业务金融上限由 2 万元调整至 5 万元。

2012 年 7 月,自治区联社制定《新疆维吾尔自治区农村信用社小额支付系统业务处理规程》,县联社依照规程办理小额支付业务。

(二)支票影像交换系统

支票影印交换系统指运用影像技术将实物支票转换为支票影像信息,通过计算机及网络将影像信息传递至出票人开户银行提示付款的业务处理系统,实现支票全国通用。是人行继大小额支付系统建成后的又一重要金融基础设施。影像交换系统定位于处理银行机构跨行和行内的支票影像信息交换,其资金清算通过人行覆盖全国的小额支付系统处理。

2007 年 6 月 25 日,县联社正式接入人民银行支票影像系统,实现统一上线运行。

2008 年 11 月,自治区联社制定《新疆维吾尔自治区农村信用社支票影印交换系统业务处理办法》《新疆维吾尔自治区农村信用社支票影印交换系统业务处理流程》。之后,自治区联社分别于 2010 年 7 月、2012 年 7 月两次修订《新疆维吾尔自治区农村信用社支票影印交换系统业务处理办法》《新疆维吾尔自治区农村信用社支票影印交换系统业务处理流程》。县联社 2008 ~ 2012 年沿革按照自治区联社制定的农村信用社支票影印交换系统业务处理办法和流程办理支票影印业务。

(三)农信银系统

农信银系统是农信银支付清算系统的简称,由全国农村信用联社、农村商业银行、农村合作银行,应用现代化计算机网络和信息技术开发的集资金清算和信息服务为一体的支付清算平台。农信银为城乡客户特别是农村企业和个人办理实时电子汇兑、农信银银行汇票、个人账户通存通兑等业务。

2010 年 7 月 3 日,县联社农信银系统通存通兑业务上线。

2011 年 5 月 14 日,县联社举办农信银支付清算系统个人账户通存通兑业务操作规程及会计核算培训班,培训班人数 25 人次,涵盖一线所有业务操作人员。

第十四章　优扶政策

农村信用社自1955年在哈巴河县建社起,一直深深扎根农村,始终秉持"三农"服务宗旨,是县域为"三农"提供金融服务的主力军。由于历史原因,农村信用社背负起沉重的包袱,困难较大,不利于继续承担为"三农"服务任务。国家为扶持农村信用社消化包袱,促进农村信用社改革和发展,从资金、税收、财政、存款准备金率等方面出台一系列优惠政策。

第一节　人民银行扶持政策

央行扶持政策主要包括发放支农再贷款、发行专项票据或专项借款、实行差别准备金率制度。通过央行扶持政策,解决农村信用社支农资金短缺问题,对降低信用社不良贷款,消化历史包袱,提高资本充足率,深化改革,激励信用社正向发展起到重要作用。

一、支农再贷款

1999年3月22日,县联合社向人行哈巴河县支行借入第一笔支农再贷款100万元,约定期限10月31日到期,10月29日归还,利率3.45‰,用途春耕生产。当年,县联合社累计借入支农再贷款4笔,金额500万元,全部投放到春耕生产中。至11月18日,县联合社借入支农再贷款全部归还,年末余额为零。

2000年3月12日,县联合社制定《关于使用支农再贷款的规定》,下发辖内各信用社。要求支农再贷款必须用于农村种植养殖业,做到"专款专用";各社要设立总台账和农户台账,每本农户台账要设控制卡,详细列示序号、农户、金额等;用于农机更新必须单独设立台账,上报县联合社批准;违反本规定,对责任人进行处罚。4月10日,县联合社向辖内各信用社下发《关于建立支农再贷款台账的通知》,要求各社按照规定建立支农再贷款台账,用好、管好支农再贷款,支持农村经济发展。年末,县域信用社年终决算报表中新科目余额表增设"借入支农再贷款"一级会计科目,用以核算农村信用社从人民银行借入的支农再贷款,区别从人行借入的头寸借款、特殊性质再贷款和紧急再贷款。

2001年1月1日,县域信用社启用"借入支农再贷款"一级会计科目。4月27日,人民银行出台《中国人民银行对农村信用合作社贷款管理办法》,即日实施。5月29日,人行县支行向县联合社转发中国人民银行合作金融监管司印发的《全国农村信用社1999~2000年支农再贷款使用情况现场检查方案》,要求6月10日前上报自查结果。县联合社按照检查方案,对辖内1999~2000年支农再贷款使用管理情况进行自查,于6月10日报送自查报告。7月16日,人行阿勒泰地区中心支行制定《中国人民银行阿勒泰地区中心支行对农村信用合作社再贷款管理操作规程》,规范和完善对辖内农村信用社支农再贷款管理。当年,县联合社向人行县支行累计借入支农再贷款9笔,金额3250万元,全部用于县域农业生产贷款。

2002年3月,县联合社从人行县支行陆续借入4笔支农再贷款,金额1900万元。4月5日,县域各乡信用社集中发放贷款,未及时建立农户台账,人行县支行分别对加依勒玛信用社、萨尔塔木信用社、库勒拜信用社、沙尔布拉克信用社下发《暂停发放支农再贷款的通知》。经各社整改后,人行县支行于4月16日继续对县联合社发放支农再贷款,共发放500万元,用于投放春耕生产。6月3日,县库勒拜乡和沙尔布拉克乡遭受冰雹袭击,后又暴发虫害。6月19日,县联合社向人行县支行借入支农再贷款200万元,用于农作物和草场遭受冰雹和虫害救灾资金。8~11月,县联合社相继借入4笔支农再贷款1700万元,用于"扶优扶强",支持农牧民发展养殖业。9月,县联合社借入的3笔春耕生产贷款,金额1500万元相继到期,因县域受冰雹和虫害影响,遭受损失的农牧民无法按时还贷信用社发放的支农贷款,人行县支行根据联合社的再贷款展期申请,酌情展期至12月25日。11月12日,联合社向人行县支行借入第1笔跨年度支农再贷款,金额1000万元,利率1.8‰,期限半年,至2003年5月12日到期,用于"扶优扶强",支持农牧民发展养殖业。

2003年3月10日,县联合社根据对农牧民生产发展资金需求的预测,向人行县支行报送2003年支农再贷款需求7000万元的计划和《哈巴河县农村信用社农牧业贷款投放计划表》。4月1日,人民银行西安分行下发《关于进一步做好当前信贷支持"三农"工作的通知》。

2004年9月27日,人行县支行转发《阿勒泰地区农村信用社管理支农再贷款流程(试行)》,自2005年1月1日起执行。《流程》要求联合社信贷部门设专人负责登记支农再贷款总、分台账,及时与会计部门核对;使用支农再贷款的网点建立支农再贷款总台账和农户分户卡片账,农户分户账以50页为一本,并标明页号。当年,县联社累计借入支农再贷款10笔,金额6600万元。其中6000万元用于春耕生产,600万元用于县域遭受山洪侵害造成农田、草场及水利设施破坏严重的恢复生产自救,年末全部还清。

2009年,人行阿勒泰地区中心支行修订《阿勒泰地区农村信用社管理支农再贷款操作流程》,明确规定农村信用社申请借入支农再贷款时需提供的相关资料、支农再贷款由县联社统一核算管理、资金拨付形式、建立台账的依据;改进支农再贷款台账管理,取消使用支农再贷款的营业网点建立农户分户卡片账的规定。

2011年6月,县域暴发蝗虫灾害,导致草场、农作物受灾。灾情发生后,县联社安排信贷人员对灾情进行实地调查。经调查,受灾农牧民生产自救面临的困难有:1.灭蝗器具及药剂购置资金;2.受灾农田补种青储玉米无资金支付二次耕地、播种、种子、化肥等费用;3.受灾牧民无资金购买越冬草料。预测抗灾自救贷款需求5000万元,其中灭蝗器具及药剂购置款800万元;二次耕作投入200万元;越冬草料储备4000万元。6月28日,县联社向人行布尔津县支行借入支农再贷款5000万元,由各营业网点发放给受灾农牧民。此笔贷款期限6个月,利率2.7083‰,用途支农,到期日12月14日。12月13日,县联社归还该笔支农再贷款。8月,秋收季节,农户对贷款有3方面需求。1.农机大户保养收割机械和储备油料;2.购买新型农机;3.支付收割费用和雇佣人员劳务费。预测秋收贷款需求1000万元,其中收割机械保养费300万元,购买油料300万元,购置新型农机

200 万元,支付收割劳务费 200 万元。8 月 19 日,县联社向人行布尔津县支行借入支农再贷款 1000 万元,此笔贷款期限 3 个月,利率 2.5417‰,用途支农,到期日为 11 月 11 日。11 月 9 日县联社归还该笔支农再贷款。

2012 年,县联社累计借入支农再贷款 2 笔,金额 8000 万元,其中用春耕生产 5000 万元;用于"两居工程"和"妇女创业"3000 万元,年末无余额。

1999～2012 年县联社(联合社)借入支农再贷款统计表

表 14 - 1   单位:万元

年份	三个月	半年	一年	累计
	金额	金额	金额	金额
1999	0	0	500	500
2000	50	400	1300	1750
2001	850	0	1800	2650
2002	0	3100	1500	4600
2003	0	1200	5500	6700
2004	0	6600	0	6600
2005	0	0	10000	10000
2006	0	0	4000	4000
2007	0	0	0	0
2008	0	0	0	0
2009	0	0	0	0
2010	0	3000	3000	6000
2011	1000	5000	0	6000
2012	0	8000	0	8000

二、央行票据

中央银行专项票据是人行向深化信用社改革的试点省(市)的信用社(含农村商业银行、农村合作银行)定向发行的、用于置换不良贷款和历年挂账亏损的债券。专项票据期限为 2 年,年利率 1.89%(由中央银行向信用社支付利息),按年付息,不能流通、转让和质押。

2005 年,县联合社根据《国务院办公厅关于进一步深化农村信用社改革试点的意见》《农村信用社改革试点专项中央银行票据操作办法》和《农村信用社改革试点资金支持方案实施与考核指引》文件精神,结合自身实际情况,选择央行发行专项票据的资金支持方式。9 月 16 日县联社向人行布尔津县支行报送《哈巴河县农村信用合作联社增资扩股及降低不良贷款计划的实施方案》。方案拟定至 2007 年末股金余额达到 1616 万元,不良贷款占比控制在 5% 以下,拟申请认购专项票据 1000 万元。12 月 15 日中国银行业监督管理委员会新疆银监局、人民银行乌鲁木齐中心支行联合下发《关于同意阿勒泰地区哈巴河县农村信用合作社联合社增资扩股及降低不良贷款计划的批复》。年末,县联社作为一级法人社,不良贷款占比9.78%,资本充足率已达14.02%,拟置换后不良贷款占比3.17%,资本充足率已达19.09%,符合专项票据申请发行条件。

2006年1月14日,联合社向人行布尔津县支行报送《关于发行专项中央银行票据的请示》,申请2006年一季度央行发行1000万元的专项票据,用于置换650万元的不良贷款和350万元的历年挂账亏损。经人行、银监会各级管理部门按照专项票据考核程序对县联社的专项票据发行申请进行审查、审核、考核,认定符合专项票据发行条件,同意向县联合社发行1000万元专项票据。3月2日,人行布尔津县支行与县联合社签订农村信用社改革试点专项中央银行票据协议书,由中央国债登记结算有限责任公司托管县联合社认购的06专项中央银行票据1(债券代码:06010001)面额1000万元。3月21日,县联社对认购的专项中央银行票据进行账务处理,其中650万元置换呆滞贷款,共计1765笔;350万元置换历年挂账亏损。

2008年3月末,县联社资本充足率27.21%、不良贷款率1.21%、置换不良贷款处置率96.46%,其中收回现金337万元,收回率51.85%。政府扶持政策落实到位,认购的专项票据2年获利息38万元,获1994~1997年保值储蓄补贴39万元,获地方政府拨付的股金分红补贴20万元。县联社经自评达到专项票据兑付标准,于2008年4月6日向阿勒泰银监分局、人行阿勒泰地区中心支行提出《关于专项中央银行票据兑付的请示》,经银监会各级管理部门审查、审核、考核,人行各级管理部门进行复核,符合兑付标准。县联社于6月6日收到人民银行兑付的1000万元专项票据资金。

三、差别准备金率

1999年11月21日至2006年8月15日,县联合社一直执行6%的存款准备金率。期间央行对商业银行上调4次存款准备金率,与商业银行执行8.5%的存款准备金率相比,县联合社的存款准备金率低2.5个百分点。

2008年9月25日,农村信用社存款准备金率下调1个百分点,执行14%的存款准备金率,国有商业银行未做调整。12月5日,农村信用社存款准备金率下调2个百分点,执行11.5%的存款准备金率,国有商业银行下调1个百分点,较国有商业银行执行16%的存款准备金率低4.5个百分点。

2010年,央行连续6次上调存款准备金率,其间有3次农村信用社未调整。当年,新疆5地州发生特大灾害,其中阿勒泰地区哈巴河县发生特大雪灾。为支持农牧民春耕生产和抗灾救灾工作,确保农村信用社在信贷投向上优先满足农牧民春耕生产和抗灾自救的资金需要,4月3日人民银行办公厅对人行乌鲁木齐中心支行上报的《关于出台扶持政策支持新疆灾区农村信用联合社抗灾自救的请示》予以批复。对新疆五地州包括哈巴河县联合社在内的29家农村信用社的存款准备金率下调1个百分点,自2010年4月25日起实施,期限一年。9月28日人民银行、中国银行业监督管理委员会印发《关于鼓励县域法人金融机构将新增存款一定比例用于当地贷款的考核办法》,规定达标县域法人金融机构,存款准备金率按低于同类金融机构正常标准1个百分点执行。

2011年,央行落实县域法人金融机构新增存款一定比例用于当地贷款激励政策及农村信用社专项票据兑付后续监测考核激励约束政策。由于联社2010年考核指标未达标,自2011年4月25日起执行一般农村信用社14.5%的存款准备金率。

2012年,央行对县联社2011年的新增存款一定比例用于当地贷款和财务健康情况及兑付专项票据后的改革进展情况进行考核,考核结果达标。自4月1日起对联社存款准备金率下调1个百分点,执行存款准备金率 13.5%,实施期限为 2012 年 4 月 1 日至 2013 年 3 月 31 日。

四、专项借款

2010 年 7 月 22 日,自治区联社下发《新疆维吾尔自治区农村信用合作社"中国人民银行专项借款"管理办法》,确定专项借款的管理原则及用途,并制定统一专项借款资金调拨通知单和专项借款付息通知书模板,确保农村信用合作社获得的专项借款有效使用和安全归还。专项借款期限最长 8 年,还本宽限期 4 年,第 5 年开始逐年等额还本,按年利率 0.945% 计息,按季结息。

第二节　财政优惠政策

财政补贴政策主要包括保值储蓄补贴、分红补贴、涉农贷款增量奖励、金融服务薄弱地区定额费用补贴。

一、保值储蓄补贴

2004 年 8 月 17 日,国务院下发《国务院办公厅关于进一步深化农村信用社改革试点的意见》,对 1994～1997 年亏损的农村信用社保值贴补息给予补贴,由国家财政分期予以拨付。2005 年 2 月,县联社向阿勒泰监管分局三科报送《新疆盈余农村信用社保值贴息情况调查表》和《新疆亏损农村信用社保值贴息情况调查表》,1994～1997 年哈巴河县亏损信用社实付保值储蓄贴补息 37 万元。12 月,县联社收到县财政局转入上级财政部门拨付的 13 万元保值贴补息补贴,补贴到位后弥补历年亏损。2006～2007 年,财政部门每年拨付保值贴补息补贴 13 万元,联社收到后增加盈余公积。

二、分红补贴

2004 年 9 月 13 日,人民银行货币政策司发出《关于银发〔2003〕181 号和银发〔2004〕4 号文件操作中有关问题补充说明的通知》,要求当地政府为支持农村信用社改革与发展,对股东进行补贴,所需补贴资金从当地政府预算中列支。哈巴河县政府于 2008 年 1 月 31 日以营业税退税方式返还 20 万元,用于增加 2007 年度股金分红。

三、涉农贷款增量奖励

2007 年 7 月 25 日,人民银行、中国银行业监督管理委员会联合下发《关于建立〈涉农贷款专项统计制度〉的通知》。制度规定的涉农贷款包括农户贷款、农村企业及各类组织贷款、城市企业及各类组织农林牧渔业贷款及城市企业支农贷款。

2009 年 4 月 22 日,为鼓励金融机构支持三农发展,财政部出台《财政县域金融机构涉农贷款增量奖励资金管理暂行办法》。6 月 23 日,自治区财政厅、人行乌鲁木齐中心支行、中国银行业监督管理委员会新疆监管局联合发布《新疆维吾尔自治区县域金融机构涉农贷款增量奖励资金管理实施办法(暂行)》。《办法》规定,涉农贷款指县域金融机构发放的,支持农业生产、农村建设和农民生产生活的贷款。统计口径以《涉农贷款专项统计制度》规定为准。涉农贷款增量奖励指财政部门自 2008 年起对上年涉农贷款季度平均余额增长幅度超过 15%,对余额超增部分给予 2% 的奖励,同时规定对年末不良贷款率同比上升的县域金融机构不予奖励。

2009 年,联社涉农贷款年末余额 18086 万元,4 个季度平均余额 20725 万元,同比增加 7944 万元,增幅 62.15%;不良贷款率 2.51%,同比下降 2.21 个百分点。符合《新疆维吾尔自治区县域金融机构涉农贷款增量奖励资金管理实施办法(暂行)》规定的奖励条件,可予奖励贷款数量 6027 万元,奖励资金 120.54 万元,该资金于 2010 年 9 月由财政部门拨付到位。

2010 年 9 月 25 日,财政部出台《财政县域金融机构涉农贷款增量奖励资金管理办法》。2010 年 12 月 24 日,自治区财政厅、人行乌鲁木齐中心支行、中国银行业监督管理委员会新疆监管局联合制定《新疆维吾尔自治区县域金融机构涉农贷款增量奖励资金管理办法》,是对《新疆维吾尔自治区县域金融机构涉农贷款增量奖励资金管理实施办法(暂行)》进行修订完善。该办法一是对涉农贷款的定义进行修订,将统计口径以《涉农贷款专项统计制度》(银发〔2007〕246 号)规定为准,修订为《涉农贷款专项统计制度》(银发〔2007〕246 号)中涉农贷款汇总情况统计表(银统 379 表)中的农户农林牧渔业贷款、农户消费和其他生产经营贷款、农村企业及各类组织贷款农林牧渔贷款和农村企业及各类组织支农贷款为准;二是对不良贷款率进行具体规定,将"不良贷款率同比未上升",修订为"对年末不良贷款率高于 3% 且同比上升的县域金融机构不予奖励"。2010~2012 年,联社涉农贷款平均余额增幅分别为 74.72%、22.18%、75.97%;不良贷款率分别为 1.81%、1.31%、1.82%。符合《新疆维吾尔自治区县域金融机构涉农贷款增量奖励资金管理办法》奖励条件,分别获得涉农增量奖励资金 208.44 万元、43.76 万元、396.63 万元。

四、基础金融服务薄弱地区定向费用补贴

2010 年 5 月 18 日,财政部出台《中央财政农村金融机构定向费用补贴资金管理暂行办法》。办法规定,基础金融服务薄弱地区(指银监会统计和认定所确定的西部偏远地区乡镇)的银行业金融机构可以享受中央财政按照贷款平均余额一定比例给予的定向费用补贴,补贴标准为银行业金融机构对基础金融服务薄弱地区贷款平均余额(年内每季末贷款余额的算术平均数)的 2%。9 月 25 日,自治区财政厅转发《财政部关于印发〈中央财政农村金融机构定向费用补贴资金管理暂行办法〉的通知》。同时,对自治区内金融机构向当地财政部门申请补贴资金的相关要求进行明确规定。当年,根据银监部门的统计和认定,确定哈巴河县基础金融服务薄弱地区齐巴尔乡和铁热克提乡,联社符合补贴政策的网点为齐巴尔乡金融服务站和铁热克提乡金融服务站。联社全年向基础金融服务薄弱的齐巴尔乡、铁热克提乡累计投放贷款 3571.2 万元,同比增长 29.13%。年度贷款平均余额 3424.66 万元,同比增长 36.70%。其中齐巴尔乡贷款平均余额 3057.12 万元,同比增长 36.74%;铁热克提乡贷款平均余额 367.54 万元,同比增长 36.39%。根据《中央财政农村金融机构定向费用补贴资金管理暂行办法》的规定,应享受基础金融服务薄弱地区定向费用补贴 68.49 万元,其中齐巴尔乡金融服务站 61.14 万元,铁热克提乡金融服务站 7.35 万元。

2011 年 1 月 22 日,县联社向财政部门报送 2010 年度基础金融服务薄弱地区定向费用补贴申请资料,并通过财政部门的审核与确认。7 月 26 日,该补贴资金拨付到位,按照规定纳入营业外收入核算。

2012 年 1 月 30 日,县联社向财政部门报送 2011 年度基础金融服务薄弱地区定向费用补贴申请资料,通过财政部门的审核与确认。县联社于 8 月 16 日和 11 月 5 日,向财政部门提出 35 万元和

66.28万元补贴资金的拨付申请,补贴资金分别于8月17日、11月6日拨付到位,按照规定纳入营业外收入核算。当年,县联社向基础金融服务薄弱的齐巴尔乡、铁热克提乡投放的贷款平均余额5625万元,同比增长11.08%。其中齐巴尔乡贷款平均余额4742.5万元,同比增长120.1%;铁热克提乡贷款平均余额882.5万元,同比增长6.33%。根据《中央财政农村金融机构定向费用补贴资金管理暂行办法》的规定,应享受基础金融服务薄弱地区定向费用补贴112.5万元,其中齐巴尔乡金融服务站94.85万元,铁热克提乡金融服务站17.65万元。

第三节　税收减免政策

自1955年县域农村信用社成立至1986年,国家为扶持信用社发展,对信用社实行免税政策。1986年恢复征收营业税,1987年征收企业所得税。

1989年11月,为稳定农村金融,支持农村信用社发展,国家税务局发出《关于对农村信用社几个税收问题的暂行规定》,对经营性亏损和个别纳税有困难的农村信用社,可以按税收管理体制的规定,由省、自治区、直辖市税务局审批,给予定期减税或免税照顾。根据政策,县联合社除联合社营业部外,各乡信用社1989~1990年分别免征营业税20060.72元、22568.17元。

1992年11月,自治区税务局根据农行自治区分行反映的疆内农村信用社受客观经济条件、外部经营环境影响,经营艰难,亏损严重的实际情况,向全区各级税务局下发《关于农村信用社免征营业税的通知》,同意对县以下农村信用社(含县联合社的营业部)从1992年起至1993年末给予免征营业税照顾。县域农村信用社1992~1993年分别免征营业税35182.06元、41178.85元。

1994年,税收体制改革,企业按33%税率缴纳所得税。信用社缴纳企业所得税实行两档优惠税率。1.年应纳税所得额在3万元(含3万元)以下,暂减按18%税率征收所得税。2.年应纳税所得额在10万元(含10万元)以下至3万元,暂减按27%税率征收所得税。当年,县联合社营业部利润总额30531.95元,弥补历年亏损21651.44元后,利润8880.51元,按18%税率缴纳所得税1598.49元,减免所得税1332.08元。至此,县域农村信用社执行两档优惠税率政策一直延续至2008年国家颁布实施《中华人民共和国企业所得税法》。

1995年,根据自治区财政厅自治区新财综字(1995)8号文件规定,信用社自本年起免缴预算调节基金和能源交通建设基金。

1997年2月,国务院下发《国务院关于调整金融保险业税收政策有关问题的通知》,决定从1997年1月1日起调整金融保险业税收政策,将金融保险业营业税税率由现行5%提高至8%。农村信用社营业税在1997年12月31日前仍按5%征收,作为地方财政收入;自1998年1月1日起恢复按8%税率征收。国家提高金融保险业营业税税率后,对随同营业税附征的城市维护建设税及教育费附加,仍按原税率5%计征,提高3%税率部分予以免征。县域信用社按5%税率缴纳营业税,较8%税率减免营业税30460.87元。

1998~2001年9月,国家为扶持农村信用社发展,经国务院批准,决定继续给予农村信用社减免税照顾,财政部、国家税务局连续3次下发关于农村信用社征收营业税减按6%税率的文件。

2001年10月,国家为缓解农村信用社的困难,支持农村信用社发展,经国务院批准,财政部、国家税务局下发《关于降低农村信用社营业税税率的通知》,自 2001 年 10 月 1 日起对农村信用社减按 5%税率计征营业税。当年,县域信用社前三季度按 6% 税率缴纳营业税,第四季度按 5% 税率缴纳营业税。

2001 ~ 2006 年,由于县联社历史包袱沉重,经营困难,房产税在营业费用中占比较高,为早日扭亏减亏,县联社(联合社)连续 6 年向哈巴河县地方税务局申请免征房产税。经审核,均获得批复,准予免征,6 年共计免征房产税 10 万元。

2004 年,经国务院同意新疆等 21 个省(区、市)作为进一步深化农村信用社改革试点地区。为贯彻落实《国务院办公厅关于进一步深化农村信用社改革试点的意见》,经国务院批准,财政部、国家税务总局下发《关于进一步扩大试点地区农村信用社有关税收政策问题的通知》。自 2004 年 1 月 1 日起至 2006 年末,对参与试点的中西部地区农村信用社暂免征收企业所得税;自 2004 年 1 月 1 日起,对改革试点地区农村信用社取得的金融保险业应税收入,按 3% 税率征收营业税。当年,县联合社按 5% 税率缴纳营业税 42 万元。

2005 年,县联合社向县地方税务局申请抵减 2004 年多缴纳的营业税 18 万元。当年,较 5% 税率少缴营业税 21 万元,免征企业所得税 68 万元,账面未作反映,利润总额全部弥补历年亏损。

2006 年,国家为进一步支持农村信用社改革和发展,经国务院批准,5 月 14 日财政部、国家税务总局下发《关于延长试点地区农村信用社有关税收政策期限的通知》,给予进一步扩大试点地区农村信用社企业所得税优惠政策,在执行到期后,再延长三年优惠期限,延至 2009 年末;改革试点地区的农村信用社将免税收入专项用于核销挂账亏损或增加拨备,不得用于分红。当年,较 5% 税率减免营业税 25 万元,免征企业所得税 60 万元,用于弥补历年亏损。

2007 年 12 月,自治区联社下发年终决算文件要求营业税按 5% 计提,减免 2% 的营业税用于核销挂账亏损或增加拨备。当年,联社减免营业税 29 万元,免征企业所得税 126 万元,2 项减免税金全部用于增加一般准备。

2009 年,县联社按 3% 的税率计提营业税,较 5% 的税率减免 54 万元,免征企业所得税 394 万元用于增加次级贷款减值准备。

2010 年,国家为支持农村金融发展,解决农民贷款难问题,经国务院批准,5 月 13 日财政部、国家税务总局下发《关于农村金融有关税收政策的通知》,适用于自治区农村信用社税收政策有:自 2009 年 1 月 1 日至 2013 年 12 月 31 日,对金融机构农户小额贷款利息收入,免征营业税;自 2009 年 1 月 1 日至 2013 年 12 月 31 日对金融机构农户小额贷款利息收入在计算应纳税所得额时,按 90% 计入收入总额,待免征企业所得税优惠政策至 2009 年末到期后执行;自 2009 年 1 月 1 日至 2011 年 12 月 31 日,农村信用社金融保险业收入减按 3% 税率征收营业税;农户小额贷款利息收入应免征的营业税,在以后应纳营业税税额中抵减或者予以退税。当年,县联社农户小额贷款利息收入免征营业税 99 万元,减免企业所得税 46 万元;执行优惠税率减免营业税 83 万元;申请抵扣 2009 年农户小额贷款利息收入已缴纳的营业税 43 万元。

2011 年 7 月 27 日,财政部、海关总署、国家税务总局下发《关于深入实施西部大开发战略有关税收政策问题的通知》,自 2011 年 1 月 1 日至 2020 年 12 月 31 日,对设在西部地区的鼓励类产业企业减按 15% 税率征收企业所得税。县联符合该项税收政策,主管税务机关没有批准执行。10 月 17 日,经国务院同意,财政部、国家税务总局下发《关于延长农村金融机构营业税政策执行期限的通知》,农村信用社的金融保险业收入减按 3% 税率征收营业税的政策执行期限延长至 2015 年 12 月 31 日。当年，县联社农户小额贷款利息收入免征营业税 109 万元，减免企业所得税 49 万元，执行 3% 优惠税率减免营业税 67 万元。

2012 年 4 月 6 日，国家税务总局发出《关于深入实施西部大开发战略有关企业所得税问题的公告》，自 2011 年 1 月 1 日至 2020 年 12 月 31 日，对设在西部地区以《西部地区鼓励类产业目录》中规定的产业项目为主营业务，且当年度主营业务收入占企业收入总额 70% 以上的企业，经企业申请，主管税务机关审核确定后，可减按 15% 税率缴纳企业所得税。经县主管税务机关批准，县联社享受该项税收优惠政策。当年，县联社农户小额贷款利息收入免征营业税 101 万元，减免企业所得税 46 万元；执行 3% 优惠税率减免营业税 106 万元；执行 15% 的优惠税率减免企业所得税 421 万元；申请抵扣 2011 年未享受优惠税率多缴纳的企业所得税 266 万元。

1990~2012 年县联社(联合社)税收优惠统计表

表 14-2

年份	减、免营业税	减、免所得税	免征房产税	合计金额	年份	减、免营业税	减、免所得税	免征房产税	合计金额
1989	2	0	0	2	2001	5	0.11	1	6.11
1990	2	0	0	2	2002	0	0	1	1
1991	0	0	0	0	2003	0	0	2	2
1992	4	0	0	4	2004	18	0	2	20
1993	4	0	0	4	2005	21	68	2	91
1994	0	0	0	0	2006	25	60	2	87
1995	0	0.15	0	0.15	2007	29	126	0	155
1996	0	0	0	0	2008	40	205	0	245
1997	3	0	0	3	2009	97	394	0	491
1998	3	0	0	3	2010	182	46	0	228
1999	3	0.06	0	3.06	2011	176	315	0	491
2000	2	0	0	2	2012	207	467	0	674

第十五章 信用工程

2002年2月26日,哈巴河县联合社根据上级要求,在全县正式启动信用工程工作。通过开展信用户、信用村、信用乡镇评定及加强自身信用建设,推进农村信用社端正经营方向,转换经营机制,建立农村金融生态环境。农村信用社、地方政府、村委会和农户在诚信基础上加强合作,共建"四位一体"的社会信用服务体系。在地方政府、村委会的支持协助下,由农牧户自愿参与,建设由农村信用社主持和管理,为农牧民生产、生活、经营提供免担保的小额信用贷款管理体系。

第一节 组织机构

2002年4月15日,县联合社成立创建"信用村"活动领导小组,组长王海勇,副组长窦德贵、吾拉什,成员为各乡信用社主任。

2009年3月4日,哈巴河县成立农村信用工程建设工作领导小组,组长张献成(县委书记),副组长哈不都拉(县委副书记、县长)、任广鹏(县委副书记、政法委书记)、张军剑(县委常委、组织部部长)、王学章(县委常委、宣传部部长),成员冯万里(人民银行布尔津县支行行长)、胡连康(阿勒泰银监分局监管三科科长)、董朝晖(县农村信用合作联社理事长)、任清瑞(县财政局局长)、吴建华(县直机关工委书记)、张文江(县工商局局长)、戴中华(县委基层办主任)、刘勇(萨尔塔木乡党委书记)、鲁德旺(加依勒玛乡党委书记)、郭刚(齐巴尔乡党委书记)、张传飞(库勒拜乡党委书记)、杨光辉(萨尔布拉克乡党委书记)、王思勇(阿克齐镇党委书记)。领导小组负责各乡镇信用工程建设的组织和领导,制定信用乡镇创建规划,审订各乡镇信用工程建设方案,组织验收信用乡镇信用工程建设工作,监督和检查信用工程建设工作,实施信用工程建设工作的考核和奖惩,负责信用工程建设工作中重大事项的协调、研究、决策和处理,拟订哈巴河县农村信用社服务"三农"的规划和措施等。领导小组下设办公室,负责全县农村信用工程建设日常工作,办公室主任由张军剑兼任,办公室副主任由董朝晖、任清瑞、戴中华兼任。各乡镇均成立相应的信用工程建设工作领导小组,下设办公室,领导各乡镇信用工程建设工作。

2010年,县联社成立深化信用工程建设领导小组,组长董朝晖,副组长窦德贵、吾拉什,成员孙红、贾敬伟、王桂兰、崔云虹、王秀云、贾博、王志友、王琳。领导小组下设办公室,办公室设在信贷部,办公室主任王琳。

第二节　信用评级

2009 年 3 月 6 日,哈巴河县农村信用工程建设工作领导小组下发《关于印发〈哈巴河县创建农村信用工程实施意见〉的通知》,决定在全县农村信用社开展以创建信用户、信用村、信用乡镇为内容的农村信用工程创建活动。实施意见对信用户、信用村、信用乡镇创建的基本原则、信用等级分类、评定标准及信用户授信额度等做统一规范。创建工作坚持实事求是、循序渐进原则,即创建活动要坚持实事求是、循序渐进,先试点、后推广,做到以点带面,稳步推进,注重实效,做到成熟一个,推广一个,切实发挥典型示范作用;自愿申报原则,即村民(已列入扶持对象的贫困户除外)以户为单位自愿申请参加信用户评定,村民委员会根据本村具体情况自愿申报参加信用村评定,乡镇根据本辖区情况自愿申报信用乡镇评定;定量考核原则,即采取信息数据与定性分析相结合,进行综合考察;分级评审原则,即采取村级评价村民,乡镇级评价村级,县级评价乡镇办法;年度调整原则,即采取二年一评价,实行信用等级有升有降的动态管理。信用户、信用村、信用乡镇各分为三个等级,即 AAA 级(优秀)、AA 级(较好)、A 级(一般)。

一、评定标准

(一)信用户标准

AAA 级标准　积极主动地如实向村委会和信用社报送家庭经济情况;在信用社的股金达到 1000 元以上;持有一定授信额度的贷款证;按计划归还金融机构的贷款本息;积极主动地配合信贷员和协管员的工作;积极缴纳各种费用;积极主动配合村、乡和上级领导的工作;遵守各项法规和政策规定;全家人文明礼貌、道德品质好;家庭幸福美满;与全体村民团结互助;家庭经济发展名列前茅且进入规模经营;具有一定规模的自有资金;获得乡镇级以上各种表彰、奖励和荣誉称号;在人民银行个人信用信息基础数据库中无不良信用记录。

AA 级标准　能够自觉自愿、诚实地向村委会和信用社提供家庭经济状况;持有信用社的股金证和贷款证;按期归还金融机构的贷款本息;提前缴纳各种费用;没有任何债务;讲文明、讲礼貌、讲道德;家庭和睦;邻里和睦;吃苦耐劳;家庭经济发展,有稳定的资金来源;有一定程度的积蓄;在人民银行个人信用信息基础数据库中无不良信用记录。

A 级标准　持有信用社股金证;经催收后考察评价时不欠金融机构的贷款本息,按时交纳各种费用,没有任何一方债务;没有任何不良行为;家庭和睦;邻里之间团结和睦;勤劳;家庭生产经营进入正常;家庭有基本劳动力;在人民银行个人信用信息基础数据库中无不良信用记录。

(二)信用村标准

A 级及以上信用户比例在 90% 以上的为 A 级信用村;AA 级及以上信用户比例在 90% 以上的为 AA 级信用村;AAA 级信用户比例在 90% 以上的为 AAA 级信用村。同时,信用村应具备:各项金融方针政策和信用社有关信贷管理制度能够贯彻执行;乡镇政府、村党支部和村委会能够有效落实《农村小额信用贷款管理协议书》;村党支部和村委会经济发展有规划,创建信用村有计划、有措施、有目标、有落实;在信用社开立基本存款账户。

（三）信用乡镇标准

A 级及以上信用村比例在 60% 以上的为 A 级信用乡镇；AA 级及以上信用村比例在 60% 以上的为 AA 级信用乡镇；AAA 级信用村比例在 60% 以上的为 AAA 级信用乡镇。

二、授信额度

2009 年信用户授信额度，A 级信用户最高授信标准 2 万元；AA 级信用户最高授信标准 2 万元；AAA 级信用户最高授信标准 5 万元。2010 年，县联社根据《新疆维吾尔自治区农村信用合作社农户信用评级及授信管理办法》相关规定，调整信用户小额信用贷款授信额度，对 AAA 级信用户授信额度由最高 5 万元调整至最高 10 万元，AA 级信用户授信额度由最高 3 万元调整至最高 8 万元，A 级信用户授信额度由最高 2 万元调整至最高 5 万元。

三、信用评定

2002 年，县联合社开展信用工程建设工作。共评定信用户 678 户；评定信用村 5 个，分别为齐巴尔乡萨亚铁列克村、喀斯哈英村、加依勒玛乡阿克墩村、萨尔塔木乡铁克吐尔玛斯村、阿哈托拜村，并于 3 月 6 日在县三级干部会议上被授予信用村牌匾。全年发放农户小额信用贷款 1232 万元。信用户、信用村的评定与农户小额信用贷款的发放，为全县农牧户树立榜样，形成守信光荣、失信可耻的良好氛围。

2003 年 1 月 20 日，人行县支行下发《关于哈巴河县农村信用社创建"信用村"工作的通知》。3 月 21 日，哈巴河县农村合作金融体改领导小组评选阿合加尔村、萨亚铁热克村、铁克吐玛斯村、阿合吐拜村、阿克敦村为信用村。给予 5 个村贷款优先、利率优惠、贷款手续简便等优惠政策。

2004～2005 年度，根据《阿勒泰地区信用企业管理办法（试行）》及《阿勒泰地区企业信用评定办法（试行）》精神，经哈巴河县信用领导小组评定，确定哈巴河县农村信用合作联合社、哈巴河县阿舍勒水泥建材有限责任公司、哈巴河县雅居床服有限责任公司、中国石油天然气股份有限公司新疆哈巴河县经营部、阿勒泰电力有限责任公司为哈巴河县 AA 级信用企业。2005 年底，有信用村 7 个，培育发展信用户 2800 户，建立农牧户经济档案 8620 户，农牧村养殖育肥品种改良大户 585 户，建立家庭农场 58 个，新增养殖小区 7 个。

2008 年末，全县共有信用村 5 个，信用户 580 户。县联社累计发放小额农户信用贷款 7897 万元，同时给予信用村、信用户贷款优先、利率优惠政策，支持农牧民农牧业生产。

2012 年，县联社新信贷管理系统上线运行，为农户信用评级提供先进科技手段，实现农户信用等级评定自动化。信用社进一步完善农户经济信息，完成存量客户的信用评级工作。哈巴河县辖 6 乡 1 镇、113 个行政村，服务区域农户 13340 户，建档 12771 户。其中评定信用户 2587 户，占农户总数 19.39%，占建档评级客户 63.27%；AAA 级 20 户、AA 级 985 户、A 级 1582 户；信用村 5 个，占行政村总数 4.42%。农户贷款金额 45194 万元，其中农户小额信用贷款余额 433 万元，占农户贷款余额 0.96%。

第十六章　资产风险管理

哈巴河县农村信用社成立以后,行政隶属多变,经营管理、人员管理、内控管理不规范,长期遭受信贷风险、道德风险、合规风险困扰。1978年中共十一届三中全会后,国务院相继出台《关于农村金融体制改革的决定》《深化农村信用社改革试点方案的通知》,确定农村信用社新的改革方向,明确农村信用社的性质、职能和定位,使农村信用社迈入自主经营,自我约束,自我发展,自担风险的改革发展之路。县联社以经营管理为中心,建立健全风险管理体制,提高风险管理水平。特别是从2006年自治区联社成立后,通过规章制度的补充完善以及合规文化建设工作的开展,农村信用社风险管理得到加强,最大限度地减少各类风险可能造成的损失,风险状况明显好转。

第一节　风险防控

一、制度建设

1983年,国务院决定中国人民银行专门行使中央银行职能,建立初步中央银行制度,开始把农村信用社风险管理提到议事日程。

1988年,县域信用社执行财政部《金融保险企业财务制度》,明确贷款按正常、逾期、呆滞、呆账划分,后3类合称不良贷款。

1995年,县域信用社根据中国农业银行下发《关于农村信用社盘活信贷资产存量工作的意见》,明确盘活贷款存量工作目标,采取各种措施盘活贷款存量,强化信贷资产监测考核,做好呆账贷款核销工作。

1996年,县域信用社执行国家税务总局、国务院农村金融体制改革部际协调小组办公室印发《农村信用合作社贷款呆账核销暂行规定》,明确核销原则、贷款呆账认定条件、贷款呆账核销程序、核销后的贷款呆账管理和账务处理等内容。

1997年,县联合社根据《农村信用合作社贷款呆账核销暂行规定》,明确对5万元(含5万元)以下贷款呆账核销审批权限,由各信用社报联合社,联合社主任根据各信用社上报的《信用社贷款呆账核销审批表》,组织信贷、财会、稽核等部门逐笔核实后核销,同时抄送县国税局备案。对5万元至50万元(含50万元)内贷款呆账核销审批权限,由联合社、县国税局审核签署意见后上报阿勒泰地区农金体改办审批。对50万元以上贷款呆账核销审批权限,由阿勒泰地区农金体改办上报新疆农金体改办审核批准。联合社对核销后的贷款呆账实行账销案存处理办法。对收回已核销的贷款呆账计提劳务费,具体办法是收回金额占已核销贷款呆账30%以内,按收回金额10%计提劳务费;收回金额占已核销贷款呆账30%~60%,按收回金额8%计提劳务费;收回金额占已核销贷款呆账60%以上,按收回金额5%计提劳务费。同年,联合社根据阿勒泰地区农金体改办《阿勒泰地区农村信用社复活收回不良贷款管理暂行办法》,明确复活收回不良贷款原则、复活收回不良贷款条件和对象、复活收回不良贷款措施、不良贷款管理、复活收回不良贷款检查、复活收回不良贷款承包、复活对象选择、复活收回不良贷款要求、奖惩等内容。

1997年,县联合社执行人民银行《农村信用合作社资产负债比例管理暂行办法》《农村信用社金融资产风险权数》,明确风险权数为0的资产、风险权数为10%的资产、风险权数为50%的资产、风险权数为100%的资产。

1998年1月,县联合社根据中国人民银行下发《关于进一步完善和加强金融机构内部控制建设的若干意见》,明确内部控制建设指导思想和目标、内部风险评估和监测制度、依法合规经营、强化内部稽核、加强职业道德教育等。12月,县联合社根据中国人民银行下发《关于修改农村信用合作社资产负债比例管理指标的通知》,明确流动充足性指标、资产安全性指标、资本充足性指标、收益合理性指标。同时,明确联社金融资产风险权数。

1999年11月,县联合社根据中国人民银行下发《农村信用社分类指导和处置意见》,明确信用社分类的目的及意义、分类具体标准、五类划分注意事项、分类指导和处置要求等。

2000年,县联合社制定《哈巴河县农村信用社清收核销贷款管理办法》。明确责任认定坚持"客观公正、认定准确、界限明晰、责任清楚"的原则,做到"事前防范为主,事后惩戒为辅"。责任认定范围为执行四级分类标准的后三类不良贷款项目(五级分类标准的后三类不良贷款项目)和相关责任人;因严重违反业务操作程序给基层信用社造成损失的不良资产管理项目和相关责任人。在收回历年核销贷款及新增不良贷款时,各信用社将任务分解、落实到人。对以前年度呆账时间较长、收回难度大的核销贷款通过与借款人进行谈话、对其收入来源跟踪调查来找出对信用社有利因素和证据,收回核销贷款。同年,县联合社执行中国人民银行下发《加强金融机构依法收贷、清收不良资产的法律指导意见》。

2001年3月20日,县联合社制定《哈巴河县农村信用社关于收回"两呆"贷款的奖励办法》,明确奖励基本原则、清收方法及范围、奖励方法等。

2003年,县联合社制定《哈巴河县农村信用社清收不良贷款管理暂行办法》,明确清收不良贷款原则、措施、管理考核及奖惩办法等。

2004年2月,县联合社根据中国银监会《农村合作金融风险评价和预警指标体系(试行)》,明确风险评价和预警指标计分标准(资本充足性指标、流动性指标、安全性指标、效益性指标、综合发展能力指标、管理能力)、单项风险指标的监测和预警、风险综合评价、风险综合分类处置等。8月,县联合社根据《新疆农村信用社抵债资产管理暂行办法》,明确抵债资产管理原则、抵债资产接收条件方式、处置抵债资产原则方式、抵债资产处理后分配等。

2005年11月,县联合社社根据中国银行业监督管理委员会《不良金融资产处置尽职指引》,明确处置不良资产原则、资产剥离(转让)和收购尽职要求、资产管理尽职要求、资产处置方式选择与运用尽职要求、资产处置定价尽职要求、尽职检查监督要求、责任认定和免责等。

2006年7月,县联社根据中国银监会办公厅《关于建立农村合作金融机构经营和风险情况分析报告制度的通知》,明确报告主要为报告期业务经营基本情况、主要变化及原因,报告期风险基本状况及变化,经营管理中存在的主要问题及已经暴露和尚未暴露的风险隐患,对下一个报告期业务经营及风险状况变化趋势预测和监管措施及建议;分析主要内容为经营情况分析(负债情况分析、资产情况分析、经营业绩分析)、风险状况分析(风险状况总体评价、信用风险分析、流动性风险分析、操作风险分析、市场风险分析、拨备提取及风险抵补情况分析、重点风险提示)、报告的方式及时间、其他要求等。

2007年2月,县联社根据《新疆维吾尔自治区农村信用合作社资产负债比例管理办法》,明确规定资产负债比例管理遵循"指标管理,以存定贷,比例控制,逐级监督"的原则。根据《新疆维吾尔自治区农村信用合作社抵债资产管理办法》,明确抵债资产管理原则、管理体系和职责、抵债资产范围、抵债资产接收、抵债资产管理、抵债资产出租、抵债资产处置、审批权限、抵债资产的核算、考核和检查等。

2008年,县联社制定《哈巴河县农村信用合作联社不良贷款清收制度》,规范不良贷款管理行为,提高不良贷款处置效率,确保不良贷款价值回收最大化,明确不良贷款管理的组织及处置权限、不良贷款分类与认定、不良贷款调查与估值、不良贷款分类管理、不良贷款处置、不良贷款的监测与检查、不良贷款清收管理的考核奖励等。制定《哈巴河县农村信用合作联社其他资产风险分类制度》,明确其他资产风险分类的目的、其他资产风险分类适用范围、其他资产风险分类原则、分类方法、其他资产风险分类标准等。

2009年,县联社执行中国银监会《农村中小金融机构风险管理机制建设指引》《银行业金融机构建立存款风险滚动式检查制度的指导意见》《新疆维吾尔自治区农村信用合作社2006年底以前形成不良贷款损失责任追究处理办法》《关于加强不良资产清收激励费用管理的通知》。

2010年7月,县联社根据《新疆维吾尔自治区农村信用合作社重大信贷风险报告制度》,明确重大信贷风险报告标准范围和内容、报告程序、问责等。根据《新疆维吾尔自治区农村信用合作社风险管理指导意见》,明确风险管理任务目标原则、组织体系、范围和程序、运行机制、计量和方法、理念和文化、监督与评价、考核问责等。根据《新疆维吾尔自治区农村信用合作社信贷资产风险分类管理办法》,明确信贷资产风险分类核心定义、分类标准、管理体系和职责、分类程序、认定权限、分类管理、监督检查、贷款损失准备计提、违规处罚等。根据《新疆维吾尔自治区农村信用合作社不良资产尽职处置管理办法》,明确不良资产交接尽职要求、不良资产管理尽职要求、不良资产清收处置尽职要求、检查监督要求等。根据《新疆维吾尔自治区农村信用合作社不良资产诉讼保全管理办法》,明确诉讼保全的组织与职责、诉讼保全一般规定、诉讼案件分级管理与协调、法律事务指导与服务、诉讼档案管理、考核等。根据《新疆维吾尔自治区农村信用合作社不良资产处置定价管理办法》,明确不良资产处置基本规定、定价方法、定价程序、罚则等工作。根据《新疆维吾尔自治区农村信用合作社不良资产债权转让管理办法》,明确不良资产债权转让原则、定价与备案、转让程序、打包转让规定、监督与处罚等。根据《新疆维吾尔自治区农村信用合作社内部招标清收不良贷款管理办法》,明确招标清收不良贷款原则、一般规定、招标程序、监督管理等。根据《新疆维吾尔自治区农村信用合作社风险经理委派制管理办法》,明确风险经理任职资格、风险经理聘任调整和解聘、风险经理工作职责要求与考核等。根据《新疆维吾尔自治区农村信用合作社风险经理考核办法》,明确风险经理考核方法、考核内容和考核标准。根据《新疆维吾尔自治区农村信用合作社风险经理工作规程》,明确授信业务审查、授信后检查、不良资产管理、监测分析等。

2010年8月,县联社根据《新疆维吾尔自治区农村信用合作社风险管理机制建设实施方案》,明确风险管理机制建设总体目标与基本原则、组织领导与队伍建设、阶段目标与工作规划、监督考核与评价、近期目标与工作部署等。根据自治区联社《关于呆账贷款和抵债资产处置净损失核销问题的补充通知》，明确核销资料内容、相关资料真实性、责任人责任追究、对决策依据的说明和决策失误的处理等。

2012年，县联社制定《哈巴河县农村信用合作联社资产保全管理办法》，确保县联社信贷资产安全，最大限度减少信贷资产损失。联社要求各信用社必须要将新、老贷款防范和化解等信贷资产保全措施责任落到每个信贷人员（含原责任人）。办法实施后，对于新老贷款进行一次全面清理，需补办担保、抵押手续的按《担保法》的有关规定补办手续，该依法落实和清收的依法落实、清收，同时将贷款防范和化解保全措施责任落实到个人，采取一户一策或多策，做到制度到位，责任到位，措施到位；属于信贷员"违规、违纪、违法、失职"等发放的贷款，各信用社负责任人建立监控台账，落实考核和清收计划。

二、风险防范

1999年12月，县联合社根据上级文件精神，提出把农村信用社真正办成合作金融组织，改善农村信用社的经营状况，防范和化解金融风险。按照"自愿入股、民主管理"，主要为入股社员服务的合作制原则规范运作，健全和完善自我约束、自我管理、自我发展的机制。

2000年3月11日，县联合社印发《哈巴河县农村信用社2000年春耕生产贷款发放的有关规定》。要求坚持以农为主，优先支持本社社员，执行"三查"制度，执行贷款审查权限，完善贷款手续实行包放包收责任制，加强对贷款的稽核监督。

2004年11月26日，县联合社以集中接入直接直联方式投入支行系统，畅通农村信用社支付结算汇路，提高系统安全防范和风险管理水平。

2005年，县联合社员工因违反制度受到经济处罚及全辖通报批评的达78人次，罚款金额1万多元，平均每月违反制度6人，罚款每月900元。县联合社以罚小钱保职工前途，罚小钱提醒员工不要犯一失足成千古恨的错误。紧密结合自身实际，制定具体办法，保障信用社安全稳健运行。

2007年4月25日，县联社成立以监事长窦德贵为组长，副主任薛亮为副组长的"案件专项治理"自查工作小组。对全辖信用社业务制度落实、执行情况进行检查，重点检查各项规章是否覆盖到所有业务领域、岗位和操作环节；各项业务是否制定操作规程和细则；岗位职责制是否明确并执行；内控制度是否到位。同时对容易引发案件的关键岗位、重要岗位的人员及业务等进行重点检查。检查发现，员工思想觉悟不够高；业务素质有待进一步提高；内控制度落实不全面等问题。对于检查发现的问题，提出整改要求，限期整改。通过检查加强各信用社对各项制度执行力，遏制违法行为，防止各类案件发生。

2008年3月10日，县联社完善合规建设组织体系，加强合规文化建设，抽调具有较强业务素质、年轻富有活力的干部员工充实风险管理队伍，设立资产风险管理部和信用卡中心。

2009年，县联社与各乡镇签订案件专项治理目标责任书，健全和完善领导负责制和岗位责任制。形成一级抓一级，层层抓落实，逐级追究的责任体系。同时结合联社实际，开展案件专项稽核检查。重要岗位轮岗，全年轮换岗位22人，强制休假28人，排查员工17人，发案率为零。

2010年，县联社细化信贷管理，加强对贷款风险管理的检查、指导和纠正。争取县委、县政府以及人民法院等部门的重视、支持。规范贷款清收处置工作，使信贷资产质量进一步好转，规范贷款操作流程,从源头上控制不良贷款的增长。

2011 年,县联社领导班子把合规管理工作纳入主要议事日程和年度目标考核,作为评先选优的主要内容,坚持常抓不懈。成立以党委书记、理事长董朝晖为组长,党委委员、纪委书记、监事长吾拉西·木哈乃为副组长,经营班子和部室负责人为成员的"合规文化建设年"活动领导小组,负责整个活动的组织开展和检查督促。监察保卫部、综合办公室具体负责此项工作。分别制订"合规文化建设年"活动和"合规经营、合规操作、自查自纠"工作实施方案。明确工作步骤、方法、要求,做到有的放矢。实行"一把手"负责制,联社监事长与各信用社主任、信用社主任与职工层层签订"合规经营、合规操作"自查自纠工作责任书;联社领导、部门负责人按照分工各司其职,各负其责,争做合规带头人。在"合规文化建设年"活动中,狠抓员工培训教育,提高员工合规创造价值,合规保障发展的经营理念,把自治区联社成立以来出台的制度办法和金融职业道德规范、法律法规及各种案例作为学习培训内容,重点提高员工对基本制度的熟悉程度,强化"学法、懂规、遵纪、守则"的意识;按照统一方案,分级实施原则,对职工进行培训,共组织培训学习 42 期,参训人员达 100%,使员工认识到"合规文化建设"的重要性,理解和熟悉自身岗位内控要点,主动预防和发现风险;采取自学、集中学、分散学、岗位交流学、互动式讨论学等多种形式,学习《中小企业金融机构案件防控知识手册》《安全保卫工作操作规程》《管理制度汇编》等业务书籍。同时,结合案件防控实际,把典型案件警示教育融入活动中,剖析案件,总结教训,标本兼治。联社监督部门随时收集相关典型案例,分析原因,定期予以通报,增强学习针对性。员工记录学习笔记,并撰写 1500 字的心得体会。

2012 年,县联社党委重视案件防控工作,充分依靠员工的智慧和力量,集思广益,结合实际工作查找问题,重点对各项规章制度进行梳理,查缺补漏,使制度与实际工作相符;对内管内控、工作落实和业务流程等层面存在屡查屡犯的问题进行分析梳理,分类汇总,通过查找基础管理工作中深层次的问题和漏洞,剖析根源,制订方案及时整改。年初,全社签订案件防控责任书 6 份(机构网点负责人签订案件防控责书),实行分管责任,使案件防控责任到人,不留死角。先后召开专题会、督导会,对阿勒泰银监分局案件防控精神的落实工作进行明确部署和严格要求,不等不靠,提早下手。成立由党委书记、理事长董朝晖为组长,办公室、监察保卫部等部门负责人为成员的排查领导小组,并对排查工作做出安排部署。明确责任,各尽其职,各负其责,一把手负总责,亲自过问、主动协调、直接参与;在此基础上,逐一分解细化整改措施,逐项明确牵头、协办和督办部门,各部室加强沟通,充分信息共享,形成各部室齐抓共管、全部整体联动的格局。召开全社案件防控和安全保卫工作做大会,要求员工必须本着对自己的职业生涯高度负责的态度遵章守法,抓好安全防控工作。同时有针对性地加员工强思想教育工作,严以律己,自觉抵制、检举和纠正违反禁止性规定的行为,做到突出重点、整体推进安全防控工作。传达案件防控工作动态及上级文件,根据联社网点分散特点,采用电子邮件方式转发案件防控工作动态及上级文件,以部门、机构网点为单位组织员工学习传达,提高全体员工案件防控意识。在联社开展全方位对员工不良行排查工作,提高员工防范道德风险和业务操作风险能力,对员工不良行为排查率 100%。条线管理部门深入网点搞好案件防控及整改工作,促进整改工作落实。提高网点工作效率和抵御风险能力,防止出现因管理疲劳产生的操作风险和案件。联社在制定相关规定的同时,加强检查力度,每月由联社督导人员检查一次,检查覆盖面达 100%;组织各网点柜员(会计)主管每月进行交叉检查。在检查过程中,对业务操作熟练、制度执行规范的柜员和网点进行表扬奖励;对督导发现的问题进行通报批评。通过对网点每月两次的现场检查,减少网点差错,规范网点操作,降低风险。

第二节　资产风险管理体系

一、管理理念

县联社建立健全风险管理体系,加强队伍管理机制建设步伐,构建全面风险管理的长效机制。2008 年以后,建立由理事会、监事会、风险管理委员会、高级管理层、风险管理部门及其他有关风险职能部门等组成的风险管理组织体系,同时逐步完善规范其职能,初步建立全面、独立、垂直的风险管理组织架构,实现前、中、后台的分离,实现职能明确、责任清晰。工作中采取一线工作法,由风险管理部组织相关人员到 5 家分社、直管分理处进行专题调研,组织各信用社主任、信贷员讲解风险限额管理的信贷产品,哪些客户群体适合办理哪些贷款品种。2011 年 1 月,联社制定《哈巴河县农村信用合作联社信贷资产结构考核办法》,加大考核力度,对风险管理实行年末余额控制。

二、贷后风险监测

县联社设立风险管理委员会,制定《哈巴河县农村信用合作联社风险管理委员会工作规定》。风险管理委员会是隶属于理事会的专门机构,主要负责全社各类风险识别、计量、监测、评估并推动全员控制,实现全面风险管理。自 2011 年开始,根据发展战略和行业管理要求,确定风险偏好,制定风险分类、拨备计提、限额管理、资本保障、盈利能力、行业信贷、压力测试、风险预警等方面的战略,作为风险管理的根本准则和制定业务管理办法的基本依据。构建风险管理制度体系,逐步实现信贷、会计、中间业务等主要业务流程的优化,实现各业务条线的全流程风险控制。

三、质量管理评级体系

县联社根据《自治区农村信用社基层行社经营管理评级指导意见》和联社实际,重点从经营质量、管理能力和规模发展等方面对各信用社进行评级;年底评选经营管理评级优胜单位并奖励,同时将评级结果作为年终评选先进单位的先决条件,将年度违约损失率纳入经营目标责任制考核。客观反映各信用社风险及经营管理状况,引导各信用社树立以质量为中心的经营管理理念,提高经营管理质量和综合竞争力,实现稳健经营、稳步发展。

四、信贷资产结构调整

面对不断变化的金融环境,县联社以风险限额管理为基础,实施信贷资产产品的考核,深入推进信贷产品结构的二次调整。根据各类信贷产品的风险程度和盈利能力,科学合理地制定优先发展类、适度发展类和限制类。县联社重视贷后管理工作,不断创新贷后管理和监测、检查方式,积极开展贷后风险监测工作,增强信贷管理能力和风险控制能力。2012 年下半年,联社成立不良贷款监测检查中心,有效识别贷款潜在风险,每月进行风险提示,了解贷款客户的经营发展情况及未来走势,排查潜在风险,及早采取风险控制措施,督促相关部门制订风险化解措施,最大限度地保全资产,减少贷款损失。8 月 27 日,联社召开风险管理委员会会议,就不良贷款上升问题对库勒拜信用社、萨尔布拉克信用社进行问责,同时要求各信用社引起重视,负起责任,维护和保障全辖农村信用社事业健康发展。8月 31 日,联社不良贷款上升幅度较大,各信用社上报不良贷款情况分析报告,联社制订清收计划,提出建议。同年,联社对到期债务清偿进行风险能力监测,按月或按期搜集客户经营情况、销售收入和回笼资金等信息,对企业经营现金流进行整体深入分析,为判断企业到期债务偿还能力提供依据,深入揭示其风险点,进行风险预警,为下一步信贷投向积累参考数据。根据监测情况确定风险点及等级,将发现的风险信息传递通报有关部门,逐笔发出预警通知书。对每月监测的企业和个人情况逐一下发风险管理报告,并制订压缩计划,明确具体落实部门,按照要求在规定时间压缩,同时将监测结果作为后期贷款准入、贷后风险防控重要依据。鉴于信贷管理工作中贷前考察、贷时审查较为完善,贷后风险管理相对薄弱的实际,联社在辖属营业网点进行研究、探索,通过采取现场访谈、实地查看、定量分析等方式,分析企业经营现状,揭示客户和行业的潜在风险,风险控制取得良好成效。

五、信贷资产风险分类

1988 年,县域信用社执行财政部《金融保险企业财务制度》,明确贷款按正常、逾期、呆滞、呆账划分,后 3 类合称不良贷款。

2006 年,县联社根据中国银行业监督管理委员会《全面推行农村信用社贷款五级分类组织实施方案》,成立贷款五级分类工作领导小组,负责贷款五级分类工作。先后选派工作人员参加自治区第 4 期、第 5 期农村信用社贷款五级分类培训,同时对各信用社主任、信贷员、会计等人员进行贷款"五级分类"培训。7 月,五级分类系统上线运行。信用社贷款形态开始以贷款的内在风险程度作为形态划分标准,分为正常类、关注类、次级类、可疑类和损失类五级形态。贷款形态划分进入正常、逾期、呆滞、呆账四级形态分类和正常类、关注类、次级类、可疑类、损失类五级形态分类并行阶段。

2007 年,县联社贷款四级分类、五级分类双轨运行。8 月,信用风险管理信息系统的维护和管理工作运行。2008 年,联社实现贷款五级分类"单轨制"。

2009 年 9 月末,县联社根据《农村合作金融机构信贷资产风险分类指引》《中国银行业监督管理委员会关于农村合作金融机构贷款风险分类的补充通知》《企业贷款风险分类办法(试行)》《农村银行机构公司类信贷资产风险五级分类指引(试行)》等,修订原有的信贷资产风险五级分类,新增农村银行机构公司类信贷资产风险五级分类有关内容,对风险分类的流程、管理、考核和责任追究等做明确规定。

第三节　不良贷款处理

建社初期,信用社在广大农牧民中主要宣传"有借有还、到期归还"的贷款政策。信贷员经常下村入户参加生产,掌握情况。加之贷款数额较小,大部分贷款户都能自觉按期归还贷款。

1956 年 12 月 1 日,县域农村信用合作社执行农行自治区分行下发《关于进一步加强信用社开展储蓄,收回到期贷款的指示》,加强领导,抓住农业社分配和出售余粮机会,做好储蓄宣传工作;根据贷款户偿还能力,全部收回或分期收回到期贷款,个别困难户转期收回。

1962 年 1 月 8 日,县域公社信用分部根据人行自治区分行下发《关于继续加强收贷工作的通知》,贯彻中央关于"当年平衡、略有回兑、不再发行票子"指示,农业贷款当年发放当年收回,年末余额比上年底余额不增加的精神掌握。同时,在收贷工作中抓好落实,对有偿还能力的贷款积极收回;对确定无力偿还贷款缓收;对有的社队在备耕中发生临时困难的,适当给予贷款支持。同年,随着公社体质的调整,各信用合作社均建立民主管理制度,建立有 5 ~ 7 人组成的理事会、3 ~ 5 人组成的监事会;基层服务站增加 29 个,达到每个生产队都有一个服务站。截至年末,县域公社信用合作社共发放农贷资金 2.7 万元,其中社员生产生活贷款 2.4 万元;收回贷款 1.4 万元。

1963 年 1 月 30 日,县域公社信用合作社根据自治区人委根据国务院《关于清理历年农业贷款办法》,1961 年底以前社队、社员个人及其部门所欠国家的农业贷款均属清理范围,明确贷款必须有借有还。各信用合作社组织人员对所欠贷款进行全部清理,共清理农业贷款 16049.43 元。

1964 年 10 月 28 日,县域公社信用合作社执行农行自治区分行《关于信用社清理历年贷款的办法》,就清理旧贷款的改革、原则、方法和步骤做出规定。

1976 年,县域公社信用合作社根据中国人民银行按国务院发出的《关于加强银行工作八项规定》,在农村开展收回超支、借支、垫支款和清理欠款工作,加快货币回笼速度。年内,全县干旱、风沙、蝗灾相继发生,农作物受到危害,减产严重,给信用社收贷造成严重影响。

1980 年,县域公社信用合作社在发放贷款的同时,采取多种形式向农牧民宣传贷款的政策和原则以及回收贷款的重要意义,抓住旺季有利时机,做好贷款收回工作。

1983 年,农行和信用社共有旧贷款 114.4 万元。其中农行 103.5 万元,信用社 10.9 万元,合计占落实贷款数的 81.48%。农行落实到 33 个集体单位 50.7 万元,利息 24.2 万元和 865 个"双包"户 52.8 万元,利息 3.2 万元;信用社落实到 24 个集体单位 5.3 万元,利息 1.6 万元和 228 个"双包"户 5.6 万元,利息 0.2 万元。经过落实,共收回旧贷款 15.38 万元,遗留银行贷款 26 万元。

1985 年 5 月 13 日,县域信用社执行《农村信用合作社贷款呆账损失处理试行办法》,每户贷款呆账损失金额(指贷款结欠余额)在 300 元(含 300 元)以下,由社员代表大会报损;300 元以上 1000 元(含 1000 元)以下,报农行县支行审批;1000 元以上 5000 元(含 5000 元)以下,报农行阿勒泰地区中心支行审批;5000 元以上报农行自治区分行审批;10000 元以上由农行自治区分行审批,同时报总行。

1992 年,县域信用社加强信贷管理,提高资产质量。实行贷款分类管理,对固定资产贷款大额流动资金贷款,逐步推行审报分离制度;逐步减少信用社放款比例,对国营、集体、个体贷款全部行使抵押或担保手续;尽力盘活资产质量,抓紧清收贷款;充实信贷队伍,采取多种形式培训信贷人员,建立健全岗位责任制,提高人员的业务素质。

1995 年,县域信用社共有逾期贷款 447 万元,占年末贷款余额 97%。针对逾期贷款占用量大的问题,各信用社始终把清收工作摆在各项工作的首位来抓。在人民法院的配合下,依法上门催收逾期贷款 63 户,强制执行 3 户,调解收回贷款 9 户,行政拘留 1 人。至年末,累计收回逾期贷款 51 万元,收回贷款本息 6 万余元。

1998 年,县域信用社共有不良贷款 479 万元。县联合社组织各信用社成立不良贷款清收小组,在县人民法院的帮助支持下,协助各信用社进行依法收贷,拔掉钉子户、赖账户,震动贷款户,提高贷款人还款积极性。

2002 年,县成立以县组织部、监察局和信用社等部门为成员的行政事业单位干部不良贷款清收领导小组,截至 11 月底清收贷款 21 笔 33 万元。按照四级分类,不良贷款率由 11.1% 下降到 3.4%。至年末,县域信用社不良贷款余额 2200 万元,按五级分类占比 19%。其中历年政府行为造成的不良贷款资本金 26.5 万元,利息 37.4 万元,本息 64.0 万元;党政干部欠资本金 62.5 万元。

2003 年,县联合社针对不良贷款持续上升、信贷资产存量风险突出问题,坚持把清收不良贷款作为重点,研究清收措施和办法,将清收任务和责任落实到各科室岗位和责任人。实行工效挂钩、责任清收、严格考核、兑现奖惩,通过采取依法清收等措施,有效控制不良贷款上升势头。

2006 年,县委、县政府制定《关于支持协助涉农金融部门回收贷款的八条具体规定》,帮助县联社化解不良贷款,最大限度地降低联社投资风险。在县、乡、村逐级成立专门领导小组,负责协调农贷资金回收工作。全县各乡、村,各有关部门把清收工作与年底考核挂钩,使农贷资金回收有人抓,有人管,真正落到实处,取得实效。同时,县委、县政府发挥基层组织作用,制定《村级贷款党支部初审制度》,由村支部协调金融部门对贷款对象进行审定,使联社在贷款发放时有信用保证。至年末,县联社共回收不良贷款 600 万元,当年贷款回收率达 9% 以上,收息率达 100%,实现有史以来还款率突破。

2007 年,县联社不良贷款余额 2487 万元,占贷款余额 19.3%,比上年增加 495 万元。其中,次级类贷款 2061 万元,可疑类贷款 420 万元,损失类贷款 6 万元。五级分类不良贷款比四级分类不良贷款增加 2012 万元。

2008 年,县联社争取县委、县政府以及人民法院等部门支持,强化不良贷款清收处置工作,信贷质量进一步好转,规范操作流程,从源头上控制不良贷款发生。同年,按照自治区联社工作部署,本着放款是第一生命,有效发展质量是基础经验的工作原则,县联社领导班子紧抓各项制度落实不放松,及时研究并出台清收不良贷款的一系列政策措施,为清收不良贷款提供政策保证。实行全员目标责任制和一把手负责制,实施动态监测和责任追究,常抓不懈,最大限度地激发风险管理人员的工作积极性,调动主观能动性,想办法,抓落实,促进全年清收工作目标的实现。

2009 年,县联社根据"谁放贷,谁清收"原则,加强信贷管理,分析研究,责任落实到人。至年末,联社按五级分类不良资产余额 854 万元,不良贷款占 2.51%,比上年减少 507 万元,完成全年计划任务 104.38%。

2011 年初,县联社处理贷款金额 26 万元,处理违规人员 6 人。全年起诉案件 41 起,涉案金额 106 万元,通过法院起诉收回贷款 237 万元。

2012 年初,联社下达收贷任务后,风险部加大考核力度,落实任务到风险部每个人。从各乡将不良贷款签收后,逐一签订收贷责任书。加大对违规贷款的处理,处理贷款金额 2 万元,处理违规人员 4 人。当年,联社共收回不良贷款 472 万元,其中年初 730 万元不良贷款中收回 254 万元,比年初下达任务多收回 154 万元;央行票据置换贷款 14.7 万元,收回利息 9.99 万;通过法院执行收回贷款 4.5 万元。至年末,联社不良贷款余额 1105.34 万元,比上年增加 375.40 万元;五级分类不良贷款余额占比 1.82%,比上年上升 0.51 个百分点。

第四节　专项行动

一、"排雷"行动

2007 年 4 月 25 日,县联社成立以党委委员、副主任窦德贵为组长,党委委员、副主任薛亮为副组长的专项治理"排雷"行动检查组,对全辖信用社"排雷"行动进行检查。检查发现,资产类、负债类、资产负债共同类、所有者权益、损益类、表外科目、内控制度控制环节方面存在问题。资产类存在,投资收益未及时入账;第一季度现金未制定限额管理规定;未严格执行定期对账制度;挂账未及时清理。负债类存在,每月向开户单位发送对账单回收率达不到 100%;销户、并户时未签发对账单,剩余支票等空白凭证未如数交回;撤销账户未做销户处理;变更账户手续不全;长期"休眠"账户未按规定统一挂账;查询、冲账、补账、挂失、冻结、扣划等特殊业务经权人未签章,查询、冻结登记簿上查询人未签字;联社营业部办理挂失有3笔无申请书;重要空白凭证登记簿,差错登记簿,印章保管登记簿,协助查询、冻结、扣划登记簿登记不规范;基层信用社在办理5万元以上大额转账时未严格审查相关证明;储蓄存款以前年度有未执行实名制现象。资产负债共同类存在,1~3月对错误报单发出3笔查询,其中1笔无查复书;交换业务未做到专人专职,由柜员兼职;社内往来对账和记账岗位未分开。所有者权益存在,对信用社成立时原有股金未落实到户重新登记,个别社员退股不符合持满三年规定,手续不全。损益类存在,个别大额贷款按季结算不及时,有拖欠现象;金融机构往来收入有未及时入账现象;营业外支出一季度发生3笔,用途不明确。表外科目存在,基层信用社从联社领用4641科目支票使用时未销号,支票印章均由会计一人掌管;个别信用社在办理质押存款时未在业务系统中作冻结处理;逾期贷款应收利息未纳入表内核算;近三年已核销贷款认定审批程序不符合规定;库勒拜信用社已置换不良资产总分不符。内控制度控制环节存在,对自治区联社下发的各项规章制度未进行系统学习;对自治区联社下发的各项制度未制定相应的实施细则和操作规程;未建立领导干部及重要岗位轮岗和强制性休假制度;未建立案件举报和奖励制度;记账岗位和对账岗位未分开;未设置专职事后监督岗;未按规定配备专职计算机安全员,由监事长兼职;未建立计算机设备登记簿;未设置内勤主任岗位,各项操作监督职能未发挥作用;实行柜员制网点未执行双人管库制度。同月,县联社召开党委会对有关问题进行研究,同时提出整改方案,落实到责任人。

二、"三项整治"活动

2011年4月12日,县联社根据《自治区农村信用社2011年"三项整治"活动方案》,成立"三项整治"活动领导小组,制订具体实施方案、检查工作计划。4月13~15日,联社党委书记、理事长董朝晖参加自治区联社在伊宁县联社召开的南北疆片区"三项整治"暨农村信用工程建设现场观摩会。4月17日,联社召开紧急会议,传达自治区联社在伊宁县联社召开的北疆片区"三项整治"暨农村信用工程建设现场观摩会精神。4月27日,联社审计部、信贷管理部、资产风险部、客户部、监察保卫部、资金计划部及各信用社抽调31人,由片区负责人带队深入各个网点,调取有关资料,完成前期调查摸底工作。联社对被抽调人员进行集中培训,学习自治区联社88号文件及《哈巴河县农村信用合作联社"三项整治"活动方案》,并讨论实施细节,根据联社实际情况采取分阶段、分目标的活动计划。5月1日,联社开展"三项整治"活动,共抽调各信用社主任、信贷员及机关部室人员31人,组成5个检查工作组,细分9个小组,分三个阶段开展自查工作。联社高管分片区负责,下设检查小组,小组组长及组员实行网点交叉、网点主任交叉、信贷员交叉、民汉搭配入户核对、双人监督的检查方式展开排查。此次检查采取由联社领导包片,各职能部门驻点,各工作组负责人主抓,全员参与的组织形式。重点排查假冒名贷款、抵质押贷款,对客户贷款的担保落实情况进行全面核对,与客户户户见面,不留死角。以"三项整治"活动为突破口和切入点,树立风险管理意识,全力整治信贷秩序,提高信贷管理水平,纯洁职工队伍,提升联社整体形象,健全和完善信用工程建设工作的基础资料,推进信用工程创建工作。5月19日,自治区联社第三督导组检查人员到联社进行督导检查工作。5月27日,对"三项整治"工作进行阶段性小结,传达紧急通知。6月16日,第二批检查活动正式开始,在联社会议室召开"三项检查"工作会议,交代第二阶段检查工作内容,重点、注意事项等有关内容。8月1~5日,"三项整治"伊犁检查组进驻联社进行全面检查,出具检查验收事实确认书。10月20日,联社整改完毕"三项整治"活动中检查发现的问题,"三项整治"活动告一段落。

第十七章　财务管理

财务管理是信用社管理的主要组成部分。县联合社成立前，信用社没有专门的财务管理机构。1996年10月，县联合社与农行县支行脱离行政隶属关系后，成立会计股。2004年，县联社成立财务审查委员会，由联合社理事长、主任、监事长、副主任、会计股股长5人组成，负责县联社的财务管理和费用审议、审批事项。近20年来，信用社的财务管理随着信用社的改革不断改进管理方法，逐步完善管理制度，促进信用社的健康发展。

第一节　财务管理制度

1955年3月县域信用合作社建立后，财务工作单一，未制定专门的财务管理制度，财务管理执行1951年人民银行制定《农村信用合作社章程准则草案》，《草案》明确信用社业务、资金和决算、年终盈余分配标准等，要求信用社在业务经营和收支上力求精打细算，节省开支，严禁贪污浪费。

1957年，农业银行修订《农村信用合作社示范章程草案》，规定信用社必须贯彻勤俭办社方针，积极开展业务，合理使用资金，节约开支，增加积累；财产及用具要在登记簿上登记，妥善保管使用，不得散失或故意损坏；费用开支，应根据节约精神，编制预算，预算内开支由主任批准，追加预算应经过社员大会或社员代表大会通过。

1974年2月，人行自治区分行制定第一个《新疆维吾尔自治区农村牧区信用合作社财务管理制度》（试行草案），首次对信用社的资金、财产管理、费用管理及社干福利待遇、年终决算和盈亏处理等做出明确规定。资金管理包括资金来源、放款政策原则、垫付资金规定、长短款处理、贷款呆账处理、现金库存限额；财产管理主要是固定资产的购置计划、界定和审批权限；费用管理及社干福利待遇包括编制费用预算、开支费用标准；年终决算和盈亏处理包括决算前清理账务及积累和分配的标准。强调信用社的各项费用开支，必须贯彻勤俭办社的方针，厉行节约，反对讲排场、铺张浪费。

1984年1月，根据信用社业务发展的需要，农业银行印发《关于信用合作社财务管理工作的规定》和《信用合作社经济核算暂行办法》，增加"民主办社、勤俭办社"和实行计划管理、民主理财、独立核算、自负盈亏及经济核算和经营责任制的内容。8月，农业银行印发《关于加强信用社经济核算改进财务会计制度的若干规定》，在财务管理上修改亏损社也计提固定财产折旧基金，增加计提呆账准备金与职工福利费、退职退休及丧葬抚恤等费用的列支的内容。

1987年，农行自治区分行转发农业银行印发颁发的《农村信用合作社财务管理制度》《农村信用合作社经济核算办法》《农村信用合作社会计基本制度》，并制定《农村信用社财务会计基本制度补充规定》。农村信用社财务工作实行"统一领导、分级管理"的原则,《补充规定》确定六项经济考核指标实行百分制,分配具体分值;规定按职工标准工资扣留15%作为浮动工资与经济指标完成情况挂钩;明确计算奖金采用得分计奖的办法、应收应付利息计算采用逐笔计算的方法;还规定固定资产的单位价值及购置审批权限、财产资金多缺处理权限、暂付款项管理、提取专用基金的标准及纯益分配。

1991年8月,农业银行印发《农村信用合作社管理暂行规定实施细则》。《细则》规定,信用社要按照"权责发生制"的要求,准确地核算和反映其业务经营及财务收支情况;加强成本管理,加强固定资产管理,建立固定资产购建审批制度;按照国家税务局有关规定,在税前提取呆账准备金,用于核销和处理贷款呆账。

1992年,农业银行修订《农村信用合作社财务管理试行办法》。《办法》明确信用社的资产受法律保护不容侵犯,任何单位和个人不准平调、挤占、摊派和侵吞、私分信用社的资金财产。同时,重申信用社按照党和国家的方针、政策和制度的规定,编制财务计划,组织和管好、用好资金,搞好经济核算,降低成本费用,提高经济效益;实行财务监督,反对铺张浪费,防止贪污盗窃,保障资产安全;正确分配盈利,依法纳税,妥善处理各方面的经济关系;进行财务分析,参与经营决策,提高管理水平,促进信用社发展。当年,农行自治区分行结合新疆农村信用社的实际情况制定《关于〈农村信用社财务管理试行办法〉的补充规定》,对固定资产综合折旧率、运钞车和10万元以上基建项目审批权限;劳动保险基金、合同制职工养老金、业务宣传费、福利费、教育经费、工会经费、管理费的计提;资金和财产多缺及亏损弥补审批权限等做明确规定。

1994年6月,农行自治区分行转发农业银行《农村信用合作社财务管理实施办法》,同时制定《关于〈农村信用社财务管理试行办法〉的补充规定》。《办法》对资本金和负债、固定资产、现金资产、放款、证券及投资、无形资产与递延资产及其他资产、成本、营业收入与利润及分配、外币业务、信用社清算、财务报告及财务评价等方面都有详细的规定。《补充规定》又对固定资产分类折旧率及盘盈盘亏处理、现金资产长短款的收益的审批权限,业务宣传费、管理费的计提比例,业务招待费的开支标准做出明确规定。

1996年1月,县联合社制定《哈巴河县信用社财务管理补充办法》,规定信用社库存限额和外勤人员业务周转金限额;固定资产购置、专用基金使用、非业务性资金列入暂收暂付付款项由联社审批;工资性支出据实列支,公杂费、水电费、邮电费在规定使用范围由信用社主任审批;其他费用支出上报联社审批。7月,国家税务局印发《关于加强城乡信用社财务管理若干问题的通知》,规定农村信用社财务管理工作由各级国家税务局负责。1998年9月,县联合社制定《哈巴河县农村信用社清收"两呆"贷款的奖励办法》,对清收1992年底以前的不良贷款按发放年度划段确定奖励比例,以清收本息为奖励基数计提奖金,经联社稽核、信贷部门审核无误予以奖励清收人员。

1999年3月,县联合社制定《哈巴河县农村信用社费用管理暂行办法》,对马干费、值班费、邮电费、公杂费等费用实行限额控制,对手续费、修理费、安全设施费、低值易耗品购置等列支实行联社审批制。11月,制定《哈巴河县农村信用社差旅费报销办法》、《哈巴河县农村信用社医疗费管理办法》。《差旅费报销办法》依据新财文字〔1996〕122号文件制定,住宿费实行限额包干凭据报销办法,伙食补助和市内交通费按核定标准报销;《医疗费管理办法》为职工患病及时就诊,解决职工后顾之忧起到了保障作用。

2000年6月,县联合社制定《哈巴河县农村信用联社电话费实施办法》,对县联合社管理部门及所属营业部和分社的电话费实行"节约归公,超支自赔"的限额管理。10月,新疆维吾尔自治区国家税务局、人行乌鲁木齐中心支行联合行文转发《关于印发〈农村信用合作社财务管理实施办法〉的通知》,并结合新疆农村信用社实际情况做补充规定。《办法》根据《企业财务通则》《金融企业财务制度》及税法等法律、法规规定,增加抵债资产的核算与管理内容,对所有者权益和负债、固定资产、现金资产、贷款、投资及证券、其他类资产、成本、营业收入、利润及分配、外币业务、信用社清算、财务报告与财务评价等内容也有重大变动。补充规定又对固定资产购置、危房改造费用、现金收益或损失等审批权限,手续费、业务宣传费、专项奖金的计提标准,业务招待费的控制、坏账损失的标准做出明确规定。

2001 年 3 月,县联合社为开源节流、加强费用开支管理,制定《哈巴河县农村信用社财务管理暂行办法》,规定职工工资的 40% 和误餐费在联社设专户管理,年末与考核指标挂钩;集中财务管理权限,实行日常开支"一支笔"审批,大额开支联社领导集体研究审批;降低邮电费列支标准;职工福利的 4/14 由联社作为重大疾病医疗费统一管理等。修订《哈巴河县农村信用社医疗费管理办法》和《哈巴河县农村信用社清收"两呆"贷款的奖励办法》。这些《办法》的实施,规范哈巴河县农村信用社的财务会计行为,有效监督财务开支,为节约费用提高经济效益奠定基础。

2004 年,县联合社在管理体制上实现统一法人社后,财务由联社集中统一管理和核算,实行"资金统一管理,财务统一核算,收支统一反映,费用统一控制"的账务核算模式。

2007 年 1 月,县联社实行《金融企业财务规则》。2 月,自治区联社印发《新疆维吾尔自治区农村信用合作社财务管理制度》和《新疆维吾尔自治区农村信用合作社集中采购管理办法》。《财务管理制度》强调财务管理机构岗位设置实行"事权分离、事钱分离、相互制衡"的原则;严禁设置账外账和弄虚作假,防范和化解财务风险,实现持续经营和价值最大化。《集中采购管理办法》规定集中采购遵循"公正、公开、公平竞争和诚实信用"原则,维护信用社利益,最大限度地提高采购资金的使用效益。对采购机构与职责、采购方式及范围、采购程序等进行了明确规定。10 月,印发《关于加强新疆维吾尔自治区农村信用合作社费用管理的指导意见》,财务费用管理执行"总量控制、专项管理、绩效挂钩、分类指导"的原则,把财务费用分为基本费用、发展费用、绩效费用三类,进行分类管理和配置。

2008 年 6 月,财务管理由财政管理部门统一管理,国家税务总局不再管理,国家税务总局、中国人民银行在 2000 年制定印发的《农村信用合作社财务管理实施办法》同时失效。当年,县联社修订《哈巴河县农村信用社财务管理暂行办法》。《办法》规定各基层社代理业务的手续费结算由联社计划财务部统一按季结算;对营业费用分为五大类进行管理,一是限额控制,下拨使用的费用。如业务招待费、邮电费等。二是核定标准,定期列支的费用。如工资、劳动保护费,守库费等,由联社统一造册,定期据实列支,下划基层各社。三是统一计提,统筹使用的费用。如职工福利费、工会经费等由联社按规定比例计提、统筹使用。四是统一购置,统一使用或分期摊销的费用。如电子设备运转费、保险费、低值易耗品摊销等。五是保证日常运行,统一开支的费用。如印刷费、修理费等。7 月,自治区联社为强化全面成本管理,优化营业费用资源配置,提高经济效益印发《关于新疆农村信用社 2008 年营业费用配置的指导意见》,明确营业费用配置遵循"总量控制、确保基本、绩效挂钩、分类配置"的原则,全年营业费用总量按照人力费用、基本费用、激励费用、专项费用实行标准配置。基本费用实行零基预算方式进行配置;专项费用是针对安防设施、电子化建设等配置的特殊性费用,由自治区联社一次性下达;激励费用是指有效收入与收入费用率的乘积,收入费用率由自治区联社下达。并就费用违规的行为和处理做出具体规定。

2009 年,县联社成立集中采购管理委员会,制定《哈巴河县农村信用社集中采购实施细则》,属于集中采购的物品,按《实施细则》流程统一采购。

2010 年,县联社制定《哈巴河县联社财务审批委员会工作细则》,规定县联社财务审批委员会(以下简称"财审会")为联社财务管理工作的集体决策机构,按照有关财务管理办法和工作细则对县联社财务进行管理和决策。

财审会职责权限:1. 监督财务制度的执行,指导财务工作;2. 审批大额财务费用支出;3. 审核财务计划,审议重大投资建设项目;4. 审议清理挂账款项;5. 管理资金业务的安全性和有效性;6. 制订财务预算和股金分红方案;7. 审核财务信息及其披露。

财审会议事规则:1. 财审会根据实际工作需要经召集人或两名以上(含两名)委员提议,召开会议。2. 财审会会议应有三分之二以上的委员出席方可举行。会议由召集人主持,召集人因故不能到会时,可书面委托其他委员主持。3. 财审会委员应依据其自身判断,明确、独立地发表意见,并应尽可能形成统一意见。4. 每名委员有一票表决权,财审会做出的决议,须经全体委员过半数表决通过,财审会会议表决采用举手表决方式。5. 根据需要,财审会可邀请其他理事、监事、高级管理人员列席会议,列席人员没有表决权。6. 计划财务部经理负责财审会会议记录,形成财审会会议表决结果,委员对表决结果签名确认。若委员对会议表决结果有意见或异议,可在会议记录上写明并签名确认。7. 参加会议的委员及列席人员对会议事项负有保密责任。

2012 年,自治区联社印发《新疆维吾尔自治区农村信用合作社财务管理制度》《新疆维吾尔自治区农村信用合作社财务费用管理办法》及一系列具体的费用管理办法。县联社以自治区联社相关制度、办法为依据,修订《哈巴河县农村信用社财务费用(暂行)管理办法》,财务费用管理以"预算控制、权限管理、统一标准、厉行节约"为原则。建立财务审批制度和费用报销流程,规定日常开支在 1 万元以内(含)实行理事长"一支笔"审批制度,对超权限的费用由财务审批委员会审议、审批,有效地控制各项职工薪酬费用和营运费用。

第二节　成本管理

信用社成本是与信用社业务经营有关的各项支出,包括信用社在筹集、运用、回收资金过程中发生的耗费。

一、成本构成

1984 年以前,信用社的成本管理不规范,没有控制成本的考核指标和明确的成本管理制度。1984年,农业银行制定《六项经济考核指标》,其中存款费用率指标是构成存款成本的一部分,存款成本的另一构成部分是存款平均利率。年底,为综合反应资金来源、资金运用的平均利率和存款成本,新增会计决算附表《资金来源资金运用平均利率和存款成本计算表》。

1988 年 5 月,农业银行、财政部印发《农村信用合作社成本管理暂行办法》,第一次有了关于信用社成本管理的重要文件。《暂行办法》明确信用社成本开支的范围:1. 支付的存款利息,借用信贷资金和同业之间以及信用社之间调入资金支付的利息;2. 按不高于一年定期储蓄利率支付的股息;3. 按规定支付给信用站和其他代办单位或个人的手续费和没有固定工资的信用社民主管理组织成员、社员代表因参与信用社经营管理的误工补贴;4. 固定资产折旧费;5. 固定资产修理费,包括营业用房、办公用房、汽车、电子设备及其他固定资产的大修理和中小修理,按上级批准的金额一次或分次列入成本;

6.按规定经审查批准列入成本的出纳短款、结算赔款损失;7.在办理金融业务过程中直接发生的业务费,主要包括公用费用、低值易耗品摊销、职工工资、职工福利费、工会经费、奖金、职工教育经费、管理费等。

1993年财政部颁布《金融保险企业财务制度》。9月中国农业银行、国家税务总局制定的《农村信用合作社财务管理办法》,要求自1994年起执行。至此,信用社逐步实现成本管理规范化。信用社成本具体构成包括信用社的各项利息支出;信用社与中央银行、其他银行及金融机构之间资金往来发生的利息支出;信用社在开展业务经营过程中发生的手续费支出;营业及管理费用(包括业务宣传费、印刷费、电子设备购置与运转费、钞币运送费、保险费、邮电费、工资、税金、固定资产折旧费、呆账准备金、坏账损失等)。此后,反映信用社控制成本能力的经营指标主要有成本率、费用率、固定资本比例等;行业管理部门为考核信用社的经营管理能力往往会下达控制成本的计划指标,主要有综合费用率、固定资本比例。信用社的存款基本上是储蓄存款,一年期(含)以上的储蓄存款占比极高,为优化存款结构,降低存款成本,激励员工组织低成本资金的积极性,自1992年起,设立低成本存款奖,按低成本存款平均余额增长量的万分之三计提。

二、成本核算

1983年以前,信用社一直实行收付实现制的会计核算制度,即按本期实际收入和支出进行核算,该核算制度反映不出真正盈亏情况。

自1984年开始,根据会计制度规定,信用社由收付实现制改为权责发生制。该核算方法规定,凡是应属于当期的收入和已经发生或应当负担的费用,不论款项是否收进付出,应作为当期的收入和支出处理。

1988年以前,信用社只计算应收和应付利息纳入当期核算,其他各项仍采用原来的收付实现制来进行核算。

1988年5月,农业银行、财政部印发《农村信用合作社成本管理暂行办法》,规定信用社应将本期实际发生额列入本期成本,一些费用开支按照权责发生制原则进行核算。同时,还规定一次支付、分期摊销的费用一般不超过一年,低值易耗品在领用和报废时各摊入成本50%。自1988年起,信用社对成本的核算完全按权责发生制原则进行。

信用社成本核算项目包括利息支出、金融机构往来支出、手续费支出、营业及管理费用、固定资产折旧费、呆账准备金等其他营业支出项目。具体核算办法:

(一)固定财产折旧费

1983年哈巴河县信用社开始实行固定财产折旧办法,以综合折旧率5%计提折旧基金。1984年,固定财产综合折旧率为10%。1987年固定财产综合折旧率为7%。1994年,对固定资产进行分类折旧,采用平均年限法。

(二)呆账准备金

自1984年开始,哈巴河县信用社在决算时,按当年贷款累放金额的1‰提取,提取后存入"专用基金"科目"呆账准备金"户。

1987年按年末贷款余额5‰计提。

1994年,启用"贷款呆账准备"科目,专门反映呆账准备金的计提和使用情况。哈巴河县信用社执行《农村信用合作社财务管理办法》中对呆账准备金计提的规定,信用社的放款呆账准备金自1993

年起按年末放款余额6‰全额提取;从1993年起每年增加1‰,直至历年转结的呆账准备金余额达到年末放款余额的1.5%为止。从达到的年度起,呆账准备金改按年末放款余额的1.5%实行差额提取。

1996年,根据国家税务局文件要求,呆账准备金按年初贷款余额的9‰提取,提取后年末呆账准备金余额达到年初贷款余额的1%的,实行差额提取。

1997年决算文件规定,呆账准备金按年初贷款余额的1%提取,为防范和化解信贷风险,对年底不良贷款达到贷款余额25%的信用社,恢复按1.5%的比例差额提取。

2000年,呆账准备金按年末贷款余额的1.5%实行差额提取。

2001年,按照中国人民银行和国家税务总局制定的《农村信用社呆账准备金提取和呆账核销管理办法实施细则》精神,信用社按各类风险资产年末余额的1%差额提取呆账准备金。

2005年,根据《金融企业呆账准备提取管理办法》,决算文件要求信用社制定呆账准备计提计划,逐步加大提取拨备力度,2005年按不低于4%的比例提取呆滞贷款拨备。县联合社按年末风险资产余额的1%差额提取了呆账准备,同时按15%的比例提取呆滞贷款专项准备。

2006年,按自治区联社下达计划和阿勒泰银监分局做实利润的要求,贷款专项准备按四级分类提取,即正常贷款1%、逾期贷款2%、呆滞贷款25%、呆账贷款100%的比例进行提取。年底,县联社贷款专项准备提取比例分别达到正常贷款1%、逾期贷款2%、呆滞贷款76%(无呆账贷款);其他风险资产呆账准备提取比例达到1%。

自2007年开始,县联社信贷资产和非信贷资产按五级分类进行足额提取贷款损失准备,提取标准为正常类1%、关注类2%、次级类25%、可疑类50%、损失类100%。

2012年,财政部印发的《金融企业准备金计提管理办法》规定,按贷款五级分类结果提取拨备,标准为正常类1.5%、关注类3%、次级类30%、可疑类60%、损失类100%;非信贷资产按五级分类结果,参照信贷资产计提标准计算非信贷资产。决算文件要求非信贷资产提取拨备标准为正常类1%、关注类2%、次级类25%、可疑类50%、损失类100%。年底,县联社贷款减值准备提取比例分别达到正常类4.11%、关注类3%、次级类230.93%、可疑类116%、损失类328.3%;非信贷资产减值准备提取比例达到提取标准;贷款拨备覆盖率429.46%、贷款拨备率7.82%,贷款总拨备率9.70%。

(三)管理费

自1986年开始,县级合作管理部门(合作管理股、县联社)的管理费用按信用社在职人数分摊到各社。

1991年起,信用社上缴县联合社的管理费执行按业务收入的一定比例计提,当年计提比例为2.5%,县联合社向上级管理机构按管理费的10%缴纳。此后,1994年计提基数改业务收入为总收入,直到1996年,5年期间,执行的管理费计提比例和上缴上级管理机构比例各有不同,但计提比例未超过3%,上缴比例未超过35%(1992、1993、1994年计提比例3%,1992上缴20%、1993年未缴、1994上缴20%;1995年计提比例2%,上缴20%;1996年计提比例2.5%,上缴35%)。

1997年,管理费提取比例为各社总收入的2.5%,联合社按管理费的20%上缴上级管理部门,80%留为自用。

2006年以后,县联社按统一法人社总收入的0.5%只计提上缴自治区联社的管理费,自身不再使用管理费。

2010年起,自治区联社改变以往下达管理费计提标准的方法,规定自治区联社管理服务费分摊按照国家税务总局《关于农村信用社省级联合社收取服务费有关企业所得税税务处理问题的通知》精神执行。自治区联社所发生的各项费用支出按营业收入占比向各机构分摊(即各机构本年度应分摊的费用＝省联社本年度发生的各项费用×本年度该机构营业收入／本年度各机构营业收入总额),县联社按自治区联社分摊的费用额度进行上缴。

(四)职工福利费

自1984年开始,按照信用社职工工资总额的11%提取,以及按财政部门规定标准发给职工的洗理费也列入职工福利费。

1987年,农行自治区分行规定计提的职工福利费十一分之四用于职工福利,十一分之七用于职工医药费。

1992年以后按工资总额的14%提取,并且县联社规定职工福利费十四分之五用于职工福利,十四分之九用于职工医疗(其中十四分之五用于职工医疗费包干,十四分之四联社统筹管理,用于职工住院的医疗费报销)。

2008年按照《金融企业财务规则——实施指南》规定,县联合社不再计提职工福利费,使用职工福利费时直接在成本费用中据实列支,但控制在职工工资总额14%以内,对以前统筹集中管理的医疗费节余部分,县联社统一给职工购买了5年期商业保险。

2012年,自治区联社印发的《新疆维吾尔自治区农村信用合作社职工福利费管理办法》中规定职工福利费主要包括职工福利保障支出、职工福利补贴支出、职工福利补助支出、集体福利支出和其他福利支出,执行"依法合规、预算控制、优先保障、核算规范"的管理原则。

(五)养老保险

自1985年开始,信用社按工资的一定比例计提职工退休费,上缴阿勒泰地区农行中心支行。1985年到1988年期间,除1986年计提比例为20%,其他三个年度计提比例为10%。1989年,按固定工和合同工工资分别提取固定工退休费、合同工养老金,合同工养老金设专户管理。1989年至1995年期间,除1989和1990年固定工退休费计提比例为15%,其他年度为20%;合同工养老金计提比例为15%。1996年信用社劳动用工实行全员劳动合同制,计提劳动保险费执行统一标准。1996至1997年计提比例为20%;1998年至2002年计提比例为16%,其间计提基数自2001年改为上年工资,2003年以后计提比例20%。2002年,县联社实现社会化参保,从1996年起向自治区社会保障管理局补缴养老保险。

(六)失业保险金

自1989年开始,信用社按工资总额的1%计提待业保险金,2000年改为失业保险金,计提比例为2%。2005年,以上年平均工资为计算基数,计提的失业保险金按月向社会保障管理局缴纳。

(七)医疗保险金

自2005年开始,县联社按上年平均工资的6%计提,按月向社会保障管理局缴纳。

(八)工伤保险金

自2007年开始,县联社按上年平均工资的0.5%计提,按月向社会保障管理局缴纳。

(九)生育保险金

自2007年开始,县联社按上年平均工资的0.6%计提,按月向社会保障管理局缴纳。

(十)住房公积金

自2002年开始,县联社按工资总额的10%计提住房公积金,集中给职工建立专户管理;2008年,阿勒泰地区住房公积金管理中心批复县联社住房公积金缴存比例为12%。县联社以上年平均工资为缴存基数，按月计提向县住房公积金管理中心缴存。

（十一）企业年金

2011年，为了保障和提高员工退休后的生活待遇和水平，建立多层次的养老保险体系，调动员工工作积极性，促进信用社持续健康发展，县联社召开第二届第七次理事会通过了建立企业年金的决议，开始实行企业年金制。企业年金按上年度平均工资的8%提取。

（十二）手续费支出

1994年，《农村信用社财务管理实施办法》规定对代办储蓄存款业务按照年平均余额的1.2%规定支付手续费；对收回核销贷款按不超过本息的5%奖励清收人员。

1998年县联合社规定，对收回1978年以前的呆滞贷款，按本息的20%予以奖励；收回1979年至1983年以前的呆滞贷款，按本息的15%予以奖励；收回1984年至1992年以前的呆滞贷款，按本息的10%予以奖励。对收回1978年以前的呆账贷款，按本息的50%予以奖励；收回1979年至1983年以前的呆账贷款，按本息的40%予以奖励；收回1984年至1992年以前的呆账贷款，按本息的30%予以奖励。

2000年，执行代办储蓄存款业务按照年平均余额8‰支付手续费；收回不良贷款按收息的10%予以奖励、收回已核销贷款按收回金额的10%予以奖励。2001年，县联合社规定收回不良贷款按时间划分奖励档次，即收回1985年以前的，按收回利息的30%给予奖励；收回1985年至1990年的，按收回利息的20%给予奖励；收回1990年至1995年的，按收回利息的15%给予奖励。

2007年，根据自治区联社印发《新疆维吾尔自治区农村信用合作联社农村小额信用贷款协管员管理办法》，县联社每年给予聘请的农业贷款协管员一定金额的补助和奖励，具体标准是：1.责任片区贷款本息收回率达到100%的，协管补助1000元，奖励300元。2.责任片区贷款本息收回率达到98%（含）的，协管补助1000元。3.责任片区贷款本息收回率达到95%（含）~98%之间的，协管补助800元。4.责任片区贷款本息收回率达到91%（含）~95%之间的，协管补助500元。

2008年，央行票据兑付通过后，县联社对以现金清收方式收回的已置换不良贷款本金给予8%的奖励。

第三节　财务收支

几十年来，农村信用社的财务收支总体上呈增长趋势。由于各种原因，不同时期，增长幅度不同。

1976年以前，信用社的财务收支虽然每年有所增加，但速度很慢。到1976年底，全县信用社的总收入仅有20519元，比1966年的3514元增长4.84倍，年平均增长1700元。其增长缓慢的原因：一是农村以粮为主，商品经济极不发达，存款不多，贷款也少，信用社业务量不大；二是信用社放款利率低，贷款利息按实收进账，较长时间实行利随本清；三是信用社不以营利为目的，亏损由银行补贴，组织收入不积极；四是业务单纯，增加收益的渠道不多。

这一时期，信用社支出的增长也不多。1976年信用社纳入大集体编制以前，信用社行政领导隶属于乡政府（公社），信用社不纳税，开支相对较少。真正由信用社支付的有两大项，一项是存款利息，另一项是各项费用，主要是工资、印刷账表费和公杂费。

1977年至1984年，信用社的收支有一定程度的增长。

收入方面:1984年总收入是27万元,比1976年增长12.5倍,年增长3万元。收入增长的因素,首先是中共十一届三中全会以后放宽了农村政策,经济体制实行了以公有制为主、多种经济成分并存,实行多种经营。其次是调整信贷政策,重点支持商品零售业和个体私营运输,扩大了贷款规模,发展了存款,增加了业务量,促使收入增加。第三是贷款利率有所提高,并实行贷款按季收息和计算应收利息。此外,银行也给予信用社存贷款政策性补贴和代办手续费。支出方面逐年增加。增加的因素:一是职工数量增加,工资和福利项目增加,标准提高。二是存款增加,利率提高,利息开支增大。三是由于业务量的增长,各种费用如印刷、宣传、交通、办公等费用均相应增加。

从1985年信用社恢复"三性"到1996年信用社与农业银行"脱钩"的十年间,信用社的财务收支增长较快。1985县域信用社的总收入为35万元,比1984年增加8万元;1996年县域信用社总收入为309万元,比1984年多收入282万元,增长9.4倍,年平均增长23.5万元。总支出为456万元,比1984年多支出432万元,增长18倍,年平均增长36万元。随着农村集体土地推行联产承包责任制,激发农牧民生产积极性,经济市场逐渐放开,资金需求迫切,信用社有了发展业务的基础。收入增长的因素:一是信用社向承包户生产经营者放款增多,利息收入增加。二是利率提高。随着几次利率的调整,信用社银行转存款利率有所提高,放款利率也提高了,并且还可在基准利率的基础上最高上浮到50%。此外,信用社调出的资金和在人民银行存入的特种存款,利率较高。三是信用社清收非正常贷款工作比以前有所加强,收入的利息增多。1986年以后,信用社的各项收支均在增加,但支出增长比收入要快得多。支出增长的因素:一是存款利率几次提高,定期存款比重大,利息支出增多。二是两次长期保值储蓄存款贴补额,由信用社自行消化。三是新职工增加,工资改革后工资薪金支出逐年增加。四是所社分门办公后,建造营业办公用房,折旧费支出增加。五是从1986年开始信用社缴纳税收和各种附加。六是随着贷款不断增长,呆账准备金提取的比例也在增加。

1996年财务收支在1996年至2000年5年中最高,这一年的收入为309万元,支出为456万元,随后逐渐下降,至2000年收入降到222万元,支出也降到291万元。信用社收入减少的主要原因是存款准备金、存款规模偏小、贷款利率调低以及不良贷款居高不下。支出减少的主要原因是存款利息降低。

2001年、2002年信用社的收支均在增长,增幅不大。自2003起,财务收支增长较快,到2006年县联社总收入1306万元,比2000年增加1084万元,增长5倍,年平均增长181万元。总支出1185万元,比2000年多支出894万元,增长3倍,年平均增长149万元。

收入增长的因素:一是抓住改革机遇,充分利用国家给予的支农再贷款的优惠政策,加大支农投入,利息收入增加。二是贷款利率提高,利息收入增加。三储蓄存款增加,壮大了资金实力。四是拓展存放同业资金渠道,金融机构往来收入增加。五是代理委托收款业务,中间业务手续费收入增加。六是清收非正常贷款力度加大。支出增长的因素:一是存款增长较快,利息支出增加。二是存款利率提高,利息支出增加。三是工资改革,工资水平及相关提留增长较快。四是规范营业网点、改善办公环境、加强安全保卫等设施的开支增多。五是支农再贷款的利息支出增多。六是贷款损失准备金的计提力度增强。

自治区联社成立后,自2007年起,县联社财务收支大幅增长。2007年总收入1897万元,比2006年增加591万元,增长45%;总支出1641万元,比2006年增加456万元,增长38%。到2012年末县联社总收入达到8326万元,比2006年增加7020万元,增长6倍,年平均增长1170万元;总支出5322万元,比2006年增加4137万元,增长3.5倍,年平均增长690万元。

收入增长的因素：一是农村信用社管理体制和产权制度改革，国家给予资金扶持政策，如人民银行的支农再贷款和发行专项票据，财政补贴、税收优惠等壮大资金实力，加大支农投入，收入增加。二是贷款利率提高，利息收入增加。三是对公存款增加，尤其是财政低成本资金的增加，增强了资金实力。四是提高资金利用率，及时将富余资金存放到同业增加金融机构往来收入。五是代理委托收款、资金归集、受托放贷等中间业务，手续费收入增加。六是发行银行卡，布放自动柜员机、POS 机，科技新产品的快速应用，使中间业务收入实现多元化。七是控制非正常贷款增长。支出增长的因素：一是存款增长快，平均余额高，利息支出增加。二是存款利率提高，利息支出增加。三是人员激增及工改后工资薪金水平增长较快。四是基本建设、固定资产投入增长较快，如 ATM 机的全覆盖、营业网点的重建、车辆的购置等，折旧费支出增加。五是业务系统的不断升级改造，电子设备运转费增大。六是加强安全保卫等设施的开支增多。七是超额提取贷款损失准备、坏账准备等资产减值准备。

第四节　盈亏情况

1963 年，县域 3 个信用社从人民公社分离出，恢复独立核算、资金独立、自负盈亏的管理体制，年终决算有 2 个信用社盈余，盈余额 409.69 元；1 个社亏损，亏损额 847.78 元。自 1964 年至 1975 年的 12 年中，按全县统计，有 4 年收入大于支出，盈余总金额 0.93 万元；有 8 年支出大于收入，亏损总金额 2.77 万元，其中"文革"期间亏损 7 年，基本上全数亏损，亏损总额 2.53 万元。

1976 年中共十一届三中全会召开后，农村经济得到全面发展，信用社业务得以增长，开始减亏增盈。自 1976 年至 1985 年 10 年中，除 1978 年、1979 年各有 3 个社亏损，1984 年 1 个社亏损，1978 年、1979 年、1984 年，全县信用社盈亏金额轧差后仍盈余，其余年份全部盈余。

自 1986 年至 2001 年的 16 年中，县域信用社大部分连年亏损，形成巨额亏损，亏损挂账高达 887 万元。亏损原因：一是受地域经济条件制约，存款规模小，放款资金短缺，利差收入也少。二是两次长期保值储蓄存款贴补额由信用社自行消化，使得存贷款利率倒挂。三是改革开放后，在支持农业、乡镇企业、服务业等经济发展中，信用社发放了大量贷款，有些贷款由于审查不严，掌握偏松，造成不良贷款增加，收息有困难，收入减少。四是在 90 年代初，信用社作为集体性质的金融组织，为了生存与发展，适应日益激烈的行业竞争，在基本建设、门面装修、人员培训等方面，增加了投入，因而加大了成本。

2002 年，县域 5 个信用社全部实现盈余，盈余额 66 万元，此后，信用社连续实现盈余且金额大幅增长，至 2006 年亏损挂账弥补完毕。2012 年，盈余金额达到 3598 万元，是 2002 年 54.5 倍。

第五节　盈亏处理

一、盈余分配

20 世纪 50 年代，县域信用社建设初期，盈余分配以集体公共积累为原则。1955 年 2 月，人行新疆省分行规定，信用社盈余分配标准：公积金占 70%；公益金占 15%；奖励金占 15%（社干未脱产可增至 20%,公积金改为 60%)。

1957 年,人民银行规定信用社的盈余分配:股金分红不超过 40%;公积金不少于 40%;公益金 10%;奖励金 10%。

1961 年,人行自治区分行下发农村信用社决算文件规定,信用社盈余,除按照纯益部分提存 10%~20%(盈余多比例可小一些,盈余少比例可大一些)作为奖励金外,其余部分可暂提作公积金。

1963 年,人行自治区分行下发《"关于农村信用合作社若干问题的规定"(实行草案)的几点补充意见》规定,信用社盈余分配以纯益的 60%~70% 提为公积金;以 15%~25% 作为股金分红,最高不超过 30%;以 10% 左右作为奖励金和福利金。

1974 年,人行自治区分行规定,信用社的盈余分配股金分红不超过当年盈余总额的 20%;公益金按盈余总额的 15%~20% 提留;当年盈余除股金分红,提留公积金外,全部转为公积金。

1984 年,信用社进行体制改革,农行县支行规定信用社盈余提取职工奖励基金后的纯益分配比例:上缴信用合作发展基金最高不超过 15%;股金分红最高不超过 10%;公益金最高不超过 5%,剩余部分全部转作公积金。

1991 年,农行自治区分行对税后利润分配规定:信贷基金 30%;公积金不低于 25%;股金分红最高不超过 10%;发展基金 5%;社员公益金 5%;职工福利基金 5%;职工奖励基金最高不超过 20%。

1992 年,利润分配在 1991 年基础上略做调整,将业务发展基金调整不低于 30%、将职工奖励基金及分红调整不超过 20%,成本及税后奖金加分红不得超过五个半月,取消公积金。

1994 年,新《农村信用社财务制度》出台后,农行自治区分行规定利润分配工作在决算前分配完毕,不再放在次年,税后利润按下列顺序及比例进行分配:提取法定盈余公积金 10%;提取公益金 5%;提取任意公积金 40%;提取必要的股金分红,实行保息分红的,保险分红的合计数不得超过股金额的 20%;劳动分红,计税工资和劳动分红一般不超过个人所得税起征点。税后利润的其余部分作为未分配利润,待以后年度分配。

1995 年,略做调整,信用社实现净利润在弥补前 5 年待处理历年亏损后的余额分配:提取法定盈余公积金 10%;提取公益金 5%;按 5%~10% 的比例提取劳动分红;按 50%~70% 的比例向投资者分配利润。其中股本金保息分红不得超过股本金总额的 20%。经分配后剩余利润在未分配利润账户中反映。该分配办法沿用至 2003 年。

2004 年,新疆银监局下发决算文件对利润分配及股金分红进行规定:提取法定盈余公积金 10%;提取公益金 5%~10%;按 5%~10% 的比例提取劳动分红;按 50%~60% 的比例提取一般准备;股金分红(按本年度股金分红政策有关规定执行)。

至 2008 年,新疆农村信用社执行《金融企业财务规则—实施指南》,进行利润分配时不再提取劳动分红和公益金,增加提取任意盈余公积金。利润分配:弥补以前年度亏损;提取法定盈余公积金 10%;提取任意盈余公积金 10%;提取一般准备,不低于 20%;提取应付利润。

2011 年,自治区联社下发决算文件,要求农村信用合作联社在决算前根据各项财务数据进行测算,制定合理的利润分配预案,决算日根据预案进行利润分配。次年经会计师事务所审计后有差异的须对利润分配事项进行调整。当年实现的净利润,按照规定弥补以前年度亏损,弥补后仍有可供分配利润的,按顺序和比例进行分配:1.提取法定盈余公积金。法定盈余公积金按实际净利润 10% 的比例提取,法定盈余公积金累计达到注册资本金的 50% 时,可不再提取。2.提取任意盈余公积金。任意盈余公积金按章程规定比例提取,章程没有规定的,可以根据社员代表大会决议的比例提取。3.提取一般准备。一般准备年末余额应不低于风险资产期末余额的1%。4. 向投资者分配利润。按本年度股金分红政策有关规定执行。

2012年,自治区联社根据财政部出台的《金融企业准备金计提管理办法》将一般准备提取调整为:一般风险准备按照不低于本年实际净利润10%～20%的比例提取。一般风险准备年末余额超过风险资产期末余额1.5%,同时,资产减值准备余额大于潜在风险估计值时,可降低提取比例或不再提取。

二、亏损处理

信用社初期亏损没有任何补助,通常做法是转入待处理历年亏损,由下年盈余抵补。

1957年12月7日,人民银行下发《关于信用社1957年度亏损一律不由银行补贴的指示》,规定:对1957年度发生亏损的信用社,一律不再给予补贴,可悬挂各社账上,以后采取开展业务,争取积累,将过去亏损数额弥补,其中山区贫困地区困难较大的社,银行仍采取低利贷款政策,促其早日自给自足。

1961年,人行自治区分行下发农村信用社决算文件规定,对亏损部分可在上年公积金内弥补,弥补不足时,可先挂账,下年有盈余时再补。

1965年,农行阿勒泰专区中心支行向辖内信用社分配亏损补贴。补贴规定,历年有积累或盈余自己可以弥补亏损的社可不补贴;亏损数目不大可少补贴或不补贴;账务混乱尚未搞清楚的暂不补贴或补而不付;经济条件好,经过一定努力可以弥补亏损的不补贴。

1970年前,信用社亏损由人民银行补贴。1974年2月18日,人行自治区分行制定《新疆维吾尔自治区农牧区信用合作社财务管理制度》(试行草案)规定:信用社1971年以后的亏损,以1971年以后的盈余和公积金抵补亏损;1971年以后没有盈余和公积金或抵补后不足部分由银行给予补贴。1970年以前的盈余转作公积金,不抵补1971年以后的亏损。

1987年,农业银行印发《农村信用合作社财务管理制度》,规定信用社当年亏损,于次年转入待处理历年亏损科目,对包干内的亏损,除"三项资金"(固定资产折旧、呆账准备金、应付未付利息)外,从公积金和银行补贴中抵补;包干外的亏损,应查明原因,落实弥补计划,按期弥补。

1992年,农行自治区分行、自治区国家税务局印发《关于〈农村信用合作社财务管理试行办法〉的补充规定》,明确规定,信用社当年发生亏损可用下年度所得弥补,下一纳税年度所得不足弥补的,可以逐年连续弥补,时间不超过3年。

1994年农业银行、国家税务局印发的《农村信用合作社财务管理实施办法》规定,信用社发生的年度亏损,可以用下一年度利润在所得税前弥补,下一年度利润弥补不足,可在5年内用所得税前利润延续弥补。5年内抵补不足的,用税后利润弥补。

第六节　决算管理

一、清理资金

对应收、应付款项等过渡性资金逐笔进行收回和清理;对委托及代理业务,按规定或协议进行清理;认真核查大、小额业务待解付、待结算款项,保证客户资金及时、准确入账,做好大小额支付系统、支票影像系统、农信银清算系统查询查复工作;保证年末支付清算资金头寸足额,避免发生账户透支。

二、核对账务

检查全部账户的会计科目归属,核对总账、分户账余额;全面核对内外账务,做好与客户、人民银行、同业和系统内部往来资金等内外账务的书面核对工作,发送存贷款账户余额对账单,对账率达到100%,避免未达账项的发生,达到账账、内外账相符。2005 年大数据集中以前,联合社根据 11 月底各科目总账发生额和余额编制试算平衡表;大数据集中后,联社根据区联社产生的试算平衡表,检查各科目总账的累计发生额和余额,核对账表相符。

三、盘点财产

对固定资产和低值易耗品,根据有关登记簿、卡进行全面清查,盘点实物,发生财产盘盈盘亏按财务规定及时处理;对当年已竣工并验收交付使用的基建项目,按规定及时建账、建卡进行管理;对现金、重要空白凭证、有价单证、抵质押品等重要物品清点核对,做到账款、账实相符。

四、资产分类

做好信贷和非信贷资产的五级分类工作,真实、全面反映各类资产质量。

五、加大"双收"力度

清收到期贷款和不良贷款,盘活不良贷款,提高信贷资产质量;以清收表内外挂息为重点,做到应收尽收,切实提高利息收回率。

六、核实损益

重点清查各项利息收支,做到准确无误;对其他营业收入、投资收益、代理业务收入等按规定及时计算纳入损益;对费用和支出的范围、标准全面复查,按照权责发生制原则,严格划分本期和下期的界限,发现问题,立即纠正;做好核销呆账、各项提留及绩效工资的计提工作,确保决算结果真实准确。

第七节　清产核资

清产核资,主要是信用社对现有的各项资产、负债和所有者权益的资金占用情况进行全面清查核实,以摸清家底、完善制度、加强管理。1994 ~ 2012 年,县联社共进行 4 次大规模清查核资工作。

1994 年 9 月,县联合社根据农业银行《农村信用社清产核资工作意见》的要求,对 1993 年末资产负债进行清产核资。清产核资目的是界定资产、明确权属,联合社根据新财务管理办法对不符合固定资产标准的物品进行账务调整,纳入低值易耗品管理;重估资产价值,做到资产账面价值与实际相符合,核实资产价值总量和信用社资本金;对已毁损资产进行清理,按规定进行报损处理。当年,县联合社成立以联合社副主任窦德贵为组长的清产核资领导小组,在辖内开展清产核资工作。清查小组对辖内 6 个信用社、1 个营业部的资产、负债、所有者权益、表外科目进行全面清查。通过清查,县域信用社资产查增 45.37 万元,查减 41.67 万元,资产总值增加 3.71 万元,达 1444.37 万元;负债科目未增未减,总额仍为 932.66 万元;经过对所有者权益科目清查,查增信用社集体资本金 0.66 万元,查增资本公积金 3.71 万元,查减本年利润 0.66 万元,所有者权益总值增加 3.71 万元,达 511.71 万元。

1997年10月,县联合社根据国家税务总局、财政部、国务院农村金融体制改革部际协调小组下发的《关于农村信用社清产核资资金核实工作的通知》要求,组织人员开展清产核资、资金核实工作。此次清产核资主要将1994年资产清查、资产价值重估和产权界定的结果,以1997年3月31日的资金实际占用量为准、以账面数为依据、账实相结合,对各类资产和负债所有者权益进行核实。通过对县域6个信用社和1个营业部的资金核实,确定资产总额为4104万元,与账面值一致,其中流动资产3129万元,长期资产501万元,无形、递延及其他资产474万元,分别占76.24%、12.21%、11.55%。县域信用社负债总额为4204万元,其中流动负债2300万元,长期负债1904万元,分别占54.71%和45.29%,经过核实,无增减变化。县域信用社所有者权益(即净资产)合计100万元,其中集体资本53万元;个人资本385万元;资本公积4万元;盈余公积1万元;未弥补亏损挂账543万元。清产核资的结果,经县国税局和县国有资产管理局审核盖章确定。通过资金核实,理清县域信用社资金状况,摸清家底,同时暴露出非生息资产占比高,未及时清理应收款项、贷款不良率偏高、亏损严重等问题。针对存在问题,县联合社采取加强财务管理,职工借款等挂账事项由联合社审批;严格固定资产购建审批,降低无息资产比例;下达清收不良贷款任务,加大清收考核力度;调整资产结构,增加收益。

2005年4月13日,阿勒泰银监局监管三科召开农村信用社清产核资会议,部署清产核资工作。会议明确此次清产核资是深化农村信用社改革的基础,争取国家扶持政策的机会。核查重点为信贷资产、非信贷资产和股权结构,要求以2004年末数据为核查时点数,县联合社在于4月30日之前先行自查后,由中介机构新疆宏昌有限责任会计师事务所对清产核资结果进行核实。根据会议精神,县联合社成立清产核资领导小组,确立县联社理事会为清产核资财产损失认定小组。经过对贷款核实,短期贷款查减3.15万元,中长期贷款查减23.41万元,逾期贷款查增26.56万元、查减15.38万元,呆账贷款查增15.38万元、查减89.90万元,清查出贷款预计损失436.24万元。经过对非信贷资产核实,预计损失57.92万元,其中待处理抵债资产预计损失54.60万元,应收款项预计损失3.32万元。经过对股权结构的核实,截至2004年12月31日,实收资本余额89.55万元。其中,职工股36.85万元,占比3.63%,其他自然人股962.64万元,占比94.76%,法人股16.42万元,占比1.61%。通过清产核资,发现信用社在经营管理中存在未严格按规定调整贷款形态,未及时将抵贷资产清理变现,股金结构不合理,法人股占比偏低的问题。针对清查的问题,各信用社按规定调整贷款形态,县联合社按财务规定报损部分坏账,联系有购买抵债资产意愿的商户,与企业接洽争取吸纳法人股金。

2012年4月,县联社根据新疆银监局印发《关于加强新疆中小农村金融机构资本管理的通知》,拟增资扩股,调整股本结构。县联社成立清查核资领导小组,部署实施清产核资工作,以2011年12月31日为清产核资工作基准日对全部资产、负债和所有者权益进行账务清理与资产清查,按照规定填制清产核资明细表,聘请新疆阿勒泰金城有限责任会计师事务所核实清产核资结果。经清查信贷类资产预计损失准备2134.77万元。按五级分类划分,其中正常类应补提损失准备48.78万元;关注类应冲减损失准备75.80万元;次级类应冲减损失准备491.83万元;可疑类应补提损失准备2653.61万元。非信贷类资产预计损失准备1765.28万元。按会计核算科目划分,其中存放同业应补提减值准备1691.01万元;其他应收款应补提减值准备1.55万元;持有到期资产应补提减值准备56万元;长期股权投资应补提减值准备4.8元;固定资产应减值准备11.93万元;无形资产应冲减减值准备0.01万元。尚未处理固定资产报废损失268.31元。经新疆阿勒泰金城有限责任会计师事务所确认,县联社清产核资结果:资产总额108523.01万元,负债总额104545.98万元,所有者权益3977.52万元。在此次清产核资过程中,县联社依据谨慎性原则,经充分调查、分析重新划分部分贷款风险级别,对正常类贷款由1%调整为5%的比例计提损失准备,切实提高县联社抵御潜在风险能力。同时发现部分房产未及时办理房产证或土地使用证以及报废资产未及时进行账务处理的问题,县联社督促有关负责部门及时办理资产产权证书和报废资产审批手续。

第八节 固定资产账务管理

一、固定资产计价

1992年,农业银行印发《农村信用合作社财务管理试行办法》对固定资产价值计量进行规定。信用社新增固定资产的入账价值,按规定确定:1.建设单位交付完工的固定资产,应根据建设单位交付使用财产清册中所确定的价值入账。已动用尚未办理移交手续的固定资产,可先按估价价值入账,待建设单位确定实际价值后,再进行调整。2.自建、自制的固定资产,在竣工使用时按实际发生的全部成本入账。3.购入的固定资产,按购入价加上发生的包装费、运杂费、安装费后的价值入账;需要改装后才能使用的固定资产,还应加上改装费。4.在原有基础上进行改建、扩建的固定资产,按原有固定资产的价值减去改建、扩建过程中发生的变价收入,加上改建、扩建过程中增加的价值入账。5.以融资租赁方式租入的固定资产,在所有权归承租方时,以构成固定资产价值的设备价款,加上运输费、途中保险费、安装调试费等后的价值入账。6.租赁(租入)的固定资产,应另设备查簿登记,在租入固定资产上进行的改良工程,按实际发生的工程支出作为信用社固定资产价值入账。7.盘盈固定资产和接受馈赠的固定资产,按重置完全价值入账。8.因征用土地而支付的补偿费,应计入与土地有关的房屋、建筑物的价值内,不单独作为土地价值入账。9.信用社已经入账的固定资产价值,除发生下列情况外不得随意变动。(1)根据国家规定,对固定资产重新估价;(2)增加补充设备和改良装置;(3)将原有固定资产的一部分拆除;(4)发现原记固定资产价值有错误。

1994年,《农村信用合作社财务管理实施办法》对固定资产价值计量改变较大,规定:1.信用社固定资产按下列原则计价:(1)自行建造的固定资产,按建造过程中实际发生的全部支出计价。(2)购入的固定资产,以买价加上支付的运输费、途中保险费、包装费、安装费和缴纳的税金等计价。需改装后才能使用的固定资产,还应加上改装费。信用社借款和发行债券购建固定资产时,在购建期间发生的利息支出和外币折价差额,计入固定资产价值。(3)融资租赁的固定资产,按租赁合同或协议确定的价款加上支付的运输费、途中保险费、包装费、安装费等计价。(4)投资者投入的固定资产,按评估确认或合同、协议约定的价值计价。(5)在原有基础上进行改建、扩建的固定资产,按原有固定资产的价值加上改建、扩建发生的实际支出,扣除改建、扩建过程中产生的变价收入后的金额计价。(6)接受捐赠的固定资产,按所附票据或资产验收清单所列金额加上由信用社负担的运输、保险、安装等费用计价。无发票账单的根据同类固定资产的市价计价。(7)盘盈的固定资产,按照同类固定资产的重置完全价值计价。信用社购建固定资产缴纳的固定资产投资方向调节税、耕地占用税计入固定资产价值。2.信用社以固定资产对外投资,或者固定资产产权转移、兼并、清算事宜时,均应对固定资产价值进行评估。3.信用社的在建工程包括施工前期准备、正在施工中和虽已完工但尚未交付使用的建筑工程和安装工程。"在建工程"按实际成本计价。

至2011年,农村信用社固定资产计价规定未有大的变化。2012年,自治区联社根据《企业会计准则》《金融企业财务规则》《新疆维吾尔自治区农村信用合作社财务管理制度》等有关规定,制定《新疆维吾尔自治区农村信用社合作社固定资产管理办法》,对固定资产价值进行具体规定。1. 固定资产应按取得时的成本入账。取得时的成本包括买价、进口关税、运输和保险等相关费用,以及为使固定资产达到预定可使用状态前所必要的支出。2. 在建工程,包括施工前期准备、正在施工中的建筑工程、安装工程、技术改造工程、大修理工程等。工程项目较多且工程支出较大的,应当按照工程项目的性质分项核算。在建工程应当按照实际发生的支出确定其工程成本,并单独核算。3. 在建工程达到预定可使用状态前因进行试运转所发生的净支出,计入工程成本。4. 在建工程发生单项或单位工程报废或毁损,减去残料价值和过失人或保险公司等赔款后的净损失,计入继续施工的工程成本;如为非常原因造成的报废或毁损,或在建工程项目全部报废或毁损,应将其净损失直接计入当期营业外支出。5. 为在建工程准备的各种物资,应当按照实际支付的买价、增值税额、运输费、保险费等相关费用作为实际成本,并按照各种专项物资的种类进行明细核算。6. 已经入账的固定资产价值不得随意变动。

二、固定资产折旧

1983 年,县域信用社开始计提折旧,综合折旧率5%,年末提取折旧基金578.08 元。

1984 年1 月,农业银行下发《关于信用合作社财务管理工作的规定》规定,盈余社实行固定财产折旧,折旧计算方法一般使用年限法,提取的折旧金额在业务支出中列支,同时计入固定财产折旧基金账户。该账户基金只能用于固定财产的购建、更新和维修。8 月,农业银行下发《关于加强信用社经济核算改进财务会计制度的若干规定》,修改亏损信用社也提取固定财产折旧基金。亏损社动用折旧基金的数额只限于折旧基金大于历年亏损(折旧部分)差额部分,如修缮费用不足,允许编入财务计划,经批准后在各项费用科目中列支。盈余信用社的固定财产维修费用,如折旧基金不足,比照亏损社的办法办理。是年,哈巴河县域信用社年终决算按综合折旧率10%提取折旧基金2954.98 元,同时相应减少固定财产占款和固定财产基金两科目。

1986 年,计提的折旧不再减少固定财产占款和固定财产基金。

1987 年,县域各信用社执行农行自治区分行《农村信用社财务会计基本制度的补充规定》,按固定财产占款年末余额的7%提取固定资产折旧。

1992 年,启用固定资产折旧会计科目,作为固定资产的备抵账户。

1994 年,农行自治区分行《关于〈农村信用社财务管理实施办法〉的补充规定》中规定,固定资产分类折旧,采用平均年限法按季提取;年折旧率为:房屋5%,机器机械及其他设备10%,电子设备、运输工具等20%。净残值率按固定资产原值3%计算。固定资产提取折旧范围包括房屋和建筑物,在用各类设备,季节性停用和维修停用的设备,以融资租入方式和经营租赁方式租出的固定资产。

2008 年,县联合社固定资产计算折旧的最低年限按《中华人民共和国企业所得税法实施条例》第六十条规定执行,新购买车辆和电子设备折旧年限分别为4 年、3 年。

2012 年,《新疆维吾尔自治区农村信用合作联社固定资产管理办法》规定,固定资产折旧采用平均年限法,按月计提。当月增加的固定资产当月不提折旧,从次月起计提;当月减少的固定资产,当月计提折旧,从次月起不再计提。固定资产提足折旧后,不论能否继续使用,均不再提取折旧;提前报废的固定资产,不再补提折旧。同时还规定,房屋、建筑物固定资产在未足额提取折旧前进行改扩建,如属于推倒重置的,该资产原值减除提取折旧后的净值,应并入重置后的固定资产计税成本,并在该固定资产投入使用后的次月起,按照规定的折旧年限,一并计提折旧;如属于提升功能、增加面积的,该固定资产的改扩建支出,并入该固定资产计税基础,并从改扩建完工投入使用后的次月起,重新按规定的该固定资产折旧年限计提折旧;如该改扩建后的固定资产尚可使用的年限低于规定的最低年限的,可以按尚可使用的年限计提折旧。固定资产的折旧年限为房屋及建筑物折旧年限20年,净残值率3%;机器设备折旧年限10年,净残值率3%;电子设备折旧年限3年,净残值率3%;交通工具折旧年限5年,净残值率3%;器具家具折旧年限5年,净残值率3%。固定资产计提折旧的范围包括房屋和建筑物,各类设备,大修理停用的固定资产,融资租入和以经营租赁方式租出的固定资产,已达到可使用状态、但尚未办理竣工决算的固定资产。不需计提折旧的固定资产为房屋、建筑物以外未投入使用的固定资产,以经营租赁方式租入的固定资产,以融资租赁方式租出的固定资产,已足额提取折旧仍继续使用的固定资产,与经营活动无关的固定资产,单独估价作为固定资产入账的土地,其他不得计算折旧扣除的固定资产。

三、固定资产维修规定

固定资产维修包括对房屋、车辆、机器设备、电子设备等修理和维护。固定资产修理分为大修理和中小修理。

1974年,人行自治区分行印发的《新疆维吾尔自治区农村农牧区信用合作社财务管理制度》中规定,房屋修缮费在费用科目的管理费中列支,并提出自行车修理、马匹装备费用的报销和补助办法。公有自行车修理费实报实销,但县(市)支行可具体规定额度,严格掌握;信用社没有自行车或不够使用的,对专职社干私人自行车可视其用于公事的情况,经人行县支行同意,由信用社按月发给本人不超过2元的修理补助费。公有乘马的饲料、盐、医药、马掌、马鞍、修配等费用开支,由县支行根据当地财政规定标准,比照银行营业所马干费开支规定执行。信用社应厉行节约,严格掌握。脱产专职干部因公骑乘私人马匹,可使其用于公事的情况,由人行县支行审批,酌情予以补助。

1984年,农业银行印发《关于加强信用社经济核算改进财务会计制度的若干规定》中规定,固定资产维修使用固定资产折旧基金,如折旧基金不足,允许编入财务计划,经批准后在费用科目列支。

1992年1月,信用社营业用房一般修理,修理费可列入成本。属于危房的必须经有关部门验定,确属危房的,其重建费用在5万元以内(含)报中心支行审批,5万元以上的由中心支行签注意见报分行审批。上报时必须注明现有公积金和房屋折旧基金数,不足部分报经当地税务机关审核批准,可列入成本。未经批准的不得拆建。修理费数额较大,可分两年摊销。9月,农行自治区分行制定《关于〈农村信用社财务管理试行办法〉的补充规定》,规定信用社发生的固定资产修理费用,属于中小修理费用,可一次进入成本;属于大修理费用可一次或分次列入成本,最长不得超过2年。对已构成固定资产改造、扩建的,不得列入成本,应在有关专用基金和专项拨款中列支。信用社固定资产大中小修理的划分,由县税务机关确定。信用社不实行提取大修理基金制度。固定资产确须大修理的,报县(市)联社审核后,由同级税务机关审批,按审批后的金额一次或分次列入成本。

1994年,农行自治区分行《农村信用合作社财务管理实施办法》规定,信用社发生的固定资产修理支出,计入当期成本。修理费用发生不均衡的,可采用待摊或预提的办法,但摊销或预提期最长不能超过2年。在原有基础上进行改建、扩建的固定资产,按原有固定资产的建筑加上改建、扩建发生的实际支出,扣除改建、扩建过程中产生的变价收入后的金额计价。

1996年,国家税务总局下发《关于加强城乡信用社财务管理若干问题的通知》,要求固定资产修理费必须实行专项审批的管理办法,报主管税务机关审查批准后方可列支。至2008年,县联社固定资产需大修理时向县国税局报送修理费用审批报告。

1999年,县联合社制定《哈巴河县农村信用社财务管理办法》,规定各信用社对固定资产大修理时,需写书面报告,联合社审批后方可进行修理。

2000年,《农村信用合作社财务管理实施办法》规定,信用社发生的固定资产修理费(包括装修费)支出,计入当期成本。修理费用发生不均衡的,可作为递延资产分期摊入成本。

2012年,自治区联社下发《新疆维吾尔自治区农村信用合作社固定资产管理办法》,规定:当固定资产不能正常运转时,报固定资产实物管理部门检修,须由外部专业人员修理时,应按照信用社财务支出立项审批的有关规定,报经有权审批人审批同意后,由固定资产实物管理部门负责安排修理。修理项目完工时,固定资产实物管理部门及修理申请单位应共同对修理项目的竣工决算进行验收。固定资产日常修理、维护支出及不满足固定资产确认条件的大修理支出应当直接计入当期费用。同时满足修理支出达到取得固定资产时的计税基础50%以上及修理后固定资产的使用年限延长2年以上条件的固定资产大修理支出应予资本化,计入固定资产价值。

第十八章　社务管理

县联社社务管理包括行政管理、目标管理、固定资产管理、后勤管理、档案管理等内容。县联社成立后,逐步建立健全各种管理制度,规范各种业务活动。随着制度的不断完善,为员工创造规范有序的工作环境,促进信用社各项工作快速健康发展。

第一节　行政管理

一、公文处理

信用社公文是本系统在经营管理中普遍使用的具有行政约束力和规范体式的文书,是依法经营和进行公务活动的重要工具。公文处理是指公文的办理、管理、整理(立卷)、归档等一系列相互关联、衔接有序的工作。公文处理包括收文处理和发文处理两部分内容,办公室是县联社公文处理的管理者,主管公文处理工作。

公文一般有秘密等级和保密期限、紧急程度、发文机关标识、发文字号、签发人、标题、主送机关、正文、附件说明、成文日期、印章、附注、附件、主题词、抄送机关、印发机关和印发日期等部分组成。行文必须确有必要,注重实效,行文关系根据隶属关系和职权范围确定,一般不得越级行文。因特殊情况确需越级行文时,必须抄送越过的机关。其中"请示"必须一事一文,"报告"中不得夹带请示事项,除领导直接交办的事项外,"请示"不得直接送领导人。办公室发文,系领导交办或各部门要求以办公室名义发文的,由办公室主任审核后送分管领导签发;属办公室范围内的,由办公室主任签发。其他各部门发文由该部门领导签发。凡经领导签发的文件,不得随意变更,如需变更,必须经原签发人同意。收文的办理包括签收、登记、拟办、传阅、承办、催办、存档等程序。公文办完后,各部门文书人员必须根据《中华人民共和国档案法》和《新疆维吾尔自治区农村信用社档案管理办法》等规定,及时将公文原稿、附件和有关资料收集、整理、归档,做好平时归档工作。

公文归档根据公文的相互联系、特征和保管期限分别整理,正确反映信用社的主要工作情况,便于保管、检索和使用。立好的案卷按照档案部门的规定定期移交,个人不得保存必须归卷的公文。经公文管理专职人员鉴定确没有保存价值的公文,必须经主要领导批准定期销毁。销毁秘密公文,必须进行登记,由2人监销,保证不丢失、不漏销。

2006自治区联社成立后,县联社按照《新疆维吾尔自治区农村信用合作社公文处理办法》处理公文。当年,联社接收各类文件259份,联社起草、发送各类文件111份;撰写工作简报12份;整理(立卷)323份。

252

2007年，县联社执行自治区公文处理制度和规定，做好收发、分办、传递、立卷和归档工作，全年接收处理各类文件368份，联社起草、发送各类文件50份；起草、撰写工作简报12份。

2008年，县联社发文执行草拟、审核、签发、复核、用印、登记、分发等程序；对收到的公文做到及时签收、登记、拟办、传阅、承办、催办等；对发、收文工作处理完毕后，及时整理（立卷）、归档。全年接收处理各类文件420份，向外发文165份，撰写工作简报26份，整理（立卷）603份。

2009年，县联社公文处理坚持"实事求是、及时准确、精简高效、安全可靠"的原则，发文办理以哈巴河县联社名义统一制发公文，共有3个发文号，分别为哈农信党、哈农信、哈农信办。联社发文做好草拟、审核、签发、复核、用印、登记、分发等。收文办理做到收到公文及时进行签收、登记、拟办、传阅、承办、催办等。处理完毕后，能够及时整理（立卷）、归档。当年，联社接收处理各类收文242份，其中包括党政机关、县直机关、新疆银监局、阿勒泰银监分局、阿勒泰地区银行业协会、人民阿勒泰地区中心支行、自治区联社、人民银行哈巴河县支行等单位文件；向外发文227份，其中包括上行文请示、报告等，下行文通报、通知、决定、决议等。

2010年，县联社加强公文处理工作，完善文件收发、传阅、办理、管理、整理（立卷）、归档等程序。发文办理以哈巴河县联社名义统一制发公文。严格草拟、审核、签发、复核、用印、登记、分发等程序。收文办理及时按照签收、登记、拟办、传阅、承办、催办等程序。当年，联社处理发文195份，收文676份，撰写工作简报20份，整理（立卷）898份。

2011年，县联社公文处理延续电子处理和纸质处理方法，严格执行上级公文处理有关规定，对于文件的收、发、传、管做到专人负责，由联社综合办公室负责文件的收、发工作。联社发文执行草拟、审核、签发、复核、用印、登记、分发等程序；对收文的处理做到及时签收、登记、拟办、传阅、承办、催办。全年接受处理各类收文591份，向外发文244份，撰写工作简报93份，整理（立卷）672份。

2012年，县联社综合办公室负责联社党委会、主任办公会议、周例会和经营分析会的记录、组织和整理工作，对重要会议材料和领导讲话的整理突出时效性。按照公文流程对文件进行收发转存。发文办理以哈巴河县联社名义统一制发公文，共有4个发文号，分别为哈农信党、哈农信、哈农信办、哈农信工。全年收到上级来文573份，内部发文182份。按照领导批阅，及时将重要文件、会议、决策部署分解立项，落实具体承办部门，明确责任和具体要求，定期或不定期进行督查。

二、档案管理

（一）档案整理

档案主要分为会计档案、信贷档案、文书档案等常规性的档案及个别特殊档案。2005年5月27日，县联合社下发《关于再次强调贷款合同保管期限的通知》，强调必须加强贷款合同及相关贷款资料的保管，贷款清偿完毕的合同至少保管3年期以上，并指定专门贷款合同及资料保管员定期送联社档案室保管。同时，要求各信用社及营业部自查、自纠、整改，规范信贷档案管理。

2007年6月，县联社印发《新疆维吾尔自治区农村信用合作社管理制度汇编》。规定银行会计档案管理包括会计凭证、会计账簿、财务会计报告及其他会计资料。要求建立会计档案的归档、保管、查阅和销毁制度，做到会计档案妥善保管、有序存放、方便查阅，防止会计档案毁损、散失、泄密。会计档案保管期分为3年、5年、15年和永久保管。保管期限从会计档案形成的次年度算起。保管3年的会计档案包括日报表、计算机应用系统运行日志、流水账、不定期报表、信用社认为应保管3年的其他会计资料。保管5年的会计档案包括下级社上报的财务会计报告，联行往来核算资料，密押表使用、保管记录，对账回单，已处置固定资产卡片，银行认为应保管5年的其他会计资料。保管15年的会计档案包括会计凭证及附件,总账及明细核算资料,中期财务会计报告,重要单证和重要印章的领发、保管和缴销记录,会计人员及会计档案移交清册,信用社认为应保管15年的其他会计资料。永久保管的会计资料包括年度财务会计报告,资本金、股金及股权明细,挂失登记及补发凭单收据,会计档案保管及销毁清册,存、贷款开销户记录,机构变动交接清册,有权机关查询、冻结及扣划书,账销案存记录,信用社认为应永久保管的其他会计资料。联社定期检查会计档案,及时对破损、变质会计档案进行复制、修复或其他技术处理。截至2012年末,联社整理1989～2012年文书档案4363件,其中永久档案47件、长期档案224件、30年档案545件、10年档案2475件、短期档案1072件;会计档案从1980年开始整理,大部分已整理完;科技、影像、照片、声像、信贷等档案正在整理。

（二）档案查阅

会计档案是信用社重要的史料和各项经营活动的证据,县联社严格管理档案查阅,严禁外借,防止丢失和泄密。内部调阅会计档案时,由调阅人提出申请,经会计部门和档案管理部门负责人批准,并指定档案管理人员协同查阅。要求调阅的会计档案不得涂改、圈画、拆散原卷册,也不得擅自传抄、复制,必须及时归还。内部借阅时间一般不超过3天,特殊原因最长不得超过7天。到期如需继续使用,再办理续借手续。不得将所借档案转借他人或让无关人员阅读。借阅人员出差或调动工作时,将所借的档案全部归还档案管理部门。法律、法规授权的部门查阅会计档案,必须持县市以上主管部门正式公函,经联社负责人或会计主管人员或其授权人批准,并由专人负责陪同查阅,不得将会计档案交给查阅人放任不管。查阅人对处理案件所需的取证,可抄录、照相、复印或复制,不得将会计档案拆封或借用。查阅会计档案的申请书及公函,要经办人员和会计主管共同签章,编号后归档保管,以备查考。联社档案室建立会计档案查阅登记簿,并按规定记录。

（三）档案处置

县联社档案管理部门根据《中华人民共和国档案法》的规定编制档案保管期限表,会计档案管理人员负责会计档案的立卷和移交归档工作。营业网点定期将装订好的会计凭证、账簿、报表移交给会计档案管理人员,由会计档案管理人员按档案部门的要求对会计凭证、账簿、报表分别进行立卷编号。档案管理人员要调动工作时,在办完档案移交手续后才能离开岗位,交接会计档案应编制移交清册,办理交接手续,由负责人监交,交接双方及监交人共同签章确认。保管期限届满的会计档案销毁时,由会计档案管理部门会同会计部门编制会计档案销毁清册;经相关人员批准,并在会计档案销毁清册上签署意见;由会计、审计、档案管理、安全保卫部门共同派人现场监销,并在销毁清册上签章确认。

第二节　经营目标管理

1984年8月7日,县域信用社执行《自治区信用社经济核算指标暂行办法》,按照经济指标建立岗位责任制,做到事事有人管,人人有专责,效果有考核,工作有标准,实行定额、定员管理,不断提高信用社的经济效益和经营管理水平,更好地组织资金,加速资金周转,在分配上克服平均主义,贯彻按劳取酬原则,充分调动职工建设四化的积极性。信用社经农行县支行批准实行责、权、利相结合的经营管理责任制和职工岗位责任制,把企业的经营责任、经济效益与职工的经济利益挂钩。为调动职工工作积极性,盈余社实行职工奖励和职工福利待遇制度;亏损社(包括纯益较少不足提取职工奖励基金和职工福利基金的社)实行亏损包干。职工奖励费和职工福利费在年终决算后的纯益中提取。提取标准职工奖励基金,一般不超过全年2个月的平均工资总额。超额完成各项指标,而且经济效益好,贡献大的,可依率增加分数,并按照超过100分的比例,相应提高职工奖励和职工福利费的数额,最高不超过年平均工资的三个月工资总额。对未完成各项指标的或违反政策、财经纪律现象的,相应扣减职工奖励和职工福利的数额。10月9日,信用社推行"四定"(定岗、定责、定权、定任务)、"四包"(包任务、包工作效力、包工作质量、包各项费用制度)。具体采用百分计奖法实行月评、季奖,同时提留一定比例的企业基金和职工工资基金,到年终按照所得分数,体现奖勤罚懒。

1993年2月4日,县联合社组织召开全县信用社主任、坐班主任会议,一致通过各信用社实行承包经营责任制,各项承包指标与职工工资挂钩,按月考核试行办法。县联合社作为发包方,分别把各信用社六项经济指标按照100分发包。各信用社为承包方,实行全员承包责任制,承包方再推选代表即信用社主任与发包方签订合同。经济指标按照100分发包,各项存款占30分,其中月平均余额20分,年末余额10分,此项指标可上下浮动;股金占15分;各项贷款指标占30分;盈亏指标占15分;资金损失占15分;经济案件占5分。年末完成100分的信用社发放全部工资,超额完成的信用社按超额比例增加工资,未完成的信用社按比例扣减工资。

1995年,县联合社继续推行经营承包责任制,加大功效挂钩力度,对经营性亏损的信用社除降低职工工资外,按承包合同进行处罚。具体承包指标分为承包各项存款的月平均余额,超计划分别按超额计划的千分之一进行奖罚;承包贷款年末下降额,当年发放的生产资料贷款要求当年收回95%,超减按千分之一进行奖罚,对个人自主发放的贷款必须100%收回,不能收回的从工资中扣收;盈亏指标的承包在联合社下达的计划基础上,按超减额的10%进行利润分成。

1997年,县联合社按照《新疆农村信用社经营目标责任制实施办法》精神,将信用社经营指标分解落实到各信用社及各职能部室和岗位,在利益分配上正确处理国家、集体和个人三者之间的关系。在信用社职工收入增长不超过经营效益增长的前提下,本着责权利相结合的原则,坚持劳动成果与经济利益相联系。经营目标责任制采取与工资或效益工资挂钩的方法进行逐级考核与兑现,将信用社职工工资总额的40%作为经营目标风险抵押金,由各信用社逐月划转县联合社专户储存,年度终了经综合测评全面完成目标任务,考核得分在100分以上的信用社,按实际得分同比例返还,差额部分首先用于弥补历年亏损,仍有结余全部用于充实信用社盈余公积金;盈余信用社在年终按规定比例提取的劳动分红和成本列支的效益工资,结合当年考核得分同比例计发。根据《办法》要求,地区农金改办对联合社1997年度各项经济指标进行综合考核打分,得89.7分。

2007年,县联社制定《2007年度经营管理目标考评办法》,将四项内容考核指标作为"百分制"考核计分的依据。一是业务考核指标70分,分别为储蓄存款年末余额30分、储蓄存款平均余额10分、中间业务收入20分、银行卡发行量5分、新增投资股5分;二是会计、出纳制度考核10分;三是学习教育、制度落实、考勤、精神文明考核15分;四是安全保卫考核5分。

第三节　固定资产实物管理

县联社固定资产管理遵循"管理规范、责任明确、配置合理、效益优先"的原则,实行实物管理与价值管理相分离。

一、固定资产范围

建社初期,县域农村信用合作社固定资产很少,办公场所是借用银行或人民公社的房屋。在1962年以前,只有东风人民公社信用合作社有一些固定财产,主要是算盘、背包、木箱、马褡子、卷柜,总价值139.38元。

1974年2月,县域公社信用合作社执行人行自治区分行《新疆维吾尔自治区农村牧区信用合作社财务管理制度》(试行草案)规定,信用合作社建造的房屋,购置的自行车、马匹、桌、椅等价值在10元以上,使用年限满1年以上为固定资产。

1984年1月,县域信用社执行农总行《关于信用合作社财务管理工作的规定》,明确固定财产除按物品品种登记外,分设房屋(包括附属于房屋上的固定设备)、交通工具、出纳用具、机械钟表、业务用品、家具、其他用品账户管理。

1987年1月,县域信用社执行农总行《农村信用合作社财务管理制度》,修改固定财产机械钟表账户为机电设备(含机械钟表)账户。

1987年6月,县域信用社执行农行自治区分行《农村信用社财务会计基本制度补充规定》,购置单价在20元以上,使用年限在1年以上为固定资产。

1992年1月,县域信用社执行农总行《农村信用社财务管理试行办法》,规定信用社固定资产标准是使用年限在1年以上,单位价值在500元以上的房屋、建筑物、运输工具等。5月,各信用社执行农总行规定将固定资产的价值标准由单位价值500元改为1000元以上。9月,各信用社农行自治区分行印发《关于〈农村信用社财务管理试行办法〉的补充规定》,固定资产包括房屋、建筑物、运输工具等,要同时具备使用年限在1年以上,单位价值在1000元以上两个条件;不同时具备以上两个条件,或者虽然同时具备以上两个条件,但规定不作为固定资产管理的均作为低值易耗品。同时,规定对已在成本中列支,单位价值在1000元以上的重要设备,可按固定资产管理,但不得提取折旧。

1994年,县域信用社执行《农村信用社财务管理实施办法》,规定经营用固定资产标准是使用年限在1年以上,单位价值在2000元以上的房屋、建筑物、机器、机械、运输工具和其他与经营有关的设备、器具、工具等。其中房屋及建筑物包括营业用房、办公用房、库房和其他直接为经营管理服务的用房或建筑物;运输工具包括各种汽车、摩托车、船舶及其他;电子设备包括各种电子计算机、终端机及配套设备等;机具设备包括复印件、传真机、打字机、发电机、空调机、无线电设备、各种仪表仪器等。不属于经营主要设备的固定资产标准是单位价值在2000元以上,使用期限超过2年的物品。

1998年11月,县域信用社执行人行自治区分行印发《新疆农村信用社固定资产管理办法》规定,固定资产是使用期限超过1年,单位价值在2000元以上,并在使用过程中保持原有形态的资产。

2000年,县域信用社执行人总行《农村信用合作社财务管理实施办法》规定,固定资产是使用期限在1年(不含1年)以上,单位价值在2000元(不含2000元)以上,并在使用过程中保持原有物质形态的资产,包括房屋及建筑物、电子设备、运输设备、机器设备、工具器具等。因业务需要而购建的大、中型计算机网络(包括硬件购置费及软件开发、购置费)作为固定资产进行管理。密押机、点钞机、铁皮柜、保险柜、打捆机、计息机、记账机、验钞机、印鉴鉴别仪、微机及打印机、打码机、压数机、打孔机等物品,不论单位价值大小,均为低值易耗品。

2002年,县域信用社执行人行乌鲁木齐中心支行《新疆农村信用社固定资产管理办法》,对购置固定资产比例、营业办公用房的面积、车辆价值实行控制管理。

2012年11月,县联社执行《新疆维吾尔自治区农村信用合作社固定资产管理办法》规定,固定资产是同时具备以下特征的有形资产:为生产商品、提供劳务、出租或经营管理而持有;使用年限超过 1 年;单位价值超过 5000 元(含 5000 元)。按使用属性分为房屋及建筑物,包括营业用房、办公用房、职工宿舍、库房、建筑物、房屋及建筑物附属设施和其他;机器设备包括电梯、中央空调和其他;电子设备包括大、中、小型路由器、交换机、电脑、网络设备、打印机、自助设备、终端机等各种电子化设备与外围设备等;交通工具包括各种轿车、商务车、运钞车、摩托车等;器具家具包括办公桌椅、安防用具等;融资租入包括以融资租入方式租入使用的房屋建筑物、机器设备、电子设备、交通工具、器具家具等;不属于以上范围的各项固定资产。

二、制度规定

农村信用社购建固定资产时须编制预算,按照审批程序和审批权限,报经有关部门批准。

1974 年 2 月,县域公社信用合作社执行《新疆维吾尔自治区农村农牧区信用合作社财务管理制度》(试行草案)规定,购置固定资产提倡厉行节约,因陋就简,一般尽量借用、租用。积累较多又确需购置的,经贫管会讨论通过,编制计划,上报人行县支行批准后开支;无积累或亏损的从严掌握,个别确需购置的,经报请人行县支行批准后,少量购置,小额开支。

1984 年 1 月,县域信用社执行农总行《关于信用合作社财务管理工作的规定》,购建固定财产坚持勤俭办社的方针,有公积金和折旧基金的信用社,因业务需要增加固定财产时编造计划,由民主管理组织讨论通过,报请银行批准;无公积金和折旧基金的信用社,一般不购建固定财产,但遇特殊情况必须购建时,经民主管理组织讨论后,由农行自治区分行批准,列入当年费用开支。

1986 年 8 月,县域信用社执行农总行《农村信用合作社财务管理制度》规定,购建固定资产坚持勤俭办社方针,增加固定资产时编造计划,报请上级批准。同时坚持预决算制度,按照批准的计划和项目先提后用、专款专用、不超支。

1987 年,县域信用社执行农行自治区分行《农村信用社财务会计基本制度补充规定》,因业务需要增加固定资产时,于每年 3 月底前编造计划(注明公积金及折旧基金余额)报上级批准。金额在 1000 元以内由信用社理事会审批,报农行县支行备案;1000 元以上 10000 元以下由农行县支行审批;50000 元以下由农行阿勒泰地区中心支行审批;50000 元以上报农行自治区分行批准。购置汽车不论金额大小均由农行自治区分行审批。

1989 年 5 月,县域信用社执行农行自治区分行《农村信用社建房和购买车辆的暂行规定》,信用社办公用房修建一律使用公积金或按规定使用固定财产折旧基金,两项资金不足或无有者一律不搞房建;两项资金除办公用房修建外仍有余,可适当修建职工宿舍,宿舍单位造价不超过办公用房的标准。审批权限按每一单项计算,10000 元(含 10000 元)以下由农行县支行批准;50000 元(含 50000 元)以下由农行阿勒泰地区中心支行审批;50000 元以上逐级签注意见上报农行自治区分行审批。

1992 年 9 月,县域信用社执行农行自治区分行《关于〈农村信用社财务管理试行办法〉的补充规定》,购置专用运钞车及 10 万元以上基建项目,报农行自治区分行审批,同时抄报同级税务机关。

1994 年,县域信用社固定资产实行比例控制,固定资产净值所占资本金的比重不超过 50%。6 月,执行农行自治区分行规定,房屋建筑物及专用运钞车金额在 10 万元以上报农行自治区分行审批,10 万元以下的由农行阿勒泰地区中心支行审批。

1998 年 5 月,县域信用社执行自治区农金体改办《新疆农村信用社车辆管理办法》规定,配备业务用车价值控制在 10 万元以内,联合社专用运钞车按公安部有关规定选型,联合社工作用车价值控制在 25 万元以内;车辆购置实行分级管理,逐级审批的办法,购置新增车辆不论金额大小一律上报人行自治区分行审批,更新车辆价值在10万元以内由人行阿勒泰地区中心支行审批,10万元以上的逐级上报人行自治区分行审批。10月,执行人行自治区分行《新疆农村信用社固定资产管理办法》规定,县联合社和农村信用社固定资本比例超过50%,亏损信用社在扭亏前,占用信贷资金,折旧年限未到、资金未落实不购置新增固定资产。规定信用社办公营业用房建筑面积可控制在150~500平方米以内,联合社办公营业用房建筑面积可控制在500~1500平方米以内。同月,根据人行自治区分行转发总行《关于当前农村信用社财务管理有关问题的通知》精神,县域信用社对固定资产、在建工程等非营利性资金占用进行清理,控制固定资产购置,完善固定资产购置审批制度。

2000年,县域信用社执行《农村信用合作社财务管理办法》规定,固定资产净值与在建工程之和占所有者权益(不含未分配利润)比例最高不超过50%。根据人行乌鲁木齐中心支行对购置汽车、购建房屋的审批权限做补充规定,信用社购置汽车报人行乌鲁木齐中心支行审批;购建房屋10万元以下的由人行阿勒泰中心支行审批,10万元以上报人行乌鲁木齐中心支行审批。

2002年5月,县域信用社执行人行乌鲁木齐中心支行《新疆农村信用社固定资产管理办法》规定,办公营业用房建筑面积控制在150~500平方米以内;联合社办公营业用房建筑面积控制在500~1500平方米以内。农村信用社业务用车配备价格控制在15万元以内;县联合社专用运钞车配备按公安部有关规定选型,价格控制在30万元以内,工作用车配备价格控制在25万元以内。购建、新增固定资产的程序和权限,农村信用社填写购建、新增固定资产申报表;上报所建基建项目的预决算报告表及基建项目施工图纸;实行分级落实、逐级审批的办法上报;造价20万元(含20万元)以下由人行阿勒泰地区中心支行审批、造价20万元以上的上报人行乌鲁木齐中心支行审批;购置车辆、电子设备、机具价格无论大小全部上报人行乌鲁木齐中心支行审批后购置。

2007年2月,县联社执行自治区联社《新疆维吾尔自治区农村信用合作社固定资产购建(置)管理办法》,固定资产购建管理实行"统一规划、总量控制、分级负责、违规处罚"的原则。联社固定资产净值与在建工程之和占所有者权益(不含未分配利润)比例最高不超过40%,年度投资总额控制在自治区联社下达的计划以内,未经批准不突破。固定资产购建遵循"规范、安全、经济、效用"的原则,最大限度地避免浪费和无效投资。联社固定资产购建立项申请于每年1月31日前或7月15日前报自治区联社计划财务部。县联社营业办公用房建筑面积标准,联社人均建筑面积原则上控制在80平方米以内,总建筑面积控制在1500~3000平方米;基层信用社人均建筑面积原则上控制在50平方米以内,总建筑面积控制在300~500平方米;附属用房(车库、厨房等)建筑面积原则上不超过营业办公用房15%。房屋建造价格按当地的建筑工程造价标准执行。联社公务用车配备标准及购置价款标准,上年末各项存款余额在5亿元以下的配备控制在2辆以内;上年末各项存款余额5亿元以上的可配备2~3辆公务用车。公务用车购置单价控制在25万元以内;因业务发展需要,公务用车确需配备25万元以上的,须同时符合申报年度前两年连续实现社社盈余、年盈利额连续两年超过200万元的条件;存款规模超亿元,且年盈利额连续三年超过100万元的信用社,确因业务需要配备公务用车,报自治区联社立项、审批。联社配置运钞车,按每10个营业网点配备1辆专用运钞车的标准执行,价格控制在30万元以内。专用运钞车的选型根据公安部门有关规定确定,购置计划由自治区联社保卫部门统一组织,计划财会部门监督。固定资产购置由自治区联社审批的有联社征地、购建房;信用社及基层机构10万元(含10万元)以上的征地;10万元(含10万元)以上的维(装)修和楼房配套设备的更新;县联社购置公务用车、运钞车;采购单件5万元(含5万元)或批量10万元(含10万元)以上的安防设施、计算机网络设施及其他固定资产;抵债资产转为自用固定资产。

2012年11月,县联社执行自治区联社《新疆维吾尔自治区农村信用社固定资产购置管理办法》,

固定资产购建管理实行"预算规划、总量控制、动态管理、违规处罚"的原则。联社固定资产账面价值与在建工程账面价值之和占净资产的比重最高不超过50%。固定资产购建预算遵循"总量控制、效益优先、保证重点、兼顾一般"的原则。联社于每年度2月15日之前,编制年度固定资产购建预算,报理事会审议,经社员代表大会通过后执行。超标准项目的预算,向自治区联社报备审议。联社营业办公用房建筑面积标准,上年末各项存款余额在5亿元以内,建筑面积控制在4000平方米(含4000平方米)以内,其中营业用房建筑面积不小于700平方米;上年末各项存款余额在5亿元(含5亿元)至10亿元之间,建筑面积控制在4000~6000平方米(含6000平方米)以内,其中营业用房建筑面积不小于900平方米;上年末各项存款余额在10亿元(含10亿元)至20亿元之间,建筑面积控制在6000~8000平方米(含8000平方米)以内,其中营业用房建筑面积不小于1000平方米;上年末各项存款余额在20亿元(含20亿元)至40亿元之间,建筑面积控制在8000~12000平方米(含12000平方米)以内,其中营业用房建筑面积不小于1500平方米;上年末各项存款余额在40亿元(含40亿元)至80亿元之间,建筑面积控制在12000~20000平方米(含20000平方米)以内,其中营业用房建筑面积不小于1800平方米;上年末各项存款余额在80亿元以上,建筑面积控制在30000平方米以内,其中营业用房建筑面积不小于2500平方米;附属用房(包括档案室、车库、生活用房等)建筑面积原则上不超过营业办公用房30%;干部交流住房可购置2套,每套建筑面积不超过120平方米。基层信用社营业办公用房建筑面积标准,上年末各项存款余额在6000万元以内,建筑面积控制在550平方米以内,营业厅使用面积不小于260平方米,其中客户区不小于120平方米,营业厅进深不小于11.5米;上年末各项存款余额在6000万~10000万元(含10000万元),建筑面积控制在700平方米以内,营业厅使用面积不小于320平方米,其中客户区不小于150平方米,营业厅进深不小于13米;上年末各项存款余额在10000万元以上,建筑面积必须控制在1000平方米以内,营业厅使用面积不小于500平方米,其中客户区不小于200平方米,营业厅进深不小于15米;城区网点营业办公用房建筑面积不少于300平方米。联社车辆编制标准,上年末各项存款余额在5亿元以下,业务用车配备控制在3辆以内;上年末各项存款余额在5亿元以上10亿元以下,可配备4辆业务用车;上年末各项存款余额在10亿元以上20亿元以下,可配备5辆业务用车;上年末各项存款余额在20亿元以上,可配备6辆业务用车;对管辖半径大、道路状况差、情况特殊,确有必要可适当增加编制;商务型和越野型车辆原则上只能各购置一辆。联社车辆价格标准,轿车型业务用车投资控制在25万元以内,上年度利润总额在5000万元以上,允许投资控制在30万元以内;商务型业务用车投资控制在40万元以内。越野型业务用车配备标准,上年末各项存款余额在5亿元(含5亿元)以下,利润总额在500万元以上,单位价格控制在50万元以内;上年末各项存款余额在5亿~7亿元(含7亿元),利润总额在800万元以上,单位价格控制在55万元以内;上年末各项存款余额在7亿~10亿元(含10亿元),利润总额在1200万元以上,单位价格控制在60万元以内;上年末各项存款余额在10亿~15亿元(含15亿元),利润总额在2000万元以上,单位价格控制在65万元以内;上年末各项存款余额在15亿~20亿元(含20亿元),利润总额在3500万元以上,单位价格控制在75万元以内;上年末各项存款余额在20亿~30亿元(含30亿元)之间,利润总额在6000万元以上,单位价格控制在85万元以内;上年末各项存款余额在30亿元以上,利润总额在7500万元以上,单位价格控制在95万元以内。联社原则上不配备八缸越野车。基层信用社原则上不配备业务用车,业务量大(连续两年各项存款在5亿元以上)、信贷资产质量好(不良贷款占比在1%以内)的营业网点,确因业务需要,可酌情配置一辆业务用车,车辆由联社统筹调配使用。业务用车排气量标准,购置轿车型业务用车排气量须控制在2.0L(含2.0L)以内,购置2.0T型及以上的轿车;商务型业务用车排气量须控制在3.0L(含3.0L)以内。联社配置运钞车,按每10个营业网点配备 1 辆专用运钞车的标准执行,专用运钞车的选型根据公安部门有关规定确定。

三、固定资产构建

(一)营业用房

1955 年,哈巴河县第一家信用合作社在三区一乡阿不列兹克成立,信用合作社办公室是借用乡政府的房屋,一桌一凳一算盘便是当时的全部家当。

1959~1962 年,县域公社信用合作社办公、营业场所由公社安排。1963~1978 年,县域公社信用合作社办公、营业场由人行县支行和公社安排。1978~1984 年,农行县支行营业所与信用社合署办公,办公室由农业银行提供。1985~1988 年,信用社与农行分门办公。齐巴尔信用社搬至克孜哈营,借用供销社房子办公。

1988 年,铁列克信用社投入 8500 元购买与农行县支行合署办公的用房,作为办公、营业用房。同年,萨尔塔木信用社投入 9000 元购买与农行县支行合署办公的用房,面积 130 平方米,作为办公、营业用房。

1989 年 4 月县联合社成立,在阿克齐镇综合市场购买钢筋混凝土结构上下两层楼房一栋,一楼为联合社营业部,二楼为联合社办公室,建筑面积 63 平方米,价格 21584.41 元。年内,加依勒玛信用社投入 47234.42 元建造全县信用社第一栋砖混结构的营业办公用房,有营业厅 1 间、外勤办公室 3 间、宿舍 2 间、值班室 1 间、金库 1 间,面积 167 平方米。

1991 年,库勒拜信用社修建砖混结构办公室,内设营业厅、金库、办公室。萨尔布拉克信用社修建砖混结构办公室,占地面积 501.12 平方米,内设营业大厅、金库、库房、外勤室。

1993 年,铁列可信用社修建砖混结构办公室,占地面积 1162.8 平方米,内设营业大厅、金库、库房,当年投入使用。

1995 年,县联合社修建办公楼,砖混结构,建筑面积 1011.58 平方米。一楼营业大厅,二、三、四层设理事长室、主任室及 7 个部室,五楼为会议室,每层均有卫生间。1996 年 12 月投入使用。

1998 年 9 月,阿克齐信用社建造营业用房,钢筋混凝土结构,占地面积 37.43 平方米,建筑面积 143.98 平方米,造价 35.20 万元,于 1999 年 12 月竣工交付使用。内设营业大厅、金库、办公室、库房。

2001 年 12 月 8 日,农贸市场信用社购置营业用房,占地面积 12.67 平方米、建筑面积 48.73 平方米,价款 14.6 万元。年内,萨尔塔木信用社建造营业用房,占地面积 754.27 平方米,建筑面积 103 平方米,造价 16.19 万元,其中人行乌鲁木齐中心支行合作处拨款 8 万元。

2004 年,库勒拜信用分社因业务和服务范围的扩大需扩建办公室,县联合社投资 7 万元,在库勒拜信用社营业室外墙处接建外勤办公室 2 间。

2006 年 6 月,哈巴河县边贸市场信用分社成立,修建 99.59 平方米办公楼一栋,内设营业大厅、库房及卫生设施。

2008 年 11 月,县联社购置车库 1 间,面积 27 平方米,价款 4 万元。

2009 年 9 月,县联社建造金库,于 2010 年 8 月完工。金库上下两层,第一层有金库、重空库、值班室、卫生间,第二层为联社档案室,存放会计和文书档案,建筑面积 200 平方米,价值 75 万元。

2012 年,县联社按照自治区联社营业网点办公楼的建设标准,分别重建库勒拜信用社、加依勒玛信用社、萨尔布拉克信用社、齐巴尔信用社两层办公楼一栋,建筑总面积 2851.6 平方米,一层为现金区,二层为非现金区。同年,县联社建立固定的会计档案室,面积 99 平方米,购置档案柜和有关器材,使会计档案达规定标准。

（二）生活用房

建社初期，县域信用合作社员工都是本地人，吃饭住宿都是自己解决。之后，随着信用社发展，食宿设施逐步改善。

1969年，红旗人民公社信用社投资修建大小两间平房，用于解决职工住宿兼办公用房。

1977年，前哨公社信用合作社为2位牧业外勤职工修建宿舍兼办公室各2间，面积80平方米。

1984年，哈巴河县6家信用社除铁列克信用社外，其他5家信用社部分职工有单位修建的住房，建筑总面积344平方米。至1988年，全辖信用社共为16位职工解决住房困难。

1989年，加依勒玛信用社建造县农村信用社第一栋砖混结构的营业办公用房，建筑面积167平方米，其中2间为员工宿舍。

1993年，联合社对县域信用社进行清产核资时，信用社员工家属住房达17栋，基本满足职工的住房之需。

2012年9月，县联社从人行县支行置换购买银信家属楼中间单元201、301、401、501、东单元502共5间房屋，置换、购买原人行家属楼西单元101、中间单元202室2间。其中5间作为职工宿舍使用。同时对宿舍进行装修，配备沙发、桌椅、茶几、床、电视、洗衣机、液化气灶、炊具等生活设施。同年，县联社因地制宜开展"五小"工程建设活动，把关心员工的工作和生活纳入重要工作议程。先后在萨尔布拉克信用社、库勒拜信用社、加依勒玛信用社、齐巴尔信用社、萨尔塔木信用社开展"五小"（小宿舍、小食堂、小澡堂、小菜园、小阅览室）工程建设。联社对"五小"工程建设工作实行政策扶持，对"五小"工程建设的费用，信用社按程序申报，县联社实行特事特办，优先审批；对提高职工生活福利的相关费用，本着发展原则，由联社财务部门协调解决；县联社工会根据各信用社"五小"工程建设进度，适时下拨工会经费，以确保建设费用。

（三）文化娱乐设施

建社初期，县域信用社合作条件差，没有娱乐设施，娱乐活动单调。随着经济不断发展，信用社办公、营业条件不断改善。每逢重大节日，信用社组织员工在娱乐休息室开办联欢会，一起玩游戏，如踩气球、抢凳子、顶气球等。随着社会不断发展，逐渐有收音机和电视，员工在休息时可以听收音机或看电视。

2005年，县联合社投入经费16200元，在联合社五楼设置文体活动厅和职工活动室，添置乒乓球案、羽毛球、象棋、军棋、跳棋等活动器材。购买和发动职工捐献的图书达2000册，订购金融会计类报纸杂志，为员工开辟一个良好的文化娱乐场所。

（四）办公设备

建社初期，县域农村信用合作社没有独立的办公室，员工每人一个帆布挎包，携带现金、账本、单据、笔、算盘等流动开展业务。他们常年奔走在乡村土路之间，与农民同吃、同住、同劳动，为放款、收存和收贷，风里来，雨里去，不避艰辛。挎包，是20世纪50年代到90年代初期，农村信用社员工普遍使用且必不可少的办公用具。许多农民亲切地称之为"挎包银行"。随着农村经济的发展和信用社业务的不断扩大，农村信用社的工作条件、办公环境有很大的改观，各乡镇信用社先后配置电脑，有线和无线通信、交通工具不断更新，安全设施改善。

1992年，县联合社开始配置计算器，计算器替代算盘，提高工作效率。

1994年，经农行阿勒泰地区中心支行批准，县联合社配备宏基80486型计算机1台，用于联合社管理部门处理报表业务。自此，联合社结束手工汇总全辖报表的历史。

1997年12月，县联合社购买1台松下传真机，价值3500元。

1998 年 2 月,县联合社统一购买电子利率牌 6 台,其中营业部 1 台,价值 9389 元;加依勒玛信用社、萨尔塔木信用社、库勒拜信用社、萨尔布拉克信用社、齐巴尔信用社各 1 台,价值 2500 元。

1999 年 4 月,县联合社购买施乐复印机 1 台,价值 24200 元。12 月,县联合社引进第一台柜面计算机,淘汰旧的、传统的计算工具,既节约时间又提高工作效率。

2004～2005 年,县联合社投资 80 万元给机关各科室配备计算机,开通互联网,建立区域网,实现互联互通。2006 年 6 月,哈巴河县边贸市场信用分社成立,购入客户椅、对讲机、保险柜、打印机、复印机,安装蓝天 PS 终端设备。12 月,县联社购入第一台龙达打把机,方便员工快速整理钱币,提高工作效率。年内,全辖安装监控探头 60 组,其中营业部和综合市场信用分社 20 组,价值 13 万元;其他 5 个信用社共 40 组,价值 25.5 万元。

2007 年,县联社辖属信用社实现全省通存通兑。建立自治区 OA 办公室网与人力资源网以及 elink 人力资源部工作群。

2008 年,县联社投入 14 万元购置电脑、终端、打印机、点钞机、复印件、叫号机等电子设备,自治区联社分摊灾备中心的电子设备 18 万元;购置 1 台电视机,价值 1600 元。年内,安装 110 联网报警系统。

2009 年 4 月 28 日,县联社配备 4 台点钞机。8 月 19 日,联社为 4 个信用社配备 7 台联想台式电脑。12 月 24 日,联社为营业部配备捆钞机 1 台。12 月,经自治区联社统一购置,联社在营业部安装 2 台 NCR6625 型穿墙式自动取款机,每台 12.7 万元,实现联社为广大居民提供 24 小时的自助服务;在营业部室内外各安装 1 条 LED 电子显示屏,价值 12 万元,用于对外宣传金融政策服务内容等。年内,在营业部和金库安装高清监控,价值 21 万元;投入 16 万元购置电脑、终端、打印机等电子设备;花费 11 万元购置发电机、电视机、沙发、桌子、档案柜等家具器具等。

2011 年,县联社投入 18 万元购置打印机、终端、扫描仪等业务用电子设备;投入 3 万元购置照相机、冰箱、热水器等器具。

2012 年 11 月,县联社为营业部配置价值 28 万元的钞币清分机 1 台,减轻钞币分检压力。12 月,将营业部 1 台 ATM 机移机到库勒拜信用社,同时为营业部、库勒拜信用社各安装 NCR6635 型穿墙式自动存取款一体机 1 台,单价 17.9 万元;为齐巴尔信用社安装 NCR6625 型穿墙式自动取款机 1 台,价值 11.4 万元;库勒拜信用社、齐巴尔信用社各安装 LED 电子显示屏 1 条、监控设备 1 套,单价分别为 4 万元、24 万元;联社购置 8 台路由器,单价 1 万元,保障营业网点网络系统运行畅通。年内,联社投入 4 万元购置电脑、装订机等电子设备;购置档案密集架 1 套,价值 7 万元。

(五)公务用车

1989 年,铁列克信用社为牧业外勤购买 1 辆幸福 250 型摩托车,价值 4716 元。至 1990 年,各社先后购买 16 辆自行车用作外勤的交通工具。

1992 年,农行县支行送给县联合社 1 辆 2020S 汽车,用于城乡业务送库。1995 年 6 月,联合社购买第一辆 2020S 型吉普车,价款 59800 元,主要用于接送库款。1998 年 1 月,联合社购置三菱车 1 辆,价款 25.73 万元,主要用于联合社与基层信用社之间调运现金。

2003 年 9 月,县联合社购置尼桑帕拉丁专用运钞车 1 辆,价值 35.52 万元。2005 年 3 月,联社购置丰田霸道业务用车 1 辆,价值 48.74 万元。

2008 年 7 月,联社购置江铃全顺专用押运车 1 辆,价值 24.89 万元。2009 年 8 月,联社购置丰田凯美瑞公务用车 1 辆,价值 26.90 万元。

2010 年 9 月,县联社购置尼桑奇骏业务用车 1 辆,价值 27 万元。2011 年 8 月,联社购置别克商务车 1 辆,价值 42.12 万元。

2012 年 7 月,县联社购置丰田巡洋舰公务用车 1 辆,价值 90.89 万元。

四、实物管理

（一）管理制度

县联社对固定资产日常管理实行账、物分管的原则,做到实物增加建账、实物减少销账,保证账实相符。县联社计划财务部设置固定资产总账和明细账,对固定资产购建、出售、调拨、清理、报废等,办理会计核算手续,真实反映固定资产的价值状况。联社综合办公室是固定资产实物管理部门,对固定资产实行定号管理,按照统一的编码规则为每一单项固定资产按类、分项统一编号,将条形码粘贴在固定资产实物上;按管理部门、网点分别建立固定资产登记簿,详细记载领(启)用固定资产的名称、编号、型号、原值、使用(保管)单位、领(启)用日期、领(启)用人、固定资产的调拨等情况,领用人签字以明确管理责任。各网点亦建立固定资产登记簿,对使用的固定资产进行保管登记,记录使用情况。固定资产使用部门按照"谁使用,谁保管"的原则负责固定资产的领用、保养、维护等工作;未经批准,各使用部门之间不允许调换固定资产,使用部门负责人发生工作变动时办理固定资产交接手续,同时由固定资产实物管理部门在交接清单上签注意见。2012 年前,联社计划财务部每年在开展会计业务检查工作时对各网点固定资产进行清查,年终决算前组织网点参加对现有固定资产再做一次全面的盘点,以确保账账、账卡、账实相符。对盘盈、盘亏、报废、毁损的固定资产查明原因,按规定权限报批后做账务调整。自 2012 年起,联社综合办公室与计划财务部每半年至少对辖内房屋及建筑物、机器设备、电子设备、器具家具等固定资产进行一次全面的盘点和清查,检查和核对固定资产账实是否相符,同时将盘查结果上报自治区联社。

（二）固定资产处置

农村信用社固定资产的处置主要包括固定资产的出售、转让、置换、报废(报损)、报失、对外捐赠和投资处理。

1984 年,县域信用社执行《信用合作社财务管理工作的规定》规定,向银行提出的财产资金处理报告,先由民主管理组织讨论,并提出处理意见。财产资金多缺处理权限,每笔金额在 100 元以下,由农行县支行审批;每笔金额在 500 元以下的,由农行阿勒泰地区中心支行审批;每笔金额在 500 元以上的,由农行自治区分行审批;每笔金额超过千元,由农行自治区分行审批后报总行备案。

1986 年 8 月,县域信用社执行农总行《农村信用合作社财务管理制度》,固定财产经批准转让给其他单位的,按现有价值实行有偿调拨。其出售和器具损坏的赔偿作价收入,均收入公积金科目,不转移挪用。

1987 年,县域信用社执行农行自治区分行对农村信用社财务会计基本制度进行补充规定,资金、财产发生多缺时落实处理,同时逐级上报。金额在 1000 元以下报农行县支行审批;1000～5000 元上报农行阿勒泰地区中心支行审批,同时报农行自治区分行备案;5000 元以上报农行自治区分行审批,同时由分行转报总行备案。

1990 年,齐巴尔信用社迁址后将原信用社营业用房变卖。

1992 年,县域信用社执行农行自治区分行对农村信用社财务管理试行办法补充规定。资金和财产多缺的审批权限,每笔金额在 1000 元(含 1000 元)以下由民主管理委员会审批,每笔金额在 1000 元以上 5000 元(含 5000 元)以下由县联合社审批,每笔金额在 5000 元以上 10000 元(含 10000 元)以下由农行阿勒泰地区中心支行审批,每笔金额在 10000 元以上由农行自治区分行审批,同时征得同级税务部门同意。

1994年初,县域信用社对部分固定资产进行清理处置,报损17栋家属住房、15匹马、10副马鞍,实物归职工所有;报损1辆摩托车,2辆自行车,桌、椅等办公器具全部纳入表外科目低值易耗品核算。同年,县域信用社执行农行自治区分行《关于〈农村信用社财务管理实施办法〉的补充规定》,对盘盈、报废、损坏的固定资产查明原因、明确责任、及时处理。处理审批权限,每笔金额在5000元(含5000元)以下由信用社主任审批,5000元以上10000元(含10000元)以下由县联合社会同级税务机关审批,10000元以上50000元(含50000元)以下由农行阿勒泰地区中心支行会同同级税务机关审批,50000元以上由农行自治区分行会同同级税务机关审批。

2000年7月,县联合社报废折旧已提足的铁列克信用分社幸福250型摩托车1辆,原值4716元。收回担保人哈巴河县运输公司抵贷资产马自达车1辆用于运钞,把联合社运钞车2020S吉普车出售,所得车款用于偿还被担保人哈巴河县大草原旅行社贷款。

2001年,萨尔塔木信用社因年初暴雪致使年久破旧的办公用房屋顶一处坍塌,待新办公室建成后,随即拆除原值13543.34元、已提折旧10736.48元的原办公用房,报损2806.86元。

2003年7月抗击"非典"时,县联合社将马自达车捐赠给哈巴河县红十字会。10月,齐巴尔信用分社撤销,县联合社先是将办公室出租,后于2004年12月以8.5万元的价格出售。

2004年12月,县联合社将2020S吉普车作销账处理,以7.7万元的价格将三菱车1辆出售。

2010年11月,县联社通过拍卖公司拍卖已提足折旧的尼桑帕拉丁车1辆,拍卖价款5万元。

2011年3月,县联社将使用2年,折旧已提14万元的江铃全顺押运车以14万元的价格卖给阿勒泰地区金华保安押运有限公司,扣除净值及税费后,净收入3万元。

2012年7月,县联社通过拍卖公司公开拍卖已提足折旧的丰田霸道工作用车1辆,拍卖价款25万元。12月,按固定资产报废流程经有权审批人审批后,联社对使用年限已满、折旧已提足且已损坏的1台点钞机,原值2400元;1台自动捆钞机,原值12800元;1台多功能一体机,原值2800元进行报废处理。11月,联社执行《新疆维吾尔自治区农村信用合作社固定资产处置管理办法》,对房屋建筑物、土地、单批资产账面净值超过50万元的其他固定资产,或其他认为有必要共同决议的处置事项,成立固定资产处置小组。财务部门牵头组织成立处置小组,成员主要由财务、实物管理、使用、监督检查等部门人员组成,负责处置方案的具体实施。主要职责是为开展尽职调查,形成尽职调查报告;制订处置方案,选聘中介机构,组织资产评估;落实处置其他相关事项(如拍卖、招标、谈判、签订协议等);形成处置报告等。未成立处置小组的,处置小组相关职责由实物管理部门履行。固定资产处置实行分级授权管理。

(三)固定资产维修

2002～2003年,加依勒玛信用社和萨尔布拉克信用社办公用房年久失修,由于亏损严重,无资金维修。经申请,人行乌鲁木齐中心支行合作处从新疆农村信用社管理费中分别拨付5万元专项资金,用于加依勒玛信用社和萨尔布拉克信用社维修办公用房。2个信用社使用专项拨款翻盖屋顶铺防雨油毛毡,外墙贴瓷砖,砌砖围墙,室内铺设地板砖,修大理石柜台,改造锅炉,粉刷乳胶漆等。

2004年,县联合社对综合办公楼进行装修。装修由布尔津县奇美装潢公司承担,对一楼营业部、二楼和三楼办公室、五楼会议室进行装饰装修,制作45平方米的信合招牌,共投入20万元。

2005年,县联合对营业部和综合市场信用社的窗户进行修缮,由乌市浩源装饰有限公司安装防弹复合玻璃,共投入3万元。

2008年,县联社投入4万元将尼桑帕拉丁专用运钞车改装为业务用车。

2010 年,县联社决定对营业厅、四楼等陈旧部位进行装修改造。通过招标由江苏省第一建筑安装有限公司承建。一楼营业部室内进行改造,设现金业务区、非现金业务区和大客户室、隔出 ATM 机房,安装防砸玻璃隔热窗、使用墙面砖干挂处理、改原暖气片取暖为地暖;营业室外部采用大理石干挂处理,增设雨棚式门头。四楼、五楼、过道、楼梯铺设地板砖、粉刷室内墙面,共投入 98 万元。该笔装修费用予以资本化,计入固定资产。2011 年,县联社收到位于喀纳斯旅游景区的铁热克提乡政府统一对房屋外观及坡屋顶改造的函。经自治区联社批准,联社对原铁热克提信用社办公用房进行外墙改造,建设铁艺式围栏和欧式屋顶,投入 30 万元。

第四节　后勤管理

一、车辆管理

县联社车辆管理执行《新疆维吾尔自治区农村信用合作社车辆管理办法》,遵循"规范管理、合理配置、定编控制、有效利用"的原则,严肃用车纪律,制止奢侈浪费,提高车辆使用效率。车辆按用途分为业务用车和运钞车(包括运钞护卫车)。业务用车是指用于开展各项业务的车辆,包括领导工作用车、其他业务用车等。运钞车(包括运钞护卫车)是指专用于运送钞币、贵金属、有价单证和重要空白凭证的车辆。车辆管理部门职责:财务部门负责车辆账务处理、台账建立和核对工作;办公室负责本级车辆使用、管理、维修、保养,同时根据车辆报废、需求情况,向自治区联社提出配置计划。在所在地辖区范围内用车,由办公室统筹安排。出车到所在地辖区外,由用车人申请、部门负责人签署意见、主管领导审批同意后,交办公室安排车辆,同时开具出车任务单给驾驶员,出车返回,用车人在出车任务单上签名。未经用车人签名确认,或非本人签名,不予报销本次出车的相关费用。严禁公车私用,严禁因工作调动将车辆带入其他单位使用。运钞车不得改变用途,必须专车专用;驾驶员报销出车费用程序:出具出车任务单;收集整理与本次出车有关的燃油费、路桥通行费、停车费、维修费、住宿费等发票,按规定填写报销凭证;上述单据送办公室审核后由财务部进行复核,审核无误后报有权审批人审批。车辆投保由办公室和财务部通过询价方式确定并统一指定,办公室按照总额控制、单车定额、逐车建账、从严把关的控制原则,对车辆过桥费、停车费使用情况进行计划管理,及时向各部门通报所有车辆相关费用使用情况。驾驶员要遵守交通规则,保证行驶安全,做到行车前、行车途中严禁喝酒,凡酒后开车,造成事故和经济损失的责任自负;凡属违章行车罚款自付,全年车辆安全无事故,奖励 500元。办公室负责核定日常车辆用油指标,逐车核算。按照车辆管理部门下达的用油指标,节约用油。对于外地出差所发生的燃料费,单独报销。出车费用实行"一事一单"报销,即一次出车、一次报销。不得将两次或两次以上的出车费用合并在一张报销单报销,也不得将一次出车费用分次报销。车辆维修保养实行定点制度,维修厂商原则上通过招标确定。凡需要维修或更换材料,办公室组织核定,根据维修或更换材料的金额大小,按先审核、后维修,更新交旧的制度进行。驾驶员不得在非定点修理厂进行汽车维修保养和购置汽车零配件;重要部件的更换和维修,定点修理厂无法提供的,经主管领导同意后可到 4S 店更换和维修。定点维修保养实行"一次维修一张送修单"制度。车辆维修和保养前,驾驶员填写车辆送修申请单,列明详细的维修和保养项目,送理厂核价(修理厂在送修单上注明预计费用并盖章),经办公室和财务部审核无误,报经有权人审批后进行维修和保养。修理过程中发现需增加维修项目的,需由驾驶员、办公室负责人共同确认,并就增加维修项目填写车辆送修单,按上述程序批准后方可维修。维修保养完毕后,由车辆管理人员和驾驶员验收修复情况、维修项目及价格等,并经车辆管理人员和驾驶员共同签字确认,否则不予报销。维修费用实行一次维修一次报销制(一次维修一张送修单)。需出售、出租、报废、置换的车辆,联社在处置完毕后应及时进行账务处理,同时将处置结果向自治区联社报备。需处置的车辆,原则上使用年限不得少于 5 年。财务部门加强对车辆费用列支情况的检查,对超预算列支、滥用会计科目逃避预算控制以及其他违反信用社财务管理制度的行为,按照相关规定提出处理建议,并及时整改。

二、公务接待

1956～1996 年,县域信用社公务接待先后由人行县支行、农行县支行统一负责。1996 年 12 月 30 日,县联合社与农行县支行脱离隶属关系,后勤工作由办公室负责。业务招待费由办公室负责人审批报销。

2012 年 11 月,县联社业务招待费按《新疆维吾尔自治区农村信用社业务招待费管理办法》执行。业务招待费指为业务经营的合理需要而支付的业务交际费用。业务招待费核算包括接待食宿费、招待用品费和其他业务招待费用等。接待食宿费指在业务招待过程中发生的接待用餐、住宿费用开支。招待用品费指为满足日常业务招待合理需要而发生的物品购置支出。其他业务招待费用指业务招待过程中支出的其他合理业务交际费用。

县联社业务招待费控制在当年营业收入 5‰以内,管理遵循原则:1. 预算管理,标准控制。对业务招待费实行预算管控,并根据实际情况,制定开支标准,合理控制相关开支。2. 提倡节俭,讲究效益。业务招待支出本着合理、必须、从简、节约的原则从严掌握,不得开支与业务发展和经营管理无关的费用。3. 事前控制,授权审批。在发生业务招待需求前,原则上根据授权权限,报有权审批人审批,审批同意后方可开支。4. 规范核算,准确反映。业务招待支出按照有关规定进行核算,严禁虚列虚支或乱列科目逃避预算控制,确保核算的真实性、完整性和及时性。对业务招待费的管理,费用主管部门负责核定招待费接待标准和控制措施,制定招待费接待标准,对预算执行情况进行监测和控制,同时负责业务招待费核算等工作。联社综合办公室负责招待费控制、选择定点招待场所及日常业务招待用品的采购、登记、保管、分发管理等。审计监督部门负责对业务招待支出管理和核算情况进行审计和合规检查。业务招待费原则实行事前审批,在发生业务招待需求前,招待申请部门说明招待事宜有关情况,按规定权限报有权审批人批准;对于金额较小或遇特殊情况无法履行事前审批手续的,可将费用审批与报销程序同时进行。业务招待经办人员报销费用时,凭真实、合法的票据,按照规定程序报销,对于大额业务招待费,按照相关支付管理规定,原则上采用转账方式进行支付。业务招待费纳入营销费用实行年度预算管理,根据营销费用配置政策,测算全年预算额度,同时根据需要合理计划业务招待费和宣传费开支结构,均衡开支进度。招待系统外部人员时,按照文明、节俭的接待原则,根据招待对象确定合理的接待标准和陪餐人员数量,合理控制相关开支,严禁铺张浪费。财务部门做好业务招待费列支情况的日常监测工作,定期向主管财务领导报告招待费列支和预算节余情况。同时,加强对业务招待费列支情况检查,对超预算列支、乱用会计科目逃避预算控制以及其他违反信用社财务管理制度的行为,按照相关规定进行处理。

第十九章 审计

1981年前,县域信用社的稽核工作一直由人行县支行兼管。1981年农行县支行恢复成立后,稽核工作由农行县支行兼管。1997年1月,县联合社与农行县支行脱离行政隶属关系后,联合社内设2股1室3个职能部门,即会计股、综合业务股、办公室。综合业务股主要负责辖内各信用社计划、信贷和稽核工作。1999年11月15日,联合社成立纪检监察稽核股,配备专职稽核人员1名,负责辖内各信用社稽核工作。2005年1月,阿勒泰银监分局制定《阿勒泰农村信用社劳动用制度改革实施意见》,要求管理部门设置1部1室,即综合业务部、办公室。综合业务部负责会计、统计、信贷、稽核等岗位职责。2006年2月,县联社撤销综合业务部,增设会计股、稽核股。自治区联社成立后,2007年1月,县联社对职能部门职能进行调整,原稽核股更名为审计部,负责全辖的审计工作。

第一节 制度建设

人民银行、农业银行、银监局、自治区联社、县联社(联合社)在不同时期分别制定稽核检查相关制度,为县农村信用社开展稽核工作提供依据,对健全和完善县农村信用社监督制约机制,促进信用社依法合规经营,推进稽核工作制度化、规范化进程起到积极作用。

1995年1月至2011年3月县联社(联合社)稽核审计制度统计

表 19-1

时间	发文单位	文件名称	文号
1995.01.12	农行哈巴河县支行	《信用社审计稽核检查处罚规定》	哈农银稽发〔1995〕1号
1996.01.08	农行自治区分行	《新疆农村信用社稽核处罚实施细则》	新农银发〔1996〕8号
1996.01.22	农行哈巴河县支行	《审计、稽核检查处罚规定》	哈农银信联发〔1996〕6号
1998.06.03	中国人民银行	《农村信用合作社工作人员违反规章制度处理的暂行规定》	人行银农发〔1998〕39号
1998.08.11	农行自治区分行	《关于加强我区农村信用社稽核工作的意见》	新农银发〔1998〕85号
2003.09.01	哈巴河县联合社	《审计、稽核检查处罚规定》	
2005.03.28	中国银监会办公厅	《加强农村信用社稽核工作指导意见》	银监办发〔2005〕65号
2005.05.19	哈巴河县联社	《哈巴河县农村信用联社稽核工作检查方案》	哈信联发〔2005〕62号

续表 19 – 1

时间	发文单位	文件名称	文号
2007.02.08	自治区联社	《新疆维吾尔自治区农村信用合作社员工违反规章制度处理规定》	新农信〔2007〕93 号
2007.02.08	自治区联社	《新疆维吾尔自治区农村信用合作社内部审计基本制度》	新农信〔2007〕112 号
2007.02.08	自治区联社	《新疆维吾尔自治区农村信用合作社社现场审计操作规程》	新农信〔2007〕113 号
2007.02.08	自治区联社	《新疆维吾尔自治区农村信用合作社内部审计处罚规定》	新农信〔2007〕114 号
2007.02.08	自治区联社	《新疆维吾尔自治区农村信用合作社离任离岗审计办法》	新农信〔2007〕115 号
2007.02.08	自治区联社	《新疆维吾尔自治区农村信用合作社项目审计责任制》	新农信〔2007〕116 号
2007.02.08	自治区联社	《新疆维吾尔自治区农村信用合作社外部监管内部检查发现问题整改工作的规定》	新农信〔2007〕117 号
2007.02.08	自治区联社	《新疆维吾尔自治区农村信用合作社业务部门自律监管审计操作流程》	新农信〔2007〕118 号
2007.02.08	自治区联社	《新疆维吾尔自治区农村信用合作社内部审计管理办法》	新农信〔2007〕119 号
2007.04.11	哈巴河联社	《关于成立哈巴河县农村信用合作联社内部审计委员会的通知》	哈农信〔2007〕46 号
2008.03.31	哈巴河县联社	《关于调整哈巴河县农村信用合作联社内部审计委员会的通知》	哈农信〔2008〕54 号
2010.04.23	哈巴河县联社	《关于调整哈巴河县农村信用合作联社内部审计委员会的通知》	哈农信〔2010〕72 号
2010.07.05	自治区联社	《新疆维吾尔自治区农村信用合作社员工违反规章制度处理规定》	新农信办〔2010〕139 号
2010.07.22	自治区联社	《新疆维吾尔自治区农村信用合作社内部审计基本制度》	新农信办〔2010〕206 号
2010.07.22	自治区联社	《新疆维吾尔自治区农村信用合作社离任离岗审计办法》	新农信办〔2010〕207 号
2010.07.22	自治区联社	《新疆维吾尔自治区农村信用合作社现场审计操作规程》	新农信办〔2010〕208 号
2010.07.22	自治区联社	《新疆维吾尔自治区农村信用合作社网点柜员风险防范预警系统管理办法》	新农信办〔2010〕206 号
2011.03.16	自治区联社	《新疆维吾尔自治区农村信用合作社2011年审计工作指导意见》	新农信办〔2011〕56 号

第二节　内审

一、自治区联社审计

2007 年 1 月 31 日至 2 月 2 日,自治区联社派出审计组对县联社 2006 年年终决算真实性和高管人员任期经济责任两项工作进行现场审计。审计发现,联社贷前调查未查询征信系统,贷后未将相关数据录入征信系统;未执行企业评级、授信、用信制度;贷款调查岗、审查岗未分离;存在借款合同签订业务操作不合规现象,贷款客户经办人授权委托书受托权限不详,存在法律风险;项目贷款无项目可行性报告;社团贷款牵头社、成员社未按规定程序要求办理;存在抵押权不实现象;其他应付款项由于账务处理不规范,造成下期预收支挂账不实;短期投资账户发生额反应不实,账务处理不合规;存放同业往来款入账、对账不及时;短期投资收入确认不合规、入账不及时;内外账务核对不及时,对账单未收回等。审计组对发现的问题提出整改意见,限期整改。

2008年1月18~21日,自治区联社派出审计组对县联社2007年度会计决算真实性进行专项审计。审计发现,办理担保抵押贷款,资料中无抵押担保申请书、承诺书及财产共有人未在抵押合同上签字;最大1户贷款超比例;办理个别联保贷款展期不符合规定;存在超列支社会化用工工资现象;门柜系统中账户信息录入错误;单位银行结算账户印鉴变更未按规定办理;临时存款账户展期不符合规定;错账冲正业务未经主管签字授权,未登记差错登记簿;储蓄存款未严格执行实名制;密码挂失不规范;股金分红未及时登记;存在库存超限额现象等。审计组对发现的问题提出整改意见,限期整改。

2009年1月18~23日,自治区联社审计组对县联社2008年经营管理进行专项审计。检查发现,各类委员会会议议程不规范;部分信贷档案存在未查询及打印借款人贷款卡信息;信贷管理系统普遍存在未录入客户档案信息、合同档案信息;对项目贷款资金使用监测不到位;未严格执行查库制度;内外账务核对制度执行不到位,对公存款账户对账率未达100%;年末其他应收款已付款长期挂账资金未及时清理;未按《金融企业财务制度》规定严格执行权责发生制;财务费用支出只有审批人签字,未经审核人监督签字,部分费用支付凭证无经办人签字;签订的股金转让、赠予协议书存在不规范现象等。审计组对发现的问题提出整改意见,限期整改。

2010年1月16~23日,自治区联社派出审计组对县联社2009年经营管理情况进行审计。审计发现,联社未能严格执行查库制度,未达到规定频次;内外账务核对制度执行不到位,对公存款账户率未达100%,营业部存在补制手工对账单且未经负责人审核;年末其他应收、应付款长期挂账资金未及时清理;查看固定资产卡片账,计提折旧未遵循一贯性原则,卡片账存在涂改、涂描现象;未按照《金融企业财务制度》规定严格执行权责发生制;股金管理不规范,营业部股金转让、赠予协议书存在签订协议书不规范现象;股金分红管理不规范,2009年未支付股金在门柜系统中没有按股东名称逐一设立明细账户核算股金分红,支付股金分红没有签订书面协议书以转账方式分红降低操作险;财务费用支出只有审批人签字,未经审核人监督签字,部分费用支付凭证无经办人签字;大额费用列支未召开财审会议,部分费用款项支付不符合规定,未按财务制度规定正确列支相关费用,劳务派遣工(社会用工)工资超计划列支;部分信贷档案存在未查询及打印借款人贷款卡信息;信贷管理系统普遍存在未录入客户档案信息、合同档案信息;对项目贷款资金使用监测不到位,借款人违反合同约定用途使用贷款;部分贷款风险分类不准确,贷款展期存在保证人代签字现象;单户贷款超比例等。审计组对发现的问题提出整改意见,限期整改。

2011年3月2~14日,自治区联社审计组对县联社开展2010年度资产负债损益专项审计。审计发现,联社部分科目总分不符;固定资产比率计算有误;信贷资料中借款合同、补充协议等重要法律文书中要素不全现象较为普遍;部分法律文书签字不真实;发放超权限贷款;借款资料收集不全;未与抵押人签订合同;借款担保无效或存在瑕疵;普遍存在分期还款中部分到期贷款未按逾期贷款管理;未进行贷后跟踪检查,贷后检查不真实、流于形式;未落实自治区联社风险报备提示中的限制性条款;未按规定计收复利;固定资产招标时,中标通知书中标金额与预、决算报告书不符,差额较大,联社无集中采购委员会运作资料,需集中采购事项未实行集中采购;对外签订固定资产法律文书有瑕疵;本年新增固定资产发票中收款方与款项实际收款方不一致;利息收入核算准确率不高;代理保险业务存在风险隐患;手工利息计算方法及结果有误;对外支付费用收款人与费用发票收款人不一致;现金发放福利费不规范;长期挂账资金未及时清理;微机打印对账单户名与开户许可证、预留印鉴名称不一致;账务核对工作不规范;单位定期存款存、取款办理不合规等。审计组对发现的问题提出整改意见,限期整改。

2012年6月20～28日,自治区联社审计组对县联社进行2010～2011年经营管理进行审计。检查内容,联社内部控制、信贷、计划财务等方面。检查发现,监事会履职不到位,联社2010年至2011年召开监事会4次,会议记录中无监事会对理事会决议进行审议监督的相关内容;超权限办理股金授权业务,联社理事长授权网点主任审批股金转让业务,无联社理事会对理事长的股金转让业务审批授权书;查库制度落实不彻底;联社营业部查库制度执行不到位,存在查库内容不全现象;挂失业务处理不合规,联社营业部在办理挂失人已死亡挂失补发业务时,只提供当地派出所开具的户口注销证明,无公证处出具的公证书;自律监管及再监督工作执行不到位;贷款额度风险控制措施不完善;抵押物不合规,以法规禁止抵押资产为贷款提供抵押担保;向不符合贷款条件人员发放贷款;个人集资建房专项贷款风险管控措施不完善;违规借新还旧,导致贷款五级分类形态不真实,正常贷款中潜在隐性不良风险;联社财审会会议记录不规范,记录的金额和实际支付金额不一致;超比例列支业务宣传费;会计科目使用错误;年末其他应收款未及时清理等。审计组对发现的问题提出整改意见,限期整改。

二、县联社审计

（一）常规审计

2002年,县联合社组织常规稽核2次,涉及网点2个,覆盖面25%。主要对2个网点的出纳、会计、信贷、财务基本制度执行情况进行检查。检查发现问题26条,发出整改建议书2份,督促落实问题整改26条。

2003年,县联合社组织常规稽核3次,涉及网点8个,覆盖面100%。主要对辖内各网点出纳、会计、重要空白凭证、信贷、财务基本制度执行情况进行检查。检查发现问题140条,现场纠改68条,发出整改建议书18份,要求限期整改72条。同时进行责任追究,经济处罚10人次,罚款金额2355元。

2004年,县联合社组织常规稽核4次,涉及网点7个,覆盖面100%。第1次(第一季度)主要对出纳、会计基本制度执行情况进行检查。第2次(第二季度)主要对安全保卫制度执行情况、结算纪律执行情况、贷款利率执行情况、贷款业务规范操作、计息差错等进行检查。第3次(第三季度)主要对重要空白凭证使用、销号、管理制度执行情况,各种登记簿使用管理、质押贷款业务规范操作、柜台计算机记账的规范化操作等进行检查。第4次(第四季度)主要对重要空白凭证使用、销号、管理制度执行情况,质押贷款真实性、质押物真实性、安全性、结算纪律执行情况进行检查。4次检查发现问题191条,现场纠改134条,先后发出整改建议书28份,要求限期整改问题56条。

2005年,县联合社组织常规稽核4次,涉及网点7个,覆盖面100%。2月21日至4月30日,主要对辖内各网点的内控制度执行情况进行检查,检查内容:贷款形态真实性、查库制度执行、登记簿登记、质押贷款制度执行、2004年沉淀万元以上贷款催收、股金分红及分红转增股本的手工记账(计算机并行)、对账制度执行情况。5月18日至7月14日,主要对辖内各网点的安全保卫、出纳、会计、重要空白凭证、信贷制度执行等进行检查。7月27日至9月27日,对各网点账务核对的真实性、重要空白凭证、抵押物、质押物、库存现金、外勤交账、临柜操作、贷款形态、各种登记簿登记等进行检查。10月11日至12月18日,对各网点外勤交账执行"三清"制度、社内往来、存放同业账务逐笔核对、大额担保贷款合同资料规范化管理等进行检查。4次检查发现问题166条,现场纠改79条,发出整改建议书28份,限期落实整改问题87条。

2006年,县联社组织常规稽核2次,涉及网点7个,覆盖面100%。4月12日至7月4日,主要对各网点贷款形态真实性、查库制度执行、登记簿登记、股金管理、对账制度执行进行检查。9月18日至12月25日,对各网点出纳、会计、重要空白凭证、信贷业务进行检查。2次检查发现问题57条,现场纠改36条,发出整改建议书14份,限期落实整改问题21条。

2007年,县联社组织2次常规审计,涉及网点7个,覆盖面100%。3月17日至30日,对各网点存款、贷款、同业往来、社内往来、联行、股金、中间业务收入、表外科目、安保制度、会计档案管理、登记簿登记、案件专项治理查出问题整改情况等进行检查,发现问题76条,现场纠改56条,发出整改建议书7份,限期落实整改问题20条。11月9日至26日,对各网点出纳、会计、现金、重要空白凭证业务进行检查,发现问题35条,现场纠改24条,发出整改建议书7份,限期落实整改问题11条。

2008年,县联社组织常规审计2次,涉及网点7个,覆盖面100%。3月7日至30日,对各网点内控制度是否得到有效执行、岗位责任制是否明确并执行、库存现金出入库管理、综合业务管理系统等方面的内控制度执行是否到位进行检查。10月14日至12月20日,对各网点印章、凭证、密押的分管分用及重要空白凭证领用、使用、销号、作废制度执行情况,对账制度执行、查库制度执行、存款挂失制度执行、会计操作规程制度执行情况进行检查。2次检查发现问题48条,现场纠改26条,发出整改建议书12份,限期落实整改问题22条。同时进行责任追究,经济处罚13人次,罚款金额1800元。

2009年,县联社组织1次常规审计,涉及网点6个,覆盖面100%。9月21日至12月20日,对各网点内控制度执行、文件精神传达及业务学习、对账制度执行、重要空白凭证管理及使用制度执行、查库制度执行、储户存单(折)、印鉴、密码挂失制度执行、现金管理制度执行、贷款"三查"制度执行、各种登记簿登记情况进行检查。检查发现问题58条,现场纠改49条,发出整改建议书7份,限期落实整改问题9条。

2010年,县联社组织1次常规审计,涉及网点6个,覆盖面100%。10月20日至12月25日,对各网点内控制度执行、重要空白凭证、现金、代保管有价值品、抵质押物品、印章和密码器管理及使用、中间业务收费、对账制度执行、查库制度执行、储户存单(折)、印鉴、密码挂失制度执行、贷款"三查"制度执行、信贷授权授信制度执行、股金转让制度执行等进行检查。检查发现问题158条,现场纠改59条,发出整改建议书7份,限期落实整改问题99条。

2011年,县联社组织常规审计1次,涉及网点6个,覆盖面100%。10月18日至12月8日,对各网点会计核算、综合门柜业务系统、储蓄存款业务、现金业务、卡业务、结算及清算业务、金融机构往来及社内往来业务、重要空白凭证、有价单证、代保管有价物品的管理等进行审计。审计发现问题35条,发出整改建议书7份,限期落实整改问题35条。同时进行责任追究,经济处罚15人,罚款金额2300元。

2012年,县联社共组织3次常规审计,涉及网点6个,覆盖面100%。2月9日至3月31日,对各网点核心系统上线后的账务核对情况、2011 年全年档案打印装订保管情况、2010 年以前会计档案的移交情况、代理保险业务及保险单的管理及使用情况、2011 年底挂账其他应收款、其他应付款的清理情况进行审计。7 月 9 日至 8 月 31 日，开展以前台操作风险为重点的遵循性审计。对各网点执行国家相关法规的遵循、各项内部规章制度及操作规程的遵循、签订借款合同的遵循情况，核心系统涉及的现金、存款、贷款、存放中央银行款项、存放同业款项、同业存放、社内往来、其他应收应付款等业务进行审计。3 次审计发现问题 56 条，现场纠改 9 条，发出整改通知书 12 份，限期落实整改问题 47 条，提出有针对性整改建议 53 条。同时进行责任追究，经济处罚 11 人，罚款金额 2700 元。

（二）专项审计

1993 年，县联合社对库勒拜信用社进行专项稽核、信贷资产占用情况的稽核。稽核情况：1. 一般逾期贷款。经营不佳形成的金额为 45.3 万元，其他金融机构划转形成的金额 6.6 万元，其他原因形成的金额 1.6 万元。2. 呆滞贷款。逾期两年以上（含两年）形成的金额 30.2 万元，其他原因形成的金额 6.2 万元。3. 呆账贷款。死亡户形成的金额 1.2 万元，生产责任制前贷款形成的金额 0.5 万元，其他原因形成的金额 1.4 万元。4. 信贷资产监测制度执行情况。一般逾期贷款分类不准确的金额 1.2 万元，其他问题的金额 0.5 万元；呆滞贷款分类不准确的金额 4.3 万元，其他问题的金额 1.6 万元。针对稽核发现的问题，县联合社责成库勒拜信用社进行调整、纠正，并追究有关人员经济责任。

2003 年，县联合组织专项稽核 3 次，涉及网点 8 个，覆盖面 100%。4 月 23～29 日，对各网点安全保卫、现金管理、重要空白凭证管理进行专项稽核。9 月 8 日至 24 日，对各网点内控制度建设及执行情况进行专项稽核。12 月 31 日，对各网点 2003 年度决算工作进行专项稽核。3 次稽核发现问题 83 条，现场纠改 39 条，发出整改建议书 11 份，限期落实整改问题 44 条。同时进行责任追究，经济处罚 15 人，罚款金额 4943.16 元。

2004 年，县联合组织专项稽核 3 次，涉及网点 7 个，覆盖面 100%。2 月 23 日至 25 日，对各网点非信贷资产进行专项稽核。3 月 3～5 日，对各网点部分行业贷款进行专项稽核。12 月 31 日，对各网点 2004 年度决算工作进行专项稽核。3 次稽核发现问题 45 条，现场纠改 23 条，发出整改建议书 15 份，限期落实整改问题 22 条。

2005 年，县联合组织专项稽核 2 次，涉及网点 7 个，覆盖面 100%。5 月 9～16 日，对各网点会计业务进行专项检查，查出问题 53 条，现场纠改 42 条，发出整改建议书 6 份，限期落实整改问题 11 条。责任追究 10 人，全辖通报 6 个网点，4 人，实施经济处罚 10 人，罚款 1900 元。6 月 10～17 日，对各网点信款业务进行专项检查，以签订合同的有效性为重点，对已签订合同档案逐笔检查。检查发现问题 18 条，实施全辖通报 1 人，经济处罚 12 人，罚款 2400 元。

2006 年，县联社组织专项稽核 8 次，涉及网点 7 个，覆盖面 100%。2 月 13 日至 4 月 7 日，先后对各网点的会计档案、股金、重要空白凭证、外勤交账"三清"制度执行等 4 个项目进行专项稽核。8 月 9 日至 9 月 15 日，先后对各网点的互助金管理、目标责任书签订、案件专项治理、柜员制管理办法执行情况等 4 个项目进行专项稽核。8 次稽核共发现问题 125 条，现场纠改 79 条，发出整改建议书 28 份，限期落实整改问题 46 条。同时进行责任追究，对辖内 5 个网点实施通报批评。

2007 年，县联社组织专项审计 6 次，涉及网点 7 个，覆盖面 100%。4 月 25 日，对各网点操作风险进行专项审计。6 月 5～15 日，对网点萨尔塔木信用社主任吕超进行离任审计。6 月 15～18 日，对各网点冒名贷款进行专项审计。6 月 20 日至 9 月 5 日，对加依勒玛信用社主任何计划进行离任审计。

11月9～26日,对各网点现金、重要空白凭证管理进行专项审计。11月27～30日,对各网点门柜系统升级账务核对情况进行专项审计。6次审计发现问题158条,现场纠改99条,发出整改建议书29份,限期落实整改问题59条。

2008年,县联社组织专项审计7次,涉及网点7个,覆盖面100%。4月14～30日,先后对各网点重要空白凭证管理及2006年底以前形成不良贷款损失责任认定进行专项审计2次。5月7～14日,对各网点开展执法大检查。6月23～29日,对营业部主任刘文琴离任进行专项审计。7月21～29日,对各网点股金、贷款、票据置换贷款进行专项审计。5月26日至9月30日,对库勒拜信用社贷款真实性进行专项审计;12月1～20日,开展案件专项治理"回头看"深度排查专项审计。7次审计发现问题179条,现场纠改116条,发出整改建议书56份,限期落实整改问题63条。同时进行责任追究,经济处罚18人,罚款金额2100元。

2009年,县联社组织专项审计1次,涉及网点7个,覆盖面100%。2009年1月1日,对各网点2008年度决算工作进行专项稽核。

2010年,县联社共组织专项审计13次,涉及网点6个,覆盖面100%。1月1～5日,对各网点2009年度会计决算报表进行专项审计。3月5～31日,先后对各网点2009年第四季度跟踪、2009年两项审计查出问题跟踪、重要空白凭证专项、抵质押物品管理、征信系统查询资料打印保管等项目进行5次专项审计。4月27～30日,对加依勒玛信用社主任吕超离任进行专项审计。5月10～15日,对库勒拜信用社主任王志友离任进行专项审计。5月16～20日,对沙尔布拉克信用社主任贾博离任进行专项审计。5月25～31日,对各网点各种目标责任书签订情况进行专项审计。6月21～30日,对各网点各种目标责任书签订情况跟踪审计。9月5～10日,对加依勒玛信用社委派会计魏海艇离岗进行专项审计。9月10～15日,对联社营业部委派会计胡明娟离岗进行专项审计。13次审计发现问题220条,现场纠改107条,发出整改建议书23份,限期落实整改问题113条。同时进行责任追究,经济处罚12人,罚款金额1800元。

2011年,县联社组织专项审计10次,涉及网点6个,覆盖面100%。1月1～5日,对各网点2010年度会计决算报表进行专项审计。1月18～26日,对加依勒玛信用社主任贾博离任进行专项审计。2月15～25日,对联社营业部主任王桂兰离任进行专项审计。3月28～30日,对边贸市场信用社主任崔云虹离任进行专项审计。4月13日至5月31日,对各网点账管理进行专项审计。6月2～14日,对各网点2010年第四季度常规审计跟踪审计、2010年度资产负债损益专项审计的跟踪审计。6月21～30日,对库勒拜信用社信贷员胥洪强离岗进行专项审计。8月11～15日,对库勒拜信用社主任张泽奎经济责任审计。10月12～18日,对联社内设的6个职能部门开展自律监管工作情况开展再监督专项审计。10次审计发现问题236条,现场纠改124条,发出整改建议书28份,限期落实整改问题112条。同时进行责任追究,经济处罚31人,罚款金额10065元。

2012年,县联社组织专项审计11次,涉及网点6个,审计检查覆盖面100%。4月16日至5月30日,根据《新疆维吾尔自治区农村信用社2012年审计工作指导意见》要求,联社审计部对核心业务系统上线后的各项业务活动进行全面审计调查,调查网点6个,调查面100%。5月8～17日,联社审计部根据2012年度审计工作计划,对萨尔布拉克信用社主任陈海葆离任进行专项审计。6月12日至7月5日,联社审计部根据2012年度审计工作计划,对各网点截至2011年12月31日的存量非涉农公司类贷款进行专项审计,对信贷业务进行全面的审计,审计网点5个,审计面100%。7月2日,库勒拜信用社信贷员特留别克因意外事故身亡,联社审计部于7月2日至8月27日对特留别克发放的存量贷款业务进行专项审计。10月8~17日,联社审计部对前三季度审计发现问题落实整改工作情况进行跟踪审计。10月18日至11月20日,先后对边贸市场信用社委派会计巴合提汗·哈布都力,库勒拜信用社委派会计陶明先,萨尔塔木信用社委派会计程淑萍,联社营业部委派会计魏海艇在岗期间履行职责情况进行专项审计。12月3~20日,对联社电子银行部、联社办公室、监察保卫部、风险部、计划财务部、信贷部6个部门在2012年开展的自律监管工作进行再监督。11次审计发现问题220条,现场纠改107条,发出整改建议书23份,限期落实整改问题113条。同时进行责任追究,经济处罚18人,罚款金额9000元。

第三节 外审

一、审计机关审计

2004年7月10~15日,阿勒泰地区审计局专项审计调查组对县联合社2003年度资产负债损益进行专项审计。审计发现,县联合社存在抵抗风险能力差,信贷资料不完整,未按规定计提应收利息问题。

二、社会审计机构审计

2005年5月20日,县联合社聘请新疆宏昌有限责任会计师事务所,对联合社2004年度进行清产核资专项审计。经审计,出具审计报告书。此次审计报告用于县联社办理增资扩股事项向新疆银监局报送清产核资报告。

2006年6月2日,县联社聘请新疆宏昌有限责任会计师事务所,对县联社2005年度会计报表进行专项审计。经审计,出具审计报告书。报告表明2005年12月31日资产负债表以及2005年度损益表,符合国家颁布的企业会计准则和《农村信用社财务管理实施办法》的规定。公允反映县联社2005年12月31日的财务状况以及2005年度经营成果。

2007年3月8日,县联社聘请阿勒泰金城有限责任会计师事务所,对县联社2006年度会计报表进行专项审计。经审计,出具审计报告书。报告表明2006年12月31日资产负债表、2006年度损益表、2006年财务报表附注,均按照企业会计准则和《农村信用社财务管理实施办法》的规定编制。公允反映了县联社2006年12月31日的财务状况以及2006年度的经营成果。

2008年3月6日,县联社聘请阿勒泰金城有限责任会计师事务所,对县联社2007年度会计报表进行专项审计。经审计,出具审计报告书。报告表明2007年12月31日资产负债表、2007年度损益表、2007年财务报表附注,均按照企业会计准则和《农村信用社财务管理实施办法》规定编制。公允反映县联社2007年12月31日的财务状况以及2007年度的经营成果。

6月16日,新疆瑞新有限责任会计师事务所,受新疆维吾尔自治区人民政府金融工作办公室委托,对县联社2007年度会计报表进行专项审计。经审计,出具有保留意见审计报告书。公允反映县联社2007年12月31日的财务状况以及2007年度经营成果。

2009年3月5日,县联社聘请阿勒泰金城有限责任会计师事务所,对县联社2008年度会计报表进行专项审计。经审计,出具审计报告书。报告表明 2008 年 12 月 31 日资产负债表、2008 年度损益表、2008 年财务报表附注,均按照企业会计准则和《农村信用社财务管理实施办法》规定编制。公允反映县联社 2008 年 12 月 31 日的财务状况以及 2008 年度经营成果。

2010 年 3 月 25 日,县联社聘请阿勒泰金城有限责任会计师事务所,对县联社 2009 年度会计报表进行专项审计。经审计,出具审计报告书。报告表明 2009 年 12 月 31 日资产负债表、2009 年度损益表、2009 年度所有制权益变动表、2009 年财务报表附注,均按照企业会计准则和《农村信用社财务管理实施办法》规定编制。公允反映县联社 2009 年 12 月 31 日的财务状况以及 2009 年度经营成果。

2011 年 3 月 25 日,县联社聘请阿勒泰金城有限责任会计师事务所,对县联社 2010 年度会计报表进行专项审计。经审计,出具审计报告书。报告表明,2010 年 12 月 31 日资产负债表、2010 年度损益表、2010 年度所有制权益变动表、2010 年财务报表附注,均按照企业会计准则和《农村信用社财务管理实施办法》规定编制。公允反映县联社 2010 年 12 月 31 日的财务状况以及 2010 年度经营成果。5 月 6～16 日,自治区联社委托新疆宏昌天圆有限责任会计师事务所对县联社 2010 年度会计报表进行审计。经审计,出具无保留意见审计报告书及管理建议书。报告表明,其财务报表,均按照《金融企业财务规则》和《金融企业会计制度》规定编制。公允反映县联社 2010 年 12 月 31 日的财务状况以及 2010 年度经营成果。

2012 年 3 月 15～23 日,自治区联社委托中瑞岳华会计师事务所新疆分所对县联社 2011 年度财务报表进行审计。经审计,出具无保留意见审计报告书及管理建议书。报告表明,2011 年 12 月 31 日联社资产负债表、2011 年度损益表、2011 年度所有制权益变动表、2011 年财务报表附注,均按照企业会计准则和《农村信用社财务管理实施办法》规定编制。公允反映联社 2011 年 12 月 31 日的财务状况以及 2011 年度经营成果。6 月 15 日,联社聘请阿勒泰金城有限责任会计师事务所,对联社 2011 年度进行清产核资专项审计。经审计,出具审计报告书。此次审计报告用于县联社办理增资扩股事项向新疆银监局报送清产核资报告。

第四节　检查

一、农行稽核

1984 年 8 月,农行县支行稽核组历时一个多月,对团结、胜利、反修、牧场、前哨等银行营业所、信用社上半年的业务进行全面稽核。稽核发现:1. 上半年所、社共发生业务量 18924 笔,其中差错 54 笔,差错率 2.2‰。2. 记账麻痹大意;复核储蓄存款 661 笔,差错率 3.33‰;贷款 157 笔,差错率 20.4‰;重记、漏记、错记、涂改 109 笔,凭证差错 69 笔,串户 48 笔。3. 经办人复核不认真,造成储蓄、贷款差错(胜利信用社 3 月份一笔储蓄存款 350 元,5 月 16 日支取时发现没有收入传票)。4. 接柜手续不严格,给工作带来差错。5. 记账"一手清",造成一定错账。稽核组针对存在问题,提出整改意见;1. 严格执行各项规章制度,做到违章必究。2. 加强会计培训,提高财会人员业务素质和服务质量。

1994 年 6 月,农行县支行受人行县支行委托对县域各信用社进行稽核。稽核发现信贷资产质量较低,存贷款利率管理执行混乱,存在存款化股金。10月,农行县支行受人行县支行委托对县联合社营业部、加依勒玛信用社1993年度办理的各项业务和财务活动情况进行专项稽核。稽核发现:1.贷款质量较低。截至1993年末,加依勒玛信用社各项贷款余额133万元,其中非正常贷款达114万元,占贷款总额85.7%。联合社营业部各项贷款余额84.1万元,其中非正常占用贷款20.3万元,占贷款总额24.14%。从占用比看,基层社大于城区社,严重影响信贷资金正常周转;分析原因为信贷人员素质低,信贷管理偏松,加上行政干预,长期以来重贷款轻监督,重规模轻管理,重放轻收,发放无效益贷款,形成长期拖欠(如:加依勒玛信用社在114万元非正常占用贷款中,陈久农业贷款达111.6万元,占97.9%)。从投放贷款方式看,信用贷款占90%以上,担保抵押贷款比重很小,增加贷款风险度;清收措施不力及部分贷款约期不合理,形成人为逾期,造成非正常贷款居高不下(如:加依勒玛信用社1993年实际回收非正常贷款36.1万元,该年度新增非正常贷款52.7万元,形成年末非正常贷款比年初增加16.6万元)。2.1993年度联合社营业部、加依勒玛信用社分别扩股吸存164.30万元和165万元,凭证使用定期储蓄存单,期限为1年、2年;据期限长短,分别执行年利率10.98‰、12.74‰、13.93‰3种,名义扩股,实际变相吸收存款。3.存贷款利率管理和执行较混乱。在本次稽核中,抽查储蓄存款174笔,计息有误102笔,占抽查总数58.6%,主要为存期内大额储蓄和特种储蓄计息;2种储蓄规定存期内按存入时利率计至到期日,不分段计息,逾期支付大额储蓄其逾期时间不计息,特种储蓄其逾期应计息,各社实际操作情况相反,应该计息的没计息,不应该计息的计息。抽查贷款76笔,金额15.35万元,按规定信用社可在基准利率基础上上浮60%,即流动资金贷款14.64‰,由于联合社下发文件有误,造成信用社普遍执行14.68‰,部分贷款执行14.67‰,比法定利率高出0.03~0.04个千分点,联合社营业部有2笔贷款分别执行15‰和20‰,比法定利率擅自提高0.06和5.36个千分点。在执行逾期加罚息方面,联合社营业部擅自提高加罚息比例,(如:1993年12月收回在逾期贷款中,有2笔贷款加罚息由20%提高到40%)严重违反利率政策。针对发现问题,提出4条整改建议:1.各信用社须加强领导,做好内部管理。2.强化措施,搞活资金。3.各信用社须对存、贷款利率进行自查,把多收贷款利息在年底前退还贷款户。4.1993年联合社营业部525元职工人身保险费属于福利性开支,不应摊入成本,应作调账处理。当年,县联合社根据专项稽核发现的问题和农行县支行提出的整改建议进行全面整改。

二、人民银行检查

2000年7月4~7日,人行县支行按照中国人民银行《关于开展农村信用社管理费专项审计的通知》精神,对哈巴河县农村信用联社管理费收支情况开展专项审计。审计期限自1996年行社脱钩起至1999年末。审计内容:县联合社从各信用社筹集管理费的金额、比例情况,县联合社提留和上缴管理费金额、比例情况;管理费是否按国家税务部门规定比例筹集和提留,有无未经批准超比例提取管理费情况;管理费是否专人管理;管理制度是否健全;管理费是否按规定支出;有无贪污及变相私分管理费情况;管理费账务处理是否符合有关会计制度规定,账务记载是否准确、真实、完整,是否单独建账,有无与营业收入账户混淆使用情况等。审计未发现问题。

2001年5月11日,人行阿勒泰地区中心支行对县联合社和萨尔塔木信用社支农再贷款的发放与使用情况进行现场检查。检查发现,县联合社向基层分配支农再贷款时未签订借据;分配给齐巴尔信用分社、铁列克信用分社的支农再贷款台账未在县联合社分户账下设立子户台账;县联合社支农再贷款总台账与分户台账未分开设立;萨尔塔木信用社分户台账未注明详细用途,全部填写为"农用物资"。人行阿勒泰地区中心支行8月7日下发《关于对哈巴河县农村信用社再贷款检查中发现存在问题要求整改的通知》,联合社按整改通知要求逐一整改,于8月25日前上报了整改报告。

2002年9月,人行县支行对县联合社支农再贷款使用情况和再贷款利率执行情况进行现场检查。检查发现,县联合社再贷款利率执行正确,借款期限为半年月利率按1.8‰执行;再贷款使用正确,头寸再贷款用于弥补其支付清算的临时头寸不足,季节性再贷款用于解决增加农业贷款的合理要求,并主要用于农户;各信用社和联合社建立再贷款台账登记制度,用来单独反映、记录适用季节性再贷款发放农业贷款的进度。10月20日,中国人民银行西安分行检查组在人行阿勒泰地区中心支行贷统科科长张建华陪同下,对县联合社借入支农再贷款的使用、管理情况进行了检查、指导。检查组一行听取联合社主任王海勇对哈巴河县农村信用社支农再贷款情况的汇报,调阅1999~2002年9月的会计报表、支农再贷款总分台账和办理支农再贷款的有关资料。通过检查,检查组对联合社使用及管理支农再贷款工作予以肯定。

三、银监局检查

2004年5月27~30日,阿勒泰地区银监分局检查组对县联合社2003年度制度执行情况和会计决算进行真实性检查。检查发现:1.会计出纳制度执行情况。联合社收集2003年度各信用社存贷款及相关科目余额表,漏盖主管会计、柜员会计和负责人印章;部分信用分社存在原始贷款借据与贷款台账(明细表)不符,未能做到六相符;部分信用社总账、分户账(明细账)无正规账皮;总账、分户账(明细账)存在记账、复核、主管会计等有关人员签章不全现象;总账、分户账(明细账)存在有账页混用现象;自制现金收付、转账凭证内容要素填写不完整,现金收付凭证票面登记不全,现金支票票面登记不规范等问题。2.信贷管理方面。各信用分社未及时调整贷款形态;贷款存在转贷现象(借新还旧);合同借据要素不全,部分贷款借据和合同无公章和业务章,合同有涂改现象;大额贷款无贷款审查委员会审批记录;贷款资料不全,个别贷款无贷款申请书、借款人身份证及户口证明;借款合同使用不规范等问题。3.决算真实性情况。各项支出不真实,有多提应付利息现象;盈亏情况不真实等问题。检查组对发现的问题提出整改意见,限期整改。

2005年3月8~12日,阿勒泰地区银监分局检查组对县联合社2004年度会计决算进行真实性检查。检查发现,贷款展期不合理,流动资金贷款展期有超过原期限现象;存在贷新还旧情况;呆账贷款核销证明不全;印章缺漏;分户账装订不规范;联社大库未建立出入库登记簿;未建立枪支保养、保管登记簿等。检查组对发现的问题提出整改意见,限期整改。

第二十章　安全保卫

安全保卫工作是农村信用社开展各项工作的前提和保证,也是推进农村信用社改革和发展的条件。县联社重视安全保卫工作,长期坚持"预防为主、群防群治、突出重点、保障安全"的工作方针,强化安全保卫措施,提升全体员工的防范能力,筑牢"思想防线,技术防线,制度防线"。确保联社业务发展,资金财产和职工人身安全。

第一节　组织机构

建社初期,县域农村信用合作社规模较小,办公地点与乡政府同在一个院内,安全工作主要由当地党政负责,信用社予以配合。在县联合社成立前,农村信用社未设置专门的保卫机构,也没有专职的保卫人员,只设一名兼职的保卫干部。安全保卫工作由农业银行或人民银行负责管理。1989年4月成立县联合社后,安全保卫工作由联合社副主任负责。1996年10月,信用社与农行脱离隶属关系后,安全保卫工作一直由联合社主任负责。2007年7月,县联社成立监察保卫部,设专职干部2名,兼职干部16名,负责联社机关办公楼安全保卫工作,会同办公室维护联社机关正常的经营办公秩序;负责联社安全防范设施建设和管理,指导、检查辖内的安全保卫工作措施;会同计划财务部做好机房和营业网点监控设施系统建设和安全管理,定期对机房和各营业网点的检查,消除隐患等工作。

第二节　制度建设

1955年至1989年4月,县域信用社先后执行人行和农行制定的安全保卫制度。1989年4月至2002年,县联合社制定和完善守库、提缴款、业务库管理、枪支管理、重要空白凭证管理、重大事项报告制度、查库制度和安全保卫工作处罚办法。建立安全目标考核制、安全责任追究制,建立安全值班登记簿、安全教育学习记录簿、枪支交接登记簿、进入现金区人员登记簿、营业场所安全员日志、枪柜钥匙交接登记簿、金库出入库登记簿和安全检查登记簿。

2005年1月,县联合社制定《安全保卫实施细则》,共18条,各信用社执行《实施细则》,保障各项业务正常开展。4月,制定《重大突发事件预案》,内容有预案范围、实施原则、行动标准、指挥协调职责和综合保障等5项。

278

2006年1月,县联社制定《哈巴河县农村信用安全保卫实施细则》,共22条,要求自1月1日起执行。使安全保卫制度落到实处,建立一个良好的经营环境,保障各项业务工作正常进行。

2007年6月,县联社参照自治区联社制定的安全保卫工作制度,对原有的各项安全制度、办法进行清理、补充、修改和完善,重新制定和规范《哈巴河县农村信用社安全保卫工作操作规程》《哈巴河县农村信用社安全保卫工作制度》《哈巴河县农村信用社重大事件报告制度》《哈巴河县农村信用社安全保卫监督检查操作细则》和《哈巴河县农村信用社安全保卫工作应知应会手册》。对信用社重要岗位人员安全操作、值班守库、相邻单位联防、安全教育学习、预案演练学习、安全保卫工作检查、消防安全工作、提缴款管理、突发事件的应急预案操作流程和各种登记簿的保管使用、管理作规定,对金库、押运、营业场所等重点部位的安全防范,制定具体的操作规程和管理办法,安全保卫工作的各项职责和制度覆盖信用社各项业务和重点环节的全过程。

同年6月后,县联社对安全保卫制度进行个别充实调整,本着缺什么补什么的原则,建立健全《哈巴河县农村信用社营业制度》《哈巴河县农村信用社联防制度》《哈巴河县农村信用社安全责任承包制度》《哈巴河县农村信用社保密制度》《哈巴河县农村信用联社营业部防暴预案》《信用社临柜安全守则》《哈巴河县农村信用联社灭火预案》等20项规章制度,严密操作程序,做到安全保卫工作有章可循,有据可依。

第三节 安全防范

一、安全防范教育

1995年,县联合社根据农业银行阿勒泰地区中心支行《关于做好春节期间安全保卫工作的紧急通知》,组织各信用社职工学习,开展安全保卫工作防范教育,提高职工做好春节期间安全保卫防范工作意识;教育职工家属做好节日期间防盗、防火工作;保证职工人身和财产安全。

1998年,县联合社根据人行县支行《关于加强哈巴河县农村信用社安全保卫工作的通知》,组织职工学习各项规章制度,树立安全防范意识,做到"管好自己的人,看好自己的门,干好自己的事"。2000年4月,县联合社根据人民银行《2000年银行系统社会治安综合治理工作要点》,利用第10个社会治安综合治理宣传月活动,组织员工开展社会治安综合治理宣传、教育工作,逐级签订责任书。加强员工思想政治工作和重要岗位人员管理,关注流动人员情况,确保内部安定、有序。

2006年后,县联社坚持"以人为本"抓教育。针对个别网点存在的"重业务开拓、轻队伍建设,重网点建设、轻安全防范"的现象,把开展安全防范教育增强员工安全防范意识作为做好安全保卫工作的基础来抓。普遍开展治安、典型案例、法规制度和安全防范知识教育,人人建立案防教育学习笔记,坚持每月一次案例教育课,每月对员工考核一次,同时把案例教育同金融职业道德教育结合起来,教育员工树立正确的人生观、价值观和全心全意为人民服务的思想,树立安全就是效益的观念。每年1~2期举办保卫干部、守押人员培训班。通过各种形式教育和培训,员工牢固树立"经营必须安全、安全才有效益"的观念。

二、枪支弹药管理

县联社依法管理枪支弹药。配备专职枪支管理员,明确管理员职责、任务等,对持枪管枪人员进行思想教育和培训,不断提高其政治素质和业务素质。建立枪支管理档案,实行一枪一档,枪弹分离,分柜保管的管理方法,建立和完善枪支领取、使用、登记、保养等管理制度。专用枪支配置、更新执行申报、审批、领发制度,严禁非法购置枪支。在非执行守库、押运任务时,不得使用专用枪支,严禁非配备枪支人员使用枪支。任务完成后,枪支弹药及时入柜。搞好枪支弹药定期不定期检查,将检查结果记录在案。通过经常性检查,确保枪支弹药的完好程度,促进防卫、防护器械管理目标责任制的有效落实,防止涉枪案件发生。

三、维稳工作

2008 年 3 月 27 日,县联社按照阿勒泰银监分局《关于进一步做好辖区农村信用社安全防范工作的通知》要求,确保联社各项安全防范工作落实到位,把加强安全防范、维护社会稳定列入重要议事日程,提高安全防范意识,落实和执行各项安全保卫规章制度。同时成立安全防范工作领导小组,组长董朝晖,副组长吾拉西·木哈乃、薛亮,成员贾敬伟、王秀云、孙红、刘文琴、阿依波丽·吾拉孜别克、王桂兰、苏敏、王志友、吕超、何计划。领导小组下设办公室,办公室设在联社监察保卫部,办公室主任由贾敬伟担任,负责具体安全保工作。

2009 年 7 月 14 日,县联社根据自治区联社下发《关于督导检查各联社当前各项工作的通知》,落实中央、自治区关于处置"7·5"事件的一系列部署和要求。县联社党委召开会议,统一思想,认清形势,采取安全防控措施,做好维护稳定工作。在全辖开展"五个一"活动,加强民族团结、反对民族分裂,维护农村合作社和周边社会稳定。7 月 31 日,联社根据自治区联社下发《关于立即清理涉及"7·5"事件等暴力视频和图片的通知》,联社党委重视此项工作,教育各族员工深刻认识到留传、传播暴力视频和图片的严重危害,不利于平复群众情绪,不利于弥合民族关系,而且很容易被敌对势力企图煽动民族分裂,挑起民族仇视,制造各种事端所利用。要求各族员工擦亮眼睛,保持高度警惕和清醒。联社党委对全辖局域网、所有电脑、摄影、摄像器材及 U 盘进行一次彻底的检查,不漏 1 人 1 机 1 盘 1 网。8 月 13 日,自治区联社转发《关于认真贯彻中央决策和自治区党委部署以整改硬措施落实维护稳定硬任务的通知》,联社党委组织学习,领会中央、自治区精神,认识做好维护社会稳定工作的极端重要性和紧迫性,增强维护民族团结、维护社会稳定的自觉性和坚定性,根据自身实际,制订整改硬措施,落实维护稳定硬任务。

2010～2011 年在节假日、各个敏感节点,县联社领导班子成员亲自带班和值班。定期不定期深入基层调研,对全辖信访维稳形势了如指掌,防范在先,排查化解矛盾纠纷,实现"惠民生、保稳定、促和谐"的工作目标。着眼热点、难点,对涉及群众切身利益的问题,从源头控制减少矛盾纠纷,即对问题要早发现、细掌握、早化解;加大解决问题的力度,维护群众合法权益,对群体性矛盾,集中时间和精力重点处理;对个性矛盾,抓住主要方面,尽快加以解决,出实招、想办法解决各种矛盾;实行领导责任制,主要领导亲自抓信访维稳,认真对待、准确把握,不推卸责任,不回避矛盾,充分利用法律,经济行政等手段帮助上访人员解决问题;贯彻属地管理"谁主管,谁负责"的原则,层层负责。加强营业网点、运钞过程、金库守护三个重要部位的安全防范和从业人员的安全防范教育。联社内部安全防范工作在当地公安机关的具体指导下层层落实,对社情、敌情等情况与公安机关保持信息沟通,及时得到当地公安机关的支持和帮助。加强对突发事件预案的演练工作,完善突发事件预案,对突发事件预案再演练,熟练掌握处置突发事件预案的全过程。加强对办公楼、职工住宅等场所以及车辆的管理,做好防火、防盗、防抢工作,防止各类安全事故的发生。节日期间上班的营业网点,加强安全防范,款箱的交接按照款箱交接程序执行,保证双人交接。做好重要节点安全检查工作,加强对营业场所、现金库、现金押运、枪支弹药、重要空白凭证、计算机房、金库守库等易发生案件、事故的重要环节和重点部位的安全检查和防范,消除安全隐患。对偏远地区营业网点的安全保卫工作进行重点再布置、再防护、再检查,保持与当地乡镇政府、派出所的密切联系和沟通,与友邻单位做好联防工作。

2012 年,县联社调整安全防范工作领导小组,组长董朝晖,成员窦德贵、郭庆业、吾拉西·木哈乃、贾敬伟、王秀云、孙红、崔云虹、贾博、王桂兰、苏敏、王志友、李治军、赵立峰、张泽奎、曹继承。领导小组下设办公室,办公室设在联社监察保卫部,办公室主任贾敬伟,负责具体安全保卫工作。在重大节日期间,县联社加强节日期间安全保卫工作,执行安全保卫制度,时刻保持清醒头脑,严防发生偷、抢等危险事件。时时检查电、水路安全,做好各项预防工作,防止发生事故。每天在上下班时间到管辖内的信用社进行检查,将安全保卫情况每天 2 次向联社当天带班领导汇报。各信用社职工在节假日期间,保护信用社安全和财务安全的同时,保证自身和家属的人身安全、财务安全,检查自家电力器材、水、电路、煤气、厨房设备,节日期间严防发生着火等危险情况。各信用社保证 24 小时 3 名值班员齐全的同时,各信用社主任手机 24 小时开机,保证联络畅通。联社带班领导不定时到基层信用社检查安全保卫工作,发现隐患及时解决和处理,保证全辖安全。

第四节 安保设施

县联社重视安全保卫设施建设,为营业部安装具有现代化的闭路电视监控系统,实现 24 小时监控录像;为全辖网点安装与公安局"110"联网的无线报警装置,安装防弹玻璃,配置消防和安全设施,使安全防范工作实现规范化、现代化,提高全辖的物防、技防能力,保障各项业务正常运行。

一、技防措施

20 世纪 80 年代以前,县域信用社办公条件、技防条件较差。随着社会发展,科技进步,办公条件不断改进,技防措施不断完善。

1996 年,县联合社投入 6 万元,购买一辆 2020 北京吉普车作为运钞车。1997～1999 年,县联合社先后投入 38 万元购买一辆三菱轿车运钞车,加装防弹玻璃 4 处,同时配备防盗门和安装报警器 13 台。

2003 年,县联合社投入 36 万元,购买一辆帕拉丁安全防弹运钞车,更新运钞车。2004 年,投入 80 万元,建立计算机中心机房,各信用社安装闭路监控设备,实现与"110"报警服务台联网。2005 年,投入 49 万元,购买一辆丰田霸道安全防弹运钞车,更新运钞车。

2006 年,县联社投入 26 万元,购置监控设备,全辖网点安装防弹玻璃。

2007 年,县联社维护修理各网点的"110"报警设备,更换全辖网点模拟型监控设备,配备数字信号监控机型,解决图像不清、存储容量小的问题。

2008 年,县联社投入 25 万元,购买一辆江铃全顺安全防弹运钞车,更新运钞车。

2012 年,县联社投入 60 万元,对全辖网点的监控语音监听系统、"110"报警进行检查维护;对相关工作人员进行培训;对全辖监控设备储存硬盘进行增容处理;对全辖 ATM 加钞区完成门禁安装工作;对新装修网点实行一级标准,安装"110"报警器具备声光联动功能,经公安部门验收全部合格。

二、金库

1955～1979年,县域信用社未建金库,主要业务是给农牧民发放短期小额生活日用品、生产用具和生产资料贷款,信用社信贷员从人民银行农金股或农业银行信用合作股领取业务周转金和重要空白凭证存单、贷款借据和现金收入、现金付出凭证等办理日常业务,每月交账一次。业务人员步行或骑马下队开展工作,人民群众把信用社称为"马背上的银行"。

1980年1月至1997年12月,信用社和农业银行营业所在一个营业网点内办公,两套报表,一个金库,保险柜钥匙分别由信用社和农行营业所干部保管。实行双人守库,双人押运。

1998年1月,县联合社新建办公楼启用,金库迁至新办公楼。县域信用社库款集中存放在联合社金库,由联合社管理。

2009年8月,县联社投入75万元新建金库,占地面积100平方米,建筑面积200平方米,于2010年10月投入使用。金库和业务库的监控设施均按照安全防范规定要求安装,经公安、消防部门验收合格。同时,联社按照自治区联社保卫部对金库安全管理的要求,建立要害部位档案,并报送自治区联社保卫部备案。

三、守库押运

1955年,县域农村信用合作社现金押运由员工负责,现金放入包中送往人行县支行,守库由人行县支行负责。1964年,县域公社信用合作社将现金送往农行县支行,由农行县支行统一负责守库。

1965年,县域公社信用合作社将现金送往人行县支行,由人行县支行负责守库。

1979年,各公社信用合作社现金送往农行县支行统一管理。

1996年1月开始,县域信用社守库和押运库款由县联合社负责。

2004年2月25日,县联合社为守库押运警卫配发公务用枪支弹药。

2011年1月4日,县联社将守库押运工作移交阿勒泰金华武装押运守库有限公司。

第五节　综合治理

20世纪90年代以后,实行社会治安综合治理责任制,联合社主任、信用社主任、网点负责人、职工层层签订责任书,一级抓一级,层层抓落实。

1998年3月,县联合社与阿克奇镇签订社会治安综合治理领导责任书,为把承诺落到实处,成立以联合社主要领导为组长的社会治安综合治理领导小组,下设办公室,具体负责此项工作。联合社按照"综治"工作要求,建章立制定措施,全员齐努力,实现预定目标、任务,未发生经济纠纷和其他案件,确保各信用社各项工作稳步发展。5月,县联合社与县域信用社签订1998年"三防一保"责任书,明确目标,提出要求,划分责任,制定奖惩措施。

1999年,县联合社加强对百日安全竞赛活动的组织领导,成立以联合社主要领导为主任委员的组委会,组委会下设办公室,具体负责百日安全竞赛活动的组织和评比事宜。3月10日,县联合社与阿克奇镇签订社会治安综合治理领导责任书、创建安全文明小区(单位)领导责任书。

2000年,县联合社制订《防暴预案》《灭火预案》。《防暴预案》从七个方面对营业人员在营业期间如何提高警惕,防止犯罪分子施暴提出具体要求。同时,要求领导干部每月要进行不定期查库、清点空白凭证不得少于 2 次。《灭火预案》内容包括柜面电器、电路火灾；明火火灾；夜晚火灾；纵火案。"预案"提出在发生上述火灾时，全体人员要沉着冷静，采取有效措施，积极应对，保护好国家财产，将损失降到最低限度。

2001 年 2 月，县联合社与阿克奇镇签订社会治安综合治理领导责任书。3 月，县联合社与人行县支行签订"三防一保"目标责任书。同时，与县域信用社签订目标责任书。

2003 年 5 月 20 日，县联合社调整社会治安综合治理领导小组、消防安全领导小组。2004 年，县联合社与各信用社主任签订安全保卫工作目标责任书和消防责任书；各信用社负责人与员工签订安全责任书；以押运小组和每班守库人员为单位，相互之间签订枪支使用联保责任书。形成自上而下人人有责，处处保安全的人防体系。2005 年 10 月 16 日，县联合社调整综合治理、治安组织领导小组。

2006 年 10 月 8 日，县联社调整安全保卫工作领导小组。11 月 20 日，联社成立安全保卫工作评估领导小组。12 月 14 日，联社制定突发事件应急预案，成立领导小组，划定应急预案范围、确定实施细则、标准，建立应急综合保障体系。

2008 年初，县联社与各信用社签订目标责任书，考核指标细化，层层落实责任制。同年，自治区联社与县联社理事长董朝晖签订 2008 年奥运期间信息系统安全责任书。董朝晖就做好联社信息系统的安全运行做安排部署，确保联社在奥运期间信息系统的安全运行。

2009 年 2 月 10 日，县联社调整安全防范工作领导小组。4 月 8 日，鉴于人事变动，联社再次调整安全防范工作领导小组。7 月 8 日，成立突发事件应急工作领导小组。

2010 年 4 月 18 日，县联社调整消防工作领导小组、调整处置重大突发事件领导小组、调整综合治理、安全防范工作领导小组、调整安全生产领导小组、调整安全防范工作领导小组、调整安全保卫工作领导小组。

2011 年 2 月 20 日，县联社党委书记、理事长董朝晖参加自治区联社召开的安全保卫工作会议，与自治区联社签订安全保卫工作目标责任书。同月，县联社召开会议传达自治区联社安全保卫工作会议精神，安排部署安全保卫工作。5 月，自治区联社进行全疆县（市）联社安全防范工作考核。考核依照《新疆维吾尔自治区农村信用社联合社安全保卫工作操作规程》十大内容，通过"以查代训"方式，对县市联社的安全防范工作进行积分考核，县联社得 97 分。

2012 年，县联社加强社会治安综合治理工作，坚持社会治安综合治理领导责任追究制，实行一票否决权制；做好所辖网点案防综治工作的检查考评工作；做好信用社营业网点职工的述职、通报、月报、季报等工作，不断完善维稳长效机制，维护信用社的安全和社会稳定；做好"优秀平安企业"的创建工作。在社会治安综合治理工作中坚持做到防范设施落实、安全教育落实、责任落实、制度落实。对防范设施，一方面不断更新改造、完善、加固、强化，一方面加强检查、维修、管理，确保设施发挥作用。不断强化安保人员岗位职责，规范每个岗位操作程序，分工协作，共保安全。建立和完善安全保卫工作制度和奖惩办法，做到有章可循。

第二十一章 党群工作

哈巴河县联社党组织坚持抓组织建设,不断加强党员教育和党风廉政建设,充分发挥党组织的战斗堡垒作用和党员的先锋模范作用。同时,加强工会、共青团、妇女工作,注重发挥群团组织联系广大信合职工和人民群众的桥梁、纽带作用。统一思想,凝聚力量,振奋精神,努力做好物质文明、精神文明和企业文化建设。

第一节 中共党组织

一、组织建设

1960年前,县域信用社干部职工中无党员。1960~1978年,县域信用社党员少,各信用社党员在人民公社机关党支部过组织生活。

1979年,农村信用社与人民公社脱离行政隶属关系,党的组织工作仍由人民公社党委管理。各公社信用社与邮电所、卫生院、银行营业所、组成联合党支部过组织生活。

1989年6月,县信用合作社联合社成立,受农行县支行领导。县联合社与农行县支行联合成立党支部。年末,县域信用社有党员10人。

1996年12月30日,县联合社与农行县支行脱离隶属关系后,党组织保留未动,党员仍在一个支部过组织生活。

1998年11月,农行阿勒泰中心支行成立系统党委,农行县支行党支部脱离县党委的直接领导,县联社党员管理工作经县组织部门同意交由人行县支行党支部管理。

2000年5月,人行阿勒泰中心支行成立系统党委,人行县支行党支部脱离县党委的直接领导,在人行县支行党支部过组织生活的信用社党员、保险公司党员经县委组织部同意成立联合党支部,受县机关党委直接领导。6月,经党员民主选举联合党支部书记由县联合社副主任李汉良担任。年末,县域信用社职工42人,党员24人,占57%。

2002年1月16日,县联合社、保险公司联合党支部改选,选举王海勇为党支部书记,贾敬伟为组织委员,王伟忠为宣传委员。

2008年1月10日,中共哈巴河县农村信用合作联社党委成立,董朝晖任党委书记,吾拉西·木哈乃任党委委员、纪检委书记,窦德贵、薛亮任党委委员。县联社党委受自治区联社党委垂直领导,下设3个支部:联社机关党支部,设书记1人,委员2人,共有党员22人;河东片区党支部,设书记1人,委员 2 人,共有党员 10 人;河西片区党支部,设书记 1 人,委员 2 人,共有党员 7 人。

2012 年,县联社党委下设联社机关党支部、河东片区党支部、河西片区党支部,有党员 39 人。

2012 年县联社党员情况表

表 21 - 1

姓名	性别	民族	出生日期	籍贯	文化程度	参加工作时间	入党时间	工作部门及职务	专业技术职称
董朝晖	男	汉	1968.8	北京	本科	1990.8	1992.6	理事长	助理经济师
吾拉西·木哈乃	男	哈萨克	1963.6	新疆	中专	1979.7	1987.8	监事长	助理经济师
窦德贵	男	汉	1963.6	甘肃	本科	1982.1	2002.6	主任	助理经济师
郭庆业	男	汉	1973.1	安徽	本科	1992.8	1998.7	副主任	经员
贾敬伟	男	汉	1960.6	新疆	大专	1990.12	1994.6	监察保卫部经理	经员
李长亮	男	汉	1954.1	山东	初中	1974.1	1973.3	监察保卫部科员	经员
吕厚超	男	汉	1973.3	江苏	本科	1995.12	2006.6	办公室主任	助理经济师
李晓霞	女	汉	1985.10	四川	本科	2010.7	2012.7	办公室科员	
徐路	男	汉	1985.7	山东	本科	2008.8	2007.5	办公室科员	
孙红	女	汉	1969.11	山东	双本科	1993.4	2011.7	电子银行部经理	助理经济师
王志友	男	汉	1975.11	甘肃	大专	2003.4	2007.7	计财部经理	助理会计师
于海舰	男	汉	1984.9	安徽	本科	2008.8	2006.6	计财部科员	
王琳	男	汉	1974.8	河南	本科	1992.7	2011.7	信贷部经理	助理经济师
苏敏	男	汉	1977.9	甘肃	大专	2004.2	2007.7	客户部经理	
阿依波丽·吾拉孜别克	女	哈萨克	1975.8	新疆	本科	1996.1	2004.6	客户部科员	
陶胜光	男	汉	1983.10	山东	大专	2003.12	2008.5	客户部科员	
贾博	男	汉	1978.9	山东	本科	1997.12	2002.6	资产风险部副经理（主持工作）	
阿依努尔·阿德勒汗	女	哈萨克	1985.3	新疆	本科	2010.7	2008.1	营业部柜员	
巴合提汗·哈布都	男	哈萨克	1976.8	新疆	大专	1994.8	2012.7	齐巴尔信用社副主任（主持工作）	
李治军	男	汉	1974.7	四川	大专	1998.4.1	2007.7	萨尔塔木信用社主任	
塔拉哈提·木哈乃	男	哈萨克	1966.8	新疆	高中	1993.4	2005.6	萨尔塔木信用社信贷员	
于登山	男	汉	1954.6	甘肃	高中	1992.7	1997.9	加依勒玛信用社信贷员	
木哈买提哈力木·阿拜乃	男	哈萨克	1956.4	新疆	初中	1978.9	1983.7	加依勒玛信用社信贷员	助理经济师
热叶提汗·哈力汗	男	哈萨克	1973.3	新疆	大专	2003.10	1997.7	加依勒玛信用社信贷员	

续表 21－1

姓名	性别	民族	出生日期	籍贯	文化程度	参加工作时间	入党时间	工作部门及职务	专业技术职称
张泽奎	男	汉	1980.2	甘肃	大专	1999.12	2007.7	库勒拜信用社主任	
谷兴欢	女	汉	1987.8	新疆	本科	2010.7	2009.4	库勒拜信用社委派会计	
庞菊香	女	汉	1963.11	甘肃	大专	1985.4	1998.3	库勒拜信用社综合柜员	助理会计师
萨哈太·再尼亚尔甫	男	哈萨克	1966.1	新疆	大专	1986.12	2000.7	库勒拜信用社信贷员	助理会计师
月木特·库赞	男	哈萨克	1960.10	新疆	初中	1980.6	1991.5	库勒拜信用社信贷员	助理经济师
张苏	男	汉	1984.7	江苏	大专	2003.12	2008.5	库勒拜信用社信贷员	
赵立峰	男	汉	1986.1	山东	本科	2008.8	2011.7	萨尔布拉克信用社副主任（主持工作）	
居马汗·马吾提汗	男	哈萨克	1965.1	新疆	高中	1991.4	1990.7	萨尔布拉克信用社信贷员	经员
别列斯汗·黑依那亚提	男	哈萨克	1969.2	新疆	大专	1992.7	1997.7	萨尔布拉克信用社信贷员	
张正东	男	汉	1984.10	河南	大专	2009.3	2011.7	萨尔布拉克信用社信贷员	

二、党员教育

1960 年前,县农村信用社职工中无党员。1979 年,县农村信用社有党员 1 人,党员的教育、学习由所在党支部负责。

1983 年 1 月 8～11 日,县委召开扩大会议,讨论党员教育工作,制订《关于哈巴河县党员教育工作安排意见》,主要内容:学习新党章,使每个党员牢固树立共产主义世界观、人生观,将全县党员轮训一遍。县域信用社 5 名党员参加所在支部的教育培训班。

1989 年 4 月 15 日,县委做出《关于端正党纪党风为政清廉的决定》,要求各系统党支部抓好:1. 严肃政治纪律、确保令行禁止。2. 严肃经济纪律,对以权谋私、假公济私、损公肥私、以公为私的行为严肃处理。3. 切实解决用人中的不正之风,纠正行政部门违法违纪行为。4. 解决群众意见较大、议论较多,带有普遍性的问题。当年,县域信用社 10 名党员参加党风党纪教育 2 次,观看党风党纪电视教育片 1 次。

1990 年 12 月至 1993 年 10 月,县农牧区先后开展 4 期社会主义思想教育(简称“社教”)。县域信用社党员,参加第一期(1990 年 12 月 26 日至 1991 年 5 月 13 日)社会主义思想教育。

2002 年 4 月,县联合社党支部提出领导干部思想作风建设八项规定:必须具有执着的事业追求,忠诚于党和国家的农村金融事业,忠于现代农村经济的核心地位,忠诚于农村信用社的基本职能,忠诚于各自的岗位职责;必须具有强烈的责任意识,高度负责,恪尽职守,殚精竭虑,鞠躬尽瘁;必须具有真切的整体观念,顾全大局,维护整体,团结协作,融洽共事,共铸诚信,为农村金融事业改革发展多做实事;必须切实坚持以人为本的原则,教育引导,管理约束,带好队伍,育人兴社,吃苦在前,享受在后;必须牢固树立群众观点,密切群众关系,依靠群众力量,维护群众利益,接受群众监督,大力弘扬求真务实的精神;必须注重发挥感召带动作用,坚持以身作则,率先垂范,带头守大节,守规矩,守纪律,守职责,扎实有效地开展工作;必须具备求真务实的工作作风,努力带出一个真才实学,真经实念,真抓实干,真功实效的良好风气;必须始终坚持共产党人的高尚情操和传统本色,廉洁从政,清白处世,正直立身,艰苦奋斗。

2006年,县联社开展荣辱观教育活动,结合诚实、守信道德教育,确定每周五下午为"思想道德教育日"。

2008年12月21日,县联社党委组织学习《习近平同志在深入学习科学发展观活动视频会议上的讲话》,联社领导班子、纪检监察组成员、党员及部分职工共42人参加学习。

2010年5月25日,县联社党委组织党员干部学习自治区联社党委2010年党建工作的目标及工作要点和严格执行"六个不准、三个严禁"的内容。并结合自治区联社党委的党建目标和计划,制订"哈巴河县联社2010年党建工作实施计划"。主要内容:加强学习型组织建设;夯实基础,加强自身建设;搭建多样化文化平台,促进民族团结,维护社会稳定;切实转变工作作风,巩固和深化科学发展观的成果。

2011年2月24日,县联社党委根据自治区联社党委转发《自治区党委办公厅印发〈关于推进学习型党组织建设的实施意见〉的通知》精神,结合"创先争优"活动,制订《哈巴河县农村信用联社关于推进学习型党组织建设的实施方案》。实施方案主要内容:1.充分认识建设学习型党组织的重要意义。(1)新疆实现科学跨越、后发赶超的必然要求;(2)实现社会环境和金融环境长治久安的要求;(3)提高县联社党委班子的执政能力,保持和发展党的先进性的必然要求;(4)结合创先争优活动,建立长效机制,长期保持党组织的凝聚力、战斗力的必然要求。2.总体要求和主要原则。(1)总体要求,高举中国特色社会主义旗帜,以邓小平理论、"三个代表"重要思想为指导,学习贯彻落实科学发展观,贯彻中共十七大,十七届三中、四中、五中全会,中共新疆工作座谈会和自治区党委七届九次、哈巴河县委十届七次全委暨县三级干部大会精神,围绕大局,科学理论武装,具有长远眼光,善于把握规律,富于创新精神。(2)主要原则,解放思想、实事求是、与时俱进的原则;坚持理论联系实际的马克思主义学风,推动实际问题的解决原则;坚持领导干部做表率,调动广大党员的积极性、主动性;坚持改革创新,鼓励大胆探索。3.学习内容。主要学习马列主义、毛泽东思想、邓小平理论、"三个代表"重要思想及科学发展观,系统学习中国特色社会主义理论体系的意义、时代背景、实践基础和历史地位。深入学习科学发展观,准确掌握和深刻理解科学发展的内涵、精神实质和对各方面工作提出的要求。学习践行社会主义核心价值体系,中央和自治区党委的重大决策部署,掌握推进新疆跨越式发展和长治久安所必要的各方面知识,以及金融系统法律、法规及主要业务知识。4.立足农村信用社的实际,求求实效。通过推进学习型党组织建设,解决县联社贷款风险问题、存款空间小、增幅缓慢问题、服务"三农"的资金、欠缺问题和提高全员素质问题,提高党委班子的执政能力、表率作用和党委的战斗堡垒作用。加强作风建设,以优良的党风促政风、带民风,廉洁从政、取信于民。引导教育广大党员干部维护民族团结,加强党性修养,重品行,做表率。5.探索学习型党组织建设的方法和途径。县联社结合本系统的实际,重新修订和健全《哈巴河县农村信用联社党委中心组学习制度》《干部脱产培训制度》《党员集中学习制度》《个人自学制度》《专题调研制度》。在强化制度建设的同时不断完善建设学习型党组织的途径。对党员、班子领导经常性开展专题培训,利用党员喜闻乐见的学习讲座、读书会、知识竞赛、技能比赛、参观考察等形式,组织开展主题教育活动,拓展建设学习型党组织的阵地。县联社积极引导党员干部参加各级党校、行政学院培训外,同时组织党员干部,积极向本系统的模范人物、优秀共产党员学习,充分利用基层党校、党员远程教育基地、基层小图书室、文化室等为党员提供终身学习的服务平台。县联社在推进学习型党组织建设中,充分发挥每位共产党员的积极性,把推进学习型党组织建设列入党委重要议事日程。研究推出建设学习型党组织的思路和措施,建立健全教育、管理党员的长效机制,使党员的理想信念更加坚定。5月,联社党委开展以唱响"共产党好,社会主义好,改革开放好,民族团结好"为主旋律的第29个民族团结教育月活动。组织学习培训1次,参加56人。主要学习《党的民族政策》《新疆发展简史》,正确认识"三股势力对新疆的危害"等内容。6月12日,联社为纪念中国共产党成立90周年,举办"最佳党课竞赛活动",辖属职工34人参加。

2012年11月28日,联社党委组织党员、职工学习中共十八大报告,提高对十八大精神的认识,推动信用社各项事业的发展。参加学习61人,交心得体会58份。

三、重要活动

(一)"三个代表"重要思想学习教育活动

2001年7月5日,县农村信用党员参加县机关部门、企业事业单位的"三个代表"重要思想学习。学习自7月5日开始至9月5日结束。其间发放意见征求表650份,收回640份,回收率98%。根据征求的意见和建议,联合社认真查找原因,提出整改措施。通过"三个代表"重要思想学习教育,全体员工服务态度、服务质量有显著提高。当年,县农村信用社被中国人民银行合作监管司评为"全国支农先进集体",县委评为"三个代表"重要思想教育活动先进集体。

(二)保持共产党员先进性教育活动

2005年2月1日,县联合社开展以实践"三个代表"重要思想为主要内容的保持共产党员先进性教育活动。县联合社23名党员参加教育活动。活动自2005年2月1日开始至5月1日结束,分3个阶段:1.学习阶段。主要学习《保持共产党员先进性教育读本》,重点学习党章,采取集中学习15天,自学、听党课专题辅导15天,记读书笔记34.5万字,心得体会46篇。2.分析评议。县联合社党员、入党积极分子,对照党章规定的党员义务和党员领导干部的基本条件,按照"两个务必""八个坚持""八个反对"要求,重点查找问题。在评议中,发放征求意见表750份,收回641份,回收率98%;开展谈心活动35人次,座谈会2次,参加51人;召开专题民主生活会1次,撰写党性分析材料22份。3.整改提高。县联合社党员干部,在自我剖析中找出的问题和民主评议中反映问题,主要表现在宗旨意识淡薄,组织群众、宣传群众、教育群众、服务群众本领不高,党组织战斗力、凝聚力有待加强等。针对存在问题,制定整改措施,并整改情况在信用社内部进行公布,充分听取群众意见,自觉接受群众监督。

(三)科学发展观教育实践活动

2009年9月14日,县联社开展学习实践科学发展观活动,成立学习实践科学发展观活动领导小组,制订《哈巴河县农村信用联社学习实践科学发展观活动实施方案》,提出学习实践活动的指导思想、目的要求和要达到的目标。县联社党员干部及职工61人参加学习实践科学发展观活动。学习活动采取集中学习和分散学习相结合的形式,集中学习24课时,参加人员1214人次,写心得体会73篇,调研文章51篇。学习活动分思想发动、学习调研、分析检查3个阶段。通过学习实践科学发展观活动,使联社广大党员职工提高"坚持以人为本,树立全面、协调、可持续的发展观,促进经济社会和人的全面发展"这一科学论断的认识,提高对科学发展观的深刻内涵的认识。了解科学发展观的第一要义是发展,核心是以人为本,基本要求是全面协调可持续发展。当年,县联社党员于登山、居马汗·马吾提汗被自治区联社党委评为新疆农村信用社系统 2008 年度优秀共产党员,并授予"共产党员先锋岗"称号。

（四）"四强四优"活动

2010 年 5 月 25 日,县联社党委开展以争创四强党组织、争做四优共产党员为主要内容的创先争优活动（四强:政治引领力强、推动发展力强、改革创新力强、凝聚保障力强;四优:政治素质优、岗位技能优、工作业绩优、群众评价优）。联社成立以党委书记董朝晖为组长的"创先争优"活动领导小组,制订《哈巴河县农村信用联社争创"四强"党组织、争做"四优"共产党员活动实施方案》,提出以"四强四优"为主要内容的创先争优活动的指导思想、目标要求、活动范围以及主要措施和事件安排。县联社全体党员、入党积极分子、中层以上管理干部、业务骨干 49 人参加活动。创先争优活动分学习调查研究（4～8 月）、评议整改（8～9 月）、建制总结（10～12 月）3 个阶段。学习阶段主要学习中央宣传部《关于在党的基层组织和党员中深入开展"创先争优"活动意见》、中央组织部和国资委《关于在国有企业开展争创"四强"党组织争做"四优"共产党员活动的通知》、自治区联社党委《自治区农村信用社关于开展以"四强四优"为主要内容的创先争优活动方案》、中国银监会《银行业金融机构从业人员职业操守指引》及中共十七大、十七届四中全会精神等。学习采取集中学习和自学相结合的形式,共记读书笔记 63 万字。根据"廉洁从业专项活动项目""四好"领导班子创建活动项目,县联社机关党支部对思想、组织、作风建设项目进行深入的调研,写出 35 篇调研文章。在评议整改阶段,每位党员对照"四优"共产党员条件,写出自我评议报告 36 份,找出发挥党员模范作用方面存在的问题,就存在的问题制定整改措施。在建制总结阶段,县联社党委根据《实施方案》的要求,按照"创先争优"活动中发现的问题、自我评议找出的问题以及在整改过程中需要着重解决的问题,制定《党建工作责任制度》《党员评议考核制度》,充实和完善了《三会一课制度》《信用社职工廉洁从业制度》等。各项制度的出台,为创先争优活动的长效化、机制化提供了保障。当年,县联社党委被自治区联社党委评为 2009～2010 年度先进基层党委,董朝晖被评为优秀党务工作者,于登山被评为优秀党员,常珊被评为先进个人。

第二节 纪检监察

一、机构

1955 年县农村信用社建社至 1980 年,没有专门纪检监察机构,纪检监察工作由人行阿尔泰中心支行和信用社所在公社双重负责,中心支行和公社共同协商处理信用社干部职工违章违纪案件。

1980 年后,信用社在农业银行领导时期,阿尔泰各县信用社纪检监察工作统一由农行阿勒泰中心支行监察室管理。

1997 年 1 月,信用社与农业银行脱离行政隶属关系后,阿尔泰各县信用社纪检监察工作由人行阿勒泰中心支行管理。

2003 年 11 月 13 日,县联合社实行统一法人体制改革,召开联合社第一届社员代表大会,选举产生监事会。县联合社的纪检监察工作在监事会领导下开展工作。

2008 年 1 月 10 日,中共哈巴河县农村信用合作联社纪律检查委员会成立,吾拉西·木哈乃任联社纪委书记,负责联社纪检监察工作。9 月 3 日,中共新疆农村信用合作联社联合社纪律检查委员会研究决定贾敬伟、阿依波丽·吾拉孜别克任县联社纪律检查委员会委员。

二、廉政教育

2003 年 9 月 2 日,县联合社组织辖内信用社职工学习全国信用社监管工作会议精神,有 41 名职工参加学习。

2005 年 3 月 23 日,县联社组织联社监察部门员工学习《2005 年新疆农村信用社监管工作指导意见》,着重学习监管指导思想、监管重点、监管目标等监管知识。

2008 年,县联社纪检、监察部门组织全辖职工学习"哈巴河县农村信用社贷款审批委员会职责""财经审批委员会职责""风险管理委员会职责""安全保卫实施细则""职能管理部门职责"。联社机关及辖属信用社 56 人参加。

2009 年 11 月,县联社制订《哈巴河县农村信用社合作社学习规章制度活动方案》,由纪委、监察部牵头,组织员工学习。通过学习提高制度执行力,规范决策流程与经营管理行为,提升县联社科学决策能力,切实防范各种风险。

2012 年 1 月 16 日,县联社组织机关 17 名党员干部参加干部廉洁从政行为规范教育学习活动。2 月 6 日,县联社机关党员干部 28 人参加党风廉政建设和案件防控教育学习。5 月,组织党员干部学习《田海舟同志在自治区农村信用社 2012 年纪检监察工作会议上的讲话》,联社党员干部 58 人参加。6 月 1 日,自治区联社纪委下发《关于阿不都同志在自治区联社纪检、监察工作会议结束时讲话的通知》,县联社结合自身实际,组织 41 名职工参加学习。6 月 14 日,组织职工学习"王会民同志在自治区农村信用社纪检监察工作会议上的讲话"。

三、党风廉政建设

2006 年,县联社党支部贯彻中央、自治区、县委党建工作会议精神,扎实推进党风廉政建设和反腐败工作,把反腐倡廉教育纳入以实践"三个代表"重要思想为主要内容的保持共产党员先进性教育活动之中。联社针对员工在思想、作风、工作、等方面存在的突出问题,重点开展理想信念教育、权力观教育、党纪条例教育、反腐倡廉形势教育和警示教育。建立廉政谈话、诫勉谈话制度。成立治理商业贿赂工作领导小组,向社会公开举报电话。

2007 年 4 月,县联社根据自治区联社"开展新疆维吾尔自治区信用社案件专项治理'排雷'行动通知",参与自治区联社 3 月 26 日至 7 月 31 日在全疆范围内开展的案件专项治理大检查行动。

2008 年,县联社党委制定廉政建设、廉政教育、廉政守则等制度,加强联社党风廉政建设,提高干部员工反腐倡廉意识。组织党员职工学习预防职务犯罪等法律法规,观看反腐案例电教警示片;严格执行自治区联社党委和县委有关廉洁自律的文件精神,在基层信用社设置举报箱、举报电话;定期与联社职能部门负责人进行反腐倡廉谈话,及时了解职工思想动态,逐步建立健全党风廉政建设长效机制。

2009 年,县联社纪委以《中国共产党党员领导干部廉政从政若干准则》为主要内容,以学习准则、严守纪律、廉洁从政为主题,开展党风廉政教育月活动。

2010年初,县联社党委召开党风廉政建设专题会议,将任务分解到辖内党支部及部门,并列入年度工作考核中、形成一级抓一级,逐级抓落实工作格局。党委统一领导,班子齐抓共管,纪委协调,基层信用社及部门各负其责,形成全员参与工作机制。年末,报告本年度贯彻落实党风廉政建设责任制情况,并严格对各自单位党风廉政建设工作进行年终考核。

2011年初,县联社纪检委与党员签订党风廉政建设目标管理责任书,以支部为单位开展党风廉政建设工作,严格执行党政领导干部选拔任用制度和"四项监督"制度,坚持民主推荐、民主测评、考察预告、廉政审查、干部票决、任前公示等制度。

2012年2月,县联社党委根据自治区联社党委的工作部署,扎实有效开展党风廉政建设工作,逐级签订党风廉政建设和案件防控目标责任书。定期召开党员民主生活会,开展批评与自我批评,使党员时刻保持廉洁自律的清醒头脑,增强模范带头作用和创先争优意识。5~8月,联社在全辖组织开展为期3个月的"阳光信贷"整肃行风行纪职业道德教育活动。活动采取:1.贷款前公示、聘请贷款义务监督员、设立投诉举报箱、公布投诉举报电话等措施公开接受社会与农牧民客户的监督,制定信贷员在办理贷款过程中向客户"吃、拿、卡、要"等违规违纪行为的处罚制度。2.将阳光信贷整肃行风行纪职业道德教育活动与信用工程建设有机结合,通过对农牧民的评级授信及小额信用贷款发放,降低贷款利率,简化农牧民贷款手续,提高信用社放贷效率,缩短农牧民贷款的办理时间。

第三节　工会

一、机构

1984年,根据中华全国总工会《关于恢复和建立各级银行工会的联合通知》精神,工会中国农业银行哈巴河县支行委员会成立。县农村信用社成立工会小组,由农行县支行工会直接领导,有会员17人。

1988年12月17日,根据农行阿勒泰中心支行"关于信用社拨交工会经费的联合通知"精神,工会会费按工资总额2%提取,其中5%上交支行工会,35%上交中心支行信合科,60%信用社自留。

1993年2月5日,县联合社成立工会小组,根据阿勒泰中心支行"关于转发全国总工会、财政部《关于〈工会法〉中有关工会费问题的具体规定》的通知"精神,认真贯彻执行《工会法》中有关工会经费问题的具体规定。

2008年4月2日,自治区联社总工会批复成立哈巴河县农村信用合作联社工会委员会,选举贾敬伟为工会主席,孙红、胡明娟、阿依波丽、王秀云、吕超为工会委员。有会员69人。12月17日,自治区联社工会发出通知,各县(市)工会严格按自治区总工会《关于自治区农村信用社工会经费管理体制问题的批复》规定执行。

2009年4月8日,县联社女工委员会成立。女工委员会主任孙红。委员:阿依波丽·吾拉孜别克、胡明娟。劳动和法律检查委员会主任王秀云。年末,县联社有女职工26人。

二、活动

1991年9月3日，县联合社工会小组组织职工学习《关于对农村信用社职工队伍开展教育、清理、整顿活动的意见》。使职认识教育、整顿的目的，在教育和整顿中得到提高。参加学习职工19人。

1995年12月，县联合社工会小组组织职工学习《中国人民银行法》《商业银行法》，加强行业职能和责任的认识，参加学习职工25人。

1997年3月4日，县联合社工会小组组织职工向临危不惧，勇斗歹徒的团结、库拉西学习。

1999年8月13日，县联合社工会小组组织35名员工参加合作金融宣传活动，庆祝全国农村信用社各项存款突破12000亿元，让农牧民了解农村信用社的雄厚力量。

2003年，县联合社工会小组组织45名职工开展国防教育，增强"无军不安""爱国光荣""爱军光荣"的观念。

2006年7月6日，县联合社工会小组组织信用社职工参加社区共驻共建活动，帮助社区清运垃圾40方，参加各项活动63人次。8月20日，组织职工开展爱心捐款，49名职工捐款7800元，慰问探望生病的职工家属。

2007年7月15日，县联社提出文明规范化服务标准："八要、九不、十做到"，县联社工会小组组织职工集中学习，有34名职工参加。

2008年5月12日，县联社工会组织职工向四川灾区捐款18690元，53名职工参加捐款。

2009年1月6日，县联社工会组织职工学习《新疆维吾尔自治区农村信用社工会女职工工委员会条例》《新疆维吾尔自治区农村信用社工作劳动法律监督检查办法》《新疆维吾尔自治区农村信用社工会工作委员会工作规则》。联社职工56人参加学习。

2010年，县联社党委成立县农村信用社业务技术比赛领导小组，比赛事项由工会具体负责。8月1日，县联社举办县农村信用社第一届业务技术模拟比赛，联社职工15人参加比赛。10月16日，县联社在阿勒泰地区各县（市）农村信用社业务技术比赛中，获团体第2名成绩，崔云虹获珠算项目第1名，孙慧君获点钞项目第3名。当年，县联社工会牵头举办各项业务培训6期，接受培训人员73人次。其中会计培训2期12人，综合柜员培训1期17人，信贷业务培训2期31人，出纳人员培训1期13人。

2011年，县联社工会组织职工开展"合规文化建设年活动"。举办学习培训班42期，培训面100%。当年，县联社工会牵头，开展"五小工程建设年活动"，年末"五小"工程完成率达80%。

2012年5月18日，县联社牵头邀请消防中心教官为职工进行消防安全知识培训，培训内容：防火、灭火、逃生自救及疏散等消防知识，联社职工66人参加培训。6月26日，县联社工会组织职工学习自治区联社工会工作委员会《关于农民工和流动务工人员加入工会组织管理与服务的试行办法》，重点做好劳务派遣员工的入会管理工作，联社职工45人参加学习。当年，联社实现老员工100%入会，新员工100%入会，劳务派遣员工100%入会。8月2日，县联社工会根据自治区联社工会工作委员会转发《关于加强我区劳动竞赛工作机制建设的意见》的通知，结合联社实际加强劳动竞赛机制、评估机制、激励机制、保障机制和劳动模范选树机制建设。8月10日，县联社工会组织职工参加阿勒泰地区信用社系统首届"信合杯"乒乓球比赛，联社职工李晓霞获女子单打第1名。9月15日，县联社工会举办第二届业务技术比赛，有61名职工参加比赛，徐路、孙慧君、于海舰、张苏、罗贞在各分项比赛中分别获得第 1 名。

第四节　共青团

县域信用社成立初期,多数员工为积极分子和青年团员。信用社与农行县支行合署办公时期,各信用社与农行营业所共同组建团支部。

1982 年 3 月 4 日,县首次开展以"五讲""四美""三热爱"为主题的文明礼貌月活动,县域各信用社团员青年走上街头,清理垃圾进行卫生大扫除活动。该活动为县信用社团员青年首次参加由县统一组织的活动。

1990 年 9 月 17 日,阿勒泰地区农村金融系统第三次思想政治工作会议召开,号召全区团员青年、广大职工开展学"二兰"(潘星兰、杨大兰,为湖北省枝江市董市镇桂花乡信用分社会计、炊事员。1989 年,两个歹徒进入湖北省枝江市董市信用社桂花分社院内抢劫。潘、杨两人赤手空拳同犯罪分子进行殊死搏斗。杨大兰壮烈牺牲,潘星兰生命垂危)、学"雷锋"活动,树立信誉至上,竭诚服务,高效廉洁,文明办行社的企业精神。

1994 年 4 月 1 日,县阿克齐信用社创建为地区级"青年文明号"。

1997 年,根据中共十四届六中全会提出的实现优美环境、优良秩序和提高公民素质的总要求,县域信用社团员青年积极参加县团委组织的"讲文明、树新风"活动。

1998 年 5 月 29 日,经共青团哈巴河县委同意,成立县联合社团支部,选举阿依波丽·吾拉孜别克任书记,崔云虹任宣传委员,赵杰任组织委员。联合社团支部有团员 5 人。

2003 年 1 月,县联合社团支部组织辖内各信用社团员开展精神文明创建活动。参加活动团员达65 人次,其中参加学习 25 人次、环境建设 40 人次。

2007 年 7 月 6 日,县联社团支部组织 11 名团员开展社区"共驻共建"活动,帮助社区清运垃圾 41方,参加义务劳动 33 人次,为社区救助对象做实事 3 件。当年,在民主东路社区居民和联社团员青年共同努力下,"共驻共建"取得好成绩,民主东路社区被县精神文明委员会评为"文明社区"。

2008 年 1 月 10 日,县联社党委成立,联社团支部直属联社党委领导。

2011 年 10 月 20 日,县联社成立"客户满意窗口""青年服务明星"活动领导小组。在全辖开展"青年服务明星"活动,年末有 3 名团员被评为"青年服务明星"。

第二十二章　精神文明建设

群众性精神文明创建活动,是推动精神文明建设的重要载体,是人民群众移风易俗,改造社会的伟大创造。社会主义精神文明建设的根本目标和任务是要适应社会主义现代化建设的需要,培育有理想、有道德、有文化、有纪律的社会主义公民,提高全民族的思想道德素质和科学文化素质。搞好精神文明建设,对于促进社会各项事业的发展均有重大意义。县农村信用社在抓好各项存款、贷款的同时,始终把精神文明建设摆在与经济效益同等地位,坚持两手抓两手都要硬。按照上级部署,在职工中积极开展"五讲四美三热爱"活动、职工道德教育、"三个代表"重要思想教育、"八荣八耻"教育。通过文明单位、文明服务、环境卫生、"五小"工程等创建活动,提高员工素质,塑造综合形象,增强信用社的凝聚力和竞争力。

第一节　精神文明创建工作

1982 年 3 月 4 日,哈巴河县首次开展"全民文明礼貌月"活动,县域信用社职工走上街头参加由县统一组织的卫生大扫除活动。

1986 年 9 月 26 日,中国共产党第十二届六中全会通过《中共中央关于社会主义精神文明建设指导方针的决议》,县域各信用社认真贯彻执行。

1990 年 9 月 17 日,县域信用社职工学习和讨论地区农村金融系统第三次思想政治工作会议精神,深入开展学"二兰"、学雷锋活动,树立信誉至上,竭诚服务,高效廉洁,文明办社的企业精神,开展创建文明单位和"三优一学"活动,培养造就"有理想、有道德、有文化、有纪律"的农村金融事业队伍。

1993 年 12 月 25 日,自治区党委、政府通过自治区精神文明建设委员会重新修订的《新疆维吾尔自治区文明单位建设管理办法》。新《管理办法》从文明单位评选范围、条件标准、文明单位的创建、文明单位的评选和命名、文明单位的奖励、文明单位的管理、军民共建、其他共建精神文明活动做出具体规定。县域信用社根据新《管理办法》规定,开展精神文明创建活动。

1994 年 4 月,县联合社成立"青年文明号"领导小组,在辖内信用社开展了创建"青年文明号"活动。

1998 年 1 月,县联合社制订《哈巴河县农村信用联合社文明单位创建实施方案》。方案要求:1.

加强班子建设,提高领导班子的政治理论水平、业务能力,使之成为一个精诚团结,具有开拓精神的领导班子。2. 加强对职工思想政治教育及学历教育工作,建立健全政治理论学习制度。3. 加强民族团结,确保社会政治稳定。4. 认真抓好储蓄、放贷工作,提高经营效益。5. 搞好综合治理工作,保障安全。6. 开展爱国卫生教育,搞好环境建设。

联合社在创建活动中,不断创新活动载体,使创建活动取得实效,主要开展工作:1. 强化领导班子建设,建立健全班子政治理论学习、业务制度,不断提高班子成员的政治理论水平、业务能力。规定周一为政治学习,周五为业务学习,要求班子成员除集中学习外,自觉抽时间学习。在学习过程中要求做好笔记,对重点课目、重点章节等有关政策法规要结合工作实际写出心得体会。通过学习,班子的凝聚力、战斗力更强,服务"三农"意识提高,对单位的管理更加规范化、制度化、经常化。在文明单位创建过程中,共计读书笔记50000余字,心得体会30余篇。2. 抓好对职工的思想教育和业务培训及学历教育工作,提高县联合社职工政治素质、业务能力和知识专业化水平。当年,县联合社有职工48人,在精神文明单位创建领导班子组织发动下,信用社职工形成人人参与创建,个个创建模范的良好氛围。参加政治学习、业务培训、学历教育的积极性很高。其中,参加政治学习职工达2800人(次)(1998年1月至1999年11月),主要学习中共十五大报告及有关法律文件法规及自治区、地区有关文件;举办和参加业务培训班22期(包括到地区、自治区参加培训),参加人数4200人(次),主要培训自治区农村金融体制改革领导小组下发的《关于1998年新疆开展规范农村信用社工作的安排意见》和《新疆农村信用社空白凭证管理办法》、中国人民银行印发的《贷款风险分类指导原则》和《加强联合社建设问题的若干意见》、人行新疆分行印发的《新疆维吾尔自治区农村信用社动用法定存款准备金实施意见》和《新疆农村信用社二级存款准备金管理暂行办法》、人民银行和国家税务局印发《1998年农村信用社会计决算工作意见》、人民银行合作金融机构监管司下发的《农村信用社营业、守库、押运期间安全保卫工作规程》、阿勒泰地区农村金融体制改革领导小组办公室下发的《关于农村信用社职工参加学历教育有关问题的暂行规定》等规定、办法、文件、章程、通知;参加学历教育共有6人,占信用社职工的七分之一。通过政治学习、业务培训和学历教育,加深信用社职工对马列主义、毛泽东思想及邓小平理论的认识,纪律观念和全局意识进一步加强,爱岗敬业奉献精神得到弘扬。3. 把民族团结教育贯穿于创建活动的始终,教育广大职工牢固树立"三个离不开"的重要思想(汉族离不开少数民族、少数民族离不开汉族、各少数民族之间也相互离不开)。以民族团结教育月为载体,不断充实教育内容,扩大教育内涵,使民族团结教育深入人心。4. 把精神文明创建贯穿于中心工作始终,以创建文明窗口,提高文明优质服务;以创建"青年文明号"为载体,对职工进行"爱国守法、明礼诚信、团结友善、勤俭自强、敬业奉献"的基本道德规范教育。成立公民道德教育领导小组,把道德教育制度化、规范化、经常化,举办公民道德培训班11期,参加人员520人(次),主要学习公民道德建设常识、《公民道德建设实施纲要》、文明礼仪基本常识。通过职业道德、公民道德教育、文明礼仪教育,县域信用社职工服务水平明显提高,帮助农牧民解决生产贷款积极性增加,为信用社"三农"服务树立良好形象。1999年末,县域信用社各项存款余额达3375万元(其中低成本存款为1393万元,占41.3%,存款结构得到了优化),创建3个县级"青年文明号"、一个地区级"青年文明号"。5. 在精神文明单位创建中,县联合社加大职工安全思想教育,强化职工安全防范意识。1998年,县联合社为县域各信用社职工举办安全保卫培训班 3 期,安全保卫人员举办培训班 4 期,参加人员 350 人(次)。主要学习人民银行(农村合作金融监督管理局)印发《农村信用社安全保卫责任制实施办法》、人行自治区分行转发人民银行关于《农村信用社金融诈骗盗窃抢劫涉枪案件报告制度》、人行自治区分行印发《新疆农村信用社安全保卫工作操作规程》、阿勒泰地区农村金融体制改革领导小组办公室转发《新疆维吾尔自治区农村信用社枪支弹药管理办法的通知》等办法、制度及通知。1999 年培训学习人民银行合作金融监管司下发的《农村信用社营业、守库、押运期间安全保卫工作规程》。通过培训学习,县域信用社职工安全意识进一步提高,人防、物防、技防进一步规范,安全保卫制度进一步健全,职责责任进一步明确。在进行安全意识教育同时,坚持进行法制、廉政教育,增强职工的法制观念,道德修养。6. 在创建文明单位过程中,县联合社把环境卫生、环境建设作重要工作,制定出台《哈巴河县联合社卫生制度》,从卫生知识教育到内部环境、外部环境、个人卫生等做出具体规定。同时,县联合社社不断加大卫生设施建设的投入力度和爱国卫生知识培训,1998～1999 年投入卫生设施建设 25 万元,植树 4200 棵、铺草坪 350 平方米、硬化路面 720 平方米、粉刷墙壁 1200 平方米,举办爱国卫生知识培训班 2 期,参加人员 120 人(次)。1999 年,县联合社通过县精神文明建设指导委员会的验收,创建为县级文明单位。

2003 年,县联合社重新修订《哈巴河县农村信用联社精神文明创建和建设实施办法》,新修订实施办法主要内容:1. 加强宣传教育,进一步提高员工的精神文明意识,把提高环境质量文明意识作为信用社精神文明建设的一项重要内容。2. 积极开展形式多样的活动,树立"礼貌待人、诚信经营、优化服务"的行业新风尚,狠抓治本建设和科学管理,建立良好工作和生活环境,使信用社精神文明整体水平到达优良标准。3. 对工作突出和成绩显著的部门和个人,给予通报表扬和一定物质奖励。4. 对在精神文明建设中不按制度办事,违背职业道德、社会公德,损害信用社形象的人和事,进行严肃处理,对情节严重造成严重后果的依法处理。

2007 年 7 月 6 日,县联社制定《哈巴河县农村信用联社开展社区"共驻共建"活动的具体措施和办法》。当年,在民主东路社区居民和信用社职工共同努力下,民主东路社区被县精神文明委员会评为文明社区。7 月 15 日,县联社提出规范化服务标准:"八要""九不""十做到"。同年,哈巴河县农村信用联社开展以"六抓"为主要内容的争先创优活动。一抓宣传,广泛动员,营造良好的舆论氛围;二抓典型,树标杆,掀起"比学赶超"热潮;三抓规范、制定标准提高机关服务效能;四抓载体,统筹结合,促进各项工作全面开展;五抓互动,考核评议,确保争先创优活动深入开展;六抓整改,明确内容,确保创先创优活动取得实效。

2009 年 5 月 7 日,县联社制定《职工八小时以外行为规范监管管理暂行办法》,对职工八小时以外的活动场所、参加的活动的内容、所持有的道德准则等做出规定。

2011 年 5 月 12 日,县联社在全辖基层营业网点开展"继续推行文明规范服务标准,充分发挥先进典型示范作用"宣传活动。5 月 16 日,县联社成立以理事长董朝晖为组长的合规文化建设年活动领导小组,制定《哈巴河县农村信用联社合规文化建设年活动实施准则》,开展合规文化建设年活动。合规文化建设年活动分宣传、发动、部署;全面自查;整改完善,培训教育;及时总结,促进提高四个步骤。

2012 年 9 月 10 日,县联社制定《2012 年,哈巴河县农村信用合作联社普及金融知识万里行活动实施细则》。细则对活动的目的、组织领导、活动内容、要求做出具体安排。

第二节　优质服务

1955 年 3 月 14 日,县第一个农村信用合作社阿不列兹克信用社在三区一乡成立。8 月 20 日,信用社了解到二乡有 18 户未入社牧民没钱买铲镰,无法打草。阿不列兹克信用社信用社会计库那什骑马十几千米,为 18 户牧民送去 200 元贷款,购买 25 把铲镰,解决打草困难。县农村信用社的第一次上门服务,使 18 户牧民相信信用社是真正为农民服务的金融组织,当年冬天 18 户全部申请入社。

1956 年 2 月 10 日,县域信用社为提高服务水平,培养信用社职工的业务能力,6 名职工参加人行县支行业务培训。

1960 年,人行自治区分行制定《关于开展二百个红旗单位、四百个红旗信用分部、一千名红旗手竞赛运动的规定》,县域 10 个信用分部参加竞赛活动。竞赛活动的开展,提高信用社职工的服务水平。

1963 年 3 月 5 日,县委举行学习雷锋动员大会,县域信用社职工积极参与,掀起"以雷锋为榜样,全心全意为人民服务"的学习热潮。当时信用社业务主要办理储蓄和对农民发放短期小额生活用品、生产工具及生产籽种贷款。县域地处山区交通不便,农牧民对储蓄认识不足,信贷员为提高服务质量,带上周转金和空白凭证存单、贷款借据和现金收入、付出凭据等,骑马深入农牧区,逐户宣传储蓄知识,同时为有困难的农牧民发放贷款,农牧民群众把信用社称为"马背上的银行"。当年,县域 3 个信用社 10 名脱产干部完成储蓄余额 6000 万元,发放个人贷款 33000 元。

1980 年 3 月 11 日,农行县支行下发《关于在县农村金融系统开展大干四化,创金融红旗手、金融红旗竞赛活动的意见》。县域 6 家信用社参加竞赛活动,各信用社白天开展业务工作,晚上组织职工学习;县域信用社共组织政治政策、理论业务学习 48 次,参加人数 1052 人(次)。在争当全能先进个人,创建先进集体的活动中,信用社职工不论在大雪封山的冬季,还是炎热的夏季,骑马深入基层,了解农牧民生产、生活困难,从不喊苦叫累。当时在县合人中流传着"夏天骑马蚊叮咬,雪天骑马路难寻,一口金雪半口馕,不是皇上胜皇上"的顺口溜。同时,县域信用社贯彻执行国务院出台的《现金管理暂行条例》和《关于加强银行工作的几条意见》(简称银行八条),人行县支行出台的《关于整顿和加强农村牧区信用社工作的几项规定》《哈巴河县农村信用社财务管理制度》《哈巴河县农村信用社工作制度》等规定制度。在争当全能先进个人活动中,县域信用社举行储蓄、收贷竞赛、业务知识竞赛,在竞赛中重塑"三铁"(铁制度、铁算盘、铁账本)形象。县胜利信用社主任朱马汗·巴亚合买提由于成绩特别突出,被评为"国家级红旗手",受到农业银行总行的表彰和奖励。1981 年 12 月 23 日,《新疆日报》刊登《为四化繁忙》,介绍全国金融战线红旗手朱马汗·巴亚合买提的模范事迹。

1984 年 2 月 24 日,县域信用社开展"五讲四美三热爱"活动。活动的开展,使信用社职工的文明素质得到提高,职业道德进一步加强,优质服务水平进一步提升。

1990 年 8 月 22 日,农行自治区分行下发《关于信用社内部实行综合治理整顿的意见》。主要内容有四个整顿(整顿职工队伍信贷队伍、信贷程序、财会纪律、机构网点)、四个提高(提高职工政治业务素质、信贷管理水平、财会管理水平、服务效能)。整顿促进各项业务开展,优质服务得到进一步提升。

1994 年 1 月,青年文明号创建工作在金融系统启动。

1995 年 10 月 25 日,阿勒泰地区农经系统开展文明优质服务检查评比活动,县阿克齐信用社获得表彰。

1995 年县联合社提出 26 句文明用语、29 句禁语。

1998 年,自治区七行二司(人行、工行、农行、建行、中行、交行、中国人民保险公司、中国人寿保险公司)联合印发《新疆金融系统服务承诺公约》,重塑"三铁"(铁账、铁款、铁算盘)荣誉。

2000 年,县联合社开展《合作金融百日宣传》活动,推动县域金融知识普及,提升金融服务。

2002 年 1 月 10 日,县联合社成立以主任王海勇为组长的服务承诺工作领导小组。

2005 年,县联合社开展信用工程活动,辖属各信用社职工改变服务形式深入农牧区,走村入户,上门服务,解决农牧民难贷款、贷款难的问题。当年,县联合社上门发放农牧民贷款 1400 万元。8 月 8 日,县联合社针对部分职工双语(汉语或民族语言)水平较差,和农牧民难以沟通,影响服务质量,在全辖开展"双语"培训工作。双语培训提高民族职工同汉族群众用汉语沟通的能力,汉族职工提高用民族语言同民族群众用哈萨克语言沟通的能力。

2006 年 5 月 27 日,联社主任王海勇陪同县委书记刘斌一行,深入县域受暴风雨袭击的沙尔布拉克乡、齐巴尔乡、库勒拜乡调研灾情时,发现农牧民须购买种子复播,现场通知各受灾乡信用社,为受灾农牧民提供救灾贷款。当天,县联社发放救灾贷款 120 万元。县联社高效、优质的服务,帮助农牧民及时复播,使损失降到最低,得到灾区农牧民群众肯定。

2007 年 6 月,县联社在全辖开展文明规范服务活动,成立以党委书记、理事长王海勇为组长,以联社主任薛亮为副组长的文明规范服务活动领导小组,具体负责活动的组织和领导。为使活动扎实、有效、有序开展,县联社结合本社实际制订《哈巴河县农村信用联社文明规范服务活动实施方案》。活动以科学发展观为指导,树立服务创造价值观念,承担社会责任,践行职业操守,增强服务意识,改善服务态度,完善服务设施,创新服务手段,优化服务流程,提高效率,提升服务质量、服务水平和经济效益、社会效益为指导思想。围绕倡导行业文明,规范行业服务标准,建立科学管理流程,满足客户日益增长的服务需求,建设一流的服务团队,培育一流的服务文化,打造一流的服务品牌,展现一流的信合形象总体目标,按规定时间,分步骤开展文明规范服务活动。6 月 20～7 月 10 日为第一阶段,即动员宣传学习阶段。县联社召开全辖动员大会,学习《银行业文明服务公约》及其他实施细则,在工作中践行文明公约。全辖参加学习职工达 56 人,学习总课时 40 个。7 月 11～15 日为第二阶段,即查找问题阶段。文明规范服务活动领导小组组织各参与单位,根据自治区联社文件精神,结合本单位实际,认真调查、分析、研究目前在文明规范服务方面存在的问题,征求社会各界意见和建议,找出差距,以差距为切入点,制定本单位文明规范服务的标准及考核评价体系,提出文明规范服务的具体要求和相应措施。在查找问题阶段,召开座谈会 7 场(次)(辖内信用社全部召开座谈会),参加人数 350 人,有社员代表 105 人,各村委班子代表 75 人,个体工商户代表 20 人,企业代表 15 人,党代表、人大代表、政协委员代表共计 30 人,离退休干部、金融方面退休人员 17 人,农牧民代表 88 人。共征求意见整理归纳 21 条,主要涉及服务态度、服务质量、办事效率、贷款难、诚实守信、仪表着装、环境卫生、挂牌服务、营业时间、文明礼貌、文明用语、农户联保、灾后还贷、廉洁自律、陈旧贷款等问题。对于群众提出的意见和建议,县联社安排规范服务活动领导小组,召集辖属信用社主任、副主任进行对照梳理,找出个别和共性问题进行整改。7 月 16～8 月 9 日为第三阶段,即整改提高阶段。该阶段是"文明规范服务"活动的重要阶段,各信用社、联社营业部、各部室根据梳理出的问题,开展文明规范服务践行工作,在践行中整改,在整改中提高。各信用社、联社营业部严格遵守《文明服务公约》和机关服务承诺,执行新修订和完善服务质量事故追究制度。对服务礼仪和业务操作规程,通过学习、培训、竞赛、评比等形式、办法,规范员工服务技能,客户满意度由70%提高到91%。8月10~15日是文明规范服务第四阶段,即总结提高阶段。活动结束后,"文明规范服务"活动领导班子及时组织指导各农村信用社、联社营业部、各部室对"文明规范服务"活动进行认真总结。一是分析问题原因,提出解决问题措施和期限。二是把文明规范服务工作纳入本单位(部门)长远规划,建立长效管理机制,不断充实新内容,扩延新内涵。三是把开展文明规范服务活动落实,在落实中遇到问题进行总结、分析、整改,使文明规范服务活动经常化、制度化。

2009年4月,县联社以开展"叫响我是共产党员"活动和"创建党员示范岗"活动为载体,教育广大党员坚定信念,牢记宗旨,增强党性,永葆党员先进性。以实际工作表现,体现党员先进性,把先进性体现在"三优"上,即岗位化、形象化、成果化。同年,县联社党委开展党员先锋工程活动,成立以联社党委书记董朝晖为组长,结合联社实际,制定《哈巴河县农村信用联社开展党员先锋工程活动的服务标准》,围绕提高服务质量、服务水平,推行微笑服务在窗口、贴心服务到地头,党员承诺手拉手等特色活动开展。在党员先锋工程活动中,联社党员、入党积极分子27人(党员23人,入党积极分子4人),以典型为榜样,做到"六个带头"(带头学习讲政治,带头执行制度讲规范,带头敢挑重担,带头创新创佳绩,带头结对帮扶,带头自律树形象)、六个不做"(损害党的形象的事不做,损害信合人信誉的事不做,损害群众利益的事不做,不利于民族团结的事不做,不利于社会稳定的事不做,有违廉洁自律的事不做)。当年县联社被自治区联社评为2009~2010年度先进基层党委,被阿勒泰地区工商局评为"守合同重信用企业",被县委、县政府评为先进企业和2009年度特殊贡献奖。县联社职工于登山、居马汗·马吾提汗被自治区联社党委评为新疆农村信用社系统优秀共产党员,并授予"共产党员先锋岗"模范称号。

2010年5月,县联社下发《关于哈巴河县联社送金融知识下乡活动实施方案》的通知。要求辖属各信用社认真贯彻银监会关于送金融知识下乡活动的指导意见,有效普及农村金融知识,大力宣传农村信用社小额贷款知识及信用工程建设等内容,更好地服务广大农牧民。活动指思想:改善农村金融服务,增强农民的金融意识和金融知识水平,促进农村金融知识普及和农村银行业发展,充分发挥金融在支持社会主义新农村建设中的作用,加快构建社会主义和谐社会。送金融知识下乡活动自5月下旬开始至6月25日结束,宣传活动采取现场宣传、专题讲座、走访农户、组织座谈、实地考察、问卷调查等形式。活动设立金融知识宣传台、流动服务站8个,悬挂横幅标语11条,发送宣传资料800余份,出墙报14期,现场演示银行业务、开展现场咨询500人(次),举办专题讲座16场,参加人员1560人(次),主要向当地乡镇领导、企业管理者及员工代表、农牧民、个体工商户宣传农村金融方针政策、诚信知识及诚信服务,远离非法集资和民间借贷。活动走访农户780户,分发宣传资料1200余份,收集农牧民、个体工商户需要解决问题12条。主要有农牧民贷款还款年限是否可延长,联保户有利有弊,小额贷款利息,困难群体贷款等问题。组织座谈会2场(城镇、农村各1场),参加人员120人次,主要对象个体工商户、小企业代表、农户。主要了解农村金融服务需求状况及银行业金融机构服务"三农"情况。座谈会反映存在的主要问题:1.对农村个体工商户的贷款支持力度不够,农村个体工商户贷款难问题需要尽快解决。2.小企业发展基金短缺,需金融企业支持。3.支持"三农"资金多用于农业,要根据需要适当增加牧业贷款。活动中工作人员深入基层,边远地区调研,了解当地农牧业生产以及农牧区生活及金融服务状况与需求。主要了解到2个问题需要解决:1.边远地区、交通不便、信息闭塞,需金融部门设流动服务站。2.经常下基层宣传金融知识,让边远地区农牧民掌握金融知识。活动中共发放问卷3200余份,对农村农户、个体工商户、小型企业融资用途与渠道、融资满足状况、农贷便利状况进行问卷调查。融资用途85%用于发展生产,扩大规模;融资渠道60%靠自筹资金,40%靠贷款、朋友拆借;融资满足状况,65%的基本满足;农村贷款便利情况,60%以上认为便利,30%的认为贷款较便利,但手续烦琐,时间较长,10%认为不方便(边远地区)。通过1个月的宣传、咨询和讲座等,帮助农牧民群众了解金融知识和办理银行业务的程序、办法,解答农民群众在办理银行业务时遇到的疑难问题,提高农牧民金融意识、风险意识,促进农村诚信文化建设,增强农村信用社广大职工的社会责任感和历史使命感,达到预期的目的。

2011年5月12日至6月30日,县联社在全辖基层营业网点继续推行文明规范服务标准,充分发挥先进典型模范作用宣传活动。活动巩固文明规范服务活动的成果,对在践行中有欠缺规范的各项制度,操作程序,服务标准进行补充和健全。8月20日,联社举行以珍爱信用记录,提高信用意识为主题的征信宣传活动。宣传内容资料主要以《百姓征信知识问答》一书为基础编制的宣传活动海报、宣传折页等。活动目旨在进一步拓宽征信知识宣传的广度和深度,使更多人关心自己的信用记录,主动查询自己的信用报告,行使自己知情权,提升征信服务水平。活动发放宣传材料2000余份,接待查询200人。10月20日,为贯彻落实共青团中央和全国构建"青年文明号"活动,积极响应中央金融团工委工作,县联社成立"客户满意窗口,青年服务明星"活动领导小组。11月24日,自治区联社印发《关于开展评选"农牧区百名优秀客户经理"活动的实施方案》。县农联社按照方案要求推荐16名客户经理参加评选。县联社加依勒玛信用社信贷员巴合提·哈斯曼经自治区农联社审核,被评为优质客户经理。巴合提·哈斯曼负责16个行政村1680个客户信贷包村任务,同时负责辖内所有贷款调查。巴合提·哈斯曼在工作之余,抽空学习《中国人民银行法》《商业银行法》《担保法》《票据法》《贷款通则》《新疆农村信用社信贷管理制度》。2010年发放1100万元农业贷款全部收回,并全额收回2009年账期贷款900万元。4年间,凭着对信合事业的忠诚和对"三农"的感情,走村串户,共为2000多户农牧民发放贷款2400万元,所有贷款全部按时收回。

2012年5月8日,县联社开展三农金融服务宣传推进月活动,成立以联社主任窦德贵为组长的三农金融服务宣传推进活动领导小组,负责组织指导该项活动。活动主要内容:以三农金融服务宣传推进月活动为契机,大力开展信用工程建设工作;认真总结活动成果;积极开展三农金融服务调查研究。县联社根据活动要求,落实信用工程建设年活动工作内容,统筹安排,扎实推进,确保两项工作互促互进,达到促进农村地区农村金融改革、机构网点覆盖、信贷供给投入、抵押担保创新、信用村镇建设、服务功能完善等进展与突破,使农村金融服务得到进一步改善。5月9日,县联社成立阳光信贷整肃行风行纪道德活动领导小组,制订《哈巴河县农村信用合作联社阳光信贷整肃行风行纪道德活动方案》,开展阳光信贷整肃行风行纪道德活动。联社结合实际,将"阳光信贷"活动与加强廉洁文化建设、从业道德建设相结合,与业务经营的难点与重点相结合,与树立可持续发展观、端正业务经营指导思想相结合,为阳光信贷活动的有效开展注入新活力。在教育活动中,县联社管理层以身作则,带头学习,自检整改,带头转变作风,执行各项规章制度。组织员工集中学习十七届中央纪委七次全会精神和胡锦涛总书记的重要讲话、《中华人民共和国刑法》《银行从业人员职业操守》《自治区农村信用合作社员工守则》《新疆维吾尔自治区农村信用合作社违反规章制度处理决定》以及县联社提出的文明规范化标准"八要""九不""十做到"、《职工八小时以外行为规范监督管理暂行办法》等内容。通过学习使职工深刻认识廉洁自律对本职工作重要意义,提高全体员工廉洁从业和拒腐防变意识。同时,联社深刻剖析查找问题。一是对《2012年的党风廉政建设责任书》逐一进行检查,确保层层落实。二是纪委组织谈话,了解信贷人员廉洁从业情况,并签订廉洁从业承诺书。三是设立举报箱、举报电话,让社会参与监管。四是公开贷款户的贷款,接受社会监督和客户监督,并聘请21人担任行风(贷款)业务监督员,建立行风(贷款)监督员长效机制。为巩固"阳光信贷"整肃行风行纪职业道德教育活动成果,县联社制定巩固措施:1.加强队伍建设,重点在职业道德学习上下功夫,每年至少举办职业道德培训班2~3次。2.建立社会监督机制,开展民主评议活动,每年召开一次由信用社员工、社会各层次、信用社社员、企业代表、农牧民代表、老干部、老党员代表参加的评议会,发现问题及时整改。3.把优质服务、诚信经营举在头上,装在心中,落实在行动上。4.把权力当作为三农服务的工具,为客户服务的责任,树立没有客户就没有饭吃,只有服务"三农"才能求生存、图发展、增利益、化风险。5.增加危机意识和竞争意识,使职工清醒地认识到在金融改革及融资市场不断扩大的形势下,客户流失等于效益流失。

第三节　民族团结

哈巴河县地处西北边陲,有21个民族组成。哈萨克族为主要民族,人口53228人,占县域总人口60.85%。县域超过千人的少数民族有回族,占10%;汉族26377人,占30.15%。2012年,哈巴河县联社有员工95人,其中正式员工77人,派遣工9人,退休9人。联社95名员工中有汉族、哈萨克族、回族。其中少数民族38人,占职工数总40%。在多民族组成的大集体里,各族职工始终坚持汉族离不开少数民族,少数民族离不开汉族,各少数民族之间相互离不开的"三个离不开"思想。信用社把民族团结当作信用社发展的根本保证,各族农牧民群众把信用社当作自己的银行。

1955年3月,哈巴河县在三区一乡成立县第一个农村信用合作社——哈巴河县三区一乡信用合作社,主任阿克汉和会计库那什,均为哈萨克族。

1956年5月,人行县支行设立农村股,管理县域各信用社,农村股共5名员工,其中汉族职工1人(张坤荣)。农村股管理县域12家农村信用社,在股长加黑亚带领下,信用社民族职工与汉族职工互相学习语言,互相探讨业务,互相尊重各民族风俗习惯,形成一个和睦的大家庭。

1983年4月26日,中共哈巴河县委、县政府发出《关于认真开展第一个民族团结教育月活动的通知》,确定每年5月为民族团结教育月。县农村信用社专门成立民族团结教育领导小组。在民族团结教育月活动中,集中学习新疆近代史,有关党的民族理论知识和民族团结有关政策。县域信用社员工以第一个民族团结教育月活动为载体,在职工中开展团结互助、相互学习、共同进步的民族团结活动。参加教育活动职工达40人次。

1984年2月24日,县开展"五讲四美三热爱"活动。县域信用社结合自己业务工作,在全体职工中开展该项活动。在"三热爱"教育活动中,县域信用社结合民族团结教育,让职工从思想上认识到维护祖国统一是各族人民的最高利益,每一个民族的命运都和祖国命运紧紧相连。

1990年,江泽民总书记在新疆视察时指出:中华民族由56个民族构成,在祖国的大家庭里,各民族之间的关系是社会主义的新型关系,汉族离不开少数民族,少数民族离不开汉族,各少数民族之间也相互离不开。县联合社组织辖内各信用社职工学习江泽民讲话精神,形成人人讲团结、人人争当民族团结模范的良好氛围。当年,县联合社集中培训学习2期,参加学习职工达82人次。主要学习吴登云、张培英的先进事迹及党的民族政策,邓小平建设有中国特色社会主义理论,新疆地方史等,撰写心得体会175篇。

2004年,县联合社理事长王海勇被阿勒泰地区人行授予"民族团结先进个人"。

2005年8月8日,县联合社开展"双语"培训工作,参加培训职工达82人(次),参加自学时间达1200课时。通过培训,增加语言沟通能力,增进相互团结,相互了解,促进业务的发展,为民族团结增添活力。11月20日,县联合社萨尔塔木乡信用分社牧业信贷员木哈买提·哈里木的妻子娜迪拉不幸遭遇车祸,造成双腿开放性高位骨折,在治疗恢复过程中花尽家中的积蓄,并欠下十几万元外债。信用社职工看在眼里,疼在心中,发扬一方有难、八方支援的团结友爱互助精神,49名员工捐款7800元。

2006年10月,中共十六届六中全会做出《中共中央关于构建社会主义和谐社会若干重大问题的决定》。县联社根据构建社会主义和谐社会的要求,结合信用社业务工作的实际,帮助少数民族牧民解决在发展畜牧生产中遇到的困难,化解贷款难、难贷款等影响经济发展和社会和谐的矛盾。当年,联社投入500万元,培育养殖大户386户,草料种植大户216户;信贷员深入牧区送去贷款700万元,解决牧区草料种植,购进优良畜种的困难。县联社以自己实际行动,增进民族团结,消除影响团结的因素,被各族农牧民群众亲切称为"送及时雨的信合人"。

2009年,乌鲁木齐"7·5"暴力事件发生后,县联社及时组织广大职工学习中央及自治区领导讲话精神,从思想上认识恐怖势力、民族分裂势力、宗教极端势力的危害。联社专门召开座谈会,用哈巴河县和信用社发展的实例驳斥"三股势力"对社会主义的污蔑,对新疆各项事业发展的污蔑。通过学习,信用社广大职工清醒地认识到"三股势力"真实面目,更加懂得民族团结的宝贵,坚定维护民族团结,巩固发展社会主义民族关系的决心。7月9日,新疆维吾尔自治区依法治区领导小组办公室下发《关于迅速开展捍卫祖国统一,维护民族团结,依法打击违法犯罪活动》法制宣传教育活动。7月11日,县联社根据文件精神,迅速开展法制教育宣传活动。组织全辖信用社员工学习《宪法》《刑法》《刑事诉讼法》《反分裂法》《民族区域自治法》《治安管理处罚法》《宗教事务管理条例》等法律法规相关内容。通过学习使禁止破坏民族团结和制造民族分裂,中华人民共和国公民有维护国家统一和全国各民族团结的义务,国家维护社会主义法制统一和尊严等法制精神深入全体职工心中,明确和"三股势力"的斗争不是民族问题,也不是宗教问题,是一场捍卫祖国统一、维护民族团结的你死我活、异常激烈、血与火的政治斗争。县联社辖属各信用社在营业厅门口悬挂捍卫祖国统一、维护民族团结,依法打击违法犯罪活动、维护新疆长治久安等横幅、标语。该次活动,县联社共参加集中学习150人次,撰写心得体会75份,悬挂横幅18幅,张贴标语60条。

2010年5月,哈巴河县联社根据自治区联社的安排,以"感恩伟大祖国,建设和谐新疆"为主题,深入开展中国特色社会主义教育、群众性爱国主义教育和"三个代表"重要思想教育,进一步唱响"六好"主旋律,为建设繁荣、富裕、和谐哈巴河营造良好的氛围。县联社采取专题研讨会、宣传栏,对信用社广大职工进行民族团结教育,组织干部职工学习讨论如何让才能真正做好民族团结工作。宣传月活动期间,举办专题研讨会2期,参加人员120人(次),开办宣传栏3处。通过丰富多彩的宣传活动,使共产党好、社会主义好、伟大祖国好、改革开放好、人民军队好、民族团结好的观念进一步深入人心。让广大信用社职工更清醒地认识到民族团结是各族人民的生命线,团结稳定是福,分裂动乱是祸。

2011 年 5 月,县联社开展以唱响共产党好、社会主义好、伟大祖国好、改革开放好、人民军队好、民族团结好为主旋律的第 29 个民族团结教育活动。5 月 30 日,联社职工在五楼会议室集中学习马克思主义"五观"和"八荣八耻"为主要内容的社会主义荣辱观、新疆发展史及"四个认同"(对祖国的认同、对中华民族的认同、对中华文化的认同、对社会主义道路的认同)。民族教育月活动与爱国主义教育和贯彻公民道德建设实施纲要,开展"四个认同"教育和巩固发展意识形态领域、反分裂斗争再教育,《宣法》的学习宣传和贯彻实施,宣传民族团结先进典型事例等教育相结合,使民族团结教育更加深入人心。在民族教育月活动中,联社党员干部向 3 户贫困户捐款 3200 元;理事长董朝晖、监事长吾拉什深入贫困户家中慰问,为贫困户制定扶贫计划,帮助早日脱贫。当年,联社参加民族团结教育月活动达 130 人,帮助对口扶贫帮困户做实事 15 件,在各族群众中树立起信合人的良好形象。

第四节　爱心捐助

县联社弘扬博爱精神,发扬扶贫帮困,互助友爱的优良传统,树立以人为本的科学发展观。打造优秀企业文化,在优良传统的不断继承中,形成爱心捐助、扶贫帮困的长效机制。

一、信合爱心基金

信合爱心基金是自治区联社结合全疆信用社实际,为发扬信用社扶贫帮困、互助友爱的优良传统,本着员工自愿捐助,从实际出发量力而行,不以营利为目的的原则,筹集资金,为员工因重大疾病、意外伤害、伤残和其他特殊原因等造成生活困难给予一定生活资助的资金。

县联社萨尔塔木信用社牧业贷款员木哈买提·哈里木的妻子娜迪拉于 2005 年 11 月 20 日不幸遭遇车祸,在治疗恢复过程中,木哈买提·哈里木变卖全部家产,凑够十几万元手术费。术后恢复不理想,需要植骨。植骨高额的费用使木哈买提·哈里木非常着急。联社理事长王海勇得知情况后,要求联社工会向全体员工发出倡议,发扬"一方有难,八方支援"的团结友爱互助精神,帮助木哈买提·哈里木一家渡过难关。倡议发出后,联社员工积极响应,踊跃捐款,2 天捐款 7800 元。联社退休干部赛力汗在信用社工作几十年,长期工作在基层,身体落下多种疾病,家庭十分困难。联社领导得知情况后,哈巴河县农村信用联社的广大职工本着人道主义精神,12 月 20 日,组织全体员工为退休干部赛力汗爱心捐款 3110 元,为赛力汗送去联社每个员工的爱心和力量。

2007 年 12 月 4 日,新疆若羌县联社杨继猛患严重肾病,治疗费用使家中债台高筑,生活十分困难。自治区联社倡议全疆信用社职工发扬互助友爱精神,伸出援助之手,帮助杨继猛。县联社在党支部书记、理事长王海勇的带领下,51 名员工 4 天时间为杨继猛爱心捐款 10100 元。

2008 年 2 月,县联社相应自治区联社号召,全辖员工向身患白血病的张萍捐爱心款 1000 元。

2010 年,新疆妇女儿童发展基金组织开展"爱心一元"活动。所筹善款将全部用于实施"妇女扶贫,女童助学"项目。6 月 24 日,自治区联社工会工作委员会下发关于开展"爱心一元捐"活动的通知。县联社根据自治区联社工会工作委员会下发的活动通知精神,积极响应,1 个月时间,爱心捐款 5050 元。

2011 年 1 月 18 日,县联社党委书记董朝晖带领班子成员,深入生活困难的信用社员工、老干部、老党员家中,了解情况,听取意见。向依拉、赛力汗等老干部、老党员 9 人赠送慰问金 4500 元;向困难员工种秋丽、木哈买提哈里木赠送慰问金 1000 元。

2012 年 11 月 30 日,县联社根据《关于建立县市联社"信合爱心基金"有关事项的通知》,设立哈巴河县联社信合爱心基金户。希望通过信合爱心基金捐款,为生活困难、需要帮助的困难群众送去爱心援助。年末,联社"爱心基金"捐款 16000 元。

二、捐资助学

县联社把关爱贫困学生当作一项长期的爱心工程,积极参与民政、红十字会、妇联等单位捐助活动,为贫困儿童、困难学生给予无私关爱,受到社会好评。

2006 年 4 月,县联社向齐巴尔乡柯孜哈英村小学捐赠水泥 2000 千克和钢管大门。5 月 31 日,县联社实施帮扶春蕾女童计划。自 6 月 1 日起,联社党员每人每月捐款 10 元,合计 120 元;非党员职工每人每月捐款 5 元,合计 60 元;2 年共捐资金 8280 元,用于帮扶春蕾儿童玛尔瓦什。

2010 年 1 月,县农民古丽巴合提因丈夫去世,1 人抚养 2 个未成年的孩子,家庭无任何经济收入,生活难以维持,孩子辍学在家。县联社领导得知情况后,派人到古丽巴合提家了解情况,帮助解决生活困难和孩子上学问题。同时,联社决定向古丽巴合提的 2 个孩子,每人每学期捐赠 1000 元救助资金,直至大学毕业。2 月,由县联社提供赞助的少先队哈巴河县工作委员会编撰的中国少年雏鹰行动争章手册出版。《争章手册》内容有:胡锦涛总书记致中国少年先锋队建队 60 周的贺信;雏鹰争章须知;雏鹰争章五部曲(定章——我爱集体我融入,争章——我争奖章我做主,考章——我尽心我进步,颁章——我受表彰我光荣,护章——我练本领我幸福);当雏鹰争章基础章;四好少年特色章须知(争当热爱祖国,理想远大的好少年;争当勤奋学习,追求上进的好少年;争当品德优良,团结友爱的好少年;争当体魄强健,活泼开朗的好少年,即四好少年)。中国少年雏鹰行动争章手册,为县少先队员争章提出标准,具有较强的知识性、操作性、实践性,深受少先队员的喜爱。在该手册出版中,县联社共计投入资金 5 万元,为该手册的出版提供资金支持。

三、自然灾害捐助

1991 年 7 月 27 日,全国 18 个省市遭特大洪涝灾害。哈巴河县委、县政府发动捐款活动。县联合社响应县委、县政府号召,参与捐款,38 名职工共捐款 988 元。

2002 年 6 月 3 日晚 8 时,县沙尔布拉克乡、库勒拜乡 24 个农业自然村遭受冰雹袭击,冰雹直径达 3 厘米左右,持续时间 20 分钟左右,并伴随着 12 级大风。其中 9 个农业村遭受重灾,农作物绝收 1109.3 公顷(16639 亩)。灾情发生后,人行阿勒泰地区中心支行行长谭建新一行深入灾区,查看灾情,向灾区捐款 2 万元。县联合社职工向灾区捐款 3 万元,同时给予入股社员优惠贷款条件,帮助灾区群众重播、补种。

2004 年 6 月,县齐巴尔、库勒拜乡及萨尔布拉克部分村庄遭受暴风袭击,直接经济损失 1800 万元。县联合社职工向受灾乡镇捐款 8800 元,帮助受灾农牧民解决生产、生活困难。

2007 年 5 月 27 日,县萨尔布拉克乡、齐巴尔乡、萨尔塔木乡、库勒拜乡遭受暴风雨袭击,311.3 公顷(4760 亩)农作物受灾。县委书记刘斌带领抗灾自救领导小组成员,深入灾区查看灾情。县联社主任王海勇和信贷部人员陪同县委书记查看灾情,现场承诺为受灾乡镇发放抗灾自救信贷资金 120 万元,帮助农牧民进行生产自救。

2009年11～2010年2月,县连续4次遭受强冷空气袭击,出现60年一遇的寒潮暴雪灾害。县域30多万头牲畜受灾,通往各乡的道路无法通行,牲畜草料出现严重不足。县联社职工积极参与抗灾救灾,并捐款7100元。同时,县联社对受灾户的2084万元贷款展期归还,并对利率进行优惠。

2010年1月21日,自治区联社主任阿不都一行,深入县受灾乡镇慰问受灾农牧民,实地查看灾情、督导、安排县联社抗灾救灾贷款发放工作。1月22日上午,阿不都一行到库勒拜乡托哈力拜村牧民萨丽玛及金格斯古丽家调查受灾情况,同时送去大米、清油、面粉等慰问品及慰问金。1月22日下午,阿不都一行到受灾较严重的萨尔布拉克乡,代表新疆农村信用社向萨尔布拉克灾区农牧民捐款20万元,帮助农牧民生产自救及灾后重建。

四、抗震救灾

2003年3月,南疆伽师地震,部分群众的房屋受损。县联社职工捐款1500元支援伽师灾民重建家园。2008年5月12日,四川省汶川县遭遇特大地震。县联社职工捐款3460元与全国人民一道帮助汶川人民重建家园。5月22日,县联社党员以交特殊党费的方式向灾区人民爱心捐款,联社19名党员共交特殊党费4700元,用于汶川灾区建设。

五、扶贫帮困

1999年,县联合社开始对萨尔布拉克跃进二村村民田汝明、马友爱两户进行扶贫帮困。田汝明家有5口人,1公顷多(十几亩)田地,孩子常年生病不能走路,家庭十分困难,田地投入不够,年年亏损。马友爱家有4口人,1997年分立的新户,1公顷(15亩)田地,靠给别人放牛为生,没文化,无种田经验,田地无钱投入,造成家庭困难。1999年联合社为2户解决1434元化肥贷款和每户0.67公顷(10亩)的芸豆种子(合464元)。当年田汝明家庭收入达7500元,加上其他收入达9000元,人均收入达1800元。马友爱当年农业收入5000元,其他收入3000元,人均收入达2000元。

2003年1月9日,县民政局组织扶贫帮困捐款活动,县联合社捐款410元。5月19日,县联合社向为抗击非典做出贡献的医务人员捐款640元。10月23日,县委、县政府根据民政部相关文件精神,开展扶贫济困送温暖捐助活动,动员县域各族干部群众捐款、捐物。县域信用社社职工捐款265元,捐衣服69件。

2004年2月12日,县联合社成立优抚帮困领导小组,联社主任王海勇任组长。5月16日,联合社根据县委办公室关于帮扶工作的通知精神和要求,召开会议专项讨论和安排部署帮扶工作。通报县联合社帮扶对象萨尔布拉克乡阔克阿尕什村和帮困教学点柯孜勒哈克小学、加拿阿什额得克教学点的基本情况。帮困教学点2个,学生28名。帮扶村阔克阿尕什村,人口319人,人均收入1920元,有特困户10户,双扶户2户,其中双扶户贷款7.5万元。帮扶目标:协助被帮扶对象创建"五个好"村党支部,"五个好"学校党支部。帮扶要求:以信用社领导班子成员为主,党支部成员协助各主任,分社主任及职能股室参与,深入一线,调查研究,协调解决帮扶对象和学点存在的问题。联合社每季度组织召开1次帮扶联席会议,每月深入基层干部开展帮扶工作不少于2次。

2005年5月9日,县联合社响应县妇联倡议,为萨尔布拉克阔克阿尕什村村民白血病患者徐莲花捐款640元。6月10日,县联合社为阔克阿尕什村帮扶特困户2名学生捐款420元,帮助解决新学期生活费用。当年,县联合社帮助阔克阿尕什村办好事、实事6件,投入帮扶资金23100元。主要帮助特困户发展生产,村办公室设施建设,教学点课桌椅等。

2006年2月19日,县联合社23名员工为加拿阿什村额得克教学点捐书39本。8月7日,县联社向民主东路社区捐赠电脑桌3张,椅子3把,衣物34件。11月23日,县联社响应县民政局为特困户、残疾人"送温暖、献爱心"捐款倡议,联社26名员工捐款1500元。12月,县联社为阔克阿尕什村办好事、实事5件,投入资金5000元。帮助配备办公室设施、卫生设施,进行办公场地院落绿化。

2007年4月,县联社投入物资价值3000元,用于帮助阔克阿尕什村委会修建办公室和购买办公设施。投入阔克阿尕什村春耕生产贷款24万元,解决春耕生产的资金。5月17日,县联社城区网点员工响应县红十字会捐款倡议,23名员工捐款230元。11月30日,阿勒泰地区中心血站在县开展首次无偿献血工作。联社员工贾敬伟、刘文琴、苏敏、王桂兰、古丽、贾博、陈海葆等7人做无偿献血。

2008年3月6日,县联社妇委会了解到县阿克齐镇居民佟大亮家庭困难,并与其结为扶贫对象,全体女干部为其捐款500元,帮助解决生活困难。同时,联社妇委会决定,每年帮助佟大亮家做1~2件实事。4月30日,县联社响应民主东路社区倡议,参加新农合爱心捐款,联社24名员工捐款530元,为参加新农合需要大病救助弱势群体献出爱心。

2010年,县联社在创先争优活动中,联社33名党员为群众办实事、好事35件,落实帮扶资金3.5万元;有26名党员参加志愿服务活动,开展志愿服务56人次。

2012年3月29日,经加依勒玛乡东玛依沙角斗村委会提议,县联社加依勒玛信用社发出倡议为在车祸中身亡的努尔兰别克·孜亚什家人爱心捐款(2010年,县加依勒玛乡东玛依沙角斗村村民努尔兰别克·孜亚什在加依勒玛信用社贷款20000元购买一辆小四轮拖拉机。不久,努尔兰别克·孜亚什在去往田里干活途中不幸翻车身亡。事故处理后还信用社贷款10000元,留下妻子和刚出生的一对双胞胎孩子,家中没有收入来源,经济十分困难,无力偿还债务),联社全体员工响应加依勒玛信用社发出的倡议,爱心捐款1170元。

第五节　军民共建

2001年2月,哈巴河县联合社成立以联合社主任王海勇为组长的双拥工作领导小组,具体负责组织指导县联合社开展"双拥"(拥军优属、拥政爱民)工作。

2002年12月1日,县联合社表彰2002年度双拥先进集体、先进个人。库勒拜信用社被评为"双拥"先进集体。王海勇、刘登同、乔玉东、薛亮、古丽评为"双拥"先进个人。

2003年4月6日,县联合社成立以主任王海勇为组长的拥军优属服务小组,具体负责联合社拥军优属服务工作。7月30日,县联合社为驻县武警某部官兵送去洗衣机、水果等慰问品,折合现金5000余元。同年,县联合社按照坚持方向,丰富内容,拓宽领域,注重实效的总体思路,落实双拥创建任务。邀请驻县武警部官兵对信用社职工进行10天军事化训练。

2004年8月,县联合社结合当年的共建工作,在干部职工中开展"视军队如长城,把军人当亲人"的拥军教育,举办《国防法》学习培训班,参加培训员工96人次。

2005年8月1日,县联合社向县武装部捐赠电冰箱、洗衣机、饮水机、随身听以及体育健身器材,折合人民币1.6万元。当年,县联社成立军民共建活动协调小组,联社主任王海勇任组长。主要负责联社与共建单位活动计划措施的制定和接洽等事宜。

2006 年 2 月 10 日,县联社与县武装部建立军地相互走访,相互帮助支持制度。使军民共建、互助、互惠长态化、制度化。军地相互走访、互相帮助支持制度主要内容:确立协调发展,尊重理解,团结协商,相互支持等原则;确定军地双拥联系专题会议、座谈会,保持及时沟通,相互理解,力所能及帮助军地双方解决实际困难;每年组织联社干部到边防大队、边防连参观 1 次,接受国防教育,了解官兵生活;每年 7 月,县联社和共建单位举办军民共建国防知识竞赛活动。竞赛内容有《国防法》《国防教育法》《兵役法》等法律法规,以及农村信用社建设知识。由联社职工、县武装部、驻县边防官兵参加。

2007 年 1 月 15 日,县联社调整军民共建领导小组,把骨干人员充实到领导小组,为领导军民共建工作开展提供保障,提高联社干部的军民共建意识。同时,制订军民共建计划。计划内容:采取多种方式,向联社干部职工普及国防知识,使干部、职工了解国防建设的重要性,增强国防意识,激发拥军热情;开展多层次、多层面的国防教育活动,密切军民关系,促进军民团结;开展军事化训练,促进信用社各项工作的开展。

2010 年 8 月 9 日,县联社制定出台《关于在部队立功受奖士兵再奖励的规定》《重大节日和老兵退伍期间走访慰问制度》。当年,联社以创建双拥模范单位为目标,本着资源共享、优势互补、双向服务、共同提高的宗旨,坚持"四个纳入"(把双拥军民共建工作纳入联社年度工作总体规划,纳入联社精神文明建设目标,纳入联社年终考核目标,纳入联社年度财务预算),使双拥军作的落实有经费保障,建设有目标,考核有细则。八一建军节联社领导走访慰问县武装部,送去价值 2.6 万元的液晶电视、立式空调等慰问品。为驻县边防某部送去课桌、餐桌、椅子等慰问品,价值 0.26 万元。10 月,由哈巴河县武装部牵头,县联社组织落实,招录 4 名退伍军人,充实到联社职工队伍中。

2012 年 8 月 1 日,县联社理事长董朝晖代表联社慰问县消防大队官兵,送去慰问金 8000 元。

第六节　先进集体

1993~2012 年县联社(联合社)获县级以上表彰的先进集体

表 22-1

单位	荣誉称号	授予机关	授予时间
哈巴河县联合社	全国支农先进集体	中国人民银行合作监管司	2001
阿克齐信用社	先进集体	阿勒泰地区农村金融体改办	1999
哈巴河县联合社	支农先进单位	哈巴河县委、县政府	1993
哈巴河县联合社	先进单位	哈巴河县委、县政府	2001
哈巴河县联合社	先进单位	哈巴河县委、县政府	2003
哈巴河县联社	先进单位	哈巴河县委、县政府	2007
哈巴河县联社	企业财务会计决算报表和企业主要财务指标先进单位	哈巴河县财政局	2007
哈巴河县联社	2009 年度特殊贡献奖	哈巴河县委、县政府	2010

续表 22 - 1

单位	荣誉称号	授予机关	授予时间
哈巴河县联社	守合同重信用企业	阿勒泰地区工商局	2010
哈巴河县联社	先进单位	哈巴河县委、县政府	2008
哈巴河县联社	先进基层党委	自治区联社党委	2010
哈巴河县联社	先进单位	哈巴河县委、县政府	2011

1995～2012 年县联社（联合社）表彰先进集体

表 22 - 2

单位	荣誉称号	授予机关	授予时间
联合社营业部	金融先进集体	哈巴河县联合社	1995
库勒拜信用社	双拥工作先进集体	哈巴河县联合社	2002
萨尔塔木信用社	先进集体	哈巴河县联社	2005
萨尔塔木信用社	先进集体	哈巴河县联社	2006
库勒拜信用社	先进集体	哈巴河县联社	2006
加依勒玛信用社	先进集体	哈巴河县联社	2006
联社营业部	文明窗口先进集体	哈巴河县联社	2006
萨尔塔木信用社	先进集体	哈巴河县联社	2007
联社营业部	先进集体	哈巴河县联社	2007
库勒拜信用社	先进集体	哈巴河县联社	2007
联社营业部	五级分类先进集体	哈巴河县联社	2007
萨尔布拉克信用社	五级分类先进集体	哈巴河县联社	2007
边贸市场信用社	先进集体	哈巴河县联社	2009
联社营业部	先进集体	哈巴河县联社	2009
加依勒玛信用社	先进集体	哈巴河县联社	2009
联社营业部	先进集体	哈巴河县联社	2010
萨尔塔木信用社	先进集体	哈巴河县联社	2010
联社客户部	特殊贡献奖	哈巴河县联社	2010
边贸市场信用社	储蓄贡献奖	哈巴河县联社	2010
萨尔布拉克信用社	收息贡献奖	哈巴河县联社	2010
联社信贷部	先进集体	哈巴河县联社	2011
库勒拜信用社	先进集体	哈巴河县联社	2011
联社客户部	先进集体	哈巴河县联社	2012

第二十三章 企业文化

哈巴河县联社不断加强企业文化建设,建立企业精神、经营理念、经营战略、价值观、制度、行为准则等机制,一切以客户的需求为出发点,为客户提供方便快捷周到的金融服务,从而增强全体员工对信用社的归属感和认同感,为农村信用社核心竞争力的打造奠定了基础,向社会展示了良好的经营状况和积极向上的精神风貌,在民众中树立良好的信誉和口碑,赢得社会的认可。

第一节 企业文化建设规划

县联社 2006～2010 年发展规划中,文化建设工作主要是加强员工培训,健全培训体制,提高培训质量。实行管理培训、展业培训、岗位技能培训并重,适应性培训、提高性培训和前瞻性培训并重,加强信贷营销,管理会计,理财规划等紧缺人才培训。信用社员工培训每人每年不少于 15 天,新招员工必须进行上岗前培训,取得上岗证后方可上岗。在职人员必须具备大学本科学历,一般员工达到大专以上学历;鼓励员工自考专业技术职务,拓宽专业技术人员成才渠道;注重学用结合,强化锻炼,鼓励岗位成才。

第二节 企业经营理念

1984 年,县域信用社实行体制改革,与农行县支行营业所分门办公后。各信用社以服务三农为宗旨,本着"靠政策求开拓,靠人才求发展;坚持用心服务,成就客户;靠科求飞跃,靠管理求效益;坚持以人为本,依靠员工,坚持奉献社会,改善民生"的经营方针。加强"存款立社、存款兴社"教育,增强员工效益观念、危机观念,提高竞争意识,调动职工积极性。加强员工服务三农意识教育,使员工充分认识做好信贷支农工作重要性,在实际工作中做到优先保证农业贷款发放,确保农业贷款稳定增长。建立健全各项规章制度,形成严密的内控体系,做到有法可依、有章可循,形成以制度管人的良好模式。同时,为促进优质服务,开展争创"青年文明号"、文明单位和争当"青年岗位能手"活动。为提高员工综合素质,适应发展需要,每年制订本年度学习计划,进行思想政治和业务知识学习。同时,从员工中挑选不同学历、不同层面人员,通过培训、脱产学习等方式,有目的培养一批有真才实学和发展潜力的后备人才。1996～2012 年,县域信用社有 12 人参加脱产学习,208 人次参加不同程度培训。2012 年末,县联社有 95 名职工,其中具有大学本科学历者 36 人,大专学历者 39 人。县联社在用人机制上,坚持能者上,平者让,腐者下的原则。同时根据需要,每年招聘一批专业知识好、懂法律、会计、计算机的大学生充实职工队伍,为信用社发展注入活力。

第三节　行为规范

县域信用社 20 世纪 50 年代中期建社至 20 世纪 70 年代末,成为县域公社、生产队的金融工具,开展服务活动较为单一。1981～1996 年,县域信用社隶属于农行县支行管理,业务和服务在农行县支行统一管理下开展。1996 年农行与信用社脱离隶属关系后,信用社服务逐渐进入规范化发展阶段。

一、规范化服务

1985 年 4 月 8 日,县域信用社开展以"五讲"(讲文明、讲礼貌、讲卫生、讲秩序、讲道德),"四美"(心灵美、语言美、行为美、环境美)为主要内容的文明礼貌活动,在全县信用社范围内治理脏、乱、差,改善企业环境。

1998 年 3 月 17 日,县联合社针对县域信用社发展中的服务问题,召开"四讲一服务"活动动员大会。4 月 5 日,县联合社组织辖内各信用社主任赴乌鲁木齐实地学习优质服务经验。

1999 年 4 月 3 日,县联合社在全县域内聘请 10 名社会各界人士作为信用社社会监督员,负责收集农牧民群众、广大客户对信用社服务的意见和建议。社会监督员颁期 3 年。

2000 年 3 月 2 日,县联合社召开社会监督员座谈会,听取监督员对农村信用社在各项金融业务服务中的意见和建议,10 名监督员参加座谈。同时,在县电视台公布《哈巴河县农村信用合作联合社服务承诺》。在每个信用社营业室门前设立意见箱、投诉电话,广泛征求社会各界和广大农牧民群众对农村信用社工作和服务提出的意见、建议。

2001 年 3 月 1 日,县联合社聘请 10 名社会各界人士为信用社社会监督员,同时召开社会监督员座谈会。联合社主任王海勇向来自社会各界的监督员汇报 2001 年县域信用社经营和各项工作情况。7 月 10 日,县域信用社开展优质服务活动。成立活动领导小组,联合社主任王海勇任组长、副主任窦德贵任副组长,孙红、庞菊香、贾敬伟、王桂兰为成员,督促、检查、落实活动的开展。优质服务活动自 7 月 10 日开始,10 月底结束。8 月 5 日,县联合社制订《2001 年度规范化服务检查实施方案》,就服务态度,服务质量,服务纪律,服务设施方面出具体要求。成立以窦德贵为组长,孙红为副组长,贾敬伟、吕厚超、庞菊香、王桂兰为成员的规范化服务领导小组,督促、检查、落实实施方案。

2003 年 4 月 10 日,县域信用社开展以"四规范"(规范业务操作、规范服务纪律、规范检查监督、规范队伍建设)"三整顿"(整顿机关作风、整顿工作作风、整顿行业作风)"两落实"(落实内部控制和业务操作规程有关规定)"一提高"(提高经营管理水平)为主要内容的内部控制综合治理工程活动,活动 11 月底结束。

2005 年 7 月 3 日,县联合社下发《关于开展规范服务检查工作的通知》,自 7 月 3 日至 12 日对县域信用规范服务进行检查,对检查发现问题要,限期整改。

2008 年 8 月,县联社为树立整体公众形象,统一规范员工着装管理,制定《哈巴河县农村信用合作联社工作服管理规定》。从员工着装场合、规范、违规处罚等方面进行统一规定。

二、评先树优与服务宣传

县联社为提高员工服务意识,开展评先树优活动,通过规范化服务建设年、青年文明号、规范化服务先进单位创建等以点带面激励员工服务热情,为联社规范化服务发展奠定基础。

2006年4月11至10月11日,县联社在全辖开展规范化建设年活动,评选4个"青年文明号"服务优秀单位。10月20～12月20日,联社在全辖开展"如何树立责任意识,危险意识,服务意识,做一个合格信合人"大讨论活动,辖内职工人人参与、各抒己见、不拘形式,写心得体会和建议100余篇。

2007年2月10日,县联社成立文明规范服务提升工程领导小组,理事长王海勇任组长,在全辖开展"文明规范服务提升工程"。活动在全辖掀起提升文明规范服务热潮,涌现一批爱岗敬业、刻苦钻研、甘于奉献的先进模范人物和先进集体。

三、大堂经理管理

2010年,县联社第一台自动呼号机在联社营业部运行,标志着县联社硬件服务有新的突破。2011年1月9日,县联社成立规范化服务办公室,负责人崔云虹,主要负责联社规范化服务和客户服务中心的管理。同时,联社根据自治区联社客户投诉管理办法,制定《哈巴河县农村信用合作联社客户投诉处理和管理办法》(暂行),管理办法对客户投诉渠道,处理流程,负责追究和考核等方面做出细致规定。7月,针对客服中心日常工作,制定《客户服务中心管理办法》,将客服中心与其他业务部门之间的业务交接、反馈及客服满意度回访、投诉处理等工作细则化。10月,联社营业部设专职大堂经理负责规范化服务及投诉处理,王桂兰担任大堂经理。11月,联社各网点配2名规范化服务引导员,负责客户分流、业务指引及接受客户咨询等服务。

四、企业形象

县域信用社自与农业银行脱钩后,努力塑造良好的信合形象,从队伍素质、服务态度和客户需求等方面着手,加强企业形象建设。具体做法:1.联社领导班子至各信用社主任从自身做起,每件事情都率先垂范,要求员工做到的领导先做到。2.塑造外在形象和整体形象。要求每位员工要以标准规范化服务接待顾客,做到限时服务、礼仪服务、准确使用文明用语、杜绝服务恶语。3.在宣传工作中强化整体形象设计,各种徽、证、牌、照做到部署合理、整齐有序,行业标识清新醒目、视觉美观整洁。

1998年,县委宣传部组织"百日广场"大型文艺会演比赛活动,县联合社自编自演的为三农服务的小品,受到大农牧民群众的好评。2010年,县联社采用横幅、LED、宣传车、宣传画册和接受群众咨询等方式,宣传信用社社的性质和为三农服务的宗旨,增强农牧民群众对信用社的认识。当年,联社发放宣传资料2000份,悬挂横幅十余条,接受农牧民群众金融知识咨询300余次,提高信用社知名度,树立县联社良好的社会形象。

第四节 "五小"工程

自治区联社2010年工作会议提出:坚持"以人为本",推进企业文化建设,把实现好、维护好、发展好各族员工根本利益作为企业文化工作的出发点和落脚点。2010~2012年,县联社借助升级改造办公场所,开展"五小"工程(小宿舍、小食堂、小澡堂、小菜园、阅览室)建设。至2012年末,县联社有4个网点已建成小宿舍、小食堂、小澡堂、小菜园、阅览室,同时配置家电、衣柜、床铺、书籍等,解除员工后顾之忧,使员工感到家的温暖,提升员工幸福指数。

第五节　文化体育活动

县域信用社自与农业银行脱钩后,为培养职工情趣爱好,丰富职工业余文化娱乐生活,定期在辖内组织开展形式多样、职工喜闻乐见的文体活动,同时组织职工参加县金融系统及各单位联办、协办的各种文娱、体育比赛活动。丰富职工文化娱乐生活,开阔职工视野,陶冶职工情操,提高职工思想文化素质,树立信合形象。

一、文化娱乐活动

1996年3月20日,县委宣传部举办第二届"卡拉OK"歌手比赛,联合社职工贾敬伟获三等奖,王志友获特别鼓励奖。4月15日,联合社职工孙红、王桂兰、庞菊香、崔云虹等4人代表联合社参加阿勒泰金融系统举办的首届"金融杯"经济金融法规知识竞赛,获团体第二名。9月20日,联合社营业部职工崔云虹参加县共青团举办的"联通杯"诚信青年演讲比赛,取得总分第2名,荣获二等奖。

1998年7月,县委宣传部举办"百日广场"大型文艺会演比赛活动,县联合社自编自演的服务"三农"小品,得到农牧民观众好评,荣获一等奖。

2001年1月10日,县联合社举办职工春节联欢晚会,辖属各信用社选派职工参加演出。库勒拜信用社、联合社营业部、加依勒玛信用社的晚会节目获优秀奖。

2011年4月,县联社在五楼会议室举办"最佳党课"竞赛活动,全辖39名职工参加竞赛活动。参赛人员以中国共产党党史,共产党的奋斗史、创业史,新疆大改革、大开放等内容,采用演讲形式进行比赛。5月,联社开展唱响"共产党好,社会主义好,改革开放好,民族团结好"为主题的第29个民族团结教育月活动。6月10日,联社举办"信合杯"金融知识竞赛活动。活动分信合职工组和社会组。信合职工组由联社5个信用社3个营业部组成,竞赛内容为精神文明素质教育知识和金融信合专业知识。社会组由县委宣传部、文明办组织的各乡镇代表组成,竞赛内容为精神文明素质教育、经济、金融、信合、科技等知识。通过竞赛,使社会各界加深对金融知识和信用社服务三农的了解。信合职工组库勒拜代表队获"信合杯"金融知识竞赛冠军,社会组齐巴尔乡获亚军。7月1日,县联社党委举办庆祝中国共产党成立80周年"党在我心中"演讲比赛,演讲结合农村信用社工作实际和各个岗位的好人好事、先进事迹,用真人真事现身说事,教育职工爱党爱社,凝聚职工同心力。9月29日,县联社为庆祝国庆50周年,举办迎国庆卡拉OK演唱会。联社各科室及营业部30余人参加演唱。12月18日,县举办迎春文艺晚会,联社职工演出节目8个。

二、体育活动

1997年10月,县联合社为丰富职工业余文化生活,在辖内举办第一届篮球比赛。12月18日,县直属机关组织迎澳门回归万人环城赛跑比赛,县联合社组织15名职工参加比赛,其中1人获二等奖。

2004 年 4 月,县联合社邀请县武装部 2 名军官,对职工进行准军事化训练。经过刻苦训练,当年在地区金融系统准军事化考核中,县联社获广播体操第一名。

2005 年 8 月 13 日,县联合社组织职工举办 40 千米徒步走活动,参加徒步走活动员工提前 2 个小时到达终点。

2012 年,阿勒泰地区组织金融系统"信合杯"乒乓球比赛,县联社职工李晓霞在比赛中获得冠军。

第六节　宣传报道

1996 年,县域信用与农行县支行脱离隶属关系后,为提高信用社知名度,树立信合形象。县联合社加强外宣工作,组织助理师以上职称和中专以上学历的职工为新闻单位撰写县域信用社服务三农的稿件;将宣传报道工作列入综合考核中;设置专人负责对外宣传工作,有布置、有检查、有落实。

1997 年,县联合社外宣工作主要以储蓄宣传为主,不断更新宣传形式,增加宣传力度。主要利用赞助县电视台和宣传车在县域城乡进行宣传。同时向农牧民群众征询意见,印制宣传册、宣传画向农牧民群众宣传储蓄、贷款政策。各信用社利用召开股东代表茶话会和乡政府每年召开二干会期间,向与会者通报信用社存款,贷款经营情况,扩大信用社社会影响。

1998 年,县域信用社把宣传工作与开展"四讲一服务""青年文明号""帮扶救助""军民共建"结合起来,宣传信用社为三农服务的宗旨和目标。同时在车载、展板、标语、横幅等传统宣传基础上,在新闻媒体策划不同类型的形象宣传。

1999 年,县域信用社采取召开座谈会方式,宣传信用社资金实力和服务宗旨。萨尔塔木信用社组织的秧歌宣传队、库勒拜信用社组织的舞蹈宣传队进村宣传信用社开展的有关业务和政策取得良好效果。同时县联合社成立宣传报道中心小组,各信用社确定信息宣传报道点,上下联通,大力宣传信用社业务、政策和服务宗旨。当年,县域信用社外宣稿子,地级媒体采用 4 篇,县级 25 篇。

2005 年,县联合社存款突破 1 亿元大关。联合社利用电视台、报纸、标语、横幅、展台等形式,多层次,多渠道,全方位的宣传信用社取得成果,提高信用社社会形象。

2009 年,县联社围绕建设现代化区域性农村信用社的战略目标,以贴近基层,贴近实际,贴近农牧民群众的方针,采取多种形式和途径宣传信用社改革和发展的新举措、新成果。同时,区分宣传重点,合理进行分工,提高信用社的品牌和价值。

2012 年 3 月 19 日,县联社组织职工在全辖开展小微企业金融服务宣传活动。活动采取悬挂横幅、设置展板、LED 屏滚动播放字幕、发放宣传册、接受现场咨询等形式,共发放宣传材料 1350 册,接受农牧民群众 600 余人次咨询。

第二十四章 人物

人物传、人物简介收录联社（联合社）历任高管，获厅局级及以上单位表彰的劳模先进；人物表收录县联社（联合社）及以上表彰的劳模先进。本章共收录入传人物 2 人，简介人物 22 人；按照志书编写惯例，入传人物以卒年为序排列先后，简介人物以生年为序排列先后。收录名表人物 176 人次，其中厅局级以上表彰 18 人次，县处级表彰 19 人次，县处级以下表彰 139 人次。

第一节 人物传

哈布哈德·俄力亚斯 男，哈萨克族，1936 年 9 月生，新疆哈巴河人，中共党员，初中文化，经济师。

1956 年 6 月至 1959 年 3 月，任哈巴河县一区一乡信用社会计；1959 年 3 月至 1961 年 1 月在哈巴河县东风人民公社信用部工作，任职业务员；1961 年 2 月至 1973 年 6 月，在人行县支行任农金股干部；1973 年 6 月至 1979 年 12 月，任人行县支行团结人民公社营业所会计；1980 年 1 月至 1989 年 5 月任农行县支行加依勒玛（团结人民公社）营业所主任；1989 年 6 月至 1995 年 10 月，任哈巴河县联合社副主任；1995 年退休。1997 年 5 月因病去世，享年 61 岁。

朱马汗·巴亚合买提 男，哈萨克族，1941 年 8 月生，新疆哈巴河人，中共党员，初中文化，经济师。

1961 年至 1974 年 3 月在哈巴河县东风人民公社信用社工作；1974 年 4 月至 1981 年 12 月任哈巴河县胜利人民公社信用社主任兼牧业外勤；1982 年 1 月至 1987 年 7 月任中国农业银行萨尔塔木营业所主任；1987 年 8 月至 1989 年 5 月任中国农业银行哈巴河县支行信用合作管理股股长；1989 年 6 月至 1996 年 12 月任中国农业银行哈巴河县支行纪检委员；1997 年 1 月调至中国农业发展银行哈巴河县支行工作，2001 年退休。2011 年 11 月 20 日因病去世，享年 70 岁。

朱马汗·巴亚合买提在信用社工作的 20 年间，能够严格遵守纪律，出色地完成工作任务。他任信用社主任兼牧业外勤时，经常步行或骑马下基层了解农牧民生产、生活困难。在所服务的区域，无论偏远的山区，还是严寒的冬季、炎热的夏季，在场院、在毡房、在牧场都能见到他为农牧民服务的身影，深受农牧民群众的好评。1980 年，他一人吸收储蓄存款达 18 万元，占该信用社储蓄总额的 37.6%。被评为全国农村金融战线红旗手，受到农业银行总行的表彰和奖励。1981 年 12 月 23 日，《新疆日报》刊登《为四化繁忙——记全国金融战线红旗手朱马汗·巴亚合买提的模范事迹》，详细介绍他为农牧民服务的事迹。

第二节　人物简介

一、历任高管

艾提木汗·哈木扎　男,哈萨克族,1941 年 12 月生,新疆哈巴河人,中共党员,中专学历,经济师。

1961 年 3 月至 1961 年 11 月在人行县支行东风人民公社营业所工作;1961 年 11 月至 1973 年 4 月先后任人行哈巴河县支行东风人民公社营业所副主任、主任;1973 年 5 月至 1979 年 12 月任人行县支行胜利人民公社营业所主任;1980 年 1 月至 1984 年 2 月任农行哈巴河县支行信用合作管理股股长,1984 年 3 月至 1996 年 12 月任农行哈巴河县支行副行长(其间,1989 年 6 月至 1991 年 6 月兼任县联合社主任);1997 年 1 月调至农业发展银行哈巴河县支行工作。

郭同元　男,汉族,1947 年 9 月生,天津市河东区人,中共党员,大专文化程度,经济师。

1964 年 9 月至 1967 年 3 月,在人行哈巴河县支行东风公社营业所从事出纳工作;1967 年 4 月至 1971 年 1 月,任县石油公司干部;1971 年 2 月至 1979 年 1 月,任县革委会办公室干部;1979 年 2 月至 1984 年 9 月任县人民检察院干部;1984 年 10 至 1987 年 2 月任县人民检察院副检察长;1987 年 2 月至 1996 年 12 月任农行县支行行长(其间,1991 年 7 月至 1996 年 10 月兼任哈巴河县农村信用合作联合社主任);1997 年 1 月调至农行阿勒泰地区分行工作。

李汉良　男,汉族,1958 年 3 月生,安徽省涡阳人,中共党员,大专学历,会计师。

1982 年 1 月至 1983 年 6 月任哈巴河县团结人民公社信用社记账员;1983 年 7 月至 1984 年 12 月任县加依勒玛(团结人民公社)信用社会计;1985 年 1 月至 1986 年任县萨尔塔木信用社会计;1989 年至 1991 年,任县萨尔塔木信用社主任;1991 年 7 月至 2001 年 2 月,任县联合社副主任;(其间,1996 年 2 月至 2001 年 2 月,主持哈巴河县联合社全面工作);2001 年 3 月调至布尔津县联合社工作。

吾塔别克·阿斯勒别克　男,哈萨克族,1963 年 1 月生,新疆哈巴河人,中共党员,大专学历,经济师。

1982 年 7 月至 1983 年 3 月,在农行哈巴河县支行信贷部工作;1983 年 4 月至 1986 年 9 月任农行县支行稽核股股长;1986 年 10 月至 1988 年 7 月脱产学习;1988 年 8 月至 1989 年 11 月任农行县支行工会主席;1989 年 12 月至 1991 年 6 月任农行县支行稽核股股长;1991 年 7 月至 1996 年 1 月任县联合社副主任(主持工作);1996 年 2 月调任农行富蕴县支行副行长。

窦德贵 男,汉族,1963 年 6 月生,甘肃积石山人,中共党员,本科学历,助理经济师。1982 年 1 月至 1982 年 11 月,任哈巴河县公私牧场信用社记账员;1982 年 12 月至 1985 年 3 月,任县齐巴尔(公私牧场)信用社会计;1985 年 4 月至 1987 年 3 月,在县萨尔塔木信用社工作,从事信贷员;1987 年 4 月至 1989 年 5 月,在农行县支行信用合作管理股工作;1989 年 6 月至 1991 年 7 月,任县联合社稽核兼综合员;1991 年 8 月至 1993 年 3 月,任农行县支行稽核股干事;1993 年 10 月至 2004 年 7 月,任县联社(联合社)副主任(其间,1998 年 9 月至 2000 年 6 月在湖南农村金融职工大学脱产学习);2004 年 8 月至 2008 年 2 月,任县联社监事长;2008 年 3 月任县联社党委委员、主任。

吾拉西·木哈乃 男,哈萨克族,1963 年 6 月生,新疆哈巴河人,中共党员,中专学历,助理经济师。

1980 年 3 月至 1982 年 5 月任哈巴河县公私牧场信用社出纳;1982 年 6 月至 1986 年 8 月任县萨尔布拉克(前哨人民公社)信用社会计;1986 年 9 月至 1988 年 6 月在乌鲁木齐农业银行干部培训中心脱产学习;1988 年 7 月至 1993 年 5 月在县库勒拜信用社从事外勤工作;1993 年 6 月至 2001 年 1 月任县萨尔布拉克信用社主任;2001 年 2 月至 2003 年 11 月任县联合社副主任;2003 年 11 月至 2004 年 8 月任县联合社监事长;2004 年 8 月至 2008 年 3 月任县联社(联合社)副主任;2008 年 3 月任县联社党委委员、纪检委书记、监事长。

董朝晖 男,汉族,1968 年 8 月生,北京市顺义人,中共党员,本科学历,助理经济师。

1990 年 7 月至 1997 年 12 月在建行阿勒泰地区分行建经科工作;1997 年 12 月至 2000 年 6 月在建行阿勒泰地区分行信贷科房信部工作;2000 年 6 月至 2002 年 1 月任建行阿勒泰地区分行信贷风险部副经理;2002 年 1 月至 2003 年 10 月任建行阿勒泰地区分行资产保全科科长;2003 年 11 月至 2004 年 7 月任阿勒泰市联合社副主任;2004 年 8 月至 2008 年 2 月任阿勒泰市联社主任;2008 年 3 月任哈巴河县联社党委书记、理事长。

董朝晖在担任哈巴河县联社党委书记、理事长期间,2010 年被自治区联社评为基层优秀党务工作者;2011 年被自治区金融办评为 2009~2010 年度农村金融服务先进管理人员。

王海勇 男,汉族,1968 年 9 月生,甘肃武威人,中共党员,本科文化,助理经济师。

1989 年 12 月至 1990 年 12 月在富蕴县铁买克信用社工作,先后从事出纳、会计、信贷员工作;1991 年 1 月至 1996 年 9 月任富蕴县铁买克信用社副主任(其间,1993 年 9 月至 1995 年 7 月在中国农业银行天津干部管理学院脱产学习);1996 年 9 月至 2001 年 1 月任富蕴县联合社任副主任(主持工作);2001 年 2 月至 2003 年 11 月,任哈巴河县联社副主任(主持工作,其间 2001 年 9 月至 2003 年 10 月在中央广播电视大学阿勒泰分校函授金融专业本科毕业);2003 年 11 月至 2004 年 8 月任哈巴河县联社理事长、主任;2004年8月至2008年2月任哈巴河县联社理事长;2008年3月调任阿勒泰市联社党委书记、理事长。

王海勇担任哈巴河县联社理事长其间,2004年被阿勒泰地委、行署授予阿勒泰地区第六次民族团结进步模范个人;2005年被共青团哈巴河县委员会评为县第二届十佳青年;2006年被中共阿勒泰委员会评为地区优秀党务工作者;2007年被新疆伊犁州工会评为开发建设伊犁边陲奖章。

薛亮 男,汉族,1972年7月生,河南永城人,中共党员,本科学历。

1993年4月至1997年3月在哈巴河县加依勒玛信用社工作,先后从事复核、出纳、会计、坐班主任等岗位;1997年3月至1999年3月任哈巴河县库勒拜信用社副主任;1999年3月至2004年3月任哈巴河县加依勒玛信用社副主任(主持工作);2004年3月至7月任哈巴河县联合社河东片区主任;2004年8月至2008年3月任哈巴河县联社副主任(主持工作);2008年3月至2010年3月任哈巴河县联社党委委员、副主任;2010年4月调任布尔津县联社主任。

郭庆业 男,汉族,1973年1月生,安徽省萧县人,中共党员,本科学历。

1992年6月至1995年8月,在布尔津县窝依莫克信用社工作,任职信贷员;1995年9月至1996年6月任布尔津县联合社营业部切克台分社会计;1996年7月至1998年8月任布尔津县杜来提信用社会计;1998年9月至2000年8月,任布尔津县联合社营业部切克台信用分社主任;2000年9月至2002年6月,在湖南农村金融职工大学计算机应用专业脱产学习;2002年7月至2004年2月,任布尔津县联合社营业部哈萨克哈拉分社主任;2004年3月至2009年1月,任布尔津县联社(联合社)窝依莫克信用社主任;2009年2月至2010年3月,任布尔津县联社信贷部经理;2010年4月任哈巴河县联社党委委员、副主任。

刘登同 男,汉族,1973年5月生,甘肃省武威人,中共党员,本科学历。

1993年4月至1995年12月任哈巴河县齐巴尔信用社出纳;1995年12月至1998年12月任哈巴河县齐巴尔信用社从事信贷员;1999年1月至2003年10月任哈巴河县萨尔塔木信用社主任;2003年11月至2004年7月任哈巴河县农村信用合作社联合社副主任;2004年8月调至阿勒泰市农村信用合作社联合社工作。

杨波 女,汉族,1974年10月出生,江苏赣榆人,中共党员,本科学历,助理经济师。

1996年2月至1998年1月任阿勒泰市拉斯特信用社下窝子分社任出纳、柜员;1998年2月至2005年12月任阿勒泰市联社会计股统计、出纳、会计;2006年1月至2009年8月任阿勒泰市联社计划财务部副经理;2009年9月至2012年9月任阿勒泰市联社计划财务部经理、团委书记;2012年9月至2013年7月任阿勒泰市联社综合办公室主任、联社团委书记;2013年7月任哈巴河县联社党委委员、副主任。

赵立锋 男,汉族,1976年10月出生,陕西勉县人,中共党员,本科学历。

1998年4月至1999年4月在吉木乃县恰勒什海信用社工作;1999年4月至2001年2月任吉木乃县恰勒什海信用社会计;2001年2月至2002年4月任吉木乃县托斯特信用社会计兼坐班主任;2002年4月至2005年1月任吉木乃县托斯特信用社副主任(主持工作);2005年1月至2006年3月任吉木乃县托斯特信用社主任;2006年3月至2008年3月任吉木乃县联社办公室主任兼会计主管;2008年3月至2013年6月任吉木乃县联社党委委员、纪检委书记、监事长、工会主席(2010年8月至12月在自治区联社监察部"以干代训")。2013年7月任哈巴河县农村信用合作联社党委委员、主任。

二、先模人物

于登山 男,汉族,1954年6月生,甘肃武威市人,中共党员,高中学历。

1981年3月至1986年6月在哈巴河县库勒拜水管所工作;1986年7月至1992年6月在库勒拜乡哈拉禾布村小学任教师;1992年7月至1994年在县库勒拜信用社工作,任职信贷员;1995年1月至1997年1月任县库勒拜信用社副主任;1997年2月至1999年2月任县库勒拜信用社信贷员;1999年3月至2008年2月,任县联社(联合社)库勒拜信用社副主任;2009年3月,调至加依勒玛信用社工作。

于登山自1992年调入信用社工作后,20余年一直扎根基层信用社,常年奔走于田间地头、农家场院、山区牧场为农牧民群众办理信贷业务,深受农牧民群众好评。他敬业的工作态度受到联社和上级单位的肯定,1993年、1995年、1998年、2001年、2002年先后5次被县联合社评为先进个人;2001年被人行阿勒泰地区中心支行评为先进个人;2006~2009年,连续4年被县联社评为收贷能手;2009年、2011年,2次被自治区联社评为新疆农村信用社系统优秀共产党员。

居马汗·马吾提汗 男,哈萨克族,1962年10月生,新疆哈巴河县人,中共党员,高中学历,经济员。

1990年10月至2009年1月在哈巴河县库勒拜信用社工作,任职信贷员;2009年2月调至县联社萨尔布拉克信用社工作,任职信贷员。

居马汗·马吾提汗作为一名长期扎根在基层信用社的老职工,始终践行着信合人为"三农"服务的宗旨和一个共产党员的责任。在库勒拜信用社工作期间,他经常深入农户家中和牧民毡房,帮助农牧民解决生产资金和讲解金融知识,深得农牧民群众好评。他本人在工作中成绩突出,1994年、1996年、1997年、2000年、2002年先后5次被县联合社评为先进个人;2002年被阿勒泰地区农村金融体制改革领导小组办公室评为先进个人;2002年被县联合社评为揽储能手;2009年被自治区联社评为新疆农村信用社系统优秀共产党员。

程淑萍 女,汉族,1963 年 8 月生,山东省莱州市人,大专学历,会计员。

1991 年 5 月至 1991 年 12 月在哈巴河县萨尔塔木信用社工作,任职记账员;1992 年 1 月在县联社(联合社)萨尔塔木信用社从事会计工作。

程淑萍从事会计工作 20 余年,严格执行会计管理制度和规定,对新出台的会计制度和规定,刻苦钻研、认真学习并熟练掌握。她勤恳敬业的工作受到上级单位肯定,1993～1997 年、1999 年、2001～2003 年、2005～2011 年先后 17 次被县联社(联合社)评为先进个人;2001 年被萨尔塔木乡评为三八红旗手;2004 年被阿勒泰地区农村金融体制改革小组评为先进个人;2007 年、2010 年 2 次被县联社评为三八红旗手;2007 年被阿勒泰地区评为三八红旗手。

董朝晖 (见历任高管简介)

王海勇 (见历任高管简介)

孙红 女,汉族,1969 年 11 月生,山东单县人,中共党员,双本科学历,助理经济师。

1993 年 4 月至 1995 年 4 月任哈巴河县库勒拜信用社会计、坐班主任;1995 年 5 月至 1996 年 12 月任县联合社营业部坐班主任;1997 年 1 月至 1997 年 12 月任县联合社交换员;1998 年 1 月至 1998 年 7 月,任县联合社农贸市场信用分社会计;1998 年 8 月至 2007 年 1 月历任县联社(联合社)会计股负责人、副股长、股长(其间,2002 年 3 月至 2004 年 7 月在新疆财经学院金融专业本科班学习,并毕业);2007 年 2 月至 2010 年 12 月,任县联社计财部经理;2011 年 1 月至 2012 年 9 月,任县联社资金计划部经理;2012 年 10 月,任县联社电子银行部经理。

孙红自参加信用社工作,先后从事过会计、坐班主任、交换员、部室负责人等岗位,她在每个岗位上都能刻苦钻研业务,出色地完成各项工作。由于成绩突出,1995 年、1998 年、1999 年、2001 年、2002 年、2003 年、2005 年、2006 年、2007 年、2008 年、2009 年先后 11 次被县联社(联合社)评为先进个人;2000 年在人行阿勒泰地区中心支行举办的地区城乡信用社业务理论知识比赛中,获第 1 名;2002 年被县联合社评为三八红旗手;2005 年获县联社业务理论考试综合评比第 1 名;2009 年 3 月被阿勒泰地区行政公署、人行阿勒泰中心支行、阿勒泰银监分局评为 2005～2008 年深化农村信用社改革试点工作先进个人。

胡明娟 女,汉族,1975 年 11 月生,江苏沛县人,本科学历。

1998 年 4 月至 2000 年 2 月在巴里坤县大河乡信用社干渠分社从事出纳工作;2000 年 3 月至 2001 年 10 月在哈巴河县库勒拜信用社从事会计工作;2001 年 11 月至 2004 年 12 月在县联合社营业部从事会计工作;2005 年 1 月至 2006 年 5 月在县联合社综合股工作;2006 年 6 月至 2010 年 9 月在县联社营业部从事会计工作;2010 年 10 月任县联社计财部副经理。

2000 年在人行阿勒泰地区中心支行举办的地区城乡信用社第二届业务比赛

中,获存贷款利息计算第 3 名;2002~2009 年,连续 8 年被县联社(联合社)评为先进个人;2009 年被自治区联社评为新疆农村信用社系统先进个人。

常珊 女,汉族,1983 年 6 月生,四川阆中人,本科学历。

2008 年 1 月至 2008 年 3 月在哈巴河县农村信用合作联社办公室工作;2008 年 3 月至 2008 年 7 月在县联社营业部工作;2008 年 7 月至 2012 年 10 月在县联社边贸市场信用社工作;2012 年 10 月任县联社边贸市场信用社会计主管。2009 年被县联社评为三八红旗手;2010~2011 年,连续 2 年被县联社评为先进个人;2011 年被自治区联社评为新疆农村信用社系统先进个人;2012 年在县联社举办的业务技术比赛中获门柜业务第 3 名。

张苏 男,汉族,1984 年 7 月生,江苏灌云县人,中共党员,专科学历。

2003 年 12 月至 2008 年 12 月在新疆库车县某部队服役;2009 年 6 月至 2010 年 5 月在哈巴河县阿克齐镇城市环境监察大队工作;2010 年 6 月至 2011 年 1 月在县联社监察保卫部工作;2011 年 2 月在县联社库勒拜信用社工作,任职信贷员。

2011 年被县联社评为收贷能手;2012 年 9 月获县联社第二届业务技术比赛信贷管理系统项目个人单项第 1 名,同年被自治区联社评为新疆农村信用社系统优秀共产党员。

第三节 人物表

县联社(乡镇信用社、联合社)先进个人名表

表 24-1

姓名	荣誉称号	授予机关	授予时间
居马汗·巴亚合买提	农村金融红旗手	农业银行总行	1980
董朝晖	农村金融服务先进管理人员	自治区金融办	2011
哈布都勒	先进个人	农行自治区分行	1990
居巴汗·巴吾提汗	优秀共产党员	自治区联社	2009
胡明娟	先进个人	自治区联社	2009
于登山	优秀共产党员	自治区联社	2009
董朝晖	优秀党务工作者	自治区联社	2010
于登山	优秀共产党员	自治区联社	2011
常珊	先进个人	自治区联社	2011
巴合提汗·哈斯曼	优秀客户经理	自治区联社	2011
巴合提汗·哈斯曼	先进个人	自治区联社	2012

续表 24 - 1

姓名	荣誉称号	授予机关	授予时间
张苏	优秀共产党员	自治区联社	2012
王海勇	开发建设伊犁边陲奖章	伊犁州政府、总工会	2007
王海勇	地区民族团结进步模范个人	阿勒泰地委、行署	2004
王海勇	地区优秀党务工作者	阿勒泰地委	2006
孙红	先进个人	阿勒泰地区行政公署	2009
程淑萍	地区三八红旗手	阿勒泰地委、行署	2009
哈布都	农行干校优秀学员	农行阿勒泰中心支行	1987
哈布都	先进个人	农行阿勒泰中心支行	1994
胥洪强	先进个人	农行阿勒泰中心支行	1994
贾敬伟	青年岗位能手	人行阿勒泰中心支行	1996
哈布都勒	先进个人	人行阿勒泰中心支行	1998
崔云虹	珠算业务比赛第三名	阿勒泰人行农金科体改办	1998
崔云虹	珠算业务比赛第三名	阿勒泰地区人行农金科体改办	2000
塔拉哈提·木哈乃	收贷能手	人行阿勒泰中心支行	2003
程淑萍	先进个人	人行阿勒泰中心支行	2004
苏敏	先进个人	人行阿勒泰中心支行	2005
王志友	先进个人	人行阿勒泰中心支行	2005
热叶提汗·哈力汗	收贷能手	人行阿勒泰中心支行	2005
程淑萍	三八红旗手	人行阿勒泰中心支行	2007
孙红	先进个人	人行阿勒泰中心支行	2009
陶明先	门柜综合业务技能比赛第四名	人行阿勒泰中心支行	2010
崔云虹	业务技术比赛珠算项目第一名	人行阿勒泰中心支行	2010
李晓霞	乒乓球赛第一名	人行阿勒泰中心支行	2012
樊芳萍	乒乓球赛第四名	人行阿勒泰中心支行	2012
王献伟	信贷系统第三名	人行阿勒泰中心支行	2012
居马汗	先进个人	农行县支行	1982
哈布都	金融红旗手	农行县支行	1984
哈布都	金融红旗手	农行县支行	1988
萨哈太·再尼亚尔甫	先进个人	哈巴河县联合社	1989
萨哈太·再尼亚尔甫	先进个人	哈巴河县联合社	1989
庞菊香	先进个人	哈巴河县联合社	1990
庞菊香	先进个人	哈巴河县联合社	1991
程淑萍	先进个人	哈巴河县联合社	1993
萨哈太·再尼亚尔甫	先进个人	哈巴河县联合社	1993
哈布都勒	先进个人	哈巴河县联合社	1993
萨哈太·再尼亚尔甫	先进个人	哈巴河县联合社	1994

续表 24 – 1

姓名	荣誉称号	授予机关	授予时间
叶尔肯·哈来	收贷能手	哈巴河县联合社	1994
程淑萍	先进个人	哈巴河县联合社	1994
孙红	先进个人	哈巴河县联合社	1995
萨哈太·再尼亚尔甫	先进个人	哈巴河县联合社	1995
叶尔肯·哈来	收贷能手	哈巴河县联合社	1995
程淑萍	先进个人	哈巴河县联合社	1995
叶尔肯·哈来	收贷能手	哈巴河县联合社	1996
程淑萍	先进个人	哈巴河县联合社	1997
阿依波丽·吾拉孜别克	手工点钞第二名	哈巴河县联合社	1997
阿依波丽·吾拉孜别克	先进个人	哈巴河县联合社	1998
程淑萍	先进个人	哈巴河县联合社	1998
孙红	先进个人	哈巴河县联合社	1998
哈布都勒	先进个人	哈巴河县联合社	1998
李治军	先进个人	哈巴河县联合社	1999
程淑萍	先进个人	哈巴河县联合社	1999
孙红	先进个人	哈巴河县联合社	1999
庞菊香	先进个人	哈巴河县联合社	1999
崔云虹	翻打传票第二名	人行县支行	1999
程淑萍	先进个人	哈巴河县联合社	2000
巴合提汗·哈布都	优秀交换员	人行县支行	2000
叶尔肯·哈来	收贷能手	哈巴河县联合社	2001
程淑萍	先进个人	哈巴河县联合社	2001
孙红	先进个人	哈巴河县联合社	2001
别列斯汗	收贷能手	哈巴河县联合社	2002
孙红	先进个人	哈巴河县联合社	2002
叶尔肯·哈来	收贷能手	哈巴河县合联社	2002
程淑萍	先进个人	哈巴河县联合社	2002
孙红	三八红旗手	哈巴河县联合社	2002
程淑萍	先进个人	哈巴河县联合社	2003
孙红	三八红旗手	哈巴河县联合社	2003
叶尔肯·哈来	收贷能手	哈巴河县联合社	2004
程淑萍	先进个人	哈巴河县联合社	2004
热叶提汗·哈力汗	收贷能手	哈巴河县联合社	2005

续表 24－1

姓名	荣誉称号	授予机关	授予时间
卡肯·阿斯力别克	收贷能手	哈巴河县联合社	2005
程淑萍	先进个人	哈巴河县联合社	2005
孙红	三八红旗手	哈巴河县联合社	2005
庞菊香	先进个人	哈巴河县联合社	2005
崔云虹	先进个人	人行县支行	2005
孙红	业务理论考试综合评比第一名	哈巴河县联合社	2005
巴合提汗·哈布都	先进工作者	哈巴河县联合社	2005
叶尔肯·哈来	收贷能手	哈巴河县联社	2006
张泽奎	先进工作者	哈巴河县联社	2006
卡肯·阿斯力别克	收贷能手	哈巴河县联社	2006
热孜万	先进工作者	哈巴河县联社	2006
热叶提汗·哈力汗	收贷能手	哈巴河县联社	2006
程淑萍	先进个人	哈巴河县联社	2006
胡明娟	先进个人	哈巴河县联社	2006
库来汗	先进个人	哈巴河县联社	2006
孙红	先进个人	哈巴河县联社	2006
沙依拉叶·哈布都拉	三八红旗手	哈巴河县联社	2006
热孜万	三八红旗手	哈巴河县联社	2006
张泽奎	先进工作者	哈巴河县联社	2007
程淑萍	先进个人	哈巴河县联社	2007
孙红	先进个人	哈巴河县联社	2007
叶尔肯·哈来	收贷能手	哈巴河县联社	2007
热叶提汗·哈力汗	收贷能手	哈巴河县联社	2007
卡肯·阿斯力别克	收贷能手	哈巴河县联社	2007
沙依拉叶·哈布都拉	三八红旗手	哈巴河县联社	2007
张泽奎	先进工作者	哈巴河县联社	2008
热孜万	先进工作者	哈巴河县联社	2008
程淑萍	先进个人	哈巴河县联社	2008
孙红	先进个人	哈巴河县联社	2008
叶尔肯·哈来	收贷能手	哈巴河县联社	2008
卡肯·阿斯力别克	收贷能手	哈巴河县联社	2008
崔云虹	先进个人	人行县支行	2008
魏海艇	先进个人	哈巴河县联社	2008

续表 24 - 1

姓名	荣誉称号	授予机关	授予时间
巴合提汗·哈布都	先进工作者	哈巴河县联社	2008
臧兴刚	先进个人	哈巴河县联社	2008
库来汗	三八红旗手	哈巴河县联社	2008
热孜万	三八红旗手	哈巴河县联社	2008
张泽奎	先进工作者	哈巴河县联社	2009
程淑萍	先进个人	哈巴河县联社	2009
孙红	先进个人	哈巴河县联社	2009
常珊	先进个人	哈巴河县联社	2009
热叶提汗·哈力汗	先进个人	哈巴河县联社	2009
崔云虹	先进个人	哈巴河县联社	2009
张泽奎	镇文化节优胜奖	阿克齐镇政府	2009
叶尔肯·哈来	收贷能手	哈巴河县联社	2009
贾敬伟	优秀工会工作者	哈巴河县联社	2009
常珊	三八红旗手	哈巴河县联社	2009
萨哈太·再尼亚尔甫	先进个人	哈巴河县联社	2010
常珊	先进个人	哈巴河县联社	2010
程淑萍	先进个人	哈巴河县联社	2010
徐路	先进个人	哈巴河县联社	2010
王丙丽	先进个人	哈巴河县联社	2010
陶明先	先进个人	哈巴河县联社	2010
赵立峰	先进个人	哈巴河县联社	2010
张正东	先进个人	哈巴河县联社	2010
塔斯恒·沃依胡尔	业务能手	哈巴河县联社	2010
巴合提汗·哈布都	先进工作者	哈巴河县联社	2010
热叶提汗·哈力汗	先进工作者	哈巴河县联社	2010
别列斯汗	收贷能手	哈巴河县联社	2010
苏敏	收贷能手	哈巴河县联社	2010
巴合提汗·哈斯曼	支农先进个人	哈巴河县联社	2010
张泽奎	优秀基层信用社主任	哈巴河县联社	2011
种秋丽	三八红旗手	哈巴河县联社	2011
塔斯恒·沃依胡尔	业务能手	哈巴河县联社	2011
巴合提汗·哈斯曼	业务能手	哈巴河县联社	2011
谷兴欢	先进个人	哈巴河县联社	2011

续表 24－1

姓名	荣誉称号	授予机关	授予时间
孙慧君	先进个人	哈巴河县联社	2011
于海舰	先进个人	哈巴河县联社	2011
李晓霞	先进个人	哈巴河县联社	2011
李媛	先进个人	哈巴河县联社	2011
常珊	先进个人	哈巴河县联社	2011
沙依尔古丽·阿努尔别克	先进个人	哈巴河县联社	2011
张苏	收贷能手	哈巴河县联社	2011
别列斯汗	收贷能手	哈巴河县联社	2011
汤黎	业务能手	哈巴河县联社	2011
种秋丽	先进个人	哈巴河县联社	2012
沙依拉叶·哈布都拉	先进个人	哈巴河县联社	2012
索勒潘	先进个人	哈巴河县联社	2012
王海波	先进个人	哈巴河县联社	2012
汤黎	先进个人	哈巴河县联社	2012
马黎欣	先进个人	哈巴河县联社	2012
努尔别克	先进个人	哈巴河县联社	2012
雷晓刚	先进个人	哈巴河县联社	2012
徐路	先进个人	哈巴河县联社	2012
巴合提汗·哈斯曼	业务能手	哈巴河县联社	2012
叶尔肯·哈来	收贷能手	哈巴河县联社	2012
徐路	财新系统第一名	哈巴河县联社	2012
张苏	信贷系统比赛第一名	哈巴河县联社	2012
王献伟	信贷系统比赛第二名	哈巴河县联社	2012
徐路	手工点钞第一名	哈巴河县联社	2012
汤黎	机器点钞比赛第二名	哈巴河县联社	2012
常珊	业务技术比赛门柜第三名	哈巴河县联社	2012
雷晓刚	手工点钞个人单项第三名	哈巴河县联社	2012
雷隽	业务比赛第三名	哈巴河县联社	2012

附录

第一辑　限外辑要

一、2013～2014 年大事记

（一）2013 年大事记

1 月 1 日,县联社修订的《哈巴河县农村信用合作联社财务管理办法》开始实施。

1 月 5 日,县联社被哈巴河县社会治安综合治理委员会评为 2012 年度社会治安综合治理先进集体。

1 月 6 日,县联社库勒拜信用社新办公楼投入使用。

1 月 8 日,县联社被哈巴河县委、县政府评为 2012 年度先进企业。

1 月 11～17 日,县联社党委书记、理事长董朝晖参加中央党校干部教育学院举办的"学习贯彻中共十八大会议精神专题培训班"。

1 月 25 日,县联社齐巴尔信用社新办公楼投入使用。

1 月 29 日,县联社加依勒玛信用社员工巴合提汗·哈斯曼被中国银监会新疆监管局评为 2012 年度开展提升农村金融服务水平,促进实体经济健康发展"双百竞赛"活动农村金融服务先进个人。

2 月 1 日,县联社被阿勒泰银监分局评为 2012 年度"三农"金融服务工作成绩突出单位。

2 月 2 日,县联社召开第二届第十八次理事会,通过 2012 年股金分红方案。

2 月 4 日,县联社在人行阿勒泰地区中心支行公布的 2012 年度执行人民银行政策情况综合评价结果中被评定为 B 级。

2 月 7 日,县联社召开 2012 年工作总结暨安排部署 2013 年工作会议。

2 月 8 日,县联社根据各营业网点现金业务量大小和淡旺季情况,下发《关于核定辖内各信用社库存限额的通知》,并于 2 月 10 日起执行。

2 月 18 日,县联社理事会第二届第十九次会议通过《关于新建萨尔塔木信用社营业用房的决议》。

2 月 20 日,县联社在阿勒泰银监分局对 2012 年度辖区农村信用联社空白网点报表考核中被评为第二名。

是日,县联社加依勒玛信用社员工巴合提汗·哈斯曼被自治区联社授予自治区农村信用社农牧区优秀客户经理称号。

2 月 22 日,县联社加依勒玛信用社员工巴合提汗·哈斯曼被自治区联社评为自治区农村信用社

2011～2012年度先进个人。

是日,县联社萨尔塔木信用社委派会计程淑萍被自治区联社授予"自治区农村信用社女职工建功立业标兵"称号。

2月23日,县联社库勒拜信用社员工张苏被自治区联社党委评为自治区农村信用社系统2011～2012年优秀共产党员。

3月11日,县联社加依勒玛信用社员工巴合提汗·哈斯曼被自治区金融工作办公室评为自治区2011～2012年度农村金融服务先进个人。

3月13日,县联社被中国银监会新疆监管局授予推进实施"三大工程"(阳光信贷、金融服务进村入社区、富民惠农金融创新)工作先进单位称号。

3月15日,县联社在全辖各网点开展"3·15"消费者权益保护宣传咨询服务活动。

3月16～17日,自治区联社党委副书记、纪委书记田海舟一行到哈巴河县联社考察干部换届工作。

3月18～20日,县联社在全辖各网点开展预防金融诈骗、电信诈骗宣传活动,发放宣传资料3000份。

3月25日,县联社制定《哈巴河县农村信用合作联社自助银行应急处置预案》。

3月30日,共青团哈巴河县联社委员会召开第一次团员大会,选举产生第一届共青团委员会委员3人、书记1人,赵立峰当选第一届委员会书记。联社23名团员和5名党代表共28人参加会议。

4月10日,县联社与县工商局、私营个体企业协会联手开展助推小微企业发展合作活动,共同签订《助推小微企业发展合作协议》。

4月16～20日,自治区联社审计部派出审计组对县联社领导班子成员董朝晖、窦德贵、吾拉西·木哈乃、郭庆业进行任期经济责任审计。

4月19日,县联社召开第二届第二十次理事会,通过《〈哈巴河县农村信用合作社志〉编纂实施方案》、哈巴河县农村信用社志篇目、聘请专家及修志费用的提案,正式启动《哈巴河县农村信用合作社志》编纂工作。

4月22日,县联社审计部对2012年发放2013年4月30日到逾期存量贷款进行专项审计。至2013年5月31日结束。

4月23日,县联社召开"阳光信贷"宣传教育月活动动员会,启动"阳光信贷"宣传教育月活动。活动开展至5月30日结束。

4月27日,县联社召开推动金融服务进村入户、阳光信贷和富民惠农金融创新工作动员大会,并制订《推动支农服务"三大工程"实施方案》。

5月2日,县联社萨尔塔木信用社办公楼开工建设,预算投资189.14万元。

5月6日,县联社加依勒玛信用社办公楼开工建设,预算投资188.95万元。

5月9日,县联社全体员工向"4·20"四川雅安地震灾区捐款1.28万元。

5月13～15日,县联社和县文化体育局联合举办哈巴河县首届"信合杯"职工篮球比赛,联社获得职工篮球赛第一名。

5月14日,县联社制订《哈巴河县联社"阳光信贷"意见箱管理办法》。

5月27日,县联社团委在萨尔布拉克乡牧业寄宿学校组织开展送金融知识进校园活动。向师生发放宣传资料,讲解银行卡办理程序、ATM 机具的使用、安全用卡、预防银行卡诈骗等金融知识。

5 月 31 日,县联社向哈巴河县第一小学、第二小学、幼儿园和双语幼儿园分别送去关爱金 500 元。

6 月 8 日,县联社员工巴合提汗·哈斯曼在中华合作时报社、中国社会科学院农村发展研究所、中央财经大学金融品牌和企业文化研究所联合主办的"寻找最美乡村信贷员"大型公益活动中被评为"最美乡村信贷员",并受邀参加在北京人民大会堂宾馆举行的颁奖盛典。

6 月 10 日,县联社团委在萨尔布拉克乡哈龙沟村组织开展徒步健身活动,共 47 人参加,行程 15 千米。

6 月 27 日,县联社完成更换路由设备、联通光纤入网联调工作,实现电信、联通双线路并行。

是日,自治区联社党委研究决定赵立锋、杨波任县联社党委委员,免去窦德贵联社党委委员职务。

6 月 28 日,县联社下发《关于规范贷款利率调整方式的通知》,对利率调整方式进行规范,于 29 日起执行。

6 月 29 日,县联社选派 5 名员工参加阿勒泰地区农村信用社系统组织的"学习十八大、崇尚廉政文化、促进业务发展"为主题的知识竞赛活动,获得优秀组织奖。

是日,县联社审计部开展"两居"工程贷款专项审计调查,抽查借款合同 1472 份,贷款金额 5713 万元。专项审计与 6 月 30 日结束。

7 月 1 日,县联社修订《哈巴河县农村信用合作联社差旅费管理办法》。

7 月 3 日,县联社制定《拥军优属领导小组制度》《拥军优属服务小组制度》《拥军优属领导小组会议制度》《拥军优属学习制度》《拥军优属公约》《军民团结公约》。

7 月 6~7 日,县联社 25 名信贷员参加上海明鸿银行教育培训中心在布尔津县开办的贷款调查技术和报告撰写及授信和贷款定价培训班。

7 月 13~14 日,县联社 34 名员工参加上海明鸿银行教育培训中心在布尔津县开办的银行主要业务会计处理培训班。

7 月 20 日,县联社召开第三届社员代表大会第一次会议,通过《哈巴河县农村信用合作联社章程》修改提案,对原《章程》作部分修改。选举理事会成员 9 人,监事会成员 5 人。

是日,县联社召开第三届理事会第一次会议,选举董朝晖任理事会理事长,聘任赵立锋为联社主任,郭庆业、杨波为联社副主任。联社第三届监事会第一次会议,选举吾拉西·木哈乃任监事会监事长。

是日,县联社召开第三届职工代表大会,改选工会工作委员会。

是日,县联社制订《哈巴河县农村信用合作联社案件风险防控工作方案》。

7 月 30~31 日,县联社主任赵立锋带队先后慰问军民共建单位克孜勒乌营克边防部队全体官兵和驻县武警消防大队官兵,送去慰问金共计 1.8 万元。

7 月 31 日,县联社企业网上银行累计交易金额突破 1 亿元。

8 月 2 日,县联社党委成立党的群众路线教育实践活动领导小组,制订活动方案,召开党的群众路线教育活动动员大会,联社 39 名党员、干部参加会议。

8 月 7 日,自治区联社党委委员、主任阿不都一行到县联社指导开展党的群众路线教育实践活动。

8 月 21 日,县联社制定《哈巴河县农村信用合作联社爱心基金管理办法》,对爱心基金的筹集、管理和使用范围做出具体规定。

8月22日，县联社办公楼破土开工建，预算投资2252万元。

8月24日，自治区联社党委委员、副主任陈伟林，人力资源部总经理张军，农户贷款部总经理袁忠等一行到县联社调研农村金融服务工作，并深入萨尔塔木乡却限村和加依勒玛乡玛依沙斛村开展调研。

8月25日，阿勒泰地区银行业协会举办第三届职工运动会，县联社获得乒乓球男子团体项目第六名。

9月6日，县联社制定《哈巴河县农村信用合作联社劳务派遣员工管理实施办法》。

是日，县联社修订《哈巴河县农村信用合作联社劳动纪律管理规定》，就劳动纪律、日常考勤管理、请销假审批程序进行规范。规定自2013年1月1日起执行。

是日，县联社修订《哈巴河县农村信用合作联社绩效工资考核管理办法》，就绩效指标、绩效奖金预算及绩效工资考核分配进行修改。办法自2013年1月1日起执行。

9月8日，县联社被县工商行政管理局评为2011～2012年度守合同重信用企业。

9月18日，县联社党委开展"热爱各族人民、建设美好新疆"主题教育实践活动。联社38名党员干部参加该主题教育活动。

9月24～26日，阿勒泰地区银监分局副局长王家利带领检查组一行4人，到县联社对2012年度查出问题进行跟踪检查。

10月8日，县联社召开旺季工作动员会，就"三收"、"双降"及安全生产工作进行安排部署。

10月26日，县联社组织38名会计人员学习《会计业务处理规范》（上册），并进行测试，及格率89%。

11月4日，县联社加依勒玛信用社搬迁至新办公楼营业。

11月10日，自治区联社党委委员、主任阿不都，党委巡视组巡视专员王海勇一行参加县联社党委党的群众路线教育实践活动专题民主生活会。

11月16日，阿勒泰银监分局批准哈巴河县联社主任赵立锋，副主任杨波的高管任职资格。

11月17日，县联社为吉勒布拉克水库泄洪受灾的2000多户农牧民捐款20万元，员工捐款22350元，并为联社帮扶的5户受灾村民送去价值2500元的慰问品。

11月18日，县联社萨尔布拉克信用社新办公楼投入使用。

11月26日，阿勒泰地区档案局、县档案局领导和专家一行7人到县联社检查、评审档案管理工作。

11月28日，阿勒泰公安局、阿勒泰银监分局对县联社进行安全评估检查。联社评估得分92.8分，被评安全防范合格单位。

12月4～20日，县联社审计部对内部控制制度建设与执行情况进行审计。

12月7日，县联社成立实施新版客户风险统计制度工作领导小组，并制订《哈巴河县农村信用合作联社实施新版客户风险统计制度工作方案》。

12月10日，县联社制订《哈巴河县农村信用合作联社员工内部退养方案》。

12月13日，阿勒泰银监分局局长杜立功·买买提、副局长王家利在县联社召开审慎监管座谈会。

12月20日，阿勒泰地区农村信用社2013年党风廉政建设及案件防控责任制考核工作小组对县联社进行 2013 年党风廉政建设及案件防控责任制执行情况进行现场考核,综合考核得分 98 分。

12 月 23 日,县联社布放的 POS 机累计刷卡突破 1 万笔。

12 月 31 日,县联社在 9 月 10 日至 12 月末开展的"百日揽储竞赛"活动中,共揽储 1. 2676 亿元,超额完成揽储 1 个亿预定目标。

(二)2014 年大事记

1 月 1 日,县联社修订《哈巴河县农村信用合作联社差旅费管理办法》,即日起执行。

1 月 8 日,县联社副主任杨波、工会主席窦德贵一行 4 人,受自治区联社委托并代表县联社走访慰问 9 名退休职工及家属和 1 名家庭困难员工。

1 月 13 日,阿勒泰地区档案局副局长王兆华等 5 人组成的考评组到县联社对联社档案管理工作进行评定及验收。

1 月 20 日,县联社调整贷款执行利率。

1 月 24 日,县联社与员工叶力夏提·叶尔肯解除劳动合同关系。

2 月 7 日,县联社员工木哈买提哈力木·阿拜乃内退。

2 月 8 日,县联社撤销资产风险管理部和信贷管理部,成立信贷与风险管理部。

2 月 9 日,县联社召开 2013 年工作总结暨 2014 年工作计划会议,并对联社 2013 年度先进集体和先进个人进行表彰。

是日,县联社召开双聘动员大会,启动双聘工作。

2 月 10 日,县联社召开第三届社员代表大会第二次会议。联社 39 名社员代表参加会议。

是日,县联社召开第三届监事会第二次会议,总结 2013 年监事会工作,部署 2014 年工作任务。

2 月 14 日,县联社召开启动年鉴编纂工作动员大会。

是日,县经贸委在县联社开展学习宗教法规宣讲活动,联社全体党员、中层以上干部及机关工作人员参加活动。

2 月 25 日,县联社下发《关于支付大额现金授权的通知》。《通知》于 2 月 25 日起执行。

3 月 10 日,县联社制定《哈巴河县农村信用合作联社内部审计处罚规定》。《规定》于 1 月 1 日起执行。

3 月 13 日,县联社党委调整机关、河东、河西三个党支部成员。

3 月 14 日,县联社开办第一笔个人网上银行业务。

是日,县联社开办第一笔手机银行业务。

4 月 11 日,县联社邀请新疆亿久消防有限公司在县联社举办消防知识培训,并开展消防演练。

4 月 21 日,县联社召开 2014 年"阳光信贷"宣传教育月活动动员大会,启动"阳光信贷"宣传教育月活动。

是日,县联社 2013 年招录的 6 名员工试用期满,转为正式合同制员工。

5 月 5 日,县联社开展工会工作状况调查工作,共发出《工会会员调查问卷》100 份,收回 84 份。

5 月 10 日、17 日,县联社组织全体员工分两批到新疆医科大学第三附属医院体检。

5 月 12 日,县联社制定《哈巴河县农村信用合作联社反洗钱工作实施细则》,即日起执行。

5 月 25 日,县联社选派第二批业务骨干前往于田县联社开展帮扶工作。

5月27日，县联社修订《哈巴河县农村信用合作联社职工贷款管理办法》，即日起执行。

6月3日，阿勒泰银监分局纪委书记郭春燕等5人到县联社召开审慎监管座谈会。阿勒泰市联社理事长、联社主任，哈巴河县联社理事长、联社主任，布尔津县联社理事长、联社主任，吉木乃县联社理事长等7人参加座谈会。

6月6日，县联社制定《哈巴河县农村信用合作联社会计业务授权实施细则》《哈巴河县农村信用合作联社查库实施细则》，即日起执行。

6月16日，县联社下发《关于核定辖内各信用社库存限额的通知》，即日起执行。

6月21日，县联社团委到偏远山村白哈巴村开展"送金融知识下乡"活动。

7月7日，县第二届"信合杯"职工男子篮球赛在县文体中心开赛。

7月16日，县联社修订《哈巴河县农村信用合作联社股金管理办法》，制定《哈巴河县农村信用合作联社款箱交接管理办法》，即日起执行。

7月17日，县联社召开上半年工作总结会议。会议由联社主任赵立锋主持，联社高管、中层等23人参加。

7月18日，自治区联社党委委员、副主任谭建新一行3人，到哈巴河县联社检查安全保卫工作。

7月21日，县联社接收未就业赴鞍山培训合格的大学生祖布泰、赛力克·托勒肯2人。

7月24日，县联社发行第一张芯片IC卡。

7月31日，哈县联社副主任郭庆业、杨波一行4人慰问驻县武警消防大队官兵。

8月12日，自治区联社同意招收4名大学生为县联社试用期员工、同意5名劳务派遣员工转为正式合同制员工。

8月20日，哈巴河县联社赞助的以"加强民族团结，维护社会稳定"为主题的"信合杯"交谊舞大赛在县文化广场举行。

9月9日，县联社举办第三届职工业务技术比赛，共有86人次参加。

9月11日，自治区联社信贷部总经理田戈、业务经理贾荣等一行7人到县联社进行信贷资产真实性检查。

9月29日，县联社为阿克齐镇和齐巴尔乡2名新录取贫困大学生各捐助5000元爱心公益助学金。

10月24日，县联社组团向阿勒泰新吉国际贸易有限公司发放农副产品收购贷款5000万元。

11月2日，自治区联社党委委员、理事长米力古丽·阿吉努尔一行5人到县联社督导旺季工作。

11月6日，县联社玉卡在淘宝网、京东商城等商城正式启用线上支付结算功能。

11月20日，县联社审计部开展核销贷款合规性专项审计。至12月5日结束。

11月26日，县联社调整贷款执行利率。

12月5日，县联社党委召开"与法同行宣讲"活动动员大会，联社领导班子成员、机关全体党员、网点负责人等26人参加。

12月10日，县联社制定《哈巴河县农村信用合作联社同业业务治理体系暂行办法》，即日起执行。

12月15日，县联社储蓄存款突破5亿元大关。

12月29日,县联社召开第三届社员代表大会第三次会议,32名社员代表参加会议。

二、2013~2014年联社领导机构

（一）联社党委

书记:董朝晖(理事长)

委员:窦德贵(6月离任)、赵立锋(6月任职)、吾拉西·木哈乃(哈萨克族)、郭庆业、杨波(女,6月任职)

（二）理事会

理事长:董朝晖

理事:解艳平、欧阳昆旺、何忠新、刘宗浩、梁玉河、吕厚超、韩江峰、王志友

（三）监事会

监事长:吾拉西·木哈

监事:王秀云、贾敬伟、李殿高、祝艺

（四）经营管理层

主任:窦德贵(6月离任)、赵立锋(6月任职)

副主任:郭庆业、杨波(女,6月任职)

第二辑　文献辑存

一、哈巴河县三区一乡农村信用合作社章程(1955年)

第一章　总则

第一条　本社定名为哈巴河县三区一乡信用合作社,社址设于阿布列孜克村。

第二条　本社是村(乡)和村(乡)的劳动人民根据自愿两利原则,大家筹集股金,吸收存款,互通有无,以解决社员生产上和生活上的困难,以发展生产改善生活。

第三条　本社员为有限责任,如有特殊亏损仅以股金赔偿为限。

第二章　业务

第四条　本社依据社员需要和能力,接受国家银行领导和监督,制订计划,经营下列各项业务。

一、收受社员存款和储蓄(现金及实物),必要时,得收受团体和非社员存款。

二、贷放社员生产上和生活上必需资金(现金及实物)。如有多余,也可贷给非社员。

三、借入款项。

四、接受国家银行委托,代理业务。

五、接受社员及各种合作社、机关、团体的信托业务。

六、其他经社员大会决议的业务。本社利率规定须经国家银行同意。

第五条　本社业务依照年度、季度计划进行,凡和国家银行、国有贸易机构及各种合作社业务往来,均采用合同经营制。

第六条　本社力求精打细算,节省开支,加速资金周转,所以业务经营和收支情况,必须规定,严

禁贪污浪费。

第三章　社员

第七条　凡居住本社区域内之男女劳动人民,年满十六岁除被剥夺公民权者外,均得申请加入本社为社员,不满十八岁者无被选举权。

第八条　社员入社,每人须缴入社费和社股股金(以人或以户入股均可),入社费规定为人民币三角。社股每户至少一股,每股金额为五元,不论股金多少,每人均只有一表决权。贫苦无力一次缴清社股者,经理事会许可得分期缴纳。但期限不得超过六个月,在交纳入社费和第一次股金后,即取得社员资格,发给社员证,本社社员证不得转让或借给他人。

第九条　社员申请退社,须于年终结算一个月前提出,并于决算后一个月内退还其股金,如有亏损,按股扣除,如有分红,按股发给。社员迁移时,经理事会许可得于一个月内退还其股金。社员退社、入社费一律不退。社员死亡,股金退还其合法继承人,并负盈亏责任。

第十条　本社社员的义务如下。

一、缴纳入社费和股金。

二、遵守社员及社所规定各种规则,服从本社决议。

三、保护本社利益,爱护本社财产。

四、发展新社员。

五、响应本社号召,积极参加本社各种活动。

第十一条　本社社员的权利如下:

一、享有本社存款、储蓄、放款及其他业务的权利。

二、选举和被选举权。

三、对本社业务、财务、组织等工作有查询,批评和建议的权利。

四、享有本社各种文化、卫生等各种福利设施的权利。

第十二条　社员对本社的发展与巩固有功绩者,经社员大会或社员代表大会通过,得给予荣誉或物质的奖励。

社员违犯社章、社规或大会决议事项,得按情节轻重给予批评,警告或开除等的处分。开除社员必须经社员大会或社员代表大会通过执行。但有破坏合作社情节重大者,得由理事会先行开除,报告社员大会或社员代表大会追认。

第四章　组织

第十三条　本社最高权力机关为社员大会或社员代表大会,社员代表由社员直接选举,代表名额和选举办法结合当地实际情况及社员人数决定之。

第十四条　社员大会或社员代表大会职权如下:

一、通过和修改社章,增加社股金额,决定有关本社的解散或与其他社合并等问题。

二、选举和罢免理事主任及理事、监事主任和监事,并审查和通过对本社理、监事处分问题。

三、审查和通过本社业务方针、计划、预算及理事会的工作报告和决算。

四、通过盈余分配或弥补亏损的议案。

五、通过社员的开除或奖励事项。

六、其他重要问题的讨论和决议。

第十五条 社员大会或社员代表大会每半年开一次会,由理事会召集之。遇有下列情形之一时,得召开临时社员大会。大会或社员代表。

一、理事会认为有必要时。

二、监事会的要求。

三、社员五分之一或代表三分之一以上的要求。

四、国家银行的建议。

理事接到上项建议或要求时,必须十日内召开社员大会或社员代表大会,大会记录由大会主席签字后保存社内,大会决议须报告国家银行备查。

第十六条 理事会是本社的执行机关,由理事人(五人至十三人)组成之,理事主任由理事互选之,必要时得互推副主任一人至三人。

第十七条 理事会的职权如下:

一、执行社员大会或社员代表大会决议和国家银行的指示。

二、制定本社发展社员和业务计划,提交社员大会或社员代表大会通过,经银行批准后执行之。

三、对外代表本社签订合同契约。

四、对社员群众进行教育工作,组织社员参加各种社会活动。

五、任命和撤换本社工作人员。

六、其他有关本社业务、财务、组织等执行事项,理事会必须严格遵守各种报告制度,按期向社员大会或社员代表大会和国家银行提出有关业务、财务、组织等工作报告。

第十八条 理事会负责经营业务,保护本社一切财产,如有违法失职,营私舞弊造成不应有的损失时,当事人须负法律上的责任。

第十九条 理事会每月至少开会一次,必要时,得召开临时会议由理事主任召集之。理事会开会前,应通知监事会派员列席。

第二十条 监事会为本社的监察机关,代表全体社员监督和检查理事会的工作,由监事人(三人至九人)组成之,主任一人由监事互选之。现任及其退职而手续未清的理事及其直系亲属,不得当选为监事。

第二十一条 监事会的职权如下;

一、监督理事对大会决议、国家银行的指示和政府法令执行的情况。

二、监督检查本社的业务经营和财务计划的情况。

三、监督理事会和本社工作人员的服务情况。

四、接受社员意见,向理事会提出查询或建议。

五、列席理事会议。

六、如发现理事会有违法舞弊行为时,得要求理事会召开临时社员大会或社员代表大会。并立即报告国家银行指导解决之。

第二十二条 监事会每月开会一次,必要时得召开临时会议,由监事主任召集之。会议决议应通知理事会并报告国家银行,理事会接到通知十日内如不提出意见,必须按通知执行。

第二十三条 社员大会或社员代表大会,理事会监事会均须有三分之二以上出席才能开会,过半数以上的通过,才能决议。社员代表、理事和监事对某项决议不同意时,有权将自己的意见记入会议记录。

第二十四条　本社社员代表、理事和监事的任期均为一年,连选得连任。

第二十五条　本社社员得依据住区域和业务上的便利编成小组(每小组十五人左右,并推选小组长一人)在理事会领导下,进行下列工作:

一、动员、组织社员存款,审查介绍社员借款,监督借款用途,保证收回。

二、转达理事会决议并反映社员要求和对合作社批评与建议。

三、通过小组对社员进行宣传教育,提高社员对合作社的认识。

四、了解社员经济,特别是资金情况,组织社员存放款,帮助社员生产。

第五章　资金和结算

第二十六条　本社资金来源如下:

一、社员入社费。

二、社员股金。

三、公积金。

四、其他不返还的收入。

五、存款。

六、借入款。

第二十七条　本社以每年一月一日至十二月三十一日为一会计年度,理事会于年度终了时,应制成全年的工作报告,资产负债表,损益计算书。财产目录和下年度业务计划与预算,送交监事会审查后,提交社员大会或社员代表大会讨论通过,并报告国家银行备案。

第二十八条　本社年终结算有盈余时,应根据下列标准做成盈余分配案,提交社员大会或社员代表大会通过,报告国家银行批准后实行分配。

一、公积金在百分之四十以上,作为本社基金积累,以备扩充业务与弥补亏损之用。

二、公益金百分二十,作为办理社员文化、娱乐、医药、卫生等福利设施及奖励对本社有功绩的社员。

三、本社工作人员奖励金百分之十。

四、教育基金百分之十,作为办理社员和干部教育训练工作之用。

五、社员股金以不分红为原则,如必须分红,不得超过百分之二十,或以不超过一年存款息的股息。

第二十九条　本社年终结算,遇有亏损时,应以公积金及股金及不返还之收入依次补偿。如仍不敷时,社员再不负赔偿责任。

第三十条　本社遇有下列情况之一,经社员大会或社员代表大会决议和国家银行批准得停业解散。

一、社员人数过少。

二、与其他合作社合并。

三、业务亏损不能继续经营。

第三十一条　本社决定解散时,应由社员大会或社员代表大会选出人(三人至五人)组成清理委员会,清理债权债务,有盈余时除公积金、公益金不得分配外(存入国家银行作为发展信用合作社的基金),其余应拟定分配方案,交社员大会成社员代表大会通过,报告国家银行批准后分配之,如有亏损时,仍参照第三十条规定处理。

第六章　附则

第三十二条　本章程经社员大会或社员代表大会通过,呈请政府委托之机关批准登记后施行之,修改时间。

二、哈巴河县农村信用合作社章程(1957年)

第一章　总则

第一条　农村信用合作社(以下简称信用社)是农村劳动人民在县委、县政府的领导和帮助下,根据自愿和互利原则组织起来的社会主义性质的资金互助组织。

第二条　信用社按照国家金融政策在国家银行的领导下独立经营业务,开展农村储蓄,发展低利贷款,完成下列任务:(1)帮助贫困农民解决生产、生活困难,改善物质生活;(2)支持农业生产合作组织,发展农副业生产;(3)消灭农村高利贷剥削;(4)组织调剂资金,办理对农业社的非现金结算业务,稳定农村金融。

第三条　信用社发展组织和开展业务必须坚持自愿和互利的原则。社员入社自愿,退社自由,存款自愿,取款自由,贷款合理,有借有还。

第四条　信用社必须实行民主管理。信用社的领导人员由社员选举。信用社的重大事务由社员大会或社员代表大会讨论决定。信用社领导人员要实行集体领导,密切联系群众,遇事和群众商量,团结全体社员,办好信用社。

第五条　信用社必须贯彻勤俭办社的方针。积极开展业务,合理使用资金,节约开支,增加积累。

第六条　信用社要和农业生产合作社、供销合作社、手工业生产合作社等建立密切联系,互相协助,互相促进。

第二章　社员

第七条　凡是居住在信用社社区内年满十六岁的男女劳动人民,经本人申请,理事会批准,就可以加入信用社。

过去的地主分子、富农分子,已经悔改的反革命分子,以及其他剥夺政治权利的人,已由农业社吸收为社员的,可以参加信用社社员;已经成为农业社候补社员的,可以参加信用社为候补社员。

第八条　社员入社应缴纳入社费和股金。入社费3角,每股金额定为5元(以大多数社员能交得起为标准)。每一社员以加入一股为原则。贫困社员无力交纳股金的,可以分期或缓期交纳。在交纳入社费后就成为社员。

第九条　社员权利

1. 有选举权和被选举权;

2. 有借款的权利;

3. 对社的业务、财务、组织等工作有讨论、表决、建议、批评、监督和质询权;

4. 享有股金分红;

5.享受社内举办的文化福利事业。

过去的地主、富农分子和反革命分子,在入社后的一定时期内,没有被选举权,不得担任社的干部;候补社员并且没有表决权和选举权。

第十条 社员义务

1.缴纳入社费和股金;

2.遵守社章程,执行社员大会(或社员代表大会)和理事会的决议;

3.维护社的公共利益和爱护社的公共财产;

4.按时归还借款,积极回社存款;

5.宣传信用社的好处,协助信用社发展社员,开展业务。

第十一条 社员退社时须向理事会提出申请,并在决算后退还其股金,亏损时,按股扣除。有盈余时,按股分红,社员因迁出社区要求退社应当退还其股金,社员退社、入社费不退。

第十二条 社员对于信用社的发展和巩固有显著功绩的,由信用社给予精神上或物质上的奖励。社员严重违反社章,由信用社给予适当的批评和教育,经过多次教育而不悔改的社员由社员大会或社员代表大会时讨论决定把他开除出社。

被开除的社员如果已经悔改,经本人申请,理事会审查批准,可以重新入社。

第三章 组织机构

第十三条 信用社的最高管理机关是社员大会或社员代表大会。社员大会或社员代表大会选出理事会主任(即信用社主任)和理事组成理事会,负责经营业务,管理社务,理事会主任领导全社工作,对外代表信用社,如果工作必要时,可增选副主任,协助主任办理日常工作。社员大会或社员代表大会选出监事会主任和监事,组成监事会,监督社务及业务。

第十四条 社员大会或社员代表大会,由理事会召开,每半年一次,如有必要,可以临时召开。社员大会或社员代表大会行使以下职权;

1.通过和修改社章;

2.选举和罢免理事主任、副主任和理事、监事主任和监事;

3.审查和通过各项制度、业务计划、财务计划、存放款利率;

4.审查和批准理事会、监事会的工作报告及预算决算;

5.审查和通过盈余分配或弥补亏损的方案;

6.决定信用社需要配置的工作人员及其薪金或补贴;

7.决定通过社员、社干部的奖励或处分,决定开除社员;

8.其他重要问题的讨论和决议。

第十五条 信用社如社员人数过多或者社员的居住地点过于分散,可以召开社员代表大会,行使社员大会的各项职权。

社员代表大会,行使社员的各项职权。

社员代表大会的代表名额,一般在三十个社员中选出代表一人。社员代表在社员代表大会召开前充分征求社员群众的意见,反馈给社员代表大会,在社员代表大会闭会后,负责把代表大会的决议向社员报告。

第十六条 理事会理事名额应依据信用社的大小来决定,一般由七人到十五人组成。每月开会一次,由理事主任召集,必要时可临时召开。理事会开会时应通知监事会派员出席。

理事会的职权如下:

1. 贯彻执行社员大会或社员代表大会的决议;

2. 按期向社员大会或社员代表大会报告工作,公布账目;并提出业务财务与工作计划和各项制度,以及预算、决算;

3. 制订盈余分配或弥补亏损方案;

4. 领导社内工作人员,经营业务,处理日常工作并开展社会主义工作竞赛;

5. 领导社员小组进行工作;

6. 对外代表信用社签订合同、契约;

7. 聘任或嘉奖信用社的工作人员;

8. 审查和批准新社员,对社员、干部进行社会主义教育。

第十七条 监事会监督和检查理事、主任及理事会的工作。监事会一般由五至九人组成。理事不能兼任监事。监事会每季度至少开会一次,由监事主任召集。

监事会的职权如下:

1. 监管理事会对社员大会或社员代表大会决议的执行;

2. 检查社主任和理事会贯彻政策、经营业务、管理财务等情况。如果发现违法失职等行为时,应立即要求理事会纠正。必要时召开社员大会或社员代表大会进行处理;

3. 收集社员要求和反映,向理事会提出建议或查问;

4. 列席理事会会议;

5. 按期向社员大会或社员代表大会报告工作。

第十八条 社员大会或社员代表大会、理事会和监事会,均须由三分之二以上的人数出席,方能开会。议案或决议须由出席人过半数通过方为有效。

第十九条 信用社社员得按农业生产队(组)或按居住地区划分小组,选出小组长并在理事会的领导下进行下列工作:

1. 经常了解或关心社员生产、生活情况;

2. 动员社员和群众参加储蓄存款;

3. 领导小组评议或介绍贷款,监督贷款的使用和教育社员按期还款;

4. 传达和执行理事会的决议,并向理事会反映社员的要求、批评和建议;

5. 经常向社员进行爱社教育。

第二十条 信用社社员代表、理监事主任、理事、监事、社员小组长的任期都为一年,可以连选连任。在选举时并应适当照顾女社员的名额;如果社员有不同的民族成分或相当数量的归国华侨和侨眷,也应适当照顾。

第二十一条 信用社干部必须积极负责,廉洁奉公,保护社内财产,防止贪污、挪用、盗窃等行为。如有疏漏失职、徇私舞弊等事,按情节轻重分别处理;其情节严重者,应请司法机关处理。

第四章 业务

第二十二条 信用社办理社员、非社员和各种生产合作组织的储蓄存款,经过银行同意,也可办理其他机关、学校、团体的存款。信用社办理储蓄存款时,要做好宣传教育工作,贯彻自愿原则,必须做到存款自愿,取款自由,加强服务,便利群众,并负责为存户保守秘密。

第二十三条 信用社便利社员生产、生活贷款,对未入社的贫困劳动人民也应该贷款帮助。信用社入资金充裕要积极支持农业生产社,帮助生产社解决短期生产费用资金的困难。

信用社办理贷款时必须做到合理、及时、手续简便。信用社应贯彻"有借有还"的原则,解决收回到期贷款。

第二十四条 信用社接受农业社的委托,办理非现金结算业务。办理时应简化手续,加强联系,便利支取。

第二十五条 信用社可以接受国家银行的委托代理农贷、公债等业务,代理时应和银行订立合同并收取手续费。信用社可以接受社员委托办理代收、代付款项业务。

第二十六条 信用社应逐步做到计划经营,根据生产需要和资金来源制订年度、季度分月的计划,按照计划开展业务。

第二十七条 信用社的存款及利息应该参照国家银行的利率标准,结合当地其他情况,掌握有利于生产发展,有利于打击高利贷,有利于开展业务,并保持一定的存放利差,照顾社内开支的原则,由理事会拟定,提交社员大会或社员代表大会讨论通过后执行。

第二十八条 信用社以每年的元月一日至十二月三十一日为一会计年度。理事会于年度终了时,应做出决算资报,并提出处理盈亏意见,送监事会审查后,提交社员大会或社员代表大会审查通过。

第二十九条 信用社的资金保值发展金、公积金、储蓄存款、银行借入款和其他,储蓄存款为信用社的主要资金来源。

第三十条 信用社应合理使用资金,避免资金积压,到期贷款积极催收,加快资金周转。公私款填写严格划清。任何人非经规定手续,不得支用款项。单据不得抵充库存。

信用社的财产及用具都要在登记簿上登记,妥为保管使用,不得散失或故意损坏。

信用社的费用开支,应根据节约精神,编制预算。预算以内开支由理事主任批准,追加预算应经过社员大会或社员代表大会通过。

第三十一条 信用社的账目必须日清月结,定期向社员公布账目(每半年或一年),公布时须经监事会审查。

第三十二条 信用社年终结算后,如有纯益,可按下列比例分配:

1. 股金分红不超过40%,作为对社员入股的报酬;

2. 公积金不少于40%,作为社的公共积累,以备扩充业务和弥补亏损;

3. 公益金10%,用于办理社员文化、教育、医疗卫生等福利设施;

4. 奖励金10%,作为对本社有功绩的社员及社干部的奖励。信用社如有亏损时,应该用公积金、公益金股金依次抵补。社员所负责任以其任缴的股金为限。

第五章 成立、合并及解散

第三十三条 信用社成立时应向县(市)人民委员会报告。

信用社合并或解散时须经过社员大会或社员代表大会议决通过,并报请县(市)人民委员会批准。社的公共财产的处理由社员大会或社员代表大会讨论决定。

第三十四条 信用社社章经社员大会或社员代表大会议决通过报请县(市)人民委员会批准后施

行,修改时间。

三、哈巴河县齐巴尔农村信用合作社章程(1984年)

第一章　性质和任务

第一条　农村信用合作社(以下简称信用社)是集体所有制的农村金融组织,是我国社会主义金融体系的重要组成部分,它在农村中起民间借贷作用。

信用社具有组织上的群众性,管理上的民主性,业务经营上的灵活性。

第二条　信用社在农业银行领导下,在遵守国家政策、法令和接受国家计划指导的前提下,实行独立经营、独立核算,自负盈亏。任何组织或个人都无权抽调或挪用信用社的资金和财产。

第三条　信用社的基本任务是:按照国家的金融政策,以提高经济效益为核心,在本社范围内,大力组织农村闲散资金,积极支持社员个人与集体经济发展商品生产和商品流通的合理资金需要,帮助解决社员生活上的资金困难,打击高利贷活动,为社会主义农业现代化服务,为农村经济的全面发展服务,为社员群众服务。

第二章　社员

第四条　凡居住在信用社区域内年满十八周岁的劳动人民,承认社章,交纳股金者,均可加入信用社。入社自愿,退社自由。

凡与信用社发生业务关系的各种合作经济单位,经单位申请,民主管理委员会批准,也可加入信用社为集体社员。

每一农户原则上有一人入股即可,每一社员至少交纳一股,多入多交不限,每股股金为人民币壹拾元。集体社员每股股金为人民币壹佰元。不论股金多少,每一社员只有一票表决权。

新入社应交入社费三角。

第五条　社员权利

(一)有选举权和被选举权;

(二)有优先贷款和享受低于非社员贷款利率的权利;

(三)对本社各项工作及工作人员建议、批评监督和质询的权利;

(四)有享受股金分红的权利;

(五)有享受信用社举办的文化福利等事业的权利。

第六条　社员义务

(一)交纳入社费和股金:

(二)遵守社章及各种规则,执行社的决议;

(三)维护公共利益,爱护社的财产;

(四)积极向信用社存款,按期归还贷款;

(五)宣传办信用社的意义,协助发展社员,开展业务。

第七条　社员股金不得转让他人。社员死亡,股权可由法定人继承。社员因迁出社区或其他原因,要求退社,随时退还其股金。社员退社,入社费不退。

第八条　社员对社的巩固和发展有显著贡献的,可给予荣誉的或物质的奖励。社员违反社章,信用社有权给予批评和教育。

社员因触犯国法被剥夺公民权者,信用社同时停止或取消其本人的社员资格,依章退还股金或转移给合法继承人。

<h2 style="text-align:center">第三章　组织机构</h2>

第九条　按照经济核算的原则、小型多设,方便群众,信用社以下可设立信用分社、储蓄所、服务点(社的派出机构)和信用站(代办机构),一般都由信用社统一核算。

第十条　信用社的最高权力机构是社员代表大会。社员代表由社员选举,其名额定为20人。社员代表在社员代表大会召开以前,应广泛征求群众意见,反映到社员代表大会,在社员代表大会闭会以后,负责把社员代表大会的决议向社员报告。

第十一条　社员代表大会的职权是:

(一)通过和修改社的章程;

(二)选举和罢免民主管理委员会委员和监察员;

(三)审查和通过社的业务、财务计划;

(四)审查和通过民主管理委员会工作报告;

(五)审查和通过年终决算和盈亏处理方案;

(六)其他重大问题的讨论和决定。

第十二条　社员代表大会,每年召开一次,由民主管理委员会召集。如民主管理委员会认为有必要或遇特殊情况时,得临时召开社员代表大会。

第十三条　民主管理委员会是社员代表大会的常设执行机构。民主管理委员会由五至七人组成,民主管理委员会主任、副主任由民主管理委员会推选,主任由信用社主任担任。民主管理委员会月或每季开会一次,由民主管理委员会主任召集。必要时可临时召开。开会时应通知监察员列席会议。

第十四条　民主管理委员会的职责是:

(一)贯彻执行社员代表大会的决议;

(二)向社员代表大会和上级报告工作;

(三)向社员代表大会公布账目;

(四)领导信用社及辖属网点经营业务,管理财务,处理日常工作;

(五)拟定业务,财务计划和各项工作制度,编制年度决算,按政策制订盈余分配或弥补亏损方案;

(六)根据社员代表大会的决议,招聘、撤换、奖惩信用社、站的工作人员;

(七)对外代表信用社签订合同、契约;

(八)其他重要问题的讨论和决定。

第十五条　监察员的职责是:

(一)监督民主管理委员会对社员代表大会和上级指示的执行;

(二)监督检查民主管理委员会和社的工作人员的服务情况和贯彻政策、经营业务、财务、账务管理等事项;

(三)检查信用社、站人员违反政策规定,徇私舞弊,铺张浪费,贪污盗窃以及其他违法乱纪行为;

(四)收集社员要求和反映,向民主管理委员会提出建议或查问;

(五)向社员代表大会报告工作。

第十六条 社员代表大会、民主管理委员会,均须有三分之二以上的人出席方能开会。议案或决议须有出席人过半数通过方为有效。

第十七条 信用社社员代表、民主管理委员会的成员任期都是 3 年,可以连选连任。

第四章 信用社职工

第十八条 信用社实行定员、定额制度,职工的配备要根据精简的原则和实际需要。

第十九条 信用社一九八二年底以前在编制职工的政治、经济待遇和银行职工一致。从一九八三年起新增职工实行合同制度,不转城镇户口,不吃商品粮,不拿固定工资,原则上按业务量计酬。

第二十条 任何单位或个人不能长期抽调信用社职工做其他工作。

第二十一条 信用社职工实行技术职称制度,由农业银行定期进行业务考核,授予相应技术职称。

第二十二条 信用社职工都必须努力学习,钻研业务、遵守制度、奉公守法,树立全心全意为人民服务的思想,密切联系群众,勤勤恳恳做好本职工作。

第五章 业务

第二十三条 信用社在国家金融方针、政策和计划指导下,独立自主,经营下列业务:

(一)办理农村个人及集体单位、联营企业的各项存放。也办理经银行同意,距离信用社较近的国家机关、学校、团体、部队和企事业单位的存款;

(二)对农户及个体经济户发放生产、生活贷款,对农村集体企事业单位,联营企业发放生产周转和生产设备的贷款;

(三)办理农村各单位之间,城乡单位之间经济往来的转账结算;

(四)受农业银行委托,对开户单位实行现金管理;

(五)受农业银行和其他单位或个人委托,办理代放、代收、代付、代办保险等业务。代理时和委托方订立合同,并收取手续费。

第二十四条 信用站在信用社的领导下,办理农村个人储蓄存款和对农户发放贷款,也可以只办储蓄,不办理贷款。

第二十五条 信用社的贷款要坚持以支持农业生产为主,支持承包户、专业户(重点户)为主,支持流动资金周转为主的方针。

第二十六条 信用社各项存款利率,各项贷款利率、行社往来利率及利率的浮动,都按国家银行规定执行。

第二十七条 信用社吸收的各项存款,要有20%～30%作为兑付存款保证金存入农业银行,信用社资金发生困难,向农业银行申请贷款。

第二十八条 任何单位和个人不得强迫借款单位向信用社贷款,也不得强令信用社发放贷款和限制、阻挠收回应当收回的贷款。

第六章 经营管理

第二十九条 信用社实行计划管理。制订年度分季业务计划和财务计划开展业务,管理财务。

第三十条 对各项贷款建立审批制度和按期限管理制度,保证贷款安全、合理、及时、手续简便和按期收回。

第三十一条 信用社实行经济核算制度,贯彻勤俭办社方针,制定经济核算的考核指标,对主要业务,工作质量和经营成果按期进行考核。

第三十二条 信用社实行责、权、利相结合的经营责任制度,制定奖罚标准,贯彻按劳取酬,多劳多得和奖勤罚懒的原则。

第三十三条 信用社的账目,必须日清月结,定期向农业银行报送有关报表,每年向社员代表大会公布账目(储蓄存款不公布)。

第七章 盈亏处理

第三十四条 信用社每年一月一日至十二月三十一日为会计年度。每一会计年度终了时,应做出决算报表,提出盈亏处理意见,经民主管理委员会讨论后,提交社员代表大会审查通过,报农业银行批准后执行。

第三十五条 信用社年终后的纯益,先按规定提取职工劳动分红基金和职工福利基金,然后按下列比例分配:

(一)股金分红最高不超过10%;

(二)公益金最高不超过5%,用于信用社社员文化福利等事业和奖励不脱产民管委员会及社员代表;

(三)上交信用合作基金最高不超过20%;

(四)公积金不少于65%。

第三十六条 信用社的亏损,应用公积金弥补,没有公积金的,计划内的亏损申请农业银行拨补,计划外的,原则上由民主管理委员会承担经济责任。

第八章 附则

第三十七条 信用社章程经社员代表大会通过,报请当地政府和农业银行批准后执行,修改时亦同。

四、哈巴河县农村信用合作社联合社章程(1989年)

目录

第一章 总则

第二章 任务与职责

第三章 社员

第四章 社员代表大会

第五章 理事会

第六章 业务经营

第七章 财务管理

第八章 劳动人事管理

第九章 附则

第一章 总则

第一条 为了适应农村经济体制改革和商品经济发展的需要,深化农村信用社管理体制改革、健全发展县信用合作联合社(简称县联社),充分发展县联社为信用社管理服务的职能作用,办理银行和信用社办理不了的特殊业务,特制订本章程。

第二条 县联社是信用社自愿组织起来的经济联合体,系集体性质的合作金融组织,其财产、资金和其他一切合法权益,受国家法律保护,任何部门和个人不得侵占。

第三条 本县联社为管理经营型,是一个核算单位,实行独立核算、自主经营、自负盈亏的经济实体,具有法人资格。

第四条 县联社受当地农业银行县支行的政策领导和业务指导。县联社既要充分发挥信用社独立经营业务的自主权,又必须在国家政策、法令、计划指导下活动。

第二章 任务与职责

第五条 县联社的主要任务是根据党和国家有关方针、政策和信用社的各项规章及社员代表大会的决议,指导、协调和管理本辖区的信用合作工作,为基层社服务;经营信贷业务。

第六条 县联社的主要职责是:

一、检查信用社执行金融方针、政策的情况,稽核、辅导信用社的业务、财务和账务工作;

二、综合平衡信用社各项计划,检查考核各项计划的执行情况,向农业银行报送信贷计划,现金计划,提供有关数字资料;

三、管理全县信用社职工(含合同制职工)及职工培训教育工作;

四、组织信用社之间资金余缺的调剂;

五、管理全县信用社上交的各项基金,统筹解决信用社职工退休经费;

六、组织信用社经验与信息交流,做好承上应下的服务工作;

七、组织县内社社之间的汇划往来;

八、接受国家金融机构和基层信用社委托代办业务;

九、经营信贷业务。

第三章 社员

第七条 信用社为县联社的社员(简称社员):

第八条 社员享有下列权利;

一、有选举权和被选举权;

二、有向县联社及工作人员提出建议、表扬、批评和质询权;

三、有享受股金分红权和享有县联社固定财产、积累的部分所有权。

第九条 社员负有下列义务:

一、遵守党和国家的金融政策和有关规章制度;

二、遵守县联社章程,执行社员大会和理事会的决议;

三、维护县联社的合法权益。关心县联社的业务发展;

四、承担县联社的经营亏损、资金呆滞和意外风险。

第四章 社员代表大会

第十条 社员代表大会是县联社的最高权力机构。

第十一条 社员代表大会由理事会召集,一般每年召开一次,必要时可临时召开。每个社员可派一至二名代表参加,但只有一票表决权。

第十二条 社员代表大会必有三分之二以上的社员代表出席方可开会。会议表决时,必须要有参加会议的半数以上的社员代表通过才能有效。

第十三条 社员代表大会的主要职权是:

一、选举和罢免理事会成员;

二、审查和通过县联社的财务预、决算;

三、审查和通过理事会的工作计划和工作报告;

四、通过和修改县联社章程;

五、其他重大问题的讨论和决定。

第十四条 县联社对每次社员代表大会的时间、地点、出席人数、讨论通过的决议等,要认真记录、并由会议主持人签字、归档保管。

第五章 理事会

第十五条 社员代表大会选举产生县联社理事会。

第十六条 县联社理事会,一般由五至七人组成,设理事长一名、副理事长一至二名、理事若干名。正副理事长由理事推选,经县农业银行审查,报地区农业银行批准备案。理事会成员任期一般为三年,可连选连任。

第十七条 理事会行使系列职权:

一、召集社员代表大会;

二、执行社员代表大会决议;

三、聘请县联社主任、经济师、会计师、法律顾问和其他人员;

四、拟定县联社的业务计划、财务计划和决算方案等;

五、处理对外重大事项;

六、社员代表大会授予办理的其他重要事项。

第十八条 理事长为县联社法定代表人,行使下列职权:

一、主持社员代表大会;

二、召集和主持理事会;

三、理事会闭会期间执行理事会职权;

四、社员代表大会和理事会授予的其他职权。

副理事长协助理事长工作。理事长不能履行职责时,可授权副理事长代理。

第十九条 经理事会聘请,理事长、副理事长也可担任县联社主任或副主任。

第二十条 县联社主任由理事长聘请,理事会对县联社主任实行任期目标责任制。

第二十一条 县联社主任有下列职权:

一、执行理事会的决议;

二、组织和领导县联社的日常工作;

三、在理事会授权范围内,对外代表县联社其业务,对内聘任副主任和下属办事人员;

四、决定县联社人员的奖罚;

五、行使理事会授予其他职权。

县联社副主任协助主任工作,主任不能履行职责时,可授权副主任代理并报理事会正式聘任。

第二十二条　县联社内部办事机构设置,本着精简的原则。配备社务、业务、稽核等管理人员,其编制一般应控制在全县信用社职工人数的10%以内。营业机构可根据业务需要和有关制度,本着高效率、高质量拟配。

第六章　业务经营

第二十三条　县联社经营业务,必须具备"经营金融业务许可证"和"营业执照"。经营业务的原则是独立核算、自主经营、自负盈亏、自求平衡、自担风险最好、照章纳税。

第二十四条　县联社业务范围,除办理工商个体户、经营承包户、经济联合体和乡镇企业的存款业务外,可以扩大到集体、国营单位和企业,并同专业银行业务适度交叉。

第二十五条　县联社的资金来源主要有:

一、股金;

二、积累和各项基金;

三、储蓄、单位存款和结算准备金;

四、拆借资金。

第二十六条　县联社贷款对象、范围、投向、投量由县联社根据需要灵活确定。主要为进城农民服务;可办理专业银行、信用社不愿办和办不了的贷款;可与专业银行、信用社联合贷款;可自办或参加资金拆借市场,可试办金融租凭、委托贷款、票据贴现、代理保险、代理发行股票以及有价证券的代保管理等新业务。

第二十七条　县联社必须是在交足存款准备金,留足业务周转金的前提下,才能充分运用其可用资金发放贷款。贷款审批权限,由各地自定。县联社发放贷款必须贯彻国家的金融方针、政策,严格执行有关的规章制度,讲求社会经济效益和自身经济效益,保证信贷资金的安全。

第七章　财务管理

第二十八条　县联社是一级核算单位。其会计核算、财务管理及账务组织,均按中国农业银行总行《信用合作社财务会计基本制度》执行。各地可根据实际情况制定实施细则。

第二十九条　县联社的各项费用开支,原则上要在自营业务收入中列支,如确有困难,可对信用社提取适量管理费解决。

第三十条　银行干部在县联社专职工作的,全民干部的性质不变,其工资福利待遇不变,包括费用均由县联社负担。可先由银行按标准开支,年末由县联社一次性划付。

第三十一条　县联社盈余分配。股金分红额度原则上掌握在收益部分的40%,其余部分提留县联社本身发展基金和公积金。

第三十二条　县联社发生亏损和意外风险时,可按公积金、企业基金和呆账准备金、股金顺序弥补,仍不足或有争议时可报上级农业银行或提请司法机关裁决。

第八章　劳动人事管理

第三十三条　县联社工作人员实行聘任制,在工作人员不称职时,县联社主任有权做出解聘决定。如果固定工可考虑解聘留用或退回原单位,解聘留用期间或退回原单位一年期间内,停发奖金;如系新招合同制职工,不予考虑,自谋职业。

第三十四条 信用社招工实行合同制,要接受农业银行下达的指标管理。由县联社根据有关规定,组织统一考核,择优录取,报上级行备案。

第三十五条 县联社工作人员出现渎职行为时,视情节可分别给予警告、记过、记大过、解聘或开除等处分,违反国家法律者提请司法机关依法处理。

第九章 附则

第三十六条 本章程由社员代表大会讨论通过。修改时亦同,自公布之日起执行。

五、哈巴河县农村信用合作联社章程(2012 年)

第一章 总则

第一条 本社名称:新疆维吾尔自治区哈巴河县农村信用合作联社

本社地址:哈巴河县人民路

本社注册资本为人民币 3892 万元整

第二条 本社是在本社区范围内依法设立的,由社员入股组成,实行社员民主管理,主要为社员提供金融服务的农村合作金融机构。

第三条 本社依法自主经营、自负盈亏、自担风险、自我约束,以其全部资产对本社的债务承担责任,依法享有民事权利,承担民事责任。本社的财产和合法权益,受国家法律保护,任何单位和个人不得侵犯和非法干涉。

第四条 本社的宗旨是:为本社社员服务,为本社区农业和农村经济发展服务。

第五条 本社的经营活动,除中国人民银行有特别规定外,均在本社区内开展。本社主要为社员提供金融服务,在充分满足社员正当资金需求的前提下,剩余资金可运用于非社员。

第六条 本社坚持入社自愿、社员所有、利益共享、风险共担、民主管理、勤俭办社的原则。

第七条 本社遵守国家法律、行政法规和规章,贯彻执行国家金融方针政策,执行全国统一的农村信用合作社业务、财务、会计、劳动工资等规章制度,依法接受中国银行业监督管理委员局的监督管理。

第二章 经营范围

第八条 经银行业监督管理机构和有关主管机关批准,并经工商登记机关核准,本联社的经营范围是:

(一)办理存款、贷款、票据贴现、国内结算业务;

(二)办理个人储蓄业务;

(三)代理其他银行的金融业务;

(四)代理收付款项及受托代办保险业务;

(五)买卖政府证券;

(六)代理发行、代理兑付、承销政府债券;

(七)提供保管箱业务;

(八)统一办理资金融通调剂业务和从事同业拆借;

(九)银行卡业务;

(十)办理资信调查,咨询和见证业务;

（十一）办理中国银行业监督管理局批准的其他业务。

第三章　管理职能

第九条　本信用联社对辖内信用社行使以下管理职能：

（一）根据全国信用社统一的规章制度制定人事、劳资、信贷、财务、会计、稽核、保卫等方面的具体制度办法并组织实施。

（二）管理辖内人事、劳资，统筹解决信用社职工退职退休经费，组织辖内职工培训教育。

（三）制定并检查、考核辖内各分社信贷、财务计划执行情况，稽核、辅导各分社业务，综合汇总辖内会计、统计报表，按规定及时上报，组织辖内现金供应和回笼。

（四）监察、处理辖内各分社案件，组织领导各分社做好安全保卫工作。

第四章　股金

第十条　本联社采取股份合作制产权形式。本联社根据股金来源设置自然人股、法人股。

第十一条　本联社股金每股金额为人民币1元，100股为一手，自然人入股起点100手，法人入股起点金额为人民币1000手的整数倍。

第十二条　本联社股民以所持股参与本联社的管理，实行一人一票。

第十三条　本联社股金中，单个自然人持股最高不超过股本总额的5%，单个法人持股最多不超过股本总额的15%，最大十户持股比率不得高于50%，新入股股金不得低于现有股金的2‰。要结合当地经济发展水平，适当提高股东最低入股起点，三年内逐步调整至新增单一自然人股东持股比例不得低于增资扩股后股本总额的5‰，新增单一法人股东不得低于1%。

第十四条　县联社股金中，单个职工持股最高不超过50万股，其中职工持股总额不超过股本总额的20%。

第十五条　本联社使用记名式股金证，作为股民所有权凭证和参与利益分配的依据。

本联社不接受本联社股金证作为质押标的。

第五章　社员

第十六条　凡辖内承认本社章程、承担社员义务的自然人和法人，按规定缴纳股金，办理社员登记手续后，即成为本社的社员。

第十七条　本联社股民享有以下权利：

1. 参加或委派代理人参加股民代表大会，行使表决权；

2. 选举理事、监事和被选举为理事、监事；

3. 对本联社的经营行为进行监督，提出建议和质询；

4. 获得本联社金融服务的优先权和优惠权；

5. 享有股金分红和参与其他形式利益分配；

6. 依照国家有关法律、法规和行政规章的规定转让股金和优先认购股金；

7. 本联社终止和清算后依法参加剩余财产分配；

8. 国家有关法律、法规和行政规章及本联社章程规定的其他权利。

第十八条　本联社股民承担以下义务：

1. 承认并遵守本联社章程；

2.按其申请所认购的股本向本联社缴纳现金;

3.以其所持股金数额为限对本联社承担风险和民事责任;

4.维护本联社的利益和信誉,支持本联社合法开展各项业务;

5.服从和履行股民代表大会的决议;

6.国家有关法律、法规和行政规章以及本联社章程规定的其他义务。

第十九条　对本社发展做出贡献的社员,本社给予精神鼓励和物质奖励;对违反本社章程的社员,本社依据有关规定予以批评教育或处罚。

第二十条　社员股金转让,应向本社理事会提出书面申请,经理事会同意后,办理转让手续。

第六章　组织机构

第二十一条　本社实行民主管理,社员代表大会是权力机构。由本社社员代表组成,社员代表按社员人数的一定比例由本社社员选举产生,表决时每个社员一票。每届任期五年,任期届满,可连选连任。

第二十二条　社员代表大会每年至少举行一次,由本社理事会召集。经二分之一以上理事提议或三分之一以上社员代表提议,理事会可以召集临时社员代表大会。表决时每个社员代表一票。

第二十三条　社员代表大会行使下列职权:

(一)制定和修改本社章程;

(二)选举和更换理事、监事会成员;

(三)审议和审批理事会、监事会工作报告;

(四)审定和批准本社年度财务预、决算方案,利润分配方案和亏损弥补方案;

(五)对本社的分立、合并、解散及清算方案等事项做出决议;

(六)审议、审批本联社的发展规划,决定本联社的经营方针和投资计划;

(七)对本社其他重大事项做出决议。

第二十四条　章程的修改,本社的分立、合并、解散及清算方案,要经社员代表大会社员的三分之二以上多数通过;其他议案必须经社员代表大会社员代表的二分之一以上多数通过。

第二十五条　本社理事会是社员代表大会常设执行机构,由五至十一名理事(奇数)组成。理事均由社员担任,由社员代表大会选举和更换,每届任期五年,可连选连任,行使职权到下届社员代表大会选出新的理事为止。

第二十六条　理事会会议由理事长召集和主持。每半年召开一次,必要时可随时召开。

第二十七条　理事会行使下列职权:

(一)负责召集社员代表大会,并向社员代表大会报告工作;

(二)执行社员代表大会的决议;

(三)选举,更换理事长、副理事长;

(四)决定本联社的经营计划和入股及投资方案;

(五)制定本联社的年度财务预算方案、决算方案、利润分配方案和弥补亏损方案;

(六)制定本联社增加或者减少注册资本的方案;

(七)拟定本联社重大收购、回购本联社股金或者合并、分立和解散方案;

(八)在社员代表大会授权范围内,决定本联社的投资,资产抵押及其他担保事项;

(九)决定本联社内部管理机构的设置;

(十)聘任或者解聘本联社主任;根据主任的提名,聘任或者解聘本联社副主任、财务和信贷负责人等高级管理人员,并决定其报酬事项和奖惩事项;

(十一)制定本联社的基本管理制度;

(十二)制订本联社章程的修改方案;

(十三)听取本联社主任的工作汇报并检查主任的工作;

(十四)法律、法规或本联社的章程规定,以及社员代表大会授予的其他职权。

第二十八条　理事会设理事长1人,为法定代表人,主持理事会的工作;理事长由理事会选举产生,可连选连任。

第二十九条　理事长的选举和更换,须经全体理事的三分之二以上多数通过,其他议案须经过全体理事的二分之一以上多数通过。

第三十条　监事会是本社的监督机构,由五名以上(奇数)监事组成,监事由社员代表大会选举和更换。每届任期五年,可连选连任,行使职权到下届社员代表大会选出新的监事为止。监事应有本社社员代表、职工代表组成,本社理事、主任、副主任和财务负责人不得兼任监事。

第三十一条　监事会会议由监事长召集和主持,每半年召开一次,必要时可随时召开。

第三十二条　监事会行使下列职权:

(一)派代表列席理事会会议;

(二)监督信用社执行国家法律、法规、政策;

(三)对理事会决议和主任的决定提出质疑;

(四)监督信用社经营管理和财务管理;

(五)向社员代表大会报告工作;

(六)章程规定和社员代表大会授予的其他职权。

第三十三条　监事会设监事长一人,主持监事会工作。监事长由监事会选举和更换。监事长的选举和更换,须经全体监事的三分之二以上的多数通过,其他议案须经全体监事的二分之一以上多数通过。

第三十四条　本社实行理事会领导下的主任负责制。设主任一人,副主任一至二人,主任人选按《农村信用合作社县级联合社管理规定》的有关程序产生,理事会予以聘任,每届任期五年,可连聘连任。主任、副主任不得由理事长、副理事长兼任。

第三十五条　主任全面负责本社的经营管理工作,行使下列职权:

(一)主持本社的业务经营管理工作,组织实施社员代表大会和理事会的决议;

(二)提出内部管理制度的草案;

(三)提出本社发展规划、经营方针和经营计划草案;

(四)提出本社年度预、决算方案和利润分配方案;

(五)拟定本社内部机构设置及调整方案;

(六)决定对工作人员的奖惩和聘任或解聘职工;

(七)推荐副主任选报理事会审议;

(八)章程规定和理事会授予的其他职权。

第三十六条　本社理事长、副理事长、主任、副主任及其他主要管理人员不得在党政机关任职,不得兼任其他企、事业单位的高级管理人员,不得从事除本职工作以外的其他任何以盈利为目的的经营活动。

第三十七条 本社实行劳动合同制,原固定工经济待遇不变。本社从业人员一律采取考核聘用制度。本社员工有服从本社领导和管理,遵守本社及上级部门制定的各项规章制度的责任和义务。

第七章 财务会计

第三十八条 本社执行国家统一制定的农村信用社财务会计制度,并按照国家有关规定,建立、健全财务制度。本社在每一会计年度终了时按规定制作财务会计报告,并汇总全辖信用分社的会计报表,及时报送中国银行业监督管理委员局。

第三十九条 本社依法纳税,税后可分配利润归全体社员所有,并按下列顺序分配:

(一)提取法定盈余公积金10%。

(二)提取一般准备金10%。

(三)提取任意盈余公积金10%。

(四)结余部分按股本金总额进行分红,分红比例不得超过股本金余额的20%,结余部分以未分配利润方式留存。

第四十条 本社盈余公积金可用于弥补亏损或转增资本金;转增资本金时,以转增后留存本社的盈余公积金不少于注册资本的25%为限,并按照股本结构公平扩增每股权益价值,向社员公告。

第四十一条 本社除法定的会计账册外,不得另立会计账册。

第八章 终止与清算

第四十二条 本社因分立、合并需要解散的,由理事会提出议案,并附解散的理由、解散的清算方案,社员大会做出解散决议,经中国银行业监督管理局批准后依法进行清算。

本社被依法撤销或关闭、被宣告破产的,应根据《农村信用合作社联合社管理规定》进行清算。

第九章 附则

第四十三条 本章程未尽事宜,按《农村信用合作社联合社管理规定》办理。

第四十四条 本章程报中国银行业监督管理局批准后,经本社社员代表大会审议通过,由理事会发布实施。

第四十五条 本章程解释权属本社理事会,修改权属本社社员代表大会。

第四十六条 本章程自二〇一三年七月二十日起实施。

六、2013～2014年哈巴河县农村信用合作联社工作总结摘要

2013年哈巴河县联社工作总结摘要

一、各项业务指标完成情况

截至2013年末,县联社各项存款余额97828.18万元,比上年减少10668.88万元。其中储蓄存款45042.81万元,增加4828.29万元,对公存款52785.37万元,减少15497.17万元。储蓄存款中卡存款余额13482万元,减少643万元,卡存款余额占储蓄存款余额30%。各项贷款余额65695.31万元,增加4990.93万元。其中农业贷款余额61538万元,增加6562万元,农业贷款累放62575万元,增加

4777 万元;非农业贷款余额 4157 万元,减少 1571 万元。五级分类不良贷款余额 1909.99 万元,增加 803.64 万元,增长 27.85%。其中,次级类贷款余额 534 万元,增加 232 万元;可疑类贷款余额 1191 万元,增加 746 万元;损失类贷款余额 185 万元,减少 173 万元,不良贷款率 2.91%。非信贷资产总额 58664.50 万元。银行卡累计发卡量 23204 张。其中,当年玉卡发行量 5722 张,完成计划任务 190.73%。银信通累计开户 7710 户,增加 3190 户。股本金余额 3892 万元,其中投资股 3892 万元,与上年持平。业务总收入 8769 万元,增加 443 万元,其中利息收入 6442 万元,金融机构往来收入 1615 万元,手续费收入 156 万元,投资收益 18 万元,营业外收入 526 万元,其他业务收入 12 万元。业务总支出 5686 万元,增加 958 万元,其中利息支出增加 12 万元,金融机构往来支出增加 122 万元,手续费支出增加 5 万元,营业费用增加 313 万元,营业税金及附加增加 8 万元,营业外支出减少 4 万元。呆账准备 6185 万元,增加 1500 万元,信贷资产拨备充足率 377.5%,信贷资产拨备覆盖率 347.07%。

二、工作措施

(一)落实措施、完善管理,推进各项工作有效开展

2013 年初,联社召开年初工作会议,层层签订目标责任书,将全年的各项经济指标分解落实到各社,同时制订相应的考核办法和措施,使联社各项业务得到快速有序发展。

(二)积极组织存款

截至 2013 年末,联社各项存款余额 97828.18 万元,占县域金融机构市场份额的 57.25%,其中储蓄存款 45042.81 万元,比上年增加 4828.29 万元;对公存款 52785.37 万元,减少 15497.17 万元。由于当年哈巴河县新区的城市规划建设以及其他的基础设施项目建设用去财政大量资金,致使财政资金账户存款余额大幅下降。联社领导班子针对此项工作不畏艰难,带领全社员工立足实际,鼓舞士气,严格考核,有效激励,采取工效挂钩,按月考核等措施,有效带动职工吸收储蓄存款的积极性,形成一支"自上而下"的积极揽储团队。在受到哈巴河县域经济发展较缓,地偏人稀,储源有限等客观因素的影响下,经历哈巴河县财政资金余额的大幅下降,农牧民经受天灾、水灾等情况下,在揽储过程中寻找一切可切入点,发扬吃苦耐劳的精神,使联社的储蓄存款余额比上年增长 4828.29 万元。

(三)加大贷款营销力度,提高信贷管理水平

2013 年末,县联社各项贷款余额 65695 万元,比上年末增加 4991 万元,其中涉农贷款余额 61538 万元,增加 6562 万元,各项贷款累放在县域银行业金融机构占比 95%,农户贷款覆盖率达 97% 以上。除发放农牧业生产贷款外,联社始终把加大小微企业信贷投入放在业务工作重要位置,结合小微企业实际情况,扩大信贷范围,当年累放小微企业贷款 13285 万元,其中涉农企业贷款 13285 万元,贷款用途涉及农牧产品加工、收购、物流运输、食品加工、农机具销售等行业。联社加大对新发放贷款的审查与贷后的监督检查。根据自治区联社《信贷业务自律监管管理办法》相关要求,联社按季对新发放贷款、信用工程建设、新旧系统户名、证件号码、五级分类结果、贷款余额等相关数据的一致性、最高额抵押贷款抵押登记的合规性等方面进行自律监管检查,对检查中发现的问题提出整改意见,并要求限期整改,对信贷业务的规范操作起到促进作用。

(四)开展"阳光信贷"宣传教育月活动

2013 年 4 月 20 日至 5 月 30 日,县联社开展"阳光信贷"宣传教育月活动。组织全辖职工学习相关文件、制度,对照相关制度进行反思与自查,各社、各部门及全辖员工撰写学习心得及自查报告各一篇;对辖区各网点举报箱(意见箱)进行检查,对举报电话、地址等进行统一与更新,在齐巴尔信用社增设举报箱;在各营业网点、村委会对存量个人贷款进行公示;向农牧民发放民意测评表 303 份,召开座

谈会5次,其间发放征求意见表44份。

(五)案件防控工作

县联社在抓好各项基础工作的前提下,狠抓案件防控工作,完善再监督职责及考核机制,年初与辖区各网点层层签订案件防控责任书,明确各部室工作职责,细化监督责任,提升全体员工讲制度、讲规范、抓学习、促发展的能力,增强案件防控的执行力,使案件防控渗透到思想和工作中去,提高员工合规文化建设和业务素质,为联社安全稳健经营发挥重要的保障作用。按季定期召开案件防范分析例会,对存在的问题和风险明确责任,责令限期整改,同时对整改情况进行后续检查,做到有效杜绝各类隐患的发生。做好自律监管再检查工作,检查面达100%,使案件防控工作有检查、有记录、有整改,真正把工作落到实处。

(六)发挥审计监督作用,促进联社各项业务发展

2013年,县联社按照联社年初工作计划,全年组织实施审计项目10项,发出现场审计事实确认书69份,发出整改通知书69份,审计共提出问题201条,现场纠改139条,限期整改62条,处罚59人次,罚金6695元,至年末,大部分问题已整改到位,审计工作取得阶段性的效果。开展遵循性审计项目,全年在辖内网点开展遵循性审计两次,网点审计覆盖面100%。开展贷款业务专项审计,先后完成4个项目的贷款专项审计,开展逾期贷款专项审计,了解贷款形成逾期的原因,提出化解风险的建议;开展"两居"工程贷款专项审计,摸清县"两居"贷款的信贷质量和管理工作中存在的问题和不足,为下一步改进管理方向提供信息;开展社团贷款专项审计,重点关注由于信息不对称造成的各类风险隐患,加强信贷风险管控能力;开展拟核销贷款的合规性审查,对损失原因进行分析,对损失责任认定情况提出审查意见。开展重要岗位人员轮岗、离岗、强制休假专项审计。联社加大重要岗位人员轮岗、离岗、强制休假力度,要求审计部门积极行动起来,配合监察保卫部对32人进行轮岗、离岗、强制休假专项审计。其中轮岗2人,离岗2人,强制休假28人。通过审计,未发现委派会计、柜员在工作期间有重大违规问题,但在会计业务规章制度遵循性操作方面存在着不足,要求在今后的工作中不断地加强各项业务知识的培训和学习,提高自身会计业务水平,严格执行规章制度。开展内控管理专项审计,县联社对联社内控管理情况进行审计,通过对内控制度的梳理,未发现联社内控缺陷,已按国家法律、行政法规、部门规章的要求,建立规范的法人治理结构,形成科学有效的职责分工和制衡机制。开展自律监管再监督专项审计和适时开展后续跟踪审计。

(七)修志工作开展情况

1. 建立组织机构,"一把手"亲自抓。联社在开展修志工作之初,就实施"一把手"亲自抓。下设修志办公室,成立修志编辑室,由各部室人员兼任编辑。外聘修志专家3名,制定《哈巴河县农村信用合作社志》编纂实施方案和《哈巴河县农村信用合作社志》编纂篇目。

2. 组织学习,召开专题会议。联社组织修志有关人员学习修志工作有关文件和自治区联社刻录的《修志工作急训班》《新疆维吾尔自治区农村信用社修志工作培训讲座》光盘,多次召开修志工作专题会议,根据实际情况适时调整修志工作,解决修志中不断遇到的困难。

3. 修志编纂进展情况。联社组织人员到地区人行、农行、银监局、阿勒泰报社、哈巴河县档案局、农行哈巴河县支行及联社内部搜集资料,形成电子文档。由联社机关各部室人员和外聘专家组成4个编辑组,按照篇目的章节内容分解口编辑组,做到分工明确,责任到人。

截至2013年末,完成《哈巴河县农村信用合作社志》序、凡例、概述、大事记编写工作。篇目设置23章,其中完成初稿10章,完成70%初稿11章,尚未撰写2章。

(八)电子银行业务开展情况

2013年,联社以强化科技为支撑,加强网络管理,注重计算机安全,促进联社电子银行业务快速稳定发展为目标。

1.用卡环境得到改善。在联社各相关部门共同努力下,按照科学规划、积极稳妥的原则,加大ATM、POS机具设备的投入,提高和扩大网络设备的覆盖范围,促进ATM网络布局与网点形成优势互补。

2.加大针对银行卡案件风险防范宣传力度。开展银行卡案件防范学习活动、信用记录关爱日宣传活动、预防金融诈骗等宣传活动,采取电子公告牌滚动屏显宣传词等形式,进一步提高客户安全用卡意识,为农村支付环境建设奠定良好的基础。

3.收单业务得到快速发展。截至2013年末,全年发展特约商户78户,布放机具82台,交易金额为918万元,实现手续费收入7.15万元。通过POS机具的安装,进一步树立联社的新形象,促进收单市场建设和各项经营业务的快速开展。

4.网上银行业务开展情况。自2012年9月企业网上银行上线以来,至2013年末,联社发展企业网上银行用户42户。当年,联社开户36户,转账11226笔,转账金额43248万元。其中行内转账4519笔,行内转账金额25879万元;跨行转账1696笔,跨行转账金额16449万元;代发业务5011笔,代理金额920万元。企业网上银行的上线为企业客户提供金融服务便利,提高信用社金融服务水平。

5.做好设备技术保障和强化网络管理工作。联社通过采取加强网络管理和机房维护以及做好计算机维护等措施,进一步加强科技保障和网络管理工作。

(九)加强基层网点硬件设施建设,完善"五小"工程建设

县联社通过招标方式于2013年5月初开土动工建设加依勒玛信用社、萨尔布拉克信用社和萨尔塔木信用社新网点办公楼。至年末,联社完成对5个网点的办公楼新建工作。其中4个网点已搬迁使用。同时联社把"五小"工程建设与新网点建设同步进行,新网点里已设计出功能较齐全的小食堂、小澡堂、小阅览室、小活动室,两个网点院内也规划出较整齐的小菜地、小花园,联社各基层网点已旧貌换新颜,给基层员工创造舒适、宽敞的办公环境,全面改善以往房屋狭小、网点硬件设施简陋的局面。

(十)规范档案管理,完成档案达标工作

2013年,联社整理各类档案45033卷、5712件,文书档案287卷。其中,永久85卷、598件,长期102卷、30年872件,短期100卷、10年4242件,科技档案33卷,会计档案38647卷,照片档案7卷354张。建立各种登记册和全宗卷等,同时完善档案工作岗位责任制度,档案的收集、整理、归档、保管等制度。编纂全宗介绍、组织机构沿革、大事记、专题概要、基础数字汇编、档案利用典型事例汇编等编研资料。经过县档案局和地区档案局的验收,联社档案管理已达自治区档案管理二级等级标准。

(十一)加强员工培训力度

2013年,县联社累计举办信贷、会计、农信银、档案业务、ATM业务、安全保卫、服务礼仪及营销等培训班32次,参加培训员工1120人次。通过培训加快员工接受新业务能力,进一步提高员工的业务素质、服务水平和工作效率。

(十二)健全党风廉政建设体系,全面加强党的建设

2013年,县联社党委紧紧围绕自治区联社党委开展的"党的群众路线"工作部署,开展"四风"自查和汇报工作,使党风廉政建设工作得到持续有效开展。通过定期召开党员民主生活会,开展批评与

自我批评,使党员时刻保持清醒头脑,不断增强模范带头作用和创先争优意识。做好党员发展工作,严格按照"改善结构、慎重发展"的原则,当年发展正式党员 2 名,发展预备党员 1 名。抓好着力点,按照工作具体部署、员工关注的重点难点问题抓住切入点,全力以赴做好员工思想政治工作,充分调动员工积极性和能动性。

(十三)加强安全保卫工作

县联社本着"安全就是效益"的原则,统筹规划,立足长远,对安保制度进行梳理并制定实施细则,要求各信用社针对不同情况制定防暴预案、消防预案,并邀请县消防大队干部给信用社人员进行消防知识培训。通过培训,强化员工的安全和消防意识,使员工提高灵活掌握应对突发事件的能力,同时联社制定突发事件报告制度,加大对员工各项规章制度的普及学习,同时与案件专项治理工作相结合,检查与教育相结合,取得良好的效果。

三、存在问题

2013 年,县联社存在问题主要表现在,制度执行力仍需加强,在实际工作中,仍然存在对内控制度执行不到位,制度执行力执行不到位;理论学习不够,联社干部员工对理论学习仍然不够系统、全面和自觉,特别是对不断更新的理论知识,学习较肤浅,其主要原因还是思想重视程度不够;人员综合素质有待进一步加强,对员工的培训力度不够。

2014 年哈巴河县联社工作总结摘要

一、各项业务指标完成情况

2014 年末,县联社资产总额 122988 万元,负债总额 106166 万元,所有者权益 16822 万元。各项存款余额 93672 万元,比上年减少 4156 万元,市场份额占比 54.14%。其中对公存款 38596 万元,占存款余额 41.2%,减少 14189 万元;储蓄存款 55076 万元,占存款余额 58.8%,增加 10033 万元。累计发卡 28840 张,当年新增玉卡 5636 张,完成全年计划 140.9%,卡存款余额 16217 万元,增加 2735 万元。各项贷款余额 70215 万元,增加 4519 万元,其中不良贷款余额 1881 万元,减少 29 万元,不良率 2.68%,降低 0.23 个百分点。中间业务收入 183 万元,完成计划任务 87.1%。实收资本 5689 万元,增加 1797 万元,未分配利润 6494 万元。各项资产减值损失准备 7147 万元,其中贷款损失准备 6703 万元,其他资产减值准备 444 万元。当年计提贷款损失准备 600 万元,信贷资产拨备覆盖率 356.35%,贷款总拨备率 12.28%,资本充足率(新口径)16.51%。利润总额 3461 万元,增加 379 万元。

二、工作措施

(一)开展"双聘"工作,健全用人机制,提高工作效率

2014 年初,县联社成立"双聘"工作领导小组,制订《哈巴河县联社 2014 年竞聘及三定工作方案》,在全面实行考核、考评的基础上,采取演讲、民主测评和组织考察相结合的方式进行竞聘,充分体现能上能下、能进能出的劳动用工机制,通过实行"双聘"用工制度,优化人力资源管理模式,形成有效的激励和约束机制,使员工能量释放全面化,团队作用发挥最大化,力争将有组织观念、全局观念,工作勤奋、成绩突出的同志提拔、任用到相应的重要岗位中来,推动联社各项工作健康、稳定、协调发展。

(二)落实措施、完善管理,推进各项工作有效开展

2014 年初,县联社召开年初工作会议,层层签订目标责任书,将全年的各项经济指标分解落实到

各社,同时制订相应的考核办法和措施,使联社的各项业务得到快速有序发展。

（三）多措并举抓存款,壮大资金实力

县联社通过深入开展农村金融"三大工程"工作,加强与当地党政及有关部门的沟通协调。作为服务县域经济的金融机构,积极向县委、县政府汇报常态化工作及发展中面临的困难和问题,得到党政和相关部门的大力关心和支持。截至年末,各企事业、行政单位开立基本存款账户 379 户。按机构、按人员逐级分解存款任务,将完成情况与绩效工资挂钩,按季考核,充分调动广大员工吸收各类存款的积极性和主动性,以娴熟的业务技能,高质量的柜面服务,为客户提供"准、快、好"的热情服务。通过拓展新业务,如 ATM、POS 及企业、个人网银业务等,不断提升支农服务功能,优化服务环境,提高社会影响力,稳定老客户,发展新客户,主动捕捉资金流动信息,有针对性地对存款户实施业务营销,努力赢得对公及储蓄存款客户的信赖,增加存款资金来源,切实壮大联社资金实力。

（四）加强信贷管理,防范信贷风险

县联社加大信贷营销力度,全年投放各类贷款 66957 万元,比上年增加 4382 万元,累计收回各类贷款 62438 万元,支持县"三农"和中小微企业经济的健康发展。严把信贷质量关,不断优化信贷结构,信贷资产的质量直接影响着信用社的生存与发展,为防范信贷风险,联社对上报的信贷资料认真审查,重点审查借款人主体资格、用途、还款来源、担保能力等,把好贷款审查关。从源头上遏制不合规贷款的发放。加强贷后管理的监督检查,根据自治区联社《信贷业务自律监管管理办法》,对辖区各信用社"两居"贷款贴息、妇女创业贷款贴息、新发放贷款进行自律监管检查,对检查中查出的问题提出整改意见,并要求限期整改,对信贷业务的规范操作起到促进作用。加大呆账贷款核销力度,按照呆账贷款核销管理办法,经资产风险管理委员会审议,共核销贷款 14 笔,本金 17.2 万元,利息 18.3 万元。

（五）开展"阳光信贷"宣传教育月活动

2014 年 4 月,县联社开展"阳光信贷"宣传教育月活动。组织全辖职工学习相关文件、制度,对照相关制度进行自查,各社主任、信贷员进行集中学习,同时撰写学习心得及自查报告。指定纪检部门对辖区各网点的举报箱（意见箱）进行检查,对举报电话、地址等进行更新与公布,接受社会与农牧民客户的监督,使全辖信用社的贷款业务更加公开透明。在各营业网点、村委会对存量个人贷款进行公示。抽调干部职工 30 多人组成 6 个贷款询证小组,对各社贷款进行交叉询证,活动期间累计发放询证函 3100 份,询证贷款 3170 笔,占 4 月末贷款总笔数的 30.7%,询证过程中未发现假、借、冒名贷款现象。在各乡召开由各村支部书记（村委会主任）、纪检干部、人大代表、种养殖大户代表等参加的座谈会 4 次,发放征求意见表 87 份,收回 71 份。"阳光信贷"过程公开化操作,提高信贷业务透明度,提升贷款服务的公平性和真实性,更好地为哈巴河县社会经济跨越式发展与长治久安提供良好的金融服务。

（六）加强企业文化建设,增强凝聚力

县联社本着"理解人、关心人、帮助人"的原则,定期了解和掌握基层网点员工反映强烈的实际问题,关心员工疾苦,倾听员工呼声,努力为群众做好事、办实事、解难事。以学习中共十八大精神为契机,组织开展崇尚廉政文化、促进业务发展知识竞赛,使员工在潜移默化中凝聚团结精神和和谐力量。针对业务发展迅猛、员工工作繁重、员工身体普遍处于亚健康的状态,联社统一安排员工进行体检并执行休年假制度。联社领导班子逢年过节都对退休老干部进行走访慰问,每逢职工生日,送上生日蛋糕,联社对员工的关心和关怀为员工的快乐工作、幸福生活奠定良好的基础。建立"信合爱心基金",努力构建帮扶救助困难职工的保障体系。7 月 7 日,联社赞助的哈巴河县"信合杯"职工男子篮球赛在县文体中心举行。8月,由联社赞助、社区牵头在县文化广场开展以"加强民族团结,维护社会稳定"为主题的"信合杯"交谊舞大赛。

(七)规范各类档案管理,完成档案达标工作

县联社通过联社全体干部员工的不懈努力,利用两年时间,对历年文书、会计等档案按照档案达标要求进行重新拆分、装订和归类,建立档案工作岗位责任制度及档案收集、整理、归档、保管等制度,健全各类登记簿和全宗卷,编纂了全宗介绍、组织机构沿革、大事记、专题概要、基础数字汇编、档案利用典型事例汇编等编研资料。2014年1月,经地区档案局和县档案局验收,联社档案管理工作通过自治区档案管理二级等级标准。

(八)重视案件防控工作,不断提高案防意识

县联社狠抓案件防控工作,进一步完善监督职责及考核机制,年初与辖区各网点层层签订案件防控责任书,明确各部室工作职责,细化监督责任,提升全体员工增强案件防控的执行力,提高员工合规文化建设意识,为联社安全稳健经营发挥重要的保障作用。根据案防工作要求,加大学习培训力度,4月11日联社邀请消防教官对联社68名员工进行防火知识讲课,提升消防安全意识和自防自救的能力;4月27日举办案件防控和安全保卫教育培训班,72名员工参加培训,并进行测试。通过学习培训和测试,使员工的防范能力和意识得到增强,案件防控水平得到提升。

(九)发挥内审监督职能,促进各项业务持续健康开展

县联社积极响应自治区联社"专项治理年"活动,联社对审计制度进行梳理和规范。根据自治区联社相关制度规定,结合工作实际制定《哈巴河县农村信用合作联社内部审计处罚规定》。开展遵循性审计,重要岗位人员轮岗、离岗、离任等专项审计。联社加大重要岗位人员轮岗工作力度,审计部门对轮岗的14人进行专项审计。其中,会计主管7人,柜员1人,信贷员2人,信用社主任4人。针对各类现场检查中发现的具体问题,注重检查与整改并重,加大责任追究力度,经济处罚共计136人次,金额37600元,促进会计、信贷及其他业务的规范操作。

(十)加大电子银行业务营销力度,提高市场占有率

县联社按照科学规划、积极稳妥的原则,加大POS机具设备的投入,提高和扩大网络设备的覆盖范围,为客户提供更广泛的用卡环境。至年末,累计发展特约商户152户,布放机具162台,当年发展特约商户69户,布放POS机具69台,通过POS机具的安装普及,推动联社存取款业务的多样性,促进收单市场建设和各项经营业务的发展。截至年末,联社发展企业网上银行用户58户,完成计划103.57%;个人网上银行开户1551户,完成计划104%;手机银行开户1522户,完成计划的230%。IC卡、金融社保卡业务进展顺利,各网点刷卡器更换为能受理金融IC卡功能的刷卡器。于6月9日完成哈巴河县新农保数据核实工作,共核实数据11783条,年末全面进入发卡阶段。

(十一)加强员工培训力度

2014年,县联社累计举办信贷、会计、农信银、档案业务、ATM业务、安全保卫等培训班26次,参加培训员工626人次。通过培训加快员工接受新业务的能力,提高员工业务素质、服务水平和工作效率。

(十二)健全党风廉政建设体系,全面加强党的建设

2014年,县联社党委紧紧围绕自治区联社党委开展的"党的群众路线"工作部署,开展"四风"自查和汇报工作,使党风廉政建设工作得到持续有效的开展。通过定期召开党员民主生活会,开展批评与自我批评,使党员时刻保持清醒头脑,不断增强模范带头作用和创先争优意识。做好党员发展工

作,按照"改善结构、慎重发展"原则,当年发展正式党员 1 名,发展预备党员 1 名。抓好着力点,按照工作的具体部署、员工关注的重点难点问题抓住切入点,全力以赴做好员工思想政治工作,充分调动员工积极性和能动性。

(十三)完成基层网点硬件设施和规划建设,逐步完善"五小"工程建设

截至年末,联社全面完成 5 个营业网点的办公楼及庭院附属工程新建工作,其中 4 个网点搬迁使用。新建网点均合理规划并建成较为整齐的小菜园、小凉亭、小食堂、小图书室、小健身房、小车库和员工宿舍等,旧貌换新颜,给基层员工创造舒适、宽敞的办公、生活环境,全面改善以往营业用房狭小、硬件设施简陋、员工生活困难的局面,乡级网点"五小"工程建设基本完成,年末进入申报验收阶段。联社综合办公楼主体工程通过相关部门的竣工验收。

三、存在问题

2014 年,县联社存在问题主要表现在,班子成员对理论学习仍然不够系统、全面,对不断更新的理论知识学习不够深入;对公存款增长乏力,近年来受国内经济下行形势影响,县财政项目资金逐年减少,且财政收入用于基础设施、城市规划和新区建设比例较大,已出现较大的财政赤字,从而导致联社财政性存款大幅下降;对各项工作管理更需要进一步细化,随着经营规模的逐年增大,联社按照实际情况不断出台较多的管理措施,但对一些细节管理仍然不到位,制度执行力有待加强;人员综合素质有待进一步加强,对员工的专业知识和业务技能培训力度不够。

七、农村信用互助小组公约(草案)

我们是哈巴河县三区一乡村的劳动人民。为了搞好生产,过好生活,根据自愿的原则,组织信用互助小组,办理存款放款,大家实行资金互助,特订立下列公约,大家共同遵守:

一、我们小组是为大家办事的,有事大家商量,决定后大家照办。

二、我们的组员个个都要勤劳生产,省吃俭用,互相帮助,互相监督,并将家庭生产生活情况随时报告小组。组员资格,要年龄在十八岁以上,有独立生产的能力,才能加入小组,并须经组员介绍,小组会议通过。

三、我们选举组长副组长各一人,接受小组会议意见,办理本组事务,代表本组对外接洽一切工作,组长管钱,副组长管账,账目要清楚公开,开支要节省,用费大家分摊。

四、我们的存款放款业务,以服务组员为主。但也可吸收非社员存款,大家要"有存有借""有借有还",存储两利,互不吃亏。

五、我们的责任是我保你,你保我,大家连环保证,严守信用,决不拖欠赖债,盈余要公用,亏损要分担。

六、我们组员借款要自报公议,民主评定,保证用途正当,决不浪费,提倡伙借伙用,实行生产互助。

七、我们的存款放要立字据,利率和办法要接受人民银行的指导,存款有余要存银行,放款不够可请银行扶助。

八、我们要每月开会一次,以检查业务和账目,组员如违反公约,大家可以批评警告或令退出小组。

九、经全体组员共同协商,必要时得筹集固定经营资金,以便于巩固组织,发展生产。此项固定经营资金每股金额 20 斤至 30 斤小米,每人最低筹集一股。

第三辑 载文选辑

我骄傲,我是信合人
贾敬伟

60 年间,中国信合的三代人!不知经历了多少艰辛,才看到今天的成绩,不知道迈出了多少步,才走到今天的舞台。看到今天新农村的巨变,我要说:我骄傲,我是信合人。信合是我家,我要将我的光和热奉献给信合。我相信:播下辛勤的汗水,收获的将是丰硕的果实。

信合第一代人是马背上银行服务的贡献者,信合的第二代人是探索改革竞争中的风险者,信合的第三代人是知识化、制度化,是爱岗敬业、效益的实干者。通过三代信合人的努力,励精图治,百折不挠,今天稳步的递增,规模逐步的增大,经营实力的不断扩大,企业形象和社会地位大幅度的提高,今天的变化,作为信合的一名员工,我感到无比的自豪和骄傲!

信合人追求的不是艺术,是一种为农牧民服务的理念;追求的不是荣耀,是一种默默奉献的精神;追求的不是金钱,是一种热爱事业的豪情;追求的不是地位,是一种奉献信合事业的永恒!

情系信合,挥洒青春,我为生活工作在拼搏进取的团队中而庆幸,我甘愿做一片不起眼的彩云,只为这湛蓝的天空添上一道新的色彩,为信合这片广阔的天空奉献我的人生,让我们放歌青春,拥抱信合,生命会因此而精彩,人生会因此而康乐。

(摘自"我与农村信用社一起走过的日子"征文活动)

我和信合一起走过的日子
孙慧君

匆忙间回眸,来到哈巴河县农村信用联社已近 6 个年头了,这 6 年勤勤恳恳,耕耘收获;这 6 年忙碌充实,紧张有序;这 6 年学习思考,感触良多。

还记得 2010 年 10 月,我怀着一颗激动的心情来到哈巴河县加依勒玛信用社工作,作为一名会计主管,我深知自己身上担负的重任,也一直记得临走时营业部胡会计的那句话:"无论你在哪里,无论做什么工作,都要认真努力。"因此我始终严格要求自己,在工作上兢兢业业,在生活中乐观向上,无论做什么,都力求做到更好。

我们网点民族同事较多,和这些民族同事在一起,我感到很开心快乐,我们一起卖力工作,一起熬夜加班,一起忙碌做饭,一起为了单位举办的文体活动自编自演节目挥汗如雨。在这里工作了这么多年,我觉得自己是幸福快乐的,因为我身边的人甘于付出真心,坦诚相待,每天的生活也是生动充实的。

我一直都是一个感性的人,热爱生活并理解生活。在加依勒玛乡工作的这段日子,我觉得自己对生活的感受更加丰满和充盈。在这里,我接触的大部分人都是质朴的农民,他们思想单淳朴,性格耿直,与他们交往使我更懂得生活的含义和道理。每个人都是一样的,不论贫穷,富有,疾病,健康,我们拥有的心都渴望温暖和阳光,向往善良和质朴。和广大的农民客户交往,我觉得自己更加懂得生活,理解人生。

每次面对朴实无华的顾客,我都能感受到自己价值的体现——我是被需要和接纳的,是被赞誉和喜欢的。感谢这几年的工作经历,带给我的人生感悟,这样的成长,是值得继续期待的,梦想总会为奋斗的人插上飞翔的翅膀,我坚信自己的梦想会在我坚实的脚步中美丽开放。

我,一个勇于艰苦奋斗的信合人,会在自己的岗位上脚踏实地,坚定从容地走好每一步,将自己火热的青春,奉献给我们蓬勃发展的哈巴河县农村信用社,为她的辉煌明天贡献智慧和力量。

（摘自 2013 年自治区联社新闻快报第 56 期）

咱们信合人
贾博

下过多少次乡,入过多少户
百姓看得见
经过多少风雨,走过多少坎坷
一颗心相伴
百姓的信贷,你记在心间
百姓的困难,你一起分担

发过多少贷款
深情润心田
解过多少忧愁
坚定你信念
助贫进柴门,你是雪中在送炭
贷款助企业,你是帮助过年关
丰收的庄稼有你的功劳
膘肥的牛羊有你的奉献
你送暖千万家,你化解群众难

啊,咱们信合人,无私奉献的人
俯首甘为孺子牛,是对你最美的礼赞
啊,咱们信合人,默默付出的人
共同致富奔小康,是你最大的企盼
和谐社会一家亲,是你最美的心愿

（摘自 2014 年自治区联社新闻快报第 6 期）

编后记

  盛世修志,以史为镜,开拓未来。《哈巴河县农村信用合作社志》是在新疆维吾尔自治区联社统一部署下进行的。县联社领导将志书编纂列为思想文化建设与企业历史传承之首要工程,2013年4月18日,县联社成立社志编纂委员会和修志办公室。4月19日,县联社第二届理事会就修志有关事宜召开第二十次会议,通过《〈哈巴河县农村信用合作社志〉编纂实施方案》《〈哈巴河县农村信用合作社志〉篇目大纲》,聘请修志专家及配备设备费用等提案,在人、财、物等各方面给予充分的保障。4月27日,县联社召开修志工作动员会议,理事长董朝晖做动员讲话,着重强调要把修志工作作为"一把手"工程、人才工程、寻根工程、复杂工程、文化工程来抓,要求全员积极参与,按照分工,各司其职,互相配合,圆满地完成此项工作,给县信合前辈、当代、后辈一个负责任的交代。会议学习区联社下发的《〈新疆农村信用社志〉编纂实施方案》《新疆维吾尔自治区农村信用社丛书编纂方案》《〈哈巴河县农村信用合作志〉编纂实施方案》和《〈哈巴河县农村信用合作志〉篇目》。5月,县联社窦德贵主任按实施方案与各部门、各社负责人签订修志目标责任书,将修志工作纳入年度考核中。

  2013年3月始,县联社相继选派相关人员参加自治区联社举办的志书编纂以及以干代训培训班,学习志书的规范编写等内容。并举办两期以志书撰写知识为内容的内部培训班,参加学习人员40人次。

  5月20日至7月中旬,县联社先后组织人员前往阿勒泰地区人民银行、农业银行、档案馆、银监分局、地区报社、哈巴河县档案局、县农业银行和各乡信用社及利用业余时间在县联社档案室加班搜集资料,通过拍照、扫描、调取原件的方式,搜集收录关于信用社1955年至2012年历史资料并按年度建立电子文档,初步完成志书编纂的前期准备工作。

  2013年7月,县联社领导班子变动,调整修志编纂工作委员会,实行修志办主编责任制,成立4个编辑室,按照篇目的章节内容分解给对口编辑组,做到分工明确,责任到人。8月开始着手志书的撰写工作。在修志过程中,修志办人员先后数次到信用社老干部、老员工家中收集口碑资料,以完善缺失文字资料。在社志编写过程中,县联社理事长董朝晖、主任赵立锋多次召开修志工作专题会议,根据实际情况适时调整修志工作,研究解决修志中不断遇到的困难。至2013年末,完成《社志》序、凡例、概述、大事记等资料长编23章,100余万字。

  2014年,由于修志办人员忙于2014年鉴的编撰工作,使修志工作进度放缓。但通过不懈的努力,至年末基本完成各章节的撰写初稿,但没有专业修志人员的总纂和通稿,各章节质量参差不齐,达不到志书标准。2015年3月初,为保证《社志》的质量和出版时间,联社领导班子研究决定与史志专业编纂公司阿克苏志鉴文化传播有限公司(以下简称志鉴公司)合作编修社志。3月18日,志鉴公司总经理范钦利、设计部主任蒋生玉到县联社办理资料交接工作。

  2015年4~8月,志鉴公司编辑人员对《社志》资料长编进行去粗取精、归纳分类,于6月底完成初稿。7月,编辑人员对《社志》初稿进行内部评审、讨论,先后进行4次修改。9月初,形成70余万字的评审稿。9月6~8日,县联社主任赵立锋、工会主席窦德贵、办公室副主任孙红与志鉴公司人员一起对《社志》的体例、结构、资料、修改进行认真修改核实与补充完善。9月中旬至12月下旬,志鉴公司编辑人员根据县联社的意见和建议,先后3次修改完善。12月底,联社原理事长王海勇对志书的史实内容做正误核实,自治区联社党委巡视办主任、修志办主任任胜对志书的篇章结构、体例、行文规范进行复核,进一步提高志书质量。2016年1月初,新疆维吾尔自治区农村信用合作社志丛书编纂委员会主任阿不都对志书的政治观点、篇章机构、文风体例做最终审定。同月,交由中国文史出版社出版。至此,《社志》的编修工作圆满完成,在此向所有支持关心《社志》编修的单位、领导、专家及撰稿人员致以崇高敬意和衷心感谢。

由于任务重、时间紧、资料不全,加上编辑水平有限,志书瑕疵疏漏之处在所难免,敬请读者批评指正。

编者

2016年1月